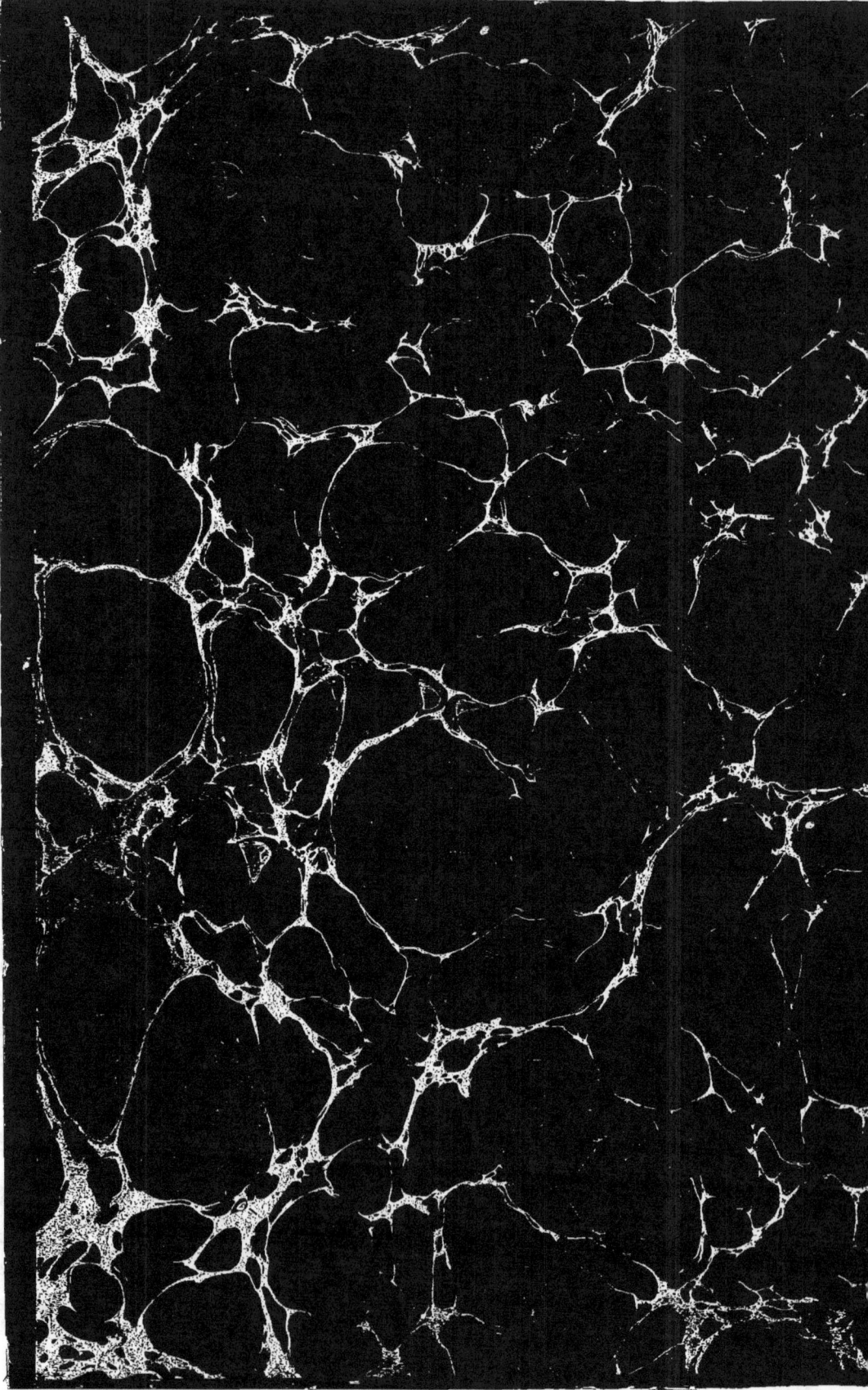

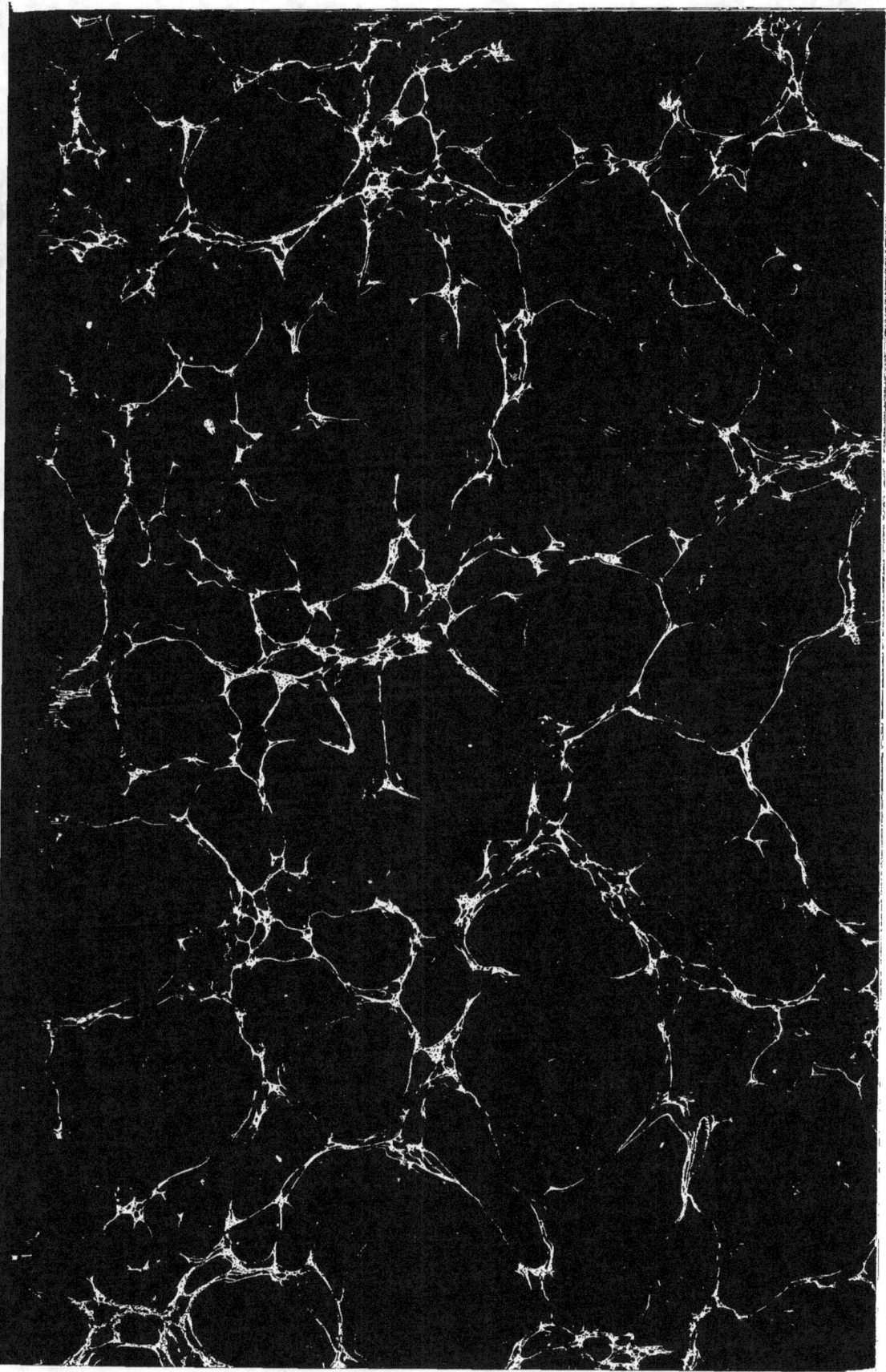

16121

POUR PARAITRE LE MARDI **21 JUILLET 1874**

A la librairie de l'ÉCHO DE LA SORBONNE, Paris, 7, rue Guénégaud

ET CHEZ TOUS LES LIBRAIRES

HISTOIRE DES BEAUX-ARTS

ARCHITECTURE, SCULPTURE, PEINTURE, CÉRAMIQUE

Depuis les temps les plus reculés jusqu'à nos jours

Par RÉNÉ MÉNARD

Rédacteur en Chef de la Gazette des Beaux-Arts

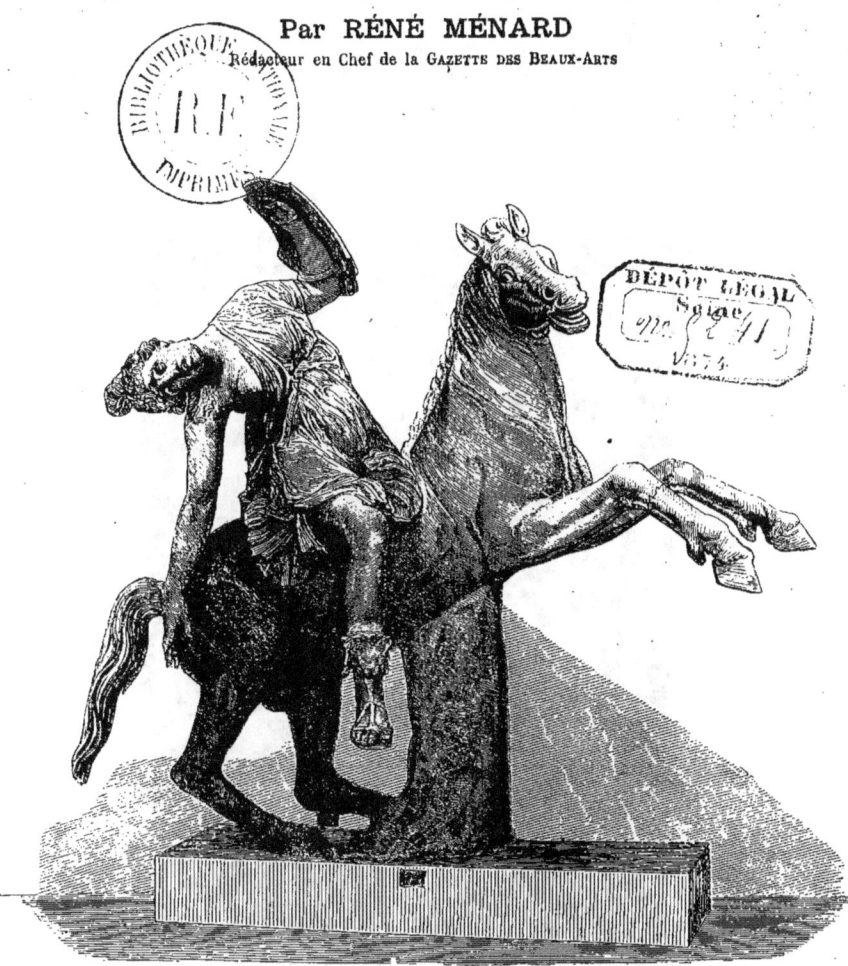

Amazone blessée.

Statue antique.

ÉDITION ILLUSTRÉE DE 400 MAGNIFIQUES GRAVURES

REPRÉSENTANT LES CHEFS-D'ŒUVRE DE L'ART CHEZ TOUS LES PEUPLES ET A TOUTES LES ÉPOQUES

Ouvrage admis dans les bibliothèques scolaires, honoré des souscriptions de M. le Ministre de l'Instruction publique et de M. le Préfet de la Seine, médaillé par la Société pour l'Instruction élémentaire, récompensé d'un diplôme de mérite à l'Exposition universelle de Vienne.

15 centimes la Livraison   **75 centimes la Série**

L'histoire des BEAUX-ARTS paraîtra le mardi et le vendredi de chaque semaine, par livraisons à 15 centimes, dont chacune formera 8 pages à deux colonnes, imprimées avec soin sur beau papier in-8° colombier, et contiendra de quatre à huit magnifiques gravures. La première livraison sera mise en vente le mardi 21 juillet, et la première série de cinq livraisons le mardi 5 août.

On peut souscrire dès à présent, à la librairie de l'*Écho de la Sorbonne* et chez tous les libraires, pour recevoir *FRANCO* par séries l'ouvrage entier, qui formera 60 livraisons.

Prix de la souscription à l'ouvrage entier, **10** *francs, payables :* **5** *francs en souscrivant,* **5** *francs après la trentième livraison.*

Le texte des 60 livraisons est à l'Imprimerie Générale ainsi que les 400 planches gravées, en sorte que l'Éditeur peut répondre dès aujourd'hui de la régularité la plus absolue de la mise en vente chaque semaine.

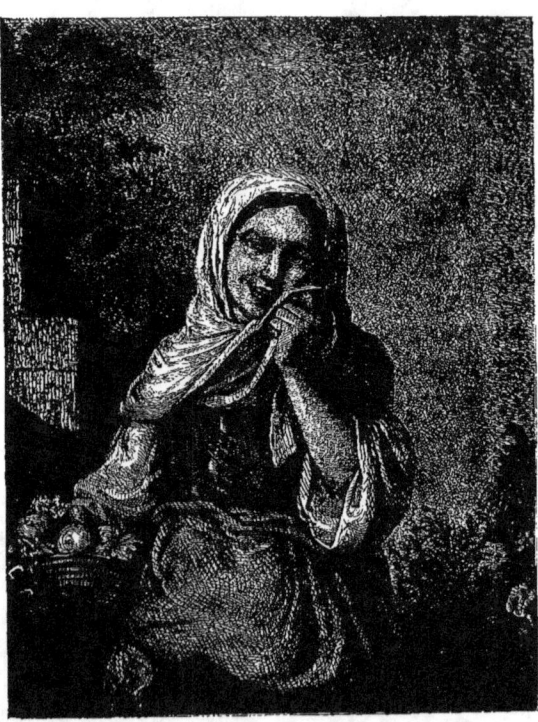

La Jardinière, par Murillo.

A une époque où tout le monde s'intéresse si vivement aux questions artistiques, où les Salons annuels de peinture et de sculpture, les Expositions et les ventes des collections célèbres sont l'objet de l'attention générale, chacun voudra se procurer un ouvrage qui résume d'une façon aussi précise, aussi claire et aussi intéressante, pour l'esprit comme pour les yeux, l'histoire de tous les arts, autrement dit de toutes les civilisations dans tous les temps et chez tous les peuples.

Typographie Lahure, rue de Fleurus, 9, à Paris.

POUR PARAITRE LE MARDI **21** *JUILLET* **1874**
A la librairie de l'ÉCHO DE LA SORBONNE, Paris, 7, rue Guénégaud
ET CHEZ TOUS LES LIBRAIRES

HISTOIRE DES BEAUX-ARTS
ARCHITECTURE, SCULPTURE, PEINTURE, CÉRAMIQUE
Depuis les temps les plus reculés jusqu'à nos jours
Par RENÉ MÉNARD
Rédacteur en Chef de la GAZETTE DES BEAUX-ARTS

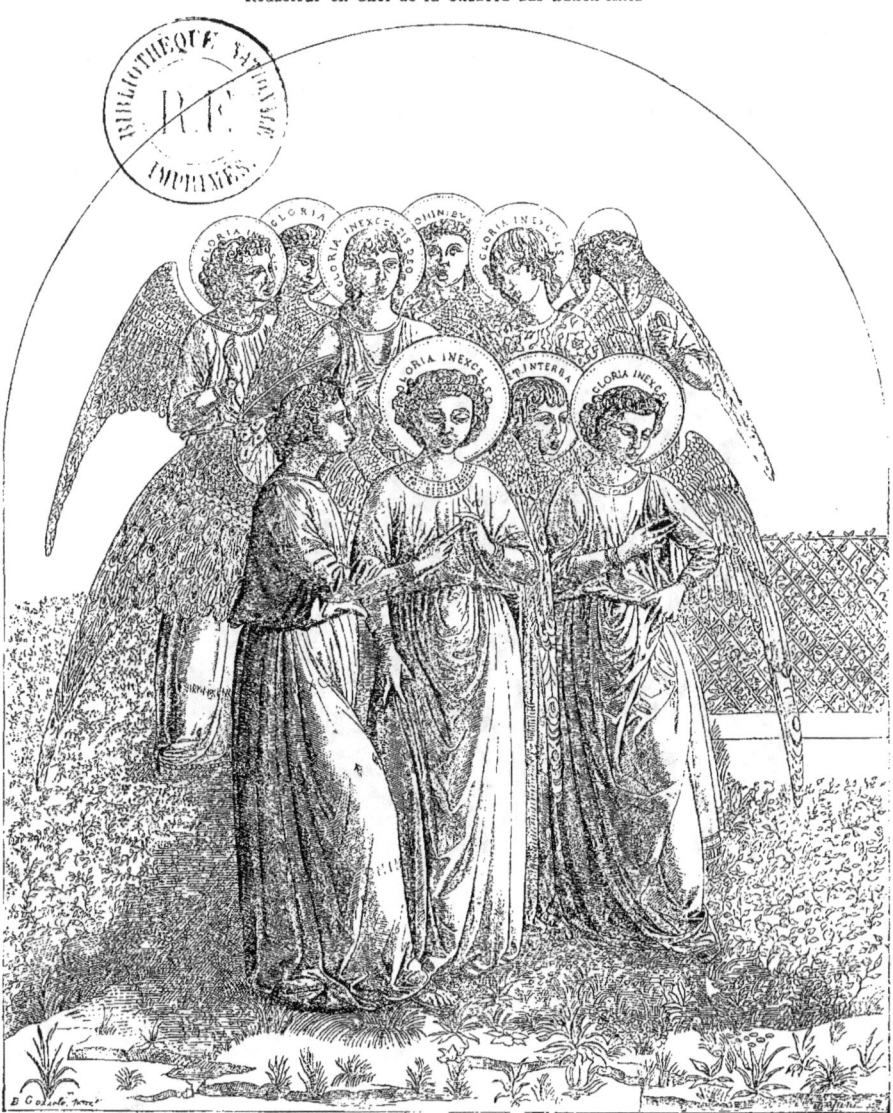

Le Chant des Anges, par Bennozzo Gozzoli.

ÉDITION ILLUSTRÉE DE 400 MAGNIFIQUES GRAVURES
REPRÉSENTANT LES CHEFS-D'ŒUVRE DE L'ART CHEZ TOUS LES PEUPLES ET A TOUTES LES ÉPOQUES

Ouvrage admis dans les bibliothèques scolaires, honoré des souscriptions de M. le Ministre de l'Instruction publique et de M. le Préfet de la Seine, médaillé par la Société pour l'Instruction élémentaire, récompensé d'un diplôme de mérite à l'Exposition universelle de Vienne.

L'histoire des BEAUX-ARTS paraîtra le mardi et le vendredi de chaque semaine, par livraisons à 15 centimes, dont chacune formera 8 pages à deux colonnes, imprimées avec soin sur beau papier in-8° colombier, et contiendra de quatre à huit magnifiques gravures. La première livraison sera mise en vente le mardi 21 juillet, et la première série de cinq livraisons le mardi 5 août.

On peut souscrire dès à présent, à la librairie de l'*Écho de la Sorbonne* et chez tous les libraires, pour recevoir FRANCO par séries l'ouvrage entier, qui formera 60 livraisons.

Prix de la souscription à l'ouvrage entier, 10 francs, payables : 5 francs en souscrivant, 5 francs après la trentième livraison.

Le texte des 60 livraisons est à l'Imprimerie Générale ainsi que les 400 planches gravées, en sorte que l'Éditeur peut répondre dès aujourd'hui de la régularité la plus absolue de la mise en vente chaque semaine.

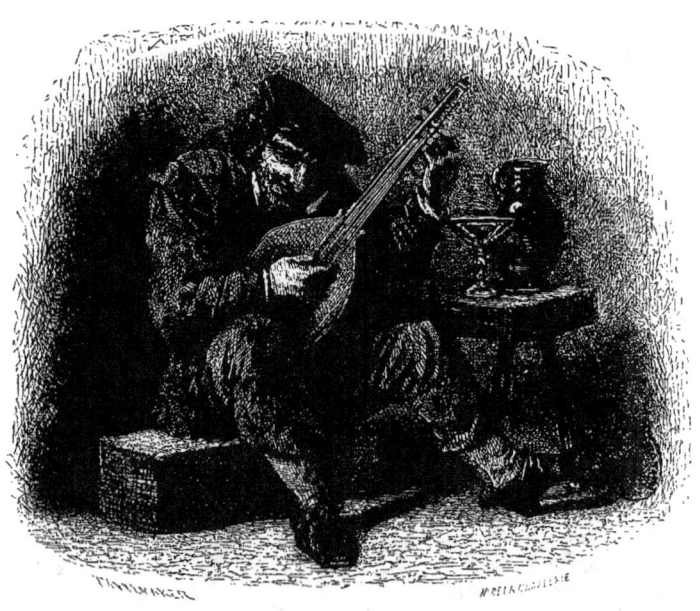

Le Joueur de guitare, de Téniers.

A une époque où tout le monde s'intéresse si vivement aux questions artistiques, où les Salons annuels de peinture et de sculpture, les Expositions et les ventes des collections célèbres sont l'objet de l'attention générale, chacun voudra se procurer un ouvrage qui résume d'une façon aussi précise, aussi claire et aussi intéressante, pour l'esprit comme pour les yeux, l'histoire de tous les arts, autrement dit de toutes les civilisations dans tous les temps et chez tous les peuples.

Typographie Lahure, rue de Fleurus, 9, à Paris.

HISTOIRE
DES
BEAUX-ARTS

14942. — TYPOGRAPHIE LAHURE
Rue de Fleurus, 9, à Paris

HISTOIRE

DES

BEAUX-ARTS

ILLUSTRÉE DE 414 GRAVURES

REPRÉSENTANT LES CHEFS-D'ŒUVRE DE L'ART A TOUTES LES ÉPOQUES

PAR

RENÉ MÉNARD

RÉDACTEUR EN CHEF DE LA GAZETTE DES BEAUX ARTS

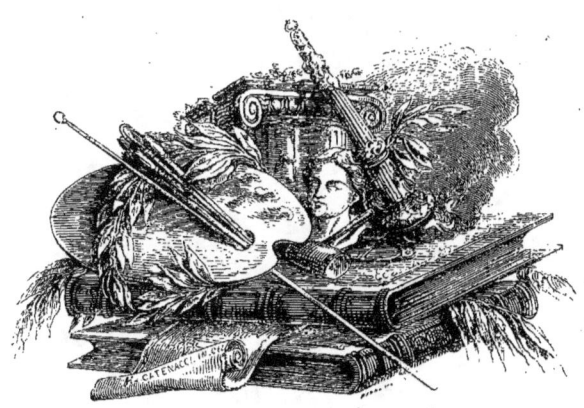

PARIS

LIBRAIRIE	LIBRAIRIE
DE L'IMPRIMERIE GÉNÉRALE	DE L'ÉCHO DE LA SORBONNE
9, RUE DE FLEURUS, 9	7, RUE GUÉNÉGAUD, 7

1875

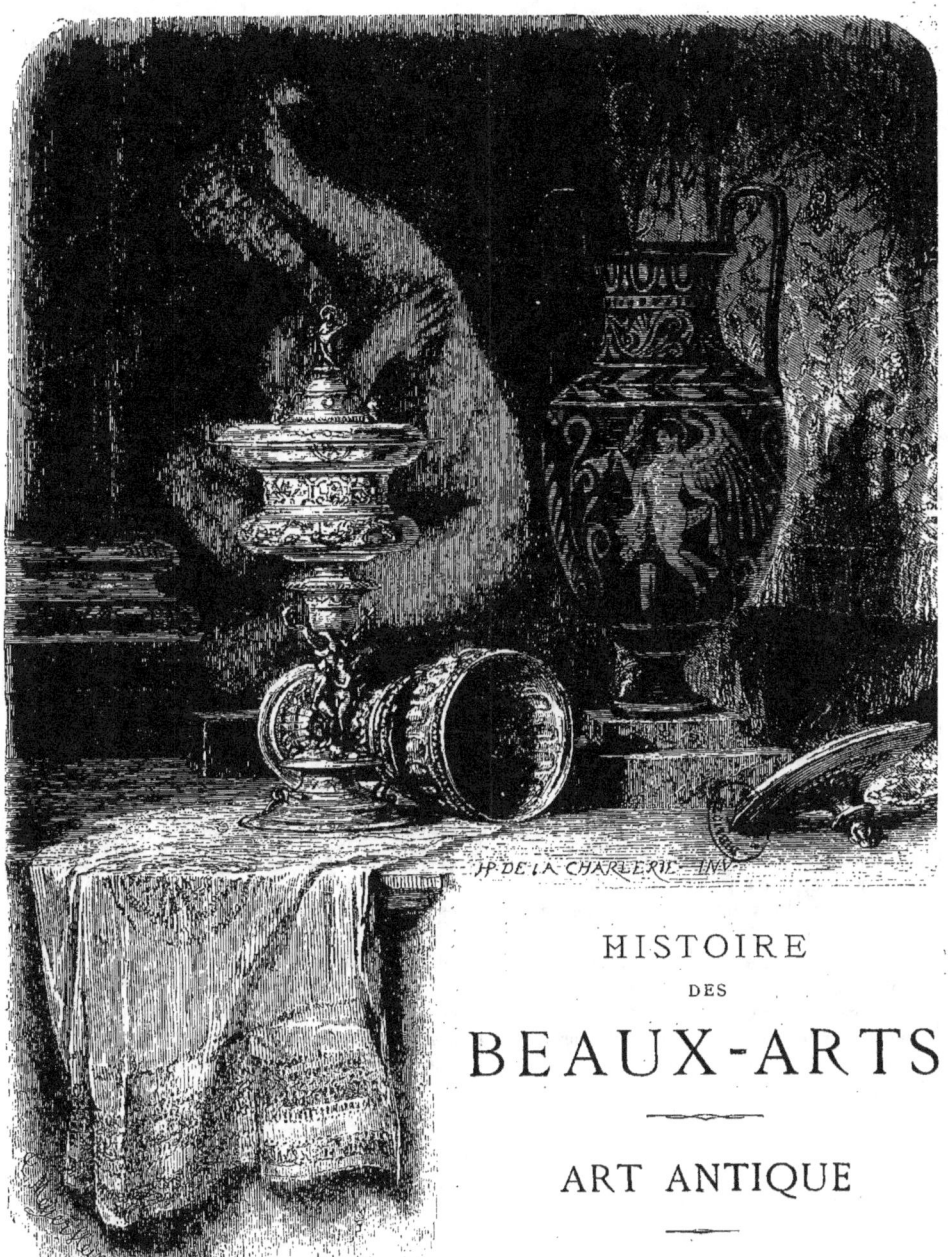

HISTOIRE DES BEAUX-ARTS

ART ANTIQUE

LES ORIGINES DE L'ART

L'art est l'expression d'un besoin et non d'un caprice. Il est donc inutile de rechercher ses origines dans l'histoire, car il commence avec l'histoire. Le sauvage élève une cabute avec des branches d'arbres : en cela il obéit à un besoin matériel, celui de s'abriter. Mais en même temps, il cherche à la construire à *son goût*, c'est-à-dire aussi *belle* qu'il le peut : le chef de la tribu aura la plus *belle* hutte. Ceci est un besoin moral qui est l'aspiration vers le beau. L'homme primitif façonne avec de l'argile un pot destiné à contenir du liquide, mais en même temps, il cherche à lui donner une forme plus évasée dans une partie, plus rétrécie dans une autre; et il ne sépare pas l'idée de le rendre plus commode pour son service, et l'idée de le rendre plus agréable à l'œil; ces deux idées-là n'en font qu'une à ses yeux, et voilà pourquoi chez les peuples primitifs l'art et l'industrie s'expriment par le même mot.

Mais quand l'homme primitif façonne ce pot, quand il cherche quelle forme il va lui donner, son instinct éveille dans sa mémoire mille souvenirs des formes qu'il a vues, telles que les fruits, le calice des fleurs, et même lorsqu'il ne les a pas sous les yeux, même lorsqu'il n'en a pas conscience, il imite par instinct; les formes qu'il crée sont des formes dont il se souvient et qu'il traduit en les modifiant pour atteindre le but qu'il s'est proposé. Ainsi, le rêve qu'il poursuit est idéal, mais le moyen qu'il emploie pour y arriver est l'imitation d'une chose réelle. L'art est donc une aspiration vers une beauté inconnue, qui s'exprime par l'imitation de formes connues.

L'art dans son origine est un ornement, mais il devient bientôt l'expression d'une idée. Un sauvage, plus fort ou plus intelligent que les autres, a tué une bête féroce qui désolait la contrée; il en suspend la dépouille à l'entrée de sa demeure. Mais la dépouille se détruit. Il taille comme il peut, dans le bois ou dans la pierre, selon qu'une hutte ou une caverne lui sert d'habitation, une image grossière du combat où il s'est illustré; car il veut que ses enfants et ses petits-enfants disent en voyant cela : « C'est ici qu'était l'homme qui savait nous défendre. » Voilà donc l'art chargé de perpétuer le souvenir d'un événement. La sculpture et la peinture ont été pendant des siècles la seule manière d'écrire l'histoire.

Mais l'art va bientôt traduire autre chose que des faits matériels. En présence des maux dont il est affligé, des injustices dont il est témoin, l'homme éprouve le besoin de se figurer un monde différent, qui réponde à la notion qu'il a du bien et de la justice; il conçoit l'idée d'un Dieu fort et juste qui châtie les méchants et récompense les bons. Il la réalise par l'art et fabrique une idole, image visible de sa conception religieuse. Pour exprimer ce Dieu fort, il lui donnera les formes connues qui annoncent la force; et pour rendre vraisemblable ce qui est impalpable et invisible, il aura recours à l'imitation de la réalité. L'art va donc toujours du réel à l'idéal, soit qu'il s'associe à notre industrie, soit qu'il retrace les événements de notre histoire, soit qu'il traduise les conceptions morales de notre esprit.

Dans tous les temps et chez tous les peuples nous retrouvons le germe de l'art, mais il se développe ou demeure condamné à la stérilité, selon le génie des races diverses et les conditions morales où s'exerce leur activité.

« La plupart des écrivains, dit Vasari, prétendent que la peinture et la sculpture furent trouvées par les Égyptiens; d'autres attribuent aux Chaldéens les premières figures en relief et accordent aux Grecs l'invention du pinceau et de la couleur; mais moi, je soutiens que le dessin, ce principe créateur et vivifiant de la peinture et de la sculpture, a existé dès l'origine des choses. » Vasari a raison; mais s'il est impossible de rechercher l'origine de l'art, on peut en étudier la marche historique et non interrompue, depuis les pyramides d'Égypte jusqu'aux productions de l'art contemporain. Cette histoire, c'est celle qui retrace la forme visible que l'humanité a donnée à ses idées pendant une période de quarante ou cinquante siècles.

ÉGYPTE.

DOCUMENTS. — C'est seulement depuis le commencement de ce siècle que la science a pu soulever un coin de ce voile mystérieux qui depuis si longtemps rendait impénétrables l'art et la civilisation de l'Égypte. Le plus grand honneur en revient à la France. Les savants qui accompagnèrent l'expédition du général Bonaparte pour explorer les monuments de l'Égypte, se mirent à l'œuvre avec un zèle incomparable; leur travail présente une réunion immense de documents décrits ou dessinés avec le plus grand soin, mais dans un ordre purement géographique.

Une étude plus approfondie du caractère des formes a montré qu'ils avaient souvent attribué à une époque très-ancienne des ouvrages exécutés sous les Ptolémées. L'impossibilité où on était de déchiffrer les inscriptions empêchait d'ailleurs toute explication raisonnée sur la symbolique de l'art. La découverte de Champollion a permis d'envisager les monuments sous un jour complètement nouveau et on a pu trouver le sens de bien des statues jusque-là inintelligibles. L'Allemagne alors s'est mise à l'œuvre avec son érudition ordinaire, et le magnifique ouvrage de Lepsius, publié à Berlin, a offert à la science une quantité énorme de monuments nouveaux. De nos jours enfin, les travaux de M. de Rougé, le savant conservateur du Musée égyptien, au Louvre, et les fouilles récentes de M. Mariette, qui explore chaque jour quelque nouveau coin de la vieille Égypte avec une infatigable activité, permettent de donner aux monuments de l'art, sinon une date absolument précise, au moins un classement qui peut en expliquer la marche.

LE CULTE; LES DIEUX. — La religion égyptienne est un composé de cultes locaux, qui pendant une longue suite de siècles ont subi de nombreuses altérations. Des peuples de races diverses se mêlaient dans la vallée du Nil, et chacun apportait à la croyance commune le cachet de son génie propre, philosophique ou superstitieux.

L'Orient est le pays des rêveurs, des grands constructeurs de systèmes religieux, l'Afrique est la terre du fétichisme et de l'idolâtrie pure. Les tribus noires de l'Afrique centrale ont toujours adoré les animaux de leurs déserts : l'homme se sent inférieur à eux, parce qu'ils possèdent à un plus haut degré la force, l'agilité. De la différence intellectuelle de ces hommes réunis sur un même sol, résulte, dans l'ordre religieux, une croyance très-élevée, s'appliquant à des divinités qui toutes empruntent quelque chose à la forme animale. Chacun peut donc, dans les représentations de l'art religieux, prendre ce qui lui convient, rire des singuliers hommages rendus à un chat ou à un épervier, ou bien chercher le sens caché sous ces emblèmes.

Au-dessus de cette multitude de divinités de formes diverses, un Dieu suprême est adoré sous des noms différents, suivant les localités. C'est celui que les légendes sacrées appellent « le seul être vivant en vérité », celui qui a donné naissance aux dieux inférieurs, qui a tout fait. Ce Dieu unique, incréé, invisible, auteur du ciel et de la terre, n'a pas eu de commencement et n'aura pas de fin. Il est en trois personnes : le père, le fils et un personnage féminin qui joue le rôle de mère, mais demeure toujours vierge. Car le fils a été enfanté, mais non engendré, ou plutôt il s'engendre lui-même par le souffle divin. C'est à cette mystérieuse triade que sont dédiés tous les temples égyptiens. Mais ce qui domine tout dans la religion égyptienne, c'est la croyance à l'immortalité de l'âme, au jugement et à la résurrection des corps. C'est à ces dogmes que se rapportent toutes les scènes figurées symboliquement sur les tombeaux, sur les momies, sur les papyrus.

Osiris (fig. 3), le principe du bien, Isis, sa sœur et son épouse, et Horus son fils, composent une triade. Osiris avait été tué par son frère Set ou Typhon, le principe du mal; mais les soins d'Isis l'ont rendu à la vie, et son fils Horus l'a vengé. Il n'a pu tuer Typhon, car le mal existe encore sur la terre, mais il l'a affaibli en assurant le triomphe des lois divines sur les forces désordonnées de la nature et sur les mauvais esprits.

La triade égyptienne varie dans le nom de ses personnages, comme dans leur histoire, mais on la retrouve partout. « Au sommet du panthéon égyptien, dit M. Mariette, plane un Dieu unique, immortel, incréé, invisible, et caché dans les profondeurs inaccessibles de son essence; il est le créateur du ciel et de la terre; il a fait tout ce qui existe et rien n'a été fait sans lui; c'est le Dieu réservé à l'initié du sanctuaire. » Les découvertes récentes de la science des déchiffrements des hiéroglyphes, ajoute le savant égyptologue, ont confirmé ces vues.

Mais, en dehors du sanctuaire, le Dieu revêt mille formes différentes, car ses agents, qui ne sont que ses propres attributs personnifiés, deviennent, pour le vulgaire, des dieux visibles dont l'art multiplie les images variées à l'infini. Si l'on considère Dieu comme le ressort caché qui pousse la nature à se renouveler sans cesse, ce sera *Ammon*. La raison divine sera personnifiée en *Thoth*. Le dieu à tête de scarabée, *Kheper*, exprime l'éternité; il se donne la vie à lui-même et n'a pas eu de commencement. Tous ces dieux ne sont que les manifestations du Dieu unique. « Mais, dit M. Mariette, dans aucun temple, ce Dieu ne figure seul sur les autels où son image est adorée, et les Égyptiens ont toujours voulu

ART ANTIQUE.

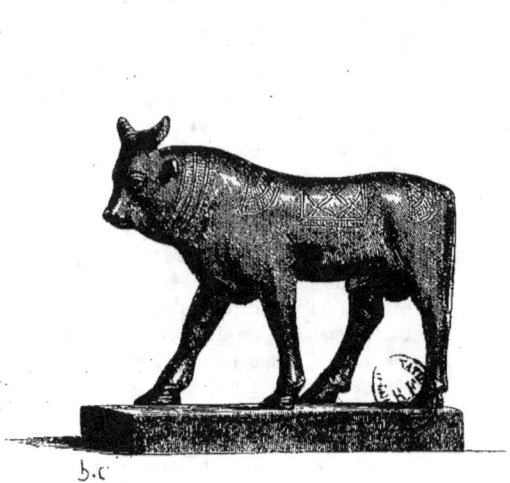

1. — LE BŒUF APIS.

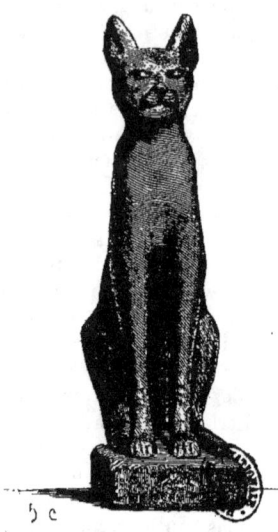

2. — ANIMAL SACRÉ.

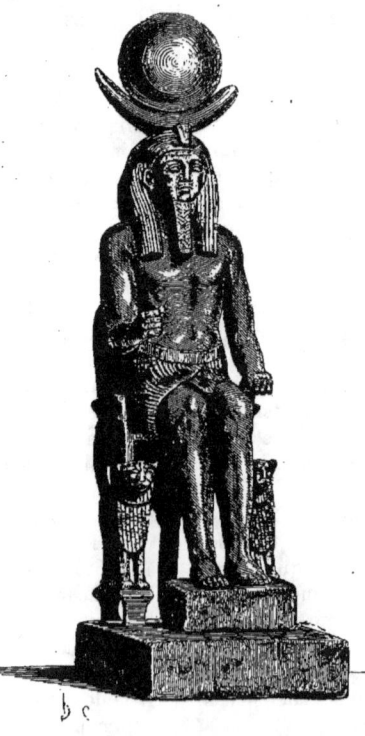

3. — OSIRIS.

qu'il se décomposât en une sorte de triade formée de lui-même, d'une déesse qui revêt le plus souvent le symbole de la maternité, et d'un troisième Dieu, que sa coiffure et son costume font reconnaître pour un Dieu enfant. »

Un sacerdoce puissant, se transmettant par initiation les traditions de sa théologie, dirigea l'art et lui imprima une sorte de grandeur étrange ; mais l'art ainsi dirigé se conserva tel qu'il était, répéta ses formules imperturbablement et ne progressa plus. « Le symbole, dit M. Charles Blanc, fut pour ce grand art ce qu'étaient pour les morts embaumés les aromates qui les conservaient ; il le momifia, mais en le momifiant, il le conserva. »

Visite au Louvre. — On peut étudier, au musée du Louvre, toutes les formes que les Égyptiens donnaient à la divinité ; mais celle qu'on trouve le plus parmi les grands monuments est *Pacht*, la déesse à tête de lionne, qui est chargée de venger les crimes et de punir les coupables. Mais il ne faut pas vous effrayer de son air terrible, car si, à l'heure du jugement, les quarante-deux assesseurs d'Osiris, qui interrogeront votre conscience, l'ont trouvée pure, si vous avez eu soin de la momie de vos parents, si vous avez observé convenablement les rites, Pacht, la déesse à tête de lionne, sera pour vous une chatte caressante, qui vous réjouira par d'agréables ronrons. Nous devons à cette croyance d'avoir de belles chattes en bronze et en faïence bleue ; mais pour voir Pacht en chatte, il faudra monter dans les salles du haut. On remarquera que plusieurs de ces chattes ont les oreilles percées, à cause des boucles d'oreilles que les Égyptiens leur mettaient.

Pacht était en même temps une divinité solaire à laquelle on attribuait la formation des races asiatiques.

La salle d'Apis contient les monuments découverts par M. Mariette dans les tombeaux du bœuf *Apis*. Outre une foule d'inscriptions d'une valeur inappréciable pour l'archéologie, on peut voir l'image du dieu lui-même. « La statue d'*Apis*, S 98, dit M. de Rougé, placée au milieu de la salle, fut trouvée en place dans sa chapelle.... On distingue parfaitement encore les marques sacrées quant à la couleur d'*Apis*; elles consistaient dans des taches noires régulières terminées en forme de croissant; la tête était noire, avec un triangle blanc sur le front. » Le bœuf Apis est une incarnation d'Osiris, dieu souverainement bon, dit M. Mariette, qui descend au milieu des hommes et s'expose aux douleurs de la vie terrestre sous la forme d'un quadrupède (fig. 1).

C'est en montant dans les salles du haut que nous verrons la forme que l'art a donnée aux différents aspects de la divinité dans le

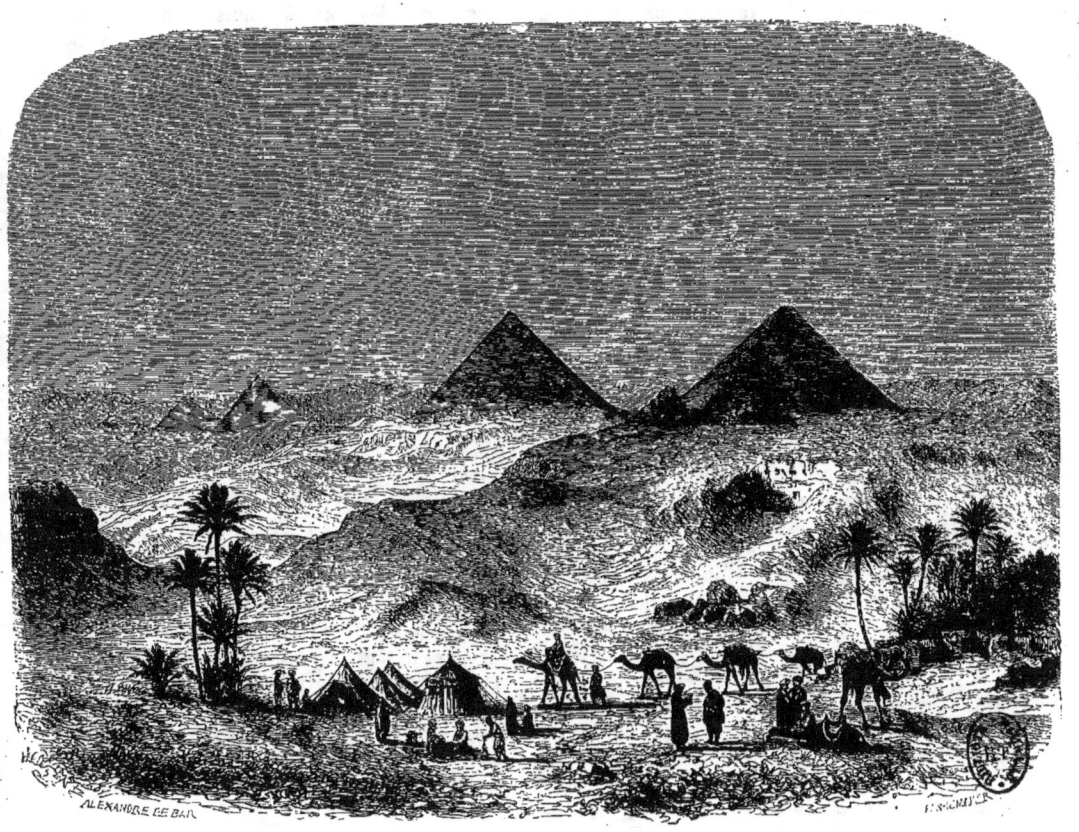

4. — LES PYRAMIDES.

culte égyptien. Dans la salle des monuments religieux, l'armoire A réunit les principaux dieux de la Thébaïde. *Ammon, le grand dieu vivant en vérité*, porte une coiffure avec une couronne rouge, surmontée de deux longues plumes droites; sa divine épouse, *Maut* ou la mère, est coiffée du double diadème; *Chons*, leur fils, a une tête d'épervier. Dans l'armoire B, on voit des petites figures de la déesse *Neith*, présentant le sein à de jeunes crocodiles. *Ptah*, le dieu suprême de Memphis, a la tête rasée et est enveloppé comme une momie: on en voit au Louvre de belles figurines en bronze. *Ra* ou le soleil est représenté par un homme à tête d'épervier, coiffé d'un disque; *Hathor*, la fille du soleil, a la tête ornée d'oreilles de vache: dans les temples qui lui sont dédiés, les colonnes portent la tête de la déesse pour chapiteaux. C'est la déesse *Hathor* qui, sous la forme d'une vache, reçoit le défunt arrivant au tombeau. Nous en avons de belles figures de bronze, où elle est représentée dans son rôle de mère, tenant l'enfant sur ses genoux.

L'armoire C est consacrée au culte d'*Osiris*. Ce Dieu a le corps enveloppé comme celui d'une momie, il tient en main le crochet et le fouet, symboles du gouvernement. *Set* ou *Typhon*, le frère et le meurtrier d'*Osiris*, est symbolisé par une tête d'animal carnassier au museau long et busqué. Les figures de ce dieu sont extrêmement rares, parce qu'elles ont été détruites avec une rage inouïe dans une réaction qui eut lieu contre son culte. *Isis*, la sœur et l'épouse d'*Osiris*, a pour coiffure symbolique un disque avec deux cornes de vache : on la confond souvent avec *Hathor*. *Anubis* est toujours caractérisé par une tête de chacal ; c'est le dieu qui veille sur les momies ; il assiste au jugement, ainsi que *Thot*, qui rend compte à *Osiris* du pèsement de l'âme, et qui ouvre au défunt les portes célestes. Il a une tête d'ibis.

L'armoire D est consacrée à *Horus*, le fils d'*Isis* et d'*Osiris*, qui avait vaincu Set et vengé la mémoire de son père. Comme symbole du soleil levant, *Horus* est placé sur un lotus dont le bouton s'élance du fond des eaux. Nous avons beaucoup de statuettes de ce dieu. On retrouve encore dans les armoires du musée une foule de divinités dont les emblèmes sont variés à l'infini, mais dont la description nous entraînerait trop loin ; seulement observons que presque toutes les formes animales sont mêlées à la forme humaine dans les représentations symboliques du culte égyptien.

ART FUNÉRAIRE. — Les Égyptiens étaient religieusement attachés au culte des ancêtres. Ils croyaient à la bienfaisante influence des morts qui veillent sur nous et gardaient avec vénération les usages de leurs parents. La mort a eu dans leur civilisation un rôle plus grand que la vie. Ils faisaient peu de cas des demeures qu'ils habitaient. Mais les maisons éternelles où ils devaient reposer après leur mort étaient l'objet de tous leurs soins. Le mobilier funéraire était prodigieux : meubles, statues, stèles, amulettes, bijoux, on trouve tout dans leurs tombeaux. Dans la pensée des Égyptiens, la vie de ce monde n'était, comme la mort, qu'une transition, un temps d'épreuves après lequel on devait reprendre le corps : de là la nécessité de l'embaumer pour que l'âme puisse le retrouver intact (fig. 5, 6, 7). Il est aussi probable que l'hygiène entrait pour beaucoup dans ces prescriptions. M. Champollion Figeac attribue l'introduction de la peste en Égypte au culte chrétien, qui a substitué l'usage des enterrements à celui des embaumements. La peste n'était pas connue des anciens Égyptiens.

En étudiant l'architecture funéraire de l'Égypte, nous trouvons plusieurs espèces de monuments servant de tombeaux, les *pyramides* les *hypogées* et les *nécropoles*.

LES PYRAMIDES (fig. 4). — On ne saurait déterminer d'une manière bien positive la date des pyramides. Mais la plus grande se rapporte à un roi de la quatrième dynastie, qu'Hérodote appelle Cheops. Ce fut un roi guerrier : les bas-reliefs nous le montrent châtiant les brigands qui infestaient les frontières orientales de l'Égypte. Mais ce fut surtout un roi constructeur : la plus grande pyramide est le tombeau de Cheops. Cent mille hommes, qui se relayaient tous les trois mois, y travaillèrent, dit-on, pendant trente ans. Nos machines modernes pourraient aisément suppléer à cet immense effort des anciens Égyptiens. « Mais, dit M. Mariette, le problème difficile à résoudre même de nos jours, serait de construire des chambres et des couloirs intérieurs qui, malgré les millions de kilogrammes qui pèsent sur eux, conserveraient à travers soixante siècles la plus parfaite et la plus étonnante régularité. »

Les grandes pyramides sont situées aux environs du Caire, à 6 kilomètres du village de Ghisé. Celle de Cheops est la plus célèbre. Celles de Chephren, de Mycerinus sont tout à côté, ainsi qu'une multitude de petits monuments de forme pyramidale qui entourent la grande pyramide. La grande pyramide de Cheops forme un carré de 248 mètres environ : sa hauteur perpendiculaire est de 133 mètres, c'est-à-dire 8 mètres de plus que la coupole de Saint-Pierre de Rome. Il y a 206 rangées de marches en pierre dont la hauteur moyenne est de deux à trois pieds. Les angles correspondent aux quatre points cardinaux. L'entrée est du côté du nord. Des passages étroits conduisent aux chambres intérieures, dont les principales sont celles du roi et de la reine. Ces édifices sont des tombeaux. Mais on doit supposer, qu'outre leur destination sépulcrale, ils en avaient une autre, soit comme observatoires astronomiques, soit comme autels religieux.

Les pyramides sont les monuments les plus gigantesques qui aient été bâtis par les peuples de l'antiquité. Elles avaient leurs faces revêtues extérieurement de dalles polies et parfaitement appareillées. Le nombre des pyramides de Ghiseh est de neuf, deux très-grandes et les autres de moindre dimension.

On connaît encore trente-neuf pyramides, restes d'un nombre beaucoup plus grand. Elles sont toutes situées sur la rive gauche du Nil. Les pyramides de Sakkarah sont précédées par une chaussée ou chemin incliné, taillé dans le roc. La plus grande préséntait six étages superposés en retrait, et ayant chacun la forme d'une pyramide tronquée. On trouve quelquefois à côté des pyramides un puits à momies. Les particuliers avaient pour eux de petites pyramides de un ou deux pieds de haut, qu'on décorait souvent de peintures funéraires ou d'inscriptions; on peut en voir au musée du Louvre.

Tout à côté des grandes pyramides de Ghiseh, on voit un monument qui n'est pas moins extraordinaire. C'est le grand Sphinx, statue gigantesque taillée dans le roc solide, vis-à-vis la pyramide de Chephren, avec laquelle un passage souterrain établit une communication. Sa figure présente le type d'un Nubien.

HYPOGÉES. — On a donné le nom d'hypogées, c'est-à-dire souterrains, à des tombeaux creusés dans le flanc des montagnes (fig. 12). En général, les hypogées s'annoncent par une façade taillée verticalement dans le rocher et par une porte ouvrant sur un couloir qui s'enfonce dans la montagne. Ces couloirs sont entrecoupés par des pièces carrées ou rectangulaires, dans lesquelles se trouvent les sarcophages. Les parois de ces chambres funéraires sont couvertes de peintures. Les hypogées sont plus nombreux à mesure qu'on approche de la Nubie.

NÉCROPOLES. — Il n'y avait que les rois ou les grands personnages qui eussent une sépulture particulière. Les nécropoles étaient des tombeaux communs, dont on trouve aujourd'hui les ruines, consistant en masses énormes de débris de poteries et de figurines funéraires entassées. Les nécropoles étaient destinées chacune à une caste différente. Les animaux avaient aussi droit à être inhumés dans les nécropoles.

Visite au Louvre. — On peut voir au musée du Louvre plusieurs sarcophages en granit ou en basalte. Les scènes gravées se rapportent toujours à l'immortalité de l'âme. Ordinairement, la déesse de l'enfer, qui s'appelait *Amenti*, est gravée au fond du sarcophage; la momie reposait sur elle. Au-dessus s'étendait la déesse du ciel. Des inscriptions placées sur les momies montrent quelles étaient les prières : « O ma mère le Ciel, qui t'étends au-dessus de moi, fais que je devienne semblable aux constellations » (trad., M. de Rougé).

Les sujets figurés sur les cercueils en bois se rapportent au même ordre d'idées. Dans la salle historique (au premier étage), on peut voir deux fort belles boîtes de momie ayant appartenu à des rois de la onzième dynastie.

La doctrine de l'immortalité de l'âme, qui domine tout le système funéraire des anciens Égyptiens, est exposée dans le rituel, sur les papyrus qu'on peut voir dans la salle funéraire. On y voit voguant, derrière Anubis, dans la barque du Soleil, les 42 juges devant lesquels le défunt se justifie de ses péchés, le pèsement de l'âme dans la balance, et son jugement que lit le dieu Thot à forme de singe cynocéphale (à tête de chien), puis enfin le soleil représenté par un disque rouge à tête d'épervier, et l'âme justifiée, dégagée de ses souillures, qui vient se joindre à la course de l'astre lumineux. Il y a plusieurs manuscrits qui tous se rapportent aux mêmes idées, mais avec des formes différentes.

TEMPLES. — On a cru longtemps que les premiers temples égyptiens étaient creusés dans les rochers, et que les édifices élevés sur le sol avaient eu pour modèles ces excavations religieuses. Les savants admettent aujourd'hui que le petit nombre de temples souterrains qui se rencontrent en Égypte et en Nubie sont de date beaucoup plus récente que les temples extérieurs. Les premières constructions religieuses n'étaient guère que de simples chapelles et n'avaient pas de colonnes intérieures. La petite dimension de l'édifice les aurait rendues inutiles. Les colonnes ne parurent que lorsqu'il fallut soutenir le plafond dans un monument plus vaste. Les premières colonnes ne sont que des piliers de forme carrée, sans soubassement ni chapiteaux; puis on abat les angles, ce qui produit la colonne polygonale; on en creuse plus ou moins les faces, ce qui donne la colonne cannelée. Enfin le chapiteau se forma en ajoutant à la partie supérieure divers ornements. Les chapiteaux égyptiens se divisent en deux espèces principales : les uns ont la forme d'une fleur de lotus, et sont couronnés par un dé plus étroit, et rehaussés d'ornements divers, imitant le plus ordinairement des feuilles de palmier ou de plantes aquatiques (fig. 9). Les autres ressemblent à un bouton de fleur tronqué par le haut, renflé par le bas, et surmonté d'un dé. Enfin, il y a des temples dont les colonnes ont pour chapiteaux la tête de la déesse Hathor, par exemple les colonnes du temple de Denderah.

Le plan des temples varie peu, quelle que soit leur grandeur. Les différences qu'on y remarque ne sont que dans la proportion et les détails. La première entrée est un large portail flanqué de deux tours quadrangulaires à pans inclinés, plus hautes que le portail. C'est ce que l'on nomme *pylone*, porte (fig. 10). Dans les grands temples, le pylone donne accès à une avenue bordée d'une double ligne de sphinx ou de béliers en granit. Au bout de l'avenue, qui comprend quelquefois un second pylone, se trouve un portique couvert, par lequel on entre dans le temple proprement dit, dont la partie la plus reculée est le sanctuaire. Le tout était environné d'une muraille.

Les murs sont presque toujours bâtis en talus à l'extérieur, tandis qu'à l'intérieur ils s'élèvent sur une ligne perpendiculaire, de sorte qu'ils sont beaucoup plus épais à leur base qu'à leur sommet. Mais on ne voit jamais, comme dans les temples grecs, des séries de colonnes formant des péristyles autour des monuments. Les colonnes égyptiennes ne se montrent que dans l'intérieur des cours où elles forment des portiques, ou dans des salles dont elles supportent le plafond (fig. 11). Ce n'est qu'à partir des Ptolémées qu'on voit des colonnes extérieures, et alors elles se rattachent les unes aux autres par un mur à hauteur d'appui. L'architrave, supportée par les colonnes, ne repose pas directement sur le chapiteau, mais sur une pierre cubique destinée à exhausser la colonne.

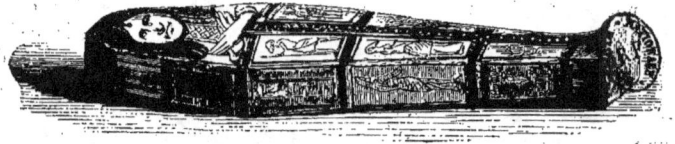

5. — MOMIE.

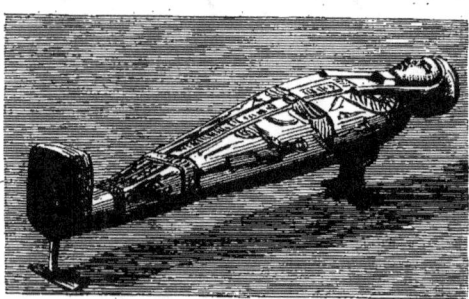

6. — MOMIE DANS SON ÉTUI.

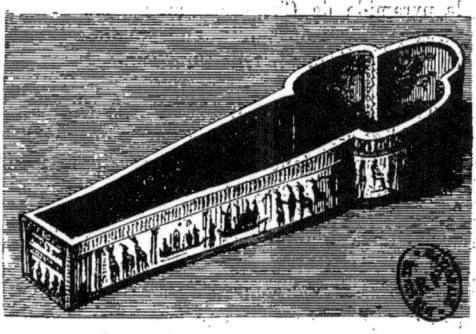

7. — BOITE CONTENANT LA MOMIE.

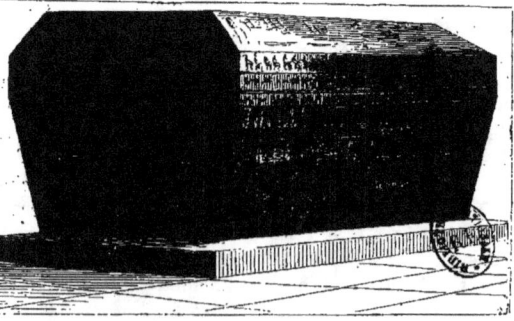

8. — SARCOPHAGE.

Les temples et palais de l'Égypte ont généralement l'apparence d'une pyramide tronquée : leur aspect est trapu, carré, et présente l'image de la force et de la solidité plutôt que de l'élégance. Les propylées qui précèdent le temple se composent de grandes portes isolées, ou de pylones devant lesquels se dressent deux obélisques d'inégale grandeur et des statues colossales. L'intérieur du temple offre cette particularité que les pièces diminuent d'étendue à mesure qu'elles approchent du fond de l'édifice. Les nombreux supports, quadrangulaires ou octogones, les vestibules peuplés de statues, les dessins hiéroglyphiques creusés sur les murailles, l'immense proportion de l'édifice, tout contribue à produire une impression grandiose et mystérieuse, que rend encore plus étrange l'emploi des couleurs les plus vives. Car dans l'architecture égyptienne, tout est peint, les statues comme les bas-reliefs, les colonnes comme les murailles, l'intérieur

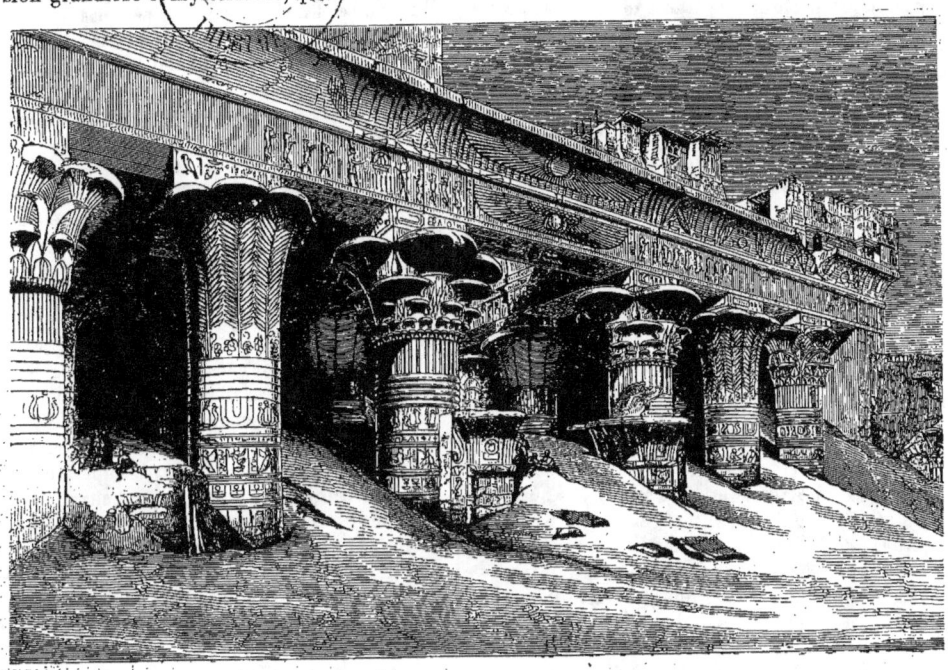

9. — RUINES D'UN TEMPLE D'EDFOU.

comme l'extérieur : l'art s'est efforcé surtout d'agir sur l'imagination et de frapper l'esprit d'une profonde impression religieuse.

Les pierres de grande dimension étaient transportées toutes taillées de la carrière. Pour en détacher les blocs, on usait de divers procédés. Quelquefois, on creusait des trous dans le massif de la carrière et on y enfonçait des coins de bois très-secs. Ceux-ci une fois mouillés se gonflaient et séparaient la pierre de la

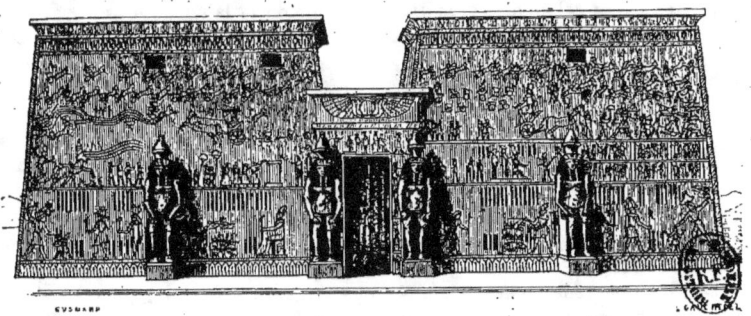

10. — ENTRÉE D'UN TEMPLE ÉGYPTIEN (RESTAURÉ).

montagne. Le transport de ces pierres, d'une dimension souvent énorme, est représenté sur des bas-reliefs : c'est ainsi qu'on voit sur un bas-relief un colosse, qu'une quantité d'hommes tirent au moyen de cordes. Le colosse est sur un traîneau ; sur ses genoux, on voit l'homme qui dirige l'opération, tandis qu'un autre verse un liquide, probablement de la graisse, sur le passage du traîneau.

Les statues égyptiennes sont rarement isolées, bien qu'on en rencontre quelques-unes ; mais, à l'exception des sphinx, quand les statues n'adhèrent pas complétement à la muraille, elles sont adossées à l'édifice (fig. 10). La statuaire égyptienne n'est pour ainsi dire pas un art propre, elle trahit toujours son origine qui est l'architecture et sa raison d'être qui est le symbole. Son principe n'est pas l'imitation de la vie réelle : elle arrive à la grandeur par une raideur préméditée et par la suppression de tous les détails secondaires. Une symétrie en quelque sorte sacerdotale et pleine de majesté supplée à la variété qui distingue les êtres vivants. « Le style égyptien, dit M. Charles Blanc, est monumental par le laconisme du modelé, par l'austérité des lignes et par leur ressemblance avec les verticales et les horizontales de l'architecture. Il est imposant parce qu'il est une pure émanation de l'esprit ; il est colossal, même dans les petites figures, parce qu'il est naturel et surhumain. »

THÈBES. — La ville de Thèbes occupait toute la vallée du Nil et débordait jusque sur les assises des montagnes et dans les gorges où sont les sépultures des rois. Les palais de Karnac, situés sur la rive droite du Nil, couvraient un espace immense dont il reste encore d'imposants débris. Le grand temple était au centre d'une série de temples et de propylées, avec des avenues de sphinx qui rayonnaient autour. Sur le rivage du Nil, on voit encore les traces d'un vaste perron et de nombreux fragments des sphinx à tête de bélier, qui formaient une avenue menant aux deux pylones. La *salle hypostyle* (fig. 11) ou salle des colonnes forme le centre de l'édifice. Le plafond de cette immense salle est soutenu au milieu par douze grosses colonnes de vingt-trois mètres de hauteur, et cent vingt-deux colonnes moins gigantesques, distribuées en quatre massifs formant sept rangs dans l'intérieur de l'édifice. La salle hypostyle de Karnac est peut-être la ruine la plus célèbre et la plus imposante de l'Égypte.

L'ARCHITECTURE CIVILE. — Memphis cède le pas à Thèbes pendant la seconde période de l'art égyptien. Après les siècles de barbarie qu'entraîna l'invasion des pasteurs, il se forma à Thèbes comme une renaissance. Ce second âge de l'Égypte vit encore s'élever de prodigieux monuments. Il en est deux dont il ne reste guère de traces aujourd'hui, mais qu'il est impossible de passer sous silence à cause de l'immense célébrité qu'ils ont eue dans l'antiquité : le lac *Mœris* et le *labyrinth*.

Le lac Mœris fut pour l'Égypte un véritable bienfait. Le Nil oscille continuellement entre deux fléaux : quand son débordement est insuffisant, il y a sécheresse et le sol demeure inculte ; quand, au contraire, il déborde trop, il renverse et détruit tout sur son passage. Le lac Mœris fut créé pour servir de réservoir destiné à fournir de l'eau quand l'inondation du Nil était insuffisante et à en recevoir le trop-plein quand ses eaux devenaient trop abondantes.

Non loin du lac Mœris était autrefois le *labyrinthe* qui excita à un haut degré l'admiration des Grecs. Les recherches qui ont été faites pour retrouver ses traces n'ayant donné jusqu'ici aucun résultat, nous devons nous en tenir au récit d'Hérodote : « Les rois, voulant laisser un monument public de leur règne, bâtirent un labyrinthe dans la cité des crocodiles, un peu au-dessus du lac Mœris. J'ai vu ce monument et je l'ai trouvé bien supérieur à sa réputation ; il renferme douze cours entourées de murs, et autant de portes : six ouvrant au nord et six au midi. La partie supérieure de l'édifice contient mille cinq cents chambres et un nombre égal sous terre. J'ai visité toutes les chambres de l'étage supérieur, et je ne parle que de ce que j'ai vu ; mais, quant aux appartements inférieurs, je ne les connais que par information, car les Égyptiens chargés de leur garde ne voulurent point me permettre d'y descendre, parce qu'ils renfermaient les tombeaux des crocodiles sacrés et ceux des rois qui bâtirent le labyrinthe. Toute la partie que j'ai visitée avec le plus grand soin m'a paru surpasser tout ce que l'art humain peut enfanter, tant par le nombre des passages, la variété des détours, la disposition des chambres et des salles, que par la manière dont elles sont ornées. A l'angle où le labyrinthe finit se trouve une pyramide ornée de sculptures représentant des figures colossales. »

CLASSEMENT HISTORIQUE. — L'histoire de l'art en Égypte se rattache à quatre grandes périodes. La première comprend l'ancien Empire, qui commence à Menès et se termine à la douzième dynastie, qui est antérieure de quelques années à Abraham. C'est à cette époque reculée qu'appartiennent les pyramides. La seconde partie, qui est celle de l'art sacerdotal, s'étend jusqu'aux Ptolémées ; la troisième va jusqu'à la domination romaine, qui forme la dernière période de l'art égyptien antique.

LA SCULPTURE ÉGYPTIENNE SOUS LE PREMIER EMPIRE. — La Bible nous enseigne que les Égyptiens appartiennent à la race de Cham, comme les Phéniciens, et qu'ils sont venus d'Asie s'établir dans la vallée du Nil. On admettait autrefois que la civilisation égyptienne avait eu son premier foyer en Éthiopie et que de là elle s'était étendue sur l'Égypte moyenne et le Delta. Mais les savants sont aujourd'hui d'accord pour penser que c'est près de Memphis qu'il faut chercher les premiers monuments de l'Égypte. D'après la tradition, la ville de Memphis aurait eu pour fondateur Menès, qui passe pour le premier roi d'Égypte, et dont les descendants forment la première dynastie, qui a régné 253 années.

Les monuments de la statuaire qui se rattachent à la première époque présentent un caractère tout particulier, qui consiste dans l'imitation d'un type plus fort et plus trapu (fig. 13). Les personnes qui ont visité l'Exposition universelle se rappelleront les curieux spécimens que M. Mariette avait rapportés du musée du Caire. La statue de Chephren (fig. 14), découverte par lui, dans le temple du grand Sphinx de Ghiseh, montre l'état de la sculpture il y a quarante siècles. Parmi les statues qui se rattachent à l'ancien Empire, quelques-unes sont d'une vérité saisissante, et les détails anatomiques sont rendus avec une exactitude qui dénote une profonde observation du corps humain. On se rappelle peut-être le groupe de trois femmes occupées à pétrir du pain. M. Mariette fait cette curieuse observation qu'on rencontre aujourd'hui en Nubie des femmes qui, la tête ornée de la même coiffure, prennent la même pose et se servent des mêmes ustensiles pour accomplir la même opération. Étrange pays, où depuis quatre mille ans les femmes paraissent ignorer qu'il y a quelque chose qui s'appelle la mode !

Un fait remarquable qui a été observé sur les tombeaux du premier Empire, c'est que les peintures qui en ornent les parois représentent toujours des sujets empruntés aux souvenirs de la vie terrestre. Aucun symbole religieux, aucune divinité n'y est présente : quelquefois une courte invocation à Anubis, le gardien des nécropoles, et c'est tout.

L'art à ce moment s'occupe uniquement de bien rendre la nature et nullement de l'idéaliser. Les muscles et les diverses saillies du corps humain sont rendues d'une façon exacte, mais les figures sont trapues et les proportions manquent d'élégance. On trouve dans la vérité et l'accentuation du mouvement, une naïveté et un charme qui se perdront dans l'époque suivante, lorsque la caste sacerdotale eut imposé des canons plus réguliers, mais aussi bien plus froids et plus monotones.

Ici se termine ce que nous savons sur l'ancien Empire, qui ne comprend pas moins de dix-neuf siècles. Les peuples qui plus tard devaient jouer un si grand rôle dans l'histoire étaient encore absolument sauvages, à l'époque où sur les bords du Nil une civilisation puissante élevait ces prodigieux monuments qui causent encore aujourd'hui notre étonnement.

Visite au Louvre. — On peut voir au musée du Louvre des monuments appartenant au premier Empire. « Les statues A 36, 37 et 38, dit le catalogue de M. de Rougé, paraissent les plus anciens morceaux de la sculpture de nos musées; ils remontent à la quatrième et peut-être à la troisième dynastie. Au milieu de leur rudesse, on remarquera déjà la justesse de certaines parties et surtout des genoux. La bande verte peinte sous les yeux est aussi un caractère d'extrême antiquité. Les deux figures d'hommes appartiennent au même personnage; il se nommait *Sepa* et se qualifiait *parent royal*. La femme se nommait *Nesa*, elle prend également le titre de parente royale. »

DEUXIÈME PÉRIODE : L'ART SACERDOTAL. — Cette période marque l'art égyptien hiératique tel qu'il est généralement connu. Les monuments les plus importants de l'architecture sont de la dix-huitième dynastie. Les dynasties précédentes en avaient élevé aussi un très-grand nombre, mais qui presque tous ont été détruits pendant l'invasion des pasteurs qui a été le signal d'une épouvantable destruction. On a de leur temps quelques œuvres de sculpture, mais aucune d'architecture. Ces sculptures présentent l'image d'une race complétement différente des anciens Égyptiens, et qui paraît avoir une origine sémitique.

« De fortes présomptions, dit M. Mariette, tendraient à faire croire que le patriarche Joseph vint en Égypte sous les pasteurs et que la touchante histoire racontée dans la Genèse eut pour théâtre la cour d'un de ses rois étrangers. Joseph n'aurait donc pas été ministre d'un pharaon de sang national. C'est un roi pasteur, c'est-à-dire un roi Sémite comme lui, que Joseph aurait servi, et l'élévation du ministre hébreu s'explique d'autant plus facilement qu'il aurait été accueilli par un souverain de la même race que lui. »

Si dévastatrice qu'eût été l'invasion des pasteurs, elle n'a pas suffi pour détruire l'ancienne civilisation, car, après leur expulsion, nous retrouvons dans les monuments de l'art un caractère analogue à celui des édifices antérieurs à leur arrivée. Pendant quatre siècles l'Égypte se trouva divisée entre les anciens habitants et les envahisseurs étrangers. Une révolution terrible chassa les pasteurs et les rejeta au delà de l'isthme : quelques-uns pourtant obtinrent la permission de rester et reçurent, pour les cultiver, les terres qui bordent le lac Menzaleh. On croit reconnaître

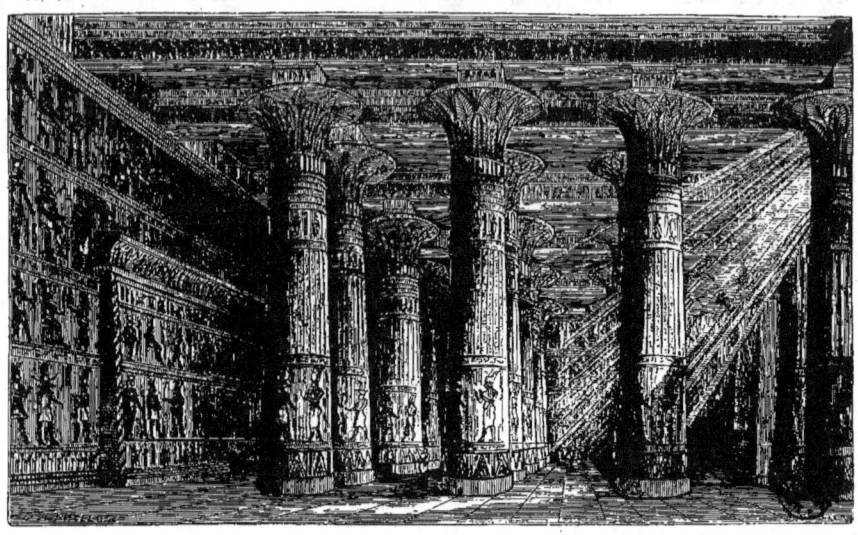

11. — SALLE HYPOSTYLE D'UN GRAND TEMPLE ÉGYPTIEN (RESTAURÉ).

leurs descendants dans les hommes au visage allongé et à la face robuste qui peuplent aujourd'hui cette contrée.

Le roi Amosis, à qui l'Égypte doit l'expulsion des pasteurs, releva les temples abattus et construisit de nouveaux sanctuaires. « Mais, dit M. Mariette, la rapidité avec laquelle l'Égypte a cicatrisé ses plaies est surtout ap-

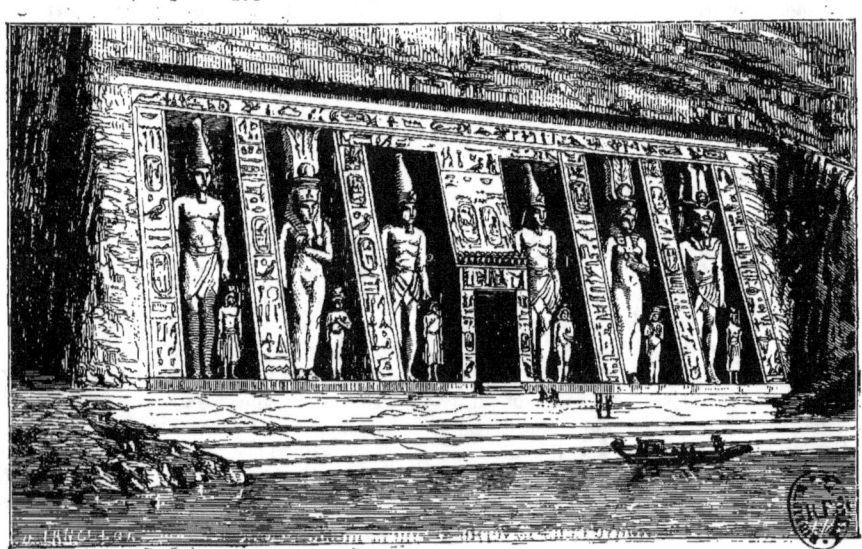

12. — LE SPÉOS D'ATHOR A IBSAMBOUL (FAÇADE RESTAURÉE).

parente dans les admirables bijoux qu'Amosis fit exécuter pour orner la momie de sa mère, la reine Aah-hotep. Au nombre de ses richesses, le musée de Boulack (au Caire) ne possède pas de monuments qui témoignent d'une industrie plus avancée, et, à voir la longue chaîne d'or, le pectoral découpé à jour, le diadème et ses deux sphinx d'or, le poignard rehaussé en or et damasquiné, on a peine à croire qu'au moment où ces précieux objets sortaient de l'atelier des bijoutiers de Thèbes, l'Égypte était à peine débarrassée d'une longue et douloureuse invasion. » Les bijoux qu'Amosis avait fait faire pour orner la momie de sa mère, et dont parle ici M. Mariette, ont figuré à l'Exposition universelle de 1867 à Paris.

Cette guerre d'indépendance, qui chassa les pasteurs et rendit à l'Égypte sa nationalité, fut suivie de l'époque la plus brillante de l'histoire d'Égypte. Ses rois étendirent leurs conquêtes jusqu'en Arménie, et l'Égypte, suivant l'expression du temps : « posa ses frontière où il lui plut. » La dix-huitième dynastie, qui suit l'expulsion des pasteurs, marque aussi la grande époque de l'art sacerdotal.

On doit à une femme les deux grands obélis-

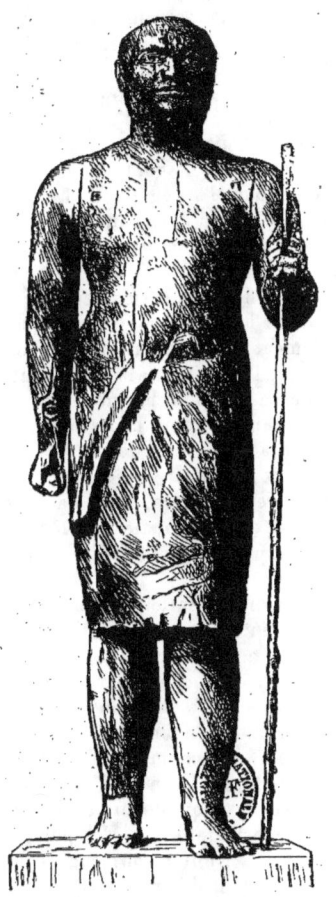

13. — RA-EM-KE.
Statue en bois (musée de Boulack, au Caire).

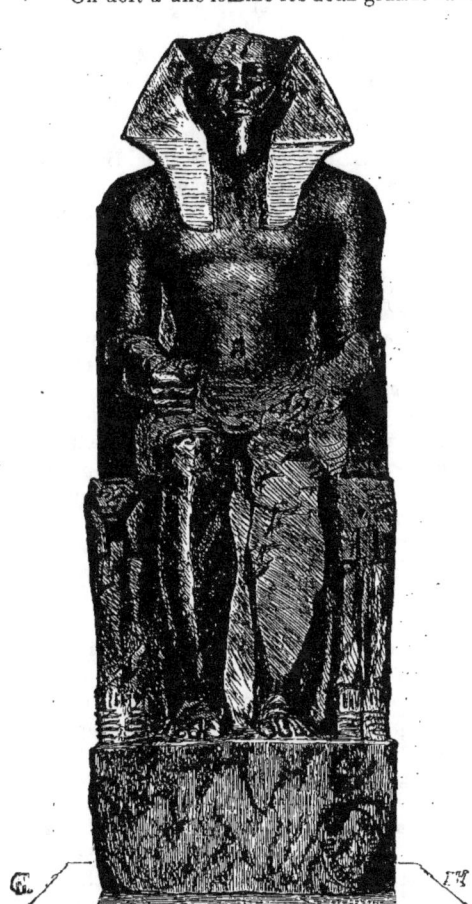

14. — ECHEPHREN.
Statue en basalte (musée de Boulack, au Caire).

ques dont l'un est encore debout dans les ruines de Karnak. La reine Natasou les avait élevés en l'honneur de son père Thoutmès Ier. Mais les monuments les plus intéressants de cette époque sont les bas-reliefs du temple de Deir-el-Bahari, à Thèbes, qui représentent les exploits de la reine et la défaite de ses ennemis. Nous empruntons à M. Mariette la description de ces curieux monuments qu'il a dé-

couverts dans ses fouilles : « Ces représentations nous montrent le général égyptien recevant le chef ennemi, qui se présente en suppliant. Celui-ci a la peau d'un brun foncé ; ses cheveux sont longs, et tombent en mèches tressées sur ses épaules. Il est sans armes. Derrière lui s'avancent sa femme et sa fille. Toutes deux, chose singulière, présentent des traits repoussants que l'artiste égyptien a rendus avec une incroyable habileté. Leurs chairs pendantes, leurs jambes gonflées, les excroissances difformes qui se remarquent en certaines parties du corps, semblent accuser quelque horrible maladie. Ailleurs, les bas-reliefs nous font voir les vaincus, embarquant sur les vaisseaux de la flotte égyptienne le butin pris après la bataille. Ici ce sont des girafes, des singes, des léopards, des armes, des lingots de cuivre, des anneaux d'or ; là ce sont des arbres entiers, probablement d'une espèce rare, dont les racines sont enfermées dans de grandes caisses pleines de terre. Les vaisseaux eux-mêmes méritent notre attention. Ils sont grands, solidement bâtis, et manœuvrent indifféremment à la rame ou à la voile. Un équipage nombreux couvre le pont. Grâce aux soins que l'artiste égyptien a pris d'indiquer la disposition des mâts, des voiles et jusqu'aux nœuds des cordes compliquées qui relient ensemble les diverses parties du bâtiment, on a une idée complète de ce qu'était, il y a quatre mille ans, un navire de la marine égyptienne. Dans une autre chambre du même temple, nous assistons à des scènes d'un intérêt aussi grand. Les régiments égyptiens s'avancent au pas gymnastique et rentrent en triomphe à Thèbes. Chaque soldat a une palme dans la main gauche ; de la droite, il tient la pique ou la hache. Des trompettes sont en avant et sonnent des fanfares. Des officiers portent sur l'épaule l'étendard surmonté du nom de la régente victorieuse. »

Les représentations figurées sont très-nombreuses, et nous donnent des renseignements très-intéressants sur les mœurs des Égyptiens contemporains d'Abraham ou même antérieurs. Ce sont continuellement des scènes de vie domestique ou agricole : tous les tombeaux en étaient garnis (fig. 16). On y voit des bergères avec du bétail par milliers, des parcs où sont gardées des oies, des cigognes et des antilopes. On peut croire, d'après les renseignements que nous fournissent les monuments de l'art, que les anciens Égyptiens étaient passionnés pour la chasse et la pêche. C'est aussi par les décorations que nous connaissons la forme et la tournure de leurs habitations.

M. Lepsius a fait transporter au musée de Berlin un tombeau inachevé, qui nous montre la manière de procéder des artistes égyptiens. On mettait au carreau la paroi qu'on voulait décorer, et l'artiste qui dirigeait le travail marquait les points où devaient passer les traits des principales figures ; un autre venait ensuite dessiner les formes au crayon rouge en passant par les points indiqués, et un troisième rectifiait le trait ainsi tracé et l'arrêtait définitivement avec un pinceau. C'est alors seulement que les sculpteurs entaillaient la pierre dans le contour indiqué et modelaient en relief dans les creux des figures qui n'avaient été primitivement qu'un trait.

Les rives du Nil sont peuplées des monuments dus à Aménophis III, de la dix-huitième dynastie. A Assouan, à Éléphantine, à Memphis, il a élevé de nombreux édifices ; il a ajouté des constructions considérables aux temples de Karnak et de Louksor. Les colosses connus sous le nom de statues de Memnon sont des images du roi Aménophis (fig. 15) : ce sont les uniques débris d'un temple immense qui fut détruit de fond en comble par des causes inconnues. Le goût du colossal est caractéristique dans l'art égyptien. Les colosses de Memnon ont eu dans l'antiquité une réputation immense. De nombreuses inscriptions grecques et latines attestent que l'un de ces colosses rendait des sons harmonieux dès qu'il était frappé par les premiers rayons du soleil. Un tremblement de terre l'avait fendu par le milieu : on attribuait à cette fente le bruit que rendait la statue quand la chaleur venait sécher subitement l'humidité dont elle s'était imprégnée pendant la nuit. Mais dès que Septime-Sévère eut fait restaurer, au moyen de cinq assises de pierres sculptées, cette statue merveilleuse, elle devint muette, et depuis ce temps, elle n'a plus fait entendre les sons qui la rendaient si célèbre.

« Ramsès II, dit M. Mariette, régna soixante-sept ans ; il eut cent soixante-dix enfants, dont cinquante-neuf princes. Ici nous avons affaire au roi constructeur par excellence ; il est pour ainsi dire impossible de rencontrer une ruine, une butte antique sans y lire son nom. Les deux magnifiques temples d'Ilsamboul, le Ramesséum de Thèbes, le petit temple d'Abydos, sont de lui ; il éleva aussi des temples considérables à Memphis et au Fayoum. Ramsès II dut à son long règne de pouvoir réaliser tant de travaux importants ; il le dut aussi à ses guerres qui lui livrèrent un nombre considérable de prisonniers qu'il employa, selon l'usage égyptien, aux constructions publiques. A ces causes, ajoutons encore la présence sur les bords du Nil de tribus nombreuses, de race étrangère, que la fertilité du sol, et sans doute la politique du gouvernement, attiraient des plaines de l'Asie. Par les ouvriers qu'ils fournissaient aux travaux des temples, à l'édification des villes, au curage des canaux, ces étrangers payaient à l'Égypte l'hospitalité qu'elle leur prêtait, et c'est ainsi que, sous ce même Ramsès II, la Bible nous montre les Israélites occupés, dans l'est du Delta, à la construction d'une ville qui s'appelait Ramsès comme le roi. »

La vingtième dynastie commence avec Ramsès III, dont les exploits sont gravés dans le temple de Médinet-Ahou, à Thèbes. Dans ces bas-reliefs, on voit le roi combattant sur un char : il est accompagné d'un lion privé qui dévore les ennemis que son maître a renversés. Partout on combat corps à corps, et la lutte continue sur mer entre les vaisseaux. Cette dynastie, qui avait commencé d'une façon brillante, marque pourtant le commencement de la décadence dans la puissance égyptienne. Les prêtres d'Ammon, qui minaient sourdement la puissance royale, parviennent à s'emparer de l'autorité. L'Égypte, affaiblie par ses divisions intestines, perd peu à peu sa prépondérance jusqu'au moment où, après avoir appartenu aux Éthiopiens et aux Perses, elle finit par recevoir Alexandre comme un libérateur. Avec lui commence l'influence grecque et l'ère des Ptolémées.

Visite au Louvre. — Quand on entre dans le musée égyptien, au rez-de-chaussée, on voit au centre de la salle un colosse, et aux deux extrémités deux sphinx de granit rose. Le sphinx est un animal composé d'un corps de lion et d'une tête d'homme, symbole de la force unie à l'intelligence ; on ne l'employait que pour la représentation d'un dieu ou d'un roi. Le sphinx n° 21, qui est au fond de la salle, représente Ramsès II ou le grand Sésostris. Le sphinx n° 23 nous représente son fils Ménephtah, celui que M. de Rougé regarde comme contemporain de Moïse, et qui serait par conséquent le Pharaon dont l'armée fut engloutie dans la mer Rouge. Le colosse du milieu appartient à Seti II, fils de Ménephtah.

Quand on monte, on trouve, sur la cheminée de la première salle, une statuette d'un travail très-fin qui représente le roi Aménophis IV, celui qui voulut détruire le culte d'*Ammon*, et fit effacer le nom de ce dieu sur les monuments de Thèbes. Cette salle, qui porte le nom de salle historique, renferme une foule de statuettes représentant des anciens rois d'Égypte, ou des objets leur ayant appartenu.

L'ART SOUS LES PTOLÉMÉES. — L'influence grecque s'est surtout fait sentir à Alexandrie. C'est là que s'est développé, sous les Ptolémées, ce grand mouvement intellectuel qui ne s'arrêta qu'après le triomphe du christianisme. C'est sous les Ptolémées que fut faite la traduction grecque des livres sacrés des Hébreux, connue sous le nom de version des Septante. Leur nom se rattache encore à la formation du Musée, qu'on peut regarder comme la première académie du monde, et de cette fameuse bibliothèque qui renfermait toute la littérature connue. Mais si Alexandrie était une ville absolument grecque, le reste de l'Égypte resta à peu près ce qu'il était auparavant. En encourageant les études philosophiques dans leur capitale, les Ptolémées respectèrent absolument les croyances et les usages des anciens habitants, et ils adoptèrent même leur culte, au moins pour la forme : ils se firent égyptiens sans cesser d'être grecs, et c'est ce qui explique la très-grande popularité dont ils ont toujours joui. Aussi les édifices bâtis de leur temps, le fameux temple d'Edfou, par exemple, conservent-ils le vieux style pharaonique.

Parmi les monuments construits sous les Ptolémées, les plus célèbres sont les temples de Philæ et celui de Dendérah. Le temple de Dendérah était dédié à la déesse Hathor, dont la tête est figurée sur le chapiteau des colonnes.

L'art égyptien ne subit pas de modifications bien sensibles sous les Ptolémées, seulement il suit une tradition et ne crée plus : la force d'impulsion imprimée par la vieille civilisation avait été trop forte pour s'arrêter ou changer de direction tout d'un coup. En allant dans les musées étudier l'art industriel chez les Égyptiens nous ne ferons pas de distinction entre l'époque pharaonique et celle des Ptolémées : c'est le même art et la même civilisation.

Visite au Louvre. — La bijouterie exposée dans la vitrine H de la Salle Historique est très-intéressante. Divers bijoux ont été trouvés dans la tombe d'Apis. On peut voir, par l'épervier aux ailes étendues qui porte une tête de bélier, à quel degré de perfection la ciselure était arrivée au moment qui précède la sortie des Juifs, car cet objet est contemporain de Sésostris. On voit aussi là plusieurs bagues d'un beau travail.

L'armoire A, de la Salle Civile, renferme des fragments de meubles. On peut voir là des tabourets et des pliants. Les motifs généralement adoptés pour les pieds de lits, tables et fauteuils, étaient les pieds de lion, de taureau ou de gazelle. Le meuble le plus curieux du musée est un fauteuil orné d'incrustations en ivoire. L'armoire B renferme divers vases et ustensiles, ainsi que des étoffes. On verra là des échantillons très-rares des belles teintures antiques, ainsi que de curieux spécimens des galons et de la broderie égyptienne. Le lin est sans exception la matière de ces étoffes, car on n'a retrouvé en Égypte aucun tissu de coton. Parmi les objets en bronze, on remarquera une lampe qui a la forme d'une gazelle renversée. On verra aussi les nuances variées des faïences, le goulot des bouteilles qui est formé d'une fleur de lotus, tandis que les anses sont des singes cynocéphales. Des inscriptions portant des souhaits de bonne année, font présumer que ces objets étaient des cadeaux de jour de l'an.

Nous citerons encore, dans l'armoire C (Salle Civile) les vases de terre cuite, vases en pierre dure, étoffes brodées, etc. L'armoire D est très-intéressante, parce qu'elle nous montre la vannerie et l'ébénisterie des Égyptiens. On trouvera là des peignes, des chaussures, brodequins d'enfants, etc., des fragments de tresse et de perruque, et sur des petits pots qui servaient probablement aux pommades, l'image d'un dieu monstrueux nommé *Bès*, dont la laideur était horrible, mais qui avait pour mission de présider à la toilette des dames. On voit encore dans l'armoire H divers instruments de musique, dans la vitrine J des aiguilles en bronze et des fuseaux en faïence verte, dans la vitrine L les échantillons des diverses variétés de faïences, émaux et verres égyptiens, dans les vitrines M et N, de petits objets en

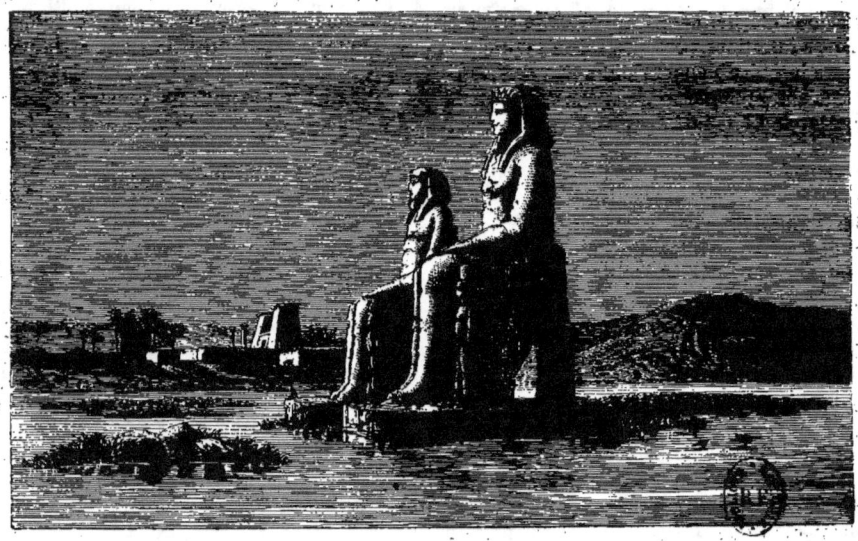

15. — COLOSSES D'AMÉNOPHIS III, DITS DE MEMNON (RESTAURÉS).

bois sculpté, dont plusieurs sont très-remarquables, par exemple une boîte de toilette représentant une jeune fille qui nage en tenant une oie du Nil : le corps de l'oiseau forme la boîte, qui se ferme par ses deux ailes. Une autre boîte se forme d'une gazelle qui a les pieds liés. La collection du Louvre est prodigieusement riche en ustensiles de toilette, parmi lesquels il y en a d'une forme exquise. Mais nous sommes le peuple qui se défait le plus difficilement de ses préjugés. Parce que nous avons un obélisque, nous en concluons que les Égyptiens ne s'entendaient qu'à tailler des pierres grosses comme des monuments. Je voudrais bien que le public français perdît l'habitude d'aller se promener au Louvre sans regarder les objets qui y sont exposés. Il verrait quelle délicatesse de travail, quelle variété d'invention distinguait les artistes égyptiens du temps de Moïse.

Puisque nous en sommes sur la toilette, voyez cette série de petites cuillers destinées à délayer un ingrédient dans un peu d'eau. Quel goût dans ces manches, dont pas un ne ressemble à son voisin! Voyez plutôt ce chien allongé qui tient une coquille dans sa gueule, et ici cette jeune Égyptienne qui cueille des lotus, et cette autre qui joue du luth au milieu des fleurs où les oiseaux se reposent.

La vitrine O renferme les objets en os et en ivoire et la vitrine P les objets en or. Un adroit voleur en a soustrait un très-grand nombre et des plus précieux en juillet 1830. Ce malheureux, dédaignant l'archéologie, a sans doute détruit ces bijoux sans s'inquiéter s'ils remontaient à la dix-huitième dynastie! Ceux qui restent nous font bien regretter ceux qui n'y sont plus. Ce sont des chaînes d'or, des colliers à plusieurs rangs, composés d'objets symboliques, tels que poissons sacrés, lézards, œil d'Osiris, fleurs de lotus. Ces colliers sont souvent décorés d'une tête d'épervier à leur extrémité. Je supplie les dames d'oublier un moment les momies qui les entourent, pour regarder cette charmante chaîne, composée de petites vipères sacrées qui relèvent la tête; la pendeloque se termine par une tête de la déesse Hathor. On a remarqué que dans la bijouterie égyptienne les objets en argent sont extrêmement rares. La vitrine Q renferme les bracelets en or incrustés d'émaux: le dessin consiste ordinairement en un lion et un griffon entre des bouquets de lotus. Les grands colliers de terre émaillée et de verroterie sont contenus dans la vitrine S, les instruments de bronze dans la vitrine V, etc.

L'ART SOUS LA DOMINATION ROMAINE. — A la période romaine répond la grande école philosophique d'Alexandrie. Mais l'art, qui depuis les Ptolémées avait cessé de progresser, commence son mouvement rétrograde. Les empereurs pourtant continuaient à Esneh, à Edfou, à Dendérah, l'œuvre commencée par leurs prédécesseurs; Adrien bâtit même toute une ville: Antinoë. Il éleva pour son favori Antinoüs, un tombeau digne des anciens rois, et orné de sphinx et d'obélisques. C'est de là que vient l'obélisque Barberini, maintenant à Rome. Mais cette prospérité apparente n'était que le dernier souffle d'une civilisation qui s'était maintenue depuis tant de siècles. On peut voir dans nos musées les statues égyptiennes de l'époque romaine, elles sont faciles à reconnaître. La figure a toute la raideur voulue, le costume et la pose, mais l'artiste grec ou romain se trahit dans le modelé. C'est comme si nos artistes voulaient imiter les paravents chinois en y mettant de la perspective.

La religion même s'est transformée sous l'influence gréco-latine. Sérapis paraît être à cette époque la grande divinité égyptienne; les uns le confondaient avec Jupiter ou Pluton, les autres avec Osiris ou le Soleil. Ses bustes appartiennent absolument à l'art grec et n'ont plus rien de commun avec les anciennes divinités égyptiennes. Ils sont généralement en marbre noir ou tout au moins d'une couleur foncée. On le représente la tête coiffée du boisseau, symbole d'abondance.

Les principaux temples de Sérapis étaient à Alexandrie, à Memphis et à Canope: ils étaient accompagnés d'une bibliothèque fameuse et avaient un enseignement philosophique très-célèbre dans l'antiquité.

Le temple de Sérapis à Alexandrie a été trop fameux pour que nous ne nous y arrêtions pas un moment. Voici la description qu'en donne Chateaubriand dans ses *Études historiques:* « Ce temple, où l'on déposait le nilomètre, était bâti sur un tertre artificiel: on y montait par cent degrés; une multitude de voûtes éclairées de lampes le soutenaient: il y avait plusieurs cours carrées, environnées de bâtiments destinés à la bibliothèque, au collége des élèves, au logement des desservants et des gardiens. Quatre rangs de galeries, avec des portiques et des statues, offraient de longs promenoirs. De riches colonnes ornaient le temple proprement dit: il était tout de marbre; trois lames de cuivre, d'argent et d'or en revêtaient les murs. La statue colossale de Sé-

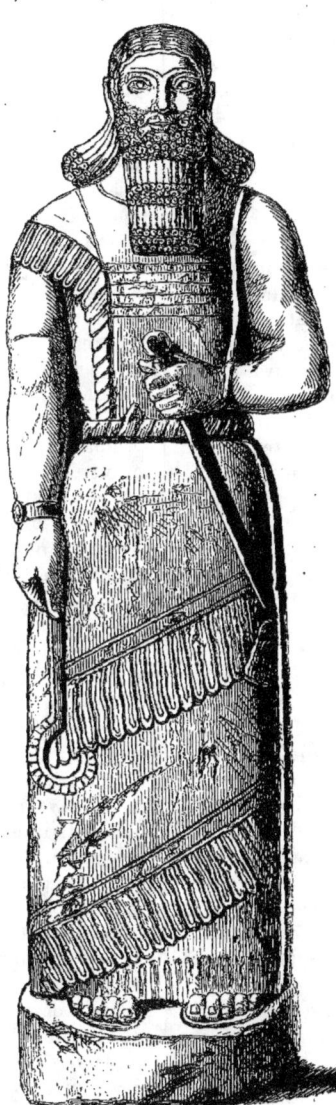

17. — STATUE DU ROI ASSOURBANIPAL.
(Musée Britannique.)

rapis, la tête couverte du mystérieux boisseau, touchait de ses deux bras aux parois de la cella, et à un certain jour le rayon du soleil venait reposer sur les lèvres du dieu. »

L'illustre écrivain raconte ensuite la destruction du temple et de la bibliothèque par les chrétiens; les derniers païens s'y étaient réfugiés et y avaient soutenu un siége en règle. « L'édifice fut pillé et démoli. Nous vîmes, dit Orose malgré son zèle apostolique, les armoires vides de livres, dévastations qui portent mémoire des hommes et du temps. » La statue de Sérapis, frappée d'abord à la joue par la hache d'un soldat, ensuite jetée à bas et rompue, fut brûlée pièce à pièce, dans les rues et dans l'amphithéâtre. Une nichée de souris s'était échappée de la tête du dieu, à la grande moquerie des spectateurs. Les autres monuments païens d'Alexandrie furent également renversés, les statues de bronze fondues. Théodose avait ordonné d'en distribuer la valeur en aumônes; Théophile s'en enrichit lui et les siens. On mit rez-pied, rez-terre, le temple de Canope, fameuse école des lettres sacerdotales, où se voyait une idole dont la tête reposait sur les jambes; peu auparavant, Antonin, le philosophe, y avait enseigné avec éclat la théurgie et prédit la chute du paganisme. » Ces destructions dont parle ici Chateaubriand se reproduisirent de la même manière dans toutes les provinces de l'empire.

M. Mariette, dans sa savante histoire d'Égypte, résume ainsi la fin de la civilisation antique en Égypte. L'an 381 après J.-C., dit-il, régnait à Constantinople l'empereur Théodose. C'est lui qui promulga le fameux édit par lequel la religion chrétienne était déclarée désormais la religion de l'Égypte; c'est lui qui ordonna la fermeture de tous les temples et la destruction de tous les dieux que la piété des Égyptiens y vénérait encore. L'anéantissement de l'Égypte païenne fut ainsi consommé. Quarante mille statues, dit-on, périrent dans ce désastre; les temples furent profanés, mutilés, détruits, et de toute cette brillante civilisation, il ne resta rien que des ruines plus ou moins bouleversées, et les monuments dont les musées recueillent aujourd'hui les restes. »

L'Égypte était renommée dans toute l'antiquité pour sa piété envers les dieux; il est donc curieux de voir comment les derniers Égyptiens du monde antique prévoyaient l'avenir réservé à leur pays, quand il aurait renoncé au culte qu'il pratiquait depuis tant de siècles. Les livres Hermétiques, écrits cent ans environ avant la destruction des temples, mais au moment où l'ancienne religion se désorganisait, renferment sur ce sujet un passage intéressant, dans lequel l'auteur prend un ton prophétique et s'élève à une véritable éloquence : « Cependant comme les sages doivent tout prévoir, il est une chose qu'il faut que vous sachiez : un temps viendra où il semblera que les Égyptiens ont en vain observé le culte des dieux avec tant de piété, et que toutes leurs saintes invocations ont été stériles et inexaucées. La divinité quittera la terre et remontera au ciel, abandonnant l'Égypte, son antique séjour, et la laissant veuve de religion, privée de la présence des dieux. Des étrangers remplissant le pays et la terre, non-seulement on négligera les choses saintes, mais, ce qui est plus dur encore, la religion, la piété, le culte des dieux seront proscrits et punis par les lois. Alors cette terre sanctifiée par tant de chapelles et de temples sera couverte de tombeaux et de morts. O Égypte, Égypte, il ne restera de tes religions que de vagues récits que la postérité ne croira plus, des mots gravés sur la pierre et racontant ta piété. Le Scythe ou l'Indien ou quelque autre voisin barbare habitera l'Égypte. Le divin remontera au ciel, et l'Égypte sera déserte et veuve d'hommes et de dieux... Je m'adresse à toi, fleuve très-saint, et je t'annonce l'avenir. Des flots de sang souillant tes ondes divines déborderont tes rives; le nombre des morts surpassera celui des vivants, et s'il reste quelques habitants, Égyptiens seulement par la langue, ils seront étrangers par les mœurs. Tu pleures, Asclépios? Il y aura des choses plus tristes encore : l'Égypte elle-même tombera dans l'apostasie, le pire des maux. Elle, autrefois la terre sainte, aimée des dieux pour sa dévotion à leur culte, elle sera la perversion des saints; cette école de piété deviendra le modèle de toutes les violences. »

HÉBREUX.

L'ART CHEZ LES HÉBREUX. — Les Hébreux qui avaient habité l'Égypte à l'époque de la grande civilisation de ce pays auraient dû être de très-habiles constructeurs. Cependant Salomon, pour bâtir le temple de Jérusalem, appela des ouvriers de Tyr. « Or le roi Salomon, dit la Bible, avait fait venir de Tyr, Hiram, qui était fils d'une femme de la tribu de Nephtali, dont le père était Tyrien, qui travaillait en cuivre. Cet homme était fort expert, intelligent et savant pour faire toutes sortes d'ouvrages d'airain ; et il vint vers le roi Salomon et il fit tout son ouvrage. »

Les Juifs étaient, par leur culte, opposés à toute représentation des formes vivantes ; néanmoins nous en voyons dans la description du temple de Salomon que donne la Bible : « et sur ces châssis qui étaient entre les jointures, il y avait des figures de lions, de bœufs et de chérubins. Et au-dessus des jointures, il y avait un bassin sur le haut, et au-dessous des figures de lions et de bœufs, il y avait des corniches faites en penchant. »

La description assez confuse que l'ancien Testament nous a laissée du Temple ne nous permet pas de donner des idées bien précises sur sa configuration primitive. La temple bâti par Salomon a duré 423 ans et a été détruit par Nabuchodonosor. Reconstruit après la captivité, il eut beaucoup à souffrir, et fut rebâti presque entièrement par Hérode, et détruit de fond en comble par Titus. Cinquante ans plus tard, l'empereur Adrien y éleva un temple païen ; Justinien en fit une église, et les Musulmans ont rebâti une mosquée par-dessus.

Néanmoins, M. de Saulcy a retrouvé de nos jours des vestiges de l'ancien Temple, celui qui fut bâti par Salomon. Cette attribution a soulevé de vives contestations, mais elle est admise aujourd'hui par un grand nombre d'architectes. D'après les descriptions que nous avons du temple de Jérusalem, on voit qu'il était précédé d'un porche et divisé en deux parties séparées par une cloison en bois de cèdre : l'une s'appelait *le saint*, l'autre *le saint des saints*. Les chambres renfermant les archives, le trésor et les objets nécessaires au culte formaient trois étages et étaient adossées aux parois extérieures de l'édifice. Il y avait plusieurs cours ou parvis dont il est difficile de spécifier la grandeur et le mode de construction ; nous savons seulement qu'à l'extérieur on n'avait employé que la pierre, et à l'intérieur que le bois, mais ce bois était partout doré ou recouvert de feuilles d'or.

« Nous sommes portés à penser, dit M. Batissier, dans son *Histoire de l'art monumental*, que le temple de Salomon a été plus célèbre dans l'antiquité par sa magnificence que par sa grandeur. Il faut remarquer, en effet, que les prêtres seuls pouvaient entrer dans l'intérieur de ce sanctuaire et que le peuple était obligé de se tenir dans le second parvis. Il est clair que, sous le rapport de l'étendue, on ne doit le comparer ni au temple d'Éphèse, ni à l'église de Saint-Pierre de Rome. Du reste, aucun monument de l'antiquité ne fut peut-être plus richement doté que cet édifice : outre l'arche sainte, le chandelier, les candélabres, les autels, il renfermait, si nous en croyons Josèphe, dix mille tables d'or chargées de plus de cent mille vases divers également en or. »

Le chandelier à sept branches est figuré sur un bas-relief de l'arc de Titus ; quant aux chérubins qui abritaient l'arche d'alliance sous leurs ailes déployées, on croit généralement que c'étaient des taureaux ailés, à face humaine, dans le genre de ceux qu'on a retrouvés aux portes des palais de Ninive et de Persépolis.

On doit à M. de Saulcy la découverte du tombeau des rois de Juda, qui serait le lieu de sépulture de David et de Salomon. Une porte, en partie enterrée aujourd'hui, donne accès à une cour carrée taillée dans le rocher. On y a retrouvé les niches destinées à recevoir les lampes sépulcrales et des cuves de porphyre brisées. M. de Saulcy en a rapporté des couvercles qui figurent au musée du Louvre. « Le plus remarquable, dit M. de Longpérier dans sa notice du musée Assyrien, est tout couvert de guirlandes et de rinceaux composés de vignes, de grappes, de citrons, qui sont des types de la monnaie juive ; de grenades, comme au temple de Jérusalem ; de rameaux d'amandiers, qui rappellent la verge d'Aaron ; de coloquintes, ornements de la mer d'Airain. » Ce que nous avons à signaler de plus particulier dans ce tombeau, c'est qu'au milieu d'une ornementation tout empruntée au règne végétal, on voit des triglyphes alternant avec des boucliers. Le triglyphe est un ornement que nous retrouverons dans les ordres grecs.

PHÉNICIENS.

L'ART CHEZ LES PHÉNICIENS. — Les Phéniciens, peuple essentiellement maritime et commerçant, ont été les agents les plus importants de la civilisation dans l'antiquité; on leur attribue l'invention de l'écriture, que d'autres savants, il est vrai, revendiquent pour l'Égypte, et dans les arts, on ne peut nier que leur influence n'ait été considérable. Les ouvriers de Tyr et de Sidon étaient renommés pour leur habileté.

Quand Homère parle des jeux funèbres qu'on célébra en l'honneur de Patrocle, et du vase d'argent qui devait être la récompense du vainqueur, il dit : « C'était un ouvrage des Sidoniens, les plus habiles ouvriers du monde dans l'art de graver et de ciseler. » Les Phéniciens ont toujours passé pour avoir inventé l'art de teindre les étoffes avec la pourpre.

18. — SALMANASAR V RECEVANT LA SOUMISSION DE JÉHU.
(Musée Britannique.)

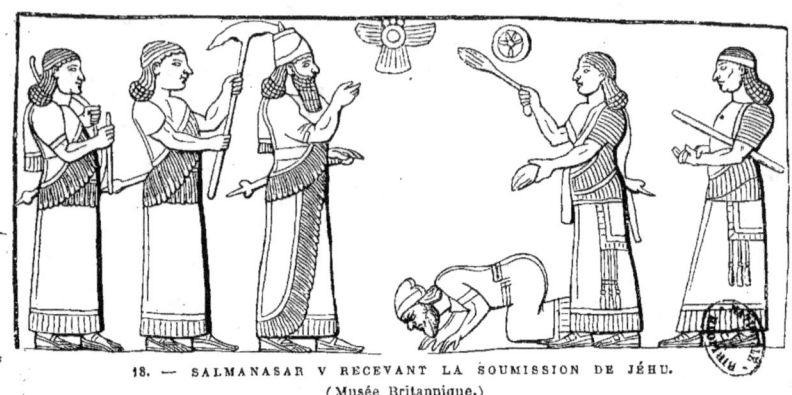

19. — ASSOURBANIPAL, ROI D'AS...
(Musée du Louvre.)

Dans l'architecture, ils visaient surtout au luxe de l'ornementation : dans la décoration des édifices, ils employaient à profusion les bois précieux, le verre et l'or. L'emploi de l'ivoire dans les meubles était très-répandu chez toutes les races syriennes.

Il ne paraît pas que l'esprit industrieux des Phéniciens ait recherché dans l'architecture l'aspect grandiose et monumental, et c'est là un fait assez remarquable chez un peuple que sa situation géographique mettait en rapport fréquent avec les Assyriens et les Égyptiens, chez qui le goût du colossal est très-prononcé. Les temples phéniciens paraissent avoir été de petite dimension ; celui d'Astarté, à Paphos, dans

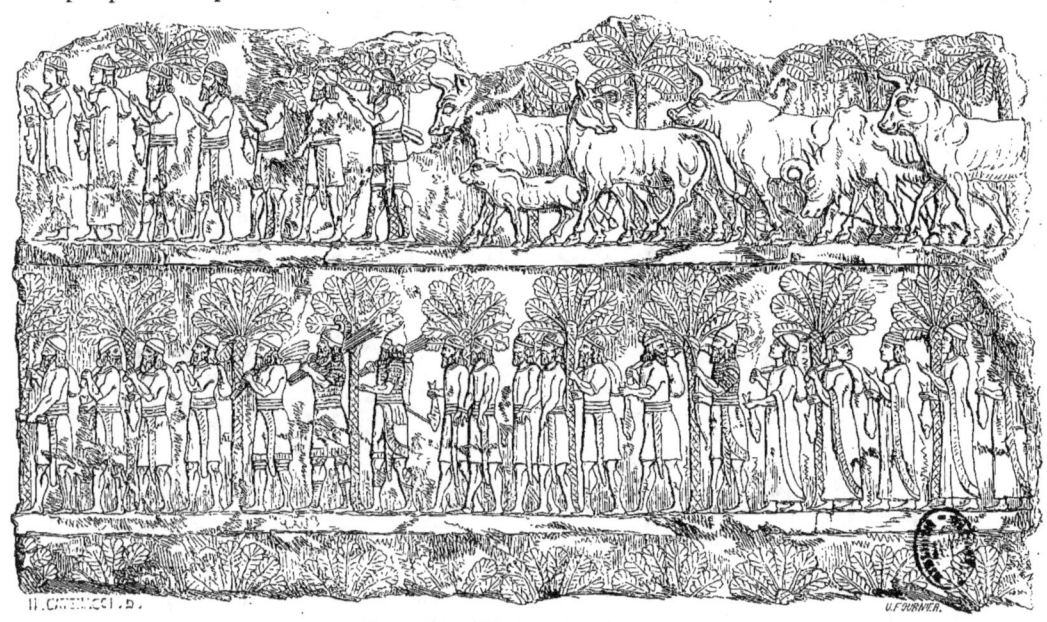

20. — UN CONVOI DE PRISONNIERS.
Bas-relief du palais de Sardanapale (Musée du Louvre).

l'île de Chypre, était extrêmement célèbre. Les statues phéniciennes étaient générale-

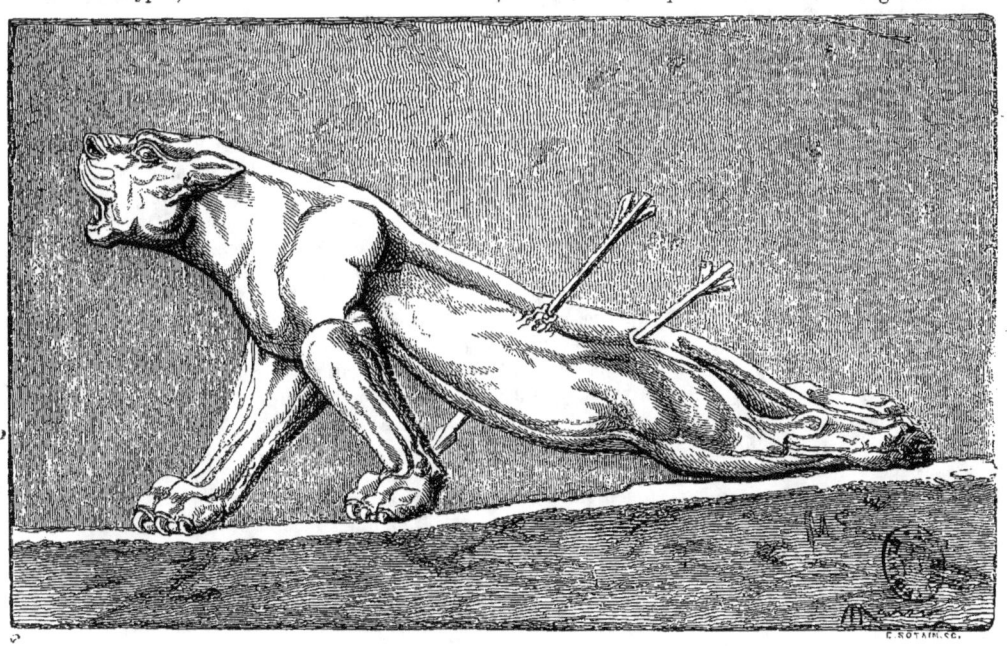

21. — LIONNE BLESSÉE.
Bas-relief (Musée Britannique).

ment en bois et recouvertes de feuilles métal- liques battues au marteau : les images en pierre étaient d'une extrême rareté. Le verre était fréquemment employé dans l'ornementation, qui recherchait par dessus tout la richesse et la profusion. Les deux grandes villes phéniciennes, Tyr et Sidon, n'ont pas laissé de trace de leur puissance passée, et c'est avec peine que le voyageur recherche aujourd'hui l'emplacement qu'elles ont occupé autrefois.

ASSYRIE ET PERSE.

L'ART ASSYRIEN. — L'Assyrie a été le berceau d'un style particulier qui a présidé à un art très-vivace, et auquel se rapporte une série de monuments qui comptent parmi les plus considérables de l'antiquité asiatique.

L'art assyrien peut se diviser en trois périodes, la première à Ninive, la seconde à Babylone, et la troisième à Persépolis.

Nous avons vu quelle importance a la religion dans l'art de l'Égypte, c'est le contraire qui a lieu en Assyrie. Les ruines qu'on a retrouvées se rapportent presque toujours à des palais, et il en est bien peu à qui on puisse attribuer un caractère religieux. Il en est de même pour les sujets sculptés qui représentent presque tous des scènes de la vie civile et ayant rapport au roi. On peut dire que l'art égyptien est sacerdotal et que l'art assyrien est monarchique; nous verrons en Grèce un art républicain.

Les palais assyriens étaient bâtis sur des terrasses artificielles dont les côtés étaient généralement consolidés par des murs épais; on y voyait des cours où étaient les appartements des princes et grands officiers de la couronne, et de vastes salles où les rois donnaient leurs audiences. On trouve aussi quelquefois des restes de pyramides à étages superposés s'élevant sur des terrasses. Les innombrables sculptures qui décoraient les palais étaient toujours peintes en couleurs très-vives, ce qui devait parfaitement s'harmoniser avec la magnificence par laquelle les monarques orientaux ont toujours aimé à manifester leur puissance. Mais cet art, qui vise seulement à l'éblouissement des yeux, étonne plus qu'il n'attache, parce qu'il n'a su arriver ni à la beauté ni à l'expression.

Il reste peu de chose de Ninive et de Babylone, mais les fouilles exécutées près de Ninive peuvent nous donner l'idée du style des monuments assyriens.

LES FOUILLES DE NINIVE. — Au commencement de ce siècle, on ne connaissait aucun des grands monuments de l'art assyrien. Les voyageurs qui avaient visité les bords de l'Euphrate et du Tigre en avaient rapporté des cachets, des cylindres et autres petits objets, mais rien ne pouvait faire présager qu'on pourrait, au moyen des monuments de l'art, reconstruire par l'imagination cette civilisation qui occupe une place si grande dans l'histoire.

Ce n'est qu'en 1842 que M. Botta, consul de France à Mossoul, entreprit de faire des fouilles sur la rive orientale du Tigre, à l'endroit même que les auteurs anciens désignaient comme étant l'emplacement de l'ancienne Ninive.

Ces fouilles, entreprises sur un monticule recouvert par un village dont les habitants se montraient fortement hostiles, ne donnèrent aucun résultat.

M. Botta s'avança du côté de Khorsabad, village situé à seize kilomètres de Mossoul, et entreprit de nouvelles fouilles qui, cette fois, furent couronnées de succès. On découvrit d'abord une salle dont les parois étaient couvertes de bas-reliefs représentant des combats. On commença alors un puits où on trouva de nouveaux bas-reliefs. Cependant l'insalubrité du climat nuisait aux travaux et le consul lui-même était atteint des fièvres, quand un obstacle d'un autre genre vint tout arrêter subitement. M. Botta s'était fait faire une petite maison au milieu de ces fouilles, et il y logeait quand il allait visiter les ruines. Le pacha prit les fossés archéologiques pour des travaux de défense d'une citadelle que les chrétiens voulaient élever là, et la cabane consulaire pour le lieu de ralliement des insurgés. Il faut dire que M. Botta employait pour ses fouilles, des chrétiens nestoriens dont il voulait soulager la misère.

Il fallut écrire à l'ambassade de France à Constantinople et ce ne fut qu'après de longues démarches que les fouilles recommencèrent.

La découverte consistait en un palais entier décoré de sculptures colossales et de bas-reliefs représentant les scènes de la vie publique ou privée des anciens Assyriens. Les fouilles entreprises par M. Botta ont été continuées depuis par M. Place, qui découvrit la première statue assyrienne qui ait été exhumée; car jusque-là on n'avait encore trouvé que des figures en demi-relief.

Un Anglais, M. Layard, entreprit bientôt des fouilles près du village de Nemroud, à quelques kilomètres de Khorsabad, dans un monticule situé sur la rive orientale du Tigre, et peu éloigné du rivage. Il a découvert également un palais prodigieux, dont les sculptures sont venues enrichir le Musée de Londres, comme celles de Khorsabad avaient enrichi celui de Paris.

Le palais de Khorsabad passe pour être postérieur à celui de Nemroud, dont l'existence paraît remonter à environ trois mille ans. C'est depuis les fouilles exécutées dans ces deux édifices qu'on a commencé à connaître l'art assyrien.

KHORSABAD. — Cette ville a été fondée vers l'an 704 avant notre ère, par le roi Sargon. L'entrée principale de la résidence royale consistait en une cour carrée que l'on traversait pour pénétrer par trois magnifiques portes dans l'intérieur du palais proprement dit. Les grandes salles étaient décorées de bas-reliefs représentant les exploits du roi Sargon. On a cru reconnaître parmi les ruines du palais les restes d'un temple que l'on suppose avoir été une pyramide à sept étages. La grande porte de la ville était double et offrait un passage pour les piétons et un pour les voitures, ainsi que l'indiquent les sillons creusés par les roues des chars. Ces portes étaient ornées de taureaux ailés dont on voit des spécimens au Musée du Louvre. A côté des taureaux, et se présentant non en retour comme au Musée, mais de front, étaient d'autres colosses monolithes qui représentaient des hommes étouffant des lions. Les bas-reliefs qu'on a découverts représentent des scènes de toute espèce, ayant trait à la vie civile; ce sont des festins, des chasses, des triomphes, des combats, des débarquements, des attaques de villes fortifiées, etc.

NEMROUD. — Les fouilles exécutées sur ce point ont mis à découvert des constructions qui prouvent que cette ville était une des plus importantes de l'empire assyrien. Le palais construit vers l'an 700 avant notre ère par Sardanapale III, était assis sur une terrasse qui dominait le fleuve, et à laquelle on arrivait par un magnifique escalier. Les portes étaient ornées, suivant l'usage, de grands taureaux ailés. Ce palais se recommande moins pour sa grandeur que pour l'excellence des bas-reliefs et des ornements qu'on y a retrouvés. Les ruines les plus considérables sont au sud de la terrasse de Nemroud et appartiennent à un palais bâti par Assarhaddon, qui régnait dans la seconde moitié du septième siècle avant notre ère. Ce palais renferme une grande salle d'environ cinquante mètres de long sur dix-huit de large, et cette salle est divisée dans le sens de sa longueur par un mur surmonté d'une galerie à colonnes. On a retrouvé également des vestiges d'un édifice pyramidal qu'on suppose avoir été consacré au culte, comme la tour de Bélus à Babylone.

Visite au Louvre. — Nous ne quitterons pas Ninive sans avoir, selon notre habitude, fait une promenade au Musée. Les objets d'art qui y sont conservés proviennent presque tous du palais de Khorsabad. Ils se composent de monuments qu'on peut diviser en sujets religieux, sujets civils ou historiques, inscriptions, émaux et petits objets de bronze, terre, sardoine et pierres de différentes espèces. Outre les pièces originales, il y a des empreintes en plâtre. Parmi les bas-reliefs, ceux qui représentent des scènes maritimes portent encore les traces du feu qui dévora le palais de Khorsabad. Les bas-reliefs, où l'on voit des prisonniers conduisant des chevaux, sont très-remarquables. Les chevaux sont vraiment extraordinaires comme dessin, il y a des têtes d'une élégance parfaite. Les grands taureaux ailés qui sont au fond de la salle, sont accompagnés d'une inscription qui a été traduite par M. Oppert et qui donne de curieux détails sur la construction du palais. Le roi Sargon, après avoir énuméré ses conquêtes et constaté qu'il est le fondateur du palais, dit : « ..... Je choisis les emplacements pour les fondations; je posai les briques non-cuites; la totalité des femmes jeta au milieu des amulettes préservatrices contre les démons, comme ablution des injures occasionnées par le creusement, en l'honneur des divinités Nisroch, Siri, Militta;... Avec leur permission suprême, je bâtis pour demeure de ma royauté des salles en ivoire, en bois d'ébène, de tamarisque, de lentisque, de cèdre, de pin, de cyprès et de pistachier; au-dessus j'entassai de grandes poutres courbées en cèdre que j'ai reliées par des poutres droites en pin et en lentisque contenues par des crampons de fer.... J'ai ouvert vers les quatre régions huit portes.... »

BABYLONE. — La nécessité où se trouvèrent les Babyloniens de se protéger contre les inon-

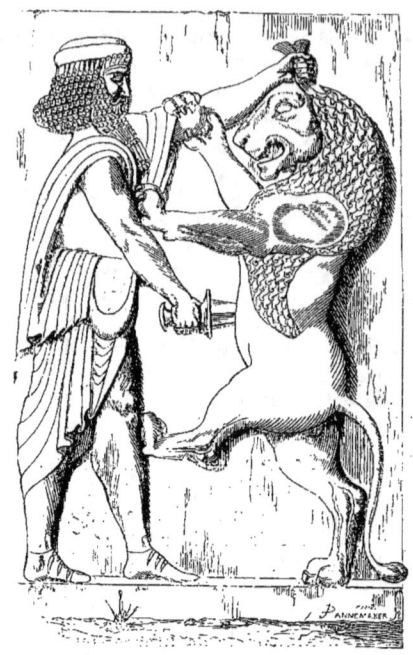

22. — ROI COMBATTANT UN MONSTRE.

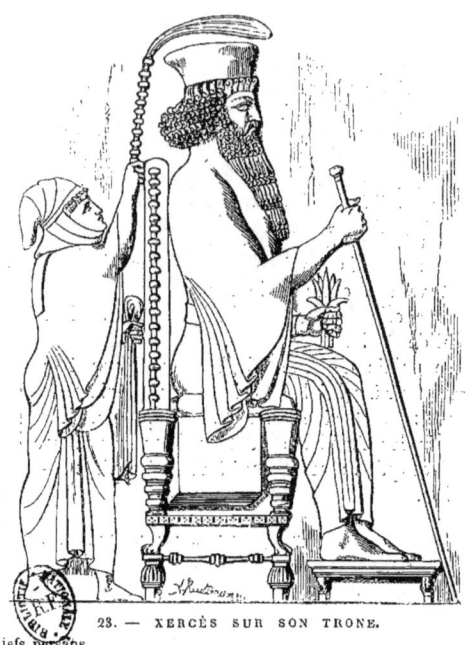

23. — XERCÈS SUR SON TRONE.

Bas-reliefs persans.

dations, les poussèrent à exécuter depuis les temps les plus reculés, des ouvrages architectoniques considérables. Le sol d'alluvion sur lequel Babylone était bâtie, ne fournissant pas les pierres qu'on était obligé d'aller chercher jusqu'en Arménie, on employa des briques faites avec une argile très-fine, séchées au soleil ou cuites au four. Babylone a été si complétement détruite qu'il est difficile aujourd'hui de retrouver la place de ses antiques palais. C'est uniquement par les récits des écrivains que nous pouvons nous en faire une idée.

L'étendue de Babylone, d'après le récit d'Hérodote, aurait été vraiment prodigieuse. Mais Quinte-Curce dit qu'elle n'était pas tout entière couverte de maisons, et qu'elle contenait des terres cultivées en très-grand nombre. D'après Diodore, deux cent cinquante tours, placées deux à deux, en face l'une de l'autre, s'élevaient sur la muraille. Deux chars pouvaient passer de front entre les tours. Ces murailles, dont la hauteur était immense, ont excité l'admiration des anciens, qui les ont placées au nombre des sept merveilles du monde. On croit avoir retrouvé la trace des fameux jardins suspendus que l'antiquité comptait aussi parmi les merveilles. C'est une butte qui, à une époque moins ancienne, a servi de nécropole. Autrefois c'était un édifice présentant la forme d'une pyramide tronquée et composé de douze terrasses sur lesquelles étaient disposés des escaliers. Ces terrasses étaient couvertes de riches ombrages; les jardins de Babylone étaient encore dans tout leur éclat quand Alexandre entra dans la ville.

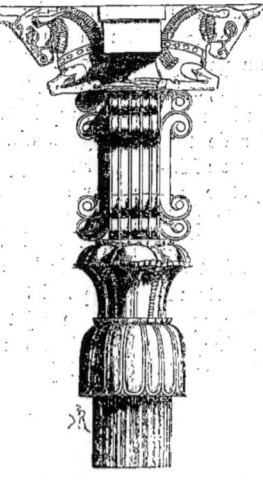

24. — CHAPITEAU PERSÉPOLITAIN.

M. Oppert, qui a fait des recherches sur les ruines de Babylone, a reconnu les vestiges du temple de Bélus. C'était une pyramide de huit étages, terminée par une plate-forme, où l'on conservait les archives de la nation : sur la plate-forme étaient les statues divines. Ce temple servait aussi d'observatoire ; c'est là que les prêtres chaldéens étudiaient les révolutions célestes. L'intérieur était orné de sculptures symboliques. Xerxès, à son retour de Grèce, s'empara des immenses richesses que renfermait le temple.

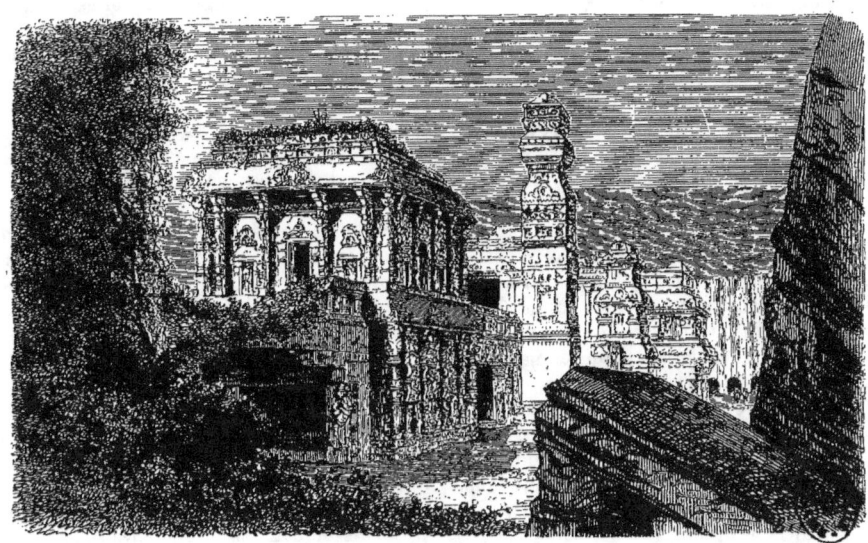

25. — LE KAILACA, A ELLORA.

Les ruines qu'on a retrouvées sur son emplacement consistent en un immense amas de briques cuites au four et revêtues de caractères cunéiformes. Les Juifs prétendent que c'est le tombeau de Nabuchodonosor, et quelques auteurs ont voulu y voir les traces de la fameuse tour de Babel. On y a découvert un très-grand nombre de pierres taillées, de cylindres et

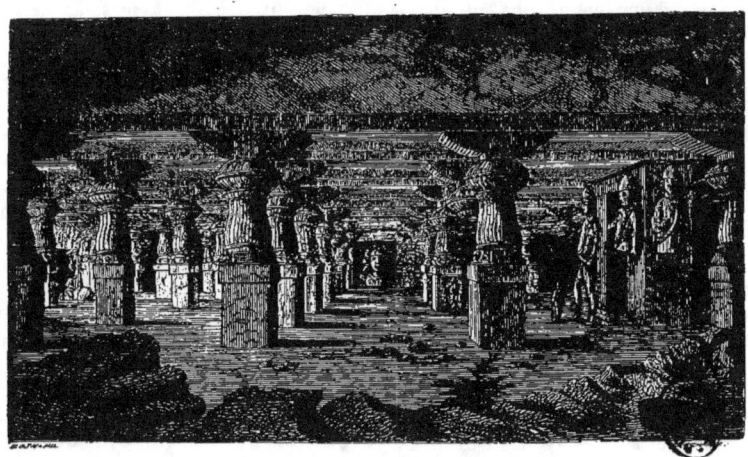

26. — SOUTERRAINS D'ELLORA

d'amulettes : le cabinet des médailles de la Bibliothèque impériale en possède une riche collection.

Ce n'est que par les cylindres que nous pouvons nous faire une idée de la sculpture babylonienne. Mais tant que nous n'aurons pas une idée plus positive de la religion des Babyloniens, il sera bien difficile de comprendre les sujets représentés sur ces cylindres. On admet généralement que les figures de griffons ou

4

d'animaux farouches sont les mauvais esprits, tandis que les bons qui luttent contre eux ont la forme d'hommes couronnés et souvent ailés.

PERSÉPOLIS. — Les ruines de Persépolis se trouvent à une douzaine de lieues de Schiraz, dans une des plus belles plaines de la Perse. Quelques familles de Turcomans et de Kurdes errant parmi ces débris avec leurs troupeaux sont aujourd'hui les seuls habitants qu'on rencontre dans le palais de Xerxès. Parmi les parties qui subsistent encore, la plus importante est celle qui est appelée *Tschil-Minar* ou les Quarante colonnes. Un immense escalier, des colosses analogues à nos taureaux assyriens du Louvre, de nombreux bas-reliefs parmi lesquels on remarque des *doryphores* ou gardes du roi du temps de Darius et de Xerxès, et des processions de personnages dont on ignore les fonctions, des chapiteaux brisés, des colonnes debout ou renversées, tout atteste la grandeur et la magnificence de ce palais. Dans la grande salle hypostyle qui servait aux réceptions officielles, on a retrouvé les traces de cent colonnes qui soutenaient le plafond : il y en avait seize pour le vestibule. Les montants des portes sont rehaussés de bas-reliefs dont la partie supérieure représente un roi sur son trône (fig. 23), entouré de ses serviteurs, et la partie inférieure comprend des figures plus petites qui forment plusieurs rangées. Il y a aussi des sculptures symboliques, telles qu'un grand personnage vêtu d'une longue robe, qui plonge son épée dans les flancs d'un monstre qui se dresse devant lui (fig. 22). Sous les terrasses qui portent le palais de Persépolis, on trouve de vastes souterrains qui se croisent en tous sens et dont on n'a encore pu vérifier ni l'étendue ni la destination. On a fait à propos des bas-reliefs de Persépolis la remarque assez singulière qu'il ne s'y trouve aucune figure de femme.

A deux lieues environ du palais dont nous venons de parler se trouvent des tombeaux taillés dans le rocher, et qui portent le nom de Nakchi-Roustain. La façade de ces monuments, qui a près de 30 mètres de hauteur, présente une excavation profonde en forme de croix grecque, et est divisée en trois étages. Le premier est lisse et semble avoir été destiné à recevoir une inscription. La porte du tombeau s'ouvre sur le second, qui est orné de quatre colonnes dont le chapiteau est un double taureau unicorne. Dans l'étage supérieur, un double rang de figures en forme de cariatides supporte une corniche ornée de moulures, sur laquelle est debout un personnage tenant un arc bandé, symbole de la force, et vis-à-vis de lui un autel au-dessus duquel est figuré un globe que l'on regarde comme l'emblème du soleil. Un génie, dont la figure est semblable à celle du personnage et dont le corps est enveloppé dans de grandes ailes ouvertes, vole entre l'homme et l'autel. On croit que cette figure est le symbole de l'âme qui est chargée de combattre les mauvais esprits envoyés par Ahriman. A droite et à gauche du bas-relief est un pilier dont la base est la patte d'un lion, et qui est surmonté d'une tête de taureau unicorne. On a cru pouvoir reconnaître dans ces monuments les tombeaux de Darius, d'Artaxerxès, etc.

ECBATANE. — Ecbatane était la capitale de la Médie. Selon Hérodote, elle fut fondée par Dejocès au huitième siècle avant notre ère. La citadelle et le palais, qui renfermaient les archives du royaume, étaient compris dans sept enceintes circulaires. Chacune de ces murailles se distinguait par des créneaux d'une couleur particulière : ils étaient successivement et en partant du dehors, blancs, noirs, rouges, bleus, ceux de l'avant-dernière muraille étaient argentés, et ceux de la dernière dorée. Le nombre des enceintes et la couleur des créneaux avaient une signification symbolique. « Ecbatane, dit Kreuser, avec son palais au centre, représente, par ses sept enceintes et ses créneaux de couleurs différentes, les espaces des cieux qui, dans les idées des Mèdes, entourent le palais du soleil. »

Le palais qui servait de résidence d'été aux rois de Perse était d'une prodigieuse richesse. « Quoique tout ce qu'il y avait en bois, dit Polybe, fût de cèdre et de cyprès, on n'y avait rien laissé à nu : les poutres, les lambris et les colonnes qui soutenaient les portiques et les péristyles étaient revêtus, soit de lames d'argent, soit de lames d'or ; toutes les tuiles étaient en argent. » Ces richesses furent pillées par les soldats d'Alexandre.

Néanmoins le palais subsistait encore du temps de Strabon, et servait de résidence d'été aux rois Parthes. Aujourd'hui, on trouve sur l'emplacement de l'ancienne Ecbatane un amas immense de décombres, parmi lesquels de rares fragments de colonnes dont le style rappelle celui des monuments de Persépolis.

INDE.

L ART INDIEN. — L'esprit contemplatif et rêveur du peuple indien est plus propre aux conceptions métaphysiques qu'aux arts plastiques. Si la constitution hiératique et la persévérance des ouvriers hindous ont pu réaliser ces temples souterrains qui creusent des montagnes entières, on chercherait en vain dans l'Inde un esprit organisateur qui puisse diriger ces immenses efforts vers un but architectonique plus élevé. Au milieu d'une abondance et d'une richesse inouïe de formes de toute espèce, l'architecture ne trouve pas un rhythme déterminé, une cadence d'où résulte l'harmonie, et l'immensité de ses efforts produit sur l'esprit une impression étrange plutôt que grandiose. Les vastes constructions de l'Inde étonnent plutôt qu'elles n'attachent; l'impression en est confuse. Dans ce pays où tout est prodigieux, l'homme s'est senti écrasé par la toute-puissance divine. Au milieu de l'exubérante végétation de son sol, l'Hindou a compris que la nature était immense et ne s'est pas aperçu qu'elle était belle.

« Les religions de l'Inde, dit Lamennais, renferment toutes une idée panthéistique, unie à un sentiment profond des énergies de la nature. Le temple dut porter l'empreinte de cette idée et de ce sentiment. Or, le panthéisme est à la fois quelque chose d'immense et de vague. Que le temple s'agrandisse indéfiniment, qu'au lieu d'offrir un tout régulier, saisissable à l'œil, il force par ce qu'il y a d'inachevé l'imagination à l'étendre encore, à l'étendre toujours, sans qu'elle arrive jamais à se le représenter tout ensemble comme un et comme circonscrit en des limites déterminées, l'idée panthéistique aura son expression. Mais, pour que le sentiment relatif à la nature ait aussi la sienne, il faudra que ce même temple naisse en quelque sorte dans son sein, s'y développe, qu'elle en soit la mère, pour ainsi parler. C'est là, dans ses ténébreuses entrailles, que l'artiste descendra, qu'il accomplira son œuvre, qu'il fera circuler la vie, une vie qui commence à peine à s'individualiser en des productions à l'état de simple ébauche, symbole d'un monde en germe, d'un monde qu'anime et qu'organise, dans la masse homogène de la substance primordiale, le souffle puissant de l'Être universel. »

Parmi les temples creusés dans le rocher que l'on rencontre dans l'Indoustan, aucun n'est plus célèbre que les souterrains d'Ellora. Vue de loin, la montagne sur laquelle sont accumulées ces masses énormes semble une réunion de palais, une ville fantastique habitée par les géants : c'est l'endroit vénéré où on adore le dieu Siva, la troisième personne de la trinité hindoue, le dieu destructeur qui tue pour créer, et entretient par la mort la vie universelle. Changé tour à tour en éléphant et en coq, Siva est monté sur un taureau ou sur un tigre, les gencives armées de dents aiguës, les bras et la taille entourés de serpents, avec un collier de crânes humains autour du cou. Siva s'appelle aussi Gangadhara, parce qu'il porte le Gange sur sa tête.

Il y avait autrefois dans la montagne d'Ellora une piscine célèbre, dont l'eau rendait la santé au malade qui venait s'y baigner; mais les agents du Dieu de la mort la desséchèrent tellement qu'elle fut réduite à presque rien. Le rajah Ilou, tourmenté par une horrible maladie, cherchait inutilement l'eau qui devait le guérir. Pourtant, comme il était occupé à prier, il en aperçut un peu, mais si peu qu'elle aurait tenu dans le creux que fait le sabot d'une vache qui piétine le sol. Cela suffit pourtant pour guérir Ilou, qui, dans sa reconnaissance fit creuser ces gigantesques souterrains d'Ellora, réunion de constructions étranges, dont la principale est appelée Kaïlâca, parce que Kaïlâca est le nom de la résidence habituelle de Siva. Si nous en croyons les dévots hindous, cette histoire se serait passée il y a environ huit mille ans; toutefois les archéologues français pensent que ces constructions datent du deuxième siècle environ avant notre ère.

Toutes les parties du Kaïlâca (fig. 25), travaillées de main d'homme, ne forment qu'un seul et même bloc, bien qu'elles semblent avoir été construites pierre par pierre : c'est un rocher taillé en forme de temple. L'ornementation fine et délicate des détails ressemble à un travail d'orfévrerie plutôt qu'à de la sculpture monumentale. Les parois des murailles sont couvertes de milliers de statues et de sujets relatifs à la mythologie hindoue. Tous les souterrains d'Ellora (fig. 26) sont creusés dans la montagne et présentent une grande quantité de salles et de galeries taillées dans le roc vif; on y trouve des colonnes massives et de dimensions gigantesques qui sont d'un seul morceau avec leur entablement. Des éléphants de grandeur colossale servent de base à des quartiers de roches énormes, et tout dans l'aspect produit une impression étrange, qui frappe l'esprit de stupeur sans éveiller jamais l'idée de beauté telle que les Grecs l'ont conçue.

Nous n'entreprendrons pas de décrire en détail ces immenses constructions d'Ellora; toute une montagne est métamorphosée en demeures mystérieuses pendant un espace de près de deux lieues.

C'est un dédale de temples, de corridors, de chapelles, dont toutes les surfaces sont couvertes de bas-reliefs et de rondes-bosses.

Les salles les plus célèbres sont celles de Djagannatha, le temple de Paraçoura-Brahma et celui d'Indra.

Ces édifices ne reçoivent la lumière que par les portes.

Le temple d'Indra, Dieu de l'éther et des cieux visibles, présente une vaste entrée taillée dans le roc et gardée par deux lions accroupis.

Au milieu du temple est un autel avec de grandes figures sculptées aux angles: on voit à droite un éléphant, à gauche une colonne dont le chapiteau est surmonté de deux figures assises.

Tout autour on a pratiqué une suite de grottes qui s'enfoncent dans la montagne.

Dans leur ensemble les monuments de l'Inde peuvent se ranger en trois catégories qui répondent à l'ordre chronologique :

1° ceux qui sont taillés dans le roc ou temples souterrains;

2° ceux qui sont élevés au-dessus de terre, mais avec des pièces souterraines ;

3° ceux qui s'élèvent librement au-dessus du sol.

Ces derniers étant d'une date beaucoup moins ancienne, nous n'avons pas à nous en occuper ici.

GRÈCE.

ART RELIGIEUX.

LES DIEUX. — L'histoire de l'art dans l'antiquité est si intimement liée aux idées philosophiques et religieuses des Grecs qu'il est impossible d'en comprendre la marche sans avoir une notion des croyances qui avaient cours parmi les artistes et de l'importance qu'on attachait à leurs œuvres.

La Genèse enseigne que Dieu a créé l'homme à son image : c'était aussi l'opinion des païens. Prométhée, dit Ovide, ayant mêlé de l'argile avec l'eau des fleuves, modela les hommes à l'image des dieux modérateurs de toutes choses. On peut voir au Louvre un bas-relief représentant Prométhée occupé à modeler des corps humains, et à mesure qu'il les achève, Minerve les anime en leur posant sur la tête un papillon, emblème de l'âme. Le papillon en grec s'appelle Psyché (fig. 29), et le même mot veut dire âme. Il est probable que toute la légende de Psyché a pour origine cette image si claire de l'immortalité de l'âme, le papillon sortant de la chrysalide.

Les Grecs admettaient que les âmes étaient des parcelles de feu céleste. De la sphère supérieure où elles vivaient avant leur existence terrestre, elles ont été attirées vers la terre par une sorte d'ivresse, par un désir qu'elles n'ont pas su dompter, et, en prenant un corps, elles ont perdu la notion du parfait, dont elles ne gardent plus qu'un vague souvenir. Dans la légende de Psyché, on voit l'invincible curiosité qui pousse Psyché, c'est-à-dire l'âme humaine, à connaître la réalité des choses. Elle en est aussitôt punie et commence une vie d'épreuves et de travaux jusqu'au jour où, purifiée par la douleur, elle retrouve dans le ciel la place qu'elle y a conquise. En étudiant les sarcophages, on y voit l'histoire de Psyché reproduite sous toutes les formes, mais toujours avec la même pensée.

L'âme emprisonnée dans le corps terrestre garde toujours le souvenir de l'idéal qu'elle a perdu. La forme de toutes les choses que nous voyons ici-bas n'apparaît à nos yeux que comme l'image altérée et confuse du type existant de toute éternité. De là vient la nécessité pour la statuaire de ne pas s'en tenir à la re-

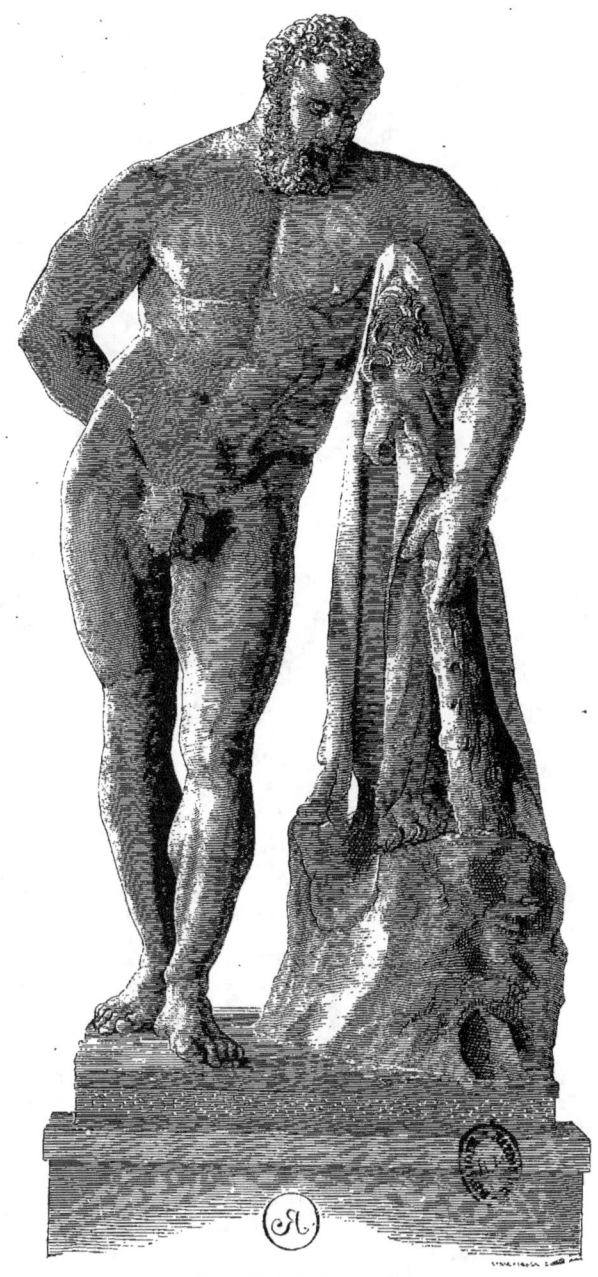

27. — HERCULE FARNÈSE.
(Musée de Naples.)

présentation d'une simple réalité, mais d'évoquer dans son âme cette beauté absolue qui est le type divin : c'est ce que nous nommons l'idéal.

La statuaire est un art religieux et immatériel par essence ; c'est elle qui a exprimé le plus excellemment l'idée du divin, c'est par elle que les artistes grecs ont fixé les lois qui constituent le beau idéal. Il ne suffit pas que l'image divine ait les formes d'un bel homme ou d'une belle femme, il faut qu'elle soit l'expression de la beauté typique et immatérielle.

L'artiste qui sculpte un Dieu pour le temple fait une œuvre pieuse en même temps qu'une statue ; certains philosophes regardent le beau idéal comme une chimère, parce que d'après eux la beauté ne peut se démontrer comme une proposition de géométrie, et que l'idée que nous en avons varie suivant chaque peuple et même suivant chaque individu. Suivant eux, la physionomie étant différente dans divers pays, ce qui est la beauté en Grèce ne saurait être la beauté en Chine ; un Hottentot peut fort bien ne pas trouver une Française à son goût, et assurément une Hottentote ne saurait plaire à un Français. Ce raisonnement, qui semble spécieux au premier abord, est pourtant faux dans son principe. L'erreur vient de ce que le matérialisme, qui rejette l'idée du divin, est

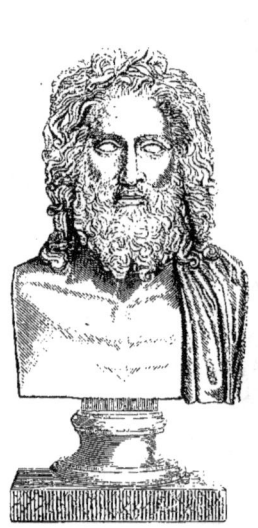
30. — JUPITER.
(Musée Pie Clémentin, à Rome.)

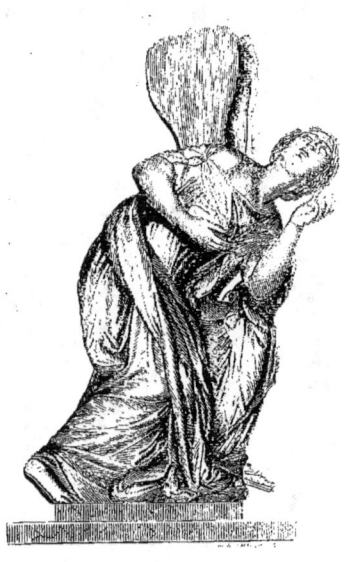
29. — PSYCHÉ.
(Musée du Capitole, à Rome.)

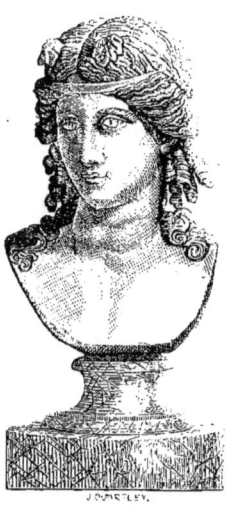
28. — ARIADNE.
(Musée du Capitole, à Rome.)

amené par une déduction logique de ses principes, à confondre l'impression toute personnelle que reçoivent nos sens, avec l'idée abstraite de la beauté telle que notre esprit seul peut la concevoir. Il n'est aucunement démontré que les femmes fussent plus belles à Athènes qu'à Paris ou à New-York. Les portraits que nous a laissés l'antiquité ne ressemblent pas aux Dieux qu'elle a créés. Ainsi la beauté qu'a poursuivie l'art grec n'est pas celle qui est particulière à une race, mais celle qui reproduit le type humain dans son expression la plus parfaite.

Phidias disait : « Si nous donnons aux dieux la forme humaine, c'est parce que nous n'en connaissons pas de plus parfaite. » La Grèce, par le génie de ses artistes, a exprimé sur la forme divine une conception qui se trouve justifiée par la révélation. Voyez tout d'abord combien cette manière de rendre la divinité est supérieure à celle des peuples panthéistes de l'Asie. Ici, pour exprimer l'idée de force, on fait une idole à dix bras ; pour rendre la fécondité, on lui mettra plusieurs mamelles, et partout une association monstrueuse de l'homme et de l'animal vous ôte l'idée d'un être intelligent et la remplace par celle d'une force instinctive.

Mais il ne suffisait pas à l'art grec d'avoir conçu le divin sous la forme humaine ; la créature, bien que faite à l'image du créateur, ne saurait lui être égale ; Dieu seul est la perfection suprême. Platon enseignait que les idées seules ont une existence réelle et absolue, tandis que les choses perceptibles à nos sens n'en sont que de pâles copies, toujours plus ou moins éloignées du type original. Pour traduire par le marbre ou le bronze l'image d'un Dieu, le sculpteur grec devait donc dégager le type humain de tout ce qui le rapproche de l'animalité. Ainsi les nègres ont la bouche gonflée comme les singes de leur pays, les Chinois et les Japonais ont les yeux inclinés obliquement comme les chats et une foule d'autres animaux. Le statuaire a dû chercher son type en associant la beauté particulière qu'il trouvait chez différents modèles, pour les relier dans un ensemble qui pût se rapprocher le plus possible de la perfection.

Il y a plus qu'un choix dans l'idée du divin telle que l'a conçu l'art grec : il y a une conception de l'absolu que la science moderne a été obligée de ratifier. Camper établit la perfection de l'espèce humaine d'après l'ouverture de l'angle facial. Cet angle provenant de la rencontre de deux lignes, dont l'une, horizontale, part de la base du crâne pour se rendre aux dents incisives, et l'autre, verticale, va depuis le front jusqu'aux dents, lui a fait conjecturer pourquoi les anciens avaient donné autant de proéminence aux fronts de leurs dieux. Il a trouvé que la tête de Jupiter (fig. 30) ainsi mesurée présentait un angle facial de 100°, celle d'Apollon de 90°, tandis que la tête d'un Européen ne présente en moyenne qu'un angle facial de 80°, un nègre un angle facial de 70°, un singe un angle facial de 30°. La conformation de la tête d'un Jupiter ou d'un Apollon ne vient donc pas seulement d'un choix, puisque l'homme n'arrive jamais au même angle facial, mais elle se transforme par une théorie tendant à établir la supériorité cérébrale des dieux sur les hommes.

La conception que les Grecs avaient du divin les a empêchés de représenter leurs dieux dans une attitude violente, ou d'exprimer sur leur visage la marque des passions. Hercule, comme héros (fig. 36), peut être représenté dans l'exécution de ses durs travaux, mais comme Dieu (fig. 27) il est toujours représenté au repos. Si la beauté est la forme visible du Dieu, le calme et la placidité peuvent seuls traduire son expression morale ; mais à chaque Dieu répond en outre un type particulier en rapport avec son caractère.

Il est certain que, pour les philosophes de tous les temps, la statue et le Dieu sont absolument distincts l'un de l'autre. « Ceux qui ne connaissent pas le vrai sens des mots, dit Plutarque, arrivent à se tromper sur les choses ; ainsi les Grecs, au lieu d'appeler les statues d'airain ou de pierre, ou les peintures, des simulacres en l'honneur des dieux, ont l'habitude de les nommer des dieux. » Mais en même temps ils croyaient les images indispensables pour entretenir le sentiment religieux dans le peuple. « Ceux dont la mémoire est robuste, dit Maxime de Tyr, et qui n'ont qu'à lever les yeux au ciel pour se sentir en présence des dieux, n'ont peut-être pas besoin des statues ; mais ceux-là sont très-rares, et à peine trouverait-on un homme dans une foule nombreuse qui pût se rappeler l'idée divine, sans avoir besoin d'un pareil secours. »

Non-seulement la philosophie antique et la doctrine des initiations séparaient le Dieu de son image, mais elles le dégageaient même complétement de toutes les légendes par lesquelles les poëtes fabriquaient son histoire. Chateaubriand fait remarquer que la sagesse antique arriva à se rapprocher tellement du christianisme, que les païens et les chrétiens non-seulement ont les mêmes principes de morale, mais encore emploient les mêmes termes de *salut*, de *grâce divine*, de *Dieu sauveur*. Il cite une invocation du philosophe païen Simplicius, qui pourrait parfaitement passer pour une prière chrétienne, si on en retranchait le nom d'Homère. « O seigneur père, auteur et guide de notre raison, permets que nous n'oubliions jamais la dignité dont tu décores notre nature ! Fais que nous agissions comme des êtres libres ; que purifiés de toutes passions déréglées, nous sachions, si elles s'élèvent, les combattre et les gouverner ! Guidé par la lumière de la vérité, que notre jugement nous attache aux choses véritablement bonnes ! Je te supplie, *ô mon Sauveur*, de dissiper les ténèbres qui couvrent les yeux de nos âmes, afin que nous puissions, *comme le dit Homère*, distinguer l'homme et Dieu. »

Mais ce qu'il est important de remarquer, c'est qu'à aucune époque le peuple grec n'a été fétichiste ou idolâtre, dans le sens que nous attachons à ces mots quand nous parlons des nègres du Soudan ou des sauvages de la Polynésie. Ils respectaient les images des dieux et les portraits des héros, comme aujourd'hui on respecte les représentations du Christ, de la Vierge et des Saints. Si quelque

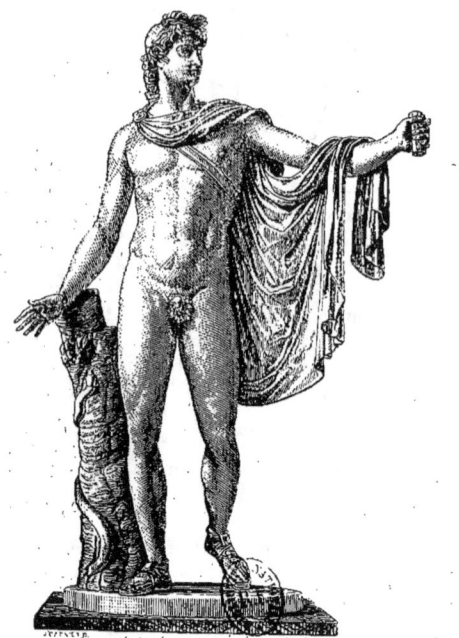

31. — APOLLON DU BELVÉDÈRE.
(Musée Pie Clémentin, à Rome.)

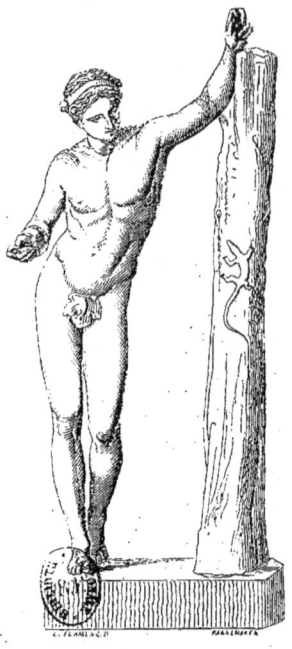

32. — APOLLON SAUROCTONE.
(Musée du Louvre.)

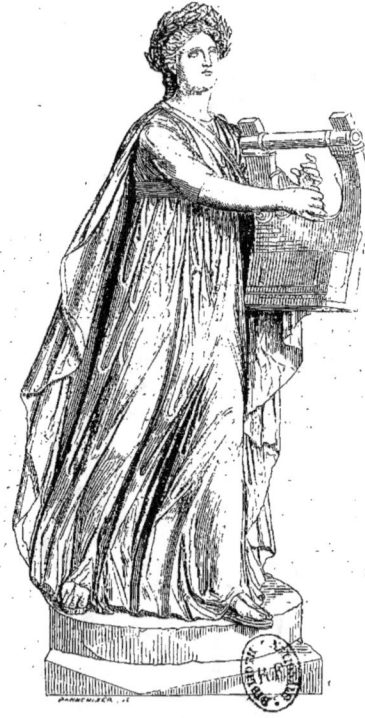

33. — APOLLON MUSAGÈTE.
(Musée Pie Clémentin, à Rome.)

maniaque, sous prétexte d'épurer le culte, s'avisait de briser la tête d'un Crucifix ou d'une Madone, on l'accuserait de sacrilége, sans croire pour cela que le Christ ou la Vierge a pu souffrir une douleur quelconque, et sans les confondre avec leurs représentations visibles. Personne n'aimerait à voir déchirer un portrait de son père, et pourtant personne ne croit que l'âme des morts habite dans leurs portraits.

Une théorie connue sous le nom d'Évhémérisme ayant soutenu que les dieux n'étaient que des hommes divinisés, il se produisit, par une réaction naturelle, une croyance toute différente, la croyance aux démons ; ce mot n'avait pas à l'origine le sens qu'on lui donne aujourd'hui. Les démons étaient, pour les Grecs, ce que sont les anges pour les chrétiens, des êtres intermédiaires entre l'homme et la divinité. Pour maintenir le respect des images, ébranlé par les philosophes d'un côté, par les chrétiens de l'autre, on finit par admettre que les démons, émissaires des Dieux supérieurs, consentaient à habiter les statues de ces Dieux, afin que la protection divine fût toujours présente et visible au milieu des hommes. Cette opinion, due surtout à l'influence des religions orientales, était admise vers le quatrième siècle aussi bien par les chrétiens que par les païens ; seulement les chrétiens leur attribuaient une influence malfaisante, et c'est depuis ce temps que le mot de *démon* a pris le sens qu'il a aujourd'hui. On comprend dès lors les colères avec lesquelles les chrétiens du temps de Théo-

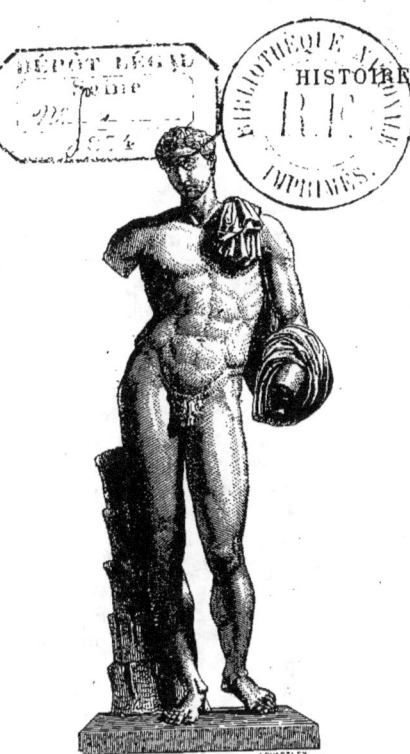

34. — ANTINOÜS EN MERCURE.
Dit le Lautin (musée Pie Clémentin, à Rome.)

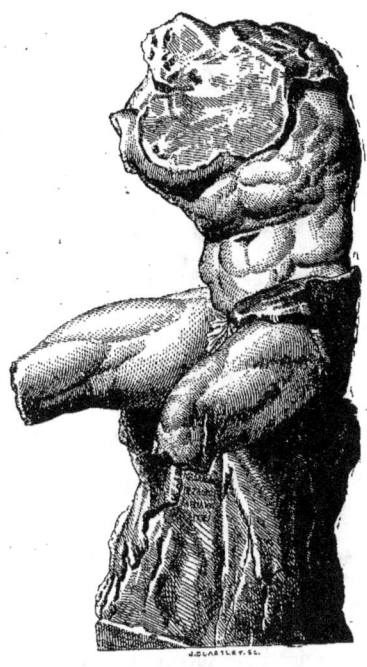

35. — HERCULE.
Dit Torse du Belvédère (musée Pie Clémentin, à Rome.)

dose brisèrent les chefs-d'œuvre de l'art, qui n'étaient à leurs yeux que d'impures idoles revêtues d'un caractère malfaisant. On compare souvent la destruction des temples du paganisme, par les premiers chrétiens, à la dévastation des églises catholiques par les protestants dans nos guerres religieuses. Il y a pourtant une différence ; pour les protestants, les images des saints, placées dans les églises, étaient une idolâtrie, et constituaient une profanation qui souillait la maison du seigneur. Pour les premiers chrétiens, les statues des Dieux païens étaient plus que cela : on les croyait habitées par des démons nuisibles. Ainsi on a dit longtemps : la diablesse Vénus, la diablesse Minerve, et on attribuait à ces esprits malfaisants et corrupteurs tous les maux qui affligeaient alors l'empire. Dans les premiers temps, la destruction des statues des Dieux était regardée par les chrétiens comme un acte courageux et plein de périls. « Quand on transportait des statues à Constantinople, dit Émeric David, qui cite Eusèbe et Sozomène, on avait soin de publier qu'on les garrottait comme des criminels et qu'on allait les exposer dans la capitale à la risée des fidèles. » Il

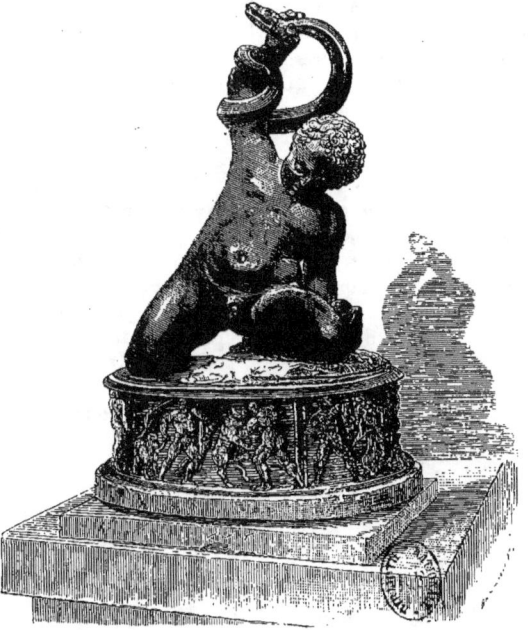

36. — HERCULE ENFANT (BRONZE).
Les travaux d'Hercule sur le piédestal. (Musée de Naples.)

paraît probable que cet étrange procédé fut imaginé par des hommes plus intelligents qui espéraient par là sauver quelques chefs-d'œuvre. Mais ces efforts isolés ne servirent pas à grand'chose, et, pendant cent ans, l'univers retentit du bruit des coups de marteau qui mutilaient les chefs-d'œuvre du passé. L'époque des grandes destructions date de Théodose : ce fut alors que les Dieux antiques furent, sur toute l'étendue de l'empire, réduits en poussière ; on les jetait dans la fournaise, ou on les écrasait sous les roues des chars, et quand Honorius renouvela pour la quatrième fois l'ancienne loi qui ordonnait de briser les images des dieux, il crut devoir ajouter : s'il en existe encore. Aussi, quand les Barbares vinrent à leur tour, on peut présumer que leurs ravages ne trouvèrent pas à s'exercer sur un grand nombre de chefs-d'œuvre.

Depuis Constantin jusqu'à Théodose, la lutte des chrétiens contre les païens a tous les caractères d'une guerre d'iconoclastes. La destruction des statues correspond juste au moment où on commence à honorer les reliques. Les païens de la décadence croyaient que le Dieu venait habiter sa statue, et qu'elle prenait par là une puissance. Les chrétiens crurent qu'un saint ou un martyr pouvait, par sa seule vertu, communiquer un pouvoir surnaturel aux ossements qu'il avait laissés sur la terre et aux objets qui lui auraient appartenu pendant sa vie ; le culte des reliques se dresse en face du culte des idoles. Les païens, qui voyaient dans les chrétiens des sacrilèges, regrettaient leurs dieux de marbre, et exprimaient le dégoût que leur causaient les reliques chrétiennes. « Au lieu des Dieux de la pensée, dit le païen Eunape, les moines obligent les hommes à adorer des esclaves de la pire espèce ; ils ramassent et salent les os des malfaiteurs condamnés à mort pour leurs crimes ; ils les translatent çà et là, les montrent comme des divinités, s'agenouillent devant ces reliques, se prosternent devant des tombeaux couverts d'ordures et de poussière. Sont appelés martyrs, ministres, intercesseurs auprès du ciel, ceux-là qui jadis, esclaves infidèles, ont été battus de verges et portent sur leur corps la juste marque de leur infamie ; voilà les nouveaux dieux de la terre. »

Considéré dans son développement historique, l'art grec présente trois phases successives : à l'époque où sont nées les légendes multiples qui composent la mythologie, il fabriquait des idoles grossières, suffisantes pour ces temps primitifs. Dans la grande époque, l'art s'éleva en même temps que la philosophie, et chercha à exprimer la pensée divine par la manifestation du beau visible. Sous la décadence, la philosophie se sépara complètement de l'art pour se rapprocher du christianisme, et les statues des dieux furent abandonnées pour les reliques des saints, quand la religion chrétienne eut pris le dessus.

LES GRANDS DIEUX ; TYPES MASCULINS. — JUPITER (*Zeus*) (fig. 30), le père des Dieux et des hommes, représente dans l'ordre physique l'air vital qui pénètre toutes choses, et, dans l'ordre moral, il est le lien des sociétés humaines, le gardien des traités, le protecteur des pauvres, des suppliants, de tous ceux qui n'ont que le ciel pour abri : « Vois-tu, dit un fragment d'Euripide, cette immensité sublime qui enveloppe la terre de toutes parts? C'est là Zeus, c'est le Dieu suprême. » Ennius dit de même : « Regarde ces hauteurs lumineuses qu'on invoque partout sous le nom de Jupiter. » Varron, qui cite ce passage, ajoute : « Voilà pourquoi les toits de ses temples sont ouverts pour laisser voir le divin, c'est-à-dire le ciel ; on dit même qu'il ne faut le prendre à témoin qu'à ciel découvert. » Les temples de Jupiter, en effet, étaient toujours découverts : ce sont les Dieux de la terre qui ont des temples fermés.

L'art a donné à Jupiter la forme d'un homme barbu, dans la force de l'âge : ses attributs ordinaires sont l'aigle, le sceptre et la foudre. Considéré comme Dieu actif, Jupiter est debout, mais les sculpteurs l'ont plus souvent représenté assis, et se reposant dans le calme et la victoire.

Il est généralement nu depuis la tête jusqu'à la ceinture : sa chevelure retombe comme une crinière des deux côtés du front, qui est clair et radieux dans la partie supérieure, mais bombé dans sa partie inférieure. Il a les yeux enfoncés, quoique très-ouverts, une barbe épaisse et touffue : sa poitrine est ample, mais il n'a pas les formes d'un athlète. Son attitude est toujours majestueuse et l'art ne la jamais représenté dans un mouvement violent. Le type de Jupiter paraît avoir été fixé par Phidias dans son Jupiter Olympien, qui passait dans l'antiquité pour la plus belle représentation du Dieu. La plus célèbre des statues de ce dieu qui soit parvenue jusqu'à nous, est le Jupiter du Vatican. Il est assis sur un aigle, le haut du corps nu, tenant d'une main un sceptre et de l'autre la foudre.

Visite au Louvre. — La statue connue sous le nom de Jupiter de Versailles est la plus belle statue que nous ayons de Jupiter. Elle n'est pas entière, et on l'a restaurée sous Louis XIV d'une façon déplorable. Pour rendre au marbre la blancheur et le poli de sa surface, on l'a gratté ; la tête heureusement a été plus épargnée que le corps. La draperie est moderne, ainsi que la gaîne, sur laquelle on voyait autrefois un aigle assis sur la foudre. Cette statue fut offerte en 1541 par Marguerite d'Autriche à l'ambassadeur de Charles-Quint près du saint-siége, et celui-ci, qui était prélat, la fit placer dans son palais à Besançon. Les magistrats de cette ville en firent hommage à Louis XIV lorsqu'il fit la conquête de la Franche-Comté.

Le Louvre possède encore plusieurs statues de Jupiter, assises et debout, mais elles ne comptent pas parmi les chefs-d'œuvre de la statuaire. Il y a pourtant un charmant bas-relief qui représente Jupiter assis entre Junon et Thétis. Nous recommandons aussi un très-joli buste d'un caractère archaïque, connu sous le nom de Jupiter Trophonius.

NEPTUNE (*Poseidon*). — Le frère de Jupiter, Neptune, le Dieu des mers, se distingue du roi de l'Olympe par une expression moins calme, des cheveux plus en désordre, un caractère plus sauvage, en rapport avec la violence de la mer. Le trident, qui n'était dans l'origine qu'un engin destiné à la pêche du thon, est devenu l'attribut ordinaire de Neptune ; souvent aussi on voit un dauphin près de lui. Le cheval lui était consacré comme emblème de l'impétuosité des eaux. Neptune n'a pas, par lui-même, une grande importance dans l'art, mais sur plusieurs bas-reliefs on le voit représenté avec Amphitrite son épouse, et escorté des divinités marines.

Le musée du Louvre ne possède pas de statue célèbre de Neptune ; mais on peut voir au musée d'Algérie une très-curieuse mosaïque représentant Neptune et Amphitrite. Elle a été trouvée près de Constantine par le 3e régiment de chasseurs d'Afrique, sous le commandement du colonel Noël ; elle est entrée au Louvre en 1845.

APOLLON. — Apollon, le soleil, la plus belle des puissances célestes, le Dieu toujours jeune, vainqueur des ténèbres et des forces malfaisantes, a été traduit par l'art sous plusieurs aspects. Dans les temps primitifs, un pilier conique, placé sur les grandes routes suffisait pour rappeler la puissance tutélaire et guérissante du dieu. Quand on y accrochait des armes, c'était le Dieu vengeur qui récompense et qui châtie ; quand on y suspendait une cithare, il devenait le Dieu dont les accords harmonieux rendent le calme à l'âme agitée. Vainqueur des forces malfaisantes de la nature, Apollon tient l'arc à la main, et rejette sa chlamyde dans l'orgueil de la victoire ; le serpent Python, qu'il vient de terrasser, est l'allégorie des marais méphitiques desséchés par les rayons bienfaisants du soleil.

Apollon du Belvédère (fig. 31). — Toutes les formules de l'admiration ont été épuisées en face de cette statue, qui, depuis qu'elle est connue, n'a cessé d'exciter l'enthousiasme des artistes. Voici la description qu'en donne Winckelmann dans son *Histoire de l'Art* : « La stature du Dieu est au-dessus de celle de l'homme et son attitude respire la majesté. Un éternel printemps, tel que celui qui règne dans les champs fortunés de l'Élysée, revêt d'une aimable jeunesse les charmes de son corps, et brille avec douceur sur la fière structure de ses membres... Il a poursuivi Python, contre lequel il a tendu pour la première fois son arc redoutable ; dans sa course rapide, il l'a atteint et lui a porté le coup mortel. De la hauteur de sa joie, son auguste regard, pénétrant dans l'infini, s'étend bien au delà de sa victoire. Le dédain siège sur ses lèvres ; mais une paix inaltérable est empreinte sur son front, et son œil est plein de douceur comme s'il était au milieu des Muses.... »

L'Apollon du Belvédère a été de tout temps considéré comme un des grands chefs-d'œuvre de la sculpture antique. Ainsi que l'a dit M. Émeric David : « L'ignorant qui le regarde s'émeut, se passionne, trouve en soi pour l'admirer un sens qu'il ne se connaissait pas ; l'homme savant dans les arts, chaque fois qu'il le considère, reconnaît avec étonnement qu'il n'avait pas senti la perfection ; plus il a de connaissances, plus il y découvre de finesse, de vérité, de grandeur, de beautés toujours nouvelles. » Cette statue, en marbre de Luni, fut découverte à la fin du quinzième siècle près de Capo d'Anzo, autrefois Antium ; elle fut acquise par le pape Jules II, alors cardinal ; et, lors de son avénement au pontificat, il la fit placer dans les jardins du Belvédère ; les deux mains qui manquaient ont été faites alors par un élève de Michel-Ange.

Apollon Musagète (fig. 33). — Considéré comme principe de l'inspiration poétique, Apollon est couronné de lauriers et vêtu d'une longue robe : c'est ainsi qu'il est représenté dans une célèbre statue du Vatican, intitulée Apollon Musagète ou conducteur des Muses. Cette belle statue a servi de modèle aux médailles de Néron, qui représentent cet empereur dispu-

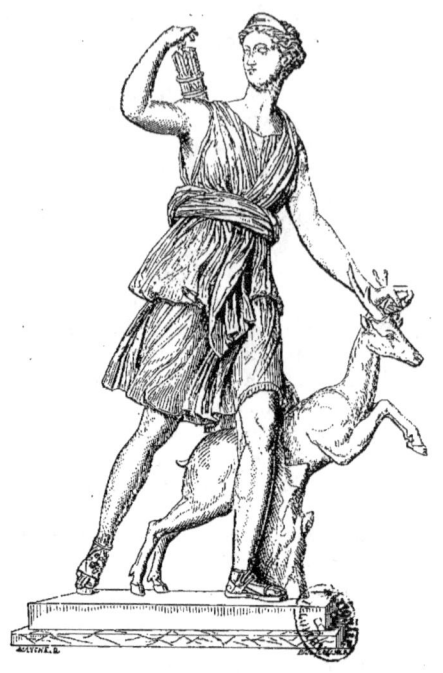

37. — DIANE CHASSERESSE.
(Musée du Louvre.)

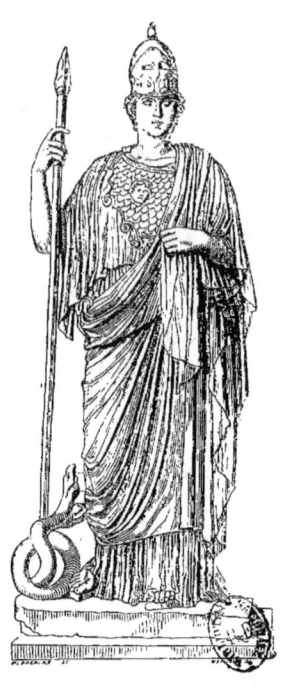

38. — MINERVE.
(Musée du Vatican, à Rome.)

tant sur le théâtre le prix de la cithare. Elle a été trouvée à Tivoli en 1774, ainsi que sept statues de Muses. Le tout a été acquis par le pape Pie VI, et on construisit exprès au Vatican une salle où elles sont maintenant.

Temple d'Apollon à Delphes. — Le plus célèbre temple d'Apollon était situé à Delphes, sur le penchant du mont Parnasse. C'est là que le Dieu avait tué le serpent Python, et ce lieu passait pour être le centre de la terre : car on savait que deux aigles, lâchés en même temps par Jupiter aux deux extrémités du monde, avaient pris leur vol et s'étaient rencontrés à Delphes. L'oracle d'Apollon, le plus fameux de toute la Grèce, avait surtout contribué à accroître les prodi-

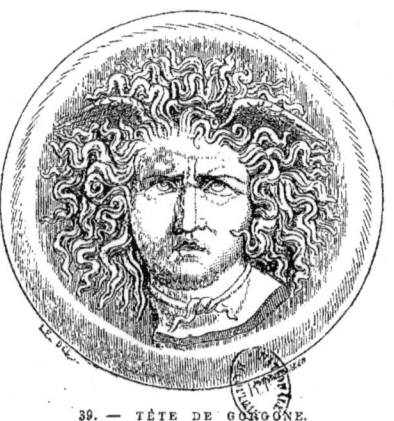

39. — TÊTE DE GORGONE.
(Musée du Vatican, à Rome.)

gieuses richesses du temple. Non-seulement on faisait des présents au Dieu qu'on venait consulter, mais on lui en envoyait de tous les pays du monde pour se le rendre favorable. C'est le hasard qui fit découvrir l'endroit où devait être placé le sanctuaire. Des chèvres, errantes sur les rochers du Parnasse, s'étant approchées d'un soupirail d'où sortaient des exhalaisons malignes, furent tout à coup agitées de mouvements convulsifs. Accourus au récit de ce prodige, les habitants du voisinage voulurent respirer les mêmes exhalaisons et éprouvèrent les mêmes effets, qui étaient une espèce de folie mêlée de contorsions et de grands cris, et accompagnée du don de prophétie. Quelques frénétiques, s'étant préci-

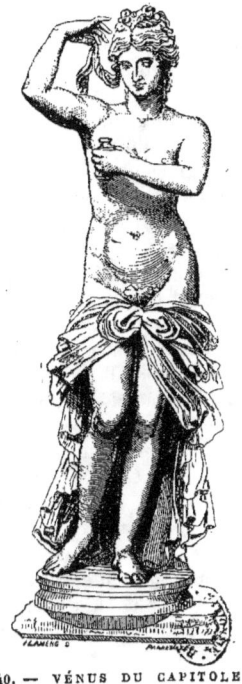

40. — VÉNUS DU CAPITOLE.
(Musée du Capitole.)

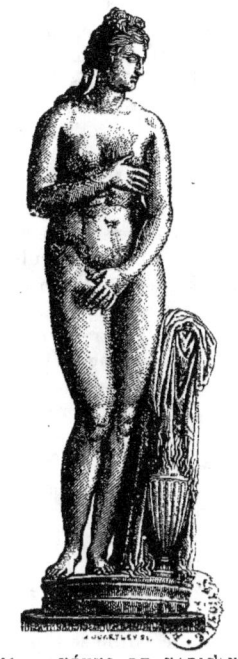

41. — VÉNUS DU VATICAN.
(Musée Chiaramonti, à Rome.)

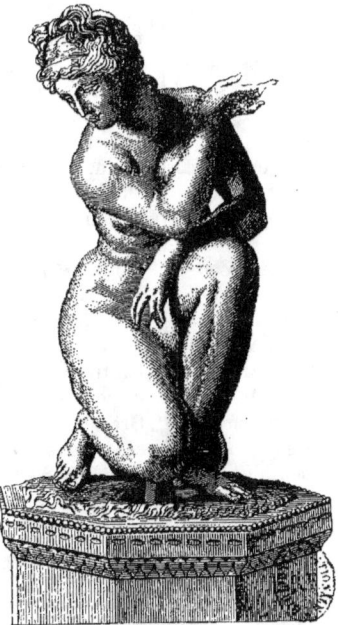

42. — VÉNUS ACCROUPIE.
(Musée Pie Clémentin, à Rome.)

pités dans l'abîme d'où sortaient les vapeurs prophétiques, on plaça sur le trou une machine appelée trépied, parce qu'elle avait trois pieds sur lesquels elle était posée, et on commit une femme pour monter sur le trépied, d'où elle pouvait sans aucun risque recevoir l'exhalaison enivrante. Cette prêtresse chargée de rendre les oracles d'Apollon s'appela Pythie ou Pythonisse.

On choisissait pour cette fonction une très-jeune fille, pauvre, appartenant à une famille obscure, ayant été élevée loin des villes et dans une ignorance absolue de toutes choses : « Elle ne connaissait, dit Plutarque, ni essence, ni tout ce qu'un luxe raffiné a fait imaginer aux femmes. Le laurier et les libations de farine d'orge étaient tout son fard. » Un jour pourtant une pythie extrêmement belle fut enlevée par un jeune Thessalien, et cet événement, inouï dans les annales religieuses de la Grèce, causa un si épouvantable scandale qu'on fit une loi pour qu'à l'avenir une femme ne pût exercer les fonctions de pythie qu'après cinquante ans révolus. On choisit alors pour cela des femmes dont la vie avait toujours été très-pure, qui n'avaient pas fréquenté les villes, et dont l'esprit était peu cultivé. Ce point était très-important, parce qu'il ne fallait pas que la pythie, au moment de l'ivresse prophétique, pût mêler ses propres connaissances aux inspirations qu'elle recevait directement du Dieu. Les suppliants qui se présentaient dans le temple pour invoquer l'oracle devaient se purifier dans l'eau sainte, avoir la tête couronnée de lauriers, et tenir à la main un rameau entouré de laine blanche. La pythie devait avoir jeûné trois jours et s'être baignée dans la fontaine Castalie avant de monter sur le trépied sacré; après cela, on lui faisait boire quelques gorgées de l'eau de la fontaine et mâcher des feuilles de laurier. Dès qu'elle commençait à respirer la vapeur divine, on la voyait s'agiter, pâlir et rougir tour à tour et donner tous les signes des spasmes les plus violents. Bientôt ses yeux devenaient fixes; sa bouche écumait, tout son corps tremblait convulsivement, et elle se mettait à pousser des cris et des hurlements accompagnés de mots incohérents. Ces mots étaient recueillis par les prêtres qui leur donnaient, avec une forme métrique, une liaison qu'ils n'avaient pas dans la bouche de la pythie. Quand l'oracle était prononcé, on retirait la malheureuse prêtresse et on la reconduisait dans sa cellule, où il fallait lui donner des soins pendant plusieurs jours, car elle était toujours malade en sortant de là. Dans l'origine, la réponse du Dieu, telle que les prêtres la donnaient, était toujours formulée en vers; mais un philosophe s'étant avisé de demander pourquoi le Dieu de la poésie s'exprimait en mauvais vers, cette saillie se répéta et le Dieu ne parla plus qu'en prose, ce qui porta atteinte à son crédit.

Outre les oracles qu'il rendait à Delphes, Apollon avait institué, dans sa ville chérie, des prix auxquels les Dieux eux-mêmes ne dédaignaient pas de prendre part. C'est ainsi que Pollux y remporta le prix du pugilat; Castor, celui de la course de chevaux; Hercule, celui du pancrace, etc. Mais, dans la période historique, ce que les jeux pythiens présentèrent de particulier, ce fut des concours établis pour la musique.

Visite au Louvre. — Le musée du Louvre possède plusieurs belles figures d'Apollon, mais il y en a une qui mérite d'être classée parmi les chefs-d'œuvre, c'est l'Apollon Sauroctone (fig. 32). Ce mot veut dire *tueur du lézard*, mais Éméric David a reconnu que cette statue représente Apollon considéré comme soleil levant ou comme soleil du printemps. C'est une belle figure d'adolescent qui semble vouloir agacer un lézard placé près de lui sur un arbre. On croit y reconnaître le style de la sculpture au temps d'Alexandre le Grand.

MARS (*Arès*). — Mars, le Dieu de la guerre, a surtout été honoré à Rome. Aucune ville grecque ne s'était placée sous sa protection, et il ne semble pas que son culte ait été très-répandu en Grèce. Pausanias ne parle d'aucun temple de Mars, et ne nomme que deux ou trois de ses statues, en particulier celle qu'il y avait à Sparte, qui était liée et garrottée afin que le Dieu n'abandonnât pas les Spartiates dans les guerres qu'ils auraient à soutenir. Mars ne présente pas d'attributs particuliers qui puissent le faire reconnaître de simples héros comme Achille. On ne cite pas d'ouvrage de premier ordre parmi les statues qui le représentent. Cependant il y a au Louvre une magnifique statue, intitulée Achille, que Winckelmann regardait comme une reproduction idéale d'Arès (Mars). L'anneau qui entoure la jambe gauche au-dessus de la cheville et la trace encore visible d'un trou où s'attachait une chaîne de métal, rappellent peut-être l'usage où étaient les Grecs d'enchaîner le Dieu de la guerre pour maintenir la paix. La même idée est représentée aussi par l'association assez fréquente de Mars et Vénus; c'est une allégorie de la guerre enchaînée dans les bras de la paix. Les empereurs romains se faisaient souvent représenter avec les impératrices sous les traits de Mars et Vénus, qu'ils affectaient de regarder comme ancêtres de la famille des Césars.

VULCAIN (*Hèphaistos*). — Le Dieu qui personnifie les énergies du feu n'a jamais eu dans l'art une importance bien grande. La légende qui lui donne des jambes torses, par allusion aux lignes sinueuses de la foudre précipitée du ciel, opposait un obstacle presque insurmontable à ce sentiment des belles formes qui, chez les Grecs, était inséparable de l'idée du divin. Cependant Alcamène, contemporain de Phidias, avait représenté ce Dieu légèrement boiteux, et ce petit défaut, dit Cicéron, ne lui ôtait rien de sa beauté. Le plus souvent on renonça même à le représenter boiteux. Dans un groupe archaïque du Louvre, on le voit associé avec Hermès (Mercure); tous deux sont nus et imberbes, et caractérisés l'un par le caducée, l'autre par la hache à deux tranchants. Faute d'avoir compris ces attributs, on a voulu voir Oreste et Pylade dans ce groupe qui représente sous une forme symbolique l'alliance si naturelle de l'industrie et du commerce. Dans un assez grand nombre de bas-reliefs, Hèphaistos, considéré comme patron des forgerons, est représenté comme un homme barbu, vêtu d'une tunique, coiffé d'un bonnet conique et tenant à la main des tenailles.

MERCURE (*Hermès*) (fig. 34). — Mercure est l'intermédiaire entre les Dieux et les hommes, entre le jour et la nuit, entre la vie et la mort :

il est le Dieu de l'échange, le protecteur du commerce, le gardien des routes, des places publiques et du gymnase. On le représenta d'abord sous les traits d'un homme barbu, avec un chapeau de voyage, des talonières, et dans la main le caducée. L'importance des gymnases chez les Grecs avait fait multiplier à l'infini les statues d'athlètes. Mercure, qui présidait aux gymnases, devint dans l'art le type accompli du lutteur svelte, agile et nerveux, également bien constitué pour tous les exercices : la course, le saut, le disque, la lutte, etc. Il est le dispensateur de la force corporelle. Les petites ailes qu'il a aux pieds et quelquefois à la tête indiquent la rapidité de la course.

Visite au Louvre. — Il y a au musée deux statues de premier ordre qui représentent des personnages pourvus des attributs de Mercure. La statue dite *Jason* ou *Cincinnatus* représente un éphèbe grec remettant ses sandales. La pose de ce personnage est celle qu'on voit à Mercure dans plusieurs statues et sur des monnaies. Il y a aussi une autre statue très-célèbre qui porte le nom du sculpteur Cléomène et qui est intitulée le *Germanicus*. Cette figure, qui est le portrait d'un personnage inconnu, est représentée avec les attributs de Mercure : une tortue est à ses pieds.

HERCULE (*Héraclès*). — La force bienfaisante du héros qui détruit les monstres et qui triomphe des mille obstacles que la terre fait naître sous les pas de l'humanité, est exprimée dans l'art par le développement des muscles, la petitesse de la tête, l'ampleur de la poitrine et la vigueur des membres. La massue et la peau de lion sont les attributs ordinaires d'Hercule. Les exploits du héros sont fréquemment figurés sur les bas-reliefs; mais lorsqu'il est représenté comme dieu, il a l'attitude calme qui convient à la puissance incontestée, et il se repose de ses prodigieux travaux. L'Hercule Farnèse (fig. 27) au musée de Naples, l'Hercule enfant du même musée (fig. 36), et le fragment antique si connu sous le nom de torse du Belvédère (fig. 35) sont les plus fameuses représentations d'Hercule.

Visite au Louvre. — Parmi les représentations d'Hercule qui sont au Louvre, la plus importante est celle qu'on intitule Hercule et Télèphe. Le Dieu est au repos : sa massue est dans sa main droite, tandis qu'avec la gauche il porte le petit Télèphe.

TYPES FÉMININS. — VESTA (*Hestia*). — Vesta était la personnification du foyer ou de l'autel domestique sur lequel chaque famille dans l'antiquité se faisait une obligation d'entretenir une flamme perpétuelle. Si le père de famille avait laissé éteindre le foyer de sa maison, on voyait là un présage de mort pour la famille entière. Avant de toucher aux mets, les convives devaient en déposer les prémices sur l'autel domestique. D'après Ovide, Vesta n'avait pas chez les Romains d'autre représentation que l'autel où brûlait le feu éternel. Les monuments grecs nous la montrent quelquefois sous la figure d'une matrone enveloppée d'un voile, par exemple dans l'autel des douze Dieux au musée du Louvre; mais les statues de cette Déesse sont rares, et il est quelquefois difficile de savoir si elles représentent une vestale ou la Déesse elle-même.

JUNON (*Hèrè*). — Les antiques souvenirs de la vie patriarcale et de la polygamie asiatique ont donné lieu aux aventures que les poëtes racontent sur les nombreux hymens du roi de l'Olympe. La sœur et l'épouse de Jupiter, Junon, l'humidité de l'air, la source des productions terrestres, est, comme divinité morale, la protectrice des unions chastes, le lien de la famille, de même que Jupiter est le lien de la cité. Pour bien comprendre le rôle de Junon et sa physionomie dans l'art, il faut se rappeler que le mariage grec, c'est-à-dire la monogamie, était opposé à toutes les habitudes des âges primitifs où la polygamie était universelle. Junon prit donc dans l'esprit public le caractère d'une protestation : la poésie lui prêta une humeur fière et difficile que l'art a remplacée par une majesté grave, convenable pour une Déesse qui veut inspirer avant tout le respect dû à l'épouse. Dans les plus anciens temps, Junon a eu pour attribut le voile que prenait la jeune fiancée, en signe de sa séparation d'avec le reste du monde. Primitivement le voile enveloppait entièrement la Déesse; Phidias lui-même a caractérisé la Junon de la frise du Parthénon par le voile jeté en arrière. Junon est toujours enveloppée de la tête aux pieds dans ses vêtements; mais elle a le cou et les bras nus. Junon a été honorée dans toute l'antiquité comme protectrice du mariage. A Rome, l'entrée de son temple était interdite aux femmes de mauvaise conduite. C'est le sculpteur Polyclète qui passe pour avoir fixé le type de Junon tel que nous le voyons dans ses statues. La Junon du Capitole (à Rome) est la plus célèbre parmi les représentations que nous connaissons de cette Déesse.

Visite au Louvre. — Nous n'avons pas de

statue de Junon qui puisse être considérée comme un chef-d'œuvre de l'art antique. Nous en possédons néanmoins des bustes qui sont fort beaux, et elle est figurée entière sur plusieurs bas-reliefs intéressants.

CÉRÈS ET PROSERPINE (fig. 85). — Le culte

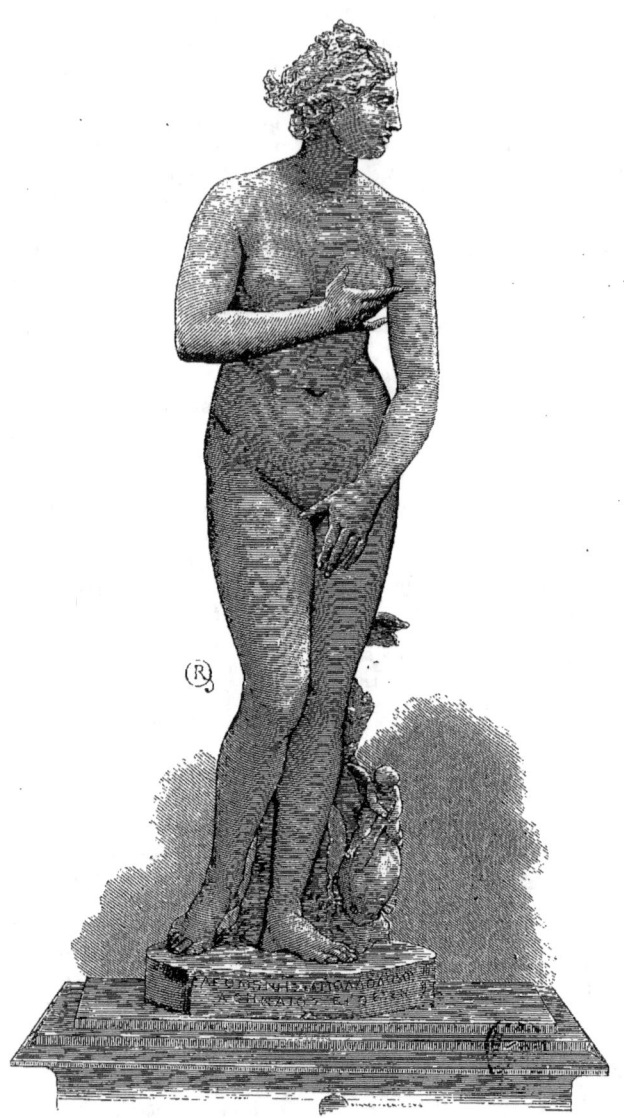

43. — VÉNUS DE MÉDICIS.
(Galerie des Offices; *tribune*, à Florence.)

de Cérès (*Dèmèter*) était associé, dans l'antiquité, à celui de sa fille Proserpine (*Korè* ou *Perséphoné*). Cérès est la terre productrice, la mère de l'agriculture et de la civilisation. Proserpine, la femme de Pluton, la reine des ténèbres, représente la végétation qui revient tous les ans du royaume souterrain à la lumière du jour. « Proserpine, dit Cicéron, est la graine des plantes. » Elle est enlevée par un Dieu souterrain parce que les graines disparais-

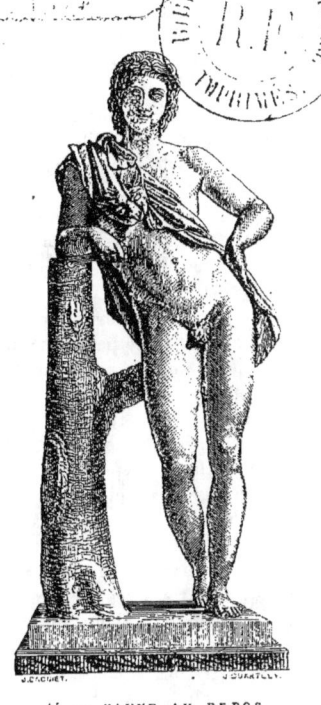

44. — FAUNE AU REPOS.
(Musée du Vatican, à Rome.)

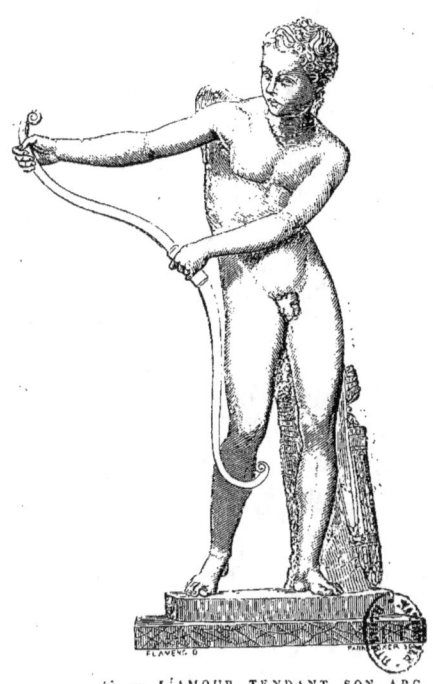

45. — L'AMOUR TENDANT SON ARC.
(Musée Chiaramonti, à Rome.)

sent sous la terre pendant l'hiver. Son retour à la lumière était regardé comme un symbole de l'immortalité de l'âme, et on la rangeait à cause de cela parmi les divinités qui président à la mort. Un homme ne pouvait cesser de vivre que lorsque cette Déesse, par l'entremise d'Atropos, avait coupé le cheveu fatal qui le retenait à la vie. De là venait la coutume de couper quelques cheveux de la tête d'un mourant et de les jeter à la porte de la maison comme une offrande à Proserpine.

Les Grecs adoraient avec reconnaissance la Déesse qui les avait arrachés à la vie sauvage des forêts en leur apprenant l'art de semer le blé. Le sanctuaire principal de Cérès était à Éleusis ; tout le pays environnant était couvert de monuments en l'honneur de la Déesse, et qui rappelaient ses principales aventures.

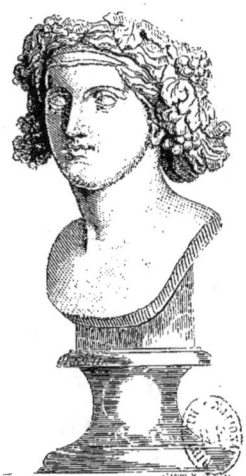

46. — BACCHANTE.
(Musée du Capitole, à Rome.)

Les fêtes d'Éleusis, célébrées en l'honneur de Cérès et de Proserpine, étaient les plus grandes fêtes religieuses de l'antiquité. La grande procession se rendait d'Athènes à Éleusis par la voie sacrée. L'ancien temple de Cérès, brûlé par les Perses, fut reconstruit au temps de Périclès, et sous la direction d'Ictinus, l'architecte du Parthénon. Suivant Strabon, c'était le plus grand temple de la Grèce ; il avait été voûté par Xénoclès, car ce n'était pas un temple ouvert comme ceux des divinités célestes. Les cérémonies se faisaient à la lueur des flambeaux.

L'enlèvement de Proserpine, le grand deuil de la *mère des douleurs* (c'est le nom qu'on donnait à Cérès au moment des fêtes d'Éleusis), la joie qui accueillait le retour du printemps, symbole de la résurrection, formaient tout un drame rempli de tristesse et de joie, de terreur et d'espérance. De toutes les fêtes instituées en l'honneur des Dieux, les mystères d'Éleusis étaient peut-être les plus célèbres. Les récompenses promises aux initiés après leur mort attiraient le peuple en foule à ces cérémonies où tout était mystérieux. C'était un devoir de se faire initier au moins avant la mort. Les homicides, même involontaires, les débauchés et tous ceux qui avaient eu une tache dans leur vie ne pouvaient obtenir l'initiation; on examinait scrupuleusement la vie et les mœurs de ceux qui venaient la demander. La grande initiation n'avait lieu qu'à Éleusis, dans une cérémonie qui se représentait tous les cinq ans. L'hiérophante ou grand-prêtre devait être citoyen d'Athènes, d'une existence irréprochable, et pratiquer le plus austère célibat. Les aspirants à l'initiation avaient droit, après plusieurs jours de purification, au titre de novice. Quand Néron alla en Grèce, il n'osa pas visiter Athènes, parce qu'il aurait été obligé de se faire initier, et que l'initiation lui était interdite comme parricide.

Cérès ne se montre que dans des vêtements amples et presque traînants, les seuls qui conviennent à la mère universelle. La couronne d'épis, le pavot et les épis dans les mains sont les attributs ordinaires de cette Déesse.

Visite au Louvre. — C'est surtout par des peintures d'Herculanum et de Pompéï qu'on connaît le type artistique de Cérès. Cependant, on peut voir au Louvre plusieurs belles statues qui portent le nom de cette déesse : la *Cérès Borghèse* est la plus fameuse. Une autre statue, dont le costume est le même, quoique disposé différemment, a été intitulée *Julie en Cérès*, parce que la tête couronnée d'épis a paru ressembler aux représentations de la fille d'Auguste. Dans ces deux statues, la jeunesse des traits pourrait faire croire qu'on a voulu représenter Proserpine plutôt que Cérès, qui revêt ordinairement le caractère d'une matrone. Les statues authentiques de Cérès sont très-rares ; mais les sculpteurs modernes chargés de restaurer des statues antiques mutilées leur ont très-souvent donné les attributs de cette Déesse, les épis et les pavots.

DIANE (*Artémis*) (fig. 37), répond à la lune comme Apollon au soleil. La ressemblance du croissant de la lune avec un arc d'or a fait donner à Diane les attributs d'une chasseresse. Déesse toujours vierge, elle n'a pourtant pas dans ses allures la gravité de Minerve. Vêtue de la courte chemise dorienne, les bras et les jambes nues, elle court dans les bois accompagnée de ses nymphes. Ses attributs ordinaires sont l'arc, le carquois et le flambeau. Le rôle moral de cette Déesse est de présider à l'éducation. Diane est la vierge dorienne, comme Minerve est la vierge attique. Ce sont les deux types divins de la jeune fille dans l'antiquité. La forme de Diane a varié. Le temple d'Éphèse contenait une image de la Déesse appartenant aux plus anciennes époques de l'art, et que nous ne connaissons que par les descriptions. Son corps avait la forme d'une gaîne et était couvert d'attributs divers. C'était une idole, dans l'antique acception du mot, et son style asiatique n'avait rien de l'art grec, mais elle était extrêmement vénérée par les populations. Ce type grossier demeura longtemps en Asie comme la forme consacrée de la Déesse ; mais la Grèce demandait autre chose à l'art. On attribue aux sculpteurs Scopas et Praxitèle l'honneur d'avoir fixé le type de Diane. Elle se reconnaît au croissant qu'elle porte au-dessus du front, à son arc et quelquefois à son flambeau. « Douée de tous les attraits de son sexe, dit Winckelmann, Diane paraît ignorer qu'elle est belle ; cependant ses regards ne sont pas baissés comme ceux de Pallas ; ses yeux brillants et pleins d'allégresse sont dirigés vers l'objet de ses plaisirs, la chasse. Ses cheveux sont relevés de tous côtés sur sa tête et forment par derrière, sur le cou, un nœud à la manière des vierges ; sa taille est plus légère et plus svelte que celle d'une Pallas ou d'une Junon. Le plus souvent, Diane n'a qu'un léger vêtement qui ne lui descend que jusqu'aux genoux. »

Visite au Louvre. — La plus belle statue qu'on connaisse de cette Déesse est au musée du Louvre : c'est la *Diane à la biche* (fig. 37). La Déesse, en habit de chasseresse, tient l'arc dans sa main gauche abaissée, tandis que de la droite elle cherche une flèche dans le carquois suspendu sur son épaule par une courroie ; ses jambes sont nues et elle est chaussée de riches sandales ; près d'elle est une biche qui court, et qu'elle protège. C'est la biche Cérynée qui avait des cornes d'or et des pieds d'airain. Hercule, forcé par les destinées d'obéir à Eurysthée, avait reçu de son tyran l'ordre de lui apporter à Mycènes cet animal vivant. Après l'avoir poursuivi dans vingt contrées différentes, il avait fini par s'en emparer en Arcadie ; mais à peine l'avait-il en sa possession, que Diane vint lui enlever sa proie en le menaçant de ses traits ; car la biche aux cornes d'or était consacrée à la Déesse. Ainsi se trouv justifiée dans la statue la pose de Diane qui, sans arrêter sa course rapide, tourne un regard animé vers le héros qu'elle menace.

Le musée possède une autre statue très-célèbre, intitulée *Diane de Gabie :* elle est également vêtue d'une chemise courte et tient d'une main l'agrafe de son manteau. L'attitude de cette figure est charmante et l'agencement des draperies est des plus gracieux. Elle n'a pas les attributs ordinaires de Diane, ce qui fait qu'Ottfried Muller pense qu'elle représente, non pas la Déesse elle-même, mais une de ses nymphes.

MINERVE (*Pallas-Athènè*) (fig. 38) est, dans l'ordre physique, l'éclair qui déchire le ciel dont elle représente l'énergie lumineuse : la mythologie la fait sortir tout armée du front de Jupiter qui est le ciel. Le double caractère de l'éclair, force et clarté, se retrouve dans le rôle moral de Minerve ; elle est à la fois la déesse guerrière qui protége la cité, et la déesse réfléchie qui instruit les hommes et les civilise. Aucune divinité ne peint mieux l'esprit grec, héroïque et industrieux tout à la fois, estimant au-dessus de tout le courage et l'intelligence. Pallas porte la lance et l'égide aux franges de serpent, avec la tête de Gorgone (fig. 39) : ses cheveux sont rejetés derrière son casque, les longs plis de sa tunique recouvrent entièrement ses formes, et son maintien austère indique la Déesse vierge qui dédaigne la parure et même le sourire.

Ordinairement Minerve donne peu de soins à son visage : les artistes la montrent tantôt prête à combattre, tantôt terrible, frappant ses ennemis de sa lance. Pourtant un vase grec, à figures jaunes sur fond noir, conservé à la bibliothèque impériale de Vienne, nous montre la fière déesse, assise sur un siége qui a la forme d'un autel, et occupée à se regarder dans un miroir qu'elle tient de la main droite, tandis que ses suivantes portent des boîtes à parfums. Évidemment l'artiste qui a exécuté ce vase était peu au courant des habitudes de la Déesse.

La fête des Panathénées, dédiée à Minerve, avait une très-grande importance dans l'antiquité. On y recevait tous les peuples de l'Attique, afin de les habituer à considérer Athènes comme la patrie commune. On conduisait en grande pompe le voile de la Déesse, brodé par les jeunes filles d'Athènes, et chaque colonie amenait un bœuf sous forme de tribut à Pallas-Athènè. Les bœufs servaient ensuite au repas qui suivait la procession. Il y avait des jeux en l'honneur de la Déesse. Ils étaient de trois espèces : course équestre et aux flambeaux, combats gymniques entre les athlètes et lutte pour la poésie et la musique. Les poëtes faisaient représenter leurs pièces, et les meilleurs musiciens de toute la Grèce accouraient pour ces luttes. Le prix était une couronne d'olivier et un vase d'huile. Pendant la procession, tous les assistants, hommes et femmes, tenaient en main un rameau d'olivier.

Visite au Louvre. — Le musée du Louvre possède plusieurs statues de Minerve, parmi lesquelles la *Pallas de Velletri* est considérée comme un des chefs-d'œuvre de l'art antique. Elle est représentée avec la beauté majestueuse qui convient au caractère de la Déesse. Elle est coiffée de son casque et armée de son égide : son ample *peplum* forme une riche draperie qui retombe jusqu'aux pieds et dont les plis rappellent le style de la plus belle époque de l'art. Cette statue colossale, en marbre de Paros, a été découverte en 1797 à Velletri : on croit qu'elle avait été placée dans la maison de campagne où Auguste a été élevé.

Dans les salles du premier étage du Louvre, parmi les vases peints, on en voit un de très-grande dimension sur lequel est représentée Athènè sous une forme très-archaïque. Auprès d'elle se lit en lettres grecques : Prix des Panathénées. C'était un vase donné au vainqueur dans un des concours.

VÉNUS (*Aphroditè*). Elle personnifie le principe féminin et se traduit dans l'art sous trois aspects différents. Considérée comme symbole de l'attraction universelle et de la fécondité de la nature, elle soumet tous les êtres par la puissance irrésistible de sa beauté. On la nomme Aphroditè invincible, Vénus victorieuse : elle est à demi-vêtue, pose les pieds sur un casque pour montrer qu'elle est plus puissante que le Dieu de la guerre, ou sur un rocher pour exprimer sa domination sur le monde. Dans ce rôle, Vénus prend les allures fières d'une héroïne, et semble trop sûre d'elle-même pour daigner sourire. La *Vénus de Milo*, la *Vénus d'Arles*, la *Vénus du Musée Britannique*, et plusieurs autres statues célèbres présentent ce premier caractère.

Quand les sculpteurs la représentent comme fille de l'écume et sortant du sein de la mer, ils la montrent entièrement nue et ordinairement accompagnée d'un dauphin (fig. 43). Elle est gracieuse, souriante comme la jeunesse. La nudité n'était admise par les artistes grecs que pour les Déesses marines : plusieurs bas-reliefs du Louvre nous montrent Vénus au moment de sa naissance, entourée de tritons et de néréides. L'art antique se plaisait à reproduire ce sujet gracieux, comme l'art de la renaissance répéta souvent celui de la création d'Ève. Parmi les Vénus marines, qu'on désigne aussi sous le nom de Vénus pudiques, les plus célèbres sont la *Vénus de Médicis* (fig. 43), la *Vénus du Capitole* (fig. 40), la *Vénus du Vatican* (fig. 41). Ces statues sont des imitations plus ou moins exactes d'un origi-

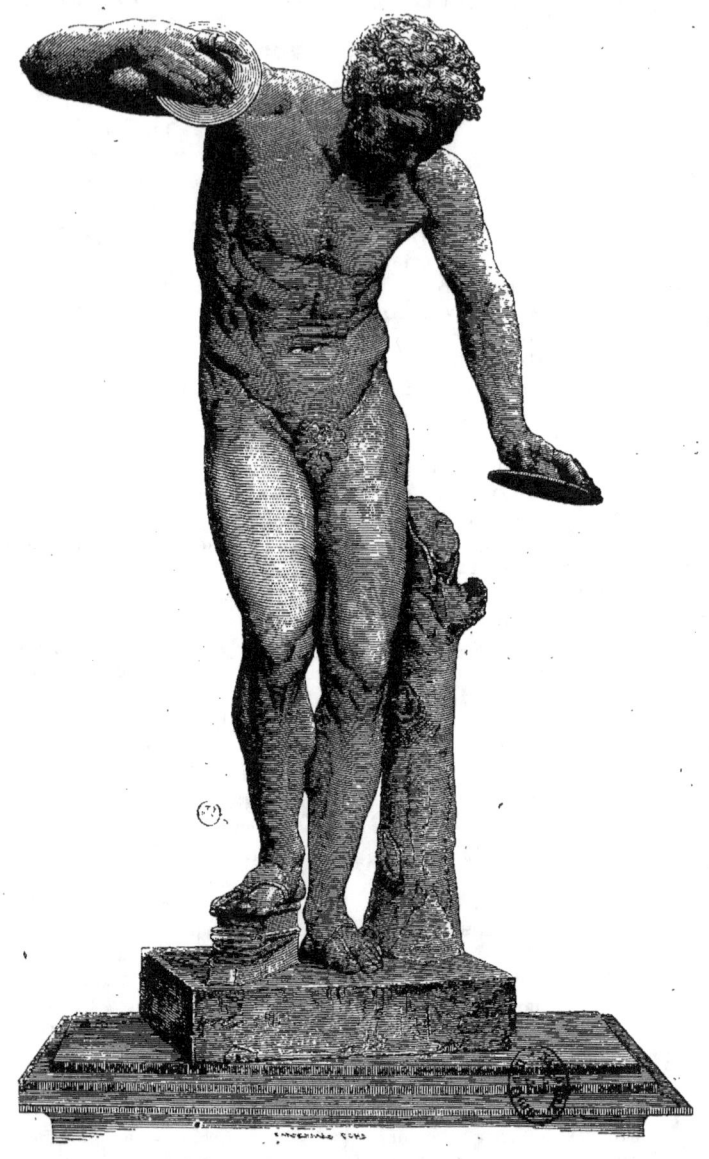

47. — FAUNE DANSANT.
(Galerie des Offices; *tribune*, à Florence.)

nal très-fameux dans l'antiquité, la *Vénus de Cnide*. Pline raconte que Praxitèle, à qui les habitants de Cos avaient commandé une Vénus, leur donna le choix entre deux statues dont l'une était vêtue tandis que l'autre était nue. Ils préférèrent la première, et Praxitèle vendit la seconde aux habitants de Cnide qui se félicitèrent de l'avoir achetée, car elle fit la réputation et la fortune du pays ; tous les amateurs de la belle sculpture venaient à Cnide pour voir ce chef-d'œuvre. Il y a au Louvre un buste intitulé : *Vénus de Cnide*. La tête est fort belle, et peut bien être une copie du chef-d'œuvre de Praxitèle ; mais la poitrine est une restauration moderne et la draperie qui la couvre est du plus mauvais goût.

Vénus n'est pas toujours debout en sortant de l'eau ; les sculpteurs aimaient aussi à la montrer accroupie (fig. 42), au moment où elle va se lever. Enfin lorsque Vénus est considérée comme la mère féconde des êtres, elle est vêtue d'une légère chemise qui retombe jusqu'aux pieds en laissant un sein découvert, pour expliquer qu'elle est la nourrice universelle. Telle est la *Vénus genitrix* du Louvre.

Visite au Louvre. — Le Louvre renferme plusieurs statues antiques de Vénus, extrêmement célèbres. La *Vénus de Milo* est considérée par beaucoup d'artistes comme le chef-d'œuvre le plus complet que nous ait laissé l'art antique. Il y a loin pourtant de la Vénus de Milo à ce type de beauté que se font la plupart des hommes de nos jours. Cette recherche de coquetterie, que bien des gens regardent comme l'attribut de la femme, manque absolument dans cette Vénus victorieuse, dont la beauté est grave et pure, mais sans aucune afféterie. C'est au mois de février 1820, qu'un pauvre paysan grec en fit la découverte en fouillant dans son jardin. Cette statue, en marbre de Paros, est formée de deux blocs dont la réunion est cachée par les plis de la draperie.

La *Vénus d'Arles* a été trouvée à Arles en Provence ; la Déesse semble attachée à considérer ce qu'elle tient de la main gauche. Le sculpteur chargé de refaire les bras y a placé un miroir ; mais il est plus probable qu'elle regardait un casque de Mars et tenait une lance. Elle figure ainsi sur les médailles et tout fait présumer que c'est encore une Vénus victorieuse.

La *Vénus genitrix*, dont la tête, qui a été rapportée, paraît d'un travail beaucoup plus ancien que le reste, est encore une statue extrêmement célèbre.

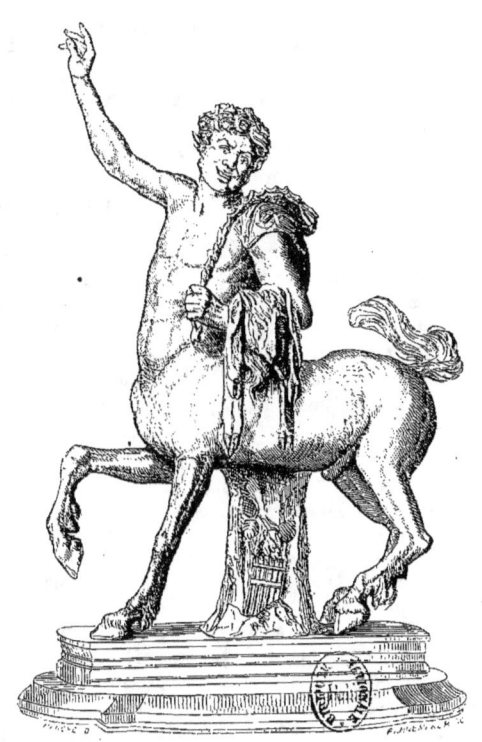

48. — CENTAURE.
(Musée du Capitole, à Rome.)

DIVINITÉS SECONDAIRES. — CUPIDON (*Éros*). L'AMOUR (fig. 45). — Dans la Théogonie d'Hésiode, Éros, ou le Désir, est un des grands principes de l'univers. Plus tard on en a fait le fils de Vénus, parce que la beauté fait naître l'amour. Son plus ancien simulacre était une pierre brute. Dans la grande époque de l'art, Cupidon prit les traits d'un adolescent et ensuite ceux d'un enfant. C'est ce type qui a décidément prévalu.

On le représente comme un enfant aux formes arrondies, armé d'un arc et d'un carquois, quelquefois d'un flambeau. Il conduit les chars, touche de la lyre, ou monte des lions ou des panthères dont la crinière lui sert de rênes, car il n'y a point de créature si sauvage qui ne soit apprivoisée par lui, et qui ne lui obéisse. Mais si l'Amour est souverain dans le monde des êtres vivants, il est vaincu et dompté à son tour dès qu'il aperçoit l'âme immatérielle, l'âme dont la beauté efface celle de tous les corps. Psyché, dont le nom veut dire *âme*, en est aussi le symbole et a pour attribut des ailes de papillon (fig. 29). Le papillon sortant de sa chrysalide est une allégorie de l'âme sortant du tombeau. La fable de l'Amour et Psyché répond à une croyance très-répandue en Grèce sur la destinée de l'âme. L'âme humaine passe sa vie sur la terre dans le souvenir d'un bonheur ineffable, qu'elle a perdu, et elle aspire à revenir auprès de l'Amour. Mais elle ne pourra retrouver son divin époux que lorsqu'après une vie d'épreuves et de souffrances, la mort viendra les réunir de nouveau. Épurée par la douleur, Psyché sera digne de prendre place parmi les Dieux et sera délivrée de ce corps qui était sa prison. C'est l'Amour lui-même qui la soumet à ces épreuves dont le ciel est le prix. On le voit, sur une infinité de gemmes et de bas-reliefs qui brûle, à la flamme de son flambeau, les ailes d'un papillon en se détournant pour pleurer du mal qu'il fait souffrir. D'autres fois on voit l'âme sous la forme d'une jeune fille ailée, fouettée ou enchaînée, endormie par les eaux du Styx ou réveillée par la musique de l'Amour, qui se montre tour à tour persécuteur ou consolateur, infligeant les épreuves ou consolant sa bien-aimée. La sculpture a trouvé dans cette fable une suite d'allégories tantôt gracieuses et tantôt funèbres, car l'Amour est associé aux Dieux de la mort, comme Psyché représente l'idée de la résurrection.

Visite au Louvre. — Bien que le musée renferme plusieurs charmantes statues de l'Amour, aucune ne peut compter parmi les grands chefs-d'œuvre de l'art antique. Plusieurs bas-reliefs nous montrent le Dieu dans son caractère funéraire, avec ou sans Psyché. D'autres nous présentent des Amours à la chasse, montés sur des griffons, traînés par des sangliers, par des gazelles, dirigeant leurs chars dans le crique, etc.; car Éros représente tous les désirs qui peuvent naître dans l'âme humaine, l'amour du jeu, l'amour de la chasse; etc.

BACCHUS (*Dionysos*). — Bacchus associait dans un même symbole la boisson ardente d'où naît l'ivresse et l'idée mystique de la mort et de la résurrection. Dans l'origine, les artistes le représentaient avec une grande barbe, une coiffure de femme, et une longue robe orientale. Le *Bacchus indien* en est un exemple. On y substitua ensuite le type d'un adolescent aux formes féminines, dont l'expression nonchalante indique un demi-sommeil, une rêverie langoureuse. Sa chevelure est ornée de pampres et de lierre, et le raisin est dans ses attributs. Bacchus est fréquemment représenté sur une panthère, ou sur un char traîné par des tigres. A Athènes le culte de Bacchus fut de bonne heure confondu avec celui des deux déesses de l'agriculture, Cérès et Proserpine. Il ne faut pas confondre ces fêtes religieuses avec les bacchanales de la légende, où des femmes avec des serpents couraient à demi nues en poussant des cris horribles et en donnant les signes de la démence bachique.

Les fêtes de Bacchus étaient, comme celles de Cérès, destinées à remercier les dieux des bienfaits de la terre. Les rites observés pendant la procession se rapportaient à la légende du Dieu. Une nombreuse troupe d'enfants, couronnés de lierre et tenant en main des pampres, couraient et dansaient devant l'image du Dieu, placée sous un berceau de pampres et entourée de masques tragiques ou comiques. Tout autour, on portait des vases, des thyrses, des guirlandes, des tambours, des bandelettes; et, derrière le char, venaient les auteurs, les poètes, les chanteurs, les musiciens de tout genre, les danseurs, tous ceux qui, dans l'exercice de leur art, ont besoin de l'inspiration, dont le vin était considéré comme la source féconde. Quand la procession était finie, on commençait les représentations théâtrales et les combats littéraires en l'honneur de Bacchus, dont la fête avait toujours lieu en automne.

SATYRES. — Le culte de Bacchus a fourni à l'art des types associant dans une certaine mesure la forme animale avec la forme humaine; c'est la troupe dansante des Ægipans et des Satyres. Le dieu Pan était dans les temps primitifs la principale divinité des pasteurs de l'Arcadie. Plus tard il fut enrôlé dans le cortège de Bacchus : ce gardien des troupeaux a lui-même des pieds de chèvre. La flûte aux sept tuyaux, qui figurent les sept notes de l'harmonie universelle est le principal attribut de Pan. Dès que Pan fut considéré comme suivant de Bacchus, on en admit plusieurs, et les Pans ou les Ægipans se mêlèrent dans les bas-reliefs avec les Satyres et les Ménades). Il y a toutefois des différences notables entre un Pan et un Satyre. Le Satyre est d'un ordre plus élevé, parce qu'il participe plus de la nature de l'homme et moins de la nature de l'animal. L'animalité est marquée dans les Satyres par les oreilles pointues, mais ils ont souvent des formes charmantes, quoique toujours dépourvues de noblesse (fig. 44). Les jeunes Satyres avec leur petit nez camard, leurs rudiments de cornes, et les loupes qu'ils ont souvent sous le menton comme des chevreaux, ont toujours une expression de gaieté très-caractérisée. Ils se moquent continuellement des Ægipans, à qui ils se sentent supérieurs, et leur font mille malices. Dans le langage usuel ont confond souvent les Ægipans, les Satyres et les Faunes : ces derniers sont des divinités latines.

Toute cette troupe bondissante qui accompagne partout Bacchus, est adonnée à l'ivrognerie et passionnée pour la musique. Les Satyres dansent en jouant des cymbales (fig. 47), courent après les nymphes, se reposent en faisant entendre avec leur flûte des accords joyeux. La création de ces types appartient à la sculpture : ce sont de purs caprices : rien de philosophique n'a donné naissance à leur légende, et ils n'ont d'autre mission que d'égayer le jeune Dieu, toujours à demi endormi dans les vapeurs du vin. En général, le cortège bachique représente dans l'art l'élément comique. L'art est même descendu jusqu'à la caricature dans le type du vieux Silène, qu'on représente ivre et chancelant. Silène s'appuie sur son âne, mais cela ne suffirait pas : il est en outre guidé, soutenu et maintenu droit par des Satyres enfants qui se donnent pour le servir un mal incroyable. Silène est l'outre personnifiée. Tout le cortège de Bacchus se prête merveilleusement au développement d'une composition pleine de grâce et d'entrain.

Le plus fameux Satyre dans la statuaire antique était celui de Praxitèle. Pausanias raconte que : « Phryné, l'ayant prié de lui donner le plus bel ouvrage qui fût sorti de ses mains, à la vérité il ne le refusa pas, mais comme il ne voulait pas lui dire quel était celui de ses ouvrages qu'il estimait le plus, elle vint à bout de le connaître par une ruse dont elle s'avisa. Un jour que Praxitèle était chez elle, un domestique à qui elle avait donné le mot, accourant de toute sa force, vint dire à Praxitèle que le feu était à sa maison, qu'une bonne partie de ses ouvrages était déjà brûlée, et qu'il n'en restait que fort peu qui ne fussent pas endommagés. Praxitèle, sortant aussitôt, s'écria : je suis perdu si mon Satyre et mon Cupidon sont brûlés. Alors Phryné le rassure, lui dit qu'aucun malheur n'était arrivé; qu'elle avait seulement voulu savoir quel était celui de ses ouvrages dont il faisait le plus de cas. »

Parmi les femmes qui accompagnent Bacchus on trouve Ariadne (fig. 28) et les Ménades (fig. 46). La tête rejetée en arrière, les vêtements dénoués et flottants, les Ménades avec leurs thyrses, leurs épées, leurs serpents, sont chargées d'exprimer l'ivresse bachique, le délire enthousiaste et frénétique.

CENTAURES (fig. 48). — Les montagnards Thessaliens de l'époque pélasgique étaient déjà d'excellents cavaliers dans un temps où l'usage de monter à cheval était encore inconnu au reste de la Grèce. Ils furent regardés par leurs voisins épouvantés comme des monstres bizarres; et comme ils étaient adonnés au vin, les légendes mythologiques les rangèrent assez vite dans le cycle de Bacchus. Dans les temps primitifs, on les représentait comme des hommes, au dos desquels s'adapte la croupe d'un cheval. Mais la grande époque a substitué à ce type grossier, celui d'un cheval dont le corps et la tête sont remplacés par le haut du corps d'un homme. Les Centaures ont les oreilles pointues comme les Satyres, mais ce caractère n'est pas partagé par les Centauresses, dont le haut du corps est souvent d'une beauté ravissante.

Visite au Louvre. — Bacchus et son cortège sont représentés admirablement au musée du Louvre. Nous le voyons d'abord figurer sous son aspect primitif avec la grande barbe de Bacchus indien, sur des bustes remarquables et sur plusieurs bas-reliefs. Ensuite nous le retrouvons adolescent et couronné de lierre suivant le type de la grande époque. Le *Bacchus de Richelieu*, ainsi nommé parce qu'il a orné longtemps le jardin de l'hôtel de Richelieu, est une des représentations les plus célèbres du Dieu, mais le musée du Louvre renferme encore plusieurs autres statues de Bacchus adolescent, que leur beauté fait considérer comme des ouvrages de la grande époque. Sur plusieurs bas-reliefs, on le voit qui joue avec sa panthère, qui combat des Indiens, ou qui revient triomphant des Indes, escorté des Satyres et des Ménades.

Le *Vase Borghèse*, qu'on a si souvent reproduit pour orner les grands parcs, nous montre le dieu appuyé sur une bacchante qui joue de la lyre, pendant que de jeunes Satyres exécutent des danses et jouent de la flûte : le vieux Silène chancelant est retenu par un jeune Satyre qui le prend au milieu du corps, tandis qu'une Ménade joue du tambourin; le bord du vase est garni d'un cep de vigne. Ce magnifique vase, une des perles du musée et une des plus gracieuses créations de l'art antique, peut être considéré comme un type des compositions bachiques.

Nous avons aussi plusieurs représentations d'Ariadne, tantôt avec Bacchus, tantôt seule et endormie. Les figures d'Ariadne se mettaient fréquemment sur les tombeaux, comme tout ce qui se rapporte au cycle bachique. Nous avons de la peine à comprendre, avec nos idées modernes, comment les anciens pouvaient appliquer les scènes joyeuses des bacchanales sur des monuments funéraires. Mais pour les Grecs, c'était un symbole d'immortalité; on revient au bon sens après le délire de l'ivresse : il était donc naturel qu'on assimilât l'idée de la mort à celles du sommeil et de l'ivresse.

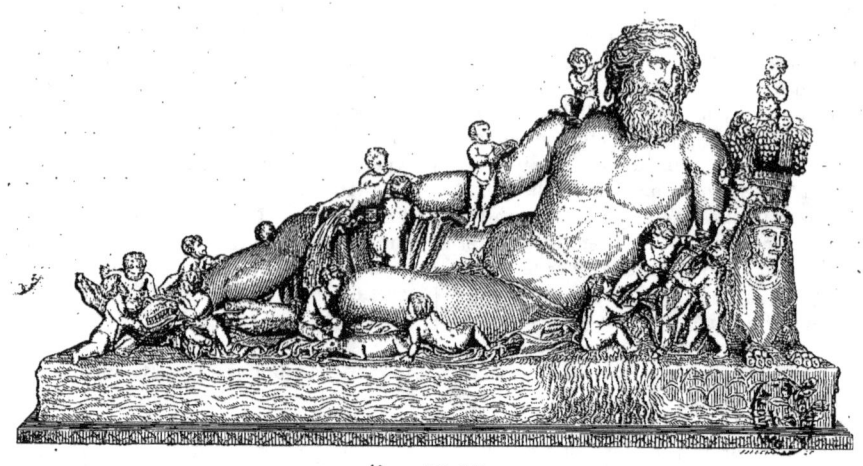

49. — LE NIL.
(Musée du Vatican, à Rome.)

Aucun musée n'est plus riche que le Louvre en représentations de Satyres. Le Satyre adolescent qui joue de la flûte est une statue grecque de la bonne époque, et passe pour une imitation du Satyre de Praxitèle. Nous avons aussi plusieurs Satyres dansant ou jouant des cymbales, et un charmant bas-relief où on voit un Satyre accompagné d'une panthère.

Mais de toutes nos représentations de Satyres, aucune n'est aussi fameuse que la statue connue sous le nom de *Faune à l'Enfant*. Elle représente un Silène, non pas dans l'ivresse cette fois, mais considéré comme père nourricier de Bacchus, qu'il tient dans ses bras.

Enfin la statue de Pan, qui est au Louvre, est très-remarquable par le caractère d'animalité fortement prononcé dans des traits qui sont pourtant humains. Il y a dans cette création fantastique, moitié homme moitié chèvre, une telle harmonie, qu'on a l'idée d'un type mixte bien plutôt que d'un monstre.

Le *Centaure Borghèse*, les mains liées derrière le dos, porte sur sa croupe un petit amour bachique, dont il semble implorer la pitié. L'amour a les bras étendus comme s'il maniait un fléau. La tête du Centaure rappelle celle de Laocoon.

Un sarcophage du Louvre représente une famille de Centaures. La Centauresse embrasse le petit Centaure qui demande le sein, tandis que le père Centaure fait jouer des petits enfants. Un tableau de Zeuxis représentant une scène analogue, a été célèbre dans l'antiquité.

FLEUVES ET NYMPHES. — On a remarqué avec raison que les Égyptiens, pour qui l'art n'était qu'une sorte d'écriture symbolique, mettaient sur des corps humains des têtes d'animaux, tandis qu'en Grèce, la tête, qui est le siège de l'intelligence, était toujours celle d'un homme. Les vieilles légendes grecques fournissent à l'art des types analogues à

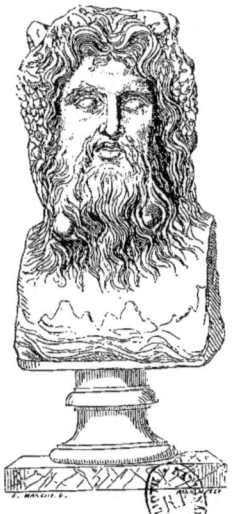

50. — LE FLEUVE OCÉAN.
(Musée Pie Clémentin, à Rome.)

ceux des Égyptiens, le Minotaure, par exemple, mais on ne les voit représentés que dans la période la plus ancienne. L'art de la grande époque, avec un sentiment exquis de la beauté, abandonna ces types barbares. La hideuse Gorgone des premiers temps, avec sa figure grimaçante, telle qu'on la voit sur des monnaies et dans des bas-reliefs archaïques, fut remplacée par une tête idéale, d'une beauté douloureuse et sinistre, avec des ailes au front et des

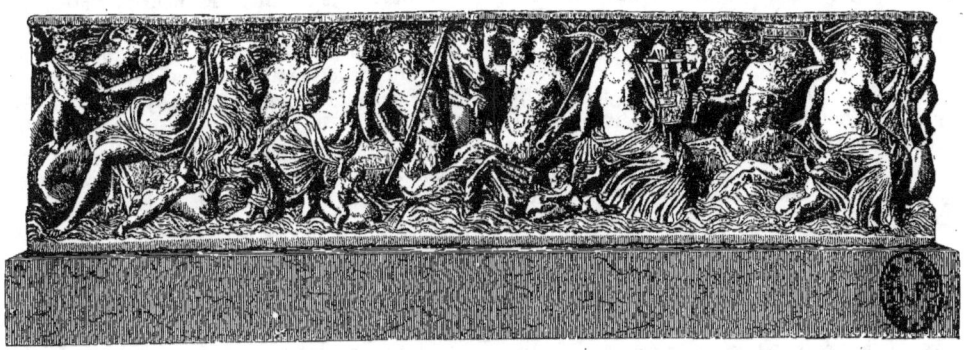

51. — LE TRIOMPHE DES NÉRÉIDES.
Bas-relief (musée du Capitole, à Rome).

serpents dans les cheveux (fig. 39). Les Sirènes (fig. 57), représentées à l'origine par des oiseaux à tête de femme, finirent par n'avoir plus que des formes de femme ; c'est ainsi qu'elles sont figurées dans un petit bas-relief du Louvre.

C'est à tort que les modernes ont l'habitude d'appeler Sirènes les figures de femmes termi-

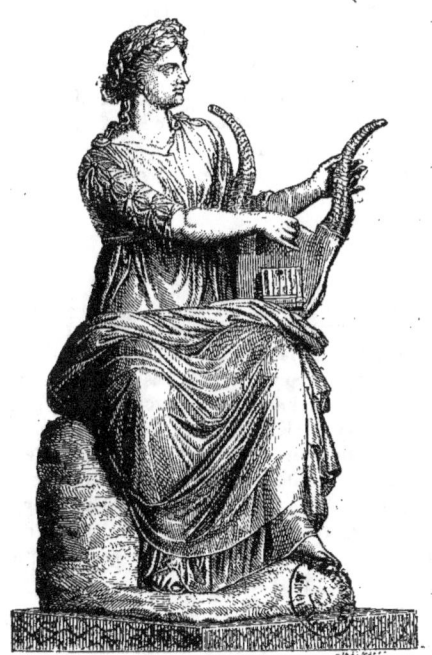

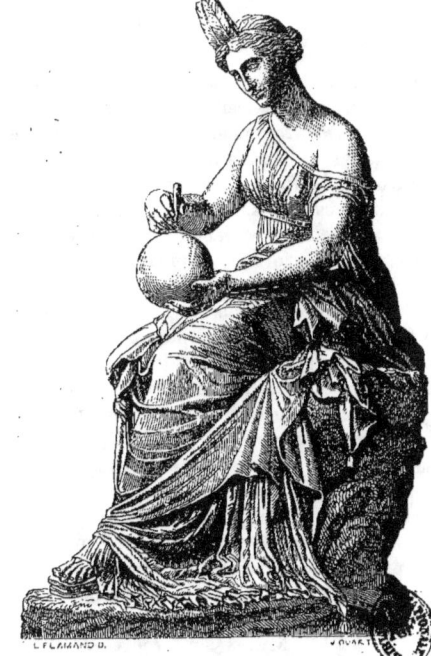

52. — TERPSICHORE.
(Musée Pie Clémentin, à Rome).

53. — LA MUSE URANIE.

nées en queue de poisson. Ce type est celui des Tritonides ou filles de Triton, qui figurent souvent sur les sarcophages avec d'autres divinités marines, à cause de la comparaison de la mort avec un grand voyage qui a pour terme l'Ile des Heureux, au delà du fleuve Océan. Dans un bas-relief du Louvre on voit les Néréides, protectrices des longues navigations, conduisant dans la région inconnue les âmes figurées par des enfants ailés. Elles sont accompagnées de Tritons et de Tritonides, et portées sur des dauphins, sur des Centaures marins, ou sur des chevaux marins (fig. 51).

A côté des Néréides ou filles de la mer, qui personnifient les vagues, on peut placer les Nymphes, personnifications des sources vives et des fontaines, représentées sous forme de jeunes filles gracieuses, légères et à demi nues. Quant aux fleuves, selon l'importance ou la dignité de leurs eaux, ils reçoivent les traits de la jeunesse ou ceux de l'âge mûr. Une des plus belles statues du Parthénon, celle du jeune homme couché qui occupait l'angle du fronton oriental, est regardée comme la représentation de l'Ilissus, petit fleuve qui arrose Athènes. Il y a deux autres statues de fleuve très-célèbres, celle du Tibre, au musée du Louvre, et celle du Nil (fig. 49), dont l'original est au Vatican, mais dont on voit une très-belle copie au jardin des Tuileries, près du grand bassin. Le Nil et le Tibre sont représentés tous les deux comme des vieillards à longue barbe, accoudés sur une urne d'où s'échappent leurs eaux.

MUSES (fig. 52, 53, 55). — Les Muses se rattachaient originairement aux Nymphes : c'étaient les sources chantantes, les fontaines inspiratrices qui, dans les grottes secrètes de l'Hélicon et du Pinde, enseignent aux hommes les divines cadences. Mais elles perdirent de bonne heure tout caractère physique pour personnifier les formes primitives de l'art, la poésie, la musique et la danse. Leur nombre, qui était d'abord de trois ou de sept, fut fixé à neuf, d'après la tradition épique. Ce sont des jeunes filles vêtues de robes longues, portant quelquefois des plumes sur la tête (fig. 53) en souvenir de leurs victoires sur les Sirènes, qui sont, comme nous l'avons dit, des femmes-oiseaux. Cette lutte des Muses et des Sirènes est une allégorie morale opposant à un art énervant qui amollit l'âme, un art pur, grave, religieux, qui l'élève vers le monde supérieur. La représentation assez fréquente des Muses sur les sarcophages annonce une conception très-élevée de la vie future. Il y a au Louvre un sarcophage où les Muses sont représentées en groupe, et se distinguent par des attributs caractéristiques. Le même musée possède aussi les statues isolées de plusieurs Muses.

LES GRACES (ou CHARITÉS). — Le nom de *Grâces* doit s'entendre ici dans le sens d'une grâce accordée : c'est ainsi que l'antiquité avait compris ce type ; mais le mot grâce signifie à la fois bienfait et élégance, et les modernes ont négligé le premier sens pour ne s'attacher qu'au second. Les Spartiates sacrifiaient aux *Grâces* avant d'en venir aux mains, pour montrer qu'on doit tenter tous les moyens de douceur avant de combattre. Le symbole de ces trois sœurs inséparables exprimait l'idée de bienfait, et leur rôle était de présider à la reconnaissance. Dans l'origine elles étaient toujours vêtues : c'est ainsi que Socrate, qui avait été sculpteur avant d'être philosophe, les avait représentées. Plus tard l'usage prévalut de les représenter nues et se tenant embrassées. C'est d'après le groupe antique conservé à la cathédrale de Sienne que Raphaël a fait ce petit tableau que la gravure a rendu si populaire.

Les auteurs anciens, notamment Cornutus, expliquent cette nudité par des raisons symboliques qui ne sont pas très-claires. On ne peut considérer les Grâces comme des divinités marines, quoiqu'elles soient quelquefois associées à Vénus, à cause des bienfaits que la nature répand sur les hommes. On les a aussi associées à Esculape, dieu de la médecine, comme personnification des actions de grâces d'un malade rendu à la santé (fig. 54).

Visite au Louvre. — Les trois Grâces sont représentées vêtues sur l'autel Borghèse, au-dessous des douze dieux. Il y en a aussi un petit groupe en marbre, mais qui ne saurait compter comme un ouvrage de premier ordre.

PÉRIODE HÉROÏQUE.

ARCHITECTURE. — Les plus anciennes constructions de la Grèce ont été nommées cyclopéennes, parce que les Grecs des temps civilisés les attribuaient aux Cyclopes. On pense qu'elles sont l'ouvrage des peuplades pélasgiques qui ont précédé les Hellènes sur le sol de la Grèce. Ces constructions se composent d'énormes blocs de pierre, de forme polygonale irrégulière, posés les uns sur les autres. On en trouve en Grèce, en Italie et dans quelques parties de l'Asie Mineure.

APPAREIL. — L'appareil est l'art de donner aux pierres la taille et l'arrangement qui conviennent à chaque partie d'un édifice.

Il est donc naturel que cette partie importante de l'architecture présente des différences notables aux différentes époques de l'art. Les murs les plus anciens, par exemple ceux de Tirynthe, se composaient de quartiers de rochers posés les uns sur les autres ; des pierres plus petites remplissaient les interstices que les grands blocs avaient laissés entre eux. On vit ensuite des pierres polygonales assemblées avec un grand soin, et parfaitement reliées entre elles quoique sans ciment; mais elles étaient toujours de forme et de grandeur irrégulières, quoique taillées avec une certaine précision. Les Pélasges ne connaissaient pas l'équerre; Aristote nous apprend qu'ils se servaient d'une règle de plomb, qui se pliait à la configuration générale de chaque grand bloc, pour en tracer l'épure et le tailler. Les murs de Mantinée fournissent un exemple de cette seconde période, où les pierres sont taillées au lieu d'être brutes.

Les murailles de Mycènes, de Platée et de Chéronée nous montrent la forme la plus perfectionnée de l'appareil cyclopéen. Les pierres commencent à prendre la forme quadrangulaire et à se ranger par assises horizontales.

ACROPOLES. — Les anciens Pélasges, réunis en société, cherchèrent à bâtir des villes, et, dans le choix d'un emplacement, ils furent surtout guidés par le besoin de se défendre contre les attaques des peuplades non civilisées qui vivaient de rapines et de brigandages. Ils s'établirent généralement sur le sommet des montagnes ou sur des rochers d'un accès difficile. Ils se défendaient par une enceinte construite dans le système cyclopéen, et qui suivait presque toujours la configuration du terrain. Les plus anciens murs, comme ceux de Tirynthe, de Mycènes et d'Argos, ne présentent pas de tours, mais on en retrouve des traces dans ceux d'une époque postérieure. Sur le point culminant de la forteresse il devait y avoir un temple à la divinité protectrice de la cité. Dans l'intérieur de la cité, il y avait des puits et des citernes. Une place pour les assemblées de citoyens était toujours réservée au milieu de la ville, et les habitations privées étaient groupées alentour sans ordre.

PORTES. — Les portes qui donnaient accès à ces antiques cités présentent des caractères assez variés. Il y en a qui ont la forme pyramidale, d'autres se terminent en ogive. La porte de Mycènes est surmontée d'une niche au milieu de laquelle se trouve une colonne accompagnée de chaque côté d'une figure de lion : ce bas-relief est considéré comme l'une des plus anciennes sculptures grecques (fig. 59).

PALAIS. — Nous ne connaissons que par les descriptions d'Homère les habitations des anciens héros. Elles devaient avoir l'apparence de forteresses. Les côtés de la porte étaient toujours accompagnés de bancs de pierre : c'est là que les prétendants de Pénélope tenaient leurs conseils. Dans le palais d'Ulysse nous voyons qu'un autel domestique occupait le centre de la cour. La maison, dont la pièce principale était une grande salle dans laquelle étaient des sièges recouverts de tapis, comprenait aussi un vestibule où dormaient les étrangers, et des pièces destinées aux hommes. L'appartement des femmes était toujours à un étage supérieur, car nous voyons Hélène ou Pénélope qui descendent de leurs appartements ou y montent avec leurs suivantes. Les portes étaient à deux battants. Dans le jardin d'Alcinoüs on voyait deux fontaines jaillissantes et des canaux qui conduisaient l'eau devant le palais et la déversaient dans un large bassin. Il ne paraît pas que du temps d'Homère l'architecture ait été soumise à des principes bien déterminés, et ses descriptions n'annoncent point l'usage des ordres.

TRÉSORS. — Les trésors sont ce que nous connaissons de plus caractéristique sur les demeures princières des temps héroïques. On appelle ainsi des constructions circulaires dans lesquelles on enfermait pour les conserver les armes, les meubles et tous les objets qui constituaient la richesse de ces époques barbares. Ces édifices sont probablement des tombeaux, et c'est peut-être à cause de la vénération que les anciens Grecs avaient pour les sépultures qu'on y renfermait les objets qu'on voulait soustraire à la cupidité des voleurs. Le trésor de Mycènes est l'exemple le mieux conservé de ce genre d'édifices qui offraient tous entre eux une grande analogie. Il paraît avoir été revêtu à l'intérieur de plaques de bronze dont les clous sont, dit-on, encore visibles. Il était décoré avec des tablettes de marbre rouge, vert, blanc, dont les ornements avaient la forme de spirales ou de zigzags. La porte était de forme pyramidale.

TEMPLES. — Les plus anciens temples consistaient souvent en une pierre brute servant d'autel. D'autres fois c'étaient des arbres creux dans lesquels on plaçait des simulacres. On fit ensuite des niches en bois ou en pierre destinées à abriter le Dieu. Le temple de Delphes n'était dans le principe qu'une cabane faite avec des branches de lauriers. Des améliorations furent apportées successivement dans la construction des édifices religieux, mais l'apparence ne cessa jamais d'être conforme à la destination, et la décoration fut toujours ap-

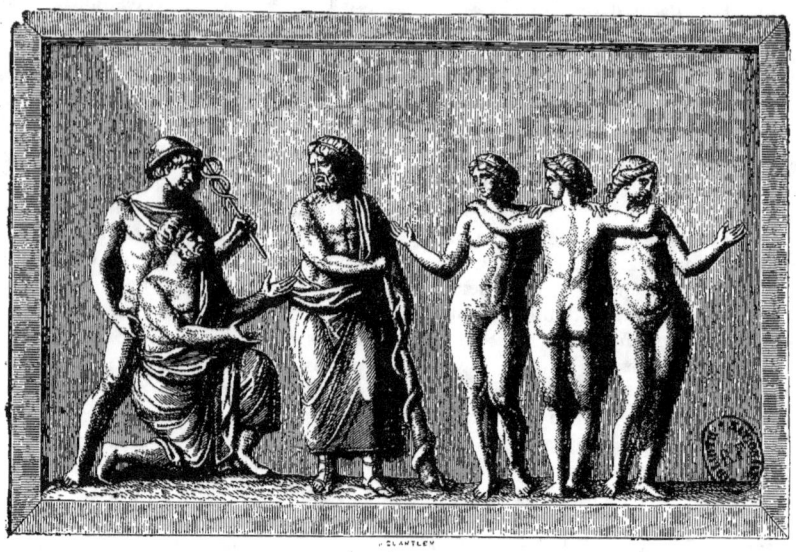

54. — ACTIONS DE GRACES A ESCULAPE.
(Musée Pie Clémentin, à Rome.)

propriée à la construction et ne servit pas à la masquer, comme cela a eu lieu à d'autres époques.

SCULPTURE. — On a longtemps soutenu que la Grèce avait tout emprunté à l'Égypte, la statuaire comme le reste. Aujourd'hui les archéologues paraissent croire plutôt à une influence phénicienne. Que la Grèce ait eu très-anciennement des rapports avec l'Égypte ou avec la Phénicie, beaucoup plus civilisées qu'elle, cela n'est pas douteux. Le commerce a pu amener en Grèce des produits d'une industrie plus avancée et l'art ornemental a pu faire des emprunts à l'Orient. Si l'on trouve un certain rapport entre une statuette assez grossière fabriquée en Phénicie, et une autre encore plus grossière fabriquée en Grèce, on peut en tirer des conclusions intéressantes pour l'archéologie, mais qui ont peu d'importance pour l'histoire de l'art, puisque l'art grec ne commence en réalité que le jour où les ou-

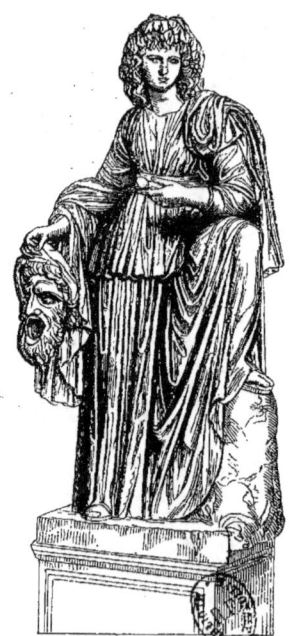

55. — LA MUSE MELPOMÈNE.
(Musée Pie Clémentin, à Rome.)

vrages faits en Grèce ont montré une tendance vers le style que nous appelons grec, style qui n'a aucun rapport avec celui des autres nations.

Dans les sciences, une invention ou une découverte peuvent avoir une importance capitale, mais les arts ne procèdent que par perfectionnements successifs. Les premières peuplades qui se fixèrent en Grèce, voulant placer le territoire qu'elles cultivaient sous la protection d'une divinité, lui consacrèrent un point de ce territoire, un bois, une grotte, un rocher, et y placèrent une pierre ou un simulacre quelconque, comme signe permanent de sa présence. Un poteau placé sur une route ou sur la limite d'un champ était le signe le plus simple, et tout naturellement il était consacré à Hermès (Mercure), le dieu des échanges, des transitions et des limites. Mais les autres dieux se reconnaissaient à leurs attributs; ainsi une lance ou un bouclier indiquait une divinité guerrière, une étoffe en manière de robe indiquait une déesse. Ces simulacres grossiers se retrouvent chez tous les peuples sauvages, mais ce qui est particulier aux Grecs, c'est d'être arrivés par une série de transformations à en faire de véritables statues.

Dans la poésie épique, l'imagination des Grecs de l'époque primitive est tellement préoccupée du merveilleux et du surnaturel, que la forme revêt difficilement un caractère assez positif pour se prêter à la sculpture. Les représentations dures et crues de figures d'épouvante, comme la Gorgone (fig. 39), pouvaient seules intéresser un peuple trop jeune encore pour prendre l'imitation du réel comme point de départ des représentations plastiques. L'image du Dieu, au surplus, n'était jamais considérée comme son portrait réel, elle était symbolique et caractérisée par des attributs dont elle était surchargée. La figure humaine franchement représentée dans sa vérité naïve est une chose rare aux époques primitives de la Grèce. Il est difficile de voir de véritables statues dans les servantes en or qui soutiennent Vulcain, d'après Homère, puisque « elles sont semblables à des adolescents animés; la force, la pensée, la voix leur ont été données ; les dieux immortels leur ont enseigné leur devoir. » Mais le goût des figures d'animaux, réels ou imaginaires, employés comme ornementation, se montre de très-bonne heure dans les différents genres d'ouvrages d'art.

La sculpture en bois, qui dans les temps primitifs avait été presque exclusivement employée pour la décoration des temples, le fut à toutes les époques, pour représenter les divinités des champs et des jardins. On se servait pour cet usage de bois indigène ; il y a eu aussi bon nombre de statues en bois de cèdre. Les premières statues étaient de véritables poupées qu'on habillait, et dans cet art grossier il est bien difficile de trouver un inventeur. Que le premier sculpteur qui a su ouvrir les yeux, séparer les jambes l'une de l'autre, se soit nommé

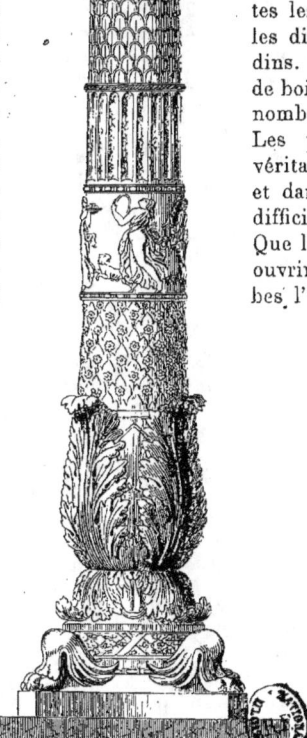

56. — SIÉGE A PANTHÈRE.   58. — GRAND CANDÉLABRE.   57. — SIÉGE A SIRÈNE.
(Musée Pie Clémentin, à Rome.)

Dédale, c'est possible ; mais comme le nom de *Dédale* veut dire *industrieux*, ce nom peut très-bien n'avoir été qu'une épithète. Au moyen âge on attribuait à saint Luc toutes les peintures dont on ne connaissait pas l'origine ; dans l'antiquité, c'était à Dédale : il n'y a rien là que de très-naturel.

« Les Platéens, dit Pausanias, célèbrent une certaine fête qu'ils appellent les Dédalies, parce qu'anciennement toutes les statues de bois étaient appelées des Dédales. Je crois même ce nom plus ancien que Dédale l'Athénien, fils de Palamon, et je suis persuadé que Dédale fut surnommé ainsi à cause des statues qu'il faisait, mais que ce n'était pas son vrai nom. » Dans cette fête, dont parle Pausanias, on portait en procession quarante statues appelées dédales, depuis l'Asope jusqu'au haut du Cithéron, du côté de Thèbes.

Il y avait là un autel couvert de sarments,

sur lequel chaque ville de Béotie offrait un sacrifice.

Les statues primitives étaient peintes avec des couleurs crues dont la teinte avait une signification particulière. Ainsi Bacchus et sa suite étaient peints en rouge ainsi que Pan et Mercure, tandis que Minerve était blanche, et qu'Apollon avait souvent le visage doré. Ces statues étaient toujours habillées : il y avait à Athènes une fête pour le blanchissage des vêtements de Minerve. Les sculpteurs en bois exerçaient leur art en famille, et se transmettaient de père en fils les pratiques du métier. Les sculpteurs crétois ou athéniens de l'époque primitive sont très-souvent appelés dédalides et ils prétendaient tous appartenir à la même famille. Cette prétention dura même fort longtemps, et Socrate, qui avait été sculpteur avant d'être philosophe, passait pour un dédalide.

Les potiers fabriquaient aussi des images divines, mais elles servaient surtout pour l'usage domestique, tandis que les figures de bois et d'airain étaient dans les temples. Peu à peu les statues en bois eurent des têtes en métal ou en marbre, mais elles continuèrent à être habillées.

PLASTIQUE. Selon la tradition grecque, Coré, fille de Dibutade, potier de Sicyone, ayant vu sur le mur l'ombre de son fiancé qui allait partir pour un long voyage, en aurait suivi les contours avec un morceau de charbon ; le potier aurait ensuite modelé le portrait avec de la terre en suivant le contour tracé par sa fille, et telle serait l'origine de la plastique, qui est l'art de modeler en argile.

FONTE DU BRONZE. — Les sculpteurs Rhœchus et Théodore de Samos passent pour être les premiers qui aient su travailler le bronze et en tirer parti pour l'art. On attribuait à Théodore de Samos le fameux anneau que Polycrate jeta à la mer, et qui lui fut rapporté ; il est aussi l'auteur du cratère en or qui se voyait dans le palais des rois de Perse. Glaucus de Chios, qui fut vraisemblablement élève du précédent, passait pour très-habile dans la soudure, c'est-à-dire, l'union chimique des métaux.

PEINTURE. — Longtemps la peinture ne fut qu'un coloriage de statues et de bas-reliefs en argile et en bois. Il est probable également que les premiers tableaux qui méritent tant soit peu ce nom, n'étaient pas des ouvrages du pinceau, mais de l'aiguille. On sait que dans les temps les plus reculés les Babyloniens avaient des tapisseries brodées ; il en était de même parmi les Grecs. Homère parle de la tapisserie de Pénélope et de celle où Hélène avait représenté ses propres aventures. La tapisserie doit avoir une origine fort ancienne; mais ce n'est qu'assez tard que la peinture est devenue un art indépendant, et rien ne prouve que, dans les âges héroïques, elle fût autre chose qu'un accompagnement obligé de la sculpture ou de la fabrication des tissus.

VASES. — La fabrication des vases en Grèce existait déjà au temps d'Homère, puisqu'il compare la vélocité des jeunes filles formant une ronde, à la rapidité des mouvements que le potier imprime à la roue de son tour. La peinture sur vase paraît avoir été pratiquée très-anciennement à Corinthe, la ville des potiers, et c'est de là que cette industrie si importante dans l'antiquité s'est répandue en Italie. Mais il est reconnu aujourd'hui que la plupart des vases réputés étrusques sont de fabrication grecque. Les plus anciens vases qu'on connaisse paraissent remonter à dix ou douze siècles avant l'ère chrétienne. Ils sont d'une terre blanchâtre ou jaunâtre et portent en brun des zones, des damiers et quelquefois des serpents ou des oiseaux tracés au trait. Dans ceux qu'on nomme de *style asiatique*, on voit des animaux naturels ou fantastiques, des oiseaux à tête humaine, des déesses ailées portant des animaux et des plantes ou des fleurs semées sur le fond. Quelquefois des scènes mythologiques sont figurées dans les zones. La plupart des vases primitifs donnent par la grossièreté de leurs figures l'idée des degrés que l'art dut franchir avant d'arriver à la grande période.

MEUBLES. — Dans Homère, quand Ulysse veut se faire reconnaître de Pénélope, il lui fait la description de son lit : « Je l'ai construit moi-même, dit-il, seul, sans aucun secours, et ce travail est un signe que tu ne peux méconnaître. Dans l'intérieur des cours s'élevait un florissant olivier, verdoyant et plein de séve. Son énorme tronc n'était pas moins gros qu'une colonne. J'amassai d'énormes pierres, je bâtis tout autour, jusqu'à ce qu'il y fût enfermé, les murs de la chambre nuptiale : je le couvris d'un toit et je le fermai de portes épaisses solidement adaptées. Alors je fis tomber les rameaux touffus de l'arbre : je tranchai, à partir des racines, la surface du tronc, puis, m'aidant habilement de la hache d'airain et du cordeau, je le polis, j'en fis les pieds du lit et le trouai à l'aide d'une tarière. Sur ce pied je construisis entièrement ma couche, que j'incrustai d'or, d'argent et d'ivoire et dont je formai le fond avec des courroies prises dans des dépouilles de taureaux, teintes d'une pourpre éclatante. »

Ce récit d'Ulysse nous montre deux choses : d'abord que les meubles à cette époque présentaient un mélange de rusticité grossière et de luxe inouï ; ensuite qu'il n'y avait pas d'ouvriers spéciaux pour les travaux de l'industrie, puisque le roi fabriquait lui-même ses meubles au lieu de les acheter tout faits. C'est d'ailleurs parfaitement d'accord avec tout ce que nous savons des mœurs de l'âge héroïque.

Le travail d'incrustation fut toujours très-goûté des Grecs : seulement à une époque plus avancée les ornements furent remplacés par des compositions très-riches en figures. Le fameux coffre que les Cypsélides avaient consacré à Olympie était en bois de cèdre, d'une dimension considérable et vraisemblablement de forme elliptique. Les figures représentaient des scènes qui avaient trait aux exploits des ancêtres de Cypsélus. Elles étaient disposées par bandes placées les unes au-dessus des autres : une partie était sculptée en relief sur le bois, et une autre consistait en incrustations d'or et d'ivoire.

On employait beaucoup les métaux dans la fabrication des meubles. Les meubles les plus importants étaient à la vérité presque toujours des armes. La description du bouclier d'Achille par Homère ne prouve pas que de son temps on sût faire des compositions à plusieurs figures ; mais on peut soupçonner que l'on connaissait déjà l'art de fixer des ornements métalliques sur un fond, et ces ornements représentaient peut-être de petites figures.

VAISSEAUX. — Tous les peuples qui habitent au bord de la mer ou le long des grands fleuves ont connu la navigation. Des sauvages voient flotter des arbres, ils ont naturellement l'idée d'en creuser un pour en faire une nacelle, ou d'en rassembler plusieurs pour en faire un radeau. Quand Ulysse veut sortir de l'île où Calypso le retenait, il lie ensemble de grosses poutres, les recouvre de planches, y ajoute un bordage d'osier, et y adapte un mât. D'après les descriptions contenues dans le poëme sur l'expédition des Argonautes, on peut conclure que la navigation dans les temps héroïques était dans un état d'enfance complet. Les vaisseaux qui vinrent assiéger Troie ne valaient pas beaucoup mieux : ils n'avaient pas de pont, et c'est dans le fond du navire que se mettaient les rameurs.

PÉRIODE RÉPUBLICAINE.

ARCHITECTURE. — L'époque des guerres médiques est celle du grand développement de l'art grec. Les œuvres antérieures au siècle de Périclès ne peuvent, quand on les considère isolément, se comparer à celles de la période suivante ; mais si on les considère dans leur ensemble, on verra que toutes les formes de l'art étaient trouvées, et que si le siècle de Périclès a été supérieur comme résultat, l'invention et l'effort appartiennent surtout au siècle précédent. C'est en effet la vie du gymnase qui a donné surtout aux Grecs le goût et le sentiment de la beauté dans les formes ; c'est la piété des peuples qui a élevé partout des monuments en l'honneur des dieux protecteurs des cités, c'est l'amour de la liberté qui, en faisant naître le régime démocratique, a donné à l'art une mission sérieuse, en a fait l'expression d'une pensée générale, qui, n'étant pas subordonnée aux caprices d'un prince et aux variations de la mode, a résolu le problème d'une liberté illimitée dans la conception individuelle, avec une obéissance religieuse à des principes logiques et invariables.

NOTIONS ÉLÉMENTAIRES. — Un édifice doit être envisagé dans sa convenance, dans sa construction et dans son aspect. La convenance consiste à approprier un monument à sa destination, dans son ensemble et dans ses parties. Elle s'exprime en architecture par le *plan*, c'est-à-dire par le tracé des lignes que présenterait l'édifice s'il était coupé horizontalement au ras du sol. En effet, si on vous montre un dessin ou un tableau représentant une maison de campagne, il se peut très-bien qu'elle vous plaise, et que pourtant elle soit inhabitable ; mais si on vous en montre le *plan*, son inspection vous suffira pour juger ce qu'il peut y avoir de commode ou d'incommode pour l'usage que vous en voulez faire. La construction comprend tout ce qui a rapport à la solidité, et s'exprime dans le dessin par la *coupe*, dont le rôle est de représenter le bâtiment comme si une des façades avait été sciée verticalement et que l'œil plongeât dedans. La coupe nous montre tout ce qu'il y a de secrets dans la construction, l'ajustement des charpentes, la force des voûtes, l'épaisseur des murailles, etc. Elle est transversale ou longitudinale, selon qu'on suppose l'édifice coupé en large ou en long.

L'aspect extérieur d'un édifice s'exprime dans le dessin par l'*élévation*, qui est géométrale ou perspective, selon que l'édifice est représenté tel qu'il est, ou tel que notre œil le perçoit.

Dans les arts, c'est l'intelligence et non pas seulement l'œil qui conçoit l'idée de beauté. En effet, vous entrez dans une salle dont la décoration vive et gaie séduit votre œil, et vous fait supposer qu'il s'agit d'une salle de bal; mais vous apprenez que c'est un tribunal : aussitôt l'idée de contre-sens vient gâter dans votre esprit le plaisir que votre œil voulait goûter. Il en serait de même d'une salle à manger dont l'ornementation aurait la gravité qui convient à une église. De même un bâtiment qui ne serait pas solide, ou qui le serait sans le paraître, jetterait du trouble dans notre esprit, en lui présentant l'idée de danger, et nous empêcherait d'en apprécier le charme décoratif. Pour qu'un monument éveille et maintienne dans notre esprit l'idée de beauté, il faut donc qu'il réunisse les trois conditions de convenance, de solidité et de charme optique.

59. — PORTE DE MYCÈNES.

L'expression s'accuse en architecture par la prédominance d'une des trois dimensions de hauteur, largeur et profondeur, sur les deux autres. Un édifice dont les trois dimensions seraient égales, comme celles d'un cube, serait absolument dépourvu d'expression; mais suivant que l'une ou l'autre des dimensions est prépondérante, notre esprit est frappé différemment : en Inde, les temples sont des excavations qui saisissent par leur profondeur; en Égypte,

60. — TEMPLE DE PÆSTUM.

l'immensité des temples se déploie sur la largeur; dans nos églises du moyen âge, l'impression de hauteur domine toutes les autres. Entrez dans une de nos cathédrales, et voyez

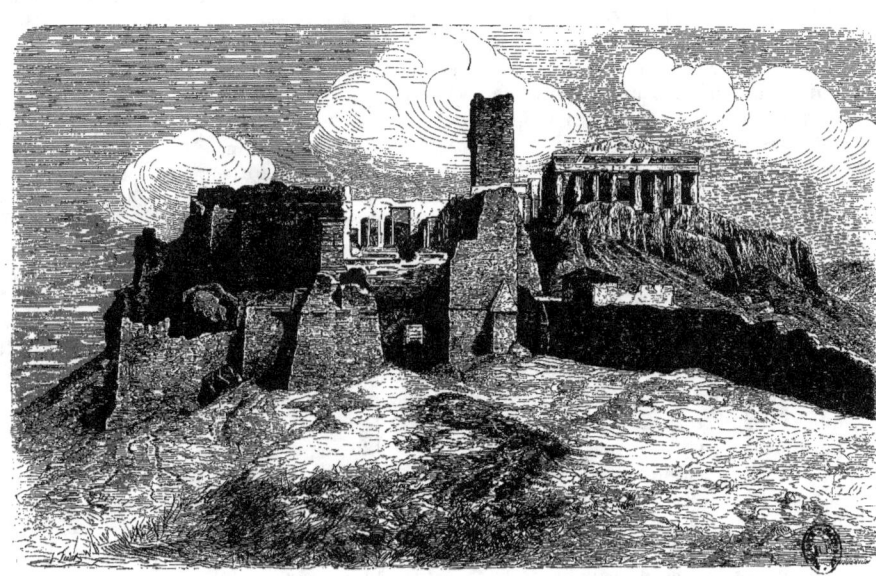

Propylées.   61. — ACROPOLE D'ATHÈNES.   *Parthénon.*

si tout, dans l'ensemble comme dans les détails, n'est pas combiné pour élever votre esprit vers le ciel.

Mais si le ciel chrétien est infiniment haut, il n'en est pas de même du ciel grec. En Grèce, les dieux habitent sur le mont Olympe, qui est parfaitement mesurable pour un géographe. Comme ils sont nombreux, ils ne sauraient présenter à l'esprit l'idée de l'unité, de l'infini, de l'incommensurable. Aussi l'architecture grecque est en quelque sorte républicaine, elle s'adresse à l'esprit par l'idée d'équilibre et de pondération, d'où résulte la beauté. Ne demandez pas à l'art grec ce qu'il n'a pas; jamais dans un temple vous n'éprouverez ces tressaillements de cœur qui, sous les voûtes de nos églises, saisissent l'incrédule comme le croyant, et sont le triomphe de l'art chrétien. Les temples grecs présentent en général une largeur qui dépasse la hauteur et une profondeur qui dépasse la largeur, mais les proportions sont toujours combinées de façon qu'une dimension, tout en l'emportant sur les autres, ne les annihile pas à son profit. De même que dans la statuaire nous ne verrons jamais la passion altérer la calme sérénité du visage, de même dans l'architecture la pondération est parfaite, et en exprimant la beauté dans le sens absolu du mot, elle éloigne de notre esprit les aspirations sublimes ou étranges, fantasques ou terribles, que nous trouvons parfois dans les monuments des autres pays. Voilà pourquoi l'architecture grecque sera toujours réputée classique.

Les grands temples s'élevaient généralement sur un terrain sacré qui renfermait, outre le principal temple, une fontaine, des grottes, des chapelles, des statues, des autels, des colonnes portant des traités de paix ou de guerre. Les arbres qui poussaient sur le terrain sacré n'étaient jamais taillés ni abattus, et contrastaient par leur désordre naturel avec la régularité de l'architecture. Le temple était un véritable musée, et c'est là qu'on trouvait les grands chefs-d'œuvre de la sculpture et de la peinture, parmi lesquels se rencontraient de vieilles images hiératiques consacrées par la vénération attachée à leur ancienneté, et des offrandes de toutes sortes, provenant de la piété des populations.

APPAREIL. — Les matériaux employés pour les édifices sont des calcaires durs et des marbres magnifiques, dont la Grèce et les îles qui en dépendent fournissent de riches carrières. Les pierres dans chaque assise présentent la même élévation, et sont d'une forme quadrangulaire à arêtes vives. On trouve dans la disposition des pierres des combinaisons différentes; mais, en général, dans les belles constructions grecques, les joints verticaux retombent sur le milieu de la pierre correspondante dans l'assise inférieure et l'assise supérieure.

COLONNE, PLATE-BANDE. — On distingue dans une construction les supports et les parties supportées : un mur est un support continu, un pilier est un support isolé. Le *pilier* est un massif vertical, à plans carrés. Quand, au lieu d'être isolé, il est engagé dans la muraille, on le nomme *pilastre*; s'il est isolé et arrondi, c'est une *colonne* (fig. 63, 64). Le tronc d'arbre est l'image et le type de la colonne : il est plus large au niveau du sol, et va en diminuant à mesure qu'il s'élève; la colonne fait de même, et sa forme conique est d'autant plus accentuée qu'elle se rapporte à une époque plus ancienne. Mais si la colonne est plus large à sa base pour porter son propre poids, elle s'élargit à son sommet pour porter la charge qu'on lui impose; de là le *chapiteau*, qui est l'évasement de la colonne dans sa partie supérieure. Ainsi une colonne se compose de deux parties qui sont : le *fût* ou le *tronc*, et le *chapiteau*. A ces deux parties essentielles, les architectes grecs en ont souvent ajouté une troisième, qui est la *base*, sorte de plateau plus large sur lequel porte le fût; mais celle-ci, ne dérivant pas des nécessités de la construction, manque sur une foule de monuments. Dans les temples de l'ordre dorique, par exemple, la colonne sans base paraît plantée sur le sol (fig. 60), et c'est ce qui lui donne un air de force et de solidité; tandis que les architectes qui ont voulu exprimer l'idée de richesse et d'élégance, ont posé la colonne sur une base. Des colonnes de la même hauteur peuvent paraître très-massives ou très-élancées suivant qu'elles ont une largeur différente.

Pour couvrir l'espace qui sépare une colonne d'une autre, il fallait, ou des pierres horizontales assez grandes pour aller d'un point d'appui à un autre, ou des poutres. On appelle architecture *en plate-bande*, celle qui procède de cette façon. C'est celle dont se sont servis les Grecs, car ils n'ont pas employé l'arcade comme les Romains, et quand on trouve en Grèce un monument à arcades, on peut en conclure qu'il a été bâti du temps des Romains. Le système de la plate-bande est également celui qui est usité dans les monuments égyptiens et asiatiques; mais ces derniers se terminaient par une terrasse : la nécessité de faire écouler les eaux pluviales a porté les Grecs à faire des toits inclinés, d'où résulte le *fronton* triangulaire (fig. 60). A mesure qu'on avance vers le nord, il est nécessaire d'avoir des toits très-inclinés; en Grèce, ils le sont à peine, et le fronton dessine par en haut un angle très-ouvert et qui se développe en largeur. L'*antéfixe* était un ornement placé le long d'un *entablement*, au-dessus de la *corniche*, pour marquer l'extrémité des tuiles (fig. 62). Les antéfixes étaient quelquefois en marbre, mais plus souvent en terre cuite. Elles pouvaient remplir le même office que les gargouilles au moyen âge, et servaient pour l'écoulement des eaux pluviales du toit. Dans ce cas-là elles étaient percées d'un trou. On en voit un grand nombre dans les collections publiques et particulièrement au musée Campana, qui est extrêmement riche en fragments antiques de toute sorte.

TEMPLES. — Les temples rectangulaires reçoivent différentes dénominations suivant la disposition de leurs colonnes. L'usage des colonnes au frontispice des temples ne fut pas, dans les premiers temps, d'une nécessité absolue. Dans les constructions en bois, il y avait un vestibule couvert en avant de la porte; mais lorsque l'*architrave* composée de plusieurs pierres remplaça la plate-bande en bois, il devint indispensable de la soutenir par l'emploi des colonnes d'une *ante* à l'autre, c'est-à-dire de la tête d'un des murs latéraux du temple à la tête de l'autre mur.

1° On appelle temple à *antes* celui qui a des pilastres aux encoignures et une colonne seulement de chaque côté de la porte. Le temple que Stuart appelle *temple sur l'Ilyssus*, à Athènes, et le temple de la Fortune à Rome, mentionné par Vitruve, sont des temples à *antes*.

2° On appelle temple *prostyle* celui qui, outre les deux colonnes de la porte, en a deux autres aux encoignures, en remplacement des deux pilastres du temple à *antes*.

3° Le temple *amphiprostyle* (ou double prostyle) a quatre colonnes à la façade comme le précédent, et de plus il a également quatre colonnes à la face opposée.

4° Un temple est appelé *périptère* quand les colonnes entourent entièrement l'édifice. Le Parthénon et les plus fameux temples de l'antiquité grecque appartiennent à cette catégorie.

5° Un temple est *pseudo-périptère* quand les colonnes des ailes et de la façade postérieure sont engagées dans le mur : la Maison-Carrée de Nîmes est pseudo-périptère (fig. 106).

6° Le temple de Diane à Éphèse, et celui d'Apollon Didyme à Milet, qui passait pour le plus beau de l'Asie Mineure, étaient appelés *diptères*, parce qu'ils représentaient une double rangée de colonnes.

7° Un temple est *pseudo-diptère* quand la façade présente deux rangées de colonnes isolées, et que sur les trois autres côtés une seule rangée est isolée.

Les temples rectangulaires sont ordinairement dans leur longueur le double de leur largeur. Les plafonds des temples étaient en bois, et le toit était formé avec des tuiles et quelquefois des dalles de marbre ou des plaques de métal. On appelle *hypèthres* les temples qui n'ont pas de toiture ; l'intérieur alors ressemble à une cour. Il y a des temples où l'on voit à l'intérieur deux étages de colonnes superposées. Le Parthénon en offre un exemple.

L'architecture des anciens était polychrome. « Il n'y a que peu d'années, dit M. Beulé, personne ne se doutait que les temples grecs eussent été peints, et les premières découvertes des architectes n'ont rencontré d'abord que des incrédules. » L'examen plus attentif des monuments, et les fragments trouvés au milieu des décombres, ont mis hors de doute la polychromie des temples grecs. Aujourd'hui il y a une réaction contre l'ancien système, on veut voir de la couleur partout, et plusieurs savants n'admettent pas qu'une seule surface soit restée blanche. M. Beulé paraît croire à un système mixte de polychromie. On admet généralement que les *triglyphes* étaient bleus, et le fond des *métopes* rouge. Les *gouttes* étaient dorées et la frise de la cella était surmontée de canaux alternativement rouges et bleus. Ces tons violents perdent toute leur crudité sous le soleil qui les dore, et dans l'atmosphère qui les enveloppe et les harmonise.

ORDRES. — Les Grecs ont soumis l'architecture à des règles fixes et rationnelles. On entend par ordre ou ordonnance l'arrangement régulier des parties saillantes, parmi lesquelles la colonne joue le principal rôle. Tout ordre grec comprend trois parties distinctes : 1° un *stylobate* ou soubassement, qui forme une sorte de piédestal continu, à un rang de colonnes par exemple ; 2° une *colonne*; 3° un *entablement*, qui est la partie placée au-dessus de la colonne (fig. 61). Enfin, on appelle *fronton* la partie triangulaire qui marque l'inclinaison des deux faces de la toiture. Ces diverses parties sont décorées de moulures ou ornements en saillie dont la forme varie suivant l'ordre. Les ordres grecs sont le dorique, l'ionique et le corinthien.

ORDRE DORIQUE (fig. 62). — L'ordre dorique a pour caractère la force et la gravité. La colonne, dont le fût est orné de larges cannelures peu profondes, est dépourvue de base : son chapiteau se compose d'une *échine* généralement lisse, surmontée du tailloir ou *abaque*, de forme triangulaire. La partie placée entre les colonnes et le fronton prend le nom d'entablement, et comprend : 1° l'*architrave*, plate-bande qui repose immédiatement au-dessus des chapiteaux; 2° la *frise*, qui est décorée de *triglyphes*, ornement rectangulaire qui présente des canaux taillés verticalement : l'espace compris entre les triglyphes prend le nom de *métope*, et est souvent orné de bas-reliefs; 3° la *corniche*, qui termine l'entablement et porte le fronton.

Les ruines de Pæstum (fig. 60), situées à quelques lieues de Naples, comprennent deux

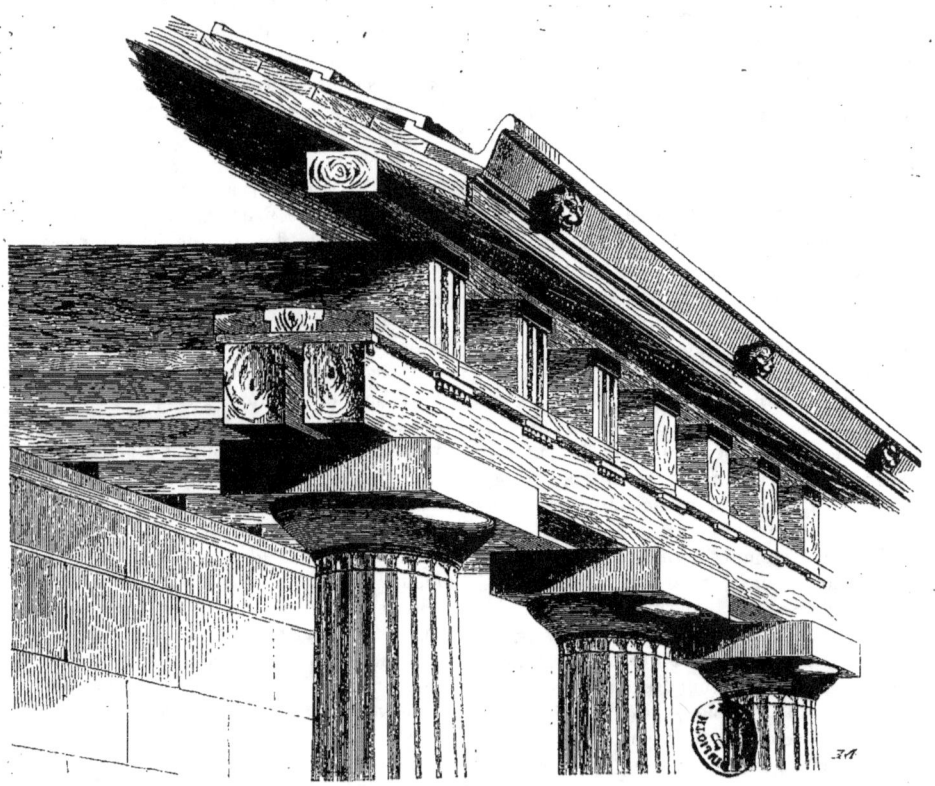

62. — CHAPITEAUX DORIQUES.

temples et une basilique. Des deux temples, l'un était, à ce qu'on croit, dédié à Neptune, l'autre à Cérès. Le temple de Neptune, placé à côté de la basilique et des restes informes d'un ancien théâtre, est un des temples les mieux conservés et les plus magnifiques de l'antiquité. C'est un temple *hexastyle*, c'est-à-dire à six colonnes de face; il appartient à l'ordre dorique. La foudre est tombée sur lui et l'a beaucoup dégradé. C'est dans ce temple qu'on peut étudier toute la simplicité du vieux style dorique. Le temple de Cérès est un peu moins grand que celui de Neptune.

Les temples d'Agrigente ont été bâtis par les prisonniers carthaginois. Il en reste des ruines imposantes, surtout celles du temple de la Concorde, et celles du temple de Junon. Le temple de la Concorde, qui est le mieux conservé, a servi quelque temps d'église.

Parmi les temples doriques, le mieux conservé est le temple de Thésée, qui fut construit par Cimon et sert de musée à la ville d'Athènes; mais le plus fameux est le Parthénon (fig. 61), que nous décrirons en parlant du siècle de Périclès où il fut élevé.

ORDRE IONIQUE (fig. 63). — L'ordre ionique, d'un caractère plus austère et plus élégant, se distingue par sa base et par son chapiteau orné à ses angles de grandes volutes; le fût des colonnes présente ordinairement vingt-quatre cannelures, mais les cannelures, au lieu d'être, comme dans le dorique, séparées par une vive arête, le sont par une côte formée d'un *listel*. La forme conoïde des colonnes est aussi beaucoup moins prononcée que dans le dorique. L'ordre ionique a été pratiqué surtout dans la Grèce d'Asie. Le temple de Diane à Éphèse était d'ordre ionique : il fut fondé vers l'an 547 avant Jésus-Christ; Crésus donna la plus grande partie des colonnes, et beaucoup de villes d'Ionie contribuèrent à sa construction. Ce temple, très-fameux dans l'antiquité, fut incendié par Érostrate dans la nuit qui donna naissance à Alexandre le Grand. Il fut relevé, subsista près de six cents ans, et fut de nouveau brûlé par les Goths. C'est à peine s'il en reste des traces aujourd'hui. On retrouve encore des restes du temple de Samos, également d'ordre ionique. Il avait été primitivement dorique, et on suppose que sa reconstruction en ordre ionique date du règne de Polycrate. L'ordre ionique n'a jamais prévalu en Europe; parmi les édifices les plus fameux qui subsistent de cet ordre, nous citerons le temple de la Victoire sans ailes (fig. 65) à Athènes. La construction remonte au siècle de Périclès.

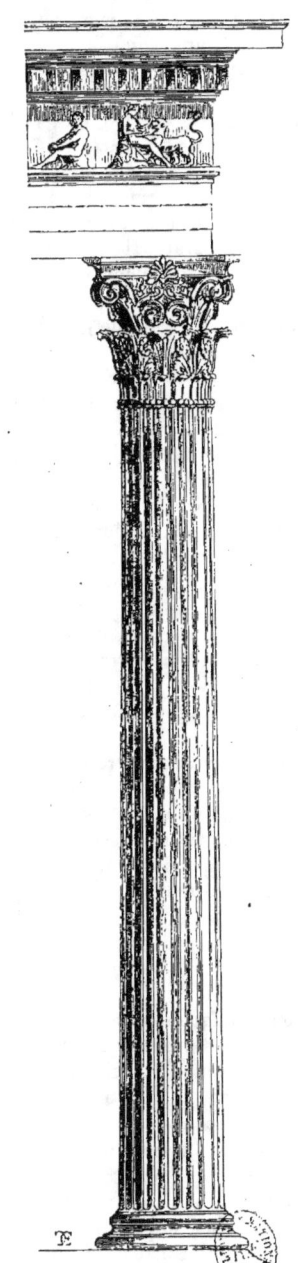

63. — COLONNE IONIQUE.   64. — COLONNE CORINTHIENNE.

ORDRE CORINTHIEN (fig. 64) — L'ordre corinthien exprime surtout l'idée de richesse et de magnificence. La base de la colonne a beaucoup de rapport avec la précédente, mais la colonne paraît plus élancée parce que le chapiteau est beaucoup plus élevé. La partie inférieure du chapiteau est ornée de feuilles d'acanthe et la surface supérieure rehaussée de palmettes : il est couronné de volutes et surmonté d'un abaque dont les côtés sont concaves. Le chapiteau corinthien a commencé par être employé isolément; le monument choragique de

Lysicrate, à Athènes, est le plus ancien exemple d'un édifice auquel le chapiteau corinthien ait été appliqué partout. La rue des Trépieds, à Athènes, était une voie sur les côtés de laquelle les vainqueurs dans les jeux scéniques avaient élevé de petits monuments destinés à porter le trépied qu'ils avaient gagné par leur victoire dans ces luttes, et où on inscrivait le nom du triomphateur. Parmi ces monuments, autrefois nombreux et variés, il n'en reste plus qu'un, le monument choragique de Lysicrate. Il se compose de trois parties : un soubassement quadrangulaire, une colonnade circulaire, et une coupole avec un ornement en forme de grand fleuron qui est placé dessus. Ces entrecolonnements étaient entièrement fermés avec des panneaux en marbre blanc, dont trois sont maintenant brisés. Sur l'architrave, on lit cette inscription : « Lysicrate de Cicyne, fils de Lysithidès, avait fait la dépense du chœur. La tribu Acamantide avait remporté le prix par les chœurs des jeunes gens. Théon était le joueur de flûte, Lysiades, Athénien, était le poëte; Évaenetès l'archonte. » Le bas-relief de la frise représente les aventures de Bacchus avec les pirates tyrrhéniens. Le grand fleuron qui surmonte la coupole offre une gracieuse composition de feuillages. Il était destiné à porter le trépied, et on distingue encore les traces du scellement.

Les Grecs ne connaissaient que trois ordres : l'ordre qu'on appelle *toscan* est une variété du dorique et celui qu'on appelle *composite* est une variété du corinthien : comme ces deux derniers ordres n'appartiennent pas à l'art grec, nous n'avons pas à nous en occuper ici.

CARYATIDES; ORIGINE DES ORDRES. — Outre les trois ordonnances dont nous venons de parler, les Grecs ont quelquefois remplacé le fût de la colonne par une figure d'homme, comme dans le temple des Géants, à Agrigente, ou par une figure de femme, comme dans le *Pandrosion* (fig. 66) d'Athènes.

On a cherché à donner, sur l'origine des ordres, une foule d'explications qui sont généralement peu satisfaisantes. Vitruve attribue l'invention du dorique à Dorus, fille d'Hellen, roi d'Achaïe et du Péloponèse. Un temple que ce prince fit bâtir à Argos aurait eu par hasard les dispositions de l'ordre dorique, et aurait servi depuis de modèle aux autres. Dans le dictionnaire des beaux-arts, le mot *hasard* doit être absolument rayé. Le même auteur donne de l'ordre ionique une origine qui n'est guère plus satisfaisante. Les Ioniens, voulant élever un temple, cherchèrent à imiter la proportion gracieuse de la femme. La colonne eut huit diamètres d'élévation, la base fut chargée de représenter la chaussure, les cannelures, les plis du vêtement, et les chapiteaux décorés de volutes rappelèrent les cheveux relevés et nattés. Quant à l'origine qu'on donne au chapiteau corinthien, elle a, à défaut de vraisemblance, le mérite de rappeler une légende aimable et tout à fait conforme à l'esprit grec.

Voici comment Vitruve raconte cette invention : « Une jeune fille de Corinthe, près de se marier, mourut subitement : lorsqu'elle fut inhumée, sa nourrice alla porter sur son tombeau, dans un panier, quelques petits vases que cette jeune fille avait aimés pendant sa vie, et afin que le temps ne les gâtât pas aussi promptement en les laissant à découvert, elle mit une tuile sur le panier, qu'elle posa par hasard sur la racine d'une plante d'acanthe. Il arriva, lorsqu'au printemps les feuilles et les tiges commencèrent à sortir, que le panier qui était sur le milieu de la racine fit élever le long de ses côtés la tige de la plante qui, rencontrant les coins de la tuile, furent contraintes de se recourber en leurs extrémités, et produisirent le contournement des volutes. Le sculpteur Callimaque, que les Athéniens appelèrent Catatechnos à cause de la délicatesse et de l'habileté avec laquelle il taillait le marbre, passant auprès de ce tombeau, vit le panier et la manière dont ces feuilles naissantes l'avaient environné. Cette forme nouvelle lui plut infiniment, et il en imita la manière dans les colonnes qu'il fit depuis à Corinthe, établissant et réglant sur ce modèle les proportions et la manière de l'ordre corinthien.

L'ACROPOLE D'ATHÈNES (fig. 61). — Maintenant que nous connaissons la forme des temples, nous pouvons monter sur l'Acropole d'Athènes où sont les plus beaux édifices que nous ait laissés l'antiquité grecque. Pour les Athéniens, ce rocher était la montagne sainte. Tout en ce lieu rappelait la déesse qui protégeait la ville et qui lui avait donné son nom : Athènè. Pour comprendre l'importance qu'avait là le culte d'Athènè ou Minerve, il faut se rappeler l'histoire que les Athéniens racontaient sur la fondation de leur ville. Cécrops fut le premier qui choisit l'Acropole pour demeure et il attira autour de lui les habitants de l'Attique, jusque-là errants et misérables. Il fallait mettre la ville sous la protection d'un dieu, mais il y en avait tant qu'on ne savait lequel choisir. Dans ce temps-là les dieux parcouraient la terre et aimaient à prendre possession des lieux qu'on leur consacrait. On décida qu'on choisirait pour protecteur le dieu qui produirait la chose la plus utile. Neptune, frappant la terre de son trident, créa le cheval et fit jaillir une source d'eau de mer, voulant dire par là que son peuple serait navigateur et guerrier. Mais Minerve dompta le cheval pour en faire un animal domestique, et ayant frappé la terre de sa lance, fit paraître un olivier chargé de ses fruits, voulant montrer par là que son peuple serait grand par l'agriculture et l'industrie.

Cécrops fut bien embarrassé ; mais quoique roi, il avait des sentiments démocratiques ; il décida qu'on irait aux voix pour savoir à quel dieu on voulait se donner. Seulement, comme dans ces temps reculés on n'avait pas encore imaginé que les femmes ne pouvaient pas tout aussi bien que les hommes exercer des droits politiques, on fit voter tout le monde. Or il arriva que tous les hommes votèrent pour Neptune et toutes les femmes pour Minerve ; mais comme parmi les colons qui accompagnaient Cécrops il y avait une femme de plus, Minerve l'emporta. Neptune protesta contre cette façon de juger et en appela au tribunal des douze dieux. Mais ceux-ci firent venir Cécrops en témoignage, et le vote ayant été reconnu régulier, la ville fut consacrée à Minerve. Les Athéniens pourtant, craignant le courroux de Neptune qui avait voulu les engloutir, élevèrent dans l'Acropole un temple à l'*Oubli*, monument de la réconciliation de Neptune et de Minerve ; puis Neptune fut admis à partager les honneurs de la déesse. Voilà comment les Athéniens devinrent un peuple navigateur en même temps qu'industrieux et agricole.

L'Acropole était pour eux la montagne sacrée et le point auquel se rattachaient tous les souvenirs de la patrie. Quand l'armée de Xerxès arriva, la ville était déserte, les guerriers étaient sur leur flotte, les femmes et les enfants avaient été déposés dans l'île de Salamine. Immobiles sur leurs vaisseaux, les Grecs aperçurent les flammes qui environnaient la montagne sainte, car les Perses ne laissèrent dans la ville ni un temple ni une cabane. Lorsqu'après la victoire de Salamine les Athéniens revinrent dans l'endroit qui avait été leur ville, ils ne trouvèrent qu'un monceau de cendres ; mais l'olivier sacré, celui que Minerve avait planté devant Cécrops, brûlé jusqu'au pied, avait repoussé d'une coudée pendant la nuit : la Déesse ne les abandonnait pas.

Lorsqu'on monte à l'Acropole, on se trouve en face du grand escalier des *Propylées* (fig. 61).

On appelait ainsi une construction avancée en forme de portique qui décorait l'entrée d'une enceinte sacrée. Les Propylées d'Athènes s'annonçaient par six colonnes d'ordre dorique élevées sur une plate-forme découverte : les entre-colonnements répondaient à cinq portes pratiquées dans un mur transversal. L'escalier qui monte à cette plate-forme comprenait toute la largeur de l'édifice. Un double rang de colonnes ioniques soutenait le plafond du vestibule antérieur regardant vers la ville. A droite et à gauche il y avait deux ailes dont les portiques encadraient la face principale. Les propylées, bâties en marbre pantélique l'an 437 avant J. C. par l'architecte Mnésiclès, ont excité l'admiration universelle dans l'antiquité. Cet édifice s'est conservé intact jusqu'au dix-septième siècle : les ducs d'Athènes en firent un château fort, et plus tard les Turcs y mirent un magasin à poudre et y construisirent un dôme. La foudre, qui frappa ce monument en 1656, y produisit une explosion qui en détruisit la plus grande partie : des grandes colonnes doriques de la façade, deux seulement ont conservé leurs chapiteaux, et les colonnes ioniques de l'intérieur sont encore plus dégradées. Mais leurs fragments peuvent faire juger de ce qu'était l'ensemble. Touchant à l'aile gauche des Propylées, était la *Pinacothèque* ou galerie de tableaux.

En avant des Propylées, sur une terrasse haute de huit mètres, se trouve le *temple de la Victoire sans ailes* (fig. 65). « Les Athéniens, dit Pausanias, pensent que la Victoire restera toujours parmi eux, puisqu'elle n'a plus d'ailes. » Ce petit temple, qui est d'ordre ionique et d'une rare élégance, a été en partie détruit par les Turcs, qui y avaient établi une batterie. Tout autour régnait une frise ornée de sculptures, mais le fronton et le toit n'existent plus. La statue de la Victoire sans ailes, qui était placée dans le temple, était une ancienne image en bois, très-vénérée, comme toutes celles qui remontaient aux premiers temps de l'art. Les sculptures des frises représentaient les victoires des Athéniens. On y a retrouvé aussi divers bas-reliefs, dont un, représentant une Victoire qui délie ses sandales, est extrêmement célèbre (fig. 67). Cette Victoire était ailée ainsi que plusieurs autres ; mais la Victoire principale était dans le sanctuaire et n'avait pas d'ailes.

L'*Érechthéion* était le monument le plus vénéré de l'Acropole, mais pour comprendre sa disposition il faut rappeler son origine. Vulcain avait voulu devenir l'époux de Minerve, mais la fière Déesse l'avait repoussé. Dépité, le dieu du feu s'adressa à la Terre, qui consentit à devenir sa femme, et de cette union naquit Érechthée. Quand Minerve aperçut le petit nouveau-né qui gisait sur la terre, elle fut touchée de compassion, et l'ayant pris, elle le mit dans une corbeille et l'emporta dans son sanctuaire. Mais Minerve, qui malgré son bon cœur ne pouvait se défendre de ses préoccupations ordinaires, s'aperçut, en montant l'Acropole, que sa ville n'était pas assez fortifiée du côté du couchant. Elle entra dans la maison de Cécrops qui avait trois filles, Pandrose, Aglaure et Hersé, et leur ayant confié le panier, qui était très-bien fermé, elle leur défendit de l'ouvrir pour voir ce qu'il contenait, et partit aussitôt pour chercher une montagne qu'elle jugeait nécessaire pour fortifier sa ville. Quand elle fut partie, Aglaure et Hersé, piquées par la curiosité, voulurent ouvrir le panier, malgré les remontrances de Pandrose. Mais une corneille qui avait vu la chose, vint la raconter à Minerve, qui tenait déjà la montagne dans ses bras, et dans sa surprise la laissa tomber : c'est là l'origine du mont Lycabette.

La Déesse punit cruellement Aglaure et Hersé, qui, prises d'une folie furieuse, se précipitèrent du haut de l'Acropole ; mais elle conçut une telle affection pour Pandrose qu'elle vou-

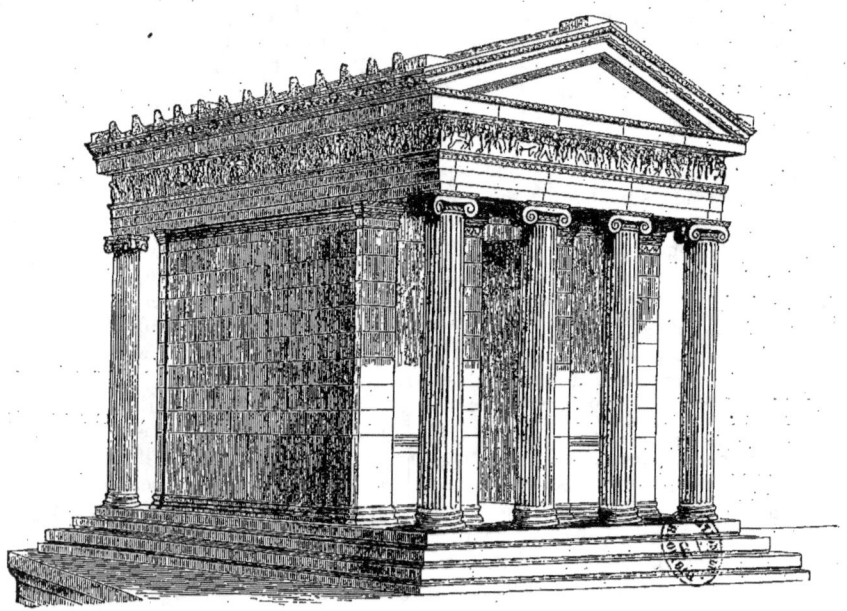

65. — TEMPLE DE LA VICTOIRE SANS AILES, A ATHÈNES.

lut qu'après sa mort on lui rendît les honneurs divins. Érechthée, devenu roi d'Athènes, s'empressa d'obtempérer à ce vœu ; mais associant à sa reconnaissance la fille de Cécrops et la Déesse qui l'avait recueilli, il éleva un temple en deux parties, dont l'une fut dédiée à Minerve et l'autre à Pandrose.

Tous les édifices ayant été brûlés pendant la guerre médique, le temple de Minerve et de Pandrose fut reconstruit après la retraite des Perses, et c'est celui qu'on appelle Érechthéion, du nom de son premier fondateur. Si le Parthénon était par son étendue le monument le plus important de l'Acropole, l'Érechthéion en était le plus vénéré. C'est là qu'était la plus ancienne statue de Minerve, celle qui était tombée du ciel. C'est là que Neptune et Minerve s'étaient disputés pour la possession d'Athènes ; on y montrait la source sacrée produite par le trident de Neptune, dont la marque se voyait sur le rocher, et le fameux olivier, source féconde de la richesse publique, puisqu'il était la souche de tous les oliviers de l'Attique, l'olivier saint, que Minerve avait fait surgir en frappant la terre de sa lance et que les flammes de Xerxès n'avaient pas pu détruire. Là aussi était l'autel de l'Oubli que les Athéniens élevèrent pour réconcilier les deux divinités, et le tombeau d'Érechthée. Enfin ce temple racontait l'origine même d'Athènes, puisqu'il était bâti sur l'emplacement de la maison de Cécrops. Aussi l'Érechthéion était le centre de la grande fête des Panathénées, qui est représentée sur la frise du Parthénon.

Les reliques précieuses dont la conservation était indispensable, expliquent autant que l'inégalité du terrain, les irrégularités du plan de cet édifice, qui en réalité en forme plusieurs. L'Érechthéion est un rectangle précédé par un portique ionique de six colonnes; et accompagné sur ses longs côtés de deux autres portiques, dont l'un, qui est le *Pandrosion* (fig. 66), présente un entablement supporté par des jeunes filles en place de colonnes. Ces jeune filles ne représentent pas les captives, mais les vierges athéniennes connues sous le nom de *Canéphores*. On les choisissait parmi les premières familles, et elles devaient joindre une beauté parfaite à une conduite irréprochable. Quand le tyran Hipparque voulut insulter Harmodius, il déclara sa sœur incapable de servir de Canéphore, et ce fut l'occasion de la conspiration d'Harmodius et d'Aristogiton. La fonction des Canéphores était de porter les corbeilles sacrées dans les cérémonies et de tisser

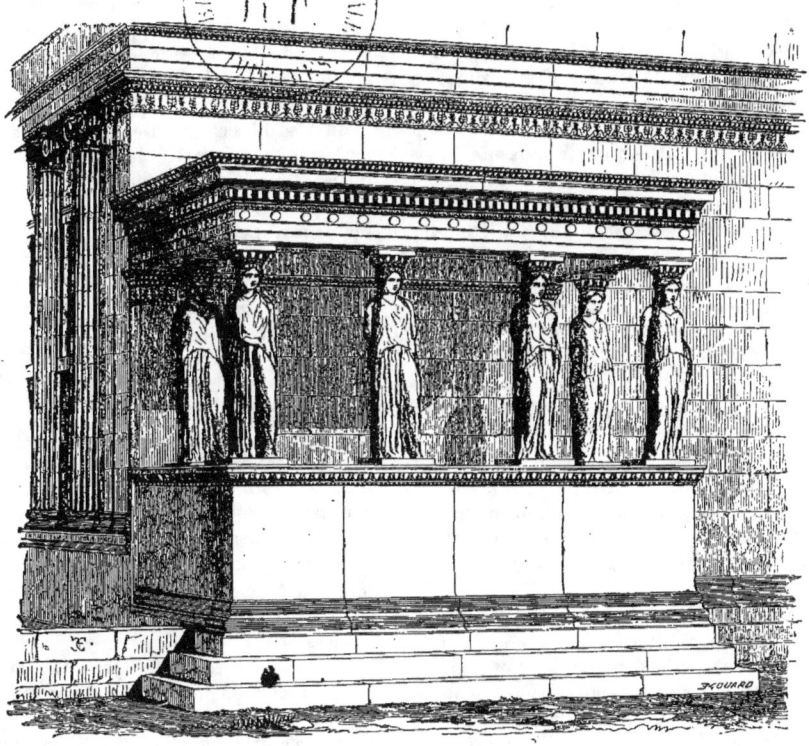

66. — LE PANDROSION, A ATHÈNES.

le voile qu'on offrait à la Déesse à la fête des Panathénées. Ces statues sont de l'effet le plus gracieux, et le contraste de leurs mouvements légèrement hanchés en sens inverse donne à l'ensemble une harmonie charmante. Leur chevelure est disposée d'une façon particulière, pour recevoir le chapiteau dont la forme rappelle la corbeille sacrée qu'elles avaient mission de porter.

Le *Parthénon* (fig. 61), dont le nom veut dire temple de la Vierge, est situé sur le point le plus haut de la cité : c'est le centre de l'Acropole, comme l'Acropole est le centre d'Athènes. En portant la vue du côté du nord, la ville et la plaine paraissent comme une grande péninsule entourée de montagnes. Le Parthénon forme un parallélogramme par le plan.

D'Orient en Occident sa longueur est de soixante-quatorze mètres, sa largeur est de trente-cinq. Il est d'ordre dorique et environné de colonnes dont huit sur les deux façades. Les colonnes du pourtour, au nombre de quarante-six soutiennent un entablement dorique.

Les deux frontons représentaient, l'un la naissance de Minerve, quand elle s'élance tout armée de la tête de Jupiter, l'autre la victoire qu'elle remporta sur Neptune dans la querelle qu'elle eut au sujet de la ville d'Athènes. Dans le fronton oriental, destiné à rappeler aux Athéniens la naissance de leur Déesse, Phidias avait représenté Jupiter assis sur son trône au moment où Minerve vint au monde. Aux extrémités du fronton on voyait la Nuit et le Jour, tous deux sur un char. Leurs chevaux semblaient, d'un côté, sortir de l'Océan et de l'autre y rentrer.

Dans le fronton occidental, Minerve choisissait son peuple, et l'olivier poussait entre elle et Neptune vaincu. Leurs chars étaient près d'eux, et les personnages divins, juges du différend, étaient rangés de chaque côté du fronton. Toutes ces figures avaient de onze à douze pieds de haut, mais vues du sol elles semblaient de grandeur naturelle. Les sculpteurs Alcamène, Agoracrite, Ctésilas, Critias, Nésiotès, Hégias, Colotès et Paeonius, rivaux de Phidias, partagèrent l'exécution des frontons, de la frise et des métopes. Alcamène, dans l'opinion de M. Beulé, serait l'auteur du fronton occidental.

Le fronton oriental lui paraît avoir été exécuté directement par Phidias, qui s'était en outre réservé la statue de la Déesse placée à l'intérieur. De toutes les Minerves créées par Phidias et par la statuaire antique, la plus célèbre comme art est cette grande Minerve du Parthénon; sa hauteur était d'environ trente-sept pieds. Elle était en or et en ivoire, debout, la poitrine couverte par l'égide ornée de la tête de Méduse, et tenant d'une main sa lance, de l'autre une Victoire. Le casque était surmonté d'un sphinx au milieu, avec un griffon de chaque côté.

Les métopes du Parthénon représentaient les exploits des anciens héros athéniens, et entre autres la victoire de Thésée sur les Centaures. Cette histoire se rattachait aux légendes primitives d'Athènes. Le roi Pirithoüs, ayant résolu d'envahir l'Attique, Thésée vint au devant de lui avec son armée. Mais quand les deux héros furent en face l'un de l'autre, ils furent pris mutuellement d'une telle sympathie, qu'au lieu de se combattre ils se tendirent la main. Pour cimenter cette alliance, Pirithoüs invita Thésée et les Athéniens à ses noces, qui devaient avoir lieu prochainement, et, voulant rendre la fête piquante, il y invita également les Centaures. Ces monstres, demi-hommes, demi-chevaux, étaient adonnés au vin et extrêmement grossiers. Aussi, dès que les fumées du vin eurent échauffé leurs cerveaux, ils oublièrent toute convenance, et commencèrent à tenir des propos dont les Grecs s'indignèrent. Thésée ne put contenir sa colère et frappa le Centaure Euryte. Aussitôt un combat épouvantable s'engagea entre les convives, et, grâce à la valeur de Thésée et à la protection de Minerve, qui n'était, pas plus que son peuple, d'humeur à laisser insulter des jeunes filles, les Centaures furent exterminés. Ce combat célèbre a été représenté sur un grand nombre de bas-reliefs. Les métopes du Parthénon sont d'un style particulier, qui n'est ni celui de la frise ni celui des frontons. Elles ont été exécutées sous une direction unique, mais par des artistes différents : on le voit à l'inégalité du talent. Nous en avons une au Louvre, mais qui n'est pas parmi les meilleures. Chaque métope représente un épisode du grand combat. Ici un Grec saisit par les cheveux le Centaure qu'il vient de frapper et qui porte la main à sa blessure. Ailleurs, un jeune Grec à demi terrassé implore la pitié de son vainqueur. Plus loin un Centaure bondit en foulant aux pieds un Grec étendu par terre, ou bien c'est un Grec qui pose son pied sur le poitrail du Centaure vaincu. Le relief de ces sculptures est très-saillant et se détache presque complètement sur le fond de la métope.

C'est le contraire qui a lieu pour les bas-reliefs de la Cella, qui sont presque plats. La raison en est facile à comprendre. Les métopes qui sont à l'extérieur avaient besoin, pour être vues de loin, d'être fortement accentuées, tandis que la frise de la Cella étant sous le portique et destinée à être vue de plus près, la délicatesse du travail devait y remplacer l'énergie des parties extérieures. Les sujets, au lieu d'être mouvementés comme ceux des métopes, présentent au contraire des attitudes rhythmées, convenables pour la marche d'une procession.

Les rites sacrés sont représentés sur la façade principale : on y voit la scène qui se passait dans le sanctuaire de l'Érechthéion, où le peuple n'entrait pas. Le but religieux de la fête était de couvrir la Déesse d'un voile nouveau en remplacement de celui qui avait fait son temps. Mais le but politique était tout autre : il s'agissait de montrer que Minerve était Athénienne par le cœur, et qu'on ne pouvait invoquer sa protection si l'on n'était l'ami d'Athènes. On voit la prêtresse qui reçoit de deux jeunes vierges les objets mystérieux qu'elles lui apportent. Ces jeunes filles sont des enfants, car, d'après les rites, elles ne pouvaient avoir moins de sept ans ni plus de onze. « Pendant la nuit qui précède la fête, dit Pausanias, elles prennent sur leur tête ce que la prêtresse leur donne à porter. Elles ignorent ce qu'on leur remet : celle qui le leur donne l'ignore aussi. Il y a dans la ville, près de la Vénus des jardins, une enceinte où se trouve un chemin souterrain creusé par la nature. Les jeunes filles descendent par là, déposent leur fardeau, et en reçoivent un nouveau soigneusement couvert. » Ce fardeau précieux contenait le vieux vêtement, et celui qu'elles rapportaient renfermait le nouveau. Comme la scène se passait la nuit, l'une d'elles tient un flambeau allumé. Pendant que la prêtresse reçoit la nouvelle parure de la Déesse, le grand-prêtre, assisté d'un jeune garçon, est occupé à plier l'ancien péplum. Le public n'assiste pas à la scène mystérieuse du sanctuaire, mais les Dieux, spectateurs invisibles, sont figurés assis et disposés en groupes symétriques. Parmi eux, on voit Pandrose, recouverte du voile symbolique qui caractérise le sacerdoce ; elle montre au jeune Érechthée, accoudé sur ses genoux, la tête de la procession qui s'avance vers le sanctuaire.

C'est d'abord un groupe de vieillards à l'allure grave qui sont enveloppés dans leurs manteaux et s'appuient presque tous sur leurs bâtons. Ils sont les gardiens des lois et des rites sacrés, car on en voit qui semblent donner des instructions aux jeunes vierges athéniennes qui défilent après eux. Celles-ci portent avec gravité le chandelier, la corbeille, les vases, les patères et tous les objets destinés au culte. Après les Athéniennes, viennent les filles des étrangers domiciliés à Athènes. Elles n'ont pas le droit de porter des objets aussi saints, mais elles tiennent en main les pliants qui serviront aux Canéphores. Viennent ensuite les hérauts et les ordonnateurs de la fête, qui précèdent les bœufs destinés au sacrifice, puis les enfants qui conduisent un bélier. Des hommes les suivent, tenant des bassins et des outres pleines d'huile. Derrière ceux-ci, les musiciens jouent de la flûte ou de la lyre, et une suite de vieillards qui tiennent tous en main un rameau d'olivier, termine le cortége sacré.

C'est alors que commencent à défiler les chars à quatre chevaux et la longue suite des cavaliers. On se rappelait que Minerve avait appris aux hommes l'art de dompter les chevaux et de les atteler au joug, et des jeux équestres accompagnaient toujours sa fête. Tout le monde connaît par les moulages la célèbre cavalcade du Parthénon. Une suite de jeunes hommes, dont la chlamyde flotte au vent derrière leurs épaules, domptent leurs chevaux thessaliens qui se cabrent en leur résistant. Plusieurs sont vêtus de la tunique courte, d'autres sont nus, mais c'est là une liberté du sculpteur. « Je n'ai pas besoin, dit M. Beulé, de faire ressortir tout ce qu'il y a de conventionnel dans des bas-reliefs où l'on voit des jeunes gens tout nus assister à une cérémonie sacrée, aux fêtes de la chaste Minerve, et des vierges de noble famille monter pieds nus le rocher de l'Acropole. »

Maintenant que nous savons ce qu'était le Parthénon, voyons ce qu'il est devenu. Les Romains et même les Barbares respectèrent la sainteté du temple. Mais, lorsqu'en 630, les chrétiens voulurent le convertir en église, ils commencèrent à le détériorer pour l'approprier au nouveau culte. L'entrée fut transportée de l'orient à l'occident, et une fenêtre fut percée au milieu du fronton oriental. Sous les Turcs, l'église devint une mosquée, et le Parthénon fut pourvu d'un minaret que les Grecs ont fait récemment disparaître. En 1687, pendant le siège des Vénitiens, une bombe mit le feu à un magasin à poudre établi par les Turcs, et le temple sauta : huit colonnes du portique nord et six du portique sud furent renversées, ainsi qu'une grande partie de la Cella avec sa frise. Le temple se trouva coupé par le milieu et fit comme deux morceaux. Morosini, le général vénitien, ordonna d'enlever le char et les chevaux de Minerve, qui étaient admirablement conservés, mais ses ouvriers s'y prirent si maladroitement que tout le groupe tomba et se brisa sur le rocher. Enfin lord Elgin, pendant la guerre de l'indépendance, enleva ce qui restait des frontons, des métopes et de la frise, et emporta ces précieux fragments en Angleterre. Ils sont aujourd'hui au *British museum*. Le musée du Louvre possède un des bas-reliefs de la Cella, représentant une scène de la procession des Panathénées.

Outre les édifices principaux que nous venons de décrire, l'enceinte sacrée était couverte d'autels, de statues, et de plusieurs temples, dont les débris couvrent aujourd'hui le sol. C'est là qu'était la grande Minerve de bronze dont les navigateurs apercevaient de loin le casque et la lance. Elle subsistait encore à la fin de l'empire romain, puisqu'un auteur païen nous apprend que c'est à sa protection spéciale qu'Athènes a dû de n'être pas pillée par les Goths qui envahissaient l'empire. L'époque de sa destruction est inconnue, comme celle de la plupart des statues fameuses qui avaient leur place sur la montagne sainte.

THÉÂTRES ET ODÉONS. — Le théâtre a son origine dans les fêtes de Bacchus et de Cérès. Pendant la vendange ou la moisson on chantait des dithyrambes en l'honneur des divinités qui avaient enseigné l'usage de la vigne et du blé. Le chœur était placé sur des charriots ou sur des tréteaux. Aux fêtes de Bacchus, les chants étaient accompagnés de danses et on imagina de faire paraître des personnages déguisés en Satyres; c'est à cela qu'on a attribué l'usage des masques. Dans l'origine on se contentait de se barbouiller le visage. Le poëte Thespis eut l'idée de raconter l'histoire et les aventures des divinités dans les intervalles de la danse, et c'est de là que naquit la poésie dramatique.

Eschyle mit en scène l'action qu'on se contentait de raconter.

Les premiers théâtres furent bâtis avec des planches. Un théâtre de ce genre s'écroula pendant la représentation et il y eut un grand nombre de personnes tuées. Alors Eschyle engagea ses concitoyens à bâtir un théâtre en pierre, et les Athéniens en chargèrent les architectes Démocrate et Anaxagore. On choisit l'emplacement au pied de l'Acropole, et les gradins destinés aux spectateurs furent disposés sur les flancs de la colline, qui formait un hémicycle. La partie de l'édifice où se tenaient les acteurs et les chœurs, reçut le nom de scène et fut décorée avec une grande magnificence.

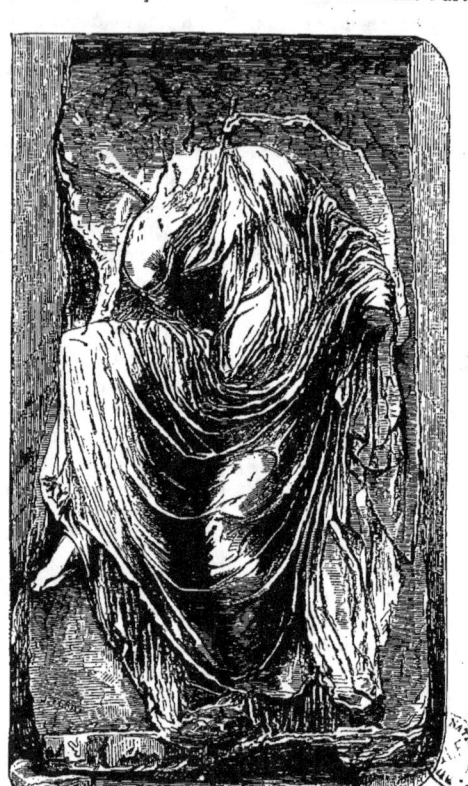

67. — FRAGMENT D'UNE VICTOIRE DU TEMPLE DE LA VICTOIRE SANS AILES.
(Musée d'Athènes.)

Le théâtre antique se composait de deux parties principales, dont l'ensemble présente la forme d'un fer à cheval. La partie semi-circulaire était réservée aux spectateurs et la partie rectangulaire aux acteurs. Au delà du gradin le plus élevé était un portique où se réfugiait le public lorsqu'il survenait une pluie. Entre la scène et les gradins des spectateurs se trouvait l'orchestre, dans lequel le chœur exécutait des danses. Au milieu de l'orchestre était un petit autel dédié à Bacchus, auquel on offrait un sacrifice avant de commencer le spectacle. Les musiciens se tenaient, soit dans l'orchestre pour accompagner les chants et les danses du chœur, soit dans les niches réservées sur la scène pour accompagner la pantomime et la déclamation des acteurs.

Les théâtres étaient sans toit, de sorte qu'on ne pouvait pas, comme chez nous, faire descendre les divinités par des cordes attachées en haut. Néanmoins l'art du machiniste était assez avancé : une trappe servait à faire apparaître les divinités marines. Les ombres infernales sortaient par un trou pratiqué dans l'escalier montant de l'orchestre à la scène. Il y avait des machines qui servaient à imiter la foudre que Jupiter lance du haut de l'Olympe, et d'autres remplies de cailloux qu'on faisait rouler sur des bassins de bronze pour annoncer l'apparition des dieux. Les apparitions qui devaient venir d'en haut se faisaient au moyen d'une machine qui déplaçait subitement un décor et laissait voir la divinité qu'on voulait faire intervenir.

La décoration ordinaire de la scène était une ordonnance régulière, composée de colonnes de marbre et ornée de statues. Le mur du fond était percé de trois portes : celle du milieu, dédiée à Jupiter, s'appelait Porte-Royale et servait d'entrée à l'acteur principal. Les deux portes latérales figuraient, l'une l'entrée d'une maison, l'autre une caverne. Il y avait en outre sur les côtés deux sorties, dont l'une était censée donner sur l'Agora ou place publique, et l'autre sur la campagne. Ces données étaient modifiées suivant le besoin par des décorations mobiles qu'on appliquait sur le mur du fond. Mais il y avait un genre de décorations qui est particulier à l'antiquité : c'étaient les décorations triangulaires tournant sur pivot et dont chaque face présentait un sujet différent. Pour les pièces tragiques on tournait du côté du public les faces représentant des palais ou des temples, pour les pièces comiques les faces re-

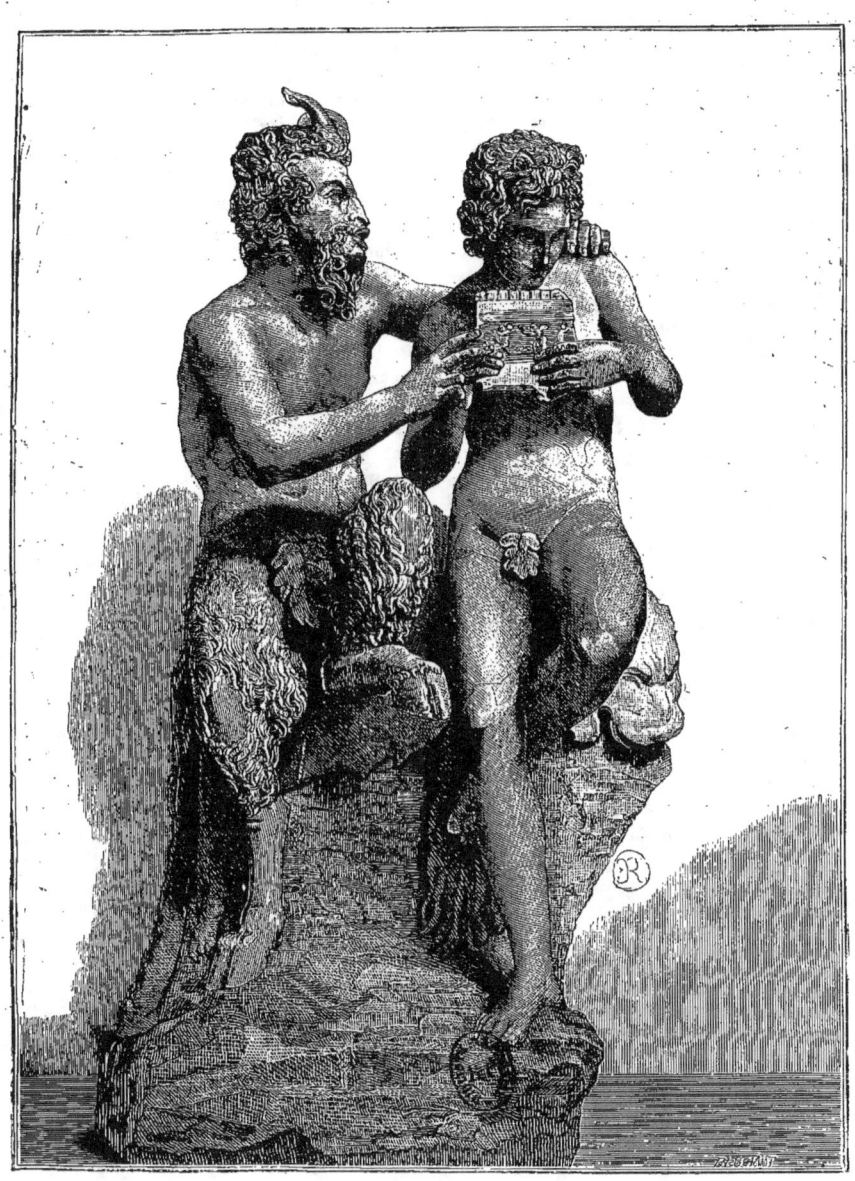

68. — SATYRE ET OLYMPE.

présentant les maisons et les places publiques, et pour les pièces satyriques, c'est-à-dire celles dont les acteurs représentaient des Satyres, les paysages, les rochers, les forêts ou la mer.

Les femmes en Grèce ne jouaient pas la comédie. La nécessité où se trouvaient les acteurs de représenter tour à tour des personnages de tout âge et de tout sexe, les obligea à porter des masques de formes différentes. Eschyle mit en usage des masques hideux et effrayants à propos de sa pièce des *Euménides*. Il y avait des masques de toutes les espèces : il y en avait pour les êtres fabuleux comme les Satyres ou les Cyclopes, et pour des scènes de mœurs, comme les masques de valet, de cuisinier. Dans les masques types, qu'on divisait en masques tragiques, masques comiques et masques satyriques, il y avait une infinité de subdivisions; ainsi, les Euménides avaient leurs serpents pour chevelure, Actéon avait ses cornes de cerf, Argus ses cent yeux. Mais outre cela il y avait des masques individuels représentant le portrait d'un personnage voulu. Ainsi quand Aristophane joua les *Nuées*, pièce qui était dirigée contre Socrate, il portait sur son visage le masque du philosophe, qui ne se fâcha pas et se leva de sa place pour que le public pût juger s'il était ressemblant.

Les plus célèbres théâtres de la Grèce étaient le théâtre de Bacchus, à Athènes, celui d'Égine, celui de Mégalopolis, le plus grand de la Grèce selon Pausanias, celui d'Épidaure, bâti par Polyclète dans le bois sacré d'Esculape. En Asie, celui d'Éphèse était extrêmement fameux. La Sicile était aussi richement dotée. On y peut voir encore les ruines du théâtre de Syracuse.

On appelait odéon une espèce de théâtre spécialement consacré à la musique, mais plus petit et recouvert par un toit. L'odéon bâti par Périclès était fait sur le modèle de la tente de Xerxès, et on s'était servi pour le bâtir des mâts pris sur les Perses. Il y avait des odéons dans plusieurs villes, mais ils étaient beaucoup moins nombreux que les théâtres. Le temple et le théâtre étaient deux monuments regardés comme indispensables dans une ville.

GYMNASE, PALESTRE. — Le gymnase était un édifice consacré à l'éducation de la jeunesse et aux exercices du corps. Les gymnases ont eu en Grèce une grande importance; ils comprenaient dans leur emplacement un stade pour la course, des espaces où la jeunesse s'exerçait à la lutte et à divers jeux, des bains chauds et froids, une école pour les premières études, et des salles où les philosophes donnaient des leçons publiques. On y voyait aussi des autels pour honorer les dieux, divers monuments en souvenir des héros, des peintures et des statues pour décorer l'édifice. Vitruve nous a laissé la description très-complète d'une palestre grecque; elle avait la forme d'un carré long et était circonscrite par des portiques dont trois étaient simples, et le quatrième (celui qui regardait le midi) était double afin que les grandes pluies accompagnées de vent ne pussent pénétrer à l'intérieur. Ces portiques étaient munis de sièges, à l'usage des philosophes et des rhéteurs qui discutaient sur toutes choses pendant que la jeunesse les écoutait. La grande pièce du milieu, qu'on nommait *éphébée*, était l'école. L'enseignement se faisait par une série de petits bas-reliefs qui sont connus sous le nom de tables iliaques. Ces bas-reliefs représentaient dans un ordre méthodique les principaux événements de la période héroïque; de telle façon que l'élève, en même temps qu'il récitait les vers du poète, avait sous les yeux la traduction par l'art des événements qu'on voulait graver dans sa mémoire. On peut voir à la Bibliothèque nationale (cabinet des médailles) des fragments de tables iliaques dont le sujet, comme le nom l'indique, est relatif à la guerre de Troie. C'est au savant abbé Barthélemy qu'on doit d'avoir expliqué l'usage de ces précieuses antiquités. La table iliaque la plus célèbre est à Rome, dans le musée du Capitole.

Nous décrirons avec détail les salles de bains dans l'antiquité quand nous parlerons des Romains, qui ont donné à une partie de ces exercices une importance beaucoup plus grande que les Grecs. Il nous reste à décrire les *xystes* et le *stade*. Le xyste était un lieu couvert qui servait aux exercices des athlètes pendant l'hiver : l'été ils avaient lieu dans un espace planté d'arbres le long des portiques près desquels étaient les salles pour se frotter d'huile et se préparer aux luttes. Le stade était une partie importante du gymnase : il servait à la course. C'était un espace de terrain oblong et arrondi à l'une de ses extrémités. Il était circonscrit par des gradins en pierre, posés en retrait les uns au-dessus des autres et quelquefois entourés d'une colonnade. Les gradins situés sur la partie semi-circulaire du stade étaient réservés aux magistrats et aux juges des jeux : les barrières étaient disposées de façon que les concurrents eussent tous le même espace à parcourir. Ordinairement les prix destinés aux vainqueurs étaient placés au milieu du stade. Trois bornes servaient à indiquer la distance parcourue et portaient des inscriptions destinées aux lutteurs. Sur la première on lisait : *courage;* sur une autre il y avait : *hâte-toi;* et celle placée au tournant portait : *tourne vite.*

Nous devons maintenant rechercher quel genre d'influence l'éducation que les Grecs y recevaient a pu avoir sur les beaux-arts. L'instruction dans l'ancienne Grèce comprenait la musique, qui avait pour but de former l'esprit, et la gymnastique qui formait le corps. Ces deux études, qui marchaient toujours ensemble, étaient associées dans le but commun qu'elles poursuivaient, la connaissance de la mesure et de l'harmonie. La beauté de la forme humaine, l'équité dans les jugements, la tempérance dans les mœurs, la clarté du langage, le mouvement des astres, résultaient aux yeux des Grecs d'un rapport harmonieux des mesures, et ils considéraient tout l'ordre moral des sociétés et l'ordre physique du monde, comme une immense concert de forces différentes, agissant dans une harmonie commune. Dans la musique, on comprenait toutes les études ayant trait à la politique, à l'astronomie, au calcul, aux beaux-arts, aux sciences naturelles, à la grammaire, à la philosophie. « L'enseignement de la musique a fourni le sujet de plusieurs statues fameuses, notamment le beau groupe du musée de Naples intitulé Satyre et Olympe (fig. 68).

« Jeunes hommes, dit Platon, apprenez à vous présenter avec décence dans le chœur des hommes vertueux. Établissez une parfaite harmonie entre les parties de votre corps pour annoncer et pour maintenir celle qui doit régner dans votre âme. Telles sont les règles de la belle danse. » Cette phrase, prise parmi bien d'autres, nous montrera ce que les anciens entendaient par la gymnastique. Cette science comprenait les exercices athlétiques qui avaient pour but de développer chez le jeune homme la santé, la force et les belles proportions, et la danse qui était l'art de régler les mouvements du corps. La danse avait une importance capitale dans l'éducation et comprenait tout ce qui a rapport à la mimique. Rien ne ressemble moins aux danses de l'antiquité que nos ballets d'opéra. La petite jupe courte de nos danseuses, leurs pirouettes qui ressemblent à des tours de force, n'ont absolument rien de sculptural. Un Athénien trouverait sans doute que c'est acheter bien cher le plaisir d'entendre la musique, que d'être condamné à voir pendant des heures ces mollets disproportionnés et ces mouvements contre nature que l'art réprouve encore plus que la décence.

Il y avait dans l'antiquité deux sortes de danses, la danse sacrée et la danse imitative. Les danses sacrées s'exécutaient dans les temples ou dans les processions en l'honneur des divinités. Dans les fêtes du printemps, dans les cérémonies pour les funérailles, dans les grandes processions qui accompagnaient les fêtes d'Éleusis et des Panathénées, tous les citoyens prenaient part à ces pieuses cérémonies, les vieillards tenant en main des branches d'olivier, les jeunes filles portant des corbeilles de fleurs, chacun ayant une démarche grave ou gaie, dont la cadence était réglée selon l'âge ou le sexe et toujours en vue de produire l'effet le plus beau et le plus sculptural. Ces cérémonies avaient la plus haute importance dans toutes les villes grecques; les citoyens les plus graves cherchaient à y prendre part, car les chœurs religieux étaient toujours choisis parmi ceux qui passaient pour les plus sages et les plus beaux. « Les mouvements de l'homme sage sont tranquilles, dit Platon, ceux du lâche sont emportés et irréguliers. »

Ces fêtes, étant destinées à honorer les Dieux ou à glorifier la mémoire des héros, avaient à la fois un caractère moral et historique et chacun tenait à honneur d'y figurer avec grâce. Aussi, dans les écoles, on exerçait les enfants à avoir de la dignité dans la tenue, de l'aisance dans la démarche, et à plier leurs corps aux mouvements harmonieux commandés par la musique. C'est ainsi que dans ce peuple, ami de la beauté, l'enfance s'habituait à rechercher pour soi et à admirer chez les autres ce balancement des formes qui donne la souplesse réglée par la mesure.

Les jeux athlétiques contribuèrent autant et plus peut-être encore que la danse à former le goût des Grecs, qu'on a si bien nommés un peuple de sculpteurs. Si la danse enseignait aux jeunes gens ce que c'est que la grâce et l'expression, c'est au gymnase qu'ils apprenaient ce qu'est la forme humaine. Les études constantes, les observations réitérées que faisaient non-seulement les artistes, mais encore les instituteurs, les directeurs de palestres, les philosophes, et on peut dire toute la nation, étaient suffisantes pour fixer dans l'idée de tout le monde ce qu'est la beauté humaine, et quelles sont les lois immuables qui la constituent. Aussi les Grecs avaient-ils à ce sujet des principes arrêtés et des classifications rigoureuses, qui ne sont connues aujourd'hui que par les artistes et les érudits, mais qui, étant universellement répandues, donnaient à l'opinion publique un jugement sûr et toujours sain sur les œuvres des statuaires. « Montre-moi ta poitrine, tes épaules, tes reins, disaient les maîtres de palestre à ceux qui voulaient concourir, pour que je voie avec certitude à quoi tu es propre. »

Les Grecs rapportaient à cinq exercices principaux les aptitudes particulières du corps de l'homme : la course, le saut, le disque, le javelot et la lutte; on y adjoignit plus tard le pugilat, mais comme la course et le saut dérivent du même principe, les facultés caractéristiques de l'athlète restaient toujours classées dans cinq grandes divisions. Si l'on réfléchit à ce qu'étaient ces cinq exercices, on verra qu'ils résument toutes les combinaisons mécaniques

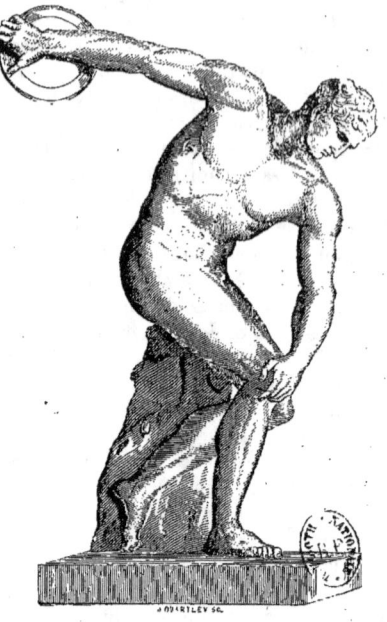

69. — DISCOBOLE DE MYRON.
(Musée Pie Clémentin, à Rome.)

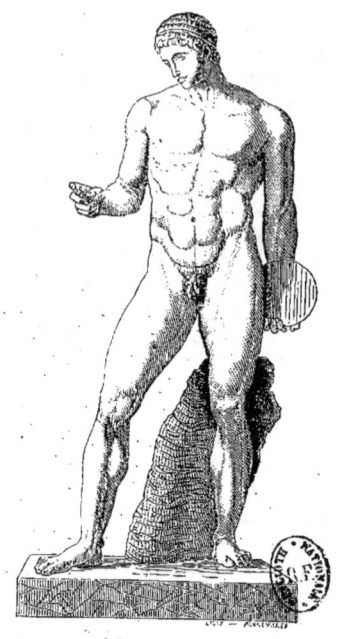

70. — DISCOBOLE DE NAUCYDÈS.

dont le corps humain est susceptible. La course et le saut exigent l'élasticité et la parfaite structure des jambes, des cuisses, des pieds, et une conformation de la poitrine propre à ne pas s'essouffler. Le disque étant l'art de lancer vers un but déterminé un corps pesant (fig. 69), et le javelot l'art de lancer à une très-grande distance un corps léger, demandent toute l'adresse à laquelle on arrive par des exercices réitérés, des qualités différentes dans la souplesse et l'élasticité des membres. La lutte veut une grande solidité dans les extrémités inférieu-

71. — LES LUTTEURS.
(Galerie des Offices; *tribune*, à Florence.)

res et un développement de vigueur dans tous les muscles de la poitrine et des bras. Dans le pugilat, il faut la force d'impulsion pour produire les chocs la force de résistance pour les supporter, la souplesse pour les diriger ou les éluder. Les combats où entraient le pugilat et la lutte (fig. 71) étaient appelés *pancraces*, et les antagonistes *pancratiastes* ; enfin l'athlète qui était propre aux cinq exercices était appelé *pentathle*, et c'était à lui que s'adressaient les applaudissements de toute la Grèce. Il y avait aussi pour l'en-

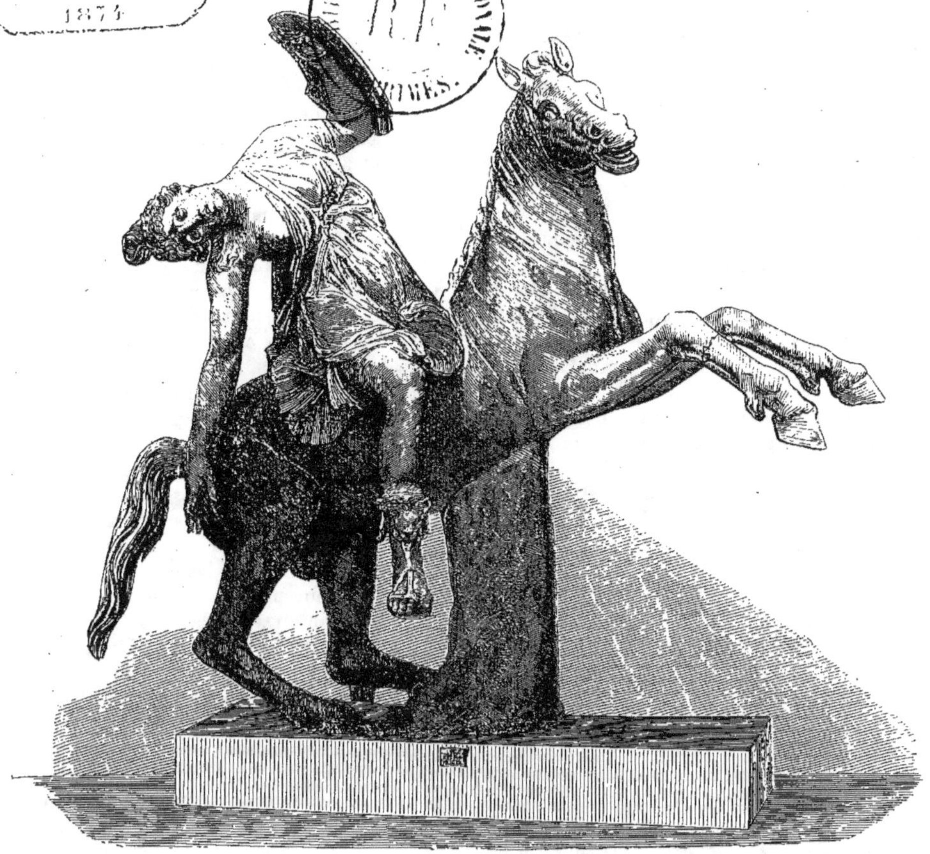

72. — AMAZONE BLESSÉE.
(Musée de Naples.)

fance des jeux proportionnés à l'âge, et un grand nombre de statues célèbres dans l'antiquité représentaient l'image des jeunes vainqueurs dans le pugilat des enfants.

Quand un athlète était proclamé vainqueur, on lui élevait un monument, et quand il avait remporté trois victoires, sa statue devait transmettre à la postérité non-seulement ses traits, mais encore son ensemble, de façon que les maîtres de palestres, les jeunes athlètes pussent étudier, d'après sa conformation, dans quel sens ils devaient diriger leurs exercices pour arriver à lui ressembler. Les statuaires, chargés de ces ouvrages, devaient donc forcément étudier et rechercher, non-seulement les belles proportions et les images exactes, mais encore

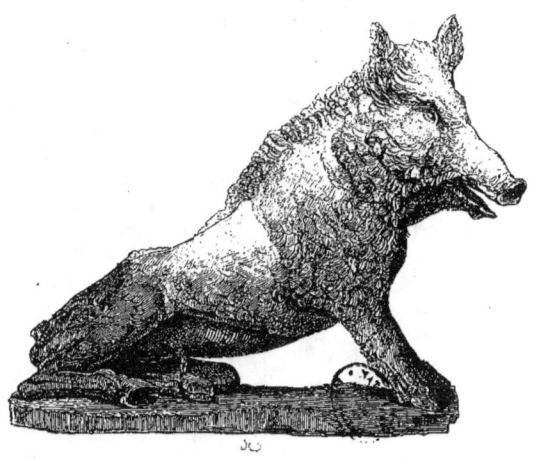

73. — SANGLIER.
(Musée de Florence.)

10

déterminer dans les formes la convenance particulière qui avait valu à l'athlète la victoire dans chacun des cinq exercices. Aussi on choisissait toujours les plus habiles sculpteurs, et ils avaient affaire à un public parfaitement compétent, puisqu'il était composé d'athlètes aspirant tous à posséder les formes que l'artiste devait représenter. Cette étude iconique empêchait les artistes de reproduire toujours une figure conventionnelle en les obligeant à représenter la forme particulière d'un individu déterminé, et en même temps elle les entraînait à cette recherche de la perfection du type humain, qui leur permettait la représentation des Dieux, réunion de toutes les beautés particulières qui constituent la beauté parfaite. La comparaison se présentait tout naturellement.

VILLES. — Les cités qui, dans les temps primitifs, s'étaient établies sur les rochers, commencèrent, lorsque la société fut organisée avec plus de sécurité, à s'étendre aux pieds des montagnes, dans les plaines et le long de la mer. C'est ainsi que la ville d'Athènes s'étendit aux pieds de l'Acropole (fig. 61), où était renfermée l'antique cité. Ce n'est guère qu'à partir d'Alexandre qu'on a des données positives sur l'aspect d'une ville grecque. Alexandrie, par exemple, fut bâtie sur un plan régulier par l'architecte Dinocrate, le même qui voulait tailler le mont Athos sous la forme d'une figure colossale. C'était une ville oblongue, coupée à angles droits par deux rues principales, où cavaliers et chars se croisaient en tous sens, et qui étaient bordées d'édifices magnifiques. Rhodes et Antioche étaient célèbres pour la régularité de leurs rues et l'heureuse distribution de leurs édifices.

C'est à partir d'Alexandre que les palais des particuliers rivalisent partout avec les édifices publics et que l'architecture prend ces allures de richesse grandiose qui seront le caractère de l'art sous la domination romaine. L'ordre corinthien commence à dominer les autres, et les chapiteaux se recouvrent partout de feuillages en bronze doré.

AGORA. — L'agora était pour les Grecs, comme le forum pour les Romains, la grande place publique ménagée au centre de la ville. L'agora était généralement carrée et entourée de portiques simples ou doubles. Quand ces portiques étaient décorés de peintures, ils prenaient le nom de Pœciles. C'étaient de véritables galeries de tableaux où on voyait représentés les événements glorieux pour la cité.

Comme l'agora était le lieu où le peuple se réunissait pour s'occuper des affaires publiques, on y voyait toujours des temples, des autels, et des statues consacrées aux divinités protectrices de la cité. Il ne reste aujourd'hui des anciennes agoras que des débris très-incomplets.

ARCHITECTURE DOMESTIQUE. — Les maisons des Lacédémoniens étaient simples jusqu'à la rusticité et sans aucun faste : Lycurgue avait défendu d'employer pour bâtir d'autres instruments que la hache et la scie, d'où on peut conclure qu'elles consistaient primitivement en cabanes de bois. Il en fut de même à Athènes pendant plusieurs siècles ; ce ne fut que sous Solon qu'on commença à bâtir des murailles de briques et de pierres, et à les couvrir de tuiles. Mais jusqu'aux guerres médiques, les maisons privées conservèrent un caractère de pauvreté un peu barbare ; la grandeur et la noblesse étaient réservées pour les édifices publics et pour les temples.

C'est surtout pendant le siècle de Périclès qu'il serait intéressant de connaître à fond la vie intime des Grecs ; malheureusement nous avons beaucoup moins de renseignements que sur les habitations romaines. Vitruve donne, il est vrai, le plan d'une maison grecque, mais il parle d'une maison de son temps ; or, au siècle d'Auguste, les mœurs n'étaient plus les mêmes, et les Grecs avaient pris des goûts de faste dans la vie privée, qui les rapprochaient beaucoup des Romains. Le changement au surplus s'est opéré rapidement. La maison de Miltiade ou d'Aristide ne différait en rien de celle de leurs voisins, et déjà du temps de Philippe, Démosthènes assure qu'on bâtissait des maisons particulières que leur magnificence élevait au-dessus des édifices publics. A la vérité, la description de Vitruve ne peut s'appliquer qu'à un Grec puissamment riche, comme on peut le voir par les nombreux appartements dont il dispose pour recevoir ses amis.

« Les Grecs, dit Vitruve, bâtissent autrement que nous ; car ils n'ont point de *vestibules* ; mais de la première porte, on entre dans un passage qui n'est pas fort large ; d'un côté sont les écuries, de l'autre est la loge du portier, et à l'extrémité est la porte de l'intérieur. » De là on entrait dans la cour, qui était entourée de portiques de trois côtés, car celui du midi n'en avait pas, mais il avait deux antes ou pilastres, sur lesquels reposaient les poutres destinées à soutenir le plancher. Cet endroit était appelé Prostase ou Parastase, et servait d'entrée à l'appartement des femmes ou Gynécée. Car dans les maisons grecques, l'apartement des femmes était toujours séparé de celui des hommes, et c'est ce qui les distingue des maisons romaines où l'appartement était commun.

« Au dedans de ce lieu, dit Vitruve, sont situées de grandes salles où les mères de famille filent avec leurs servantes. Dans le passage qui s'appelle *Prostase*, il y a à droite et à gauche des chambres, dont l'une est appelée *Thalamus* et l'autre *Amphithalamus*. » Le Thalamus était la chambre à coucher, et l'Amphithalamus était la pièce où la maîtresse de maison recevait des visites, et autour de laquelle étaient rangés des lits. L'appartement des femmes comprenait, en outre, les salles à manger et les dépendances, ainsi que des chambres pour les domestiques et les enfants. C'est dans la salle à manger du *gynécée* que le maître dînait avec sa femme et ses enfants, lorsqu'il n'avait pas de compagnie. Il y avait aussi une salle à manger dans l'appartement des hommes, mais où les femmes n'étaient pas admises.

Voici maintenant comment Vitruve décrit l'appartement des hommes; n'oublions pas qu'il ne s'agit pas ici d'une simple habitation bourgeoise, mais de la maison d'un riche particulier, répondant à ce que nous appelons aujourd'hui un hôtel : « A cette première partie en est jointe une autre beaucoup plus grande et plus étendue, qui a des péristyles plus larges, dont les quatre portiques sont de pareille hauteur, si ce n'est que quelquefois les colonnes sont plus hautes à celui qui regarde le midi, et que pour cela on l'appelle péristyle rhodien. Cette partie de la maison a de plus beaux vestibules, et des portes plus magnifiques que l'autre. Les portiques des péristyles sont ornés de stuc et lambrissés de menuiseries. Le long du portique qui regarde le septentrion, on trouve les salles à manger que l'on appelle *Cyzicènes*, et des cabinets de tableaux; du côté de l'orient sont les bibliothèques; à l'occident sont des cabinets de conversation, et au midi de grandes salles carrées, si vastes et si spacieuses, qu'elles peuvent contenir aisément quatre tables à trois lits, avec la place qu'il faut pour le service de la table et pour les jeux. C'est dans ces salles que se font les festins des hommes; parce que chez eux ce n'est point la coutume d'admettre les femmes à leur table. C'est pour cela que ces péristyles sont appelés *Andronitides*, parce que les hommes seuls y habitent sans être importunés par les femmes. »

A propos de ce mot *importunés*, il faut se rappeler que Vitruve était un Romain, et que les Romains n'ont jamais passé pour bien galants. Nous croyons qu'il est plus conforme à l'esprit grec de supposer que c'est pour ne pas importuner leurs femmes que les hommes dînaient à part quand ils invitaient leurs amis; car dans l'ancienne Grèce, comme dans la France moderne, les femmes préféraient le calme et le repos de leur intérieur à la joie souvent un peu bruyante des festins.

« Le caractère le plus saillant des maisons antiques, dit le savant archéologue Ot. Muller, est d'être entièrement fermées et closes à l'extérieur (aussi n'avaient-elles qu'un très-petit nombre de fenêtres très-haut placées), et de communiquer librement dans toutes leurs parties qui, construites autour d'une cour intérieure et immédiatement accessibles par la cour même, ne recevaient le plus ordinairement de jour que par les portes, quand elles étaient ouvertes, et n'étaient en partie séparées et divisées qu'au moyen de cloisons mobiles en planches, ou de rideaux. »

Une autre particularité à remarquer dans ce que nous connaissons des maisons grecques, c'est le faible besoin que les anciens paraissent avoir eu d'expulser la fumée. Tout ce qui touche au mode de chauffage chez les Grecs est assez obscur. Mais dans toute l'antiquité, on paraît avoir eu l'habitude de chauffer les appartements avec des tuyaux placés dans les murs et sous le plancher.

SCULPTURE. — L'art en Grèce avait commencé par être impersonnel comme il est toujours à ses débuts. Si le nom d'un artiste venait alors de sortir de l'obscurité, c'était bien moins pour son talent qu'à titre d'inventeur, comme Œudeos, par exemple, qui le premier avait représenté Minerve assise, ou, plus souvent encore, c'était à cause de la popularité du sujet qu'il avait traité, comme pour Anténor qui avait fait les statues d'Harmodius et d'Aristogiton.

On peut citer, comme exemple du style archaïque barbare, une métope de Sélinonte, conservée au musée de Palerme. Le sujet est la fable de Persée et Méduse; les têtes des personnages sont de face et les pieds sont complétement de profil, incohérence fréquente dans ces temps reculés. Persée détourne la tête pour n'être pas changé en pierre : du sang qui s'échappe de la tête de Méduse se forme le cheval ailé Pégase, que la Gorgone semble vouloir presser contre son sein.

Une chose manquait à l'art hiératique, la vie. A côté de l'art traditionnel, qui se plaisait aux lignes parallèles, cherchait dans les draperies un système de plis régulièrement ajustés, et puisait dans l'élément religieux des types calmes, des allures régulières, et une majesté symbolique, survint un autre élément, celui des gymnases, représenté par le génie dorien.

Les deux grandes branches de la race grecque ont eu une part égale, mais différente, dans la marche progressive de l'art. La poésie épique est l'œuvre des Ioniens. C'est dans les poëmes d'Homère que la Grèce a trouvé les

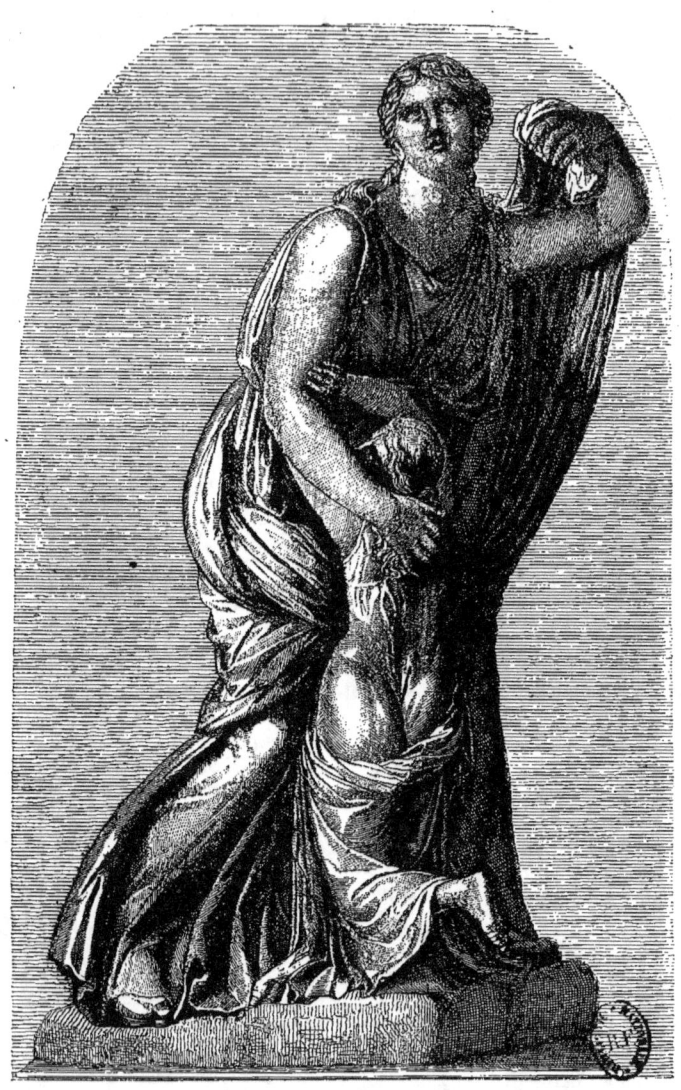

74. — NIOBÉ.
(Galerie des Offices, à Florence.)

types de beauté radieuse que l'art a enfantés. L'Attique était le foyer de la race ionique, et le nom d'Athènes rappellera toujours des idées de grâce, de bon goût et de perfection. Mais la dure Lacédémone peut aussi revendiquer sa part dans la civilisation hellénique. En faisant de la Grèce un peuple d'athlètes, les Doriens donnèrent à l'art cet élément robuste, amoureux de la force et de la rectitude, poursuivant son idéal dans une forme solide et bien équilibrée. Ce sont les Doriens qui les premiers ont donné la vie au bronze et fait palpiter la pierre.

Corinthe, Sycione, Argos et Sparte ont eu des écoles florissantes ; mais parmi les pays habités par les Doriens, c'est l'île d'Égine qui a mérité de donner son nom à l'art de cette époque.

Égine est une île située entre l'Attique et l'Argolide. Dès la plus haute antiquité, les habitants de l'île d'Égine paraissent avoir été doués de ce goût pour les arts qui fut partagé plus tard par toute la Grèce. Ils embellirent leur île d'édifices et de temples magnifiques. Il y en avait trois peu éloignés l'un de l'autre : c'étaient ceux d'Apollon, de Diane et de Bacchus ; un peu plus loin il y avait un temple d'Esculape, et un autre dédié à Vénus ; mais le plus célèbre de beau-

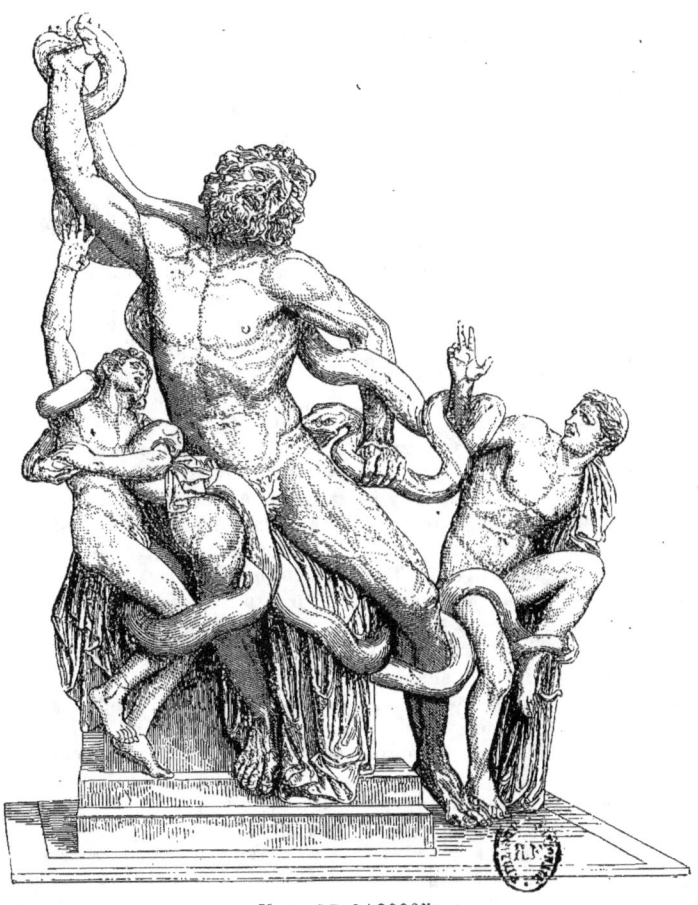

75. — LE LAOCOON.
(Musée Pie Clémentin, à Rome.)

coup était le temple de Jupiter Panhellénius, dont on retrouve les ruines dans la partie nord-est de l'île, sur l'une des collines qui dominent la mer. C'était un édifice d'ordre dorique, *hexastyle*, c'est-à-dire à six colonnes de face, *périptère*, c'est-à-dire entouré de colonnes qui formaient une galerie tout autour, et *hypœtre*, c'est-à-dire sans toit, ou plutôt à toit ouvert au milieu. Cette disposition était commune dans les temples de Jupiter, qui était un dieu du ciel. Les dieux de la terre, comme Cérès, avaient généralement des temples recouverts par un toit.

C'est dans les deux frontons du temple d'Égine, que la sculpture dorienne arrive à son apogée. Les statues qui décoraient ces frontons sont aujourd'hui à la glyptothèque de Munich. Elles représentent les exploits des héros Æacides, ancêtres et protecteurs des Éginètes. Aucun ouvrage de l'art grec ne montre d'une manière aussi fortement prononcée les caractères d'une époque de transition. La convention religieuse s'y combine de la façon la plus étrange avec la recherche d'une réalité absolue. Les têtes sont archaïques, et les corps sont exprimés avec une vérité saisissante. Les cheveux sont régulièrement bouclés, les barbes pointues. Il reste des traces de couleurs sur les lèvres, les pommettes des joues, et des trous en assez grand nombre indiquent qu'il y avait des ornements métalliques. La face présente un front fuyant, un menton carré et une expression de béatitude naïve et souriante, presque hébétée, qui se reproduit partout la même, dans tous les personnages, soit qu'ils combattent, soit qu'ils meurent. Dans les corps, au contraire, la forme, à part une certaine dureté dans l'accentuation des plans, est bien près de la perfection. On voit que l'artiste est avant tout préoccupé des qualités de vigueur, d'élasticité et d'aplomb qui distinguent les athlètes. On peut donc apercevoir dès le début la différence énorme qui sépare la marche progressive de l'art dans l'antiquité et dans les temps modernes. L'art antique commence par la forme positive, matérielle, géométrique, et n'arrive que plus tard à la beauté et à l'expression. L'art chrétien, au contraire, cherche tout d'abord l'expression, et produit la laideur physique, tant qu'il méconnaît la forme, à laquelle il n'est initié qu'après de longs tâtonnements.

La statue de Pallas, qui occupait le milieu des frontons, est vêtue d'une robe à plis nombreux et symétriques. C'est du reste le caractère de toutes les statues drapées de cette époque. On peut s'en faire une idée en allant au Louvre voir l'autel des douze dieux, qui, par le style, se rattache à cette période.

On ne connaît pas le nom du sculpteur qui a fait les marbres d'Égine. L'histoire néanmoins nous a transmis les noms de quelques artistes célèbres, dont les ouvrages datent à peu près de la même époque, et sont même antérieurs aux guerres médiques. Dans tout le cours de la première période, les leçons de Dipœnus et de Scyllis, illustres chefs d'école, les travaux importants et nombreux d'Anthermus et de Bupalus, sculpteurs dont s'enorgueillissait la ville de Chio, et surtout les ouvrages de Canachus de Sicyone, avaient fait faire de grands pas à l'art. Canachus avait encore de la sécheresse; mais si nous en jugeons par le parallèle que Cicéron établit entre Caton l'Ancien et lui, nous pouvons supposer qu'on admirait dans ses ouvrages un caractère mâle et fier qui distinguait déjà ses œuvres. Quand on entend Cicéron dire que la raideur des figures de Canachus empêche qu'elles ne s'approchent complètement de la vérité, ne semble-t-il pas entendre un moderne blâmer la raideur d'un Mantegna ou d'un Albert Durer?

Il est généralement reconnu aujourd'hui que les statues de l'époque primitive étaient peintes. L'alliance de la forme et de la couleur flatte les instincts naïfs, et dans les époques les plus reculées de l'histoire nous trouvons des fétiches de bois coloriés. Les premières idoles de la Grèce, « étaient, dit Ottfried Muller, lavées, cirées, frottées, vêtues et frisées, ornées de couronnes et de diadèmes, de colliers et de boucles d'oreilles. »

Quand on se souvient que les monuments, au dehors comme au dedans, étaient peints de couleurs brillantes, on comprend la nécessité qu'il y avait, pour les sculpteurs qui travaillaient à la décoration d'un édifice, de se mettre à l'unisson du reste. Néanmoins l'examen des bas-reliefs du Parthénon, d'Égine et de Sélinonte n'offre en somme que peu de peinture, et en dehors des nécessités décoratives, il n'est nullement prouvé que, dans la grande époque, les statues fussent systématiquement peintes. Car il ne faut pas confondre la statuaire chryséléphantine, faite avec des matériaux de différentes couleurs, avec la sculpture polychrôme, c'est-à-dire coloriée avec des nuances artificielles. Il est tout naturel que les statues primitives aient été coloriées, mais cette méthode est difficile à admettre quand l'art atteint sa perfection.

Les guerres médiques sont l'époque décisive de l'histoire de l'art. Cette lutte fameuse, indépendamment de l'intérêt politique qui s'y rattache, a eu un résultat immense dans tous les travaux de l'esprit. Mais pour les arts plastiques, c'était une question de vie ou de mort. L'Asie renfermait un grand nombre de cités grecques; mais situées toutes sur la côte et en relation continuelle avec les Grecs d'Europe, elles avaient toujours conservé une indépendance et une physionomie à part qui eussent été perdues sans ressource si la métropole elle-même fût devenue une province asiatique. La double invasion de l'Attique par les armées de Darius et de Xerxès, avait causé matériellement un mal immense. Tous les temples avaient été renversés, toutes les statues mises en pièces, les habitations particulières incendiées. Comme il arrive toujours dans les grandes guerres d'invasion, la défense avait occasionné presque autant de ravages que l'envahissement, et quand Thémistocle avait élevé de longues murailles, on avait jeté pêle-mêle dans les fondations des chapiteaux brisés, des fragments de sculpture, des tronçons de colonnes. Quand après l'enivrement de la victoire on se mit à vouloir tout reconstruire, le peuple avait grandi de cent coudées à ses propres yeux, et ce qui l'avait satisfait la veille n'était plus à la hauteur de ses désirs.

Les beaux arts répondirent à ce besoin nouveau, et il se forma une école de sculpteurs dont le chef est Phidias. Il serait pourtant injuste d'attribuer uniquement à Phidias la grande révolution qui s'opéra alors dans les arts. Polyclète et bien d'autres artistes fameux sont ses contemporains. Myron devait être de quelques années à peine plus âgé que lui. L'enseignement du dessin à cette époque avait déjà pour base des procédés géométriques rigoureusement appliqués, et l'étude des proportions était poussée aussi loin que possible.

Calamis et Myron, qui viennent immédiatement avant Phidias, et Polyclète qui est son contemporain, marquent le plus haut point de l'influence dorienne. Calamis acquit une très-grande célébrité par la manière dont il rendit les chevaux. Il fut très-remarqué parce qu'il fut l'un des premiers, et le premier peut-être qui s'attacha à traduire la vie par les formes. Myron ajouta encore aux qualités de son prédécesseur, et parvint tellement à exprimer la vie, que toute la Grèce poussa des cris d'admiration. Dans l'Anthologie on a recueilli plusieurs épigrammes sur sa fameuse vache : « Berger, conduis plus loin ton troupeau, car la vache de Miron pourrait se mêler avec tes génisses. » — « Myron ne l'a pas moulée : le temps l'avait changée en métal et Myron a fait croire qu'elle était son ouvrage. » — « Si ses mamelles ne contiennent point de lait, c'est la faute de l'airain; ô Myron! ce n'est point ta faute. » On peut voir dans la nature même des éloges que les Grecs donnaient aux ouvrages de Myron, que l'art à cette époque était dans une voie complétement réaliste. Il n'est malheureusement rien resté des animaux de Myron, mais on possède plusieurs copies de son fameux discobole (fig. 69). Myron l'a représenté dans un mouvement vrai, mais sans s'inquiéter du bon ou du mauvais effet optique que cette attitude rendrait permanent. Aussi voilà ce qu'en dit Quintilien : « Qu'y a-t-il de plus contrefait et de plus peiné que ce joueur de palet de Myron? Cependant si on s'avisait de blâmer cette posture comme peu naturelle, ne montrerait-on pas de l'ignorance en reprenant justement ce qui fait la singularité de l'ouvrage et tout son prix? »

Quintilien résume ainsi la marche des écoles doriennes : « Callon et Égésias travaillaient durement et dans le goût toscan; Calamis vint et corrigea cette raideur originaire; Myron donna ensuite plus de naturel et de souplesse à ses productions, mais ce fut surtout dans les ouvrages de Polyclète que l'on put reconnaître la régularité et l'agrément. » Par le mot régularité, il est probable que Quintilien entendait la juste proportion et la précision extrême dans l'imitation des mouvements.

Polyclète fit une statue qu'on appela le Canon ou la Règle, tant elle était correcte et sévère et tant les lois de la mécanique osseuse et musculaire et des proportions y étaient observées. C'était le portrait d'un homme debout et armé d'une lance : les jeunes artistes s'en servaient pour connaître les proportions qui expriment le mieux l'homme pourvu de la jeunesse, de la force et de la santé. Polyclète avait fait aussi un jeune homme ceignant sa tête, statue que l'on acheta un très-grand prix; un athlète se frottant avec un strigile; un joueur d'osselets, deux jeunes filles portant des corbeilles. Polyclète est contemporain de Phidias, et si nous en avons parlé d'abord, c'est qu'il se rattache à l'école dorienne par ses principes, tandis que Phidias, qui est le chef de l'école attique, était un novateur. On disait que Polyclète imitait mieux les hommes, mais que Phidias était plus fort pour représenter les dieux.

Phidias (498-431 av. J. C.), sculpteur athénien, est un des personnages de l'antiquité dont la réputation s'est maintenue avec le plus d'éclat. Son premier ouvrage important paraît avoir été une statue de Minerve qu'il fit pour les Platéens. Elle fut élevée, dit-on, avec le produit des dépouilles enlevées aux Perses à Marathon, mais il est probable que ce ne fut qu'après les victoires de Salamine et de Platée, car si Xerxès l'eût trouvée debout, il n'eût pas manqué de la détruire.

La Minerve Poliade (ou protectrice de la ville) élevée dans l'Acropole d'Athènes, dut suivre de près celle de Platée. Placée sur le rocher de l'Acropole, élevé lui-même de quatre cents pieds, vêtue de la tunique et du péplum, elle avait le bras droit appuyé sur sa lance, la gauche tendait en avant son bouclier. Quand le navigateur approchait du cap Sunium, à cinq lieues d'Athènes, il apercevait de loin la pointe de sa lance et l'aigrette de son casque.

Les hordes d'Alaric furent dit-on, épouvantées par le colosse, et un des derniers païens, Zozime, raconte que la déesse terrifia les barbares du plus loin qu'ils l'aperçurent, et préserva ainsi la ville. D'après les calculs de M. Beulé, la statue devait s'élever à soixante-quinze pieds au-dessus du sol, en y comprenant le piédestal. Sur les médailles qui la représentent, elle paraît d'un tiers plus haute que le Parthénon. Phidias était architecte en même temps que sculpteur. On ne peut douter de ses connaissances sous ce rapport quand on voit que Périclès lui confia la direction de tous les travaux entrepris par le peuple. Le nom de Phidias est inséparable de l'Acropole d'Athènes. C'est l'Acropole qui portait la grande Minerve de bronze, et c'est au centre de l'Acropole que s'élevait le Parthénon, temple dédié à Minerve, et qui renfermait une autre statue de la déesse, également par Phidias : mais celle-ci n'était plus en bronze, elle était en ivoire et en or. Phidias avait en outre décoré tout l'édifice avec des statues et des bas-reliefs exécutés sous sa direction. Mais nous avons décrit tous ces monuments à propos de l'Acropole, et nous n'avons pas à y revenir.

Tout le monde connaît de réputation le Jupiter olympien de Phidias : il était placé dans le temple d'Olympie, dont il occupait la hauteur entière, en sorte que suivant l'expression de Strabon, il n'aurait pas pu se lever sans emporter la toiture. Le Jupiter olympien était regardé comme un chef-d'œuvre de l'art an-

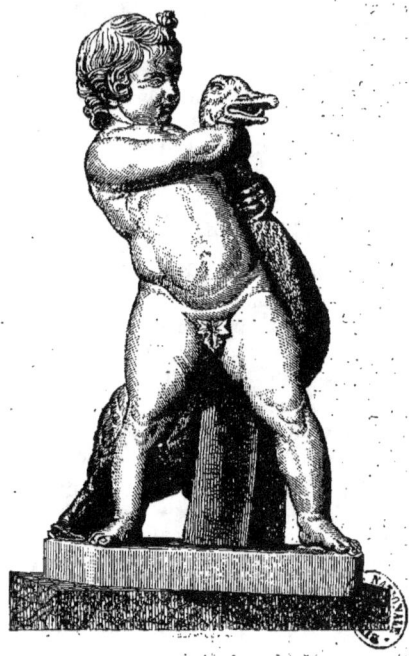

76. — ENFANT A L'OIE.

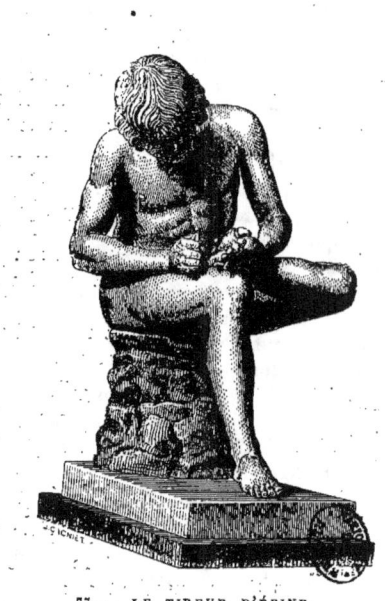

77. — LE TIREUR D'ÉPINE.

(Musée du Capitole, à Rome.)

tique. Le dieu, fait d'or et d'ivoire, était assis sur son trône; il tenait un sceptre de la main gauche et dans la main droite une Victoire. Le trône sur lequel il reposait était orné de bas-reliefs. Quand Phidias eut fini son chef-d'œuvre, il invoqua le dieu pour savoir s'il était content, et Jupiter lança sa foudre qui vint frapper le pavé du temple. On disait que la beauté de cette figure avait ranimé la piété des peuples.

La sculpture grecque, qui, dans l'expression des types divins, a cherché à exprimer la placidité et la permanence du caractère, se préoccupa dans les statues purement humaines d'exprimer le changement qu'impriment aux formes les mouvements du corps et les passions de l'âme. L'importance des gymnases avait fait multiplier les statues d'athlètes : parmi celles qui nous sont restées, le discobole de Naucydès d'Argos (fig. 70) et celui de Myron (69) pouvaient plus que toute autre servir aux démonstrations du professeur dans le gymnase. Le premier est en arrêt et se prépare à lancer le disque, celui de Myron est en action et en train de le lancer vers le but. Le fameux groupe des *lutteurs de Florence* (71), dont on voit fréquemment des copies dans nos jardins publics, représente deux jeunes pancratiastes renversés l'un sur l'autre. En général les mouvements violents sont rares dans les statues grecques. Cependant l'Amazone blessée du Musée de Naples (fig. 72) est un exemple célèbre de mouvement violent. On peut voir aussi dans le sanglier du Musée de Florence (fig. 73) à quel point les Grecs ont excellé dans la sculpture d'animaux.

Quand la guerre du Péloponèse fut terminée, on vit apparaître un nouveau style, qui, dans la sculpture fut surtout représenté par Scopas et Praxitèle. Scopas emprunta presque

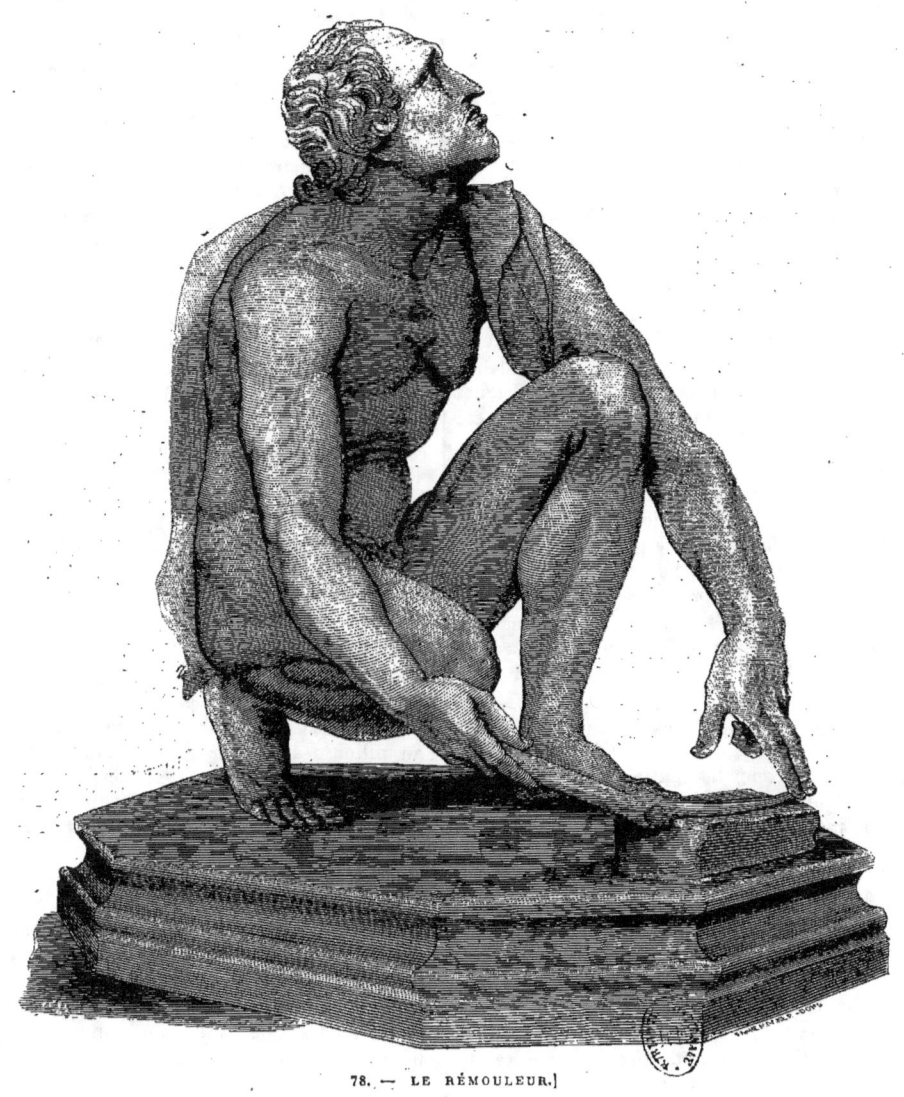

78. — LE RÉMOULEUR.
(Galerie des Offices; *tribune*, à Florence.)

tous ses sujets au cycle de Bacchus et de Vénus : ce fut lui aussi qui fixa le type de ces divinités marines qui forment le cortège habituel de Neptune et d'Amphitrite. Scopas travaillait plus volontiers le marbre que l'airain, dont l'aspect sévère eût été moins convenable pour le genre de composition qu'il aimait. Il avait fait aussi une très-célèbre statue d'Apollon Citharède, dont on admirait l'expression profondément empreinte d'enthousiasme et d'élan. Cette statue d'Apollon fut consacrée par Auguste à son dieu protecteur, ce qui fait que nous la voyons figurer sur des monnaies romaines. Un groupe de divinités marines conduisant Achille vers l'île de Lemnos passait dans l'antiquité pour le chef-d'œuvre de Scopas.

Les antiquaires attribuent à Scopas ou à Praxitèle le célèbre groupe des Niobides (fig. 74). On n'est pas certain, il est vrai, que les statues qui sont maintenant au musée de Florence soient celles dont il est question dans l'antiquité; mais même en admettant, comme cela paraît probable, que nous n'avons que les copies d'originaux fameux, on peut néanmoins voir que l'expression devenait la partie importante de l'art. La forme pleine de noblesse et de grandeur des visages trahit la douleur, mais sans que les traits soient défigurés.

A cette tendance à traduire les passions de l'âme dans la statuaire, il s'en joint une autre dont Praxitèle est le plus illustre représentant. Praxitèle vivait 336 ans avant Jésus-Christ. A cette époque, les goûts et les mœurs de l'Orient commençaient à s'impatroniser en Grèce, et l'art cherchait plutôt à traduire la grâce et l'élégance que l'énergie athlétique de la période précédente. Ce fut Praxitèle qui commença à représenter Cupidon (fig. 45) sous la forme d'un enfant plein de gentillesse, et qui, dans le type de Vénus, substitua à la majesté de la puissance divine une recherche et une coquetterie dans les formes qui en transformèrent le type primitif. Praxitèle fit beaucoup de figures de divinités, mais rarement des héros et des athlètes.

A mesure qu'on se rapproche de la période macédonienne, la statuaire se préoccupe davantage d'exprimer les sentiments de l'âme sur la figure humaine : en même temps la recherche de la grâce dans les formes tend à se substituer à la recherche de la force. Quand on arrive à Alexandrie, les statues d'athlètes deviennent rares : la nouvelle organisation politique demandait autre chose à l'art, et les portraits idéalisés de grands personnages deviennent de plus en plus nombreux. Cependant l'artiste qui fit le mieux les portraits d'Alexandre, Lysippe, était un sculpteur d'athlètes. Il cherchait à continuer les traditions de Polyclète et de l'école dorienne, et ce fut lui qui fixa le type d'Hercule. Mais il faut bien qu'Hercule représente une force idéale, divine, et cette manière de concevoir la force et de l'exprimer par l'art n'emprunte presque rien à la réalité. C'est Mercure, le patron des gymnases, qui représente le mieux dans la statuaire le type de l'athlète : de tous les dieux, c'est peut-être le plus humain. Des lutteurs pouvaient admirer sa structure en se comparant à lui; mais en admirant Hercule toute comparaison devenait impossible : sa force est trop au-dessus de l'humanité. Ainsi Lysippe, malgré son goût pour la force musculaire et les traditions de l'école dorienne, arrivait à subordonner de plus en plus la réalité à l'idéal.

Sous les successeurs d'Alexandre il se forma des écoles dans les différentes villes de la Grèce et de l'Asie Mineure, mais après la conquête romaine, l'Italie absorba la plus grande partie des productions de l'art. Jusqu'aux princes syriens, il s'est encore produit des chefs-d'œuvre, mais on ignore la date de la plupart des statues que nous connaissons. On connaît du moins le nom de quelques-uns de leurs auteurs. C'est à Agasias d'Éphèse qu'on doit la belle statue du Louvre connue sous le nom de *gladiateur Borghèse*; la *Vénus de Médicis* est due à Cléomène (fig. 43). On ignore quels sont les auteurs des statues de l'*Enfant à l'Oie* (fig. 76) et du *Tireur d'épine* (fig. 77). Ces deux ouvrages se attachent à la sculpture intime, et répondent à ce que nous appelons en peinture des tableaux de genre.

Arrêtons-nous un moment sur le fameux groupe du *Laocoon* (fig. 75), dû à Agésander et à ses fils Athénodore et Polydore, sculpteurs de Rhodes. « De même, dit Winckelmann, que la mer demeure calme dans ses profondeurs, quelque agitée que puisse être sa surface, ainsi dans les figures grecques, au milieu même des passions, l'expression annonce encore une âme grande et rassise. Une telle âme est peinte sur le visage du Laocoon, au milieu des souffrances les plus cruelles; la douleur qui se découvre dans tous les tendons et les muscles, et que la contraction pénible d'une partie de son corps nous fait presque partager, n'est mêlée d'aucune expression de rage sur les traits ou dans l'attitude entière. On n'entend point ici cet effroyable cri du Laocoon de Virgile; l'ouverture de la bouche ne permet pas de le supposer, elle indique plutôt un soupir d'angoisse étouffée. La douleur du corps et la grandeur de l'âme sont réparties en forces égales dans toute la construction de la figure et sont pour ainsi dire balancées. Exprimer une si grande âme, c'est faire bien plus que de peindre seulement la belle nature. L'artiste a dû sentir en lui-même cette force d'esprit dont son marbre porte l'empreinte; la Grèce vit plus d'une fois le philosophe et l'artiste réunis dans la même personne; elle eut plus d'un Métrodore. La philosophie, chez elle, tendait la main à l'art, et donnait aux corps de sa création des âmes supérieures. »

On a bien souvent comparé le Laocoon des sculpteurs rhodiens à celui du poëte latin :

« Tout fuit épouvanté. Le couple monstrueux
Marche droit au grand-prêtre, et leur corps tortueux
D'abord vers ses deux fils en orbe se déploie,
Dans un cercle écaillé saisit sa faible proie,
La ronge de ses dents, l'étouffe de ses plis.
Les armes à la main au secours de ses fils,
Le père accourt : tous deux à son tour le saisissent,
D'épouvantables nœuds tout entier l'investissent.
Deux fois par le milieu leurs plis l'ont embrassé,
Par deux fois sur son cou leur corps s'est enlacé,
Ils redoublent leurs nœuds, et leur superbe crête
Dépasse encor son front et domine sa tête.
Lui, dégouttant de sang, souillé de noirs poisons,
Qui du bandeau sacré profanent les festons,
Roidissant ses deux bras contre ces nœuds terribles,
Exhale sa douleur en hurlements horribles. »

(*Énéide*, trad. de DELILLE.)

Nous avons exposé la marche de la sculpture antique dans les types divins, dans la réalité des formes athlétiques et dans l'expression des sentiments de l'âme : les derniers chefs-d'œuvre qu'elle a produits ont été des portraits.

PORTRAITS. — On raconte que la fille du potier, Dibutade, au moment de quitter son fiancé, traça son portrait sur la muraille, en suivant avec du charbon les contours que formait l'ombre projetée par une lampe. Le père de la jeune fille, qui était potier, remplit le contour d'argile qu'il fit cuire pour conserver l'image. Telle fut suivant les Grecs l'origine du portrait. Ce qui est certain, c'est que l'usage de reproduire l'image des personnes connues ne s'introduisit en Grèce qu'assez tard. Un demi-siècle environ avant les guerres médiques, on commença à élever des statues aux athlètes vainqueurs dans les jeux olympiques. Mais pendant bien longtemps, ces statues rappelaient le nom du vainqueur sans reproduire pour cela son image. On le reconnaissait seulement par l'attitude ou par quelqu'attribut, comme les statues des dieux et des héros. Cependant, ceux qui avaient vaincu trois fois avaient droit à des statues *iconiques*, c'est-à-dire faites à leur ressemblance.

Les plus anciennes statues honorifiques qui soient mentionnées dans l'histoire, en dehors des athlètes victorieux, sont celles de Cléobis et Biton, modèles de piété filiale, et celles d'Harmodius et Aristogiton, vengeurs de la liberté. Ces statues étaient élevées aux frais de la nation ; mais comme il était permis aux particuliers de mettre dans un temple ou sur la voie publique les statues de leurs parents ou des citoyens dont la mémoire leur était chère, elles se multiplièrent prodigieusement. Au reste, elles étaient toujours placées sous la protection de quelque divinité, et dès lors, on n'eût pu les dégrader sans encourir le reproche d'impiété, car c'était toujours avec une pensée religieuse qu'on rendait cet hommage à la mémoire des personnes. On sait que les Grecs honoraient la beauté à l'égal du mérite ; c'est pour cela que le roi de Sparte Agésilas ne permit pas qu'on fît son portrait ; il était boiteux, et ne trouvait pas digne de son pays qu'une infirmité soit représentée sur la place publique.

A partir d'Alexandre, il y eut un changement dans les mœurs. Les idées orientales commencèrent à prendre le dessus, et les sentiments républicains s'effacèrent devant les habitudes monarchiques importées d'Asie. Alexandre ne se contentait pas d'être placé sous l'invocation d'un dieu, il voulait être dieu lui-même, et les artistes le représentèrent avec les cornes de Jupiter Ammon, dont il lui plaisait qu'on le crut descendu. Il y a au musée du Louvre un très-beau buste d'Alexandre, qui n'a pas ces insignes. Il y eut, en effet, à partir de ce moment, deux sortes de portraits ; l'un intime, cherchant à reproduire les traits du personnage dans ce qu'il avait d'individuel, et l'autre typique, cherchant à caractériser, par la tournure et les attributs, ce qui le plaçait au-dessus des autres hommes. Tous les rois grecs de l'Orient se firent faire avec les attributs divins, Démétrius Poliorcètes en Neptune, Séleucus Ier, avec les cornes de taureau, Lysimaque avec les attributs d'Hercule.

Les rois macédoniens qui vinrent après Alexandre ont multiplié leurs portraits dans des proportions incroyables. Pourtant on peut remarquer, en parcourant les galeries des statues antiques, qu'on n'y voit jamais les images des Ptolémées, des Séleucides, des princes de Pergame ou de Cappadoce : le portrait de ces rois nous a été transmis par les monnaies, mais non par les statues, tandis que les images des grands hommes de la période républicaine, qu'on a représentés beaucoup moins de leur vivant, ne sont pas très-rares dans nos musées. La raison en est que ces rois, qui vivaient toujours en guerre les uns contre les autres, détruisaient avec frénésie les images de ceux qu'ils avaient vaincus. Ensuite les Romains conservèrent et firent reproduire en grand nombre les images des philosophes, des orateurs et des grands citoyens de la Grèce républicaine, pour les placer dans leurs villas, tandis qu'ils se souciaient fort peu des rois de Syrie ou d'Asie Mineure.

La plupart des portraits étaient exécutés en bronze, et le bronze est trop facile à fondre pour résister aux guerres et aux révolutions. Il existe bien peu de portraits grecs, exécutés en marbre, et ceux que nous avons sont des imitations de l'époque romaine. L'usage exis-

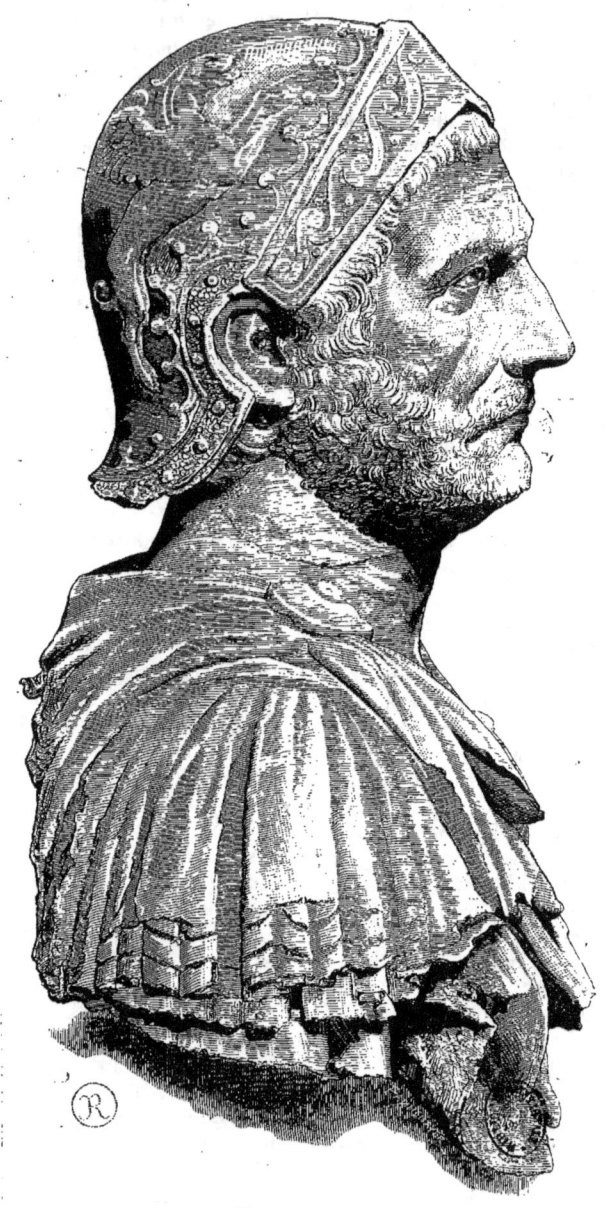

79. — ANNIBAL.
(Musée de Naples.)

tait en Grèce de placer dans les bibliothèques les bustes des écrivains, des philosophes, des sages : c'est encore une cause qui obligeait à en multiplier les copies, car les bibliothèques étaient fort nombreuses. C'est à cela que nous devons d'avoir les portraits de Socrate (fig. 82),

Platon, Aristote, Zénon, Épicure, Sophocle, Euripide, Ménandre (fig. 114), Démosthène, Hérodote, Thucydide, etc. Toutefois la ressemblance n'est pas toujours absolument certaine, au moins pour les plus anciens : car les artistes grecs avaient l'habitude, quand ils ne connaissaient pas les traits de quelqu'un qu'ils voulaient représenter, de reconstituer un

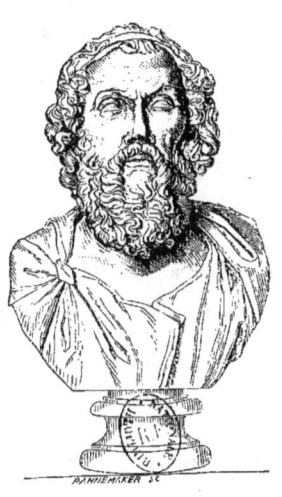

80. — HOMÈRE.
(Musée du Capitole, à Rome.)

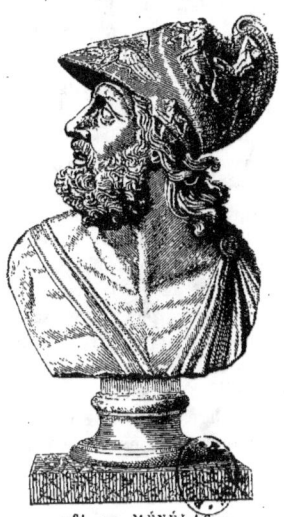

81. — MÉNÉLAS.
(Musée Pie Clémentin, à Rome.)

type d'après le caractère connu du personnage. C'est ainsi que le buste d'Homère (fig. 80), et celui de Ménélas (fig. 81), qui sont des chefs-d'œuvre comme sculpture, sont absolument imaginaires comme portraits.

L'idée de représenter un buste, c'est-à-dire

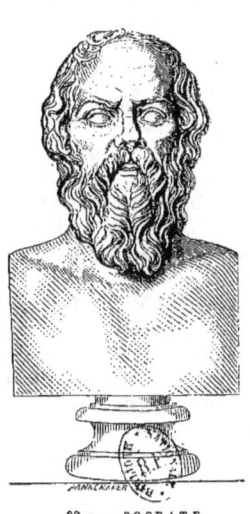

82. — SOCRATE.
(Musée du Capitole, à Rome.)

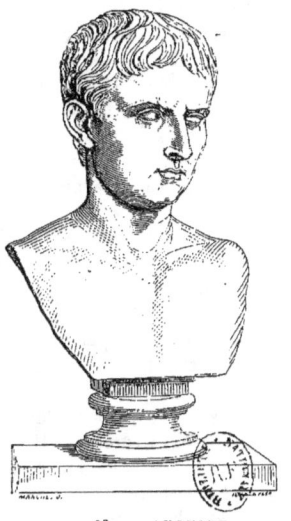

83. — AUGUSTE.
(Musée Chiaramonti, à Rome.)

l'image d'un personnage jusqu'à la poitrine seulement est extrêmement ancienne en Grèce. Il semble même probable qu'on a fait des demi-figures avant de faire des figures entières. Cet usage vient des *Hermès*, sortes de poteaux à quatre faces sur lesquels on plaçait la tête des divinités, à une époque où la sculpture était encore dans un état complet de barbarie. Dans l'orfèvrerie, la céramique, et les industries artistiques qui ne travaillent qu'en petites dimensions, on a mis souvent le masque d'une divinité. L'architecture elle-même adopta l'usage des médaillons pour orner les murailles. Mais l'usage de faire des bustes comme portraits ne remonte guère au delà d'Alexandre, et ceux qui représentent des personnages existant antérieurement ont été faits depuis.

Il était d'usage chez les Étrusques, de représenter les ancêtres par des masques de cire que l'on conservait dans des armoires placées autour de la pièce principale de la maison. Cet usage se transmit aux Romains, dont toute la civilisation est empruntée des Étrusques. Dans les grandes familles romaines, on avait de la sorte une galerie de portraits de famille, et chacun ne manquait pas, selon sa prétention aristocratique, de faire figurer parmi ses ancêtres Romulus, Énée ou Numa Pompilius.

Appius Claudius consacra, dans le temple de Bellone, les images de ses ancêtres figurées sur des boucliers. Cet exemple fut fréquemment imité depuis. Les images en cire des ancêtres, les figures funéraires en terre cuite, et les Canopes, ou vases à tête humaine, constituent véritablement les origines du portrait en Italie. Les Romains paraissent avoir élevé très-anciennement des statues de bronze, qui devinrent extrêmement nombreuses vers la fin de la République. Elles encombraient tellement le Forum, que les censeurs Cornélius Scipion et Popilius firent enlever toutes celles qui n'avaient pas été élevées par ordre du peuple ou du Sénat. Néanmoins les portraits des personnages du temps de la République ne sont pas très-communs dans nos musées. La raison en est qu'elles étaient presque toujours faites en bronze et que la plupart ont été fondues.

Sous l'Empire, la quantité de statues devint vraiment innombrable. Les images impériales (fig. 83) se trouvaient partout, et il n'y avait pas un municipe où l'on ne vît sur la place publique des statues élevées à des particuliers. C'est par suite de la multiplicité prodigieuse des statues impériales, que, malgré les destructions, nos galeries d'Europe possèdent la série complète des empereurs romains. Il faut toujours distinguer les portraits intimes et les portraits divinisés où le personnage est représenté avec les attributs de la divinité avec laquelle on l'identifie.

Sous la décadence, on imagina de faire des portraits divinisés dont le corps était terminé, mais dont la tête était à peine dégrossie. De cette façon, on n'avait plus à travailler qu'à la tête quand la statue était vendue. C'est après les Antonins que la décadence se fait sentir dans le portrait. « La chevelure, dit O. Muller, est péniblement travaillée et évidée avec le trépan ; les paupières s'ajustent comme des lanières ; la bouche est serrée ; les plis principaux autour des yeux et de la bouche sont très-marqués. » On imagina aussi de placer sur les têtes de femmes des perruques mobiles en marbre, qu'on enlevait et changeait à volonté, de telle sorte qu'on pût faire suivre à la statue les variations de la mode. Après Constantin, les portraits deviennent absolument mauvais, et comme il est de plus en plus difficile de reconnaître la personne représentée, l'usage cesse à peu près d'en faire.

GLYPTIQUE (fig. 84, 85). — La glyptique est l'art de graver des images sur des pierres dures : on appelle *intailles* les pierres gravées en creux, et *camées* les pierres gravées en relief. Les plus anciens peuples ont connu la glyptique ; nous avons parlé plus haut des cachets babyloniens. Pline prétend que les anneaux n'étaient pas connus du temps de la guerre de Troie, mais Plutarque avance le contraire, et il paraît que les Athéniens étaient de son avis, puisque Polygnote avait représenté Ulysse avec son anneau. Théodore de Samos est le premier graveur dont le nom soit connu : il avait gravé en 740 avant J. C. cette fameuse émeraude que Polycrate jeta dans la mer, et qui est si célèbre sous le nom d'anneau de Polycrate.

Les graveurs anciens se préoccupaient beaucoup de choisir des pierres différentes suivant les sujets qu'ils voulaient traiter. Ainsi, Marsyas écorché par Apollon était en jaspe rouge, Proserpine se gravait sur une pierre noire, Neptune sur l'aigue marine, etc. La gravure en pierres fines a suivi naturellement la même marche que la sculpture, à laquelle elle se rattache. Polyclète de Sycione passe pour avoir gravé des pierres fines. Mais Pyrgotèles, le graveur d'Alexandre le Grand, est considéré comme celui qui a porté le plus haut cet art, qui arriva à son apogée vers cette époque.

Chez les Étrusques, les cornalines et autres pierres dures sont souvent taillées en scarabées, à l'imitation des scarabées égyptiens. Dans les bagues, on conservait quelquefois aux pierres précieuses, et même aux opales et aux agates leur forme brute, ou bien on se contentait de les polir. Les camées ne paraissent pas avoir été en usage chez les Étrusques comme ils l'ont été depuis chez les Romains. Il y avait des bagues qui servaient de bijoux, d'autres de cachets. Quand on trouve une bague antique ornée de deux mains jointes, ou des figures de l'Amour et Psyché, on suppose que c'était une bague nuptiale. Si au contraire on y trouve des chars, ou des animaux féroces, on pense qu'elle a appartenu à un athlète.

On a fait d'admirables camées du temps d'Auguste. Le graveur Dioscorides fut pour cet empereur ce que Pyrgotèles avait été pour Alexandre. On connaît plusieurs pierres gravées qui lui sont attribuées : un Mercure voyageur, avec le pétase et le caducée, un Diomède enlevant le palladium, un Persée regardant la tête de Méduse. Outre les intailles et les camées, on conserve dans les collections des coupes de pierres précieuses dont plusieurs sont des chefs-d'œuvre comme gravure.

Comme travail du verre, nous citerons le vase Barberini ou vase de Portland. Le vase Barberini a été trouvé sous le pontificat d'Urbain VIII (Maffei Barberini), c'est-à-dire au commencement du dix-septième siècle, dans un sarcophage qui a passé longtemps pour être le tombeau d'Alexandre Sévère. Acquis à la fin du dernier siècle par la duchesse de Portland, il a été donné par son propriétaire au musée Britannique, où il est aujourd'hui. Les figures représentent Thétis et Pélée : le dessin est d'une pureté admirable et probablement d'un travail grec. Mais la forme du vase est romaine. On en a conclu qu'il devait être l'ouvrage d'un Grec travaillant pour des Romains. C'est une vitrification dont le fond est bleu avec des bas-reliefs en pâte de verre d'un blanc mat.

Visite au Cabinet des Médailles. — Le Cabinet des médailles de la Bibliothèque impériale renferme une magnifique collection de pierres gravées antiques. Parmi les intailles les plus célèbres, nous citerons *un Apollon tenant son arc à la main*, une *Nymphe surprise au bain par Pan*, un *Bacchus* couronné de pampres, avec des ailes de mouche qui figurent une barbe, un *Taureau Dyonisiaque*, qui marche sur un thyrse, et qui a le corps ceint d'une guirlande de lierre, un *Faune dansant* et un *Faune assis*, un *Bellérophon monté sur Pégase*, et un *Achille Citharède*, qui chante en s'accompagnant sur la lyre. On regarde cette dernière intaille comme une imitation sur pierre d'une peinture de Pamphile, le maître d'Apelles.

Aucune collection d'Europe n'est plus riche que la nôtre en camées antiques. Parmi les grands chefs-d'œuvre qu'elle renferme, il y a un *Jupiter debout* avec l'aigle à ses pieds. Comme l'aigle est l'attribut de saint Jean l'Évangéliste, on a cru au moyen âge que ce camée représentait saint Jean, et le roi Charles V, après lui avoir fait faire une magnifique monture, en avait fait don à la cathédrale de Chartres, où il est resté jusqu'à la Révolution. Il en est de même d'un camée qui représente la querelle de *Minerve et Neptune* au sujet d'Athènes. Un arbre sépare les deux divinités et un serpent est aux pieds de Minerve. Cette scène avait été prise pour un Adam et Ève, et le camée a été conservé pendant des siècles dans une église, avant d'entrer au Cabinet des médailles. Mais le plus fameux de nos camées est celui qui est connu sous le nom de *Camée de la Sainte-Chapelle*, et qui représente l'*Apothéose d'Auguste*. C'est le plus grand camée connu, et certainement un des plus beaux : on y voit toute la famille des Césars. Les morts sont dans le ciel et les vivants sont groupés autour de Tibère. Saint Louis avait acquis de l'empereur d'Orient ce précieux camée, qui passait pour une relique représentant le *Triomphe de Joseph en Égypte*. Le pieux roi déposa son joyau dans le trésor de la Sainte-Chapelle, et la vénération qu'on y attachait fut telle, que le Saint-Père désira le voir, et on envoya le camée à Rome, d'où il revint pour être réintégré à la Sainte-Chapelle. Ce n'est qu'au dix-septième siècle qu'on reconnut par les médailles les portraits de tous les personnages représentés, et qu'on restitua au camée d'Auguste son véritable titre. C'est à des méprises de ce genre qu'on doit la conservation de monuments antiques très-précieux qui, au moyen âge, ont été respectés à cause de l'idée de sainteté qu'on y attachait.

Nous citerons encore, au Cabinet des médailles, un autre portrait d'Auguste, qui vient du trésor de Saint-Denis, où il faisait partie de la décoration d'un reliquaire contenant le chef de saint Hilaire. L'*Apothéose de Germanicus*, un des camées les plus importants de la collection de France, vient du trésor de l'abbaye de Saint-Èvre de Toul : Germanicus monte au ciel porté par un aigle qui tient une palme, et une Victoire ailée lui pose une couronne de lauriers sur le front.

La collection de France n'est pas moins riche par ses coupes que par ses camées.

Le vase nommé *Coupe de Ptolémée* ou bien *Vase de Mithridate*, ou encore *Vase de Saint-Denis*, est le plus célèbre des vases antiques de matière précieuse. Les attributs bachiques prodigués sur ce vase ont fait présumer qu'il avait appartenu à Ptolémée XI, frère du mari de Cléopâtre, dont le surnom était Dionysos ou Bacchus; de là vient son nom de *Coupe de Ptolémée*. On l'appelle aussi *Vase de Mithri-*

dale parce que sa beauté a fait penser qu'il avait appartenu à Mithridate, qui possédait la plus belle collection de vases de matières précieuses dont il soit fait mention dans l'anti-

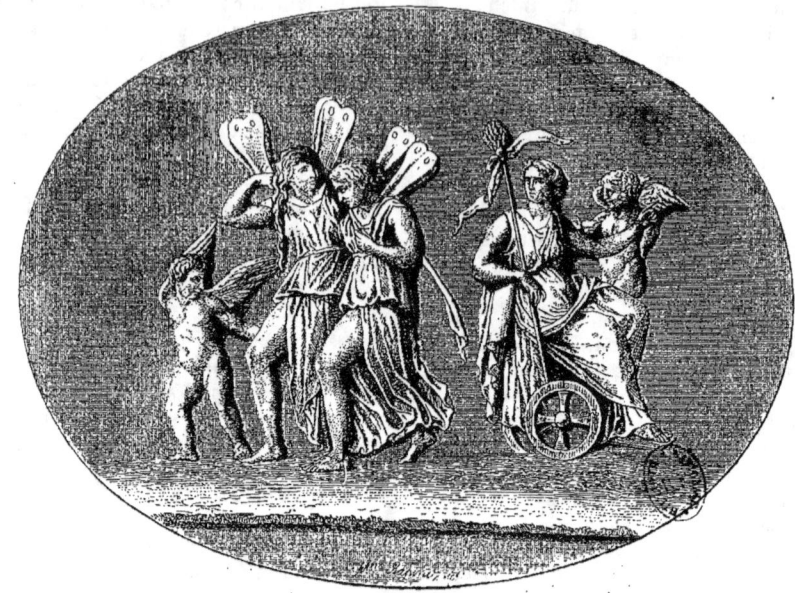

84. — TRIOMPHE D'ARIANE.
(Pierre gravée du musée de Florence.)

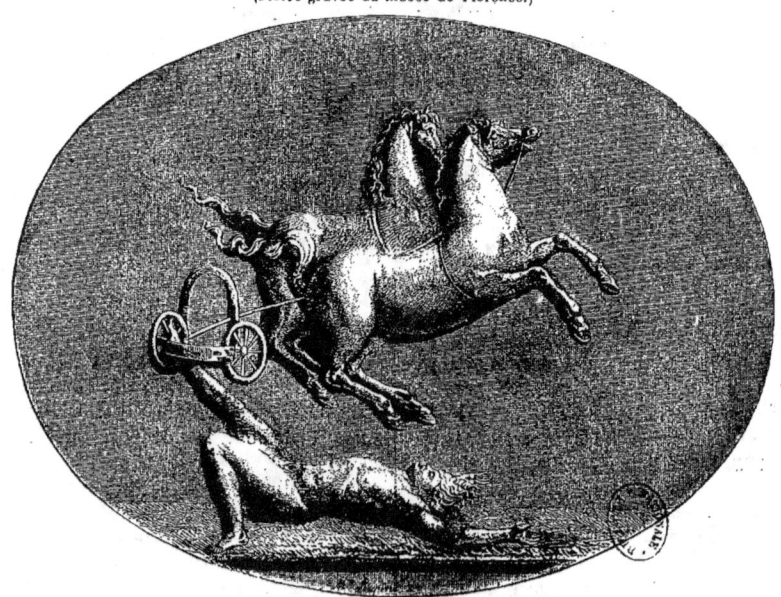

85. — MORT DE PHAÉTON.
(Pierre gravée du musée de Florence.)

quité. Quant à son nom de vase de Saint-Denis, il vient, soit de ce que le nom grec de Bacchus, Dionysos, est aussi celui de saint Denis, soit de ce qu'il faisait partie du trésor de l'abbaye de Saint-Denis, qui l'avait reçu en don d'un roi de France de la race Carlovingienne. Comme le sens des mythes païens était absolument oublié au moyen âge, cette coupe bachique fut considérée comme un objet sacré, et on lui donna une destination solennelle: c'est là que les reines de France buvaient l'ablution, après la communion, le jour de leur couronnement dans l'abbaye de Saint-Denis. La coupe resta dans l'abbaye jusqu'à la Révolution, où elle fut transportée au cabinet des médailles par un décret de l'Assemblée nationale (1790). Le 16 février 1804, elle fut volée, en même temps que le *grand camée* et d'autres pièces des plus précieuses: les voleurs furent arrêtés en Hollande et la coupe retrouvée. Mais le pied d'or qui soutenait le vase avait été fondu, et nous ne connaissons sa forme que par les gravures antérieures à cet événement. C'est moins la dimension et la beauté de ce morceau d'agate qui en font la valeur, que le travail exquis des sculptures qui le décorent, l'élégance de sa forme et la merveilleuse conservation de ses anses délicates à travers tant de siècles. L'inscription gravée sur le piédestal portait: « O Christ, Karl III de ce nom sur le trône des Francs, t'a consacré ce vase! » Un trapèzophore (sorte de buf-

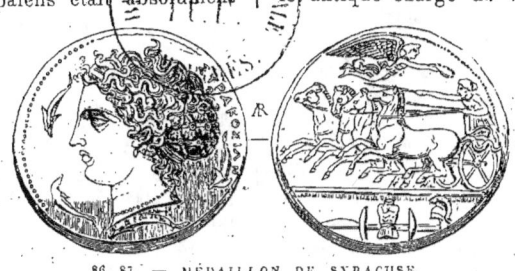

86, 87. — MÉDAILLON DE SYRACUSE.
Proserpine.   *Quadrige.*

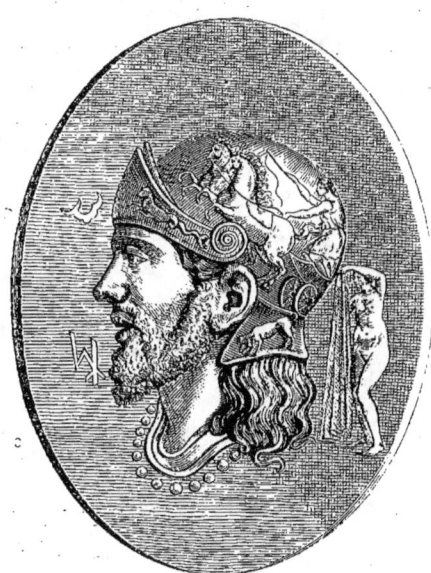

88. — PIERRE GRAVÉE ANTIQUE.

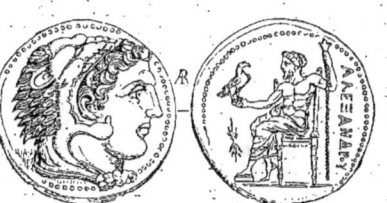

89, 90. — TÉTRADRACHME D'ALEXANDRE LE GRAND.

fet antique chargé de vases), porté par deux sphinx et abrité sous un grand voile attaché à deux arbres autour desquels s'enlace une vigne, des masques scéniques de Pan, de Bacchus, une statuette de Cérès tenant deux flambeaux, un masque de Silène, une ciste mystique d'où sort le serpent bachique, une panthère, animal consacré à Bacchus, qui boit le vin resté au fond d'une coupe, et divers attributs se rattachant tous aux mystères de Bacchus et de Cérès sont représentés sur la coupe.

Le Cabinet des médailles de Paris ne possède pas de pièces en verre aussi complètes que le vase Barberini dont nous avons parlé. Néanmoins on peut y voir à quel degré de perfection le travail du verre était poussé dans l'antiquité. Parmi les fragments de vases en pâte de verre que renferme notre collection, il y en a un dont le sujet représente Persée délivrant Andromède, qui serait le digne pendant du vase de Portland, s'il était entier. Les figures, d'un travail exquis, se détachent également en blanc sur un fond bleu.

MONNAIES. — Le premier usage qu'on fit du métal pour servir dans le commerce, comme moyen d'é-

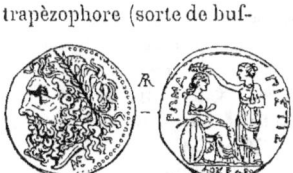

91, 92. — MONNAIE DES LOCRIENS.

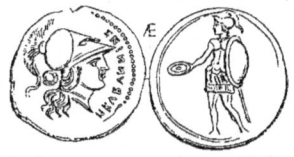

93, 94. — MONNAIE D'AQUILONIA.

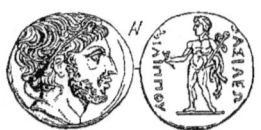

95, 96. — STATÈRE DE PHILIPPE.

change, fut de le donner au poids. Ces premières pièces étaient informes; on y imprima ensuite une marque qui en indiquait la valeur. Selon les auteurs anciens, l'invention du monnayage est dû à Phidon, roi d'Argos. Les plus anciennes monnaies étaient fondues, ce n'est que plus tard que l'usage est venu de les frapper au marteau. Pour les types on se contenta longtemps des emblèmes les plus simples, tels qu'une tortue grossièrement tracée, comme sur les monnaies d'Égine, des abeilles sur celles d'Éphèse, etc.; mais l'usage prévalut bientôt de graver sur les monnaies l'image des divinités, et la gravure des monnaies créa des chefs-d'œuvre comme la sculpture. Les monnaies se portaient souvent comme joyaux; de là vient qu'on en trouve tant qui sont percées par les bords. Quelquefois aussi elles étaient considérées comme talismans, à cause des divinités dont elles présentaient l'image. Les très-anciennes monnaies n'ont d'emblèmes que d'un côté, et sur le revers on remarque un creux qui servait à fixer la médaille.

Le type des monnaies ou médailles, car les médailles antiques étaient toutes des monnaies, a commencé par présenter des figures entières ou des objets inanimés : ce n'est que plus tard qu'on y a placé des têtes, qui figuraient la divinité protectrice de la ville, ou l'image d'un héros. Au reste, les types des monnaies grecques sont extrêmement variés. Pallas avec la chouette figure sur les monnaies d'Athènes, un bouclier sur celles de Cyrène, une rose sur celles de Rhodes. Les médailles des villes grecques de la Sicile sont considérées comme les plus belles monnaies qu'on ait faites (fig. 81).

Le goût qui s'introduisit de reproduire sur les monnaies le souvenir des victoires remportées, la célébration des jeux en l'honneur des dieux, des sujets mythologiques et une multitude d'allusions ingénieuses à toutes sortes d'idées, donne aux monnaies antiques une singulière variété. C'est à partir d'Alexandre que commença l'usage de placer le portrait du roi sur les monnaies. Celles d'Alexandre et de ses successeurs se font admirer par la perfection du dessin et de l'exécution (fig. 84).

Les premières monnaies romaines furent aussi extrêmement grossières. Mais à partir de la conquête de la Grèce, les types s'améliorèrent comme tout le reste, et plusieurs monnaies de l'époque impériale sont remarquablement belles. On fit sous l'empire de très-grandes médailles, qu'on appelle médaillons : les empereurs les donnaient comme présent à leurs amis. Il y en avait aussi qui servaient d'ornements aux enseignes militaires auxquelles on les suspendait. Le travail en est quelquefois très-remarquable et la scène représentée se rattache très-souvent à l'histoire primitive de Rome : le combat des Romains et des Sabins après l'enlèvement des Sabines et Hersilie se jetant entre Tatius et Romulus, la défense du pont par Horatius Coclès, l'arrivée d'Esculape à Rome, etc.

La décadence de la gravure en médailles commence aussitôt après les Antonins, et marche vers la barbarie avec une surprenante rapidité. Les bustes perdent subitement tout relief, le dessin devient incorrect. A partir de Constantin, les personnages ne peuvent plus être distingués qu'au moyen d'inscriptions et quand on arrive à Théodose, la grossièreté du travail montre une barbarie complète et absolument irrémédiable.

PEINTURE. — Nous ne connaissons malheureusement rien de la peinture décorative des Grecs; mais si nous en croyons les auteurs anciens, elle atteignit une perfection égale à celle de la sculpture, dont elle se rapprochait d'ailleurs beaucoup par la manière de concevoir les sujets. Polygnote de Thasos, qui acquit les droits de citoyen d'Athènes et fut l'ami de Cimon, comme Phidias devait l'être de Périclès, est le premier peintre dont les anciens aient admiré les productions. Les grandes compositions de cet artiste étaient peintes sur des tablettes en bois et la disposition était réglée d'après les convenances architectoniques, car ces peintures ont toujours un caractère monumental. Il avait décoré le Pœcile d'Athènes, le temple de Delphes, le temple de Minerve à Platée, etc. Il avait une connaissance profonde des mythes religieux, et son dessin sévère se faisait remarquer par la noblesse qu'il donnait à ses figures mythologiques. Ce grand artiste refusa d'être payé pour ses peintures du Pœcile. Les Amphyctyons, qui étaient les États généraux de la Grèce, ordonnèrent, pour répondre à sa générosité, qu'il aurait partout son logement gratis.

Polygnote vivait 436 ans avant Jésus-Christ. Parmi ses contemporains, les peintres les plus célèbres furent Micon, et Panœnus, le frère de Phidias. La décoration du Pœcile est due à ces artistes : on y voyait représentés, la guerre contre les Perses, la prise de Troie, peinte par Polygnote, et le combat des Athéniens et des Amazones peint par Micon. Ces peintures, remarquables par le dessin, montraient encore l'enfance de l'art sous le rapport du coloris;

ce fut Apollodore qui le premier s'occupa de cette partie de l'art. « Apollodore, dit Pline, ouvrit les portes de l'art et Zeuxis y entra. » Le perfectionnement qu'Apollodore avait apporté dans la peinture et où Zeuxis le surpassa, était relatif au coloris. Au reste, leur rivalité les honora, et Apollodore, reconnaissant publiquement la supériorité de son jeune rival, composa un vers où il disait : « Zeuxis m'a dérobé l'art : il l'emporte avec lui. » Apollodore est le premier qui ait imité ses ombres aussi bien que ses lumières d'après les teintes mêmes du modèle : c'est ce que les Grecs appelaient *colorer l'ombre*. Jusque-là on mettait sur tout le personnage une couleur uniforme et on indiquait les ombres par le moyen de hachures brunes ou noires, mais dépourvues de la couleur réelle.

Zeuxis naquit vers l'an 475 avant Jésus-Christ. Ce maître a exercé trop d'influence sur l'art et le goût pour que tout ce qu'on sait de sa vie ne soit pas de nature à nous intéresser. On doit croire que l'expression de la réalité était à cette époque la grande préoccupation des artistes grecs : du moins c'est ce que semblerait prouver le concours qui s'établit entre Zeuxis et Parrhasius. Zeuxis avait peint des raisins avec une telle vérité, que des oiseaux s'en approchèrent pour les becqueter. Il se croyait pleinement vainqueur, mais quand il voulut voir le tableau de son rival, que celui-ci lui avait dit être derrière un rideau, il s'approcha et voulant tirer le rideau, s'aperçut qu'il était peint. Alors Parrhasius s'écria : « Je t'ai vaincu, car tu n'as trompé que des oiseaux et je t'ai fait illusion à toi-même. »

Nous n'avons rapporté cette anecdote si connue et d'ailleurs parfaitement apocryphe que pour en chercher la signification. Il est certain que si les oiseaux des Grecs prenaient des fruits imités pour de véritables fruits, c'est que les oiseaux des Grecs n'étaient pas conformés comme les oiseaux de notre pays, et il est certain aussi que si les peintres de l'antiquité ne reconnaissaient pas un rideau peint d'un rideau véritable, c'est qu'ils n'avaient pas une aussi grande expérience de la peinture que les peintres d'aujourd'hui. Mais on pourrait tirer de cette histoire, en écartant ce qu'elle a de légendaire, une conclusion bien fausse, si on pensait que les peintres grecs attachaient une si grande importance à faire des *trompe-l'œil*. Il est évident que ces deux maîtres n'avaient en vue que d'essayer leurs forces, et qu'il ne s'agissait là que d'une étude.

Au surplus, l'histoire de la figure d'Hélène, peinte par Zeuxis, montre clairement la théorie des Grecs sur la nature de ce beau de choix, que nous nommons beau idéal. L'artiste avait réuni cinq belles jeunes filles à l'effet de composer sa figure d'après les contours les plus achevés de chacune d'elles. Zeuxis avait peint aussi un *Hercule enfant*, en train d'étouffer les deux serpents, et une centauresse allaitant ses petits, deux tableaux qui mirent le comble à sa réputation. Mais de toute son œuvre aucune peinture n'est aussi célèbre que son Jupiter entouré des autres divinités. C'est des peintures de Zeuxis que Pétrone pouvait dire, plusieurs siècles après qu'elles avaient été exécutées : « Je n'ai pas vu sans frissonner des mains de Zeuxis, vivantes encore comme si elles étaient peintes d'hier. »

Parrhasius est le rival de Zeuxis dans le siècle de Périclès. Parrhasius avait fait faire de nouveaux progrès à la peinture en donnant plus de vie aux figures, plus de finesse aux extrémités, plus de grâce dans la chevelure, une pondération plus savante dans la disposition générale. On citait de lui un Thésée qui, du temps de Caligula, était encore au Capitole, une Atalante qui fut achetée par Tibère, un Bacchus qu'on trouva si beau qu'il donna naissance au proverbe corinthien : « Qu'est-ce que cela auprès du Bacchus ? », un Coureur tout armé, sur le corps duquel on croyait voir couler la sueur, et un autre qui, arrivé au but, dépose tout haletant ses armes.

Presque en même temps que Zeuxis et Parrhasius nous voyons apparaître Timanthe et Eupompe.

Timanthe se fit aussi connaître par des peintures de très petite dimension. Il avait fait entre autres un Cyclope endormi et des Satyres occupés à mesurer son pouce avec leurs thyrses. Mais il fit aussi des tableaux d'histoire, car il avait représenté le meurtre de Palamède, tableau qu'on avait placé à Éphèse et qui fit une grande impression sur Alexandre le Grand. Timanthe vainquit Parrhasius dans un concours dont le sujet était Ajax disputant à Ulysse les armes d'Achille. Mais son œuvre la plus fameuse est le *Sacrifice d'Iphigénie*; dans ce tableau il avait voilé la tête d'Agamemnon. Beaucoup d'écrivains ont présenté cette idée comme un expédient du peintre pour éviter de rendre une expression très difficile. D'autres, au contraire, voient dans ce fait la preuve évidente que les Grecs étaient peu soucieux de l'expression, parce qu'ils n'estimaient que la beauté et la régularité des traits. La raison qui a guidé Timanthe nous paraît beaucoup plus simple. L'idée du manteau cachant la tête d'Agamemnon n'était rien moins que nouvelle du temps de Timanthe, soit dans le costume, soit dans les mœurs, soit même dans l'art. Dans un moment d'extrême affliction, les Grecs se voilaient toujours la face, et un artiste qui n'aurait pas fait cela aurait manqué à la vérité.

Eupompe n'est connu que par un seul tableau, mais qui était extrêmement célèbre : il représentait *Un vainqueur aux jeux gymniques*. Il fut le fondateur de l'école de Sicyone, d'où sortirent une foule d'artistes illustres, entre autres Pamphile, qui fut le professeur d'Apelles, et passait pour un homme très-savant : son enseignement, très-célèbre dans l'antiquité, était basé sur les applications de la géométrie à la peinture. On ne connaissait de lui, même du temps de Pline, que quatre tableaux : le premier qui représentait l'*Intérieur d'une famille* ; le second un *Combat donné devant la ville de Phlius*, place forte de l'Achaïe, le troisième une *Victoire des Athéniens*, et le quatrième un *Ulysse dans son vaisseau*. Il ne prenait pas d'élève à moins qu'il ne s'engageât à rester dix ans chez lui,

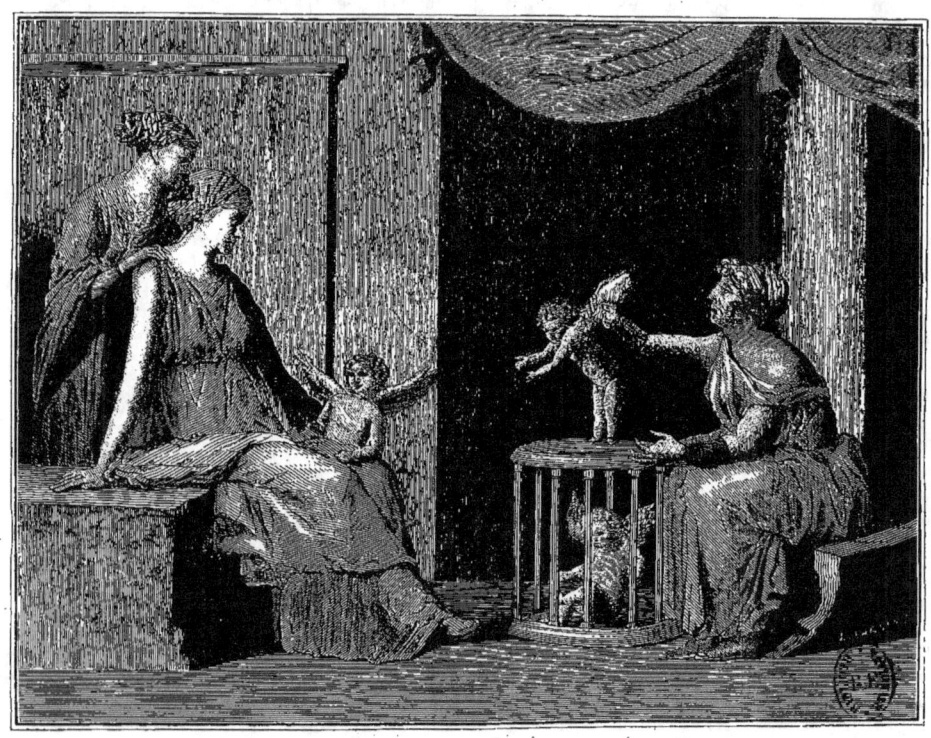

97. — LA MARCHANDE D'AMOURS.
(Peinture antique du musée de Naples.)

et il fut fameux dans l'antiquité par son école encore plus que par ses ouvrages.

Les peintres qui viennent immédiatement avant Apelles semblent s'être appliqués surtout à rendre la réalité des scènes de la vie intime. C'est du moins ce qu'on peut supposer d'après ce qu'en disent les anciens écrivains. Ainsi Échion avait représenté une vieille femme portant deux lampes devant une nouvelle mariée, Pausias de Sicyone aimait surtout à représenter les enfants : il avait également peint Glycère, bouquetière athénienne fameuse par sa beauté. Elle était assise et avait la tête ceinte d'une couronne de fleurs. Pausias fut chargé de réparer les grandes décorations de Polygnote qui s'abîmaient : mais il paraît que ses retouches ne furent pas heureuses et qu'il resta très-loin du modèle primitif.

A côté de l'école de Sicyone, on voit fleurir l'école d'Athènes, où Nicias s'acquit une réputation prodigieuse. Le roi Attale lui fit offrir une somme énorme (deux cent soixante-dix mille francs de notre monnaie) pour un tableau représentant Ulysse qui évoque l'ombre des morts ; mais Nicias répondit que puisqu'il avait fait un chef-d'œuvre il préférait en faire don à sa patrie. Nicias s'attachait surtout à rendre le relief par le jeu de l'ombre et de la lumière. Euphranor de Corinthe avait peint les douze grands dieux, un Thésée très-fameux, une bataille de Mantinée, une figure d'Athènes et une figure de la Démocratie personnifiée ; ces deux dernières peintures se voyaient au Céramique d'Athènes. Il était également sculpteur et avait écrit sur les arts. Nicomaque peignit un Enlèvement de Proserpine, une Victoire s'élevant sur un quadrige, des bacchantes et des satyres, etc.

Apelles, le plus célèbre peintre des temps anciens, avait eu d'abord pour maître un artiste d'Éphèse, mais l'avait bientôt quitté pour étudier avec Pamphile qui jouissait alors d'une grande réputation à Sicyone. Apelles a fait un

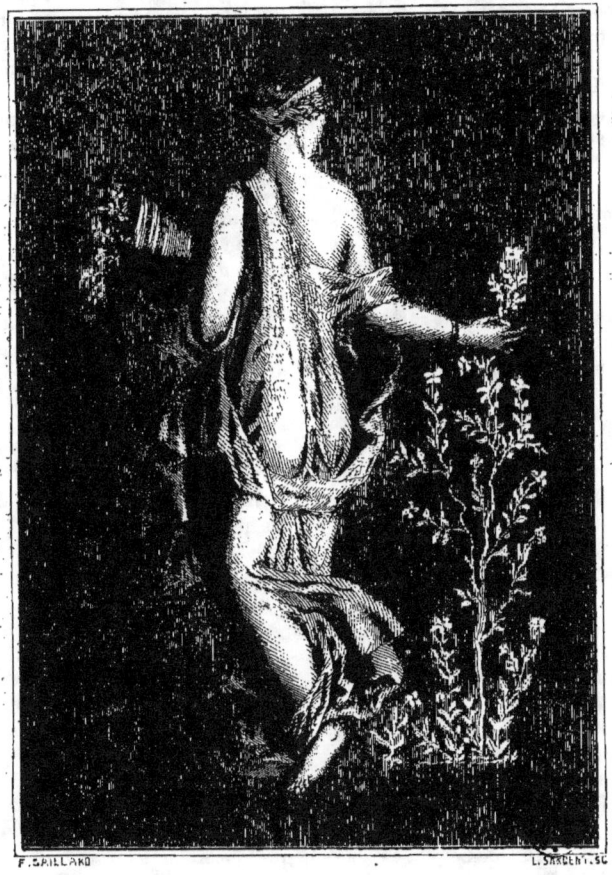

98. — FLORE.
(Peinture antique du musée de Naples.)

grand nombre de tableaux : les plus fameux étaient une Vénus sortant de l'eau, connue sous le nom de Vénus Anadyomène, une Diane au milieu d'un chœur de vierges qui lui offraient un sacrifice, et un portrait d'Alexandre, placé dans le temple de Diane à Éphèse. C'est ce dernier tableau qui lui faisait dire avec orgueil qu'il y avait au monde deux Alexandre, l'un invincible qui était fils de Philippe, l'autre inimitable qui était fils d'Apelles. Il avait fait aussi un très-fameux tableau intitulé la Calomnie.

L'histoire de ce tableau est curieuse. Lorsque Ptolémée était général au service d'Alexandre, il avait eu une querelle avec Apelles. Plus tard le peintre fut jeté par une tempête sur les côtes d'Alexandrie, et le bouffon de Ptolémée, voulant faire une plaisanterie, lui dit que le roi Ptolémée désirait l'avoir à dîner. Apelles étonné se rendit pourtant à cette invitation; mais quand il arriva, le roi, fronçant le sourcil, lui demanda de la part de qui il venait. Apelles qui ne savait pas le nom de celui qui l'avait invité, prit un morceau de charbon et dessina le portrait du bouffon. Le roi éclata de rire et se réconcilia avec l'artiste. Mais une conspiration ayant éclaté, un peintre d'Alexandrie, jaloux d'Apelles et désirant le perdre, le dénonça comme y ayant pris une part active. Apelles fut arrêté et aurait été conduit au supplice, si son innocence n'eût été reconnue à temps. Le roi confus voulut lui donner comme esclave le misérable artiste qui l'avait dénoncé, mais Apelles préféra faire un chef-d'œuvre pour apprendre au roi à être plus circonspect et composa son tableau de la *Calomnie*, qui fut imité sous la Renaissance, d'après la description des auteurs anciens.

Le rival qu'on oppose ordinairement à Apelles est Protogène, qui fut un peintre de l'école de Rhodes, alors extrêmement florissante. On ignore quel fut son maître, mais on sait que sa jeunesse avait été très-rude et qu'il vécut longtemps dans une grande pauvreté. Le plus fameux tableau de Protogène représentait Jalyssus, fils du Soleil et de la nymphe Rhodos. On prétendait que le peintre avait mis sept années à peindre la figure principale. Mais ce tableau a donné lieu à un conte encore plus puéril, quoique très-célèbre. Jalyssus avait avec lui un chien, et on a raconté que Protogène, impatienté de tenter vainement l'imitation de la bave du chien, lança son éponge sur le tableau et fut servi à souhait par le hasard qui fit d'une tache d'éponge une excellente représentation de cette bave. On voit que les modernes n'ont rien à envier aux anciens pour la fabrication des petites anecdotes qui doivent toujours parer la vie des grands artistes. Au reste, le même trait a été raconté sur le peintre Néalcès, au sujet de l'écume d'un cheval retenu par son écuyer.

Protogène finissait extrêmement ses tableaux, et Apelles lui reprochait de ne pas savoir s'arrêter. Il avait peint, dans le temple de Minerve, des sujets tirés de l'Odyssée, entre autres Nausicaa conduisant une voiture traînée par des mulets. On citait encore de lui un Satyre au repos, un Athlète, plusieurs sujets tirés de la vie d'Alexandre, et des portraits extrêmement célèbres, entre autres celui du poëte tragique Philiscus, occupé à composer une tragédie.

Après Apelles et Protogène, les auteurs anciens signalent encore Aristidès de Thèbes, Antiphile d'Égypte et plusieurs autres qui s'illustrèrent durant la période macédonienne, mais il paraît certain que la peinture cessa de progresser. La conquête romaine fit passer en Italie la plupart des chefs-d'œuvre dont les Grecs étaient si fiers, et la peinture, quoique toujours exercée par des artistes grecs, déclina rapidement quand elle fut obligée de se plier aux goûts emphatiques des Romains.

Les plus anciennes peintures que l'on connaisse à Rome, du moins par tradition, étaient exécutées par des artistes étrusques. Le premier peintre romain que l'on cite est Fabius Pictor. Le goût des arts ne s'introduisit à Rome qu'après la conquête de la Grèce. Un grand nombre d'artistes grecs vinrent alors s'établir en Italie, et il se forma quelques artistes romains, mais qui furent toujours en très-petit nombre. Sous Auguste, le peintre Ludius imagina un genre de décorations qui eut un prodigieux succès; il peignait sur les murs des vues représentant des paysages, des portiques, des marines, avec de petites figures. Ces paysages n'étaient pas l'image de la réalité, mais plutôt des fantaisies décoratives. Aussitôt après Auguste, la peinture commença à décliner, et la décadence complète de cet art précéda celle de la sculpture.

C'est surtout à Pompéi qu'on peut juger de la peinture antique (fig. 97, 98, 99, 100). A Rome, le tableau des Noces Aldobrandines et les peintures des bains de Titus en offrent aussi de précieux échantillons. Néanmoins, nous ne connaissons aucun des chefs-d'œuvre qui ont fait l'admiration des anciens.

La peinture paraît avoir été un peu subordonnée à la sculpture : les tableaux se composaient comme les bas-reliefs, c'est-à-dire que la scène se déroulait d'un côté à l'autre, sans se développer beaucoup dans la profondeur perspective. Comme le paysage n'a jamais été une partie importante de la peinture dans l'antiquité, on peut présumer que les anciens étaient inférieurs aux modernes, pour tout ce qui touche au coloris et aux grands aspects du clair-obscur. Mais sous le rapport de la forme, nous devons admettre que les peintres se sont élevés très-haut, puisque les anciens plaçaient leurs ouvrages au même niveau que les grands chefs-d'œuvre de la statuaire.

MOSAÏQUE. — On appelle mosaïque une espèce de peinture faite avec de petits cubes de verre, de pierre, de bois, d'émail ou d'autres matières de différentes couleurs, fixés sur une surface par un mastic (fig.101). Cette sorte de peinture était fort commune chez les anciens. Un des grands avantages de la mosaïque est sa résistance à tout ce qui altère communément la beauté des peintures, et la facilité avec laquelle on peut la nettoyer en lui donnant un nouveau poli, sans risquer d'en détruire le coloris. « Lorsqu'on veut faire un ouvrage en mosaïque, dit Millin, on construit en pierres plates un fond cerclé avec des bandes de fer, et entouré d'un bord solide en pierres. Ce fond est couvert d'un mastic épais dans lequel on implante, conformément au dessin tracé sur le fond, des cubes colorés. Ce mastic prend la dureté d'une pierre; lorsque l'ensemble a assez de consistance on le polit comme une glace. »

La mosaïque paraît avoir pris naissance en Orient : on imita les tapis dans des compositions de pierres dures diversement colorées et artistement réunies que l'on exécutait sur les pavés ou sur les murailles. On suppose donc que les Grecs ont pu emprunter aux Phéniciens la manière d'assembler les petits cubes, mais ce sont eux qui en ont fait un art qu'ils ont porté à la perfection et qu'ils ont ensuite enseigné aux Romains. Ceux-ci, après la conquête de la Grèce, transportèrent à Rome les beaux pavés de mosaïque trouvés dans les villes grecques dont ils s'étaient rendus maîtres. Sylla fut le premier parmi eux qui fit exécuter dans le temple de la Fortune, à Prœneste, aujourd'hui Palestrine, une mosaïque qui subsiste encore.

Après avoir orné les pavés des édifices avec des mosaïques, on en mit aussi pour décorer les murs et les plafonds voûtés. Il y en avait de plusieurs espèces; les unes étaient faites avec des morceaux de marbre assez grands, d'autres avec de tout petits cubes de pierre qui ne suivaient pas des lignes droites et régulières, mais des lignes courbes ou serpentines. Parmi les mosaïques antiques les plus célèbres, nous citerons la mosaïque dite *du Capitole* ou *des quatre colombes* (fig. 102), trouvée près de Tivoli ; elle représente quatre colombes dont l'une est dans l'attitude de boire ; elle a été imitée un grand nombre de fois en petit pour des dessus de boîtes et des médaillons.

La *grande mosaïque de Pompéï*, qui représente une bataille entre les Grecs et les Perses, est un des plus curieux morceaux de l'art antique. Le héros grec vient de percer de sa lance un guerrier barbare dont le cheval s'est abattu. Le chef barbare, monté sur un char, tient son arc à la main, et semble pressentir sa défaite ; son cocher fait tourner les chevaux pour prendre la fuite. Ce tableau, qu'on croit représenter la bataille d'Arbelles, passe pour la copie d'un ouvrage célèbre dans l'antiquité.

VASES. — Les vases forment une partie importante et très-ancienne de la peinture. Après les vases du style primitif qui ne comportent pas encore de figures, mais des ornements ou des animaux grossièrement dessinés, vinrent les vases du style qu'on a appelé asiatique ou égyptien et qui semblent copiés d'après des tissus ou des tapisseries. Les vases de Corinthe, parmi lesquels un grand nombre ont été exécutés en Étrurie, par des artistes grecs, présentent souvent des sujets mythologiques (fig. 103). Le Louvre en possède un très-beau qui représente la famille de Priam. En général on appelle vases d'ancien style ceux qui ont un fond jaune ou rouge, sur lequel se détachent des dessins noirs. Ceux à peinture rouge sur fond noir appartiennent à l'époque du plus grand développement de l'art grec. Mais il est difficile de déterminer l'époque à laquelle ce changement a eu lieu. Il y a quelques vases du style de transition, mais ils sont rares. On peut voir au Louvre une amphore où il y a d'un côté Bacchus et Ariadne accompagnés de satyres et de l'autre Hercule enchaînant Cerbère.

Plus tard, le goût du luxe multiplia dans les vases les ornements blancs : le simple contraste du noir et du rouge ne suffit plus et on vit dans les vases du jaune, du violet et même de l'or se mêler aux teintes primitives. Les reliefs de la sculpture s'associèrent aux teintes de la peinture. Il y eut des vases de forme singulière, par exemple les *rhytons*. Le rhyton est une imitation embellie de la corne, dont les anciens peuples se servaient pour boire. Les rhytons sont quelquefois percés à leur extrémité par un petit trou qui fait écouler le liquide en un jet très-mince. Le col du rhyton était ordinairement pourvu d'une anse et couvert de figures peintes ou en relief. Il se terminait le plus souvent par une tête d'animal, griffon, cheval, taureau, bélier, panthère, etc.

Il y eut aussi des vases à double tête : on peut voir au Louvre ceux qui représentent Alphée et Aréthuse, Hercule et Omphale, etc. On fit aussi des vases de forme imitative, des vases affectant la forme d'un fruit, d'un animal, une grappe de raisin, un coq, une panthère accroupie, un crocodile qui dévore un homme, puis on en fit dont les anses avaient des volutes, des nœuds, des enroulements de toute espèce, des tiges de plantes terminées en têtes de femmes.

On donne aux vases des noms différents suivant leur forme et l'usage auquel on les destinait. Ainsi le *cratère* est un vase largement ouvert destiné à faire le mélange du vin et de l'eau dans les repas ou les sacrifices. L'*amphore* est un vase de terre cuite dont les anciens se servaient comme mesure de capa-

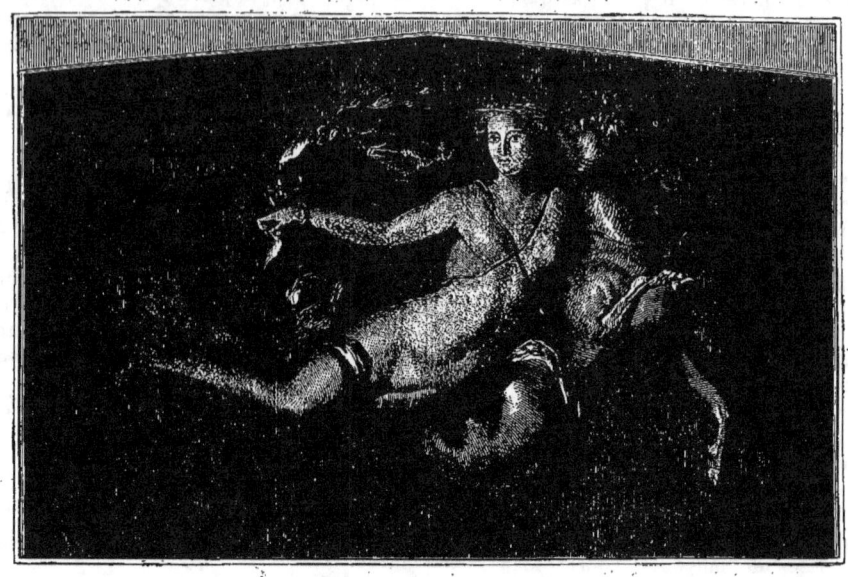

99. — BACCHANTE PORTÉE PAR UNE PANTHÈRE MARINE.
(Peinture antique du musée de Naples.)

cité pour les liquides. Les fouilles d'Herculanum ont montré des amphores portant des inscriptions pour indiquer l'âge du vin qu'elles avaient contenu. Il y avait deux espèces

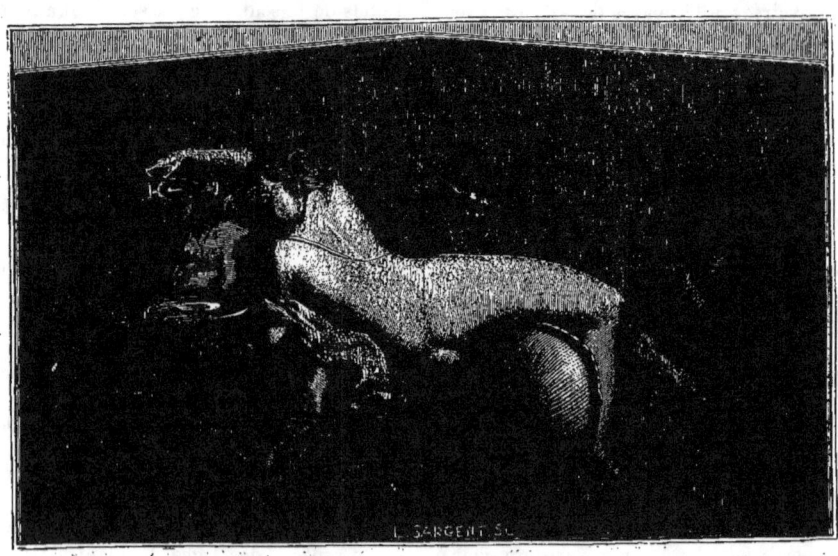

100. — TRIOMPHE DE GALATHÉE.
(Peinture antique du musée de Naples.)

d'amphores, celles qui étaient disposées pour se tenir debout sur leurs bases, et celles qui étant arrondies du bas, se plaçaient dans des trous pratiqués sur des tablettes percées et

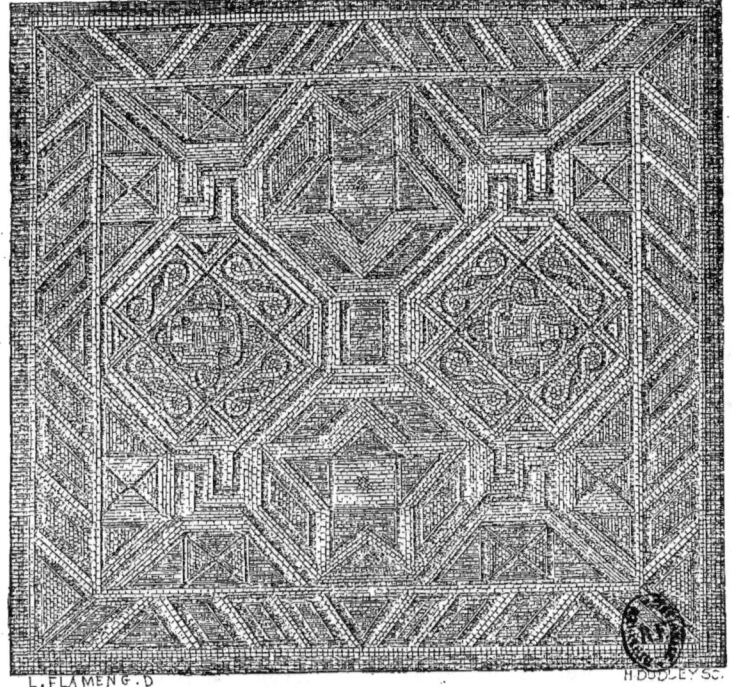

101. — MOSAÏQUE.

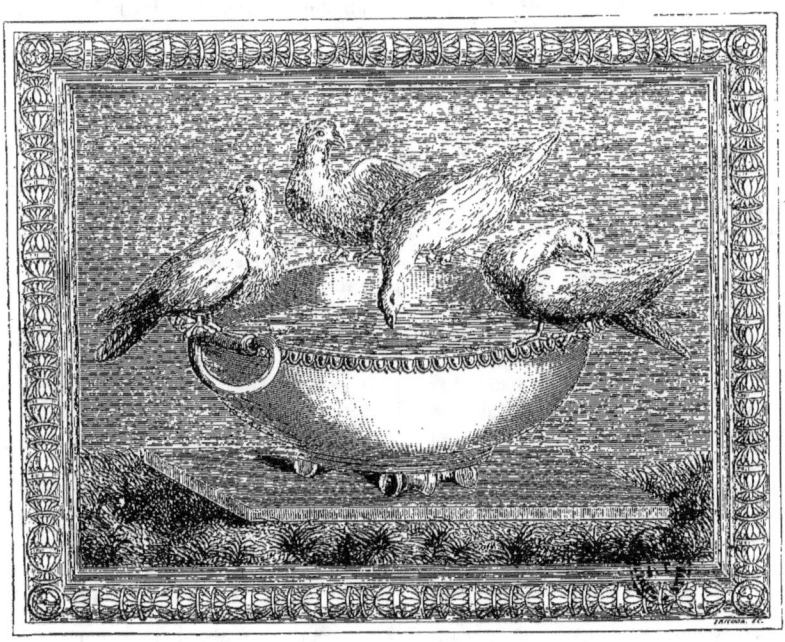

102. — LES COLOMBES, DE FURIETTI.
(Musée du Capitole, à Rome.)

qu'on mettait le long des murailles. Comme volume on distinguait l'amphore italique de l'amphore attique, qui contenait un tiers de plus. Suétone parle d'un homme qui, pour obtenir la charge de questeur, avala le contenu d'une amphore (25 litres environ) devant l'empereur Tibère.

Les Grecs variaient avec une inépuisable abondance la forme et l'ornement des objets dont ils se servaient. Les choses les plus usuelles étaient en même temps des œuvres d'art, non par le travail, qui pouvait être comme partout, plus ou moins grossier, mais par le style. La structure de leurs vases comme celle de tous leurs meubles et ustensiles était toujours adaptée à un emploi commode, et les figures qui les décoraient avaient toujours un sens qui s'accordait avec leur destination. Il n'y avait pas chez les Grecs des artistes et des industriels, mais il y avait des artistes à différents degrés de talent. La limite que nous prétendons aujourd'hui tracer entre l'art et l'industrie, n'existait pas, et chacun apportait dans la décoration d'un lit, d'une lampe, d'un bouclier, d'un coffret ou d'un vase, ces traditions de goût, qui se maintenaient avec d'autant plus de respect qu'elles étaient exigées par une clientèle difficile à satisfaire.

ITALIE.

ARCHITECTURE.

Les peuples de l'Italie centrale, qu'on regarde généralement comme de race pélasgique, paraissent, ainsi que les Grecs, avoir pratiqué les arts dès une antiquité très-reculée. Les Étrusques n'occupaient pas seulement le territoire actuel de la Toscane, ils s'étendaient dans toute la basse et la moyenne Italie jusqu'au delà du Tibre, et les traces de leur séjour se retrouvent dans la Campanie, où ils avaient bâti Capoue. S'il existe de grands rapports entre les Grecs et les Étrusques, on trouve aussi de notables différences dans leurs mœurs aussi bien que dans leur art. Mais le culte surtout avait un tout autre caractère, et les prêtres étrusques, qui avaient une haute réputation de science et de divination, exerçaient sur le pays une bien plus grande influence qu'en Grèce, où ils étaient simplement les dépositaires du temple et les ordonnateurs des cérémonies. Bien que les dieux fussent à peu près les mêmes qu'en Grèce, la religion, qu'on accuse d'avoir immolé des victimes humaines, offre partout des allures lugubres que le culte hellénique n'a jamais connues. La très-grande importance de la magie a fait appeler l'Étrurie mère de la superstition, et les nombreux écrits sur la divination, toujours conçus dans des termes effrayants, remplissaient de terreur ceux qui les lisaient. Les scènes ensanglantées, dont on donna au peuple le spectacle à l'occasion des enterrements, eussent fait horreur aux Grecs, ainsi que les combats d'amphithéâtre dont les Romains adoptèrent depuis l'usage, mais dont les Étrusques étaient les inventeurs. Des historiens ont fait ce rapprochement que les flagellations volontaires qui ont eu dans les temps modernes un caractère religieux, existaient en Toscane avant d'avoir été pratiquées chez tous les autres peuples d'Occident.

Les Étrusques ont laissé une prodigieuse quantité de tombeaux extrêmement soignés, et quand on étudie les mœurs de ce peuple, on voit que, de même que les Égyptiens, leur vie entière était consacrée à penser à la mort. Les urnes sépulcrales des Romains, exécutées par des artistes grecs, présentent presque toujours des allégories gracieuses, des danses de bacchantes, des noces même ; celles des Étrusques montrent le plus souvent des scènes sanglantes, figurées en l'honneur du mort. Les artistes qui faisaient ces tombeaux et ces urnes étaient les aïeux de ces maîtres Florentins et Pisans qui, au quatorzième siècle, peignaient sur les murs du Campo Santo et des églises de la Toscane, ces terribles représentations de l'enfer, du jugement dernier et de la danse des morts. Les anciennes villes étrusques, toujours dominées par une citadelle formidable, et entourées d'épaisses murailles qu'on regardait comme sacrées, sont devenues au moyen âge ces sombres cités, dont le nom rappelle les plus furieuses guerres civiles de l'histoire.

Mais il est une autre analogie que Winckelmann a remarquée le premier. Dans le jeu forcé des mouvements, dans les attitudes plus violentes que naturelles, dans l'exagération des saillies, qu'il signale sur les figures des vases et sur la plupart des ouvrages de la statuaire étrusque, le savant antiquaire trouve le même idéal que poursuivaient les Michel-Ange, les Daniel de Volterre, et tous les maîtres de l'école florentine.

Les plus vieux monuments de l'architecture étrusque sont, comme ceux de la Grèce, des imitations d'édifices primitivement bâtis en bois. L'ordre toscan semble n'être qu'une reproduction dégénérée du dorique grec. Les Étrusques passent pour avoir été fort habiles dans l'art de bâtir, et ce sont eux qui ont construit tous les anciens édifices de Rome. On les regarde comme les inventeurs de la voûte et des arcades, telles qu'elles sont si souvent employées dans les constructions romaines. C'est donc en Italie même qu'il faut rechercher l'origine de l'art romain, qui fut, il est vrai, considérablement modifié par les Grecs, mais qui avait déjà sa voie tracée quand la Grèce devint province romaine.

Des aventuriers, venus de divers États de l'Italie centrale, formèrent le premier noyau du peuple romain. L'art tient naturellement peu de place dans une nation toujours en guerre et ne vivant que par la force. Il fallut près de cinq cents ans pour que la domination romaine fût établie seulement dans le Latium. Pendant tout ce temps les Romains occupèrent exclusivement des artistes étrusques, qui eurent alors le rôle que remplirent depuis les artistes grecs. L'édifice le plus important dont il soit fait mention pendant cette période, est le grand cloaque, dont la construction, faite par un architecte étrusque, est attribuée au règne de Tarquin l'Ancien. Ce canal excitait au plus haut point l'admiration des Romains. La voûte est formée de voussoirs ou pierres taillées en coins et dirigées vers le centre de la courbe, et c'est un des plus anciens, sinon le plus ancien exemple de constructions de ce genre. Il est remarquable que le monument qui marque le plus dans les débuts de l'histoire romaine soit un égout; mais c'est conforme au génie administratif et pratique qui a toujours caractérisé les Romains. La voie Appienne, le grand aqueduc que fit élever le consul Appius, sont des monuments du même ordre. Les Carthaginois passent pour être les premiers qui firent paver les routes; on peut supposer que les Romains les imitèrent, et pour les grandes voies de communication ils n'ont jamais été dépassés.

Il est difficile d'assigner une date bien précise aux transformations du goût public chez les Romains. Les historiens nous parlent, il est vrai, de plusieurs statues érigées sous les rois et dans les premiers temps de la république. Horatius Coclès, Clélie et plusieurs autres héros, avaient eu l'honneur d'une image destinée à perpétuer leur mémoire. Mais l'histoire de ces premiers temps ne présente pas de bien grandes garanties d'authenticité. Il faut, pour trouver un Romain artiste, redescendre jusqu'à Fabius Pictor, qui fut en même temps le premier historien de Rome, et probablement le premier Romain qui cultiva la peinture. Ce fut Marcellus qui apprit à ses compatriotes à apprécier les chefs-d'œuvre des arts, en rapportant de Syracuse une foule de tableaux et de statues grecques volés dans cette ville. Bientôt on fit peindre au Capitole les victoires de Lucius Scipion. Il y eut aussi un tableau célèbre, par Métrodore, représentant le triomphe de Paul-Émile, qui rentra dans Rome suivi de deux cent cinquante chars remplis de tableaux et de statues. Après la prise de Corinthe par Mummius, Rome fut inondée d'œuvres d'art que ce général rapportait de Grèce. Ce fut lui qui consacra dans le temple de Cérès le fameux tableau de Bacchus, dont le roi Attale avait offert une somme si prodigieuse, que Mummius, pensant qu'il devait posséder quelque vertu secrète, refusa de le vendre et l'envoya à Rome. Les Romains connaissaient encore si peu le prix de la peinture qu'ils se servaient des tableaux comme de tables pour jouer aux dés, et on raconte que quand on les emballa, Mummius, trouvant qu'on n'y mettait pas assez de soin, dit à ses soldats que s'il y en avait un seul d'abîmé, il les condamnerait à en rendre un tout pareil. Tous les généraux romains prirent l'habitude de rapporter des villes conquises de riches trophées pour en orner la métropole, et Rome, à la fin de la république, était déjà devenue comme un immense musée. La profusion de statues fut telle, que Scaurus en fit placer trois mille pour orner un théâtre qui ne devait durer qu'un mois.

L'admiration prodigieuse qu'excitaient ces productions étrangères fit qu'on n'eut plus aucune estime pour les ouvrages indigènes, et les Romains trouvèrent plus commode d'orner leur ville avec des chefs-d'œuvre tout faits, que d'essayer d'en faire eux-mêmes. L'orgueil national n'en souffrit nullement, bien au contraire; on se persuada que la seule occupation qui fût digne d'un Romain était de gouverner les hommes. On laissa aux Grecs le soin de cultiver les beaux-arts; on paya très-largement leurs ouvrages; mais ils ne jouirent jamais à Rome de la considération qu'ils avaient dans leur pays et qui avait fait leur grandeur. Sénèque trouvait que la peinture et la sculpture ne doivent pas compter parmi les arts libéraux. Les productions des artistes grecs continuèrent néanmoins à se vendre à un prix excessif, et les Romains tenaient beaucoup à leurs ouvrages, dont ils s'amusaient, comme ils s'amusaient des spectacles et des gladiateurs. L'art n'eut jamais à Rome de ces couronnes glorieuses que la Grèce distribuait aux jeux olympiques, et qui élevaient les artistes au niveau des plus grands citoyens.

La réduction de la Grèce en province romaine eut lieu à peu près à la même époque que la prise de Carthage, qui assurait à Rome la domination exclusive des mers, et que la conquête de l'Asie, où les Romains trouvèrent ces richesses étranges, inouïes, qui vinrent affluer dans la capitale et en changèrent complètement les mœurs et les habitudes. La politique intelligente du sénat, autant et plus peut-être que la valeur et la discipline des lé-

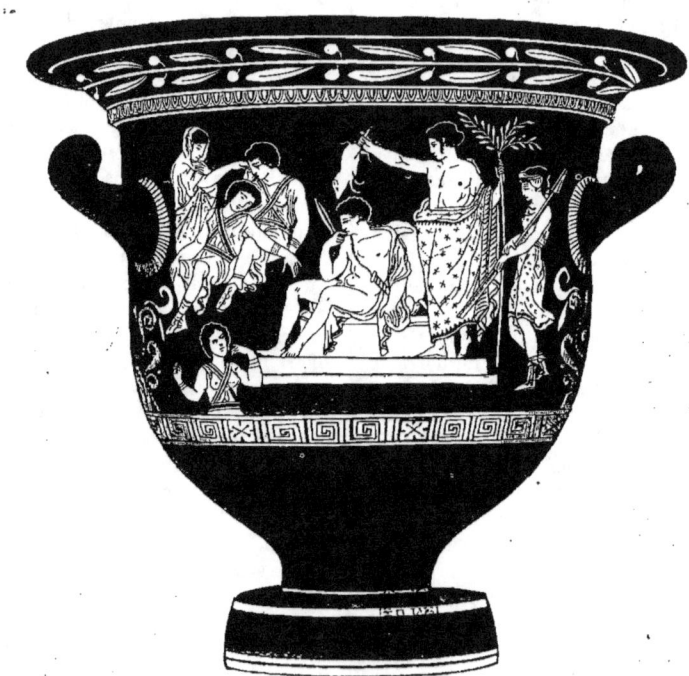

103. — VASE GREC.

gions, avait amené ce résultat. Rome, qui avait tant lutté pour avoir la prépondérance de l'Italie, qui avait été à plusieurs reprises bien près d'être perdue, se trouva, après les guerres Puniques, dans une situation à peu près analogue à celle de la Grèce après les guerres Médiques. Mais comme le génie des deux nations était entièrement différent, l'enivrement du triomphe produisit chez elles des effets tout autres. Chez les Grecs, il y eut un développement prodigieux dans les arts, les lettres et la philosophie; mais l'unité politique leur manquant, ils usèrent toute leur énergie dans des luttes de cité à cité, jusqu'à ce que les phalanges macédoniennes, en leur imposant une forme monarchique contraire au génie de leur race, vinrent refroidir ce feu sacré qui leur avait fait enfanter des merveilles. Rome, au contraire, avait toujours eu de l'unité, mais n'avait jamais connu la liberté, du moins comme les Grecs l'entendaient. Un corps de patriciens oppressif, mais qui représentait véritablement l'intelligence politique de la nation, et une armée de plébéiens continuellement appelée sous les armes, mais ne profitant en rien des luttes où elle donnait son sang, voilà la république romaine. La démocratie finit pourtant par avoir le dessus; mais ce ne fut pas au profit de la liberté, car son triomphe fut marqué par l'empire.

Pour s'assurer des partisans dans cette multitude, les empereurs (ce fut Auguste qui commença), faisaient d'immenses distributions de pain, d'huile, de vin, de viande, et de toutes les denrées nécessaires à la vie. La Sicile et l'Afrique furent chargées de nourrir cette population immense qui s'élevait, selon Eusèbe, à trois millions d'habitants, sans compter les femmes, les enfants et les étrangers. Mais ce n'était pas tout de la nourrir, il fallait encore l'amuser, et comme les beaux-arts ne pouvaient suffire, on inventa les spectacles, et comme la curiosité publique pouvait s'émousser, les fêtes que les empereurs donnèrent au peuple prirent des proportions toujours croissantes. César fit combattre quatre cents lions et quarante éléphants; trois mille cinq cents bêtes sauvages s'entretuèrent sous le règne

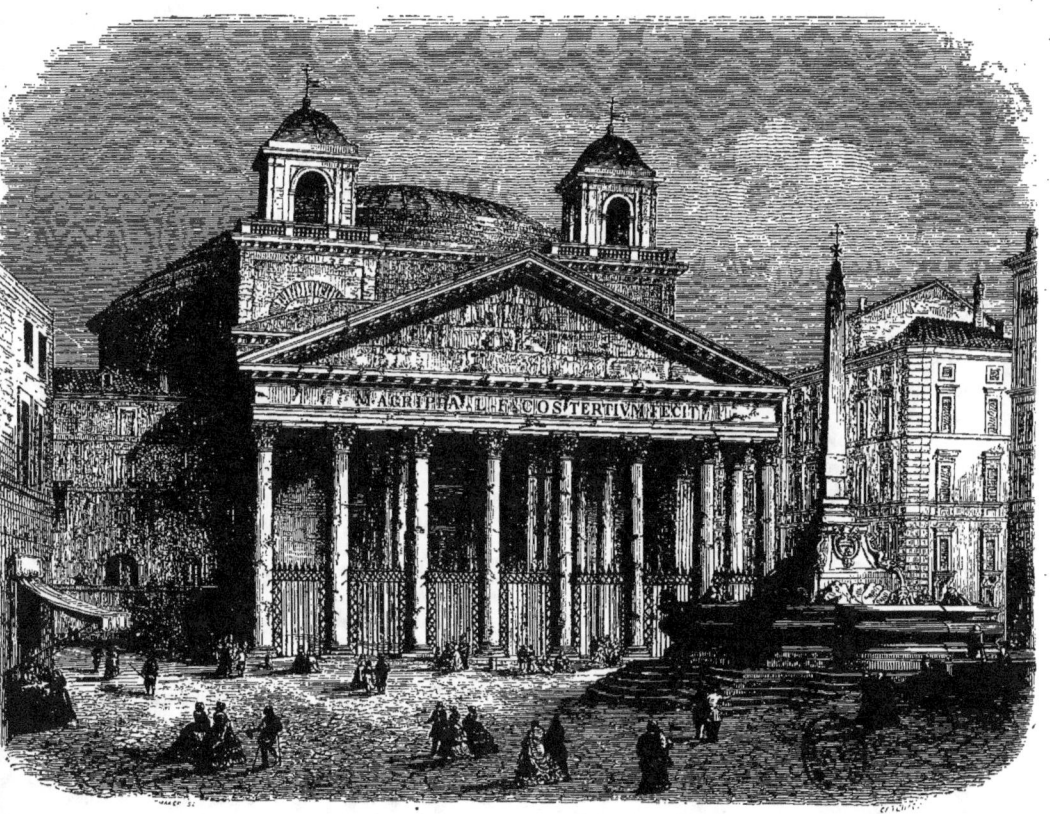

104. — LE PANTHÉON D'AGRIPPA, A ROME.

d'Auguste dans les amphithéâtres, cinq mille sous Titus et onze mille sous Trajan. D'autres fois c'étaient des animaux apprivoisés qui venaient faire des tours divers; on voyait des tigres qui se laissaient châtier, des léopards attelés au joug, des éléphants qui dansaient, et toujours dans des proportions telles qu'on ne pourrait le croire, s'il n'y avait tant de témoignages divers et toujours d'accord. Les amphithéâtres se transformaient en naumachies, des conduits venant des aqueducs amenaient l'eau subitement, et on donnait un combat naval avec des galères montées par des gladiateurs. Un jour l'empereur Probus fit transporter dans le cirque de grands arbres qu'on assujettit entre de fortes poutres, puis, dans cette forêt improvisée, on lâcha cent autruches, mille cerfs, mille sangliers, mille daims, des ibis, des brebis sauvages et une foule de bêtes plus petites, et le peuple romain fut convié à une chasse où chacun pouvait emporter son gibier.

Mais les jeux les plus communs étaient les courses de chars et les combats de gladiateurs. Ces derniers se battaient tantôt isolément, tantôt par troupes. En l'an 1000 de la fondation de Rome, deux mille couples de gladiateurs combattirent dans le Colysée, pour fêter cet anniversaire. En passant devant la loge de l'empereur, les gladiateurs avaient coutume de saluer en disant : « César, ceux qui vont mourir te saluent! » Le sol était recouvert d'une terre d'un rouge foncé, afin que le sang qui coulait n'eût rien de dégoûtant pour l'œil des spectateurs. Ce genre de spectacle était particulier aux Romains, et ne fut jamais admis par les Grecs; on proposa bien, à l'époque impériale, d'introduire à Athènes des combats de gladiateurs, mais le philosophe Démonax s'écria : « Il faudrait donc renverser d'abord l'autel que nos pères ont élevé à la Miséricorde! » mais les Romains étaient passionnés pour ces spectacles, aussi les empereurs en furent prodigues. C'était par des fêtes continuelles qu'ils se faisaient aimer de cette foule oisive, qui pouvait ainsi satisfaire à loisir ses instincts de férocité. Au point de vue de l'art, on doit aux empereurs de magnifiques édifices; le Colysée, les amphithéâtres de Capoue, Vérone, Pola, Fréjus, Arles, Nîmes, attestent à la fois l'importance que les grands mettaient à satisfaire le peuple, et l'habileté des artistes qu'on y employait.

Tout ce qui, chez les Romains, n'est pas une importation grecque, a son origine chez les Étrusques. On a retrouvé, en effet, dans un tombeau étrusque, une peinture qui représente un combat de gladiateurs dans un amphithéâtre dont les gradins sont soutenus par des échafaudages. Ce n'est qu'à partir de César que les Romains commencèrent à donner de l'importance aux monuments de ce genre. Un affranchi, nommé Attilius, avait fait bâtir un amphithéâtre en bois qui s'écroula pendant la représentation. Cinquante mille personnes furent tuées ou blessées. Scaurus, l'ami d'Auguste, en fit élever un en pierre, qui fut incendié sous Néron. Le Colysée (fig. 106), commencé par Vespasien et continué par Titus, est le plus célèbre monument de ce genre; il pouvait contenir jusqu'à cent mille spectateurs. L'amphithéâtre de Nîmes en contenait vingt-quatre mille. Les villes de Vérone, de Capoue, élevèrent à leurs frais des monuments splendides.

La plupart des grands monuments élevés par les Romains sont dus à la munificence des particuliers; les empereurs y eurent naturellement la plus grande part : « J'ai trouvé Rome en briques, disait Auguste, et je la laisse en marbre. » Il y avait, parmi les citoyens opulents, un désir immense de contribuer à la splendeur et à la gloire de leur patrie. Pline cite entre autres un aqueduc et un canal à Nicomédie, un gymnase et un théâtre à Nice, un aqueduc de cinq lieues à Sinope : tous ces monuments ont été élevés par des particuliers, et le peuple en jouissait sans y avoir contribué. Il y avait des fortunes privées immenses, et on gagnait l'estime et la popularité en élevant à ses frais un édifice qui faisait l'orgueil de la ville.

Le nom d'Hérode Atticus est le plus célèbre en ce genre. Son père avait trouvé un trésor immense dans une vieille maison, et il voulut, suivant la loi romaine, en donner une partie à l'empereur; mais celui-ci, qui était l'honnête Antonin le Pieux, refusa, et comme le trésor était si prodigieux qu'Atticus déclarait qu'il ne savait comment en user, l'empereur répondit : « Eh bien! abuses-en! » Des constructions gigantesques s'élevèrent alors en Attique, en Épire, en Eubée, dans le Péloponèse, et dans bien d'autres endroits. Plusieurs villes de Grèce et d'Asie honorèrent par des inscriptions celui qu'elles appelaient leur patron et leur bienfaiteur.

Les municipalités rivalisaient de zèle pour rendre célèbre leur cité par la beauté de ses monuments, et ne voulaient pas rester en arrière des particuliers. On peut juger de l'opulence des villes romaines par les débris qui en restent. Onze villes d'Asie se disputèrent l'honneur d'élever un temple à l'empereur, et le sénat fut chargé de choisir entre elles. Laodicée, qui fut rejetée une des premières comme étant trop pauvre, étale aujourd'hui l'immensité de ses ruines, et on se demande avec stupeur ce que devaient être Pergame, Smyrne, Éphèse, Antioche, Alexandrie. D'immenses et magnifiques routes, partant du milieu de la place de Rome, allaient dans toutes les directions, et tous les pays que baigne la Méditerranée étaient sillonnés de chemins tellement solides, que dix-huit siècles n'ont pas suffi pour en effacer la trace. Aussi, longtemps encore après l'invasion des barbares, les peuples se souvenaient de la domination romaine, comme d'une époque de prospérité inouïe, que les malheurs du moyen âge n'étaient pas propres à faire oublier.

APPAREILS. — Le système adopté par les Romains pour leurs constructions est assez varié. Quelquefois l'intérieur des murs est composé de cailloux irréguliers et noyés dans du mortier, et l'extérieur, de briques triangulaires dont l'angle aigu est tourné en dedans. D'autres fois, les pierres étaient taillées carrément et disposées de manière à ce que la ligne des joints formât une diagonale, ce qui donnait au mur l'apparence d'un damier. C'était le système le plus usité du temps de Vitruve. On appelle appareil allongé celui dont les pierres ont une surface plus étendue dans le sens horizontal que dans le sens vertical; grand appareil, celui qui se compose de pierres de taille posées par assises égales; petit appareil celui où les parements de mur sont formés de petites pierres symétriques à peu près carrées; appareil moyen, celui dont les pierres sont d'une dimension variable. En général, les briques jouent un grand rôle dans la maçonnerie romaine.

ORDRES, ARCADES. — Les trois ordres grecs sont le *dorique*, l'*ionique* et le *corinthien*. Mais dans les monuments romains il y en a deux autres qui sont le *toscan* et le *composite*. L'ordre toscan, qui paraît être d'origine étrusque, n'est qu'une reproduction abâtardie du dorique grec : il a été fréquemment employé dans les monuments de la république romaine. Mais ensuite on l'a trouvé trop simple, et passant d'un excès à un autre, on a adopté l'ordre composite, qui est une variante du chapiteau corinthien dans lequel entrent les grandes volutes ioniques. Le toscan et le composite ne forment donc pas des ordres particuliers, ils ne sont en réalité que la transformation des ordres grecs.

Mais ce qui appartient bien aux Romains, c'est l'*arcade* (fig. 111) : on appelle ainsi une construction qui se termine en dessous par une surface courbe, et qui décrit, dans l'antiquité romaine, un demi-cercle exact. Les pierres dont l'arc se compose ont reçu le nom de *voussoirs*, et le voussoir qui est au milieu de l'arcade s'appelle *clef*. L'arcade est elle-même supportée par des piliers carrés qu'on nomme *pieds droits* ou *jambages*. Au milieu, et au devant du *pied droit*, on met souvent une colonne ou un pilastre. Mais la plate-bande grecque fut presque toujours employée dans les monuments religieux.

TEMPLES. — Les temples romains présentent à peu près les mêmes dispositions que ceux des Grecs. Nous nous contenterons donc de citer ceux qui diffèrent des monuments dont nous avons parlé à propos des Grecs. Le Panthéon d'Agrippa à Rome (fig. 104) est encore debout, grâce à sa disposition qui a permis de le convertir en église. Il s'annonce par un portique de huit colonnes de face, qui soutiennent un entablement et un fronton. L'intérieur du temple est un cercle parfait, et c'est de sa forme ronde qu'on l'appelle vulgairement la *rotonde*. Cet édifice est un des plus beaux que nous ait laissés l'antiquité.

Le sanctuaire de la Sibylle à Tivoli est un temple absolument rond; ses vingt colonnes reposent sur un soubassement continu, et on y entre par une porte qui s'élève de quelques marches. Le petit temple de Vesta à Rome (fig. 105) est un autre exemple très-célèbre de temple rond.

Nous avons en France plusieurs temples romains, mais le plus connu et le plus beau est la *Maison carrée* (fig. 106) de Nîmes. On dit que Colbert avait l'intention de faire emporter pierre à pierre cet édifice pour embellir les jardins de Versailles. C'est qu'en effet tout est admirable dans ce petit monument, qu'on peut regarder comme un des chefs-d'œuvre de l'architecture romaine sous l'empire. Le temple de Nîmes, consacré aux petits-fils d'Auguste, est aussi ancien que l'ère chrétienne. Il est d'ordre corinthien, et enrichi d'une profusion d'ornements qui sont d'un goût exquis : sa forme est rectangulaire. Il en est de même du temple qu'on voit à Vienne, en Dauphiné, et qui était dédié à Auguste et à Livie. C'est aussi un édifice corinthien très-remarquable, mais moins bien conservé que la *Maison carrée* de Nîmes.

FORUM (fig. 107, 108). — Le Forum chez les Romains était le lieu consacré aux marchés, aux transactions de commerce, à la justice, aux affaires publiques, au culte religieux, etc. C'était une grande place toujours entourée par les principaux édifices de la ville, cours de justice, basiliques, temples, et par de spacieuses colonnades d'un ou de plusieurs étages dans lesquels les marchands, les banquiers, les usuriers, avaient leurs comptoirs et faisaient leur trafic. Toutes les villes avaient un forum, mais celui de Rome était le plus important. Il n'en reste maintenant que les débris des édifices environnants et l'ancien niveau est enseveli sous une couche épaisse de terre et de décombres.

BASILIQUES. — La basilique est un vaste bâtiment qui servait pour les réunions des marchands, et pour le tribunal. C'était à la fois une bourse et un palais de justice. L'intérieur se composait d'une nef centrale et de deux ailes latérales séparées par une rangée de colonnes. Cette disposition est celle qui a été adoptée par les églises chrétiennes des temps primitifs. L'église Saint-Vincent-de-Paul à Paris peut donner l'idée de la forme générale d'une basilique.

VOIES ROMAINES. — L'importance donnée aux grandes voies de communication est un des caractères de l'administration romaine. D'une borne placée au centre de Rome partaient en sens divers les routes qui couraient aux trois mers et aux Alpes, et tous les pays soumis aux Romains étaient sillonnés de grandes routes qui semblaient des artères partant d'un centre unique. On nomme les Carthaginois comme ayant les premiers pavé leurs grands chemins. La voie Appienne, qui va de Rome à Capoue, fut la première grande route romaine. L'Empire les multiplia prodigieusement. En Gaule, Lyon était le centre où venaient converger toutes les routes. L'administration supérieure des routes n'était confiée qu'aux personnages de la première distinction.

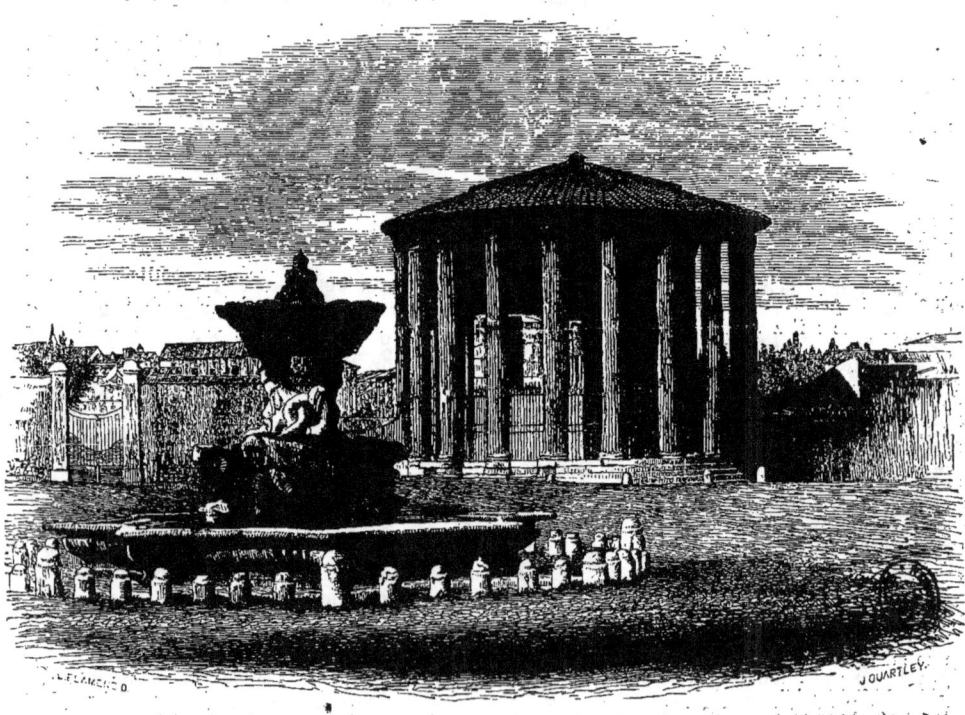

105. — TEMPLE DE VESTA, A ROME.

En général les voies romaines se divisaient en trois zones : celle du milieu était bombée et pavée avec de grandes dalles parfaitement unies et reposant sur une solide maçonnerie. Les zones latérales étaient comme des trottoirs couverts de graviers. Aux voies principales aboutissaient des chemins de traverse, dits *agraires*, *privés*, *vicinaux*. De dix pieds en dix pieds étaient des pierres pour aider à monter à cheval : des bornes milliaires indiquaient la distance où on était de Rome, et des auberges placées à une demi-journée l'une de l'autre, recevaient les voyageurs. Le gouvernement avait en outre des relais de poste pour le service de l'État.

ARCS DE TRIOMPHE. — Ce sont les Romains qui ont inventé l'usage des arcs de triomphe. Ces édifices présentent la forme d'une grande porte sous laquelle le triomphateur devait passer. Les plus fameux à Rome sont les arcs de Titus, de Septime Sévère, de Constantin (fig. 109). L'arc de triomphe d'Orange, en France, est percé de trois arcades au-dessus desquelles règne un entablement supporté par quatre colonnes corinthiennes dont les deux du milieu sont couronnées par un fronton. C'est un des édifices romains les plus importants que nous ayons en France. Les arcs de Saint-Remi, de Carpentras, de Cavaillon, de Reims, méritent aussi d'être remarqués.

Les arcs de triomphe étaient généralement ornés de trophées d'armes, de Victoires portant des palmes, et de bas-reliefs relatifs à la guerre dont on voulait rappeler le souvenir. L'arc de Titus, qui fut bâti après la destruction de Jérusalem, renferme de curieux bas-reliefs dans l'un desquels on voit figurer, parmi les dépouilles enlevées aux vaincus, le fameux chandelier à sept branches, qui était renfermé dans le temple. Dans l'arc de Constantin, on voit des bas-reliefs enlevés à celui de Trajan, car sous Constantin la sculpture était déjà tombée dans une barbarie complète.

L'institution du triomphe est une des plus caractéristiques de l'esprit romain et n'a jamais eu son équivalent en Grèce. Quand le sénat avait déclaré la guerre à une contrée ennemie,

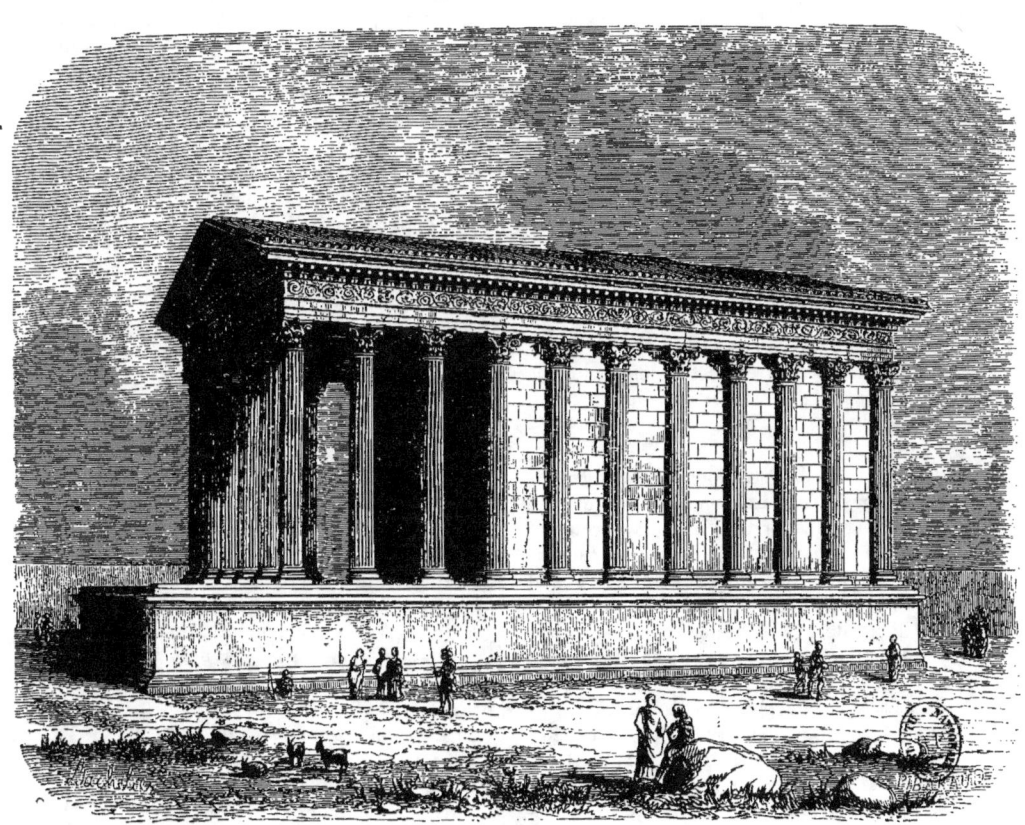

106. — MAISON CARRÉE, A NIMES.

le grand pontife s'avançait en cérémonie vers une colonne située près du temple de Bellone, et regardant vers les quatre points cardinaux, il lançait son javelot dans la direction de la nation qu'on allait combattre. Après la bataille, le général vainqueur envoyait une lettre couverte de lauriers au sénat, qui s'assemblait dans le temple de Bellone, pour décerner les honneurs du triomphe. Le triomphateur, le front couronné de lauriers, monté sur un char magnifique attelé de quatre chevaux blancs, était conduit en pompe au Capitole. Le sénat en corps, et une multitude de citoyens vêtus de blanc le précédaient. Devant son char marchaient enchaînés les rois et les chefs ennemis qu'il avait vaincus. Deux grands bœufs blancs destinés au sacrifice le suivaient. Les rues étaient couvertes de fleurs odorantes, sur le passage du triomphateur, qui était suivi de ses soldats portant des lauriers. Quand le triomphateur arrivait au Capitole, il prenait sa couronne et la posait sur la tête de Jupiter.

Outre les arcs de triomphe, les Romains avaient un autre genre de monuments commémoratifs : les colonnes. Les plus fameuses sont la colonne Trajane et la colonne Antonine. La colonne Vendôme à Paris en est une imitation.

La colonne Trajane (fig. 105) se compose de trente-quatre blocs de marbre parfaitement cimentés. Un escalier était pratiqué à l'intérieur, et elle était surmontée d'une statue colossale de Trajan, portant un globe d'or, dans lequel, dit-on, étaient renfermées ses cendres. Elle était décorée d'une série de bas-reliefs représentant les exploits de Trajan et surtout sa guerre contre les Daces. Ces bas-reliefs, qui suivent une spirale, comprennent deux mille cinq cents figures, et forment une suite très-intéressante de marches, de combats, de campements, de machines militaires, etc. Ils sont rangés parmi les plus beaux ouvrages que la sculpture ait exécutés sous l'empire romain. La colonne Trajane a été élevée par l'architecte Apollodore de Damas. La colonne Antonine était un peu plus petite, et les sculptures sont moins bonnes que celles de la colonne Trajane. Aujourd'hui ces deux colonnes sont surmontées des statues de saint Pierre et saint Paul.

AQUEDUCS. — Les aqueducs étaient des canaux destinés à conduire une certaine quantité d'eau à travers des terrains inégaux. Ils étaient apparents ou souterrains, perçaient les montagnes et s'élevaient au-dessus des vallées, soit sur des murs bâtis en maçonnerie, soit sur des séries d'arcades. Les aqueducs présentaient des sinuosités multipliées et aboutissaient à un immense réservoir, où l'eau se divisait en trois parties, l'une pour les fontaines publiques, la seconde pour les thermes, la troisième pour le service des particuliers. Elle était répandue dans la ville au moyen de tuyaux en plomb ou en terre cuite. La charge de directeur des eaux était considérée comme une des premières de l'État : toute une légion de travailleurs était chargée de l'entretien de ces importantes constructions, qu'on range avec raison parmi les plus admirables des Romains. A la fin de l'Empire, Rome recevait les eaux par quatorze aqueducs; l'Italie, les Gaules et l'Espagne en étaient richement dotées. Celui de Ségovie passe pour un des plus beaux : il en reste cent dix-neuf arcades et sa hauteur est de cent deux pieds. Il traverse la ville et passe par dessus les maisons qui sont dans la vallée.

La France possède de nombreux restes des anciens aqueducs romains. Ceux de Coutances, de Saintes, de Luynes, de Vienne, de Néris, de Fréjus, offrent des ruines intéressantes. Celui de Saint-Just amenait les eaux du mont Pilate jusqu'au sommet des montagnes dominant Lyon. Celui de Jouy près Metz avait six lieues de longueur et passait sur la Moselle : il en existe encore des débris imposants. Mais le premier sans contredit est celui qui est connu sous le nom de *pont du Gard*. Ce célèbre monument n'est qu'une partie d'un immense aqueduc de quarante et un kilomètres de long, qui amenait à Nîmes les eaux de l'Aure et de l'Airan. Le pont du Gard se compose de deux rangs de grands arcs et d'un rang de petits arcs, tous à plein cintre. C'est le troisième rang qui porte le canal que recouvrent de larges dalles. La hauteur totale du pont du Gard est de quarante-huit mètres au-dessus de la vallée au fond de laquelle coule la rivière du Gardon. Ce monument a été en partie détruit au cinquième siècle par les Barbares et a encore souffert de graves dégradations pendant les guerres de religion, mais il a été réparé au dix-septième et au dix-huitième siècle.

BAINS. — Les bains ou thermes sont peut-être les édifices où les Romains ont déployé le plus de magnificence. Dans les thermes de Caracalla, trois mille personnes pouvaient se baigner à la fois, et il y avait seize cents sièges en porphyre ou en marbre. Les plus célèbres édifices de ce genre avaient conservé les noms de ceux qui les avaient fait bâtir, Agrippa, Vespasien, Antonin, Caracalla, Titus, Dioclétien, Constantin. La décoration de ces établissements était splendide. C'est dans les thermes de Titus qu'on a retrouvé le groupe du Laocoon, et dans ceux de Caracalla qu'on a découvert l'Hercule et le Taureau Farnèse, le Torse antique, la Flore et les deux Gladiateurs. Des statues, des bas-reliefs, des tableaux, ornaient les salles et les portiques dont le pavé était une admirable mosaïque. Les bains étaient d'un usage général à Rome, et comme l'entrée, pour laquelle on payait d'abord une faible rétribution, devint gratuite sous l'Empire, les pauvres y participaient aussi bien que les riches. Les thermes les plus complets se composaient de deux enceintes comprises l'une dans l'autre, et séparées par de belles promenades plantées de platanes et de sycomores. Les bains proprement dits occupaient le bâtiment du centre, tandis que les constructions extérieures renfermaient des portiques pour se promener, des salles pour la gymnastique, et une bibliothèque pour les philosophes et les savants.

Il y avait des thermes plus ou moins somptueux dans toutes les villes de l'empire et on peut se faire une idée de leur grandeur par la salle qui subsiste encore dans les ruines des Thermes de Julien à Paris. La construction paraît remonter à Constance Chlore ; c'est le plus ancien monument de Paris. Quoique nue et dépouillée, la grande salle des thermes, sur laquelle ont déjà passé quinze siècles, commande le respect et l'admiration par ses hautes voûtes et ses voussures hardiment projetées dont les retombées ont pour consoles des proues de navire, point de départ des emblèmes de la ville de Paris. Cette salle était le *frigidarium*, ou bain froid, vaste parallélogramme dont la hauteur est de dix-huit mètres, la longueur de vingt, la largeur de onze mètres cinquante. Elle est accompagnée du côté du nord, d'une pièce en saillie qui formait la piscine. Des arcades, bouchées de temps immémorial avec des matériaux antiques, et percées d'ouvertures pratiquées au quinzième siècle, servaient de communication avec les salles voisines. Le *tepidarium*, dont il ne reste plus que des murailles en ruines, était bordé de grandes niches disposées en hémicycle. Il se trouve du côté du boulevard Saint-Michel, où l'on voit aussi, en descendant quelques marches, une construction massive en briques plates dans un état de calcination remarquable : ce sont les fondations de l'*hypocauste*, où le feu entretenait le bain chaud. Des caveaux et des salles souterraines, dépendant du même édifice, forment un vaste réseau de constructions romaines qui embrassaient toute une partie du littoral de la rive gauche de la Seine. Les eaux qui alimentaient les thermes venaient de Rungis, à trois lieues de Paris, et traversaient le vallon d'Arcueil, sur un aqueduc dont le temps a respecté quelques piles et qui est cotoyé par l'aqueduc moderne.

VILLAS. — La villa était la maison de campagne des Romains. Les Grecs et les Romains aimaient le séjour de la campagne ; mais pendant longtemps c'était une ferme ou une métairie, qui servait de résidence aux habitants des villes qui voulaient jouir de la tranquillité des champs. Plus tard ces habitations rustiques devinrent des résidences pourvues de tout le luxe imaginable et accompagnées de jardins immenses. Sous l'Empire romain, l'étendue des terrains occupés par ces parcs était telle que l'agriculture en souffrait.

AMPHITHÉATRES. — Si les théâtres sont, comme on a vu, d'origine grecque, les *amphithéâtres*, destinés aux combats d'animaux et de gladiateurs, sont d'origine étrusque. Mais ces combats qui, chez les Étrusques, étaient une coutume religieuse, ne furent pour les Romains que des fêtes sanglantes. Au reste ces jeux ne prirent de l'extension qu'avec l'empire.

Il n'y avait pas d'amphithéâtre à Rome avant Jules César : ce monument est celui qui caractérise le mieux l'époque impériale. Au temps de César même, l'amphithéâtre était en bois et ne pouvait durer que le temps prescrit pour les jeux. Ce fut sous Auguste que fut bâti le premier amphithéâtre en pierre : ce n'est donc pas à la période républicaine qu'il faut rapporter ces jeux féroces, qui ont déshonoré l'antiquité. En Grèce, ils n'avaient jamais eu lieu : la république romaine les supporta et l'empire les établit.

Les amphithéâtres ne furent dans l'origine qu'un vaste fossé creusé en terre et les spectateurs étaient placés en cercle sur des pentes gazonnées. Lorsqu'on voulut faire des édifices, leur plan présenta la forme de deux théâtres, rapprochés par la base des demi-cercles : de là le nom d'amphithéâtres donné à ces constructions, et qui signifie théâtre d'un côté, théâtre de l'autre, double théâtre.

La façade extérieure des amphithéâtres était partagée en étages ornés d'arcades, de colonnes, de pilastres et de statues. Autour de l'arène étaient pratiquées des loges ou voûtes qui renfermaient les animaux destinés au combat. Elles étaient prises dans un mur qui entourait l'arène et sur lequel était pratiquée une avance en forme de quai, qui servait de promenoir et qu'on appelait *podium*. Entre le podium et l'arène, il y avait des fossés destinés à séparer les bêtes des spectateurs. C'est sur le podium qu'on réservait la place de l'empereur et des consuls. Au-dessus du podium, s'élevaient les gradins, en retrait les uns sur les autres. Les spectateurs y venaient du dehors, au moyen d'ouvertures appelées *vomitoria*.

Auguste assigna des places différentes aux hommes mariés, aux célibataires, aux jeunes gens et à leurs pédagogues. L'espace du milieu ou arène était couvert de sable pour affermir les pieds des gladiateurs et pour ôter plus promptement les traces de sang. Des canaux, pratiqués dans l'intérieur de l'édifice, distribuaient de tous côtés les émanations des liqueurs odorantes dont on les remplissait.

De grands mâts s'élevaient dans l'orchestre, et retenus par des anneaux aux murs d'enceinte, servaient à fixer le *velarium*, immense voile tendu au-dessus des spectateurs pour les défendre contre le soleil ou la pluie. Cet usage fut introduit à Rome par Q. Catulus, et devint bientôt général. Le voile, qui dans l'origine était très-simple, devint très-riche par la suite et teint de diverses couleurs.

Il y avait deux sortes de combats : les combats d'animaux entre eux, ou d'hommes avec les animaux, et les combats de gladiateurs.

Les gladiateurs étaient le plus souvent des prisonniers de guerre (fig. 112). Ils étaient richement payés, mais plus souvent encore exploités, car des entrepreneurs les louaient pour les jours de fête. Pétrone cite un serment de gladiateurs, ainsi conçu : « Nous jurons de souffrir la mort dans le feu, dans les chaînes, sous le fouet ou par l'épée ; nous jurons, quelle que soit la volonté d'Eumolpus, de nous y soumettre en vrais gladiateurs, corps et âmes. »

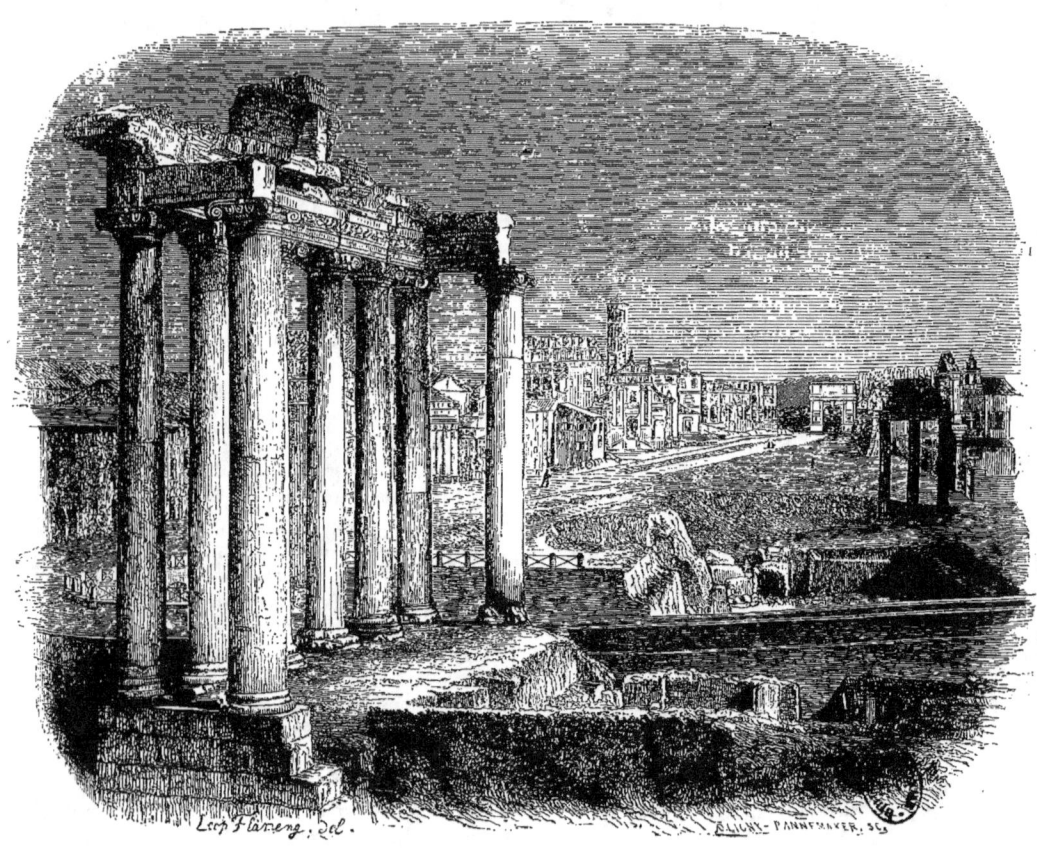

107. — VUE DU FORUM.
Temple de la Concorde.   *Arc de Titus. Temple de Jupiter.*

Le Colysée de Rome (fig. 110) est le plus grand et le plus célèbre de tous les amphithéâtres. Il fut inauguré par des jeux qui durèrent cent jours. En 405, Honorius abolit les combats de gladiateurs, comme incompatibles avec le christianisme, mais les combats d'animaux ne cessèrent qu'après le règne de Théodoric. Pendant les guerres civiles du moyen âge, le Colysée a servi de citadelle ; ce n'est qu'à partir du quatorzième siècle que sa destruction commença,

car on venait y prendre des pierres comme dans une carrière. La dévastation ne cessa qu'au dix-huitième siècle, quand Benoît XIV y éleva des chapelles, en souvenir des saints martyrs, qui dans ce lieu même, avaient versé leur sang pour la foi. Sans cette sage mesure, il ne resterait plus rien aujourd'hui de l'édifice le plus imposant que nous ait laissé l'architecture romaine.

Nous avons en France deux amphithéâtres

très-remarquables, celui de Nîmes et celui d'Arles.

La façade des arènes de Nîmes était divisée en deux étages d'arcades et de pilastres. Il y a un pilier peu saillant formant contrefort entre chaque arcade du rez-de-chaussée, et au premier étage autant de colonnes engagées qui les surmontent. Ces deux ordonnances sont très-simples et donnent une grande sévérité à l'aspect architectural du monument.

Quatre entrées, accusées extérieurement par des arcades, sont placées à l'extrémité de chacun des axes. Construit sous Antonin le Pieux, au deuxième siècle, l'amphithéâtre de Nîmes fut ruiné par Charles Martel, qui voulait ôter aux Sarrasins la possibilité de s'y défendre. On y a fait dans les temps modernes des réparations importantes. Trente-deux gradins, s'élevant jusqu'au mur de face, donnaient place à environ vingt mille spectateurs. Après avoir

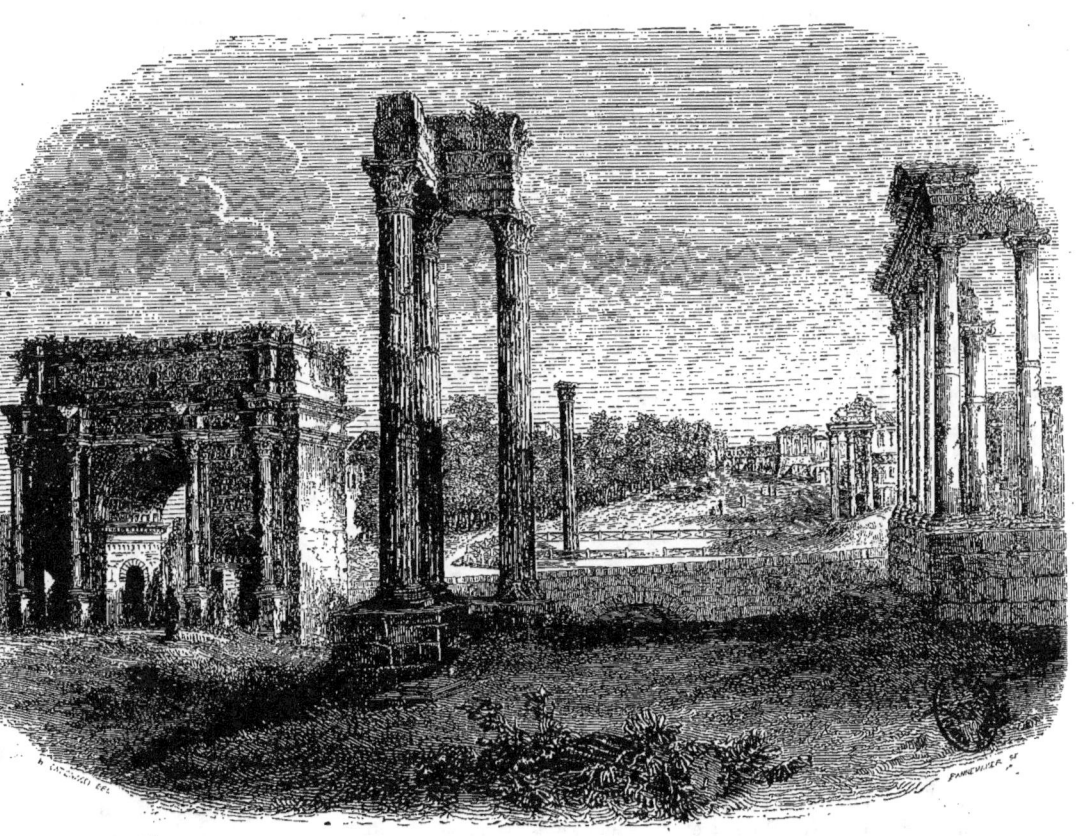

108. — VUE DU FORUM.

Arc de Septime Sévère.   *Colonnes du temple de Jupiter.*   *Colonne de Phocas.*   *Colonnes de Jupiter Stator.*   *Temple de la Concorde.*

servi à sa destination première pendant toute la durée de la domination romaine, c'est-à-dire jusqu'au milieu du cinquième siècle, cet édifice devint une forteresse et fut ensuite envahi par une foule d'habitations particulières qui en avaient formé en quelque sorte un quartier de la ville : on y avait même fait une chapelle.

Les arènes d'Arles sont plus grandes que celles de Nîmes, mais moins bien conservées.

Cet amphithéâtre avait soixante arcades dans son ovale et pouvait contenir vingt-cinq mille spectateurs. L'amphithéâtre d'Arles ne fut pas seulement le théâtre de ces scènes de meurtre qui faisaient les délices du peuple romain : il servit de citadelle aux habitants de la ville, au moment de l'invasion des Sarrasins. Pendant que la ville était livrée au pillage, les Arlésiens mirent leurs familles en sûreté dans les souterrains creusés sous l'arène. Quatre tours, d'une construction relativement moderne, placées aux entrées, attestent encore le caractère militaire donné au monument pendant le moyen âge.

CIRQUE, HIPPODROMES. — Les cirques étaient destinés aux courses de chevaux et de chars. Ils étaient très-longs pour leur largeur, et formaient un demi-cercle à l'extrémité du fond : sur la partie de devant se trouvaient les barrières d'où partaient les rivaux de course ; un mur étroit et bas, terminé aux extrémités par des colonnes et des autels derrière lesquels il fallait passer, partageait le cirque dans sa longueur. Les cirques étaient en outre ornés d'obélisques, de statues, de divinités, etc. Les spectateurs étaient placés sur des gradins. Il y avait plusieurs cirques à Rome : le plus fameux était le *Grand Cirque* et le *cirque de Caracalla*, dont le circuit reste encore dans son entier. C'est un gros mur de briques dans lequel on remarque de distance en distance des arcades avec des portes bouchées. On a retrouvé aussi les bornes autour desquelles tournaient les chars.

Les chars s'appelaient *biges* (fig. 114) quand ils avaient deux chevaux et *quadriges* quand ils en avaient quatre. Pour la course, il fallait faire sept fois le tour du cirque. On raconte qu'un empereur, voulant causer aux assistants une petite émotion, fit placer de tout petits enfants sur le passage des chars. Mais l'habileté des cochers fut plus grande que la cruauté de l'empereur, et bien que lancés à toute vitesse, ils se dirigèrent de manière à épargner la vie de ces malheureux, au milieu des applaudissements frénétiques de la foule. On voit ce fait représenté sur quelques bas-reliefs.

THÉATRES (fig. 113). — Nous avons déjà parlé de l'origine du théâtre. Le premier théâtre en pierre qui fut bâti à Rome a été élevé par Pompée : il reste à peine aujourd'hui quelques vestiges de cet édifice, qui avait été en partie refait par Théodoric, roi des Goths. La disposition du théâtre chez les Romains était à peu près la même que chez les Grecs. L'usage de mettre une voile immense, pour préserver les spectateurs des ardeurs du soleil, était général chez les Romains. On voit encore au théâtre d'Orange les trous qui servaient à faire passer les mâts à travers la corniche pour soutenir le voile. Ce théâtre est un des mieux conservés qu'il y ait en Europe. « Le mur de la scène, dit M. Mérimée, comme une haute tour s'élève au-dessus de tous les bâtiments modernes.

Les gradins, adossés à la pente d'une colline, suivant l'usage constant des Romains, sont en grande partie détruits, mais partout encore très-reconnaissables. Le mur de la scène est mieux conservé : construit de blocs énormes, il a résisté à toutes les attaques des hommes et des éléments. Autrefois, il était décoré à l'intérieur de trois rangs de colonnes. Des deux côtés de la scène, deux corps de bâtiments avancés contiennent des salles spacieuses, des corridors, des escaliers, en un mot toutes les conditions accessoires d'un théâtre et nécessaires aux acteurs et aux machinistes. Toutes les parties de l'édifice, mais surtout le haut des murs de la scène, portent les traces d'un violent incendie. »

TOMBEAUX. — L'inhumation à Rome se faisait avec une grande solennité. Quand les parents avaient fermé les yeux du mort, on le lavait et on le parfumait : ensuite on le couvrait de ses plus beaux vêtements et on l'étendait sur le lit funèbre, dans le vestibule de sa maison, les pieds hors de sa couche, et on lui mettait dans la bouche une obole pour payer le passage de l'Achéron. Dans les premiers siècles on enterrait les morts : plus tard l'usage prévalut de les brûler, mais on ne cessa jamais complètement d'enterrer. Les parents portaient le lit funèbre jusqu'au bûcher. Les musiciens, suivis des pleureuses, ouvraient la marche du convoi, qu'accompagnaient le maître des cérémonies et ses serviteurs, vêtus de noir. Les histrions et les bouffons venaient ensuite : ils avaient pour mission de jouer le personnage du défunt, d'imiter ses gestes et sa voix, de reproduire sa physionomie. Les parents et les amis accompagnaient le corps, autour duquel on portait dans des cadres l'image du mort et celles de ses aïeux, ainsi que ses vêtements attachés à de longues perches.

Arrivé au lieu de la sépulture, qui était toujours hors de la ville, on plaçait le mort sur le bûcher, et ses parents, après l'avoir embrassé une dernière fois, y mettaient le feu en détournant le visage. Alors on livrait aux flammes ses vêtements, les objets usuels qu'il avait aimés pendant sa vie, ainsi que des parfums. Les plus proches parents recueillaient ensuite les cendres, qu'on plaçait dans une urne. Le *colombarium* était un caveau de famille qui renfermait des urnes funéraires.

A l'extérieur, la forme des monuments funèbres était très-variée. Les *cippes* sont de petites colonnes rondes ou quadrangulaires, qui portent le nom et la qualité du défunt, et qui sont ordinairement surmontées de petits frontons, ou rehaussées de moulures. Les scènes sculptées sur les sarcophages sont empruntées aux croyances des anciens. On n'y voit jamais de squelettes ou de têtes de mort, mais des génies funèbres dans l'attitude du sommeil, ou tenant un flambeau renversé, beaucoup d'allusions au mythe de l'Amour et Psyché (fig. 28), et plus souvent encore des scènes du cortége de Bacchus, dont la légende paraissait propre à exprimer l'idée que la mort est un sommeil. Bacchus qui était le dieu des libations et des sacrifices, représentait par cela même, chez les anciens, l'idée de la résurrection : ses mystères, qu'on nommait orgies, se rapportaient au dogme de l'immortalité : « Nous qui sommes initiés aux mystères de Bacchus, dit Plutarque, nous savons qu'il y a pour l'âme une vie nouvelle au delà du tombeau. »

Dans le sarcophage de Bordeaux, au musée du Louvre, vous voyez dans le coin Ariadne endormie. Mais Bacchus arrive, suivi de son cortége de Ménades, de Satyres et de Centaures. La mythologie racontait qu'Ariadne, fille de Minos, abandonnée par Thésée dans l'île de Naxos, y fut rencontrée par Bacchus qui l'épousa et l'associa à sa divinité. Cette femme, qui s'endort dans la douleur et se réveille pour devenir l'épouse d'un dieu, semblait une image de la résurrection et de la vie future (fig. 80). Quant à la fable de Psyché, nous l'avons exposée dans un autre chapitre, et nous n'avons pas à y revenir. Nous rappelons seulement, pour expliquer la répétition très-fréquente de ce sujet sur les sarcophages, que les malheurs de Psyché, ses courses à la recherche de son époux, sa descente aux enfers et son mariage, célébré au milieu des dieux de l'Olympe, sont une allégorie de l'épuration de l'âme par la douleur et la mort, de son union mystique avec l'amour divin. Cette allégorie paraissait tellement claire qu'elle a survécu à la chute du paganisme : on la voit représentée sur plusieurs tombeaux dans les catacombes de Rome.

Mais une des scènes le plus souvent représentées sur les sarcophages est empruntée aux mystères d'Éleusis. Nous avons parlé plus haut de ces mystères, et nous avons expliqué comment, par une association d'idées très-familière aux anciens, cette jeune déesse enlevée par le roi des morts et rendue plus tard à sa mère représentait non-seulement la graine ensevelie sous la terre à l'automne pour renaître et fleurir au printemps, mais aussi l'âme humaine passant par le tombeau pour arriver à la vie bienheureuse. Ce rapprochement se présentait d'autant plus facilement à l'esprit des Grecs, que deux mots presque semblables exprimaient dans leur langue l'idée de la mort et celle de l'initiation. « Mourir, dit Plutarque, c'est être initié aux grands mystères, et le rapport existe entre les mots comme entre les choses. D'abord des circuits, des courses, des fatigues, et dans les ténèbres, des marches incertaines et sans issue; puis en approchant du terme, le frisson et l'horreur, et la sueur et l'épouvante. Mais après tout cela, une merveilleuse lumière, et dans de fraîches prairies, la musique et les chœurs de danse, et les discours sacrés et les visions saintes; parfait maintenant et délivré, maître de lui-même et couronné de myrte, l'initié célèbre les orgies en compagnie des saints et des purs, et regarde d'en haut la foule non purifiée, non initiée des vivants, qui s'agite et se presse dans la fange et le brouillard, attachée à ses maux par la crainte de la mort et l'ignorance du bonheur qui est au delà. » Nous avons cru nécessaire de nous étendre un peu sur la manière dont les anciens exprimaient dans l'art l'idée de l'immortalité de l'âme, parce qu'il serait impossible sans cela de comprendre les scènes représentées sur les sarcophages et sur les vases funèbres.

On trouve souvent dans les tombeaux les objets qu'avaient aimés le défunt. Les hommes y reposaient avec leurs armes, les femmes avec leurs bijoux, les enfants avec leurs joujoux; à côté des instruments qui indiquent les goûts ou la profession de chacun, on trouve des vases qui contenaient des comestibles; c'est ainsi que dans un grand nombre de vases funéraires on a trouvé des os de volaille, des arêtes de poissons et des coquilles d'œufs.

Les tombeaux étaient quelquefois de véritables édifices. Le tombeau des Scipions est une hypogée taillée dans les flancs d'une colline, celui de Caius Sextius nous montre une pyramide; mais de tous les tombeaux romains, les plus fameux sont ceux d'Adrien et de Cécilia Métella.

Le *château Saint-Ange* ou *mausolée d'Adrien* était un des monuments les plus remarquables de l'ancienne Rome. L'empereur Adrien le fit construire pour servir de sépulture à lui et à ses successeurs; il voulait surpasser tout ce qu'avaient fait l'Égypte, la Grèce et l'Italie. Il le plaça près du Tibre, sur lequel il fit jeter un magnifique pont qui le joignait à la ville. Ce monument était hors de l'enceinte de Rome, mais à une très-petite distance. Sur une base carrée d'une vaste surface, s'élevaient en pyramide arrondie, trois ordres d'architecture, le tout en marbre de Paros. Chaque ordre se composait de colonnes de granit et de porphyre, qui formaient de superbes galeries, décorées de statues et de bas-reliefs. L'édifice se terminait par une riche coupole au-dessus de laquelle on voyait une pomme de pin en bronze doré, qui, suivant la tradition, aurait contenu les cendres de l'empereur. L'entrée du monument était en face du pont du Tibre; de là, on passait dans une galerie haute et couverte, puis on arrivait par un escalier en limaçon, à la chambre du tombeau, qui se trouvait au milieu du bâtiment. Cette chambre est construite en pierres de taille, voûtée, et pourvue de grandes niches et de bancs pour recevoir les urnes cinéraires et les sarcophages. Les grands tombeaux élevés par les Romains ont eu une destinée assez triste. Constantin a porté le premier coup au mausolée d'Adrien, en le dépouillant de ses trois rangées de colonnes pour en orner l'intérieur de l'église Saint-Paul-hors-des-Murs. Plus tard, il fut employé comme forteresse contre les Goths, qui l'assiégeaient, et Bélisaire fit briser les statues dont l'édifice était décoré pour en jeter les morceaux sur les

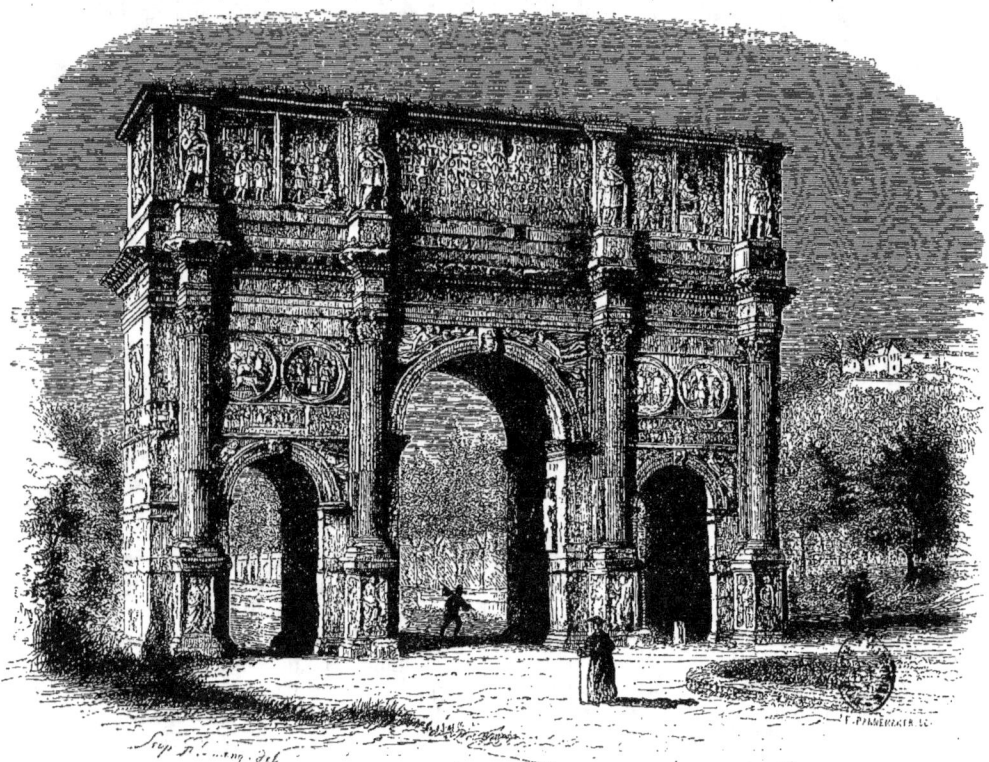

109. — ARC DE CONSTANTIN.

assaillants. Au septième siècle, saint Grégoire le Grand érigea à son sommet une chapelle dédiée à l'archange saint Michel, en action de grâce pour la délivrance de la peste. Car au plus fort de l'épidémie, un ange était descendu du ciel, s'était posé un moment sur le monument, et là, on l'avait vu remettre son épée dans le fourreau. La peste avait cessé aussitôt et c'est en souvenir de ce miracle que le mausolée d'Adrien s'est appelé château Saint-Ange. Au moyen âge, il devint la retraite de ces petits tyrans qui désolaient Rome. Boniface IX s'en empara, et aujourd'hui il sert de prison d'État.

Le tombeau de Cécilia Métella est le mieux conservé de toute la campagne de Rome. Les murailles, épaisses de trente pieds, sont composées d'énormes pierres. Dans l'intérieur, il n'y a d'autre vide qu'une salle ronde, absolument de la forme d'un pain de sucre, dont le sommet est maintenant à découvert. Le tombeau de Cécilia Métella, antérieur d'un demi-siècle à l'ère chrétienne, fut, comme la plupart des édifices romains, converti en citadelle au moyen âge, et on le mutila pour l'approprier à sa destination nouvelle. Au-dessus de sa frise élégante, on éleva une muraille crénelée et percée de meurtrières. Primitivement, l'édifice était terminé par une voûte surmontée d'une statue et entourée de plusieurs rangs de statues et de colonnes. Aujourd'hui le vieux mausolée n'est plus qu'une ruine que les voyageurs ne manquent pas d'aller visiter.

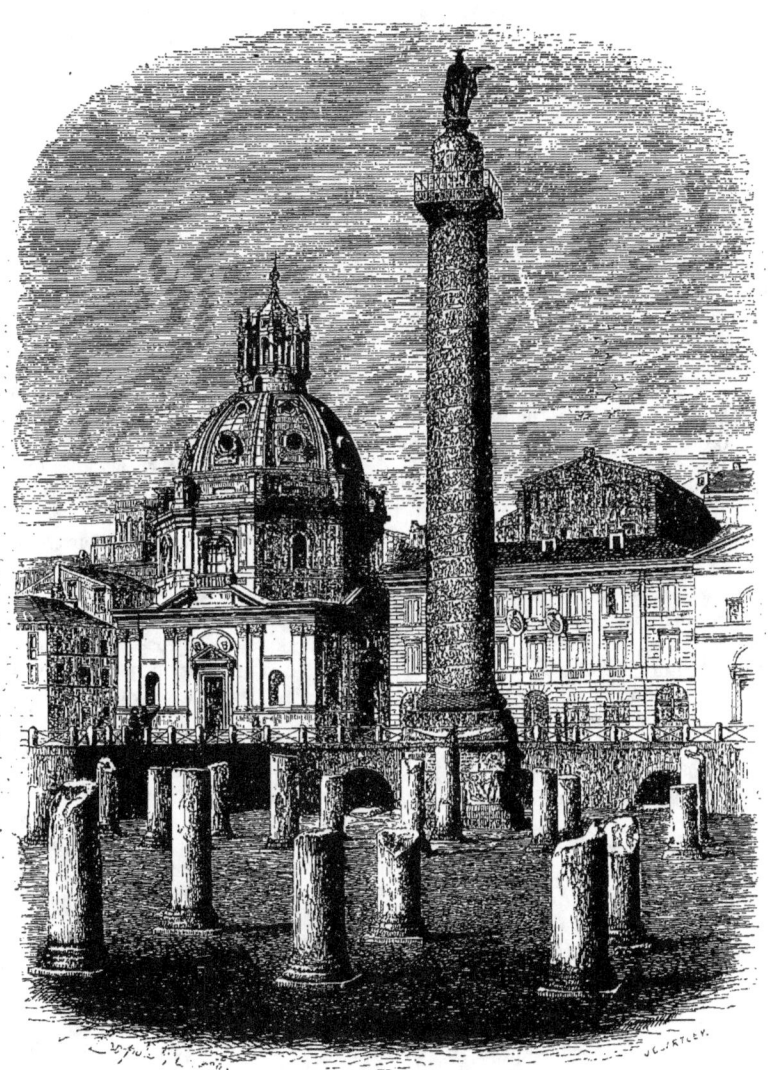

110. — COLONNE TRAJANE.

ART DOMESTIQUE.

VISITE A POMPÉI. — Depuis le jour où on a découvert Pompéi, les fouilles avaient été conduites avec une lenteur désespérante, et Vinckelman affirmait ironiquement que si on continuait de la sorte, tout ne serait pas encore déblayé à la quatrième génération. Il n'y eut vraiment d'activité que sous la domination française, et Murat fit même acheter tous les terrains qui couvraient Pompéi. Les Bourbons s'empressèrent de les revendre dès qu'ils furent réintégrés, et les fouilles s'arrêtèrent, ou du moins furent continuées d'une façon dérisoire : deux ou trois ouvriers piochaient et avaient ordre, quand ils trouveraient quelque chose, de le déposer à un endroit désigné, en le recouvrant d'une légère couche de cendres. Quand une Altesse ou une Majesté venait visiter Naples, on la menait à Pompéi et on lui procurait le plaisir d'une découverte faite en sa présence. Toute cette comédie a cessé depuis que l'Italie est redevenue un peuple : les terrains ont été rachetés ; un droit fixe, prélevé à l'entrée, forme un revenu qui aide à continuer le travail, et débarrasse le visiteur des mendiants qui l'assiégeaient autrefois. Tandis que les ouvriers bêchent, des nuées de jeunes filles, racolées dans les villages voisins, remplissent de terre et de cendres des paniers qu'elles emportent sur leurs têtes, jusqu'à l'endroit où le chemin de fer se charge de ces déblais.

Maintenant que nous avons payé nos deux francs et passé le tourniquet, nous voici en pleine cité antique, et si vous voulez bien, je vous conduirai d'abord au Forum. Il faut avoir vu la place publique, avant d'entrer chez les particuliers. Mais d'abord vous voyez que la rue qui mène à la ville est bordée de tombeaux. Il en était de même sur la voie Appienne à Rome, et aux approches de toutes les villes antiques. La terreur de la mort est une idée particulière au moyen âge et que n'a jamais connue l'antiquité. Loin de chasser l'idée de la mort comme importune et effrayante, les anciens regardaient les tombeaux comme des lieux de promenades, et vous pouvez voir dans cette nécropole de Pompéi des bancs en forme d'hémicycle, où chacun venait s'asseoir en rêvant aux parents et aux amis qui ne sont plus.

Le Forum est une grande place (fig. 115), entourée des édifices les plus importants de la ville : les temples, la basilique, les prisons ; c'est un centre d'affaires et de plaisirs, un lieu de réunion décoré de statues, et entouré de colonnades où se pressent les marchands affairés, où causent les oisifs, où chacun écoute et raconte les bruits de la cité, les nouvelles du jour. Voici d'abord le temple de Jupiter, où l'on a retrouvé des offrandes votives : vous voyez les bases de statues maintenant absentes, les colonnes cannelées en pierre de Caserte, et élevées de deux marches au-dessus de la place, les escaliers qui conduisaient à une galerie couverte où les femmes se promenaient. Voici maintenant le temple de Mercure et celui de Vénus, la patronne de Pompéi. Celui-ci avait un portique de quarante-huit colonnes, dont plusieurs sont encore debout, et au pied du perron qui monte au temple proprement dit, l'autel où l'on apportait les offrandes de fruits, de gâteaux ou d'encens. La basilique répond à notre palais de Justice ; cet édifice a une grande importance dans l'histoire de l'architecture, et sa structure a servi de modèle aux premières églises chrétiennes. Le Forum comprenait donc tous les édifices publics de la ville, et des rues partaient de là dans toutes les directions.

Ces rues vont vous étonner par leur petitesse. Nous sommes habitués, depuis le dernier règne, à voir nos cités percées de rues très-larges. Les anciens avaient un système diamétralement opposé, et ce qu'il y a de curieux, c'est qu'ils invoquaient, pour faire leurs rues étroites, les raisons d'hygiène, comme nous les invoquons maintenant pour les faire larges. Aujourd'hui encore, nous voyons qu'en Orient on fait les rues très-étroites : le point important, dans un climat chaud, c'est de se préserver de l'ardeur du soleil. Les rues de Pompéi étaient bordées de trottoirs élevés et très-étroits, pavés de dalles. Ces trottoirs sont coupés de bornes percées de trous pour attacher les ânes ou les bœufs qui, le matin, apportaient les provisions à la ville. La rue, pavée en gros blocs de lave, se creusait entre les deux trottoirs, et devait ressembler à un torrent après les orages un peu violents. Pour obvier à cet inconvénient, on voit, de loin en loin, un trottoir réuni à l'autre par deux ou trois grosses pierres qui permettaient aux piétons de passer à pieds secs, et laissaient des intervalles pour un cheval. Les ornières, fortement marquées sur les blocs de lave, indiquent la trace de lourds chariots venus dans la ville pour apporter des provisions, plutôt que de chars élégants destinés à conduire des promeneurs. Une autre preuve que peu d'habitants avaient leur voiture, c'est l'absence d'écuries et de remises. Il ne faut donc pas se figurer Pompéi comme une ville sillonnée de chars. Rome, dans le quartier du Champ de Mars, présentait une animation analogue à celle des Champs-Élysées de Paris ; mais Pompéi était une ville de province, où les Romains venaient chercher le silence et le repos. Pour en finir avec les rues, je vous dirai que les eaux filaient le long des trottoirs par des rigoles qui les conduisaient dans un canal souterrain, et de là hors de la ville.

Les boutiques s'ouvraient sur la rue comme les nôtres : c'est généralement par l'enseigne qu'on reconnaît les marchandises qui s'y vendaient ; quelquefois aussi c'est par des meubles particuliers à différents états. Le serpent (attribut d'Esculape) mangeant une pomme de pin, indique un pharmacien ; l'âne tournant un moulin, indique un meunier; le marchand de vin se reconnaît par des hommes portant une amphore; la laiterie par une chèvre en terre cuite. Dans la boutique du charron, on a retrouvé des marteaux, des tenailles, des essieux de voitures; dans celle du barbier, on montre un siége très-curieux où s'asseyaient les pratiques C'est dans la maison du médecin qu'on a retrouvé les instruments de chirurgie conservés au musée de Naples. L'atelier du sculpteur montre, outre les outils de sa profession, un grand nombre de statues inachevées. Les squelettes qu'on a retrouvés indiquent assez la fin tragique qui est venue surprendre ces malheureux au milieu de leur travail. Le marchand de couleurs a été un des plus éprouvés; les quatorze squelettes retrouvés chez lui sont sans doute ceux de sa famille et de ses ouvriers.

Il y avait aussi un grand nombre de marchands d'onguents et d'essences; mais les plus nombreux étaient les marchands de comestibles. Chez un marchand d'huile on a retrouvé huit vases d'argile contenant des olives. Il y avait aussi un grand nombre d'établissements analogues à nos crèmeries ou à nos gargottes : c'est là que les prêtres vendaient les restes des sacrifices que les affranchis ou les ouvriers venaient ensuite consommer à bon compte. On a retrouvé des boulangeries très-intéressantes, à cause des fours : l'un d'eux, hermétiquement fermé, n'avait reçu aucune cendre, mais renfermait quatre-vingt-un pains parfaitement rangés dans l'ordre que leur avait donné le boulanger, le 23 novembre 79. Ces pains sont ronds et leur poids ne dépassait guère une livre.

Les boutiques occupaient le rez-de-chaussée des maisons dont elles formaient la partie extérieure. Quelques-unes communiquaient avec l'appartement du maître qui y faisait vendre ses denrées, d'autres étaient simplement louées et n'avaient aucune communication avec l'intérieur.

Les maisons n'avaient pas toutes des boutiques, et les murs sur la rue étaient couverts d'annonces de toute espèce : on en a retrouvé un grand nombre qui ont trait principalement à des locations d'appartements. Il y en a aussi concernant des récompenses pour des objets perdus, et des mots écrits à la pointe par des gamins du temps : *Un tel* : *voleur*.

On a donné différents noms aux maisons de Pompéi pour les distinguer les unes des autres : ainsi on dit la *maison de Pansa* (fig. 116), la *maison de Diomède*, la *maison de Salluste*, la *maison du poëte tragique*. Ces noms sont d'ailleurs tout à fait arbitraires; ainsi la maison du poëte tragique est ainsi nommée parce qu'on y a retrouvé une peinture qui représente un poëte lisant, et une mosaïque figurant une répétition scénique. On n'a d'ailleurs aucune raison positive pour croire qu'elle a été habitée par un poëte, et même la quantité énorme de bijoux qu'on a retrouvés dans les fouilles, pourrait plutôt faire croire que le propriétaire était bijoutier ou orfèvre. On a retrouvé là des colliers d'or, plusieurs bracelets imitant les replis d'un serpent, des boucles d'oreilles auxquelles sont suspendues des perles, une bague d'onyx gravée, représentant une tête de jeune fille, et ce qui est plus décisif, un grand nombre de coins et d'instruments en bronze et en fer. Néanmoins la première dénomination est toujours restée.

La *maison du poëte tragique* est une des plus précieuses pour les peintures qui la décoraient. Les chambres étaient fermées par des portes à double battant qui tournaient sur pivots. En entrant, on trouve une mosaïque représentant un chien avec l'inscription ordinaire : *cave canem* (prenez garde au chien). C'était une formule habituelle dans un très-grand nombre de maisons romaines. Cette maison était décorée de peintures représentant le mariage de Pélée et de Thétis, la séparation d'Achille et de Briséis, le sacrifice d'Iphigénie, etc. Les peintures sont très-nombreuses, et on les compte parmi les plus remarquables qu'on ait trouvées encore à Pompéi. Ce poëte ou ce bijoutier était assurément un homme de goût. Il paraît qu'entre autres animaux domestiques, il avait une tortue, car en découvrant son petit jardin, qui était entouré comme presque tous les jardins de Pompéi d'un péristyle composé de colonnes doriques, on a retrouvé sa carapace.

La distribution des maisons, quoique subordonnée à la fortune des habitants, se ressemble toujours beaucoup. Nous avons vu, en parlant des maisons grecques, que le gynécée ou appartement des femmes était séparé de l'appartement des hommes. Chez les Romains, l'appartement était commun. C'est là, à notre avis, la seule supériorité des Romains sur les Grecs. En rejetant la polygamie orientale, les Grecs ont créé l'esprit de famille : mais ils étaient encore trop près de l'Asie, le gynécée en est la preuve. En associant pleinement l'homme et la femme, les Romains ont créé la vie conjugale, qui n'existait pas avant eux. Il n'y a plus d'appartements séparés parce que partout la femme est chez elle et peut dire à son mari : « Là où tu es Caïus, je suis Caïa. »

Quand on entre dans une maison romaine,

la première pièce qu'on trouve est l'*atrium*, qui était le lieu consacré aux images de la famille et des ancêtres, et aux dieux domestiques. C'était une pièce rectangulaire qui le plus souvent avait une ouverture au centre avec un bassin dessous, pour recevoir les eaux de la pluie qui tombaient par l'ouverture. C'était donc une cour en même temps qu'une chambre.

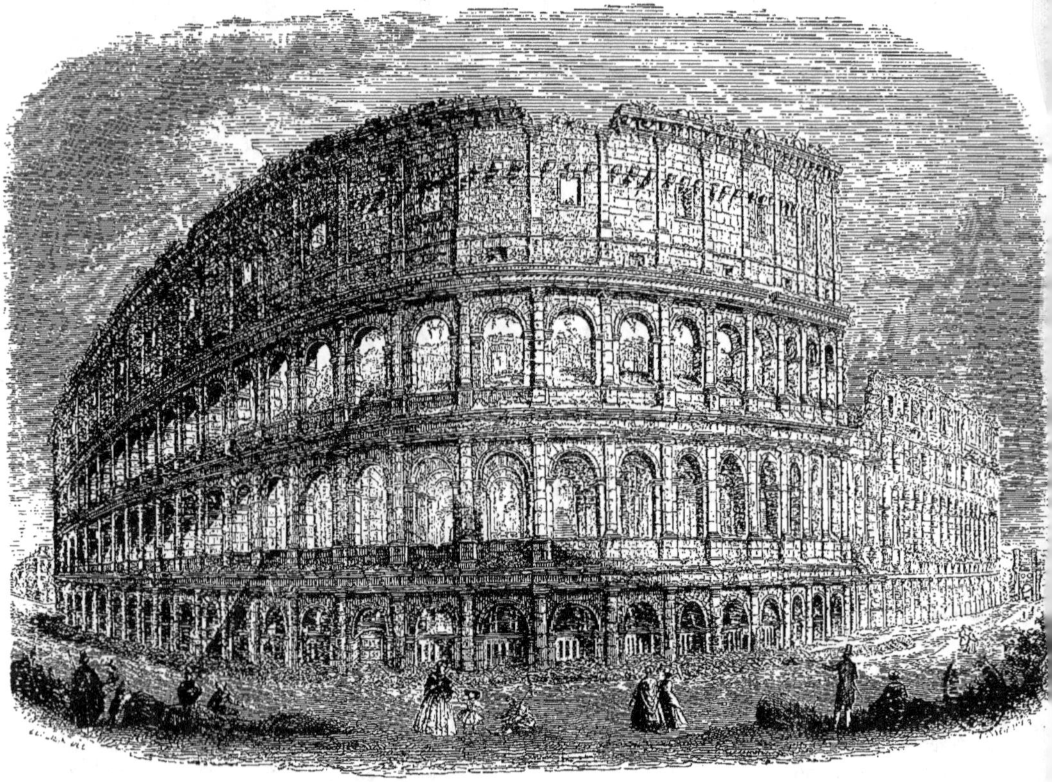

111. — LE COLYSÉE A ROME.

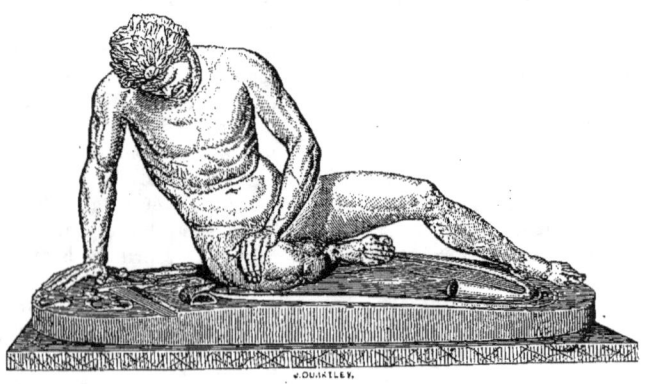

112. — GAULOIS MOURANT.

On appelait la salle à manger *triclinium* parce qu'on avait l'habitude de ne placer que trois lits autour d'une table. Les Romains mangeaient à demi-couchés sur des lits. Ces lits étaient des sortes de sophas faits généralement pour trois personnes et il y avait trois lits au-

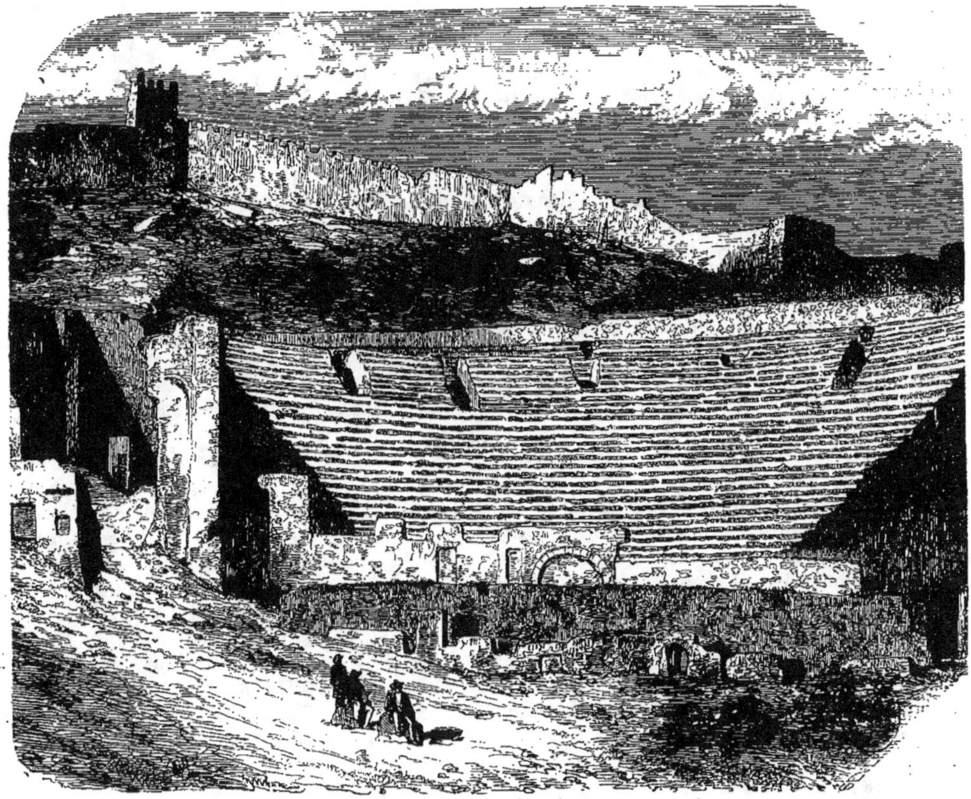

![Théâtre antique, à Sagonte]

113. — THÉATRE ANTIQUE, A SAGONTE.

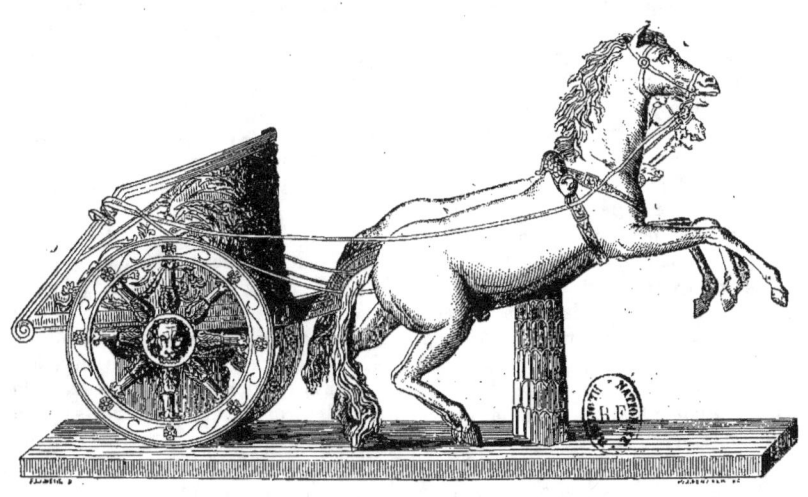

114. — BIGE.
(Musée du Vatican.)

tour de la table, dont le quatrième côté restait vide pour les besoins du service. Le nombre des convives, dans la bonne société, ne devait pas être moindre que celui des Grâces, ni excéder celui des Muses.

Avant de se mettre à table, chaque invité revêtait une toge blanche fournie par le maître de la maison, quittait ses chaussures et tendait ses mains à de jeunes esclaves qui les arrosaient avec une eau parfumée. Ensuite on lui apportait une couronne de fleurs qu'il devait garder tout le temps du repas et avant de toucher aux mets, le *Père du festin*, c'est-à-dire celui qui reçoit, faisait une invocation aux dieux pour le bonheur de tous. Le repas fini, deux petits esclaves en tunique blanche apportaient sur la table les divinités protectrices de la famille, et chaque convive en partant leur faisait une libation en appelant sur la maison toutes sortes de félicités.

Dans les maisons élégantes, les esclaves chargés de servir à table devaient être jeunes et beaux, et en général tous du même âge. Ils portaient une tunique descendant un peu au-dessous du genou et tenaient un linge pour la propreté du service. La musique accompagnait ordinairement le repas. D'autres fois des baladins venaient faire des tours de force, ou bien des acteurs appelés *Homéristes*, se présentaient tout armés et jouaient un épisode tiré de l'Iliade. Sous la République, de jeunes garçons venaient, en s'accompagnant d'une flûte, chanter les exploits et les vertus des grands hommes : ce ne fut que sous l'Empire qu'on vit ces danses inconvenantes contre lesquelles les Pères de l'Église se sont tant élevés.

Mais de tous les usages relatifs aux repas, le plus curieux est celui des parasites, sorte de gens qui faisaient leur état de dîner en ville, et qu'on invitait pour divertir la société. Ils n'avaient pas les honneurs des lits, et se tenaient ordinairement sur des bancs. Il y avait trois espèces de parasites : les railleurs, dont la profession était de railler sur tout, de raconter les nouvelles et de faire des bons mots; les flatteurs, qui devaient à tout propos faire des compliments ou trouver des mots aimables; et les souffre-douleurs, qui étaient spécialement chargés de supporter non-seulement les quolibets, mais encore les farces de toutes sortes et même les coups pour amuser les convives. Les parasites allaient frapper de porte en porte pour offrir leurs services, ou bien quand ils apercevaient un citoyen opulent, ils l'abordaient en disant : « Je te salue, où allons-nous dîner? » Quand venait la saison où les riches Romains partaient pour la campagne, les parasites tombaient souvent dans un dénûment absolu.

MEUBLES. — L'usage des lits est très-ancien : il était commun aux deux sexes, et on le trouve chez les Grecs aussi bien que chez les Romains. Les hommes prirent avec les femmes l'habitude de se coucher au lieu de s'asseoir, et ceux de la côte de l'Asie Mineure avant ceux de la Grèce d'Europe. Hérodote dit en parlant de Polycrate, tyran de Samos, qui reçoit l'envoyé du roi de Perse : « Il était sur un lit de repos, dans l'appartement des hommes, le visage du côté du mur, et ne daigna point se tourner. » Les lits ne tardèrent pas à remplacer les anciens siéges, même à Sparte. Ces lits étaient des divans élevés, garnis de coussins moelleux et couverts de riches tissus. Ils étaient presque toujours très-simples dans leur forme générale, mais souvent très-ornés dans les détails. Le support, ce que nous appelons le bois de lit, était quelquefois en bronze, et garni d'ornements en ivoire, en argent ou en or. Des lanières croisées portaient les matelas, qui étaient recouverts de couvertures : les plus estimées pour leur légèreté et leur finesse se fabriquaient à Sardes. Il y en avait qui étaient brodées, et d'autres dont le tissu était teint de diverses couleurs disposées de manière à former des dessins variés. Les villes les plus renommées pour la fabrication des couvertures étaient Sardes, Tyr, Sidon, Milet, et en Grèce, Corinthe, que sa position maritime avait de bonne heure initiée à toutes les industries de l'Orient.

Pour l'exhaussement de la tête on mettait des coussins, que les peintures de vases nous montrent tantôt arrondis, tantôt carrés comme nos oreillers, tantôt longs comme nos traversins, mais généralement recouverts du même tissu que les couvertures.

Les lits des anciens étaient souvent assez élevés : ils étaient alors accompagnés d'un marchepied ou tabouret qui était orné et travaillé avec une grande élégance.

Outre les lits de repos, les anciens avaient différentes espèces de siéges, qui répondaient à peu près pour l'usage à ceux dont nous nous servons aujourd'hui. Les dames se servaient fréquemment de chaises dont le dos était très-incliné en arrière, comme nos bergères (fig. 120). Il y avait également des chaises sans dossiers ni bras, sorte de tabourets dont se servaient les artisans, et sur lesquels on mettait un coussin. On en faisait beaucoup qui s'ouvraient et se fermaient comme nos pliants. Il y avait des siéges extrêmement riches, incrustés de ciselures d'ivoire en creux ou en saillie et enrichis d'ornements d'or. Presque tous les siéges qu'on a faits en Europe depuis le commencement de ce siècle sont imités des chaises ou des tabourets antiques.

Les lampes forment une autre catégorie importante du mobilier antique.

Les lampes et les candélabres de l'antiquité offrent les formes les plus variées. Les lampes étaient faites généralement en terre cuite ou en bronze. Il y avait une infinité de modèles différents suivant le goût de l'artiste qui les avait fabriquées; la plupart des lampes étaient enrichies d'ornements délicats ou de modèles capricieux. La forme la plus générale était celle d'un bateau avec un manche à une extrémité, à l'autre un bec pour la mèche, et au centre un orifice pour verser l'huile. Quelquefois la lampe était pourvue de deux ou plusieurs mèches. Il y avait des pieds de lampes le plus souvent en métal, qu'on faisait très-courts lorsqu'on les destinait à être posés sur une table ou sur un meuble quelconque, mais qui d'autres fois reposaient sur le sol, et alors ils avaient une tige haute imitant la tige d'une plante, ou une colonne effilée, surmontée d'un plateau. Il y avait aussi des lampes qu'on suspendait au plafond au moyen d'une chaîne.

L'antiquité nous a laissé encore de magnifiques modèles de candélabres, tant en bronze qu'en marbre. Ces grands candélabres, toujours ornés de sculptures, étaient assujettis au sol, et placés soit dans les temples, soit en plein air, où ils servaient pour les illuminations (fig. 58).

On peut voir parmi les bronzes du Louvre, divers ustensiles de ménage tirés de Pompéi : il y a aussi des peintures, mais elles ne sont pas de premier ordre.

COSTUME (fig. 119, 120). — Le vêtement de dessous dont se servaient les anciens était appelé *chiton* chez les Grecs et *tunique* chez les Latins. Ce vêtement n'était pas fendu par-devant comme le sont nos chemises d'homme, mais il était assez ouvert pour se passer comme les chemises des femmes modernes, et on le serrait au-dessus des hanches avec une ceinture. Quelquefois la tunique était sans manches ; à Rome, elle avait des manches très-courtes qui n'allaient pas jusqu'au coude. En Grèce, le chiton se portait sous la chlamyde.

La *chlamyde* était originaire de Thessalie. Elle consistait en un carré oblong d'étoffe, auquel on ajoutait, de chaque côté, un morceau triangulaire qui donnait à l'ensemble la forme d'un trapèze. On la portait de plusieurs manières différentes. Comme c'était un manteau court, on s'en servait beaucoup pour monter à cheval. La chlamyde est un vêtement tout à fait national pour les Grecs : les Romains ne l'ont jamais portée, si ce n'est dans des cas tout à fait accidentels.

Le *pallium* est la pièce principale du vêtement de dessus des Grecs, comme la toge l'était pour les Romains. C'était une grande draperie de laine, ayant la forme d'un carré ou d'un carré long. On le portait ordinairement par-dessus la tunique ; quelquefois on le fixait par une broche au-dessus de l'épaule. Souvent aussi on s'en enveloppait comme d'un grand manteau, et alors le pallium ressemble beaucoup, pour l'aspect, à la toge romaine. On a un exemple de la manière dont se portait le pallium dans la belle figure d'Aristide au musée de Naples. Le pallium est un vêtement porté par les femmes aussi bien que par les hommes.

Le *peplum* est un vêtement de femme qui a quelquefois la forme d'un manteau long et ample, et qui d'autres fois se rapproche de la tunique. Le peplum de Minerve était un morceau d'étoffe blanche, toute brodée d'or, sur lequel étaient représentées les grandes actions de la déesse. En général, les robes de femmes se composaient de deux pièces d'étoffe cousues ensemble et qu'on attachait sur les épaules par un ou plusieurs boutons, ou bien par des agrafes. La robe se passait par-dessus la tête. La ceinture se mettait au-dessous du sein, mais comme l'étoffe était ample, elle formait des plis extrêmement gracieux. La ceinture est quelquefois apparente et quelquefois cachée sous les plis de la partie supérieure de la robe, qui retombent par-dessus.

La *toge*, un des plus beaux vêtements qui aient existé, était propre aux citoyens romains. C'était un costume entièrement civil, qui ne se portait pas aux armées. Sa forme, étendue à plat, était celle d'un croissant dont la courbe n'était pas tout à fait circulaire mais un peu elliptique. La longueur était trois fois la hauteur d'un homme, prise des épaules jusqu'à terre. La largeur, à l'endroit le plus saillant de la courbe, n'avait qu'une hauteur. Pour se vêtir de la toge, on plaçait la partie droite sur l'épaule gauche, de manière qu'il tombât un tiers de la longueur en avant entre les jambes. Elle passait ensuite sur le dos, par-dessous le bras droit, et le dernier tiers de la longueur se rejetait par-dessus l'épaule gauche et retombait en arrière. La partie qui tombait par-devant aurait gêné par sa longueur ; aussi on la relevait de manière à former des plis sur le devant de la poitrine. On peut voir cette disposition au Louvre, dans les belles statues d'Auguste et de Tibère. La toge était plus ou moins légère suivant la saison.

La *prétexte* était une toge blanche bordée de pourpre, que portaient les pontifes et les magistrats. Le préteur qui allait prononcer une condamnation à mort quittait sa prétexte. Les jeunes gens qui entraient dans l'adolescence prenaient la prétexte, et c'était une grande fête dans la famille : mais ils la quittaient à dix-sept ans pour prendre la robe virile ou toge ordinaire.

La *stola* était l'habillement des dames romaines d'une condition élevée. C'était une sorte de tunique avec une bordure traînante, qui formait un grand nombre de petits plis et se terminait par une broderie. C'était la grande toilette des dames à Rome. Par-dessus la *stola* on mettait la *palla* qui était une espèce de manteau.

Les Grecs et les Romains marchaient ordi-

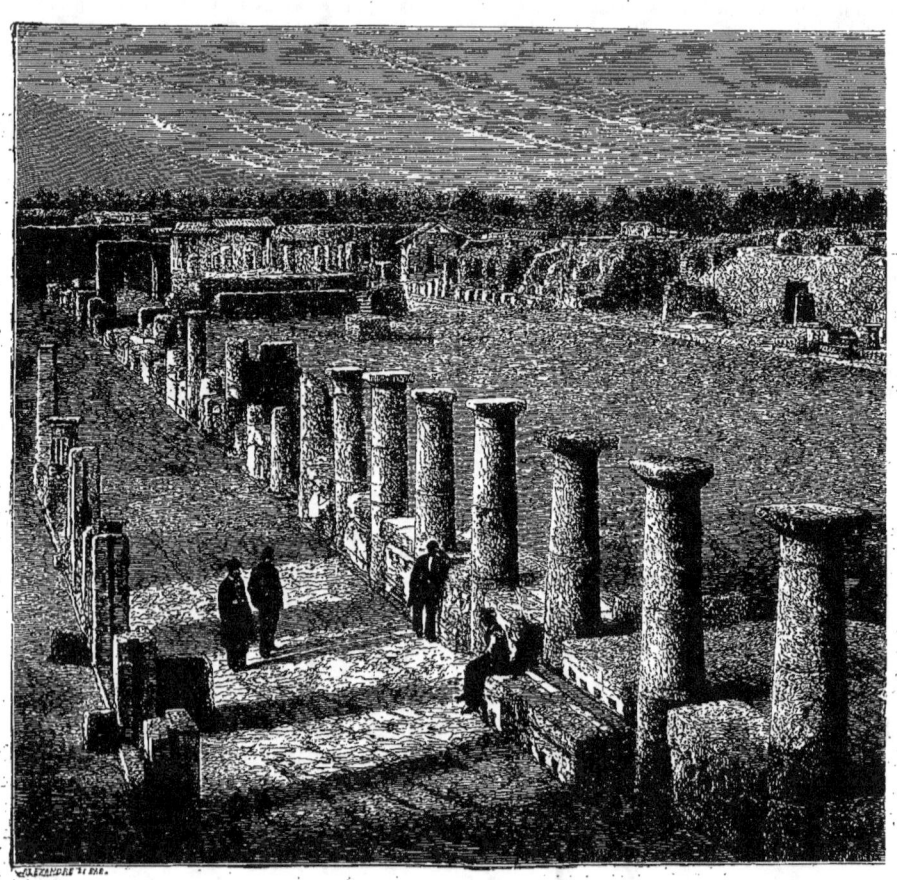

115. — FORUM DE POMPÉI.

nairement tête nue. Il y avait pourtant des chapeaux, mais qui sont rarement représentés dans la statuaire. C'était avec les plis du pallium ou de la toge qu'on se couvrait la tête quand il pleuvait. On voit quelquefois, sur les bas-reliefs, le chapeau des bergers. En général, le chapeau des anciens avait des rubans, de manière à s'attacher sous le menton quand on le portait sur la tête, et à le rejeter sur le dos quand on voulait s'en défaire. Le chapeau qu'on voit à Mercure est un chapeau de berger.

Presque toutes les dames, à Rome, portaient des voiles qui leur cachaient à moitié le visage. Pendant les grandes chaleurs, elles tenaient dans les mains, pour se les entretenir fraîches, des boules de cristal ou d'ambre jaune, et portaient autour du cou des petits serpents privés, en manière de collier, afin que le contact de ces animaux toujours frais entretînt sur la poitrine une fraîcheur agréable.

Sous l'Empire, les hommes rivalisaient de coquetterie avec les dames. On appelait *beaux* les jeunes gens qu'on qualifie aujourd'hui de gandins. Mais nos gandins pourraient bien paraître un peu rustres à côté des *beaux* de la Rome impériale. Un beau devait grasseyer en parlant, connaître le nom et l'histoire de tous les gladiateurs et de tous les coursiers du cirque et en parler à tous propos, avoir dans la démarche une allure rhythmée qui semblât réglée par la musique, ne jamais sortir sans avoir arrangé devant un miroir les plis de sa toge, et ne faire en parlant que des gestes prémédités, afin que le changement qui pourrait survenir dans les plis pût toujours être prévu et avoir été essayé. Mais ce qui assure aux beaux de l'Empire romain une désolante supériorité sur les beaux d'aujourd'hui, ce sont les mains, les bras, les jambes, qui étaient polis à la pierre ponce, de façon que la peau ressemblât complétement à l'ivoire et qu'on n'y vît pas trace du plus petit poil. Ce polissage de la peau con-

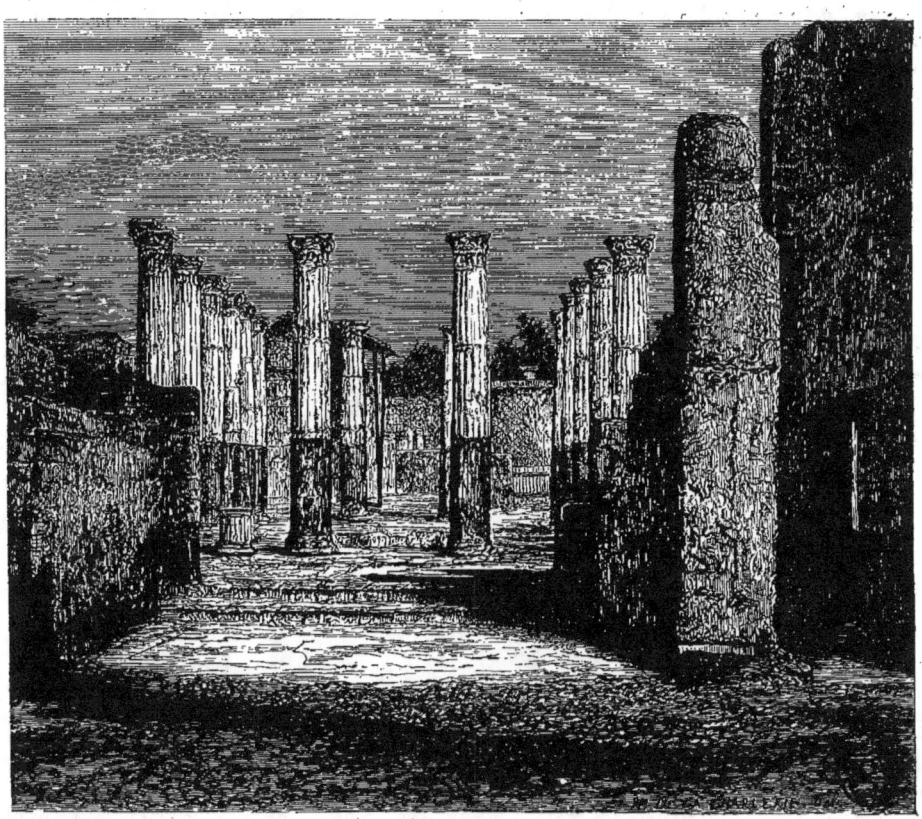

116. — LA MAISON DE PANSA.

stituait à Rome un état spécial et extrêmement lucratif.

« La chevelure d'une dame, dit Apulée, donne par elle-même tant de grâce, que malgré l'éclat des perles et de la pourpre, malgré la richesse de ses vêtements et la recherche de sa toilette, elle ne peut espérer de charmer ni de plaire, si sa coiffure n'est pas soignée. Il n'est rien de plus agréable que de voir les rayons du soleil se jouer dans les boucles d'une belle chevelure, ou jaillir en brillants reflets lorsqu'elle est opposée à la lumière. Quoi de plus beau que de voir ces ondes, mollement agitées par l'haleine des zéphyrs, tantôt revêtues des teintes de l'or, ou de celles du miel de l'Attique et de la Sicile, et tantôt semblables au cou mobile et nuancé de la colombe, réfléchir le noir et l'ébène ou bien l'azur du ciel et de la mer? »

Les Pères de l'Église s'élevèrent beaucoup contre les soins que les femmes donnaient à leur chevelure : « Quel avantage tirez-vous pour votre salut, dit Tertullien, de toutes les peines que vous vous donnez pour parer vos têtes ? Pourquoi ne laissez-vous pas vos cheveux en repos ? Tantôt vous les pressez, tantôt vous les lâchez, tantôt vous les faites bouffer, tantôt vous les tenez abattus ; les unes prennent plaisir à les friser, les autres à les laisser flotter sur leurs épaules par une fausse simplicité. Vous faites encore quelque chose de pis que cela : vous attachez à vos cheveux naturels je ne sais quelle énormité de cheveux étrangers, tantôt en forme de fourreau de tête, tantôt en forme de bourrelet. Je me trompe fort si ces manières ne combattent pas directement le précepte du Seigneur. Il a prononcé que personne ne pourrait ajouter à sa taille ; cependant vous appliquez des perruques élevées en rond sur vos têtes, comme si vous vouliez les armer de boucliers. Si ces énormités ne vous font pas honte, rougissez au moins de la faute que vous commettez en les portant. Ne parez pas vos têtes saintes et chrétiennes de la dépouille de quelques têtes étrangères, qui sont peut-être impures, malsaines, et peut-être condamnées aux peines de l'enfer, et ne souffrez pas que les vôtres, qui sont libres, soient asservies par tout ce vain attrait d'ornements profanes. »

Il y a eu plusieurs espèces de chaussures dans l'antiquité. On ne trouve pas de différence bien sensible entre les souliers des femmes grecques et ceux des femmes romaines, parce que les Romains avaient l'habitude dans les questions de goût, de suivre toujours les modes des Grecs. En général, le soulier, ou brodequin, montait à droite et à gauche de manière à couvrir entièrement le pied, par opposition aux sandales ou aux pantoufles, qui ne le couvraient qu'en partie. Les chaussures des femmes allaient jusqu'à la cheville, et avaient des semelles et des talons bas. Il y avait sur le cou-de-pied, une fente dans les côtés de laquelle passait le lacet ; l'empeigne n'était pas divisée en deux pièces, comme cela arrivait dans les chaussures d'hommes. L'usage des sandales attachées par des courroies était aussi très-fréquent. Mais il est aisé de comprendre que la chaussure devait changer selon le temps qu'il faisait dehors. A Athènes, les personnes de distinction ornaient leurs souliers d'un croissant en or ou en ivoire, qui faisait l'office de nos boucles ; l'usage des demi-bottes en cuir, avec divers ornements, était aussi très-usité. Les dames se servaient de pantoufles dans leurs appartements et mettaient des bottines pour marcher dans les rues. Les chaussures que Phidias adopta pour la Minerve du Parthénon s'attachaient aux doigts du pied et au bas de la jambe. Elles furent très à la mode au siècle de Périclès.

DÉCADENCE.

Après avoir étudié l'art antique dans son principe et dans ses manifestations, nous devons chercher quelle transformation d'idées a amené son déclin. Si nous avons commencé par parler des dieux, c'est que la pensée religieuse préside partout à la formation des types. Il ne faut pas regarder la décadence des arts comme un fait isolé ; elle se rattache à la décadence générale, et ce serait méconnaître l'esprit même de l'art que d'y voir autre chose que l'expression d'une civilisation. La civilisation tombe, l'art s'écroule avec elle.

La société grecque était essentiellement républicaine. Les cultes locaux disparurent à mesure que les cités libres furent absorbées dans l'unité romaine. Le culte était mêlé à toutes les actions de la vie, et l'art était toujours associé au culte. Les villes étaient couvertes de statues consacrées aux dieux protecteurs des cités, et les habitations des particuliers possédaient les images des ancêtres honorés comme protecteurs de la famille. On rendait aux dieux des villes des hommages publics, et on leur adressait des vœux pour la prospérité de l'État ; on faisait de même chez les citoyens en versant des libations pour le bonheur de la famille. C'eût été commettre une impiété, d'arriver dans un pays sans adresser des vœux aux divinités protectrices de la ville, c'eût été violer l'hospitalité que de ne pas faire des libations en l'honneur de celui qui vous recevait. On offrait aux dieux les prémices du repas, et l'image des dieux était là pour les recevoir.

Toute société, toute civilisation repose sur la famille et la cité, et toute décadence a sa source dans la diminution de l'esprit de famille, dans l'affaiblissement de l'esprit public : aussi, quand la décadence se manifeste sur un point, elle se manifeste sur tous à la fois. A la fin de l'Empire romain, on constate une diminution notable dans le nombre des mariages, et l'esprit public disparaît complétement sous le despotisme. Y a-t-il une opinion publique dans un temps où les soldats mettent officiellement l'empire à l'enchère, et où un sénateur, Didius Julianus, peut acheter la couronne deniers comptants? Le dédain du maître pour les sujets est le caractère de toute société où son pouvoir s'exerce sans contrôle, c'est-à-dire où il n'y a pas de liberté. A Rome, la dégradation des mœurs, qui est toujours la compagne du despotisme, se trouva encore augmentée par les changements survenus dans les croyances religieuses des païens. Nul ne songe, au troisième siècle, à invoquer l'austère Minerve, qui, du haut des acropoles, protégeait autrefois les cités grecques. Les dieux sensuels de l'Orient ont remplacé les anciens dieux de la Grèce.

Toutes ces divinités orientales qui font irruption dans le monde romain et se mêlent aux dieux de la Grèce, ont rarement un caractère plastique. Nous devons signaler celles qu'on rencontrera le plus souvent dans nos musées et dont nous n'avons pas parlé plus haut, parce que leur type n'appartient pas à la grande époque. Nous avons déjà parlé d'Isis, la divinité égyptienne qui se confond souvent avec Hathor, et prend des cornes ou des oreilles de vache. Isis, qui est la lune, est naturellement la femme d'Osiris qui est le soleil. Aussi, quand Osiris meurt, c'est-à-dire quand le soleil se couche, Isis pleure, et ce sont ses larmes qui produisent le Nil. Orus, qui est le soleil levant, combat Typhon, ou l'obscurité, et Osiris revient à la vie. Mais ni Osiris ni Orus n'ont eu de type dans l'art gréco-romain, tandis qu'Isis a donné lieu à quelques belles statues toujours drapées, et elle a pris à la fin de l'Empire une très-grande importance. Au bas de ses statues on écrivait : « Je suis tout ce qui a été, tout ce qui est, tout ce qui sera ; nul mortel ne soulèvera le voile qui me couvre. » Isis, comme toutes les divinités à cette époque, prend un caractère universel qui semble exclure les autres dieux. Dans les représentations, elle a moins d'importance qu'Adonis, le jeune dieu asiatique qui fut tué par un sanglier ; mais il renaît à la vie avec les fleurs du printemps dont il est l'emblème. La grande fête d'Adonis durait deux jours : l'un pour pleurer sa mort, l'autre pour célébrer sa résurrection. Son culte avait lieu primitivement en Syrie, et fut très-suivi à la fin de l'Empire romain. L'art représente Adonis sous la forme d'un bel adolescent ; ses figures ne sont pas très-rares. Atys, le jeune berger phrygien, apparaît aussi quelquefois sous la même forme.

On verra fréquemment, dans nos musées l'image mystique de Mithras. Le Louvre en possède un bas-relief tellement célèbre, qu'il est impossible de le passer sous silence, quoique ce monument, comme tous ceux de Mithras, appartienne à la décadence. Tout est symbolique et mystérieux dans les monuments de Mithras, et ses représentations sont de véritables énigmes, bien éloignées du sentiment plastique des Grecs. Au milieu d'une grotte, Mithras, vêtu du manteau flottant et du bonnet asiatique, pose le genou sur un taureau affaissé qu'il frappe de son poignard. Un chien lèche le sang qui sort de la blessure, en même temps qu'un serpent et un scorpion mordent le taureau. De chaque côté, un jeune homme, en costume asiatique, tient un flambeau ; mais, d'un côté, la torche est droite, de l'autre, elle est renversée. Trois arbres fruitiers sont au-dessus de la grotte, où l'on voit le char du soleil précédé d'un adolescent qui tient une torche droite, et celui de la lune précédé d'un adolescent qui tient une torche renversée. La grotte hémisphérique est le symbole du monde terrestre ; le taureau, dont la queue se termine en un bouquet d'épis, représente la fécondité de la terre, et sa mort est une allusion à la fin de la belle saison. Le scorpion représente la constellation de l'automne, le chien les chaleurs de la canicule, le serpent la fin de l'été. Mithras est le dieu du jour, et les jeunes gens au flambeau sont les équinoxes du printemps et de l'automne.

Les bas-reliefs mithriaques sont très-nombreux et tous pareils. Ils sont curieux à étudier, parce qu'on y voit ce que faisaient les artistes grecs sous l'influence d'idées qui venaient d'une autre race. L'influence orientale commence avec l'Empire, mais quand vient le règne des princes syriens, c'est un débordement de magie et de mystères qui absorbe tout. Les camées deviennent des amulettes, les médailles des talismans ; la grave histoire, si claire avec Thucydide et Tacite, apporte son contingent à l'esprit du jour, et le merveilleux se glisse dans tous les récits. Dans cette invasion du génie asiatique, l'esprit de famille semble disparaître de la société, et on ne trouve partout que sensualisme effréné ou mysticisme exalté. La science et l'observation disparaissent derrière le surnaturel ; là où Aristote avait posé les principes de la science, les thaumaturges font descendre la lune et opèrent mille merveilles.

Cette invasion des religions orientales dans

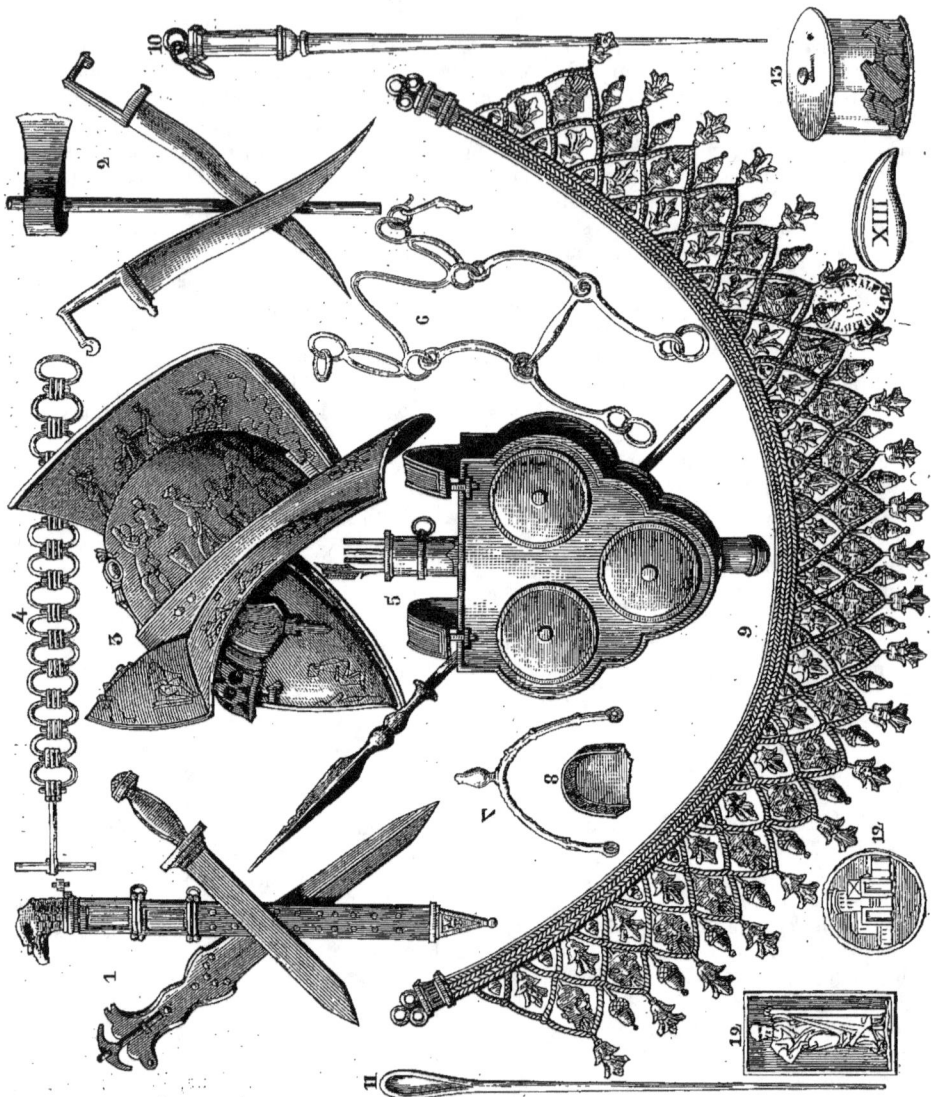

117. — ARMES ET BIJOUX ROMAINS.

1. POIGNARDS.
2. POIGNARD ET HACHE D'ARMES.
3. CASQUE ROMAIN.
4. GOURMETTE.
5. ARMURE, CARQUOIS, LANCE.
6. MORS.
7. ÉPERON.
8. FER A CHEVAL.
9. COLLIER.
10. AIGUILLE DE TÊTE.
11. CURE-OREILLE.
12. BILLETS DE THÉÂTRE.
13. POT A FARD.

HISTOIRE DES BEAUX-ARTS.

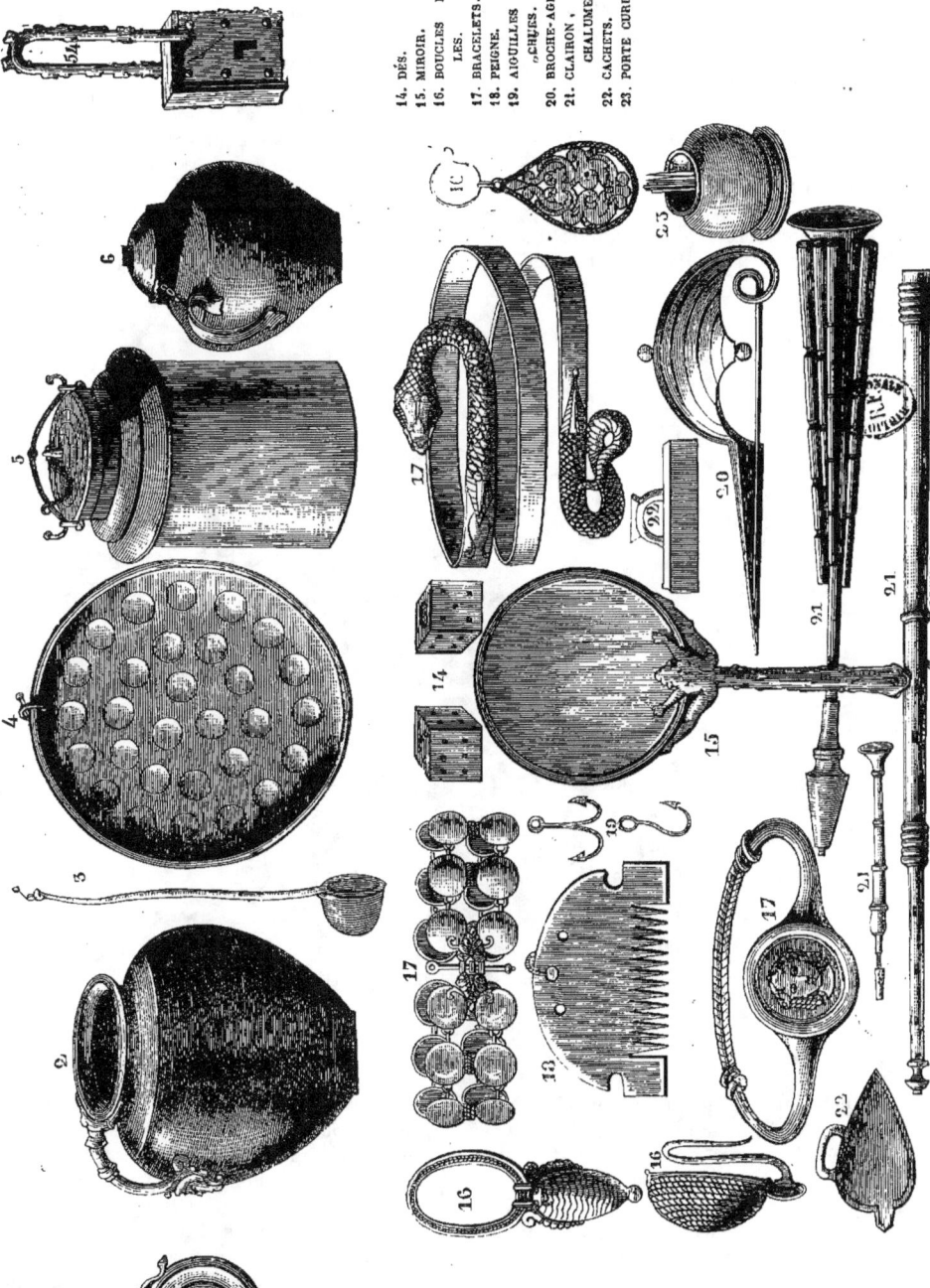

118 — BIJOUX ET USTENSILES ROMAINS.

14. DÉS.
15. MIROIR.
16. BOUCLES D'OREILLES.
17. BRACELETS.
18. PEIGNE.
19. AIGUILLES FOURCHUES.
20. BROCHE-AGRAFE.
21. CLAIRON, FLUTE, CHALUMEAU.
22. CACHETS.
23. PORTE CURE-DENTS.

2. MESURE.
3. ÉCUMOIR.
4. POÊLE.
5. VASE.
6. POT A SOUPE.
44. PATÈRE.
54. SERRURE.

l'Empire romain avait arrêté l'essor de l'art, mais n'en avait pas fait disparaître les monuments. Isis, Adonis, Mithras pouvaient prendre place dans le Panthéon de Rome. Lorsque Élagabale entreprit de fondre tous les cultes de l'Empire dans une religion unique, en subordonnant les dieux de la Grèce et de Rome au dieu syrien dont il était le prêtre, il ne proscrivait pas l'ancienne religion. Mais l'avénement de Constantin fut le signal d'une révolution religieuse bien plus complète. Le christianisme devint la religion de l'État, et à partir de ce moment l'ancien culte fut condamné et tous ses monuments durent disparaître. Ce fut l'arrêt de mort de l'art antique.

Nous avons raconté ailleurs la destruction des statues, nous n'avons pas à y revenir ici. La destruction des monuments se fit de deux manières. Sous Constantin, on commença à enlever des temples leurs colonnes et leurs ornements, pour bâtir les églises du nouveau culte. Mais les fameux édits de Théodose ordonnèrent une destruction systématique des temples sur toute l'étendue de l'Empire. Le

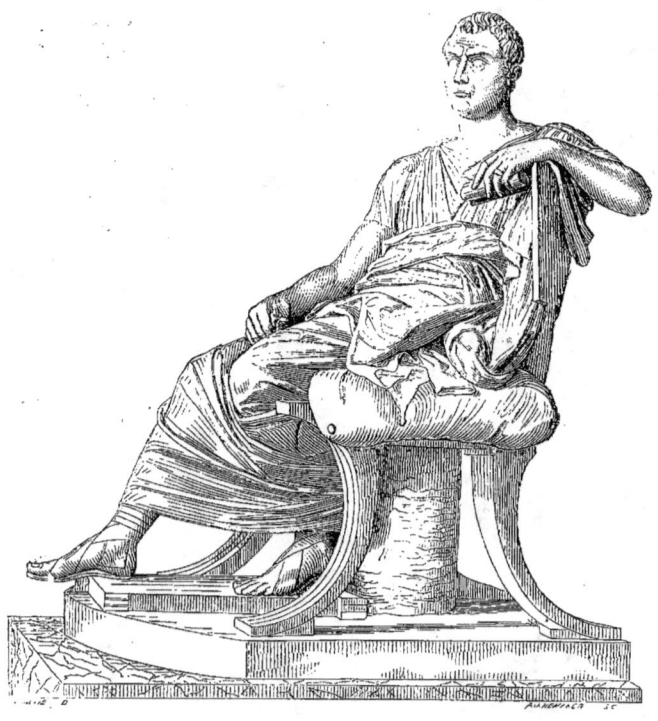

119. — MÉNANDRE.
(Musée Pio Clémentin, à Rome.)

vieux philosophe païen Libanius adressa une supplique à l'empereur pour lui demander d'arrêter les destructions que le zèle des chrétiens multipliait partout. « .... Vous avez permis que le feu sacré demeurât sur les autels, qu'on y brûlât de l'encens et d'autres aromates. Et voilà pourtant qu'on renverse nos temples ! Les uns travaillent à cette œuvre avec le bois, la pierre, le fer ; les autres emploient leurs mains et leurs pieds : Proie de Misène ! (proverbe grec qui signifie *conquête facile*). On enfonce les toits, on sabre les murailles, on enlève les statues, on renverse les autels. Pour les prêtres, il n'y a que deux partis à prendre : se taire ou mourir. D'une première expédition, on court à une seconde, à une troisième ; on ne se lasse pas d'ériger des trophées injurieux à vos lois. Voilà pour les villes ; dans les campagnes c'est bien pis encore ! Là se rendent les ennemis des temples ; ils se dispersent, se réunissent ensuite et se racontent leurs exploits ; celui-là rougit qui n'est pas le plus criminel. Ils vont comme des torrents sillonnant la contrée et bondissent contre la maison des dieux. La campagne, privée de temples, est sans dieux ; elle est ruinée, détruite, morte ; les temples, ô empereur! sont la vie des champs; ce sont les premiers édifices qu'on y ait vus, les premiers monuments qui soient parvenus jusqu'à nous à travers les âges; c'est aux temples que le laboureur confie sa femme, ses enfants, ses bœufs, ses moissons.... »

Pendant ce temps, du fond des contrées lointaines, sortent des hordes innombrables d'hommes à demi nus, chassant devant eux les populations. Ils traversent les fleuves sur leurs boucliers; ils arrivent montés sur des chevaux ou traînés dans des chars attelés de bœufs.

D'abord on les achète à prix d'or; chaque parti les utilise à son profit et les emploie tour à tour. Stupéfiés à l'aspect de ces villes magnifiques, ils se font volontiers serviteurs, croyant à quelque chose de surnaturel. Puis, quand ils ont vu quel était cet empire vermoulu, ils se lassent de le défendre et préfèrent se le partager. Attila sème partout la ruine sur son passage et désole les villes et les campagnes. Puis c'est Alaric, et ses Goths, qui le premier souille la capitale du monde. Mais les Goths sont déjà en partie chrétiens,

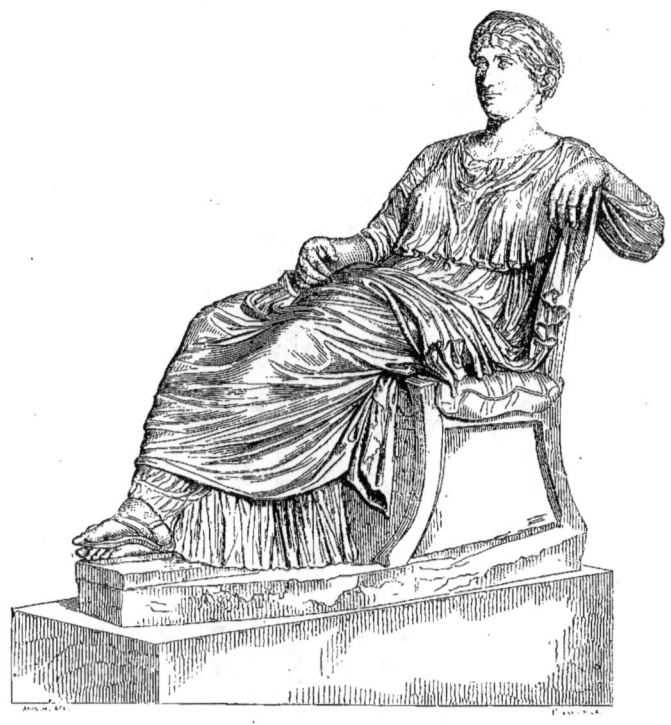

120. — AGRIPPINE.
(Musée du Capitole, à Rome.)

et, dans le pillage, les églises du moins semblent avoir été respectées.

Mais voici venir Genséric et ses Vandales, qui de leurs cornes tirent des sons rauques, pour annoncer au monde l'heure la plus désastreuse de l'histoire. Cette fois, rien n'est respecté : pendant quinze jours et quinze nuits, la Ville éternelle est à feu et à sang. Riches ou pauvres, païens ou chrétiens, hérétiques ou orthodoxes, il n'y a plus de différence, et tous, pêle-mêle, partagés ou vendus, sont réduits en esclavage. Ces barbares à cheveux roux, dont la puanteur épouvantait les Romaines, s'endorment sur les frais gazons, à l'ombre des platanes, dans ces magnifiques jardins qui ne produiront plus que des ronces, et les filles des sénateurs leur versent le vin de Falerne dans des coupes d'or ciselées. Les païens, peu nombreux à cette époque, se lamentaient, disant que l'impiété des chrétiens était la cause de tous les malheurs, et que les anciens dieux de l'Empire, qu'on avait abandonnés, savaient bien, eux, protéger les Romains dans les jours difficiles. La plupart s'enfuirent dans les montagnes, emportant quelque idole qu'ils cachaient dans les cavernes, et se livrèrent à un fétichisme de plus en plus grossier. Les chrétiens dépouillés de tout, tournaient misérablement autour des églises dans les villes dévastées, pleurant et criant : « Nous avons Pierre, Paul et Laurent, qui sont ensevelis dans Rome, et pourtant Rome est saccagée. » Ce fut pour répondre à ces clameurs désespérées, qui devenaient inquiétantes pour la foi, que saint Augustin composa son livre de la *Cité de Dieu*.

Jamais désastre n'avait été plus grand ; toutes les provinces de l'Empire étaient parcourues par des hordes sauvages qui dévastaient tout sur leur passage, et quand elles étaient passées, il en arrivait d'autres. Les aqueducs, n'étant plus entretenus, cessèrent d'apporter l'eau dans les villes ; les rivières, qui n'étaient plus endiguées par la vigilante administration des Romains, se répandant dans la campagne, y formaient des marais pestilentiels. Ces magnifiques thermes, dont les Romains étaient si fiers, devinrent, par leur solidité même, des repaires pour le brigandage pendant les guerres civiles. La vermine et la lèpre devaient être le partage de ceux dont les ancêtres aimaient à se parfumer dans des salles de marbre ornées des chefs-d'œuvre de l'art. Les ruines des anciens temples prennent aux yeux des populations un caractère sinistre, et la sorcière ose seule habiter ces débris qu'on dit hantés par les démons. Pendant mille ans, l'humanité devait ignorer qu'elle avait eu un passé dans l'histoire. La période historique qui commence après la chute de l'empire d'Occident s'appelle le moyen âge.

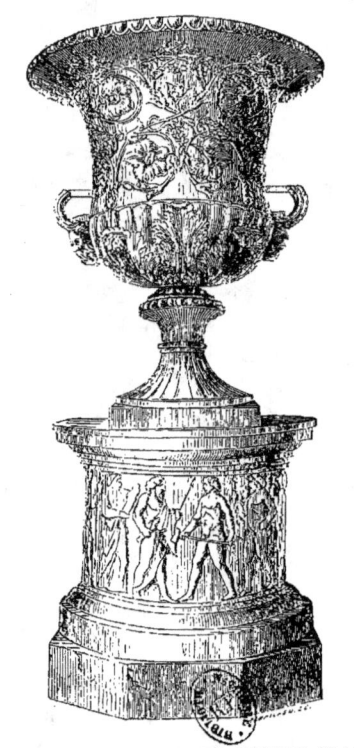

121. — VASE ANTIQUE, EN MARBRE BLANC.
(Musée du Capitole, à Rome.)

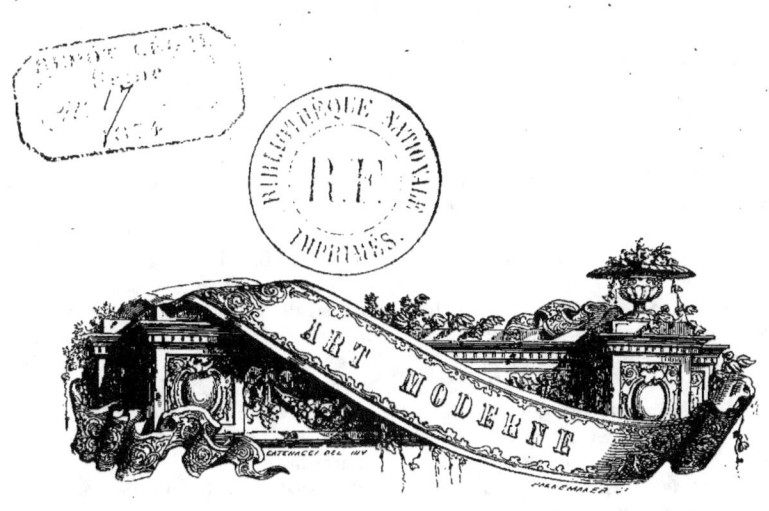

ORIGINES DE L'ART CHRÉTIEN.

L'art antique s'attachant à la recherche du beau visible, personnifié dans les dieux du paganisme, repose tout entier sur la pondération et l'harmonie des formes. L'art chrétien, au contraire, est expressif avant tout, et se préoccupe du caractère et de la signification bien plus que de la beauté. Les types religieux du christianisme sont le produit d'une élaboration lente, et les transformations qu'ils ont subies résultent d'une manière différente de traduire un symbole ou d'interpréter une tradition. L'histoire de ces transformations constitue une étude considérable, sans laquelle beaucoup de monuments figurés du moyen âge, qui sont plus intéressants par l'idée que par la forme, seraient tout à fait inintelligibles.

Les premiers chrétiens étaient peu portés vers les représentations plastiques. Sortis de la Judée où l'art n'avait aucun rôle, ils se heurtaient à la société païenne où il était lié à un culte qu'ils abhorraient. Il était donc naturel que la plupart d'entre eux fussent très-hostiles aux images, qu'ils regardaient comme un acheminement fatal vers l'idolâtrie. Les défenses de Moïse à cet égard étaient formelles, et rien dans le Nouveau Testament n'était venu détruire ou modifier ces anciens préceptes. Le vieil ennemi de la religion nouvelle, le polythéisme, avait utilisé l'art et l'avait glorifié, et le culte rendu aux images avait été l'expression populaire du paganisme. Le talent que l'art grec avait déployé dans la confection des statues était signalé par les chrétiens comme un danger véritable. « Nous apprenons de Varron, dit saint Clément d'Alexandrie, qu'à Rome la première statue de Mars fut une lance; c'était bien avant que la sculpture eût atteint la perfection merveilleuse, mais funeste, qu'elle eut depuis. Il est à remarquer qu'à mesure que cet art s'est développé, l'erreur a fait des progrès : avec le bois, la pierre et toute autre matière, on a fait des statues à figure humaine, on s'est prosterné devant elles; le mensonge a voilé la vérité. » Le même Père ajoute un peu plus loin : « Les ouvriers qui fabriquent ces jouets si dangereux, je veux dire les sculpteurs, les peintres, les orfévres, les poëtes, en produisent des quantités incroyables; ils remplissent les champs de statues, les forêts de nymphes, etc.... Pour nous, il nous est clairement défendu d'exercer un art qui pourrait tromper les hommes. Vous ne ferez, dit un prophète, aucune image, soit des choses qui sont au ciel, soit des choses qui sont sur la terre. »

Une autre cause venait encore augmenter l'horreur que les chrétiens avaient pour les représentations figurées; ils croyaient que les idoles étaient habitées par des esprits malfaisants. Un des plus fameux Pères de l'Église, Minutius Félix, s'exprime ainsi à cet égard : « Or ces esprits impurs, c'est-à-dire les démons, ainsi que l'ont montré les magiciens, les philosophes et Platon lui-même, se tiennent cachés sous les statues et les idoles que vous consacrez. Par leur inspiration, ils acquièrent pour ainsi dire l'autorité d'une divinité présente.... »

Les premiers chrétiens sont d'accord dans leurs anathèmes contre l'art ; c'est en invoquant leur exemple et leurs préceptes, que les iconoclastes, les hussites, les protestants, et une foule de sectes chrétiennes de tous les temps, ont proscrit l'art religieux. Toutefois l'Église catholique romaine a toujours protesté par l'organe de ses papes, et, malgré l'autorité d'une multitude de saints et de Pères, elle a maintenu en tout temps le culte des images. Les catholiques regardent comme erronée l'opinion qui veut que l'art chrétien de la peinture ne remonte pas aux siècles apostoliques, et ils pensent que, tout en condamnant le culte idolâtrique des images païennes, les premiers chrétiens ont toujours admis les représentations relatives à leur culte.

On a beaucoup discuté sur la question de savoir à quelle époque les chrétiens ont commencé à faire des images religieuses. Beaucoup d'écrivains pensent que ces antiques images ne sont pas l'œuvre des chrétiens orthodoxes et se rattachent plutôt aux premières hérésies.

Parmi les peintures des catacombes de Rome, un grand nombre est considéré comme antérieur à Constantin, et c'est dans le temps des martyrs qu'il faut chercher les premiers essais de l'art religieux des chrétiens. Mais ces essais sont isolés de l'Église, ils représentent un art indépendant qui tâtonne et n'a pas d'unité de direction ; un grand nombre d'entre eux peuvent appartenir à des sectes hérétiques. Il est donc impossible de trouver un lien qui rattache ces tentatives à un corps de doctrine comme art. Les traditions de l'art païen étaient dégénérées, mais non remplacées, et les artistes chrétiens ne faisaient qu'appliquer au culte nouveau un mode de représentation le plus souvent emprunté à l'ancien culte. Au surplus, on ignore absolument quels étaient les artistes qui faisaient ces sortes de représentations, et on peut se livrer à cet égard aux conjectures les plus diverses. Quand on voit, par exemple, Mercure amenant devant le Christ les âmes qui vont être jugées, on peut supposer que l'artiste était peu instruit dans les choses de la religion, et qu'il mêlait d'une façon inconsciente des idées qui s'excluent ; mais on peut croire aussi que, voulant peindre un messager entre les hommes et la Divinité, il ait trouvé tout naturel de lui donner les attributs de Mercure, qui remplissait cet office dans l'ancien culte.

La première période de l'art chrétien nous montre donc les artistes sans guide et livrés à eux-mêmes. Il en fut tout autrement quand le culte fut officiel, et que l'Église voulut multiplier les images qu'elle considérait comme un moyen de propagande et comme le livre des illettrés. Les images devinrent le mode d'enseignement religieux, et dès lors elles ne pouvaient plus être laissées à l'arbitraire de l'artiste, parce qu'elles devaient représenter d'une manière exacte l'opinion de l'Église et ne pas égarer les fidèles.

Entre deux sectes chrétiennes, l'une affirmait que Jésus-Christ était, comme homme, fils de la vierge Marie, mais que, comme Dieu, il n'était fils que du Père éternel ; l'autre soutenait que, comme homme et comme Dieu, il était l'enfant de Marie, et cela se traduisait dans la représentation. L'image de la Vierge avec ou sans l'enfant Jésus, l'attitude des personnages représentés, le geste d'une figure, ne pouvaient être laissés au goût de l'artiste, parce que tout cela avait une signification orthodoxe ou hérétique, et le peintre n'était, comme le disent formellement les Pères, que la main qui travaille, non la pensée qui conçoit.

L'art exercé dans ces conditions ne pouvait être qu'une formule hiératique, une sorte d'hiéroglyphe, dont la valeur était non le signe, mais la chose signifiée. C'est là le caractère de la seconde période de l'art chrétien, qui a duré en Orient tout le temps de l'empire de Byzance, et en Occident jusqu'à la formation des communes. Les artistes de cette période sont tous des moines, et la déplorable inexpérience de forme qui caractérise leurs ouvrages est le résultat naturel d'une éducation artistique qui ne s'appuie ni sur la nature ni sur la tradition des chefs-d'œuvre. Ils étaient arrêtés à la fois par la discipline imposée à l'inspiration et par la spiritualité d'un culte qui défendait l'étude du nu comme une impureté et l'étude des chefs-d'œuvre du passé comme une impiété.

La formation des communes, en donnant aux populations urbaines une indépendance qui permit le développement de l'industrie sous toutes ses formes, eut pour effet de créer des artistes laïques faisant concurrence aux moines artistes. Dès lors l'art cessa d'être dogmatique, et ceux qui le pratiquaient, n'ayant d'autres règles que leur propre goût, lui donnèrent un caractère plus humain, plus vrai et plus beau. Mais en même temps le sentiment religieux diminua, et quand la Renaissance tenta d'appliquer aux sujets chrétiens des formes empruntées au paganisme, l'art s'éleva à une hauteur prodigieuse, mais ne retrouva plus les élans de piété naïve qu'il avait eus autrefois.

L'art chrétien dans son ensemble comprend donc trois périodes distinctes : la première, qui répond à l'âge primitif du christianisme, montre les tâtonnements d'une inspiration qui veut se détacher du paganisme, et qui est encore tout imprégnée des habitudes de la société antique. Les catacombes de Rome et les plus anciennes mosaïques en fournissent des exemples pour la peinture et la sculpture; dans l'architecture, la basilique, calquée sur les édifices romains, fournit le premier modèle à nos églises. La seconde période est dogmatique : elle répond au triomphe absolu et incontesté de l'idée chrétienne, et produit l'art byzantin et l'architecture latine et romane. Enfin la troisième part de l'émancipation des communes et produit l'architecture ogivale et la Renaissance.

ICONOGRAPHIE CHRÉTIENNE.

L'iconographie chrétienne est l'étude des représentations peintes ou sculptées qui ont trait à la religion; c'est la connaissance des images et des attributs qui les caractérisent. La représentation des types religieux a subi des transformations qui répondent à l'époque où ils ont été produits. Avant d'examiner chacun de ces types en particulier, il faut indiquer quelques caractères généraux : le plus important est le nimbe, auréole en forme de disque qui accompagne la tête des personnages divins ou des saints.

Dans les religions antiques, et surtout en Asie, le nimbe était le caractère de la puissance. Les rois le portent aussi bien que les dieux. Dans l'art chrétien, il est l'attribut ordinaire de la sainteté : pourtant ce n'est pas une règle absolue, car le diable est quelquefois nimbé, mais c'est une exception très-rare. Le nimbe est donc un attribut que l'art chrétien a emprunté aux usages païens. Dans l'art chrétien il y a différents caractères qui servent à reconnaître les personnages sacrés. Le nimbe crucifère est l'attribut exclusif de la Divinité : il est rond et divisé par deux barres qui se croisent comme une croix grecque (fig. 129-131). Quand cette sorte de nimbe est donnée à un saint, il faut l'attribuer à l'ignorance de l'artiste. Le nimbe triangulaire s'applique aussi à Dieu, parce qu'il exprime la Trinité : cette forme, commune en Grèce et en Italie, est rare en France. Les anges, les apôtres, les saints, sont ornés du nimbe circulaire, mais à champ uni, ainsi que les vertus personnifiées. L'usage du nimbe n'est devenu définitif que vers les cinquième ou sixième siècles.

LE PÈRE ÉTERNEL (fig. 122, 123). — Il est fort difficile à l'art de concevoir le type d'un Dieu unique. Les Juifs ne l'ont jamais tenté, et ce n'est qu'à une époque relativement très-récente que les chrétiens ont essayé de représenter Dieu comme l'Ancien des jours, sous la forme d'un vieillard à barbe blanche, conception très-fausse au point de vue religieux, puisque Dieu ne vieillit pas. Dans le paganisme, toutes les forces de la nature, tous les caractères moraux étaient représentés par une divinité particulière, dont l'art avait su toujours approprier la forme à la signification. Mais l'image d'un Dieu unique ne saurait exprimer des qualités contradictoires. S'il en exprime une, il n'exprimera pas l'autre, car l'art ne peut en établir la distinction que par la forme, qui se limite forcément dans une situation ou un caractère déterminé.

Le Dieu unique, éternel, absolu, immuable, est une conception purement philosophique, que l'art ne peut matérialiser qu'en abandonnant l'idée de beauté pour chercher une formule hiéroglyphique, comme dans les cultes de l'Orient, où pour exprimer l'idée de force on met dix bras à une idole, plusieurs mamelles pour exprimer la fécondité, etc., etc. Il résulte de là un type suffisant pour le sacerdoce, qui en donne l'explication aux fidèles, mais qui, pour l'art, ne saurait être qu'un monstre.

Phidias disait que les artistes donnaient aux dieux la forme humaine, parce qu'ils n'en connaissaient pas de plus belle. Mais les premiers chrétiens ne pouvaient suivre cet exemple, qui aurait fait ressembler leur Dieu à ceux des païens. Il fallait pourtant trouver un emblème : dans l'origine, on symbolisa Dieu le Père par une main sortant des nuages; ensuite on a risqué une tête et un buste, mais ce n'est que très-tard qu'on l'a représenté sous la forme d'une figure entière. La main divine est ordinairement caractérisée par le nimbe

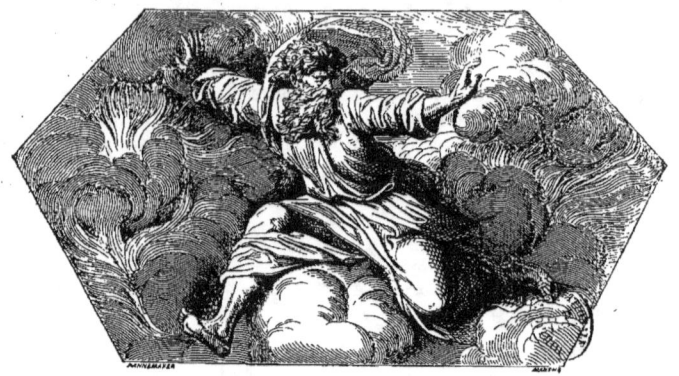

Le Père Éternel.
122. — DIEU DÉBROUILLANT LE CHAOS (RAPHAËL).
(Musée du Vatican.)

crucifère, mais dans les peintures des catacombes et dans les anciens sarcophages il n'y a pas de nimbe.

Quelquefois Dieu le Père prend la forme de Jésus-Christ. C'était une tradition parmi les Grecs de figurer le Christ pour exprimer même les faits de l'Ancien Testament, et on lui adjoignait souvent la Vierge. Voici comment le

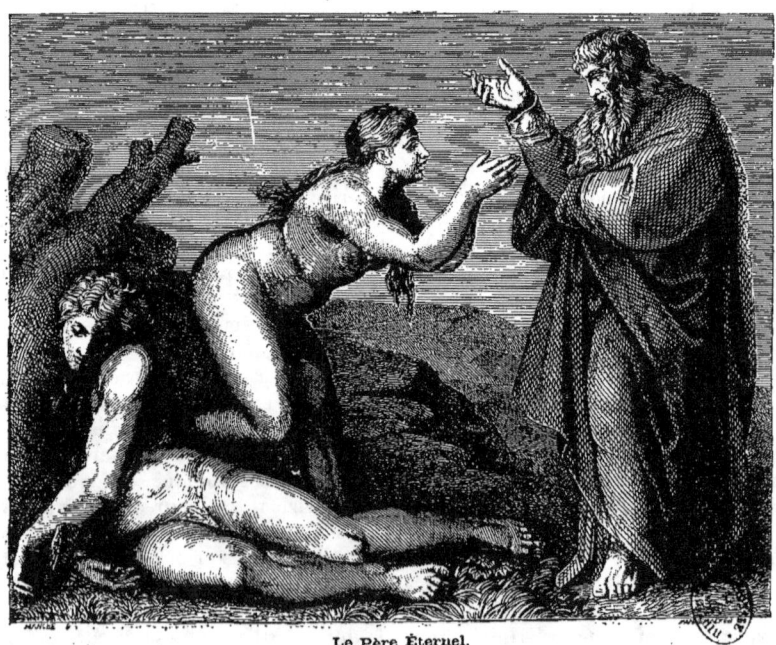

Le Père Éternel.
123. — LA CRÉATION DE LA FEMME (MICHEL-ANGE).
(Chapelle Sixtine.)

manuscrit de Panselinos, cité par M. Didron, enseigne aux moines du mont Athos la manière dont ils doivent peindre Moïse devant le buisson ardent. « Moïse déliant sa chaussure; autour de lui ses brebis. Devant Moïse est le buisson ardent : au milieu et sur le sommet brillent la Vierge et son Enfant. Près de Marie, un ange regarde du côté de Moïse. D'un autre

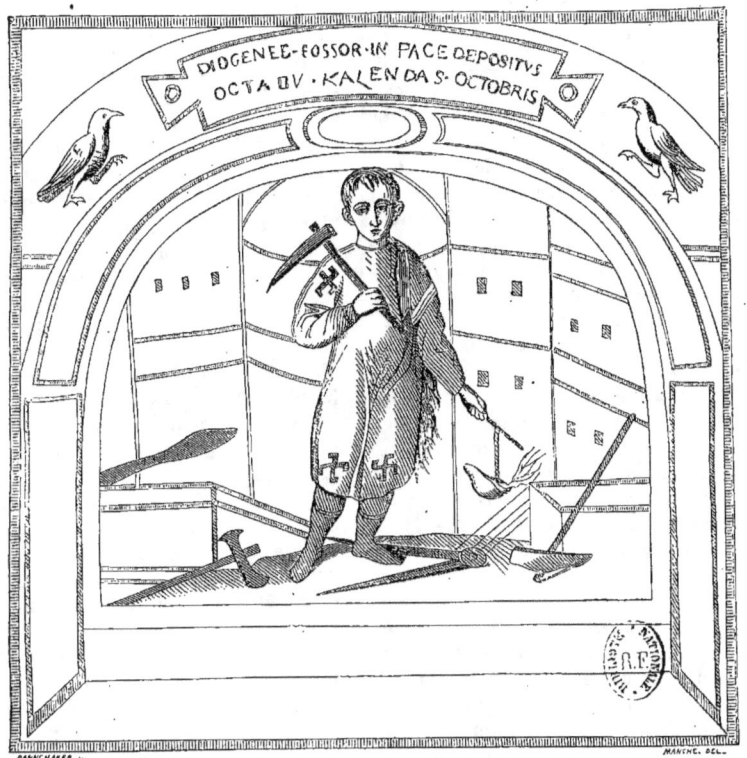

Catacombes de Rome.
124. — LE FOSSOYEUR DIOGÈNE.

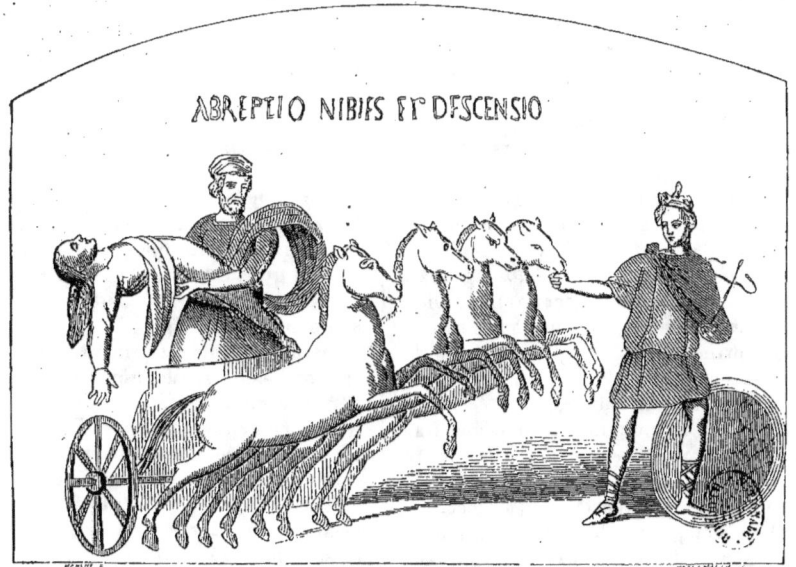

Catacombes de Rome.
125. — LA MORT.

côté du buisson, on voit encore Moïse debout, ayant une main étendue et tenant de l'autre une baguette. » Dans les sculptures de nos églises, Dieu le Père paraît aussi très-souvent sous la forme du Fils.

Dans le quinzième siècle, Dieu le Père apparaît sous une forme qui n'est plus celle du Fils, mais qui revêt un caractère politique. L'Italie le représente en pape, l'Allemagne en empereur, la France en roi. Il porte alors un globe ou un sceptre. Quelquefois aussi il est représenté en Dieu des combats : il tient une grande épée, ou même un carquois et des flèches. Dans des miniatures italiennes, on le voit chassant Adam et Ève du paradis et les poursuivant avec ses flèches, absolument comme un Apollon. La grossièreté des mœurs, au moyen âge, a fait naître des représentations d'une étonnante trivialité. A Clermont, par exemple, dans un chapiteau de Notre-Dame du Port, « il est représenté, dit M. Didron, donnant des coups de poing au coupable Adam, tandis qu'un ange saisit notre pauvre premier père par la barbe qu'il lui arrache. »

Une miniature italienne du treizième siècle nous montre un ange confectionnant un homme, d'après les indications de Dieu, qui se contente de diriger le travail. Une sculpture de la cathédrale de Chartres présente également le Créateur assisté par des anges. Philon, écrivain juif contemporain de Jésus-Christ, admet que les anges ont participé à la création et explique ainsi le pluriel dans la Genèse : Faisons l'homme, etc. Le moyen âge assimilait tout à ses mœurs, et voyait partout le *maître de l'œuvre* dirigeant ses praticiens. Mais il y a bien loin de cette conception à celle de la Renaissance. Le Créateur devient alors l'Ancien des jours, et se distingue par une figure vénérable et une grande barbe blanche. Il crée le monde à lui tout seul et sans se faire aider. Dans les loges de Raphaël, il y a une figure superbe de *Dieu débrouillant le chaos* (fig. 122). Mais dans cette magnifique inspiration, Dieu semble lutter contre les éléments dont il triomphe : il exprime donc la force, mais non la toute-puissance, qui n'a pas besoin de lutter, parce qu'elle n'a qu'à vouloir.

C'est cette toute-puissance calme que Raphaël s'est efforcé de rendre dans une autre loge, représentant Dieu qui crée le soleil et la lune. Le Créateur est porté dans l'espace et, étendant les bras, il semble faire surgir sans effort les astres dans le ciel. Michel-Ange, dans la Création de l'homme, représente Dieu porté par des anges et tendant le bras vers Adam qui naît à la lumière. Cette figure de Michel-Ange est d'une tournure vraiment sublime. Le Créateur de Michel-Ange, comme celui de Raphaël, est d'une beauté incomparable par le geste et la puissance du mouvement; mais est-ce Dieu? Est-ce un type dont on puisse dire : Ce n'est pas un homme, c'est plus qu'un homme? Évidemment non, car quand il n'est plus porté en l'air, quand il est debout dans les tableaux des mêmes artistes, par exemple dans la *Création de la femme* de Michel-Ange (fig. 123), rien ne le distingue de Noé ou de tout autre patriarche à barbe blanche. C'est le sujet qui fait comprendre que c'est Dieu, ce n'est pas le type. Les traits sont ceux d'un beau vieillard, mais rien de plus.

Tous les artistes qui sont venus après Raphaël et Michel-Ange ont représenté Dieu de la même façon. On peut donc dire que, dans l'art chrétien, la première personne de la Trinité a pu inspirer des chefs-d'œuvre, mais non une forme particulière et déterminée qui la distingue. Elle paraît d'ailleurs très-rarement seule, et dans l'art elle a un rôle tout à fait subalterne.

Ce Dieu immuable échappe absolument à toutes les combinaisons de l'art, parce qu'il n'est pas un caractère, une loi ou une force, mais l'absolu et l'infini. La majesté de Jupiter ne lui suffirait pas, il lui faut encore la force d'Hercule, la beauté d'Apollon, l'élégance de Bacchus; et comme il est impossible de représenter en un même type les grâces de la jeunesse et de l'enfance et la gravité de la vieillesse, il n'est pas étonnant que l'image du Père éternel n'ait pas encore trouvé sa formule.

Les catacombes de Rome. — Le CHRIST a beaucoup plus d'importance que la première personne de la Trinité dans les représentations figurées. Comme en venant sur la terre le Fils de Dieu avait pris une forme visible, il était naturel que l'art s'attachât de préférence à reproduire ses traits. Pourtant c'est sous la forme symbolique qu'il apparaît dans les plus anciens monuments, et principalement dans les catacombes de Rome, qui doivent être considérées comme le berceau de l'art chrétien. Mais comme les emblèmes chrétiens figurent ici comme décoration sépulcrale, nous devons d'abord dire un mot de ces cimetières, connus aujourd'hui grâce aux fouilles récentes exécutées sous la direction de M. de Rossi, qui a rassemblé le résultat de ses recherches dans un livre publié par ordre du pape et qui a pour titre : *Rome chrétienne souterraine*.

L'opinion généralement admise jusqu'à ces

derniers temps est que les chrétiens, pour fuir la persécution, se réunissaient dans d'anciennes carrières abandonnées qu'ils appropriaient à leur culte et où ils enterraient leurs morts. Des études plus approfondies ont fait changer cette manière de voir. On admet à présent que les catacombes ont toujours été des cimetières, et qu'elles ont été creusées par les chrétiens, non comme lieu de refuge, mais simplement et régulièrement comme lieu de sépulture. Le respect que les païens portaient aux morts pouvait transformer ces cimetières en asile dans les jours de persécution, mais ils n'étaient point construits en vue de la célébration habituelle du service divin.

« Les cimetières des anciens chrétiens de Rome, que l'on appelle catacombes, dit M. de Rossi, occupent une zone d'environ deux ou trois kilomètres tout autour de Rome. Leur étendue est prodigieuse, non pas dans la superficie du sol entamé, mais bien dans la quantité des galeries creusées à différents niveaux, quelquefois à quatre ou cinq étages les unes sous les autres. Il a été calculé exactement que, dans un espace carré ayant cent vingt-cinq pieds romains de côté, il n'y a pas moins de sept à huit cents mètres de galeries; la somme totale de toutes les lignes d'excavation semble monter au chiffre énorme de cinq cent quatre-vingts kilomètres, la longueur de l'Italie. D'après les légendes populaires, et même d'après l'opinion des savants, on a longtemps considéré ces catacombes comme toutes liées entre elles et formant un réseau non interrompu autour de Rome. Mais les conditions géologiques et hydrauliques du sol donnent un démenti formel à cette hypothèse, et ont imposé des limites infranchissables aux nécropoles souterraines, qui sont restées séparées les unes des autres. »

M. de Rossi, tout en démontrant que ce sont des cimetières et non des carrières qu'on a voulu faire en creusant ces galeries étroites, longues, croisées les unes avec les autres à angle droit et en rapport systématique et évident avec les tombeaux, admet pourtant que le point de départ a été quelquefois des souterrains préexistants, dont l'histoire des martyrs fait mention sous le nom d'*arenaria*. Mais « cela est aisé à reconnaître et l'on distingue aujourd'hui, sans la moindre hésitation possible, ce qui a été un arénaire de ce qui a été creusé par les fossoyeurs. »

« Chaque cimetière est composé d'un grand nombre de galeries, dont la largeur moyenne est de quatre-vingts centimètres; la hauteur varie à l'infini, selon la consistance et la puissance de la couche de tuf granulaire. Ces galeries, superposées les unes aux autres jusqu'à cinq étages, ne descendent jamais à plus de vingt ou vingt-cinq mètres sous le sol. A cette profondeur commencent généralement des couches non volcaniques, lesquelles, n'absorbant pas les eaux, sont toujours humides et n'auraient pu servir à l'ensevelissement des morts. Les niches sépulcrales, creusées dans les parois des galeries, ont la longueur du corps humain étendu; leurs séries horizontales ressemblent aux rayons d'une bibliothèque. »

Outre ces galeries, on trouve d'espace en espace des chambres sépulcrales, dans lesquelles on reconnaît tantôt des tombeaux de famille, tantôt de vraies chapelles où on célébrait les saints mystères. Le sacrifice eucharistique était offert sur le tombeau de ceux qui avaient versé leur sang pour la foi. Dans ces salles, on voit quelquefois la chaire du pontife taillée dans le tuf même et inhérente à la paroi à laquelle elle se trouve adossée. Enfin des bancs massifs en maçonnerie donnent la preuve matérielle des pieuses assemblées qui se tenaient dans ces cryptes.

C'est des catacombes que nous est venu l'usage de creuser des niches dans le mur des églises ou de leurs cryptes pour y placer des tombeaux. Le souvenir des glorieux martyrs de la foi avait élevé peu à peu la dévotion des reliques et des saints au même rang que la commémoration des récits sacrés. « La liturgie des catacombes, dit M. de Rémusat, s'était chargée ainsi de souvenirs et de rites inconnus aux apôtres. Elle se reproduisit à ciel ouvert, lorsqu'on put célébrer le sacrifice symbolique dans ces oratoires élevés en mémoire des confesseurs de la foi sur le lieu même de leur mort et à l'entrée de leurs tombeaux. Ces oratoires devinrent des églises et s'agrandirent avec les nécessités du culte enfin public; mais les cérémonies gardèrent l'empreinte funèbre : les lampes et les cierges attestent encore qu'elles avaient pris naissance dans une nuit souterraine. Les cryptes des églises furent des catacombes bâties, et lorsque la mort les eut peuplées, elle s'empara du chœur, de la nef, des porches, des vestibules, des cloîtres, de l'atrium, et de la terre même qui entourait l'église. Les sépultures furent partout, et nos temples sont ainsi devenus la demeure des morts en même temps que la maison de Dieu. »

LE CHRIST SYMBOLIQUE. — Parmi les monuments qui décorent les catacombes, les uns remontent au temps des persécutions, les autres ont été exécutés par ordre des papes à l'époque où l'on commença à prier devant les tombeaux des martyrs. La plus grande partie de ces peintures sont des emblèmes relatifs à la foi nouvelle. Ainsi le *poisson*, considéré comme symbole de Jésus-Christ, figure sur une foule de monuments chrétiens de l'âge primitif. On

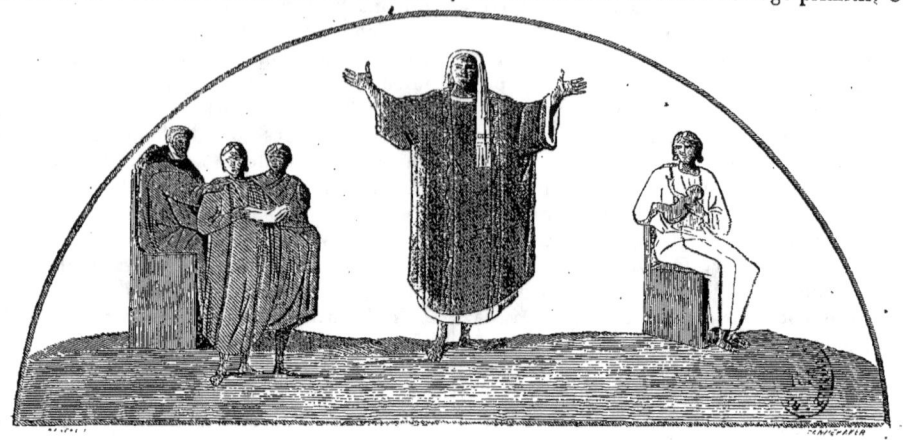

Catacombes de Rome.
126. — ORANTE.

le voit dans les inscriptions, sur les sarcophages, sur les pierres gravées, dans la décoration des fonts baptismaux. En prenant chaque lettre du mot *poisson* en grec, *Ichthus*, on en fait l'initiale des mots: Jésus-Christ, fils de Dieu Sauveur. « Ichthus, dit saint Augustin, est le nom mystique du Christ, puisqu'il est descendu vivant dans l'abîme de cette vie, comme dans la profondeur des eaux. »

L'ancre était un symbole de l'espérance, la colombe une image de l'âme, la branche d'olivier un message de paix.

« En groupant ces signes, l'on arrivait à une véritable écriture mystérieuse, connue seulement des initiés. Ainsi, l'ancre, jointe au poisson, signifiait l'espérance dans le Fils de Dieu, sauveur des hommes; le poisson portant le pain, cachait le grand secret du Christ se donnant lui-même dans l'Eucharistie; la colombe qui s'envole avec un rameau d'olivier, désignait l'âme du chrétien, mort en paix, qui s'envole au ciel. Le sens de ce genre de composition, assez transparent par lui-même, est déterminé de la manière la plus rigoureuse par l'ensemble des monuments, par les inscriptions et par les écrits des Pères des premiers siècles. » (De Rossi.)

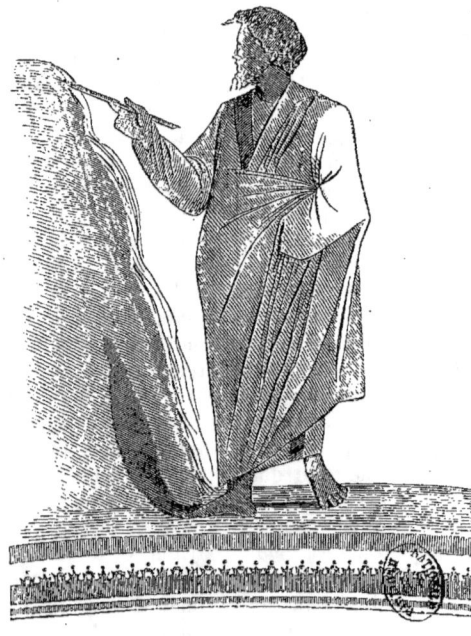

Catacombes de Rome.
127. — MOÏSE FRAPPANT LE ROCHER.

Ces emblèmes sont accompagnés d'inscriptions qui marquent l'esprit du temps. Sur le tombeau d'un enfant on lit : « Florentius à son fils Apronien, qui a bien mérité cette inscription. Il a vécu un an neuf mois et cinq jours. Ayant été solidement aimé par son aïeule, et celle-ci l'ayant vu en danger de mort, elle pria l'Église de le faire sortir du siècle avec la marque du fidèle. » Sur un autre : « Anatolius à son fils, qui a bien mérité; il a vécu sept ans sept mois et vingt jours. Que ton âme repose en Dieu, prie pour ta sœur. »

Les emblèmes sont souvent groupés avec des scènes allégoriques. Ainsi le *pêcheur* qui prend des poissons (symbole de l'apôtre qui pêche les hommes pour les convertir), la *vendange*, la *moisson*, le *banquet*, le *pasteur*, sont des signes que tous les chrétiens comprenaient, et qui pour la plupart sont tirés des paraboles de l'Évangile.

Les sujets tirés de l'Ancien Testament, très-nombreux dans les catacombes, ne doivent pas être pris dans le sens purement historique. « Ils n'étaient pas abandonnés au libre choix des artistes, et leur signification dépassait le fait historique pour l'idéaliser et l'élever à la hauteur du symbole. Sur ces deux points, l'on a acquis une telle certitude qu'il est impossible de le contester. Les historiens bibliques qui ont fourni des sujets de compositions cent fois répétées, toujours d'après un même type, par les peintres et les sculpteurs, forment un cycle

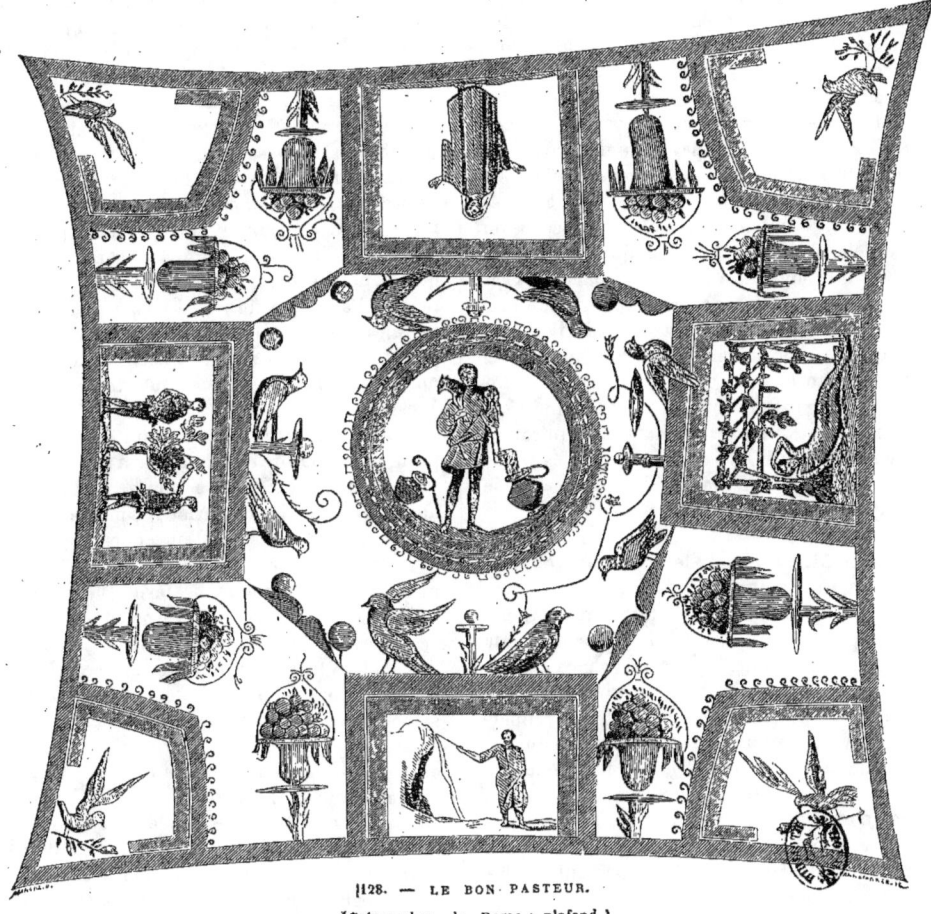

128. — LE BON PASTEUR.
(Catacombes de Rome : plafond.)

presque invariable, tiré tour à tour de l'Ancien et du Nouveau Testament. Le système symbolique de ce cycle hiératique nous est révélé, non-seulement par le choix et l'arrangement des sujets, mais par la manière même de les représenter, et par quelques rares monuments, où les images sont accompagnées d'inscriptions. Noé dans l'arche, recevant la colombe qui porte la branche d'olivier, est souvent remplacé par un enfant, quelquefois par une femme; une de ces femmes est nommée, elle s'appelle Juliana. Ce n'est donc pas le Noé historique que l'on a voulu représenter, mais plutôt le chrétien sauvé dans l'arche, c'est-à-dire dans l'Église, mort en paix, et reçu dans la paix du ciel. Moïse frappe le rocher (fig. 127) et en fait jaillir l'eau; mais dans le ruisseau même que forme cette source miraculeuse, nous voyons quelquefois un poisson pris par le pêcheur.

« La multiplication des pains et des poissons est un des sujets favoris des anciens peintres et sculpteurs. Mais, au lieu de représenter le prodige avec la simplicité du récit évangélique, ils ont souvent mêlé à cette scène des souvenirs d'autres repas, et même des accessoires qui n'ont de rapport avec aucune histoire. Les sept disciples auxquels le Sauveur, après sa résurrection, a donné à manger le pain et le poisson, sont groupés avec les corbeilles des pains multipliés. Ces mêmes corbeilles entourent un trépied isolé, que domine un grand poisson posé sur des pains. Une fois enfin, le Sauveur multiplie les pains et les poissons devant un autel. Il est donc impossible de méconnaître que le groupe hiéroglyphique du pain et du poisson désigne l'Eucharistie; c'est ce qui fait qu'en représentant les faits évangéliques où figurent les pains et les poissons, on les a mêlés ensemble; on y a ajouté des accessoires qui répugnent à l'histoire, mais qui s'accordent à merveille avec le sens symbolique. Les fresques récemment découvertes dans une catacombe d'Alexandrie, en Égypte, mettent le dernier sceau à cette interprétation, par le témoignage positif des lettres grecques inscrites sur une peinture représentant la multiplication miraculeuse. Ces lettres disent que les pains multipliés sont les *Eulogies du Christ;* c'est le nom que l'Église d'Alexandrie donnait à l'Eucharistie. » (De Rossi.)

D'après M. de Rossi, les tombeaux creusés dans les catacombes appartiennent tous aux chrétiens, sans mélange de tombeaux païens. Ce qui peut faire naître ici des dissentiments avec d'autres savants, c'est la fréquence des sujets mythologiques et des peintures qui, par la forme, la tournure et les attributs, rappellent les types connus de l'art antique. Tout réside donc ici dans une question d'interprétation. Ainsi l'âme humaine figure souvent sous la forme d'une jeune fille pourvue d'ailes de papillon comme Psyché. Des médailles antiques sur le déluge de Deucalion présentent les mêmes détails que le Noé recevant le rameau d'olivier apporté par la colombe. La vendange, souvent représentée sur les tombeaux païens, se retrouve aussi dans les monuments chrétiens, avec tout le cortége ordinaire de Bacchus, génies ailés, chèvres, tigres et panthères. Les fleuves, les villes, les saisons sont souvent personnifiés comme chez les païens, et comme eux encore les premiers chrétiens mettent dans les tombeaux des bijoux, armes, instruments ou meubles qui avaient été chers au défunt.

Orphée attirant les animaux sauvages par les accents de sa lyre, veut dire Jésus-Christ attirant les hommes par sa parole de charité. *Le bon pasteur* (fig. 128) portant la brebis égarée sur ses épaules est une personnification de Jésus d'après une de ses paraboles; mais la forme que l'art lui a donnée est empruntée à une figure antique. Ordinairement le pasteur tient dans une de ses mains un instrument de musique, la flûte de Pan, par exemple. Cette figure du berger rappelle la figure antique du faune à la chèvre, et se rapporte au type anciennement fixé par Calamis, dont la statue se voyait au temps de Pausanias, qui dit que, le jour de la fête de Mercure Kriophore, le plus beau des jeunes gens parcourait la ville une brebis sur ses épaules. *Le bon pasteur* apparaît entouré des saints et des fidèles, qui figurent habituellement sous la forme que les archéologues désignent sous le nom d'*Orante* (fig. 126). C'est l'image d'une personne debout, qui étend les bras et lève les mains pour la prière. Parmi ces figures il y en a une qui est l'Orante par excellence et qui accompagne le bon pasteur sur les plus anciens monuments : on la considère comme une image de la Vierge.

Souvent le berger est entouré de son troupeau, et le nombre de ses brebis a toujours une signification : s'il y en a douze, ce sont les douze apôtres. Jésus-Christ lui-même fut représenté sous la forme d'un agneau symbolique. Mais bientôt la figure de l'agneau fut appliquée non-seulement à Jésus-Christ, mais encore aux personnages de l'Ancien et du Nouveau Testament : l'agneau divin se distingue des apôtres parce qu'il porte une croix sur la tête, car l'usage du nimbe est postérieur. Les sarcophages du quatrième siècle nous montrent les personnages de la Bible transformés en agneaux, et formant une décoration qu'on croirait empruntée aux fables de la Fontaine. Une suite de sculptures latines du quatrième siècle, gravées dans l'*Histoire de Dieu* de Didron, montre un curieux exemple de cet usage. Un agneau, tenant dans sa patte une baguette, frappe un rocher d'où sort un torrent : c'est Moïse frappant l'eau du rocher. Un agneau tend sa patte et lève la tête en regardant une main qui sort des nuages, tenant une tablette : c'est Moïse recevant les tables de la loi. Un petit agneau est plongé dans l'eau, et un agneau beaucoup plus gros lui verse de l'eau sur la tête, où tombent en même temps des rayons qui partent d'une colombe placée dans le ciel : c'est le baptême de Jésus par saint Jean-Baptiste. On voit un agneau qui multiplie les pains, un agneau ressuscitant Lazare, qui cette fois est un homme enveloppé de ses bandelettes.

La représentation de l'agneau prit une telle faveur qu'elle fut sur le point de se substituer à la figure humaine. L'Église s'en inquiéta, craignant que le Christ ne parût aux populations un emblème symbolique et non une réalité historique, et le concile Quinisexte, tenu en 692, ordonna de le représenter désormais sous sa figure réelle, et non sous celle de l'agneau : « .... Nous avons adopté cette représentation, dit le texte du concile, comme une image de la grâce; pour nous c'était l'ombre de cet agneau, le Christ, notre Dieu, que la loi nous montrait. Donc accueillant d'abord ces figures et ces ombres comme des signes et des emblèmes, nous leur préférons aujourd'hui la grâce et la vérité, c'est-à-dire la plénitude de la loi. En conséquence, pour exposer à tous les regards ce qui est parfait, même dans les peintures, nous décidons qu'à l'avenir il faudra représenter, dans les images, le Christ, notre Dieu, sous la forme humaine, à la place du vieil agneau. »

Malgré le désir qu'avaient les évêques de substituer l'histoire au symbole, l'agneau a persisté jusqu'à nos jours à représenter le Christ. Au surplus, un concile d'évêques grecs peut n'avoir pas eu une grande influence sur l'Église latine, mais ce qui est remarquable c'est que l'agneau ait continué à figurer dans les représentations byzantines.

L'agneau apocalyptique se reconnaît à ce qu'il a sept yeux et sept cornes. Les sept yeux expriment les dons du Saint-Esprit, et sont ordinairement placés sur le cou. Les sept cornes, qui se placent tantôt sur la tête, tantôt sur le cou, comme une crinière, sont l'emblème de la puissance qui fortifie l'agneau divin.

Au moyen âge le Christ en agneau porte habituellement le nimbe croisé, et près de lui est souvent une croix avec l'étendard. Une statue de la cathédrale de Chartres nous montre S. Jean-Baptiste tenant dans ses bras l'agneau symbolique dans son auréole. Les représentations de ce genre sont très-fréquentes, mais, aux approches de la Renaissance, elles perdent leur tournure hiératique, et tombent dans un naturalisme quelquefois trivial. Les artistes, de plus en plus préoccupés de la vérité, oublient la signification symbolique de leur œuvre, au point de représenter souvent l'agneau sans nimbe. On le voit alors brouter l'herbe du désert à côté du précurseur, ou bien se dresser sur ses pattes de derrière pour le caresser. Dans une peinture de Notre-Dame de Brou, saint Jean est assis et donne à boire au petit agneau.

Les grands maîtres de la Renaissance ont considéré l'agneau comme un emblème qu'ils aimaient à placer près de l'Enfant Jésus dans leurs saintes familles, mais ne l'ont jamais conçu comme un symbole qui pût figurer directement le Christ. Cette figure symbolique néanmoins a toujours été admise dans le Christianisme et se retrouve encore aujourd'hui dans nos églises.

LE CHRIST GLORIEUX (fig. 133). — Nous avons étudié le Christ sous la forme symbolique que l'art primitif lui a donnée. Nous allons voir maintenant comment on le représente quand il règne glorieux dans le ciel, ou qu'il préside au jugement dernier. Le triomphe du Christ est un des sujets qui plaisaient le plus aux artistes, et naturellement ils le représentaient avec les idées et la mise en scène de leur temps. Dans les peintures byzantines, on le voit sur son trône, escorté des saints et adoré par les anges; souvent il porte les habits d'un archevêque, et ce costume se retrouve encore dans des peintures italiennes du quatorzième siècle. La crypte de la cathédrale d'Auxerre possède une très-curieuse peinture qu'on fait remonter au onzième siècle, où le Christ triomphateur est représenté à cheval, conformément à la vision de S. Jean. Cette image est figurée sur une grande croix ornée ; entre les bras de la croix sont quatre anges également à cheval.

Dans les sculptures de nos églises, on voit souvent le Christ glorieux, entouré des quatre signes des évangélistes, des apôtres ou des vingt-quatre vieillards. D'autres fois, il est demi-nu, il montre ses plaies, et les anges se tiennent autour de lui en portant les instruments de la passion. Quelquefois il est représenté vainqueur des bêtes sataniques. A Reims, il foule aux pieds le dragon ; à Chartres, c'est un lion et un dragon réunis. Une peinture sur verre à Notre-Dame de Brou nous montre le Christ triomphant, sur un char traîné par les figures symboliques des évangélistes : l'ange de S. Matthieu, l'aigle de S. Jean, le lion de S. Marc, et le bœuf de S. Luc. Les anges célèbrent sa gloire par un concert céleste ; les prophètes et les sibylles ouvrent la marche du cortége, composé des martyrs et des saints confesseurs, parmi lesquels on voit, comme toujours, un gigantesque S. Christophe portant l'Enfant Jésus sur ses épaules.

Dans les représentations du *Jugement dernier*, si communes au moyen âge, l'artiste est préoccupé avant tout de l'idée de puissance, et le Christ, sous cet aspect, présente une expression que l'âge primitif ne lui avait jamais donnée. Quand on le peignait sous la forme du *bon pasteur* sa physionomie était pleine de douceur. Cette manière de le concevoir était parfaitement conforme avec l'idée que devaient s'en faire les premiers chrétiens. Si dans l'âge héroïque du christianisme nous ne trouvons pas une tentative de révolte, pas une plainte des martyrs contre leurs bourreaux, nous voyons aussi que l'art ne représente jamais aucune scène de la passion du Christ, ni aucun trait ayant rapport aux persécutions, et fait partout dominer l'idée de clémence et de miséricorde.

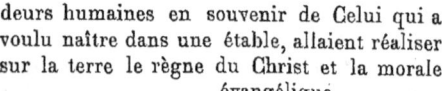

129. — CHRIST.

Mais aussitôt que le christianisme fut devenu le culte officiel, les bourreaux de la veille s'enrôlèrent volontiers sous la bannière du Christ, parce que non-seulement on ne courait plus aucun danger, mais on avait tout intérêt à se ranger de ce côté. Le champ fut ouvert à toutes les ambitions; la pauvreté et la pureté primitive continuèrent à être honorées de nom, mais le titre d'évêque, qui autrefois impliquait une vie de privations avec le martyre pour issue, attira sur celui qui le portait la richesse et la considération, et devint l'objet de toutes les convoitises.

On avait rêvé une société fraternelle, où tous les hommes, renonçant aux vices en souvenir de Celui qui est la pureté, oubliant leurs querelles en présence de Celui qui est l'amour, dédaignant les grandeurs humaines en souvenir de Celui qui a voulu naître dans une étable, allaient réaliser sur la terre le règne du Christ et la morale évangélique.

Au lieu de cela, l'empire de Byzance donna l'exemple d'une corruption qui n'avait rien à envier au règne des Césars, de luttes incessantes qui avaient presque toujours l'intérêt pour mobile principal, et appliqua à toutes les fonctions et à toutes les positions une hiérarchie et une étiquette que l'antiquité n'avait jamais connues. Au lieu de l'unité de croyance, on eut des hérésies sans nombre et on s'égorgea pour des subtilités théologiques.

Dès lors, les saints et les purs, qui avaient su vivre parmi les païens, parce qu'ils nourrissaient l'espoir de les rendre meilleurs en leur enseignant la foi, n'eurent plus d'autre ressource que de se retirer au désert et de protester contre la société. L'ascétisme commença, dur pour lui-même, mais dur aussi pour les autres, condamnant ce monde, dont on croyait d'ailleurs la fin très-prochaine, et protestant, par le renoncement à toutes choses, contre les vices qu'il condamnait. L'ascétisme caractérise la seconde époque du christianisme comme le martyre caractérise la première, et il en représente alors l'élément le plus pur et le plus convaincu. Les saints se retirent au désert pour fuir la société qui

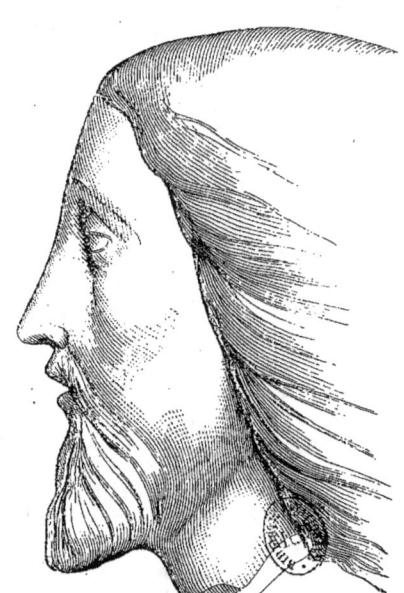

130. — TÊTE DE CHRIST.

est mauvaise, et ceux qui restent dans le monde sont tous engagés dans des luttes pour la foi, compromise de toutes parts par les hérésies.

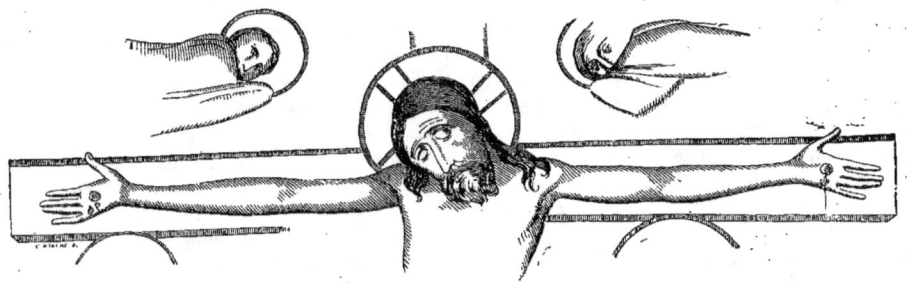

131. — CHRIST EN CROIX.

L'art ne pouvait manquer de traduire ces sentiments. Toute la vie des martyrs peut se résumer en deux mots : résignation, espérance, et le Bon Pasteur de l'âge primitif montre un Christ qui convient à de pareils hommes. Mais, dans la seconde époque du christianisme, on n'entend plus que des anathèmes : le Christ, sous le pinceau des moines artistes, devient dur, terrible. Il est immense, beaucoup plus grand que toutes les autres figures au milieu desquelles il apparaît et qui se prosternent tremblantes à ses pieds. Sa tournure n'exprime plus l'humilité, mais la puissance; son geste condamne plutôt qu'il ne bénit. Les siècles de fer qui composent le moyen âge ne pouvaient concevoir Dieu autrement, et la brutalité des mœurs, que les barbares ajoutèrent aux vices de l'ancienne société, aurait empêché de comprendre un type qui n'aurait pas exprimé la force et la violence.

Bientôt, dans l'Orient comme dans l'Occident, le Christ fut représenté de la même manière; le but de l'artiste est partout le même, le Dieu qu'il représente inspire la crainte et ne cherche rien au delà : s'il avait été doux et bienveillant, le moyen âge ne l'aurait pas compris.

« Dans les jugements derniers sculptés aux voussures et peints aux rosaces de nos cathédrales, le Christ semble insensible aux prières de sa mère qui est placée à sa droite, de S. Jean l'Évangéliste, son ami, ou de S. Jean-Baptiste, son précurseur, qui sont placés à sa gauche. Il écrase les méchants en leur montrant les trous de ses mains, de ses pieds et de son côté; il les noie dans le sang qui coule de ses plaies. Les Grecs, plus hébraïsants que les Latins, ont un Christ plus terrible encore. Les fresques byzantines représentent ordinairement le jugement dernier. Là on voit le Christ assis sur un trône; il est entouré d'anges qui tremblent de frayeur en entendant les redoutables malédictions qu'il lance sur les pécheurs. Non-seulement ce Dieu est juge, comme chez nous, mais il exécute lui-même son jugement. A peine a-t-il porté la sentence de réprobation, qu'à sa voix un fleuve de feu sort de son trône, de dessous

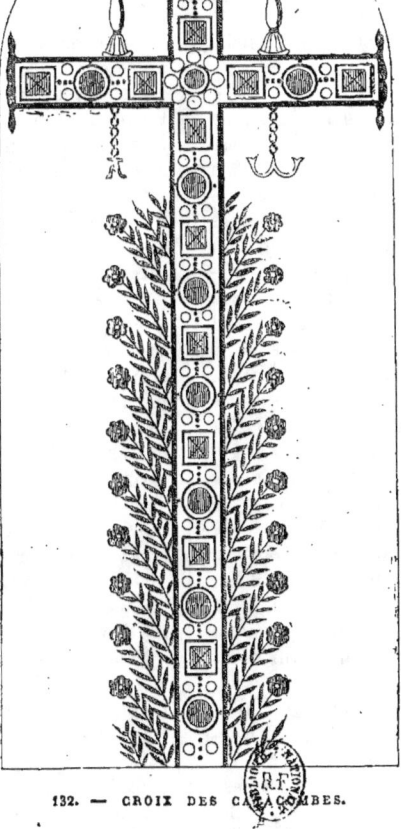

132. — CROIX DES CATACOMBES.

ses pieds, et dévore les coupables. » (Didron, *Histoire de Dieu*.)

C'est sous cette forme terrible que le moyen âge dogmatique a le plus souvent représenté le Christ, tout en conservant le visage ovale, la barbe et les longs cheveux que lui donnait la tradition. Un artiste de la Renaissance, qui avait le caractère et les passions des hommes du moyen âge, Michel-Ange, s'est avisé, au milieu d'une civilisation délicate et raffinée, de concevoir le Christ sous la forme d'un juge impitoyable. Mais ce fut la dernière fois que le Sauveur a pris cette expression dans l'art. Mme de Staël disait que Michel-Ange n'avait jamais soupçonné que Dieu fût bon : on serait assurément tenté de le croire, en voyant le Christ du *Jugement dernier* que cet artiste a peint à la chapelle Sixtine, et dont les traits d'ailleurs ne sont en rien conformes à ceux de la tradition. Michel-Ange a fait cette peinture en maudissant les ennemis de son pays et sous l'impression des maux sans nombre qui affligeaient l'Italie : mais l'expression de dureté qu'il a donnée à son Christ a été traditionnelle pendant plusieurs siècles.

Visite au Louvre et à Notre-Dame de Paris. — On peut voir au Louvre un très-curieux tableau du jugement dernier par Jean Cousin, un des premiers maîtres de la Renaissance française. Le Christ dans sa gloire a les pieds posés sur le globe du monde et tient une faucille. Les démons entraînent les pécheurs, et les anges accueillent les élus. Sur un édifice ruiné, on voit un gibet, et au fond une vallée détruite. Au premier plan, les morts ressuscitent et les anges tiennent des faucilles. On peut voir aussi à l'École des Beaux-Arts l'excellente copie que Sigalon a exécutée d'après le *Jugement dernier* de Michel-Ange. Mais pour se faire une idée complète de la manière dont le moyen âge a compris le jugement dernier, il faut aller devant la grande porte de Notre-Dame de Paris. Cette porte a été restaurée avec une telle habileté qu'il est presque impossible de distinguer les figures nouvelles des anciennes, et la composition est une des plus complètes parmi celles qui décorent nos cathédrales.

Le Juge suprême, assis sur son tribunal, a les pieds posés sur la Terre qui lui sert d'escabeau. Deux grands anges, debout devant le Christ, montrent les instruments de la passion. La Vierge à droite et S. Jean à gauche intercèdent à genoux pour les humains. Au son de la trompette des anges, les sépultures s'entr'ouvrent et les morts de toute condition en sortent Déjà l'archange saint Michel est à son poste, et tient la balance pour peser les âmes. Dans un des plateaux une petite âme nue supplie les mains jointes, mais dans l'autre on voit une âme qui a déjà quitté la forme humaine et dont un démon s'empare, tandis qu'un tout petit diable fait traîtreusement pencher le plateau de la balance avec un crochet. A droite les élus, la tête couronnée et vêtus de longues robes, se dirigent vers la demeure céleste en joignant les mains. A gauche les damnés sont liés par une chaîne que tire un démon : un autre diable les pousse par les épaules pour hâter leur marche.

Les figures sculptées sur la voussure accompagnent le sujet principal. La droite est, comme toujours, réservée aux élus. Abraham, assis entre deux arbres, tient sur une nappe trois âmes humaines qui sont sauvées. Des anges et des patriarches accompagnent les élus : parmi ceux-ci quelques-uns, vus à mi-corps, sortent de petits édifices qui représentent la Jérusalem céleste.

La démonologie de Notre-Dame, qui figure au côté gauche, montre une singulière imagination dans la forme variée des diables et dans l'invention des supplices. Un diable enfonce avec un croc un damné dans une chaudière sur les parois de laquelle rampent des crapauds. Un malheureux damné est broyé sous les dents d'un diable qui a une gueule comme celle de l'hippopotame. Puis voici le cheval pâle de l'Apocalypse ; il est monté par la Mort, figurée par une femme d'une effrayante maigreur, qui a les yeux bandés, les cheveux en désordre, un fer de lance à la main droite et qui porte en croupe l'Enfer. Ensuite ce sont des entassements de démons et de damnés, des malheureux qui s'arrachent et se déchirent avec leurs ongles, tandis que des crapauds leur rongent les chairs, des diables qui enfoncent des barres de fer dans le corps des réprouvés, un autre qui s'assied sur des monceaux d'hommes qu'il accable, et le prince des enfers qui rit tandis que deux épées sortent de sa bouche.

Au-dessus de ces scènes on ne voit plus que des élus disposés hiérarchiquement : d'abord les anges, et ensuite les prophètes. Après eux viennent les docteurs, qui tiennent des livres. La place qu'ils occupent ici est particulière à Notre-Dame de Paris, et contraire aux règles habituelles. M. Didron fait remarquer que dans Paris, ville d'étude dont l'Université célèbre attirait des étudiants de tous les points de l'Europe, les docteurs sont placés avant les martyrs, de sorte que la science passe avant le dévouement. L'armée des martyrs et celle des vierges terminent la série. Le *Jugement dernier* de Notre-Dame peut très-bien donner l'idée de ce genre de représentation dans le moyen âge. Il faut toutefois tenir compte des différences qu'apportent les mœurs selon les localités. Ainsi dans les jugements derniers des Grecs qui habitaient un pays de côtes, où la vie maritime tient une grande place, on voit des poissons qui nagent et rapportent pour la résurrection, l'un un bras, l'autre une jambe, l'autre une tête appartenant à des gens qui ont péri dans la mer. C'est un moyen à la fois naïf et brutal d'exprimer l'idée de la résurrection, mais qui n'est pas plus extraordinaire que de faire sortir de terre des cadavres réduits en poussière.

LE CHRIST SOUS LA FORME HISTORIQUE. — Il n'existe pas de portraits authentiques du Christ, à moins qu'on ne considère comme tels les portraits *archéiropoïètes*, ou non faits par la main des hommes, que l'on conserve dans les églises à titre de reliques : ces portraits sont extrêmement vénérés des fidèles, mais la critique d'art leur assigne généralement une date très-postérieure à celle qui est admise par la croyance populaire.

Le plus célèbre est la sainte Face, ou la Véronique, qui a été gravée plusieurs fois. Tout le monde en connaît l'origine. Lorsque Jésus-Christ montait le Calvaire, une femme essuya son visage couvert de sueur et de sang ; les traits du Sauveur marquèrent leur empreinte sur le linge, qui fut exposé plus tard à la vénération des fidèles, sous le nom de *Vera Icon*, le vrai portrait. Le peuple, par une transposition de lettres, appela ce voile *Veronica*, et on donna le nom de Véronique à la femme qui avait recueilli cette précieuse relique[1].

Un autre portrait miraculeux très-célèbre est celui que Jésus-Christ forma lui-même en appliquant son visage sur un linge, et qu'il envoya à Abgare, prince d'Édesse. Abgare fit coller ce portrait sur bois, et on le transporta d'Édesse à Constantinople, sous le règne de Constantin Porphyrogénète.

Ces portraits n'ont été connus que du temps de Constantin. C'est à cette époque seulement que les chrétiens se sont préoccupés de la figure exacte que pouvait avoir eue le Sauveur. Dans l'âge primitif, quand il est représenté, c'est tantôt sous la forme d'un adolescent imberbe, tantôt sous celle d'un homme barbu, ou même d'un vieillard. Mais les traits sont différents et n'impliquent aucunement la ressemblance qu'on demande à un portrait. L'âge qu'on lui voit n'est point en rapport avec le moment historique reproduit par l'artiste. L'extrême vieillesse qu'on lui donne quelquefois n'est pas non plus justifiée par les évangiles canoniques, mais les évangiles apocryphes qui sont très-nombreux, et qui varient énormément quant à l'âge du Christ, n'étaient pas répudiés comme ils l'ont été depuis, et les artistes y puisaient fréquemment des sujets.

Il était d'autant plus difficile aux artistes de s'entendre sur le visage que devait avoir le Sauveur, que les Pères eux-mêmes, qui auraient dû les guider, ne s'entendaient aucunement, et la question de savoir s'il était beau ou laid a suscité parmi eux des discussions extrêmement curieuses.

Les Dieux de l'antiquité, qui étaient les forces de la nature personnifiées, devaient s'exprimer dans leurs formes matérielles par des types revêtant le plus possible la perfection physique. Mais, venu au monde pour souffrir, né dans une étable, modèle du sacrifice et de l'humilité, le Christ, type purement moral, devait entraîner l'humanité par l'exemple de la vertu, et n'avait pas besoin de la séduire par les charmes de sa personne. « Il avait, dit saint Clément d'Alexandrie, non la beauté de la chair, qui paraît aux yeux, mais la vraie beauté de l'âme et du corps. La beauté de son âme consistait dans son inclination à faire du bien à tout le monde, et celle du corps dans l'immortalité. » Saint Cyrille pensait de même…. « Et afin, dit-il, que nous comprissions que la chair comparée à la divinité n'est rien, le Fils de Dieu a voulu paraître dans une forme qui n'était nullement belle. » Le fougueux Tertullien est plus explicite encore : « Si Jésus est laid aux yeux des hommes, si ses traits sont grossiers et vils, je reconnais en lui mon Dieu. »

Suivant l'opinion des Pères africains, Jésus, en prenant toutes les infirmités humaines, s'était inoculé la laideur, et ses formes repoussantes étaient le témoignage de son dévouement. Ils s'appuyaient sur une phrase de saint Paul dans l'Épître aux Philippiens : « Jésus s'est anéanti lui-même en recevant la forme d'un esclave ; » et plus encore sur un texte d'Isaïe qui dit en parlant du Messie : « Il est sans beauté et sans éclat ; nous l'avons vu, et il n'avait rien de beau, et nous l'avons méconnu. C'était un objet de mépris, le dernier des hommes, un homme de douleur et connaissant l'infirmité. Son visage était comme caché et méprisé ; aussi ne l'avons-nous pas estimé. Lui-même, il a pris nos langueurs ;

---
1. Alfred Maury, *Croyances et légendes*.

lui-même il a porté nos douleurs. Nous l'avons considéré comme un lépreux frappé de Dieu et humilié. »

Quelques Pères, cédant peut-être à leur insu à une éducation demi-païenne, reconnaissaient le caractère divin de la beauté, et ne pouvaient se résigner à croire que le Christ fût inférieur sous ce rapport aux Dieux de l'antiquité. « Il était, dit saint Augustin, beau dans le sein de sa mère, beau dans les bras de ses parents, beau sur la croix, beau dans le sépulcre. » — « Son père céleste, dit saint Chrysostome,

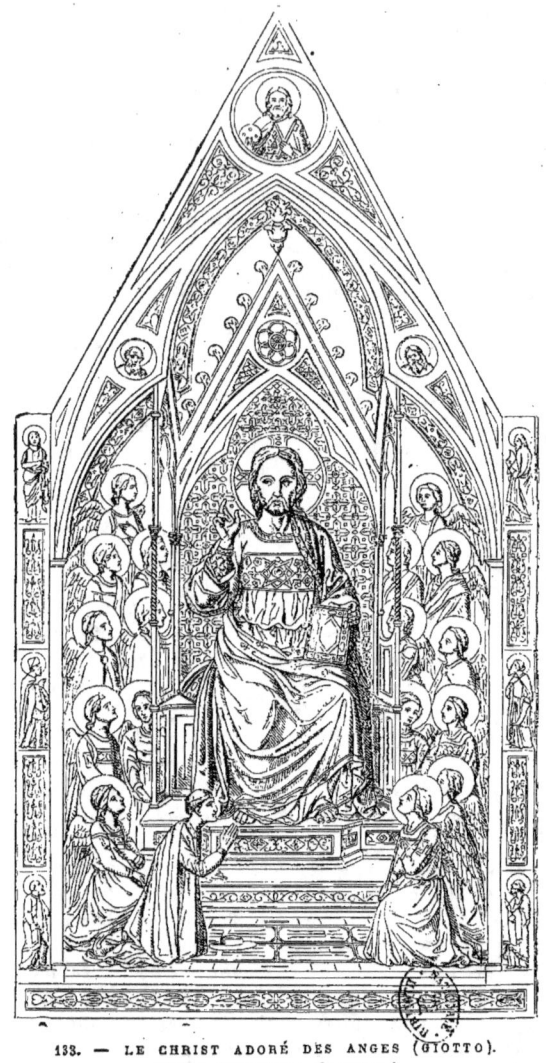

133. — LE CHRIST ADORÉ DES ANGES (GIOTTO).
(Église Saint-Pierre de Rome.)

versa sur lui à grands flots la grâce corporelle, qu'il dispense aux mortels goutte à goutte. »

Mais la plupart pensaient qu'il avait pris par humilité une forme laide, et on alla jusqu'à l'appeler le plus laid des enfants des hommes. Cette opinion était d'autant plus accréditée, qu'elle se trouvait plus opposée à l'idée que les païens s'étaient toujours formée du divin. « Jésus n'était pas beau, donc il n'était pas Dieu, » s'écrie le païen Celse dans sa polémique contre Origène. Il devenait donc impossible aux artistes chrétiens d'imiter les païens dans la représentation du type divin, et il leur fallut chercher du nouveau. Toutefois il s'établit un compromis entre la vieille tradition qui voulait qu'un Dieu fût toujours représenté jeune et beau, et la croyance du temps qui dépeignait Jésus comme absolument dépourvu de grâces. Quand on le représentait agissant comme Dieu, c'est-à-dire dans sa gloire, c'était sous la forme d'un adolescent imberbe, comme Bacchus ou Adonis; mais quand on le représentait comme homme, c'était souvent sous les traits d'un vieillard centenaire, exténué par la fatigue et le jeûne.

Quand l'Église fut décidément triomphante, les images du Sauveur devinrent très-fréquentes, et l'idée de beauté commença à prévaloir. Mais cette beauté n'avait rien de commun avec la tradition antique. Il était sévèrement défendu d'imiter et même de regarder les idoles, et un artiste eut la main desséchée pour avoir osé représenter le Christ sous des traits qui rappelaient ceux du Jupiter antique. Alors fut créé le type qui a prévalu pendant tout le moyen âge, et que l'art moderne a amélioré sans le modifier dans son principe. C'est un visage d'un ovale un peu allongé avec une physionomie grave et mélancolique, la barbe courte et les cheveux séparés au milieu du front (fig. 129). La fameuse lettre de Lentulus, qui obtint alors beaucoup de crédit, paraît avoir exercé une grande influence sur le type qui a prévalu à partir de ce moment. Voici cette lettre

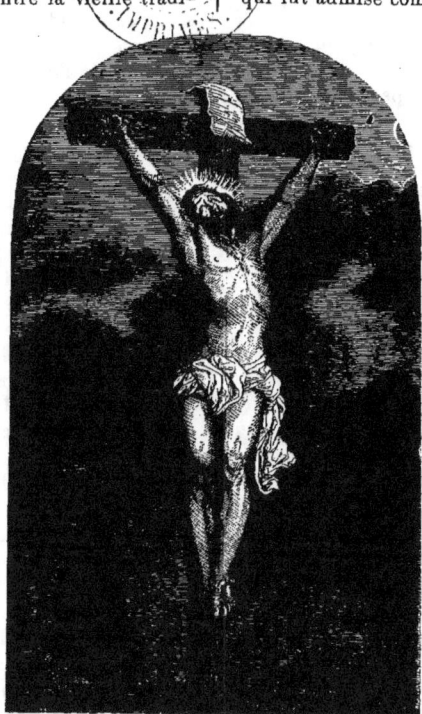

134. — CHRIST EN CROIX (VAN DYCK).
(Musée d'Anvers.)

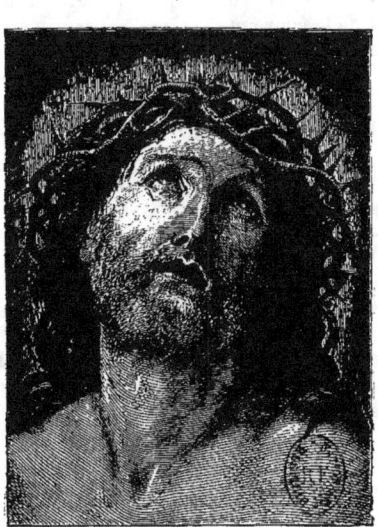

135. — CHRIST (LE GUIDE).
(Musée du Louvre.)

qui fut admise comme écrite par un contemporain de Jésus-Christ: « Dans ce temps apparut un homme qui vit encore et qui est doué d'une grande puissance: son nom est Jésus-Christ. Ses disciples l'appellent le Fils de Dieu; les autres le regardent comme un prophète puissant. Il rappelle les morts à la vie; il guérit les malades de toute espèce d'infirmités et de langueurs. Cet homme est d'une taille haute et bien proportionnée; sa physionomie est sévère et pleine de vertu, de façon qu'à le voir on puisse l'aimer et le craindre aussi. Les cheveux de sa tête ont la couleur du vin, et, jusqu'à la naissance des oreilles, sont droits et sans éclat; mais des oreilles aux épaules ils brillent et se bouclent. A partir des épaules ils descendent dans le dos, distribués en deux parties à la façon des Nazaréens. Front pur et uni, figure sans tache et tempérée d'une certaine rougeur, physionomie noble et gracieuse. Le nez et la bouche sont irréprochables. La barbe est abondante, de la couleur des cheveux et fourchue. Les yeux sont bleus et très-brillants. A reprendre et à blâmer, il est redoutable; à instruire et à exhorter, il a la parole aimable et caressante. La figure est d'une gravité et d'une grâce merveilleuses. Personne ne l'a vu rire une seule fois; mais on l'a vu plutôt pleurer. Élancé de corps, il a les mains droites et longues, les bras charmants. Grave

19

et mesuré dans ses discours, il est sobre de parole. De figure, il est le plus beau des enfants des hommes. »

Ce signalement, envoyé par Lentulus au Sénat, aujourd'hui considéré comme apocryphe par la plupart des critiques, a servi de type aux images adoptées dans l'Église, et les artistes du moyen âge se sont efforcés de s'y conformer. Mais si pendant des siècles on voit le Christ revêtir des traits qui se rapportent à la même tradition, l'expression de sa physionomie se modifie selon les mœurs et selon l'idée qu'on se fait du divin.

Le supplice de la Passion n'a été représenté que très-tard. Dans les temps primitifs on voit la croix, mais sans le Christ (fig. 132). Il se montre vers le dixième siècle, mais complétement vêtu d'une longue robe à manches, qui, à mesure qu'on avance, va en s'écourtant. Au douzième siècle, les manches disparaissent et la poitrine se montre à découvert, et au quatorzième, le divin crucifié a un morceau d'étoffe autour des reins, tel que nous le voyons aujourd'hui. Le Christ, d'une effrayante maigreur (fig. 131), déformé par le jeûne et la souffrance, est le type qui a prévalu parmi les peintres et les sculpteurs du quinzième siècle et une partie de ceux du seizième. Les peintures de ce genre sont très-communes dans les églises et les galeries. Tous les maîtres des écoles primitives ont représenté le Christ avec des larmes dans les yeux, des plaies bleuâtres, et des marques sanglantes du fouet et de la couronne d'épines. Le peintre espagnol Moralès, surnommé le divin, est célèbre par ses Christs sanglants et décharnés, que la Mère de douleur arrose de ses larmes.

L'habitude des pèlerinages en Terre Sainte a fourni aux artistes du moyen âge une forme différente du Christ. Ils comparent la vie humaine de Jésus-Christ à un voyage pénible et douloureux, et ils lui donnent l'habit d'un pèlerin.

La Renaissance italienne, qui est signalée par un retour aux idées de l'antiquité, a cherché à donner au Christ la beauté de formes, que la Grèce donnait à ses Dieux, mais en se conformant au type admis dans l'Église. La tête de Léonard de Vinci, dans la *Cène de Milan*, plaira toujours aux artistes, qui y voient la beauté physique unie à la beauté morale, aux archéologues, qui trouvent dans l'arrangement de la barbe et des cheveux un souvenir ingénieux des plus anciennes traditions, aux chrétiens des temps modernes, qui dans le mélange d'intelligence calme et de douceur infinie du visage reconnaissent le Dieu de mansuétude et de pardon que les mères enseignent à leurs enfants. Pourtant ce tableau célèbre est l'œuvre du génie plutôt que de la foi, et on lui a reproché de ressembler à un banquet de philosophes plutôt qu'à une assemblée d'hommes simples.

Au type de Léonard, les protestants opposent celui de Rembrandt, qu'ils trouvent plus conforme aux récits de l'Évangile. Le Christ de Rembrandt n'est pas beau physiquement, et les apôtres qui l'accompagnent sont des hommes du peuple qui n'ont pas le rayonnement d'intelligence que leur prête Léonard de Vinci. Mais sous les traits du Rédempteur, on voit une douceur admirable comme dans le tableau des *Pèlerins d'Emmaüs*, et parfois une étonnante puissance de geste comme dans la *Résurrection de Lazare*. Les apôtres, malgré la grossièreté de leurs visages et la bizarrerie de leurs accoutrements, présentent l'expression d'une foi candide et profonde.

A l'exception de Lesueur, qui est inimitable dans le sentiment religieux, l'école française a produit peu de figures de Christ qui méritent d'être signalées. L'art moderne a souvent donné au Rédempteur un type fade et langoureux, qui a un grand succès parmi nous.

Visite au musée du Louvre. — Plusieurs tableaux sans nom d'auteur et appartenant aux écoles primitives, montrent le Christ sous l'aspect maigre et décharné que nous avons signalé. Les tableaux dont le sujet est emprunté à la vie historique du Christ sont tellement nombreux, que le catalogue en formerait un volume. Nous indiquerons seulement, dans l'école italienne, l'admirable *Crucifiement* de Mantegna, la copie de la *Cène* de Léonard de Vinci, attribuée à Marco d'Oggione, le *Christ flagellé* du Titien, et la belle tête du Guide (fig. 135) que la gravure a si souvent reproduite. Dans l'école flamande, Rubens et surtout Van Dyck ont fait des Christs admirables, mais ils ne sont pas représentés au Louvre par leurs chefs-d'œuvre dans ce genre. Dans l'école hollandaise, nous signalerons particulièrement le Christ des *Pèlerins d'Emmaüs*, par Rembrandt; et dans l'école française, le petit tableau de *Jésus portant sa croix*, et la *Descente de croix* de Lesueur. Ces deux tableaux peuvent être considérés comme les chefs-d'œuvre de la peinture religieuse en France.

LE SAINT-ESPRIT (fig. 136). — Le Saint-Esprit occupe une très-petite place dans l'histoire de l'art. Depuis les premiers siècles du christianisme jusqu'à nos jours, il est représenté constamment sous la forme d'une colombe. Du dixième au seizième siècle, il est tantôt colombe, tantôt homme, dans les monuments figurés; après François Ier il cesse complétement d'être homme, pour reprendre sa forme première. Mais lorsqu'il prend la figure humaine, ce qui n'arrive que dans les représentations de la Trinité, le Saint-Esprit n'a pas de type déterminé et ressemble tantôt au Fils, tantôt au Père. C'est une forme du divin, qui appartient en propre à la théologie, mais non à l'art. Ajoutons seu-

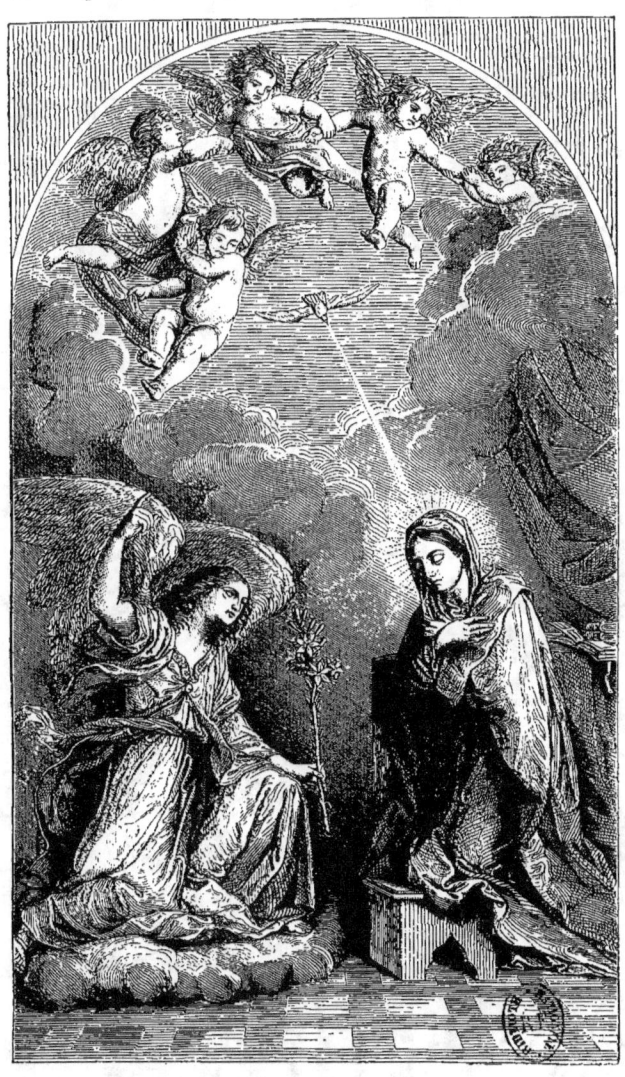

Le Saint-Esprit.
136. — ANNONCIATION (LE GUIDE).
(Rome, au Quirinal.)

lement, pour l'intelligence des monuments, que les sept dons du Saint-Esprit sont quelquefois figurés par sept colombes.

LA TRINITÉ. — La Trinité ne paraît pas dans les monuments figurés de la primitive Église; on ne la trouve ni dans les catacombes ni dans les sarcophages les plus anciens. La figure de Jésus est quelquefois accompagnée de la colombe, qui représente le Saint-Esprit, ou de la main symbolique, qui représente le Père éternel; mais ces deux emblèmes ne sont pas réunis. Vers le onzième siècle on voit dans les basiliques romaines des mosaïques représentant la Trinité figurée par l'association d'un agneau, d'une colombe et d'une main symbolique.

Des miniatures nous montrent les trois per-

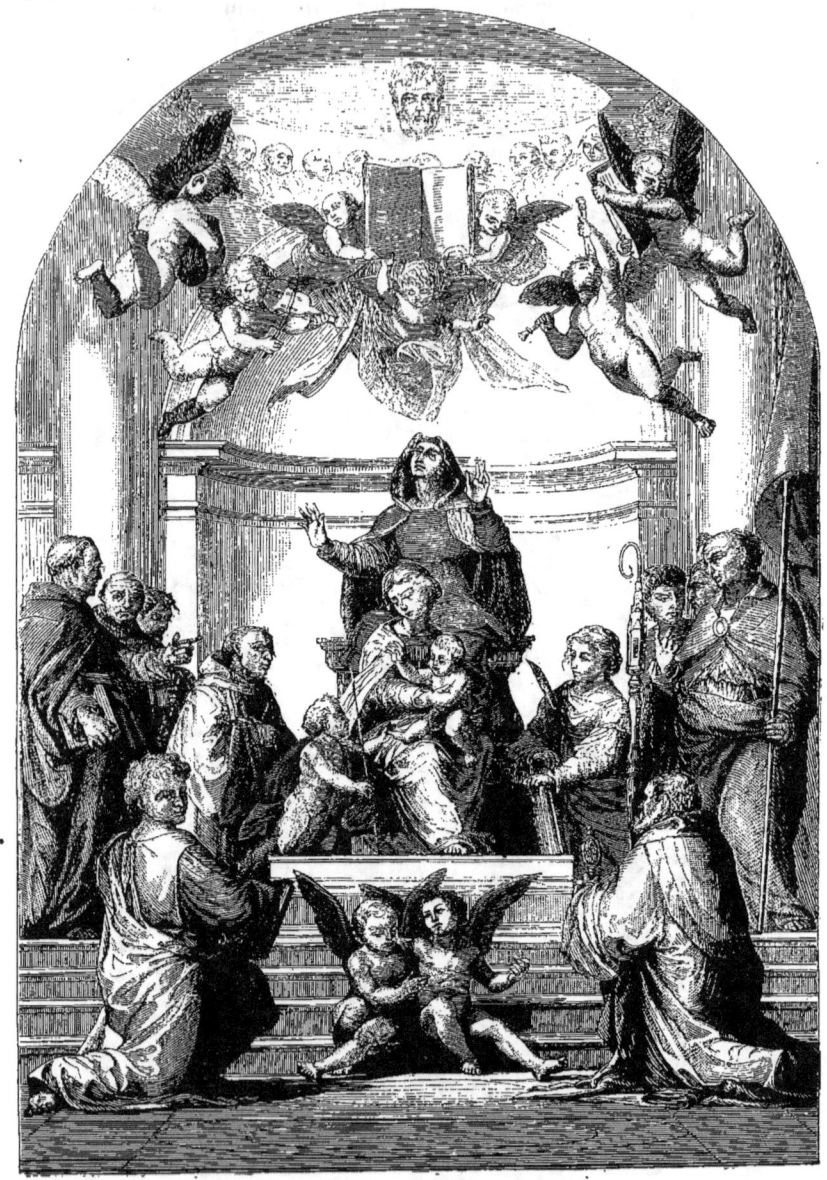

La Trinité en une seule figure.
137. — VIERGE AU TRÔNE (FRA BARTOLOMMEO).
(Florence, galerie des Offices.)

sonnes de la Trinité portant la couronne royale et vêtues de la même manière ; seulement le Saint-Esprit est beaucoup plus jeune. Le Père et le Fils ont le même visage et semblent du même âge. Mais dans d'autres nous trouvons une identité absolue entre les trois personnes. Le Fils se reconnaît seulement à ses stigmates. Pour exprimer l'idée de l'unité, l'artiste plaçait une bandelette portant une inscription, que les trois personnes tiennent ensemble, ou bien il les enveloppait dans un manteau unique.

Quelquefois le Père et le Fils portant la tiare et absolument semblables, sont reliés ensemble par la colombe; ailleurs le Père assis tient son Fils crucifié, et la colombe sort de la bouche du Père pour descendre sur le Fils.

Au treizième siècle la Trinité se montre fréquemment dans les monuments figurés et prend des formes très-variées. Les trois personnes apparaissent tantôt sous la forme symbolique de la main, de l'agneau et de la colombe, tantôt sous la forme humaine. D'autres fois la Trinité est manifestée par des figures géométriques : trois cercles enlacés, un triangle équilatéral. Quelquefois aussi il n'y a qu'un seul corps avec trois têtes soudées l'une à l'autre. Mais la représentation de la Trinité sous la forme d'un monstre, comme on la voit encore figurée dans un célèbre tableau de Fra Bartolommeo (fig. 137), ne pouvait être admise dans la société moderne. Aussi en 1628 le pape Urbain VIII défendit les représentations de ce genre, les frappa d'anathème, et ordonna de brûler celles qui existaient, ce qui explique leur rareté actuelle.

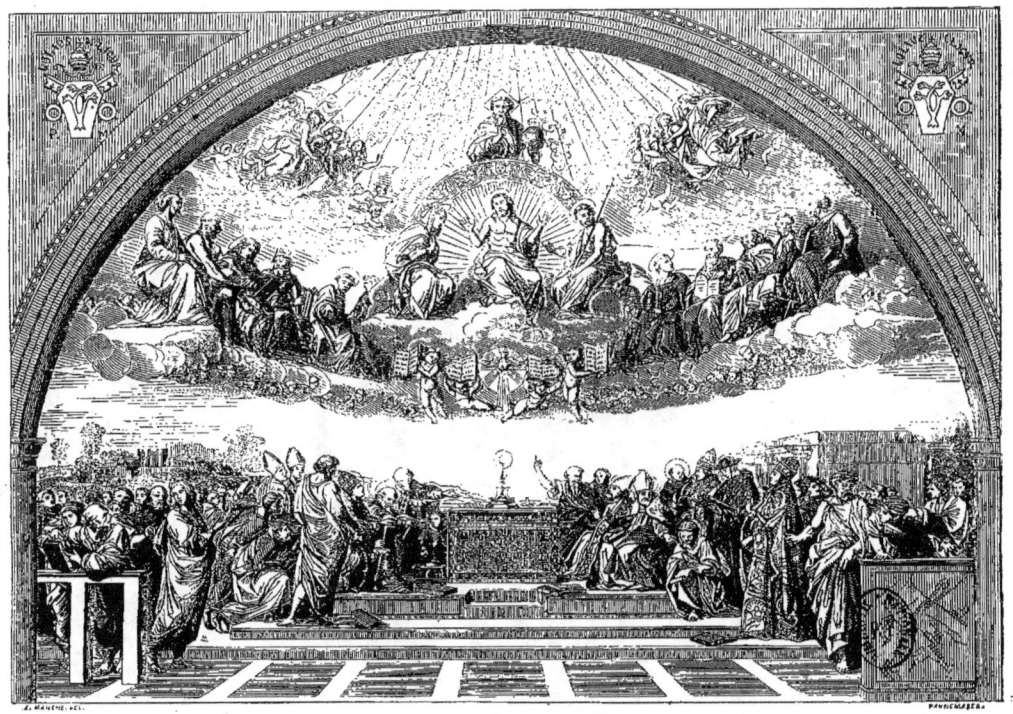

La Trinité en trois figures distinctes.
138. — LA DISPUTE DU SAINT SACREMENT (RAPHAËL).
(Musée du Vatican.)

Une mosaïque du treizième siècle, dans l'abside de Saint-Jean de Latran, montre la colombe planant sur la croix qu'elle inonde de ses rayons, au-dessous du Père éternel dont on voit le buste et la tête sortant des nuages. Dans ce cas, les trois signes représentant les trois personnes de la Trinité sont placés verticalement l'un au-dessus de l'autre : elles sont figurées de la sorte dans la Dispute du Saint Sacrement de Raphaël (fig. 138). Il paraît qu'en Orient on représentait les trois personnes à côté l'une de l'autre. C'est probablement une image de ce genre qui a inspiré à un roi idolâtre l'idée de la figurer au naturel, comme nous le voyons dans la légende d'Héraclius.

Chosroès, roi de Perse, avait horreur des chrétiens, et il croyait que leur puissance tenait à la Trinité dont ils étaient détenteurs : il prit donc la résolution impie de se mettre au lieu et place de Dieu le Père. Comme le Seigneur avait permis qu'il soumît à son empire une infinité de royaumes, et qu'il s'emparât de Jérusalem, il emporta avec lui la vraie croix. Puis il déclara à son fils qu'il voulait désormais habiter dans le ciel, et il lui laissa le soin des affaires de son royaume. Pour lui, il fit bâtir au milieu de sa capitale une tour d'or et d'argent, et, étant monté, il s'assit sur un trône d'ivoire et de pierres précieuses, et fit placer à sa droite la croix qu'il avait prise à Jérusalem, et à sa gauche un coq, car il savait que le Saint-Esprit prenait la forme d'un oiseau, mais ne savait pas au juste lequel. Il ordonna qu'on lui donnât le nom de Dieu, et que tous les peuples de la terre vinssent l'adorer.

Mais l'empereur Héraclius, ayant appris ces choses, partit de Constantinople à la tête des chrétiens, pour reprendre la vraie croix. Le fils de Chosroès vint au-devant de lui avec une puissante armée, qui fut taillée en pièces. Les chrétiens victorieux entrèrent dans la capitale; mais quand ils arrivèrent près de la tour d'or, les prêtres de Chosroès faisaient, en roulant des pierres sur le métal, un bruit qui simulait celui du tonnerre. Voyant ses soldats pâlir, l'empereur Héraclius prit son épée et monta seul dans la tour. Il trancha la tête au faux père éternel, dédaigna le coq et s'empara de la vraie croix.

Nous avons parlé de la figure du Christ sous la forme d'un pèlerin : nous le retrouvons ainsi dans de très-curieuses représentations de la Trinité. Au quatorzième siècle où l'art tend à se matérialiser, ce pèlerinage présente toute une suite de sujets qu'on retrouve sur les miniatures du temps. Le Père éternel, portant la couronne royale, remet à son Fils, personnifié dans un enfant nu qui porte le nimbe crucifère, la pannetière et le bourdon du pèlerin. Puis Jésus, devenu homme et barbu, revient de son pèlerinage et est reçu par son Père et par le Saint-Esprit (en homme et non en colombe). Ceux-ci ont l'air de l'interroger sur son voyage. Les trois personnes de la Trinité sont caractérisées par le nimbe crucifère, qui est le trait distinctif de Dieu. Puis Jésus accroche à un clou contre la muraille, son bourdon et sa pannetière, dont il n'a plus besoin maintenant qu'il est remonté au ciel. Ailleurs il montre à son Père ses plaies saignantes, comme pour justifier de sa conduite.

De toutes ces représentations de la Trinité, aucune ne présente comme conception une grande valeur artistique. Celle qui exprimerait le mieux l'idée des trois personnes en une, serait la figure à trois têtes (fig. 136), mais comme forme plastique ce n'est qu'un monstre. Les autres modes de représentations montrent, il est vrai, les trois personnes, mais en les isolant (fig. 138), et par conséquent n'expriment plus l'idée de l'unité divine.

LA SAINTE VIERGE (fig. 139 à 143). — C'est dans les catacombes de Rome que s'est formé le type de la Vierge hiératique que les images byzantines devaient reproduire à l'infini, en le déformant jusqu'à une laideur repoussante. Ces Vierges de l'époque primitive ont une valeur très-différente; mais quand on veut fixer une date, on se heurte à des difficultés insurmontables, et les érudits, sur ce point comme sur bien d'autres, ne parviennent pas à se mettre d'accord. Les uns veulent qu'il y ait eu sous Constantin un commencement de renaissance, étouffé de suite par les désastres qui accablèrent le monde romain, et attribuent à cette époque ce qui s'est fait de mieux dans l'art chrétien primitif; d'autres au contraire croient que les meilleures images sont les plus anciennes, parce qu'elles sont plus rapprochées de la bonne époque, et que la décadence a dû produire partout les mêmes résultats. Les portraits miraculeux de la Vierge sont au nombre de sept, dont quatre sont à Rome. Une opinion populaire très-enracinée les attribue à saint Luc (fig. 139); selon Lanzi, ces portraits seraient l'œuvre d'un peintre florentin nommé Luca, qui vivait au onzième siècle.

La Vierge.
139. — LA MADONE DE SAINT LUC.

Dans l'âge de fer qui suivit les invasions, l'art donne à la Vierge un type de dureté sauvage, qui reflète les mœurs du temps. Ce visage triste et morne, ce long corps sans mouvement, et sans vie, cette attitude raide, s'associent à l'éclat des parures et à la pompe du costume oriental. La tête nimbée se coiffe d'une lourde tiare : l'or, les perles, les pierres précieuses couvrent le vêtement, qui ne traduit aucune forme vivante (fig. 140). Dans les couvents grecs du mont Athos, les moines artistes suivent la tradition à la lettre et sans

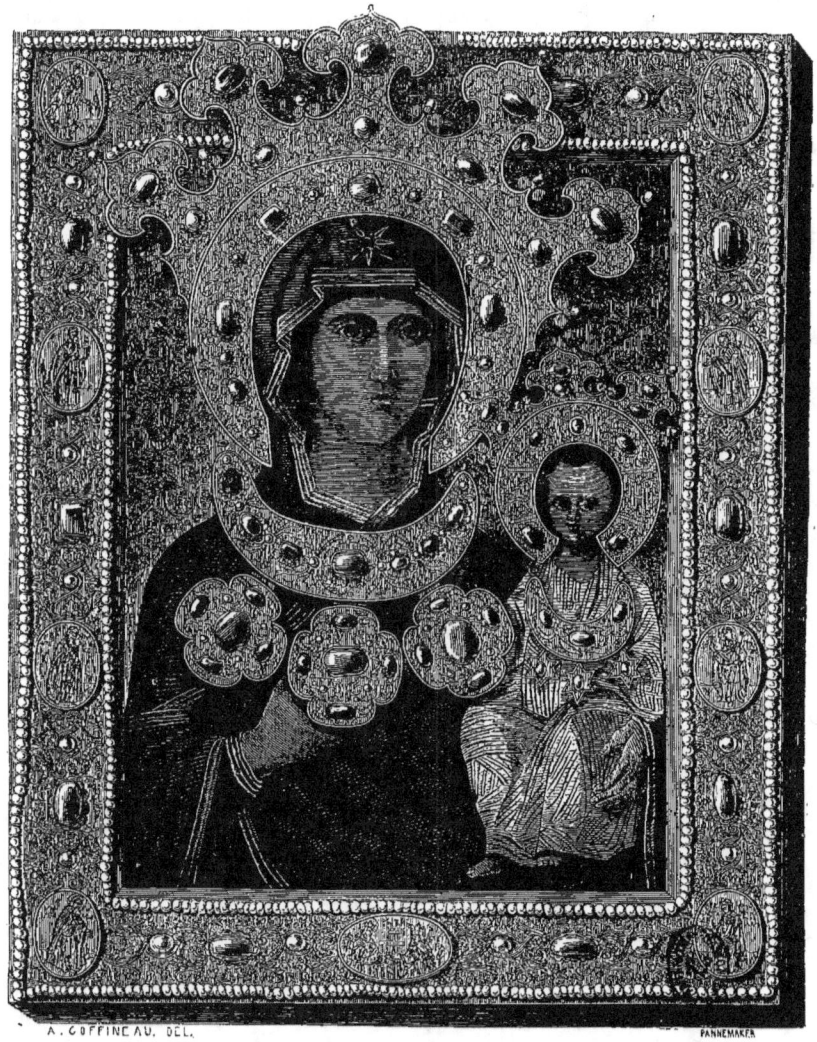

La Vierge.
140. — IMAGE DE NOTRE-DAME, DITE DU PATRIARCHE JOSAPHAT. (MOSCOU.)

oser s'en écarter. L'inspiration n'est pour rien dans leur œuvre, toujours imitée d'une œuvre précédente : il n'y a ni progrès ni défaillance, mais une perpétuelle répétition d'un type déterminé d'avance et reproduit à la lettre par un ouvrier docile.

La manière dure, grossière et plate des peintures byzantines se retrouve encore dans leur élève Cimabué, qui pourtant fut considéré comme un novateur, et dont les Vierges, qui nous paraissent si barbares, ont excité un tel enthousiasme, que l'une d'elles fut portée triomphalement à l'église au milieu des cris d'allégresse de la population. Giotto, qui vint ensuite, donne au type de la Madone quelque chose de moins archaïque et de plus naturel; mais frà Angelico de Fiesole est peut-être le premier qui, à travers son spiritualisme mystique, a compris la beauté, ou tout au moins la grâce féminine. La Vierge, enveloppée dans son manteau bleu, prend l'expression d'une douceur infinie, et son visage tranquille, entouré de bandeaux de cheveux blonds, est une des plus charmantes conceptions de ce maître admirable.

En France, la manière de représenter la Vierge a changé complétement à partir du treizième siècle. Jusque-là elle avait eu un

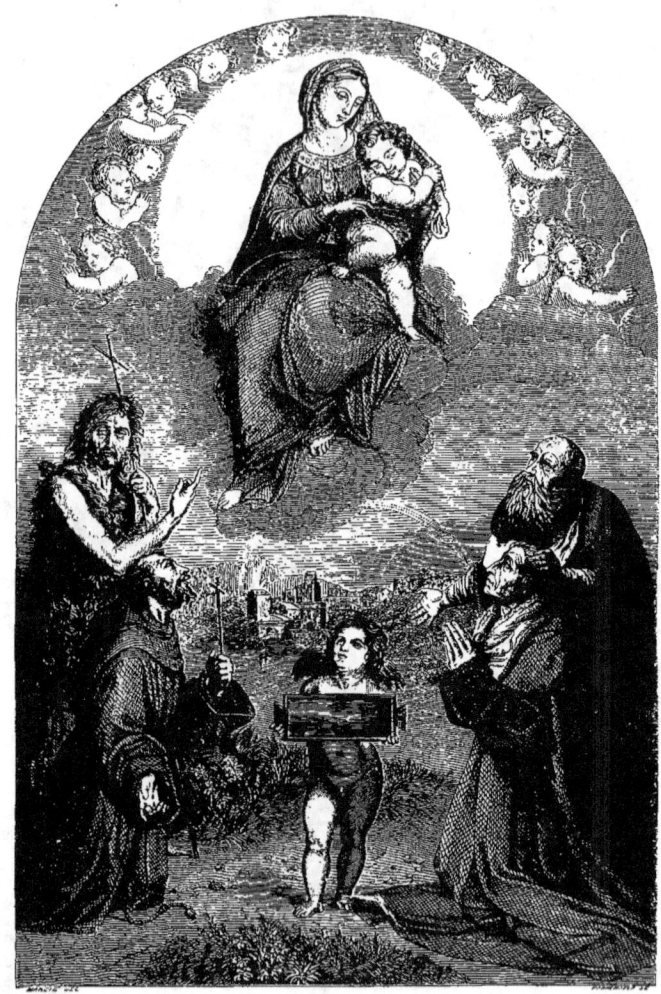

La Vierge.
141. — VIERGE DE FOLIGNO (RAPHAEL).
(Musée du Vatican.)

rôle assez effacé, et n'était en quelque sorte que le support de l'enfant Dieu qui bénit ou tient un livre. Ce caractère dogmatique, imité des Byzantins, cesse avec l'émancipation des communes. La Vierge devient alors l'objet d'une dévotion immense; elle est la grande médiatrice qui intercède pour les hommes au jugement dernier, et c'est à elle que sont dédiées la plupart des grandes églises de cette époque. L'art, échappant aux traditions monastiques, cherche à exprimer dans le type de la Vierge des sentiments plus humains, et veut surtout traduire l'idée de maternité inconnue aux époques hiérarchiques. L'enfant, au lieu de lever le bras dans le geste consacré, le passe autour du cou de sa mère qui sourit en le regardant. « Pour le peuple, dit M. Viollet le Duc, la Vierge redevenue femme, avec ses élans, son insistance, sa passion active, sa tendresse de cœur, trouvait toujours moyen de vous tirer des plus mauvais cas, pour peu qu'on l'implorât avec ferveur.... Telle est la Vierge que nous montrent les légendes, les poésies, et dont les sculpteurs et les peintres ont essayé de retracer l'image. C'est là, on en conviendra, une des plus touchantes créa-

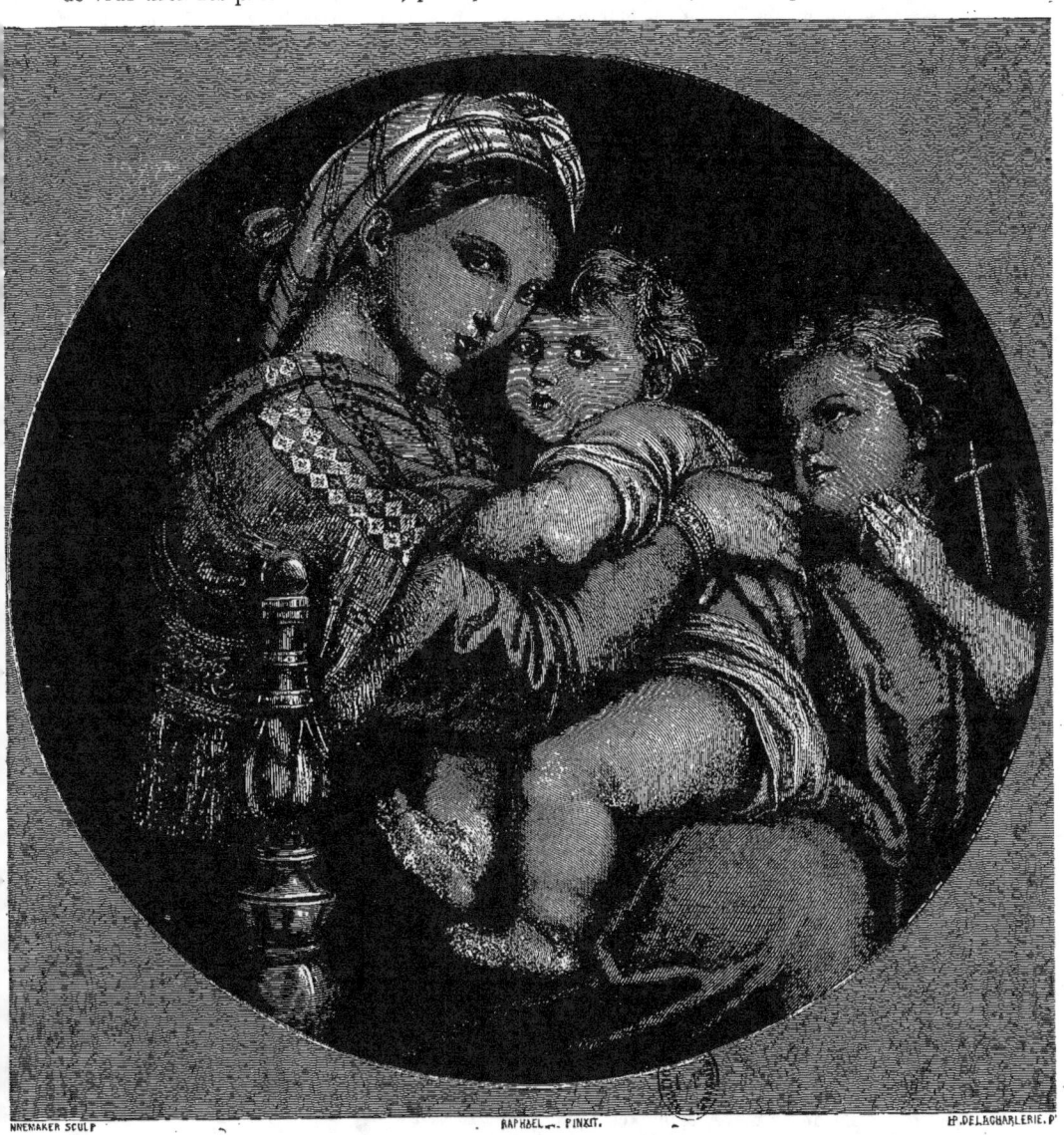

La Vierge.
142. — VIERGE A LA CHAISE (RAPHAËL
(Florence, palais Pitti.)

tions du moyen âge et qui en éclaire les plus sombres pages. »

Cette manière de concevoir le rôle de la Vierge est figurée à Notre-Dame de Paris, près la porte dite du Cloître, sur les parois des cha- pelles de chevet, côté nord. L'histoire du diacre Théophile, si populaire au moyen âge, occupe ici quatre bas-reliefs. On le voit d'abord qui, assisté d'un juif, renie la foi chrétienne et se donne au démon. Ensuite il est placé comme vicaire à côté de son évêque ; mais derrière lui est un diable qui lui rappelle le pacte fatal. Le malheureux diacre, en proie au repentir, implore la Vierge qui l'exauce. Armée d'une lance, elle retire des griffes du démon le terrible contrat que Théophile avait écrit de son sang, et le démon frémit de rage. Enfin l'évêque montre au peuple le contrat repris miraculeusement au diable, et Théophile pardonné est auprès de lui.

La cathédrale d'Amiens possède deux statues de la Vierge, exécutées l'une au commencement, l'autre à la fin du treizième siècle. « La première figure, dit M. Viollet le Duc, est grave ; elle étend la main en signe d'octroi d'une grâce. L'enfant bénit ; sa pose est, de

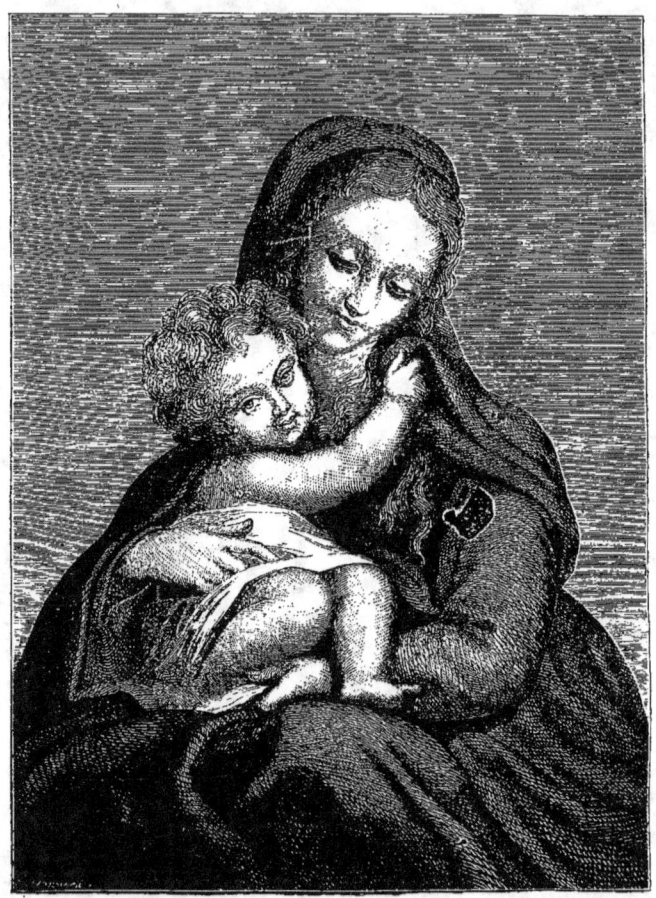

143. — VIERGE (CORRÉGE).
(Musée de Parme.)

même que celle de sa mère, calme et digne. La seconde est tout occupée de l'Enfant, auquel s'adresse son sourire. La première a l'aspect d'une divinité ; elle reçoit les hommages et semble y répondre. De son pied droit elle écrase le dragon à tête de femme, et sur le piédestal qui la porte sont représentées la naissance d'Ève et la chute d'Adam. La seconde statue est une mère charmante, qui semble n'avoir d'autre soin que de faire des caresses à l'Enfant qu'elle porte sur son bras. En examinant ces deux œuvres de sculpture, on mesure l'espace parcouru par les artistes français pendant un siècle. Ce qu'ils perdent du côté du style et de la pensée religieuse, ils le gagnent du côté de la grâce déjà un peu maniérée et du naturalisme. »

Bientôt on vit apparaître la plus gracieuse conception de la Renaissance, la *Sainte Famille*.

La Famille, absente dans l'art du moyen âge, est glorifiée sous la Renaissance dans ce beau groupe de l'enfant souriant à sa mère ou jouant à ses pieds avec l'agneau symbolique. Le charpentier à la barbe grise, qui figure toujours au second plan dans les saintes Familles, se repose de son travail pour contempler ce tableau de la paix et du bonheur. L'idéal humain est changé ; les macérations du cloître feront place désormais aux vertus simples, aux sérieux devoirs qui portent en eux-mêmes leur récompense.

L'*arbre de Jessé* est une représentation qu'on voit fréquemment sculptée dans nos cathédrales du treizième et du quatorzième siècles, ou peinte sur les vitraux. Elle présente l'arbre généalogique des personnages de la race de David, depuis Jessé jusqu'à la sainte Vierge. Jessé est ordinairement endormi ; la tige de l'arbre part de sa poitrine ou de sa tête, et porte une figure sur chacune de ses branches, rangée d'après l'ordre chronologique, jusqu'à la sainte Vierge qui occupe le sommet.

Visite au musée du Louvre. — Le musée renferme une telle quantité de madones devant lesquelles il faudrait s'arrêter, que nous devons renoncer à faire une énumération qui serait trop longue. Comme ouvrages qui caractérisent une époque, nous signalerons seulement : la *Vierge aux Anges* de Cimabué, qui donnera l'idée de la peinture raide et sèche des traditions byzantines, le *Couronnement de la Vierge*, d'Angelico de Fiesole, peinture exquise par la délicatesse et le sentiment religieux, et qui passe pour un des meilleurs ouvrages du maître. Le Louvre possède aussi des Vierges très-célèbres de Léonard de Vinci et d'André del Sarte ; mais aucun tableau ne jouit d'une popularité plus méritée que la madone de Raphaël, connue sous le nom de la *Belle Jardinière*. C'est une peinture de la seconde manière du maître. La grande *Sainte Famille*, dite de François Ier, représente l'apogée de son talent : elle a été exécutée en 1518, deux ans avant la mort de Raphaël.

ANGES. — « On dépeint les anges de deux manières, dit l'abbé Pascal, dans ses *Institutions de l'art chrétien* : ou avec un corps entier, ou seulement avec la tête, mais toujours avec des ailes (fig. 145). Tantôt c'est un costume guerrier propre au combat, tantôt un costume pacifique, c'est-à-dire une robe blanche avec des ceintures flottantes. Leur vêtement est enrichi de pierreries, mais ils ont toujours les pieds nus. On leur fait porter un glaive flamboyant, ou une croix et des instruments de la Passion, ou une harpe et d'autres instruments de musique, ou bien des sceptres ou verges, ou bien encore des encensoirs. C'est l'Écriture sainte ou la tradition qui ont inspiré ces divers modes graphiques. Les livres sacrés nous les montrent en effet constamment sous la forme humaine dans toutes leurs apparitions. La figure des anges, qui se borne à une tête ailée, nous est dictée par la raison, qui nous montre dans ces esprits une haute intelligence dont la tête est le foyer. Les ailes désignent la rapidité de ces messagers que la matière ne peut appesantir, puisqu'ils sont de purs esprits. »

Les anges figurent fréquemment sur les édifices civils ou religieux du moyen âge. On en voyait aussi aux sommets des pignons ou aux angles des clochers : un archange saint Michel de dimension colossale couronnait la flèche centrale de l'abbaye du mont Saint-Michel, et les navigateurs l'apercevaient de très-loin. Dans les constructions civiles, les anges étaient représentés portant des devises ou des armoiries, et dans les meubles ils servaient souvent de supports.

Selon les idées des Byzantins, la triple puissance militaire, civile et religieuse est représentée dans le ciel par les archanges Michel, Gabriel et Raphaël. En Occident, le plus populaire était S. Michel. Il avait souvent un autel dans une tour de l'église, et celle qui lui était consacrée était généralement la plus grande. Les premières tours étaient destinées à servir de fortifications, et il n'est pas étonnant qu'elles aient été mises sous la garde du chef de la milice céleste.

Saint Michel joue un rôle très-important dans les scènes du jugement dernier, sculptées au portail de nos églises ; son attribut est la balance, dans laquelle il pèse les âmes. Dans les bas-reliefs du moyen âge, on voit presque toujours le diable, qui s'efforce de faire pencher le bassin dans lequel se trouve l'âme pesée. Saint Michel est aussi fréquemment représenté dans sa lutte avec les anges rebelles, que les miniatures nous montrent perdant leur forme d'anges en tombant du ciel pour prendre celle d'animaux horribles. La victoire de S. Michel sur Satan est figurée sur un admirable tableau de Raphaël, qu'on peut voir au Louvre.

Dans les monuments figurés du douzième au quatorzième siècle, on voit quelquefois la Religion chrétienne, sous les traits d'une reine, recevant dans un calice le sang qui coule de la plaie du Christ ; les archanges Michel et Gabriel tendent aussi un calice où tombe le sang, qui coule des mains. Souvent aussi on voit près du Sauveur deux anges qui portent le Soleil et la Lune.

LE DIABLE. — Le diable ne figure jamais dans les plus anciens monuments chrétiens. Dans les manuscrits grecs de la première époque, les scènes représentant la résurrection ne

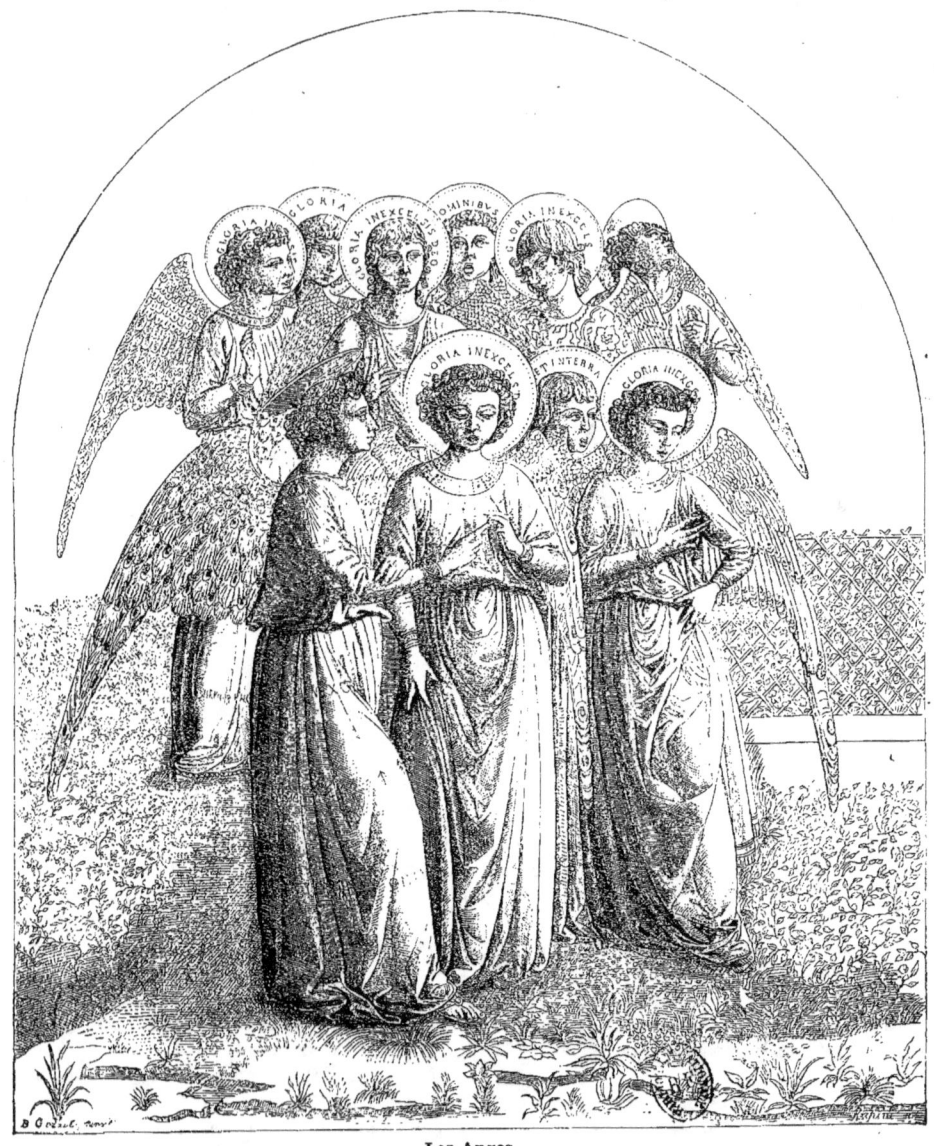

Les Anges.
144. — LE CHANT DES ANGES (BENOZZO GOZZOLI).
(Florence, palais Riccardi.)

nous montrent que les esprits célestes. Mais, après le huitième siècle, il devient très-fréquent. Une Bible latine du neuvième siècle nous montre parmi ses miniatures l'ange du mal parlant à Job, qui est assis sur les ruines de sa maison. Il est nimbé et porte des ailes comme les anges, mais déjà on y voit des ongles crochus : la tête n'a pas trace de cornes.

Dès le onzième siècle, le diable apparaît sur les chapiteaux des colonnes de nos églises, et à mesure qu'il devient plus fréquent, l'art lui donne des formes plus étranges et plus hideuses. Il paraît tantôt sous la forme d'un animal monstrueux, tantôt sous celle d'un homme horrible et pourvu d'une queue souvent terminée par une tête de serpent.

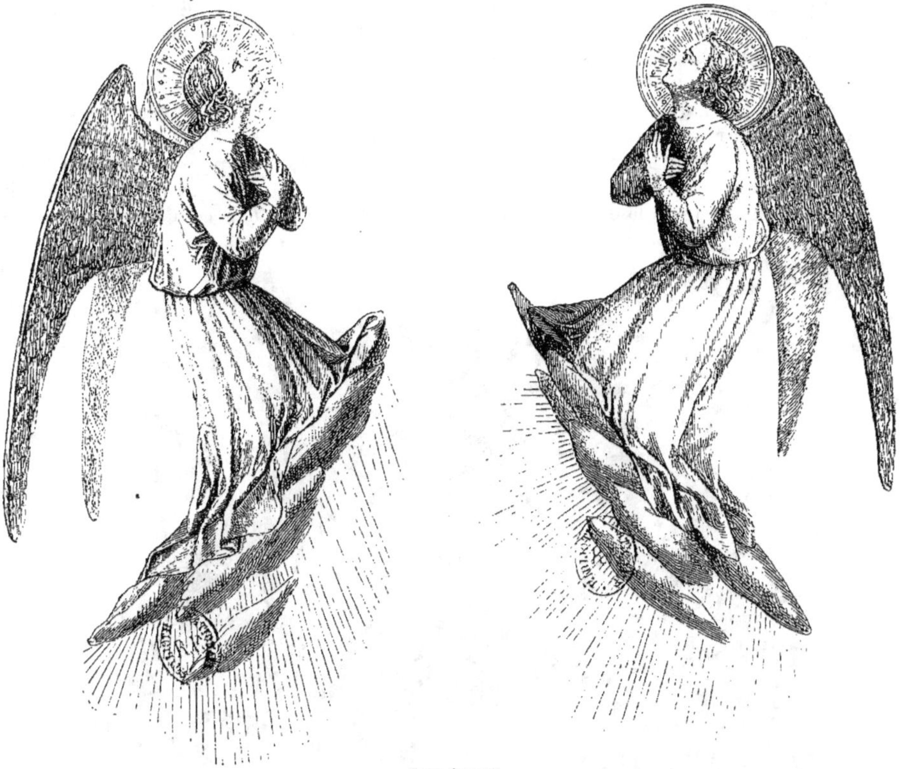

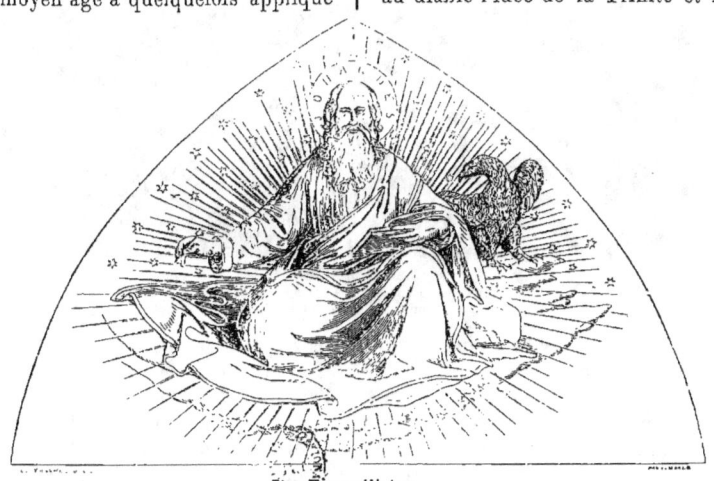

Les Anges.
145, 146. — ANGES EN ADORATION (FRA ANGELICO DE FIESOLE.)
(Turin, palais Madame.)

L'art du moyen âge a quelquefois appliqué au diable l'idée de la Trinité et l'a figurée à

Les Évangélistes.
147. — SAINT JEAN (FRA ANGELICO DE FIESOLE).

trois personnes. L'âme humaine pouvant connaître, désirer et accomplir le mal, et le diable étant l'absolu du mal, comme Dieu est l'absolu du bien, on lui donna trois faces. Des miniatures nous montrent le diable assis et couronné, tenant un sceptre ou une épée : l'ovale de sa tête présente sur ses deux contours une figure de profil, comme Janus, mais avec une autre figure de face au milieu.

Les représentations du diable, si nombreuses dans les édifices construits par nos pères, nous semblent aujourd'hui plutôt ridicules que terribles; mais, dans le moyen âge, les artistes aussi bien que ceux qui regardaient leurs œuvres, prenaient ces représentations tout à fait au sérieux. Un peintre mourut de frayeur parce qu'il avait vu en songe le diable, qui lui reprochait de l'avoir fait trop laid dans ses peintures.

L'ÉGLISE PERSONNIFIÉE. — Cette figure symbolique appartient exclusivement à l'art laïque, et figure dans nos cathédrales du treizième siècle, où elle joue un rôle très-important. Elle n'est jamais seule, et fait pendant à la *Synagogue*, en vertu de cette loi des contrastes qui poussait les artistes laïques du moyen

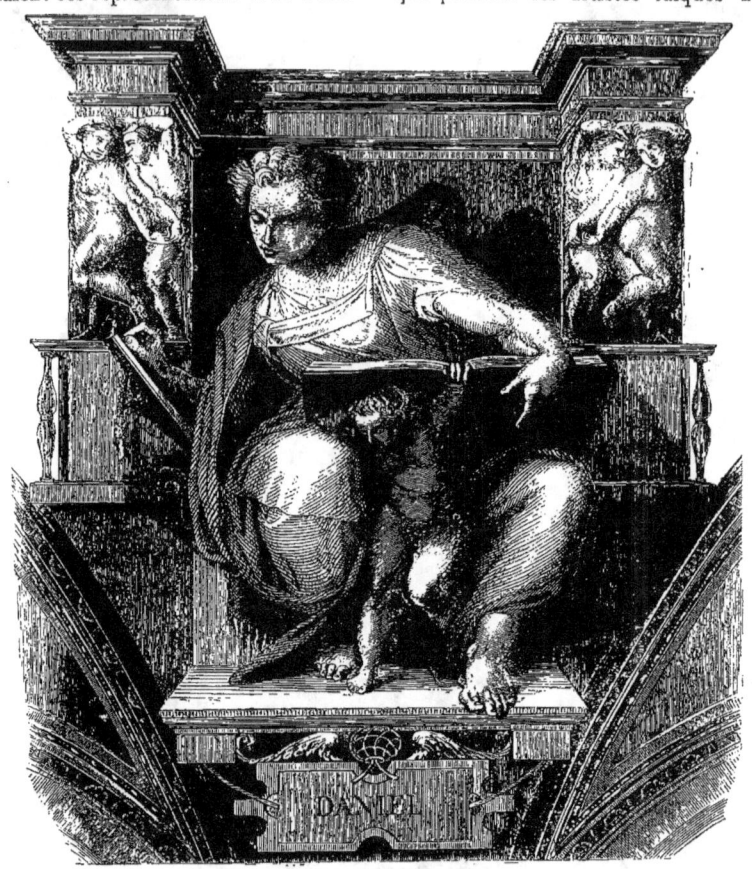

Les Prophètes.
148. — DANIEL (MICHEL-ANGE).
(Rome, chapelle Sixtine.)

âge à opposer toujours un vice à une vertu. Ces deux figures représentent avec une singulière énergie les idées de nos pères sur l'ancienne loi et la nouvelle. L'ancienne loi ou la *Synagogue*, aveuglée par l'esprit du mal, a les yeux bandés ou tout au moins fermés, et tient d'une main un étendard brisé, tandis que l'autre laisse tomber les tablettes de la loi : une couronne tombée à ses pieds indique la reine déchue. La nouvelle loi ou l'*Église* est représentée triomphante : elle porte le front haut et ceint d'une couronne, tient d'une main l'étendard de la foi, et de l'autre un calice.

Il est à remarquer que ces deux figures ne se trouvent que dans les villes où il y avait beaucoup de juifs, comme Paris, Reims, Bordeaux, Strasbourg, Worms, Bamberg, tandis que Chartres, Amiens ou Bourges, villes où les juifs étaient relativement peu nombreux, sont dépourvues de ces représentations. L'émancipation des communes, qui pour les chrétiens marque le commencement de la liberté, n'a amené aucune amélioration dans le sort des juifs, et le treizième siècle, qui répond à la gaande période communale, et qui est le plus beau moment de l'art au moyen âge, a été pour les juifs une époque de violente persécution.

L'*Église* et la *Synagogue* de Notre-Dame de Paris, qui avaient été renversées en 1792, ont été replacées récemment. La figure représentant la *Synagogue*, à l'église Saint-Seurin de Bordeaux, a la tête entourée par un dragon, et porte une bourse attachée à la ceinture. A Bamberg, la *Synagogue* est placée sur une colonne à laquelle est adossé un juif qui porte un diable sur la tête, et l'*Église*, qui lui fait pendant, est caractérisée par les animaux évangéliques. A Worms, l'*Église* est représentée

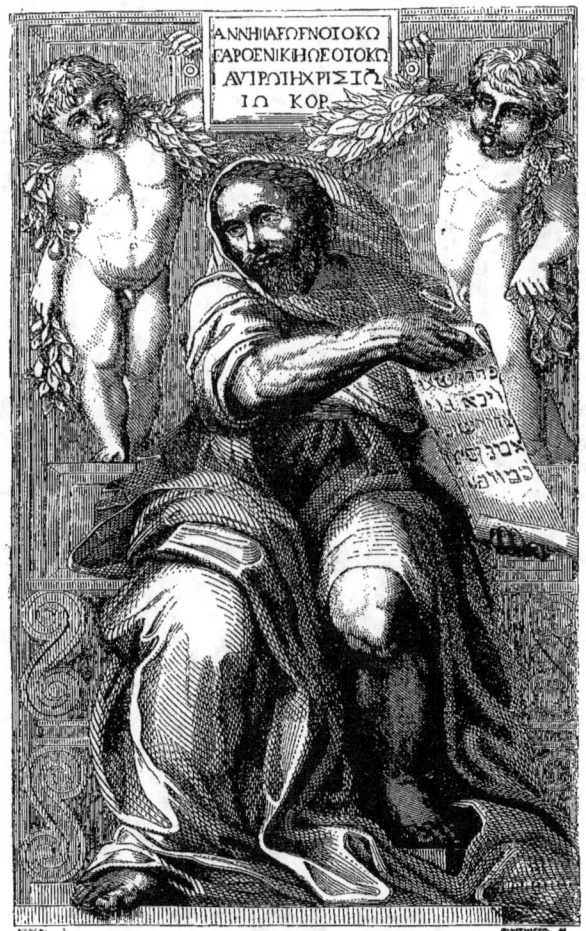

Les Prophètes.
149. — ISAÏE (RAPHAËL).
(Rome, église Saint-Augustin.)

d'une façon particulière : c'est une femme couronnée, à cheval sur un animal pourvu de quatre têtes, aigle, lion, bœuf, homme, portant la croix et le calice.

Le soleil et la lune accompagnent quelquefois l'Église et la Synagogue, le soleil du côté de l'Église, la lune du côté de la Synagogue. Saint Augustin dit que la lune est l'image de la Synagogue, parce qu'elle reçoit sa lumière du soleil, de même que l'ancienne loi s'explique par la nouvelle.

ÉVANGÉLISTES. — Dans la vision de S. Jean, Dieu apparaît sur un trône aux angles duquel sont quatre animaux. C'est d'après cette vision que, dès les premiers siècles de l'Église, les évangélistes ont été personnifiés d'une manière symbolique : le lion était l'attribut de S. Marc, le veau était donné à S. Luc, l'ange (l'homme ailé) à S. Matthieu, l'aigle à S. Jean (fig. 147).

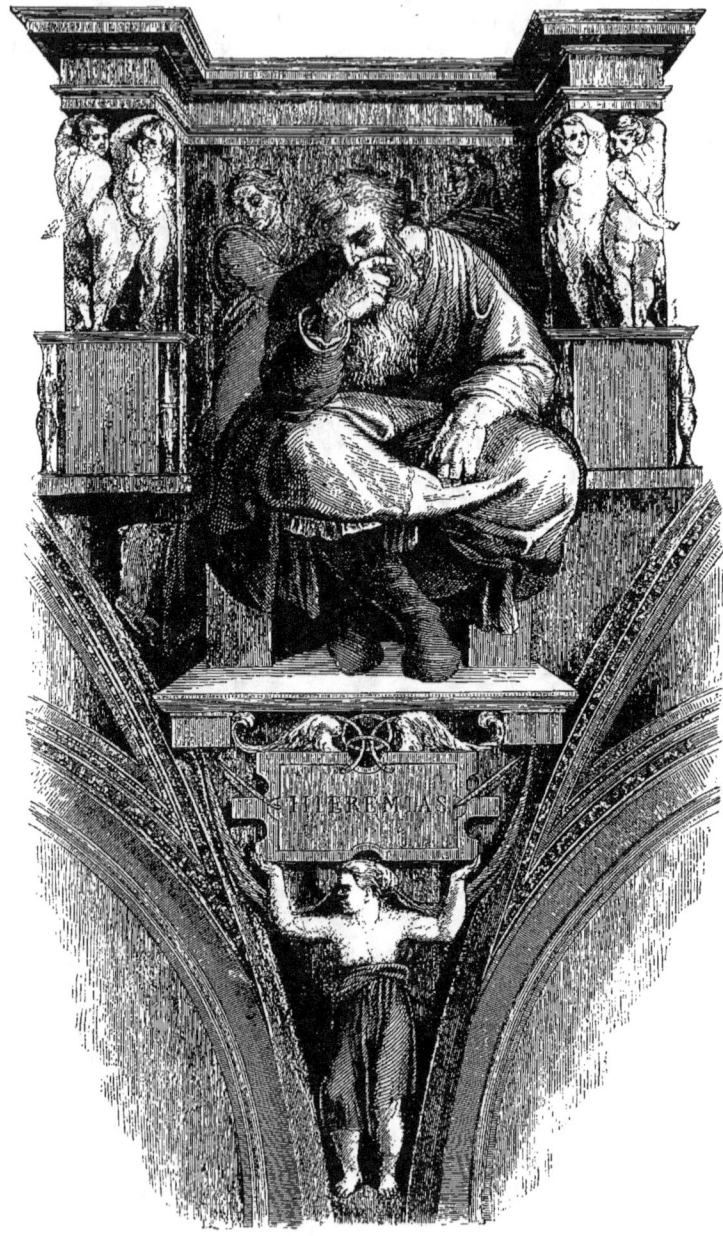

Les Prophètes.
150. — JÉRÉMIE (MICHEL-ANGE).
(Rome, chapelle Sixtine.)

Ces attributs sont souvent employés seuls; souvent aussi ils accompagnent les évangélistes. Sur la porte des églises romanes on voit fréquemment la figure du Christ entourée des quatre animaux qui figurent les évangélistes. On les trouve aussi dans les clefs de voûte de

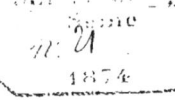

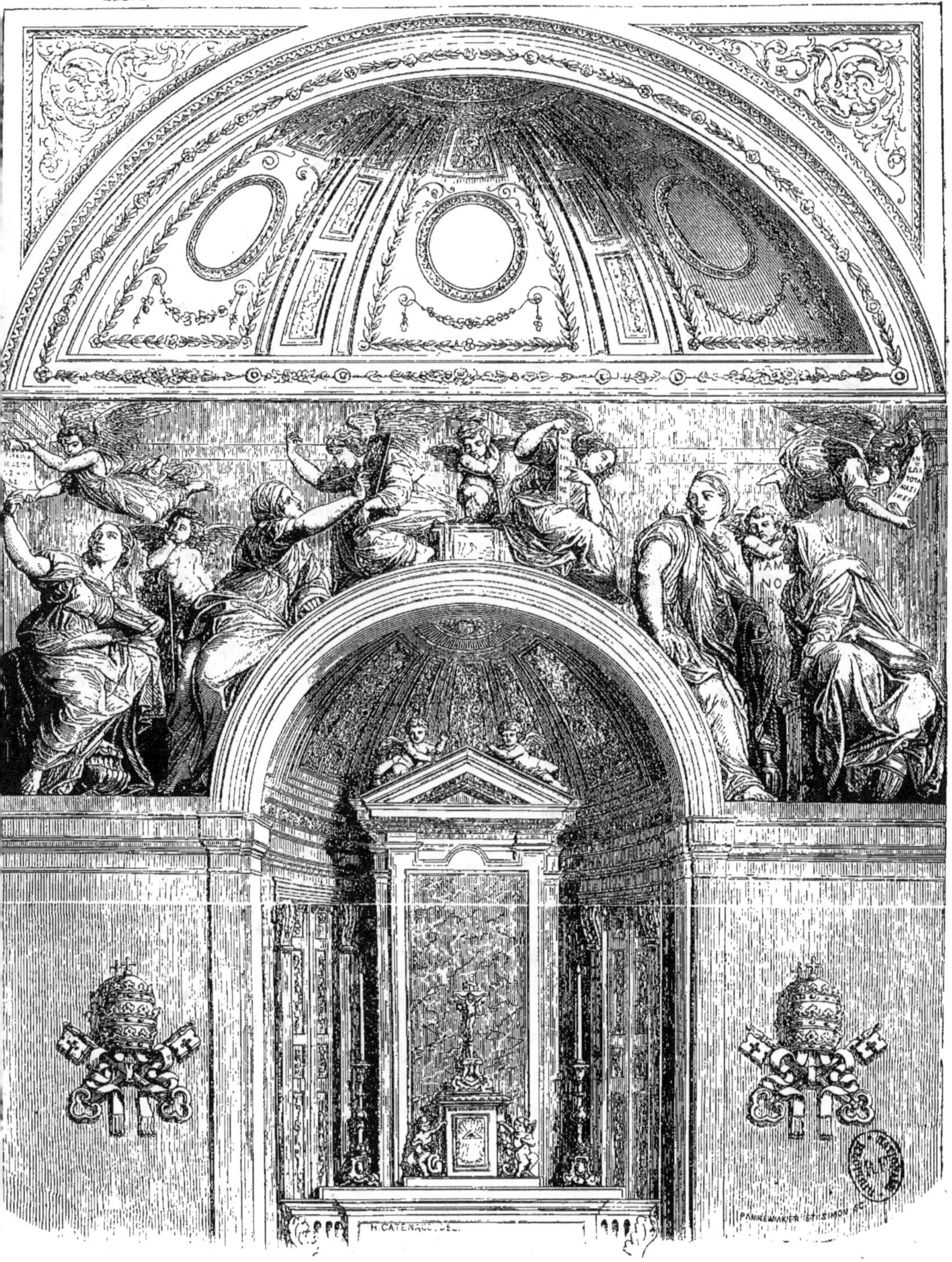

151. — LES SIBYLLES (RAPHAEL).
(Sainte-Marie de la Paix, à Rome.)

nos églises, dans les chapiteaux des colonnes, et aux angles des tours, comme à la tour Saint-Jacques-la-Boucherie, à Paris.

APÔTRES. — Les douze apôtres, si fréquemment représentés dans nos églises du moyen âge, tantôt autour du Christ triomphant, tantôt aux côtés du Christ *homme*, étaient toujours figurés nu-pieds, avec une tunique à manches, non fendue et très-longue. Au quinzième siècle, quand les traditions hiératiques furent effacées et remplacées par l'imitation exacte de la nature, les artistes leur donnèrent les costumes de leur temps.

L'art a donné à chacun d'eux un attribut caractéristique destiné à le distinguer des autres.

1. S. Pierre tient de la main droite les clefs symboliques (fig. 154).
2. S. Paul, qui figure habituellement parmi les douze apôtres, porte, la pointe en bas, le glaive, instrument de son martyre.

Constantin avait vu en songe deux vieillards inconnus; se trouvant un jour devant deux images représentant S. Pierre et S. Paul, il reconnut son apparition, et la ressemblance fut ainsi démontrée. Ces deux portraits types sont conservés à Rome dans la basilique de Saint-Pierre.

3. S. André est figuré avec la croix en sautoir sur laquelle il fut attaché (fig. 155).
4. S. Jacques le Majeur. — On le peint toujours avec son bourdon et ses coquilles; ces emblèmes ne se rapportent pas au saint, mais uniquement au pèlerinage si fameux de Saint-Jacques de Compostelle en Espagne, où cet apôtre est l'objet d'une dévotion particulière.
5. S. Jean est peint avec un calice, duquel s'échappe souvent un dragon. Un idolâtre avait dit à cet apôtre qu'il croirait à son Dieu s'il le voyait avaler du poison sans en mourir: le saint accepta, mais au moment où il portait la coupe à ses lèvres, la Mort en sortit sous forme d'un reptile.
6. S. Thomas porte la lance dont il fut frappé. On lui donne aussi une équerre, parce que dans sa vie écrite par Abdias, on lit que cet apôtre s'engagea à bâtir un palais pour un roi indien.
7. S. Jacques le Mineur est figuré avec le bâton aplati du foulon, dont il fut assommé.
8. S. Philippe tient la haute croix sur laquelle il fut attaché.
9. S. Barthélemi porte le couteau dont on l'écorcha.
10. S. Matthieu est peint avec la hallebarde dont il fut percé.
11. S. Simon tient la scie, instrument de son cruel martyre.
12. S. Jude surnommé Thadée, porte la hache avec laquelle il fut décapité.

On remarquera que S. Matthieu et S. Jean, qui figurent parmi les apôtres, peuvent aussi figurer parmi les évangélistes, et dès lors leurs attributs sont différents. Les apôtres sont quelquefois représentés tenant des livres ou des rouleaux ouverts.

PROPHÈTES (fig. 148 à 150). — Les prophètes sont habituellement représentés avec des rouleaux et non pas avec des livres comme nous en voyons quelquefois aux apôtres. La raison de ce fait nous est donnée par Guillaume Durand, évêque de Mende, qui vivait au treizième siècle, et aux écrits duquel on a habituellement recours pour l'explication des emblèmes usités au moyen âge. « Les patriarches et les prophètes, dit-il, sont peints avec des rouleaux dans leurs mains, certains apôtres avec des livres et certains autres avec des rouleaux. Sans doute parce qu'avant la venue du Christ la foi se montrait d'une manière figurative, et qu'elle était enveloppée de beaucoup d'obscurités au dedans d'elle-même. C'est pour exprimer cela que les patriarches et les prophètes sont peints avec des rouleaux, par lesquels est désignée en quelque sorte une connaissance imparfaite; mais comme les apôtres ont été parfaitement instruits par le Christ, voilà pourquoi ils peuvent se servir des livres par lesquels est désignée convenablement la connaissance parfaite. Or, comme certains d'entre eux ont rédigé ce qu'ils ont appris pour le faire servir à l'enseignement des autres, voilà pourquoi ils sont dépeints convenablement, ainsi que des docteurs, avec des livres dans leurs mains, comme Paul, Pierre, Jacques et Jude. Mais les autres, n'ayant rien écrit de stable ou d'approuvé par l'Église, sont représentés non avec de livres, mais avec des rouleaux, en signe de leur prédication. »

Les statues des prophètes sont souvent accompagnées de bas-reliefs relatifs à leurs prophéties. Ainsi à la cathédrale d'Amiens on voit, au-dessus de la figure colossale d'Isaïe, le prophète apercevant Dieu sur son trône entouré de séraphins, et à côté un séraphin qui purifie les lèvres d'Isaïe avec un charbon ardent. On voit de même Daniel devant Balthazar et Daniel dans la fosse aux lions, Ezéchiel ayant la vision d'une roue dans une roue et Ezéchiel annonçant les malheurs de Jérusalem, etc.

Les sibylles figurent quelquefois à côté des prophètes: on en voit un exemple très-célèbre dans les peintures de Michel-Ange à la chapelle Sixtine et dans celles de Raphaël à l'église (fig. 151).

SAINTS ET MARTYRS. — Les saints sont habituellement caractérisés par une auréole autour de la tête, et les martyrs tiennent une palme à la main. Mais il y a quelques grands saints dont il est bon de connaître les attributs particuliers. Dans les tableaux de la Renaissance. S. Jean-Baptiste est reconnaissable à la peau de la bête qui le couvre (fig. 153) et à la croix de jonc qu'il montre ou qu'il tient à la main. Dans les temps primitifs on lui mettait des ailes comme aux anges. Cet usage, qui s'est conservé parmi les Grecs, est fondé sur cette parole : « Voilà que j'envoie mon ange devant vous. » Dans un couvent du mont Hymette, on voit une fresque où S. Jean est ailé, vêtu d'une peau de chameau, et tient sa tête dans un vase.

S. Joseph est habituellement représenté avec les instruments de sa profession, ou bien avec une tige de lis, symbole de pureté. Quelquefois il tient en main une baguette fleurie. D'après les évangiles apocryphes, les jeunes gens et les veufs qui aspiraient à la main de Marie, se présentèrent au temple avec une verge de bois sec, et celle de S. Joseph ayant fleuri instantanément, on reconnut ainsi celui que le Seigneur désignait pour être son époux. Cette scène a fourni le sujet d'un tableau très-célèbre de la jeunesse de Raphaël.

Sainte Marie-Madeleine est une des saintes qui figurent le plus fréquemment dans l'art chrétien. On l'a quelquefois représentée entièrement nue et sans autre vêtement que sa longue chevelure qui lui cache entièrement le corps. On la voit aussi parée d'habits somptueux, quand elle parfume de myrrhe les pieds du Sauveur, ou les arrose de ses larmes, en les essuyant avec ses longs cheveux : ou bien elle est dans une grotte avec un livre et une tête de mort.

Les saints martyrs sont représentés tenant en main l'instrument de leur supplice. C'est ainsi qu'on voit S. Barthélemi avec le couteau qui servit à l'écorcher ; quelquefois même on le représente tenant sa peau dans sa main. Il est figuré de la sorte sur le *Jugement dernier* de Michel-Ange. On représente de même S. Laurent accompagné du gril sur lequel il fut martyrisé, pour avoir refusé de livrer aux païens les trésors sacrés destinés au soulagement des pauvres, et sainte Apolline tenant une tenaille qui enserre une dent, par allusion à son supplice durant lequel elle a eu toutes les dents arrachées. Mais aucun martyr n'a été aussi souvent représenté, depuis la Renaissance, que S. Sébastien. Ce saint, martyrisé sous Dioclétien, est représenté sur une ancienne mosaïque de Rome, sous la forme d'un vieillard pourvu d'une longue barbe. Mais ce type s'est transformé, et les artistes de la Renaissance en ont fait un beau jeune homme nu, transpercé par les flèches du bourreau (fig. 156). Fra Bartolommeo, avant d'entrer dans les ordres, avait fait à Florence un *Saint Sébastien* d'une beauté tellement païenne, qu'on fut obligé de l'ôter de l'église de Saint-Marc, où il était placé. Le type de S. Sébastien n'a plus aujourd'hui aucun caractère religieux, et n'est, pour la plupart des peintres qui traitent ce sujet, qu'un prétexte pour montrer une académie.

Les saints dompteurs de monstres forment une catégorie assez importante dans les monuments figurés. On représente S. Georges en costume guerrier, monté sur un cheval de bataille terrassant un dragon, symbole de l'idolâtrie. Quelquefois S. Georges, vêtu en chevalier chrétien, protège une princesse ; c'est l'impératrice Alexandra qui se convertit en voyant le saint chasser le diable d'une statue d'Apollon. On met aussi près de sainte Marguerite le dragon monstrueux qu'elle fit périr par le signe de la croix. Une autre tradition veut que cette vierge ait été réellement engloutie par un dragon et en soit sortie vivante : c'est ainsi qu'elle est représentée sur de très-anciennes images. Il y a au musée du Louvre une *Sainte Marguerite* et un *Saint Georges* par Raphaël. On représente également S. Patrice foulant aux pieds des serpents et autres animaux venimeux. Ce saint est très-vénéré dans l'Irlande qu'il a évangélisée et en même temps purgée des reptiles qui l'infestaient.

Sainte Marthe figure souvent dans les monuments du midi de la France. Quand elle est auprès du Christ en compagnie de Marie, elle n'a pas d'attributs particuliers. Mais quand c'est une figure isolée, elle tient en main un aspersoir, par allusion au miracle de Tarascon. « Lorsque sainte Marthe vivait en Provence, dit un chroniqueur, il y avait sur les bords du Rhône, entre Avignon et Arles, un dragon d'une grandeur énorme qui se cachait de temps en temps sous les eaux du fleuve et rampait aussi sur ses rives. Quelquefois il occasionnait des naufrages et faisait périr des voyageurs. On implora le secours de Marthe, qui, ayant montré au reptile la croix et l'ayant aspergé d'eau bénite, parvint à l'apprivoiser et à le rendre très-doux. » La fête de la Tarasque est desti-

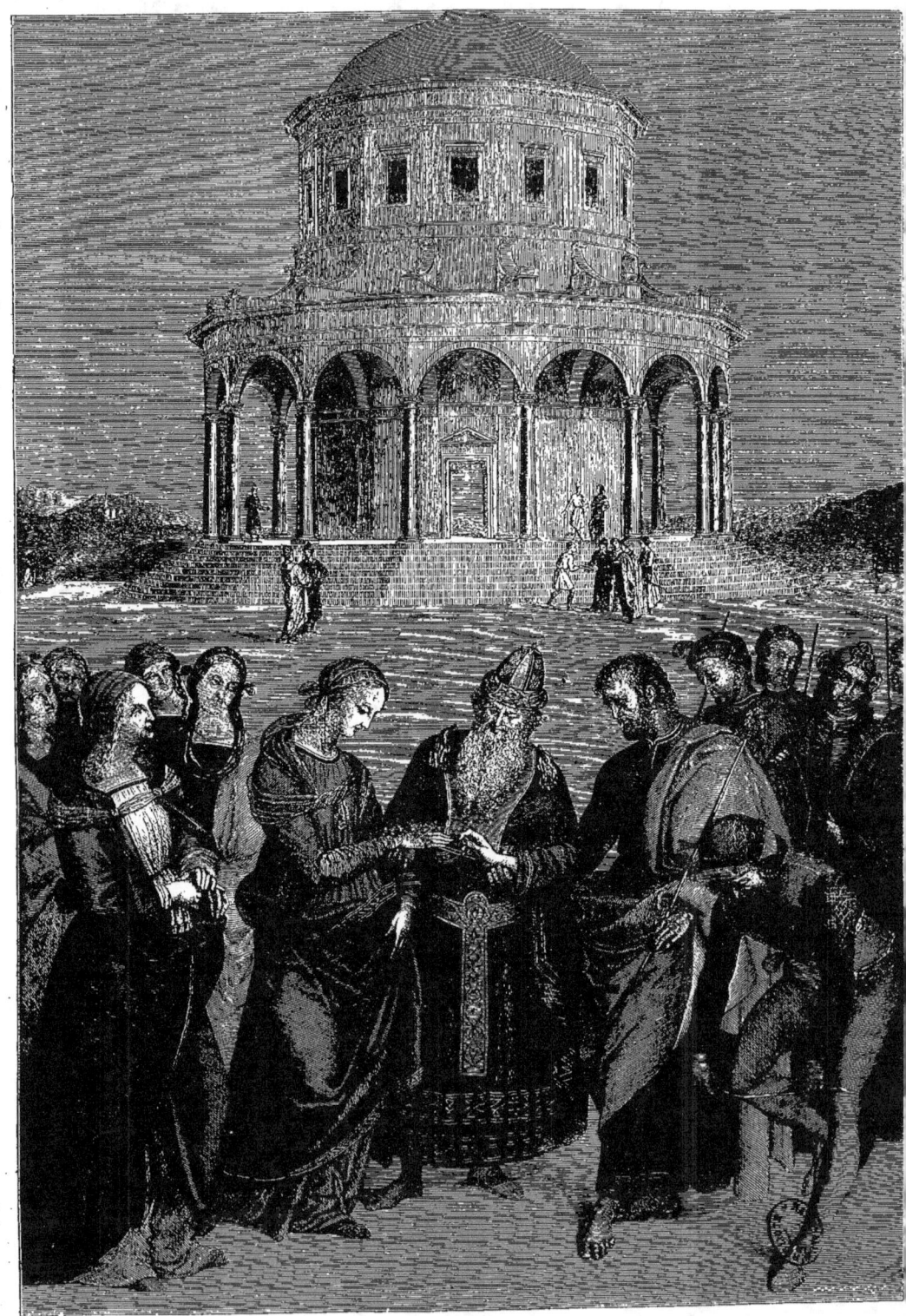

Les Saints.
152. — MARIAGE DE LA VIERGE (RAPHAEL).
(Milan, musée Brera.)

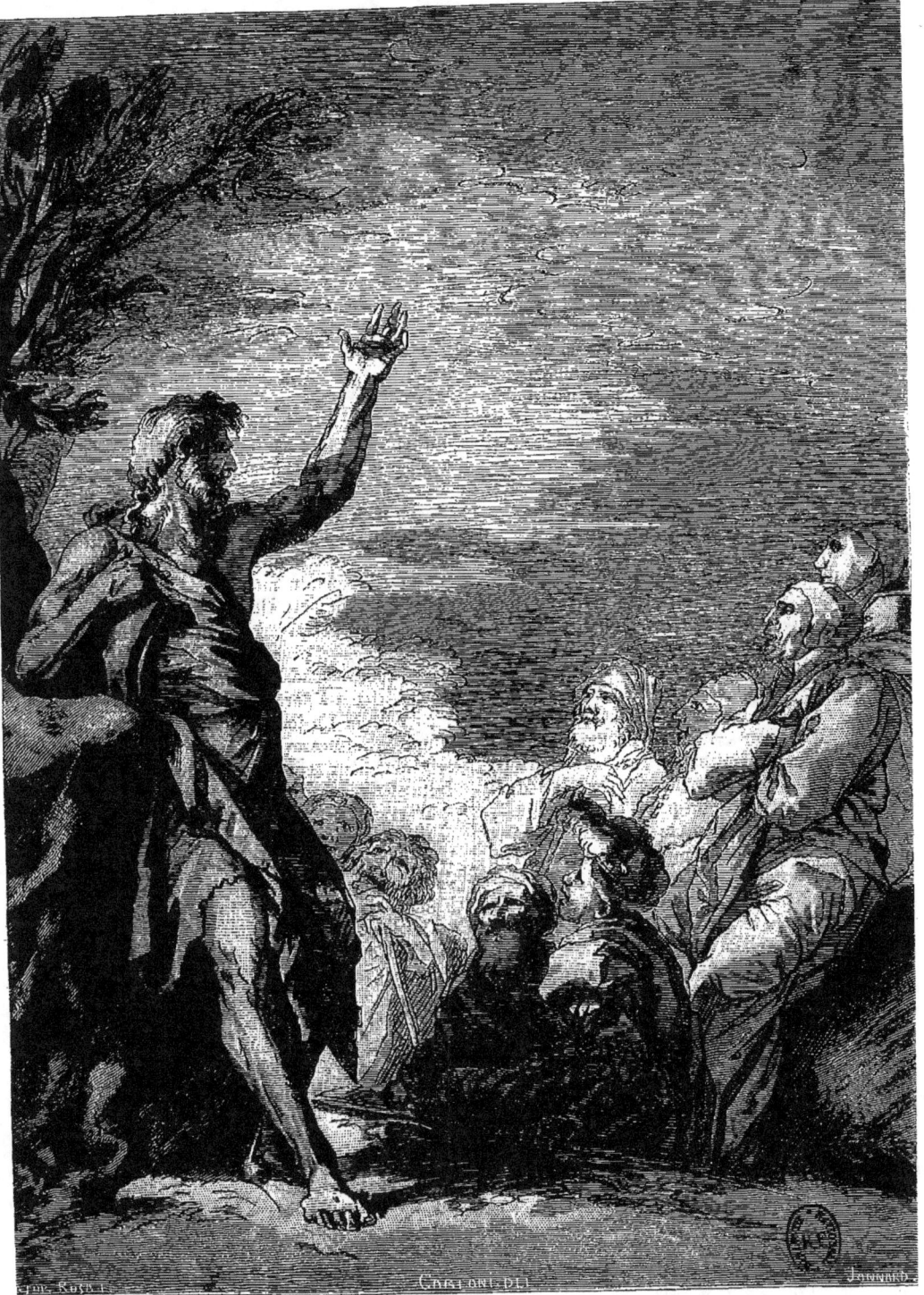

Les Saints.
153. — SAINT JEAN PRÊCHANT DANS LE DÉSERT (SALVATOR ROSA).
(Florence, galerie des Offices.)

née à rappeler ce miracle, et la scène de la sainte et du monstre apparaît fréquemment dans les anciennes églises. Le monstre tient habituellement dans sa gueule un homme à demi avalé.

A côté des saints qui combattent les monstres, ou les apaisent avec le signe de la croix, il y a les anachorètes qui vivent au désert, parmi les sinistres apparitions et les cauchemars diaboliques. Aucun n'est plus populaire que S. Antoine, et un des saints dont l'image a été le plus multipliée. Au moyen âge on le représente souvent à côté d'un grand feu : une épidémie, connue sous le nom de *feu sacré*, causa de grands ravages dans le onzième et le douzième siècles, et cessa par l'intercession du saint anachorète. Telle est la raison qu'on donne du feu placé près de lui. Mais l'attribut le plus habituel de saint Antoine est le cochon, que l'on regarde ordinairement comme l'emblème du démon qui a voulu tenter le saint. Les moines de S. Antoine nourrissaient des porcs dont la chair était distribuée aux pauvres, et, dans un grand nombre de villages, les animaux domestiques représentés par le porc étaient placés sous la protection de cet anachorète.

Suivant S. Athanase, le vêtement de S. Antoine était une peau de brebis, mais les artistes le représentent habituellement avec le costume des religieux de son ordre. C'est S. Athanase qui a raconté le terrible cauchemar de S. Antoine. « L'intrépide anachorète, dit-il, avait triomphé de plusieurs moyens de séduction employés contre lui par l'esprit infernal, lorsqu'une nuit, pendant le sommeil de S. Antoine, le lieu de son repos fut violemment ébranlé. Les quatre parois de sa cellule s'écroulèrent, et à travers les ruines pénétrèrent des démons sous la forme de bêtes. Le lieu parut subitement rempli de spectres, de lions, d'ours, de léopards, de taureaux, de scorpions, de serpents, d'aspics, de loups. Chacun de ces animaux se mouvait à sa manière. Le lion rugissait prêt à fondre sur sa proie, le taureau agitait ses cornes menaçantes, le serpent se repliait en sifflant, le loup prenait son essor ; tous ces monstres poussaient des mugissements formidables et semblaient animés d'une horrible fureur. »

Tel est le récit qui a fourni le sujet d'un très-grand nombre de tableaux qu'on voit dans toutes les galeries d'Europe. Mais Breughel, David Teniers, Callot, et presque tous les artistes du dix-septième siècle ont donné à leurs démons une physionomie burlesque bien plutôt que terrible. L'idée comique attachée aujourd'hui aux tentations de S. Antoine est peut-être une des causes pour lesquelles ce sujet n'est plus guère représenté dans la décoration de nos églises contemporaines.

Les saints qui vivaient au désert avaient souvent pour compagnon un animal que l'art leur donne pour attribut. C'est ainsi que S. Gilles est caractérisé par une biche, qui le nourrit de son lait. Pour fuir les honneurs que ses vertus lui attiraient, S. Gilles vint en Provence chercher une retraite dans un lieu désert où une biche pourvut à sa nourriture. Le lion est l'attribut ordinaire de S. Jérôme. On croit que c'est un emblème de l'énergie de son style. Mais l'histoire du lion se rattache aussi à une tradition qui ferait de S. Jérôme, non pas un anachorète, mais un moine. L'abbé Pascal, qui rapporte cette tradition d'après un moine du huitième siècle, raconte que, pendant la prière, un lion entra en boitant dans le monastère. Les frères prirent la fuite, à l'exception de S. Jérôme, qui, voyant que le lion avait une épine dans le pied, le pansa. Plein de gratitude, le lion s'apprivoisa au point qu'on lui confia la garde de l'âne du monastère. Il fut d'abord très-vigilant, mais un jour pendant son sommeil l'âne fut volé, et quand il revint, les moines mécontents de ce pasteur infidèle, voulurent le congédier. Cependant le lion obtint de rentrer et s'assujettit à porter les fardeaux pour remplacer l'âne. Un jour qu'il faisait sa besogne, il aperçut une caravane précédée d'un âne qu'il reconnut pour son protégé, mit la caravane en fuite et ramena l'âne au monastère.

L'art chrétien a conservé à S. Jérôme son caractère d'anachorète, mais en lui donnant le lion pour compagnon. La *Communion de S. Jérôme* a fourni au Dominiquin le sujet d'un tableau très-célèbre qui est au Vatican.

On donne quelquefois à S. Jérôme l'habit de cardinal, parce qu'il a été chargé par le pape S. Damase de veiller à l'observance des règles cléricales.

En général, les saints qui ont délivré l'humanité d'un grand fléau reçoivent pour emblème l'image de ce fléau. Ainsi on représente Saint Roch atteint de la peste ; près de lui est un chien qui lèche les plaies de son maître. S. Roch est invoqué dans les temps d'épidémie parce qu'il a consacré sa vie à secourir les pestiférés. Plusieurs chefs-d'œuvre importants ont trait à son intercession, entre autres le fameux tableau de Rubens où le Christ montre à S. Roch un ange qui tient une tablette avec ces mots : « Tu seras un intercesseur contre le fléau de la peste. » De même sainte Gertrude est habituellement environnée de souris, parce qu'on doit à ses prières d'avoir été délivré de ce fléau dans des circonstances où il devenait inquiétant.

L'art a aussi donné aux grands docteurs de l'Église un attribut qui rappelle leur caractère ou un trait de leur existence: Ainsi S. Thomas d'Aquin est représenté tenant en main un calice surmonté d'une hostie, par allusion à l'office du Saint-Sacrement, dont la composition lui fut confiée par le pape Urbain IV. On place auprès de lui une colombe, emblème du Saint-Esprit qui l'inspire. Quelquefois il est aux pieds d'un crucifix, et la tête du Sauveur semble s'incliner vers lui ; la tradition rapporte en effet que le Sauveur lui dit, un jour que le saint était en prière : « Thomas, tu as bien écrit de moi, quelle sera ta récompense ? » Thomas répond : « Pas d'autre, Seigneur, que vous-même. » Le crucifix miraculeux avec lequel le saint a eu cet entretien est conservé à Naples dans l'église du couvent des Dominicains, et se montre en grande cérémonie. Saint Augustin tient souvent à la main un cœur enflammé ou percé d'une flèche ; allusion au grand docteur de l'amour divin. Quelquefois aussi on voit près de lui un enfant qui essaye de verser l'eau de la mer dans un petit trou. C'est l'Enfant-Jésus, qui apparaît devant le docteur méditant sur le mystère de la Trinité.

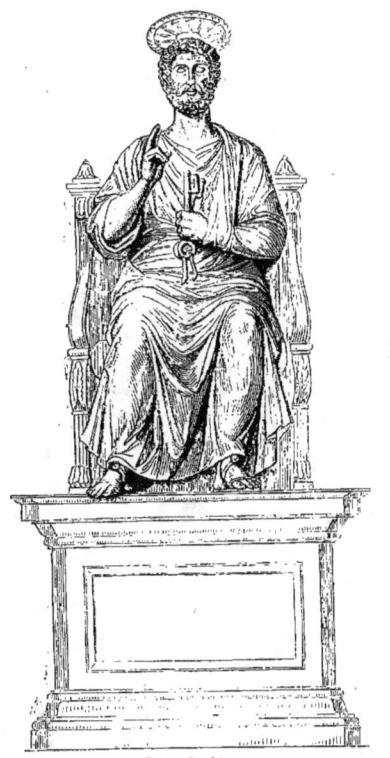

Les Apôtres.
154. — SAINT PIERRE.
(Saint-Pierre de Rome.)

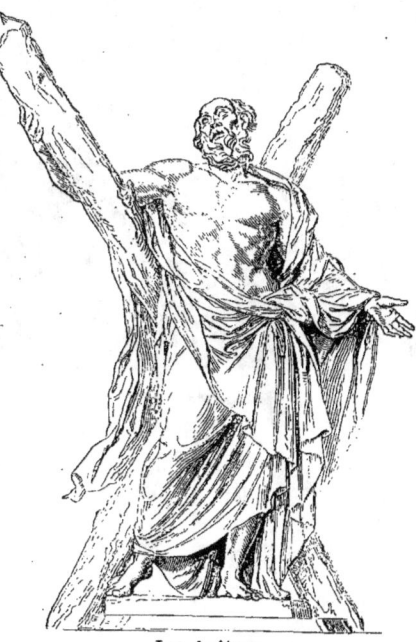

Les Apôtres.
155. — SAINT ANDRÉ.
(Saint-Pierre de Rome.)

Mais aucun saint n'a été plus populaire dans le moyen âge que saint Christophe : son image était partout. Avant d'être chrétien, saint Christophe s'appelait Offerus. Il était très-grand et d'une force prodigieuse. Mais il en tirait vanité et ne voulait servir que le plus grand roi du monde. Il trouva en effet un roi très-puissant qui l'accueillit à sa cour à cause de sa force. Mais un jour il vit que son maître tremblait en entendant parler du diable, et aussitôt il le quitta pour chercher du service auprès du diable, qui devait être bien puissant puisqu'il faisait trembler un si grand roi. Il se mit en effet au service du diable qui l'emmena avec les siens; mais comme on arrivait au détour d'un chemin, on vit un crucifix et le diable épouvanté voulut rebrousser chemin. Comprenant alors que le Christ est encore plus puissant que le diable, il se mit à sa recherche et trouva sur sa route un ermite qui lui enseigna la manière de servir le Christ. Il fallait pour cela faire du bien aux hommes, et l'ermite le reconduisant près d'un torrent furieux, lui dit: « Les pauvres gens qui ont voulu traverser cette eau se sont tous noyés. Reste ici, et porte ceux qui se présenteront à l'autre bord sur tes fortes épaules; si tu fais cela pour l'amour du Christ, il te reconnaîtra pour son serviteur. » Offerus se mit en effet à transporter les voyageurs, un enfant se présenta pour passer; il le prit sur ses épaules; mais à peine était-il entré dans l'eau, que le torrent s'enfla démesurément, et l'enfant pesa sur lui comme un fardeau d'une lourdeur inouïe. Il saisit un arbre pour se retenir, mais l'arbre fut aussitôt déraciné. Alors il dit à l'enfant : « Pourquoi te fais-tu si lourd ! Il me semble que je porte le monde. » L'enfant répondit : « Non-seulement tu portes le monde, mais celui qui a fait le monde. Je suis le Christ ton Dieu et ton maître, celui que tu dois servir. Désormais tu t'appelleras *Christophe* » (c'est-à-dire porte-Christ). Saint Christophe se mit alors à enseigner la parole de Dieu jusqu'au jour où il fut martyrisé. Telle est la rai-

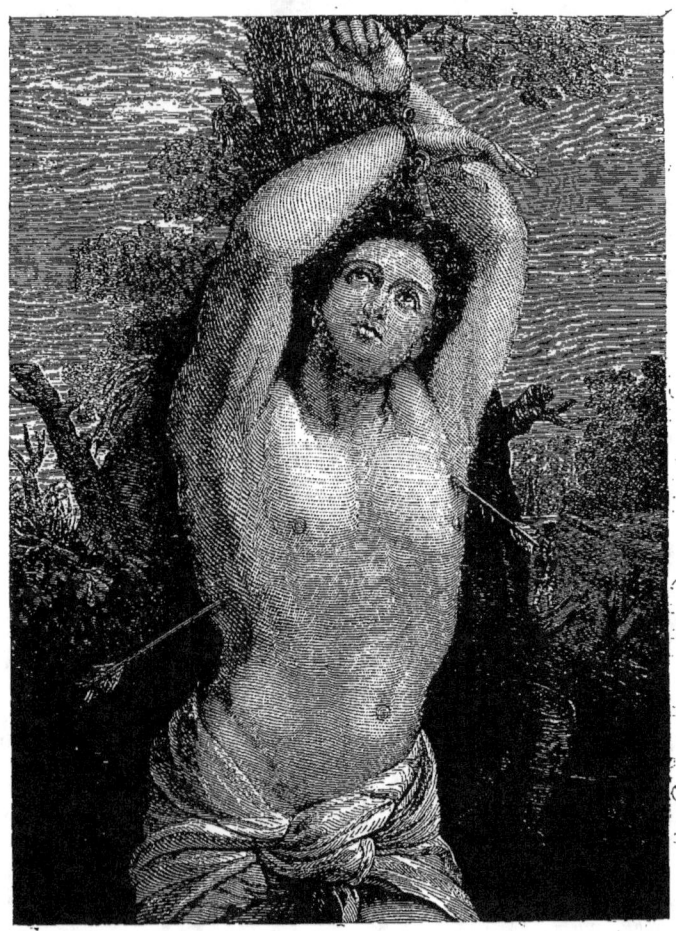

Les Martyrs.
156. — SAINT SÉBASTIEN (GUIDE).

son pour laquelle ce saint est toujours représenté avec le Christ sur ses épaules. On le faisait d'une grandeur colossale; et son image était placée à l'entrée de l'église ou à l'endroit le plus apparent de la ville. Il fallait que cette effigie frappât aisément les regards, parce que « quiconque voit l'image de saint Christophe ne meurt point en ce jour d'une mauvaise mort. » Des inscriptions de ce genre étaient généralement placées au bas de son image. L'énorme statue de saint Christophe, dont le gros doigt servait de bénitier dans l'église Notre-Dame de Paris, a été abattue en 1786. Rien ne peut expliquer l'acharnement avec lequel on a abattu les gigantesques images de ce saint, qu'on voyait autrefois partout, en compagnie d'un chevalier à genoux invoquant sa protection contre une mort funeste.

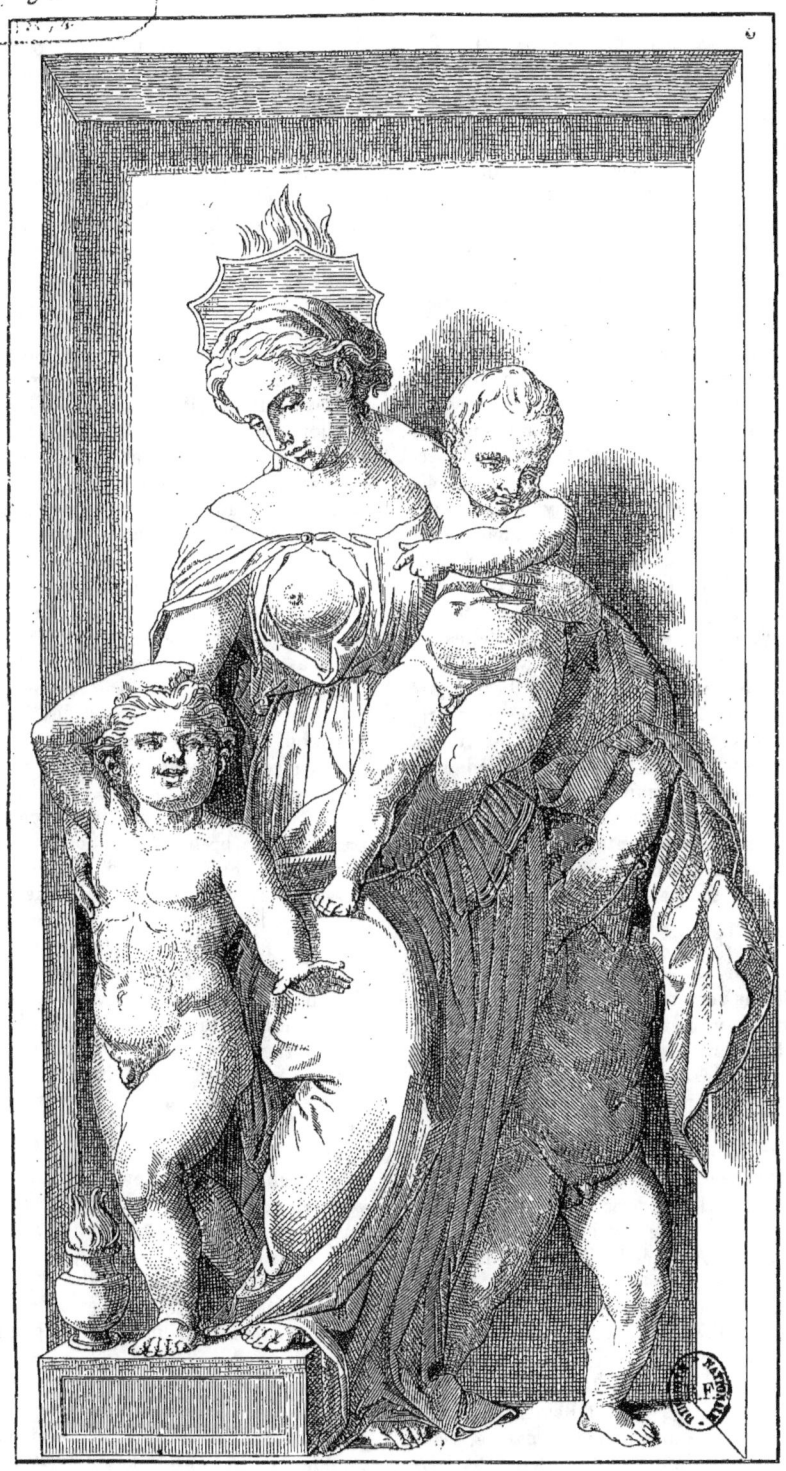

Les Vertus.
157. — LA CHARITÉ (ANDRÉ DEL SARTE).

LES VERTUS ET LES VICES PERSONNIFIÉS (fig. 157). — Le parallèle entre les vertus et les vices est un des caractères de l'iconographie du moyen âge. D'après les écrivains du temps, on personnifiait les vertus sous forme de femmes, « parce qu'elles sont pour l'homme des nourrices caressantes ». Mais les artistes du moyen âge les représentaient toujours avec un caractère militant et leur mettaient un écusson. Souvent on les voit combattant les vices à coups de lance. Quelquefois aussi les vertus et les vices sont figurés sous la forme de personnages historiques. Ainsi pour les vices, la Dissolution était représentée par Tarquin, la Folie par Sardanapale, l'iniquité par Néron, le Désespoir par Judas Iscariote, l'Impiété par Mahomet. Au château de Pierrefonds, les vertus sont représentées par huit preux : César, Charlemagne, David, Hector, Josué, Godefroy de Bouillon, Alexandre et le roi Artus. Mais ce mode de représentation est particulier au château et se trouve rarement dans les édifices religieux.

Les Vertus figurées sur les églises sont des femmes symboliques, et à chacune d'elles on oppose toujours le vice contraire. Mais le Vice n'a pas les honneurs du symbole : il est figuré par une scène. Dans l'origine, les scènes représentant un Vice étaient tirées des Écritures, et on voyait toujours le diable présidant à l'exécution de l'acte mauvais. Mais quand l'art s'affranchit des influences monacales, le diable disparut dans la représentation des Vices ; les artistes laïques auxquels on doit l'érection de nos grandes cathédrales, avaient un sentiment plus net de la liberté humaine, et le criminel accomplit son acte, sans y être poussé par une force extérieure.

Les Vertus personnifiées sont quelquefois divisées en Vertus publiques et Vertus privées, et dans le choix qui préside aux Vertus publiques on voit les sentiments qui animaient nos pères dans le temps de nos luttes communales. Ainsi à Chartres on voit, parmi les Vertus publiques, la Liberté qui est la seconde (la première a perdu son titre) ; on trouve aussi l'Honneur, la Promptitude, avec des flèches sur son écu, la Sécurité avec un donjon, le Courage avec un lion, l'Amitié, la Concorde, la Puissance, la Prière, etc.

L'usage de placer dans les églises les Vertus et les Vices n'est pas antérieur au onzième siècle. Cet antagonisme du bien et du mal se retrouve ensuite partout. L'habitude de personnifier les Vertus était tellement générale qu'on les représentait même en nature. Dans une grande fête donnée à Lille, en 1454, par le duc de Bourgogne, Philippe le Bon, le bal ouvrit par douze Vertus, figurées par douze dames du plus haut parage, vêtues de robes de satin cramoisi, qui dansèrent avec douze chevaliers.

Visite à Notre-Dame de Paris. — Parmi les statues qui décorent Notre-Dame de Paris, un grand nombre sont fort abîmées, d'autres ont été restaurées d'une façon malheureuse. Néanmoins l'ensemble montrera la manière dont l'art du moyen âge comprenait la représentation des Vertus et des Vices, qu'on voit figurer dans la plupart de nos grandes cathédrales. Les Vertus sont des femmes drapées, portant leurs attributs, et placées dans des médaillons, sur les ébrasements de la porte centrale. Au-dessous de chaque Vertu est sculptée une scène représentant le Vice contraire. Les Vertus sont au nombre de douze ; six sont à la droite du Christ, et six à sa gauche. A droite on voit :

1° La *Foi*, avec une croix pour écusson. Le Vice contraire est l'*Idolâtrie*, représentée par un homme qui adore une idole : l'ancienne idole a été mutilée et ensuite transformée.

2° L'*Espérance*, qui lève les yeux au ciel : son écusson porte l'étendard de l'Église. Aujourd'hui nous mettrions une ancre de navire. Le Vice contraire est le *Désespoir* : un homme se transperce avec son épée.

3° La *Charité* : une brebis est son emblème, parce que la brebis donne tout ce qu'elle a, son lait, sa chair, sa toison. L'*Avarice*, placée dessous, représentait autrefois une femme tenant une bourse, et enfermant des sacs dans un coffre-fort. Elle a été refaite autrement.

4° La *Justice* : sur son écu est une salamandre, bête qui passait pour vivre dans les flammes, symbole du juste éprouvé par l'adversité. L'*Injustice* a été détruite et remplacée par une figure peu intelligible. Habituellement elle est figurée par un homme qui cherche à corrompre un juge.

5° La *Prudence* : son écu porte un serpent enroulé autour d'un bâton. Un homme, les cheveux en désordre, erre dans la campagne en tenant une torche, c'est la *Folie*.

6° L'*Humilité* : sur son écu, un aigle au vol abaissé. La témérité où conduit l'*Orgueil* est caractérisée d'une façon assez obscure par un homme emporté sur un cheval fougueux qui le jette à la renverse.

A gauche du Christ, on voit :

1° Le *Courage*, tenant une épée. Un lion est sur son écu. La *Lâcheté* est caractérisée par un homme qui s'enfuit à toutes jambes, après avoir laissé tomber son arme : un lièvre le poursuit. Cette figure est du dix-huitième siècle. —

2° La *Patience*, avec un bœuf sur son écu. La *Colère* est une femme les cheveux épars, qui chasse un religieux avec son bâton.

3° La *Douceur* avec un agneau sur son écu. La *Dureté* est une femme couronnée qui repousse un suppliant.

4° La *Concorde* avec une branche d'olivier. Deux hommes qui se battent à coups de poing représentent la *Discorde* : cette sculpture est du dix-huitième siècle.

5° L'*Obéissance* avec un chameau agenouillé sur son écu. Un homme qui refuse d'écouter un évêque représente la *Désobéissance*.

6° La *Persévérance* avec une couronne sur son écu. L'*Inconstance* est personnifiée par un moine qui quitte son monastère.

Quatre bas-reliefs représentent des faits historiques semblent avoir été placés là pour mettre l'exemple à côté du précepte. — La résignation est figurée par Job assis sur son fumier au milieu de ses amis. Ses bras et ses jambes sont mangés par les vers. Abraham, prêt à sacrifier son fils Isaac, représente la soumission. Nemrod figure l'orgueil. Il a la figure d'un guerrier qui, monté sur une tour crénelée, lance un javelot contre le soleil. Le quatrième bas-relief est abîmé et méconnaissable. (*Itinéraire archéologique de Paris*, par M. de Guilhermy.)

LES VIERGES SAGES ET LES VIERGES FOLLES. — Cette parabole est sculptée sur un grand nombre de monuments religieux. Les vierges sont au nombre de dix : les cinq vierges sages sont placées à la droite du Christ ; près d'elles est souvent un arbre vigoureux et couvert de feuilles et de fruits. Le mauvais arbre de l'Évangile, dont les branches sont stériles, porte une hache qui attaque le tronc destiné à être jeté au feu ; il est placé près des vierges folles. Ces vierges figurent sur nos grandes cathédrales : celles de Strasbourg sont comptées parmi les chefs-d'œuvre de la sculpture au moyen âge ; à Notre-Dame de Paris, les vierges sages tenaient des lampes allumées, les vierges folles des lampes éteintes et renversées. La porte du ciel s'ouvre pour les sages et se ferme pour les folles. On peut les voir figurées de la même manière à l'église Saint-Germain l'Auxerrois.

LES ARTS LIBÉRAUX. — Comme toutes les sciences viennent de Dieu, l'art du moyen âge leur a donné une forme caractéristique à laquelle on les reconnaît : ce genre de décoration rentrait d'ailleurs dans le grand système encyclopédique, dont se compose l'ornementation d'une cathédrale.

La *Théologie* porte le costume d'un clerc.

La *Philosophie* a la tête couverte d'une toque.

La *Musique* tient une lyre ou un autre instrument.

L'*Architecture* a une règle.

La *Peinture* a une palette.

L'*Astronomie* a la sphère céleste.

La *Grammaire* est entourée d'écoliers.

La *Médecine* tient des plantes, ou regarde à travers un vase.

Les arts libéraux ne sont pas toujours les mêmes, et la figure qui les caractérise est tantôt un homme, tantôt une femme. Dans la cathédrale de Chartres, la Grammaire tient d'une main une verge, et de l'autre un livre ouvert ; à ses pieds sont deux écoliers : l'un, studieux, est occupé à lire ; l'autre, paresseux, tend sa main pour recevoir une correction. Dans cette église, où les arts libéraux ont une grande importance, on voit sous chacun d'eux une figure historique correspondante. Sous la *Géométrie*, Archimède écrit ; sous la *Rhétorique*, Quintilien taille sa plume ; sous l'*Astronomie*, Ptolémée tient un objet cylindrique ; Pythagore est placé sous la *Musique*, Platon sous la *Philosophie*, etc. Dans la cathédrale de Sens, les arts libéraux sont au nombre de douze, et on a sculpté en dessous les animaux prodigieux ou les phénomènes extraordinaires. Un éléphant était pour nos pères un être aussi étonnant que le Cidipe, homme nu couché sur le dos, et levant en l'air un pied plus grand que son corps, figure qu'on retrouve fréquemment dans l'imagerie du moyen âge et qui paraît entre autres à la cathédrale de Sens. Pour avoir l'explication de ces bizarreries, il faudrait consulter les *bestiaires* du moyen âge, ou la *Chronique de Nuremberg*. Ces figures faisaient partie du système d'enseignement sculpté sur les églises. On ne connaissait pas alors l'histoire naturelle avec ses classifications fondées sur les organes, mais on voulait montrer au peuple les phénomènes qui semblaient les plus curieux. Ceux que M. de Caumont signale comme se trouvant plus souvent dans les édifices sont : le *Cidipe*, ou homme à grand pied ; il s'en sert comme d'un parasol pour se garantir des ardeurs du soleil, et c'est pour cela qu'il se couche sur le dos ; l'*Iopode*, ou homme à pieds de cheval ; les animaux à jambes d'homme, qui se tiennent à volonté sur deux pieds ou sur quatre ; l'*Éléphant* qu'on retrouve partout et qui paraît avoir beaucoup frappé nos pères; la *Manicora*, quadrupède à tête de femme et coiffée d'un bonnet phrygien, assez commune dans les églises romanes; le *Caméléon*, qui n'a que deux pieds, une queue de reptile et une tête de quadrupède; le *Griffon*, quadrupède ailé à la tête d'aigle, qui a cela de particulier que sa queue se termine par un cœur; la *Licorne*, animal à corps de cheval et à tête de cerf, qui n'a qu'une corne et ne se laisse dompter que par les vierges; le *Satyre*, qu'on ne peut prendre que lorsqu'il est malade ou très-vieux; la *Sirène*, etc. On voit que l'histoire naturelle du temps n'était pas très-avancée. Ces figures, auxquelles on attribue un sens mystique, se trouvent fréquemment sur les chapiteaux des colonnes.

LE ZODIAQUE ET LES MOIS. — La coutume de sculpter des zodiaques aux façades des églises est très-ancienne. On en trouve dans la cathédrale d'Athènes et dans grand nombre de très-vieilles églises d'Italie. En France, tous nos édifices religieux d'une certaine importance possèdent un ou plusieurs zodiaques sculptés sur la façade, peints sur les vitraux, ou représentés sur le pavage. A l'époque de l'émancipation des communes, ces zodiaques prennent une très-grande importance, parce qu'ils ser-

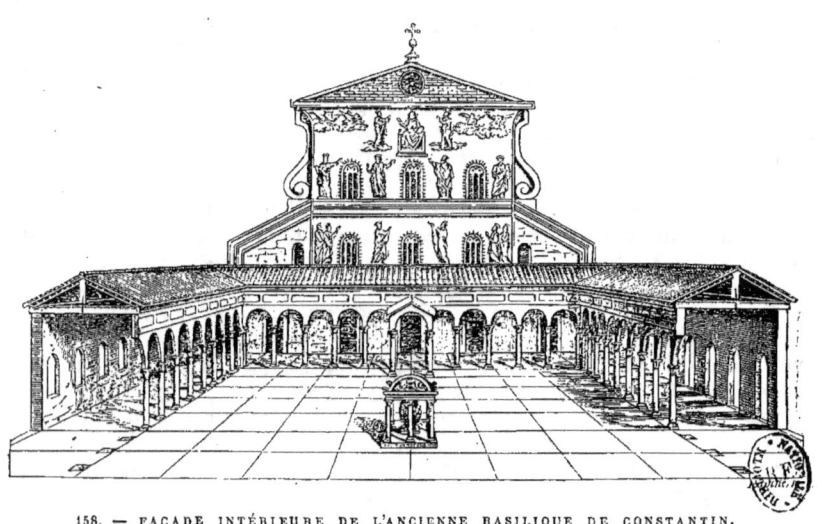

158. — FAÇADE INTÉRIEURE DE L'ANCIENNE BASILIQUE DE CONSTANTIN.

vent à l'instruction publique, en montrant l'occupation de chaque mois.

Visite à Notre-Dame de Paris. — Le zodiaque de Notre-Dame est compris dans la décoration de la porte de la Vierge située au pied de la tour du nord. Il semble que l'artiste ait voulu convoquer la nature entière au triomphe de la Vierge: peu de zodiaques sont aussi complets que celui-ci. Trente-sept bas-reliefs sculptés sur les deux faces de chacun des pieds-droits de la porte composent une sorte d'almanach en pierre. La Mer et la Terre, personnifiées, semblent présider à l'almanach.

La Mer est figurée par un personnage porté sur une espèce de baleine; dans sa main droite est une barque avec une voile carrée. La Terre est personnifiée par une femme assise, ayant à sa droite une plante herbacée, et à sa gauche un chêne chargé de glands. La race humaine, sous la forme d'une jeune fille, est agenouillée devant la Terre, dont elle saisit la mamelle droite pour y puiser la vie. Les scènes représentant les mois suivent d'un côté une marche ascensionnelle et s'élèvent avec les piliers de bas en haut; de l'autre côté, elles vont en redescendant, de façon que les semestres se succèdent en sens inverse et figurent la marche du soleil. A chacun des signes du zodiaque répondent deux bas-reliefs, représentant les occupations relatives à chaque signe. La plupart de ces sculptures sont très-endommagées. Voici l'ordre des sujets :

1° Le *Verseau* (janvier). Personnage assis

sur la queue d'un monstre et tenant une urne d'où s'échappent les eaux. Bas-reliefs : 1° un homme à table, un serviteur près de lui ; 2° un homme se chauffe les pieds et les mains devant un grand feu.

2° Les *Poissons* (février). 1° Personnage assis qui se déchausse devant un brasier ; près de lui un jambon et des saucisses ; 2° un homme du peuple appuyé sur un bâton ; son dos plie sous le poids d'une charge de bûches.

3° Le *Bélier* (mars). 1° Un paysan émonde la vigne ; 2° un jeune homme, les mains croisées sur son manteau, part pour la promenade.

4° Le *Taureau* (avril). 1° Un personnage debout, avec une gerbe de chaque côté ; 2° le printemps est ici figuré d'une façon allégorique par un personnage à deux têtes : l'une dort, c'est l'hiver ; l'autre est éveillée, c'est l'été. Une moitié du corps est chaudement vêtue, l'autre est nue.

5° Les *Gémeaux* (mai). Jeunes gens dont l'un passe son bras autour du cou de l'autre qui tient une fleur. 1° Un jeune homme tient une fleur dans une main, un oiseau dans l'autre ; 2° un homme, voyant la chaleur venir, s'est dépouillé des habits d'hiver, pour se vêtir légèrement.

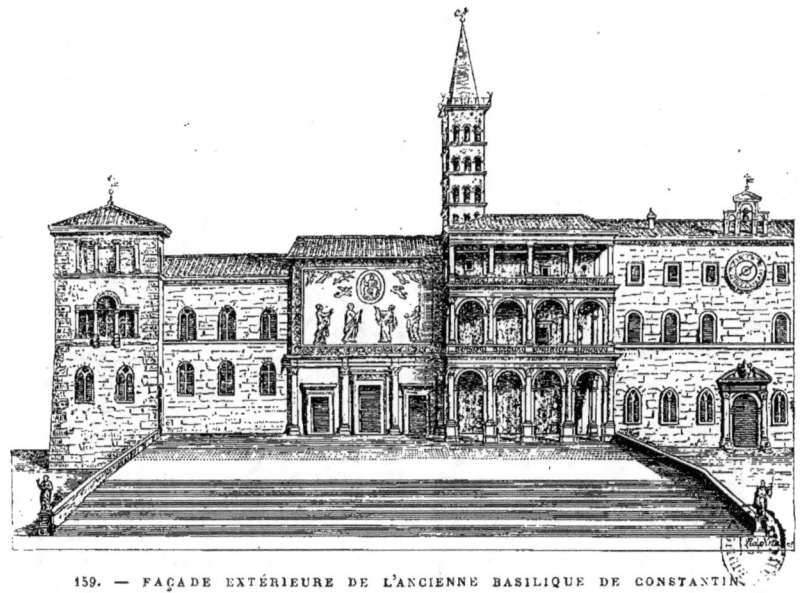

159. — FAÇADE EXTÉRIEURE DE L'ANCIENNE BASILIQUE DE CONSTANTIN.

6° L'*Écrevisse* (juin). 1° Un faucheur aiguise sa faux ; 2° un homme déshabillé paraît s'apprêter à prendre un bain.

7° Le *Lion* (juillet). 1° Un paysan porte sur son dos un paquet de foin ; 2° figure brisée et méconnaissable.

8° La *Vierge* (août). Cette figure, supprimée on ne sait quand, a été remplacée au dix-septième siècle par un tailleur de pierres ; 1° un moissonneur ; 2° figure méconnaissable.

9° La *Balance* (septembre). 1° Un vendangeur dans une cuve ; 2° figure méconnaissable.

10° Le *Scorpion* (octobre). 1° Un semeur ; 2° un chasseur suivi de son chien et tenant un faucon.

11° Le *Sagittaire* (novembre). 1° Un porcher fait tomber des glands pour nourrir ses animaux ; 2° figure méconnaissable.

12° Le *Capricorne* (décembre). 1° Un homme assomme un porc pour sa nourriture de l'hiver ; 2° figure méconnaissable.

LES PREMIERS TEMPLES CHRÉTIENS.

Nous ferons observer que ce zodiaque commence en janvier, selon les usages de l'année ecclésiastique; mais jusqu'à Charles IX l'année civile commençait à Pâques.

La première église a été le cénacle où Jésus-Christ a célébré la Pâque au milieu de ses apôtres et institué le sacrement de l'eucharistie. C'était une salle destinée au repas, et rien ne peut faire supposer qu'elle eut quelque chose de particulier dans sa construction. La salle où les apôtres reçurent le Saint-Esprit, celle où se tint le premier concile général, sont également en dehors des investigations des historiens de l'art. Il est à peu près certain que les premiers chrétiens n'avaient pas de monuments spécialement consacrés au culte, et que les réunions des fidèles se faisaient sans que ceux-ci éprouvassent le besoin d'avoir des édifices pour cet usage. « Quels temples bâtirons-nous, dit Minutius Félix, en l'honneur de celui que l'univers ne peut contenir? Ne vaut-il pas mieux lui construire un temple dans notre âme et lui dresser un autel dans notre cœur? » On admet néanmoins que sous Septime Sévère il y avait déjà des édifices spéciaux, et les édits de Dioclétien prouvent assez que de son temps, où les chrétiens ne formaient pas, même en Orient, plus d'un dixième de la population, les églises étaient pourtant nombreuses.

Les chrétiens étaient arrivés à cette époque à un état de prospérité qu'ils n'avaient pas encore connu. L'empereur Dioclétien était tolérant par goût, par caractère et par système, et la conciliation entre les diverses sectes religieuses sous une protection commune allait d'autant mieux à ses idées que plusieurs femmes dans sa famille étaient ouvertement chrétiennes ; mais les deux césars Maximien et Galère, soldats parvenus qui ne devaient leur grandeur qu'à leur épée, avaient pour le nom chrétien une haine implacable, et se faisaient auprès de l'empereur les interprètes du sentiment populaire, très-hostile au culte nouveau. Une église bâtie à Nicomédie par les chrétiens s'élevait plus haut que les temples et que le palais de l'empereur, et la populace voyait là un acte d'orgueil inouï de la part d'une secte universellement méprisée.

Les chrétiens formaient comme une sorte de république dans l'État, obéissant à leurs évêques et dédaignant les magistrats devant lesquels ils refusaient le serment aux Dieux de l'empire. Leur croyance à la fin du monde et à la ruine de Rome, à une époque où les barbares étaient si menaçants, n'était pas de nature à leur attirer la bienveillance. Galère ne voyait le succès de l'empire que dans une persécution à laquelle Dioclétien se refusait toujours ; mais les églises étant considérées comme des lieux de réunions dangereuses, il en ordonna la destruction: les portes de l'église de Nicomédie furent enfoncées, et l'édifice démoli séance tenante. Des affiches furent placardées partout, ordonnant aux chrétiens de remettre leurs livres sacrés, leur interdisant le droit de réunion, et confisquant au profit des municipalités les biens de l'Église, dont la richesse croissante commençait à porter ombrage. — Les affiches furent mises en pièces par des chrétiens qu'on livra aussitôt aux tribunaux, et les louanges excessives que tous les fidèles prodiguèrent à leur mémoire, laissèrent dans l'esprit de Dioclétien une impression profonde ; mais la terreur fut à son comble quand on vit l'incendie se déclarer à quinze jours de distance dans le palais même de l'empereur. Les écrivains chrétiens qui rapportent ce fait l'attribuent, les uns à la colère divine, les autres à la méchanceté de Galère, qui espérait ainsi décider l'empereur à user de la dernière rigueur.

Quoi qu'il en soit, Galère quitta la ville précipitamment et avec grand fracas, disant qu'il y avait danger pour sa vie, et Dioclétien terrifié fit un édit applicable à toutes les provinces de l'empire, pour défendre absolument l'exercice du culte chrétien. Les églises furent fermées ou détruites partout, et c'est par l'inventaire très-détaillé qu'en firent les magistrats que nous savons ce qu'elles renfermaient : dans celle de Cyrta, par exemple, on prit deux calices d'or, six d'argent, six urnes, un vase, sept lampes d'argent, une quantité d'objets en cuivre. Les églises qui furent rebâties après la persécution durent être conçues d'après un style analogue à celles qui existaient auparavant. D'une part, elles devaient avoir la forme d'un vaisseau, par allusion à la barque de S. Pierre dont Jésus-Christ est le pilote ; de l'autre on cherchait en général à leur donner la forme d'une croix. Tout semble avoir eu une signification mystique. Eusèbe nous apprend que l'abside du Saint-Sépulcre était couronnée par douze colonnes en l'honneur des douze apôtres; les trois portes répondaient à la Trinité, le toit de la cuve baptismale reposait sur quatre piliers qui sont les évangélistes, les sept fenêtres sont les sept sacrements, etc.

Le sacerdoce dans l'antiquité païenne n'avait aucune autorité sur l'enseignement moral, et son ministère se bornait au rituel des cérémonies. Le temple était un abri pour le Dieu, et nullement disposé pour une réunion nombreuse. Le culte chrétien n'aurait donc pu s'accorder d'un tel édifice, quand même la haine pour tout ce qui rappelait l'idolâtrie n'en eût pas rendu la forme odieuse. Mais la basilique était le tribunal où se rendait la justice. Édifice purement civil, les chrétiens n'avaient contre lui aucune répugnance, et sa disposition répondait absolument à leurs besoins. De même que la peinture et la sculpture, ne pouvant plus étudier les chefs-d'œuvre de l'art païen, conservent, malgré tout, des réminiscences d'école, nous voyons l'architecture conserver quelque temps les habitudes antiques, mais sans se soucier aucunement de ces proportions, dont le passé avait été si jaloux. Le désordre est le caractère dominant du premier style chrétien. On arrache des colonnes finement travaillées à des temples détruits, et on les pose sur des piédestaux grossiers; on prodigue les ornements sans en calculer les profils, on associe indistinctement des chapiteaux d'ordres différents, on interrompt les entablements, on prive les frontons de leur base. Image fidèle d'une société en désarroi, l'architecture s'essaye sur tous les tons, sans pouvoir trouver un style à elle. En conservant, faute de concevoir autre chose, la forme des anciennes basiliques romaines, elle en altère absolument la grandeur et la pureté. C'est un orchestre dont on entend les instruments chercher divers accords et ne produire que du bruit, en attendant que l'harmonie d'ensemble ait changé ce bruit en musique.

BASILIQUES. — Les basiliques romaines ont été les modèles des premières églises chrétiennes. La basilique antique servait de bourse et de tribunal : à l'intérieur, l'édifice était séparé dans sa longueur par deux et quelquefois quatre rangées de colonnes formant ainsi trois ou cinq nefs. Celle du milieu était beaucoup plus grande et se terminait à son extrémité par un hémicycle où se tenait le président ayant à ses côtés les juges assesseurs. Cette disposition pouvait, beaucoup mieux que celle des temples païens, s'adapter aux besoins du nouveau culte. L'évêque prit dans l'hémicycle la place du président; il avait un siége, ordinairement en marbre, *cathedra*, plus élevé que les bancs de pierre destinés aux prêtres, qui tenaient ainsi la place des juges assesseurs.

Dans les basiliques romaines, les avocats se tenaient entre l'hémicycle où siégeait le tribunal, et la nef où était le public. Cet emplacement prit le nom de *chœur* et devint une place privilégiée pour les chantres et les ecclésiastiques. L'*autel* fut placé entre le *chœur* et l'*hémicycle*, qui reçut le nom de *tribune* et devint plus tard l'abside. L'*ambon* fut établi en avant de l'autel : c'est là qu'on lisait l'épître ou l'évangile, et on y montait par un escalier de chaque côté. Les nefs furent occupées par les fidèles; les hommes se mettaient à droite, et les femmes à gauche. Mais, les nefs latérales portaient une galerie soutenue par les colonnes : ce fut la place qu'on assigna aux vierges, aux veuves et aux personnes consacrées au Seigneur. Enfin, dans les nefs latérales, on établissait des salles séparées par des cloisons et servant de sacristies, ou de lieux de purification.

Les basiliques chrétiennes étaient précédées d'un portique appelé *narthex*, ou porche, dont les arcades étaient fermées par des rideaux suspendus à des tringles. Quelquefois le narthex se développait autour d'une cour quadrilatère, au milieu de laquelle les chrétiens mettaient une fontaine jaillissante destinée à se laver les mains et la bouche avant d'entrer; de là l'usage de l'eau bénite. Autour du bassin se tenaient les pénitents, à qui l'entrée de l'église était interdite; vêtus de deuil, la tête couverte de cendre, exposés à la pluie et au froid, ils imploraient les prières des fidèles admis à la communion. Tout était absolument réglé dans le cérémonial du culte comme dans l'édification de l'église, et nous voyons, à la fondation de la basilique de Saint-Pierre, le pape saint Silvestre se dépouiller de sa chemise, prendre une pioche et ouvrir le sol, puis porter sur ses épaules douze paniers de terre en l'honneur des douze apôtres, et les jeter à l'endroit où devait être posée la première pierre.

Le lieu consacré était quelquefois enfermé dans une enceinte de murailles : c'est ainsi qu'était disposée la basilique de Tyr, bâtie vers l'an 313, et qui est une des premières dont les Pères aient parlé avec détail. En entrant, on trouvait une cour carrée, l'*atrium*, au milieu de laquelle était la fontaine de purification. Cette cour était environnée de portiques, et servait à l'enseignement des catéchumènes; elle précédait l'église qui s'ouvrait par trois portes, celle du milieu plus haute et plus large que les autres. Ces portes étaient tournées vers l'Orient, selon l'usage primitif. « Que l'église, disent les constitutions apostoliques, soit tournée vers l'Orient, ainsi que les deux sacristies qu'elle doit avoir, l'une à droite, l'autre à gauche. Que le trône épiscopal soit au milieu; que les prêtres soient assis des deux côtés de l'évêque, et que les diacres demeurent debout, afin d'être toujours prêts à marcher. Leur soin doit être de faire placer les laïques dans leurs rangs et honnêtement, en sorte que les hommes soient séparés des femmes. Le lecteur étant dans un lieu élevé doit lire les livres de Moïse; le diacre et le prêtre, les évangiles.... Que le portier garde l'avenue de l'endroit où les hommes sont placés, et que les diaconesses en fassent autant à l'égard des femmes.... Les jeunes filles doivent être à part, si le lieu le permet; s'il ne le permet pas, elles doivent être derrière les femmes mariées. Les vierges, les veuves et les femmes âgées doivent être les premières de toutes. »

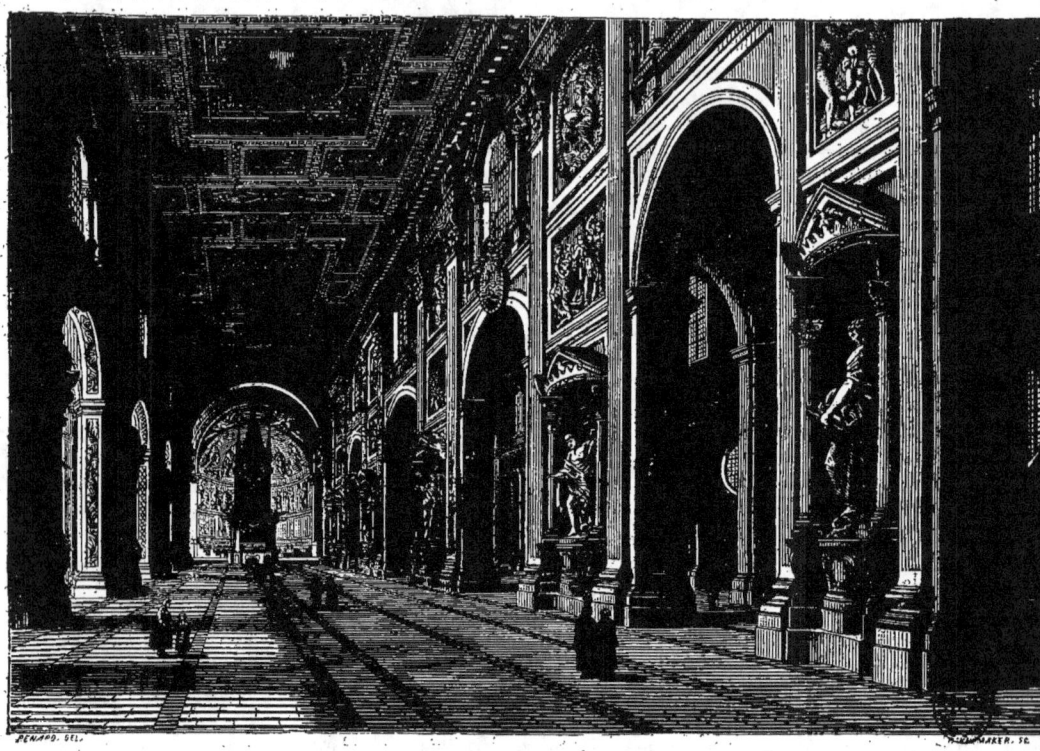

160. — INTÉRIEUR DE L'ÉGLISE DE SAINT-JEAN DE LATRAN.

Les basiliques romaines ont leur portail tourné vers l'Orient, tandis que la plupart de nos églises de France, Notre-Dame de Paris, par exemple, ont leurs portes du côté de l'Occident. Mais on remarquera que, dans nos églises, la partie antérieure de l'autel est en sens inverse de ce qu'elle était dans les basiliques primitives, en sorte que chez nous le célébrant qui tourne le dos aux fidèles, regarde du côté de l'Orient, et que dans les basiliques où le pontife a la figure tournée du côté des assistants, il regarde également l'Orient. L'orientation des églises est d'ailleurs très-variée, et quelques écrivains prétendent que des hérétiques ayant voulu assimiler Jésus-Christ au soleil, des églises furent orientées en sens différents, afin de ne pas paraître autoriser leurs superstitions.

La façade des anciennes basiliques (fig. 158 et 159) est généralement composée d'un fronton peu incliné indiquant le comble, sous lequel est une surface lisse et rectangulaire percée de fenêtres qui éclairent la nef. La partie inférieure est percée de trois ou cinq portes, et le porche est formé par un grand toit saillant supporté par des colonnes. Au centre du triangle formé par le fronton, était une fenêtre ronde, appelée œil, où l'on voit l'origine de ces magnifiques roses qui décorent nos églises du moyen âge : quelquefois cet œil était clos, et alors on y mettait une mosaïque représentant habituellement le Christ en buste ou assis sur un trône, décoration imitée de celle des temples romains.

La partie plane située au-dessous du fronton avait des fenêtres cintrées autour desquelles se déployait tout le luxe des décorations en mosaïque.

Autels. — Un tombeau en marbre, en granit ou en porphyre, servait ordinairement d'autel dans les premières basiliques. C'était le plus souvent un sarcophage enlevé aux édifices païens, dans lequel on renfermait les reliques des saints martyrs ; quelquefois on le décorait après coup de sculptures chrétiennes exécutées dans le style antique. On se servait aussi d'autels en bois qui ressemblaient à un coffre ou à une table carrée. Mais le concile d'Épone, tenu en 517, ordonna de ne consacrer à l'avenir que des autels en pierre.

Le *ciborium* était un dais placé au-dessus de la sainte table, et se composait de colonnes s'élevant aux quatre angles de l'autel et portant un entablement en marbre surmonté d'un

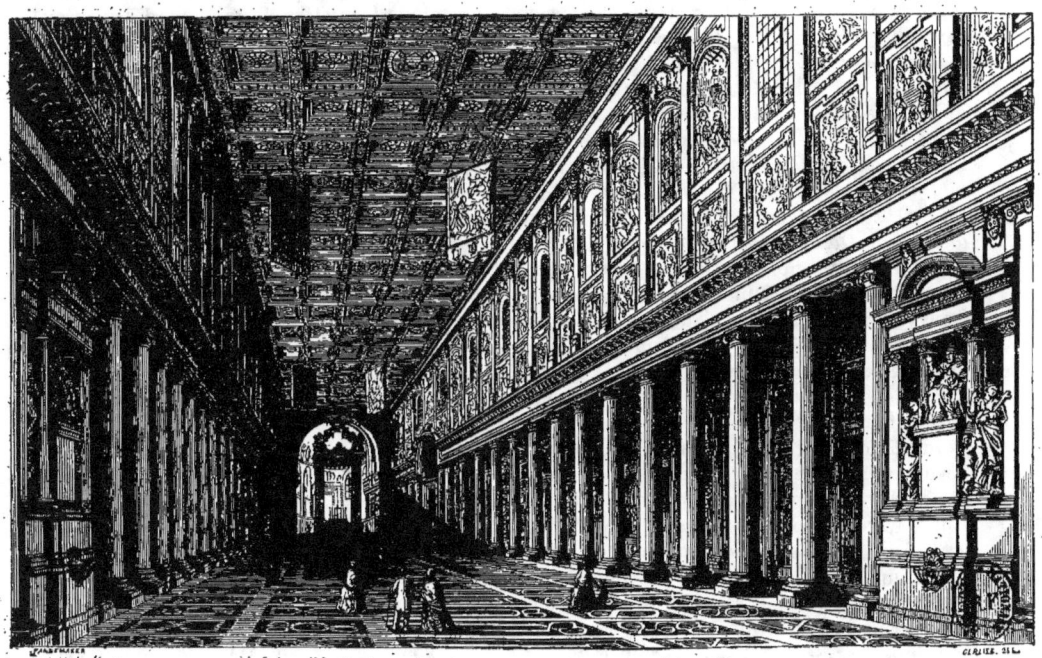

161. — VUE INTÉRIEURE DE SAINTE-MARIE MAJEURE.

fronton. C'est là que dans les premiers siècles du christianisme on déployait le plus grand luxe de métaux et de pierres précieuses.

Pour rappeler le souvenir des catacombes, où l'on priait sur le tombeau des martyrs, on creusa sous l'autel un caveau qui reçut le nom de *confession*, et on y plaça les restes des chrétiens morts en odeur de sainteté.

« Dans le principe, la confession de Saint-Pierre, dit M. Batissier, offrait une disposition que nous devons noter, parce qu'elle nous rappelle une circonstance curieuse de la dévotion des premiers fidèles : l'autel, placé comme toujours au-dessus du tombeau des martyrs, était environné d'une grille qui s'ouvrait pour quiconque voulait faire sa prière ; le fidèle alors se mettait à genoux, et passait la tête à travers une petite fenêtre, appelée *jugulum*, qui donnait dans la crypte au-dessus du sépulcre ; c'est dans cette position qu'il demandait l'intercession du saint apôtre. Il avait soin de faire descendre sur le tombeau un linge, *palliolum*, ou *sanctuaria* ; ce linge avait été préalablement posé avec soin dans une balance ; on le laissait sur le monument pendant que l'on priait, et il servait à reconnaître si Dieu avait exaucé les vœux du fidèle qui lui adressait ses supplications. Les chrétiens ne doutaient pas que Dieu ne les eût écoutés favorablement du moment où ce linge, retiré de la confession, pesait plus que quand on l'y avait mis. Plus tard, ces sortes de linge furent considérées comme des reliques, et les papes en envoyèrent dans toute la chrétienté. Au dix-huitième siècle, on conservait encore dans l'église Saint-Germain des Prés, à Paris, un de ces linges sanctifiés. » (*Histoire de l'art monumental.*)

Tombeaux. — Les sarcophages chrétiens de l'âge primitif se rencontrent en très-grand nombre dans l'Italie et dans le midi de la France, et la parfaite similitude qu'on trouve entre ceux des deux pays semblerait indiquer qu'il y avait des fabriques et des dépôts de cercueils, d'où on les envoyait d'un endroit dans un autre, et qu'ils n'étaient pas toujours faits dans la localité du défunt. Les bas-reliefs qui les décorent sont d'un travail habituellement grossier, et représentent des scènes de l'Ancien ou du Nouveau Testament, telles que *le Passage de la mer Rouge*, *Moïse faisant jaillir l'eau du rocher*, *Jonas englouti par la baleine*, *Daniel dans la fosse aux lions*, ou bien la *Résurrection de Lazare*, *Jésus-Christ devant Pilate*, etc. Plus souvent encore on y trouve les animaux ou les plantes usités dans la symbolique chrétienne du cinquième siècle, tels que le *phénix* et le *paon*, signes de résurrection, le palmier, l'agneau, les colombes, le monogramme du Christ, etc. Du côté de Bordeaux on a trouvé beaucoup de ces tombeaux qui sont très-intéressants pour l'archéologie. Sur le tombeau de l'empereur Honorius à Ravenne, on voit l'Agneau portant une croix dont les bras soutiennent deux colombes. Beaucoup de tombeaux présentent simplement des feuillages ou des cannelures en spirale, avec le monogramme du Christ.

Baptistères. — L'église est l'édifice destiné à l'assemblée des fidèles : si cette assemblée est présidée par un évêque, l'église est cathédrale ; si elle est présidée par un prêtre, elle est paroissiale. Primitivement l'église cathédrale possédait seule des fonts baptismaux ; on l'appelait église mère, parce qu'elle enfantait spirituellement des enfants au christianisme. Ce ne fut qu'au cinquième siècle qu'on créa des églises secondaires dirigées par un curé. Comme la formation des ordres monastiques remonte à la même époque, on vit des églises abbatiales en même temps que des églises paroissiales.

« La forme des basiliques, dit M. de Caumont, ne fut pas exclusivement adoptée pour les églises. Il y eut dès l'origine quelques églises circulaires; telle fut, entre autres, celle de Saint-Étienne le Rond, à Rome, qui remonte au cinquième siècle. Cette forme fut adoptée pour l'église bâtie à Jérusalem, sur le Saint-Sépulcre, par l'impératrice Hélène, et elle paraît avoir été préférée, dès les premiers temps, pour les églises dont on faisait des chapelles funéraires. La forme circulaire et, plus fréquemment encore, la forme octogone furent aussi adoptées pour les baptistères, qui étaient des édifices distincts près des églises. »

La cour environnée de portiques qui précédait souvent les églises primitives, renfermait quelquefois une piscine, mais plus souvent encore le baptistère. C'était un édifice spécial placé près de la basilique et consistant en deux pièces principales, l'une pour les cérémonies préparatoires, l'autre pour le baptême proprement dit. Cet édifice était placé sous l'invocation de saint Jean-Baptiste. La piscine était ronde, carrée ou octogone : quelquefois aussi, mais plus rarement, elle avait la forme d'une croix; on y descendait par des degrés. On ne sait pas au juste à quelle époque les cuves baptismales ont été annexées aux églises; quand l'usage prévalut de baptiser les enfants en bas âge, et que le baptême put être administré par les prêtres au lieu de l'être seulement par les évêques, les églises paroissiales eurent des cuves baptismales aussi bien que les églises cathédrales.

Basiliques de Rome. — On voit à Rome plusieurs basiliques : mais celle de *Saint-Pierre*, œuvre de la Renaissance, n'a aucun rapport, par sa disposition architecturale, avec les anciennes basiliques chrétiennes. A Saint-Pierre de Rome, le pape est souverain pontife, mais c'est à la basilique de *Saint-Jean de Latran* (fig. 160) qu'il vient, après son élection, prendre possession de son siège comme évêque de Rome. L'édifice primitif de Saint-Jean de Latran, construit par Constantin, a subsisté près de mille ans, tout en subissant divers changements ; mais après l'incendie du quatorzième siècle il fut rebâti entièrement, et le style de son architecture nous reporte encore à la Renaissance.

La basilique de *Sainte-Marie Majeure* (fig. 161) fut fondée en 352 par le pape Liberius Ier. La Vierge lui était apparue en songe et lui avait ordonné d'élever une église à l'endroit où il trouverait de la neige fraîchement tombée, bien qu'on fût au mois d'août. Une mosaïque de la façade reproduit cette tradition. L'abside a été refaite au treizième siècle; l'intérieur et la façade sont encore postérieurs. On voit sur la place une colonne corinthienne en marbre blanc, la seule restée entière de celles qui soutenaient la voûte de l'ancienne basilique.

La basilique de *Sainte-Croix de Jérusalem*, élevée par sainte Hélène, mère de Constantin, sur l'emplacement des jardins d'Héliogabale, a été entièrement rebâtie au dix-huitième siècle. La basilique de *Saint-Paul-hors-les-murs*, un des monuments les plus intéressants de l'art chrétien, avait été terminée sous le règne d'Honorius. Elle était précédée d'un atrium entouré de portiques à colonnes, qui existait encore au dix-septième siècle. « Dans la quantité de colonnes qui décorent l'église Saint-Paul, dit Seroux d'Agincourt, les vingt-quatre premières de la nef principale ont été prises, soit par Constantin, soit par ses successeurs, dans un monument antique. Rien ne peut être comparé à la beauté des marbres dont elles sont formées et à la manière dont ils sont travaillés. Mais soit dans la première construction, soit dans l'agrandissement de l'édifice, treize de ces vingt-quatre colonnes, par une inadvertance singulière, ont été placées d'un côté et onze de l'autre. Toutes les autres colonnes varient entre elles par la forme, par la matière, par les ordres, par leur espacement. Les bases des chapiteaux sont d'ordre différent, et souvent même les parties qui les remplacent n'ont aucun des caractères de l'ordre auquel la colonne appartient. » Ce précieux édifice, qui avait conservé tout son caractère primitif, a été détruit par un incendie en 1823, et réédifié par les contributions du monde catholique : l'inauguration de l'église nouvelle a eu lieu en 1847.

L'église de *Saint-Clément* offre peut-être l'image la plus fidèle des basiliques chrétiennes de la première époque. L'atrium ou avant-cour, qui précède l'église, est entouré de portiques et décoré d'une fontaine. Dans la nef du milieu, on voit les barrières du chœur et les ambons de marbre grecs, où on lisait les évangiles. Ils proviennent de l'ancienne église qui fut presque entièrement détruite par Robert Guiscard et rebâtie, en 1108, par le pape Pascal II avec les matériaux de l'ancien édifice. « Les trois nefs ont été bâties, dit M. Bleser (*Guide du voyageur catholique à Rome*), sur d'anciennes substructions, formées de grands blocs de tuf volcanique et surmontées d'une énorme corniche en travertin sans ornement quelconque. Suivant M. de Rossi, ces énormes blocs de travertin remontent au temps des rois de Rome, et pourraient bien avoir été la maison de Tarquin le Superbe. D'autres ont voulu y voir les restes de la maison de Mécène, ou de l'édifice de la Monnaie. Un jour cette église aura été détruite, et alors on l'aura remblayée au moyen de décombres. Sur ces fondements d'un nouveau genre on aura élevé l'église moderne, probablement sous Pascal II qui, avant son élévation au pontificat, était cardinal titulaire de Saint-Clément. La basilique supérieure ressemble pour la forme à l'église inférieure, quoique avec des dimensions moindres, particulièrement en largeur. »

La basilique de *Sainte-Agnès-hors-les-murs*, quoique très-nue à l'extérieur, est une des plus intéressantes à cause de sa disposition antique. Ce fut à l'endroit où on avait retrouvé le corps de la jeune martyre que Constantin éleva ce monument. Comme il est sur l'ancien sol, il faut, pour y arriver, descendre un large escalier de marbre. A l'intérieur, les doubles arcades reposent sur deux colonnes anciennes qui sont formées de marbres différents et très-précieux. A l'entrée de l'église est un narthex : cet édifice a été restauré sous Pie IX, mais on lui a conservé autant que possible son caractère primitif.

L'église de *Sainte-Constance* offre un exemple des anciens baptistères ; Constantin l'avait élevée pour y baptiser les deux Constance, sa sœur et sa fille, et plus tard l'édifice devint le tombeau de sa famille. On y a retrouvé le grand sarcophage en porphyre rouge de sainte Constance, qui depuis a été transporté au musée du Vatican. Ce fut au treizième siècle que ce lieu fut transformé en église. Elle est de forme circulaire, et l'intérieur est décoré d'un portique de vingt-quatre colonnes de granit accouplées.

Elle renferme de très-curieuses mosaïques du quatrième siècle, dont quelques-unes représentent des génies qui cueillent des raisins, ce qui avait fait supposer à tort que le monument était un ancien temple de Bacchus ; d'autres présentent des sujets religieux. « Les premières mosaïques chrétiennes, dit M. Barbet de Jouy, datent du quatrième siècle, celles qui, exécutées publiquement sous la protection de l'empereur Constantin, ont toujours vu le jour, car assurément les cimetières souterrains en possèdent d'antérieures ; les plus rapprochées des temps primitifs sont les mosaïques du baptistère de Sainte-Constance, que Constantin créa à la demande de sa sœur, et où celle-ci reçut le baptême avec la fille de l'empereur. Jésus-Christ y est représenté deux fois, et l'une des deux compositions, où, assis sur le globe du monde, il remet les clefs à l'apôtre saint Pierre, existe peinte dans la catacombe dite Platonia. Dans la mosaïque et la fresque, la disposition, l'action et le mouvement sont semblables, la pose de saint Pierre est identique, mais l'expression des têtes diffère complétement. »

Le Saint-Sépulcre. — Avant de commencer la description de l'église du Saint-Sépulcre, qui a dans l'histoire de l'art une importance très-grande, parce que sa forme a souvent été imitée dans les édifices chrétiens, nous

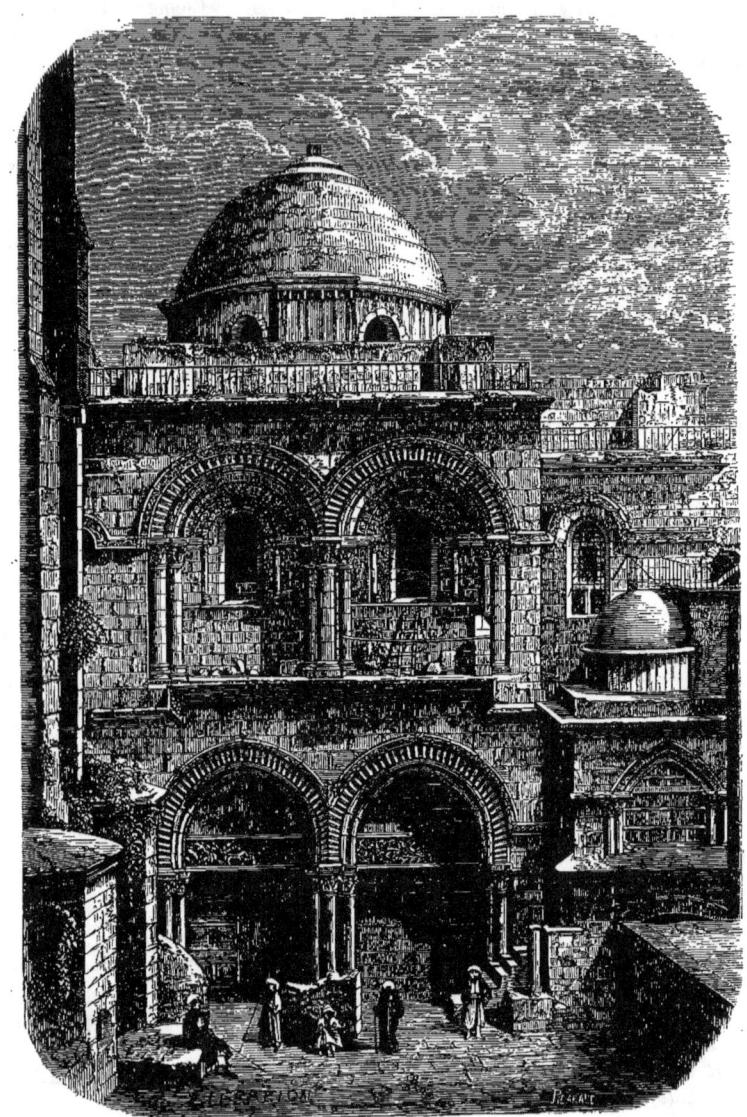

162 — ÉGLISE DU SAINT-SÉPULCRE A JÉRUSALEM.

devons dire un mot de son histoire et de l'emplacement qu'elle occupe. D'après les livres saints, le Sauveur a été crucifié sur le Golgotha, dans le voisinage de la ville, mais aucun détail topographique ne permet de déterminer xactement l'endroit où cet événement a eu lieu, et aucune tradition jusqu'au quatrième siècle n'indique l'existence d'un monument consacré à en rappeler le souvenir. Saint Jérôme raconte que l'empereur Adrien fit élever une statue de Vénus sur le Calvaire, et une statue de Jupiter sur le Saint-Sépulcre.

Des opinions très-diverses ont été émises au sujet de l'endroit exact où s'est accomplie la Passion, et il serait impossible de le constater positivement, si la révélation n'était venue en aide à l'histoire.

Ce fut un miracle qui révéla en 326 à Hélène, mère de Constantin, l'existence des saints lieux, et Constantin fit abattre les insignes païens pour élever un édifice religieux sur l'emplacement du tombeau de Jésus et du Golgotha. Ces constructions, terminées en 335, ont été décrites par Eusèbe, et comprenaient d'abord une cour environnée de portiques. La chambre sépulcrale était renfermée dans un rocher qu'on détacha du flanc de la colline, de manière à en faire une masse isolée; on l'entoura d'une chapelle circulaire, et une seconde chapelle fut élevée sur l'emplacement de la Passion. Ces édifices furent détruits en 614 par le roi de Perse Chosroès; mais, quinze ans après, un sanctuaire s'élevait de nouveau sur les quatre endroits les plus révérés. L'évêque Arculphe, témoin oculaire, en a donné une description et les intitule : église de la Résurrection, église de Golgotha, église de l'Invention de la Croix, église de la Vierge. Ces monuments furent respectés par le kalife Omar, qui s'empara de Jérusalem en 637, mais ils furent détruits en 1010 par le kalife Hakem, et rebâtis par les Grecs en 1048, en suivant autant que possible l'ancien plan. Les constructions comprenaient alors une rotonde et trois chapelles. En 1130 les croisés entreprirent de les réunir en un seul monument, auquel ils donnèrent un style mêlé du goût roman et du goût arabe. En 1808 un incendie détruisit une partie de la rotonde et différents sanctuaires, et l'édifice fut réparé par les Grecs d'une façon peu archéologique.

L'édifice actuel porte donc l'empreinte de différentes époques et de différents styles, mais à travers ses destructions successives il a toujours conservé quelque chose du plan primitif, qui était regardé en quelque sorte comme sacré. Une grande quantité d'églises, dites du *Saint-Sépulcre*, ont été élevées dans les pays chrétiens en se conformant à ce plan. Il nous semble donc intéressant, avant d'entrer dans le monument actuel, de voir ce qu'il était avant ses transformations. Nous prendrons ici pour guide l'évêque Arculphe, voyageur du septième siècle, qui a dicté la relation de son voyage en Palestine à saint Adaman, abbé de Saint-Columban. Ce récit, tout empreint des croyances merveilleuses du temps, est extrêmement intéressant par sa naïveté, et donne de précieux renseignements sur la disposition du Saint-Sépulcre avant les croisades. Il se termine par ces paroles touchantes : « Je prie tous ceux qui liront ce récit d'implorer la clémence divine pour ce saint prélat Arculphe, qui, après avoir visité les lieux saints, a eu la bonté de me raconter ces détails, que j'ai consignés sans talent dans cette relation, malgré tant de travaux ecclésiastiques de toutes sortes qui m'occupent et pour ainsi dire m'accablent tout le jour. Je prie donc aussi le lecteur de ces essais de ne pas oublier d'implorer pour moi, misérable pécheur et écrivain, le Christ juge de tous les siècles. »

D'après notre voyageur, l'église construite sur le sépulcre du Seigneur était très-grande, toute en pierre, et formait un cercle parfait. Douze colonnes la soutenaient, et elle comprenait trois murs, entre chacun desquels était l'espace d'une route. Trois autels regardant le midi, le nord et le couchant étaient creusés dans le mur du milieu. Au milieu de la rotonde, dans laquelle on entrait par huit portes, était un oratoire dont la porte regardait l'orient. A l'extérieur, l'oratoire était couvert de marbre, et surmonté d'une grande croix d'or, et à l'intérieur était le tombeau taillé dans le roc. Là brûlent continuellement douze lampes en l'honneur des douze apôtres.

Dans la même église était aussi la pierre qui avait été roulée à l'entrée du tombeau; Arculphe dit qu'elle a été coupée en deux parties, qui servent toutes deux d'autel. Nous avons aussi demandé à Arculphe, dit le narrateur, quelles étaient les couleurs du roc à l'intérieur duquel on a creusé cet oratoire avec le sépulcre du Seigneur à sa partie nord, taillé dans la même pierre, et il nous a répondu : Cet oratoire du tombeau du Seigneur n'est couvert à l'intérieur d'aucun ornement, et montre encore aujourd'hui dans toute sa voûte les traces des instruments qui l'ont creusé; la couleur du tombeau et du sépulcre n'est cependant pas partout uniforme, mais la pierre offre une réunion de rouge et de blanc. — Du reste, en voilà, je crois, assez sur ce sujet. »

Arculphe nomme cet édifice en rotonde l'église de la Résurrection, et signale à côté une petite église carrée dédiée à la Mère de Dieu. Une église très-vaste et également carrée était élevée à l'emplacement où le Sauveur a été crucifié : à la voûte était suspendue une roue d'airain entourée de lampes avec une croix d'argent, pour désigner la place du divin Crucifié. Cette église est appelée église du Golgotha, et près d'elle se trouvait la basilique de Constantin. C'est entre ces deux édifices qu'a eu lieu, selon Arculphe, le sacrifice d'Abraham.

Le narrateur parle ensuite des reliques précieuses qu'il a vues : la lance qui a percé le Sauveur, et le calice du Seigneur qui a servi à la Cène, et dans lequel était conservée l'éponge imbibée de vinaigre qui lui fut présentée sur la croix. C'est ce calice, appelé saint Graal, dont il est si souvent question dans les épopées du moyen âge, et que recherchaient avec tant d'ardeur les chevaliers de la Table-Ronde. Cette coupe célèbre avait été donnée à Salomon par la reine de Saba, et s'était conservée dans la famille de David, à laquelle appartenait Jésus. Au douzième siècle elle fut retrouvée en Palestine et placée en grande pompe dans la cathédrale de Gênes. Outre sa valeur comme relique, elle était importante pour la science, parce qu'elle était en émeraude d'un seul morceau, et que sa dimension dépassait de beaucoup les habitudes minéralogiques de cette pierre précieuse. Les Français s'en emparèrent en 1809, et l'envoyèrent à Paris, au cabinet de minéralogie ; mais les savants constatèrent qu'elle était en verre et non en émeraude. En 1815 elle fut restituée à la cathédrale de Gênes, où elle occupe aujourd'hui son ancienne place.

Arculphe signale aussi une autre relique très-précieuse, qui n'était là que depuis trois ans, quand il est venu à Jérusalem : c'est le saint Suaire, qui avait été placé sous la tête du Sauveur dans le sépulcre. Ce linceul avait été pris aussitôt après la résurrection par un juif converti, qui l'avait gardé avec un grand soin. Quand il se sentit près de mourir, il en révéla l'existence à ses deux fils et leur dit : « Choisissez, mes enfants ; dites ce que vous désirez, afin que, suivant vos souhaits, je puisse donner à l'un toute ma fortune et à l'autre seulement le Suaire sacré du Seigneur. » Or il arriva que celui qui avait préféré la fortune vint à la perdre au bout de peu de temps, tandis que celui qui avait choisi le Suaire s'enrichit prodigieusement. La relique fut transmise en héritage pendant cinq générations, qui devenaient de plus en plus riches ; mais la famille étant venue à s'éteindre, le Suaire fut dérobé par des juifs, qui le regardèrent, non comme une relique, mais comme un talisman qui donnait la fortune, et ils s'enrichirent en effet. Leur richesse devint telle qu'elle inspira des soupçons, et les chrétiens de Jérusalem, ayant eu connaissance du saint Suaire, voulurent le disputer aux juifs ; il s'ensuivit des rixes, car la population de Jérusalem était divisée en deux camps. Le roi des Sarrasins, voulant rétablir l'ordre dans sa ville, ordonna que, pour faire cesser le débat, le linceul serait brûlé publiquement. On éleva, en effet, un bûcher, mais le saint Suaire ne put être consumé par les flammes, et, s'élevant en l'air devant tout le peuple, il y séjourna quelque temps, puis redescendit doucement au milieu des chrétiens, qui l'emportèrent avec eux cris d'allégresse. « Notre frère Arculphe, ajoute le narrateur, le vit un jour s'élever de même du lieu où il était renfermé, et lui-même l'a baisé avec la foule accourue pour le vénérer. Ce linceul a environ huit pieds de longueur. » Mais en voilà assez sur ce sujet.

Arculphe signale également une colonne placée au milieu des lieux saints. « Cette colonne, dit le narrateur, placée dans le lieu où un jeune mort ressuscita au contact de la croix du Seigneur, lors du solstice d'été, à midi, quand le soleil est au milieu du ciel, ne projette aucune ombre. Après le solstice, qui est le 8 des calendes de juillet (24 juin), pendant trois jours, elle ne forme qu'une très-petite ombre, puis peu à peu cette ombre s'agrandit. Cette colonne, que le soleil, au solstice d'été, à midi, alors qu'il est au centre, embrasse de toutes parts, prouve que Jérusalem est au centre même de la terre. Aussi le Psalmiste, annonçant en quels lieux devaient s'accomplir les saints mystères de la Passion et de la Résurrection, dit en faisant allusion à la position de Jérusalem : « Dieu, notre roi « de toute éternité, a accompli le salut au « milieu de la terre, c'est-à-dire à Jérusalem, « qui est le centre et comme le nombril de la « terre. »

Nous avons vu ce qu'était le Saint-Sépulcre avant les croisades et quelles merveilleuses reliques étaient offertes à la vénération des pèlerins. Aujourd'hui la physionomie des lieux saints est très-différente. Un seul édifice réunit tous les sanctuaires décrits par Arculphe.

La façade du Saint-Sépulcre offre une disposition irrégulière et porte les caractères de l'architecture du douzième siècle (fig. 162). Elle devait présenter trois portes encadrées dans deux clochers, mais cette idée n'a pas été réalisée ; on voit, au rez-de-chaussée, deux baies ogivales surmontées de deux fenêtres également ogivales, qui forment le premier étage. A gauche est un clocher inachevé dont la base est rectangulaire. En entrant on voit tout d'abord un rectangle de marbre rouge de deux mètres sur cinquante centimètres ; cette tablette recouvre la *pierre de l'Onction* où le corps de Jésus-Christ a été parfumé par les saintes femmes. Une pierre circulaire placée près de là indique l'endroit où se tenait la Vierge pendant l'embaumement du corps.

On entre ensuite dans la rotonde, qui est entourée de piliers massifs formant une galerie de dix-huit arcades, et surmonté d'un dôme très-délabré. C'est là qu'est le tombeau du Christ, qui forme un petit édifice isolé du reste de l'église : il est de forme pentagonale et revêtu de marbre blanc et jaune. Une petite porte mène à un vestibule appelé la *chapelle de l'Ange*, parce qu'il est à l'endroit où l'ange annonça la résurrection aux saintes femmes ; on voit là une pierre carrée qui passe pour avoir recouvert le tombeau primitif. Une autre porte très-basse montre une petite chapelle, de deux mètres carrés, également revêtue de marbre. Quarante-deux lampes d'or et d'argent ornent ce sanctuaire.

De petites chapelles sont en outre disposées tout autour de la rotonde ; on visite aussi la *chapelle de l'Apparition*, qui est le lieu où le Seigneur apparut à sa mère après sa résurrection ; près de là est un fragment de la colonne de la Flagellation. Des chapelles marquent l'endroit où Jésus-Christ a été en prison avant le crucifiement, l'endroit où saint Longin s'est retiré, après avoir percé Jésus de sa lance, l'endroit où furent partagés les vêtements, etc. Un escalier de vingt-huit marches descend ensuite à la chapelle de Sainte-Hélène, qui est taillée dans le roc et surmontée d'une coupole soutenue par quatre colonnes corinthiennes, qui proviennent, dit-on, de l'édifice primitif. Cette chapelle, de style byzantin, est décorée de lampes et d'œufs d'autruche suspendus à la voûte. On descend encore treize marches pour arriver à la *chapelle de l'Invention de la Croix* qui est l'endroit où a été retrouvée la vraie croix. C'est une voûte souterraine, et le rocher où elle est taillée suinte continuellement des gouttes d'eau, qu'on signale aux pèlerins comme les larmes de la Terre au souvenir de la Passion et que les architectes attribuent à l'humidité produite par le voisinage d'une citerne.

On remonte ensuite les deux escaliers et, après avoir passé devant une petite chapelle dite *des Injures*, qui est à l'endroit où Jésus-Christ fut couronné d'épines, on s'engage dans une galerie obscure, aboutissant à un escalier qui monte au Calvaire. C'est une plate-forme où sont deux chapelles, entre lesquelles on voit un treillage d'argent destiné à recouvrir la fente du rocher qui s'ouvrit jusqu'au centre de la terre quand Jésus-Christ a rendu le dernier soupir.

En redescendant le Calvaire, on laisse de côté la *chapelle d'Adam*, où était le tombeau de Godefroi de Bouillon, détruit après l'incendie de 1808, et on arrive à l'église grecque, qui forme la grande nef de tout l'édifice, et est ornée d'une profusion de candélabres massifs et de tableaux byzantins. En cet endroit, un cercle de marbre blanc, au milieu duquel s'élève une petite colonne, est montrée aux fidèles comme étant le centre du monde. Enfin deux très-anciens tombeaux sont désignés comme étant ceux de Joseph d'Arimathie et de Nicodème.

Malgré l'irrégularité de l'édifice, et les altérations qu'il a subies, on reconnaît encore la place des sanctuaires décrits par Arculphe. En somme, une rotonde où est le tombeau de Notre-Seigneur, une grande nef, et des chapelles indiquant les principaux actes du drame de la Passion, voilà le Saint-Sépulcre.

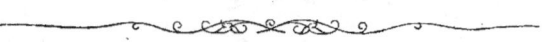

ART BYZANTIN.

ARCHITECTURE BYZANTINE. — La forme de la basilique, qui servit de type à l'édifice religieux en Occident, n'a pas eu la même influence sur les églises de l'Orient. Les écrits d'Eusèbe et d'autres écrivains contemporains nous prouvent qu'à Jérusalem, à Antioche, à Constantinople, il y eut très-anciennement des églises dont le plan affecte une forme carrée, ronde ou polygonale. Mais ce qui caractérise avant tout l'architecture religieuse des Byzantins, c'est la coupole.

Les nefs byzantines sont ordinairement surmontées de plusieurs coupoles : la principale est au centre de la croix, et elle est plus vaste et plus élevée que les autres, qui se trouvent placées sur les deux transepts, sur la partie antérieure de la nef principale et sur

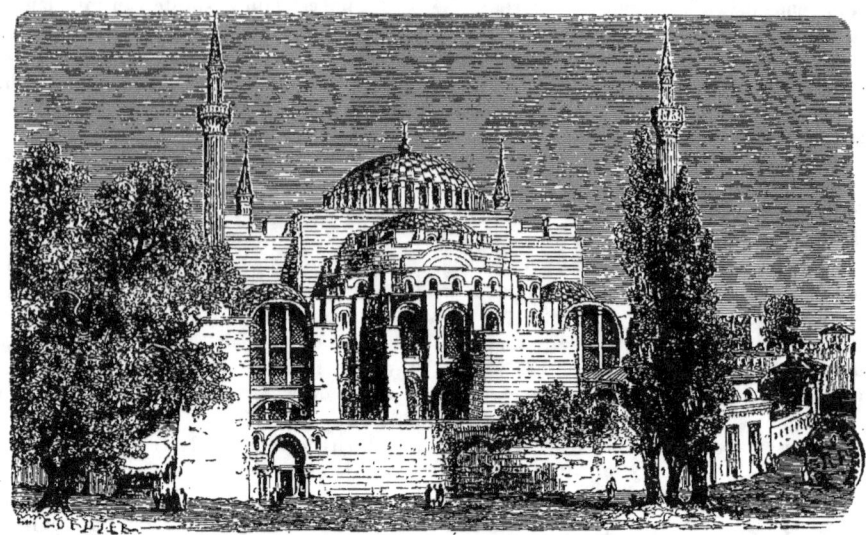

163. — VUE EXTÉRIEURE DE SAINTE-SOPHIE A CONSTANTINOPLE.

le sanctuaire. Ces coupoles, décorées de peintures ou de mosaïques souvent à fond d'or, sont éclairées par un grand nombre de petites fenêtres qui forment, à la base des voûtes, comme un cordon lumineux. Elles reposent sur des piliers appelés pendentifs, d'après un système particulier aux architectes byzantins et que les anciens n'ont pas connu. « Cherchant les effets surprenants, dit M. Viollet le Duc, les tours de force en architecture, ils voulurent poser la voûte hémisphérique romaine sur quatre points d'appui au moyen de pendentifs, et tentèrent, comme dans la construction de Sainte-Sophie, de donner à ces coupoles ainsi suspendues sur quatre piles seulement, des dimensions jusqu'alors inconnues. »

Les chrétiens d'Orient, comme ceux de l'Occident, arrachèrent dans les anciens temples païens une multitude de colonnes et de fragments d'architecture, qu'ils placèrent dans les édifices de leur culte. Puis lorsqu'ils cessèrent d'en trouver, et qu'il fallut créer, ils transformèrent à leur guise et selon leurs besoins l'architecture traditionnelle de l'antiquité. « D'abord, dit M. Viollet le Duc, ils abandonnèrent les ordres romains composés de colonnes avec leur entablement complet, et n'em-

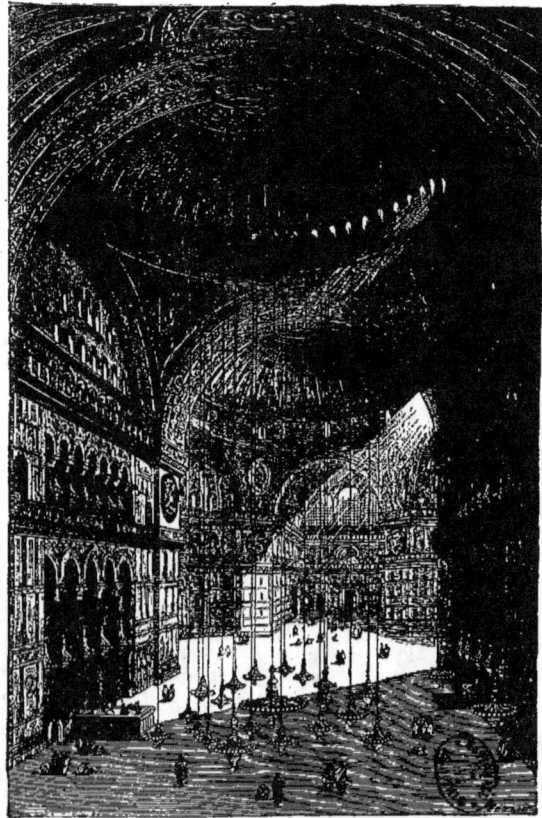

164. — VUE INTÉRIEURE DE SAINTE-SOPHIE A CONSTANTINOPLE.

ployèrent plus la colonne que comme un point d'appui rigide, pour porter, non plus des plates-bandes, mais des arcs; bientôt ils n'admirent plus les chapiteaux corinthiens ou composites, qui ne présentaient pas une assiette supérieure assez large pour recevoir les sommiers de ces arcs, et qui semblaient grêles et trop refoulés sous les masses de construction dont on les chargeait; ils évasèrent donc le chapiteau, élargirent son tailloir et ne couvrirent ses faces nues que de fines sculptures peu saillantes qui ne pouvaient en altérer la solidité. » Le beau chapiteau corinthien fut ébranché et son élégante corbeille prit une forme cubique, mince par le bas, élargie du haut, légèrement renflée, et ornée de feuillages aigus par le contour, mais presque sans saillie. Ces formes nouvelles furent introduites en Occident, et nous les retrouverons dans l'architecture romane. Il en fut de même des moulures, qui devinrent presque lisses, mais chargées de peintures ou de mosaïques. Partout la sculpture s'efface au point de ressembler à de la gravure, et la couleur devient l'élément prépondérant de l'art décoratif.

Ravenne, devenue le séjour des gouverneurs de l'Italie pour les empereurs d'Orient, possède un édifice très-important élevé sous Justinien, c'est l'église de Saint-Vital.

« Le plan de Saint-Vital, dit M. Batissier (*Histoire de l'art monumental*), est un octogone sur l'un des côtés duquel se trouve un portique rectangulaire, décoré de colonnes.

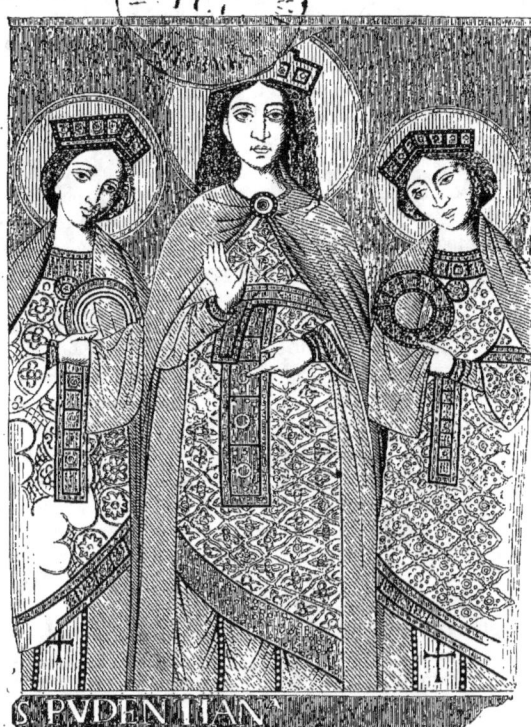

Peinture byzantine.
165. — SAINTE PUDENTIENNE.

La forme extérieure de cette église se reproduit au dedans. Sa capacité est divisée circulairement par huit forts piliers, dans les intervalles desquels sont placées deux colonnes qui se répètent à l'étage supérieur, où elles forment une série de tribunes, comme on en voit dans toutes les basiliques grecques. La voûte hémisphérique qui couronne le monument est portée sur un mur construit avec plusieurs rangs de vases en terre cuite ayant la forme d'amphores et enchâssés les uns dans les autres. La voûte, ou coupole, est elle-même bâtie de la même manière. Elle est formée d'un double rang, décrivant une spirale, de vases plus petits que les précédents, également adaptés les uns au bout des autres. Un ciment très-dur, avec des mosaïques sur fond d'or, recouvrait toute la face concave de la coupole. »

Mais parmi les églises byzantines, celle qui prime toutes les autres par son importance, et qui donne le modèle le plus parfait du style grec chrétien, est la grande église de Sainte-Sophie de Constantinople.

Église de Sainte-Sophie (fig. 163, 164). — Ce fut la vingtième année du règne de Constantin, en même temps que commençait le concile de Nicée, qu'on éleva dans Constantinople à peine fondée

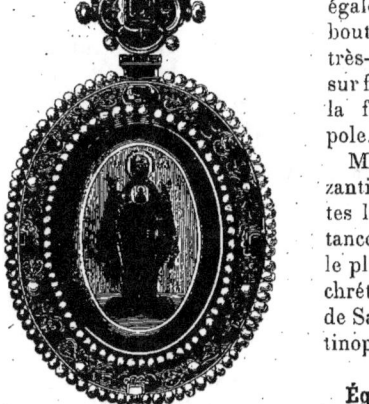

166. — PANAGIA, BIJOU BYZANTIN.

un temple à la Sagesse divine ou sainte Sophie (*Sophie* veut dire *Sagesse*). « La Sagesse, dit M. Didron dans son *Histoire de Dieu*, est l'unité morale d'où procèdent, comme les filles d'une mère commune, la Foi, l'Espérance et la Charité. La vive imagination byzantine a donné la vie à ces trois filles de la Sagesse et à la Sagesse leur mère. On lit dans les légendes de la vie de sainte Sagesse, mère de trois filles d'une rare beauté, Ste Foi, Ste Espérance et Ste Charité. La mère et les filles, converties au christianisme, baptisées, prêchant la vérité et convertissant à leur tour une immense quantité de païens, sont persécutées. Amenées devant un proconsul, elles refusent de sacrifier aux faux Dieux; on les torture et on finit par les décapiter. Un couvent du mont Athos contient, peinte sur le mur, la légende entière de cette intéressante famille, depuis sa naissance jusqu'à sa mort; dans la cathédrale de Cantorbéry, parmi les reliques des vierges, on possédait celles de Ste Sagesse et de ses filles Foi, Espérance et Charité. »

En 404, sous le règne d'Arcadius, la première église Sainte-Sophie fut brûlée par les ariens dans une émeute religieuse survenue à propos de saint Jean Chrysostome. On a dit que les Grecs du bas empire ne s'intéressaient qu'à la théologie et aux cochers du cirque. L'histoire de Sainte-Sophie semblerait le prouver. Réparée par Théodose, cette église fut brûlée de nouveau sous Justinien, pendant la célèbre dispute qui s'éleva à propos des cochers du cirque et qui coûta la vie à trente-cinq mille personnes. Justinien la releva et voulut qu'elle fût le plus magnifique monument qu'on eût fait depuis la création. On enjoignit aux gouverneurs de provinces, en Europe et en Asie, de rechercher partout les marbres et les colonnes qu'on pourrait retrouver dans les anciens édifices païens, et il en arriva de toutes parts à Constantinople. Le préteur d'Éphèse envoya des colonnes de marbre vert tacheté de noir, enlevées sans doute au fameux temple de Diane; et de Syrie on envoya, sur des radeaux, des colonnes provenant du grand temple du Soleil à Baalbeck, élevé sous Aurélien.

Deux architectes grecs, Anthémius de Tralles et Isidore de Milet, furent chargés de diriger les travaux; mais le plan avait été donné à l'empereur par un ange. Les architectes avaient sous leurs ordres cent maîtres maçons, dirigeant chacun cent ouvriers. La difficulté résidait surtout dans l'immense dôme, véritable tour de force d'architecture, qui devait reposer, non sur un mur plein, mais sur quatre piliers. Comme on redoutait beaucoup la pesanteur des briques, on en fit venir de l'île de Rhodes, qui étaient d'une argile tellement légère que douze d'entre elles ne pesaient pas plus qu'une brique ordinaire. Chaque brique portait une inscription : C'est Dieu qui l'a fondée, et elle ne sera pas ébranlée; Dieu lui prêtera secours. Elles furent disposées par assises régulières; de douze en douze assises on plaçait une relique, et le clergé récitait des prières. Malgré ces précautions, un tremblement de terre fit, au bout de quelques années, écrouler une partie de la coupole, qui écrasa l'autel en tombant. Cet accident fut attribué à l'enlèvement trop précipité des échafaudages. On rebâtit la coupole, et cette fois les échafaudages furent laissés debout pendant un an. Les historiens rapportent que, quand on voulut les enlever, on remplit l'église d'eau à la hauteur de huit coudées, et on y jeta toutes les pièces de charpente ayant servi à échafauder, afin de ne pas ébranler le monument comme la première fois par le choc de ces pièces tombant sur le sol.

« L'église, dit M. Texier, est bâtie sur un plan carré de 81 mètres de long sur 60 de large; au centre de ce carré s'élève la coupole, dont le diamètre, de 35 mètres, détermine la largeur de la nef; la coupole est supportée par quatre grands arcs qui forment quatre pendentifs; sur les deux arcs perpendiculaires à l'axe de la nef s'appuient deux voûtes hémisphériques, qui donnent au plan de la nef une forme ovoïde; chacun de ces deux hémisphères est lui-même pénétré par deux hémisphères plus petits, qui sont soutenus par des colonnes. Cette superposition de coupoles, dont les points d'appui ne sont pas apparents, donne à toute la fabrique un aspect de légèreté inimaginable. »

Justinien avait d'abord voulu que l'abside fût éclairée par une seule fenêtre, mais ensuite il demanda qu'il y en eût deux. Alors un ange, vêtu de la pourpre impériale, apparut aux architectes et leur dit : « Je vous ordonne d'éclairer l'autel par trois fenêtres, en l'honneur du Père, du Fils et du Saint-Esprit. » Non-seulement les anges aidèrent l'empereur de leurs conseils, pour le plan de cette immense église, mais ils l'aidèrent même de leur bourse. Malgré les sommes prodigieuses qu'on avait prélevées de toute part et par tous les moyens possibles, l'argent vint à manquer lorsque le temple fut élevé jusqu'à la coupole. Mais un ange, enveloppé d'un vêtement resplendissant de blancheur, conduisit les mulets du trésor dans un souterrain et les ramena chargés de quatre-vingts fois cent pièces d'or. Les légendes innombrables qui se rattachent à Sainte-Sophie montrent l'importance qu'on attribuait à ce monument.

Au surplus la hardiesse de l'édifice était encore dépassée par la richesse des matériaux qui servirent à le décorer. Le pavé était en marbre vert de Proconèse, les panneaux des murs étaient rehaussés de mosaïques; l'or, l'argent, les pierres précieuses étincelaient de toute part, et des lampes innombrables illuminaient de leur flamme les métaux éblouissants. Pour la dédicace de l'édifice, l'empereur se rendit à l'hippodrome sur un char attelé de quatre chevaux; mille bœufs, dix mille moutons, six cents cerfs, mille porcs, dix mille poulets attendaient là pour être distribués au peuple, à qui on donna aussi trente mille mesures de grain. Puis l'empereur, accompagné du patriarche Eutychius, s'avança vers le temple et s'écria en entrant : « Gloire à Dieu, qui m'a jugé digne de terminer un tel ouvrage. Je t'ai vaincu, ô Salomon! »

L'église Sainte-Sophie est aujourd'hui une mosquée; mais une tradition, répandue parmi les Turcs, montre qu'elle est destinée à revenir un jour aux chrétiens qui l'ont élevée. Quand les musulmans s'emparèrent de Constantinople, Mahomet II entra à cheval dans la sainte église où les fidèles s'étaient réfugiés autour du prêtre qui disait la messe. Le prêtre quitta l'autel et s'enfuit par une porte pratiquée dans une galerie; mais à peine le ministre de Dieu était-il parti, que la porte se trouva murée derrière lui. Quand les chrétiens reprendront Constantinople, le mur tombera de lui-même, et le prêtre reviendra continuer la messe qu'il a interrompue.

LES ICONOCLASTES. — La secte des iconoclastes, ou briseurs d'images, paraît avoir pris naissance vers la fin du cinquième siècle, sous l'empereur Zénon; elle ne tarda pas à prendre une grande extension, et au huitième siècle l'empereur Léon l'Isaurien la fit approuver par un concile, tenu à Constantinople, mais elle fut ensuite condamnée par plusieurs autres. Les iconoclastes brisaient, partout où ils les rencontraient, les images religieuses, et ils prétendaient qu'on ne doit pas représenter l'image de Dieu. Ils ne manquaient pas de textes à l'appui de leurs doctrines, mais ils trouvèrent dans les catholiques d'ardents adversaires. Saint Jean Damascène, qui fut un grand ennemi des iconoclastes, disait : « Puisque celui qui ne peut être vu a pris un corps et s'est montré, fais donc son image. Puisque l'être qui, comme Dieu, n'a ni quantité ni dimension, ni qualité, a pris la forme d'un esclave, s'est rapetissé à la quantité et à la qualité, s'est revêtu de la forme d'un corps, peins-le sur des tableaux. Montre publiquement celui qui a voulu se montrer. »

L'opinion que les iconoclastes avaient sur les images s'est reproduite depuis dans plusieurs sectes, chez les vaudois, les albigeois, les hussites, les protestants, qui ont tous regardé l'usage des images religieuses comme un renouvellement de l'idolâtrie. « Ne nous faisons pas de fausses idées, dit Émeric David (*Histoire de la peinture au moyen âge*), sur l'hérésie des iconoclastes. Jamais, en détruisant les images religieuses, ni Léon l'Isaurien ni ses successeurs n'eurent le projet d'anéantir l'art. Leurs portraits, ceux de leurs épouses et de leurs fils ne cessèrent point d'être offerts dans toutes les villes de l'empire aux hommages de leurs sujets. Les habitations de ces monarques fastueux offraient une magnificence excessive. Les murs, les plafonds, les pavés de leurs vastes palais, étaient couverts de peintures et de mosaïques où l'on voyait représentés des marines, des paysages ornés de figures, des chasseurs combattant contre des bêtes féroces, et même des sujets historiques. Souvent ils faisaient tracer des peintures allégoriques dans les temples, à la place des images qu'ils avaient brisées. Plus les bourreaux d'ailleurs appelaient de peintres au martyre, plus il s'en formait de nouveaux. Les bois, les antres en étaient peuplés. Si on leur brûlait ou on leur coupait les mains, la Vierge, disait-on, leur en rendait l'usage. Chaque jour des miracles de ce genre, recueillis par la piété ou par le fanatisme, réchauffaient leur enthousiasme et excitaient de nouveau leur dévouement. Non-seulement enfin le fer des iconoclastes n'interrompit point la filiation des peintres grecs, mais il y a lieu de croire que la persécution en augmenta le nombre.... L'hérésie des empereurs d'Orient contribuait à la corruption du goût par l'exaltation même qu'elle produisait dans les esprits. Brûlant d'un amour fanatique pour les images qu'on lui voulait arracher, le grec persécuté abjura les lumières et la critique qui avaient honoré ses ancêtres; il se prosterna devant les tableaux les plus grossiers, les adora, les couvrit de baisers, et ne se permit plus d'en considérer l'exécution; à peine osa-t-il même les regarder. Dans toute la chrétienté, les peuples encensèrent des peintures barbares qu'on disait descendues du ciel. C'est de cette époque que datent tant d'images *archeïro poïètes*, qui attestent encore aujourd'hui l'ignorance des peintres qui les exécutèrent. »

PEINTURE BYZANTINE (fig. 165, 167). — Une certaine grandeur dans l'allure et une absence complète de vie sont les traits distinctifs de la peinture byzantine. Le christianisme des premiers âges s'opposait formellement à l'étude des statues anciennes, considérées comme des idoles, et à l'étude de la nature vivante qui aurait placé sous les yeux de l'artiste et du public cette chair qui était par-dessus tout condamnée et maudite. D'ailleurs, on n'avait pas besoin d'une grande vérité pour le but qu'on se proposait en décorant les églises de peintures : c'était la chose signifiée et non le signe qui préoccupait, et la peinture était un enseignement religieux mis à la portée des fidèles, non un art offert à leur admiration.

Une tradition rapporte qu'au neuvième siècle, Bogoris, roi des Bulgares, appela à Nicopolis le moine Méthodius, peintre grec né à Thessalonique, pour lui faire décorer la grande salle des festins dans son palais. Méthodius peignit un *Jugement dernier* ; on voyait à droite les élus et les anges en prière autour du Sauveur, à gauche les damnés que les diables entraînaient dans les flammes et tourmentaient par d'affreux supplices. Bogoris se fit expliquer le tableau et en fut si épouvanté qu'il se fit chrétien. L'art de cette époque parlait aux populations à demi sauvages la seule langue qu'elles pussent comprendre, celle de la terreur.

L'église Saint-Vital de Ravenne nous offre un bien curieux exemple de la peinture byzantine dans deux tableaux exécutés en mosaïque. L'un représente l'empereur, la tête nimbée et couronnée du diadème et revêtu du manteau impérial violet, brodé d'or, et tenant dans ses mains un vase d'or pour indiquer les présents qu'il fait à la nouvelle église. A sa gauche est l'évêque S. Maximien, vêtu de blanc, tenant en main une croix enrichie de pierres précieuses ; sa tête est dépourvue de nimbe. Il est assisté de deux diacres portant l'un un livre, l'autre un encensoir. L'empereur est suivi de ses officiers, dont l'un tient un magnifique bouclier, et les autres des lances. Sur l'autre tableau on voit l'impératrice Théodora, nimbée et coiffée d'un riche diadème : elle porte sur une robe blanche un riche manteau violet chargé de broderies d'or. Huit dames richement costumées la suivent, et elle est précédée de deux courtisans, dont l'un soulève la courtine de la porte. L'impératrice porte un vase comme l'empereur : devant la porte du temple on voit une fontaine jaillissante servant aux purifications.

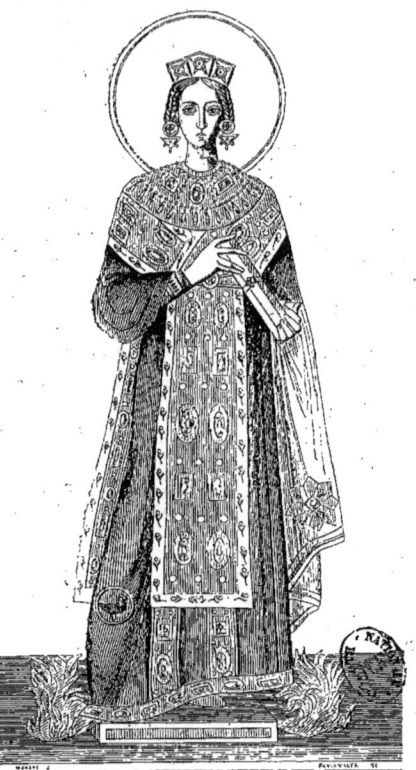

Peinture byzantine.
167. — SAINTE AGNÈS.

LES MOINES DU MONT-ATHOS. — Le Mont-Athos est un promontoire rocheux et coupé de ravins, présentant une surface d'environ quarante kilomètres de long sur six de large, situé dans une presqu'île de la Roumélie qui anciennement formait la Chalcidique. Son cône le plus élevé, qui atteint deux mille mètres, s'aperçoit en mer à cent kilomètres. Il est dédié à la Vierge et n'est habité que par des hommes : les femmes n'ont pas accès dans ces monastères. Les premiers couvents du Mont-Athos remontent à l'impératrice Hélène, mère de Constantin, et depuis ce temps le Mont-Athos a toujours été considéré comme un but de pèlerinage en terre sainte. Là vivent et ont vécu pendant tout le moyen âge des moines artistes, gardiens d'une tradition qui n'est pas encore oubliée. L'école byzantine du Mont-Athos a fourni des maîtres à Athènes ; à Constantinople, à Venise, à tout l'Occident, et aujourd'hui elle en fournit encore à la Russie, à la

Turquie chrétienne, à la Grèce. Les grandes vierges byzantines qu'on voit aux galeries de tableaux, les grands Christs qu'on trouve sur les plus vieilles mosaïques d'Italie, sont conformes au type élaboré dans la montagne sainte. Cette école de peinture qui compte aujourd'hui près de quatorze siècles d'existence, n'a pas d'histoire connue. Pourtant elle a eu, comme les autres, son début, son moment d'éclat et sa décadence. Le peintre français Papety a exécuté, d'après les fresques de Penselinos au Mont-Athos, une série de dessins qu'on peut voir au Louvre. Ce sont des figures de saints, d'un caractère grave et monumental, dont l'imposante grandeur étonne au milieu de nos fantaisies modernes. Ces guerriers martyrs, d'une tournure si noble, qui tiennent à la main une croix ou une épée, fournissent sur le costume byzantin, aussi bien que sur l'art du temps, de précieux renseignements, qui le seraient encore bien davantage si on pouvait assigner à ces fresques une date positive.

DIPTYQUES (fig. 168). — Les diptyques sont des objets repliés qui, en s'ouvrant, se dédoublent comme un livre et présentent sur chacun

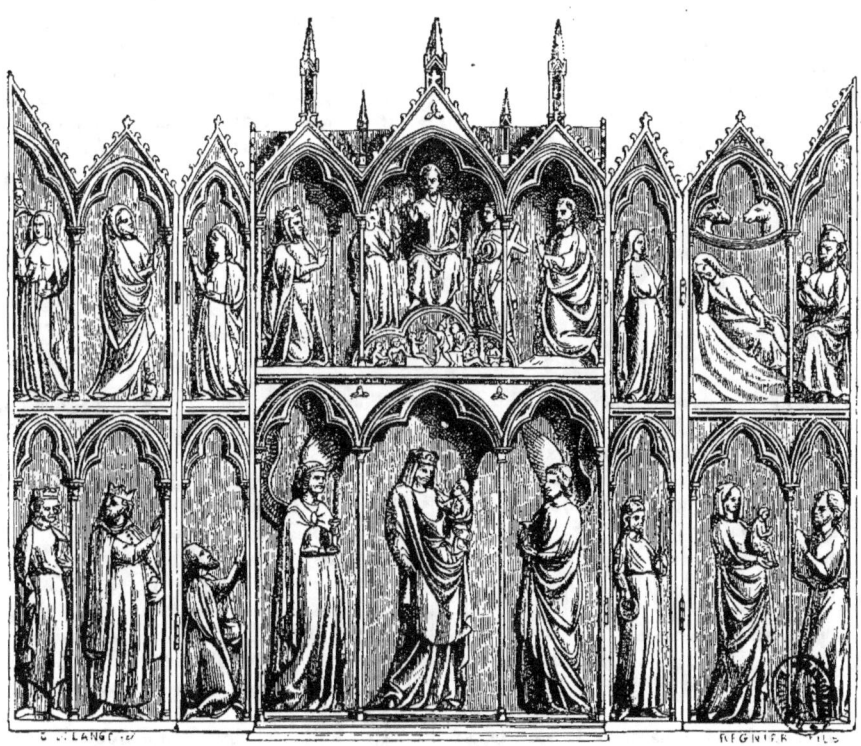

168. — DIPTYQUE EN IVOIRE.

de leurs côtés une inscription ou une image peinte ou sculptée. Les tablettes d'ivoire ou de métal, sculptées sur leurs faces extérieures et contenant sur leurs faces intérieures des noms ou des inscriptions, étaient usitées dans l'antiquité. On en donnait en cadeau à la nouvelle année, et les magistrats en envoyaient à l'empereur lorsqu'ils entraient en fonctions. Plus tard on en envoya aux églises comme cadeaux, et les personnes dont le nom était gravé se recommandaient ainsi aux prières de l'évêque : on plaçait alors le diptyque sur l'autel, et on lisait ces noms pendant l'office. Les sculptures qui ornèrent ces diptyques représentaient naturellement des sujets pris dans l'Ancien ou dans le Nouveau Testament. Le nombre des personnes qui demandaient ces prières devenant de plus en plus grand, on écrivit leurs noms sur des feuilles de parchemin contenues entre les deux tablettes des diptyques, qui devinrent ainsi de véritables livres.

Ces tablettes, très-richement ornées, étaient généralement en orfévrerie ou en ivoire, comme celles qui servaient de reliure aux évangéliaires, et étaient exécutées dans les couvents par les moines artistes. L'empire d'Orient fabriquait une immense quantité de diptyques, qui s'exportaient en Occident. Les ivoires sculptés par les Byzantins sont innombrables, et la quantité s'en accrut surtout pendant la guerre des iconoclastes, parce que ces images, facilement portatives à cause de leur petite dimension, pouvaient aisément se cacher et échapper à la fureur des briseurs d'images.

TISSUS. — Astérius, évêque d'Amasée, nous donne, en s'élevant contre le luxe des vêtements, de bien curieux renseignements sur les dessins qui enrichissaient les tissus au cinquième siècle de notre ère. « On est avide d'avoir pour soi, pour sa femme, pour ses enfants, des vêtements ornés de fleurs et de figures, sans nombre.... de sorte que, quand les riches viennent à se produire en public avec ces peintures, les petits enfants se rassemblent, les montrent au doigt en riant et leur laissent à peine un moment de répit. On voit là des lions, des panthères, des ours, des taureaux, des chiens, des forêts, des rochers, des chasseurs, et tout ce que les peintres savent copier dans la nature. Ce n'était donc pas assez d'orner ainsi les murailles, il fallait animer les tuniques mêmes, ainsi que les manteaux qui les couvrent. Ceux qui ont plus de religion parmi les riches suggèrent aux artistes des sujets tirés de l'histoire évangélique et font représenter Jésus-Christ au milieu de ses disciples, ou bien ses divers miracles : les *noces de Cana* avec les amphores, le *paralytique* portant son lit sur ses épaules, l'*aveugle* guéri par un peu de boue, *Lazare sortant du sépulcre*; et ils se figurent en cela faire une œuvre pie et se couvrir d'habits agréables à Dieu. »

ARCHITECTURE RUSSE.

LE STYLE RUSSE. — Constantinople, dont les vaisseaux couvraient la mer Noire en même temps que la mer Méditerranée, devait exercer sur le goût des peuples du Nord la même influence que sur celui des peuples du Midi. De bonne heure on voit la coupole byzantine apparaître sur les côtes de la mer Noire, et on peut dire que, dans ces contrées, les Grecs implantèrent leur goût en même temps que leur foi. « De la péninsule Taurique à la Russie slave, dit M. Batissier (*Histoire de l'art monumental*), il n'y avait qu'un pas ; le style byzantin s'introduisit donc naturellement dans ce dernier pays, avec le christianisme lui-même, et il s'y maintint avec ses formes natales, aussi longtemps qu'en une autre contrée. Dès le dixième siècle, Olga, devenue chrétienne sous le nom d'Hélène, fit bâtir ou du moins jeter les fondements d'une église à Kief. Wladimir le Grand ordonna l'érection d'un grand nombre d'édifices sacrés. La première église dont il prescrivit la construction fut celle de Kherson, achevée en 988. Ce temple fut une reproduction des monuments byzantins. L'abside demi-circulaire en marquait le sanctuaire, et des colonnes de beau marbre blanc cristallisé, nuancé de bandes bleues, exprimaient dans le vaisseau de l'édifice les transepts; un dôme les surmontait. De grandes croix byzantines décoraient les fûts des colonnes et des chapiteaux, imités de l'ordre corinthien.... A Kief, l'église dite de la *Dixme* s'éleva bientôt par les soins de Wladimir (996-1007). A la mort de ce monarque, plus de quatre cents églises embellissaient déjà cette antique cité des Slaves. La basilique de la Dixme fut promptement effacée en magnificence par celle que Jaroslaw fit dédier dans cette même ville de Kief à sainte Sophie, à la Sagesse divine, en même temps que, sur les ordres de ce grand prince, une autre église était bâtie à Nowogorod sous la même invocation. Ces deux édifices furent exécutés par des artistes grecs. »

Partie du style byzantin, l'architecture russe s'est développée dans le même sens que les architectures orientales. Un des traits qui la caractérisent est le dôme à bulbe qu'on retrouve en Perse et dans l'Inde musulmane (fig. 169). Les édifices de Moscou nous en offrent un exemple. L'aspect de Moscou était complètement asiatique avant l'incendie de 1812 : la plupart des maisons étaient en bois. Malgré ses rues larges et droites, et ses constructions modernes, cette ville offre encore une physionomie unique avec les douze cents coupoles qui surmontent ses églises. Les unes sont peintes en rouge, d'autres en vert, d'autres sont couvertes de fer-blanc ou de cuivre doré.

Le *Kremlin*, polygone régulier, entouré de murailles crénelées et flanquées de grosses tours, renferme dans son enceinte plusieurs églises. L'église de l'*Assomption*, où on sacre les empereurs, conserve dans une belle châsse en argent, ornée de pierres précieuses, la tunique de Jésus-Christ. C'est là aussi qu'on trouve la célèbre Vierge de Wladimir, peinte par S. Luc. L'église de la *Vierge*, ou de l'*Annonciation*, dont les neuf coupoles sont dorées et dont le plancher est carrelé en agate, a des murs couverts de peintures à fresque, et conserve une croix fameuse qui a appartenu à Constantin. L'église de l'*archange Saint-Michel* qui servait de sépulture aux czars, l'église du *Sauveur dans les bois*, la plus ancienne de Moscou, le clocher d'Ivan Vélikoï, dont la coupole dorée portait une croix vénérée qui fut enlevée par les Français, et trente-deux cloches dans sa tour, font partie de ce Kremlin qui est pour les Russes un lieu sacré en même temps qu'une forteresse et qui fut préservé des flammes par un bataillon de la garde impériale.

C'est près de la porte Sainte que se trouve la fameuse église *Vasili Blagennoï* (fig. 170), d'où le patriarche commençait son entrée triomphante monté sur un cheval conduit par le czar. Le toit de Vasili Blagennoï est surmonté de dix-sept coupoles toutes de forme, de couleur et dimensions différentes. Ces dômes bulbeux sont verts, rouges, jaunes, violets; leur forme est celle d'un oignon, d'un melon, d'un ananas, d'une pomme de pin. Au milieu s'élève une grande flèche bizarre, et l'édifice tout surchargé d'ornements étranges, tout bigarré de couleurs voyantes, est certainement le plus singulier qu'ait jamais créé la fougueuse indépendance d'une imagination sans frein. C'est le contraire de notre architecture occidentale, officielle et classique; c'est un mélange bâtard du byzantin et du persan, du tartare et de l'hindou, et c'est l'édifice qu'on cite comme le modèle le plus étrange et le plus imprévu d'un art livré au pur caprice. Eh bien, ce monument n'est pas l'œuvre d'un Russe, mais d'un Italien de la Renaissance. Au seizième siècle, à l'époque de la plus grande ferveur du style *gréco-romain* les artistes italiens se répandirent dans toute l'Europe pour y propager leurs doctrines classiques. L'un d'eux vint à Moscou trouver Ivan le Terrible, qui lui ordonna, en 1564, de bâtir le plus bel édifice que son art fût susceptible de créer. L'Italien se mit à l'œuvre, et sentant qu'il n'avait autour de lui aucune critique savante, il mit de côté Vitruve et ses préceptes, oublia Vignole et Palladio dont il avait peut-être été l'ami, et se livra à sa fantaisie. Quand l'ouvrage fut terminé, il excita l'admiration la plus enthousiaste, et l'empereur payant largement l'artiste, comme il en était convenu, lui demanda si, en doublant la somme, il pourrait faire un monument qui serait deux fois plus beau. L'architecte, prévoyant une nouvelle commande, sourit et répondit affirmativement. Alors Ivan le Terrible déclara qu'il l'avait trompé, puisqu'il avait promis de construire un édifice que son art ne saurait dépasser, et lui fit trancher la tête, ou, selon d'autres, crever les yeux.

L'ART MUSULMAN.

LES ARABES. — Il ne me semble pas que les Arabes aient eu une architecture avant Mahomet. La fameuse *Kâaba* de la Mecke ne saurait être considérée comme un type, et encore la construction n'en revient pas aux Arabes.

Si vous consultez les théologiens musulmans sur l'origine de la Kâaba, ils vous répondront que le type de cet édifice existait dans le ciel avant la création de l'homme, et que les anges venaient y faire de saints pèlerinages. Adam, le premier vrai croyant, érigea sur la terre une Kâaba à l'endroit où se trouve aujourd'hui la Mecke, qui est située juste au-dessus de la place où est la Kâaba céleste. Les pierres dont il se servit provienent des cinq montagnes saintes, le Liban, le Sinaï, l'Ararat, le Djebel-Nour et le Tor-Zeyt, et le plan fut conforme à l'édifice vénéré par les anges. Adam, qui demeurait dans l'île de Ceylan, venait chaque année faire le tour de ce temple.

Après le déluge qui couvrit la terre, il ne restait de la Kâaba que les fondements; mais Abraham la rebâtit par un ordre spécial de Dieu, en se faisant aider par son fils chéri Ismaël. L'empreinte du pied du patriarche est encore marquée sur une des pierres. Quand l'édifice fut terminé, Abraham retourna en Syrie auprès de sa femme Sarah, et Ismaël, qui fut institué gardien de la Kâaba, reçut de l'ange Gabriel les indications relatives aux pratiques du pèlerinage. La Kâaba ayant été brûlée à la fin du sixième siècle, Mahomet résolut de la rebâtir, mais il ne trouvait point d'architecte dans le pays. Sur ces entrefaites, ses lieutenants s'emparèrent d'un navire chargé de matériaux destinés à une église chrétienne,

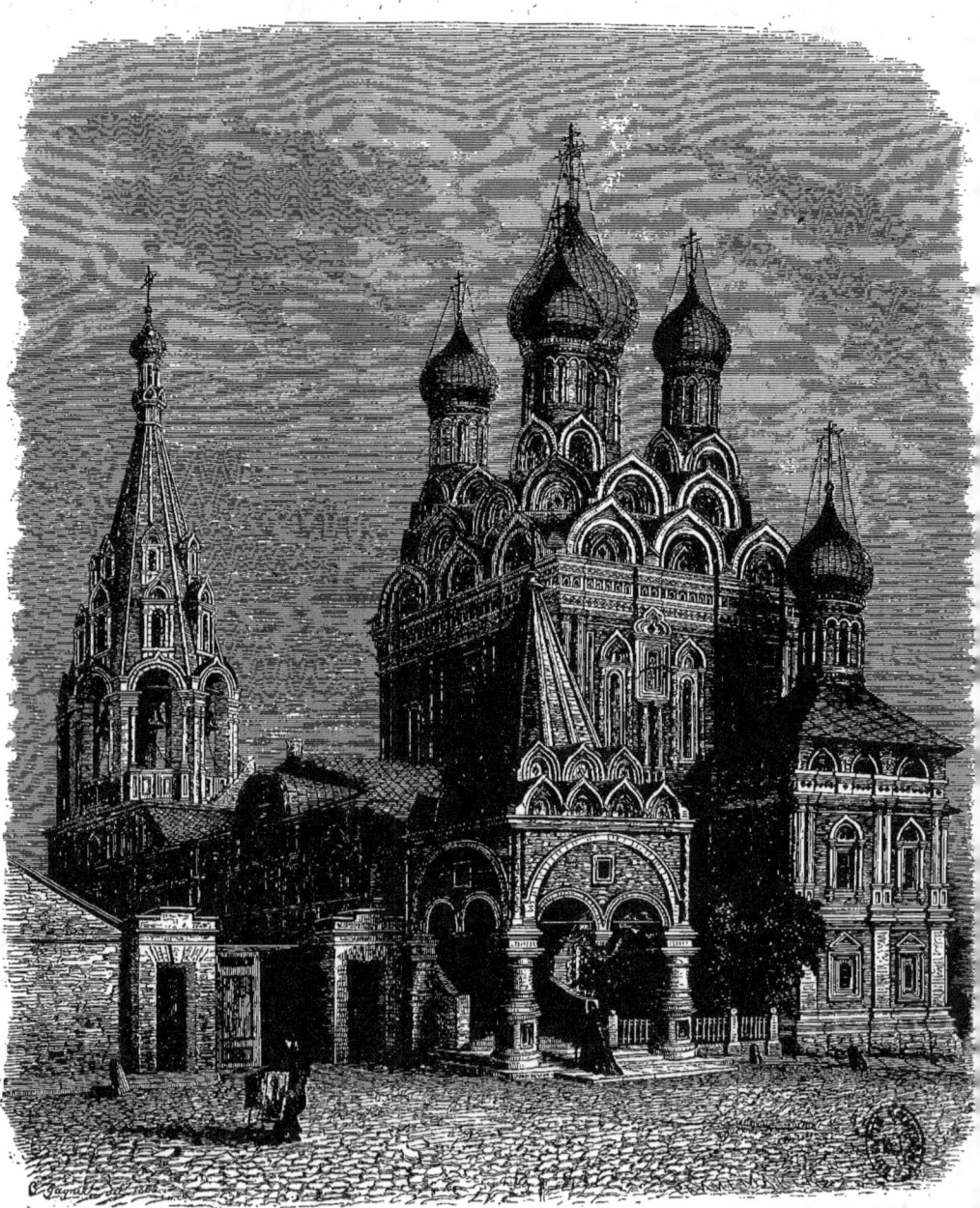

169. — ÉGLISE DE NOTRE-DAME DE GÉORGIE.

et sur lequel étaient deux architectes, l'un cophte et l'autre grec. On leur enjoignit de rétablir le saint édifice, d'après la forme hiératique primitive. Les galeries extérieures ont été rebâties et agrandies à différentes époques.

Il est probable, d'après les récits des écrivains arabes, que les artistes byzantins ont été les véritables fondateurs de l'architecture arabe. Toutefois le service religieux, étant très-différent dans l'islamisme et dans le christianisme, a apporté forcément diverses modifications dans le plan des édifices religieux.

« Si maintenant nous jetons un coup d'œil sur les mosquées arabes, dit M. Batissier,

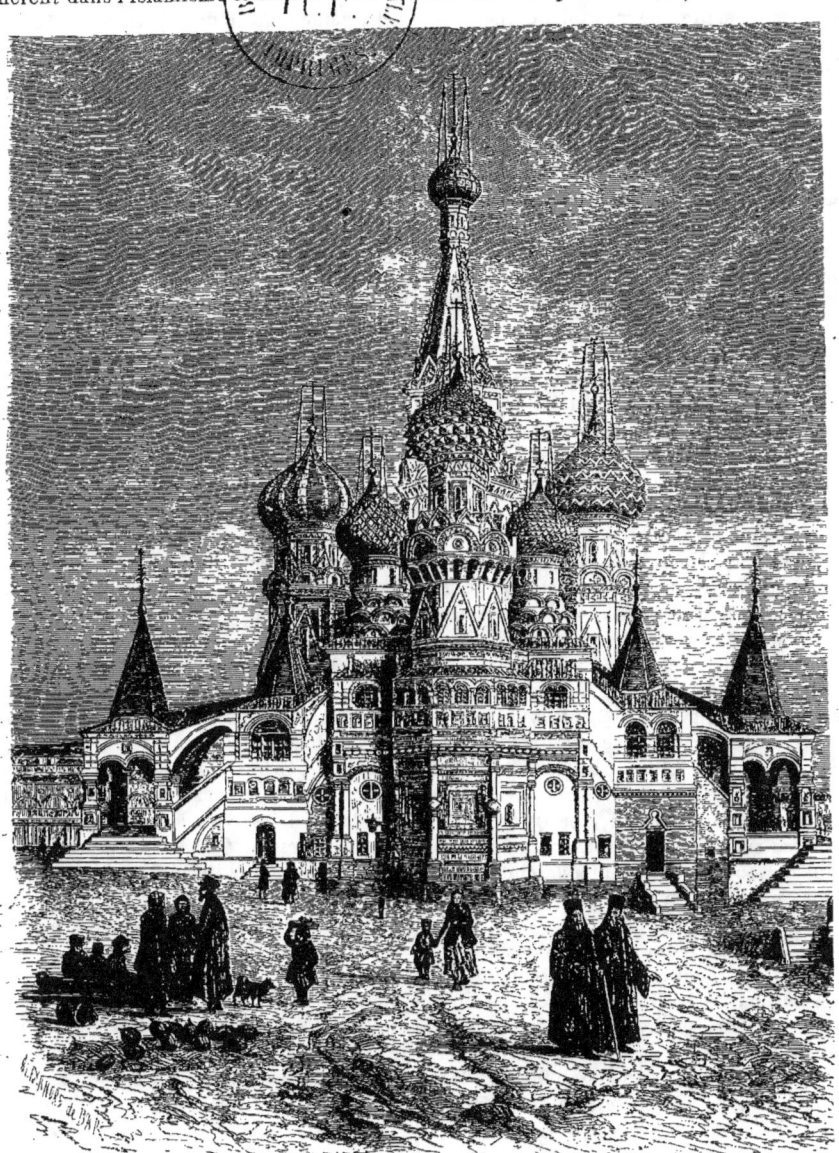

170. — CATHÉDRALE DE VASSILI-BLAGENNOY.

nous voyons que les plus anciennes sont bâties avec des matériaux enlevés à des édifices antiques. Presque toutes les colonnes qui en soutiennent les plafonds ou les dômes appartenaient à des monuments grecs et romains. Les chapiteaux nous offrent aussi une imitation plus ou moins dégénérée de la corbeille corinthienne. Les arcades sont construites en pierres appareillées, ou en pierres blanches et en briques rouges de deux couleurs. Les plafonds sont presque partout en bois peint et doré, ou quelquefois au lieu de plafonds ce sont des séries de petites coupoles. Quant aux ornements, ils se couvrent d'inscriptions en caractères arabes d'une forme plus ou moins ancienne. Aucune nation ne multiplia d'une manière plus variée et plus ingénieuse les combinaisons de figures géométriques associées à des fleurs et à des fleurons, pour engendrer des formes applicables à la décoration des édifices. Les Arabes suppléèrent par ces divers enlacements de lignes et de feuillages qui sont si bien en harmonie avec le caractère de leur écriture, à la représentation des êtres animés, qui leur était souverainement interdite par la loi mahométane. Tous ces ornements, qui semblent avoir été imités de ceux qu'offraient les tapis de l'Inde et de la Perse, sont rehaussés de couleurs éclatantes. Les marqueteries en pierres de diverses sortes ont occupé aussi une place importante dans le système décoratif de l'ancienne architecture arabe. Plus tard les revêtements de briques émaillées, dont il existait des fabriques considérables en Perse, ont été très-recherchés. On taillait ces pièces en polygones variés, de manière à en former toutes sortes de dessins. Un autre élément architectonique, que l'on retrouve dans presque tous les monuments arabes, consiste en une série de petites coupoles en pendentifs, de petites niches superposées les unes au-dessus des autres, et remplissant non-seulement le vide des angles rentrants que présentent les constructions, mais encore formant quelquefois l'entablement supérieur des édifices. Les combinaisons de ces petites niches, comparées avec raison à des stalactites, furent, à partir de la fin du douzième siècle, employées avec une profusion inimaginable et donnèrent à l'architecture arabe un caractère très-original. » (Batissier, *Histoire de l'art monumental*.)

Malgré le rapport que nous trouvons, par l'emploi de la coupole et l'usage fréquent de certains ornements, entre les mosquées musulmanes et les églises byzantines, le système décoratif leur donne un aspect complètement différent. Dans les monuments byzantins les voûtes à fond d'or sont historiées de grandes figures archaïques, et leurs murs prennent, par leurs mosaïques religieuses, un aspect austère qui n'en atténue pas la richesse, mais qui élève l'esprit vers des idées différentes. Rien de pareil ne se retrouve dans les mosquées : tout est merveilleux, éblouissant, mais le système décoratif ne vise pas au delà de la sensation. Les pavés de mosaïque, les fontaines, les lampes, les revêtements de marbre, la brillante couleur des ornements, les nattes et les tapis précieux, tout concourt à frapper l'œil, à enivrer l'imagination, mais rien ne s'adresse au cœur et au sentiment.

Dans toutes les mosquées on trouve au fond, et orienté du côté de la Mecke, le Mihrab, qui est à la mosquée ce que l'autel est à l'église : c'est la partie essentielle, généralement très-ornée de colonnettes et de marbres précieux, mais ne contenant aucune image figurée. Au surplus, le Mihrab est très-différent de l'autel par la forme; c'est une niche établie dans le mur qui marque la direction de la cité sainte, la Mecke, vers laquelle les croyants doivent se tourner lorsqu'ils prient. A côté du Mihrab est le Menber, sorte de chaire à prêcher surmontée d'un clocheton pyramidal qui sert d'abat-voix. Il y a aussi une petite plate-forme élevée, sur laquelle les crieurs répètent l'appel à la prière.

Mais au dehors l'appel à la prière se fait du haut des minarets qui ont près des mosquées le même usage que les clochers dans nos églises : seulement la voix humaine remplace la cloche, et le muezzin y monte autant de fois qu'il faut appeler les fidèles. Le nombre des minarets est limité, et il n'y a que les mosquées de fondation impériale qui aient droit à en avoir quatre; les autres n'en ont qu'un ou deux.

A côté des mosquées, on trouve quelquefois des turbés, sorte de chapelles sépulcrales qui renferment le tombeau d'un grand personnage ou fondateur d'une mosquée. Ces chapelles, qui sont généralement surmontées d'un dôme, sont souvent fermées du côté de la rue par une grille qui laisse voir le tombeau.

Mosquées du Caire (fig. 171). — C'est en Égypte que l'architecture arabe s'est développée d'abord. La plus ancienne mosquée du Caire est celle d'Amrou, qui fut élevée l'an vingt et un de l'hégire (643 de J. C.) Mais elle a été tellement agrandie, restaurée après un incendie, et réparée à différentes époques, qu'elle n'est plus ce qu'elle était à l'origine.

La mosquée de Touloun, élevée l'an 877, est considérée comme l'œuvre d'un architecte chrétien, qui la bâtit par ordre d'Ahmed-Bey-Touloun. Elle se compose d'une grande cour environnée de portiques sur trois côtés; le quatrième, qui constitue la mosquée proprement dite, est composé de plusieurs nefs. Les arcades sont en ogives et supportées par des piliers ornés à leurs quatre angles de demi-colonnes engagées avec des chapiteaux arabes. Entre chaque arcade est une petite fenêtre. Les plafonds des portiques sont en charpente et d'une date postérieure à l'édifice. Des entrelacs et des combinaisons de feuilles et de fleurs d'une grande élégance sont tracés sur l'enduit de stuc dont la muraille est revêtue. Le minaret placé à l'angle nord-ouest du parvis est pourvu d'escaliers extérieurs, dont la rampe forme une spirale jusqu'à la dernière galerie, et surmonté d'une coupole.

Mais parmi les 400 mosquées du Caire, celle qu'on s'accorde à regarder comme la plus belle est la mosquée d'Hassan, qui fut élevée au quatorzième siècle. Elle offre à l'intérieur une cour carrée, sur laquelle s'ouvre à chacune des faces une gigantesque arcade ogivale. La fontaine des ablutions, au milieu de la cour, est surmontée d'une large coupole sphérique. On dit que les pierres qui ont servi à élever cette mosquée viennent des pyramides. Mais à l'intérieur le marbre a été prodigué, et la décoration, composée d'inscriptions arabes dessinées en bleu d'outremer, en or, en vert et en rouge, et de sculptures imitant des fleurs et des enroulements de toute sorte empruntés au règne végétal, produit un effet magnifique.

Maisons. — Les maisons de l'Orient rappellent souvent par le plan les habitations privées des anciens. Elles sont divisées en deux parties, l'une pour les hommes, l'autre pour les femmes et la famille. Les chambres donnent en général sur une cour intérieure, tandis que l'extérieur de l'habitation ne présente bien souvent que des murailles nues, dépourvues de fenêtres. En Égypte la disposition est différente : au Caire on voit beaucoup de maisons à deux ou trois étages. Les appartements des femmes sont à l'étage supérieur, et quand ils donnent sur la rue, ils sont munis de fenêtres grillées et garnies de vitraux coloriés, avec des balcons en saillie et en bois taillé à jour, qu'on appelle *moucharabieh*.

LES ARABES D'ESPAGNE. — L'architecture musulmane en Espagne peut se diviser en deux périodes distinctes. La première répond au kalifat de Cordoue, la seconde au kalifat de Grenade. Quand les Arabes arrivèrent en Espagne, ils y trouvèrent une quantité d'édifices romains encore debout, dont ils prirent les matériaux, comme on fit dans toutes les anciennes provinces de l'empire romain. D'un autre côté, les artistes venus de l'empire grec se trouvaient alors partout, et ils durent être employés par les nouveaux venus, car le style byzantin apparaît dans les ornements dont les portes, les fenêtres et les corniches furent rehaussées. Mais la forme de l'arc, qu'on a appelé arc outre-passé ou arc en fer à cheval, est bien particulière aux mahométans, à qui elle rappelle le croissant, symbole de la fuite à Médine pendant la nouvelle lune. Le cintre outrepassé, qui présente un segment de cercle plus grand que le demi-cercle, est particulier aux Arabes d'Espagne, car ceux d'Égypte affectionnaient la forme ogivale. La mosquée de Cordoue est l'exemple le plus célèbre de la première période de la domination musulmane en Espagne. Les monuments de la deuxième période appartiennent à l'architecture dite *mauresque*, parce qu'elle correspond à la domination des Maures. Elle se dégage alors complètement des traditions latines ou byzantines, et son chef-d'œuvre est l'Alhambra de Grenade.

La mosquée de Cordoue (fig. 172). — Lorsque les Arabes s'établirent en Espagne, ils choisirent Cordoue pour leur capitale, et Abder-Rahmman commença, en 770, cette riche mosquée, qui, dans son intention, devait être le plus bel édifice du monde, et qui fut terminée par son fils Hixem en 795. On choisit l'emplacement d'un ancien temple de Janus, converti par les chrétiens en une église dédiée à saint Georges, et on rasa l'ancien édifice pour construire le nouveau. Ce monument, un des plus vastes et des plus étonnants qui soient sortis de la main des hommes, a des murailles soutenues par des contre-forts formant des tours carrées et couronnées de créneaux triangulaires et dentelés. Dix-neuf portes couvertes de lames de bronze sont placées dans les espaces que séparent les piliers. Les arcs qui les encadrent sont cintrés à la manière arabe et ornés de mosaïques formées de petites faïences blanches et rouges alternant avec des bandes de stuc. Ces arcs sont à l'intérieur garnis de bandes de marbre qui vont de la circonférence au centre et sont couvertes de dessins variés en forme de dentelles.

L'immense étendue de la mosquée est remplie à l'intérieur par dix-neuf grandes nefs qui vont du nord au sud, et trente-six beaucoup plus étroites qui les croisent. C'est une véritable forêt de colonnes, qui toutes sont des marbres les plus rares, de porphyre, de jaspe, de brèche verte et violette. Parmi ces huit cent cinquante-quatre colonnes, beaucoup sont prises à divers monuments antiques. Elles sont pourvues de chapiteaux corinthiens : cent quinze viennent de Nîmes et de Narbonne en France, une centaine a été offerte par l'empereur de Constantinople, et d'autres proviennent de différents temples de l'Espagne et de l'Afrique.

Des arcs que leur forme aussi bien que leurs dessins et leurs inscriptions rattachent à l'art arabe reposent sur des chapiteaux corinthiens. La colonne qui porte ces arcs se prolonge ensuite en pilastre pour recevoir un arc nouveau qui soutient la voûte du temple. Ces fûts isolés, qui semblent entremêlés comme les arbres d'un bois, ces arcades à jours s'entrecoupant en tous sens, ces innombrables colonnes de couleurs différentes, font un effet prodigieux, et devaient produire une impression vraiment féerique, quand les musulmans allumaient les sept mille lampes qui répandaient leurs lumières sous un plafond ouvragé et formé de poutres de bois odorant.

Cet aspect primitif a été beaucoup modifié par les chrétiens : les arrangements intérieurs de la mosquée se prêtaient difficilement au culte catholique. Aussi le chapitre résolut en 1523 d'approprier le milieu de l'édifice pour le transformer selon ses besoins. La municipalité s'émut au point de faire interdire le travail ordonné par l'évêque; et comme celui-ci persistait, on alla jusqu'à décréter la peine de mort contre tout maçon, charpentier ou tailleur de pierre, qui prendrait part à la démolition de la mosquée; alléguant « que ce qu'on voulait défaire ne serait jamais remplacé par quelque chose qui arrivât à une semblable perfection.» L'évêque en appela à Charles-Quint, qui lui donna raison ; et on fit alors dans le milieu une construction nouvelle que M. Théophile Gautier appelle une *verrue architecturale*. Charles-Quint, visitant plus tard les travaux exécutés, ne put retenir son mécontentement et dit au chapitre : « Ce que vous avez fait là se trouve partout, et vous eussiez pu le faire ailleurs; mais ce que vous aviez auparavant ne se trouve nulle part au monde. » Dans son état actuel et malgré les changements apportés par le christianisme, cet édifice est un des plus importants qu'ait élevés le moyen âge, et le plus bel échantillon de l'architecture arabe dans sa première période.

L'Alhambra (fig. 173). — L'Alhambra, le merveilleux palais arabe, est situé sur l'une des collines qui dominent Grenade. Il comprenait autrefois quatre cours intérieures, la cour des Lions et une autre toute semblable, et des bâtiments pour l'habitation d'hiver. Mais sa façade a été démolie pour bâtir le palais de Charles-Quint, édifice de style Renaissance, qu'on admirerait partout ailleurs, mais dont la lourde masse jure avec l'élégance des constructions arabes, et dans ce lieu féerique semble froide et compassée. Destiné à servir à la fois de citadelle et de maison de plaisance, l'Alhambra, dont la construction remonte au treizième siècle, présente ce double caractère. A l'extérieur, des murailles épaisses colorées d'un rouge sombre, sont armées de tours menaçantes et de créneaux formidables. La *porte du Jugement*, qui forme l'entrée, est une grosse tour carrée percée d'un arc en fer à cheval. Une main est sculptée sur une partie de la porte et une clef sur une autre. Les Maures disaient aux chrétiens : « Vous entrerez à Grenade lorsque la main aura rejoint la clef. » « Cette tour crénelée, massive, dit M. Théophile Gautier, glacée d'orange et de rouge sur un fond de ciel cru, ayant derrière elle un abîme de végétation, la ville en précipice, et plus loin de

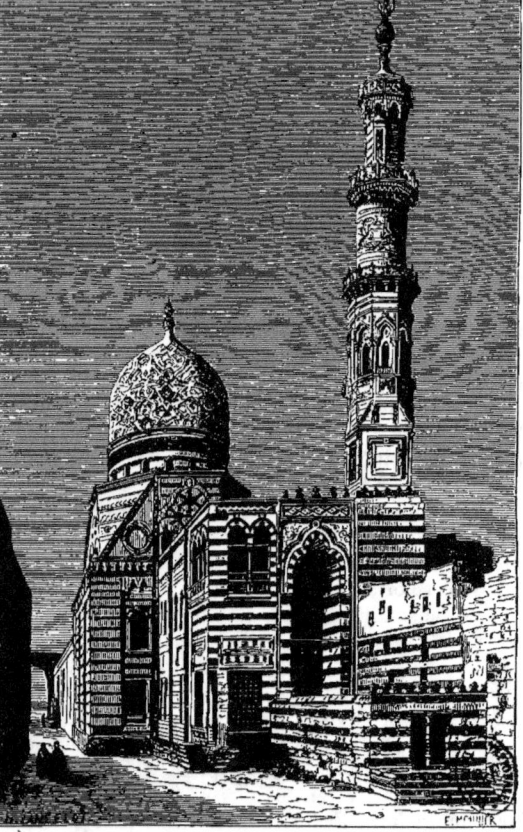

71.1 — MOSQUÉE DE KAÏF-BEY, AU CAIRE.

longues bandes de montagnes de mille nuances comme des porphyres africains, forme au palais arabe une entrée vraiment majestueuse et splendide. »

Quand on a franchi la *porte du Jugement*, on arrive à une cour intérieure appelée la place des Citernes, et on laisse derrière soi la *tour Brisée*, la *tour de l'Hommage*, la *tour de l'Arsenal*, pour arriver à la fameuse *tour de la Veillée* qui domine toutes les autres. Dans cette tour, qui occupe le mamelon le plus élevé, est placée la cloche à battant d'argent qui sonne pour annoncer les irrigations. Du haut de cette tour se déroule un panorama immense : Grenade entourée de ses beaux jardins, la plaine de la Vega, qui montre vingt lieues de campagnes, où chaque champ a vu une bataille, où chaque ruisseau a inspiré une ballade, puis une succession de villes et de villages, de métairies et de bouquets d'orangers, encadrés par des rochers abrupts et les cimes neigeuses de la Sierra Nevada. Le 2 janvier, jour anniversaire de la prise de Grenade par les chrétiens, les jeunes filles de la campagne arrivent en foule pour sonner la cloche de la grosse tour, et celle qui a sonné le plus est destinée à avoir le plus beau mari.

Les constructions intérieures de l'Alhambra sont d'un aspect aussi riant et aussi riche que l'entrée en est massive et sinistre. On arrive par des couloirs obscurs et délabrés à la *salle des Ambassadeurs*. « L'antichambre de cette salle, dit M. Théophile Gautier, est digne de sa destination : la hardiesse de ses arcades, la variété,

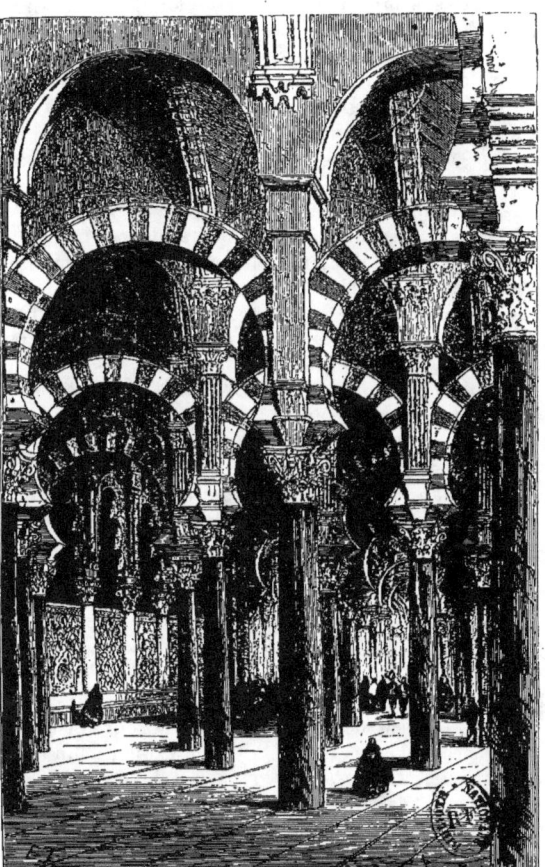

172. — VUE INTÉRIEURE DE LA MOSQUÉE DE CORDOUE.

l'enlacement de ses arabesques, les mosaïques de ses murailles, le travail de sa voûte de stuc, fouillée comme un plafond de grotte à stalactites, peinte d'azur, de vert et de rouge, dont les traces sont encore visibles, forment un ensemble d'une originalité et d'une bizarrerie charmantes. De chaque côté de la porte qui mène à la salle des Ambassadeurs, dans le jambage même de l'arcade, au-dessus du revêtement de carreaux vernissés dont les triangles de couleurs tranchantes garnissent le bas des murs, sont creusées en forme de petites chapelles, deux niches de marbre blanc sculptées avec une extrême délicatesse. C'est là que les anciens Maures déposaient leurs babouches avant d'entrer, en signe de déférence.

« La salle des Ambassadeurs, la plus grande de l'Alhambra, remplit tout l'intérieur de la tour de Gomarès. Elle forme un carré parfait de cent pieds carrés ; ses murs s'élèvent à 68 pieds ; trois fenêtres, dont les embrasures sont profondes comme de petites chambres, l'éclairent sur chaque côté, celui de la porte excepté. Le plafond de bois de cèdre offre les combinaisons mathématiques si familières aux architectes arabes : tous les morceaux sont ajustés de façon que leurs angles sortants ou rentrants forment une variété infinie de dessins ; le plafond primitif, que celui-ci a remplacé, était, dit-on, une précieuse merveille tout étincelante de nacre, de jaspe et de porphyre. Les murailles disparaissaient sous un réseau d'ornements si serrés, si inextricablement enlacés, qu'on ne saurait mieux les comparer qu'à plusieurs guipures posées les unes sur les autres. L'architecture gothique, avec ses dentelles de pierre et ses rosaces découpées à jour n'est rien à côté de cela. Les truelles à poissons, les broderies de papier frappées à l'emporte-pièce, peuvent seules en donner une idée. Un des caractères du style mauresque est d'offrir très-peu de saillies et très-peu de profils. Toute cette ornementation se développe sur des plans unis et ne dépasse guère quatre ou cinq pouces de relief ; c'est comme une espèce de tapisserie exécutée dans la muraille même. Un élément particulier la distingue : c'est l'emploi de l'écriture comme motif de décoration ; il est vrai que l'écriture arabe avec ses formes contournées et mystérieuses se prête merveilleusement à cet usage. Les inscriptions, qui sont presque toujours des *Suras* du Coran, ou des éloges aux différents princes qui ont bâti et décoré les salles, se déroulent le long des frises sur les jambages des portes, autour de l'arc des fenêtres, entremêlées de fleurs, de rinceaux, de lacs et de toutes les richesses de la calligraphie. »

Entrons maintenant dans la *cour des Lions* (fig. 173) ; cent vingt-huit colonnes de marbre blanc enrichies de chapiteaux très-ouvragés qui conservent des traces d'or et de couleur, supportent des arcs d'une élégance extrême et forment une galerie unique au monde. Deux riches portiques avancés sur la cour forment avec les galeries un délicieux ensemble d'arcs pendants, de petites voûtes, de niches et de colonnettes. Une fontaine, composée d'une vasque soutenue par douze lions, s'élève au milieu de la cour dallée en marbre blanc. Ces lions, qui ont donné leur nom à la cour, sont d'un travail grossier comme sculpture, mais contribuent grandement à l'aspect décoratif.

Trois salons décorés avec la plus grande richesse donnent sur la cour. La *salle des Abencerrages*, ainsi nommée parce que la tradition y place le massacre des Abencerrages, forme un carré parfait surmonté d'une coupole au bas de laquelle sont des petites fenêtres garnies d'un treillage en bois, par où les femmes, retirées dans les appartements supérieurs, pouvaient voir les hommes et entendre leurs conversations sans être vues. La *salle des Deux-Sœurs*, qui lui fait pendant, est aussi couverte de broderies de stuc d'une délicatesse incroyable. Des myriades de petites voûtes, des dômes qui naissent les uns dans les autres, et s'entrecroisent en brisant leurs arêtes, des colorations rouges, bleues ou vertes qui brillent dans le creux des moulures, forment une décoration étrange et fantastique.

La *salle du Tribunal* renferme des peintures à personnages sur lesquelles on a beaucoup discuté. L'une représente une espèce de divan où l'on voit rassemblés les rois Maures de Grenade ; dans une autre on voit une dame qu'un chevalier vient délivrer d'un lion qui la gardait à vue. Ces peintures, qui sont sur du cuir préparé et collé sur des panneaux de cèdre, prouveraient que les Arabes d'Espagne étaient moins scrupuleux que ceux d'Asie, sur la défense du Coran de faire des figures humaines. Mais il n'est pas bien certain qu'elles soient arabes. M. Viardot les croit postérieures à la prise de Grenade, et exécutées par des artistes chrétiens.

Il y a encore à l'Alhambra bien d'autres salles célèbres : la *salle des Bains*, creusée presque dans le roc, revêtue de marbre, d'albâtre et de porphyre, et éclairée par une lumière douce que répandent des ouvertures pratiquées en forme d'étoile ; le *cabinet de toilette de la reine*, délicieux boudoir d'où la vue embrasse toute la campagne de Grenade, etc. Malgré les dévastations que le temps et les hommes ont fait subir à l'Alhambra, cet édifice est encore aujourd'hui la merveille de l'Espagne et le chef-d'œuvre de l'architecture mauresque.

Lorsque le dernier roi de Grenade, Boabdil, dut abandonner la ville chérie que lui prenait Gonzalve de Cordoue, il s'arrêta un moment dans sa fuite pour jeter un dernier coup d'œil sur l'Alhambra, et versa un torrent de larmes. Sa mère Aixa qui l'accompagnait lui dit : « Mon fils, mon fils, vous avez raison de pleurer comme une femme le royaume que vous n'avez pas su défendre comme un homme. » Le rocher où était en ce moment Boabdil a conservé le souvenir de ses regrets et s'appelle encore aujourd'hui *le soupir du Maure*.

LES OTTOMANS. — Venus après les autres peuples musulmans, les Turcs n'ont pas apporté dans l'art un goût bien particulier. Le style byzantin dégénéré qui régnait de leur temps, modifié par le goût arabe et persan, caractérise les monuments élevés sous leur domination. Les mosquées de Constantinople, bâties bien après celles de l'Égypte sont généralement imitées de Sainte-Sophie. Les coupoles y sont beaucoup plus abondantes que chez les Arabes, et les minarets turcs, très-différents de ceux de l'Égypte, sont de hautes tours, avec deux ou trois étages de galeries circulaires, et surmontées d'un cône de couleur noire qui les a fait comparer par les touristes à des chandeliers coiffés d'un éteignoir.

Mosquée d'Achmet. — Le sultan Achmet Ier

voulant, dit-on, prouver que sa religion pouvait, aussi bien et même mieux que celle des chrétiens, inspirer de beaux édifices, fit élever en 1610 la grande mosquée qui porte son nom. Elle est entourée d'une vaste enceinte plantée d'arbres, et tandis que les plus grandes mosquées n'on droit qu'à quatre minarets, celle-ci en a six, comme la Kâaba de la Mecke. Aussi

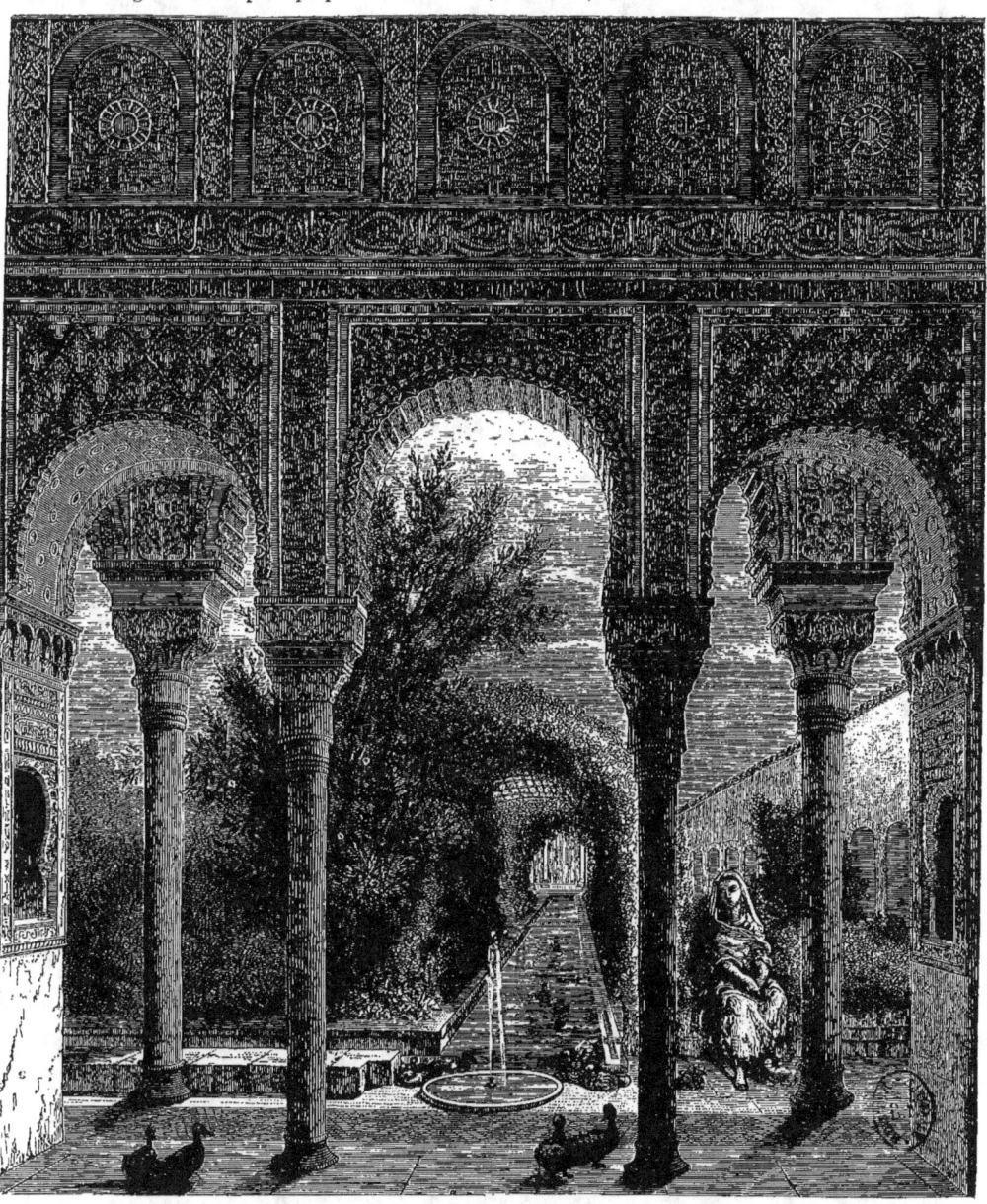

Alhambra.
173. — LE GÉNÉRALIFE (Gravure extraite du *Tour du Monde*).

les dévots crièrent au scandale, et pour les faire taire, le sultan fut obligé de promettre qu'il élèverait un septième minaret à la Kâaba. On entre dans la mosquée d'Achmet par une cour qu'entoure un portique surmonté de quarante petits dômes; ils sont soutenus par des colonnes de granit égyptien, qui forment vingt-six arcades. Au milieu de cette cour, pavée en

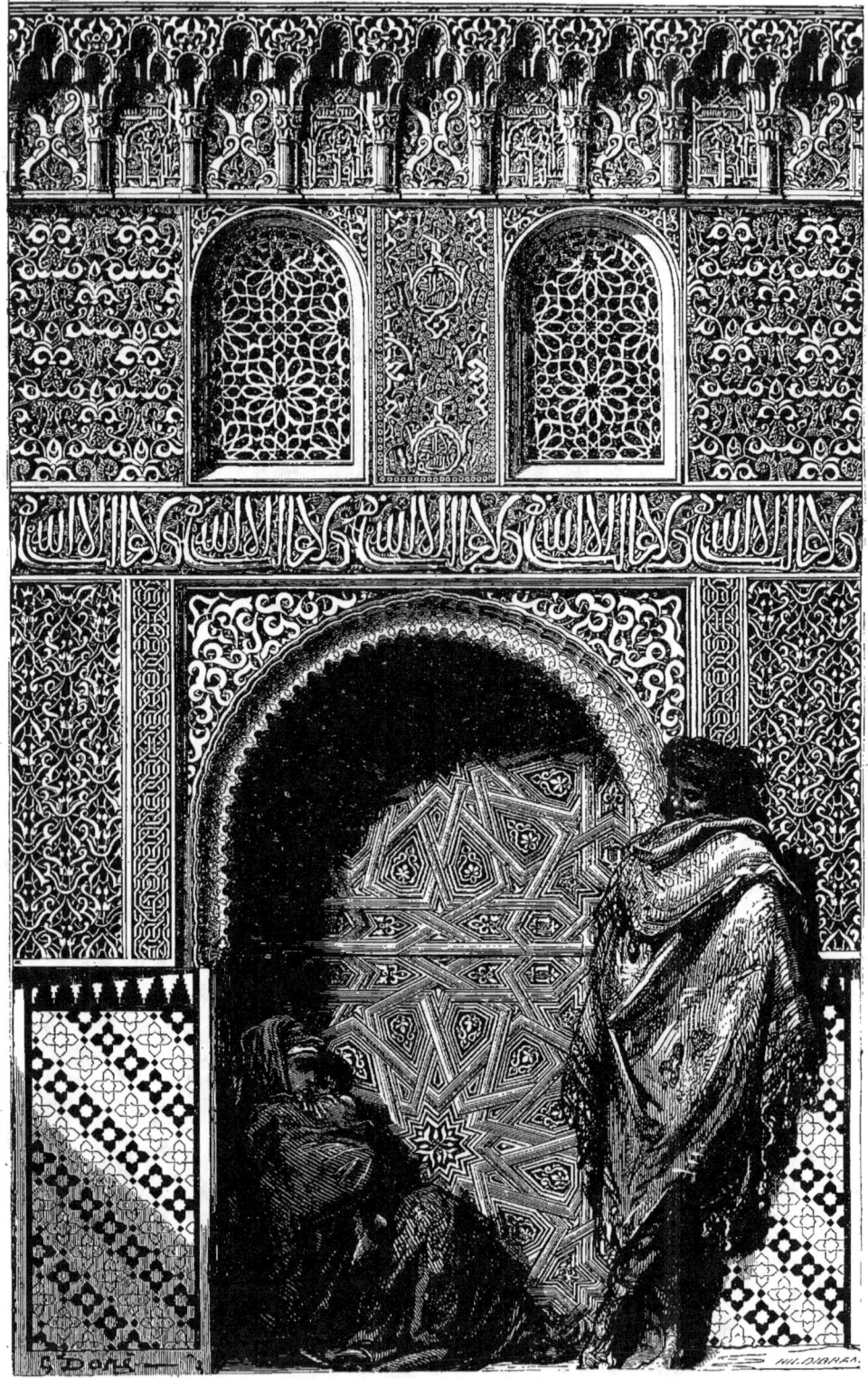

Alhambra.
174. — PORTE DE LA TORRE, A GRENADE.
(Gravure extraite du *Tour du Monde.*)

marbre, est une belle fontaine entourée de colonnes, formant six arcades en ogive. La grande coupole de la mosquée, plus élevée et d'une forme moins écrasée que celle de Sainte-Sophie, repose sur quatre énormes colonnes cannelées, qu'entoure, à la moitié de leur hauteur, une bande couverte d'inscriptions pieuses. Quatre demi-coupoles latérales donnent à l'édifice la forme d'une croix grecque. Les minarets, pourvus chacun de trois galeries circulaires, sont coiffés d'un cône pointu selon l'usage turc.

LES PERSANS. — « Plusieurs rois de la dynastie des Sassanides avaient attiré en Perse des artistes grecs, qui y avaient élevé des édifices avec coupoles, à une époque antérieure à l'islamisme. Nous citerons à l'appui de cette opinion les ruines des palais de Sarbistan et de Firouzabad, dont toutes les salles étaient

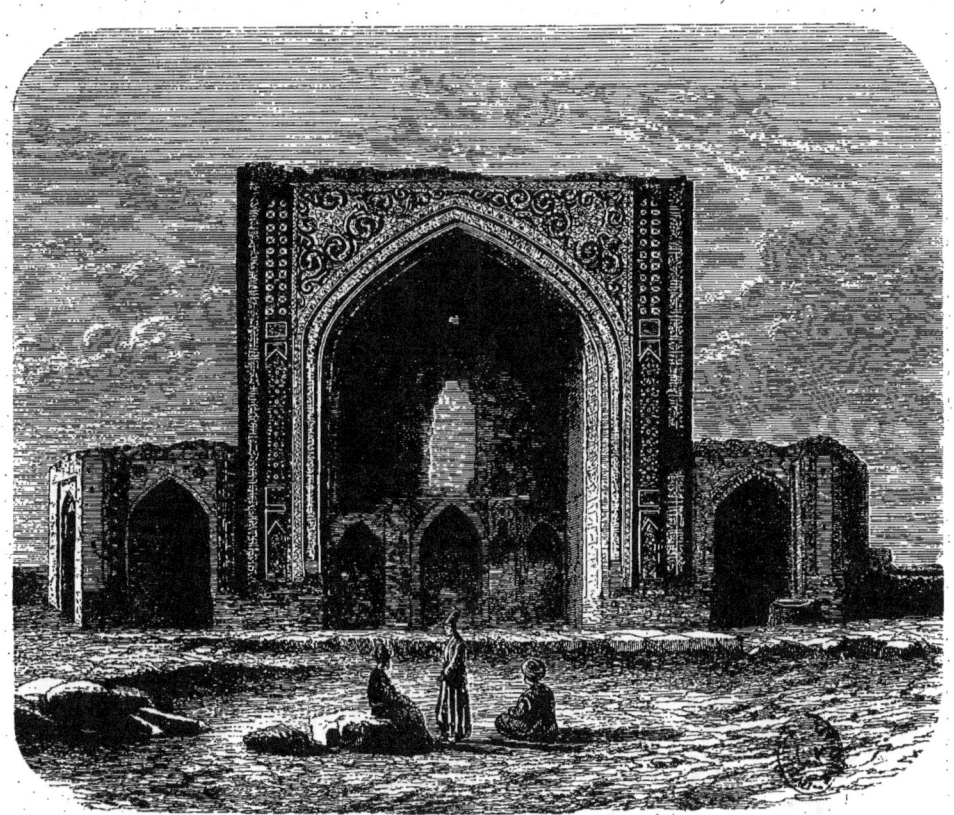

175. — ORATOIRE PERSAN DE MECHED.

recouvertes par des dômes surbaissés ou par des demi-dômes. MM. Coste et Flandin ont dessiné à Ispahan et à Bi-Soutoun des chapiteaux qui sont certainement d'une époque antérieure à l'invasion arabe, et qui présentent des ornements divers, tels que des imbrications, des treillis, des bâtons rompus, des palmettes, des entrelacs à feuilles de lotus, des fleurons, des méandres dont l'exécution accuse certainement un ciseau grec, ou du moins la pratique de l'art byzantin ; car il est probable qu'il avait pu se former d'habiles artistes persans dans l'empire des Sassanides. Les Persans avaient une architecture dont il reste à peine quelques débris ; elle offre dans son ornementation ce système de faces et d'angles imitant des cristallisations, système qui a été importé dans l'empire d'Orient. Nous savons en effet que Justinien II employa un architecte persan pour décorer plusieurs édifices de Constantinople. Le goût persan a donc pu exercer une influence sur l'art byzantin ; mais il est difficile, dans l'état actuel de nos connaissances, de dire nettement en quoi consistait cette influence. » (Batissier, *Histoire de l'art monumental.*)

Le célèbre voyageur Chardin a fait un récit très-détaillé des merveilles du palais royal d'Ispahan. La description d'un des pavillons qui le compose nous donnera une idée de ces magnificences : « Ce pavillon, appelé Imariti Bihischt, présente un salon qui a près de soixante pieds de diamètre, et a été construit de figure irrégulière à sept angles ou faces, dont celle du fond est beaucoup plus large que les autres. Le milieu est un dôme écrasé, élevé de seize à dix-huit toises, soutenu par des pilastres qui portent des arcades, en pareil nombre qu'il y a d'angles. Le tout est couvert par un plafond en mosaïque d'un fort bel ouvrage. Les pilastres sont percés tout à l'entour, à deux étages, en sorte que les galeries vont tout autour ; et là on a ménagé et pratiqué cent petits endroits les plus délicieux du monde, qui n'ont tous qu'un faux jour, mais clair autant qu'il est nécessaire. Il n'y a pas une de ces petites salles qui ressemble à l'autre, soit pour la figure, soit pour l'architecture ou pour les ornements et les dimensions. Partout c'est quelque chose de divers et de nouveau ; aux unes il y a des cheminées, à d'autres des bassins avec des eaux jaillissantes qu'on fait monter là par des tuyaux enfermés dans des pilastres. C'est un vrai labyrinthe que ce merveilleux salon, car on se perd en haut presque partout, et les escaliers sont si cachés qu'on ne les reconnait pas aisément. Le bassin qui a dix pieds de hauteur, est revêtu de jaspe entièrement ; les balustres sont de bois doré ; les châssis sont d'argent, et les carreaux de cristal ou de verre fin de toute couleurs. Pour ce qui est des ornements, on ne peut rien faire où il y ait plus de magnificence et de galanterie mêlés ensemble. Ce n'est partout qu'or et azur. Les peintures de cet édifice sont toutes d'une beauté et d'une gaieté surprenantes, avec des miroirs en cristal deçà et delà. Il y a de petits cabinets qui sont tout miroirs, aux murs et à la voûte. Les meubles de chaque endroit sont les plus splendides du monde ; il y a des réduits qui ne sont qu'un lit entier. On sait que les lits des Orientaux se mettent à terre et sont sans rideaux. Je ferais un livre des ornements de ce grand salon, des petits portraits qui y sont, des miniatures, des vases, des inscriptions, les unes exprimant de tendres pensées, les autres des sentences morales. »

La mosquée d'Ispahan. — La mosquée royale ou mosquée du Shah est la plus importante des mosquées d'Ispahan. Elle est précédée d'une place de forme régulière sur laquelle s'élève la grande porte, entre deux minarets élancés dont l'émail bleu se confond presque avec le ciel. Cette porte est une haute arcade ogivale, dont le contour est enrichi d'un faisceau de torsades revêtues d'émail qui s'élancent d'un bloc d'albâtre formant un grand vase. De longues tablettes bleues, où sont écrits en caractères blancs les versets du Coran, des fleurs et des arabesques en émail de toutes couleurs, enrichissaient cette entrée monumentale, dont le haut est formé par une demi-coupole qui redescend du sommet sur les trois côtés en formant des stalactites, des cannelures et des dentelures de toute espèces, où l'or et l'albâtre se marient avec les émaux colorés.

Les portes des mosquées persanes présentent généralement une forme ogivale d'un style particulier, dont l'oratoire de Meched (fig. 175) peut donner une idée. Cette architecture est essentiellement polychrome et présente une ornementation aussi riche que variée. Les inscriptions mêlées à des fleurs entrelacées, les plaques de jaspe et d'albâtre, forment une splendide décoration, dont les rêves somptueux du paradis oriental semblent avoir déterminé le type.

Orfévrerie, armes (fig. 177, 178). — Le travail des métaux forme une partie très-importante des industries artistiques de l'Orient. Damas était célèbre pour ses armes ; c'est là aussi qu'on fabriquait ces belles lampes de mosquées (fig. 176), si recherchées aujourd'hui par nos collectionneurs. Des inscriptions circulaires en grands caractères émaillés de bleu ou réservés sur fond d'émail portent les titres des sultans qui ont consacré la mosquée, et s'encadrent dans de gracieuses arabesques rehaussées d'or.

Dans la fabrication persane, les objets de la vie courante, narguilhés, gourdes à vin, sceaux à glace, tasses à sorbets, soucoupes à confitures, plats à viande, à fruits ou à légumes, sont généralement décorés, soit avec des scènes de chasse, soit avec des fleurs. La tulipe, fleur mystique, la rose pourpre, la jacinthe, le chèvrefeuille, l'œillet d'Inde, l'œillet à longue tige, sont représentés quelquefois au naturel, mais plus souvent encore sous une forme ornementale.

La fabrication des armes en Espagne sous la domination musulmane a été poussée à une rare perfection. Mais ce n'est pas seulement l'excellence de la lame qui les rend célèbres, c'est aussi la beauté des ciselures. On conserve à l'Armeria de Madrid les armes de

Boabdil, qui sont des chefs-d'œuvre pour la pureté et la délicatesse des ornements. Selon la tradition, ces armes auraient été exécutées par un armurier très-célèbre, qui, après avoir été le favori du roi arabe, a embrassé la religion catholique après la conquête : le roi Ferdinand V voulut être son parrain. Il est connu sous le nom de Julian del Rey, dit le Maure. L'Espagne, après la conquête des provinces musulmanes, conserva quelque temps encore la supériorité qu'elles avaient acquise dans cette industrie.

Visite au musée du Louvre. — Une des pièces les plus connues et les plus précieuses du musée des souverains, au Louvre, est celle qui porte le nom de baptistère de saint Louis, Cet admirable bassin, en cuivre rouge damasquiné d'argent, est de fabrication arabe, ainsi que l'atteste l'inscription déchiffrée par M. de Longperrier, qui avait été méconnue jusqu'ici à cause des écussons d'argent aux armes de France scellés postérieurement par-dessus. « Le doute, dit M. Barbey de Jouy, conservateur du musée des souverains, n'est en aucune façon fondé sur le plus ou moins d'antiquité du bassin oriental; sous ce rapport, rien ne lui manque : les sujets qui y sont représentés et qui le recouvrent presque en entier, tant à l'intérieur qu'à l'extérieur, sont ceux que l'on retrouve sur les monuments orientaux de la plus haute antiquité, et que les familles d'artistes ont répétés traditionnellement : c'est la vie du prince sarrazin, partagée entre les combats, la chasse et le festin; ce sont les différents animaux attaqués et ceux qui sont dressés pour les poursuivre. Lorsque le bassin est destiné à contenir un liquide, des poissons sont le plus souvent figurés sur le fond, et nous les trouvons à profusion à l'intérieur de ce cratère. »

Le savant conservateur fixe aux approches de 1150 l'introduction en France de ce bassin fait en Orient, mais il met en doute la question de savoir s'il a servi au baptême de saint Louis. Ce ne serait que postérieurement que l'usage se serait introduit de baptiser dans ce bassin les enfants de France, usage qui aurait commencé historiquement à Charles V, fils du roi Jean.

CÉRAMIQUE ARABE. — Les monuments de Cordoue et de Grenade sont couverts de revêtements céramiques qui leur donnent la plus grande richesse de ton. Mais les Maures ne se bornèrent pas à la fabrication des plaques émaillées; les poteries hispano-moresques, si célèbres par l'élégance de leurs formes et par l'éclat de leurs tons métalliques, ont été transportées dans toutes les contrées du monde et ont donné naissance à la *majolique* italienne, dont le nom vient, dit-on, de l'île de Majorque, où il y avait une fabrique fameuse. La ville de Malaga, voisine de Grenade, paraît avoir été le plus ancien et le plus grand centre de la poterie dorée. C'est à la fabrique de Malaga qu'on attribue les deux célèbres vases de l'Alhambra, dont il ne reste malheureusement plus qu'un seul, l'autre ayant disparu en 1820. Celui qui reste, dont notre habile céramiste, M. Deck, a fait en faïence une imitation de la même grandeur, est une merveille de forme et de couleur. Son col évasé, ses anses plates, qui l'entourent comme deux ailes ouvertes, sont des formes en quelque sorte traditionnelles dans les poteries moresques. « Quant aux motifs d'ornementation, dit M. Jacquemart (*Merveilles de la céramique*), ils sont puisés dans le génie inventif des peuples musulmans, si ingénieux à trouver des combinaisons géométriques, et à mêler des méandres de feuillages et d'arabesques aux caractères décoratifs de leur calligraphie capricieuse. Un médaillon principal du vase de l'Alhambra renferme pourtant deux animaux que les voyageurs signalent comme des antilopes. Les couleurs décorantes sont peu nombreuses : c'est un bleu pur, cerclé ou rehaussé d'un ton d'or un peu pâle, qui s'harmonise aussi bien avec l'azur des dessins qu'avec le blanc jaunâtre et presque carné du fond. »

Les îles Baléares ont été aussi un grand centre de fabrication. Il en était de même pour Valence, dont les poteries ont eu une célébrité immense. L'industrie céramique a été pendant plusieurs siècles une des plus florissantes de l'Espagne, et sa décadence, comme celle de toutes les industries d'Espagne, se rattache à la décadence générale du pays. M. Jacquemart, auquel il faut avoir recours quand il s'agit des arts de l'Orient, la caractérise ainsi : « Peu à peu le décor s'altère; aux inscriptions lisibles succèdent des caractères déformés, dont le potier ne comprend plus la signification et qu'il emploie comme simple motif ornemental; l'arabesque s'affaiblit sous des mains incapables d'en saisir les finesses et le goût; enfin les armoiries des princes chrétiens viennent occuper les places principales, et montrer une transformation aussi complète dans l'état politique du pays que dans l'industrie céramique. »

Les arts musulmans ne succombèrent pas immédiatement après la conquête chrétienne.

L'immense profit qu'on en tirait fit d'abord tolérer les ouvriers, et d'ailleurs les princes chrétiens se flattaient toujours de l'espoir de les convertir. Le cardinal Ximénès baptisa trois mille infidèles en un jour, et l'Inquisition vint prêter son aide à ces conversions toujours douteuses. Mais si les persécutions contre les personnes déshonorent ceux qui les font, les persécutions contre le travail les ruinent. Tout l'odieux de l'Inquisition est resté sur la mémoire de Philippe II, mais la mort des industries orientales en Espagne vient des ordonnances postérieures qui défendent de lire, d'écrire ou de parler la langue des Arabes, d'en porter le vêtement, d'en chanter la musique, de conserver les livres arabes, et enfin de *travailler à la moresque*. Ce dernier édit, qui fut accompagné de l'expulsion de six cent mille habitants industrieux, a été une ruine pour l'Espagne comme la révocation de l'édit de Nantes pour la France, mais l'Espagne ne s'en est pas relevée.

Visite au musée de Cluny. — On peut voir au musée de Cluny plusieurs faïences hispano-arabes à reflets métalliques de la plus grande beauté. Nous citerons, entre autres, les trois grands bassins creux qui paraissent venir de la fabrique de Malaga, le beau vase de forme élancée et les tasses ornées de dessins à reflets métalliques disposés à plat sur fond blanc.

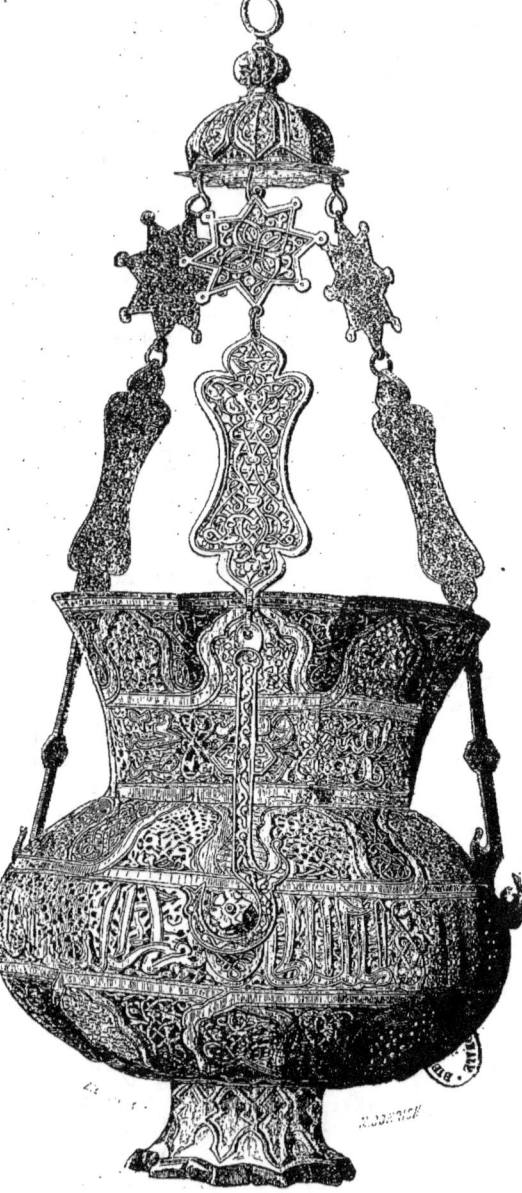

176. — LAMPE ARABE DE MOSQUÉE.

EXTRÊME ORIENT.

INDOUSTAN. — Au moyen âge l'Indoustan a été conquis plusieurs fois, et les princes musulmans qui s'y sont établis successivement ont détruit beaucoup de monuments consacrés aux anciens cultes, et ont élevé des mosquées en même temps qu'ils bâtissaient pour eux des palais d'une splendeur sans égale. L'architecture musulmane n'a pas dans l'Indoustan un style bien particulier. On y trouve les dômes bulbeux, comme dans la Perse ou la Russie, et les mosquées, pourvues de minarets, ont souvent des arcades en ogive et des ornements arabes. D'autres cependant sont des imitations des anciennes pagodes et présentent l'ornementation surchargée et confuse particulière à la race hindoue. Parmi les édifices musulmans qui ont de la célébrité, nous devons citer le tombeau d'Akbar, aux environs d'Agra. Il le fit bâtir lui-même : c'est une pyramide quadrangulaire tronquée et composée de cinq étages, dont le dernier est en mar-

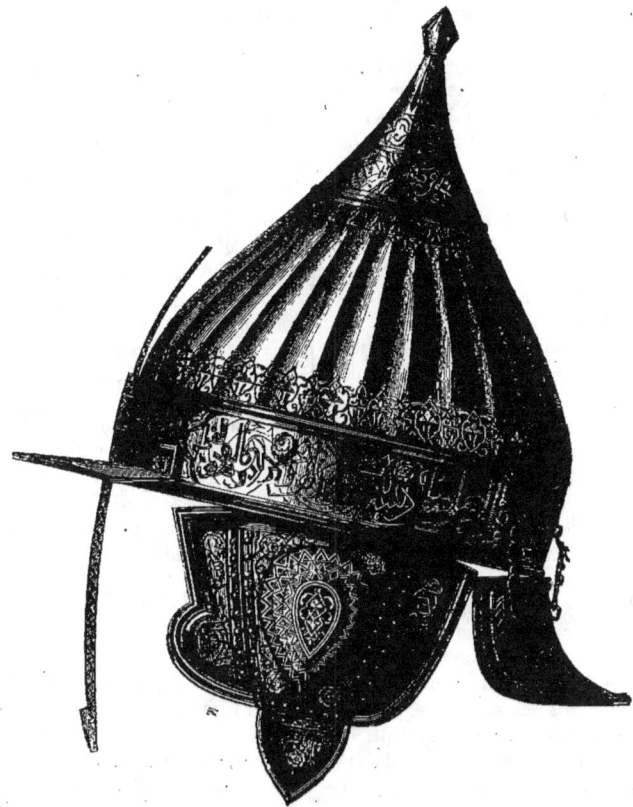

177. — CASQUE CIRCASSIEN.

bre blanc et découpé à jour. La tombe est au milieu.

CHINE ET JAPON. — Le nom seul de la Chine éveille dans notre imagination l'idée d'un pays fantastique où les hommes sont obèses et les femmes fluettes, où l'on voit de la lumière partout et de l'ombre nulle part, où la nature méconnaît les lois de la perspective, où les rochers et les arbres prennent des formes conventionnelles, où il n'y a d'autres animaux que des chimères, des dragons, des lions invraisemblables, des chats au poil hérissé et à la peau couverte de verrues.

L'antiquité fabuleuse que se donnent les Chinois ajoute encore au mystère qui plane sur leur histoire primitive : sans admettre absolument que Pan-Kou, l'Adam chinois, soit réellement venu quatre-vingt-seize millions d'années avant notre ère, un grand nombre d'écrivains font remonter la civilisation chinoise à une antiquité fabuleuse. Il y a quelques années, des Arabes découvrirent des chinoiseries en Égypte, dans un tombeau de la dix-huitième dynastie, et naturellement le monde savant fut quelque peu ému de cette découverte.

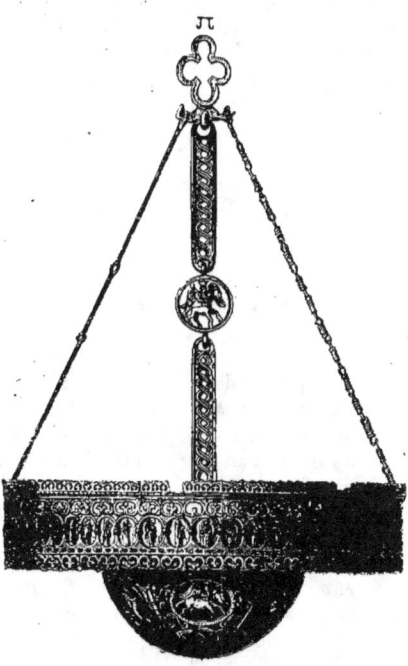

178. — LAMPE ORIENTALE.

Mais, en examinant ces objets, on reconnut bientôt qu'ils étaient d'une date très-postérieure, et quand on voulut faire une enquête, on s'aperçut qu'un marchand du Caire, voué au trafic des curiosités, avait acheté des porcelaines dans un port de la mer Rouge et les avait enterrées pour les vendre aux Européens comme antiquités.

En Chine, dit M. Jacquemart, surtout sous les anciennes dynasties, les rites, scrupuleusement observés, enchaînaient toute liberté individuelle; le nombre et la nature des objets destinés au culte étaient réglés pour chaque classe de citoyens, et les empereurs respectaient cette gradation lorsqu'ils accordaient aux fonctionnaires des récompenses honorifiques. Au poëte, à l'historien, le trépied en fer enrichi de ciselures; au magistrat, à l'administrateur de provinces, au ministre, le vase de bronze avec ses inimitables patines brunes, rouges, vertes ou noires; au prince feudataire, au noble, chef d'armée ou membre du conseil de l'empire, les pièces d'électrum ou d'or pur, semblables à celles que le souverain se réservait pour le culte de la divinité, ou pour la salle des ancêtres. Dans les sacrifices, l'empereur employait neuf vases, les nobles sept, les ministres d'État cinq, et les lettrés trois. La forme et le décor avaient eux-mêmes leur signification. Deux principes concourent, dans l'opinion des philosophes du Céleste Empire, à la création et à l'ordre de toutes choses; c'est le *Yanz*, principe actif ou mâle, et le *Yu*, principe plastique ou femelle. Le premier domine le firmament, le soleil, et ce que l'on peut appeler les forces morales : on lui consacre ce qui est circulaire ou ovale. Le second préside aux choses matérielles et domine la lune, la terre, etc. : et on lui consacre ce qui est carré ou rectangulaire.

Les annales du Céleste Empire disent que Yu, 2200 ans avant notre ère, fit graver la carte des neuf provinces de la Chine sur neuf grands vases d'airain. Mais si la civilisation chinoise remonte à une très-haute antiquité, l'architecture de ce pays offre peu de monuments anciens, par la raison qu'ils étaient le plus généralement construits en bois. La *grande muraille*, qui s'étend sur une longueur de cinq à six cents pieds, est un gigantesque mur crénelé et flanqué de tours, dont l'élévation est de six à sept mètres et dont la largeur est telle que six cavaliers peuvent marcher de front sur le terrassement. Elle a été bâtie par Tsin-Hoang-Té, pour préserver la Chine des invasions des Mongols, deux siècles et demi avant notre ère.

Un genre de monument particulier à la Chine est une tour polygonale très-élancée dédiée aux *esprits* et généralement placée dans le voisinage des temples. La plus célèbre de ces tours était la fameuse *tour de porcelaine*, située près de Nankin et qui n'existe plus aujourd'hui. Elle était octogone et pourvue de neuf étages, muni chacun d'un toit qui semblait sortir du corps de la tour et supportait une galerie. Cent quarante-quatre clochettes placées à l'extérieur de l'édifice faisaient entendre une espèce de carillon quand le vent les agitait. Ce monument, qui datait du quinzième siècle, était décoré par un revêtement uniquement composé de pièces de porcelaine.

ARTS INDUSTRIELS.

TISSUS. — Les tissus fabriqués dans l'Inde ont eu de tout temps de la célébrité. Les anciens les recherchaient avec autant d'avidité que les modernes. Dans ses tapis, dans ses tissus, dans ses châles, l'Hindou est vraiment fort et sa trame savante ne donne pas l'éclat rutilant des étoffes chinoises, mais une coloration chaude et mystérieuse, où nulle forme, nul ton ne s'affirme aux dépens des autres, et où tous concourent à produire une harmonie pleine de charme. Cette profusion de motifs enlacés les uns dans les autres, qui dans l'architecture fatigue l'œil en détruisant toute ligne dominante, peut être d'un heureux effet dans un tissu, parce qu'alors les plis se chargent d'établir par l'ombre et la lumière des directions qui accusent la forme générale, non de l'étoffe, mais de la personne qui en est parée.

Nous emprunterons à la Géographie de Maltebrun quelques détails sur les habitants de la vallée de Cachemire. Ils sont très-industrieux et soutiennent encore la réputation qu'ils ont acquise dans la fabrication des châles; c'est avec ce tissu qu'ils payent une partie de leur tribut. C'est avec le duvet de chèvre seul que se fabriquent les plus beaux châles. La fabrication des châles emploie dans la vallée de Cachemire cinquante mille individus; on porte le nombre des métiers à quinze ou seize mille. Un seul châle peut occuper tout un atelier pendant une année, si le tissu est d'une grande finesse : tandis que dans beaucoup d'autres on en fabrique six ou huit dans le même espace de temps. Chaque atelier se compose ordinairement de trente ouvriers ; et lorsque le châle est d'une qualité supérieure, on n'en tisse pas plus d'un centimètre par jour. Toute la famille est employée à cette fabrication; les femmes et les enfants séparent le duvet de chèvre par qualité et en retirent toutes les matières hétérogènes ; les jeunes filles le cardent avec leurs doigts sur de la mousseline, et le remettent ensuite au teinturier. Le métier à tisser est horizontal et très-simple; le tisserand est sur un banc, tandis qu'un enfant, placé plus bas, a les yeux fixés sur les dessins et l'avertit des couleurs qui manquent et des bobines qu'il faut employer. Les meilleurs ouvriers gagnent quatre ou cinq sous par jour, et les ouvriers ordinaires deux ou trois sous. En calculant que chaque métier fournisse quatre à cinq châles par an, le nombre des châles fabriqués sera de soixante à quatre-vingt mille. »

CÉRAMIQUE. — La céramique chinoise et japonaise présente dans la forme et dans la couleur une incroyable variété. Il y a des vases de toutes dimensions (fig. 179, 180), des très-grands et des très-petits, des allongés, des pansus, des cylindriques ; il y en a qui sont gracieux, d'autres qui sont bizarres ; il y en a qu'au premier abord on prend pour métal ; il y en a qu'on nomme la famille verte, d'autres qu'on nomme la famille rose, selon la couleur dominante ; il y a aussi le céladon fleuri, le bleu turquoise, le vernis feuille-morte, le truité vert ; on distingue les pots qui sont unis, ceux qui sont à relief ; les accidents de la fabrication forment aussi des classements par familles et par genres ; parfois la surface d'un vase est relevée par un réseau de petites cassures qui constituent le craquelé. C'est un défaut régularisé et transformé en qualité ; le potier sait en obtenir de différentes espèces. D'autres vases présentent des colorations veinées capricieuses, changeantes et rivalisent avec l'agate ou sont nuancés comme l'écaille.

Dans ce pays pourtant, où l'art semble n'obéir qu'à une fantaisie illimitée, tout est au contraire soumis à une réglementation qui porte jusque sur les plus petits détails. Les couleurs même sont réglées par la symbolique et présentent une signification religieuse et politique. Selon le mémorial des rites, les couleurs primordiales répondent en même temps aux éléments et aux points cardinaux : le rouge signifie à la fois le feu et le sud; le noir, l'eau et le nord; le vert représente le bois et l'est, le blanc, le métal et l'ouest. L'étude des couleurs peut en même temps fixer une date ou déterminer un grade. La dynastie régnante a pour livrée la couleur jaune, et celle des Mings avait la couleur verte. Les fleurs mêmes du décor, les plantes, les papillons qui voltigent, ne sont pas livrés à l'arbitraire, et l'artiste les emploie comme un signe conventionnel qui sera compris de tout le monde.

Les théologiens peuvent aussi bien que les amateurs de céramique trouver leur compte à une collection de chinoiseries. Voyez ce vieillard vénérable dont la tête est monstrueusement élevée à la partie supérieure ; c'est Cheou-Lao, le dieu de la longévité, dont le grand philosophe Lao-Tse a pris la forme dans l'art. Car Lao-Tse, dont le nom signifie vieillard d'enfant, est venu au monde avec des cheveux et des sourcils blancs, ce qui n'a rien de bien surprenant, quand on se rappelle que sa mère l'a porté quatre-vingt-un ans avant de le mettre au monde. Voici maintenant Pou-taï, le dieu du contentement. C'est un personnage obèse, à la figure joviale, aux yeux demi-clos, à la bouche ouverte, au ventre proéminent ; il est engraissé par la bonne chère et l'insouciance et semble n'avoir d'autre préoccupation que de faire sa digestion. Les Chinois en ont fait souvent de fort jolies statues en porcelaine. Le dieu de la guerre est également pourvu d'un ventre qui montre que le jeûne n'est pas très-honoré dans l'armée chinoise, mais sa face rouge et menaçante et l'arme qu'il tient à la main le font aisément reconnaître.

Parmi les animaux que les Chinois aiment à représenter, le dragon fantastique tient la première place. Le dragon, reptile aux membres puissants et pourvu d'une tête fortement dentée, peut se rendre à volonté petit ou grand, obscur ou lumineux, et quand il naît un grand empereur, on voit le dragon traverser les airs, s'arrêter au seuil des temples ou se montrer aux philosophes. Quand vous voyez la représentation d'un dragon, ayez bien soin de compter combien ses pattes ont de griffes. Si elles en ont cinq, vous avez devant vous le dragon impérial ; mais si vous en voyez moins, c'est qu'il est au service d'un mandarin, ou tout au plus d'un prince de troisième ordre.

Voici maintenant le chien fabuleux à la crinière frisée, l'oiseau immortel qui est l'insigne des impératrices, et mille autres bêtes étranges, que les naturalistes s'obstinent à ne pas vouloir classer, mais qui exercent la plus haute influence sur les destinées du Céleste empire.

Mais si les vases chinois ont une hiérarchie selon le rang de celui qui doit les possé-

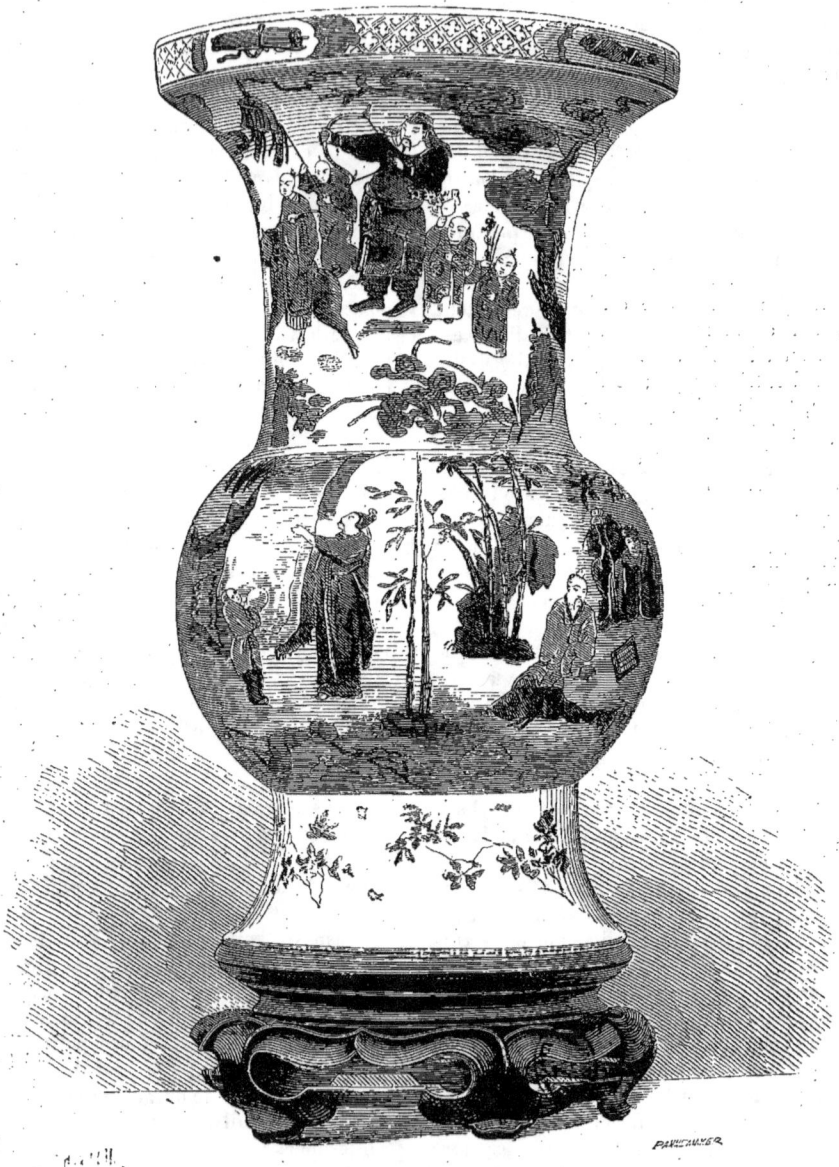

179. — VASE CHINOIS.

der, si les formes et les couleurs employées dans la décoration sont déterminées d'avance, l'artiste chinois sait tirer un admirable parti des ressources dont il dispose. Les tons sont associés de manière à former le plus vif éclat en même temps qu'une incomparable harmonie : il suffit de voir tous ces grands vases chargés de figures, de fleurs, d'animaux, enrichis de rochers fantastiques, de représentations de toutes les scènes de la vie. Quel magnifique contraste entre ces bleus ou ces verts intenses, et les gammes dorées et brillantes qui les accompagnent! Comme la blancheur laiteuse et translucide de la porcelaine fait bien valoir les tons rutilants qui la décorent!

MINIATURES ET CROQUIS. — L'exposition orientale, organisée en 1869 par les soins de l'*Union centrale des Beaux-Arts*, a été une révélation sur l'art des Chinois et des Japonais qui n'étaient guère connus jusqu'alors que par les dessins des vieux paravents. Leurs croquis nous ont montré un mélange surprenant de fantaisie et de réalité. Tantôt ce sont des fantômes qui voltigent, des guerriers fabuleux, des paysages qui nous déroutent, tantôt nous trouvons des figures et des animaux dessinés avec une précision et une vérité qui nous enchantent. Ces cavaliers égarés dans les marais, ces laboureurs, ces enfants, ces jeunes filles, tout ce peuple qui vous raconte sa vie intime, ces cigognes au bord de l'eau, tous ces animaux sont rendus sur leur croquis avec une vérité absolue.

L'irrégularité est le trait distinctif de l'art japonais. Il met autant de soin à éviter la symétrie des parallèles que nous en mettons à la rechercher. La silhouette du dessin est toujours parfaitement accentuée et le caractère typique nettement déterminé, mais le modelé est absent. C'est un art décoratif, destiné à charmer, non à émouvoir. La beauté telle que nous la comprenons a toujours été inconnue aux artistes de l'extrême Orient. Mais on ne peut pas en dire autant de l'expression, car si on n'y trouve pas, comme dans notre grand art, les chaleureuses émotions de la pensée, on y trouve une recherche piquante de la tournure, un jeu de physionomie souvent spirituel, et, à défaut d'individualité puissante, une aimable facilité dans le croquis et une délicieuse harmonie dans le décor.

Les miniatures des Hindous diffèrent complétement de celles des Chinois et des Japonais. Les sujets qu'elles représentent sont beaucoup moins vivants et affectent plus de solennité. Ici c'est un rajah assis sur son trône ou porté sur un palanquin; là, c'est un saint en communication avec les esprits célestes, une princesse qui assiste à une fête. Le travail de ces miniatures est des plus délicats et on en peut suivre tous les plus petits détails avec une loupe. Mais il n'y a qu'un air de tête pour chaque figure et la physionomie est uniformément la même. Jamais vous ne verrez dans les peintures hindoues ces profils grimaçants, ces allures grotesques, frisant la caricature, qu'on trouve si souvent dans l'art chinois ou japonais, mais jamais non plus vous n'y verrez le sentiment de la vie et du mouvement. Le type a de la régularité et même de la noblesse; le front est droit, les yeux longuement fendus, les sourcils bien arqués, mais l'ensemble est incorrect et le détail manque d'animation.

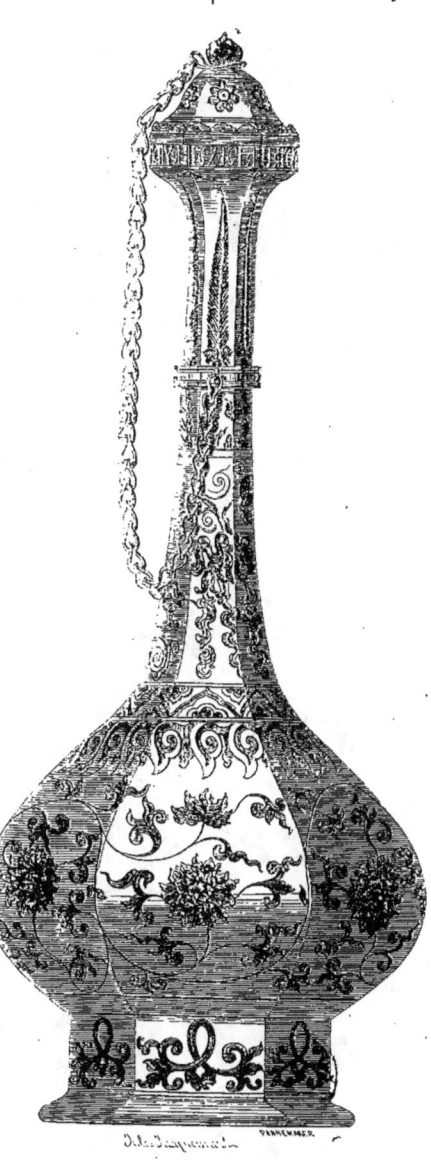

180. — VASE JAPONAIS.

ARMES. — La fabrication des armes est aussi une branche importante de l'industrie artistique des peuples qui habitent l'Hindoustan et les contrées qui en dépendent. Quand on visite une collection d'armes de l'extrême Orient, comme celle que tout Paris a vue à la vente San-Donato, on éprouve un véritable éblouissement : l'or, l'argent, les pierres précieuses étincellent de toutes parts sur ces armes ciselées et enrichies des ornements les plus capricieux. Ce sont des *sabres de rajah* dont la lame à deux tranchants est damasquinée d'or, des *poignards indiens* couverts d'émeraudes et de rubis, des *kathars*, avec poignée formée de deux branches étroites reliées entre elles par des traverses ornées, les *poignards birmans* à poignées en corne sculptée où brillent les diamants, les *kookrées* de Népaul à larges lames courbes, les *poignards* de Delhi avec poignée en jade blanc terminée par une tête de cheval, les *poignards* de Caboul avec poignée en jaspe vert, les *poignards* de Madras formés d'une lame plaquée d'argent gravé, et d'un manche en tête d'éléphant, les *kriss* malais à lames flamboyantes avec poignée représentant une divinité boudhique, ou des oiseaux fantastiques, etc. Toutes ces armes n'ont aucun rapport avec celles de l'Occident ; elles appartiennent à une autre race, à des hommes aussi éloignés de nous par le sens moral que par le sentiment artistique. Ce ne sont pas des armes de combat, mais des armes de vengeance ; elles ne rappellent pas l'idée de la lutte, mais l'idée du meurtre. Elles semblent toujours raconter un drame, dénoûment tragique d'une intrigue mystérieuse : ce qui domine dans les armes orientales, ce n'est pas la vaillante épée qui attaque son ennemi en face, c'est le lâche poignard qui le frappe par derrière. La coquetterie de leur parure a même quelque chose de sinistre. Si la lame se courbe comme une dent de vipère, la poignée est si petite qu'elle semble faite pour s'adapter à la main d'une jeune fille. On dit que la civilisation d'un peuple peut se mesurer par ses armes : celles-ci se rapportent à des races énervées, dont le cœur n'a jamais battu pour la liberté, et qui, depuis les siècles les plus lointains de l'histoire, ont toujours vécu dans le luxe et la servilité.

FRANCE.

ARCHITECTURE RELIGIEUSE.

CLASSIFICATION DES STYLES. — Nous avons donné pour classification des styles les dénominations en usage parmi les archéologues et les architectes. Cette classification peut se résumer ainsi :

1° *Style latin.* — C'est celui qui s'étend depuis la période mérovingienne jusqu'au onzième siècle. Il représente la décadence de plus en plus prononcée de l'architecture usitée chez les Gallo-Romains.

2° *Style roman.* — Il embrasse le onzième et le douzième siècle ; on l'appelle quelquefois style monacal, ou à plein cintre, par opposition avec le style laïque ou ogival, qui a prévalu ensuite.

3° *Style ogival.* — La seconde moitié du douzième siècle présente un style qu'on appelle quelquefois de transition, parce qu'il offre le mélange du plein cintre et de l'ogive. Le style ogival, qui est celui qu'on appelle improprement gothique, se subdivise en style ogival primaire ou en lancette (treizième siècle), style ogival secondaire ou rayonnant (quatorzième siècle) et style ogival tertiaire, ou flamboyant, appelé aussi style fleuri (quinzième siècle et première moitié du seizième) (fig. 186, 187, 188).

Mais il ne faut pas oublier, quand on veut apprécier l'âge d'un édifice, qu'il y en a très-peu qui ne présentent pas plusieurs époques dans leur construction, et par suite des styles différents dans leurs différentes parties.

PREMIÈRE ÉPOQUE.

Le style latin.

MILIEU SOCIAL. — Après les destructions qu'entraîna partout le flot envahissant des barbares, les arts comme les sciences trouvèrent un refuge dans les monastères. Le rôle de ceux-ci ne fut pas d'innover, mais de conserver. Ce n'était pas une chose facile que de conserver quelques débris de la civilisation au milieu d'une population abrutie par la misère, et mêlée partout à des hordes à demi sauvages et parlant des langues différentes. « Ne jetons pas nos perles aux pourceaux, dit un chroniqueur du temps; si ces sortes de gens éventaient notre science, ils traiteraient sans pitié le peuple des campagnes, et de plus ils n'auraient pour nous ni déférence ni respect ; mais, à la manière des pourceaux, ils se jetteraient sur ceux qui auraient voulu les parer. »

Dans l'effroyable abaissement intellectuel qui caractérise le moyen âge dès ses débuts, on trouve parfois des moines qui semblent avoir conscience de l'état de la société. « J'ai cherché, dit Frédégaire, à mettre en ordre les événements de mon temps, comme avaient fait ces hommes si sages qui ont écrit avec pureté, s'exprimant comme la plus pure des fontaines qui coulerait en abondance. Je voulais, moi aussi, imiter leur éloquence, tâcher du moins de m'en approcher un peu. Mais il est cher de puiser là où l'eau manque. Le monde vieillit, l'aiguillon de l'intelligence s'énerve en nous, et il n'y a personne de nos jours qui ait la prétention de se comparer aux orateurs du temps passé. »

Dans le fond de leurs monastères, les religieux transcrivaient des manuscrits et pratiquaient les arts du temps, la dorure, quelques ornements en mosaïque, et un peu d'orfévrerie. Leurs procédés étaient tenus secrets et ne se communiquaient qu'à de rares adeptes. Seuls dépositaires des traditions, ils ne gardaient leur influence que parce qu'ils étaient plus intelligents que les barons et le peuple. Les barbares les respectaient, parce qu'ils croyaient voir en eux quelque chose de surnaturel. Mais l'art n'est vivant qu'à la condition de se renouveler sans cesse au contact de l'opinion publique. Il ne saurait y avoir d'art là où il n'y a pas un peuple pour le sentir et le juger. Le zèle religieux du temps élevait, il est vrai, un grand nombre d'édifices dans lesquels on employait le plus souvent les matériaux de monuments plus anciens. Pourtant il reste à peine quelques échantillons de notre architecture nationale du cinquième au dixième siècle, à cause du peu de solidité des constructions qu'on faisait alors.

CARACTÈRES DU STYLE LATIN. — La plupart des églises que le zèle des évêques a élevées en France jusqu'à la formation de l'architecture nationale étaient des constructions rustiques faites en bois. On était souvent impuissant à réparer les édifices romains qui servaient au culte, et on admirait prodigieusement les architectes dont les constructions offraient quelque garantie de durée et de solidité. Tel fut Didier, évêque de Cahors, au septième siècle. Il avait fait un oratoire, « non pas, dit le chroniqueur, avec des moellons concassés, à la mode gauloise, mais en imitant ces belles assises de pierres carrées semblables à celles des cités antiques. »

La période mérovingienne fut, sous le rapport du style, la continuation de la période gallo-romaine ; seulement les malheurs publics sont tels que l'art, qui ne sait plus innover, s'abaisse à chaque génération, dans son imitation des créations plus anciennes. Les édifices romains étaient dépouillés de leurs ornements, et dans ce qui restait, le peuple se ménageait des logements. C'est ainsi que partout les ruines des temples, des arènes, des théâtres étaient habitées par une population qui trouvait là un abri, et les murailles antiques servaient de support aux toitures et aux cloisons de la nouvelle génération. Si l'on voulait élever quelque chose de durable, on imitait les anciennes constructions ; mais la plupart du temps on se contentait d'ajouter des annexes en bois à une construction déjà existante. Les incrustations en pierres de couleur, en marbre ou en terre cuite, sont un des caractères de la décoration des monuments. On prenait ces pierres ou ces morceaux de marbre dans les édifices romains, encore très-nombreux, et on les utilisait dans les constructions nouvelles.

Ce qui caractérise l'ornementation des chapiteaux dans la période mérovingienne, ce n'est pas l'introduction d'éléments nouveaux, mais l'altération de plus en plus prononcée des anciens types. Tantôt la volute et le feuillage prennent une importance énorme au détriment de la corbeille, tantôt ce sont les formes qui se dépriment et s'amaigrissent, mais toujours on retrouve l'art gallo-romain déformé. Cette déformation apparaît d'abord dans les ornements les plus compliqués, comme les enroulements végétaux, la palmette, la feuille d'acanthe ou la rosace; et la main de l'ouvrier s'alourdit en même temps que le souffle créateur va en s'appauvrissant. Des branches de vignes grossièrement dessinées, des cornes d'abondance, des palmettes et des rinceaux de feuillage, sont les motifs qu'on retrouve le plus souvent.

La sculpture tient assez peu de place dans les édifices de la période latine : à l'extérieur, la décoration vient de l'alternance des tons que produisent les assises de briques et les incrustations de pierres de couleur; à l'intérieur elle se compose de peintures. Ainsi aux causes politiques ou sociales qui faisaient dépérir les arts, s'en joignait une autre particulière à la sculpture, c'est qu'elle n'entrait plus pour presque rien dans la décoration des monuments.

Le règne de Charlemagne représente la tentative isolée d'un grand homme pour arrêter la marche toujours croissante de la barbarie. Le grand nombre d'édifices qui furent élevés sous son règne témoigne de l'activité qu'il sa-

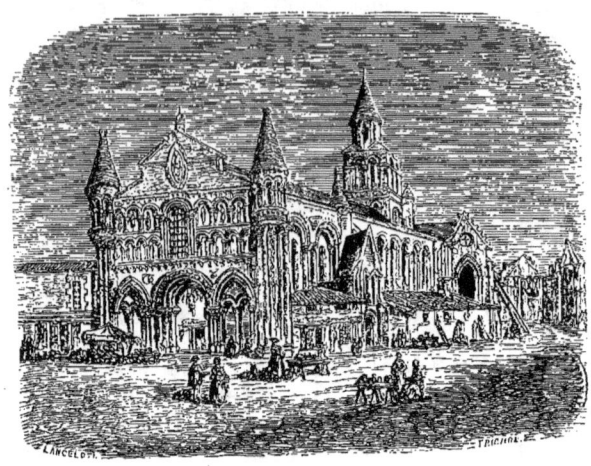

Style roman.
181. — NOTRE-DAME DE POITIERS.

vait donner à toutes les branches de son administration. Mais il ne semble pas qu'il y ait eu dans le style architectonique de ce temps des changements bien considérables; seulement les rapports que Charlemagne entretint avec l'Orient eurent pour effet d'amener en

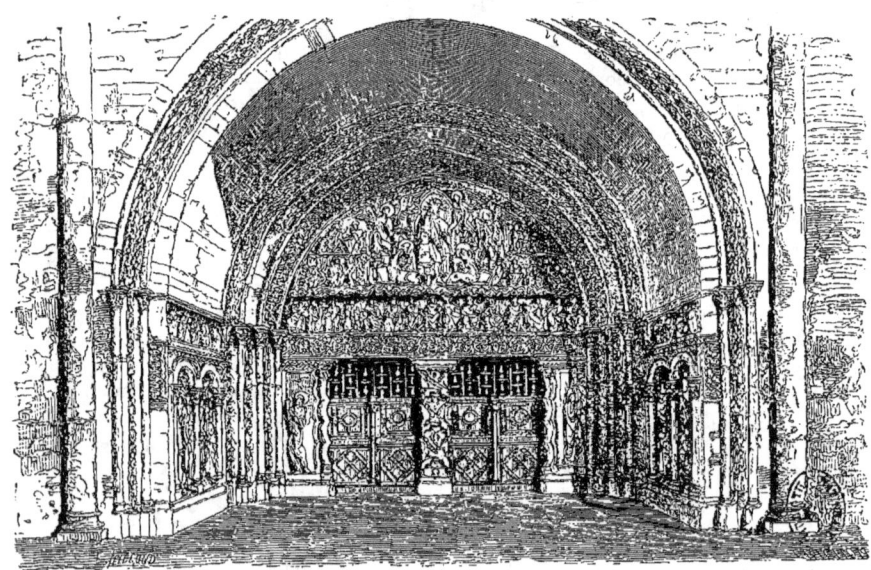

Style roman.
182. — PORTAIL DE L'ÉGLISE DE MOISSAC.

Occident un très-grand nombre d'objets fabriqués dans l'empire byzantin, et d'attirer dans nos monastères beaucoup de moines grecs plus habiles que les nôtres. Il ne nous reste presque pas d'édifices de l'époque carlovingienne, et nous sommes presque toujours obligés de nous en rapporter aux descriptions du temps.

On sait que Charlemagne avait fait bâtir un

palais à Nimègue, un autre à Waltorf, et qu'il embellit beaucoup celui d'Engeilhem. Mais ce fut surtout à Aix-la-Chapelle qu'il éleva des constructions dont la magnificence excita alors l'admiration de toute la chrétienté. Il fit venir pour cela d'Italie les architectes et les sculpteurs les plus en renom. Ravenne et Rome furent mises à contribution pour lui envoyer des colonnes de marbre précieux. Car c'était l'usage en ce temps encore de prendre les matériaux tout travaillés dans d'anciennes constructions pour les faire servir aux nouvelles. Mais ces matériaux étaient incohérents entre eux et les plans des édifices nouveaux avaient rarement de l'unité. De superbes colonnes soutenaient des arcades grossières, sans entablement, et de toutes petites fenêtres ne laissaient pénétrer qu'une lumière mesquine. Le fragment de l'abbaye de Lorsch, qu'on voit sur le chemin de Manheim à Darmstadt, est peut-être ce qui reste de plus complet de l'époque carlovingienne. On y voit des chapiteaux composites et des pilastres ioniques qui prouvent que dans ce temps les hommes les plus habiles s'attachaient encore exclusivement à l'imitation des modèles laissés par les Romains.

Si puissant qu'ait été le génie de Charlemagne, le résultat de ses tentatives pour ramener une civilisation en Occident ne répondit

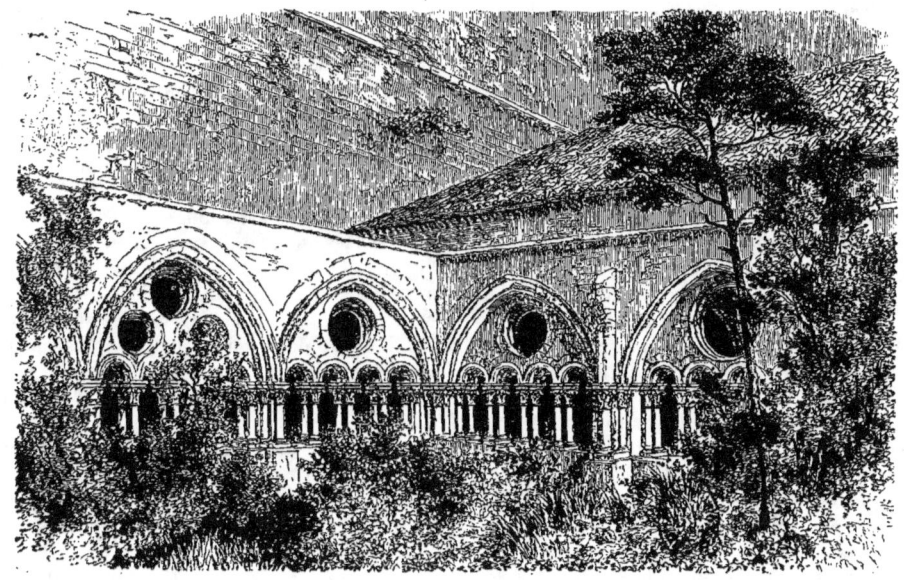

Style roman.
183. — CLOÎTRE DE FONFROIDE.

pas à ses efforts, et après sa mort la civilisation continua sa marche rétrograde, en même temps que son formidable empire devenait la proie des Normands. Tant il est vrai que ce sont les peuples et non les grands hommes qui créent quelque chose de durable.

MONUMENTS DU STYLE LATIN. — Nous ne croyons pas utile d'entrer dans de grands détails pour la description des monuments du style latin. Nous ferons seulement observer que la plupart d'entre eux offrent des rapports tels avec ceux de la dernière période gallo-romaine, que les antiquaires sont exposés à de fréquentes confusions sur la date de ces édifices.

Le midi de la France contient plusieurs monuments dont le style annonce une époque de décadence, mais on y retrouve toutes les anciennes habitudes des architectes romains; tels sont la vieille cathédrale de Vaison, le portique de la cathédrale d'Aix, l'église de Saint-Jean à Poitiers.

DEUXIÈME ÉPOQUE.

Le style roman.

MILIEU SOCIAL. — Nous avons vu que, dès l'époque mérovingienne, la France était couverte d'établissements religieux. On sait combien les institutions monastiques ont été jugées diversement par les historiens. Les services qu'elles ont rendus à la civilisation sont incontestables, et le dévouement des moines a été signalé par un grand nombre d'écrivains. Dans la construction de nos édifices religieux, on a fait valoir l'importance de leur rôle en même temps que la modestie de leur caractère.

Les monastères, devenus un refuge pour les hommes de travail, étaient élevés autant que possible dans des endroits retirés, au fond d'une vallée, au centre d'une forêt, au confluent des rivières. Les moines cultivaient la terre, défrichaient les sols incultes, et conservaient par tradition les industries qui se rapportaient aux pratiques religieuses. Ainsi ils étaient constructeurs, parce qu'il fallait bâtir les églises, orfévres, parce qu'il fallait faire des calices : ils transcrivaient les livres saints et enrichissaient leurs manuscrits de miniatures. Ils parlaient la langue latine, et le peu qui s'est conservé de la civilisation antique nous a été transmis par les monastères, qui devinrent bientôt comme de véritables oasis au milieu d'une barbarie universelle.

« Vers la fin du dixième siècle, dit M. Viollet le Duc, au moment où il semblait que la société allait s'éteindre dans la barbarie, une abbaye se fondait à Cluny, et du sein de cet ordre religieux, pendant plus d'un siècle, sortaient presque tous les hommes qui allaient, avec une énergie et une patience incomparables, arrêter les progrès de la barbarie, mettre quelque ordre dans ce chaos, fonder des établissements sur une grande partie de l'Europe occidentale, depuis l'Espagne jusqu'en Pologne. Il n'est pas douteux que ce centre de civilisation, qui jeta un vif éclat pendant les onzième et douzième siècles, n'ait eu sur les arts, comme sur les lettres et la politique, une immense influence. Il n'est pas douteux que Cluny n'ait fourni à l'Europe occidentale des architectes, comme elle fournissait des clercs réformateurs, des professeurs pour les écoles, des peintres, des savants, des médecins, des ambassadeurs, des évêques, des souverains et des papes ; car rayez Cluny du onzième siècle, et l'on ne trouve plus que ténèbres, ignorance grossière, abus monstrueux. »

L'abbaye de Cluny devint une pépinière d'hommes remarquables en tout genre. Mais ce furent là des exceptions, car l'Église s'éleva avec la plus grande énergie contre ce mouvement artistique qu'on veut aujourd'hui revendiquer en son nom. Les moines artistes étaient mal vus par leurs confrères, qui leur reprochaient de consacrer à l'exercice de talents mondains un temps qui eût été mieux employé à la prière. Il y eut une véritable croisade de prédicateurs contre l'art qui débordait de toutes parts. « Dans des cloîtres, dit saint Bernard (1125), devant des frères occupés à lire, à quoi servent ces monstruosités ridicules, ces admirables difformités? Que font ici ces singes immondes, ces lions farouches, ces centaures, ces moitiés d'hommes, ces tigres tachetés, ces soldats combattant, ces chasseurs sonnant du cor? Vous pouvez voir plusieurs corps réunis sous une seule tête, ou plusieurs têtes sur un seul corps : un quadrupède à queue de serpent à côté d'un serpent à tête de quadrupède ; un monstre, cheval par devant et chèvre par derrière ; un animal à cornes traînant la croupe d'un cheval ; enfin, de toutes parts, une variété de formes si étonnante qu'il est plus attrayant de lire les marbres que les livres.... Grand Dieu! si l'on n'est pas honteux de tant de futilités, comment du moins ne pas regretter tant de dépenses! »

Abélard parle dans le même sens que saint Bernard ; saint Bruno avait défendu à ses religieux l'usage des peintures et des sculptures, mais le goût public, qui s'était formé dans les villes, envahissait déjà les monastères, si bien qu'il fallut deux fois renouveler les mêmes défenses dans les couvents de l'ordre. « Conformément à notre première règle, disent les nouveaux statuts, nous blâmons et nous défendons pour l'avenir, comme contraires à l'humilité, à la rusticité, où doit persister notre ordre, toutes peintures, toutes images artistement exécutées, soit sur le bois, soit sur la pierre, soit sur les murailles ou ailleurs, que l'on place dans nos églises et dans l'intérieur de nos couvents. Quant à celles qui existent en ce moment, si on le peut facilement et sans scandale, nous ordonnons qu'elles soient abattues et enlevées. » On ne pouvait pas proscrire les images comme une impiété, puisque les conciles s'étaient prononcés en leur faveur, mais on cherchait du moins à les défendre comme une superfluité frivole et une distraction dangereuse. Et il est bon d'observer que les hommes qui s'opposaient si énergiquement au mouvement des idées étaient les hommes les plus purs de l'Église, ceux qui voulaient se rapprocher du temps des martyrs, et qui en rappelaient les mœurs et la simplicité.

Les grands abbés de cette époque étaient à peu près indépendants des évêques, et il y avait une sorte d'antagonisme entre le clergé régulier et le clergé séculier. Le douzième siècle marque la fin de la puissance des grands monastères, dont l'influence politique va passer aux évêques, en même temps que les villes érigées en communes s'élèvent par le travail et l'industrie. Les écoles, qui n'existaient que dans les monastères, vont maintenant se trouver partout, et l'élément laïque va devenir prédominant. La période d'éclat des monastères est le onzième et le douzième siècle : ils ont commencé le mouvement de la civilisation moderne, et nous devons leur en savoir gré. Mais ils ne pouvaient aller plus loin sans être arrêtés par leur principe, qui est l'abnégation et qui les retient forcément en dehors du monde et de ses besoins. L'humilité même des pauvres moines était un obstacle au progrès. L'esprit de leurs institutions s'y opposait. « Que les médecins, est-il dit dans un statut des couvents de l'ordre de Saint-Benoît, que les écrivains et autres artistes, appartenant à nos monastères, exercent leur art en toute révérence et soumission, si leur abbé le leur permet. Mais si quelqu'un d'entre eux s'enorgueillit à cause de son habileté, ou bien à cause des profits qu'il aura procurés à la maison, que l'exercice de son art lui soit interdit, jusqu'à ce qu'on le voie suffisamment humilié. » Quel stimulant peut-il y avoir pour l'artiste dans un lieu où celui qui fait mieux que les autres, ou qui croit y être arrivé, est condamné par humilité à cesser d'exercer le métier qui faisait son orgueil ?

Quoi qu'il en soit, c'est dans le sein des monastères que s'est formé le style roman, qu'on a appelé aussi style monacal, par opposition au style ogival qu'on a appelé style laïque. Les communes émancipées ont porté l'art à un degré où les monastères n'ont pu les suivre, mais ce sont les moines qui ont ouvert les voies et montré le chemin aux laïques ; il ne faut pas l'oublier.

CARACTÈRES DU STYLE ROMAN. — Quand, après les terreurs de l'an mil, on voulut reconstruire des églises, on ne trouva plus, comme au cinquième siècle, des chapiteaux et des fûts de colonnes tout faits dans les monuments gallo-romains. Il n'y en avait plus et il fallut en faire de nouveaux. Les constructions de l'âge précédent, mal faites, manquaient de solidité ; le plus grand nombre d'ailleurs étaient construites en bois et exposées à de fréquents incendies. Il y eut donc un renouvellement presque général de tous les édifices religieux. Le style roman, qui est celui de cette époque, montre un mélange des traditions latines conservées dans les couvents, avec des importations byzantines ou même arabes. Car dans l'essai de renaissance tenté par Charlemagne, un grand nombre de moines étaient venus de l'Orient chez nous pour y pratiquer des arts divers. Le style latin, qui n'était que l'art antique dégénéré, se modifia donc par des influences byzantines, qui sont beaucoup plus accentuées dans certaines provinces que dans d'autres. L'architecture à coupoles se retrouve dans les endroits qui étaient en rapport avec Venise.

Mais les édifices complétement exécutés sous l'influence du goût oriental, comme Saint-Front de Périgueux, sont en somme peu communs et ne forment qu'une branche accessoire de l'architecture romane, qui conserve partout ailleurs les traditions latines, modifiées seulement dans certaines parties par l'élément byzantin.

Résumons les caractères du style roman, dont l'église de Moissac et le cloître de Fonfroide peuvent servir de spécimen (fig. 182, 183), pour le distinguer du style usité jusqu'au onzième siècle :

1° Les églises romanes sont voûtées et les églises précédentes étaient à charpente.

2° Les piliers romans sont lourds, massifs de peu d'élévation par rapport à leur diamètre. Ils sont souvent carrés avec des demi-colonnes engagées aux quatre angles, quelquefois cylindriques ou octogones.

3° Les chapiteaux très-variés pour l'ornementation, présentent le plus ordinairement la forme d'une corbeille surmontée d'un tailloir carré.

4° Les arcades, semi-circulaires ou à plein cintre, sont ornées de moulures, zigzags, etc.

5° Les murs, ayant une épaisseur prodigieuse, ont des contre-forts dont la saillie est généralement peu accentuée.

6° Les tours ont peu d'élévation, sont d'un aspect massif, et généralement percées d'arcades à plein cintre. Une disposition très-commune, appelée *arcade géminée*, qui avait été employée primitivement à Constantinople, montre deux petites arcades appuyées sur une colonne centrale commune, et comprises toutes deux sous une arcade plus grande. Les arcades qu'on appelle *simulées* ou *aveugles*, très-communes dans les édifices romans, sont des arcades bouchées qui servent simplement à la décoration des murailles. Au lieu d'être formées d'arcs posés les uns à la suite des autres, elles sont souvent formées d'arcs enlacés l'un dans l'autre.

FAÇADE. — Les portes tiennent une place importante, comme dimension et comme décoration, dans les édifices de style roman ; elles sont généralement garnies de plusieurs archivoltes portées sur des colonnes et très-ornées de moulures. Dans les églises peu importantes, on voit au-dessus de cette porte une fenêtre cintrée, également munie d'archivoltes et de colonnettes ; une corniche à modillons la sépare du fronton triangulaire qui termine l'édifice en hauteur. Dans les églises plus hautes,

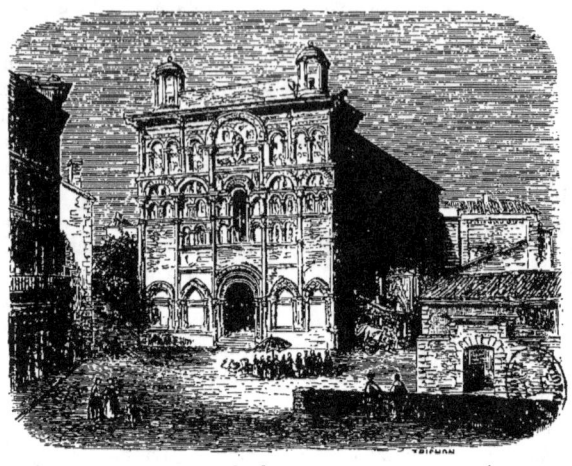

Style roman.
184. — CATHÉDRALE D'ANGOULÊME.

il y a deux ou trois étages de fenêtres ou d'arcatures cintrées, mais toujours le fronton triangulaire. La façade est généralement peu élevée dans nos provinces méridionales, et leur décoration est plus intéressante par le détail que par l'ensemble. Un grand Christ dans une

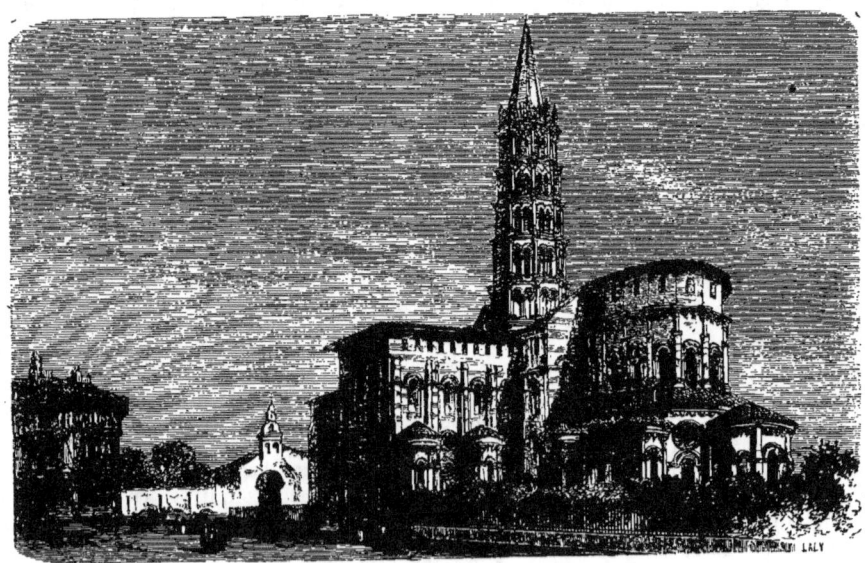

Style roman.
185. — SAINT-SERNIN, A TOULOUSE.

gloire, entouré des figures symboliques des évangélistes, décore assez souvent le dessus de la porte.

Quelquefois la façade est munie de fortifications. Tantôt le porche est couronné par une galerie crénelée, tantôt la porte principale est surmontée d'un *moucharabieh*, construction en saillie sur le mur, portant sur des espèces de consoles appelées *mâchicoulis* dont nous reparlerons à propos des châteaux et des remparts.

La fenêtre appelée œil-de-bœuf, qui est devenue la rose des églises de style ogival, existait déjà dans les plus anciennes basiliques latines.

ABSIDE. — L'abside est une des parties les plus intéressantes de l'église romane ; son extrémité se compose habituellement d'une ou trois chapelles voûtées en cul-de-four, mais quelquefois c'est un simple hémicycle. Le chevet des églises romanes bien complètes, comme Saint-Paul d'Issoire, présente un aspect très-pittoresque par le mélange des chapelles absidiales, du transept et du clocher central. Les toits des chapelles absidiales sont généralement peu élevés. Ces chapelles sont presque toujours circulaires dans le nord, dans l'ouest et dans le centre de la France, mais dans le sud, et principalement en Provence, elles ont souvent la forme polygonale. La chapelle absidiale centrale, plus vaste que les autres, est consacrée à la Vierge.

CLOCHERS. — Les clochers du style roman se composent généralement d'une tour carrée, percée de fenêtres cintrées, ouvertes ou simulées, et surmontée d'une flèche pyramidale. La flèche est ordinairement à quatre pans, et quelquefois octogone. Quand il y a deux clochers, ils se placent à droite et à gauche de la principale porte, mais il y en a souvent un troisième qui s'élève au centre du transept. L'abbaye de Cluny avait six clochers.

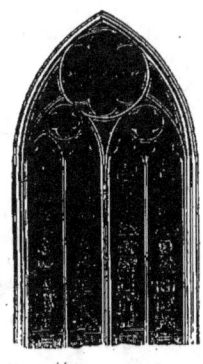

186. — STYLE OGIVAL PRIMAIRE.

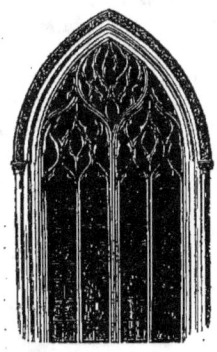

187. — STYLE OGIVAL SECONDAIRE OU RAYONNANT.

188. — STYLE OGIVAL TERTIAIRE OU FLAMBOYANT.

INTÉRIEUR. — Les églises romanes offrent à l'intérieur une grande nef et deux nefs latérales, qui quelquefois font le tour de l'église et quelquefois s'arrêtent au transept. Dans les églises importantes les bas côtés sont recouverts d'une galerie appelée *triforium*, qui ouvre sur la nef principale par deux ou trois arcades pour chaque travée. Les travées placées sur chacun des côtés de la nef sont ordinairement en nombre impair. Au delà du transept se trouve quelquefois des travées semblables à celles de la nef : elles constituent le chœur. Habituellement le sanctuaire s'arrondit en hémicycle.

Les voûtes de l'édifice affectent deux formes principales. Les unes décrivent une concavité à plein cintre et sont renforcées par des arcs doubleaux : c'est la *voûte cylindrique* ou *en berceau*. Les autres, formées par la pénétration, sous un angle variable, de deux voûtes cylindriques, prennent le nom de *voûtes d'arête*.

CRYPTES. — Les cryptes sur lesquelles se sont élevées la plupart des premières églises chrétiennes, se retrouvent encore dans beaucoup d'édifices du style roman. Les supports de ces cryptes sont généralement très-multipliés. Les cryptes n'ont pas toujours la même forme que le sanctuaire sous lequel elles se développent. Il y en a beaucoup de carrées.

DÉCORATION. — Les bas-reliefs qui décorent les portes romanes étaient généralement peints et se détachaient sur un fond d'or. Les chapiteaux étaient également peints. Les parois de murailles, les fûts des colonnes, les archivoltes des arcades, étaient couverts d'ornements colorés, consistant en arabesques, rinceaux de feuillages et combinaisons de figures géométriques.

GÉOGRAPHIE DU STYLE ROMAN. — Il y a en France une très-grande quantité d'églises romanes. Il est aisé de comprendre que, dans chaque province, la qualité différente des matériaux a dû influer, autant que le style local ou le goût individuel, sur la nature des ornements employés à la décoration sculptée des édifices.

Les limites que je me suis imposées dans ce travail ne me permettent pas de déterminer les caractères qui distinguent les édifices romans de nos différentes provinces. Il est certain que la Normandie, la Bourgogne, l'Ile-de-France, l'Auvergne ou la Provence ont eu des écoles différentes. Nous nous contenterons donc d'indiquer certains traits généraux. Ainsi le Périgord, l'Angoumois et la Saintonge offrent des édifices qui se rattachent plus directement au style byzantin, caractérisé comme nous l'avons dit par la coupole sur pendentifs. Le style roman du midi de la France présente une certaine analogie avec le roman lombard qu'on voit en Italie, et les mêmes caractères se retrouvent sur les bords du Rhin. Et il faut bien remarquer que ces provinces sont aussi celles qui présentent le plus d'édifices romains, et où par conséquent la tradition a dû se conserver le mieux. Par contre, l'Ile-de-France, la Normandie, l'Orléanais, qui avaient fort peu de débris antiques, présentent un acheminement plus manifeste vers le style ogival, en ce sens que les piliers romans se couvrent plus volontiers de colonnettes effilées et que l'ensemble est en général moins trapu et plus élancé.

Église de Saint-Front à Périgueux. — La célèbre cathédrale de Périgueux présente la forme d'une croix grecque et l'ensemble est une imitation directe des églises byzantines, dont l'élément essentiel est la coupole sur pendentifs. « Chaque travée de la nef, dit M. Batissier, est couverte par une coupole adaptée sur des pendentifs, qui sont eux-mêmes des portions de sphère. Les modillons placés sous la corniche, délimitant les rampants de la façade, ainsi que les ornements sculptés, feuillages, entrelacs, sont un produit de l'art oriental. M. de Verneilh établit sur des considérations très-judicieuses que la cathédrale de Saint-Front est, pour ainsi dire, une reproduction de Saint-Marc de Venise, et qu'elle a dû être construite par des artistes formés à l'école de ceux qui ont dirigé les travaux de la métropole vénitienne. Les églises à coupoles, procédant de Saint-Front, sont assez communes, non-seulement dans le Périgord, mais encore dans l'Angoumois et la Saintonge ; enfin, les voûtes de la grande nef de la cathédrale du Puy-en-Velay sont une imitation évidente, quoiqu'approximative, des coupoles byzantines.

Église de Saint-Sernin, à Toulouse (fig. 185). — L'église de Saint-Sernin à Toulouse, élevée vers le douzième siècle, est sans contredit un des monuments les plus intéressants de l'architecture romane. Saint Saturnin ou Sernin est un des sept évêques qui, vers le milieu du troisième siècle, vinrent prêcher le christianisme dans le midi de la France. Il fut martyrisé à Toulouse et attaché par les pieds à un taureau sauvage ; de jeunes chrétiennes trouvèrent son cadavre mutilé, et c'est à l'endroit où elles l'ensevelirent que se trouve aujourd'hui l'église qui lui est dédiée. Elle a la forme d'une croix latine allongée ; son extérieur est très-simple et présente un peu l'air d'une forteresse ; son clocher, en étages successivement rétrécis, produit l'effet d'une pyramide surmontée d'une flèche. La cathédrale d'Angoulême (fig. 184), les églises de Notre-Dame la Grande à Poitiers (fig. 181), de Saint-Étienne à Caen, de la Madeleine à Vezelay, de Notre-Dame du Port à Clermont, etc., sont les édifices les plus importants que nous possédions dans le style roman.

Église de Saint-Germain-des-Prés. — Cette église est un des plus anciens monuments de Paris. Au sixième siècle, le roi Childebert Ier, après une expédition contre les Wisigoths, rapporta des reliques très-précieuses, et saint Germain, évêque de Paris, lui conseilla d'élever un monastère pour les y déposer. L'église du monastère fut d'abord dédiée sous le titre de la Sainte-Croix et de Saint-Vincent. Mais saint Germain ayant été inhumé dans cette église, les guérisons et les miracles opérés sur son tombeau acquirent une telle renommée, que cette église abbatiale prit son nom, qu'elle a toujours gardé depuis. Les rois mérovingiens furent enterrés là jusqu'à la fondation de l'abbaye de Saint-Denis par Dagobert. Les abbés étaient de puissants personnages, qui pendant la célébration des saints mystères avaient le droit de se servir des ornements épiscopaux : parmi eux on compte un roi de France, Hugues Capet, et plusieurs princes.

Cette riche abbaye, plusieurs fois dévastée et brûlée par les Normands, avait fini par être détruite de fond en comble. Morard, le vingt-neuvième abbé, en entreprit la reconstruction au commencement du onzième siècle, et c'est à lui qu'appartiennent les parties les plus anciennes de l'édifice actuel. Située au milieu des vastes prairies qu'on nommait le *Pré aux Clercs*, l'abbaye de Saint-Germain-des-Prés était environnée de fossés profonds qui communiquaient avec la Seine, et pourvue de murs crénelés, de tours et de portes fortifiées. Elle eut cet aspect jusqu'à la fin des guerres religieuses. Mais lorsque les huguenots ne furent plus à craindre, les fossés furent comblés, les fortifications tombèrent, et on éleva des habitations particulières tout autour de l'abbaye. Les anciens bâtiments des cloîtres se trouvaient à l'endroit où sont maintenant les rues Bonaparte, Furstenberg, de l'Abbaye, etc. Le célèbre architecte de saint Louis, Pierre de Montereau, avait élevé le réfectoire, qui passait pour une salle merveilleuse, et une grande chapelle de la Vierge, qui n'avait de rivale à Paris que la Sainte-Chapelle du Palais. C'est dans cette chapelle qu'il avait sa sépulture.

L'église abbatiale est tout ce qui reste aujourd'hui de l'immense abbaye de Saint-Germain-des-Prés : elle avait autrefois trois tours, et le peuple l'appelait pour cette raison l'église aux trois clochers. Ce vénérable édifice a subi de nombreux changements par les restaurations successives. « De l'église de Childebert, dit M. de Guilhermy (*Itinéraire archéologique de Paris*), il ne reste plus que des chapiteaux de marbre blanc qui ont été dispersés, et des colonnes de marbre de diverses couleurs employées dans la galerie absidiale. Nous ne trouvons aujourd'hui dans la construction de la basilique rien qui soit antérieur au onzième siècle ; le chœur et l'abside datent de la seconde moitié du douzième... Une grosse tour quadrangulaire s'élève au-dessus de l'entrée; elle a été réparée tant de fois qu'elle ne conserve à peu près rien de son caractère primitif. A son plus haut étage, deux baies cintrées (douzième siècle), accompagnées de colonnes, s'ouvrent sur chacune de ses quatre faces. Une haute flèche couverte en ardoise la surmonte. Le corps de l'église est en forme de croix. De grands murs, percés de baies en plein cintre, appuyés de contre-forts d'une faible saillie, ornés seulement d'un cordon de billettes et d'une corniche à modillons, forment les parois de la nef. »

TROISIÈME ÉPOQUE.

Le style ogival.

MILIEU SOCIAL. — Il faut distinguer dans le moyen âge deux époques bien différentes: la période monacale, qui va jusqu'à la formation des communes, et la période laïque, qui paraît dès les premières luttes de la liberté. A la première répondent la soumission et l'humilité, à la seconde la lutte et l'effort. Ce n'est pas qu'il n'y ait eu au treizième siècle moins d'abbayes qu'au huitième, mais il y avait en dehors une vie publique qui n'avait pas existé auparavant. La brutalité des mœurs était la même aux différentes époques du moyen âge, mais elle se joint dans la première partie à une effroyable atonie intellectuelle, et dans la seconde à des efforts souvent inexpérimentés, mais toujours puissants. Ce point de vue a souvent échappé aux historiens de l'art, qui, en attribuant exclusivement à l'idée religieuse la formation de l'art chrétien du moyen âge, paraissent oublier que, du cinquième au onzième siècle, la ferveur n'était pas moins grande que du onzième au quinzième siècle, et cependant cette ferveur n'a pu se traduire dans l'art qu'à partir du onzième. Les images qui sortent des monastères avaient aux yeux des populations un caractère mystérieux qui excluait toute idée de critique. Mais quand, pour défendre les droits si péniblement acquis de la commune, les corporations de métier se formèrent, chacun se fit juge de l'œuvre de son voisin, et on commença à distinguer ceux qui travaillaient bien et ceux qui travaillaient mal. Dès lors le salaire put se proportionner au talent, et l'intérêt se joindre à l'émulation.

Qu'on examine maintenant la date où furent élevées ces magnifiques basiliques, œuvres de tout un peuple en fermentation, et on se convaincra qu'il y avait une vie publique à l'époque où elles furent élevées. Parmi les monuments dont notre sol de France est couvert et qui sont la gloire de notre pays, il n'en est pas qui soit antérieur à la formation des communes.

L'art monacal était, par son essence même, incompatible avec le besoin de changements et de nouveauté qui caractérise toujours une société vivante. Mais il avait pour lui l'habitude, la foi et des légions de travailleurs parfaitement organisées. Les laïques en se constituant ne pouvaient faire mieux que de calquer leur organisation sur celle des monastères. Pour entrer dans la vie religieuse, il suffisait de le désirer, mais pour être moine il fallait avoir fait un noviciat. Il en fut de même des corporations. L'apprentissage répondait au noviciat, le chef-d'œuvre exigé pour jouir des privilèges de la maîtrise prouvait la capacité. Les règlements étaient à peu près les mêmes dans toutes les villes, de sorte que ces associations répandues partout furent bientôt en état de tenir tête aux communautés religieuses, et ensuite de les remplacer.

C'est par la franc-maçonnerie qu'on explique l'unité de style dans la période ogivale, comme on explique par les monastères l'unité de style dans la période précédente. Les francs-maçons constituaient des associations laïques très-importantes, et on leur doit une immense quantité d'édifices. Ils voyageaient par troupe, s'arrêtaient partout où il y avait quelque chose à bâtir, et se communiquaient entre eux les secrets de l'art de bâtir. L'importance de la franc-maçonnerie est capitale dans l'histoire de l'architecture au moyen âge. « On dit qu'au treizième siècle, dit M. Batissier, Erwin de Steinbach organisa la franc-maçonnerie en Allemagne avec beaucoup d'éclat. La construction de la cathédrale de Strasbourg porta au loin la réputation des ouvriers qui avaient travaillé à cette basilique. Vienne, Zurich, Landshut, Cologne firent édifier des clochers qui rappelaient la merveilleuse tour de la métropole alsacienne. Les maçons de ces monuments, quand ils les eurent achevés, se répandirent en Allemagne, où leur nom devint fameux. Pour se distinguer du commun des ouvriers, ils formèrent des associations qu'ils appelèrent *loges*, et toutes ces loges s'accordèrent pour reconnaître la suprématie de celle de Strasbourg, appelée *la Grande Loge*. Ce ne fut que treize ans après la construction de la tour que ces associations prirent une consistance solide. En vertu d'un acte passé à Ratisbonne, il fut convenu que l'architecte de la cathédrale de Strasbourg serait le grand maître unique et perpétuel de la confrérie générale des maçons d'Allemagne. La loge de Strasbourg avait la connaissance de tous les cas litigieux relatifs aux bâtiments. »

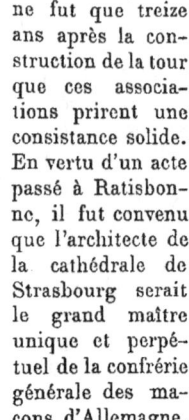

189. — PAVAGE D'ÉGLISE.

ORIGINE DU STYLE OGIVAL. — On a beaucoup

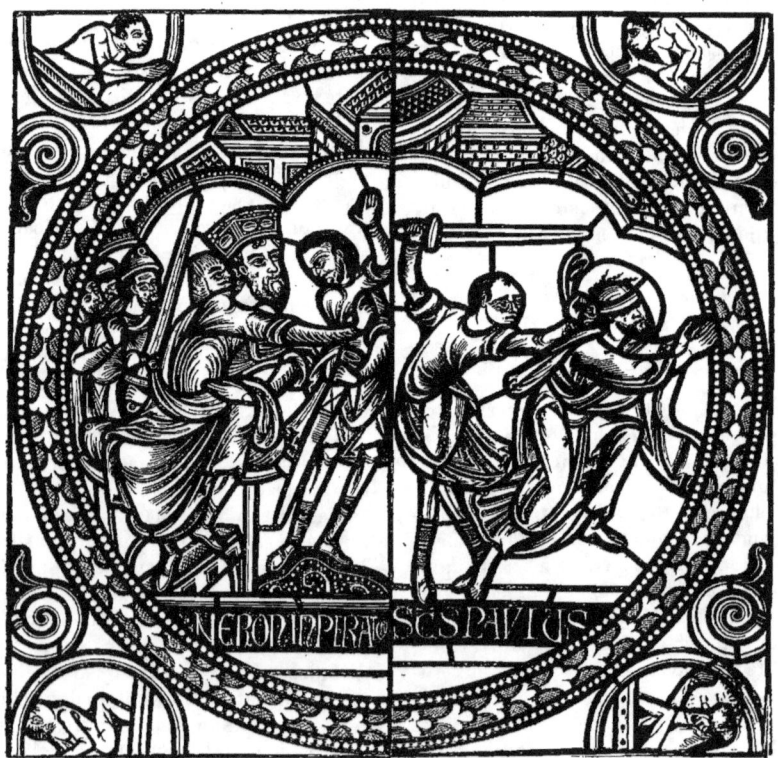

190. — VITRAIL DE NOTRE-DAME DE POITIERS (NÉRON ORDONNANT LA MORT DE SAINT PAUL).

discuté sur l'origine du style ogival. Quelques-uns la voient dans l'imitation des forêts du Nord.

Une autre opinion, longtemps accréditée, attribuait l'origine du style ogival aux croisés, qui l'auraient importée de l'Orient. L'idée la plus répandue aujourd'hui est que ce style s'est formé en Occident, par suite des progrès dans l'art de bâtir et des nécessités de la construction.

Les archéologues allemands ont longtemps revendiqué pour leur pays l'origine et le développement du style ogival, mais la plupart des archéologues français, appuyant leur opinion sur des raisonnements qui semblent irréfutables, admettent aujourd'hui que c'est dans notre pays qu'il a pris naissance.

« Il est parfaitement certain aujourd'hui, dit M. Dussieux, dans son *Histoire des artistes français à l'étranger*, que l'architecture gothique a pris naissance en France, et que de la France elle s'est répandue dans les pays voisins. En effet, l'art gothique précède l'art roman ; or certains monuments de l'Ile-de-France, de la Picardie et de la Champagne présentent la transition entre les deux styles : on y remarque un mélange, une fusion entre les deux systèmes, tandis que partout ailleurs, au contraire, il y a une brusque substitution d'un style à l'autre. A coup sûr, il ne faudrait pas d'autres preuves de l'origine française, de la naissance en France de l'architecture gothique ou ogivale ; eh bien, ces monuments de transition de la France du Nord sont les plus anciens monuments de ce genre, ce sont les plus incontestablement déterminés, et leurs dates indiquent qu'ils sont tous antérieurs à tous les autres monuments de style ogival construits dans les autres pays de l'Europe. »

Il est bien remarquable qu'à l'époque où les étrangers venaient par milliers à l'Université de Paris étudier sous nos professeurs, nos artistes allaient partout porter notre architecture. Ce fut aux frais des étudiants suédois que Étienne Bonneuil, tailleur de pierre de Paris, alla, en 1287, élever la cathédrale d'Upsal. Celle de Prague, commencée en 1343 par Mathieu d'Arras, fut terminée en 1386 par Pierre de Boulogne. C'était un architecte français, Guillaume de Sens, déjà connu par ses travaux antérieurs, qui, en 1174, avait élevé le plus ancien monument de style ogival en Angleterre, la cathédrale de Cantorbéry.

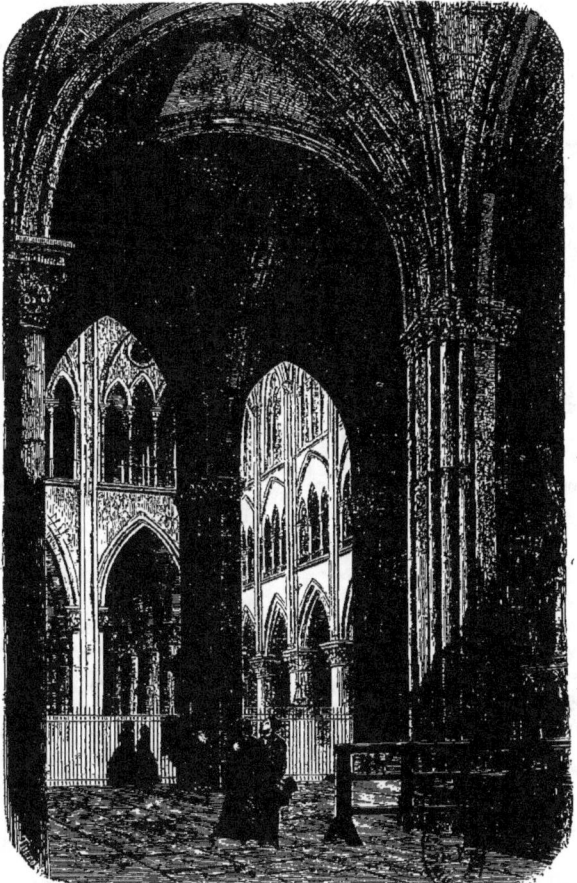

Style ogival.
191. — INTÉRIEUR DE NOTRE-DAME DE PARIS.

CARACTÈRES GÉNÉRAUX DU STYLE OGIVAL. Le passage d'un style à un autre ne saurait se faire brusquement. On a appelé style de transition celui qui participe à la fois du roman et du gothique. Ce nom de *gothique*, sous lequel on désigne habituellement les édifices de style ogival, étant absolument arbitraire et ne répondant aucunement à l'architecture des Goths, nous éviterons autant que possible de l'employer. Les écrivains modernes ont signalé dans les édifices religieux de la période ogivale un caractère mystérieux et maladif, qu'ils trouvent en rapport intime avec l'état de la société au moyen âge.

Le style ogival s'est développé surtout dans les parties de la France où il n'y avait pas de monuments romains. Ce qui le caractérise est par-dessus tout l'élégance et la légèreté. « Dans le style ogival, dit M. Batissier, toutes les formes essentielles fondamentales étaient sveltes, ténues, effilées : c'est le règne des piliers longs et élancés, des ouvertures hautes et rapprochées les unes des autres, des arcs pointus, multipliés latéralement, ou superposés en chaînes infinies, et se coupant l'un l'autre dans toutes les directions; tout cela fut imité et répété dans les plus petites subdivisions des moindres ornements, jusqu'à ce qu'enfin les édifices religieux, avec leurs pinacles, leurs flèches, leurs aiguilles, leurs arcatures, présentassent l'apparence d'un réseau ou d'une dentelle, et étalassent cette richesse de décoration qui est le dernier effort de l'art gothique expirant au seizième siècle. » (Fig. 191.)

OGIVE (fig. 186, 187, 188). — On appelle *ogive* une arcade formée par deux arcs de cercle d'un rayon égal. Il y a différentes espèces d'ogives. La plus anciennement usitée en France est une arcade presque circulaire présentant à son sommet un angle à peine sensible. Pendant le treizième siècle on s'est servi principalement de *l'ogive en lancette*; on nomme ainsi une arcade formée par deux arcs qui ont leur centre chacun en dehors du contour de l'arc qui lui est opposé. *L'ogive équilatérale* ou *en tiers point* a été employée surtout pendant le quatorzième siècle; elle est formée par deux arcs ayant chacun leur centre à la naissance de l'arc de cercle qui lui est opposé. Enfin *l'ogive surbaissée* du quinzième siècle est caractérisée par des arcs décrits avec un rayon plus court que l'ouverture de l'arcade.

FAÇADE (fig. 192, 193). — La façade de nos grandes cathédrales du treizième siècle présente habituellement trois divisions perpendiculaires : au centre, la grande porte surmontée de la grande rose avec une galerie au-dessus ; de chaque côté, une porte latérale plus petite, placée au-dessous de la tour des clochers. Dans le sens horizontal, on voit également trois grandes divisions : la première comprend les trois portes de l'église, la seconde comprend la rose et la naissance des tours, et la troisième la galerie qui relie ensemble les deux tours. La grande porte servait à l'entrée des princes et aux processions du clergé ; les deux portes latérales étaient pour les fidèles. Les hommes entraient par un côté, les femmes par un autre.

FAÇADES LATÉRALES. — Les murs de la nef sont soutenus par un système de contre-forts et d'arcs-boutants qui présente souvent un effet pittoresque, mais qui a l'inconvénient d'avoir l'air d'un édifice étayé. Les chapelles sont placées dans l'espace laissé libre entre ces contre-forts, et les grandes fenêtres de la nef ajoutent à la légèreté de l'aspect. Les façades des transepts à l'extérieur n'ont généralement qu'une seule porte, avec une rose et une galerie, et un pignon souvent orné de trèfles.

PARVIS. — L'espace libre appelé *parvis* qui précédait les anciennes églises était une image du paradis terrestre par lequel il faut passer pour arriver au paradis céleste, qui est l'église. Comme devant les premières basiliques on y voyait souvent une fontaine où les fidèles se lavaient avant d'entrer dans le lieu saint. Le parvis était souvent fermé par un petit mur à hauteur d'appui. Dans beaucoup d'endroits, on avait planté dans le parvis un orme à l'ombre duquel les seigneurs ecclésiastiques rendaient la justice. Les fêtes publiques avaient ordinairement lieu sur le parvis.

PORCHE. — Beaucoup d'édifices religieux présentent un *porche*, comme on le voit à Paris dans l'église de Saint-Germain l'Auxerrois. Le droit d'asile était souvent attaché au porche : les marchands s'y réunissaient et y établissaient leurs boutiques, ce qui a occasionné beaucoup de plaintes du clergé, qui avait la plus grande peine à repousser ces envahissements. Dans la plupart des grandes cathédrales, le porche, au lieu de s'avancer en dehors de l'édifice, était figuré par la retraite du mur de la façade. Cette retraite fait quelquefois un véritable vestibule, comme on le voit à la cathédrale de Reims.

CLOCHERS. — Les façades complètes sont toujours encadrées de deux hautes tours carrées qui se terminent habituellement par une flèche pyramidale. Quelquefois pourtant les tours n'ont pas de flèches. Quand elles en ont, elles portent généralement des clochetons aux quatre angles. Les églises cathédrales, qui étaient soumises à une juridiction supérieure, avaient leurs deux tours semblables, comme Paris, Coutances, etc. L'inégalité des tours indiquait au contraire une sorte de vasselage. Toutefois cet usage n'a jamais été pratiqué d'une manière absolue.

INTÉRIEUR. — Les édifices religieux du style ogival ne présentent pas de différences sensibles par le plan avec ceux du style roman. On y voit toujours une grande nef divisée en travées plus ou moins nombreuses suivant sa longueur : le chœur se développe en demi-cercle au delà des transepts et présente la même ordonnance que la nef. Le faisceau des colonnettes qui composent les piliers s'élance parfois d'un seul jet depuis le pavé jusqu'à la voûte. Quelquefois le bas des piliers est formé par des colonnes épaisses et courtes, coiffées d'un tailloir sur lequel reposent les colonnetles réunies en faisceau. Les piliers cylindriques, comme les piles en faisceau, sont reliés au sol par des bases d'un forme octogonale : le tailloir des chapiteaux prend souvent la même forme, et le chapiteau déploie une décoration végétale des plus brillantes où l'on reconnaît les feuilles de nos arbres et arbustes, tels que l'érable, le figuier, le hêtre, le chêne, le houx, le lierre, la vigne, etc.

Les arcades des bas-côtés, de forme ogivale, supportent un premier étage plus ou moins élevé, qui s'indique sur la nef par une galerie à jour. Ces galeries ne règnent ordinairement que dans la nef, mais les arcades se continuent dans tout le pourtour de l'église pour compléter l'ordonnance générale.

CHŒUR. — Dans les églises abbatiales, les moines réservaient aux fidèles une place à l'entrée de la nef. Mais quand les villes bâtirent leurs cathédrales, les évêques faisaient cause commune avec elles, et, opposant leur influence à celle des monastères, voulurent que les fêtes religieuses fussent pour tout le monde et que les fidèles pussent circuler librement dans toute l'église. Les nefs entières, les bas côtés, les transepts et les chapelles absidiales furent libres; le chœur et le sanctuaire furent seuls réservés pour le clergé. Le chœur alors s'entoura d'une clôture qui fut établie entre les piliers du sanctuaire, et décorée de sculptures représentant habituellement une suite de scènes tirées de l'Ancien et du Nouveau Testament, comme on le voit à Notre-Dame de Paris et dans beaucoup d'autres grandes églises; dans d'autres on y voyait des tombeaux d'évêques.

Sur le devant, on sépara le chœur de la nef par une autre clôture offrant le plus grand luxe d'ornementation qui prit le nom de *jubé*. On y montait pour lire l'épître et l'évangile : le jubé remplaçait donc l'ambon des anciennes basiliques. Le jubé se composait ordinairement de trois ou cinq arcades ouvertes en guise de portes et surmontées d'une plate-forme où se mettait le lecteur. Ces arcades étaient garnies de rideaux et fermées par des grilles de bronze et de fer. Il y eut des jubés magnifiques, mais la plupart de ces gracieux monuments ont disparu pendant les dix-septième et dix-huitième siècles, où l'intérieur de nos églises fut complètement transformé par le goût régnant. Les jubés de l'église de la Madeleine de Troyes, de la cathédrale d'Albi et de Saint-Étienne-du-Mont sont les plus célèbres qui soient restés en France, mais ils sont très-postérieurs au treizième siècle.

Il ne reste plus à Paris qu'un seul jubé, c'est celui de Saint-Étienne-du-Mont. Les escaliers qui montent en spirale et les rampes à jour qui le décorent lui donnent un aspect d'une grande légèreté.

STALLES. — Dans la primitive Église, le clergé siégeait sur des bancs rangés derrière l'autel. Mais au treizième siècle la place des prêtres et des moines est autour du chœur. Leurs sièges, généralement placés sur deux rangs, et souvent décorés avec une grande magnificence, prennent le nom de stalles : la première du côté de l'autel, souvent plus élevée que les autres, était réservée aux grands dignitaires de l'Église. C'est surtout à partir du quatorzième siècle que les stalles ont été ciselées avec un soin et une élégance vraiment prodigieux. Les stalles de la cathédrale d'Amiens sont particulièrement célèbres.

PAVAGE DES ÉGLISES (fig. 189). — La mosaïque employée au pavage des églises pendant les premiers siècles de la monarchie française a été remplacée, dans la période ogivale, par un système de dallage en pierres ou en carreaux de terre cuite. Ces carreaux émaillés étaient disposés de manière à former des dessins et de belles rosaces, dont l'effet se mariait au reflet des vitraux. Quelquefois aussi on y voyait des effigies de personnages, et même des sujets figurés par des bas-reliefs très-peu saillants qui se détachent sur un fond rempli par un mortier de couleur, mais il en reste fort peu aujourd'hui. Un système de pavage caractéristique, qui se plaçait généralement dans la grande nef, consistait à disposer les carreaux de manière à former un labyrinthe, que l'on considérait comme l'emblème du temple de Jérusalem. Les fidèles le parcouraient à genoux, et pour en suivre tous les circuits, il fallait souvent plus d'une heure. Il reste encore quelques-uns de ces labyrinthes, mais la plupart des grandes églises en étaient autrefois pourvues.

DÉCORATION. — Au moyen âge la peinture joue un très-grand rôle dans la décoration des églises. A l'extérieur les sculptures étaient peintes et dorées, mais à l'intérieur la peinture, qui couvrait les colonnes et les murs, mêlait ses teintes opaques aux teintes éclatantes des vitraux.

VITRAUX (fig. 190). — Les savants ne sont pas d'accord pour préciser l'époque où on a commencé à disposer des sujets sur des verres teints de diverses couleurs. L'opinion la plus accréditée ferait remonter cet usage à la période carlovingienne. D'un autre côté, le moine

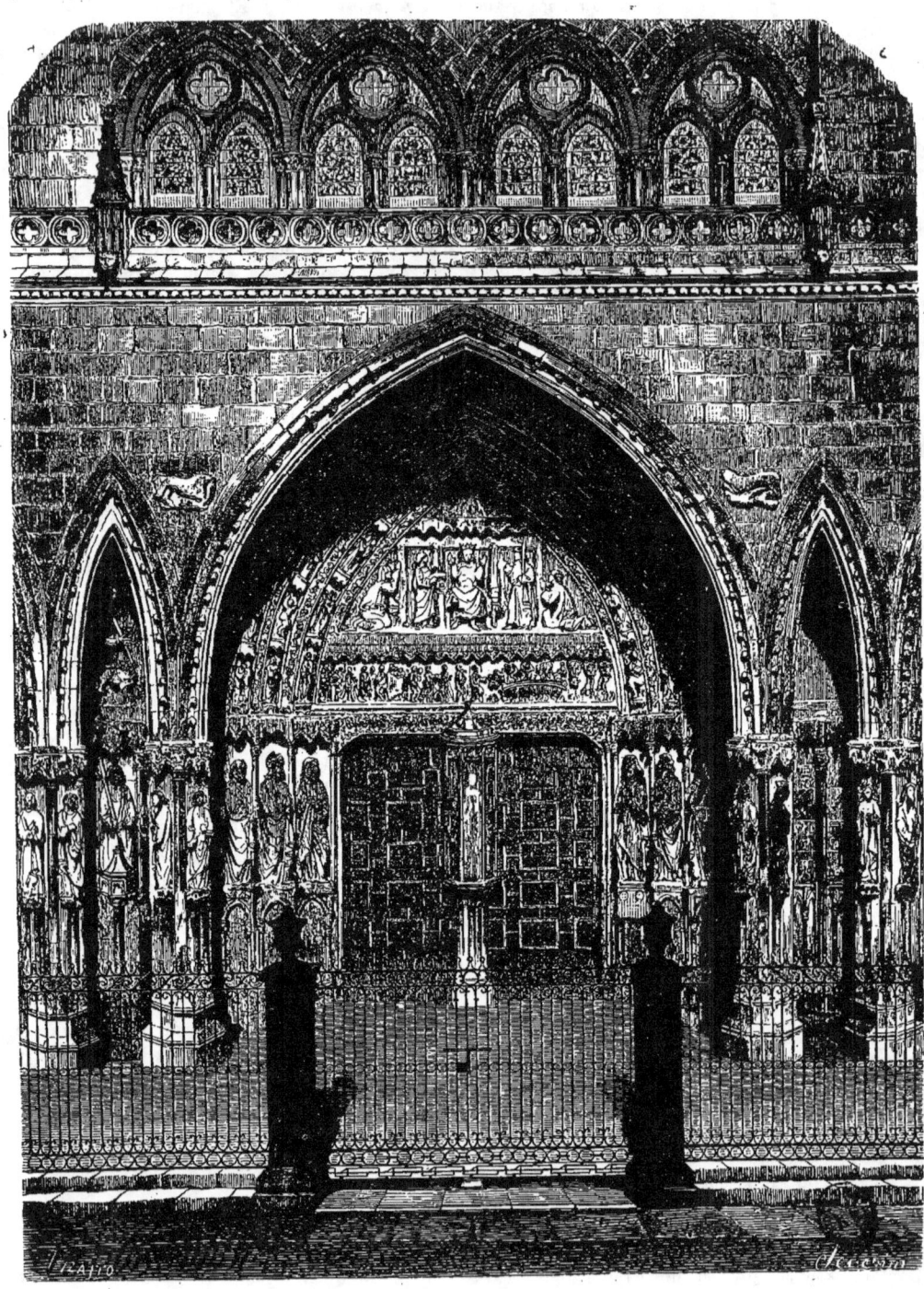

Style ogival.
192. — PORTAIL DE LA CATHÉDRALE DE LÉON.

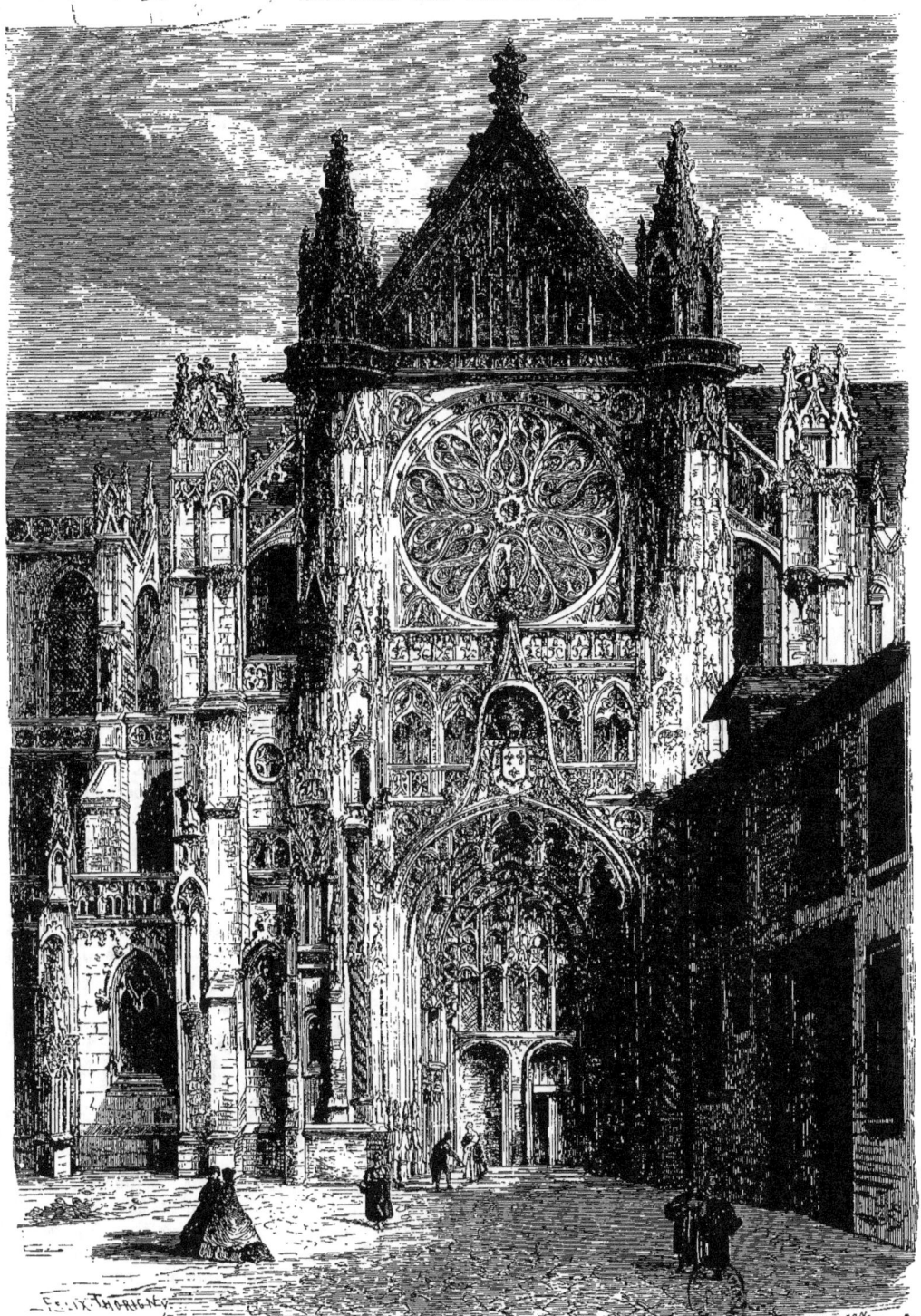

Style ogival flamboyant.
193. — PORTAIL DE LA CATHÉDRALE DE SENLIS.

Théophile, qui écrivait au plus tard vers le douzième siècle, dit que la peinture sur verre était cultivée spécialement dans notre pays.

On ne connaît aucun vitrail antérieur au douzième siècle. « Ceux de cette époque sont assez faciles à reconnaître, dit M. Batissier. La partie supérieure du panneau se termine en ogive, quelquefois en plein cintre. Les compositions empruntées à l'Ancien ou au Nouveau Testament et aux légendes chrétiennes sont comprises dans des cartouches circulaires, elliptiques, ou de trois à quatre lobes, et disposées en sautoir. Elles se détachent sur un fond mosaïque réticulé où domine toujours le bleu avec des baguettes rouges, et plus rarement sur un fond rouge réticulé avec des baguettes bleues. Les angles du réseau présentent des fleurons ou petites rosaces. Le panneau est encadré dans une bordure qui est souvent perlée, où qui offre des entrelacs ou des combinaisons de rinceaux dans le goût byzantin. Ces arabesques sont en général très-élégantes. Pour chaque couleur il y a une tablette de verre, ce qui fait que chaque panneau se compose d'une grande quantité de pièces de rapport. Les figures des sujets sont presque toutes de très-petites dimensions. Par leur style, elles appartiennent à l'art byzantin. En général, elles sont trapues, d'un dessin raide et incorrect. La légende commence toujours par le bas et se développe de droite à gauche en montant. »

Pour faire un vitrail on commençait par disposer un dessin ou carton de la même dimension que la fenêtre. Quand l'artiste avait dessiné par un trait le contour des figures et des ornements, il indiquait la configuration des pièces dont devait se composer le vitrail, et un second carton, découpé en autant de parties qu'il devait y avoir de fragments de verre, fournissait à l'ouvrier le modèle d'après lequel il devait tailler ses vitres. C'était une espèce de jeu de patience, dont les pièces étaient réunies par des liens de plomb à double rainure.

Un point très-important à noter dans les anciens vitraux, c'est que la couleur n'est point choisie au point de vue d'une représentation réelle, mais seulement au point de vue de l'harmonie décorative. Les couleurs des objets sont très-souvent de fantaisie : on voit des chevaux pourprés ou verts, et une foule de choses d'une teinte qui n'est nullement imitée de la nature. Ainsi les vitraux de Saint-Denis, qui sont du douzième siècle, présentent ces tons de fantaisie, qui attestent les préoccupations du décorateur.

Au treizième siècle on voit de grandes figures de saints, de prophètes, de patriarches, raides, graves, drapées avec des plis serrés à la manière byzantine et disposées quelquefois dans une gloire elliptique. Mais la disposition des verrières légendaires à cartouches reste à peu près la même que dans le siècle précédent. Le treizième siècle est la plus belle époque de la peinture des vitraux, comme il est la plus belle époque de l'architecture ogivale. Rien n'égale l'impression saisissante que produisent ces magnifiques verrières.

Les vitraux ont toujours été une chose extrêmement coûteuse, et on a droit de s'étonner de la profusion avec laquelle nos pères les multipliaient dans nos églises. « Si la fabrication de ces verrières, dit M. de Caumont, occasionnait des frais considérables, on avait alors de grandes ressources dans les villes pour subvenir à la dépense : non-seulement les riches seigneurs, les abbés et les autres dignitaires du clergé, mais encore toutes les corporations d'ouvriers, concouraient au vitrage des églises : chaque corporation fournissait une vitre entière, ou un panneau de vitre, et c'était l'usage de figurer au bas du vitrail, au-dessous des autres tableaux, les membres des corporations avec leurs attributs. Ainsi au bas des vitres données par les *poissonniers*, on voit, comme à la cathédrale de Rouen, des poissons exposés sur des tables, et des personnages présidant à la vente ; la corporation des *changeurs* est figurée par des hommes comptant de l'argent sur une table (Chartres) ; celle des *bouchers*, par un boucher tuant un bœuf (id.) ; celle des *boulangers*, par un homme portant du pain ou en vendant (id.) ; celle des *maréchaux*, par des ouvriers ferrant un cheval et battant une enclume (id.) ; celle des *cordonniers*, par des personnages dont l'un taille le cuir et l'autre coud des souliers (id.). On voit beaucoup d'autres industries ainsi représentées au bas des vitres de Chartres, ce qui prouve que toutes les corporations d'arts et métiers y avaient contribué. Les évêques et les abbés, les barons, et les chevaliers, sont représentés de même au bas des verrières qu'ils ont données. Cette espèce de signature, qu'on trouve au bas de toutes les vitres, est très-importante à examiner, puisqu'elle indique infailliblement quels en furent les donateurs. Dans les fenêtres composées de lancettes surmontées d'une rose, l'image du donateur a quelquefois été encadrée dans la rose qui forme le couronnement de la fenêtre ; c'est ainsi qu'à Chartres on voit représentés dans ces vitres circulaires des rois, des ducs, des comtes, des barons, bienfaiteurs de cette cathédrale, revêtus de leurs armures, montés sur des chevaux richement harnachés et caparaçonnés, ayant leur écu chargé d'armoiries ; mais cette place me paraît avoir été réservée aux grandes notabilités de l'époque. »

Dès le quatorzième siècle on commence à se préoccuper davantage de la correction du dessin, et ce progrès augmente encore beaucoup au quinzième. On cherche aussi à imiter la réalité d'une manière plus directe. Mais en même temps la peinture sur verre sort des limites qui lui sont assignées par son rôle décoratif ; elle perd dans l'éclat et l'harmonie de l'ensemble tout ce qu'elle gagne dans le détail, dont la perfection toujours croissante la rapproche de l'art du tableau, mais l'éloigne de l'art architectural. Les études artistiques se dirigent de plus en plus vers l'antiquité, et on oublie peu à peu les vieilles traditions qui se transmettaient dans les corps de métier. On abandonne les médaillons légendaires semés dans les panneaux des fenêtres, qui se couvrent de sujets religieux semblables à des tableaux. Quand l'imprimerie introduisit l'usage des livres de prières inconnus jusque-là, les fidèles se plaignirent de l'obscurité mystérieuse des églises. On s'attacha de plus en plus à faire des vitraux clairs, on rehaussés de dessins en grisaille ; on fut plus sobre de couleurs. La Renaissance nous offre encore d'admirables vitraux, où les figures sont exécutées comme celles des tableaux, mais qui perdent le caractère magique que leur donnaient les artistes de l'époque précédente.

PEINTURE MONUMENTALE. — L'art du tableau tel que nous le comprenons aujourd'hui date de la Renaissance. Pendant tout le moyen âge la peinture était un art purement décoratif, où l'ornementation était intimement mêlée aux sujets, et qui se rattachait à l'architecture. La peinture, comme tous les arts, a été, avant l'émancipation des communes, pratiquée exclusivement dans les cloîtres. Les trésors des couvents renfermaient une infinité d'étoffes, de meubles, d'ustensiles coloriés, de manuscrits venus de Byzance, et tous ces objets servaient de modèles aux moines artistes.

L'influence byzantine se reconnaît au caractère des têtes, à l'emploi du bleu pur, du cinabre, et des hachures dorées sur les étoffes dont les plis sont parallèles et uniformes. Les artistes se copiant les uns les autres, sans avoir jamais recours à la nature, il en résulta bientôt un style monotone, dont les caractères sont une disproportion choquante entre les diverses parties du corps, les têtes grosses, les profils secs, l'expression poussée jusqu'à la grimace, l'exécution de la dernière rudesse.

La peinture, jusqu'au douzième siècle, vit presque exclusivement sur les traditions de l'école byzantine, dont elle observe les procédés comme le style hiératique. Les peintures de l'église de Saint-Savin, près de Poitiers, qui date de la fin du onzième siècle, sont très-précieuses, parce qu'elles nous donnent l'idée du système décoratif de cette époque, dont les ouvrages peints sont extrêmement rares.

La composition de ces peintures, les plus anciennes qu'on connaisse de l'art décoratif du moyen âge, offrent des sujets empruntés à l'histoire sacrée, l'*Offrande de Caïn et d'Abel*, l'*Ivresse de Noé*, la *Tour de Babel*, la *Mort d'Abraham*, la *Fuite en Égypte*. Un grand nombre d'églises romanes ont été décorées de sujets analogues.

L'architecture ogivale ne pouvait être bien favorable au développement de la peinture murale, parce qu'elle n'offrait pas de grandes surfaces à décorer, les murailles étant toujours percées de grandes fenêtres garnies de vitraux. Il n'en était pas de même en Italie, où le style ogival n'a jamais été prédominant, et c'est ce qui explique pourquoi la peinture à fresque a pris dans ce pays une importance qu'elle ne pouvait avoir en France. Les vitraux remplissaient nos églises, et les tapisseries remplissaient nos châteaux. La peinture à sujets tient dans nos édifices une place assez minime. Néanmoins elle n'a jamais cessé de contribuer à leur décoration. Les figures des saints ont conservé longtemps les plis parallèles de l'école byzantine. Les sujets sont toujours tirés de l'Ancien et du Nouveau Testament. La plus grande partie des peintures qui décoraient nos églises du moyen âge ont été recouvertes d'un badigeon blanc aux dix-septième et dix-huitième siècles.

SCULPTURE MONUMENTALE (fig. 194, 195). — La sculpture, qui, dans le style latin, avait tenu si peu de place dans la décoration des monuments, prend une certaine importance dès qu'on arrive à la période romane. Les chapiteaux se couvrent alors de figures bizarres, et le Christ, entouré des symboles des évangélistes, apparaît sur les tympans. Les figures sont tantôt lourdes et trapues, tantôt très-allongées et démesurément maigres, mais toujours raides et incorrectes. Elles empruntent à l'art byzantin un système de draperies plissées à très-petits plis. Les étoffes en usage dans l'Orient offrent souvent cet aspect. « Cela tient, je crois, dit M. Mérimée, aux procédés de blanchissage. Au lieu de les repasser et de les aplatir, comme nous faisons, les Orientaux les tordent sur elles-mêmes : de là les plis en spirale si souvent reproduits dans la sculpture byzantine. »

Les statues de saints et de saintes qui ornaient les parois des portes étaient souvent grandes comme nature. Généralement les personnages étaient taillés dans la pierre; mais quelquefois les bras et la tête étaient rapportés et fixés au moyen de crampons en fer. Les sujets des sculptures sont presque toujours tirés de l'Ancien et du Nouveau Testament. On en

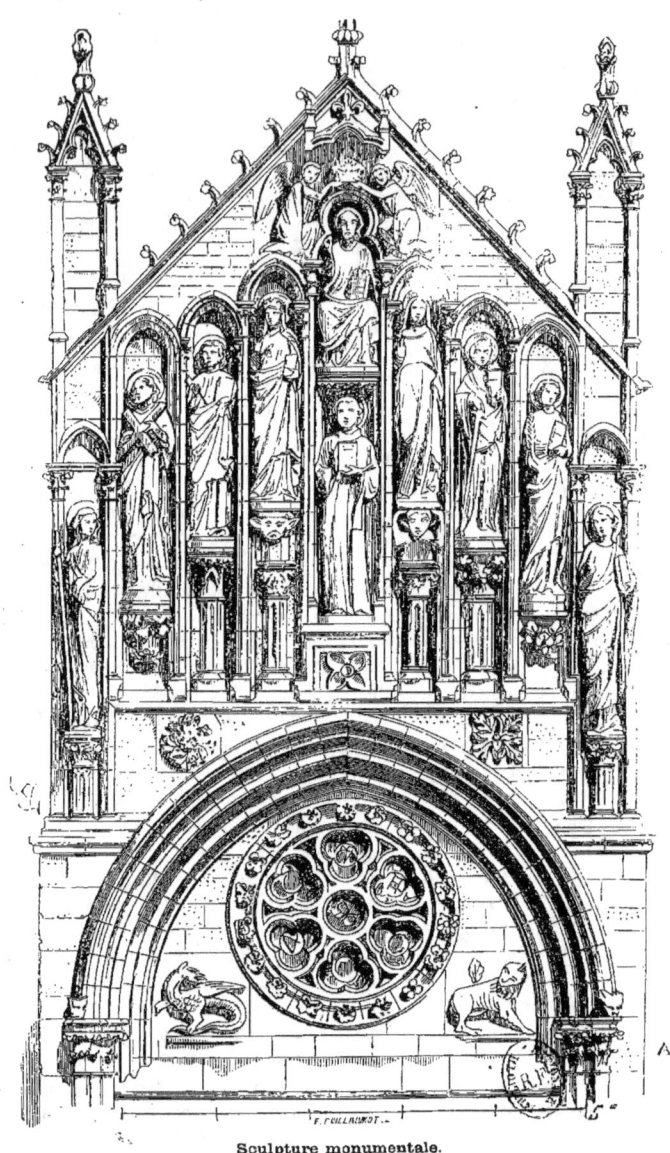

Sculpture monumentale.
194. — PIGNONS DE L'ÉGLISE DE VÉZELAY.

voit aussi, mais beaucoup plus rarement, qui se rattachent à quelque histoire pieuse ou à la fondation de l'église qu'elles décorent.

Ainsi les bas-reliefs qu'on voit à Notre-Dame de Semur montrent un curieux spécimen de la sculpture historique dans la période romane. Ils représentent la mort de Dalmace Ier, seigneur de Semur et beau-père de Robert le Vieux, par qui il fut empoisonné dans un festin. On voit d'abord cinq personnes à table :

une d'elles tombe à la renverse après avoir bu, tandis qu'un chien s'enfuit avec une main, symbole de la bonne foi et de la fidélité chassées du festin. La scène suivante exprime le remords de Robert, qui se frappe la poitrine.

Ensuite on voit l'aumônier de Robert avec un panier rempli d'argent, qu'il donne à un lépreux et à un cul-de-jatte, pour montrer que Robert cherche à réparer son crime par l'aumône. Le bas-relief qui vient après montre la

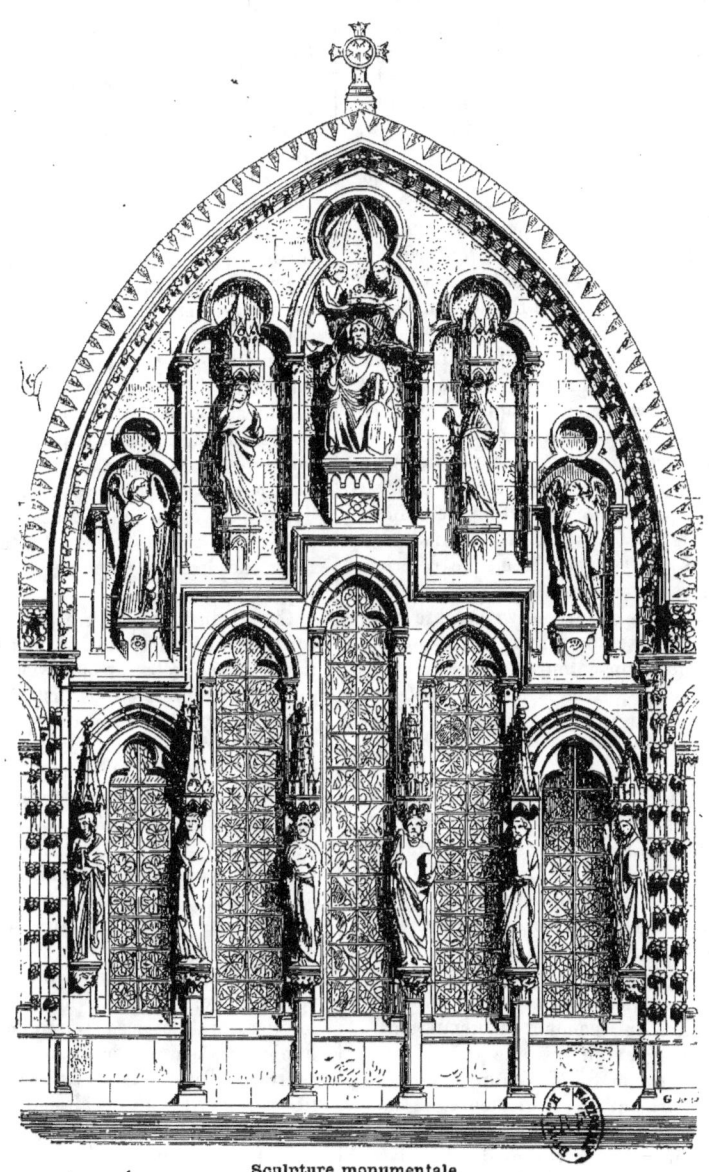

Sculpture monumentale.
195. — PIGNONS DE L'ÉGLISE DE VÉZELAY.

femme de Robert, qui pleure en songeant à son père assassiné; le meurtrier à genoux implore son pardon. Maintenant voici une barque sur les flots : les uns y voient Caron, qui conduit Robert au jugement; d'autres

veulent que ce soit un pèlerinage pieux, où se rendrait Robert pour obtenir son pardon. Le dernier bas-relief montre l'église Notre-Dame fondée par Robert comme expiation. Au-dessus de ces bas-reliefs, dont nous n'avons indiqué que les principaux sujets, on a représenté le Père éternel avec des anges qui lui offrent de l'encens.

Un grand nombre d'artistes qui eurent de la célébrité dans la première partie du moyen âge étaient des évêques ou des saints. On aurait craint de laisser peindre ou sculpter les images offertes à la vénération des fidèles par des mains indignes d'un si pieux ministère. La légende de Hugues de Moutier en est la preuve : placé dès son enfance dans une abbaye de bénédictins pour y apprendre les principes de l'art, Hugues s'en échappa et mena une vie peu régulière ; réintégré plus tard dans son couvent, il fut chargé de sculpter un crucifix, mais le Christ ne voulut pas être représenté par des mains si profanes, et Hugues fut frappé d'une grave maladie.

La réputation de sainteté était à cette époque inséparable de la célébrité dans les arts. Une tradition du neuvième siècle rapporte que Tutilon, bénédictin de Saint-Gall, qui jouissait d'une grande renommée de talent et de piété, était en train de sculpter dans la ville de Metz une image de la Vierge, quand tout à coup on vit des traits de feu sortir des mains de la statue ; deux anges, sous forme de pèlerins, parurent devant l'artiste et lui demandèrent si la Vierge était sa sœur ou sa parente pour qu'il pût la représenter si bien. La Madone se trouva le lendemain entourée de beaux abbés en relief et dorés, et on pensa que c'était la Vierge elle-même qui avait ajouté cet ornement à son portrait en signe de satisfaction.

Le changement apporté dans la sculpture par les laïques est considérable, soit qu'on le considère sous le rapport de la conception ou sous celui de l'exécution. On voit apparaître une sorte de décoration encyclopédique inconnue aux moines artistes ; l'ordre qui y préside fut vraisemblablement établi par les évêques, et tout autre que celui qu'on suivait dans les églises conventuelles.

L'instruction qui, pendant la première partie du moyen âge, était réservée aux abbayes, allait passer aux mains des laïques dont les évêques se faisaient les instituteurs. Si dans des églises comme celles de Chartres, Reims, Paris et Amiens, nous voyons deux, trois et quatre mille statues, si Chartres, Bourges ou le Mans nous montrent quatre à cinq mille figures peintes sur les vitraux, ce n'est pas seulement à titre d'ornements pour ces édifices. Si les églises des petites villes avaient parfois des centaines de figures peintes et sculptées, c'est que la population qui ne savait pas lire était pourtant avide d'instruction, et que le clergé seul était en état de la lui donner.

Il est aisé de comprendre que les statues qui décorent une cathédrale, ayant pour but un enseignement, ne sont pas placées arbitrairement sur l'édifice, et on n'aurait qu'une idée très-imparfaite de notre architecture du moyen âge, si on ne cherchait pas le mobile qui a guidé les architectes en prodiguant ainsi les figures sur leurs églises. M. Didron remarque que l'encyclopédie de Vincent de Beauvais indique l'ordre qui a été le plus généralement adopté, et il prend pour type la cathédrale de Chartres comme étant la plus complète et la plus méthodique. Le système adopté n'est pas le même pour tous les édifices, mais en étudiant celui qui a été suivi dans cette magnifique église, on se rend très-bien compte de la préoccupation qui guidait alors les architectes et du but qu'ils se proposaient.

L'arcade centrale du porche septentrional nous montre trente-six compositions et soixante-quinze statues, formant un cycle historique, dont le point de départ est la création du monde, et qui s'étend jusqu'au moment où Adam et Ève sont chassés du paradis terrestre. C'est là en effet le commencement des études historiques.

Chassé du paradis terrestre, Adam est désormais voué au travail, et le sculpteur chrétien prend ce prétexte pour développer au porche du nord la représentation historique et allégorique de l'industrie humaine qui ne comprend pas moins de cent trois figures. Cette représentation est divisée en trois parties : la première est consacrée aux travaux de la campagne, la seconde est un catéchisme industriel pour les travaux de la ville, la troisième a trait aux arts libéraux personifiés, un philosophe, un géomètre, etc.

Il ne suffit pas que l'homme sache travailler, il faut encore qu'il sache se conduire. L'artiste a développé dans l'arcade de gauche ce qu'on appelait alors le miroir moral, les vertus et les vices, qu'il oppose l'un à l'autre, comme la lumière à la nuit, en cherchant toujours le contraste. Cette série est divisée en quatre parties : les vertus théologales, qui s'adressent à Dieu, et les vertus politiques, qui s'adressent à la société, sont placées en dehors, tandis que les vertus domestiques, qui s'adressent à l'individu, s'abritent discrètement sous le porche. Les vertus et les vices forment ensemble cent quarante-huit statues.

Toute cette décoration constitue donc un poème en plusieurs chants, Nous avons vu d'abord l'image de la nature organisée, la création, ensuite l'image de la science, ensuite celle de la morale; nous allons voir maintenant l'histoire se dérouler tout entière en quatorze cent quatre-vingt-huit statues. Cette dernière section occupe les trois baies du portail du nord, le porche entier et les trois baies du portail méridional. Elle commence avec Adam et Ève filant et bêchant hors du paradis et s'étend au nord et à gauche jusqu'à la mort de la Vierge; puis elle se continue à droite et au sud en commençant au moment où Jésus-Christ dit à ses apôtres : Allez, enseignez et baptisez les nations; elle finit au jugement dernier. Car, pour le pieux artiste, l'histoire ne finit pas à l'époque où il vit : il connaît aussi bien l'avenir de l'humanité que son passé et ne doute pas plus des prophéties que des traditions. Il vous dit comment le monde finira et retrace tous les incidents qui précéderont le jugement dernier.

Si l'on considère maintenant que parmi ces innombrables statues, exécutées naturellement avec un talent très-inégal, il y en a quelques-unes qui comptent parmi les chefs-d'œuvre de la statuaire, que toutes sont conçues avec un sentiment décoratif, qui est dans une harmonie parfaite avec le monument, qu'elles concourent au même titre que les vitraux, les boiseries, les retables, les objets sacrés, les pièces d'orfévrerie, les rosaces, les rinceaux, à orner la magnifique cathédrale, qu'elles ne sont comme tout le reste qu'un fragment de la magnifique architecture dont rien ne vient troubler l'unité, on comprendra à quel prodigieux degré de puissance s'est élevé l'art du moyen âge.

SCULPTURE ORNEMENTALE. — La sculpture d'ornements s'affranchit des traditions byzantines dès qu'apparut la période ogivale. Les feuillages reproduisant les caractères saillants des végétaux sont substitués aux larges enroulements de l'époque précédente, aux étoiles, aux perles, aux édifices à facettes usités dans les édifices romains. Les plantes qui couvrent notre sol sont imitées et interprétées avec un rare bonheur; on les trouve dans les chapiteaux, dans les frises, dans les corniches d'entablement, sur les rampants des pignons, sur les arêtes des pyramides. Ces feuilles se recourbent en crochets ou en crosses, courent le long des rinceaux, se mêlent aux rosaces et aux trèfles. Au quinzième siècle on trouve des guirlandes de fleurs et de feuilles entrelacées avec des rubans, mêlées avec des animaux réels ou fantastiques. A cette époque les crochets prennent le nom de *choux*, et représentent presque toujours des choux frisés ou des chardons, le sommet des ogives se recouvre d'un bouquet de feuillage qui s'épanouit, les panneaux et les arcatures simulées se remplissent de nombreuses nervures flamboyantes.

On voit aussi dans les balustrades, dans les nerfs des croisées, dans le tympan des ogives, dans les roses, des rinceaux de feuillages frisés, des trèfles, des quatre-feuilles brisées, des figures géométriques décrivant des courbes alternativement concaves et convexes, se réunissant en pointe, formant des étoiles, des fleurs de lis. Ce sont ces courbes ondulées, auxquelles on a trouvé de l'analogie avec des flammes agitées par le vent, qui ont fait donner le nom de style flamboyant à la dernière période de l'architecture ogivale.

Un autre ornement qu'il ne faut pas omettre, c'est le *dais*, sorte de couronnement appliqué au-dessus des niches où sont les statues des saints. Ces dais, qui représentent la Jérusalem céleste, figurent habituellement de petits édifices avec des clochers, des galeries, des tours crénelées, et tout ce qui constitue l'architecture du temps.

TOMBEAUX (fig. 196). — Les sarcophages antiques, affectant la forme d'un coffre de marbre dont le couvercle est plat, convexe ou prismatique, et dont les faces sont décorées de bas-reliefs ou d'ornements, ont été imités dans la période latine. Les musées de nos villes du midi de la France, Aix, Arles, Narbonne, Toulouse, etc., offrent de nombreux exemples de sarcophages chrétiens. Les sujets des bas-reliefs sont tirés de l'Ancien ou du Nouveau Testament, et les figures sont tantôt rangées des deux côtés de la croix ou du monogramme du Christ, tantôt placées sous de petites arcades supportées par des colonnes. Mais on y voit aussi des sujets empruntés à la mythologie. Car les chrétiens qui, pour bâtir les églises, arrachaient les colonnes des temples, prenaient de même des sarcophages tout faits pour y mettre leurs morts, en y ajoutant une croix ou des symboles chrétiens. Ces tombeaux antiques, beaucoup mieux travaillés que les nouveaux, étaient fort appréciés et servaient généralement aux grands personnages. C'est ainsi que pour le corps de Charlemagne on prit un sarcophage qui se voit encore dans l'église d'Aix-la-Chapelle, dont le sujet représente l'*Enlèvement de Proserpine*. Au surplus, les sujets mythologiques n'étant plus alors compris par personne, il n'est pas étonnant qu'on les ait laissé figurer dans des monuments chrétiens.

Ce n'est guère que vers le onzième siècle que les tombeaux prennent un caractère nou-

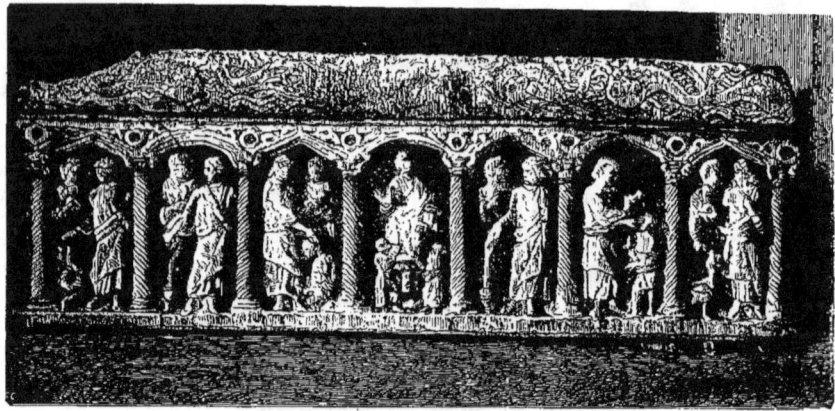

196. — SARCOPHAGE CHRÉTIEN.

veau qui s'harmonise avec les transformations que subit alors l'architecture.

« Les tombeaux apparents, dit M. de Caumont, n'appartiennent qu'à des notabilités de l'époque à laquelle ils furent érigés. Comme il fallait éviter d'encombrer les églises, on les plaça souvent sous des arcades pratiquées dans l'épaisseur des murs, à l'intérieur et quelquefois à l'extérieur, dans les cloîtres, les salles capitulaires, etc.; un petit nombre de tombeaux furent isolés dans les cryptes, les églises ou les chapelles. Les tombeaux placés dans l'épaisseur des murs, sous des arcades, reposent tantôt sur un soubassement en pierres de taille, tantôt sur des colonnes cylindriques ou sur des espèces de chantiers. Le couvercle, quelquefois plat, est aussi parfois de forme prismatique ou triangulaire, imitant la disposition d'un toit à double égout. »

Ce fut vers le dou-

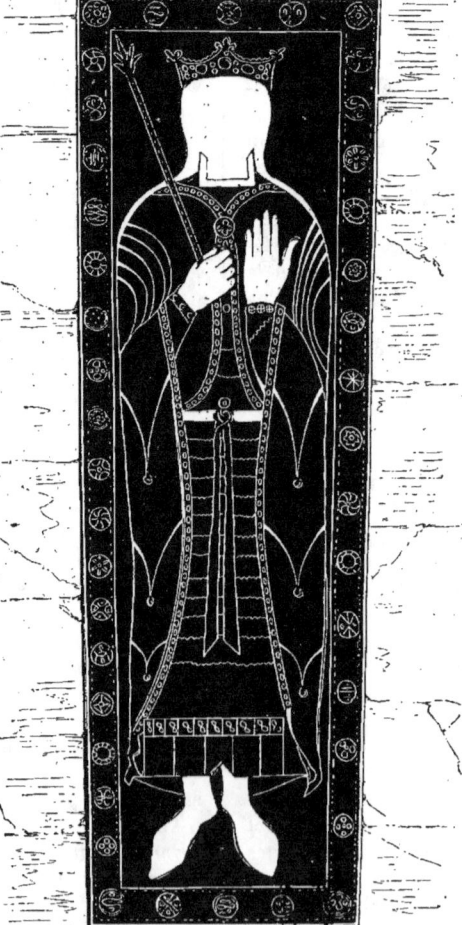

Pierre tombale.
197. — TOMBEAU DE FRÉDÉGONDE.

zième siècle qu'on commença à sculpter l'image du défunt sur quelques tombeaux. L'abbaye de Fontevrault possède les statues de Richard Cœur de Lion, de Henri II et de sa femme qui sont peintes. C'était alors l'usage pour toutes les sculptures : on peut en voir un exemple au musée du Louvre, dans la statue qui est désignée sous le nom de Childebert et qui provient de l'abbaye de Saint-Germain-des-Prés. Cette abbaye renfermait des sépultures fort curieuses : celles qu'on croit avoir appartenues à Morard et à Jugon, qui en furent abbés, présentent des squelettes enveloppés dans leurs habits sacerdotaux. Quelquefois les tombeaux étaient revêtus de plaques d'argent ou de cuivre émaillé.

A partir de la période ogivale, l'usage de représenter le défunt, soit sculpté en relief, soit gravé au trait, est très-fréquent sur les tombeaux.

Quelquefois on entourait le sarcophage du défunt avec les images des personnes qu'il avait le plus aimées pendant sa vie. Quelquefois aussi le tombeau représentait les funérailles du mort, où bien il était entouré de bas-reliefs tirés de la vie des saints. Le roi saint Louis qui restaura Saint-Denis, y consacra des monuments à plusieurs rois et grands personnages ses prédécesseurs, entre autres celui de Dagobert. Le sujet du bas-relief qui le décore est tiré d'une vision qu'eut un ermite appelé Jean (fig. 198). L'âme de Dagobert lui était apparue, tourmentée par les démons qui l'entraînaient, mais ensuite délivrée par l'intercession des saints qu'il avait invoqués. On voit en effet le roi Dagobert entièrement nu et aux prises avec des démons hideux qui l'emmènent dans leur barque. Mais saint Denis, saint Martin et saint Maurice mettent les diables en fuite et enlèvent leur protégé vers le ciel.

Les pierres tombales (fig. 197) avaient été de tout temps beaucoup plus nombreuses que les tombeaux en relief. Mais c'est surtout vers la fin de la période ogivale qu'on en a fait de très-ornées.

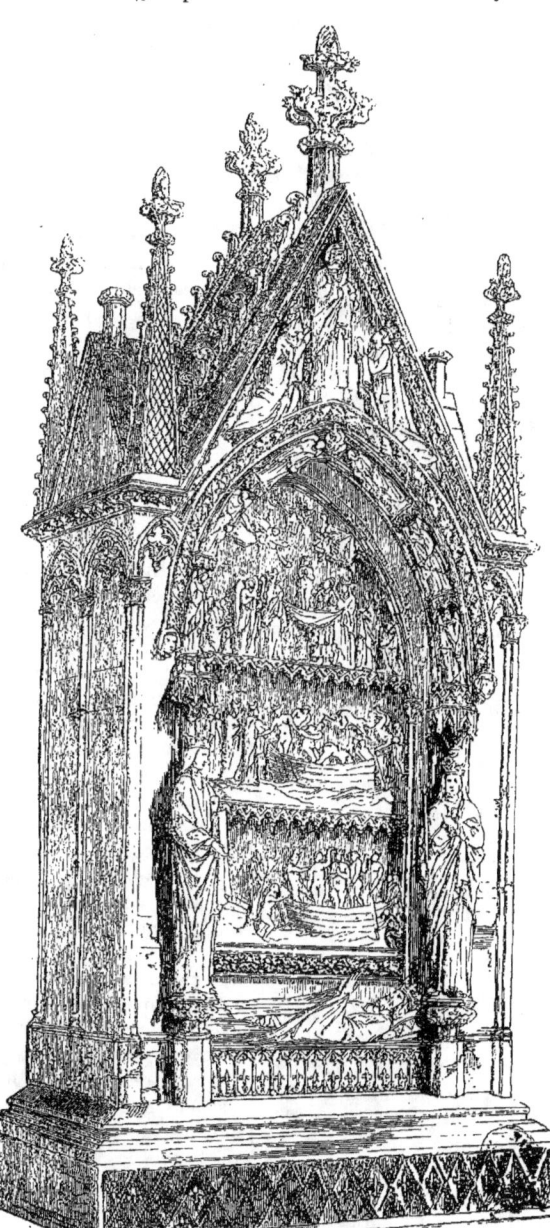

198. — TOMBEAU DE DAGOBERT DANS L'ÉGLISE DE SAINT-DENIS.

« Les pierres tombales ont été au quatorzième siècle magnifiques d'exécution : tous les détails du costume y sont rendus avec une grande exactitude. Les compositions architecturales destinées à former l'entourage des personnages représentent des chapelles ou des travées d'une église. Elles ont leurs types correspondants dans les décorations du même genre dont on encadrait, au quatorzième siècle, sur les vitraux, les personnages que l'Église offrait à la vénération des fidèles. Dans le Nord, les Pays-Bas et dans quelques localités, ce sont des dalles de marbre gris ou noir qui ont été employées; dans l'Ile-de-France, la Normandie et une très-grande partie de la France, ce sont surtout des tables de pierre calcaire blanche, jaune ou appartenant aux formations secondaires ou tertiaires; enfin dans les régions granitiques et schisteuses, on s'est servi des tables fournies par ces roches, mais elles étaient moins faciles à tailler. »

Visite au musée de Dijon. — Les *tombeaux des ducs de Bourgogne*, qu'on peut voir au musée de Dijon, comptent parmi les plus beaux monuments de la statuaire au moyen âge. Le *tombeau de Philippe le Hardi* est posé sur un socle et une base en marbre noir. Des arcades ogivales en marbre blanc, couronnées par une galerie découpée à jour, se détachent sur un fond en marbre noir, et entourent le monument qui est en outre orné de pilastres, de colonnettes, de clochetons et de cinquante-deux figurines d'anges. L'ensemble figure un cloître autour duquel sont placées quarante statuettes qui représentent des personnages appartenant à différents ordres monastiques. La statue couchée de Philippe le Hardi est placée sur la table qui couvre le monument. Sa tête est soutenue par un coussin, et ses pieds, chaussés de souliers de fer, reposent sur le dos d'un lion. Un casque avec une fleur de lis au cimier est soutenu par deux anges, aux ailes déployées et dorées, qui sont placés derrière la tête. Cet ouvrage a été exécuté par Claux Sluter, *ymaygier* du duc de Bourgogne, qui s'est fait aider dans son travail par Claux de Vousonne son neveu, et par Jacques de Baërze pour l'architecture et les ornements.

Le *tombeau de Jean sans Peur et de Marguerite de Bourgogne* est du même style que le précédent, mais encore plus riche. Le duc et la duchesse portent la couronne ducale; deux lions sont couchés à leurs pieds et quatre anges placés derrière leurs têtes soutiennent le casque du duc et les armoiries de la duchesse. Jehan de la Verta, dit d'Aroca, tailleur d'*ymaiges* demeurant à Dijon, a exécuté ce tombeau en 1444, en se faisant aider par Jean de Droguès et Antoine le Monturier.

Ces deux tombeaux avaient été détruits pendant la révolution, et les morceaux, disséminés chez divers particuliers, ont été réunis, remis à leur place et restaurés en 1827.

GÉOGRAPHIE DU STYLE OGIVAL. — L'architecture ogivale paraît s'être développée d'abord dans les contrées situées au nord de la Loire en allant vers le nord et l'est. C'est dans la Champagne, l'Ile-de-France, la Picardie, la Normandie, le pays chartrain, l'Orléanais, le Maine, qu'on trouve les plus anciens monuments appartenant à ce style. M. de Caumont fait remarquer qu'à l'époque où dans les provinces le style ogival était déjà florissant, le style roman continuait encore dans les contrées qui avoisinent le Rhin.

Le style ogival a pénétré dans le midi de la France, mais il se marie difficilement avec les autres parties de la construction et semble toujours l'importation d'un goût étranger. L'arc plein cintre devient aigu, mais ses proportions ne se modifient pas, les colonnes restent courtes et trapues, et l'architecture ne parvient pas à prendre ce caractère élancé qui est le propre du style ogival. Au reste, la plupart des édifices en ogive élevés dans le midi de la France datent du quatorzième ou du quinzième siècle, et présentent le style de cette époque plutôt que celui du treizième. Il en fut de même en Allemagne et sur les bords du Rhin.

STYLE DE TRANSITION. — On entend par *style de transition* celui où le plein cintre se trouve mêlé avec l'ogive; les monuments qui se rattachent par certaines parties au style roman, et par d'autres au style ogival, n'appartiennent pourtant pas tous à la transition, parce que ces parties peuvent avoir été construites à des époques différentes. Les monuments de transition sont ceux qui présentent le mélange des styles dans une construction datant de la même époque. « Le style ogival, dit M. de Caumont, ne s'est pas substitué tout d'un coup au style roman; l'emploi de l'ogive devint fréquent dans le cours du douzième siècle, et après avoir été employé concurremment avec le plein cintre, elle finit par lui être préférée. Le progrès, ou, si l'on veut, la formation de l'architecture ogivale, est facile à observer, quand on visite quelques monuments de la seconde moitié du douzième siècle. Cette époque de transformation s'appelle *Transition;* elle a pour limite le treizième siècle; alors l'arc en tiers-point fut généralement employé dans une grande partie de la France, et le style ogival fut complètement formé.

Notre-Dame de Noyon (Oise). — C'est l'église où l'ogive se trouve mêlée au plein cintre de la manière la plus prononcée. Elle a été bâtie de 1150 à 1170, à une époque où la commune de Noyon jouissait déjà depuis quelque temps de ses franchises. Contrairement à ce qui arrive généralement, la cathédrale de Noyon présente cette particularité, que c'est le rez-de-chaussée et le premier étage qui affectent la forme ogivale, tandis que les deux étages supérieurs sont à plein cintre.

Parmi les édifices du style de transition, nous citerons encore l'église de Saint-Maurice d'Angers (Maine-et-Loire), les églises de Notre-Dame de la Couture et de Notre-Dame du Pré au Mans (Sarthe), l'église de Saint-Germer (Oise), etc., etc.

STYLE OGIVAL. — Il existe fort peu d'édifices religieux qui aient été construits d'un coup et sans interruption. La construction de la plupart de nos églises se rapporte à plusieurs époques et représente par conséquent plusieurs styles.

Cathédrale de Coutances (Manche). — C'est un des monuments les plus purs et les plus complets du style ogival primaire. Le plan est une croix latine; l'église comprend une nef principale, garnie de bas côtés qui deviennent doubles autour de l'hémicyle du chœur. L'entrée a trois portes principales, et la façade présente deux belles tours quadrangulaires à la base et terminées par une pyramide octogone. Une énorme tour octogone, surnommée le Plomb, se dresse au-dessus de la croisée; elle est composée de deux étages et flanquée de tourelles sur les quatre faces diagonales. C'est devant cette tour que Vauban, frappé d'admiration, s'est écrié : « Quel est le sublime fou qui a osé lancer dans les airs un pareil monument? » L'extérieur de Notre-Dame de Coutances est d'une simplicité sévère qui frappe tout d'abord. Les belles colonnes du chœur s'élancent d'un seul jet jusqu'au haut des murs, où elles reçoivent les arceaux des voûtes. Le chœur, comparativement plus long que la nef, occupe la partie centrale du transept, disposition particulière à la plus ancienne époque de la période ogivale.

Cathédrale d'Amiens (Somme). — Cet édifice est considéré par un grand nombre d'artistes comme le chef-d'œuvre de l'art chrétien au moyen âge. Il en est peu en effet qui produisent une impression aussi saisissante. L'ancienne église fut brûlée en 1218, et Robert de Luzarches, le plus célèbre architecte de ce temps, fut chargé de la rééifier en 1280. L'édifice a été terminé en 1288, moins les deux tours qui sont du siècle suivant. Nous n'entreprendrons pas ici une description qui demanderait un volume. Les innombrables colonnes, les ornements et les statues de tout genre qui enrichissent cette église, la magnifique rose centrale, les bas-reliefs qui décorent le portail, la clôture du chœur présentant une suite de statuettes sur la vie de saint Firmin, premier apôtre de la contrée, en font un monument hors ligne. Le clocher, qui fut détruit par la foudre en 1527, a été rétabli en 1533 et est enrichi de statues colossales qui produisent le plus bel effet.

Cathédrale de Chartres (Eure-et-Loir) (fig. 202). — Cette célèbre basilique est le premier monument religieux auquel la population tout entière ait voulu travailler, chacun dans la mesure de ses forces et de son savoir : c'est un exemple qui fut bientôt suivi par beaucoup d'autres, mais c'est à Chartres que revient l'honneur d'avoir donné l'exemple. Une lettre écrite en 1145 aux religieux de l'abbaye de Tutteberg, en Angleterre, donne les détails suivants sur la manière dont la construction s'est effectuée : « C'est un prodige inouï que de voir des hommes puissants, fiers de leur naissance et de leurs richesses, accoutumés à une vie mortelle et voluptueuse, s'attacher à un char avec des traits, et voiturer les pierres, la chaux, le bois, tous les matériaux nécessaires pour la construction de l'édifice sacré. Quelquefois mille personnes, hommes et femmes, sont attelées au même char, tant la charge est considérable, et cependant il règne un si grand silence qu'on n'entend pas le moindre murmure. Quand on s'arrête dans les chemins, on parle, mais seulement de ses péchés dont on fait confession avec des larmes et des prières; alors les prêtres engagent à étouffer les haines, à remettre les dettes.... S'il se trouve quelqu'un assez endurci pour ne pas vouloir pardonner à ses ennemis et refuser de se soumettre à ces exhortations, aussitôt il est détaché du char et chassé de la sainte compagnie. »

Cette piété, qui portait nos pères à vouloir participer à l'érection de leurs églises, est un trait caractéristique du treizième siècle; mais elle s'appliquait exclusivement aux églises dédiées à la Vierge, que toutes les cités affranchies invoquaient comme leur protectrice. La construction de la cathédrale de Chartres, commencée au milieu du douzième siècle, a duré cent cinquante ans. L'enthousiasme pieux de tout un peuple avait facilité les premiers travaux, d'admirables artistes y ont mis ensuite le cachet de leur génie.

La façade principale présente deux tours carrées servant de base à deux flèches octogones. La charpente de cette église était extrêmement célèbre : on l'avait surnommée la *forêt*, à cause de l'immense quantité de bois qu'on y avait employé. Elle a été brûlée en 1836 et remplacée par une charpente en fer. Nous avons déjà parlé plus haut de la disposition des sculptures qui la décorent, et dont quelques-unes sont très-remarquables. Les bas-reliefs de la clôture du chœur, exécutés en 1514 par Jean Tixier, comptent parmi les ouvrages les plus célèbres de la sculpture française.

Notre-Dame de Reims (fig. 203). — La cathédrale de Reims, un des plus beaux monuments du dix-septième siècle, a été élevée par l'architecte Robert de Coucy, qui a consacré trente ans de sa vie à cet immense travail. L'édifice a été commencé en 1212, le chapitre a pris possession du chœur en 1241. Cinq architectes ont continué le travail d'après le plan primitif. Les tours de la façade principale n'ont été achevées qu'en 1430, mais un incendie, survenu en 1481, a détruit cinq clochers qui n'ont pas été rétablis. Le portail est composé de trois arcades en ogives, ornées de plus de cinq cent cinquante figures. L'arcade du milieu représente le couronnement de la Vierge; celle de droite, le jugement dernier; celle de gauche, la passion. Autour de la grande rose on voit le baptême de Clovis et le combat de David et Goliath. Une charmante colonnade ornée des statues de quarante-deux rois de France depuis Clovis

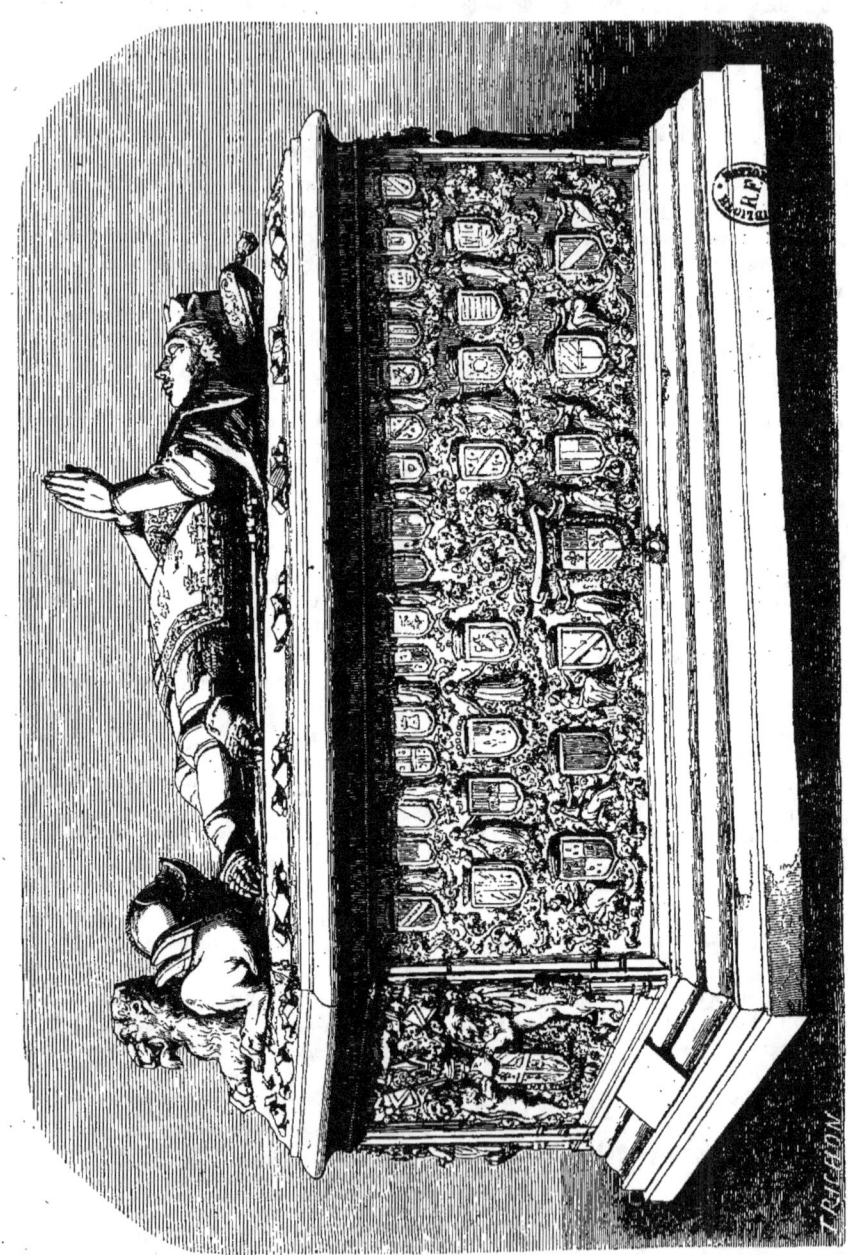

199. — TOMBEAU DE CHARLES LE TÉMÉRAIRE.

jusqu'à Charles VI, occupe le sommet de la façade. Les deux tours, terminées par de pe-

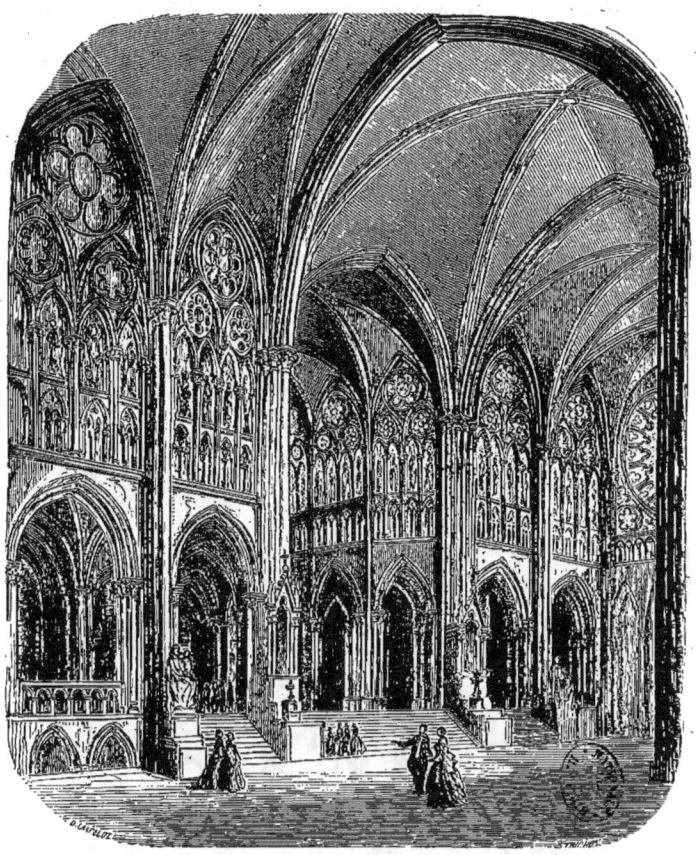

200. — INTÉRIEUR DE SAINT-DENIS.

tites pyramides à plusieurs pans, sont richement découpées et sculptées à jour. L'église est partagée en trois nefs : elle est éclairée par de nombreuses fenêtres et de grandes rosaces. Ces verrières sont extrêmement célèbres. A l'extrémité de l'abside s'élève une flèche élancée que surmonte un ange doré.

C'est dans la cathédrale de Reims que les rois de France se faisaient sacrer et couronner.

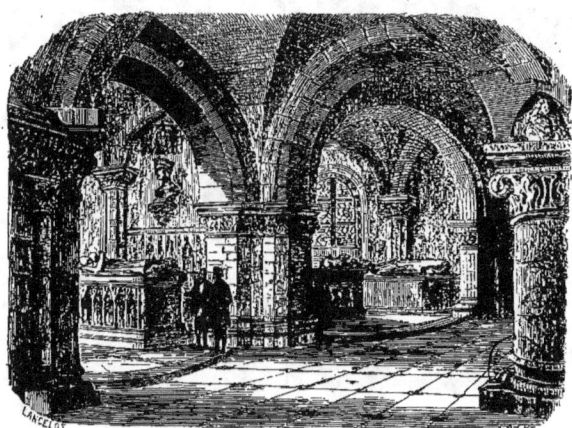

201. — CRYPTE DE SAINT-DENIS.

L'abbé de Saint-Denis, dépositaire des ornements royaux, les plaçait lui-même sur l'autel et restait près d'eux pendant la cérémonie. Pendant qu'on chantait le *Te Deum*, le roi demeurait prosterné devant l'autel : il n'avait conservé de ses vêtements qu'une camisole de soie, et sa chemise qui devait être ouverte à la poitrine et entre les épaules. Quand il avait fini sa prière, le grand chambellan de France lui chaussait ses bottines, qui étaient présentées par l'abbé de Saint-Denis; ensuite le duc de Bourgogne lui attachait ses éperons. Alors l'archevêque de Reims prenait l'épée nue qui était sur l'autel, la donnait au roi, qui, après une prière, la remettait entre les mains du connétable de France chargé de la porter devant lui. Ensuite avait lieu l'onction faite avec l'huile de la sainte ampoule, et le grand chambellan habillait le roi avec la *dalmatique* et le *manteau royal*. Puis l'archevêque prenait un *anneau* qu'il mettait au doigt du roi, et lui plaçait dans la main droite le *sceptre* et dans la main gauche la *main* de justice. Alors le chancelier appelait nominativement les pairs de France, qui devaient tous porter la main à

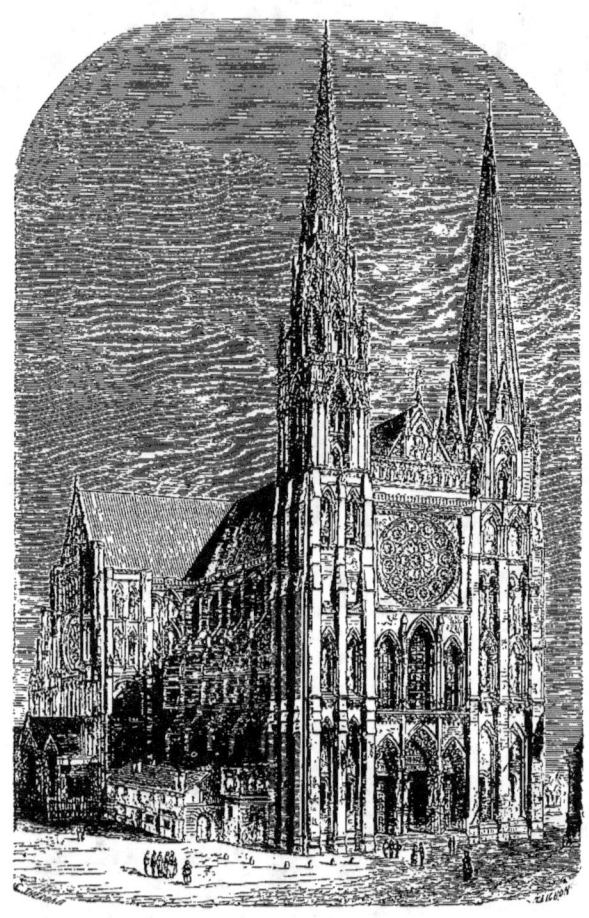

202. — CATHÉDRALE DE CHARTRES.

la couronne au moment où l'archevêque la plaçait sur la tête du roi. La cérémonie se terminait par la messe, où le roi communiait.

Église de Saint-Denis (Seine) (fig. 200, 201). — L'église de Saint-Denis, commencée par Suger, ministre de Louis VII, a été considérablement agrandie par saint Louis. Elle renferme la précieuse collection des tombeaux des rois de France, qui forme un véritable musée de la sépulture nationale. La grande flèche de Saint-Denis a été atteinte par la foudre en 1837, et la tour qu'on voulait rebâtir menaçant de ruiner l'édifice, il fallut la démolir. De nombreux travaux de restauration ont été récemment entrepris dans cette église sous la direction de M. Viollet-Leduc. C'est à l'abbaye de Saint-Denis qu'étaient conservés les insignes des rois de France.

Notre-Dame de Dijon (Côte-d'Or). — Cette église, commencée dans les premières années du treizième siècle et consacrée en 1331, présente une façade unique en son genre. L'entrée est précédée d'un large porche que surmonte une surface presque carrée, divisée en deux parties égales, formées chacune d'une galerie de seize arcades ogivales portant sur des colonnettes très-minces. Les tours qui devaient accompagner cette façade n'ont pas été exécutées.

Cathédrale de Laon (Aisne). — L'ancienne cathédrale de Laon fut brûlée en 1112 ; des reliques sauvées de l'incendie furent promenées processionnellement dans le royaume, et les aumônes qui furent recueillies partout servirent à commencer le nouvel édifice, qui ne fut terminé qu'au commencement du quatorzième siècle. Les quatre tours de la cathédrale de Laon sont particulièrement remarquables par leur légèreté aérienne. L'une des tours du grand portail était autrefois surmontée d'une flèche qui n'existe plus.

Cathédrale de Tours (Indre-et-Loire). — L'ancienne cathédrale de Tours fut détruite dans un incendie en 1166, et la première pierre de la nouvelle fut posée en 1170. Mais les travaux durèrent très-longtemps, comme cela arrivait souvent à cette époque, et, bien que la grande façade ait été achevée en 1440, les deux tours ne furent terminées qu'au seizième siècle. En voyant la merveilleuse dentelle de pierre qui orne cette façade, Henri IV s'est écrié : « Ventre-saint-gris ! voilà de beaux bijoux, il n'y manque plus que des étuis. » Malgré la richesse de sa décoration, la cathédrale de Tours, un peu étroite dans son développement latéral, ne peut être mise en parallèle avec les grands chefs-d'œuvre d'Amiens ou de Chartres.

Cathédrale de Beauvais (Oise). — La cathédrale de Beauvais ayant été détruite par un incendie en 1125, l'évêque et le peuple résolurent de la rebâtir beaucoup plus vaste, et adoptèrent un plan tellement grandiose qu'elle devait éclipser toutes les autres cathédrales de France. Mais les voûtes, trop élevées et trop hardies pour la force des contre-forts qui devaient les arc-bouter, s'écroulèrent. L'architecte Enguerrand fut chargé, en 1338, de terminer le chœur de la basilique ; mais les guerres intestines vinrent arrêter les travaux, qui ne furent terminés qu'au seizième siècle. A cette époque on était en pleine Renaissance : le style ogival était partout abandonné et remplacé par des imitations de l'architecture gréco-romaine. Pourtant il avait encore quelques rares adeptes, et parmi eux Jean Wast et François Maréchal, qui furent chargés, en 1555, de terminer la cathédrale. Ces deux architectes élevèrent une flèche ornée de dentelles de pierres, qui montait à une hauteur prodigieuse et semblait se perdre dans les nues ; mais au bout de cinq ans la tour s'écroula. Ce fut le dernier effort de l'architecture gothique. Le chœur de la cathédrale de Beauvais est un des grands chefs-d'œuvre de l'art ogival.

Cathédrale de Rouen (Seine-Inférieure). — Construite à différentes époques, la cathédrale de Rouen, composée de parties disparates, impose malgré tout l'admiration. Le corps de l'édifice appartient au style ogival primitif, les chapelles au style ogival secondaire, le portail au style ogival tertiaire, et les admirables tombeaux de la chapelle de la Vierge sont de la Renaissance. La façade, commencée en 1509 et terminée en 1530, est ornée d'un nombre prodigieux de statues et de sculptures de toutes sortes. Elle est comprise entre deux tours, la *tour de Saint-Roman* et la *tour de Beurre* ; cette dernière est ainsi nommée parce qu'elle a été construite avec les aumônes des fidèles, qui reçurent en récompense la permission de consommer du beurre pendant le carême. La cathédrale de Rouen était autrefois ornée d'une pyramide en charpente de cent trente-deux mètres de hauteur, qui a été détruite par la foudre en 1822. On l'a remplacée par une construction en fonte qui n'a pas été terminée.

Comment parler de Rouen sans nommer son admirable église de Saint-Ouen, commencée en 1310, et de l'église Saint-Maclou, un des plus beaux édifices du style flamboyant ! La France est couverte d'édifices religieux qui demanderaient tous une description. Les bornes imposées à ce travail nous obligent à les passer sous silence. Nous citerons seulement les cathédrales de Bayeux, de Lyon, de Bordeaux, d'Auxerre, etc.

Je ne parlerai pas de la cathédrale de Strasbourg, la merveille des merveilles, récemment mutilée par les bombes allemandes. Je n'ai pas le courage de remuer ces souvenirs de deuil et de décrire froidement tant de trésors perdus pour nous.

Notre-Dame de Paris. — « Nous savons par la vie de saint Marcel, dit M. de Guilhermy (*Itinéraire archéologique de Paris*), qu'une église existait déjà dans la cité de Paris, sur le bord de la Seine et vers la pointe de l'île, du côté de l'orient, à la fin du quatrième siè-

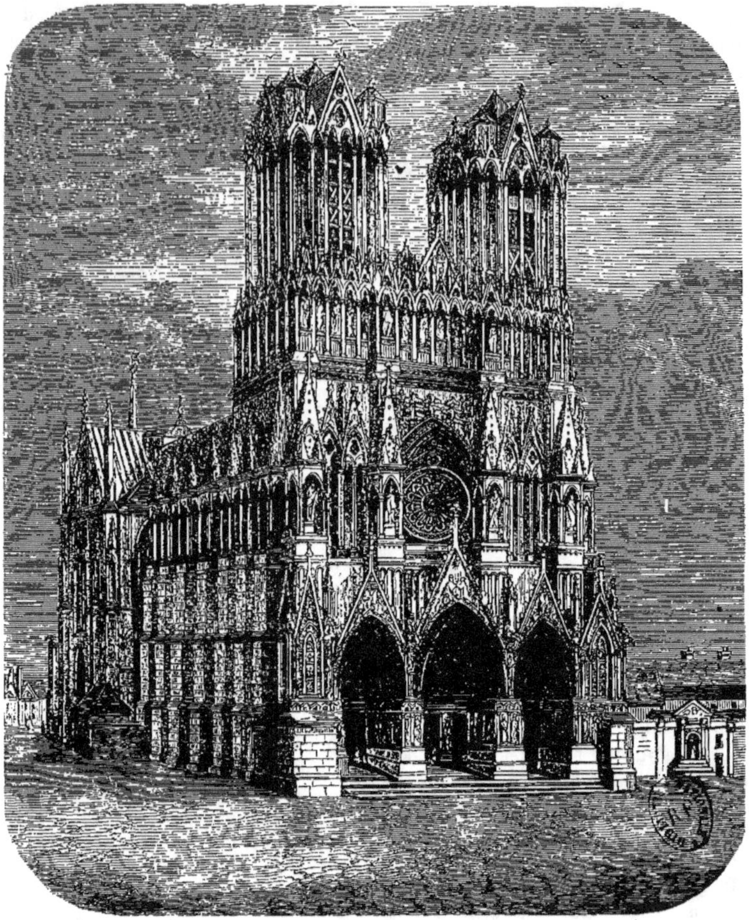

203. — CATHÉDRALE DE REIMS.

cle. Cette antique cathédrale fut sans doute reconstruite par la pieuse munificence du roi Childebert Ier, car il serait difficile d'admettre que les premiers chrétiens de Paris eussent élevé un monument aussi considérable que l'église épiscopale qui existait du temps de ce prince, et dont Fortunat nous a laissé une poétique description.» La basilique était splendide et soutenue par des colonnes de marbre; ses fenêtres, garnies d'une clôture de verre, recevaient les premiers rayons du jour; ses lambris et ses murs brillaient du plus vif éclat. Prêtre et roi, comme un autre Melchisédec, Childebert avait voulu enri-

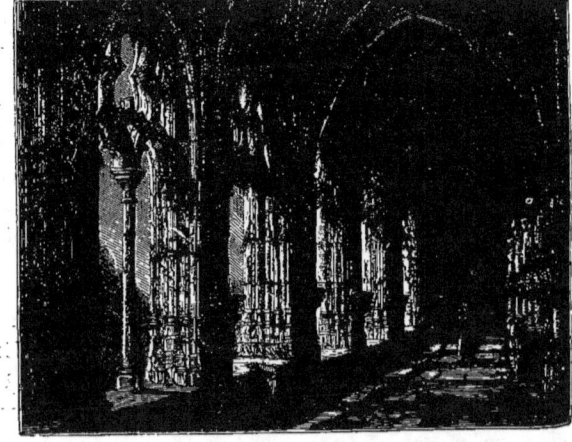

204. — CLOÎTRE DE CADOUIN.

chir de ses dons ce temple magnifique, pour le bien de ses sujets et pour la gloire de l'Église. »

Les fouilles entreprises sur la place du Parvis en 1847 ont amené la découverte de plusieurs fragments de colonnes d'ordre corinthien, provenant de l'église de Childebert; ils ont été placés dans le palais des Thermes, et dénotent un édifice de style latin de grande importance. On a retrouvé aussi des inscriptions funéraires avec le monogramme du Christ, et deux colombes tenant un rameau dans le bec. On ne sait pas au juste ce qu'est devenue la basilique de Childebert, mais on voit qu'au neuvième siècle la cathédrale de Paris comprenait deux édifices distincts, quoique se touchant : l'un était dédié à saint Étienne, l'autre à sainte Marie. Ce fut dans la nef de Saint-Étienne que se tint le concile de Paris en 829. En 857 les Normands s'étant présentés, l'évêque Énée racheta du pillage l'église de Saint-Étienne, mais ne put racheter celle de Sainte-Marie, qui fut livrée aux flammes. Elle fut rebâtie peu après, et l'on appela alors la nouvelle église, par opposition à l'ancienne, église de Saint-Étienne.

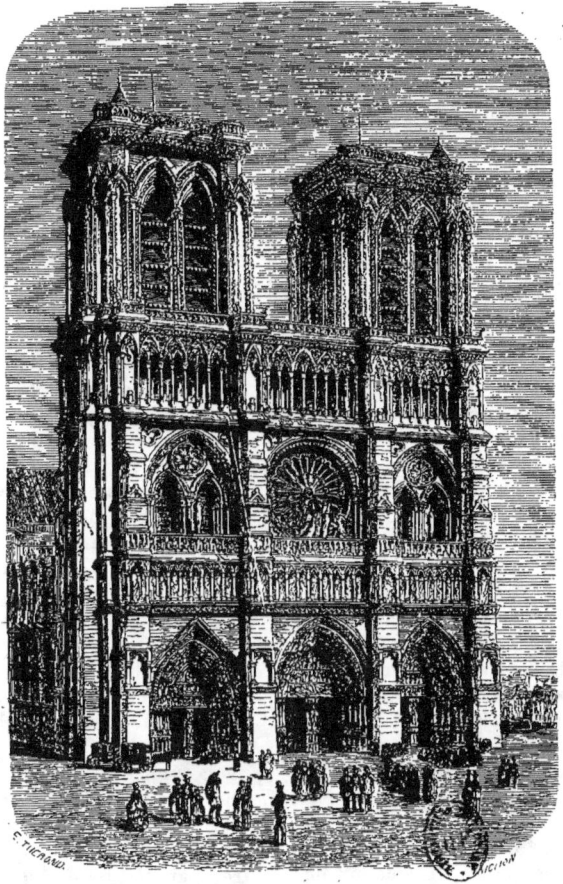

205. — PORTAIL DE NOTRE-DAME.

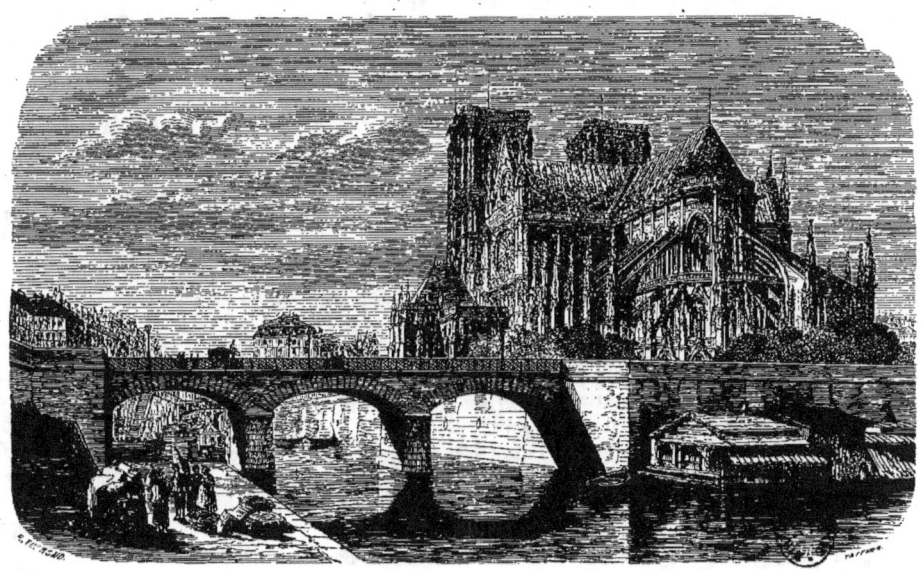

206. — ABSIDE DE NOTRE-DAME.

Ce fut l'évêque Maurice de Sully (1160-1196) qui résolut de réunir les deux églises jusqu'alors séparées. La première pierre du nouvel édifice fut posée par le pape Alexandre III en 1163, et le maître-autel fut consacré en 1182. Mais la grande façade occidentale ne fut commencée qu'au treizième siècle et, à la mort de Philippe-Auguste, en 1223, le grand portail était à peu près terminé. Il avait fallu détruire la vieille église de Saint-Étienne, et on avait transporté dans la nouvelle cathédrale les reliques du saint martyr, entre autres les pierres de sa lapidation. Plusieurs architectes ont travaillé à l'érection de Notre-Dame de Paris; mais le seul qui soit connu est Jean de Chelles, dont le nom se trouve sur une inscription, comme ayant fait cette œuvre en l'honneur de la Mère du Christ. Les tours appartiennent à la fin du treizième siècle, et les chapelles latérales sont postérieures à cette époque.

Jusqu'au seizième siècle, la cathédrale de Paris n'a pas subi de transformations importantes. « Mais, dit M. de Guilhermy, l'exécution du vœu de Louis XIII ouvrit pour la vieille église, en 1699, une série de changements et de mutilations qui se sont succédé sans interruption jusqu'à nos jours. La piété qui prétendait rajeunir le sanctuaire par des embellissements modernes obtenus à grands frais ne lui fut guère moins fatale que la barbarie qui, un peu plus tard, s'acharnait à le dévaster. Ainsi de 1699 à 1753 la cathédrale perdit ses anciennes stalles du quatorzième siècle, son jubé, toute la clôture à jour du rond-point, l'antique maître-autel avec ses colonnes de cuivre et ses châsses, tous les tombeaux du chœur, les vitraux de la nef, du chœur et des chapelles. Les travaux entrepris dans le but de réparer ou de consolider l'édifice le dépouillaient ainsi tour à tour de ses moulures, de sa végétation de pierre, de ses gargouilles, de ses clochetons. Mais la mutilation la plus grave fut accomplie en 1771, sous la direction du célèbre architecte Soufflot, avec l'assentiment et le concours du chapitre. Pour laisser le passage plus libre aux processions et aux cérémonies, Soufflot fit disparaître le trumeau qui divisait la grande porte occidentale en deux parties. Ce pilier fut entièrement supprimé avec la statue du Christ qui s'y trouvait posée et les curieux bas-reliefs qui en couvraient la base. Puis on entailla toute la partie inférieure du tympan, sans respect pour la belle sculpture du Jugement dernier, afin d'y introduire l'arc de la porte nouvelle, élargie et exhaussée aux dépens de l'ancienne ornementation. Sur la fin du règne de Louis XV, un dallage uniforme en grands carreaux de marbre vint prendre la place des dalles funéraires qui couvraient en quantité innombrable tout le sol de l'église, et qui présentaient les effigies d'une foule de personnages illustres. Les années 1773 et 1787 virent dégrader de la manière la plus déplorable, sous prétexte de restauration et par des architectes, le mur méridional des chapelles de la nef, les arcs-boutants du chœur, les parties supérieures de la façade occidentale.

Ce fut donc régulièrement, et avec l'assentiment des autorités civiles et ecclésiastiques, que la cathédrale de Paris, comme la plupart des églises du moyen âge, fut transformée au point d'être rendue méconnaissable. La période révolutionnaire amena des dévastations d'un autre genre. Les statues qui rappelaient des souvenirs monarchiques furent arrachées des portails et des niches, et on voulait également supprimer les effigies des saints, ce qui eût détruit complètement la décoration de l'église. Ce fut le citoyen Chaumette qui s'opposa à ces dévastations, en déclarant que c'était en étudiant les sculptures des portes de Notre-Dame que l'astronome Dupuis avait trouvé son système sur l'origine des cultes. L'iconographie chrétienne était alors absolument oubliée, et Dupuis, en voyant les zodiaques, les travaux de chaque mois réglés par le cours du soleil, et toutes les innombrables sculptures qui décorent le portail, avait montré, par des raisons qui pouvaient paraître spécieuses, que le Christ entouré des apôtres était le soleil montant à l'horizon escorté par les signes du zodiaque, que la Vierge était la vierge astronomique, et qu'ainsi par les sculptures des églises on pouvait trouver la raison première des superstitions chrétiennes. Cette interprétation philosophique sauva les statues de Notre-Dame, dont la destruction aurait peut-être entraîné la dévastation de toutes les cathédrales de France, et Dupuis fut appelé à faire partie d'une commission chargée de veiller à la conservation des monuments dignes d'être connus de la postérité.

Le romantisme de 1830 et surtout le livre de Victor Hugo attirèrent vivement l'attention publique sur notre église métropolitaine, et un grand nombre d'architectes et d'archéologues se mirent à étudier les monuments du moyen âge. Dès lors des restaurations sérieuses purent être entreprises, et M. Viollet-Leduc, qui les dirige aujourd'hui, s'efforce de rendre à la cathédrale de Paris son antique physionomie.

L'église de Notre-Dame a la forme d'une

croix latine, et possède cinq nefs et trente-sept chapelles. Les deux tours sont égales en hauteur, mais celle du nord est plus volumineuse que celle du midi. La grosse cloche, qui avait été donnée en 1400 par Jean de Montaigu, grand maître d'hôtel de France, décapité en 1409 aux halles de Paris, s'appelait autrefois Jacqueline, du nom de la femme du donataire, mais elle fut refondue au dix-septième siècle et reçut le nom d'Emmanuel-Louise-Thérèse en l'honneur de Louis XIV et de Marie-Thérèse.

Plusieurs portes donnent accès dans l'église; les trois qui sont sur la grande façade sont la grande porte ou porte du Jugement, la porte de la Vierge et la porte Sainte-Anne. Nous n'avons pas à revenir sur les sculptures qui décorent ces portes : nous les avons décrites en parlant de l'Iconographie chrétienne. Mais nous devons signaler les ouvrages de fer forgé qui recouvrent les vantaux de bois des portes de la Vierge et de Sainte-Anne; ces portes sont classées parmi les chefs-d'œuvre de la serrurerie au treizième siècle. Ces ferrures ont été exécutées par un serrurier appelé Biscornette, qui avait vendu son âme au diable pour être aidé dans ce travail et surpasser ainsi tous ses confrères. Mais le diable fut volé dans cette affaire comme dans toutes celles du même genre qu'il a voulu entreprendre : le pacte fut forcément rompu, parce que le diable ne parvint pas à faire la porte du milieu, attendu que c'est par cette porte que passe le Saint-Sacrement, qui a toujours pour effet d'empêcher l'œuvre du diable de subsister, de sorte qu'elle ne put être terminée. L'art y a perdu, car la porte centrale actuelle est une œuvre du dix-huitième siècle exécutée sous la direction de Soufflot et qui ne peut se comparer aux deux autres.

Les statues qui remplissaient les vingt-huit niches de la galerie des rois ont donné lieu à une polémique entre les savants. Les uns, s'autorisant d'une tradition populaire très-ancienne, veulent y voir l'effigie des rois de France; les autres prétendent que ce sont les rois de Juda, qui dans nos églises forment le cortége généalogique du Sauveur, et figurent dans la décoration au même titre que les patriarches et les prophètes.

Nos architectes admettent généralement que les tours de Notre-Dame n'ont pas été terminées et qu'elles étaient destinées à être surmontées de clochers comme les tours de la cathédrale de Chartres. Ils pensent aussi que la coloration a dû jouer un rôle dans la décoration extérieure, aussi bien que dans la décoration intérieure. A cet égard nous ne pouvons mieux faire que de nous en rapporter à l'opinion exprimée par M. Viollet-Leduc : « Les artistes du moyen âge, dit-il, n'eurent jamais l'idée de couvrir entièrement de couleur une façade de soixante-dix mètres de hauteur sur cinquante de large, comme celle de Notre-Dame de Paris. Mais sur ces immenses surfaces ils adoptaient un parti de coloration. Ainsi à Notre-Dame de Paris les trois portes avec leurs voussures et leurs tympans étaient entièrement peintes et dorées; les quatre niches reliant ces portes et contenant quatre statues colossales étaient également peintes. Au-dessus, la galerie des rois formait une large litre toute colorée et dorée. La peinture au-dessus de cette litre ne s'attachait plus qu'aux deux grandes arcades avec fenêtres, sous les tours, et à la rose centrale, qui étincelait de dorures. La partie supérieure, perdue dans l'atmosphère, était laissée en ton de pierre. En examinant cette façade, il est aisé de se rendre compte de l'effet splendide que devait produire ce parti si bien d'accord avec la composition architectonique. Dans cette coloration le noir jouait un rôle important, il bordait les moulures, remplissait les fonds, cernait les ornements, redessinait les figures en traits larges et posés avec un vrai sentiment de la forme. » (Viollet-Leduc, *Dictionnaire d'architecture*.)

L'intérieur de Notre-Dame est d'un aspect noble et majestueux, mais sa décoration a été complétement altérée et dénaturée par les travaux exécutés au dix-septième et au dix-huitième siècle. La clôture du chœur offrait autrefois des sculptures intérieures et extérieures. Les sculptures intérieures, qui représentaient l'histoire de la Genèse, avaient été exécutées en 1303 et ont disparu, ainsi que le jubé. Les sculptures de l'extérieur sont l'œuvre de Jehan Ravi et de son neveu, Jehan Bouteille. Elles offrent une suite de scènes tirées du Nouveau Testament.

Une foule de monuments sculptés, qui décoraient autrefois l'intérieur de Notre-Dame, ont disparu pendant les remaniements des deux derniers siècles. Telle était, à l'entrée de la nef, la statue colossale de saint Christophe, sculptée en 1413, près du jubé une Vierge qui opérait des miracles, près du maître-autel une Notre-Dame de Consolation, et une multitude de statues historiques, entre autres l'image de Philippe-Auguste sur une colonne de pierre, celles des deux évêques de Paris également sur des colonnes, de grandes figures de cire représentant le pape Grégoire XI, son neveu et sa nièce, trois statues d'archevêques et celle d'un roi qui passait pour Louis VI, une grande statue équestre représentant un roi armé de toutes pièces avec son armure et la tunique blasonnée de France. Les avis sont partagés pour savoir si elle représentait Philippe le Bel ou Philippe de Valois. Enfin une multitude d'ouvrages en menuiserie, en cuivre, en métaux précieux, en albâtre, concouraient à la décoration intérieure de l'édifice.

La suppression des vitraux en 1741 a complétement modifié la physionomie intérieure de Notre-Dame; la description de ces anciens vitraux a été écrite par celui-là même qui a été chargé de les remplacer par du verre blanc avec bordures fleurdelisées. Mais ce qui est resté de l'ancienne décoration, les grandes roses des trois portails qui sont heureusement demeurées intactes, peut donner une idée de l'éclat et de la splendeur de ces verreries. Ces magnifiques roses sont contemporaines des façades qu'elles décorent. A l'éclat des vitraux venait autrefois se joindre celui des pavages. Les pierres tombales, avec leurs effigies gravées en creux, ont été enlevées en 1775 et remplacées par le carrelage actuel. Un grand nombre de tombeaux portant en relief des statues de marbre, de pierre et de bronze, ont été supprimés. Aujourd'hui, les restaurations de Notre-Dame tendent à lui rendre une par-

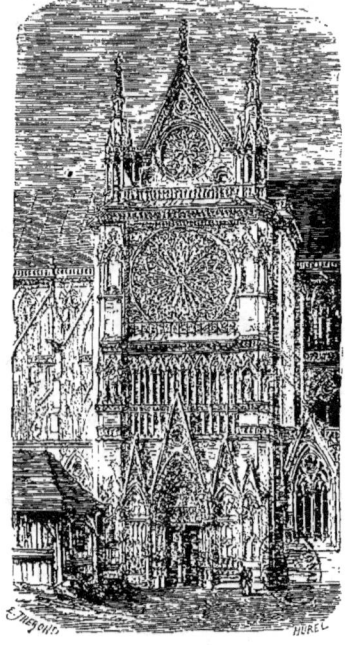

Notre-Dame.
207. — PORTAIL LATÉRAL.

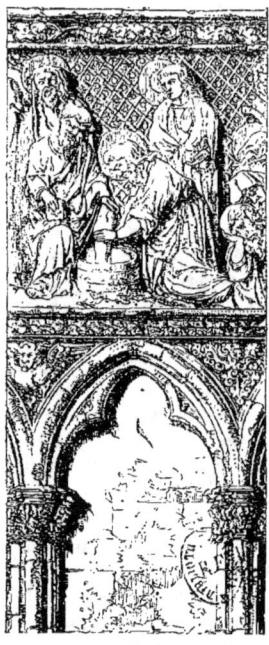

Notre-Dame.
208. — LE LAVEMENT DES PIEDS
(Détail de sculpture.)

tie de son ancienne splendeur, mais on ne saurait espérer revoir cette église dans l'état où elle était avant le dix-septième siècle.

LES MONASTÈRES. — Si nous regardons quelle était la forme des constructions monastiques, nous trouvons qu'elle présentait à peu près la même disposition que celles des villas romaines. Il est probable qu'au début les logements durent être rangés un peu confusément autour d'un oratoire. Saint Martin de Tours, saint Hilaire de Poitiers, saint Honorat fondèrent de bonne heure des monastères dans diverses parties de la France. Mais lorsque, après le sixième siècle, la règle de saint Benoît fut adoptée dans tous les établissements religieux de l'Occident, l'unité de règle favorisa l'unité de plan; et tous les monastères offrirent une disposition qui se rattachait à un type commun.

Les bâtiments étaient ordinairement disposés autour d'une cour. « L'église, élément nouveau que nous n'avions pas vu dans les maisons romaines, dit M. de Caumont, forme à elle seule tout un côté du carré; les trois autres sont consacrés aux usages de la vie. En regard de la basilique se trouvent le réfectoire, la bibliothèque, etc.; à l'ouest, les magasins, les parloirs et quelquefois la cuisine; à l'est, la salle capitulaire, les dortoirs et quelques pièces moins importantes. Cette distribution a été fidèlement observée dans tous les siècles suivants.

La salle capitulaire bordait toujours le cloître du côté de l'est; la porte qui y donnait accès était ornée de colonnes et de moulures. Cette salle était voûtée et la retombée de ses voûtes reposait sur un ou deux rangs de colonnes.

Près de la salle capitulaire était le dortoir, qui occupait une grande partie de l'aile des bâtiments claustraux. Le dortoir était une très-vaste salle percée de fenêtres à plein cintre. Il occupait quelquefois le premier étage.

Les cuisines des abbayes étaient souvent rondes ou octogones, et offraient dans leur pourtour plusieurs fourneaux pour la cuisson des aliments. Ces fourneaux étaient pourvus de cheminées dont le tuyau en pierre sortait de la toiture conique de l'édifice. Quelquefois les fourneaux se trouvaient au centre et étaient entourés d'une galerie qui permettait de circuler autour.

Les établissements monastiques étaient presque toujours disposés pour former de grandes exploitations agricoles, et on aurait grand tort de croire que les moines du moyen âge passaient leur vie à chanter des psaumes. Jusqu'au jour où l'industrie plus vivante des communes vint leur faire une concurrence qu'ils ne pouvaient soutenir, les moines ont représenté la partie la plus intelligente et la plus laborieuse de la population.

SAINT-TROPHIME D'ARLES. — Le midi de la France, si riche en monuments romains, pos-

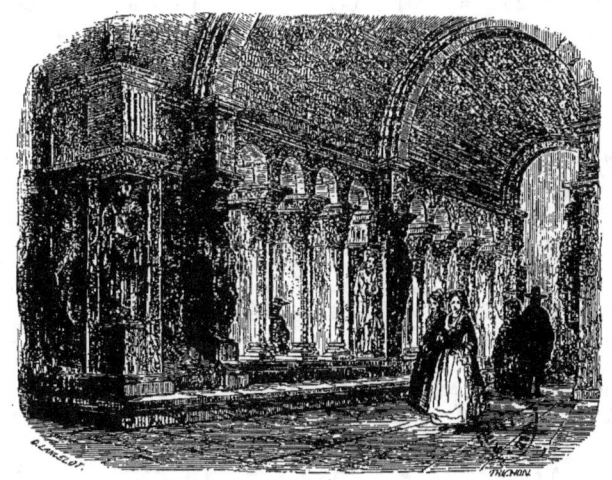

209. — CLOÎTRE DE SAINT-TROPHIME, A ARLES.

sède aussi de très-beaux édifices du moyen âge. Le cloître de Saint-Trophime d'Arles est un des plus remarquables : il est formé par une galerie quadrangulaire enfermant un préau dans son centre. Les diverses parties de cette enceinte se rapportent à des époques différentes. Une partie est romane, une autre est ogivale. Les arcades sont soutenues par des colonnes doubles alternant dans la partie ogivale avec des piliers larges et trapus. Dans la partie romane les piliers se trouvent de trois en trois colonnes. Parmi les colonnes, plusieurs paraissent avoir été taillées dans des fûts antiques. Il y en a en marbre blanc, d'autres en marbre rouge : les unes sont rondes, les autres à pans. Un grand nombre de chapiteaux sont corinthiens, d'autres sont enrichis de figures empruntées aux Livres saints. Dans les entre-colonnements sont des figures de saints et d'apôtres. Dans plusieurs statues, les plis nombreux et prolongés des draperies semblent indiquer l'art du douzième siècle, mais la partie ogivale du cloître ne semble pas remonter au delà du quatorzième.

ABBAYE DU MONT SAINT-MICHEL. — Le mont Saint-Michel était dans l'origine un rocher escarpé consacré par la vénération populaire. D'antiques traditions se rattachent à la fondation de l'abbaye. Le rocher était situé au milieu d'une forêt marécageuse qui, en 709, fut submergée par une horrible tempête et devint alors un îlot isolé. L'évêque d'Avranches, saint Aubert, vit l'archange saint Michel qui lui ordonna d'y fonder un couvent dont les signes célestes déterminèrent exactement la place. Les moines qui vinrent les premiers craignaient de manquer d'eau sur ce rocher aride, mais une source jaillit à l'instant devant eux. Plus tard le mont Saint-Michel fut érigé en forteresse, mais l'abbé continua toujours à garder tous les pouvoirs administratifs. En 1810 il fut converti en maison de détention.

L'abbaye, qui occupe le sommet du mont, forme un vaste rectangle au milieu duquel s'élance l'église abbatiale. La porte de l'ancien donjon de 1393 est flanquée de deux tours qui ont conservé leurs créneaux et leurs mâchicoulis. Un escalier est pratiqué entre ces tours.

Les bâtiments qu'on appelle la *Merveille* se divisent en trois zones de constructions superposées. Ce sont d'abord de vastes cryptes formant deux salles divisées en plusieurs nefs par des piliers trapus, ronds ou carrés. Ces salles, où les moines distribuaient autrefois leurs aumônes, ont été appelées *montgomeries*, depuis une attaque infructueuse des calvinistes commandés par Montgomery.

La *salle des Chevaliers*, qui vient ensuite, passe pour le plus vaste vaisseau gothique qui soit au monde. Cette salle est du douzième siècle, mais les cheminées sont postérieures. Elle est divisée en quatre grandes nefs par trois rangs de colonnes dont les chapiteaux sont enrichis de feuillages de toutes sortes et d'ornements fantastiques, et qui supportent des arceaux présentant des roses sculptées à leurs intersections. Au temps de la chevalerie, cette salle était superbement décorée. « On dirait (*Mémoires de la marquise de Créqui*) que toute la pompe féodale de la vieille France s'est réfugiée dans cette belle galerie du mont Saint-Michel. On y voit les trophées héraldiques de tous les chevaliers de l'ordre du roi, depuis sa création jusqu'à l'institution de celui du Saint-Esprit par Henri III. Les casques, les cimiers des chevaliers sont placés sur la sommité de leurs stalles, dont ils forment le couronnement, et tout cela produit de chaque côté de la galerie une longue file de bannières, d'écus blasonnés, de casques, voiles de casques flottants, cimiers et lambrequins découpés de dorures et de toutes couleurs d'un effet très-pittoresque. »

Après la salle des Chevaliers vient le réfectoire des moines, divisé en deux nefs par de hautes colonnes supportant des nervures qui épanouissent des rosettes de feuillage à leur intersection.

La troisième zone, superposée sur les deux premières, comprend d'abord le cloître qui se trouve au-dessus de la salle des Chevaliers, et forme une galerie de soixante-dix arcades surmontée d'une frise de cent quarante roses. Le cloître est de plein pied avec le dortoir des moines, situé au-dessus de leur réfectoire, et avec l'église, surmontée de clochetons et dominée par une tour carrée. Autrefois il y avait un clocher élancé surmonté de la statue dorée de saint Michel. On monte à la tour par un escalier appelé l'*escalier de dentelet*. Le chœur de l'église, qui est la partie la plus moderne de l'édifice, appartient au style ogival flamboyant.

Une porte, qui date de la Renaissance, met l'église en communication avec le souterrain des *Gros-Piliers*, qui est creusé dans le rocher. On y remarque dix-neuf grosses colonnes sans chapiteau qui soutiennent l'abside de l'église supérieure, et cinq chapelles enfoncées dans les profondeurs des pourtours, où jadis des lampes brûlaient perpétuellement.

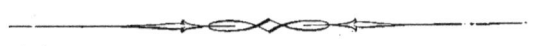

ARCHITECTURE MILITAIRE.

LA FÉODALITÉ. — A l'époque des grandes invasions, les villes gallo-romaines ont été entourées de remparts, et il existe encore aujourd'hui de nombreux débris de ces enceintes. A mesure que les irruptions devinrent plus menaçantes, on bâtissait de nouvelles forteresses; mais ces constructions, élevées à la hâte, n'étaient pas toutes garnies de murs en pierre, un grand nombre n'avaient que des remparts en terre ou étaient simplement environnées de palissades. Dioclétien et Valentinien élevèrent un grand nombre de fortifications. On ne voit pas au juste quelle part prenait la population dans la défense du territoire, mais il ne semble pas qu'elle ait été très-active. Quand la conquête fut définitive, les barbares prirent possession des fortifications élevées par les Romains, et lorsqu'ils voulurent en bâtir, ils ne firent qu'imiter les modèles qu'ils avaient trouvés dans le pays envahi. Mais, en général, ces forteresses furent mal entretenues, et ce n'est que de la féodalité que date l'architecture militaire du moyen âge.

DONJONS PRIMITIFS. — La féodalité, que nous condamnons si justement aujourd'hui, a rendu dans le principe d'éminents services. Les incursions des Normands, qui avaient suivi celles des barbares, arrêtaient toute espèce de travail, empêchaient toute sécurité; elles devinrent impossibles quand la terre fut hérissée de châteaux. Les petits seigneurs, qui s'installèrent à la campagne ou dans les bois pour s'établir d'une façon à peu près indépendante, se créèrent un genre de défense qui marque le début de la féodalité : c'est un parapet en terre bordé d'un fossé, entourant une enceinte au milieu de laquelle s'élevait une grosse tour en maçonnerie solidement bâtie, et également entourée d'un fossé. En cas d'attaque, les hommes et les bestiaux iront se mettre en sûreté dans l'enceinte, et si elle est forcée, ils se retireront dans la tour.

Cette tour portait à l'un de ses angles une tourelle renfermant un escalier tournant, où on ne pouvait guère passer qu'une seule personne à la fois. Presque toujours placés au sommet de rochers abrupts, ces donjons présentaient de loin leur masse énorme, et la nudité de l'extérieur leur donnait un aspect sauvage et sinistre.

« Les donjons en pierre, dit M. de Caumont, se rapportent presque tous à deux types principaux. Le type le plus habituel présente une tour carrée, distincte des deux autres bâtiments de la place, dans laquelle on ne pouvait entrer que par une porte *placée assez haut* dans le mur et qui répondait au niveau du premier étage. On ne pouvait parvenir à cette porte que par un pont ou un escalier mobile. Dans le second type, le donjon se liait aux fortifications du pourtour de l'enceinte et faisait en quelque sorte un corps avec elle; alors il n'offrait pas un diamètre aussi considérable. C'était une tour d'observation plus élevée que le reste de l'édifice, mais qui n'en pouvait demeurer indépendante. »

Dans les plus anciens donjons, le corps du bâtiment de la tour ne formait souvent qu'une seule pièce reproduite à chaque étage. Mais ensuite l'usage prévalut de la diviser en plusieurs salles. La noblesse batailleuse qui habitait ces antiques manoirs n'avait pas seulement à lutter contre l'agression du dehors. Les trahisons étaient fréquentes ; on n'était jamais sûr des hommes qu'on employait. De là, la nécessité d'isoler la défense de chacune des parties de la place, afin que, si l'une était livrée à l'ennemi et succombait sous ses coups, l'autre ne fût pas nécessairement prise. Des murailles garnies de tours et environnées de fossés vinrent accompagner le donjon, qui fut réservé au baron et aux hommes qui le touchaient directement, tandis que les auxiliaires logeaient dans les tours servant de postes avancés. Si l'enceinte était forcée, le donjon restait comme dernier refuge, et dans le donjon lui-même, l'étage supérieur pouvait résister encore quand la partie inférieure était prise. On ne connaissait pas alors les engins terribles dont on se sert aujourd'hui; on se battait homme à homme, ce qui explique pourquoi un système de défense qui semblerait puéril de nos jours, paraissait alors formidable. Les Normands, très-habiles constructeurs, furent les premiers qui environnèrent leurs donjons de ces ouvrages avancés qui les transformèrent en châteaux.

Tour de Beaugency. — La tour de Beaugency peut servir de type pour les plus anciens donjons : elle était divisée en quatre étages offrant une disposition à peu près pareille. Les murs avaient dix pieds d'épaisseur dans le bas et diminuaient progressivement d'étage en étage. Les escaliers très-étroits étaient pratiqués dans l'épaisseur de la muraille, et l'autel où on célébrait l'office était dans l'embrasure d'une fenêtre. « Au rez-de-chaussée, dit M. de Caumont, existait une salle, séparée du premier étage par une voûte d'une extrême solidité, portée sur de gros piliers carrés, dont six étaient engagés dans les murs du pourtour et deux se trouvaient au centre de la salle. Cette voûte, que j'ai observée plusieurs fois, a été récemment détruite. On voit une porte communiquant à un escalier pratiqué dans l'épaisseur du mur, et par lequel on descendait dans les caves voûtées dont je viens de parler. Effectivement, il ne faut pas regarder les ouvertures qui donnent entrée aujourd'hui dans ce rez-de-chaussée comme anciennes. On évitait toujours d'accéder par le rez-de-chaussée dans les donjons. C'était par le premier étage et par des ouvertures que bien des observateurs ont prises pour des fenêtres, qu'on entrait dans ces forteresses, soit au moyen de pont-levis, soit au moyen d'échelles ou d'escaliers mobiles. Ainsi l'entrée de la tour de Beaugency était une ouverture fort élevée au-dessus du sol, et qui se trouve au niveau du pavé dans la salle du premier. »

Les châteaux de Loches, Domfront, Nogent-le-Rotrou présentent encore des dispositions du même genre. Les anciens donjons ne sont pas très-rares en France, mais la plupart de ceux qui existent sont dans un état de dégradation extrême.

Châteaux du treizième siècle. — Dès la fin du douzième siècle il s'opéra dans l'ar-

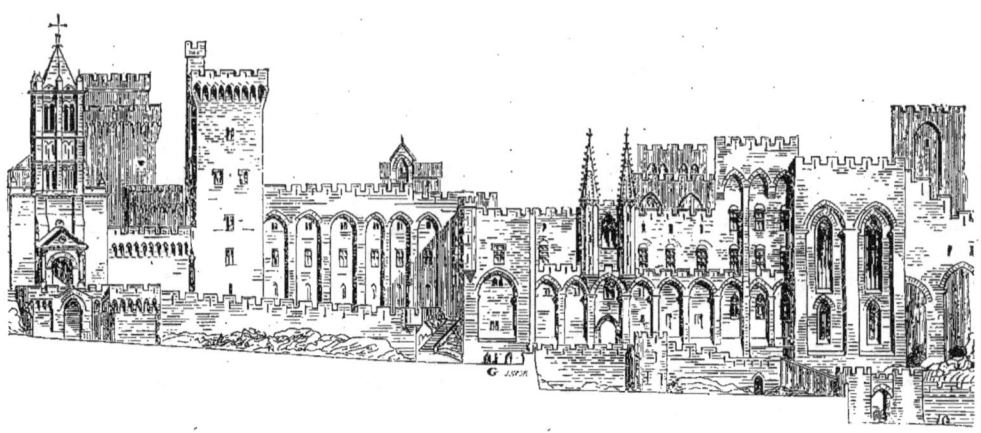

210. — LE PALAIS DES PAPES, A AVIGNON, AU QUATORZIÈME SIÈCLE.

chitecture militaire des changements importants qui répondent à ceux qui eurent lieu à la même époque dans l'architecture religieuse. Le vieux donjon carré devint cylindrique, et il est accompagné de constructions accessoires beaucoup plus nombreuses, mais il demeure toujours la partie la plus importante du château; c'est une maîtresse tour, qui continue à être isolée des autres, entourée d'un fossé particulier et accessible seulement par un pont-levis.

Tout le système de défense au moyen âge consiste à construire des ouvrages qui puissent se protéger les uns les autres, sans que la prise d'un de ces ouvrages entraîne la prise du suivant. Il importe que la garnison ait toujours un refuge, si l'ensemble de la place venait à être pris : ce refuge, c'est le donjon. Les tours secondaires deviennent cylindriques

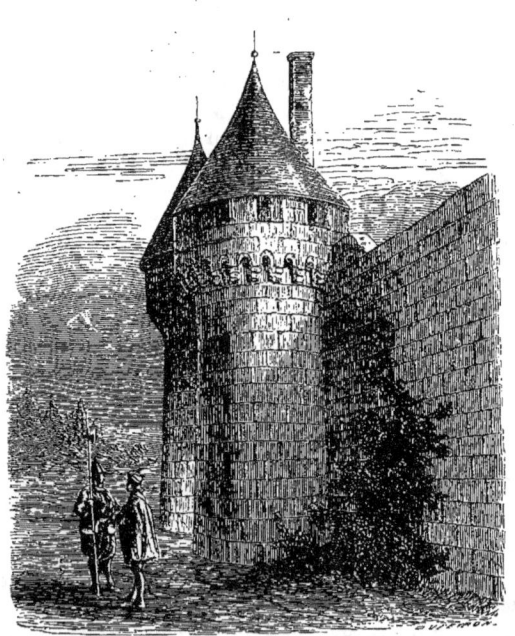

211. — TOURS DU CHATEAU DE NOGENT-LE-ROTROU.

comme celle du donjon; elles sont généralement divisées en deux ou trois étages et couronnées de créneaux. Au treizième siècle, le luxe avait considérablement augmenté; les fenêtres étaient garnies de vitraux peints et les pavés étaient composés de briques émaillées. Il fallait des appartements spacieux, des salles de réception décorées avec luxe.

On nomme *courtines* les murailles comprises entre les tours dans les châteaux du moyen âge. La première enceinte extérieure renfermait un large espace découvert dans lequel était ordinairement la chapelle, et qu'il fallait traverser pour arriver à la seconde enceinte qui comprenait le donjon. La grande porte d'entrée du château, fermée par d'épaisses portes battantes en chêne bardées de fer, était habituellement défendue de chaque côté par

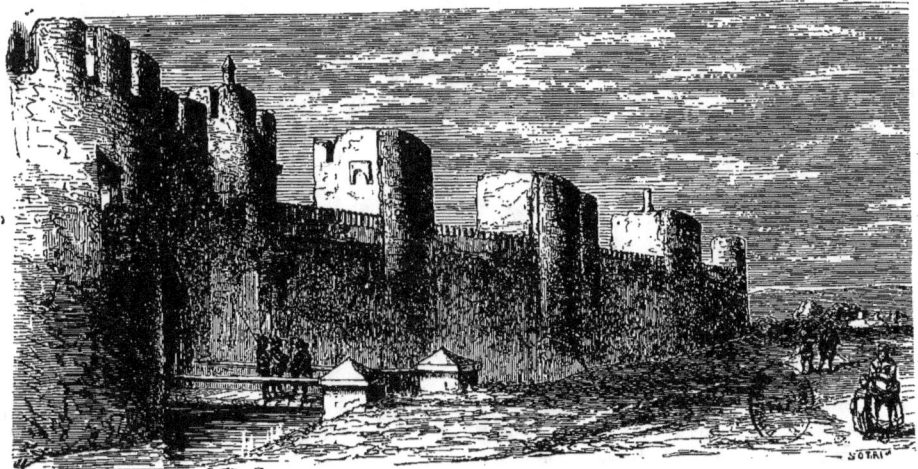

212. — MURAILLES D'AIGUES-MORTES.

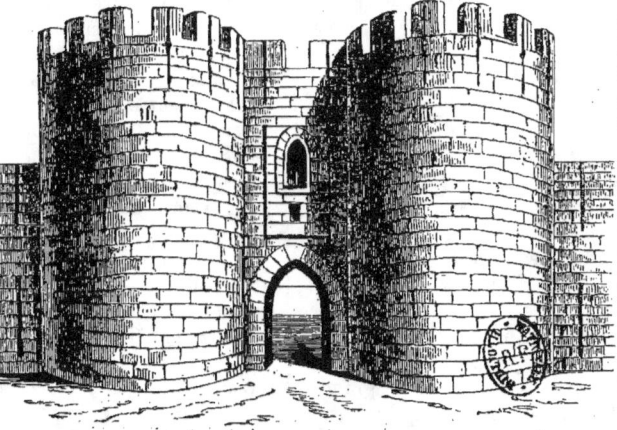

213. — PORTE D'AIGUES-MORTES.

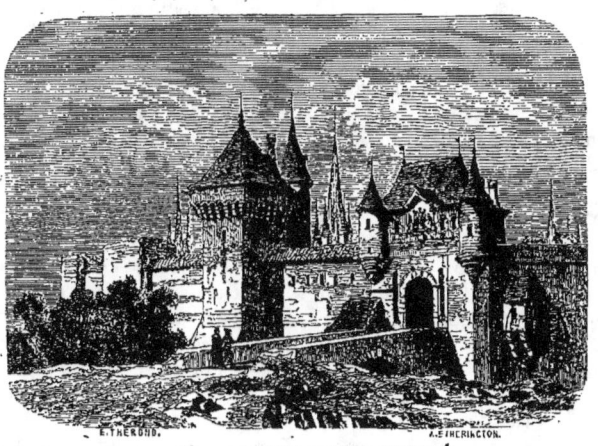

214. — PORTE SAINT-HONORÉ.

une tour. En avant de cette porte était souvent un ouvrage extérieur appelé *barbacane* et destiné à défendre l'entrée du pont. La partie supérieure des tours était garnie d'une charpente en saillie garnie de *hourds*, espèce de murs en planches qui garantissaient la garnison lorsqu'elle jetait des projectiles sur les assaillants par les intervalles ménagés entre les poutres du support. Plus tard ces hourds ont été remplacés par des parapets en pierre, portés sur des consoles où on ménageait des intervalles pour assommer les assaillants : ce sont les *machicoulis*.

Sur les murailles (fig. 212, 213) on plaçait des *catapultes* qui faisaient à peu près l'office de nos canons et lançaient des amas de pierre qui retombaient sur l'ennemi. La *baliste* servait de même à envoyer des traits. Pour approcher des murs, les assiégeants bâtissaient des tours en bois dans lesquelles ils étaient à couvert, et du haut desquelles ils cherchaient à voir l'intérieur de la place. Pour passer les fossés on se servait du *chat*, espèce de machine sous laquelle un certain nombre d'hommes pouvaient se tenir à couvert.

Les seigneurs de ce temps se faisaient vo-

32

lontiers eux-mêmes architectes et ingénieurs. C'est ainsi que Richard Cœur de Lion voulut diriger en personne la construction du château Gaillard, près les Andelys, et quand il le vit terminé avec toutes les défenses qui s'y rattachaient, il s'écria : « Qu'elle est belle, ma fille d'un an ! » Ce formidable château, élevé en haine de la France, passait pour imprenable, et on le cite comme modèle des constructions militaires à cette époque. Il fut pourtant pris par Philippe-Auguste, et un témoin oculaire a fait de ce siège célèbre un récit où il donne de curieux détails sur la manière dont on attaquait alors une place forte. « Le roi, dit-il, ordonna d'amener de larges navires, tels que nous en voyons voguer sur le cours de la Seine, et qui transportent ordinairement les quadrupèdes et les chariots le long du fleuve. Le roi les fit enfoncer dans le milieu du fleuve, en les couchant sur le flanc et les posant immédiatement l'un à la suite de l'autre, un peu au-dessous des remparts du château, et, afin que le courant rapide des eaux ne pût les entraîner, on les arrêta à l'aide de pieux enfoncés en terre et unis par des cordes et des crochets. Les pieux ainsi dressés, le roi fit établir un pont sur les poutres soigneusement travaillées.... puis il fit élever sur quatre navires deux tours construites avec des troncs d'arbres et de fortes pièces de chêne liées ensemble par du fer et des chaînes bien tendues, pour en faire en même temps un point de défense pour le pont et un moyen d'attaque contre le châtelet. Puis les travaux dirigés avec habileté sur ces navires élevèrent les deux tours à une si grande hauteur que de leur sommet les chevaliers pouvaient faire plonger leurs traits sur les murailles ennemies. »

CHATEAU DE COUCY. — « Le château de Coucy, dit M. Batissier, édifié au commencement du treizième siècle par Enguerrand le Grand, pouvait passer pour un des plus beaux monuments d'architecture militaire. Il était précédé d'une *basse-cour* ou esplanade fortifiée, dans laquelle on pénétrait en passant sur un pont porté sur cinq piliers qui soutenaient autant de portes fortifiées. Il avait la forme d'un trapèze, aux quatre angles duquel s'élevait une tour ronde ayant environ cent pieds de hauteur, et portant des corbeaux saillants destinés à recevoir des hourds et percés d'embrasures. La principale porte, munie d'une double herse, offrait à droite et à gauche les salles des gardes ; dans la cour du château étaient disposés des magasins voûtés, appuyés contre les courtines, un bâtiment d'habitation à trois étages et une chapelle. Le donjon, placé sur le côté du trapèze, existe encore : c'est une tour cylindrique divisée en trois étages, munie d'un puits et se terminant supérieurement par une plate-forme, qui est entourée d'un parapet très-élevé. Ce parapet est percé de vingt-quatre fenêtres ogivales et d'autant de meurtrières. On monte aux divers étages par un escalier à vis ménagé dans l'épaisseur du mur. »

Les châteaux de Gisors, Étampes, Chinon, Bourbon-l'Archambauld, Montargis, etc., montrent d'intéressants modèles de l'architecture militaire au treizième siècle. Malheureusement ces édifices sont en général très-dégradés, et des additions d'une époque postérieure en ont souvent dénaturé le caractère.

CHATEAUX DU XIVe ET DU XVe SIÈCLE. — Le plan des châteaux devient plus régulier à mesure qu'on avance. Des grands corps de logis se lient intimement aux murs d'enceinte, et les ouvrages de défense sont entremêlés d'appartements : l'élément civil s'accroît aux dépens de l'élément militaire. Les escaliers sont disposés dans les tours des angles, et les murs sont constamment crenelés et munis de machicoulis. Les tours d'enceinte sont tantôt rondes, tantôt carrées et se terminent quelquefois par une plate-forme crénelée, mais plus souvent encore par un toit conique ; leur base a la forme d'un talus. Les portes sont constamment défendues par deux tours, et s'ouvrent sous une arcade ogivale. Les fenêtres sont en dedans des cours ; celles qui s'ouvrent au dehors sont évasées en dedans, mais très-minces à l'extérieur ; on leur a donné le nom de *meurtrières* ou d'*arbalétrières*. On lançait des flèches par ces ouvertures sans avoir rien à craindre de l'ennemi (fig. 215 à 221).

« Vers le milieu du quinzième siècle, les forteresses perdirent leur caractère imposant de force et de solidité ; l'orgueil féodal abaissé par Louis XI et l'usage de l'artillerie causèrent la ruine des châteaux forts ; on pressent déjà que, pour éviter les coups formidables du canon, il fallait un nouveau genre de défense. Les maisons seigneuriales n'ont plus que les apparences des anciennes forteresses ; on ne les construisit plus sur des hauteurs ; on les établit au contraire dans de riches vallées et dans des pays fertiles ; leur forme reste carrée, et on les entoure de fossés peu profonds. On emploie la brique dans la maçonnerie, surtout aux angles des édifices. La façade du principal corps de bâtiment est partagée par une tour à pans coupés qui renferme l'escalier ; d'autres fois le manoir carré est flanqué à ses quatre angles de tours ou de tourelles en nids d'a-ronde. Les portes présentent des arcades en talon ou en accolade, les fenêtres aussi, mais souvent elles sont carrées et divisées en deux baies par un meneau vertical, ou en quatre compartiments, par deux meneaux se croisant à angles droits; l'étage supérieur reçoit le jour au moyen de lucarnes à pilastres et à festons.... On retrouve encore dans les manoirs le fossé autour d'un mur d'enceinte flanqué de tours, la porte avec son pont-levis et un donjon, mais qui n'a pas l'importance militaire qu'on lui donnait dans les siècles précédents. S'il existe, c'est comme l'expression d'un usage ou d'un droit; dans beaucoup de châteaux, il renferme même les principaux appartements.

LE VIEUX LOUVRE (fig. 222). — Voici, d'après les précieux renseignements fournis par Sauval, ce qu'était le vieux Louvre sous Charles V : « L'ensemble des bâtiments du Louvre offrait dans son plan un parallélogramme qui, dans sa plus grande dimension, avait 61 toises (118 mètres), et dans la moindre, 58 toises 3 pieds (109 mètres). Ce parallélogramme était entouré de fossés alimentés par les eaux de la Seine. Des bâtiments de basses-cours, quelques jardins et la cour principale du Louvre en remplissaient la superficie. Au centre de cette cour s'élevait la grosse tour du Louvre.

« La grosse tour, nommée *Tour Neuve, Philippine, Forteresse du Louvre*, etc., fameuse dans l'histoire féodale, l'effroi des vassaux indociles, était ronde et entourée d'un large et profond fossé. Elle communiquait à la cour par un pont, dont une partie bâtie de pierre était soutenue par une arche; l'autre partie se composait d'un pont-levis. A l'entrée de ce pont était une construction couronnée par une forme angulaire et surmontée par une statue de Charles V tenant en main son sceptre, ouvrage d'un artiste appelé Jean de Saint-Romain, qui lui fut payé six livres huit sous. Cette grosse tour communiquait aussi aux bâtiments qui entouraient la cour par une galerie de pierre.

« Les bâtiments qui entouraient la cour principale et fortifiaient la grosse tour étaient, ainsi que les clôtures des basses-cours et jardins, surmontés d'une infinité de tours, de tourelles de diverses hauteurs et dimensions, les unes rondes, les autres quadrangulaires, dont la toiture en terrasse, en forme conique ou pyramidale, se terminait par des girouettes ou des fleurons.

« On a conservé les noms de quelques-unes de ces tours; celles du *Fer-à-cheval*, des *Porteaux*, de *Windal*, situées sur le bord de la Seine; la *tour de l'Étang*, celle de l'*Horloge*, de l'*Armorie*, de la *Fauconnerie*, de la *Grande-Chapelle*, de la *Petite-Chapelle*, de la *Tournelle*, la tour de l'*Écluse*, sur le bord du fossé, la tour de l'*Orgueil*, la tour de la *Librairie*, où Charles V avait réuni jusqu'à neuf cents volumes, collection immense pour le temps. La bibliothèque du roi Jean, son père, n'était composée que de huit ou dix volumes.

« Les faces des bâtiments qui entouraient la principale cour présentaient des pans de murs percés comme au hasard, et de petites fenêtres grillées sans ordre et sans symétrie. Avant Charles V, ces bâtiments n'avaient que deux étages; ils en eurent quatre sous ce roi, ce qui diminua la clarté et la salubrité de la cour. L'intérieur de ces bâtiments, où le jour ne pénétrait qu'à travers des fenêtres étroites et grillées, était sombre et triste comme celui d'une prison.

« Par quatre portes fortifiées, appelées *porteaux*, on pénétrait dans le Louvre. La principale entrée se trouvait à l'aspect du midi et sur le bord de la Seine. Entre les bâtiments du Louvre et cette rivière était une porte flanquée de tours et de tourelles, qui s'ouvrait sur une avant-cour assez vaste ; on la parcourait en longeant une partie du fossé du château. Arrivé au milieu de la façade, on trouvait une autre porte, fortifiée par deux grosses tours peu élevées et couverte d'une terrasse longue de 9 toises (19 mètres 50 c.) sur huit de large (15 mètres 60 c.). Sous Charles VI, cette porte fut décorée de la figure de ce roi et de celle de son père Charles V, figures placées dans des niches et sculptées par Philippe de Fontières et Guillaume Josse, habiles statuaires pour le temps.

« Une autre entrée se voyait en face de l'église Saint-Germain-l'Auxerrois ; elle existait après la construction de la colonnade du Louvre. Elle est encore sur pied, et, comme on voit, fort étroite, bordée de deux tours rondes, avec une figure de chaque côté, savoir : celle de Charles V, et l'autre de Jeanne de Bourbon, son épouse. Les autres portes, moins considérables, se trouvaient aux autres faces de l'édifice.

« Les pièces principales des bâtiments qui environnaient la cour intérieure consistaient en une grande salle, ou *salle Saint-Louis*; sa hauteur allait jusqu'au comble ; sa longueur était de douze toises (28 mètres 36) et sa largeur de sept toises (13 mètres 60). On y trouvait la *Salle Neuve du roi*, la *Salle Neuve de la reine*; la *Chambre du Conseil*, qui consistait en une chambre et une garde-robe nommée *garde-robe* du *Conseil de la Trappe;* une chambre de la *Trappe* et une salle basse, dont Charles V, en 1366, fit orner les murailles de peintures représentant des oiseaux, des cerfs et autres ani-

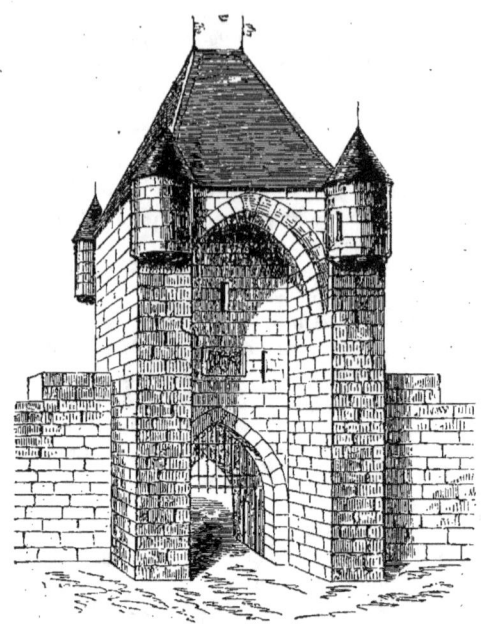

215. — PORTE DE MORET

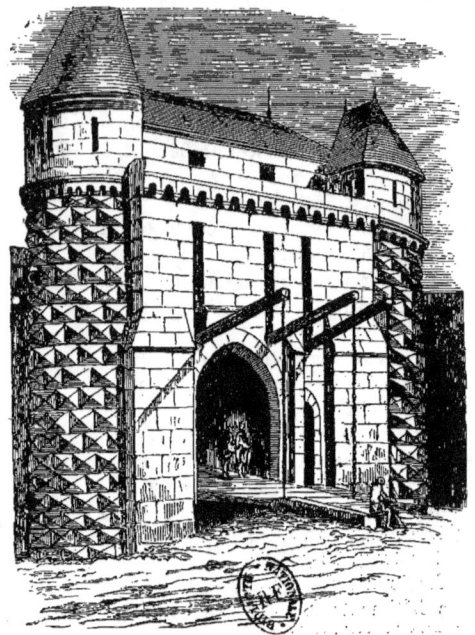

216. — PORTE SAINT-JEAN, A PROVINS.

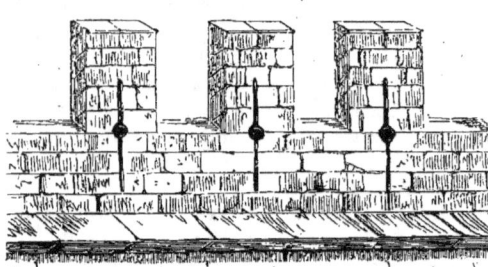

317. — CRÉNEAUX D'AVIGNON.

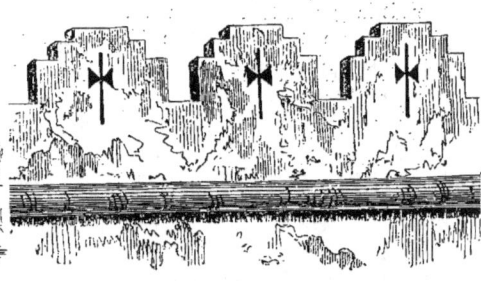

218. — CRÉNEAUX DU CHATEAU DE BEAUCAIRE.

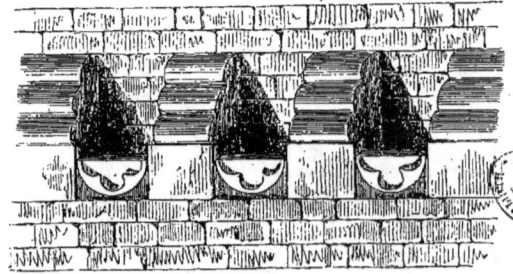

219. — MACHICOULIS PLEIN CINTRE.

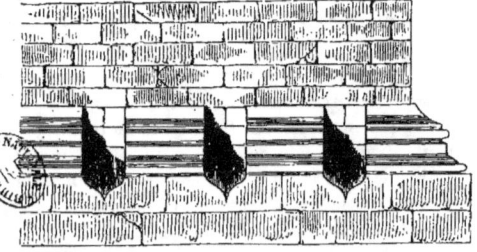

220. — MACHICOULIS DE LA RUE SAINT-SAUVEUR, A PARIS.

maux au milieu de paysages. C'était dans cette superbe salle que les rois régalaient les princes étrangers et que se donnaient les festins. « La chapelle basse, dédiée à la Vierge, était

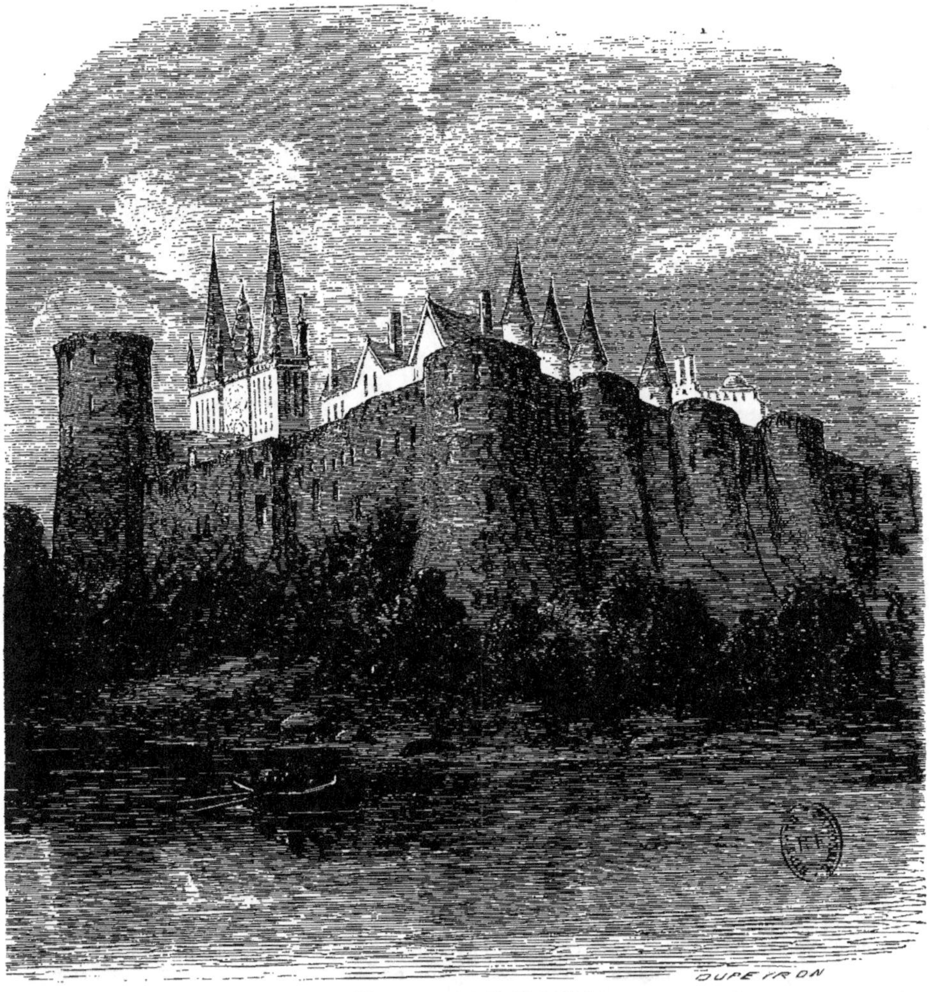

221. — CHATEAU D'ANGERS.

la plus considérable de toutes celles que contenait le Louvre. On voyait sur sa porte des figures de Notre-Dame, de sainte Anne et d'anges qui les encensaient, tandis que d'autres anges semblaient exécuter un concert avec divers instruments de musique. Charles VI

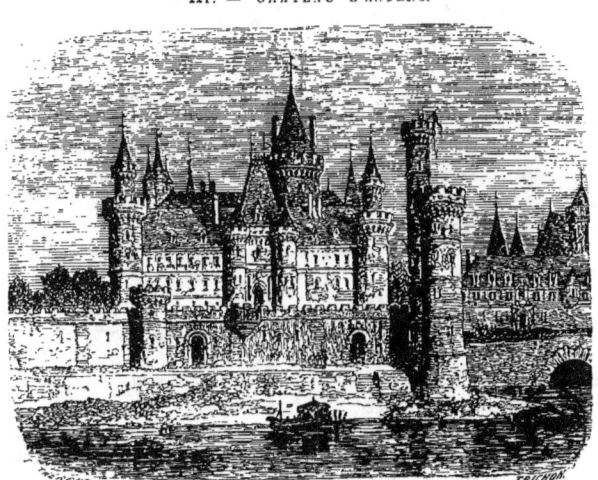

222. — LE LOUVRE SOUS CHARLES V.

avait fait placer dans l'intérieur de cette chapelle treize statues de prophètes.

« Il existait dans l'enceinte du Louvre un arsenal, un grand nombre de basses-cours entourées de bâtiments dont voici les noms : la *Maison du four*, la *Panneterie*, la *Saucerie*, l'*Épice-*

rie, la *Pâtisserie*, la *Fruiterie*, le *Garde-manger*, l'*Échansonnerie*, la *Bouteillerie*, le *lieu où l'on fait l'hypocras*. »

Les bâtiments actuels du Louvre n'offrent plus rien dans leur aspect extérieur qui se rattache aux anciennes constructions du moyen âge.

VINCENNES. — On voyait encore au siècle dernier l'inscription suivante à l'entrée du donjon de Vincennes :

> La tour du bois de Vincennes
> Sur tours neuves et anciennes
> A le prix. Or, saurez en ça
> Qui la parfit et commença.
> Premièrement, Philippe, roi,
> Fils de Charles, comte de Valois,
> Qui de grand'prouesse abonda,
> Jusque sur la terre la fonda
> Pour s'en soulacier et ébattre....
> Le roi Jean, son fils, cet ouvrage
> Fit lever jusqu'au tiers étage,
> Dedans trois ans pour mort cessa.
> Mais Charles, roi, son fils laissa,
> Qui parfit en breve saison
> Tours, ponts, braies, fossés, maison.
> Né fut en ce lieu délitable;
> Pour ce l'avait pour agréable.

Au temps de Charles V, le château de Vincennes formait un parallélogramme régulier; il était entouré de murs crénelés, de grosses tours et de fossés. Le donjon, qui subsiste encore, était lui-même entouré d'un fossé profond; on sait qu'il a servi de résidence ou de prison à une foule d'hommes illustres. C'est, avec la chapelle, tout ce qui reste de l'ancienne forteresse.

Il existe en France un très-grand nombre de châteaux du quatorzième et du quinzième siècles. Le palais des papes à Avignon, les châteaux de Clisson, de Luynes, de Chaumont, de Nantes, et bien d'autres, montrent les transformations qu'a subies l'architecture des anciens châteaux forts avant d'arriver aux élégances raffinées de la Renaissance. Mais le modèle le plus complet qu'on puisse trouver du style qui caractérise la fin du moyen âge est le célèbre château de Pierrefonds, dont la restauration est due à M. Viollet-Leduc.

ARCHITECTURE CIVILE.

MONUMENTS CIVILS. — Les monuments civils sont l'expression vivante de la cité : pour qu'ils existent, il faut des institutions municipales. La société chrétienne avait eu à lutter dès son début contre les croyances païennes mal éteintes, contre la barbarie envahissante et l'infiltration de populations nouvelles, contre les incursions des Normands et le brigandage des barons. La véritable cité chrétienne, c'était le monastère. Là seulement était l'intelligence, le travail, l'esprit d'ordre et de civilisation. Exposées à de continuels pillages, mais s'enrichissant sans cesse par des donations pieuses et par le travail agricole industriel, les abbayes, que reliaient une règle commune, une langue commune et un intérêt commun, constituaient la véritable nation vivante et agissante.

Autour de chaque monastère se groupaient peu à peu des habitations, et tout un peuple d'ouvriers laïques occupés par les moines ; un monastère était une cité et suffisait à tous ses besoins. La salle capitulaire, où on délibérait sur les intérêts de la communauté, remplissait le rôle de nos hôtels de ville ; les infirmeries, où l'on soignait les laïques attachés à l'abbaye aussi bien que les moines eux-mêmes, remplaçaient nos hôpitaux: les granges, où l'on resserrait les produits du sol pour en tirer parti, répondaient à nos halles et marchés. Chaque monastère avait une bibliothèque, nécessaire pour ceux qui se livraient à l'étude, une école pour l'enseignement des enfants, des ateliers organisés pour divers travaux industriels; tous avaient une église et la plupart étaient fortifiés. Jusqu'à l'établissement des communes, il n'y a donc en France que deux espèces d'édifices, les monuments religieux et les châteaux forts.

Mais quand le travail et l'industrie passèrent aux habitants des villes, il fallut créer des édifices d'un ordre absolument nouveau pour satisfaire aux besoins de la société laïque devenue prédominante. Alors se forma l'architecture civile, à laquelle nous devons nos hôtels de ville, nos hôpitaux, nos halles et une foule d'édifices municipaux, dont il serait absolument impossible de retrouver la trace avant le douzième siècle. Ces monuments s'élevèrent petit à petit, non par le fait d'un caprice, mais pour obéir à une nécessité absolue, et ils prirent un développement proportionné à l'importance de la cité, appelée à se gouverner elle-même.

HOTELS DE VILLE ET BEFFROIS. — Au treizième siècle, quand la France se couvrit de cathédrales, à l'érection desquelles contribuait toute une population enthousiaste, stimulée par le zèle des évêques, ces vastes édifices devaient servir non-seulement à des usages religieux, mais aussi à des usages civils. Les bourgeois avaient été appelés à contribuer à ces immenses constructions, par leur travail aussi bien que par leur argent, et la cathédrale était un édifice qui devait servir à la fois aux besoins du culte et aux besoins civils. Il devait nécessairement résulter de là un antagonisme entre le pouvoir religieux et le pouvoir municipal. La commune voulait avoir la cloche pour convoquer les citoyens, et l'église était le seul local assez vaste pour tenir à couvert une assemblée nombreuse. Les évêques, de leur côté, voulaient que les réunions dans la cathédrale n'eussent point d'autre objet que la prière, et soutenaient que leurs cloches devaient sonner seulement pour indiquer les offices.

Le droit de commune était très-contesté, difficilement conquis et facilement perdu, et les bourgeois voyaient dans les prétentions de l'évêque une atteinte à des droits qu'ils avaient péniblement acquis. De là vint la nécessité pour eux d'avoir une maison commune où ils pussent se réunir sans être gênés dans leurs délibérations par le service religieux : ce fut l'hôtel de ville. Comme pour les convocations il fallait une cloche et que les citoyens pouvaient faire des confusions, on y joignit une tour appelée beffroi, pour contenir la cloche municipale. L'hôtel de ville et le beffroi furent donc le signe visible de la commune, et quand une ville gagnait son affranchissement, le droit d'avoir un hôtel de ville et un beffroi en était la consécration naturelle. Si, dans ces temps de luttes continuelles, il arrivait que les bourgeois vaincus perdissent le droit de commune, il leur était enjoint de raser leur beffroi.

On comprend dès lors que les municipalités mettaient une sorte d'orgueil à déployer un certain luxe dans la construction du beffroi, qui témoignait de la puissance et de la richesse de la cité. La tour du beffroi fut d'abord placée au-dessus des portes de la ville et annonçait ainsi de loin les franchises dont jouissait la commune.

« Les premiers beffrois isolés, dit M. Viollet-Leduc, se composaient d'une grosse tour carrée, le plus souvent surmontée d'un comble en charpente recouvert d'ardoises ou de plomb, dans lequel étaient suspendues plusieurs cloches. Une galerie ou étage percé de fenêtres sur les quatre faces servait de poste pour les guetteurs qui, le jour et la nuit, avertissaient les citadins de l'approche des ennemis, découvraient les incendies, réveillaient les habitants au son des cloches ou des trompes. C'était du haut du beffroi qu'on sonnait les heures du travail ou du repos pour les ouvriers, le lever du soleil, le couvre-feu, et que l'on annonçait au bruit des fanfares les principales fêtes de l'année. La tour contenait ordinairement des prisons, une salle de réunion pour les échevins et quelques dépendances, telles que dépôt d'archives, magasin des armes que l'on distribuait aux bourgeois dans les temps de trouble ou lorsqu'il fallait défendre la cité. »

Au quatorzième siècle, le beffroi, au lieu d'être isolé, s'éleva au centre de l'hôtel de ville, tout en conservant son premier aspect ; seulement on y plaça une grande horloge, qui donnait l'heure à tous les habitants. L'hôtel de ville n'était lui-même à l'origine qu'une maison contenant une salle un peu plus grande qu'on ne les faisait d'habitude. A Paris le local destiné à l'administration communale s'appelait *parlouer aux bourgeois*. Il était d'abord situé près du grand Châtelet ; Étienne Marcel fit acheter sur le quai de la Grève une maison qui devint l'hôtel de ville. On l'appelait la maison aux Piliers, et c'était une maison fort simple. L'hôtel de ville actuel n'a aucun rapport avec l'art du moyen âge.

Il est à remarquer au surplus que, dans les villes qui faisaient partie du domaine royal, on ne trouve que très-peu d'anciens édifices municipaux, tandis que dans les villes du Nord ces monuments ont une grande importance. C'est que la vie municipale était bien plus active dans certaines villes que dans d'autres, et la couronne a commencé de très-bonne heure le travail d'absorption qui a amené la centralisation actuelle.

Hôtel de ville de Bruxelles (fig. 223). — Cet édifice peut être cité comme un des modèles de l'architecture civile sous la période communale. « Situé au centre de la ville, dit M. du Pays, c'est de tous les monuments de Bruxelles celui qui impressionne le plus ; c'est celui qui contribue le plus, par la grande élévation de sa tour, à donner à la ville, vue de loin, un aspect caractéristique. Il présente un quadrilatère irrégulier ; la façade longue d'environ quatre-vingts mètres et dominant la grande place, se compose, au rez-de-chaussée,

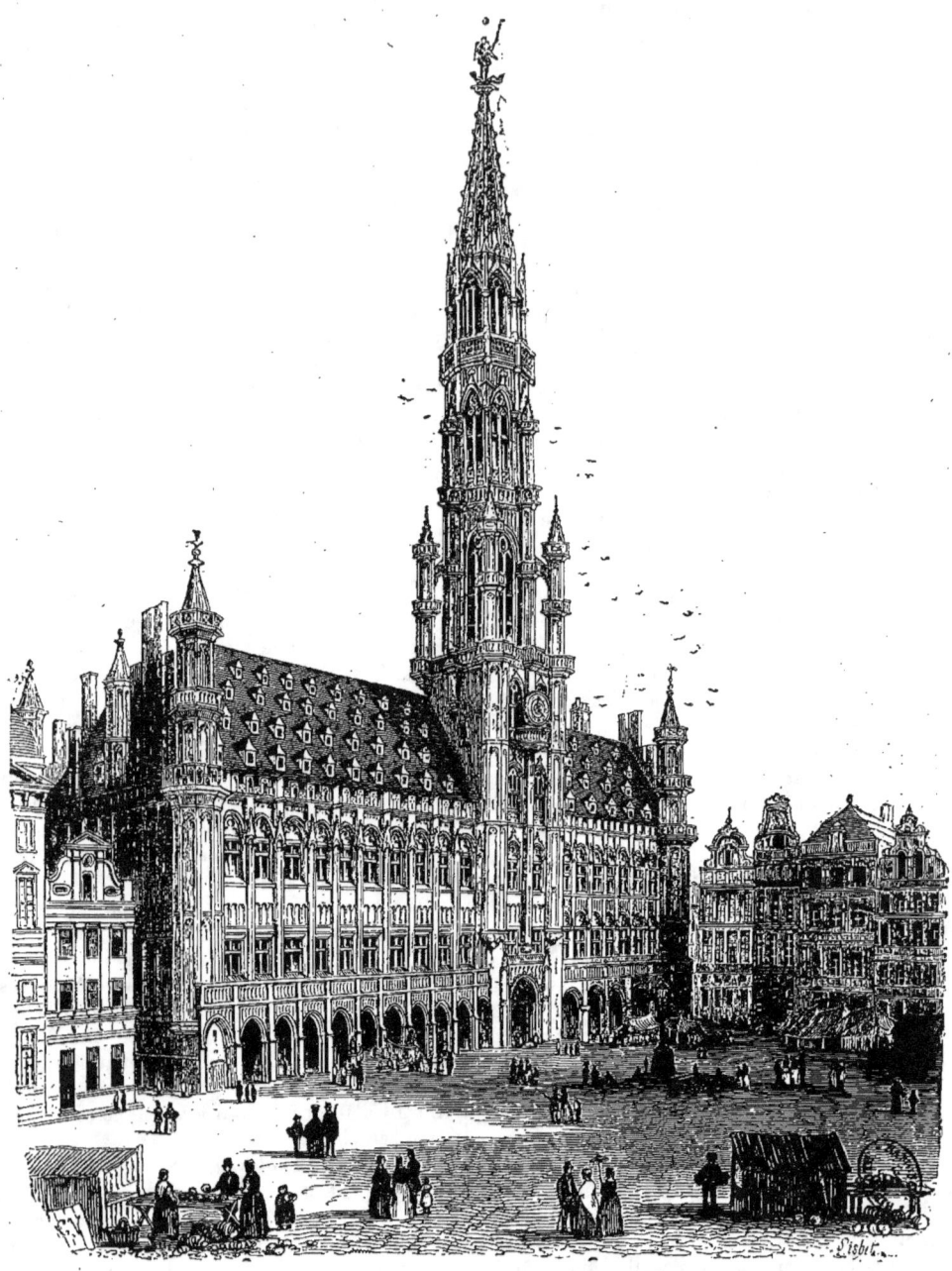

223. — HÔTEL DE VILLE DE BRUXELLES.

d'un portique, de dix-sept arcades ogivales supportant une plate-forme, au-dessus de laquelle s'élèvent deux étages de fenêtres rectangulaires surmontés eux-mêmes d'un toit très-élevé, percé de quatre rangs de lucarnes. A la naissance du toit règne une balustrade crénelée. Les angles de la façade sont flanqués d'une tourelle octogone, terminée par une aiguille en

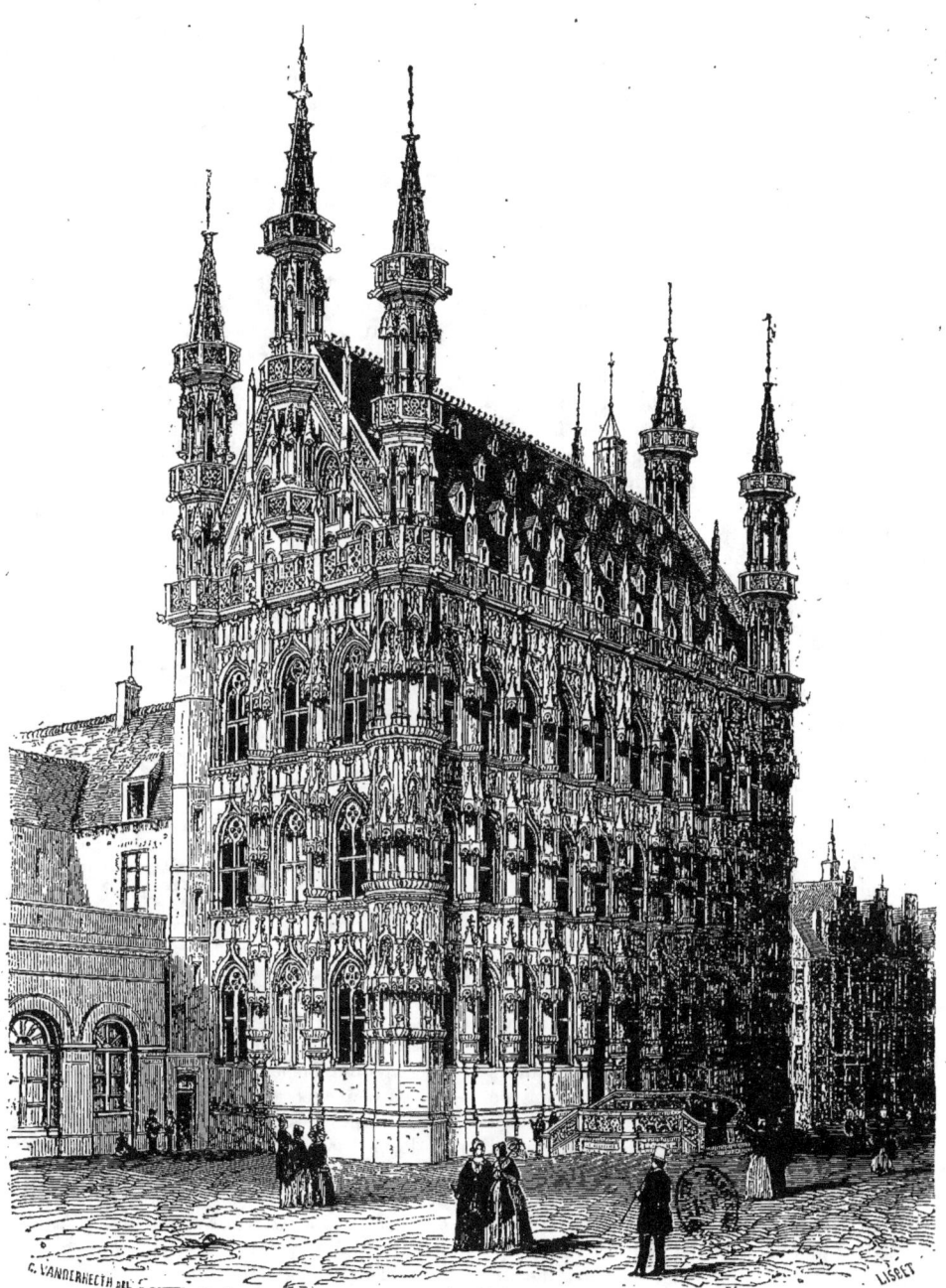

224. — HÔTEL DE VILLE DE LOUVAIN.

pointe. La grande porte d'entrée est entre la onzième et la douzième arcade du portique. C'est au-dessus de cette porte que s'élance la tour à une hauteur de quatre-vingt-onze mètres soixante-trois centimètres. Rien de plus hardi, de plus svelte et de plus gracieux que cette tour. Carrée jusqu'au sommet des toits, elle devient polygonale à partir de la plate-forme. Un système de contre-forts habilement dissimulés sous l'apparence de tourelles et de clochetons, se succède d'étage en étage en se rapprochant du corps de la tour à mesure qu'il s'élève. Elle offre trois étages percés à jour de fenêtres ogivales. A chaque étage règne une plate-forme décorée d'une balustrade en pierre. C'est du troizième étage que part la flèche, découpée comme une dentelle pyramidale. On considère cette tour comme la plus belle de la Belgique, sans en excepter celle même d'Anvers. »

Beaucoup de villes de Belgique et du nord de la France ont des hôtels de ville très-remarquables; il faut citer celui de Louvain (fig. 224), qui est la merveille du style ogival fleuri, ceux d'Ypres, Gand, Douai, Saint-Quentin, etc., etc.

HALLES ET MARCHÉS. — Les plus anciennes halles que l'on connaisse ressemblaient assez aux granges des abbayes. Ce sont de vastes bâtiments rectangulaires, recouverts par un toit très-élevé et divisés à l'intérieur en trois nefs que séparent des colonnes en pierre et plus souvent des poteaux en bois. Les marchandises étaient exposées en vente dans l'intérieur du bâtiment, qui était habituellement isolé au milieu d'une place, et quelquefois adossé à une muraille. A mesure que les villes s'enrichissaient par le commerce, la halle devenait un monument plus important et qui arrivait quelquefois à une grande élégance. Nous citerons comme exemple la célèbre halle de Bruges, à laquelle est adossé le beffroi de la ville.

PONTS. — Les ingénieurs ont fait une guerre implacable à nos vieux ponts du moyen âge, dont il reste fort peu aujourd'hui. Ces ponts, imités primitivement de ceux des Romains, étaient généralement assez étroits et organisés pour la défense, comme on le voit au pont de Cahors, qui est accompagné de trois grosses tours portant sur le pilier des arches. Le grand pont, qui met Pont-de-l'Arche en communication avec l'autre rive de la Seine, est extrêmement célèbre ; mais aucun pont de France n'est aussi populaire que le pont d'Avignon.

Pont d'Avignon (fig. 228). — L'origine du pont d'Avignon se rattache à une tradition très-ancienne. Un jeune pâtre de douze ans appelé Benezet conduisait son troupeau dans une vallée rocheuse, quand Jésus lui apparaît resplendissant de gloire et lui ordonne d'aller bâtir un pont sur le Rhône. Mais comme le berger ne savait pas l'endroit, un ange le conduit et lui indique la place où doit être le pont. Voyant l'immensité du fleuve, l'enfant suppliant lui demande comment il pourra faire ce pont ; mais l'ange, montrant le fleuve du doigt, disparaît aussitôt. Benezet avait sur lui trois oboles qui composaient toute sa fortune : il les donne au batelier qui lui fait traverser le Rhône et se dirige vers la cathédrale, où l'évêque officiait au milieu d'une foule recueillie. L'enfant s'écrie qu'il va faire un pont sur le Rhône ; mais comme il troublait les fidèles, on le fait jeter dehors. On le prend pour un malfaiteur et on commence à le maltraiter. Près de l'église était un énorme fragment de rocher que trente hommes n'eussent pas réussi à remuer. L'enfant s'en approche, le soulève comme un caillou, et, s'avançant vers le fleuve, suivi de la foule stupéfaite, il le jette au milieu des eaux frémissantes pour commencer la première arche.

Benezet travailla sept années à son pont, qu'il n'acheva pas entièrement avant de mourir. Historiquement, on le considère comme le fondateur de la célèbre confrérie des *frères pontifes*, qui portaient une longue robe blanche avec un pont brodé en laine de couleur sur la poitrine. Il fut considéré comme un saint et inhumé dans la chapelle qui lui est dédiée. Elle subsiste encore sur la deuxième arche du pont, qui en avait en tout dix-neuf. Les eaux du fleuve minèrent peu à peu les piles de plusieurs arches, qui finirent par s'écrouler. Il en reste encore quatre ; le vieux pont d'Avignon, un des plus célèbres ouvrages du moyen âge, était tellement étroit, qu'il ne pouvait servir que pour les piétons ou les hommes à cheval, mais non pour les chariots. La chapelle était contemporaine du pont, mais elle paraît avoir été remaniée au quinzième siècle, ainsi que les arches.

VILLES. — La plupart des villes étaient fortifiées, et leurs remparts couronnés de tours présentaient l'aspect le plus pittoresque, comme on peut encore en juger par les murailles d'Aigues-Mortes, Angers, Provins, etc. Vu de loin, l'aspect d'une ville offrait un amas confus d'édifices de toutes sortes, découpant sur le ciel la silhouette aiguë de ses clochers, ou les formes massives de ses fortifications.

« En pénétrant dans l'intérieur de la ville, on devait être particulièrement frappé, dit M. Albert Lenoir, du grand nombre d'églises qui s'élevaient sur tous les points ; et, entre toutes ces églises, on distinguait la cathédrale, le temple par excellence, le foyer spirituel et pour ainsi dire l'âme de la cité, du sein de laquelle elle s'élève triomphalement vers le ciel. La cathédrale, ou l'église patronale, était ordinairement située sur un point central, quelquefois sur la partie la plus élevée de la ville ; mais le choix de son emplacement n'avait presque jamais été déterminé par des considérations physiques, il résultait le plus souvent de quelque idée mystique, ou de quelque croyance traditionnelle, ou enfin de certaine révélation miraculeuse faite à son premier fondateur ; l'accès d'ailleurs n'en était ordinairement ni très-direct ni très-facile. Une très-petite place précédait le portail principal, et quelquefois une enceinte formée par une clôture peu élevée composait ce qu'on appelle le parvis ; sur les côtés, la circulation s'établissait à l'aide de rues fort étroites. Et c'est ici le cas de faire remarquer que ces grandes et belles églises, construites aux différentes époques du christianisme, n'avaient pas été conçues pour être isolées au milieu de grands espaces, mais étaient au contraire pour être resserrées au milieu des habitations des fidèles qui venaient se placer sous leur protection. Envisagés ainsi d'un point de vue plus rapproché, ces monuments empruntaient encore plus de grandeur et d'élévation, et l'on peut aussi s'expliquer par cette disposition le parti qu'on avait pris de sacrifier jusqu'à un certain point l'ordonnance extérieure de ces églises à l'effet de l'intérieur, qui était bien évidemment considéré comme le point le plus essentiel dans les temples chrétiens. »

Il ne faudrait pas croire pourtant que toutes les villes du moyen âge fussent nécessairement irrégulières et sillonnées de rues étroites et tortueuses. Cela est vrai pour des villes anciennes, qui s'élevaient successivement sur les vieilles cités romaines, ou qui n'étaient que le développement d'un village primitif, parce qu'il n'y avait pas de loi d'expropriation, et qu'on n'aurait eu aucun moyen d'y percer des rues droites et larges. Mais les villes fondées d'un seul jet du douzième au quinzième siècle sont aussi régulières et aussi bien alignées que celles de l'Amérique du Nord. Il existe encore en France de ces villes connues sous le nom de *bastides*, qui ont été bâties d'un coup, avec leurs rues, leurs places, leurs marchés, leurs églises, leurs fontaines, leurs remparts.

« Dans la seconde moitié du treizième siècle et dans une région très-limitée de la France, dit M. de Verneilh, cinquante villes peut-être se sont fondées, sans que nos historiens aient donné la moindre attention à cette grande œuvre de civilisation et de progrès. Au moins vingt de ces bastides, les plus récentes et les plus parfaites sont dues à la domination anglaise, et l'histoire des Sismondi et des Guizot ne parle pas de ce bienfait toujours actuel, quoiqu'il date de siècles. Si, au lieu de fonder tant de villes, Édouard Ier en avait violemment détruit une seule, tous nos livres retentiraient encore de ce fait d'armes. »

Parmi ces bastides toutes ne sont pas également bien conservées, et ce sont toujours les villes les plus riches qui, en raison de leur prospérité, se sont le plus transformées. Mais il y a de petites villes comme Montpazier (Dordogne), fondée en 1226 par le roi d'Angleterre Édouard Ier, qui ont conservé leur antique physionomie. Ici quatre grandes rues se coupent à angles droits, et le centre de la ville est une grande place entourée d'arcades très-larges. Les voitures peuvent, aussi bien que les piétons, passer sous ces arcades, et ce système de rues couvertes est signalé par M. de Caumont comme un des caractères des bastides « qui non-seulement s'imitaient l'une l'autre, mais étaient conçues, on peut le dire, sur un seul et même type, essayé d'abord timidement, puis successivement perfectionné. » Ce qui a multiplié les bastides c'est le besoin d'attirer des habitants et de fonder une industrie dans une localité déterminée : les habitants qui venaient les peupler étaient de véritables colons et recevaient de grands priviléges.

MAISONS. — Les anciennes cabanes des Gaulois étaient en bois et couvertes avec du chaume. Sous la domination romaine, de riches villas couvrirent la Gaule comme l'Italie ; mais, pendant toute la première partie du moyen âge, les châteaux habités par les seigneurs et les couvents habités par les moines furent les seules constructions civiles présentant une certaine importance pour l'architecture, et jusqu'au douzième siècle il est difficile d'avoir des renseignements sur ce que pouvaient être les habitations privées.

Après l'affranchissement des communes, quand l'industrie commença à devenir une source de richesses pour les particuliers, on vit s'élever quelques maisons en pierre dont le style montre les mœurs du temps. Ces maisons semblent avoir été construites surtout en vue de la défense et en prévision du danger permanent auquel étaient exposés les habitants. Leur façade, peu élevée et d'un aspect sévère, est percée de petites fenêtres cintrées et quelquefois surmontée de créneaux. Il est assez rare aujourd'hui de retrouver cette allure féodale dans les maisons du moyen âge qui subsistent encore, mais cela tient à ce qu'il subsiste fort peu de constructions privées qui remontent au delà du quatorzième siècle. A cette époque la plupart des maisons sont construites en bois, et leur charpente apparente en fait toute la décoration. Elles se

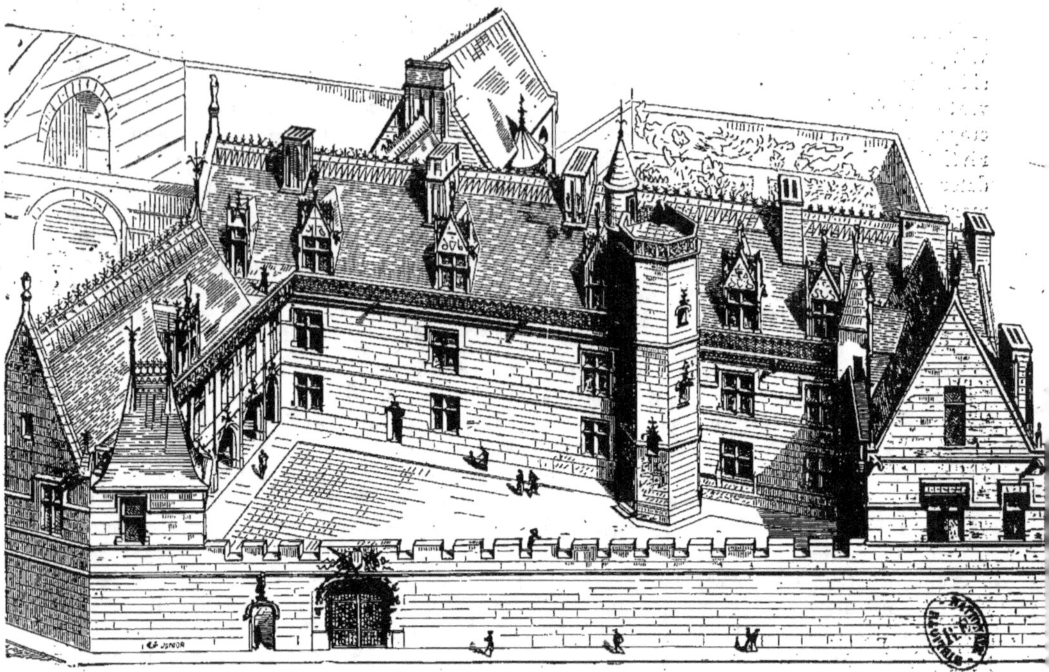

Architecture civile.
225. — VUE GÉNÉRALE DE L'HÔTEL DE CLUNY, AU QUINZIÈME SIÈCLE.

terminent par un pignon de forme aiguë dont la saillie est supportée par deux pièces de bois formant ogive. Les étages, surtout au quinzième siècle, sont placés en encorbellement les uns sur les autres, de manière que les pièces du haut se trouvent plus grandes que celles du bas sur lesquelles elles font saillie. Cette disposition avait pour but d'abriter les piétons qui circulaient le long des boutiques, et les eaux pluviales qui découlaient du toit tombaient directement dans le milieu de la rue, où se trouvait toujours le ruisseau. Les rues se trouvaient ainsi être plus larges par le bas que par le haut, et les maisons placées face à face de chaque côté de la rue étaient souvent très-rapprochées dans leurs étages supérieurs.

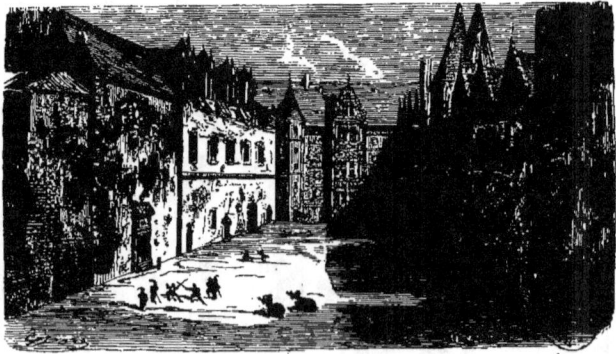

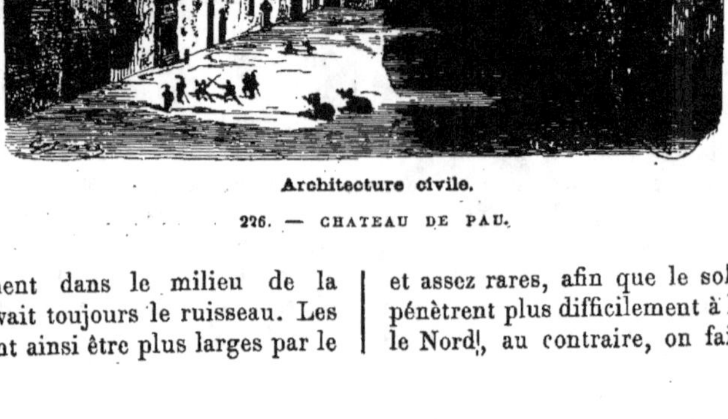

Architecture civile.
226. — CHATEAU DE PAU.

La brique était souvent mêlée aux pièces de bois apparentes, dans l'extérieur des maisons, ce qui produisait un ensemble décoratif agréable à l'œil. La forme et la dimension des fenêtres variait suivant les localités, mais en général dans le Midi les fenêtres sont petites et assez rares, afin que le soleil et la chaleur pénètrent plus difficilement à l'intérieur. Dans le Nord, au contraire, on faisait souvent de larges ouvertures; mais, pour éviter le froid, | la plus grande partie des vitrages était à de-

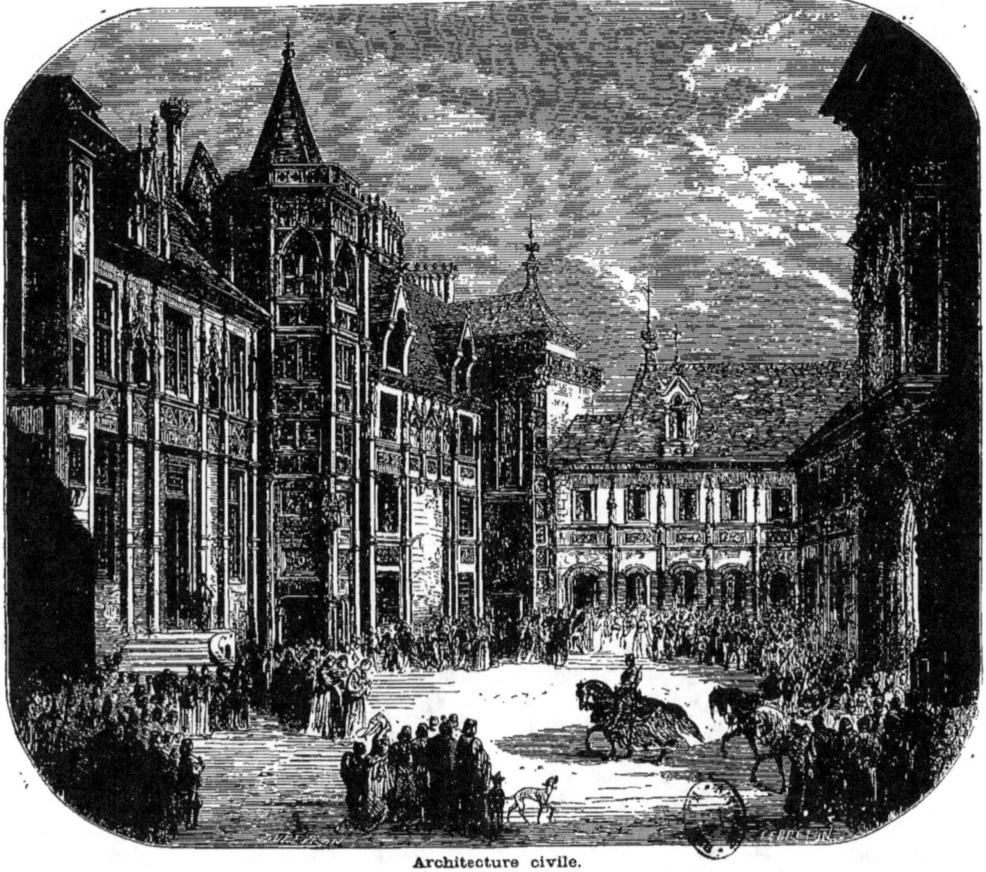

Architecture civile.
227. — MAISON DE JACQUES CŒUR, A BOURGES.

meure et ne s'ouvrait pas. Dans l'intérieur de l'appartement, comme sur la façade de la maison, la décoration résultait de la nature même de la construction: les solives du plancher étaient apparentes et quelquefois enrichies d'ornements sculptés ou peints. L'escalier était étroit et souvent d'un accès peu facile: il était habituellement dans une tourelle placée à l'intérieur | de la cour. Mais il y avait aussi des tourelles contre la façade extérieure des maisons, surtout à l'angle des rues. Ces tourelles sur la rue, le plus souvent bâties en en corbellement pour ne pas gêner la circulation, servaient d'oratoire aux habitants et produisaient du dehors un aspect très-pittoresque. | Les boutiques du moyen âge étaient placées, comme les

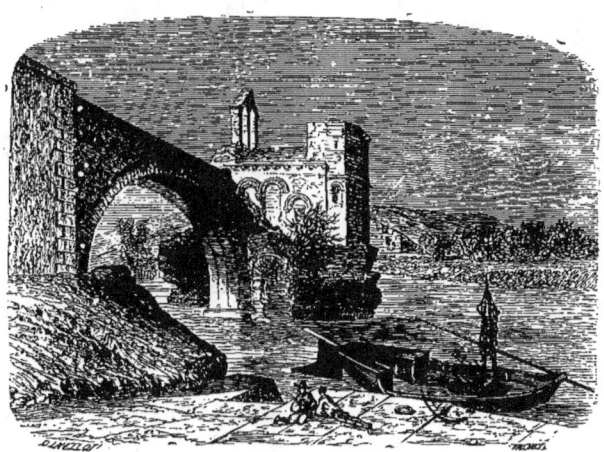

Architecture civile.
228. — PONT DE SAINT-BENEZET, A AVIGNON.

nôtres, au rez-de-chaussée des maisons; mais elles n'avaient pas, à beaucoup près, l'étendue que nous voyons aujourd'hui à quelques-uns de nos grands magasins. D'après les règlements des corps de métier, un patron ne pouvait avoir qu'un nombre limité d'apprentis, et le temps d'apprentissage était fixé régulièrement. Un agrandissement indéfini était donc impossible, car les marchands fabriquaient eux-mêmes la plupart du temps la marchandise qu'ils vendaient et n'avaient d'autres produits que par surcroît. La boutique comprenait deux parties : une salle sur la rue, où étaient les marchandises, et un arrière-magasin, où travaillaient les ouvriers. Les acheteurs n'entraient pas dans la boutique, mais se tenaient en dehors devant l'étalage qui s'avançait sur la rue. Il n'y avait pas de vitres, et les volets se fermant de bas en haut comprenaient deux parties : la partie inférieure se dressait pour faire l'étalage, et la partie supérieure se relevait pour le garantir de la pluie. Les artisans du même état étaient groupés dans la même rue, et comme il n'y avait pas d'annonces, on envoyait des crieurs par la ville pour annoncer les denrées.

ARTS INDUSTRIELS.

MOBILIER. — L'ameublement des époques mérovingiennes se distingue par un luxe inouï et une profusion de matières précieuses; mais les formes sont lourdes, et surtout manquent de cette originalité et de cette élégance qui sont le cachet des époques créatrices. C'est le mobilier antique moins le goût exquis des artistes grecs, que Rome employait à son service. Rien n'indique le génie particulier de la race conquérante : l'industrie continue les traditions passées en les alourdissant; mais les conquérants sont riches, et si on n'innove pas pour leur service, on satisfait du moins à leur goût pour le luxe.

L'établissement de la féodalité devait nécessairement modifier la forme des meubles en même temps que les usages de la vie privée. Dans les premiers donjons, nous trouvons toujours une grande salle, qui est à la fois la salle de réception, la salle de banquet et la chambre à coucher. C'est là que le baron donne ses audiences, héberge ses amis et passe tout le temps qui n'est pas consacré à la guerre ou à la chasse. Cette immense pièce sert à toute chose et à tout le monde. Une immense cheminée est destinée à la chauffer l'hiver. Deux ou trois fenêtres très-étroites lui donnent l'air et la lumière, mais non pas le soleil, car ces fenêtres, disposées pour la défense, sont percées à travers des murs très-épais. Tout le mobilier est renfermé dans cette salle : il se compose de lits, d'escabeaux, de fauteuils, de coffrets et d'armures. Les lits sont en métal, comme on les faisait dans l'antiquité, car l'usage des lits en bois est postérieur. Jusqu'au onzième siècle, l'industrie va toujours s'abaissant; elle imite de plus en plus gauchement ce qui reste de l'antique civilisation, mais elle n'innove pas. Ces lits, qu'on voit représentés sur divers manuscrits, sont beaucoup plus élevés du côté du chevet que vers les pieds : on était presque sur son séant. C'est un usage qui a duré jusqu'au treizième siècle. Il n'y avait pas de matelas; mais, sur le réseau de cordes lacées qui remplaçaient nos sangles, on mettait un amas de coussins plus nombreux du côté de la tête que du côté des pieds.

Ces lits n'avaient ni draps ni couvertures, et celui qui se couchait s'enveloppait dans une espèce de suaire et s'étalait ainsi sur les coussins. Mais il y avait quelquefois des rideaux.

La table sur laquelle on dînait était généralement ronde, rarement rectangulaire. Elle n'était pas portée sur des pieds, mais posée sur des tréteaux pliants, afin de pouvoir s'enlever. La table était dans tout son pourtour entourée d'un rebord haut de quelques centimètres, auquel on accrochait extérieurement une espèce de nappe qui retombait au dehors pour l'ornement, mais ne couvrait aucunement la table. Une bible, de la bibliothèque impériale, qui remonte au dixième siècle, contient une miniature représentant le festin de *Balthazar*, où on trouve de curieux détails sur les repas : ils doivent peindre exactement les mœurs du temps, car les artistes du dixième siècle ne se piquaient pas d'archéologie et représentaient les choses comme ils les voyaient.

Sur cette table, nous voyons un plat, un petit pot, des couteaux et des os rongés posés sur la table, car il n'y a pas d'assiettes. Il n'y a pas davantage de fourchettes ni de cuillers; mais comment faisait-on? allez-vous dire. Pour la viande, c'est aisé : la preuve que les doigts et les dents suffisent bien, ce sont les os rongés qu'on voit sur la table. Pour le liquide, c'est plus difficile, car il n'y a pas de verres; mais plusieurs des compagnons de Balthazar boivent à même la bouteille, ce qui semblerait prouver que c'était l'usage. Mais en voici d'autres qui ont en main d'immenses bols dans lesquels ils plongent leur nez. Je présume que c'est la manière de manger la soupe. Je ne puis vous décrire le menu, car ce serait sortir de mon sujet, mais je puis vous certifier que, dans les ripailles de cette époque, les pièces de gibier étaient plus abondantes que les pralines et les fondants.

La grossièreté des mœurs féodales s'efface peu à peu à mesure qu'on avance dans l'histoire. La grande salle où le barde venait amuser les convives, en chantant les exploits des héros, ne suffit plus à des mœurs plus raffinées. Au treizième et au quatorzième siècle, nous trouvons dans les châteaux des appartements somptueusement meublés. Il y a même un luxe qu'on retrouverait difficilement de nos jours : les meubles sont sculptés partout avec un goût charmant qui emprunte à l'architecture le style de sa décoration ornementale. On voit dans les banquets de la vaisselle richement ciselée, et la manière dont le service est fait indique le changement qui s'est opéré dans les habitudes. Toutefois au milieu des délicatesses de l'art qui se montrent dans l'ameublement et du vernis d'élégance que l'on retrouve partout, bien des usages qui ne choquaient nullement l'étiquette rigoureuse de la vie de château, répugneraient singulièrement à nos habitudes bourgeoises de confortable et de propreté.

« La viande, dit M. Viollet-Leduc, était servie à chaque convive sur des *tranchoirs*, c'est-à-dire sur des morceaux de pain rassis, cuits exprès pour cet usage. Les écuyers tranchants, découpant les viandes, plaçaient chaque morceau sur ces tranchoirs rangés sur un plat; on les présentait aux convives, qui désignaient le morceau à leur convenance, afin qu'on le plaçât devant eux avec son tranchoir sur la nappe, ou, chez les grands, sur une assiette d'argent. Chacun découpait ainsi sa viande sur ce lit de pain, sans endommager la nappe ou sans faire grincer le couteau sur la vaisselle plate. Chez les petites gens on mangeait avec ses doigts. Quant aux potages, aux brouets, ils étaient servis dans des écuelles ou assiettes creuses, communes à deux convives; d'où la locution « à pot et à cuiller », c'est-à-dire dans la plus grande intimité avec quelqu'un. »

Chez les grands personnages l'étiquette prend dans les mœurs, au quatorzième siècle, une place tellement importante que le mobilier doit se modifier pour indiquer la position respective et le rang de chaque personnage.

Sous Charles V, un dais s'élevant au-dessus du fauteuil marquait dans les grands festins la place des convives de distinction. M. Fréguier, dans l'*Histoire de l'administration de la police de Paris*, fait, d'après des documents contemporains, une curieuse description du festin offert dans la grande salle du Palais, par le roi Charles V, à l'empereur Charles de Luxembourg. « Le service se fit à la table de marbre. L'archevêque de Reims, qui avait officié ce jour-là, prit place le premier au banquet. L'empereur s'assit ensuite, puis le roi de France, et le roi de Bohême, fils de l'empereur. Chacun des trois princes avait au-dessus de sa place un dais distinct, en drap d'or semé de fleurs de lis; ces trois dais étaient surmontés d'un plus grand, aussi en drap d'or, lequel couvrait la table dans toute son étendue et pendait derrière les convives. Après le roi de Bohême s'assirent trois évêques, mais loin de lui et presque au bout de la table. Sous le dais le plus proche était assis le dauphin, à une table séparée, avec plusieurs princes ou seigneurs de la cour de France ou de l'empereur. La salle était décorée de trois buffets ou dressoirs couverts de vaisselle d'or ou d'argent. Ces trois buffets, ainsi que les deux grands dais, étaient entourés de barrières destinées à en défendre l'approche aux nombreuses personnes qui avaient été autorisées à jouir de la beauté du spectacle. »

La cour de Bourgogne était sans rivale pour ses banquets somptueux. « Olivier de la Marche et les comptes de la maison des ducs nous présentent d'étranges détails sur le luxe et les divertissements introduits dans ces festins, dit M. Maillard de Chambure (*Dijon ancien et moderne*). C'était, au milieu des buffets chargés d'or et d'argent, tantôt un dromadaire fait au vif, portant panier plein d'oiseaux peints que son conducteur lâchait au milieu de l'assemblée; tantôt un lion plus gros qu'un cheval, qui chantait agréablement une ballade et faisait une révérence ; d'autrefois c'était un loup jouant de la flûte, des sangliers sonnant de la trompette, et un quatuor d'ânes chantant un motet ; à quoi il faut joindre les montagnes de glaces ornées d'ours, les châteaux forts, les moulins à vent, les lacs, les baleines de soixante pieds de longueur, de la gueule desquelles sortaient nombre de sirènes et de chevaliers, qui, leur rôle joué, rentraient dans le ventre des monstres ; les pâtés creux, renfermant une église avec ses moines et ses or-

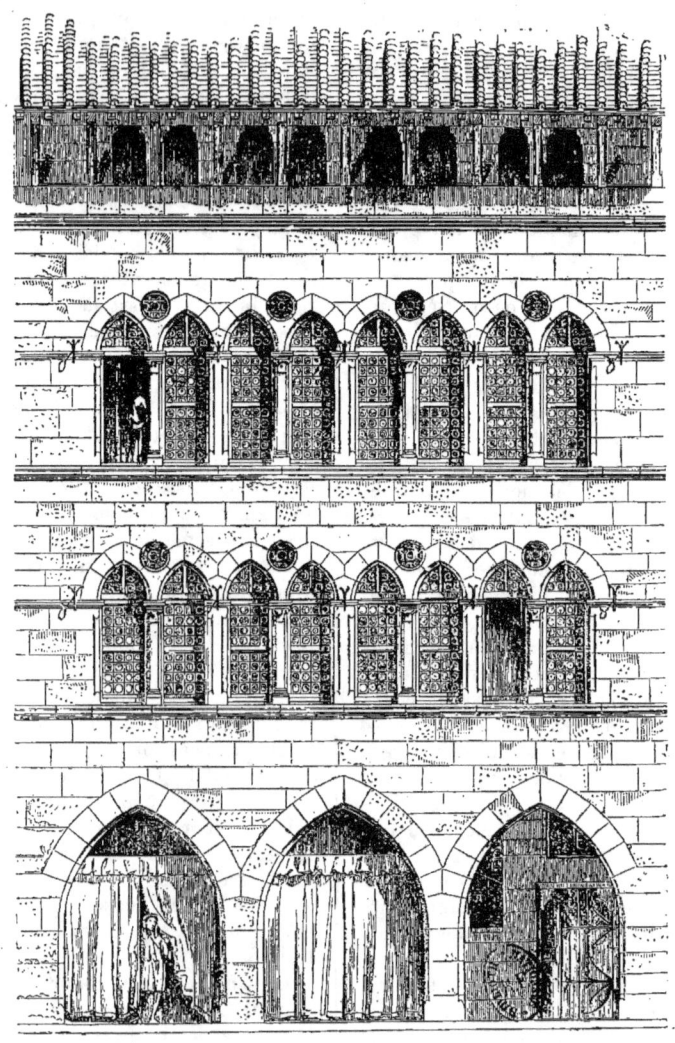

229. — MAISON DE SAINT-ANTONIN (TARN-ET-GARONNE), TREIZIÈME SIÈCLE.

gues, et beaucoup d'autres inventions aussi miraculeuses qui, sous le nom d'entremets, descendaient du plafond sur des chariots pleins d'or et d'azur, aux armes du duc, et étaient présentées à l'admiration de l'assemblée. Cependant ces magnifiques automates n'étaient pas les seules délices que les ducs offraient à l'ébattement de leurs convives. Le gibier de leurs forêts et le bon vin de leurs vignes de Pomard et de Montrachet en faisaient la principale richesse. Quant aux menus mets d'usage à leur table et spécialement destinés à affriander les dames, on trouverait dans les comptes de ces repas de curieuses nomenclatures : faisans à la poudre d'or, poules de l'Inde braisées dont la première fut offerte à la duchesse Marguerite le 12 novembre 1385, gélines au safran, pâtés de groseilles, tartelettes et confitures de poivre, anis et aulx confits servis dans de riches drageoires, orge pilé, épinaches (épinards) au sucre, rousset, blé vert, oblies, pots de gingembre vert, verjus de pommes au

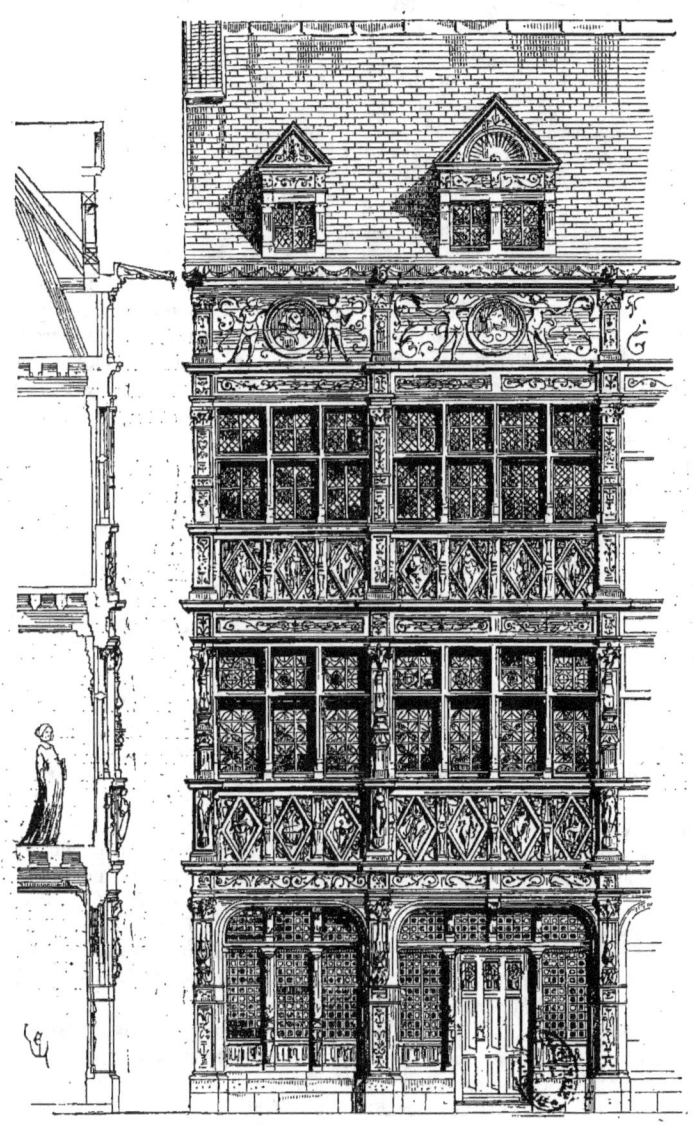

230. — ANCIENNE MAISON DE ROUEN.

girofle, noix musquettes, hypocras, vins d'épices et claret de Bourgogne, servi par les pages dans les hanaps d'or, et que le duc buvait à longs traits dans le grand hanap de Jules-César, qui fut remis à neuf pour la venue du roi d'Arménie à Dijon. Après le service, des cure-dents d'argent étaient offerts aux convives, avec une brosse de bruyère et une queue de renard pour s'épousseter. C'était l'heure attendue où quelque ménestrel ou poëte parasite, Thomas de Hédincourt en 1368, Jehan des Fossés en 1376, introduit dans la haute galerie de pierre qui dominait la salle, chantait, pour réjouir les dames, quelque complainte nouvelle; ou bien l'assemblée se tirant, près du foyer brûlant, les allumettes de jonc qu'il fallait, « sous peine de bailler gage, éteindre d'un coup sans tousser, » les « almanacques et pronostications » copiées plus tard par *Nostradamus*, et déjà célèbres et infaillibles comme depuis, servaient de passe-temps aux femmes et aux jeunes gens, tandis que le duc et ses barons devisaient des guerres de Flandres, de l'occision des Armagnacs, ou de leurs faits de chasse, un des passe-temps favoris du prince, qui n'avait pas moins de quatre cent trente veneurs de tout grade dans son équipage. »

Le changement qui, du onzième au quinzième siècle, s'est opéré dans les mœurs se rattache à deux causes principales, la formation des communes et les croisades. Ce sont les communes qui ont créé une bourgeoisie, et en même temps que l'accroissement des fortunes privées faisait naître des besoins nouveaux que l'industrie devait satisfaire, le progrès accompli dans tous les arts permettait aux seigneurs et aux hommes puissants de s'entourer d'un mobilier luxueux qui transformait absolument la physionomie intérieure des manoirs féodaux. Les relations qui s'établirent avec l'Orient ont eu une large part dans cette transformation. Les croisades ne pouvaient manquer d'exercer une grande influence sur les mœurs et par conséquent sur les arts de l'Occident. Nos chevaliers prirent aux Orientaux l'usage de se coucher sur des tapis, et des miniatures du temps de saint Louis nous montrent des festins où l'on mange assis par terre et les jambes croisées à la mode orientale. Cet usage toutefois ne dura pas longtemps, mais le goût des riches étoffes et tapis moelleux s'était répandu et on commença à en recouvrir les meubles.

M. Viollet-Leduc nous donne d'intéressants détails sur le mobilier des châteaux du moyen âge avant le quinzième siècle. « Le mobilier de la salle se composait de bancs à barres avec coussins, de siéges mobiles, de tapis, ou tout au moins de nattes de jonc, de courtines devant les fenêtres et les portes; d'une grande table fixée au plancher, d'un dressoir, d'une crédence, de pliants et de la chaire du Seigneur. Le soir, des bougies de cire étaient posées sur des bras de fer scellés aux côtés de la cheminée, dans des flambeaux placés sur la table, ou sur des lustres façonnés au moyen de deux barres de fer ou de bois en croix suspendues au plafond. Le feu de la cheminée ajoutait son éclat à cet éclairage. Le mobilier de la chambre consistait en un lit avec ciel ou dais, en une chaire; des coussins en grand nombre, quelquefois des bancs servant de coffres complétaient ce mobilier. Des tapisseries de Flandre ou des toiles peintes tendaient les parois, et sur le pavé on jetait des tapis sarrazinois qu'alors on fabriquait à Paris et dans quelques grandes villes. Dans la garde-robe étaient rangés des bahuts renfermant le linge et les habillements d'hiver et d'été, les armes du seigneur; cette pièce devait avoir une certaine étendue, car c'était là que travaillaient les ouvriers et ouvrières chargés de la confection des habits. On ne pouvait alors se procurer certaines étoffes qu'aux foires périodiques qui se tenaient dans les villes ou gros bourgs. Il fallait donc acheter à l'avance les fourrures, les draps, les soieries nécessaires pendant toute une saison. Or la plupart des seigneurs se chargeaient de fournir des vêtements aux personnes attachées à leur maison, et tout cela se façonnait dans le château. »

Le *bahut*, qui n'existe plus guère dans le mobilier moderne, était un des meubles les plus importants du moyen âge. Primitivement un bahut était un coffret de bois servant, comme nos malles, à transporter les effets en voyage. Mais dans les grandes époques du moyen âge, il devint un meuble fixe, très-richement décoré et servant à la fois d'armoire pour serrer le linge et de banquette pour s'asseoir. Au quatorzième siècle on en mettait dans toutes les pièces des appartements, mais il y en avait toujours un plus orné que les autres et mieux fermé, dans lequel on mettait l'argent et les objets précieux. On sait que du Guesclin, ayant besoin d'argent pour payer ses compagnons d'armes, enfonça le bahut de sa mère. Les ouvriers qui confectionnaient ces bahuts ou huches s'appelaient huchiers, et étaient souvent fort habiles. Jusqu'au dernier siècle, les présents de noces qu'on faisait à la mariée s'envoyaient dans un bahut; aujourd'hui nos paysans ont encore des huches pour mettre le pain. Mais, comme objet d'art, ce meuble ne se trouve plus que dans les cabinets d'antiquités.

Les berceaux d'enfants étaient primitivement de simples paniers dans lesquels on mettait l'enfant entouré de bandelettes de façon que la tête seule restât libre. Ce n'est qu'au quinzième siècle qu'on a fait des berceaux suspendus sur deux montants au-dessus du sol.

« Les lits, dit M. Paul Lacroix, varient de forme et de dimension : étroits et grossiers chez les pauvres et les moines, ils finissent par devenir, chez les rois et les nobles, d'une telle grandeur et d'un luxe tel, que ce sont de véritables monuments de menuiserie, où l'on ne monte qu'à l'aide d'escabeaux ou même d'échelles. L'hôte d'un château ne pouvait recevoir de plus grand honneur que de passer la nuit dans le même lit que le seigneur châtelain; les chiens dont les seigneurs, tous grands chasseurs, étaient constamment entourés, avaient le droit de coucher là où couchaient leurs maîtres; c'est ainsi qu'on explique ces lits gigantesques mesurant jusqu'à douze pieds de large. Les oreillers étaient, si on en croit les chroniques, parfumés avec des essences, des eaux odoriférantes; ce qui pouvait bien, on le comprend, n'être pas une précaution inutile. »

Les chaises garnies de paille et de jonc, et les siéges à bras rembourrés ne paraissent pas avant le quinzième siècle.

Les moyens de locomotion étaient loin de présenter au moyen âge tout le confortable qu'on y trouve aujourd'hui. C'étaient la plupart du temps de simples charrettes à quatre roues, non suspendues, mais parfois très-richement ornées. On y entrait par derrière comme dans nos charrettes, et comme les essieux étaient fixés, il fallait s'y prendre de loin pour tourner. Pour éviter les cahots du char, on le bourrait de coussins. Les familles riches avaient toutes un char à leur service, mais les lois somptuaires du treizième siècle les interdisaient aux classes moyennes. Il paraît néanmoins que ces ordonnances eurent peu d'effet; c'est du moins ce qui résulte du *Mirouer de mariage*, poëme du quatorzième siècle, où l'auteur énumère toutes les charges qui reviennent au pauvre mari lorsqu'il veut soutenir son ménage avec les pompes et « grans bobans » des femmes. Voici ce que dit une dame :

> Il me faudroit avoir un curre (char)
> A cheaunes, bien ordonné,
> Dedenz et dehors painturé,
> Couvert de drap de camocas (camelot).
> Je voy bien femmes d'avocas,
> De poure bourgeois de villaige
> Qui l'ont bien; pour quoy ne l'arai-ge,
> A quatre roncins atelé?

Ce ne fut qu'au quatorzième siècle qu'on fit des entrées latérales entre les roues.

Orfévrerie. — A une époque où la fortune mobilière consistait exclusivement en or et en argent, il était tout naturel que l'orfévrerie fût l'art le plus important. Une pièce d'orfévrerie était un trésor facilement transportable, qu'on pouvait cacher aisément et fondre au creuset en cas de pénurie.

L'orfévrerie du moyen âge se distingue de celle de l'antiquité par un caractère spécial, qui est l'alliance des pierres fines avec les métaux précieux. Les bijoux antiques présentent il est vrai cette association, mais on ne la retrouve pas dans les pièces d'orfévrerie de la même époque. Dans la période mérovingienne l'ornementation consiste presque exclusivement dans l'emploi des pierres fines, dont l'usage paraît avoir été importé de Byzance. Les descriptions que nous avons des pièces d'orfévrerie que contenait l'église Sainte-Sophie à Constantinople, ou l'église du Saint-Sépulcre à Jérusalem, indiquent toutes ce caractère que nous trouvons dans celles que renferment aujourd'hui nos collections publiques.

Si, à l'époque mérovingienne, les Byzantins nous envoyèrent un grand nombre d'objets d'or et d'argent fabriqués en Orient, il est certain aussi que la fabrication de ces objets n'a jamais cessé en France. On sait, par exemple, qu'il existait à Reims des ateliers importants, et saint Remy ordonne par son testament de fabriquer un ciboire et un calice orné de figures sur lequel on devait graver une inscription qu'il avait composée. La reine Brunehaut fit faire un grand bouclier en or et en pierres précieuses qu'elle destinait au roi d'Espagne.

Les Francs paraissent avoir eu un certain goût pour l'orfévrerie, et ils y mettaient même une sorte d'amour-propre national. Un jour Chilpéric ayant reçu en présent divers objets en métal travaillé qui excitaient une admiration universelle, s'empressa de mettre à côté un large bassin d'or orné de pierreries qu'il avait lui-même fait fabriquer, et le montrant à Grégoire de Tours s'écria : « C'est moi qui l'ai fait faire pour orner et rehausser la nation des Francs. Ah! je ferai encore, si je vis, bien des choses. » Mais il ne faut pas s'y tromper, ce n'était pas le travail qu'admirait le barbare, mais la richesse de l'ouvrage et la valeur de la matière.

Au reste c'était la seule chose qui fût alors appréciée. Anastase le bibliothécaire a fait une histoire des papes où il décrit les libéralités de Constantin à l'égard des églises. Il cite entre autres dix-huit statues en argent massif, savoir : « Le Sauveur assis pesant cent vingt livres, les douze apôtres pesant chacun quatre-vingt-dix livres, quatre anges pesant chacun cent vingt livres, avec des pierres précieuses en guise d'yeux, une lampe d'or avec cinquante dauphins pesant avec sa chaîne vingt-cinq livres, » etc.

L'immense popularité de saint Éloi vient

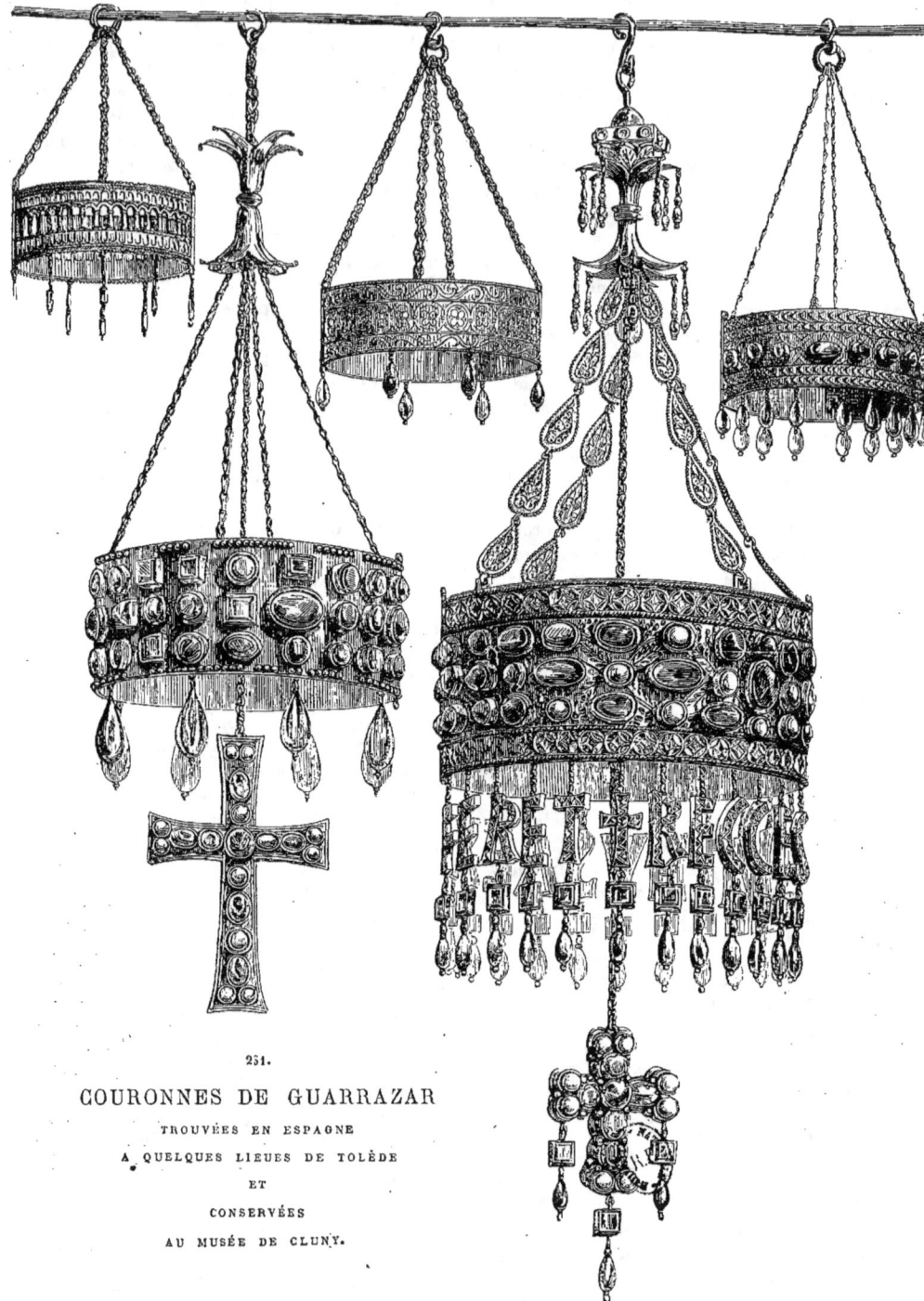

251.
COURONNES DE GUARRAZAR
TROUVÉES EN ESPAGNE
A QUELQUES LIEUES DE TOLÈDE
ET
CONSERVÉES
AU MUSÉE DE CLUNY.

peut-être encore plus de son honnêteté que de son habileté. Le roi Clotaire, ayant entendu parler de cet orfévre, lui confia une grande quantité d'or et de pierres précieuses, pour qu'il lui fabriquât un fauteuil magnifique. Mais avec les matériaux qu'on lui avait donnés, saint Éloi en fit deux au lieu d'un, et, le roi enchanté de la probité de l'artiste autant

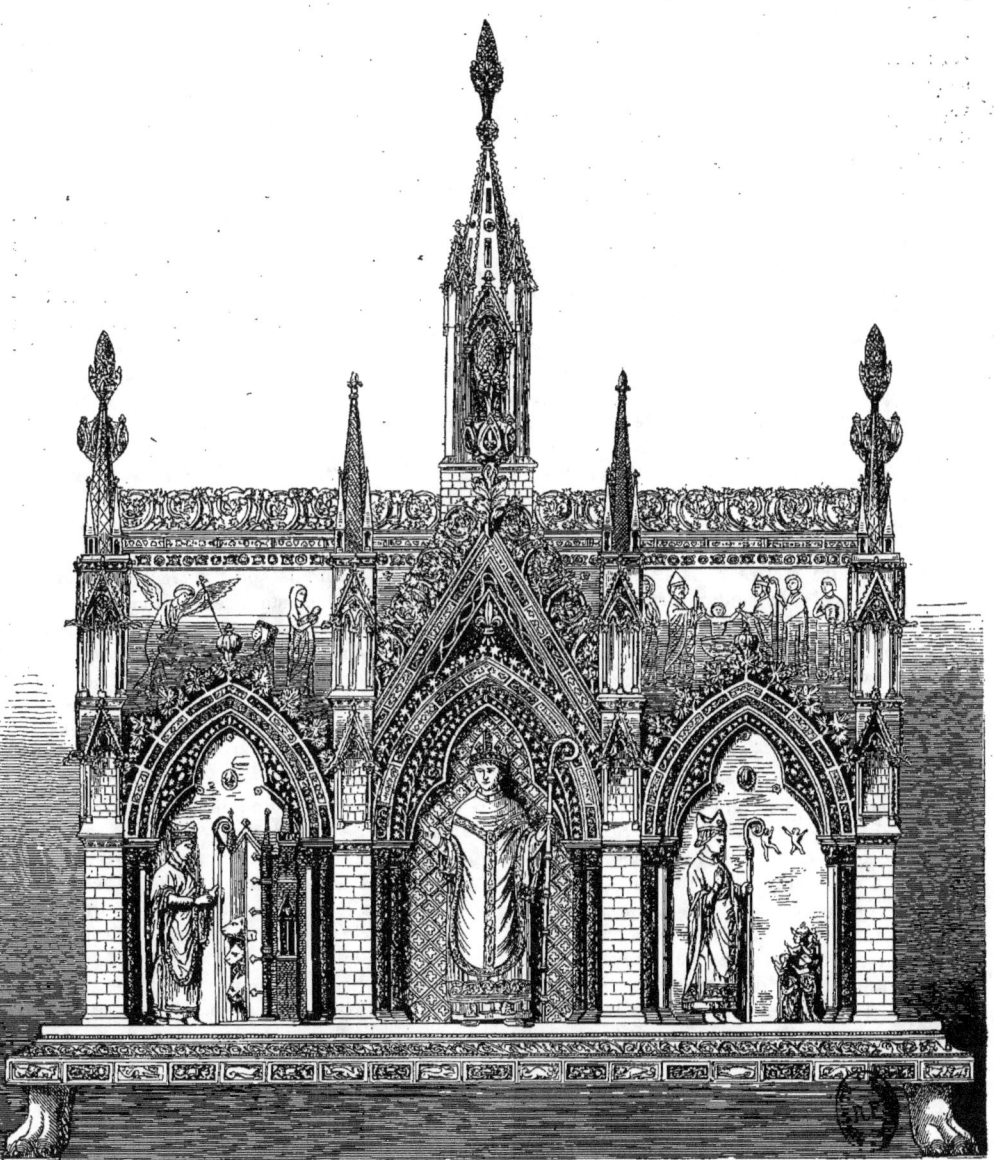

232. — CHASSE DE SAINT TAURIN.

que de son talent, le fit rester auprès de lui et le nomma son trésorier. Saint Éloi fut évêque de Noyon, et, devenu l'ami et le conseiller habituel du roi Dagobert, il consacra son talent à faire les châsses d'une foule de saints personsages. Il était aussi architecte et on vantait beaucoup les constructions qu'il avait élevées à Paris et à Limoges. Sa réputation de piété était grande et sa vie avait été remplie par les bonnes œuvres. Après sa mort son ombre continua à hanter le palais des rois mérovingiens pour y conseiller les bonnes actions, et ce fut après l'avoir vu apparaître que la reine Bathilde distribua aux pauvres ses joyaux et ses riches vêtements.

« La meilleure partie du butin ramassé par les Francs, les Hérules, les Bourguignons et les autres envahisseurs, dit M. Paul Lacroix, se transformait en orfévrerie religieuse et devenait le partage des églises et des couvents, des évêques et du clergé. Dès le règne de Clovis, l'évêque et l'abbé portaient une crosse en or, une mitre d'or et un anneau épiscopal d'or à cabochon ou pierre de couleur; les ossements des saints reposaient dans des capses ou reliquaires d'or et d'argent garnis de pierres précieuses; les vases de l'autel étaient en or et en argent massif. Il suffit de rappeler l'histoire du vase de Reims. Ce vase, « d'une grandeur « et d'une beauté extraordinaires, » dit Grégoire de Tours, avait été enlevé dans le pillage d'une église de Reims, en 486; il faisait ainsi partie du butin qui devait être distribué, à Soissons, par la voie du sort, entre les Francks de Clovis. Celui-ci, auprès duquel l'évêque de Reims, saint Remy, fit réclamer ce vase d'orfévrerie, voulut le faire mettre à part pour le rendre au prélat; mais un soldat, mécontent du privilége que s'arrogeait son chef, brisa le vase d'un coup de francisque. Plus tard, Clovis vengea ce pauvre vase en fendant la tête du soldat, qui n'y songeait plus, en lui disant : « Souviens-toi du vase de Soissons. »

Vers le neuvième siècle l'ornementation prend un caractère spécial : l'imitation des monuments de l'architecture devient dominante. Les châsses affectent la forme d'une église, comme on peut le voir dans la fig. 232, tantôt à une seule nef, tantôt à bas-côtés; la châsse des rois mages dans la cathédrale de Cologne est la pièce la plus célèbre de ce genre, qui fut presque universellement adopté à partir du douzième siècle. Quelquefois pourtant les reliquaires prennent la forme de l'objet vénéré qu'ils renferment : il en est qui imitent un os, d'autres prennent une forme spéciale et consacrée. Ainsi les fragments de la vraie croix sont contenus dans une croix à double branche, la sainte larme dans une perle en cristal de roche, etc.

Le cloître de Saint-Denis renfermait un atelier d'orfévrerie très-célèbre où les moines des autres monastères venaient étudier les principes de leur art; mais, après les communes, la fabrication est passée, peu à peu aux mains des laïques. L'orfévrerie de Limoges et celle de Paris étaient particulièrement renommées. A Paris les orfévres étaient établis sur le parvis Notre-Dame, dans la rue de la Barillerie, en face le palais, et sur le pont qui s'est appelé depuis pont au Change. D'après les statuts de la corporation, toutes les boutiques étaient fermées le dimanche, à l'exception d'une seule que chacun ouvrait à son tour; mais le bénéfice qu'il faisait devait être déposé dans un tronc, et destiné à un repas que la corporation offrait chaque année aux pauvres de l'Hôtel-Dieu.

Du moment où l'orfévrerie était pratiquée exclusivement par les laïques, elle devait changer de caractère. Vers la fin du quatorzième siècle et surtout au quinzième siècle la statuaire commença à se substituer à l'architecture dans les pièces d'orfévrerie (fig. 233, 234). Il est vrai que dans les châsses on avait toujours introduit de petites figures plus ou moins barbares, mais à cette époque l'orfévrerie rentre dans les arts plastiques et devient une branche de la sculpture.

Visite au Musée du Louvre et de l'hôtel de Cluny. — Le musée du Louvre renferme plusieurs objets d'une grande valeur archéologique trouvés dans le tombeau de Childéric Ier. Ce sont les plus anciens monuments de la monarchie française; ils ont été découverts en 1653. Il y a une lance, un fer de hache, des pommeaux d'épées, des boutons, agrafes et divers objets d'habillement, des sous d'or de Léon, empereur d'Orient, etc. Le *sceau de Childéric Ier* représentant le roi mérovingien tenant la lance de la main droite fut trouvé aussi dans le tombeau, et ne laisse aucun doute sur l'origine de ces objets.

L'épée de Charlemagne rappelle par son ornementation certains monuments asiatiques : deux lions ailés terminent les gardes de la poignée et les deux oiseaux fabuleux qui s'enlacent sur le pommeau paraissent être d'invention orientale. Les yeux des lions sont des boules de lapis, la poignée est d'or, et le fourreau est enrichi de saphirs, de topazes et d'améthystes.

La magnifique couverture du *Psautier de Charles le Chauve* paraît contemporaine du manuscrit. Les bas-reliefs d'ivoire, encadrés d'orfévrerie, présentent tous les caractères de l'époque carlovingienne. « Les encadrements d'orfévrerie qui entourent les ivoires, dit M. Barbet de Jouy, offrent deux dispositions absolument différentes. L'effet de l'une est produit par l'entassement de grosses pierres transparentes et variées de couleur qui sont presque juxtaposées; dans l'autre les pierres, qui toutes ont la nuance du grenat, sont groupées pour former de place en place une fleur à quatre lobes dont une perle est le cœur, et les grands espaces qui existent entre les fleurs sont rehaussés par une broderie de cordelettes et de graines d'un travail solide et élégant. Dans l'une comme dans l'autre, l'œuvre d'orfévrerie n'est qu'un épais placage d'argent, d'or, appliqué sur des panneaux de bois. Sur le dos du livre est une antique étoffe, contemporaine de la couverture, dont les nuances sombres sont presque confondues ; le dessin n'en est plus apparent. »

Les couronnes de Guarrazar (fig. 231), acquises par le musée de Cluny en 1859 et 1861, sont considérées comme les pièces les plus importantes et les plus rares de l'orfévrerie primitive du moyen âge. L'année 1858 on trouva près de Tolède, en Espagne, dans un endroit appelé la Fuente de Guarrazar, de petites couronnes en treillis d'or qui furent portées à Madrid et converties en lingots par la monnaie de cette ville. Mais de nouvelles recherches faites dans le même endroit amenèrent la découverte de couronnes d'or massif, rehaussées de saphirs orientaux, de perles fines et de pierreries de toutes sortes, qui furent reconnues pour avoir une grande importance historique, et qui, amenées à Paris, furent immédiatement acquises par le gouvernement français. « Enfoui probablement dans les premières années du huitième siècle, dit M. du Sommerard, lors de l'invasion de l'empire des Goths par les troupes arabes conduites par Tharick, resté pendant près de douze siècles sous la terre qui le recouvrait encore en 1858, le trésor de Guarrazar présente pour l'étude des siècles passés un intérêt sans égal, et laisse bien loin derrière lui tous les monuments analogues qui ont pu être conservés jusqu'à nos jours. Consacrées dans la seconde moitié du septième siècle, ainsi que l'indique d'une manière irrécusable une des inscriptions que nous trouvons sur ces trésors de l'art visigoth, ces couronnes nous donnent une idée complète de l'importance des ouvrages d'orfévrerie exécutés par les artistes de cette époque. »

La plus grande de ces couronnes, qui a dû appartenir à un roi goth, monté sur le trône en 649, et mort en 672, se compose d'un large bandeau en or et porte en relief trente saphirs orientaux avec autant de perles fines. L'ornementation est formée d'une suite de palmettes découpées à jour et dont les feuilles sont remplies d'une matière rouge qui ressemble à de la cornaline. La couronne porte en outre une croix et une quadruple chaîne

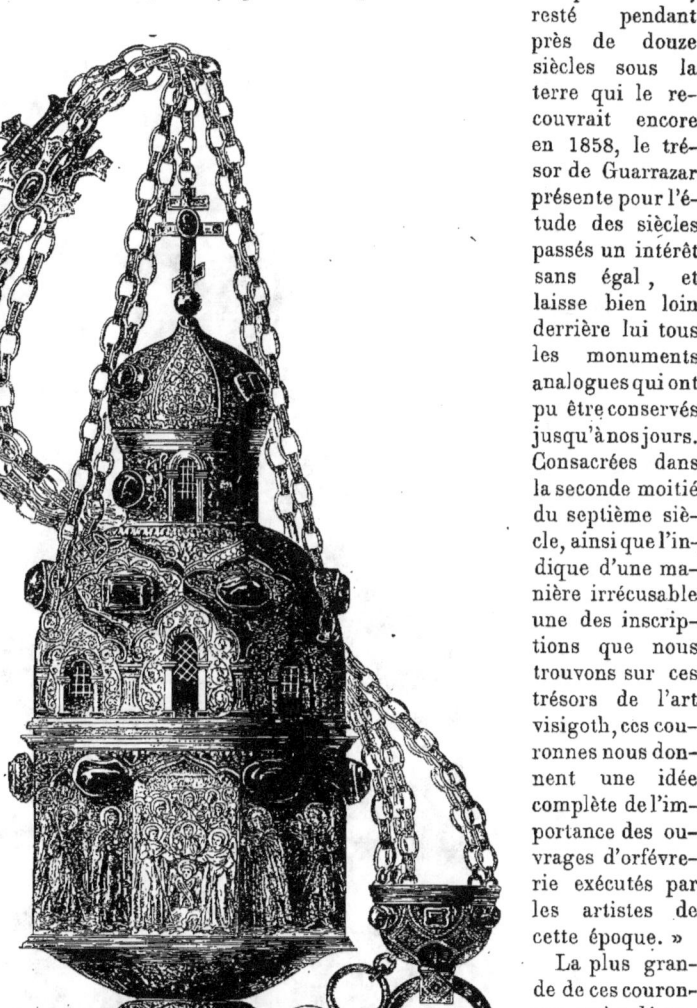

233. — ENCENSOIR.

d'un beau travail. Parmi les couronnes de Guarrazar il y en a qui paraissent avoir été portées et d'autres qui semblent n'avoir été faites que dans un but de consécration religieuse.

Les musées du Louvre et de l'Hôtel de Cluny

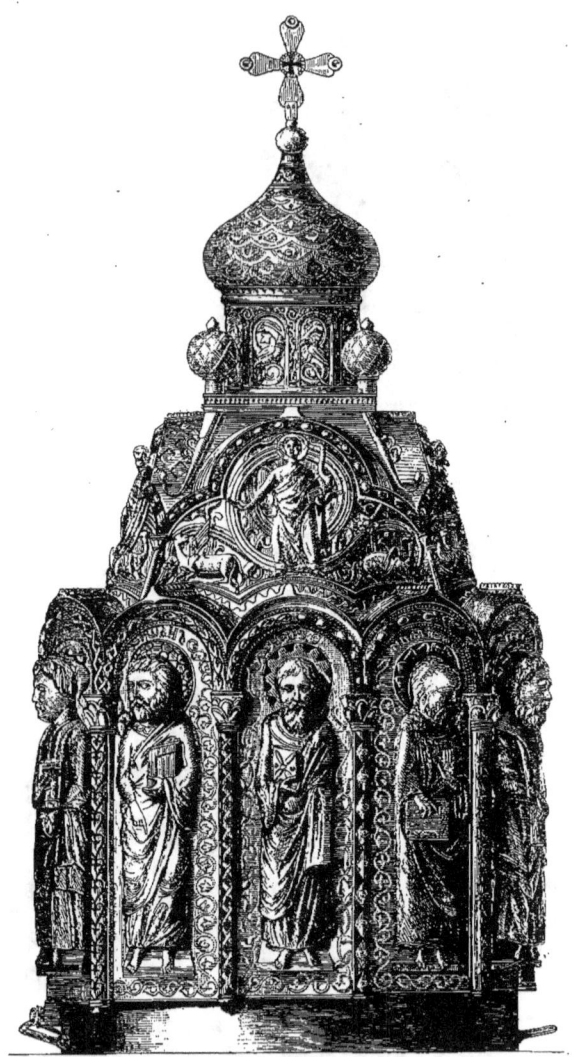

234. — CIBOIRE DU TEMPS DU GRAND-DUC VASSILIEVITCH.

renferment un très-grand nombre de pièces intéressantes dont la fabrication remonte du douzième au quinzième siècle. Il sera facile, en parcourant les riches collections de ces musées, de suivre les transformations de l'orfévrerie jusqu'au moment où elle se trouve associée au grand mouvement de la Renaissance

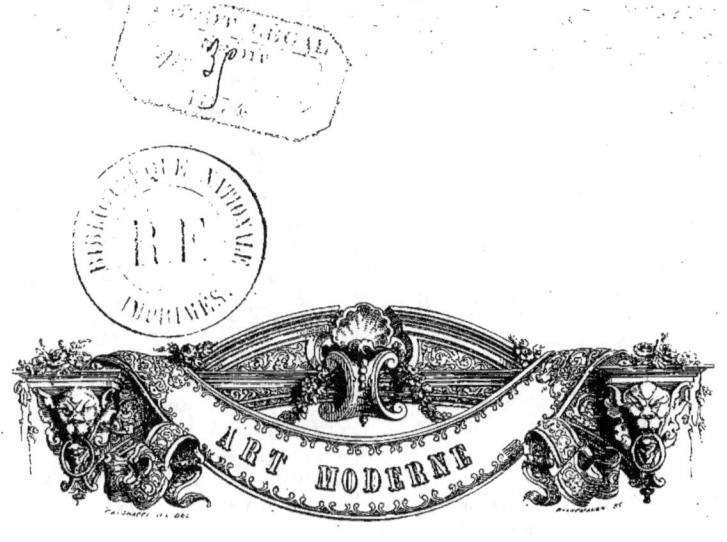

L'ART EN ITALIE.

MILIEU SOCIAL. — L'histoire de l'art italien se rattache aux luttes des Guelfes et des Gibelins, comme celle de l'art grec se rattache aux guerres médiques. Mais en Grèce la lutte était surtout nationale et politique, et même dans les guerres civiles qui suivirent l'invasion des Mèdes, nous voyons toujours un peuple luttant contre un autre pour des intérêts nationaux, tandis qu'en Italie, où la lutte était sociale autant que politique, chaque ville, chaque hameau, présentaient toujours deux partis acharnés. Aussi, comme nous en ferons souvent la remarque, l'art de la Renaissance, vivant, passionné, et se présentant à la fois sous les formes les plus contradictoires, n'est jamais arrivé à l'imposante unité de l'art grec. En Grèce, on voit le but commun poursuivi par tous les artistes, inscrit comme un frontispice unique pour toutes les écoles : on ne pouvait pas être à volonté Grec ou Perse, on était Grec ou on n'était rien. En Italie au contraire, l'art est toujours le résultat d'un croisement d'idées différentes : traditions du moyen âge opposées aux traditions de l'antiquité, observations de la réalité opposée aux rêves qu'enfante l'imagination, alliance ou désaccord des principes divers, mais jamais unité. C'est que l'art italien n'est pas le produit d'une idée, mais d'un choc ; les traces de la lutte sont écrites partout, non peut-être dans une lutte en particulier, mais dans l'ensemble des productions des artistes.

Les prétentions diverses qui ont amené la grande lutte de l'empire et de la papauté ne se rattachaient pas seulement à des ambitions ou à des intérêts personnels. L'ardeur passionnée avec laquelle toute l'Italie se jeta dans ces querelles sanglantes, a son point de départ dans la donation que fit la comtesse Mathilde au Saint-Siége, donation qui comprenait non-seulement les terres patrimoniales que possédait la comtesse en franc-alleu, mais encore les fiefs qui lui appartenaient comme relevant de la couronne d'Italie. Son attachement à Grégoire VII, qui trouva chez elle un asile, fut accepté avec enthousiasme par les Florentins, qui furent presque toujours le centre du parti guelfe, c'est-à-dire attaché au pape, par opposition au parti gibelin qui tenait pour l'empereur.

Le Saint-Siége ne disposait pas d'une force assez grande pour lutter contre la puissance formidable de l'empire, mais il s'appuya sur les villes, qui, déliées de leur serment de fidélité à la couronne, s'organisèrent en communes libres, et, prêtant leur appui tantôt à un parti, tantôt à un autre, purent, au moyen de ces dissensions, se gouverner elles-mêmes et arriver à une prospérité inconnue jusqu'alors. Mais, dans ces villes libres même, il y avait scission, car le parti aristocratique et féodal, étant généralement gibelin et impérial, et le petit peuple guelfe et dévoué au Saint-Siége, chaque fois qu'un des deux partis devenait dominant, la ville se faisait guelfe ou gibeline; de là vient que ces petites républiques n'ont dans leur politique extérieure aucune marche suivie et qu'elles n'hésitent jamais à appeler l'étranger à leur aide.

De même, dans l'art, nous voyons deux tendances contraires grandir parallèlement : un art religieux qui continue la tradition du moyen âge, et un art réaliste et païen, qui cherche à ranimer les vieilles inspirations de l'antiquité. Cette lutte dans la politique et dans l'art dura jusqu'au jour où la Réforme, s'élevant dans le nord de l'Europe comme un appel à la liberté de conscience, qui devait fatalement entraîner toutes les autres, la papauté, qui jusque-là avait été l'ennemie de l'empire, se jeta dans ses bras et fit cause commune avec lui. L'empereur fournit ses soldats pour maintenir la foi, et le pape fit du sacerdoce un auxiliaire de l'absolutisme. Le résultat de cette alliance fut, dans la politique, la destruction des républiques italiennes et l'abolition immédiate de la vie communale, et dans l'art le signal de la décadence [1].

LA PEINTURE.

LA PEINTURE AU MOYEN AGE. — L'Italie avait subi moins que les autres peuples l'influence des barbares. L'empire byzantin conserva très-longtemps des possessions sur le littoral de l'Italie. Pendant toute la première partie du moyen âge, les communications ont été à peine interrompues entre la Grèce et quelques villes de l'Italie et de la Sicile, comme Ravenne, Venise, Palerme, dont les édifices se ressentent si évidemment de l'influence de l'Orient. Ces rapports commerciaux avaient amené en Italie un très-grand nombre des produits des manufactures byzantines, qui étaient en général fort supérieurs à tout ce qui se faisait en Occident. Il est vrai que cet art byzantin, avec ses formes hiératiques, ses plis roides, ses attitudes conventionnelles, était lui-même fort dégénéré, et reposait bien moins sur une série de principes, tirés de l'imitation de la nature, que sur des recettes et des procédés conservés par la tradition. Cet art hiératique, expression immobilisée d'une pensée collective, devait promptement dégénérer en un simple métier, mais les Byzantins conservaient du moins les procédés techniques et les transmettaient à l'Occident.

« Les trois chefs, ou si l'on veut, les trois premiers artistes bien connus dans les plus anciennes écoles, Giunta de Pise, Guido de Sienne et Cimabué de Florence, étaient purement imitateurs des Grecs. Parmi les fresques peintes dans l'église d'Assise par Giunta de Pise, avec la date de 1210, la plus importante est le *Crucifiement*. C'est une vaste composition, de belle et noble ordonnance, mais où les personnages sont symétriquement rangés, graves et immobiles, comme dans les compositions grecques, toujours soumises aux formules hiératiques. Le coloris ne se compose guère que de tons jaunâtres et rougeâtres, qui, se détachant sur un fond obscur, doivent indiquer les chairs et les draperies. D'ailleurs mille circonstances de détail décèlent l'origine grecque de cette peinture; ainsi le Christ est attaché à la croix par quatre clous, et ses pieds sont posés sur une large tablette, suivant l'usage constant des Grecs; ainsi les anges sont vêtus de longues dalmatiques, et leurs corps se terminent par des vêtements vides, sous lesquels rien n'indique les jambes et les pieds. Après Giunta de Pise vient Guido de Sienne. Celui-ci améliore la peinture des Grecs, mais en continuant à l'imiter. Il suffit de citer son grand tableau de l'église Saint-Dominique à Sienne, qui porte la date de 1221. Dans la Vierge, l'Enfant et le chœur d'anges groupés sur un fond d'or, il est impossible de ne pas recon-

---

1. Pour plus de détails, voir notre *Tableau historique des Beaux-Arts*. 1 volume, Didier.

naître le style, les formes et toutes les habitudes des peintres de Byzance. » (Louis Viardot).

Cimabué (1240—1302?) est regardé par Vasari comme le père de l'école italienne et le plus ancien peintre de ce pays. Il est absolument démontré aujourd'hui que, depuis l'antiquité jusqu'à nos jours, on n'a jamais cessé de faire de la peinture en Italie. Les types byzantins, après avoir eu la prépondérance pendant tout le moyen âge, furent peu à peu abandonnés, et Cimabué fut un de ceux qui contribuèrent le plus à faire entrer l'art dans une voie nouvelle. Ses madones sont roides, ses têtes d'anges uniformes, ses draperies ont des plis dénués de souplesse, et ses compositions sont d'une symétrie et d'un parallélisme absolus. La plus grande gloire de Cimabué est d'avoir été le professeur de Giotto, qui est le véritable réformateur de l'art moderne, mais sa réputation a été immense de son vivant. Cimabué avait fait pour l'église Santa-Maria-Novella une madone qui fut le sujet d'une véritable ovation. « Cette figure, dit Vasari, la plus grande que l'on eût tentée jusqu'alors, est entourée d'anges qui témoignent que, si notre artiste n'avait pas complétement délaissé la manière grecque, il s'était du moins approché du bon style moderne. Ce tableau excita l'enthousiasme général. Le peuple s'empara de la madone et la porta en triomphe, au bruit des trompettes et des cris de joie jusqu'à l'église où elle devait être déposée. On raconte et on lit dans les mémoires de quelques vieux peintres, que les magistrats de Florence ne crurent pouvoir faire un plus grand plaisir au roi Charles d'Anjou, qui traversait leur ville, qu'en lui montrant cette madone à laquelle Cimabué travaillait dans une maison de campagne près de la porte San-Pietro. Comme personne ne l'avait encore vue, tous les Florentins, hommes et femmes, accoururent en foule pour la contempler. En souvenir de cette fête, le faubourg prit le nom de Borgo-Allegro, qu'il a conservé même depuis qu'il est renfermé dans les murs de la ville. »

L'élève de Cimabué, Giotto, est né dans un petit village près de Florence; son père, simple laboureur nommé Bondone, l'éleva aussi bien que le permettait sa condition. A l'âge de dix ans, Giotto était déjà connu de tout le village et des environs par son intelligence et par son adresse. Bondone l'employait alors à mener paître çà et là des troupeaux; mais, tout en les gardant, Giotto dessinait sur la terre ou sur le sable, comme par une sorte d'inspiration, les objets qui frappaient sa vue ou les fantaisies qui occupaient son esprit. Un jour Cimabué, en allant de Florence à Vespignano, rencontra notre jeune pâtre qui, sans autre maître que la nature, dessinait une brebis sur une pierre polie avec un caillou pointu. Cimabué, surpris, s'arrêta et lui demanda s'il voulait venir demeurer avec lui; Giotto répondit que, si son père y consentait, il le suivrait avec plaisir. Cimabué courut aussitôt trouver Bondone, qui se décida facilement à lui laisser emmener son enfant à Florence. Giotto ne tarda pas à surpasser son maître, et à abandonner la vieille et informe manière grecque pour le bon style moderne. Imitateur de la nature, il ressuscita l'art de peindre le portrait, qui depuis plusieurs siècles n'avait pas été mis en pratique. (Vasari).

Giotto renonça à l'emploi exclusif de l'or, dans le fond des tableaux, et le remplaça par des ciels et des paysages dont la vérité est parfois surprenante pour l'époque (fig. 235). Giotto voyagea beaucoup, et partout où il est allé, à Florence, Rome, Milan, Padoue, Avignon, il a laissé de ses œuvres. Il a fait en Italie plusieurs mosaïques; le *Saint Pierre marchant sur les eaux*, à Rome, plus généralement connue sous le nom de *la Navicella*, est la plus célèbre. Elle est malheureusement en très-mauvais état, et dans les restaurations qui y ont été faites, il y a été ajouté plusieurs figures. Giotto, comme tous les hommes de ce temps, ne cultivait pas seulement la peinture, il était en même temps sculpteur et architecte. C'est lui qui a élevé le beau clocher de la cathédrale de Florence. Il a été l'ami des plus grands hommes de son siècle : Dante, Boccace, Pétrarque, l'historien Villani, etc.

Giotto a eu de nombreux disciples, qui ont décoré de leurs fresques une foule de monuments dans toutes les villes d'Italie.

Les peintures du Campo Santo sont les plus célèbres. Giotto avait fait des sujets tirés du livre de Job; Buffamalco, Simone Memmi, Orcagna, et après eux Gozzoli, etc., ont couvert les murailles du Campo Santo de fresques dans lesquelles se résume la pensée austère et lugubre du moyen âge : les terreurs de la mort, le jugement dernier, les supplices de l'enfer, les joies du paradis. Les peintures d'Orcagna surtout sont d'un caractère étrange et saisissant. Pendant que les riches et les heureux de la terre se livrent au plaisir, la Mort arrive à grands pas, moissonnant les rois, les reines, les princes de l'Église, et dédaignant les pauvres et les malheureux qui l'invoquent; des anges et des diables se disputent les corps de ceux qui tombent. Plus loin, trois rois chassent dans une forêt, et devant eux s'ouvrent trois tombes renfermant trois cadavres à différents degrés de décomposition. Ensuite c'est le jugement dernier, puis l'enfer et le paradis. L'exécution de ces peintures, toutes très-dégradées aujourd'hui, est empreinte de la naïveté du temps et fourmille d'incorrections, mais l'inspiration déborde et se montre partout sérieuse et originale. C'est ce qu'on appelle le premier âge de la Renaissance.

Visite au Louvre. — Il est difficile, en voyant au Louvre la grande *Vierge aux anges* de Cimabué, de s'expliquer l'enthousiasme que cette peinture a excité de son temps. Mais ce tableau, par sa roideur même, a l'avantage de déterminer très-nettement une époque, et en le prenant comme point de départ, on jugera aisément de l'immensité des efforts qui ont été faits pour arriver au siècle d'or dont les chefs-d'œuvre sont à quelques pas dans la même

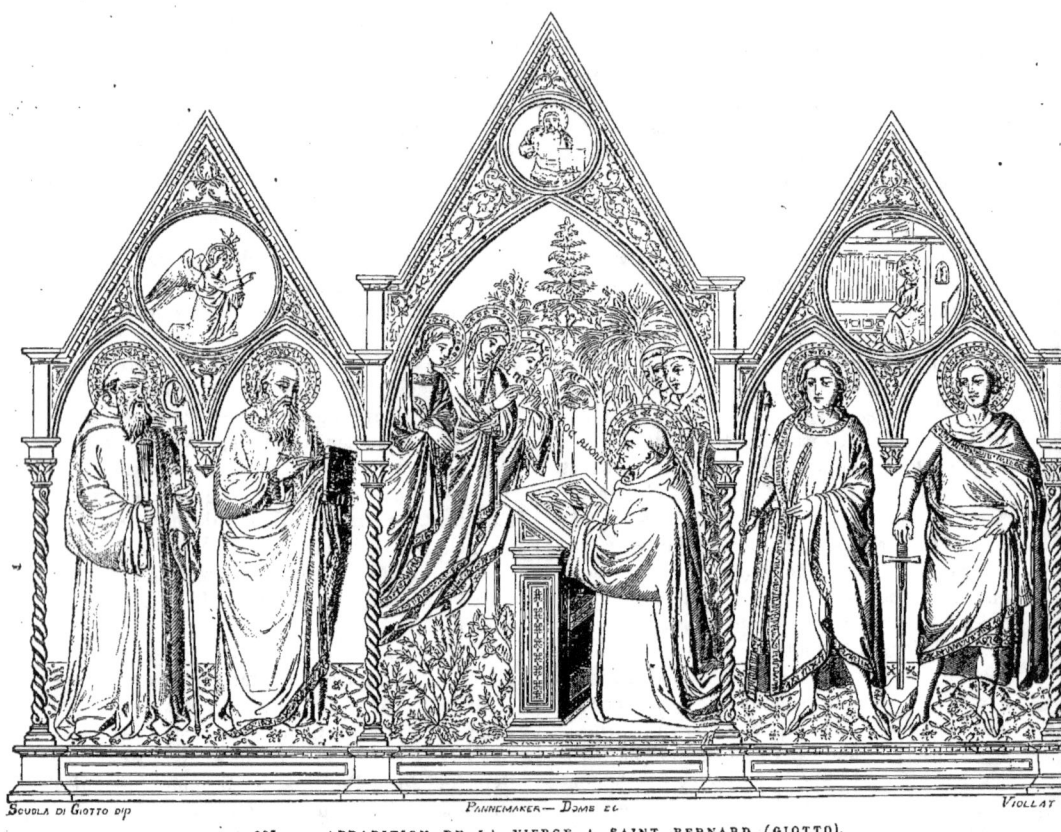

235. — APPARITION DE LA VIERGE A SAINT BERNARD (GIOTTO).
(Florence.)

galerie. Le *Saint François d'Assise recevant les stigmates*, par Giotto, montre déjà un progrès immense. Le dessin est incorrect, et on voit par le ton de l'ensemble que l'art du coloris est encore dans l'enfance. Mais la roideur hiératique a disparu, le geste a l'intention d'exprimer un sentiment, et dans les trois petits sujets qui accompagnent le grand, on voit percer l'idée du groupe et de la relation qui doit exister entre les personnages et les relier entre eux. Le musée est malheureusement très-pauvre en peintures des disciples de Giotto, qui pour la plupart n'ont fait que des fresques.

LA PEINTURE SÉRAPHIQUE. — Le moyen âge s'était surtout attaché aux représentations de l'enfer, et les disciples de Giotto, surtout Orcagna, avaient traduit dans leurs fresques les terreurs qui agitaient l'humanité. Le paradis avait également sa place dans la peinture primitive, mais avec une roideur austère, qui excluait le charme et l'idée de bonheur. Fra Giovanni (1387-1455), plus connu sous le nom de Beato Angelico, était entré de bonne heure dans les ordres et avait prononcé ses vœux à Fiesole. Les troubles qui survinrent en Italie le forcèrent à se réfugier dans l'Ombrie, où, retiré dans le couvent de Foligno, il fit d'admirables miniatures. Appelé à Florence par Côme de Médicis, fit il y son chef-d'œuvre, les fresques du couvent de Saint-Marc. Angelico de Fiesole a été ensuite à Rome pour exécuter divers travaux que le pape lui avait demandés, et fut chargé en 1447 de la décoration du dôme d'Orvieto. La grâce pure et naïve de ses

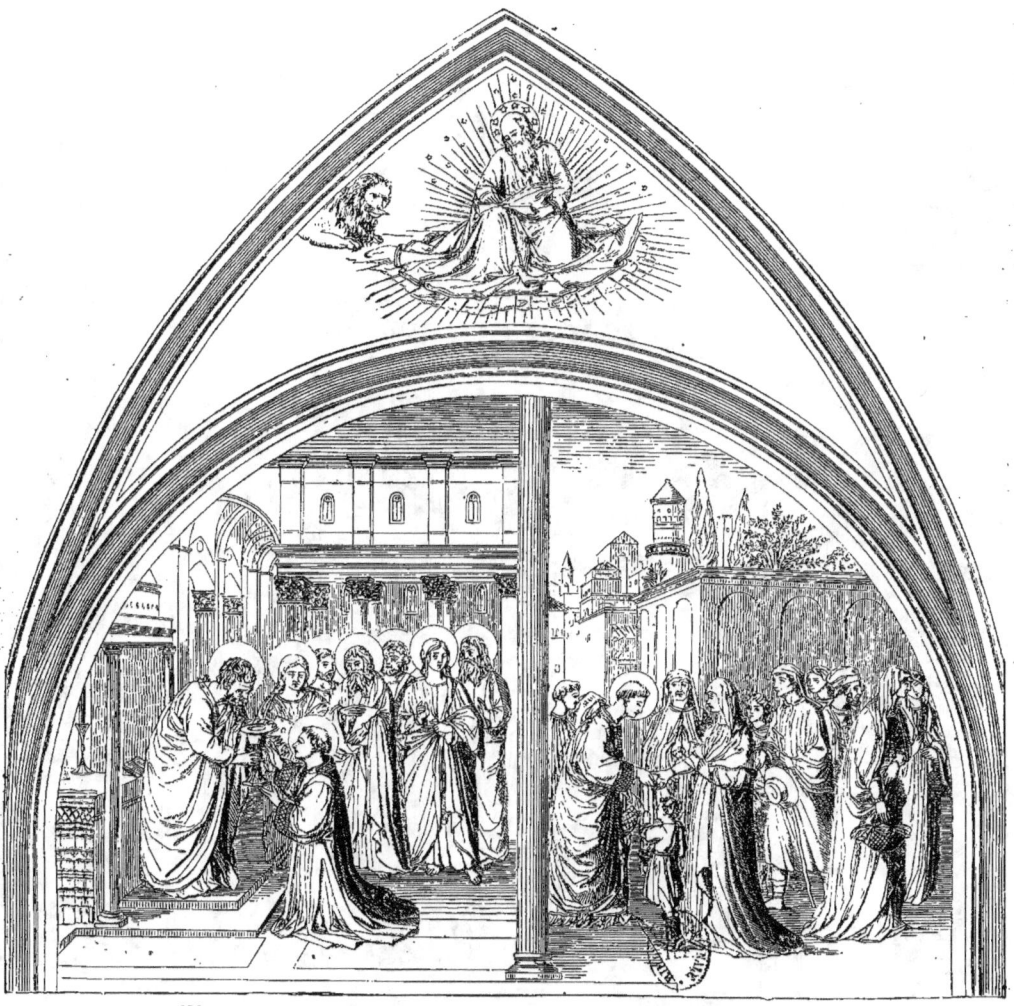

236. — SAINT LAURENT REÇOIT DU PAPE LES TRÉSORS DE L'ÉGLISE
ET LES DISTRIBUE AUX PAUVRES (FRA ANGELICO).
(Rome, Vatican.)

têtes d'anges et de saints et l'expression toujours céleste de ses tableaux l'ont fait surnommer le *peintre des anges*. Il a été béatifié, et occupe, comme homme et comme artiste, une place unique dans l'histoire des arts. Le pape, frappé de sa modestie et de sa sainteté, voulut le nommer à l'archevêché de Florence, mais Fra Giovanni le supplia de renoncer à ce projet, parce que, disait-il, il ne se sentait pas propre à gouverner les hommes; et il ajoutait que cette dignité convenait bien mieux à un religieux de son couvent, plein de science et de zèle, et qui fut en effet promu à l'épiscopat.

« Fra Giovanni, dit Vasari, était d'une simplicité de mœurs et d'une naïveté extraordinaires. Un jour le pape Nicolas V l'ayant invité à manger de la viande, il s'en fit conscience parce qu'il n'avait pas la permission de son prieur, oubliant ainsi l'autorité du souverain pontife. Il évitait avec soin toutes les critiques du monde, et se montra toujours tellement l'ami des pauvres, que, selon moi, son âme doit maintenant habiter le ciel. Sans cesse occupé de peinture, il ne voulut jamais employer son pinceau qu'à représenter des sujets pieux (fig. 236, 237). D'une sobriété et d'une chasteté extrêmes,

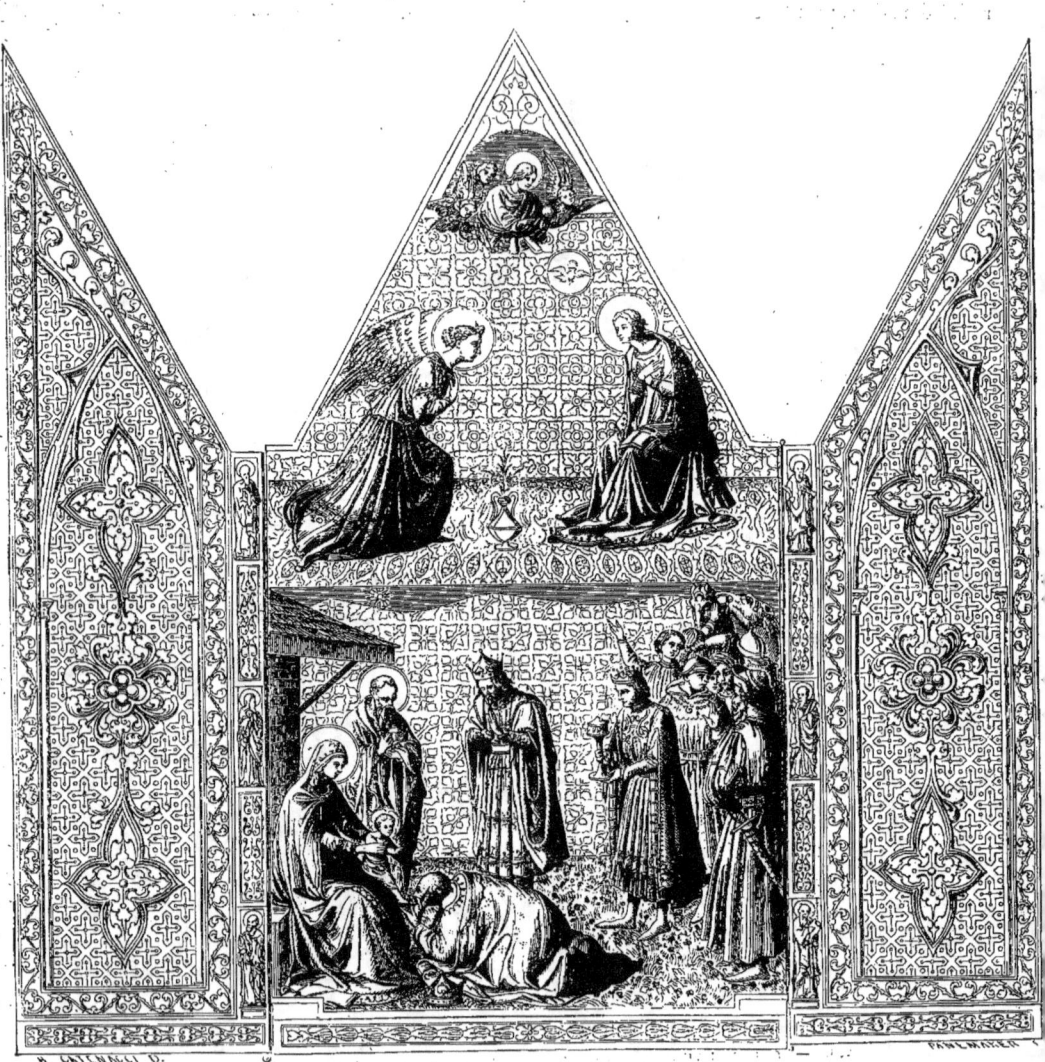

237. — ADORATION DES MAGES (FRA ANGELICO).

il sut éviter les piéges du monde, répétant souvent que le repos et la tranquillité sont nécessaires à un artiste, et que celui qui peint l'histoire du Christ ne doit penser qu'au Christ. On ne le vit jamais se mettre en colère, ce qui me paraît presque incroyable. Il se bornait à reprendre ses amis avec douceur et en riant. Il n'accepta aucun travail sans avoir d'abord demandé l'agrément de son prieur. Enfin toutes les actions de ce bon père sont empreintes d'humilité et de modestie. Ses tableaux, pleins de facilité, respirent la dévotion la plus profonde. Les saints qu'il peignit se distinguent par un aspect divin qu'on ne rencontre chez aucun autre artiste. On assure qu'il n'aurait pas touché ses pinceaux avant d'avoir fait sa prière. Il ne représenta jamais le Sauveur sur la croix sans que ses joues ne fussent baignées de larmes; aussi les visages et les attitudes de ses personnages laissent-ils deviner toute la sincérité de sa foi dans la religion chrétienne. Il mourut en 1455, à l'âge de soixante-huit ans. »

Visite au Louvre. — Nous avons au Louvre un des ouvrages les plus célèbres d'Angelico de Fiesole; il représente *le Couronnement de la Vierge et les miracles de saint Dominique*. Voici au surplus la description qu'en donne Vasari : « Mais le tableau dans lequel Fra Giovanni, se surpassant lui-même, montra une grande habileté et une haute intelligence de l'art, fut surtout celui placé dans la même église (Saint-Dominique de Fiesole), à côté de la porte, en entrant à main gauche. Il a représenté Jésus-Christ couronnant la Vierge au milieu d'un chœur d'anges, d'une multitude infinie de saintes et de saints, si nombreux, si bien faits, avec des têtes et des poses si variées, que l'on éprouve un plaisir d'une douceur incroyable à les contempler. Il semble même que les esprits des bienheureux ne peuvent être autrement dans le ciel, ou, pour mieux dire, ils seraient ainsi s'ils avaient un corps; car non-seulement ces bienheureux sont vivants, leurs traits délicats et doux, mais le coloris entier de ce tableau paraît l'ouvrage d'un saint, ou d'un ange semblable à ceux qui y sont retracés. C'est donc avec une bien grande justice que ce bon religieux a toujours été appelé frère Giovanni Angelico. Dans le gradin, les sujets de l'histoire de la Vierge et de saint Dominique sont également divins dans leur genre. Aussi, quant à moi, je puis affirmer avec vérité que je ne vois jamais cet ouvrage sans qu'il me paraisse nouveau, et lorsque je le quitte, il me semble que je ne l'ai pas encore vu assez. »

LA VÉRITÉ DANS L'ART. — En même temps que les rêveries célestes d'Angelico de Fiesole montraient la tendance idéaliste de l'art chrétien, la peinture se faisait réelle et vivante avec Masaccio (fig. 238). Vasari dit, en parlant de cet artiste, que tout ce qui a été fait avant lui était peint; mais que tout ce qu'il a fait est vrai et animé comme la nature elle-même. « Celui-ci, dit M. L. Viardot, diffère entièrement du moine de Fiesole. Ses figures ne sont pas des âmes, mais de vrais corps, fermes et précis dans leurs contours et dans leurs mouvements. Masaccio pessine déjà dans la manière de Michel-Ange et de sa force. Par malheur, mort jeune, il n'a laissé que peu d'ouvrages. Parmi tous les musées de l'Europe, celui seul de Munich possède de Masaccio une tête de moine à fresque, un *Saint Antoine de Padoue* en détrempe et sur bois, et le portrait du peintre portant la barrette rouge des Florentins comme Dante et Pétrarque. Même à Florence, le musée ne peut montrer qu'une étonnante tête de vieillard peinte par Masaccio sur une tuile. C'est à l'église *del Carmine* de cette ville qu'il faut l'étudier, l'admirer.

Fra Filippo Lippi, qui était orphelin à deux ans et passa sa jeunesse dans le couvent del Carmine à Florence, où il entra en religion, vient immédiatement après Masaccio, dont il est contemporain (fig. 239). La vie de cet artiste est féconde en événements romanesques. Se trouvant dans la marche d'Ancône et étant allé se promener sur une petite barque le long du rivage de la mer, il fut pris par des corsaires maures, chargé de chaînes et conduit en Barbarie, ainsi que tous les amis qui l'accompagnaient. Depuis dix-huit mois il gémissait dans l'esclavage, lorsqu'il s'avisa de tracer de mémoire avec un charbon, sur un mur blanc, le portrait de son maître revêtu d'habits mauresques. Les autres esclaves frappés d'étonnement, s'empressèrent de prévenir leur patron, qui récompensa Fra Filippo en lui rendant la liberté. Il put ainsi revenir dans sa patrie, où il fut chargé de grands travaux.

« Les religieuses de Sainte-Marguerite lui ayant commandé le tableau du maître-autel, dit Vasari, il aperçut un jour, pendant qu'il y travaillait, une fille de Francesco Butti, citoyen florentin, envoyée là comme pensionnaire ou comme novice. Fra Filippo remarqua Lucrezia (c'était le nom de la belle et gracieuse jeune fille) et s'y prit de telle façon qu'il obtint des religieuses de faire son portrait pour représenter la Vierge dans le tableau qu'il exécutait. Ce rapprochement ayant encore augmenté son amour, il fit tant et si bien qu'il détacha Lucrezia des religieuses, et l'enleva précisément le jour où elle allait voir l'exposition de la ceinture de la Vierge, relique révérée de l'endroit. Un tel événement fut un sujet de honte pour les religieuses et de peu de satisfaction pour Francesco, père de Lucrezia, qui mit tout en œuvre pour ravoir sa fille. Mais celle-ci, soit par peur soit pour tout autre motif, ne voulut jamais revenir. Elle resta donc avec Filippo, dont elle eux un fils, qui fut, comme son père, un peintre habile et célèbre. »

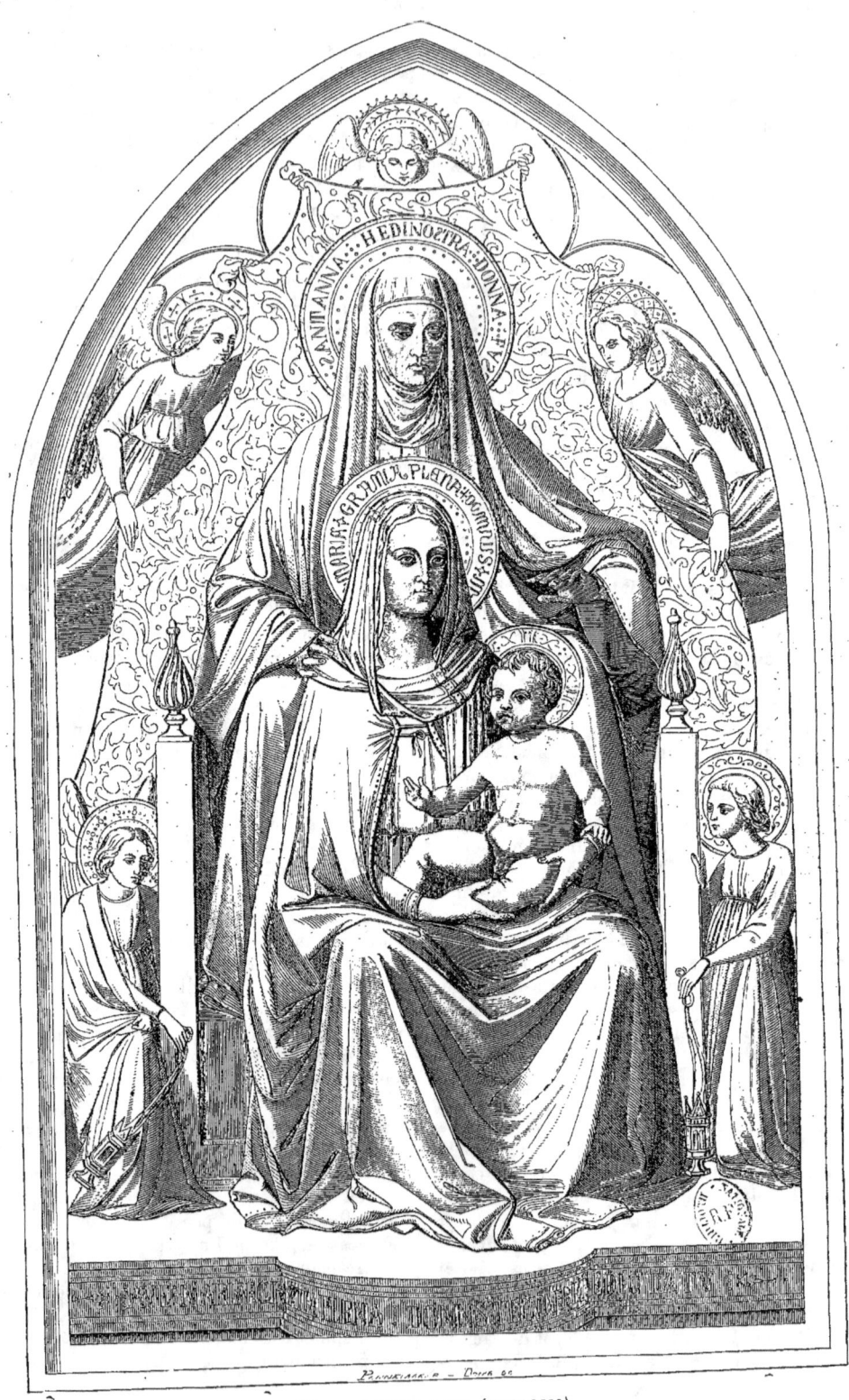

238. — SAINTE ANNE (MASACCIO).
(Florence.

Ce fils, dont parle ici Vasari, est Filippino, qui s'est immortalisé par ses fresques de Florence. « Le plus grand éloge qu'on puisse faire de Filippino, dit le Catalogue du Louvre, c'est qu'il est démontré maintenant que les superbes fresques du *Crucifiement de saint Pierre*, de l'*Ange qui délivre saint Pierre de prison*, et surtout de la *Dispute de saint Pierre et de saint Paul devant le proconsul*, dans la chapelle Brancacci del Carmine de Florence, attribuées si longtemps à Masaccio, ont été exécutées par lui, entre 1484 et 1485, à l'âge de vingt-quatre ou vingt-cinq ans. Les peintures de cette chapelle font époque dans l'histoire; c'est d'elles que date le commencement de l'art moderne. Commencées par Masolino, continuées par Masaccio, terminées par Filippino, elles furent étudiées successivement par les plus éminents artistes tels que Verocchio, Domenico Ghirlandajo, fig. 240 Léonard de Vinci,

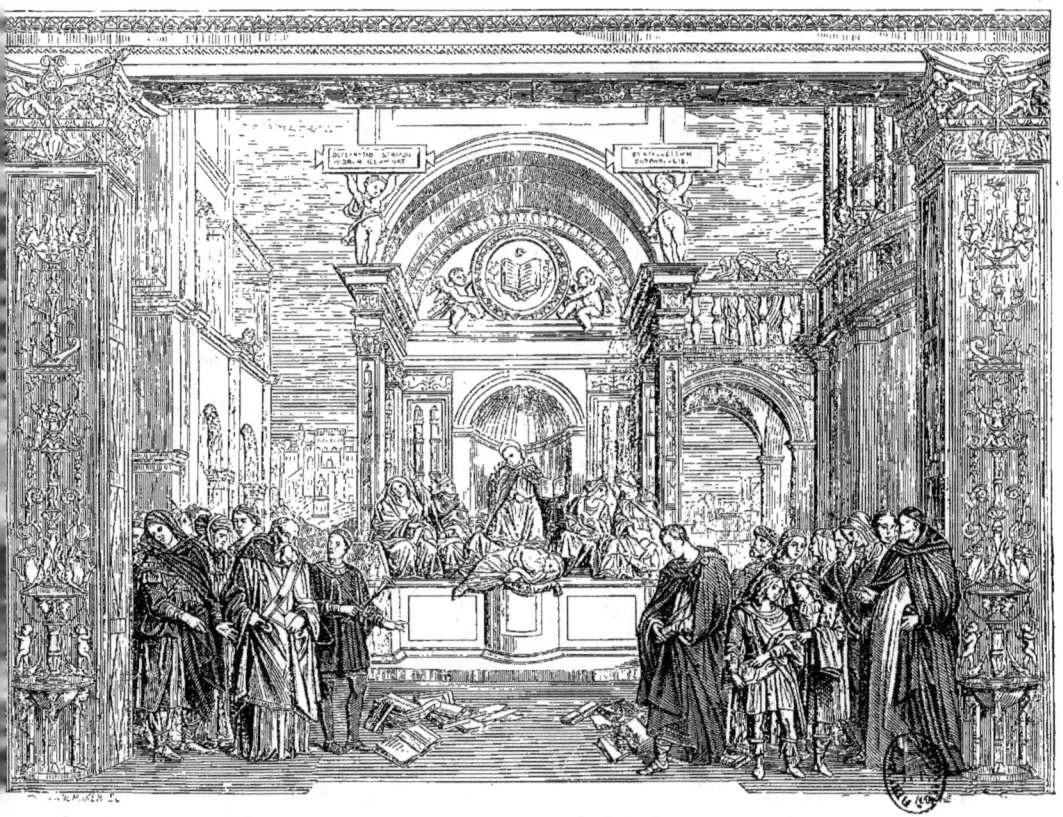

239. — DISPUTE DE SAINT THOMAS D'AQUIN (FILIPPO LIPPI).
(Rome, église Sainte-Marie-sur-Minerve.)

Pérugin, Fra Bartolommeo, Michel-Ange Buonarotti, Raphaël Sanzio, André del Sarte, etc. »

Filippino ne fut pas élève de son père, qui mourut empoisonné lorsqu'il était en bas âge; mais il travailla sous la direction de Boticelli (fig. 241, 242), qui était un ami de Filippo Lippi. Boticelli est également un artiste très-fameux: son tableau le plus célèbre est la *Calomnie* du musée de Florence, composition exécutée d'après une description que nous a laissée Lucien d'un tableau perdu d'Apelles. L'importance de Boticelli dans les arts vient aussi de ce qu'il est un des pères de la gravure.

Visite au Louvre. — Le musée ne possède pas d'œuvres originales de Masaccio et de Filippino, mais nous avons de Filippo Lippi une *Nativité de la Vierge*, et de Boticelli, deux madones qui caractérisent bien la peinture de cette époque, et dont la sécheresse même n'est pas sans charme pour ceux qui veulent étudier la transition entre les roideurs austères du moyen âge et l'épanouissement de la Renaissance.

LA PERSPECTIVE LINÉAIRE. — Trois découvertes importantes vinrent aider puissamment au progrès des beaux-arts : la perspective linéaire, la peinture à l'huile et la gravure. L'architecte Brunelleschi passe pour être le premier qui ait appliqué au dessin les lois de la perspective, mais ce fut Paolo Ucello qui en fit le premier usage dans ses tableaux et qui trouva dans cette science des règles que les peintres pouvaient facilement mettre en usage. La perspective devint une véritable passion pour Paolo Ucello, au point de lui faire négliger les autres parties de l'art. Il l'appliquait à toutes choses et en était sans cesse préoccupé. Les récits naïfs du temps disent qu'il en avait perdu jusqu'à la possibilité de dormir, et que, quand sa femme, inquiète sur sa santé, le suppliait de prendre un peu de repos, il répondait : « Ah! si tu savais quelle douce chose est la perspective! » A partir de ce moment la direction des lignes fuyantes put être fixée dans les tableaux d'une façon mathématique, et la proportion relative des objets être calculée selon leur éloignement.

LA PEINTURE A L'HUILE. — Un nouveau procédé de peinture commença vers cette époque à être répandu en Italie.

« Antonello de Messine, dit Vasari, homme modeste et habile dans son art, qu'il avait étudié pendant plusieurs années à Rome, après avoir longtemps travaillé à Palerme, s'était arrêté à Messine, sa patrie, où il avait réussi à établir sa réputation comme peintre. Ses affaires l'ayant appelé un jour à Naples, il entendit parler du tableau à l'huile de Jean de Bruges, que possédait le roi Alfonse, et qui, disait-on, résistait à l'eau et au toucher, et ne laissait rien à désirer pour être parfait. Antonello fut tellement frappé de la vivacité des couleurs, de la beauté et de l'harmonie de cette peinture, qu'il abandonna aussitôt ses affaires et partit pour la Flandre. Arrivé à Bruges, il fit présent de dessins dans la manière italienne et de diverses autres choses à Jean de Bruges, et gagna si bien son amitié, qu'il l'amena à lui confier ses procédés. Il ne le quitta pas sans avoir appris tout ce qu'il désirait tant connaître. Après la mort de Jean de Bruges, il quitta la Flandre pour revoir sa patrie et pour doter l'Italie de son précieux secret. Il resta quelques mois à Messine, et alla ensuite à Venise, où il résolut de se fixer. Cette ville lui offrait tous les genres de jouissances qui pouvaient convenir à son caractère enclin au plaisir. Il peignit un grand nombre de tableaux à l'huile, que l'on voit chez les gentilshommes vénitiens, et beaucoup d'autres qu'il expédia au dehors. Il ne tarda pas à acquérir ainsi une immense renommée. » Le musée du Louvre a acquis récemment un admirable portrait peint par Antonello de Messine; les œuvres de ce maître sont aujourd'hui de la plus grande rareté.

LES NIELLES. — « A Florence, comme dans les autres villes italiennes, l'orfévrerie était fort en vogue au commencement du quinzième siècle; d'ailleurs, ainsi que les autres branches de l'art, celle-ci était, en général, exercée par des hommes d'un sérieux mérite. A cette époque, les orfévres décoraient presque toujours leurs ouvrages d'ornements gravés en creux, et ces ornements s'appelaient *nielli*. Pour vérifier leur travail, pour en suivre les progrès et le corriger, voici comment ils procédaient. Quand ils avaient gravé sur le métal le dessin qu'ils voulaient exprimer, ils en prenaient d'abord une empreinte avec une terre très-fine; sur cette empreinte, ils coulaient ensuite du soufre et pouvaient, en remplissant de noir de fumée les tailles répétées sur le soufre, se rendre un juste compte de l'état de leur œuvre. De sorte qu'ils ne songeaient à couler l'émail indestructible (cette matière colorée et particulière nommée *nigellum*, qui, une fois en place, interdisait toute empreinte), que lorsqu'ils étaient parfaitement éclairés sur le résultat définitif. Le jour où ils s'aperçurent que le papier humide, soumis à une forte pression sur la plaque imprégnée d'une certaine encre pouvait donner le même résultat, ils renoncèrent au soufre, et leurs essais sur le papier furent des estampes. Mais ce ne fut pas immédiatement que l'on comprit les avantages d'une telle découverte et le parti qu'on en pouvait tirer; longtemps les orfévres se bornèrent à imprimer le petit nombre d'épreuves utiles à la marche de leurs travaux, et c'est à cette insouciance sans doute qu'il faut attribuer l'extrême rareté de ces estampes primitives et le prix élevé que les amateurs y attachent. L'adjectif neutre *nigellum* a été traduit en français par le substantif *nielle*, qui s'applique indistinctement à la plaque et à l'épreuve qu'elle fournit. » (Les *Merveilles de la gravure*, par Georges Duplessis.)

« Ces procédés en usage, Finiguerra les avait employés lorsqu'il grava pour l'église de Saint-Jean-Baptiste, à Florence, une de ces patènes auxquelles on donnait le nom de *paix*, parce qu'elles étaient destinées à recevoir le baiser de paix dans les cérémonies religieuses.

Après avoir tiré en soufre deux empreintes, Finiguerra eut l'idée d'en tirer une sur la planche d'argent avec du papier humide qu'il pressa au moyen d'un rouleau, et l'épreuve ainsi obtenue fut la première estampe d'une gravure en creux. Cette épreuve, relique inestimable, se conserve au Cabinet des estampes de Paris, où elle avait échappé à tous les regards, lorsqu'elle fut exhumée en 1797 par l'abbé Zani, ainsi que le racontaient un témoin oculaire, M. Duchesne, et l'abbé Zani lui-même. On observa que la fortune, par une attention délicate, avait réservé à un Italien la découverte de l'estampe qui prouvait, à l'en-

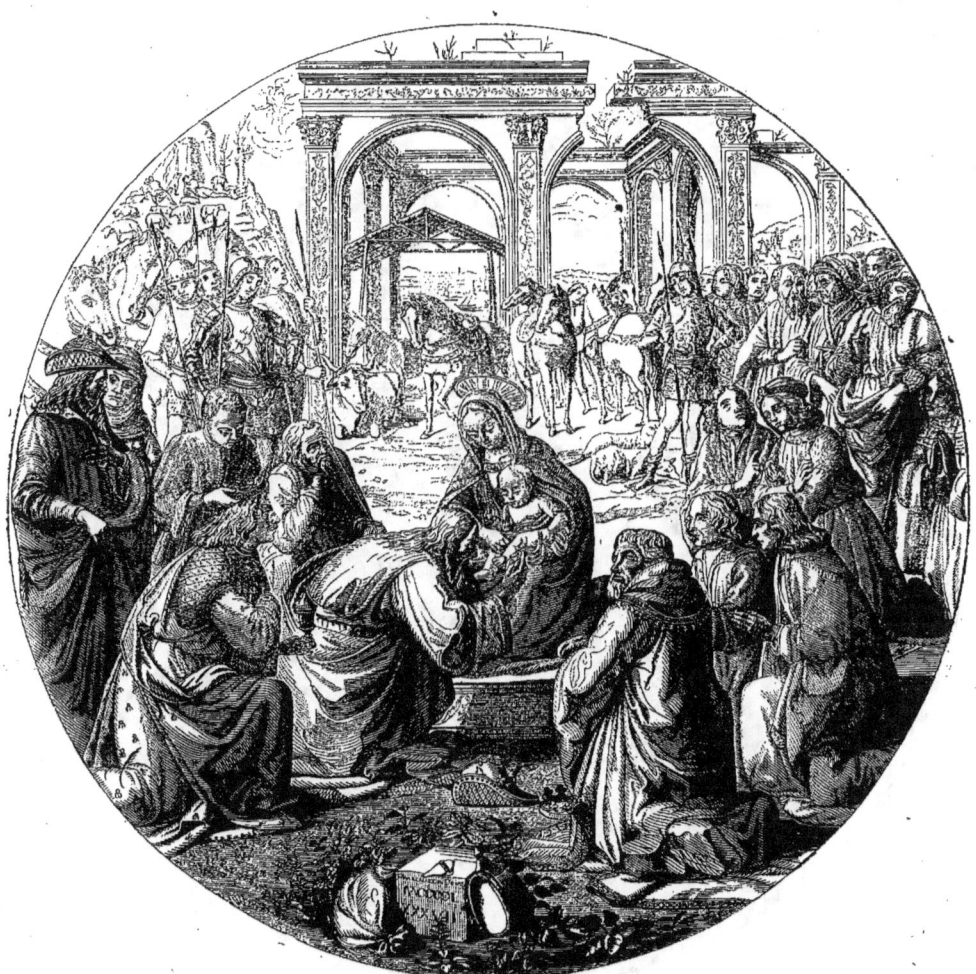

240. — ADORATION DES MAGES (GHIRLANDAJO).
(Florence, palais Pitti.)

contre des prétentions allemandes, les origines italiennes de la gravure imprimée. Et, comme si aucune pièce ne devait manquer à l'information de ce curieux procès historique, vidé aujourd'hui, les deux épreuves en soufre tirées par Finiguerra existent encore, l'une à Gênes dans la collection Durazzo, l'autre au British Museum, à Londres.... Coïncidence merveilleuse! la gravure, qui est l'imprimerie des beaux-arts, fut découverte au moment où l'on inventait l'imprimerie, qui est la gravure des belles-lettres. Le moyen de populariser les œuvres de l'artiste naquit dans le même temps que le moyen de propager les pensées du poëte ou du philosophe. Oui, en l'année 1452, à peu près à l'époque où Gutenberg et Faust imprimaient à Mayence leur première Bible latine, dite à *quarante-deux lignes*, le Florentin Maso Finiguerra créa les premières estampes en prenant des empreintes sur une patène d'argent. » (Ch. Blanc, *Grammaire des arts de dessin*.)

LA SCULPTURE AU MOYEN AGE. — Quand on construisait la cathédrale de Pise, on adopta, parmi les ornements qui devaient la décorer, un grand nombre de marbres antiques amenés par la flotte des Pisans, et quelques-uns provenaient de sarcophages. — L'un d'eux représentait une *Chasse de Méléagre*; les nus et les draperies étaient d'un dessin parfait et d'une

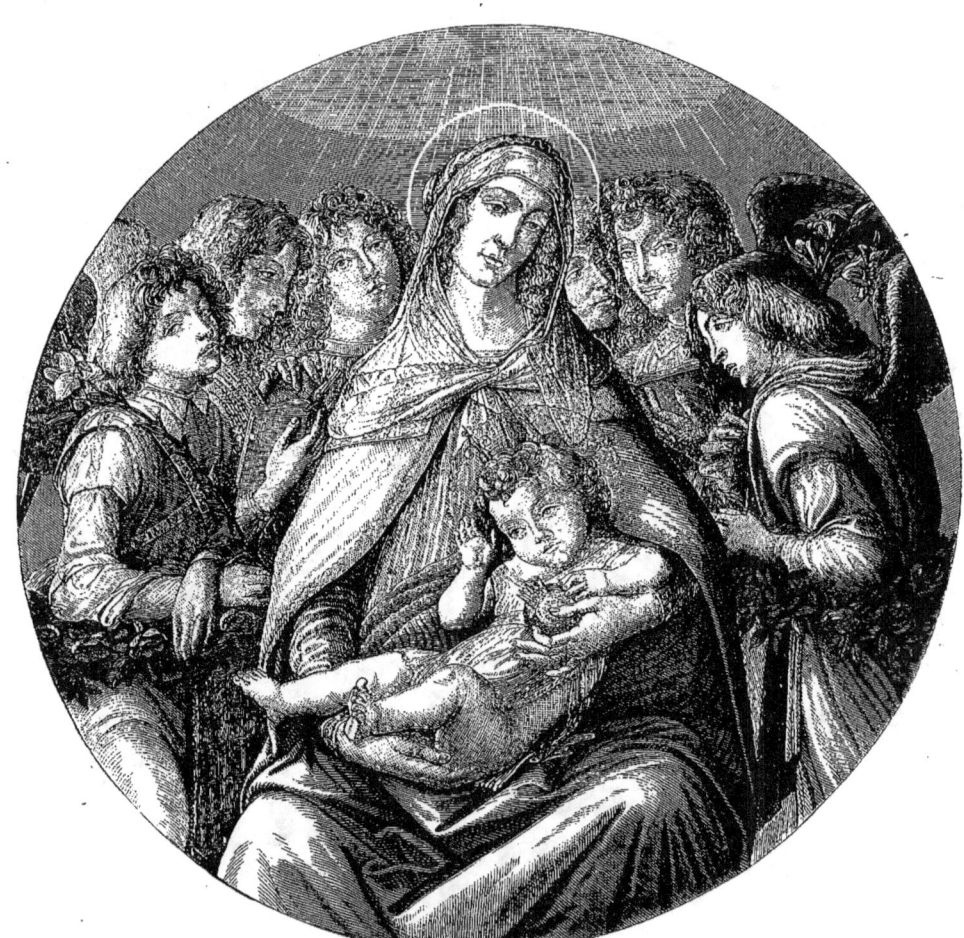

241. — LA VIERGE A LA GRENADE (BOTTICELLI).
(Florence, galerie des Offices.)

exécution merveilleuse. (VASARI.) Les Pisans, frappés de la beauté de ce chef-d'œuvre, en décorèrent la façade de leur cathédrale près de la porte principale. Il servit de tombeau à Béatrix, mère de la comtesse Mathilde. Nicolas de Pise étudia avec tant d'ardeur ce bas-relief et plusieurs autres bons morceaux antiques, qu'il fut bientôt regardé comme le plus habile sculpteur de son temps. Il est considéré comme le premier sculpteur qui ait fait une étude de la statuaire antique, et si l'on compare son bas-relief de l'*Adoration des Mages* au bas-relief antique de la *Chasse de Méléagre*, on retrouve les mêmes inflexions de membres, les mêmes grandes divisions du corps sous la draperie, le même système de plis, et on ne rencontre pas dans ses œuvres ces allures baroques et ces mouvements roides et symétriques dont Cimabué et les peintres du même temps ne purent jamais se défaire entièrement. On lui doit la chaire en marbre du baptistère de Pise, monument de forme hexagone porté par sept colonnes qui reposent sur des lions et autres figures symboliques. Nicolas de Pise est aussi célèbre comme architecte que comme sculpteur; l'église de la Trinité, à Florence, que trois cents ans plus tard Michel-Ange admirait encore, est son ouvrage, et c'est d'après ses dessins que fut élevé à Pise le clocher des Augustins, qui servit de modèle à Bramante.

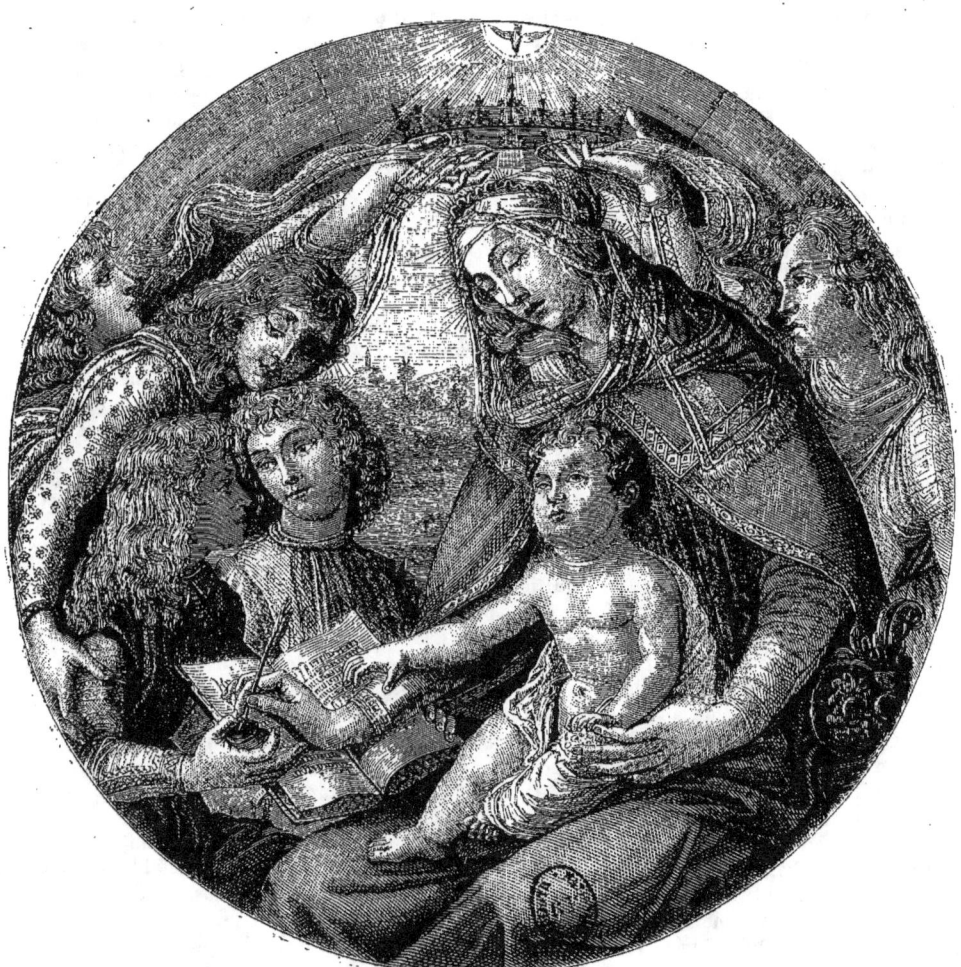

242. — LE COURONNEMENT DE LA VIERGE (BOTTICELLI).
(Florence, galerie des Offices.)

Jean de Pise suivit glorieusement les traces de Nicolas, et mourut très-âgé, après avoir formé de nombreux élèves et rempli l'Italie de ses ouvrages. Agostino et Agnolo de Sienne, et surtout Andrea de Pise, marchèrent dans la route ouverte par Nicolas et Jean de Pise. Andrea, qui continua la vieille école pisane, passa vingt-deux années de sa vie à exécuter une porte de bronze représentant l'*Histoire de saint Jean-Baptiste* depuis sa naissance jusqu'à sa mort. Mais son plus beau titre de gloire est d'avoir formé par ses conseils cette grande école florentine qui vit fleurir en même temps Luca della Robbia, Lorenzo Ghiberti, Brunelleschi, Donatello, Verocchio, etc. Ces maîtres représentent le second âge de la sculpture pendant la Renaissance. Si la peinture a pris son essor à Florence, Pise est donc en droit de revendiquer le même honneur pour la sculpture.

LE SECOND AGE DE LA SCULPTURE. — Donato ou Donatello ouvrit pour la sculpture une ère entièrement nouvelle, et c'est à lui que les historiens de l'art rattachent le mouvement qui, dans la statuaire, a préparé la plus brillante époque de l'art moderne. L'église avait, en général, beaucoup plus encouragé la peinture que la sculpture, et, malgré les efforts des vieux maîtres de Pise, les monuments de l'antiquité étaient encore trop peu nombreux pour pouvoir exercer sur les artistes une influence bien décisive. Un naturalisme décidé fut le caractère dominant des premiers ouvrages de Donatello, et le distingue de ses contemporains, Brunelleschi et Ghiberti, plus portés que lui à la recherche du grand style. L'anecdote si naïvement racontée par Vasari sur un Christ en bois que Donatello avait fait dans sa jeunesse, prouve les tendances diverses qui se manifestaient déjà parmi les artistes. « Lorsqu'il l'eut achevé, dit Vasari, croyant avoir enfanté un chef-d'œuvre, il le montra à son ami Filippo Brunelleschi en le priant de dire ce qu'il en pensait. Filippo, qui, sur les paroles de Donato, s'attendait à trouver quelque chose de mieux, ne put s'empêcher de sourire. Donato s'en aperçut et le somma, au nom de l'amitié, de s'expliquer. Brunelleschi lui dit alors avec franchise qu'il avait mis en croix un paysan, et non le Christ, dont le corps fut le plus parfait que l'on vit jamais. Donato, qui espérait recevoir des éloges, fut piqué de la vivacité de cette critique et s'écria : « Si tu savais qu'il est plus difficile d'agir que de parler, tu ne dirais point que mon Christ ressemble à un paysan. Du reste, prends un morceau de bois et tâche d'en faire un qui soit mieux. » Filippo, sans rien répliquer, se retira, et, pour justifier sa critique, entreprit aussitôt un crucifix qu'il termina au bout de quelques mois. Alors, un matin, il va inviter Donato à déjeûner. Nos deux amis partent ensemble ; arrivés sur la place du Marché-Vieux, Filippo achète quelques vivres et les remet à Donato en lui disant : « Porte cela à la maison, et attends-moi : je te rejoindrai dans un instant. » A peine entré dans l'atelier, Donato aperçoit sous un beau jour le crucifix de Filippo. Frappé d'admiration et comme hors de lui-même, il ouvre les mains : le déjeuner lui échappe, le fromage tombe dans la poussière, les œufs se brisent ; mais rien n'est capable de le distraire de son étonnement. Sur ces entrefaites, arrive Filippo qui lui dit en riant : « Que diable as-tu, Donato ? Et nos œufs ? et notre fromage ? Comment déjeûnerons-nous ? — J'ai mangé ma part, répondit Donato ; si tu veux la tienne, ramasse-la. C'est bien ! c'est bien ! tu fais des Christ, toi, et moi…. je fais des paysans ! » (Vasari).

Brunelleschi avait commencé par être sculpteur, et ce ne fut qu'à son retour de Rome, quand il eut conçu le projet de son étonnante coupole, qu'il s'adonna presque exclusivement à l'architecture. Donato et Brunelleschi demeurèrent toute leur vie extrêmement liés. A cette époque chaque corporation avait sa chapelle, sa bannière, son saint pour patron, et appelait volontiers le concours des artistes pour décorer son église ou des salles de délibération. La boucherie avait commandé à Brunelleschi un *Saint Pierre*, et la menuiserie un *Saint Marc* en marbre. Brunelleschi abandonna ces travaux à son ami Donatello ; mais lorsque celui-ci eut fait faire en terre le modèle de son Saint Marc, les consuls de la corporation ne le trouvant pas suffisamment fini à leur gré, voulaient qu'il l'abandonnât. Donatello promit de le finir davantage, et, s'il faut en croire le récit de Vasari, le déroba pendant quelque temps à tous les yeux, n'y changea absolument rien, mais le plaça à l'époque voulue dans la niche qu'il devait occuper, et dès qu'il le découvrit, chacun se mit à crier merveille, parce que l'artiste l'avait exécuté pour être vu à une certaine distance et non de tout près.

Ce fut pour la corporation des armuriers que fut exécuté le fameux *Saint Georges* de Donato. L'ouvrage de lui qu'il estimait le plus était une statue d'homme chauve qui décorait la façade du campanille de Santa Maria del Fiore, et qu'on a surnommé le Zuccone. Il la considérait comme son chef-d'œuvre, et on dit même qu'il avait coutume de jurer par elle, disant : « Par la foi que j'ai en mon Zuccone. » Le premier ouvrage qui avait établi sa réputation avait été une *Annonciation* accompagnée de six petits enfants tenant des guirlandes, mais le premier qu'il signa de son nom fut son grand groupe en bronze de *Judith et Holopherne*. Il fit ensuite son *David* tenant l'épée à la main, avec la tête de Goliath sous ses pieds, et fut appelé à Padoue pour y faire une statue équestre qu'on trouva si belle qu'il fut nommé citoyen de la ville.

Il est impossible d'énumérer ici les statues de Donato, qui furent des triomphes pour lui, et les nombreuses madones et bas-reliefs en marbre ou en bronze dont il a rempli l'Italie.

La vieillesse de ce grand artiste fut heureuse et tranquille. Lorsque ses mains se refusèrent au travail, Côme et ses autres amis vinrent à son secours. Avant de mourir, Côme le recommanda à son fils Pierre. Celui-ci, religieux observateur des volontés de son père, donna à notre artiste un domaine situé à Cafaggiolo, dont le revenu était assez considérable pour lui permettre de vivre dans une grande aisance. Ce présent enchanta d'abord Donato, qui se voyait ainsi certain de ne pas mourir de faim. Mais à peine une année s'était-elle écoulée, qu'il alla prier Pierre de reprendre son domaine. Il préférait son repos, disait-il, aux tourments dont l'accablait son laboureur, en venant se plaindre tous les trois jours, tantôt du vent qui avait enlevé le toit du colombier, tantôt de la tempête qui avait brisé les vignes et les arbres fruitiers, tantôt d'une saisie de bestiaux pour le payement des impôts. « J'aime cent fois mieux mourir de faim, ajoutait Donato, que d'avoir à penser à toutes ces choses qui m'abreuvent de dégoûts et d'ennuis. » (Vasari).

Pierre ne put s'empêcher de rire de la simplicité de son protégé, et, pour lui ôter toute inquiétude, reprit son domaine et lui assigna une pension qu'il lui fit payer par semaine. Cet arrangement causa un extrême plaisir à Donato, qui passa joyeux et tranquille le reste de ses jours. A l'âge de quatre-vingt-trois ans, ses membres se paralysèrent tellement, qu'il lui devint impossible de travailler et qu'il fut même forcé de ne plus quitter son lit. Donato s'éteignit peu à peu et enfin mourut le 13 décembre 1466. Il fut enterré dans l'église de San Lorenzo, à côté du tombeau de Côme de Médicis : il l'avait voulu ainsi, afin de n'être pas séparé de son bienfaiteur. Ses obsèques furent magnifiques; les peintres, les sculpteurs, les architectes, les orfèvres, et presque toute la population de la ville accompagnèrent son corps jusqu'à l'église de San Lorenzo.

LES PORTES DE GHIBERTI (fig. 243). — Quand André de Pise eut achevé la première porte du baptistère de Florence et qu'on la découvrit aux regards du peuple pour qu'il en fût juge, ce fut un événement dans l'État. La Seigneurie se rendit au baptistère en grande pompe, accompagnée des ambassadeurs étrangers et de tous les personnages éminents de la république. La porte suivante donna lieu à un concours célèbre dans l'histoire des arts. La Seigneurie exprima le désir que cette porte fût le chef-d'œuvre du siècle. On publia dans toute l'Italie qu'un concours serait ouvert à une époque déterminée, et les artistes accoururent de toutes parts. Un premier choix désigna sept concurrents; un traitement leur fut alloué pour une année, à la fin de laquelle chacun devait présenter un panneau en bronze de la grandeur de ceux qui devaient couvrir les portes. Le sujet demandé était le *Sacrifice d'Abraham*. « L'époque du jugement étant arrivé, dit Vasari, les sept modèles furent livrés à la communauté des commerçants. Les consuls nommèrent trente-quatre experts, tous très-habiles dans leur art, parmi les peintres, les sculpteurs et les orfèvres, soit de Florence soit du dehors, que la curiosité avait rassemblés. Ces juges ne s'accordaient pas en tous points, car l'un préférait naturellement la manière de celui-là, et l'autre celle de celui-ci; mais tous reconnurent unanimement que les modèles de Filippo Brunelleschi et de Lorenzo Ghiberti l'emportaient par l'entente de la composition, par l'abondance et la beauté des figures, et par le fini de l'exécution, sur celui de Donatello, qui cependant se distinguait par un dessin large et vigoureux. Les figures de Jacopo della Quercia étaient correctes, mais manquaient de finesse. Le modèle de Francesco di Valdambrina renfermait de bonnes têtes, mais la composition en était confuse. Celui de Simone da Colle, remarquable par la pureté de la fonte, péchait par le dessin. Nicolas d'Arezzo avait fait preuve d'une grande connaissance du métier, mais ses figures étaient lourdes. Seul, le modèle de Lorenzo Ghiberti était parfait dans toutes ses parties. Le dessin et la composition étaient irréprochables, les figures sveltes et gracieuses, et l'exécution d'un fini précieux et inimitable. Donatello et Brunelleschi, frappés de la supériorité de cet ouvrage, se retirent à l'écart, s'interrogent réciproquement et se confessent vaincus. Ils reconnaissent que leur rival, âgé seulement de vingt ans, a mieux réussi que tous les autres, et que sa jeunesse fait encore espérer davantage pour la gloire de sa patrie. « Il serait plus honteux, disaient-ils, de lui disputer la palme, qu'il n'y a de générosité à la lui céder. »

Ghiberti se mit à l'œuvre, et fit une porte exactement semblable, pour les proportions et les distributions, à celle d'Andréa de Pise, et renfermant vingt sujets tirés du Nouveau Testament. Il mit vingt ans à faire cette porte, et consacra le même nombre d'années à en construire une autre dont les sujets sont tirés de l'Ancien Testament. Quoiqu'il ait fait d'autres ouvrages, ces deux portes sont surtout cause de sa célébrité. Michel-Ange disait : « Elles sont dignes d'être les portes du paradis. »

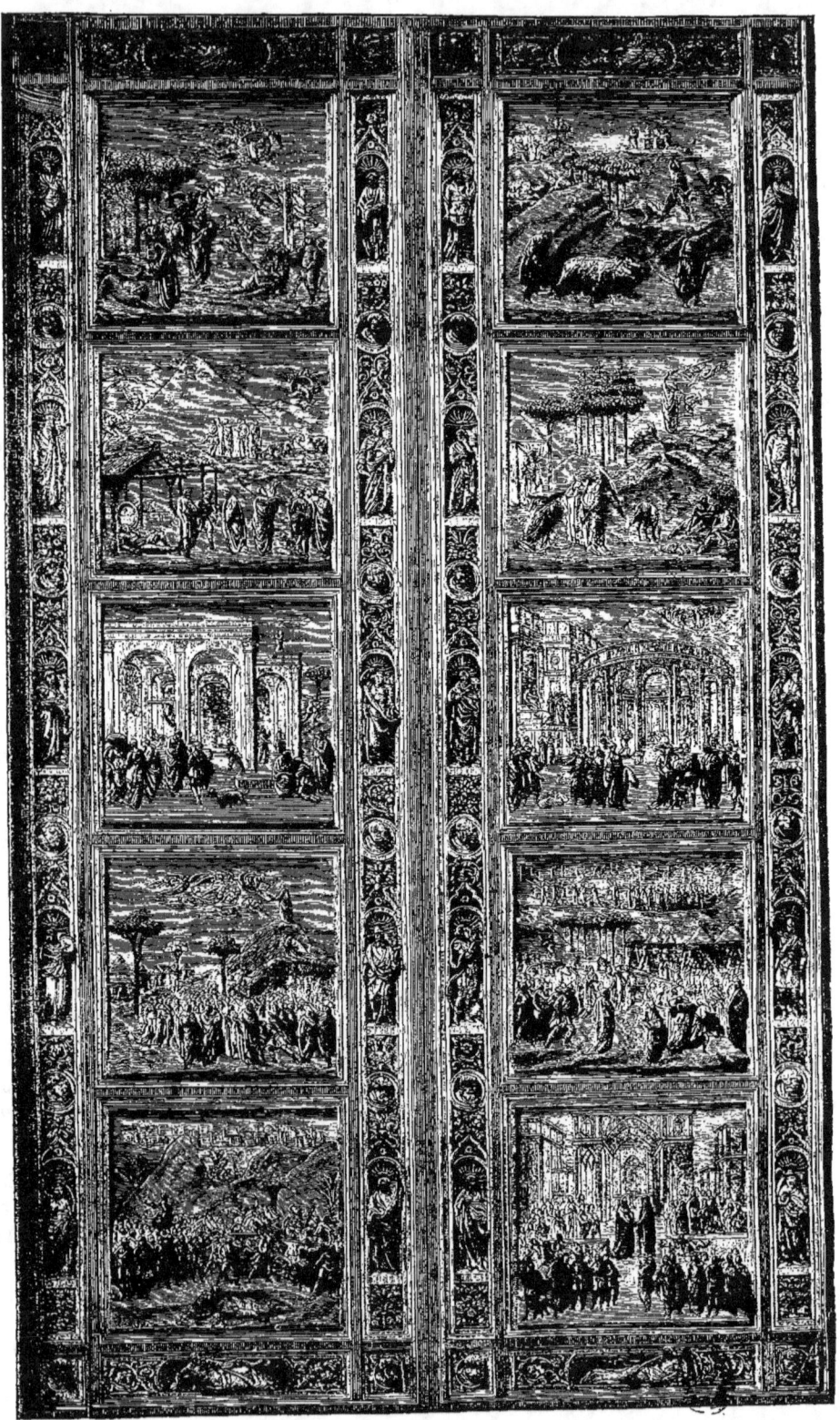

243. — PORTE DU BAPTISTÈRE DE FLORENCE (GHIBERTI).

L'ORFÉVRERIE FLORENTINE. — C'est dans les ateliers d'orfèvres que se sont formés presque tous les grands artistes de l'école florentine. Malheureusement il est resté bien peu de pièces de l'orfévrerie florentine primitive. Mais comme tous les orfévres étaient en même temps sculpteurs, on peut juger de leur talent par les statues que nous connaissons. Verocchio, le plus illustre parmi les orfévres florentins, a eu l'honneur d'être le professeur de Léonard

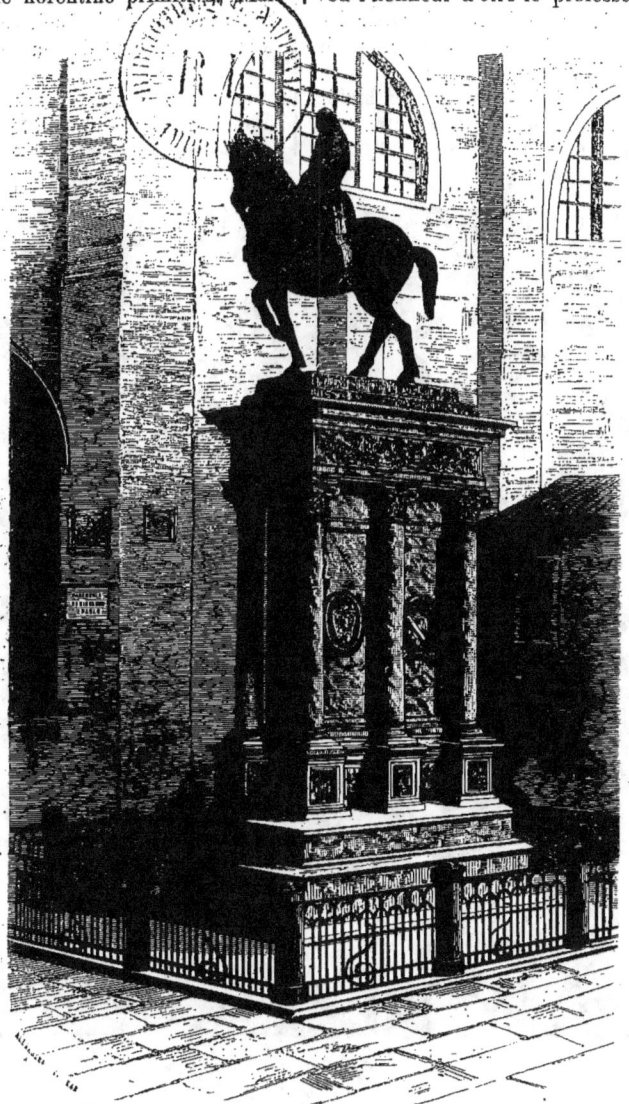

244. — STATUE DU GÉNÉRAL COLLEONE (VEROCCHIO).
(Venise.)

de Vinci et du Pérugin. Il y a de lui une admirable statue équestre dont Vasari a raconté l'histoire (fig. 244).

Les Vénitiens, désirant honorer la mémoire de Bartolomméo Colléoni de Bergame, qui avait souvent amené la victoire sous leurs drapeaux, chargèrent Verocchio de jeter en bronze la statue équestre de ce capitaine. Verocchio avait déjà achevé le modèle du cheval et s'apprêtait à le couler, quand, par la protection de certains gentilshommes, Vellano de Padoue obtint de faire la figure de Bartolomméo. A cette nouvelle, Verocchio, furieux, mit en pièces la tête et les jambes de son modèle, et partit pour Florence, sans souffler mot. La Seigneurie, offensée de ce procédé, lui enjoignit de ne jamais revenir à Venise, sous peine d'avoir la tête tranchée. Verocchio répondit qu'il s'en garderait bien, sachant qu'il n'était pas au pouvoir de la Seigneurie de rattacher sur les épaules d'un homme la tête qu'elle en aurait une fois détachée, ni d'en faire une semblable à la sienne, tandis, ajoutait-il, qu'il lui était facile à lui d'en rendre une à son cheval beaucoup plus belle que celle qu'il avait brisée. Cette réponse ne déplut point à la Seigneurie, qui le rappela à Venise en doublant ses appointements. Il raccommoda son premier modèle, mais il ne put l'achever entièrement, car, s'étant échauffé à le fondre et refroidi ensuite, il mourut au bout de peu de jours.

LA CÉRAMIQUE EN ITALIE. — Vers la fin du quinzième siècle, un élève de Ghiberti, Luca

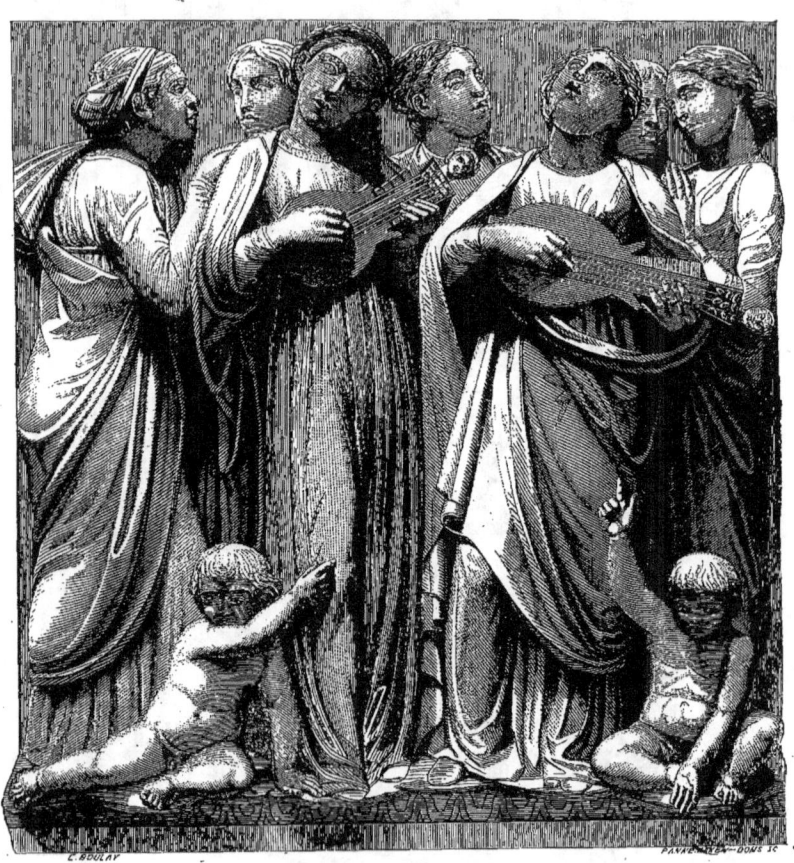

245. — LE CHANT (LUCCA DELLA ROBBIA).
(Florence, galerie des Offices.)

della Robbia, sculpteur florentin, imagina un procédé pour donner de la solidité à ses figures et à ses bas-reliefs d'argile en les cuisant (fig. 245, 246). Vasari nous donne de naïfs détails sur l'ardeur que cet artiste apporta dans ses premières études. Il passait le jour à manier le ciseau, et pour ne pas être obligé de quitter son travail à cause du froid, il se réchauffait les pieds dans un panier rempli de copeaux. Luca della Robbia, bien que connu presque exclusivement par ses terres émaillées, a laissé des bas-reliefs en marbre et en bronze qui ont de l'importance comme art. Son dessin est correct, quoique un peu froid ; son expression est toujours vraie et gracieuse, jamais maniérée. Après avoir trouvé le secret de vernir la sculpture en terre et de la mettre ainsi, comme le marbre et le bronze, à l'abri des injures atmosphériques, il voulut en outre en varier l'aspect en la colorant comme une peinture. Cette invention paraissait pouvoir être employée très-utilement comme élément décoratif dans le système architectural, mais, considérée seulement au point de vue de la statuaire, elle eut pour résultat d'alourdir les touches nerveuses de l'ébauchoir par l'épaisse couche de vernis qu'il fallait appliquer à la surface. En outre, la coloration, en donnant aux figures en relief l'aspect d'un trompe-l'œil, causait plus de surprise que d'émotion véritable, et faisait d'un ouvrage de sculpture plutôt un meuble qu'un objet d'art destiné à nous élever l'esprit par la grandeur et la majesté du style. Luca della Robbia forma, sans sortir de sa propre famille, une école dépositaire de son secret et héritière de son talent. C'est aux della Robbia, fougueux partisans du moine Savonarole, qu'on doit le portrait du célèbre prédicateur. Deux d'entre eux entrèrent dans les ordres, et le dernier, Girolamo, vint passer presque toute sa vie en France, où il

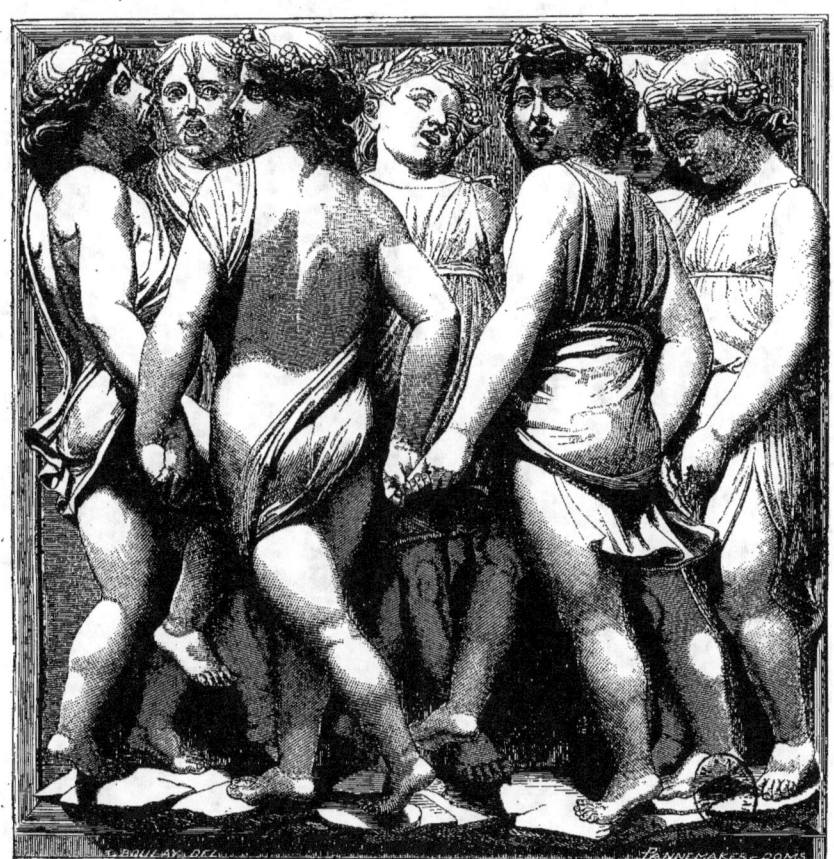

246. — LA DANSE (LUCCA DELLA ROBBIA).
(Florence, galerie des Offices.)

travailla au château de Madrid, que François Ier faisait bâtir au bois de Boulogne. Les poteries des della Robbia, très-recherchées aujourd'hui, sont recouvertes de colorations brillantes et qui comprennent surtout le blanc, le jaune, le vert et le bleu.

Les della Robbia peuvent donc être considérés comme les pères de la céramique italienne, qui devint si célèbre.

« Cet art, dit M. Giuseppe Campiori dans la *Gazette des Beaux-Arts*, ne se serait peut-être pas élevé si haut sans la puissante impulsion qui lui fut donnée par un homme que l'Italie vénère comme un de ses plus grands artistes, comme le chef d'école et le créateur d'un genre qui fut aussi charmant qu'éphémère. Luca della Robbia, après avoir découvert le moyen d'émailler les œuvres plastiques, d'abord en blanc, puis en d'autres couleurs, trouva encore celui de peindre des figures et des sujets sur des surfaces planes, appliquant ainsi les procédés de l'émailleur à la vaisselle, et à toute sorte d'ornements des objets domestiques. Par là, l'art du potier, se trouvant associé à la peinture et à la sculpture, se répandit dans plusieurs villes, perfectionnant sans cesse ses

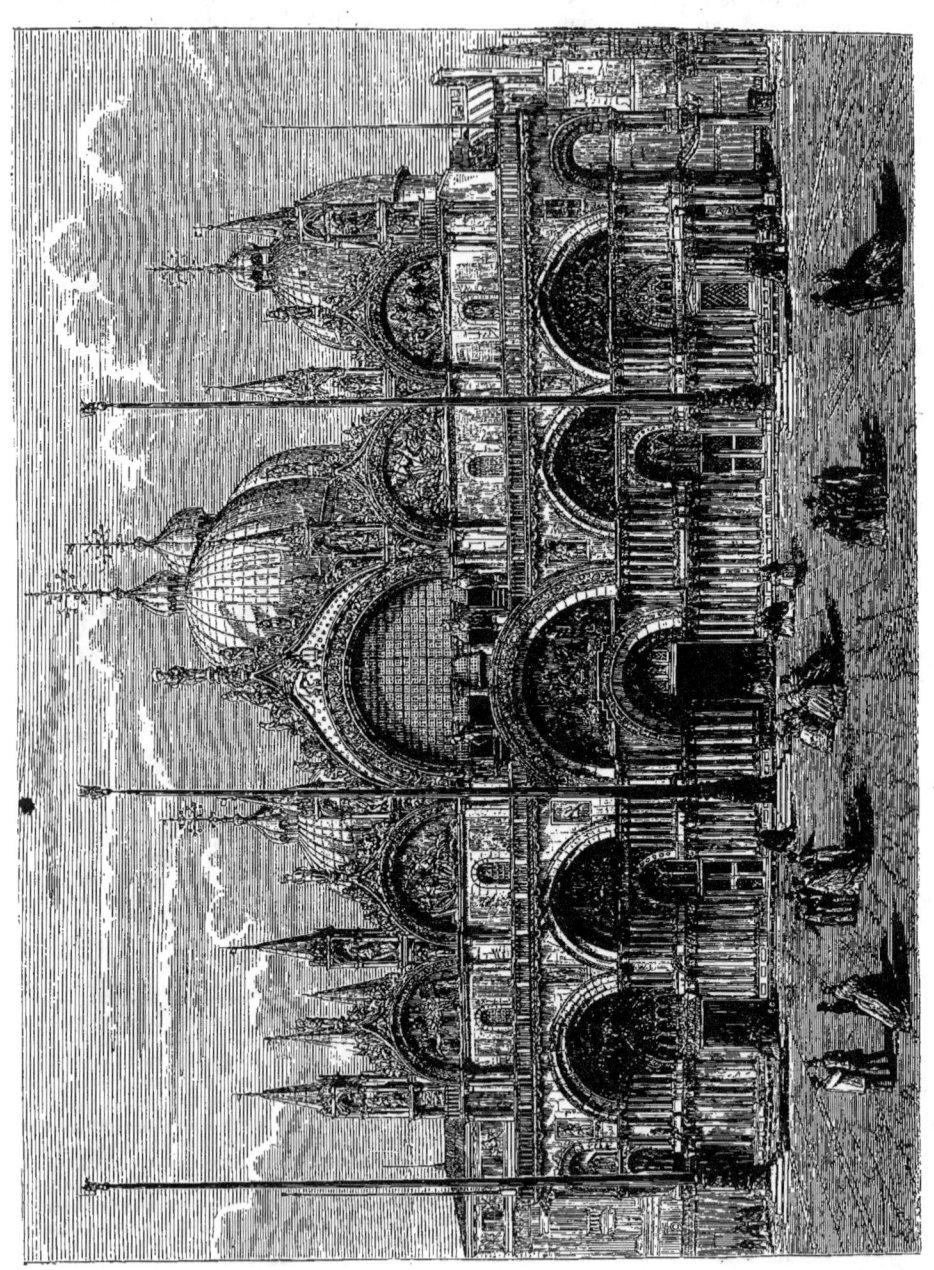

247. — ÉGLISE SAINT-MARC, A VENISE.

procédés de fabrication et la qualité de ses vernis renouvelant les combinaisons de ses couleurs. Ce art, ainsi ranimé, compta une période de splendeur d'un peu plus d'un demi-siècle, et trouva son siège principal et favorisé dans le centre de l'Italie, grâce à des circonstances spéciales, parmi lesquelles figurent la présence des éléments matériels qui le constituent, ainsi que la protection et les priviléges accordés par les ducs d'Urbino, désireux d'encourager une industrie aussi avantageuse pour leurs États. Les noms de Georges Andreoli, de Francesco Xanto, de Guido et Orazio Fontana, oubliés pendant trois siècles et aujourd'hui entourés justement des louanges et de la réputation qu'ils méritent, marquent le moment

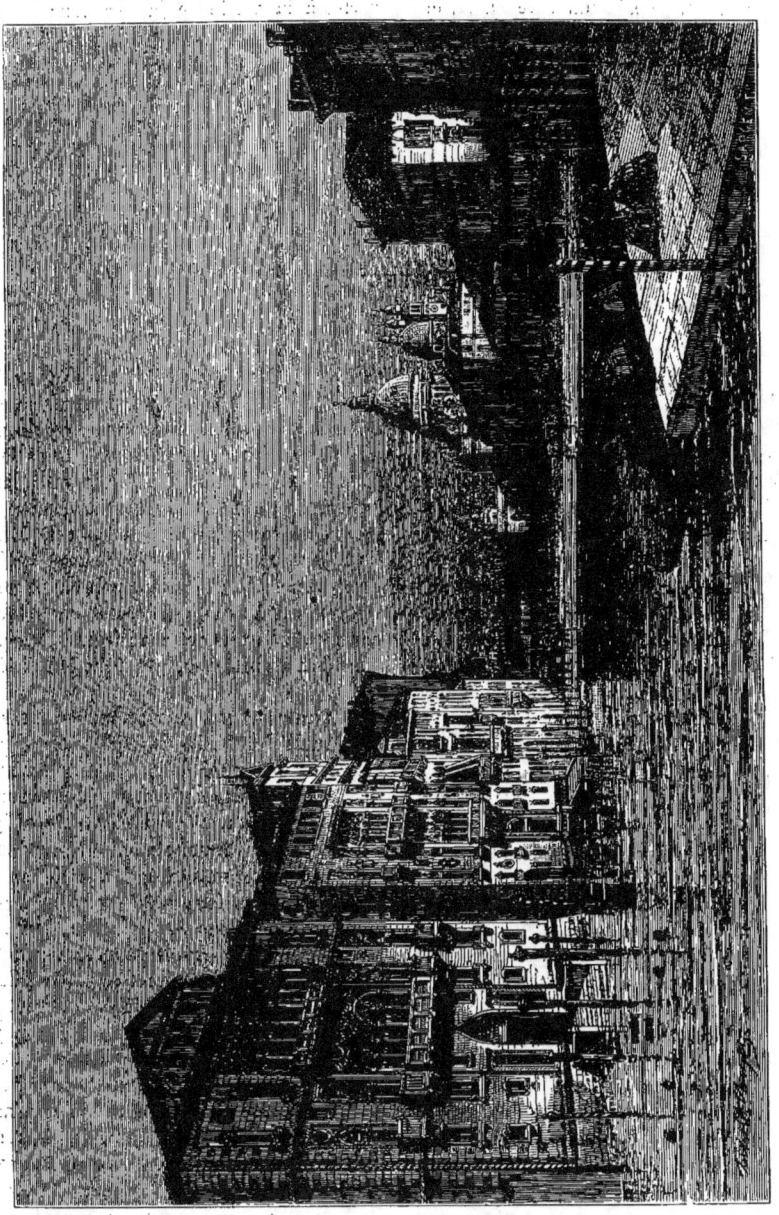

248. — LES PALAIS DE VENISE.

glorieux de cet art qui trouva son assise préférée dans les fabriques renommées de Faenza, Urbino, Gubbio, Castel Durante et Pesaro. Faenza, d'où vient le mot *faïence*, est la plus ancienne et la seule connue pendant bien des années des nations étrangères, auxquelles elle fournissait en abondance ses produits estimés pour leur blancheur, leur netteté, la correction du dessin dans la forme des vases et dans les figures. Urbino, grâce à Xanto, à Franco et aux deux Fontana, arriva au comble de l'élégance et de la perfection, par le brillant de son émail, par l'harmonie et l'habile dégradation des tons, par l'excellence des peintures. La majolique de Gubbio, création de Georges Andréolo, grand artiste originaire de Pavie, et de ses fils, emprunte un caractère spécial et presque exclusif aux reflets métalliques surajoutés à la couleur. Les œuvres de Castel Durante sont analogues à celles d'Urbino, et les artistes de ce pays portèrent leur art dans des contrées lointaines. A Pesaro, rivale d'Urbino pour la beauté et la bonté de ses produits, fut découverte, à la veille de la décadence de l'art, la manière de dorer la majolique et de la rehausser d'ornements en relief. »

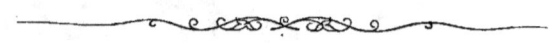

L'ARCHITECTURE.

CARACTÈRES DU STYLE ITALIEN. — Le vieux style romain dégénéré persista longtemps en Italie, mais il subit, par le contact avec les pays voisins, des modifications importantes. Nous avons déjà parlé des édifices de Ravenne et du style byzantin qui dès le sixième siècle apparaît dans cette ville. Nous retrouverons cette influence byzantine dans beaucoup d'endroits et notamment à Venise. « En dehors du style byzantin et de l'art de la Renaissance, dit M. Ch. de Rémusat, le style antérieur des édifices religieux en Italie n'offre guère d'échantillons du gothique orné et flamboyant, ni généralement de cette combinaison systématique du haut avec l'étroit, du solide avec le mince, de cet assemblage d'arceaux en ogive, de colonnettes longues et engagées en faisceau, de flèches dentelées, de tous les détails d'une ornementation aussi variée dans ses formes que le règne végétal. Le gothique italien est en général plus simple d'aspect.... il proportionne davantage la hauteur et la largeur; il complique moins les moyens d'effets et ne craint pas les vastes surfaces massives et planes. »

Le terme *gothique* d'ailleurs ne saurait s'appliquer à l'architecture ogivale, pas plus en Italie qu'en France, et le nom d'*architecture lombarde*, par lequel on désigne quelquefois les monuments élevés dans le nord de l'Italie pendant le moyen âge, est également impropre. Les Goths et les Lombards étaient trop ignorants et trop grossiers pour avoir un art qui leur fût particulier, et ils durent nécessairement subir la suprématie des vaincus. S'ils ont eu une influence, elle n'a pu consister qu'à activer encore la décadence du vieux style romain des basiliques, modifié déjà dans bien des endroits par le contact des Grecs de Byzance. L'ogive paraît néanmoins en Italie, mais elle semble n'être pas sur son sol natal; et les applications qu'on en trouve sont dues en Sicile, à une importation arabe, dans le nord à la présence d'artistes français ou allemands, agissant en dehors de leurs habitudes et obligés de se subordonner au goût et à la direction de ceux qui les font travailler. Ces influences, venues de différents points, ne se manifestent pas à un égal degré dans toutes les parties de l'Italie, et chaque province présente dans son architecture un caractère différent.

L'ARCHITECTURE A VENISE. — Les rapports continuels de Venise avec l'Orient expliquent aisément pourquoi dans cette ville l'influence byzantine est fortement marquée dans son édifice le plus important, l'église Saint-Marc (fig. 247). Cette église, commencée en 977 sur l'emplacement d'une première église bâtie en 828 et détruite par le feu, a été consacrée en 1111. Ce monument, par les peintures qui le décorent, pourrait presque former une histoire de l'art italien. Les architectes, nourris des principes de l'école byzantine, donnèrent à leur plan la forme d'une croix grecque, en y ajoutant un portique, qui rappelle le narthex des églises d'Orient. Comme dans Sainte-Sophie de Constantinople, il y a une coupole au milieu et quatre autres coupoles plus petites sur les branches. La forme renflée et bulbeuse, qui a été donnée à ces coupoles, dans le quinzième siècle, paraît une réminiscence de l'architecture arabe. Le clocher est séparé de l'église et forme une grande tour carrée surmontée d'un ange d'or qui sert de girouette.

Rien n'est plus pittoresque et plus saisissant pour l'œil que l'intérieur de Saint-Marc, avec ses voûtes d'or, ses dallages de marbre variés, ses splendides mosaïques, ses cinq cents colonnes de bronze, de marbre, de porphyre, de vert antique, etc., et leurs chapiteaux à feuillages peu saillants, mais de la plus exquise élégance. Pourtant ce merveilleux édifice que les poëtes et les peintres vantent à l'envi, qui transporte les touristes dans un monde enchanté et leur arrache des cris d'admiration, est, au point de vue de l'architecture, sujet à bien des critiques. S'il est vrai que notre architecture classique et régulière est loin d'avoir le même charme et d'exciter les mêmes transports, on est obligé de reconnaître que nos architectes, qui s'occupent peu de la rêverie et voient les monuments à un point de vue positif, n'ont pas absolument tort dans le jugement un peu sévère qu'ils portent quelquefois sur Saint-Marc. Écoutons un moment M. Ad. Lance : « L'architecture extérieure du narthex de Saint-Marc, qui joue un rôle si important dans la physionomie générale de l'édifice, accuse une maladresse dont on trouverait, je crois, peu d'exemples. Les pieds-droits des portails sont ornés de deux étages de colonnes corinthiennes, courtes, trapues, tout bonnement superposées.... Ici deux colonnes en portent trois ; là trois autres n'en portent que deux, et ainsi du reste. C'est, de la part du constructeur, comme un parti pris de violer à plaisir les lois de l'équilibre des corps, de choquer les yeux et la raison. Mais le plus audacieux de ces contre-sens a été commis aux extrémités de la même façade, aux retours d'équerre des galeries latérales : un pilier isolé, dont le chapiteau au large tailloir sert de base à un lourd faisceau de colonnes, surmonte seul toute la charge de l'angle de la galerie. En résumé, une multitude de colonnes à peu près inutiles à la construction, rassemblées là sans goût, sans symétrie même.... Les éléments les plus incohérents, les plus disparates, recueillis de bric et de broc et entassés là à l'aventure, comme dans un musée de province, tel est, pour la façade, l'ensemble de cette singulière construction. »

Si la principale église de Venise affecte la forme byzantine, il ne s'ensuit pas que cette forme soit devenue caractéristique de l'architecture nationale. L'ogive apparaît dans un assez grand nombre d'édifices élevés dans le quatorzième et la première moitié du quinzième siècle, mais qui appartiennent généralement à l'architecture civile. Ce sont des maisons ou des palais élevés la plupart du temps sur le bord des canaux, auxquels ils prêtent une physionomie infiniment pittoresque (fig. 248). Nous ne pouvons les énumérer ici, et nous dirons seulement un mot du palais ducal, trop célèbre pour être passé sous silence.

Un palais des doges avait été commencé en 809 et incendié soixante-dix ans après. Le monument actuel, du quatorzième siècle et en style ogival, a été élevé par Calendario. Ce palais est remarquable par la singularité, la hardiesse et la magnificence de son ensemble architectural, autant que par l'excellence de ses détails (fig. 249). Une colonnade à fûts robustes soutient toute la construction et est surmontée d'un second rang de colonnes plus légères, formant une galerie tribotée et à jour. Les chapiteaux sont ornés de chimères, d'enfants, d'animaux fantastiques, ou de sujets tirés de la Bible et de l'histoire. Les murailles sont plaquées de marbre blanc et rouge, dont la disposition figure des dessins dans le goût oriental. C'est dans les caves de ce palais que sont les fameuses prisons connues sous le nom de *Puits*, et, sous la toiture recouverte de plomb, celles qu'on nommait les *Plombs*. Un long corridor double, nommé *Pont des soupirs*, met le palais en communication avec la prison. La littérature romantique a souvent puisé des sujets dans les souvenirs historiques qui s'y rattachent. Le président Desbrosses, plus connu par la vivacité de son esprit que par la sûreté de son goût, a trouvé le palais ducal très-laid. « C'est, dit-il, un vilain monsieur s'il en fut jamais, massif, sombre et gothique. Les appartements, selon l'ordinaire des vieux palais, sont mal distribués, mal tenus et assez sombres. Le doge est logé dans ce palais ; c'est, de tous les prisonniers de l'État, le plus mal gîté à mon gré.... »

L'ogive disparaît complètement à Venise dès la seconde moitié du quinzième siècle, et les architectes vénitiens, Sansovino, Palladio, Scamozzi et autres, donnent une grande impulsion au mouvement de la Renaissance ; mais alors ce style n'est pas particulier à Venise, c'est celui qui rayonne dans toute l'Italie.

L'ARCHITECTURE EN SICILE. — L'art arabe peut être étudié en Sicile dans les palais de la Zira, de la Cuba et Favara, édifices de forme carrée, bâtis en grandes pierres de taille et décorés de panneaux à ogive. Une singulière combinaison de style, particulière à quelques édifices de la Sicile, présente le mélange du byzantin, du sarrasin et du normand. C'est ainsi que la chapelle du palais royal de Palerme, bâtie en 1129 par le roi Roger, et toute resplendissante de mosaïques, d'albâtre, de marbre et de pierres de diverses couleurs, rappelle la décoration de l'Alhambra, et présente des inscriptions arabes à la voûte. Les cathédrales de Palerme et de Mont-Réal présentent des combinaisons mixtes, où l'ornementation arabe se mêle aux figures hiérati-

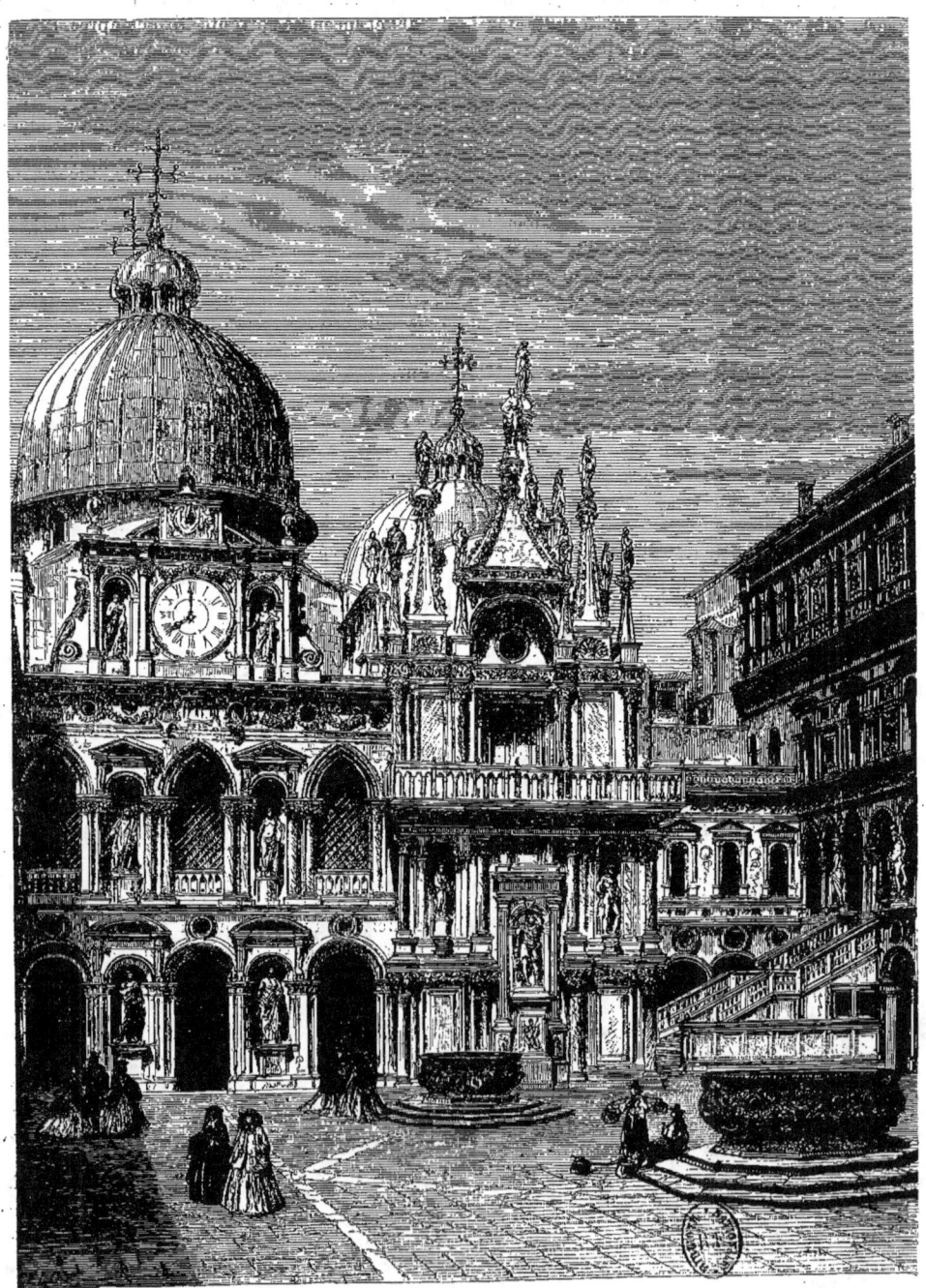

249. — LE PALAIS DUCAL, A VENISE.

ques des Byzantins. L'intérieur de l'église de Mont-Réal, tout couvert d'or et de mosaïques, frappe par sa magnificence. « Il est divisé, dit le *Guide en Sicile,* en trois nefs séparées par dix-huit colonnes de granit oriental, qui s'appuient sur une base en marbre blanc et sur un socle carré en marbre noir ; les chapiteaux sont en marbre blanc, et quelques-uns sont de style antique. Des arcs aigus retombent sur ces colonnes, provenant la plupart de temples antiques et dont un grand nombre sont monolithes. Les mosaïques qui revêtent tout l'intérieur de l'édifice et où sont reproduits des faits de l'histoire sainte, communiquent à cette église un caractère de magnificence tout particulier. » Seroux d'Agincourt pense que la décoration de cette église est due à des artistes byzantins.

L'ARCHITECTURE A SIENNE. Le *Dôme de Sienne* présente à l'extérieur des assises horizontales alternatives en marbre blanc et noir : ce mélange, qui est un des traits distinctifs de l'architecture italienne du moyen âge (fig. 250), est regardé comme un symbole de l'égal concours que les deux factions des *blancs* et des *noirs* devaient à la république de Sienne, qui était déchirée par des partis, comme toutes les cités italiennes de cette époque. On a quelquefois attribué à Jean de Pise la construction de la façade ; d'autres pensent qu'il est seulement l'auteur d'une partie des sculptures qui la décorent, car quelques-unes ont été ajoutées postérieurement. La décoration extérieure est empreinte de ce caractère politique qui, au temps de la vie communale, était inséparable du culte ; ainsi on y voit des animaux héraldiques pour symboliser la ville de Sienne et les cités qui furent ses alliées Sienne est re-

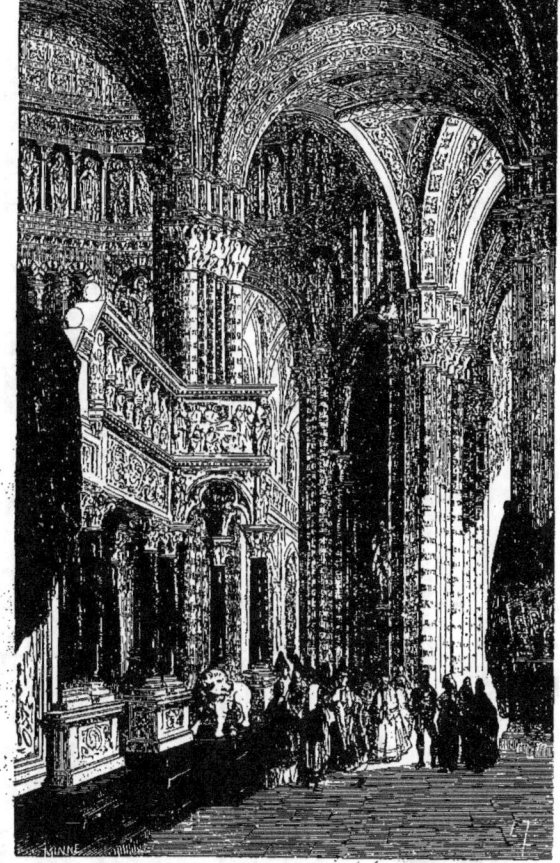

250. — CATHÉDRALE DE SIENNE.

présentée par la *louve*, parce que ses habitants se disaient issus des anciens Romains ; la *cigogne* figure Pérouse, l'*oie* Orvieto, l'*éléphant* Rome, le *dragon* Pistoie, le *lièvre* Pise, le *rhinocéros* Viterbe, le *cheval* Arezzo, le *vautour* Volterra, le *lynx* Lucques, le *bouc* Grossetto. Les arcades inférieures de la nef sont à plein cintre ; mais celles du deuxième étage, ainsi que les fenêtres, sont en arc aigu. La chaire octogonale en marbre blanc, décorée de colonnes qui reposent sur des lions, est regardée comme le chef-d'œuvre du fameux sculpteur Nicolas de Pise.

Ce sont des artistes siennois qui ont élevé le *Dôme d'Orvieto*, un des édifices les plus caractéristiques du moyen âge italien. La première pierre en fut posée en 1290 par le pape Nicolas IV, et on a travaillé à cet édifice pendant trois cents ans, en sorte que ses sculptures, ses fresques, ses mosaïques, ses vitraux peints présentent comme un résumé de la renaissance artistique en Italie. Le premier architecte fut Lorenzo Mataïni, qui donna le plan de la cathédrale, mais trente-trois architectes, cent cinquante-deux sculpteurs, soixante-huit peintres et quatre-vingt-dix mosaïstes ont contribué à sa construction et à son embellissement. Le monument présente des assises alternatives de pierres noires et de pierres blanches. Les piliers qui marquent les divisions de la façade sont ornés à leur base par des bas-reliefs dont les sujets sont tirés de l'Ancien et du Nouveau Testament, et qui sont attribués à Jean de Pise. Les fenêtres sont à ogives, comme dans la cathédrale de Sienne, et décorées de verrières. Les fresques d'Angelico de Fiesole et de Signorelli, qui décorent le Dôme d'Orvieto, font de ce monument un lieu de pélerinage pour tous les artistes qui veulent étudier la peinture sous la Renaissance.

L'ARCHITECTURE A MILAN. — Le Dôme de

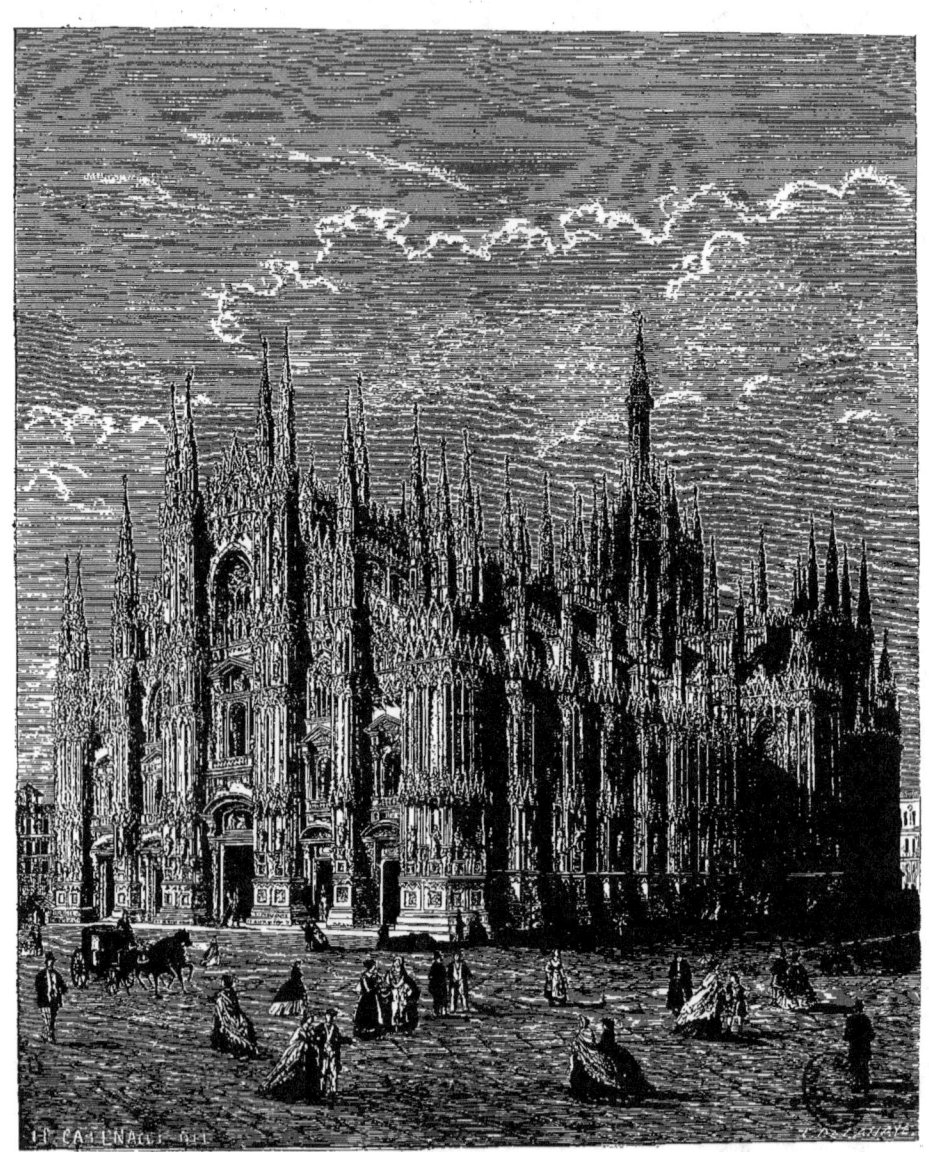

251. — CATHÉDRALE DE MILAN.

Milan (fig. 251), une des plus grandes églises connues, fut commencé en 1386 par Jean Galeas Visconti, qui éleva cette église, ainsi que la Chartreuse de Pavie, pour expier le meurtre de son oncle et beau-père qu'il avait fait empoisonner. C'est l'édifice le plus important que l'Italie possède dans le style ogival, mais c'est aussi celui où l'influence étrangère

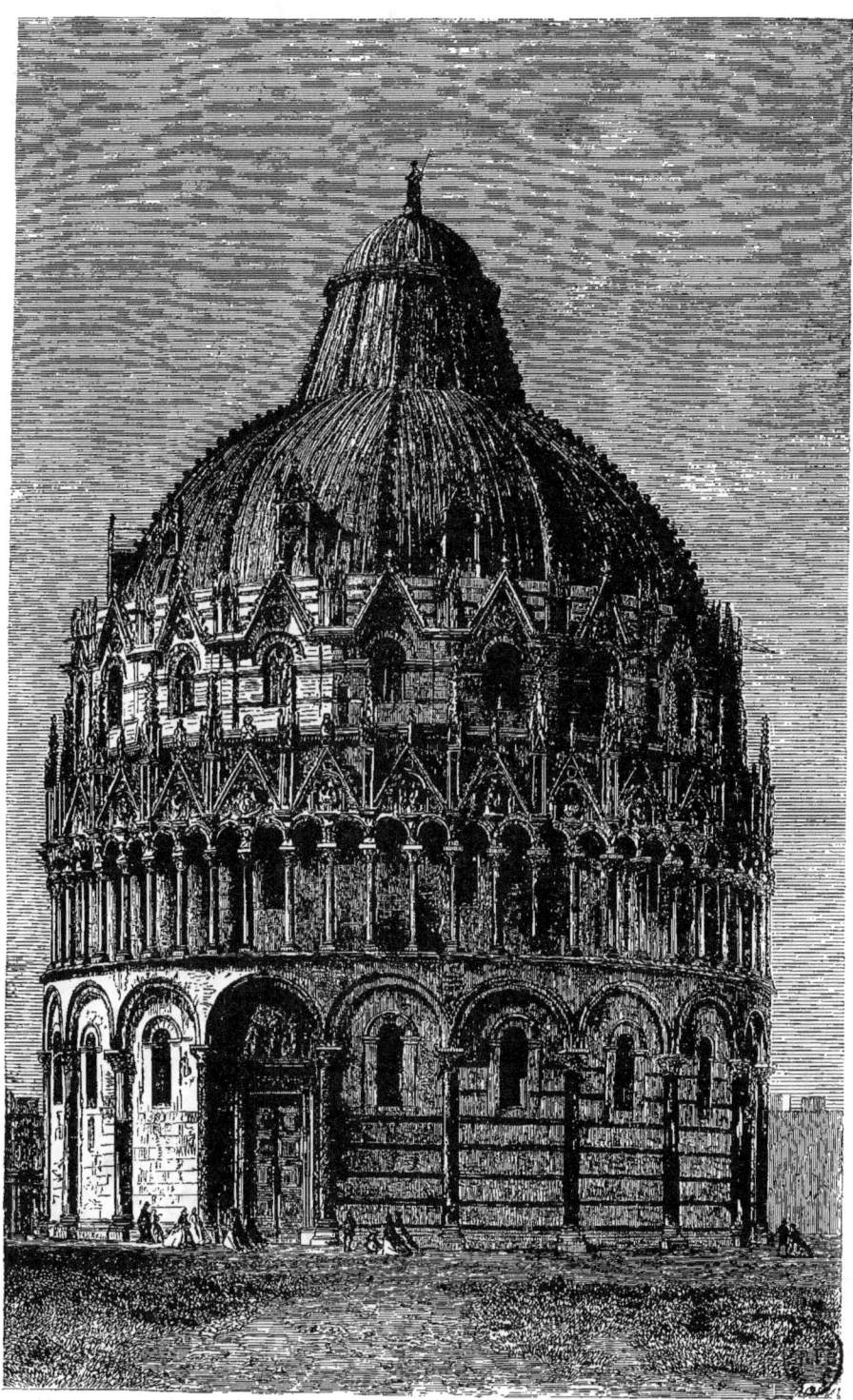

252. — BAPTISTÈRE DE PISE.

se fait le plus sentir. On ignore quel en fut le premier architecte; mais Nicolas Bonaventure de Paris, qui éleva le chœur du Dôme avec ses élèves, est regardé par quelques-uns comme l'auteur du plan primitif, tandis que d'autres en font honneur à un architecte allemand. On sait que des artistes venus de Paris, de Normandie et de Fribourg en dirigèrent successivement la construction, et qu'en 1486 Jean Galeas Sforza demandait aux magistrats de Strasbourg de lui envoyer l'architecte de leur cathédrale. Cet édifice, qui n'est pas encore terminé et qui manque absolument d'unité, parce que sous la Renaissance on a adopté un style tout différent de celui qui avait marqué le début, est néanmoins regardé comme une des merveilles de la chrétienté et présente un aspect féerique avec cette forêt d'aiguilles élancées et surmontées de statues qui forme la partie saillante de sa décoration extérieure. C'est, dit-on, le plus grand édifice connu qui soit bâti en marbre blanc.

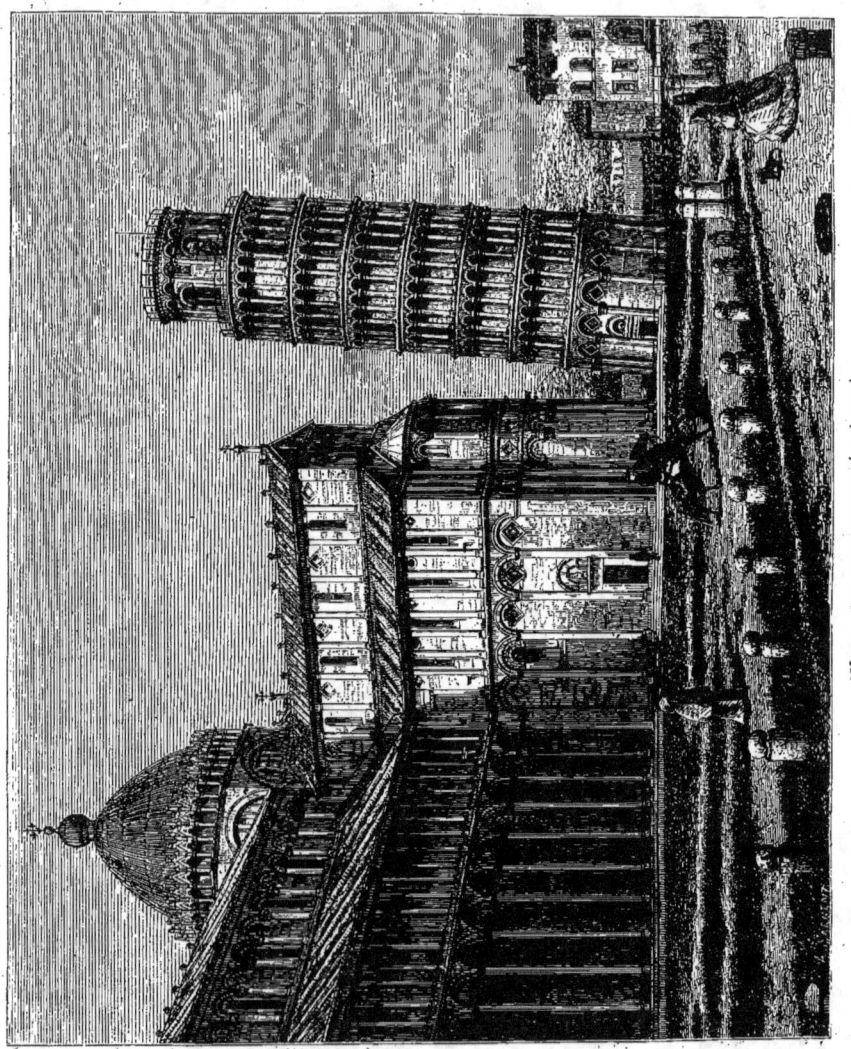

253. — LA TOUR PENCHÉE (PISE).

L'ARCHITECTURE A PISE. — C'est à Pise que se fit sentir le premier mouvement de retour vers les formes antiques. La cathédrale de Pise, commencée en 1064 par l'architecte Buschetto, continuée par Rainaldo, et consacrée en 1118 par le pape Gelase II, est un monument unique pour son époque et qui resta longtemps sans rival. Buschetto, en concevant le dessin de cet édifice, s'empara franchement du plan des anciennes basiliques et employa pour sa construction une multitude de fragments antiques. La gloire d'avoir remis en usage les ordres grecs ne lui revient donc que pour le sage emploi qu'il en sut faire. Ces marbres étrangers les uns aux autres, réunis sous son inspiration, forment un tout homogène, et les assises, alternativement blanches et noires, produisent à l'extérieur une sorte de marqueterie étrange qui est devenue un des caractères de l'architecture italienne à cette époque.

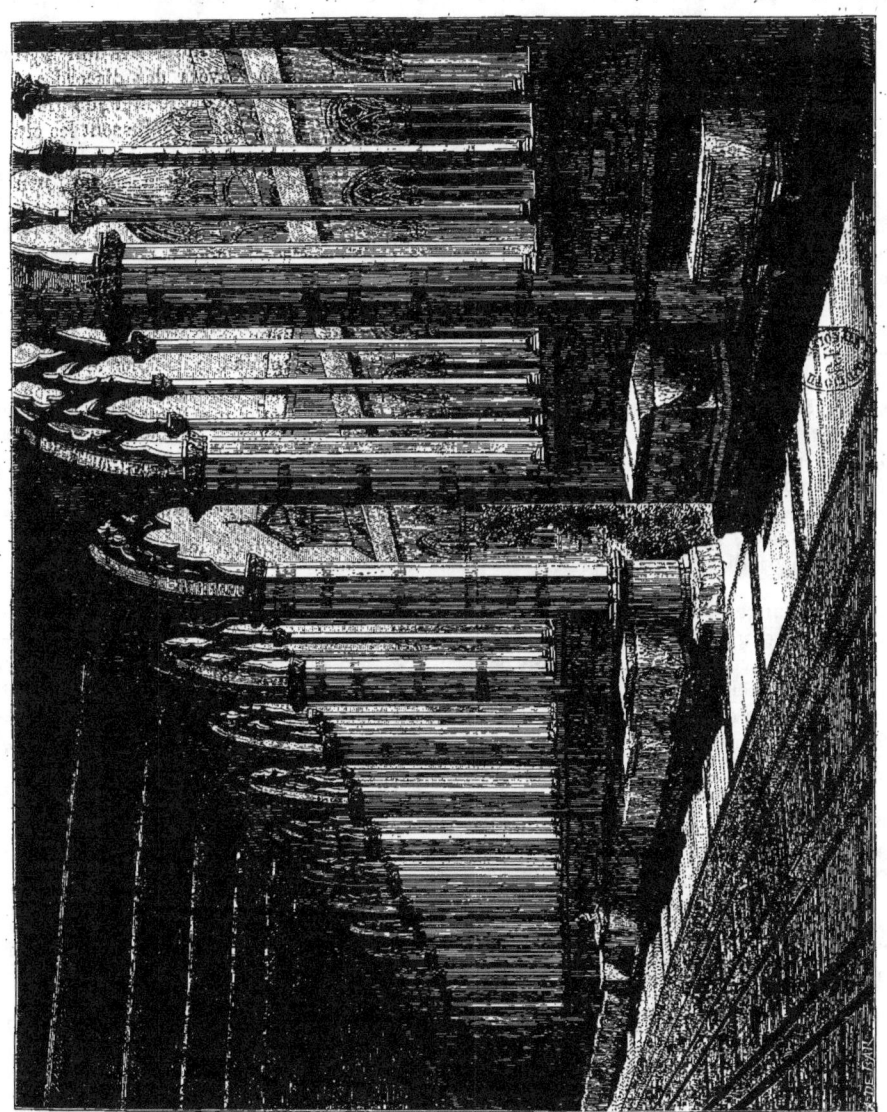

254. — LE CAMPO SANTO (PISE).

Dioti Salvi, qui a bâti le Baptistère de Pise (fig. 252) à côté de la cathédrale, a suivi la même voie que Buschetto. Presque en même temps que Dioti Salvi élevait le Baptistère, l'architecte Bonanno construisait cette fameuse tour cylindrique destinée à servir de clocher, et qui est si connue sous le nom de *tour penchée de Pise* (fig. 253). Deux cent sept colonnes, formant sept étages, s'enroulent autour de cette tour, dont l'inclinaison est telle, que si l'on descend un fil à plomb du sommet, il s'écarte de quatre mètres de la base. Cette inclinaison effrayante qui ne paraît pas avoir altéré la solidité du bâtiment provient, selon toute probabilité, d'un tassement inégal dans les fondations. C'est du haut de la tour de Pise que Galilée a fait ses célèbres expériences sur la gravitation.

Parmi les monuments élevés par le moyen âge italien, aucun peut-être n'est aussi célèbre que le grand cimetière de Pise, connu sous le nom de *Campo Santo* (fig. 254). Jean de Pise en fut l'architecte. L'édifice présente un long parallélogramme irrégulier, formant à l'intérieur une cour environnée de portiques avec soixante-deux arcades à jour et décorée de peintures aujourd'hui très-dégradées, mais fort intéressantes, parce qu'elles montrent les débuts de l'école florentine. Le Campo Santo, commencé en l'année 1278, fut, selon Vasari, terminé en 1283; mais les travaux d'ornementation continuèrent jusque dans le quatorzième siècle. Ainsi les ogives inscrites dans les arcades à plein cintre, et qu'on croit avoir été destinées à recevoir des verrières, sont une addition postérieure à la construction primitive. Le cimetière du Campo Santo tire son nom de la terre que les Pisans avaient rapportée de Jérusalem, et qui était, à cause de cela, considérée comme sainte. Aujourd'hui les étrangers le visitent à cause de ses peintures et de ses sculptures, qui en forment un vaste musée de l'art italien du moyen âge.

L'ARCHITECTURE A FLORENCE. — Si Pise a la première entrevu l'antiquité, c'est à Florence que s'est accompli le mouvement de la Renaissance. En Italie comme en France, la vie et l'activité se montrent dans les villes, dès qu'elles ont conquis leur indépendance, et, sous l'influence des institutions républicaines, elles prennent un développement de plus en plus marqué. L'art se trouve dès le début mêlé à la vie publique, et le décret de la république florentine qui, au treizième siècle, ordonne la reconstruction de la cathédrale de Florence, atteste assez, par les termes dans lesquels il est conçu, l'importance que l'opinion publique attachait aux arts. « La haute sagesse d'un peuple d'illustre origine, y est-il dit, exigeant qu'il procède dans les choses concernant son administration, de manière que la prudence et la magnanimité de ses vues éclatent dans les ouvrages qu'il fait exécuter, il est ordonné à Arnolfo, *chef-maître* de notre commune, de tracer un modèle ou dessin pour la restauration de *Santa Reparata*, lequel porte l'empreinte d'une pompe et d'une magnificence telle que l'art et la puissance des hommes ne puissent rien imaginer de plus grand ou de plus beau, et cela d'après la résolution prise en conseil privé et public par les personnages les plus habiles de cette ville, de n'entreprendre pour la commune aucun ouvrage dont l'exécution ne doive répondre à des sentiments d'autant plus grands et plus généreux, qu'ils sont le résultat des délibérations d'une réunion de citoyens dont les intentions ne forment sous ce rapport qu'une seule et même volonté. » Cette dernière ligne peut seule nous expliquer comment l'art et les industries qui s'y rattachent ont pu, à travers des discordes continuelles, arriver à un degré inouï de prospérité. C'est que, si acharnés que fussent les citoyens dans leurs divergences politiques, leurs intentions, dès qu'il s'agissait d'art, *ne formaient plus, sous ce rapport, qu'une seule et même volonté.*

Commencée en 1296 par Arnolfo de Lapo, la cathédrale de Florence offre, dans les différentes parties qui la composent, une image exacte des influences contradictoires qui se disputaient la suprématie dans les arts (fig. 255). Les travaux ont duré sans interruption pendant cent soixante ans. Giotto, qui les dirigeait en 1334, eut pour successeur Taddeo Gaddi, Andrea Orcagna, et enfin Filippo Brunelleschi, l'auteur de la coupole. L'église fut bâtie sur l'emplacement de l'ancienne église de *Santa Reparata*, et le nom de *Sainte-Marie des Fleurs*, qui lui fut donné, vient des armes de la ville de Florence, qui sont un lis rouge sur champ blanc. Par la disposition de sa nef, elle rappelle les anciennes constructions romaines; mais la forme ogivale qui subsiste encore dans les arcades montre la confusion d'idées qui régnait alors en Italie. Quand Arnolfo mourut, il avait déjà terminé une grande partie du revêtement extérieur en marbre, mais la coupole qu'il projetait était de beaucoup inférieure, comme dimension, à celle qui fut élevée plus tard par Brunelleschi.

C'est à Giotto qu'on doit le campanile qui est à côté de la cathédrale (fig. 256). Ce beau clocher, entièrement revêtu de marbres blancs, rouges et noirs, qui forment pour sa décoration une élégante marqueterie, devait être primitivement couronné d'une pyramide que Taddeo Gaddi crut devoir supprimer. Orcagna, qui compte aussi parmi les architectes du Dôme, doit surtout sa réputation à la *loggia de Lanzi*, qui, destinée d'abord à servir de tribune aux harangues, devint plus tard un corps de garde des lansquenets. Ce joli édifice orne la place du Grand-Duc; les Allemands en ont fait à Munich une assez plate imitation. On y admire la beauté et la solidité de la construction, la grandeur et la belle forme des arcades, qui sont tout à fait de plein cintre. Lorsque Côme de Médicis demanda un projet à Michel-Ange pour la décoration de la place, celui-ci répondit qu'il n'y avait rien de mieux à faire qu'à continuer la loggia d'Orcagna.

Lorsqu'il s'agit de terminer l'église Sainte-Marie des Fleurs, en lui faisant une coupole, on fut embarrassé pour trouver un architecte capable d'un aussi grand travail, et on résolut de consulter tous les hommes compétents et d'ouvrir un concours où tout le monde pourrait participer, les étrangers aussi bien que les Italiens.

« L'an 1420, dit Vasari, tous les maîtres ultramontains, toscans ou florentins s'étant réunis, Brunelleschi quitta Rome et vint se joindre à eux. L'assemblée fut tenue dans l'œuvre de Santa Maria del Fiore, en présence des consuls, des intendants de la fabrique et des citoyens les plus considérables. Il s'agissait de recueillir tous les avis et d'arrêter définitivement les moyens d'achever la coupole. Ce fut alors à qui enchérirait d'extravagance et de ridicule. L'un prétendait qu'il fallait établir des piliers d'où partiraient des arcs qui soutiendraient la charpente destinée à porter le poids de la coupole; un autre voulait construire la voûte en pierre ponce, afin qu'elle fût plus légère; quelques-uns conseillaient de bâtir un pilier central, et on alla même jusqu'à proposer d'élever une montagne de terre qui servirait d'échafaudage, et dans laquelle on jetterait de petites pièces de monnaie, afin que l'appât du gain engageât le peuple à débarrasser l'intérieur de l'édifice lorsqu'il serait terminé. Seul, Brunelleschi osa dire que l'on pouvait exécuter la coupole sans charpente, sans piliers, sans échafaudage de terre, sans arcs et même sans armature. Les consuls, les intendants et tous les citoyens crurent qu'il extravaguait; ils le tournèrent en dérision et lui ordonnèrent de parler d'autre chose en ajoutant que son projet était absurde et que lui-même était un fou.... On lui ordonna de se retirer; et comme il n'obéissait pas, on le fit emporter de force par les valets hors de l'assemblée, en décrétant qu'il était décidément fou. »

Les discussions recommencèrent, et comme il fut absolument impossible, non-seulement de s'entendre, mais même de trouver un moyen quelconque d'élever le dôme, on se décida à rappeler Brunelleschi, et les architectes le sommèrent de communiquer son projet et son modèle, afin qu'on pût examiner s'il avait quelque chose de praticable. « Mais, dit Vasari, Brunelleschi s'y refusa et se contenta de leur présenter un œuf en disant : « Celui qui « le fera tenir debout sera digne de faire la cou- « pole. » Ses rivaux consentirent à tenter l'expérience; aucun ne put réussir. Brunelleschi résolut le problème en cassant la pointe de l'œuf sur une table de marbre. Chacun de s'écrier qu'il en aurait fait autant. Filippo leur répondit en riant qu'ils sauraient également faire la coupole s'il leur montrait son modèle. » Cette histoire de l'œuf, que Vasari attribue à Brunelleschi, a été aussi racontée à propos de Christophe Colomb; mais elle semble mieux appropriée à la construction du dôme qu'à la découverte d'un monde. Quoi qu'il en soit, on se décida à laisser Brunelleschi faire sa coupole, mais en lui adjoignant un collègue. Brunelleschi, à qui cela ne convenait aucunement, feignit d'être malade et se déchargea du soin de la construction sur le collègue qu'on lui avait imposé. Quand l'impuissance de celui-ci fut complètement démontrée, il éleva sa coupole sans s'occuper de lui. Cette coupole a précédé de plus de cent ans celle de Saint-Pierre de Rome, et Michel-Ange disait, en parlant de Brunelleschi : « Il est difficile de faire aussi bien, il est impossible de faire mieux. » Le dôme de Brunelleschi, d'après les annotateurs de Vasari, dépasse de deux mètres trente trois centimètres en hauteur celui de Saint-Pierre de Rome, et de la même quantité en circonférence; de plus il s'est maintenu d'une solidité inébranlable, sans avoir besoin, comme celui de Saint-Pierre, d'être ultérieurement cerclé en fer. Brunelleschi est mort avant d'avoir complètement terminé son œuvre.

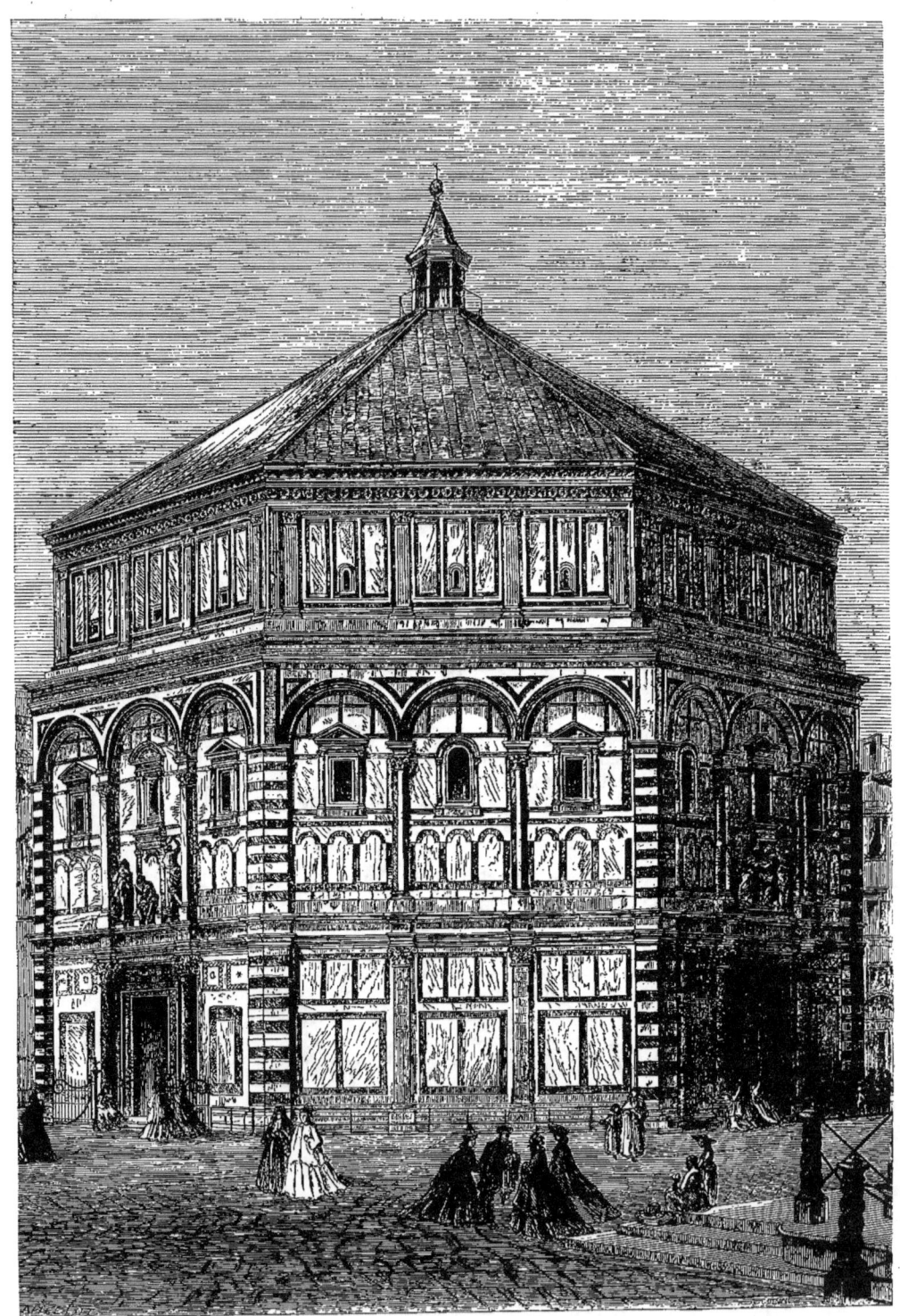

255. — LE DÔME DE FLORENCE.

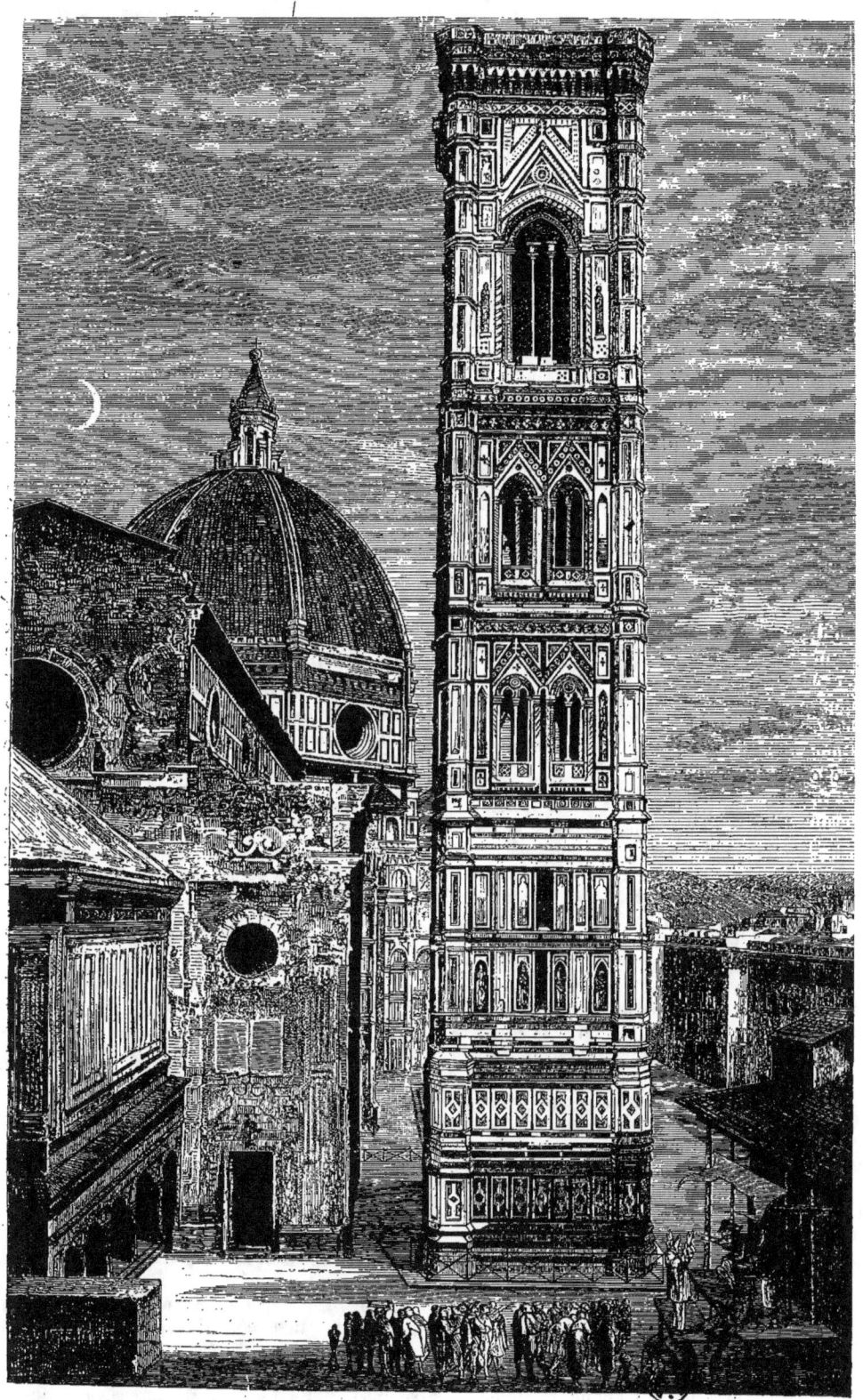

256. — SAINTE-MARIE DES FLEURS DE FLORENCE. — LE CAMPANILE.

LES MAITRES FLORENTINS.

LÉONARD DE VINCI (1452-1519). — Fils de Pietro Antonio, notaire de la seigneurie de Florence, Léonard naquit au château de Vinci, dans le val de l'Arno, et fut mis de bonne heure en apprentissage chez Andréa Verocchio. On raconte que son maître, l'ayant chargé de peindre un ange dans un tableau, trouva ce morceau si supérieur à ce qu'il faisait lui-même, qu'il renonça désormais à peindre pour s'adonner exclusivement à la sculpture.

La jeunesse de Léonard de Vinci est peu connue. A Milan, il débute à la maison de Louis le More, dans un concours de poëtes et de ménestrels, où, muni d'une lyre d'argent qu'il avait fabriquée lui-même, il s'en servait pour accompagner les vers qu'il improvisait en chantant; il vainquit les musiciens et les improvisateurs accourus de toutes parts pour la fête. Puis nous le voyons, architecte du Dôme de Milan, faire diverses constructions et s'efforcer de remplacer le style gothique par les ordres. En 1483, il fonde une académie des beaux-arts, pour laquelle il compose ses traités sur la peinture, sur les mouvements du corps humain, sur l'anatomie et sur la perspective. Ensuite il est ingénieur militaire au service du duc de Milan, et crée de nouveaux systèmes de fortifications, devenues nécessaires par suite de l'artillerie rendue mobile. En même temps il amène à Milan les eaux de l'Adda et construit le canal de Morterana, qui encore aujourd'hui est une source de richesses pour la Lombardie. Il construit pour Galeazo de San Severino un magnifique palais, qui fut détruit pendant les guerres comme appartenant à un partisan de Louis le More. Tous ces travaux furent exécutés concurremment avec sa fameuse statue équestre, et le tableau de la Cêne. Obligé de s'enfuir après la prise de Milan, il arrive à Florence, qu'il trouve encore sous le coup de la mort de Savonarole.

Il entra alors au service de César Borgia, qui lui donna la direction de ses fortifications et l'employa comme ingénieur. Il fit en 1503, en concurrence avec Michel-Ange, plus jeune que lui de vingt-deux ans, le célèbre carton de la *Bataille d'Anghiori*, et commença au mois d'avril 1504 l'exécution à l'huile, sur le mur, de cette composition; mais ce travail ne fut jamais achevé. On le retrouve ensuite à Milan, puis à Rome, où il est assez froidement reçu par Léon X, qui le regarde comme un ami du roi de France. Sur les instances de François Ier, Léonard vient en France en 1516, s'occupe de travaux de canalisation, sans faire aucune peinture, et meurt à Cloux près d'Amboise.

Une sorte de fatalité s'est acharnée à détruire les œuvres de Léonard de Vinci : il ne nous reste plus rien de la statue équestre de *François Sforza*, son chef-d'œuvre comme sculpteur; le *Palais du duc de Milan*, son chef-d'œuvre comme architecte, est détruit. Nous ne connaissons qu'un fragment de son fameux carton de Florence, et son chef-d'œuvre comme peintre, la *Cêne* de Milan, est absolument détérioré. Mais les rares ouvrages du maître, qui nous restent, ont tous été pieusement recueillis dans nos musées, et ils suffisent à le placer au premier rang.

Léonard de Vinci est, avant tout, un artiste observateur. Il allait dans les cabarets populaires, il contait aux buveurs des histoires qui les faisaient rire ou pleurer, et étudiait sur eux l'effet des impressions de son récit; dans l'expression de leur visage, qu'il dessinait ensuite, il s'appliquait à trouver la formule d'un type ou d'un jeu de physionomie. Le besoin de remonter à la source des choses pour en rechercher la cause, se retrouve toujours chez lui, soit qu'il veuille trouver quelle est la raison d'être des mouvements d'un cheval, soit qu'il recherche la dégradation insensible de la lumière sur la tête d'une femme, soit que dans l'expression divine ou humaine qu'il veut donner à une figure, il en étudie le caractère intime, soit que pour les engrenages d'une machine il en démontre le rouage mécanique, soit que dans les sciences naturelles il en recherche la loi d'ensemble. C'était un savant qui appliquait à tout, même à l'inspiration, les procédés de la science.

Léonard de Vinci a beaucoup écrit, et ses livres, qui traitent d'une infinité de sujets, ont contribué à lui faire la réputation d'un homme universel. Ses ouvrages, qui formaient treize volumes, outre les notes, comprenaient : un

Traité de la nature et du mouvement de l'eau, rempli de dessins de machines; un Traité d'anatomie; un Traité de l'anatomie et de la construction du cheval; un Traité de perspective; un Traité de la lumière et des ombres; un Traité de l'équilibre du corps, et un Traité de la peinture qui est dans les mains de tous les artistes, et où l'on voit à quel point il avait approfondi toutes les parties de son art. Dans ses papiers épars on a retrouvé une foule de notes sur toutes sortes de sujets. Il parle de la rotation annuelle de la Terre comme d'une opinion admise des savants de son temps (trente ans avant Copernic), de l'emploi de la vapeur comme force expansive, des principes qui président à la construction du baromètre, et d'une foule de problèmes d'optique, de mécanique et même de géologie. Quoiqu'il ait écrit beaucoup de vers, il ne nous est resté de lui qu'un sonnet. Tel fut l'homme qui apparaît le premier historiquement dans l'époque qu'on a appelée le *siècle d'or*.

LA CÈNE DE MILAN (fig. 257). — Le fameux tableau de *la Cène*, que la belle gravure de Raphaël Morghen a rendu populaire, est l'œuvre capitale de Léonard de Vinci. Cette peinture qui décore l'ancien réfectoire du couvent de Sainte-Marie des Grâces, près de Milan, était déjà dans un état de dégradation déplorable, au bout de cinquante ans. L'humidité du réfectoire avait aidé à cette détérioration, ainsi que la fumée qui venait de la cuisine placée à côté. En 1652, les Pères dominicains coupèrent les jambes au Sauveur et aux apôtres voisins pour agrandir la porte de leur réfectoire. En 1726, *la Cène* fut restaurée, et en partie repeinte par un artiste appelé Bellotti, et en 1770 elle fut regrattée et repeinte de nouveau. Enfin en 1796, malgré les ordres précis de Bonaparte, le réfectoire du couvent fut converti en écurie d'abord et ensuite en magasin à fourrage. Ces actes successifs de vandalisme ont en grande partie détruit le chef-d'œuvre de Léonard.

Prudhon, qui avait tant étudié Léonard de Vinci, décrit ainsi *la Cène* de Milan dans une de ses lettres : « Ce tableau est le premier du monde et le chef-d'œuvre de la peinture. Toutes les qualités de l'art s'y trouvent réunies au degré le plus sublime. Lorsque l'on est devant, on ne se lasse pas d'admirer, soit le tout ensemble, soit chaque détail en particulier. C'est une source intarissable d'études et de réflexions. La vue de ce seul tableau suffirait à perfectionner un homme de génie, au point d'égaler ou de surpasser Raphaël même, puisque tout y est réuni. Cependant, peu de personnes font attention, non-seulement à ce tableau, mais en général à tout ce qu'on voit de Léonard. Ou le mérite de ce grand homme est trop au-dessus de leur intelligence, ou ce qu'il a fait est trop parfait pour qu'il leur vienne à la pensée d'oser jamais approcher de sa manière leur paraissant comme une chose absolument impossible. Cet homme rare joignait au génie le plus sublime un raisonnement juste et une spéculation profonde, choses qui se rencontrent rarement en une même tête. Il a employé neuf années à peindre cette admirable *Cène*, dans laquelle on voit, dans une diversité étonnante de caractères différents, cette parole de Jésus-Christ : « Je vous dis en « vérité qu'un de vous cette nuit même doit « me trahir. » Chaque figure se meut suivant que le porte son caractère particulier : le Christ parle avec une tristesse tranquille; saint Thomas s'étonne et ne veut pas croire; saint Jean s'affecte et s'attendrit; saint Pierre s'indigne et démontre qu'il est prêt à employer la force contre le perfide; Judas contrefait l'étonné; enfin, les uns marquent de la crainte, d'autres se demandant avec étonnement qui est capable d'une telle action; d'autres demandent encore avec anxiété à leur maître de leur nommer l'auteur de cet acte atroce; enfin, tous marquent le trouble et la confusion. Joignez à cela que la scène se passe dans une salle grande et tranquille, et, pour ne rien oublier, que trois fenêtres dans le fond, qui laissent voir l'horizon extrêmement bas, donnent à entendre que l'action se passe vers le soir. Après cela, que peut-on désirer de plus? Pour moi, je n'y vois que perfection; et c'est là mon maître et mon héros. »

Visite au Louvre. — Nous avons au Louvre une copie de *la Cène* extrêmement précieuse, parce qu'elle a été exécutée par un élève de Léonard de Vinci. Mais le portrait de Monna Lisa, si connu sous le nom de *la Joconde*, est un des chefs-d'œuvre les plus célèbres du maître, et que toutes les générations d'artistes viennent étudier tour à tour. « Monna Lisa était très-belle, dit Vasari, et pendant qu'il la peignait, Léonard eut soin de l'entourer de musiciens, de chanteurs, de bouffons, qui l'entretenaient dans une douce gaieté, afin d'éviter cet aspect mélancolique que l'on observe dans la plupart des portraits. Aussi remarque-t-on dans celui de Léonard un sourire si agréable que cette peinture est plutôt une œuvre divine qu'humaine, et qu'on la tenait pour une chose merveilleuse et vivante à l'égal de la nature elle-même. » Nous avons encore au Louvre un autre portrait de femme, connue à tort sous le nom de *Belle Féronnière*, un *Saint Jean-Baptiste* vu à mi-corps, un *Bacchus*, une Vierge dite la *Vierge aux Rochers*, et un très-beau et très-curieux tableau placé dans le salon d'entrée, qui représente la Vierge assise sur les genoux de sainte Anne. Le Louvre possède aussi plusieurs ouvrages importants de Luini, qui fut le meilleur élève de Léonard de Vinci.

FRA BARTOLOMMEO ET MARIOTTO ALBERTINELLI. — Baccio della Porta, ou Fra Bartolommeo, dit *il Frate* (le Moine), est un des plus grands artistes de la Renaissance. « Ce fut un événement romanesque de sa jeunesse, dit M. L. Viardot, qui le jeta dans la vie monastique. Étant encore élève de Cosimo Rosselli, ou plutôt des œuvres de Léonard, son vrai maître, il suivit avec ardeur les prédications du fougueux novateur Savonarole, et devint l'un de ses plus ardents disciples. Il brûla même ses études dans l'espèce d'auto-da-fé que fit le peuple, le mardi gras de l'année 1489, sur la place du couvent de Saint-Marc. Lorsque le Luther italien, après trois ans d'un véritable règne sur Florence, fut contraint de s'enfermer dans le couvent dont il était prieur et d'y soutenir un siége, Bartolommeo était à ses côtés et fit vœu, dans le plus fort du combat, d'entrer dans les ordres s'il échappait à ce danger. En effet, après le supplice de Savonarole, brûlé par ordre de l'infâme Alexandre VI, il prit la robe dans ce même couvent des dominicains de Saint-Marc. De là le nom de *il Frate*. Il resta quatre années entières sans toucher un pinceau, et s'il céda enfin aux sollicitations de ses amis, de ses confrères, de ses chefs, ce fut à la condition que le couvent recevrait tous les produits de ses travaux. « Le *Saint Marc* colossal que l'artiste exécuta pour son couvent, et qui vint à Paris pendant les conquêtes du premier Empire, est avec la *Mise au tombeau* du palais

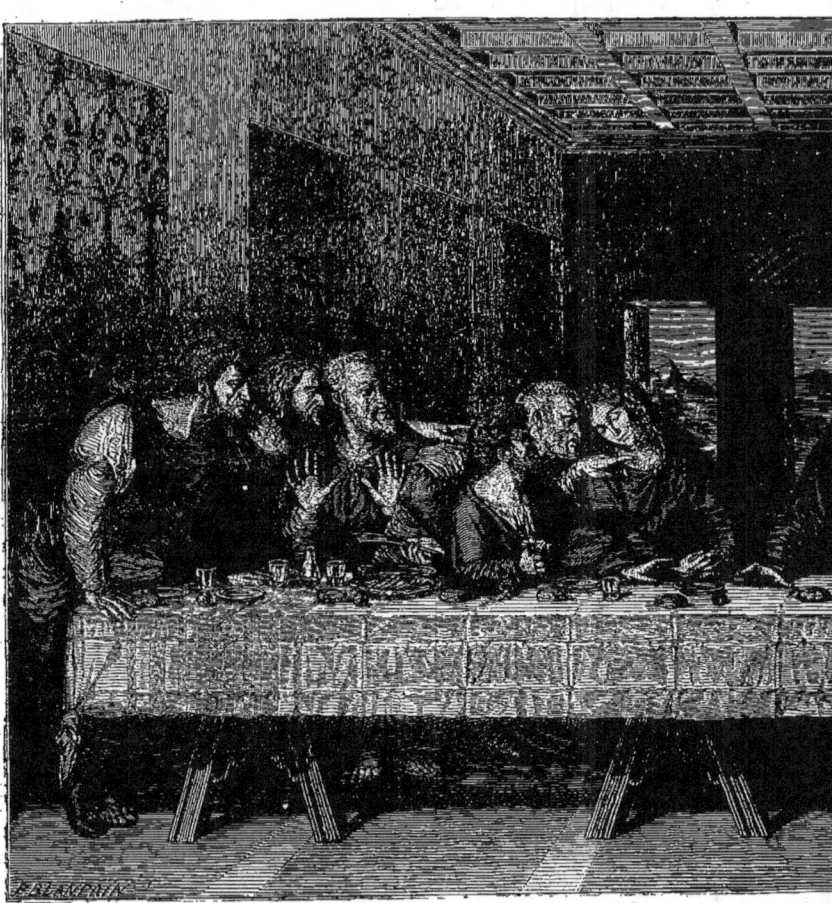

257. — LA CÈNE (LÉONARD DE VINCI).

Pitti (fig. 258) l'œuvre la plus célèbre de ce moine austère, qui, donnant des conseils à Raphaël, plus jeune que lui de quelques années, lui montrait le ciel comme source de toute inspiration.

Avant d'embrasser la vie monastique, Fra Bartolommeo avait été intimement lié avec Mariotto Albertinelli, peintre de talent, qui fut souvent son collaborateur. Ce qu'il y a de singulier dans cette liaison, c'est que ces deux hommes semblent avoir été à l'antipode l'un de l'autre par le caractère aussi bien que par les idées, quoique leurs tableaux aient parfois une telle similitude qu'il y a bien souvent des doutes sur l'attribution (fig. 259). « Séparé de son ami par ses travaux, le pauvre Mariotto, dit Vasari, apprit avec désespoir que Baccio s'était fait moine. Cette nouvelle lui parut si étrange qu'il en devint presque fou et que rien ne pouvait l'arracher à sa mélancolie. S'il

de son ami, consentit à terminer le tableau, d'autant plus volontiers que Baccio en avait fini le carton et les dessins, et que leur manière de peindre était la même. Il remplit sa tâche avec tant d'habileté et d'amour, que beaucoup de gens qui ignorent le fait attribuent l'ouvrage tout entier à Mariotto.... Mariotto, ajoute plus loin Vasari, était un joyeux compagnon, partisan de la bonne chère. Les médisances, les satires, en grande vigueur parmi les artistes de ce temps, et dont l'usage s'est fidèlement conservé jusqu'à ce jour, tous les tracas enfin de la peinture, lui rendirent cet art si odieux qu'il résolut de le quitter pour s'adonner à un genre de vie plus paisible et plus agréable. En conséquence, il ouvrit une très-belle auberge près de la porte San Gallo et près du vieux pont du Dragon une taverne qu'il tint lui-même pendant plusieurs mois, disant gaiement qu'enfin il cultivait un art où il ne rencontrait ni muscles, ni raccourcis, ni perspectives, et surtout point de critiques. Il ajoutait que l'art qu'il avait adopté créait la chair et le sang,

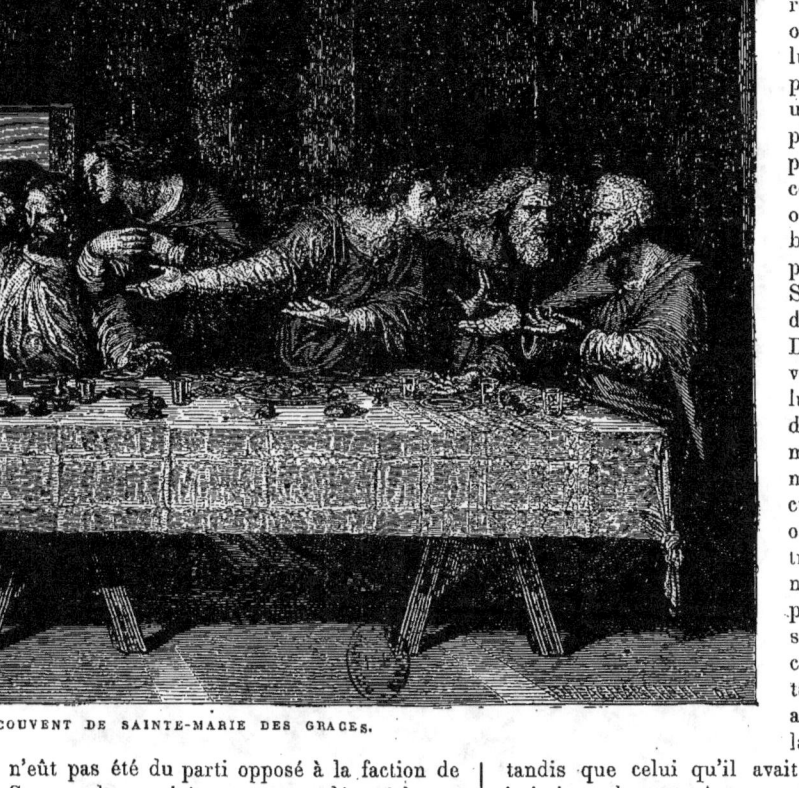

MILAN, COUVENT DE SAINTE-MARIE DES GRACES.

n'eût pas été du parti opposé à la faction de Savonarole, et n'eût pas autant détesté la société des moines, contre lesquels il déblatérait sans cesse, il est probable que son affection l'eût porté à s'encapuchonner dans le couvent de Baccio. Celui-ci avait laissé inachevé un tableau du *Jugement dernier*, et comme il avait reçu sur le prix fixé un fort à-compte, sa conscience lui reprochait de n'avoir pas rempli ses engagements. Mariotto, cédant aux prières

tandis que celui qu'il avait abandonné les imitait seulement. Avec son bon vin il s'entendait louer tous les jours; jadis il ne recueillait que le blâme.

Visite au Louvre. — Nous avons au musée deux tableaux de Fra Bartolommeo : *la Salutation angélique* et *la Vierge, Sainte Catherine de Sienne avec plusieurs saints*. Ce dernier est une toile très-importante, qui a été exécutée pour le couvent de Saint-Marc à

Florence et envoyée ensuite à Louis XII. Le *Saint Jérôme et saint Zénobe adorant l'enfant Jésus*, et le *Jésus apparaissant à la Madeleine*, par Mariotto Albertinelli, qui font également partie du musée, présentent de grands rapports, le dernier surtout, avec la peinture de Fra Bartolommeo.

ANDRÉ DEL SARTE. — Andrea Vanucchi, dit André del Sarte (1488-1530), fut placé chez un

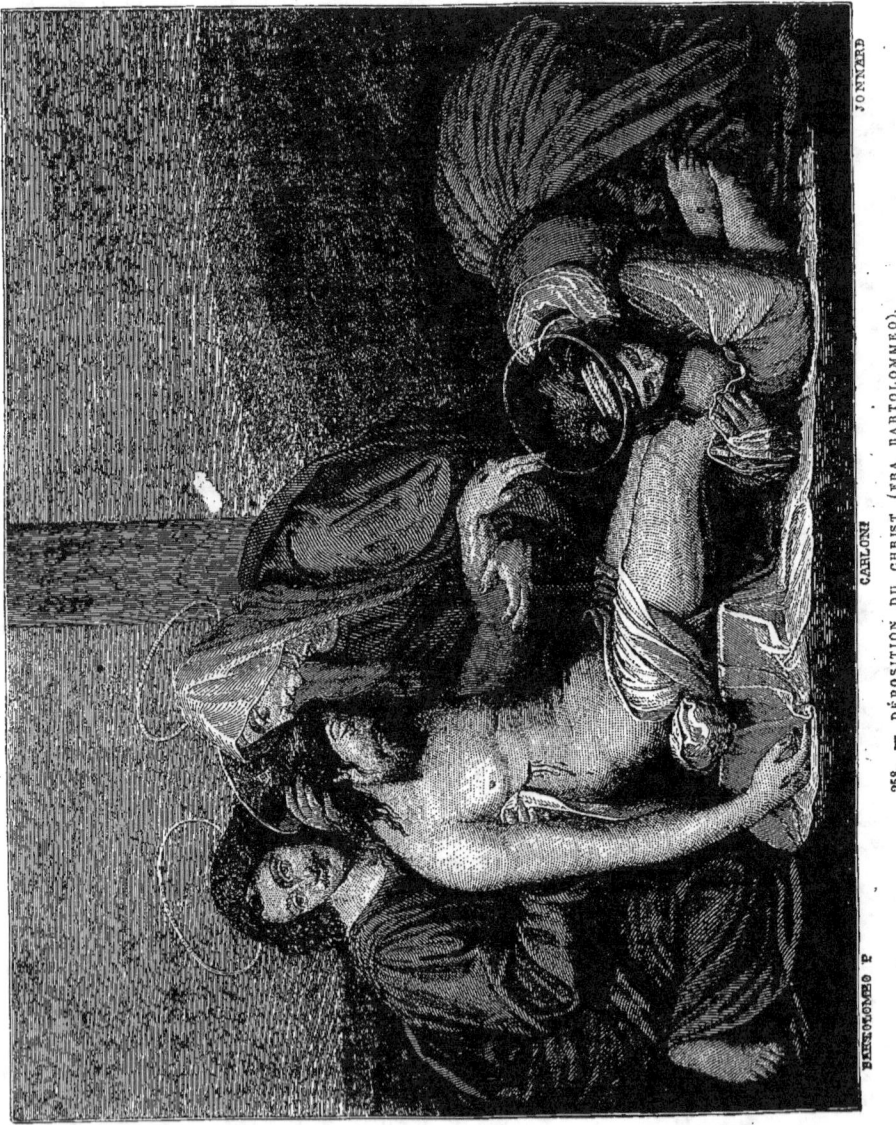

258. — DÉPOSITION DU CHRIST (FRA BARTOLOMMEO).
(Florence, palais Pitti.)

orfévre qu'il quitta bientôt pour se mettre sous la direction de Giovanni Barile, très-habile sculpteur en bois, mais peintre médiocre. Il travailla ensuite avec Pietro di Cosimo, étudia avec ardeur les fresques de Masaccio, et les cartons de Léonard de Vinci et de Michel-Ange, et passa bientôt pour un des plus habiles maîtres de l'Italie. Un tableau d'Andrea del Sarte ayant été présenté à François Ier, ce prince le trouva si beau qu'il fit venir l'artiste à Fontainebleau et rétribua magnifiquement ses ouvrages, qu'on appréciait bien à Florence;

mais qui lui étaient fort mal payés. La fortune commençait à lui sourire, lorsqu'il repartit brusquement pour son pays, rappelé par une lettre de sa femme qui n'avait pu le suivre en France et qu'il aimait passionnément. Le roi lui confia une somme considérable, destinée à faire en Italie des acquisitions d'œuvres d'art, et lui fit jurer de revenir. Mais, cédant aux sollicitations de sa femme, le malheureux artiste la laissa follement dissiper en plaisirs l'argent qu'il avait reçu du roi de France et retomba bientôt dans une gêne extrême. La

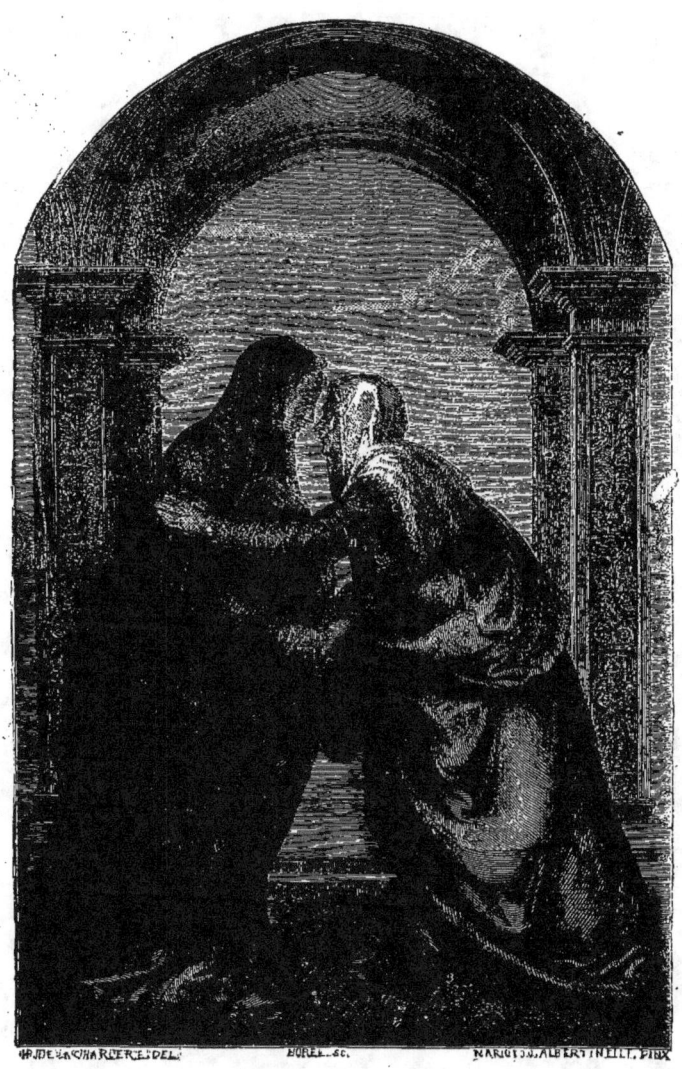

259. — LA VISITATION (MARIETTO ALBERTINELLI).
(Florence, galerie des Offices).

peste s'étant déclarée à Florence, il mourut à quarante-deux ans, privé de tout secours et abandonné de sa femme et de ses médecins que la contagion avait fait fuir de sa maison. Le catalogue du musée dit en parlant d'André del Sarte : « Il fut surnommé par ses contemporains *le peintre sans défaut*. Mais sa profonde originalité, l'élégance naturelle et exquise de son style, le charme de son exécution, et non l'absence de tout défaut, qualité négative qui est rarement l'apanage des plus grands génies, lui ont mérité une place glorieuse parmi les plus illustres maîtres de l'art italien (fig. 260). »

Visite au Musée. — Le Louvre possède deux très-belles *Sainte Famille* peintes par André del Sarte. *La Charité*, ouvrage important du même maître, est célèbre dans l'histoire des restaurations de tableaux. « Ce tableau, dit le catalogue du Louvre, un de ceux qu'André del Sarte peignit en France pour François Ier, fut aussi un des premiers qui,

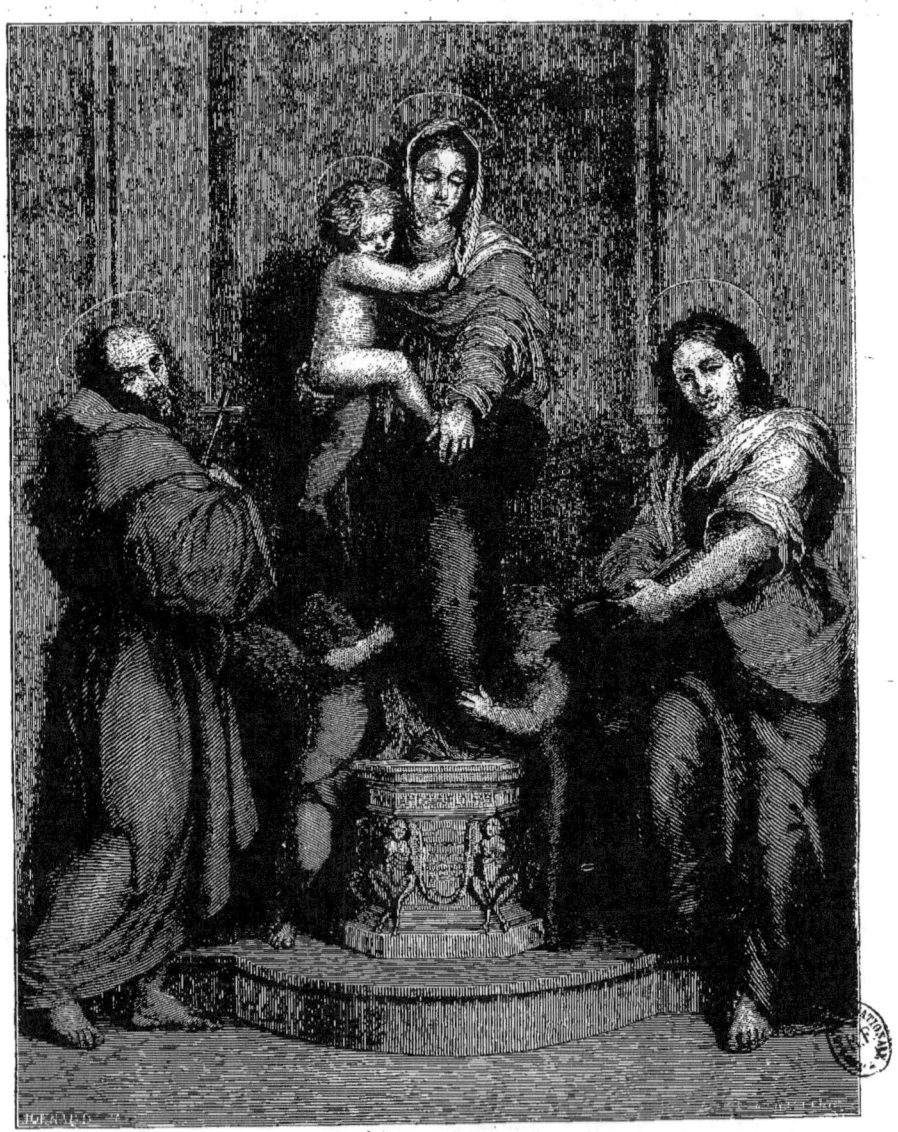

260. — LA VIERGE AUX HARPIES (ANDRÉ DEL SARTE).
(Florence, galerie des Offices.)

exécutés primitivement sur bois, aient été transportés sur toile. M. Picault, sous la surveillance de C. Coypel, réussit parfaitement dans cette opération toujours délicate, mais le succès maintenant ne présente presque plus d'incertitude. Les planches qui avaient servi de fond furent exposées, avec le tableau remis sur toile, dans la galerie du Luxembourg, ouverte pour la première fois le 14 octobre 1750. Depuis, sous la République, en l'an XI, le tableau fut nettoyé, restauré; et enfin, en 1842, cette première toile ayant été pourrie par l'humidité, la peinture fut transportée de nouveau sur une autre toile. » Ajoutons, bien que le Catalogue ne le dise pas, que si les rentoilages ont été heureux, le tableau a beaucoup souffert par les nettoyages.

LES PRÉCURSEURS DE MICHEL-ANGE. — Un grand artiste n'arrive jamais seul : dans la voie

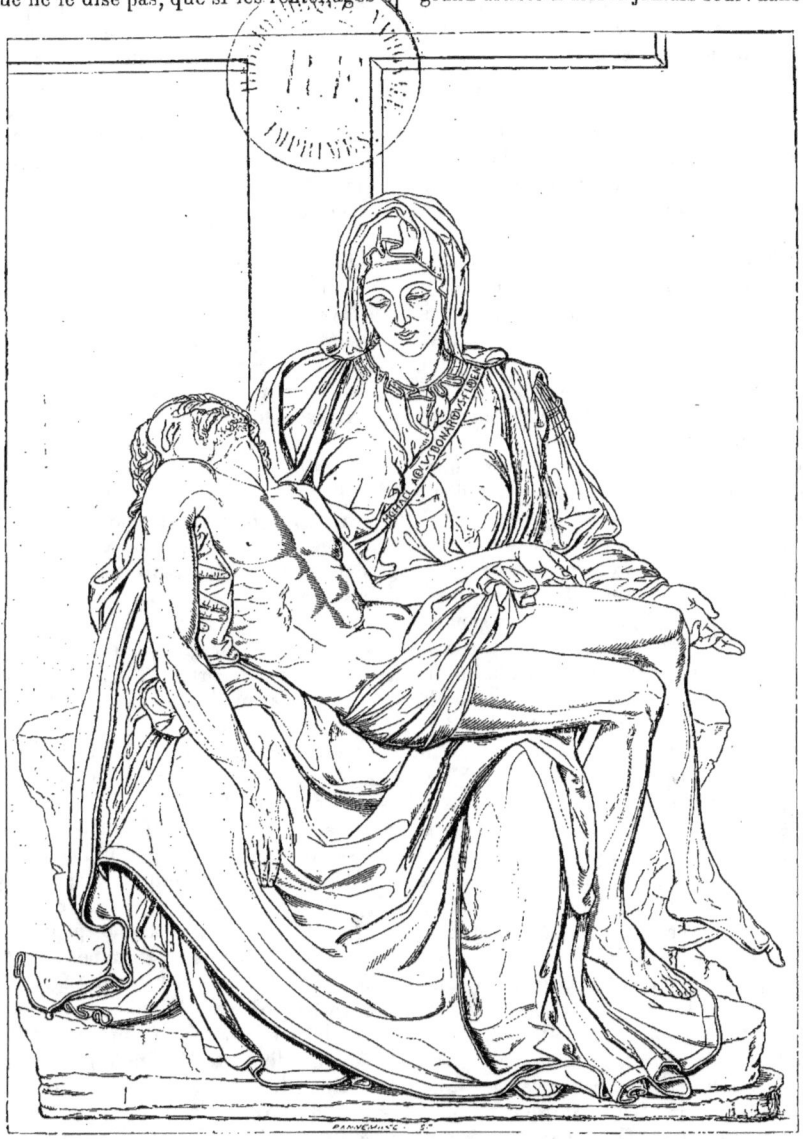

261. — LA PIETA (MICHEL-ANGE).
(Rome, Saint-Pierre.)

qu'il suit, il a été précédé par d'autres qui lui ont ouvert la voie et dont il résume la pensée, en lui donnant tout le développement dont elle est susceptible. Du moment où on voulut traduire tous les mouvements du corps humain, il fallait en étudier le mécanisme. Les artistes de la Renaissance, qui n'avaient pas, comme ceux de l'antiquité, des gymnases pour étudier et observer la forme humaine dans tous les développements de son activité, se prirent d'une ardente passion pour l'anatomie; et si le génie de Michel-Ange lui appartient en propre, ses goûts et ses tendances apparaissent très-nettement dans quelques-uns de ses prédécesseurs. Les trois estampes qu'on attribue à Pollajuolo, un *Combat de dix hommes nus*, *Hercule et Antée* et *la Lutte des deux centaures*, montrent une exagération systématique dans les formes, unie à une grande science de la construction humaine, et à une énergie sauvage dans l'expression qui peut faire présager le grand maître florentin.

Luca Signorelli s'en rapproche encore davantage par la nature de l'inspiration. Parmi les grandes fresques du Dôme d'Orvieto qu'il a peintes en 1499, quand il avait soixante ans, le *Jugement dernier* est particulièrement célèbre, et présente de singuliers rapports avec celui de la chapelle Sixtine, exécuté quarante ans plus tard. « Cette chapelle, dit M. du Pays, dans l'Itinéraire en Italie, offre un singulier mélange d'idées chrétiennes et de souvenirs païens : au-dessous de ses grandes compositions, Signorelli a peint, en clair-obscur, les portraits de Virgile, Ovide, Claudien, Dante, et des sujets mythologiques : *Descente d'Énée aux Enfers*; *Persée et Andromède*; *Enlèvement de Proserpine*; *Ino et Mélicerte*. » Les portraits de Signorelli et d'Angelico de Fiesole figurent dans la composition principale. Ce mélange du christianisme, de la mythologie et de la réalité vivante est le trait le plus caractéristique de la Renaissance au quinzième siècle.

Ces artistes avaient ouvert la voie où devait entrer Michel-Ange; mais ce fut l'orfévre Domenico Ghirlandajo qui eut l'honneur d'être son professeur (fig. 240). Ghirlandajo, qui quitta l'orfévrerie pour se livrer presque exclusivement à la peinture, fut le premier qui tenta de rendre avec la couleur les ornements qu'on faisait ordinairement dorer. Il a travaillé à Florence, à Pise, à Rimini et à Rome, où il a exécuté deux peintures pour la chapelle Sixtine.

Le musée du Louvre ne possède rien de Pollajuolo. Nous avons un petit tableau de Signorelli, *la Naissance de la Vierge*, dans lequel il est difficile de retrouver les qualités du maître, mais la *Visitation* du Ghirlandajo est un ouvrage remarquable, qui donne bien l'idée de la peinture florentine antérieurement à Michel-Ange.

MICHEL-ANGE BUONAROTTI. — Naquit près d'Arezzo en 1475. Condivi et Vasari le font descendre de l'antique famille des Canossa et lui donnent ainsi une origine presque royale. Ce fait, qui n'a d'ailleurs aucune importance pour l'art, a été contesté de nos jours; mais les contemporains n'en doutaient pas, et l'amitié que témoigna à Michel-Ange Laurent de Médicis pouvait bien s'adresser autant au rejeton d'une illustre famille qu'à l'apprenti du Ghirlandajo. Sa jeunesse studieuse n'a jamais connu le plaisir; ses études profondes sur l'anatomie et la perspective, ses vastes connaissances dans toutes les sciences, son caractère sombre et réfléchi, les événements auxquels il a été mêlé et qu'il a ressentis plus que personne, ont contribué à donner à son œuvre un cachet de grandeur et d'originalité qu'on ne retrouve nulle part ailleurs.

Michel-Ange était de taille moyenne, large des épaules et un peu taillé à coups de hache. Il avait le front spacieux, les yeux bruns tachetés de jaune et le nez écrasé, par suite d'un coup de poing que lui avait donné, lorsqu'il était apprenti, le sculpteur Torregiano.

Benvenuto Cellini, qui avait connu Torregiano, en parle ainsi dans ses Mémoires : « Vers ce temps, dit-il, il vint à Florence un sculpteur nommé Pierre Torregiano. Il arrivait d'Angleterre, où il avait passé de longues années. C'était un ami de mon maître (Marcone, orfévre). Il venait tous les jours chez lui; ayant vu mes dessins et mon ouvrage, il me dit : « Je suis venu à Florence emmener « le plus de jeunes gens que je pourrai, car j'ai « un travail important à faire pour mon roi, et « je veux avoir des Florentins pour m'aider. « Comme les dessins sont plutôt d'un sculp- « teur que d'un orfévre, et que je dois exécu- « ter un grand ouvrage en bronze, si tu viens « avec moi, je t'instruirai et je t'enrichirai en « même temps. » C'était un fort bel homme, très-grave, qui avait plutôt l'air d'un vieux soldat que d'un sculpteur, surtout par ses gestes étonnants, sa voix sonore, et un froncement de sourcils capable d'épouvanter même un homme courageux; il contait sans cesse ses hauts faits avec ces bêtes d'Anglais. Un jour il vint à parler de Michel-Ange, à propos d'un dessin que j'avais fait d'après un carton de cet homme divin. « Michel-Ange et moi, nous « dit-il, nous allions ensemble, étant enfants, « étudier à la chapelle de Masaccio, dans l'é- « glise du Mont-Carmel. Il avait l'habitude de « se moquer de tous ceux qui dessinaient. Un « jour, entre autres, qu'il me taquinait, il me « poussa à bout et je lui donnai un si violent « soufflet à poing fermé, que je sentis les car- « tilages se briser sous le coup; je suis sûr « qu'il portera toute sa vie la marque que je « lui ai faite. » Ces paroles excitèrent tant de haine en moi qui voyais tous les jours les œuvres du divin Michel-Ange, que non-seulement je n'eus pas envie d'aller avec Torregiani en Angleterre, mais que je ne voulais plus le voir. »

MICHEL-ANGE ET LAURENT LE MAGNIFIQUE. — Les Médicis avaient réuni dans un vaste jardin un grand nombre de statues et de fragments antiques ; ce lieu était naturellement le rendez-vous de tous les jeunes artistes, et Laurent le Magnifique aimait à s'y promener et les regardait travailler. « Michel-Ange, dit Vasari, se mit à copier en marbre une tête de faune, dont le nez et la bouche étaient rongés par le temps. Il n'avait encore jamais touché un ciseau, mais il fut assez hardi pour suppléer par son imagination à ce qui manquait à l'original : il ouvrit la bouche du faune, de façon que l'on apercevait la langue et toutes les dents. A la vue de cet ouvrage, Laurent de Médicis, après un moment de surprise, lui dit en plaisantant : « Tu devrais savoir qu'il « manque toujours quelques « dents aux vieillards. » Michel-Ange sentit cette vérité, et Laurent ne fut pas plutôt parti qu'il cassa une dent à son faune et imita dans la gencive jusqu'au vide qu'elle devait laisser. Laurent, à son retour, rit beaucoup de la docilité et de l'ingénuité de Michel-Ange. Ayant résolu de protéger un génie si brillant et si précoce, il fit dire à son père que, s'il voulait le lui confier, il le traiterait comme son propre fils ; Ludovico y consentit volontiers. Laurent donna un appartement dans son palais à Michel-Ange, et l'admit même à sa table, où se rassemblaient les plus nobles et les plus importants personnages. Notre jeune artiste avait quinze ou seize ans lorsqu'il entra chez Laurent ; il y était déjà depuis quatorze ans, lorsqu'en 1492 arriva la mort de son protecteur. »

LA STATUE DE DAVID. — Il y avait alors à Florence un énorme et magnifique bloc de marbre, dont un sculpteur des temps primitifs avait fait une statue informe. On demanda à Léonard de Vinci s'il ne pourrait pas tirer parti de ce marbre, en en faisant autre chose ; sur son refus, le bloc fut donné à Michel-Ange qui en fit une statue de David. Michel-Ange était en train de terminer cette statue quand survint le gonfalonier Soderini, qui se mit à critiquer la grosseur du nez. « Michel-Ange, dit Vasari, voyant que Soderini regardait son ouvrage de bas en haut, et que ce point de vue défavorable ne lui permettait pas de bien juger la chose, monta sur son échafaud, et ramassa adroitement de la poussière de marbre, qu'il laissa tomber sur son critique, pendant

262. — MOÏSE (MICHEL-ANGE).
(Rome, Saint-Pierre aux Liens.)

qu'il faisait semblant de corriger le nez avec son ciseau; puis, se retournant vers le gonfalonier, il lui dit : « Eh bien ! qu'en pensez-vous maintenant ? — Admirable ! répondit Soderini, vous lui avez donné la vie. » Michel-Ange descendit de son échafaud, en riant de ce docte magistrat, semblable à tant d'autres parfaits connaisseurs qui parlent sans savoir ce qu'ils disent. »

LE CARTON DE MICHEL-ANGE. — « Tandis que Léonard de Vinci s'occupait du carton d'après lequel il devait peindre sur un des grands côtés de la salle du conseil un *Combat de cavalerie*, le gonfalonier Soderini prenait une haute idée du talent de Michel-Ange. L'artiste avait déjà produit pour le cardinal Villiers, abbé de Saint-Denis et ambassadeur de Charles VIII auprès du pape Alexandre VI, le remarquable bas-relief connu sous le nom de *la Pieta* (fig. 261). Le gonfalonier le mit en concurrence avec Léonard, et lui confia pour être peinte à fresque la partie de la salle du conseil qui faisait pendant à celle dont il avait chargé son rival. Michel-Ange choisit pour sujet un épisode de la guerre de Pise, et commença son carton qu'il ne voulut laisser voir à personne avant qu'il fût terminé. Il représenta les soldats florentins se baignant dans l'Arno, pendant la chaleur du jour. L'ennemi se montre à l'improviste, les tambours battent le rappel et les trompettes sonnent l'alarme. A l'instant les baigneurs escaladent la rive escarpée du fleuve; les uns s'arment à la hâte pour voler au secours de leurs compagnons, d'autres courent déjà au combat engagé par quelques pelotons de cavalerie. Un vieillard, la tête ceinte d'une couronne de lierre, entendant le tumulte, les cris des soldats et le bruit des tambours, se chausse avec précipitation; mais ses membres mouillés arrêtent ses vêtements; ses muscles et ses nerfs contractés indiquent ses efforts; d'autres soldats, dans les attitudes les plus variées, offrent des raccourcis d'une beauté inimitable. On trouvait encore quantité de personnages groupés et ébauchés de différentes manières : ici les contours et les traits étaient seulement indiqués au charbon; là les figures étaient rehaussées de masses d'ombres et de clairs. Tous les artistes qui virent cette œuvre sublime furent remplis d'admiration pour le génie de Michel-Ange, et pensèrent que jamais aucun mortel ne pourrait l'égaler. » (VASARI.) Ce célèbre dessin, qui excita une si grande admiration, aurait été détruit, selon Vasari, par la basse jalousie de

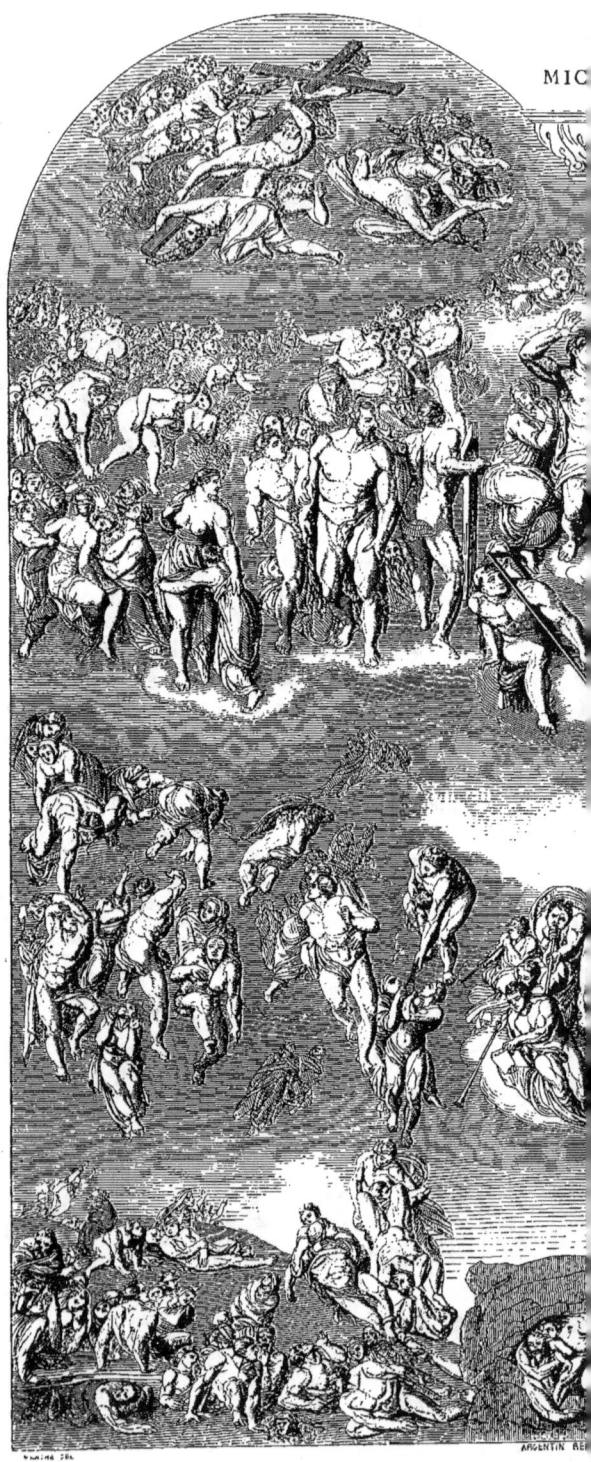

263. — LE JUGEMENT DERNIER

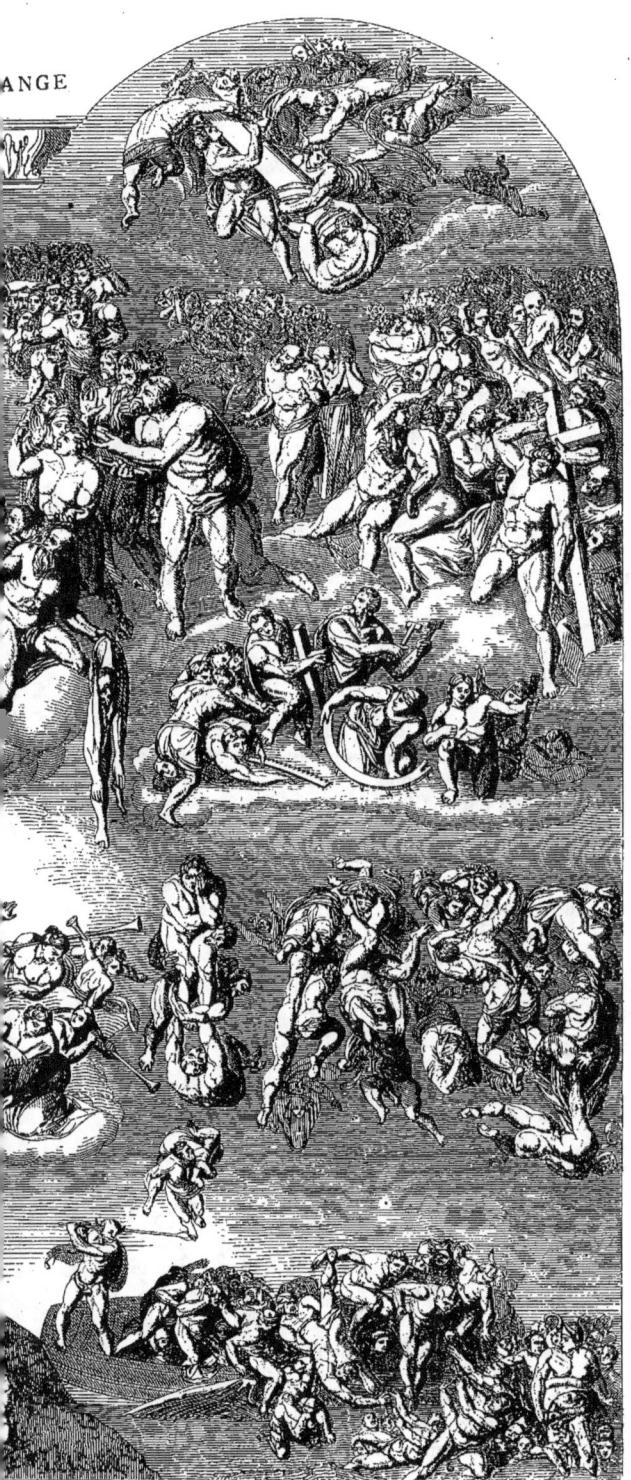

(ROME, CHAPELLE SIXTINE.)

Baccio Bandinelli; mais ce fait a été révoqué en doute, parce que Cellini, qui haïssait Bandinelli, ne dit pas un mot de cela dans ses Mémoires, et qu'il n'aurait pas manqué de rapporter un acte qui aurait pu jeter de l'odieux sur son ennemi. La seule chose certaine, c'est que le dessin a été détruit peu d'années après qu'il eut été fait. Voici toujours le récit de Vasari : « L'an 1312, dit-il, pendant la révolution qui chassa le gonfalonier Pierre Soderini et rappela les Médicis, Bandinelli s'introduisait secrètement, à l'aide d'une fausse clef, dans la salle qui renfermait le carton et le mit en pièces. Les uns prétendirent qu'il déchira ce chef-d'œuvre pour en posséder quelques parties ; d'autres pensèrent qu'il voulait ôter à ses jeunes rivaux les moyens de faire des progrès, en étudiant cette admirable page ; ceux-là dirent qu'il n'agit ainsi que par affection pour Léonard de Vinci, qui venait de voir sa réputation éclipsée ; enfin ceux qui savaient mieux apprécier les choses, attribuèrent son action à la haine dont il poursuivit pendant toute sa vie le grand Michel-Ange. Ce fut une perte immense pour les arts ; aussi l'accusa-t-on justement d'envie et de méchanceté. »

LE MAUSOLÉE DE JULES II. — Michel-Ange proposa au pape Jules II de lui élever de son vivant un tombeau magnifique, et le pape fut si enchanté du projet qui lui était soumis qu'il ordonna à Michel-Ange de s'en occuper sur-le-champ. Le mausolée devait être tellement vaste, qu'aucune église de Rome ne pouvant le contenir, le pape résolut d'en bâtir une plus grande que toutes les autres, et ce fut ainsi que fut édifié Saint-Pierre de Rome. Ce fut pourtant dans une autre église que Jules II fut enterré, et le magnifique tombeau qu'il avait rêvé ne devait pas être achevé ; du moins il le fut dans des proportions bien moindres, et avec une décoration beaucoup plus modeste. L'ouvrage fut d'ailleurs bien des fois interrompu. Pendant que Michel-Ange était occupé à travailler pour ce gigantesque tombeau, une brouille survint entre le pape et l'artiste. Il venait d'arriver des marbres de Carrare que Michel-Ange avait fait conduire à destination. « Comme il fallait payer les mariniers, dit Vasari, Michel-Ange, selon sa coutume, se rendit chez le pape pour lui demander de l'argent. Ce jour-là, Sa Sainteté était gravement occupée des affaires de Bologne ; notre artiste acquitta les frais de ses propres deniers, croyant en être bientôt remboursé.

« Quelque temps après il retourna au palais, afin d'en parler au pape; mais il éprouva les mêmes difficultés pour être introduit, et un valet lui dit de prendre patience, qu'il avait reçu l'ordre de ne pas le laisser entrer. « Mais, « reprit un évêque qui était là présent, est-ce « que tu ne connais pas la personne que tu re- « fuses? — Je la connais très-bien; mais je « suis ici pour exécuter les ordres de mes « supérieurs et de Sa Sainteté, » répondit le valet. Michel-Ange, pour qui jusqu'alors toutes les portes avaient été ouvertes, indigné d'une telle réception, dit au valet : « Quand le pape « aura besoin de moi, vous lui direz que je « suis allé ailleurs. » De retour chez lui à deux heures de la nuit, il donne à deux de ses domestiques l'ordre de vendre tous ses effets aux juifs et de venir le retrouver à Florence. Il prend la poste et ne s'arrête qu'à Poggibonzi, sur le domaine des États de Florence.

« A peine y était-il arrivé, qu'il est joint coup sur coup par cinq courriers du pape chargés des lettres les plus pressantes de Sa Sainteté, qui lui enjoignaient de retourner à Rome, sous peine d'encourir sa disgrâce. Invitations ou menaces, tout fut inutile. Les courriers, par leurs supplications, purent seulement obtenir de lui qu'il écrirait au pape qu'il le priait de lui pardonner s'il ne paraissait plus en sa présence; mais qu'ayant été traité comme un misérable, pour prix de ses services et de son attachement, Sa Sainteté pouvait faire choix d'un autre sculpteur. Michel-Ange séjourna trois mois à Florence et employa ce temps à terminer le carton de la salle du grand conseil. Pierre Soderini désirait vivement le retenir, pour voir l'achèvement de cette belle entreprise; mais la Seigneurie reçut de Jules trois brefs remplis de menaces, pour obtenir qu'on lui remît le fugitif. Michel-Ange, effrayé de la fureur du pape, était disposé, dit-on, à partir pour Constantinople, où le grand seigneur l'avait fait inviter, par quelques moines de Saint-François, pour construire un pont qui aurait mis cette ville en communication avec le faubourg de Péra.

« Pierre Soderini réussit cependant à lui persuader, malgré toute sa répugnance, d'aller trouver le pape, et, pour le rassurer, l'envoya en qualité d'ambassadeur de Florence, et chargea son frère, le cardinal Soderini, de le présenter lui-même au pape, qui s'était déjà rendu à Bologne. Mais, arrivé à Bologne, Michel-Ange ne put être présenté par le cardinal Soderini, qui était malade et avait chargé un évêque de le remplacer. A peine fut-il débotté, que les courtisans le conduisirent chez Sa Sainteté, qui se trouvait alors dans le palais des Seize. « Enfin, lui dit Jules II, en le re- « gardant d'un œil irrité, au lieu de venir nous « trouver, tu as attendu que nous venions « nous-mêmes te chercher; » voulant dire par là que Bologne est plus près de Florence que Rome. Michel-Ange répondit que, s'il avait fait cette faute, c'était par dépit d'avoir été honteusement chassé de son palais. L'évêque qui avait présenté Michel-Ange au pape dit alors pour l'excuser : « Que Votre Sainteté lui « pardonne : ces sortes de gens sont des igno- « rants qui ne connaissent que leur métier. » Jules, indigné de la sottise de cet évêque, le frappa de sa canne en lui disant : « Ignorant « toi-même! tu l'outrages, quand nous ne lui « disons pas d'injure; retire-toi! » Et le pauvre évêque fut mis à la porte par les valets, à grand renfort de coups de poing. Le pape, ayant ainsi assouvi sa colère, donna sa bénédiction à Michel-Ange et le retint à Bologne, où, après l'avoir comblé de présents, il lui commanda en bronze sa statue, haute de cinq brasses. » (VASARI.)

Jules II mourut en 1513; quatre papes lui succédèrent en l'espace de trente ans, et Michel-Ange, occupé par eux à d'autres travaux, abandonna et reprit tour à tour les sculptures du fameux mausolée qui avait causé la dispute entre le pape et lui. Du vivant de Jules II et depuis sa mort, il avait terminé de sa main à Rome deux *Prisonniers;* il en avait ébauché d'autres; il avait achevé une *Victoire* foulant aux pieds un captif; il avait fait la statue de *Moïse* (fig. 262), une des plus célèbres que son génie ait enfantées. Mais l'ensemble du mausolée ne fut pas achevé conformément au plan de Michel-Ange, qui nous est connu par un dessin de la galerie de Florence et par les descriptions de Vasari et de Condivi. Le pape Paul III, se souciant médiocrement de Jules II et de son tombeau, contraignit Michel-Ange à le restreindre comme on le voit aujourd'hui dans l'église de Saint-Pierre aux Liens, et à consacrer son temps à la décoration de la chapelle Sixtine.

Visite au musée. — Les deux belles figures de prisonniers qui sont au Louvre dans le musée des sculptures de la Renaissance avaient été faites pour le tombeau de Jules II. Le Catalogue explique de la manière suivante comment ces deux superbes statues de marbre sont maintenant à Paris au lieu d'être à Rome : « Comme ces statues n'avaient plus leur place dans le monument de Saint-Pierre aux Liens, Michel-Ange les donna au seigneur Robert Strozzi, qui l'avait recueilli malade en sa maison, et celui-ci en fit don au roi François Ier. Il est probable que le roi donna ces deux statues au connétable de Montmorency, car du vivant de Vasari elles étaient à Écouen, et elles y étaient encore lorsque Androuet du Cerceau a publié les *Vues du château*. Elles en furent enlevées en 1632 pour être transportées dans la superbe demeure que le cardinal de Richelieu avait construite en Poitou. Ce fut le dernier maréchal de ce nom qui les fit transférer à Paris, dans le jardin de son hôtel, et sa veuve les avait placées dans une maison qu'elle habitait au faubourg du Roule. C'est là qu'en 1793 M. Alexandre Lenoir les trouva abandonnées dans une écurie, en empêcha la vente et les acquit à l'État. »

LA CHAPELLE SIXTINE (fig. 263). — La chapelle Sixtine est une grande salle longue éclairée de chaque côté par six fenêtres, qui fut bâtie sous le pontificat de Sixte IV. Ce fut par suite d'une intrigue que Michel-Ange fut chargé de l'immense travail qui l'a immortalisé et qui est peut-être le plus prodigieux monument qu'ait jamais enfanté l'esprit humain. Bramante, l'architecte de Saint-Pierre, craignait qu'on ne découvrît certaines erreurs commises dans ses constructions récentes; on parlait de malversations et on désignait déjà Michel-Ange pour le remplacer. Michel-Ange était sculpteur et ne connaissait aucunement les procédés de la peinture à fresque : s'il échouait, il était déconsidéré aux yeux du pape, et c'était là le but que se proposait Bramante. L'artiste florentin sentit le coup et s'excusa, disant qu'il n'était pas peintre, et que c'était Raphaël qu'on devait charger de cette besogne. Mais le pape fut inflexible, et Michel-Ange, ainsi qu'il l'avait prévu, fut arrêté dès le début par des difficultés imprévues : ses peintures, en séchant, se couvraient d'une moisissure dont il ne pouvait découvrir la cause. Désespéré, il alla dire au pape que tout le travail qu'il avait fait était perdu, et que, ainsi qu'il l'avait prévu, la peinture n'était pas son affaire. Jules II envoya Julien de San Gallo, qui expliqua à Michel-Ange la cause de son accident, et celui-ci se remit à l'œuvre avec une ardeur extrême. Il s'isola absolument, et personne n'eut l'autorisation de voir le travail en train. L'impatience pourtant s'empara du pape, qui voulut le voir travailler avant que Michel-Ange y eût mis la dernière main. Il fut transporté d'admiration, et, en dépit de Michel-Ange qui prétendait n'avoir pas terminé, il fit abattre l'échafaudage. « Rome entière, dit Vasari, se précipita dans la Sixtine : Jules s'y porta le premier, avant que la poussière produite par la chute des échafauds fût tombée, et y célébra la messe le même jour. »

Le caractère grandiose de ces peintures dépasse tout ce que l'art a jamais produit de plus sévère et de plus grave (fig. 264.) « Michel-Ange, dit Mme de Staël, est le peintre de la Bible, comme Raphaël est le peintre de l'Évangile. » Cet homme rude et austère, nourri de la lecture du Dante, était fait pour comprendre les prophètes. Les déchirements de l'Italie, les dernières convulsions des républiques ne lui rappelaient que trop les désastres de la nation juive. Savonarole aurait pu lui fournir le type modèle de ces tribuns inspirés de Judas et d'Israël qui annoncent sans cesse, au nom de leur Dieu, l'invasion étrangère, la ruine et la désolation. Les livres Sibyllins, si souvent cités par les Pères, sont des imitations des prophéties juives; ce sont les mêmes colères et les mêmes menaces, seulement Rome a remplacé Babylone, et la destruction prochaine de l'empire et du monde est présentée comme une expiation des crimes de la terre et des souffrances du peuple de Dieu. Ces sombres figures étaient dignes d'inspirer Michel-Ange et tout à fait en harmonie avec la nature de son génie. Le pape, malgré son enthousiasme, aurait voulu un peu plus de richesse : « Il faudrait leur mettre un peu d'or, dit-il à Michel-Ange : ma chapelle paraîtra bien pauvre. — Ceux que j'ai peints là, répondit l'artiste, étaient de pauvres gens. »

Ce fut trente ans après avoir peint la voûte que Michel-Ange termina le *Jugement dernier*, qui lui avait été commandé par Paul III. Cette immense peinture devait faire pendant à la *Chute des Anges rebelles*, qui ne fut pas exécutée, mais pour laquelle Michel-Ange a fait plusieurs études. L'immense fresque du *Jugement dernier* est placée au fond de la chapelle; dans la naissance des voûtes, entre les fenêtres, sont les figures des prophètes : *Zacharie, Jérémie, Joël, Daniel, Isaïe, Ézéchiel* et *Jonas*, et celles des cinq Sibylles, la *Persique*, la *Libyque*, la *Delphique*, celle d'*Érythrée* et celle de *Cumes*. Aux angles on voit quatre compositions : *David vainqueur de Goliath*, le *Serpent d'airain*, la *Punition d'Aman* et *Judith coupant la tête d'Holopherne*. La partie supérieure de la voûte est décorée de neuf sujets en huit tableaux : *Dieu le Père porté par les Anges*, la *Création de la lumière*, la *Création de l'homme*, la *Création de la femme*, la *Tentation d'Adam et d'Ève* et leur *Expulsion du Paradis*, le *Sacrifice de Noé*, le *Déluge* et l'*Ivresse de Noé*.

Le reste de la chapelle est décoré par les plus grands artistes de l'époque précédente : Lucas Signorelli, le Ghirlandajo, le Pérugin, Botticelli, Roselli, etc.

Le *Jugement dernier* de la chapelle Sixtine est l'œuvre capitale de Michel-Ange, et peut-être la plus prodigieuse conception de l'art moderne. La disposition de l'ensemble est un peu confuse. En haut du tableau, le Christ irrité et tout-puissant juge les hommes. Près de lui, la Vierge intercède pour fléchir la colère céleste. Les élus et les saints occupent le haut du tableau. Les damnés sont en bas, où les morts ressuscitent au son de la trompette des anges. Caron, dans sa barque, frappe les réprouvés avec sa rame. Ce personnage mythologique, introduit dans une scène chrétienne, figure aussi dans un tableau de Signorelli, antérieur à celui de Michel-Ange, et on en a conclu que Michel-Ange avait pris cette idée à Signorelli ; mais c'est une erreur. Caron était très-souvent représenté dans les scènes de

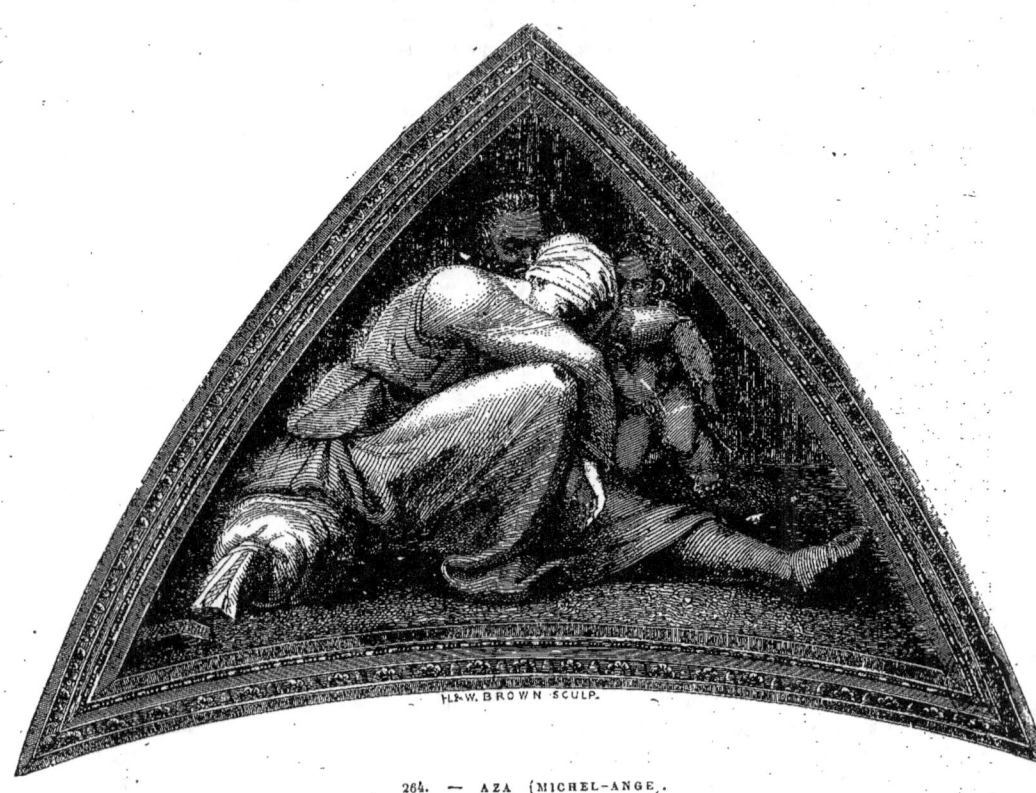

264. — AZA (MICHEL-ANGE).
(Rome, chapelle Sixtine.)

l'enfer ; on le voit sculpté sur le tombeau de Dagobert et sur une foule de bas-reliefs et de peintures au moyen âge. Michel-Ange et Signorelli n'ont fait que se conformer à une tradition qui durait encore de leur temps.

Cette immense fresque avec ses nudités, ses violences d'attitude, ses développements de muscles et de formes, fut très-admirée des artistes, mais souleva dans le public des critiques assez vives. Le maître des cérémonies, Biagio de Cesena, s'était plaint au pape que l'artiste eût osé introduire, dans un endroit si respectable, tant de figures qui montraient sans honte leur nudité, et disait que cela conviendrait mieux dans une salle de bains ou dans un cabaret que dans la chapelle pontificale. Michel-Ange, pour se venger, représenta ce personnage en enfer, enlacé par un serpent. Comme la ressemblance était parfaite et que Biagio ne jouissait pas d'une réputation excellente comme moralité, l'histoire courut bientôt la ville qui s'amusa aux dépens du malheureux maître des cérémonies. Celui-ci alla se plaindre au pape, qui lui demanda en riant où Michel-Ange l'avait placé. « Dans l'enfer, répondit-il. — Hélas! reprit le pape, s'il ne t'avait mis qu'en purgatoire, je t'en tirerais; mais puisque tu es en enfer, mon pouvoir ne va pas jusque-là. » Néanmoins, l'avis du maître des cérémonies prévalut par la suite, et il fut même question d'effacer le *Jugement dernier*. On prit un moyen terme, et Daniel de Volterre,

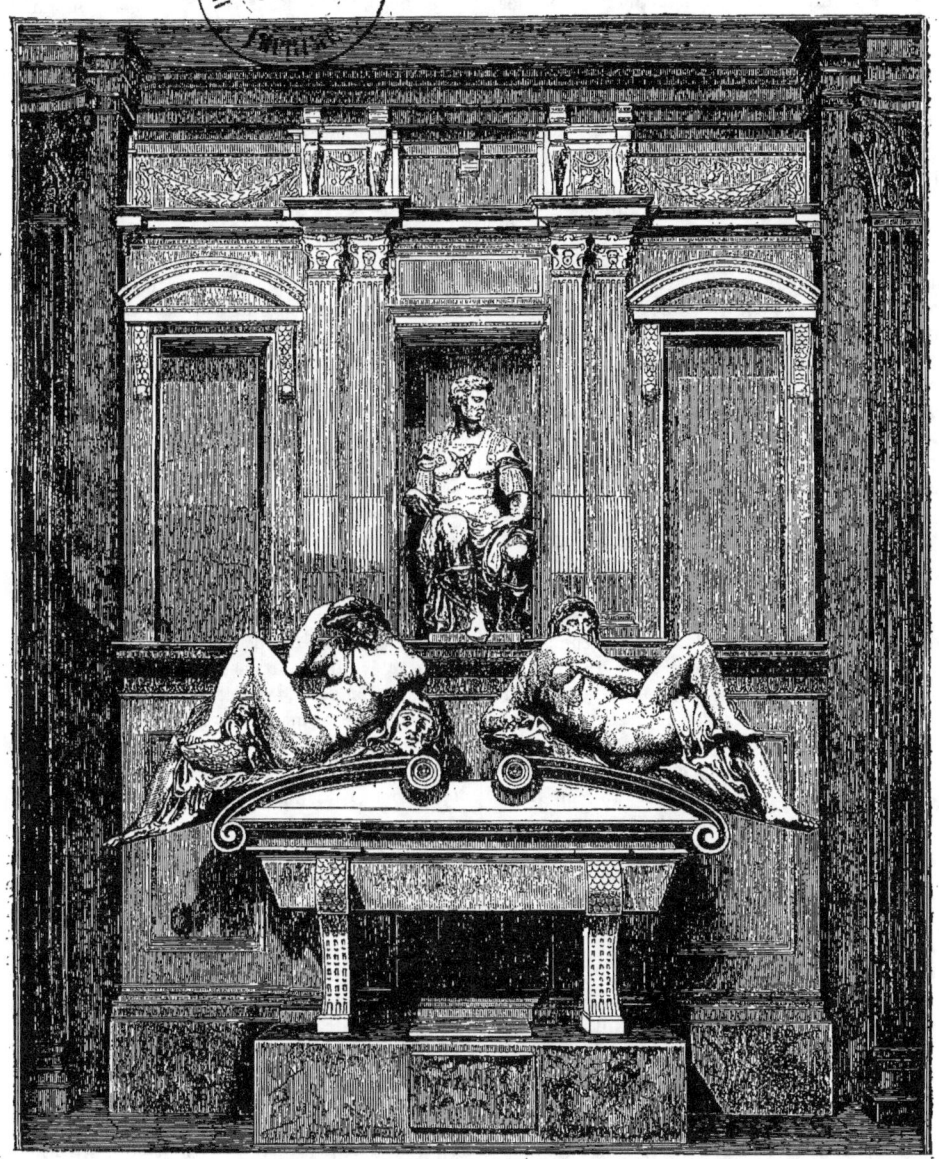

265. — LE TOMBEAU DES MÉDICIS (MICHEL-ANGE).
(Florence.)

chargé de mettre des draperies en certains endroits, reçut à cause de cela le surnom de *Culottier*.

LE TOMBEAU DES MÉDICIS (fig. 265). — Le pape et l'empereur, qui n'avaient cessé de se faire la guerre pendant tout le moyen âge, s'étant réunis pour en finir d'un coup avec la république florentine, une armée investit Florence, et les citoyens de cette ville firent sommation à Michel-Ange de consacrer à sa patrie ses talents comme ingénieur militaire. Il s'y

41

rendit, et éleva autour de la ville ces fortifications célèbres qui firent plus tard l'admiration de Vauban. Mais ce temps, employé à un devoir patriotique, ne fut pas perdu pour les arts, car ce fut pendant le siége que Michel-Ange conçut les statues du *Tombeau des Médicis*, qui sont considérées comme le chef-d'œuvre de la statuaire sous la Renaissance. Un des maîtres de l'art moderne, Eugène Delacroix, a écrit sur ce tombeau quelques lignes d'appréciation qu'on nous saura gré de reproduire ici. « Ces statues, dit-il, placées dans une chapelle toute de l'architecture de Michel-Ange, représentent la Vierge et l'Enfant Jésus, Laurent et Julien de Médicis, avec leurs tombeaux, puis des figures allégoriques : l'Aurore, le Crépuscule, le Jour et la Nuit, avec leurs attributs. Si on me demande ce que sont ces attributs, et comment on peut, en sculpture, représenter le crépuscule, par exemple, je dirai que sans le cicérone et les livres sur les arts, qui ont parlé à satiété de ces figures, il serait fort difficile de deviner leur nom à chacune par la simple inspection. Je ne puis croire même que Michel-Ange ait attaché une grande importance à leur signifiance, et peut-être ne leur en a-t-il trouvé une qu'après les avoir achevées et placées sur les tombeaux, les ayant conçues plutôt comme des accompagnements nécessaires de son architecture. Ce qu'il faut à le sculpture, ce sont des formes. Elle ne peut sans se dégrader plier son langage sévère à toutes les recherches prétentieuses qui ont gâté cet art chez les modernes. Au reste, j'aurais mauvaise opinion de celui qui, en présence de ces magnifiques statues de Saint-Laurent, penserait seulement à demander ce qu'elles veulent dire là. Le caractère en est si imposant, et satisfait à tel point l'imagination par l'ensemble qu'elles forment entre elles, que l'idée ne lui vient pas de leur chercher une intention raffinée. La statue de Laurent de Médicis est la plus belle. Je parle toujours de cette beauté qui n'est pas suivant les idées de tout le monde, c'est-à-dire que la tête est démesurément petite, et les bras en revanche très-forts, avec la partie inférieure également un peu ramassée. Mais pour rien au monde de ce que le compas et la règle peuvent donner de perfection à un ouvrage, on ne voudrait à cette tête une autre tournure, tant elle tire de son incorrection même un caractère de légèreté et de grâce que Michel-Ange seul pouvait inventer; mais ces mains sont dessinées si fièrement, l'une appuyée sur la cuisse, l'autre supportant le menton, dans l'attitude d'une méditation si profonde, que l'on ne va pas s'enquérir, avant de les admirer, si le modèle s'en trouve exactement dans la nature.

« Cette statue est connue sous le nom de *il Pensieroso*, le Penseur. Si jamais homme pensa peu ou pensa mal, ce fut sans doute ce Laurent (qu'il ne faut pas confondre avec Laurent le Magnifique), représenté dans ces tombeaux avec tout l'air de la sagesse, et dans l'accoutrement d'un guerrier. Ce fut au contraire le plus exécrable rejeton de sa race, et le plus lâche des hommes. Mais Michel-Ange pensa qu'il convenait mieux à l'art de charmer le spectateur par la beauté et la noblesse de l'image, que de donner une leçon de morale en s'efforçant d'exprimer sur les traits d'un tyran vulgaire toute la bassesse de son âme. On fit beaucoup de vers sur ces statues. Ces poésies à propos de tout, qui sont encore une fureur en Italie, étaient déjà fort en vogue. Michel-Ange trouva un jour ce quatrain sur la statue qui représente la Nuit : « Cette Nuit « que tu vois dormant d'un si doux abandon, « fut tirée du marbre par la main d'un ange. « Elle est vivante; puisqu'elle dort, éveille-la « si tu en doutes : elle te parlera. » Michel-Ange fit cette généreuse réponse : « Il m'est « doux de dormir et plus encore d'être de marbre. Ne pas voir, ne pas sentir, est un bonheur dans ces temps de bassesse et de honte. « Ne m'éveille donc pas, je t'en conjure, parle « bas. » On voit, dans cette espèce de protestation toute romaine, qu'il avait sur le cœur la violence qu'il s'était faite en prêtant son génie à honorer les cendres d'une famille de tyrans. » (E. DELACROIX.)

MICHEL-ANGE ET SON DOMESTIQUE. — De tous les traits qu'on rapporte sur la vie du grand maître, aucun n'est plus touchant et ne dénote mieux son caractère que les soins qu'il prodigua à son domestique malade. Michel-Ange, qui passa sa longue et laborieuse existence dans un célibat austère, n'entendait rien aux détails de la vie réelle, et son fidèle domestique, Urbino, qui veillait à ses besoins, était devenu pour lui un ami autant qu'un serviteur. Il était fort vieux, lorsqu'il en fut privé, et ce coup fut pour lui aussi funeste qu'imprévu. Il écrivit à ce sujet une lettre infiniment touchante, adressée à Vasari, et le passage suivant que nous en extrayons servira à faire connaître le caractère de l'homme. « Vous savez comment Urbino est mort; ç'a été pour moi une très-grande faveur de Dieu et un chagrin bien cruel. Je dis que ce fut une faveur de Dieu, parce qu'Urbino, après avoir été le soutien de ma vie, m'a appris non-seulement à mourir sans regret, mais même à désirer la mort. Je l'ai gardé vingt-six ans avec moi, et je l'ai toujours trouvé parfait et fidèle. Je l'avais enrichi, je le regardais comme le bâton et l'appui de ma vieillesse, et il m'échappe en ne me laissant que l'espérance de le revoir dans le paradis. J'ai un gage de son bonheur dans la manière dont il est mort. Il ne regrettait pas la vie, il s'affligeait seulement en pensant qu'il me laissait accablé de maux, au milieu de ce monde trompeur et méchant. Il est vrai que la majeure partie de moi-même l'a déjà suivi, et tout ce qui me reste n'est plus que misères et que peines. »

MICHEL-ANGE ET VITTORIA COLONNA. — On a beaucoup parlé de la passion qu'au déclin de sa vie Michel-Ange conçut pour Vittoria Colonna. Cette dame, qui appartenait à une très-grande famille, avait reçu cette éducation brillante qu'on donnait aux femmes de haut parage. Fiancée dès son bas âge au marquis de Pescara né la même année qu'elle, leur union, qui se fit lorsqu'ils eurent atteint leurs dix-sept ans, offrit toujours l'image de cet amour conjugal sérieux et profond, comme le rêvent les romanciers, et comme la réalité en montre quelquefois. Blessé et fait prisonnier à Milan, Pescara composa durant sa captivité ses dialogues sur l'amour, toujours adressés à sa femme. Ce fut lui qui recueillit Bayard mourant; mais il succomba lui-même à ses blessures après la bataille de Pavie. Vittoria Colonna consacra son veuvage à faire ses fameux sonnets en l'honneur de son mari. Demandée en mariage par tout ce que l'Italie avait d'illustre, elle refusa tous les partis, disant « que, si le choix lui en avait été laissé, elle serait morte avec son mari, qui vivait et vivrait toujours dans son souvenir. » Devenue d'une dévotion très-exaltée, elle ne connut Michel-Ange qu'à la fin de sa vie, et leurs relations consistèrent en discours sur l'art et en sonnets extatiques. Lorsqu'elle mourut, Michel-Ange fut appelé et faillit devenir fou de douleur. Il lui baisa la main quand elle fut morte, et, pendant les seize ans qu'il lui survécut, il ne cessa de regretter de n'avoir pas osé l'embrasser sur le front. Telle fut l'unique passion qu'on a connue à Michel-Ange.

MORT DE MICHEL-ANGE. — En 1563, la santé de Michel-Ange commença visiblement à décliner. Il dicta à ses amis ce bref testament : « Je laisse mon âme à Dieu, mon corps à la terre, et mes biens à mes plus proches parents. » Il mourut le 17 février 1563, âgé de quatre-vingt-neuf ans. Le pape voulait lui élever un tombeau dans l'église de Saint-Pierre, dont il avait bâti la coupole. Ses amis voulaient au contraire emporter le corps à Florence; et comme la population de Rome, aussi bien que le pape, s'y serait opposée, ils l'enlevèrent secrètement, et le cachèrent dans une balle de laine qu'ils firent sortir de la ville. A Florence, dès qu'on sut que le corps était arrivé, « tous les peintres, les sculpteurs, les architectes, dit Vasari, se rassemblèrent sans bruit autour de l'église de San-Pietro-Maggiore. Ils avaient apporté un drap de velours brodé d'or pour couvrir le cercueil et le brancard. A une heure de la nuit environ, les plus âgés et les plus distingués d'entre eux prirent des torches en main, tandis que les jeunes gens s'emparaient du brancard et s'estimaient fiers de porter le corps du plus grand artiste qui eût jamais existé. Beaucoup de personnes ayant remarqué ce rassemblement, toute la ville sut bientôt que le corps de Michel-Ange était arrivé et devait être porté à l'église de Santa-Croce. On avait agi cependant avec tout le secret possible, pour éviter le tumulte et la confusion. Mais la nouvelle passa de bouche en bouche, l'église fut envahie en un instant et les académiciens eurent beaucoup de peine à parvenir jusqu'à la chapelle. »

On recula pourtant les obsèques définitives pour donner plus de pompe à ce grand deuil national. Le monument funéraire de Michel-Ange, dans l'église de Santa-Croce, a été dessiné par Vasari, son élève et son ami.

LES ÉLÈVES DE MICHEL-ANGE. — Michel-Ange a eu une grande influence sur les artistes de son temps; néanmoins le nombre de ses élèves immédiats n'est pas très-nombreux, parce qu'il travaillait ordinairement seul et ne se faisait pas aider par toute une légion de disciples. Parmi ceux qui se sont le mieux assimilé sa manière comme peintre, il faut citer Daniel de Volterre, que non-seulement Michel-Ange a aidé de ses conseils, mais auquel il a même, dit-on, fourni la composition de son meilleur tableau, la *Descente de croix*, qui est dans l'église de la Trinité du Mont à Rome (fig. 267).

Vasari, qui fut le biographe de Michel-Ange après avoir été son élève, est un artiste extrêmement fécond; mais, malgré ses qualités décoratives, il est regardé comme un des promoteurs de la décadence. Son plus beau titre de gloire est le livre qu'il a publié sur la vie des peintres, qui, bien que contenant quelques erreurs, est assurément le recueil le plus intéressant qu'on ait sur les artistes de la Re-

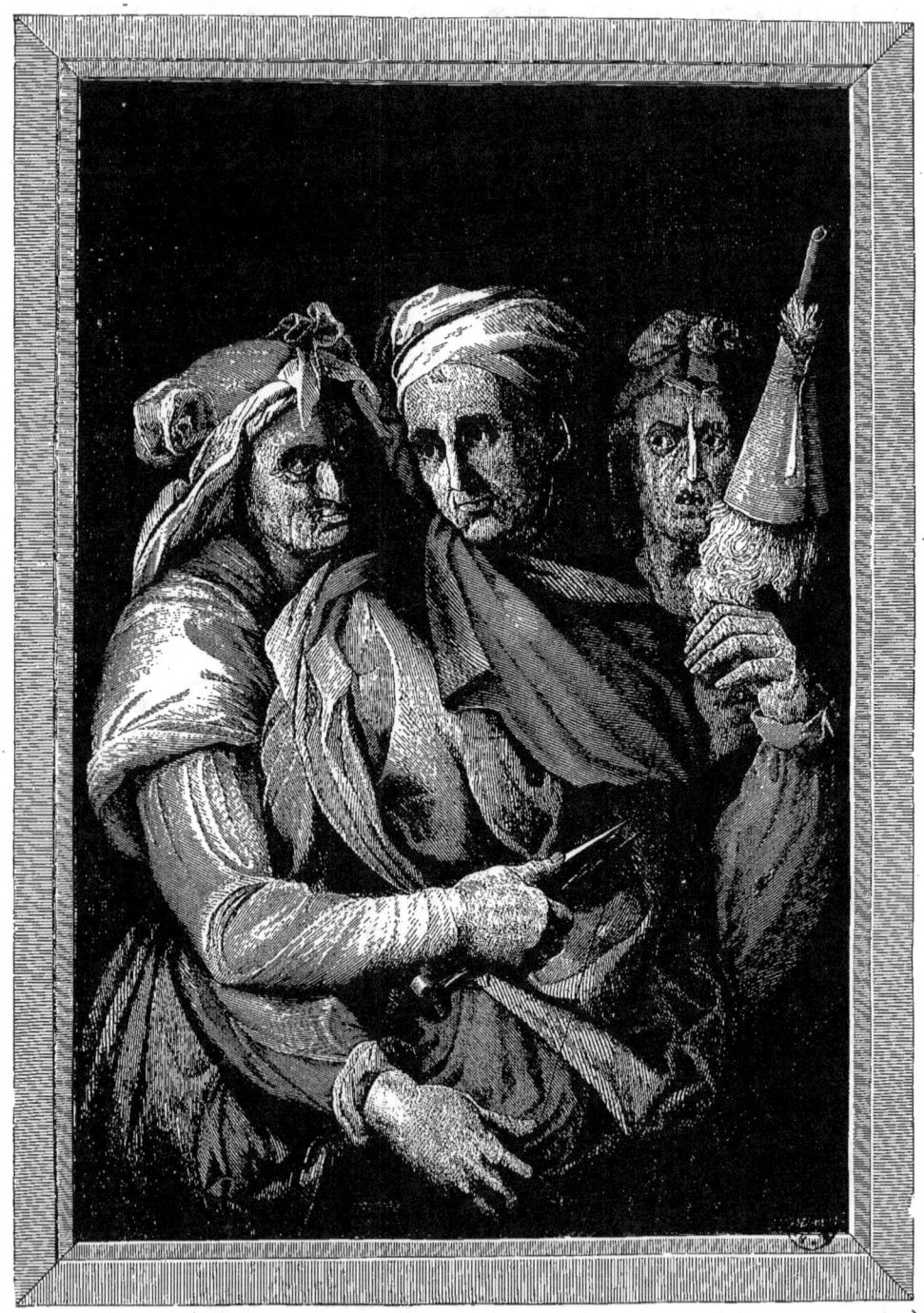

265. — LES PARQUES (MICHEL-ANGE).
(Florence. palais Pitti.)

naissance. La première édition parut en 1550; la seconde, avec beaucoup de changements, est de 1556.

Le Flamand Jean de Bologne (1521-1608) passa de bonne heure en Italie et séjourna longtemps à Rome, où il reçut des conseils de Michel-Ange. Comme toute la vie artistique de Jean de Bologne s'est passée en Italie, on classe habituellement ce sculpteur dans l'école italienne, bien qu'il soit natif de Douai. Il ap-

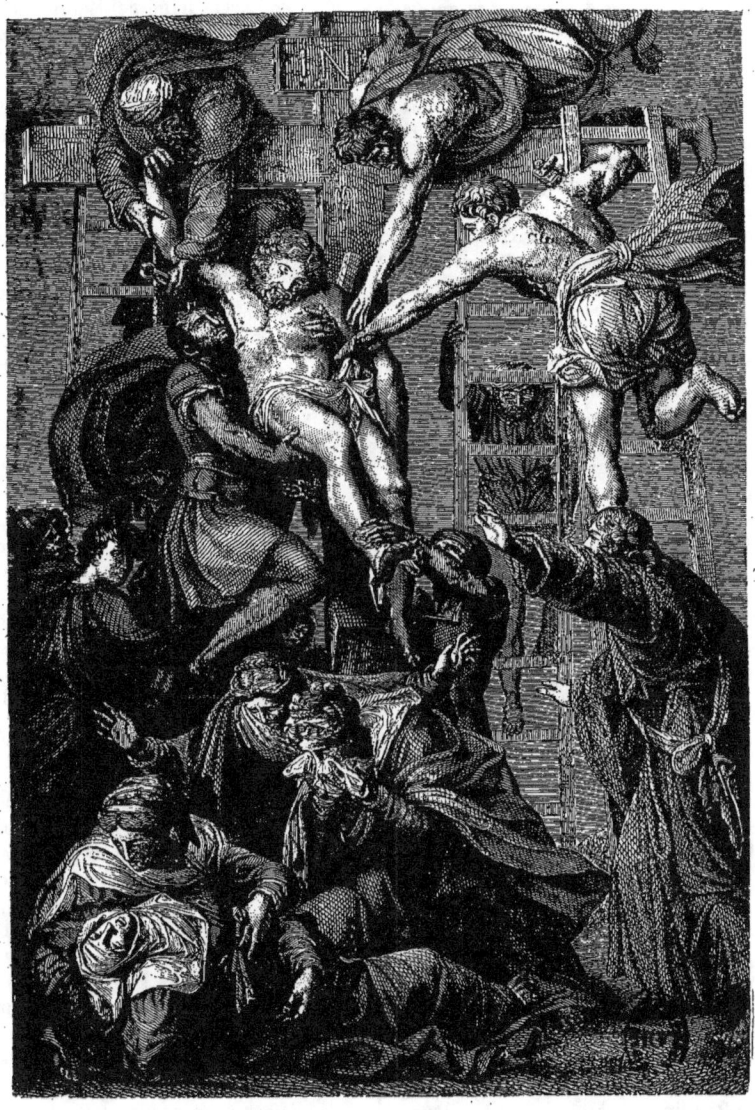

267. — DESCENTE DE CROIX (DANIEL DE VOLTERRE).
(Rome, Sainte-Trinité du Mont.

porta un jour à Michel-Ange un modèle terminé avec le plus grand soin; l'artiste florentin l'examina et en changea toute la disposition. « Il faut, dit-il au jeune homme, concevoir et raisonner son ouvrage avant de songer à le finir. » L'ouvrage le plus célèbre de Jean de Bologne est le *Mercure volant* (fig. 269), dont on voit partout la reproduction. L'*Enlèvement d'une Sabine*, le *Neptune colossal* et le *Jupiter pluvieux* mirent le comble à sa réputation. Cette dernière statue est peut-être le plus grand colosse de la statuaire moderne : il y a une chambre dans sa tête, et dans son corps une grotte ornée de coquillages et de jets d'eau. Jean de Bologne est un des imitateurs de Michel-Ange, et, quoique son style soit un peu maniéré, il tient un des premiers rangs parmi les statuaires modernes.

Visite au musée du Louvre. — Le *David tuant Goliath* de Daniel de Volterre, qu'on voit au milieu de la galerie du Louvre, a été longtemps attribué à Michel-Ange; mais le témoignage de Vasari est positif, et l'historien des peintres donne la description de ce curieux tableau, qui est peint des deux côtés d'une ardoise, d'après une composition à peu près analogue et offrant seulement de très-légères différences. On pense que l'artiste a copié les deux côtés d'un groupe en terre de sa composition. Vasari a plusieurs tableaux dans notre musée, entre autres une *Salutation angélique*, tableau dont il fit présent à des religieuses d'Arezzo, lorsqu'elles reçurent dans leur communauté l'une de ses sœurs qui prit le voile, et dont il paya la dot. Notre musée de sculpture ne renferme pas d'ouvrage original de Jean de Bologne. Il était fort âgé lorsqu'il commença, pour la France, un cheval de bronze destiné à la statue équestre de Henri IV. Il mourut avant de l'avoir fini, et ce fut son élève Pierre Tacca qui l'acheva. Terminée en 1611, cette statue échoua sur les côtes de Sardaigne, et n'arriva à Paris qu'en 1614. Elle fut placée sur le Pont-Neuf; mais en 1792 elle fut détruite, et il n'en reste que des fragments qu'on peut voir au musée.

BANDINELLI ET CELLINI. — Baccio Bandinelli et Benvenuto Cellini sont des orfévres qui, selon l'usage pratiqué à Florence, ont fait aussi de grandes statues. Indépendamment de leur talent, qui leur donne une place importante dans l'art moderne, ces deux hommes se sont rendus célèbres dans l'histoire par leur caractère, leurs aventures, et la haine qu'ils avaient l'un pour l'autre. « Un jour, dit Vasari, dans une de leurs querelles accoutumées, Benvenuto Cellini s'emporta au point de menacer Bandinelli, en lui disant : « Pour-« vois-toi pour l'autre monde, parce que je ne « te laisserai pas longtemps dans celui-ci. » Bandinelli répondit : « Eh bien! avertis-moi un jour d'avance, afin que je puisse me confesser, faire mon testament et ne pas mourir comme une bête que tu es. » Le duc était souvent obligé d'intervenir dans ces querelles furieuses, mais le plus souvent il s'en amusait. Bandinelli se posait en rival de Michel-Ange, dont au contraire Cellini était le disciple et l'admirateur.

Benvenuto Cellini raconte dans ses Mémoires l'entrevue qu'il a eue, en présence du grand-duc, avec Baccio Bandinelli, qui venait de terminer son groupe d'*Hercule et Cacus*, que l'on voit à Florence, sur la grande place. « Le duc se leva et se dirigea vers certaine salle basse où nous l'accompagnâmes. Il s'assit; Bandinelli et moi, nous nous plaçâmes, l'un à sa droite, l'autre à sa gauche. Bandinelli commença et dit : « Seigneur, quand je décou-« vris mon *Hercule et Cacus*, je crois qu'on fit « sur ce sujet plus de cent sonnets ; la canaille « en disait le plus de mal possible. — Mon-« seigneur, répondis-je, quand notre Michel-« Ange découvrit sa sacristie, où l'on voit tant « de belles statues, cette admirable et savante « école, amie de la vérité et du beau, lui fit plus « de cent sonnets, rivalisant les uns les autres « à qui en dirait le plus de bien; aussi était-il « juste de donner autant de louanges à cet ou-« vrage qu'il l'est de critiquer celui de Bandi-« nelli. » Celui-ci, à ces mots, entra dans une telle fureur qu'il ne se posséda plus ; il se tourna vers moi et me dit : « Et toi, que trou-« verais-tu à y reprendre ? — Je te le dirai, lui « répondis-je, si tu as la patience de m'en-« tendre. — Eh bien, parle, » reprit-il. Le duc et les personnes présentes étaient très-attentives. Je commençai ainsi : « Tu sauras d'abord « que je serais fâché de te dire les défauts de « ton ouvrage; mais je ne le ferai pas, je me « contenterai de répéter ce qu'a dit cette cé-« lèbre école. » Et comme cet homme méchant, tantôt disait une chose déplaisante, tantôt agitait ses pieds ou ses bras, il me fit mettre tant en colère que je commençai d'une façon bien plus déplaisante que je n'eusse fait s'il se fût conduit autrement. « Cette savante école, lui « dis-je, dit que, si on coupait les cheveux à « ton Hercule, il ne lui resterait pas assez de « tête pour contenir sa cervelle, et qu'on ne « sait pas si son visage est celui d'un homme « ou d'un lion ou d'un bœuf, qu'elle n'est pas « à l'action, qu'elle est mal attachée au cou, et « avec si peu de savoir et de bonne grâce qu'on « ne vit jamais rien de pareil; que ses deux « épaules ressemblent aux deux paniers d'un « âne, et que les mollets et les autres muscles « ne sont pas copiés sur la nature humaine, « mais sur un mauvais sac de melons que l'on « aurait appuyé tout droit le long d'un mur; « que le dos ressemble à un sac de courges lon-« gues; on ne sait vraiment de quelle manière « les deux jambes sont attachées à ce torse hi-« deux, ni s'il s'appuie sur l'une, sur l'autre,

« ou bien sur toutes deux, comme les artistes
« qui savent faire quelque chose en ont donné
« quelques exemples. On dit aussi que cette
« statue tombe en avant de plus d'une brasse,
« ce qui est la plus grande et la plus insup-
« portable des erreurs que commettent ces ar-
« tistes à la douzaine, gens du commun. On dit
« des bras qu'ils pendent tous deux sans grâce,
« comme si tu n'avais jamais vu des gens nus
« et vivants; que la jambe droite d'Hercule et
« celle de Cacus n'ont pas même un mollet à
« elles deux, car si l'une s'éloignait de l'autre,
« non-seulement il ne resterait pas assez de
« mollet pour toutes deux à l'endroit où elles
« se touchent, mais il n'y en aurait pas même
« pour une seule. On dit encore qu'un des
« pieds d'Hercule est en terre et que l'autre
« semble marcher sur du feu.... »

On voit que l'indulgence n'était pas le défaut des artistes de ce temps; Bandinelli d'ailleurs répondit par une explosion de colère et d'injures, dont il ne nous est pas possible de rapporter les termes. Le duc, que ces querelles d'artistes amusaient infiniment, se tordait de rire entre les deux adversaires.

Malgré l'opinion de Cellini, Bandinelli est un homme d'un grand talent, mais dont le caractère est présenté sous les couleurs les plus noires. Il est vrai que les écrivains qui ont raconté sa vie, Cellini et Vasari, le détestaient également et leur jugement a droit de paraître suspect. Cellini, de son côté, est un aventurier et un spadassin, et bien des actions dont il se vante dans ses Mémoires le mèneraient aujourd'hui en cour d'assises. Cellini est un grand sculpteur et un orfèvre admirable. La *Nymphe de Fontainebleau*, qui est maintenant au Louvre, peut donner une idée de son talent comme artiste. Ses Mémoires sont un livre curieux et spirituel, où l'auteur montre une vanité peu commune et bien d'autres mauvaises qualités, mais en même temps un grand amour de son art. Son chef-d'œuvre est sa statue de *Persée*, maintenant à Florence, et sur laquelle il faut nous arrêter un moment.

LA FONTE DU PERSÉE. — Cellini fait dans ses Mémoires un récit animé des anxiétés de tout genre qu'il a éprouvées pour la fonte de sa statue de *Persée* (fig. 268). Après avoir raconté comment il a dirigé la construction de son fourneau et établi des rigoles de coulée pour recevoir le métal en fusion : « J'ordonnai à mes ouvriers, dit-il, d'allumer le feu; parfaitement construit, bourré de bûches de pin, bois dont la résine favorise la combustion, mon fourneau fonctionna si vigoureusement que je fus forcé de porter secours tantôt d'un côté et tantôt de l'autre, à ma grande et extrême fatigue. Pour combler la mesure, le feu prit à mon atelier et nous donna lieu de craindre que le toit ne s'abîmât sur nous. En outre, il me venait du côté du jardin un si grand vent et une pluie si furieuse, que mon fourneau se refroidissait. Après avoir lutté pendant plusieurs heures contre ces déplorables accidents, je me lassai tellement que je ne pus y résister, et la fièvre la plus violente qu'on puisse imaginer s'empara de moi. Je fus donc forcé d'aller me jeter sur mon lit. Au moment de prendre ce parti, je me tournai vers mes auxiliaires; il y en avait plus de dix, en comptant les manœuvres et les ouvriers, qui étaient spécialement à mon service; et après avoir fait mes recommandations à tous, je m'adressai à Bernardino Mannellini di Mugello, depuis plusieurs années à mon service, et je lui dis : « Mon cher Ber-
« nardino, suis ponctuellement le plan que je
« t'ai expliqué, et va aussi vite que possible,
« car le métal sera bientôt à point. Tu ne peux
« te tromper; ces braves gens nettoieront
« promptement les rigoles. Avec ces deux
« pierriers, vous frapperez les tampons du
« fourneau, et je suis certain que le moule
« s'emplira très-bien. Quant à moi, je me
« trouve plus malade que je ne l'ai jamais été
« depuis le jour où je suis né, et, en vérité, je
« crois qu'avant peu d'heures je ne serai plus
« de ce monde. » Là-dessus, je les quittai, le cœur bien triste, et j'allai me mettre au lit.

« Aussitôt que j'y fus, j'ordonnai à mes servantes de porter à boire et à manger à tous ceux qui étaient dans mon atelier, et je leur dis que le lendemain matin j'aurais perdu la vie. Elles m'encouragèrent, m'assurant que mon grand mal se passerait, et que c'était la trop grande fatigue qui en était cause. Je restai deux heures avec ce violent accès de fièvre que je sentais toujours augmenter, et je dis à chaque instant que j'allais mourir. Tandis que j'étais en proie à ces douleurs affreuses, je vis entrer dans ma chambre un homme tortu comme une S majuscule; il s'exprimait d'une voix piteuse et triste, comme celle des gens qui viennent prévenir ceux qu'on doit justicier de se recommander à Dieu : « Benvenuto,
« me dit-il, votre ouvrage est perdu, il n'y a
« plus de remède au monde. »

« Dès que j'entendis ce que ce malheureux m'annonçait, je jetai un tel cri qu'on l'aurait entendu du troisième ciel; et m'étant précipité de mon lit, je pris mes habits, je me vêtis, en distribuant une grêle de coups de pied et de coups de poing à mes servantes, à mes garçons et à tous ceux qui venaient pour m'aider. « Ah ! traîtres ! ah ! envieux ! C'est une trahi- « son préméditée ! Mais je jure Dieu que je « le saurai bien, et avant que je meure, je « laisserai au monde la preuve que je suis ca- « pable d'en épouvanter plus d'un. » Ayant fini de m'habiller, j'allai l'esprit égaré à mon atelier ; je vis ces gens tout épouvantés et stu-

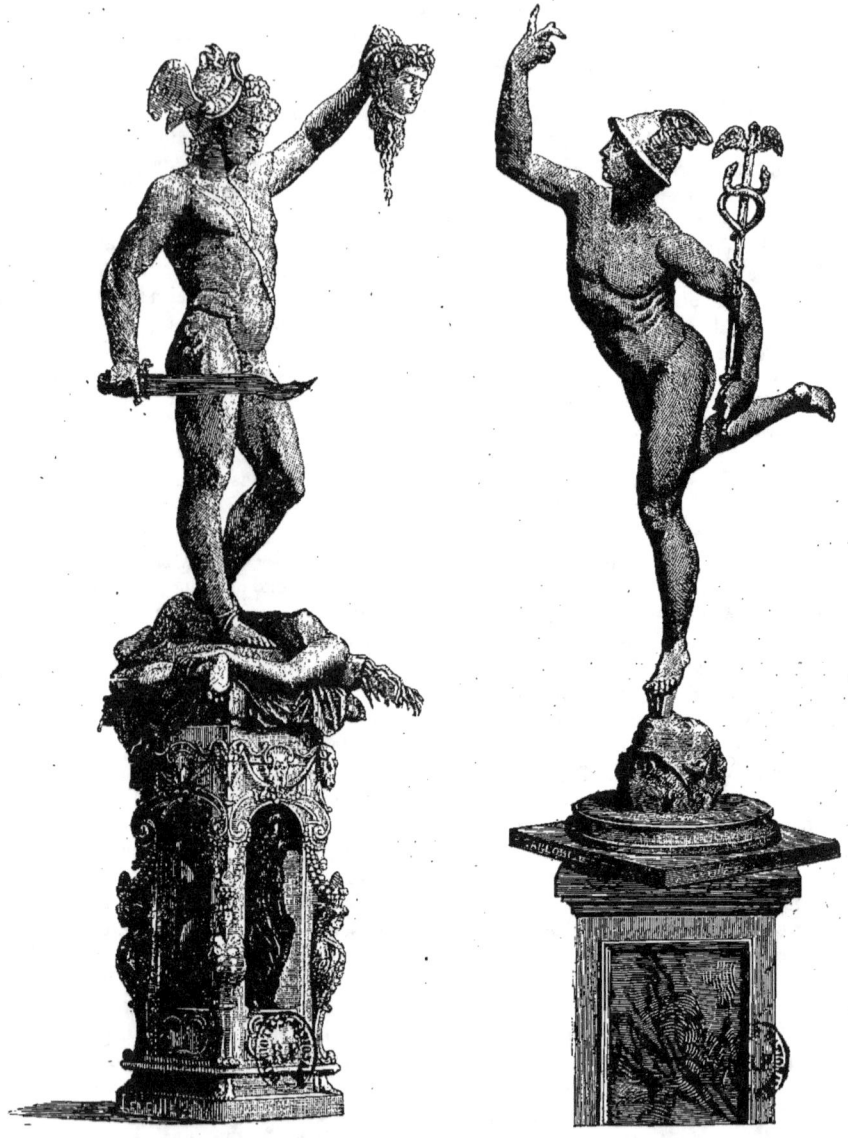

268. — PERSÉE (BENVENUTO CELLINI).
(Florence, galerie des Offices.)

269. — MERCURE (JEAN DE BOLOGNE).

péfaits, eux que j'avais laissés si bien dispo- sés ; je commençai ainsi : « Or çà, écoutez- « moi, et puisque vous n'avez pas voulu ou que « vous n'avez pas su suivre les instructions « que je vous ai données, obéissez, maintenant « que je suis présent à mon ouvrage, et que « personne ne s'oppose à ce que je dis, parce « que dans de telles circonstances ce sont des « secours qu'il faut et non pas des conseils. » J'allai tout de suite regarder le fourneau ; je vis que le métal s'était tout à fait coagulé, ce qu'on appelle *devenir gâteau*; j'ordonnai à deux manœuvres d'aller en place, à la maison de Capretta le boucher, chercher une pile de bois de jeunes chênes qui étaient secs depuis plus d'un an, et que dame Ginevra, femme de Capretta, m'avait offerte. Aussitôt que les premières brassées furent arrivées, j'en remplis le foyer, parce que cette espèce de chêne fait un feu plus vif que tous les autres bois. Dès que le gâteau sentit ce feu violent, il commença à devenir moins épais et à étinceler; je fis hâter l'ouverture des canaux; j'envoyai quelqu'un sur le toit pour éteindre le feu que la flamme du fourneau, devenue plus violente, avait allumé de plus belle; je fis placer du côté du jardin des planches, des tapis et de mauvais linges qui me garantissaient de la pluie. J'eus

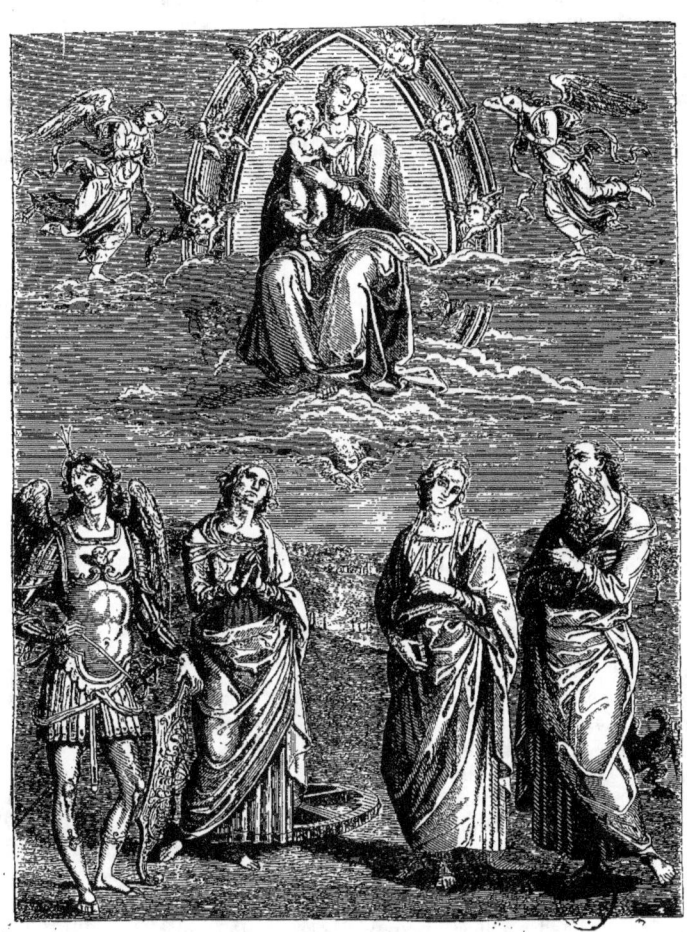

270. — ADORATION DE LA VIERGE (PÉRUGIN).
(Bologne, Pinacothèque.)

bientôt remédié à tous ces accidents; je disais à un manœuvre : « Apporte ceci; » à un autre : « Ote cela; » et tous ces gens, voyant que le métal commençait à se liquéfier, m'obéirent de si bon cœur que chaque personne en valait trois. Je fis prendre environ soixante livres d'étain que je jetai dans le fourneau, sur le gâteau, ce qui, joint à une nouvelle quantité de bois et à ce que je remuais tantôt avec du fer, tantôt avec de l'étain, le fit devenir liquide peu à peu. Voyant que, malgré l'opinion de ces ignorants, j'avais pour ainsi dire ressuscité un mort, je repris tellement ma vigueur, que je ne m'apercevais plus si j'avais encore la fièvre ou la crainte de mourir. Tout d'un coup on entendit une détonation, et l'on vit une grande flamme semblable à un éclair qui brillait à nos yeux; tous, et moi plus que les autres, nous fûmes frappés d'une terreur extraordinaire. Dès que ce grand bruit et cette clarté eurent cessé, nous commençâmes à nous regarder les uns les autres, et nous vîmes que le couvercle de la fournaise s'était brisé et s'était soulevé, de sorte que le bronze en sortait. J'ordonnai aussitôt d'ouvrir l'orifice de mon moule, je fis en même temps frapper sur les tampons du fourneau, et, voyant que le métal ne coulait pas avec la promptitude ordinaire et que la violence du feu avait consumé tout le bois, je fis prendre tous mes plats, mes écuelles, mes assiettes d'étain, il pouvait y en avoir deux cents; je les mis l'un après l'autre devant mes canaux, et j'en fis jeter une partie dans le fourneau. Alors je m'écriai : « Ô Dieu! qui par ta puis« sance ressuscitas d'entre les morts, et montas « glorieux au ciel!... » Tout d'un coup mon moule s'emplit. Je me jetai à genoux, et je remerciai le Seigneur de toute mon âme. Je pris ensuite une assiettée de salade qui était là sur une mauvaise table ; je mangeai de grand appétit, et je bus avec tous ceux qui étaient présents ; puis j'allai au lit sain et sauf, car il était deux heures avant le jour, et je me reposai aussi tranquillement que si jamais je n'eusse été malade. Ma bonne servante, sans que je lui eusse rien dit, m'avait préparé un bon chapon jeune et gras. Quand je me levai, c'était l'heure du dîner, elle m'aborda gaiement en disant : « Eh bien! où est cet homme qui « se sentait mourir? Je crois que ces coups de « poing et ces coups de pied, que vous m'avez « donnés cette nuit dans votre colère et vo« tre fureur infernale, ont épouvanté la fièvre, « si violente qu'elle fût, et qu'elle s'est en« fuie. »

« Tous ces braves gens qui me servaient, revenus de leur frayeur et remis de leurs extrêmes fatigues, allèrent acheter de la vaisselle de terre pour remplacer les plats et les écuelles d'étain, et nous dînâmes tous joyeusement. Je ne me rappelle pas avoir fait dans ma vie un repas de meilleur appétit et plus gai. »

ÉCOLE ROMAINE.

LES PRÉCURSEURS DE RAPHAËL. — Tandis que le grand mouvement de la Renaissance s'accomplissait à Florence, les traditions du vieil art chrétien se conservaient encore dans les monastères de l'Ombrie. L'école byzantine avait depuis longtemps cessé d'exister dans l'Italie centrale, mais des moines artistes continuaient à orner de miniatures les missels et à décorer de fresques les corridors et les chapelles des monastères. La chaîne des Apennins conservait dans ses profondes vallées un grand nombre d'églises ornées de tableaux conçus dans le style traditionnel et purement religieux. Parmi ces artistes retardataires, il y en a peu d'illustres ; quand on a nommé Alluno de Foligno, Gentile de Fabriano, le Pérugin, Pinturicchio et quelques autres, on est au bout. Mais c'est dans cette tradition que Raphaël a été élevé.

Pietro Vanucci, dit le Pérugin (1446-1524), eut pour premier maître Alluno, et vint ensuite se perfectionner à Florence, dans l'école de Verocchio, où il fut condisciple de Léonard de Vinci. Il fut appelé à Rome par le pape Sixte IV, exécuta plusieurs compositions dans la chapelle Sixtine, au Vatican, et fit surtout à Pérouse un très-grand nombre de tableaux. Il est assez remarquable qu'on ait accusé d'athéisme un artiste qui a passé sa vie à peindre des sujets de piété (fig. 270, 271). Pour le Pérugin, le style religieux était peut-être plutôt une rhétorique qu'une conviction ; néanmoins il ne faut pas ajouter une foi trop absolue aux accusations de Vasari, qui a été très-malveillant à son égard. Ce qui est certain, c'est qu'il était alors le représentant le plus décidé de la peinture chrétienne. A l'époque où Raphaël entra chez lui, Pérugin n'avait pas encore adopté cette méthode expéditive qui lui fit répéter tant de fois le même type et le même tableau. Il était alors dans la plénitude de son talent, et son élève accepta avec docilité une discipline sévère qui réglait jusqu'à l'inspiration. Les premiers tableaux de Raphaël ressemblent complétement à ceux de son maître, et le charme naïf et pieux qui les embellit vient autant d'une tradition d'école que d'une influence religieuse.

Parmi les artistes qui ont précédé Raphaël, il faut citer Pinturicchio, qui a eu une grande réputation, mais dont la renommée s'est éclipsée derrière celle du peintre d'Urbin. Le chef-d'œuvre de Pinturicchio est la décoration de la bibliothèque de Sienne. Il y a là dix fresques dont le sujet est emprunté à la vie d'Æneas Silvius Piccolomini, qui fut pape sous le nom de Pie II. D'après le récit de Vasari, la composition de ces fresques devrait être attribuée à Raphaël. Cette opinion n'est plus admise aujourd'hui : Pinturicchio avait alors quarante-neuf ans et était dans toute la force de son talent et de sa réputation. Selon l'habitude de presque tous les artistes de la Renaissance, il a employé des jeunes gens pour l'aider dans cet immense travail, et Raphaël, qui à cette époque avait vingt ans, a été son collaborateur. Plusieurs dessins composés par Raphaël pour cette décoration sont conservés dans les musées d'Italie, et la disposition adoptée dans les fresques pour le même sujet est très-différente, et, tout en utilisant le talent de son collaborateur, Pinturicchio a gardé son sentiment personnel. La célébrité de ce maître a été promptement effacée par la gloire de son jeune condisciple, auquel on a attribué trop facilement des œuvres qui ne lui appartenaient pas en propre.

La ville de Bologne, qui devait plus tard posséder une école d'art très-importante, nous montre aussi, antérieurement à Raphaël, un artiste de premier ordre. Francesco Raibolini, dit Francia (1450-1517), fut mis de bonne heure en apprentissage chez un orfévre de Bologne. Il acquit une grande réputation pour ses nielles, et occupa les fonctions de maître des coins de la monnaie de Bologne. On raconte que, quand Michel-Ange était à Bologne, Francia, qui ne connaissait pas encore ses ouvrages, vint visiter la statue de Jules II, qui était en train. Michel-Ange lui ayant demandé ce qu'il en pensait, il répondit que c'était un très-beau jet et qu'il avait employé une belle matière. Cette réponse paraissait faire l'éloge du bronze plutôt que celui de l'artiste, qui lui répliqua : « J'ai au pape Jules qui me l'a donnée, la même obligation que vous avez aux marchands qui vous vendent vos couleurs ; » et il ajouta en se tournant vers les gentilshommes qui se trouvaient présents que le Francia était un sot.

Ce n'était pas l'opinion de Raphaël qui, au contraire, tenait Francia en singulière estime et disait en parlant de ses Vierges (fig. 272),
dans une lettre qui nous a été conservée : « Il n'en existe pas de plus belles, de plus dévotes et de mieux faites. » Vasari raconte que Raphaël ayant envoyé à Bologne son tableau de Sainte Cécile (fig. 273), Francia mourut de douleur de se voir surpassé. Comme Francia avait alors près de soixante-dix ans, il est permis de croire que l'âge fut aussi pour quelque chose dans sa mort.

Visite au musée. — La *Nativité de Jésus-Christ* acquise en 1843 et la *Vierge avec l'Enfant Jésus adoré par deux saintes et deux anges* acquise en 1850 sont deux tableaux très-remarquables du Pérugin. Le premier vient directement de Pérouse ; le second faisait partie de la collection du roi de Hollande. Le musée de Lyon renferme un admirable tableau du Pérugin, peint en 1495 pour la cathédrale de Saint-Pierre à Pérouse. Ce chef-d'œuvre, pris en Italie par les armées françaises, fut réclamé par les alliés en 1815, mais le pape en fit don aux Lyonnais. Il représente l'*Ascension de Jésus en présence de la Vierge et des apôtres*. Il y a également à Caen un tableau capital du maître provenant également de la cathédrale de Pérouse, le *Mariage de la Vierge*. De Pinturicchio, le musée du Louvre possède un unique et très-petit tableau, mais un bijou, la *Vierge et l'Enfant Jésus*. Francia est représenté par un admirable portrait de jeune homme brun, placé dans le salon carré, et autrefois attribué à Raphaël.

LES PRINCES ET LES LETTRÉS. — Tous les princes de ce temps étaient lettrés, et c'était parmi eux que se manifestait ce curieux mouvement de retour au paganisme antique que les historiens sont unanimes à constater. Singulier temps que celui où deux princes mettaient pour condition à un traité de paix la cession d'un manuscrit de Tite-Live, où un cardinal jetait publiquement son bréviaire parce qu'il était trop mal écrit, et où à la cour d'un pape (Léon X) on disait pour parler de Dieu : les Dieux immortels ! Les plus croyants étaient ceux qui, trouvant que les livres sacrés étaient décidément trop inférieurs à la vraie littérature, entreprenaient, avec une naïveté bien digne du temps, à les recopier en les remettant dans un style cicéronien. Mais ce qui est surtout remarquable, c'est que ces lettrés, qui savouraient si délicieusement Plutarque et les écrivains grecs, étaient tous des hommes de cour. Ils admiraient les belles idées bien énoncées, mais ils les admiraient en *dilettante*, sans y apercevoir le côté moral, l'héroïsme et la liberté. A vrai dire, les savants et les artistes qui vivaient à la cour des princes et se faisaient leurs clients, étaient bien loin d'y mener ces mœurs d'antichambre et ces allures de laquais qui furent en vogue au siècle suivant. Les princes qui les recueillaient étaient aussi lettrés qu'eux, et ils n'en différaient qu'en ce qu'ils étaient plus riches; leurs palais étaient plutôt des sociétés d'amis qui se réunissaient pour causer des choses les plus élevées de l'esprit humain, que des cours où chacun intrigue pour obtenir la faveur d'un regard.

Parmi ces cours italiennes de la Renaissance, si polies, si lettrées, si savantes, celle du duc

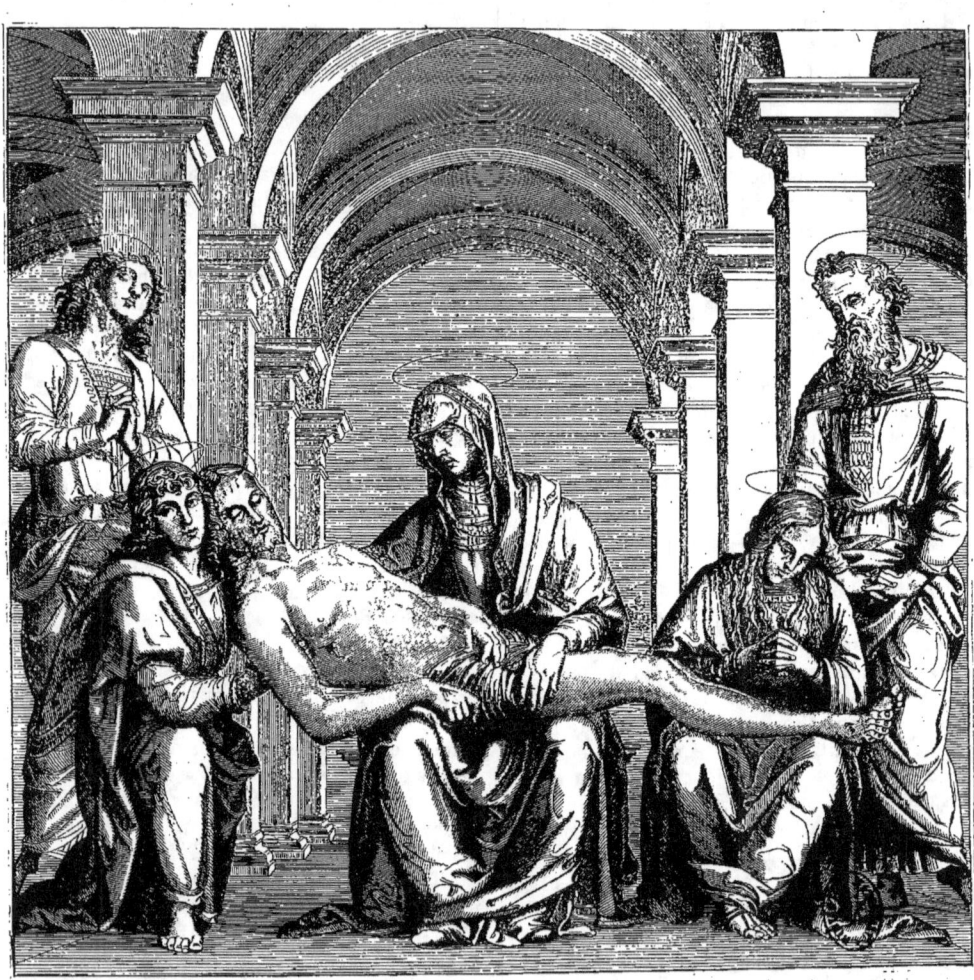

271. — LA PIÉTÉ (PÉRUGIN).
(Florence, Académie des Beaux-Arts.)

d'Urbin était au premier rang. Le comte Castiglione, dans son *Livre du Courtisan*, nous a laissé un vif tableau des mœurs et de l'entourage d'un prince italien du seizième siècle. Chacun se piquait alors d'art et de philosophie; si la hiérarchie se maintenait dans les rangs, il n'y avait aucune étiquette dans les mœurs, et les lettrés et les artistes traitaient le prince, non comme un auguste maître, mais comme un ami bienveillant, en état de les comprendre et de les protéger. L'éclat de cette cour d'Urbin ne put manquer d'influer sur le talent de Raphaël; ce fut là qu'il entra en relation avec les plus nobles personnages, comme avec les savants les plus illustres, et qu'il contracta avec le comte Castiglione et Pietro Bembo cette amitié étroite qui devait durer toute sa vie. Les idées platoniciennes étaient alors en vogue par toute l'Italie, et les discours enthousiastes sur le beau, loin d'effaroucher les grandes dames, étaient fort prisés de ces princesses lettrées, qui mettaient au-dessus de tout le beau langage et les idées élevées.

ENFANCE DE RAPHAËL. — La famille de Raphaël appartenait à la classe aisée, et son père

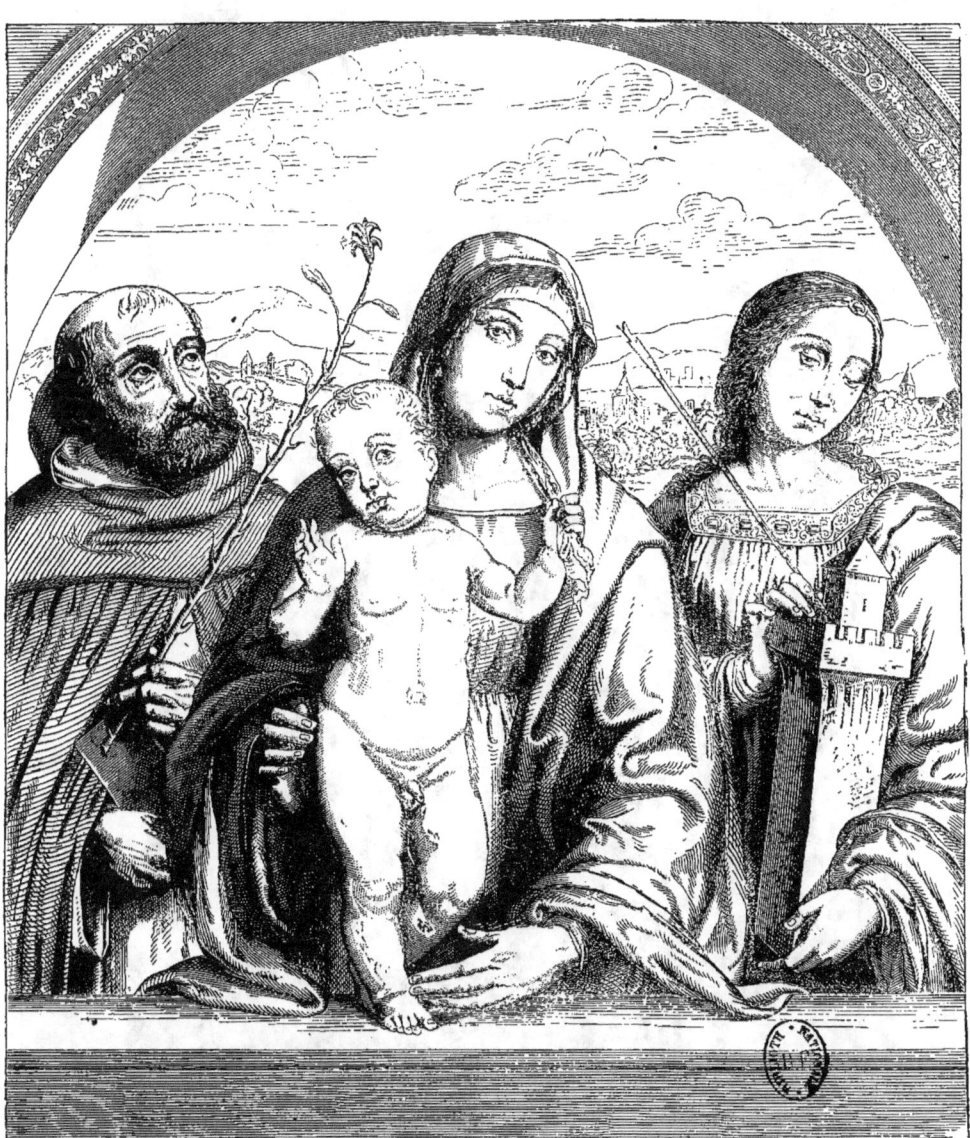

272. — L'ADORATION DE L'ENFANT JÉSUS (RAIBOLINI, DIT FRANCIA.)
(Venise.)

Giovanni Santi, sans prendre place parmi les artistes les plus éminents de cette époque, était pourtant un peintre distingué et un poëte de quelque mérite. « Homme de sens et de jugement, dit Vasari, il savait combien il importe de ne pas confier à des mains étrangères un enfant qui pourrait contracter des habitudes basses et grossières parmi des gens sans éducation. Aussi voulut-il que ce fils unique et désiré fût nourri du lait de sa mère, et pût dès les premiers instants de sa vie s'accoutumer aux mœurs paternelles. »

Cette phrase du biographe, qui nous révèle l'enfance radieuse et tranquille de Raphaël, explique peut-être, par ces premières impressions qui ne s'effacent jamais, la tournure heureuse et chaste de son talent. Mais cette vie de famille, si propre à développer les sen-

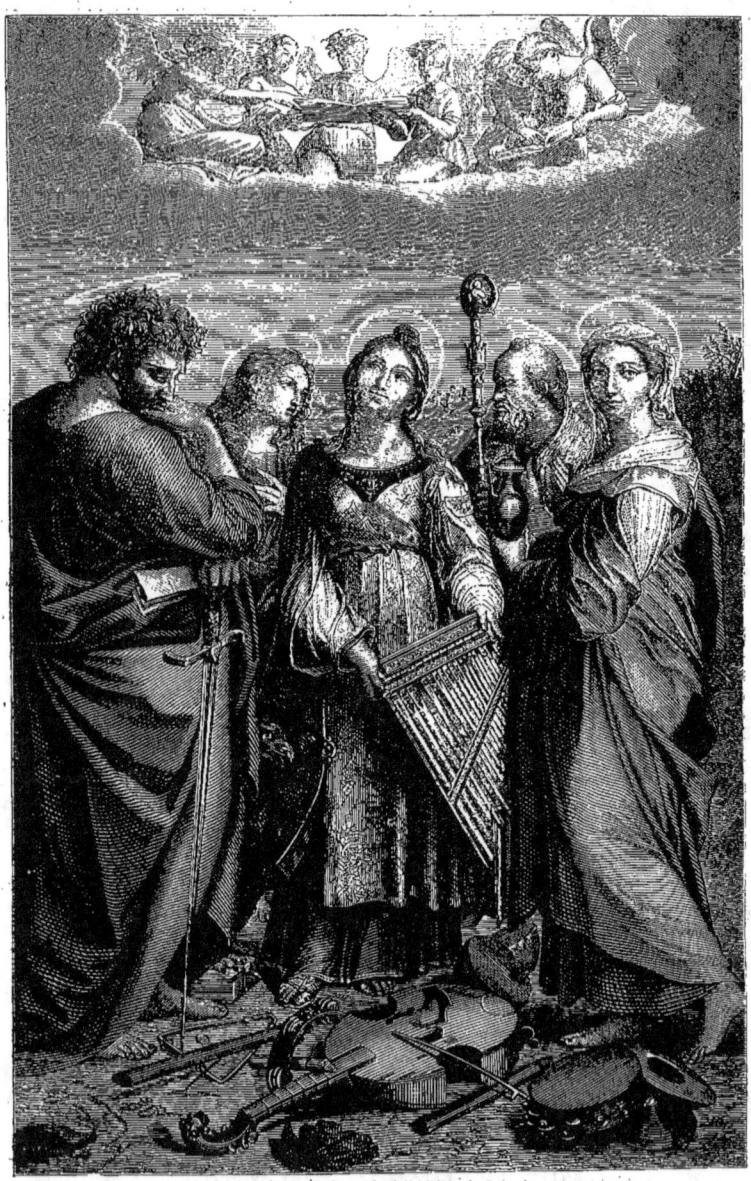

273. — SAINTE CÉCILE (RAPHAEL).
(Bologne, Pinacothèque.)

timents moraux, était en même temps une excellente école pour développer dans Raphaël les sentiments artistiques. Son père Giovanni Santi, très-attaché à la symétrie traditionnelle du vieil art, était pourtant fort au courant du mouvement artistique de son temps, comme le prouvent ses écrits, et c'était par goût qu'il préférait dans ses tableaux la naïveté pieuse aux audaces païennes des novateurs. Ce fut dans ce sens que Raphaël reçut ses premières impressions en travaillant à côté de son père, qu'il perdit à l'âge de douze ans.

Un oncle maternel de Raphaël, Simone Carlia, pour qui le grand peintre conserva toute sa vie la plus filiale affection, fit comprendre à la famille la nécessité d'attacher l'orphelin à quelque grand peintre qui pût faire son éducation ; la haute opinion que Giovanni Santi avait souvent exprimée sur Léonard de Vinci, Jean Bellin, Andrea Mantegna et le Pérugin, désignait naturellement l'un d'eux. On donna la préférence à ce dernier, sans doute parce qu'il demeurait à Pérouse, plus rapprochée d'Urbin que Milan ou Venise.

Le premier ouvrage où Raphaël cherche à s'émanciper est le petit *Saint Georges* que possède le Louvre. Il pouvait alors avoir vingt ans. Ce fut à Sienne, en dessinant le groupe antique des *Trois Grâces* (ce dessin existe à l'Académie des Beaux-Arts de Venise), que l'antiquité lui apparut et vint le distraire de ses pensées ordinaires. Le tableau qu'il fit, en imitation de ce groupe célèbre, est sa première œuvre païenne. Il se rendit à Florence, avec une lettre de la duchesse d'Urbin pour le gonfalonier de la république, où on remarque ces mots : « .... Il est aussi intéressant qu'aimable de sa personne, et je désire qu'il se perfectionne dans son art.... Tout ce que vous pourrez faire d'agréable et d'utile pour lui, je le tiendrai comme fait à moi-même.... » Raphaël étudia les fresques du Calmine et se lia avec Fra Bartolommeo, dont l'enthousiasme religieux le reportait à ses premières impressions d'enfance. Mais en même temps le savant Taddeo Taddei, qui lui avait offert sa maison et l'aimait comme un fils, lui faisait entrevoir d'autres horizons ; ce fut par lui qu'il connut plusieurs savants passionnés pour l'antiquité, et surtout pour les doctrines de Platon, comme Bembo, Bibbiena, et Castiglione, dont il devint aussi l'ami. Ce milieu philosophique développa dès lors chez lui une tendance à unir la pensée chrétienne, moins l'ascétisme, à la forme païenne de plus en plus épurée.

On distingue généralement trois manières dans l'œuvre de Raphaël : la période péruginesque, la période florentine et la période romaine, qui répondent à l'adolescence du peintre, à sa jeunesse et à sa virilité.

LES VIERGES DE RAPHAËL. — Raphaël est le peintre des Madones ; c'est à elles qu'il doit sa plus grande popularité. Ses vierges peuvent se classer en trois catégories distinctes. Les unes, comme la *Belle Jardinière*, sont surtout ingénues, et présentent l'idée de l'innocence bien plus que celle de la maternité ; calmes et heureuses, elles n'ont ni passions ni soucis ; rien n'a troublé leurs regards limpides, rien ne laisse deviner le pressentiment de l'avenir réservé à l'Enfant-Dieu. Beaucoup de critiques mettent au-dessus de tout dans l'œuvre de Raphaël ces riantes et heureuses madones qui ignorent encore la sublimité de la lutte, et semblent enveloppées d'une auréole d'innocence et de naïveté (fig. 274, 275). Plus tard, Raphaël a donné à la Vierge un autre caractère ; dans la grande *Sainte Famille* du Louvre ou dans la *Vierge à la Chaise* de Florence, ce n'est plus la jeunesse candide et naïve, mais l'effusion de l'amour maternel qui constitue l'expression du tableau (fig. 276, 277).

La troisième manière dont Raphaël a conçu la Vierge se trouve résumée dans la madone de Saint-Sixte. Celle-ci est la Vierge triomphante, c'est la Reine du ciel. Tous les âges et tous les peuples ont adoré un idéal féminin. L'art grec avait représenté l'épouse dans Junon, la mère dans Cérès, la vierge dans Diane et Minerve. Le christianisme a réuni dans un même type le double aspect de l'éternel féminin, la vierge et la mère. Mais l'esprit ascétique du moyen âge la condamnait à ne voir dans son fils que son Dieu et à n'avoir pour lui que les regards de la prière. Le réveil de l'esprit moderne a replacé la maternité au premier plan. La *Vierge triomphante* de Raphaël, entourée du chœur des anges, les pieds sur les nuages, présente son Fils au monde. Ce n'est ni la vierge naïve qui ignore toutes choses, ni la mère attentive qui reçoit les caresses de son enfant, c'est la Reine du ciel qui tient dans ses bras l'Enfant divin.

Les vierges de Raphaël ont été popularisées par la gravure, et l'espace nous manque pour en donner ici une analyse même succincte. Toutes les nuances de l'amour, de l'innocence, de la grâce et de la sainteté sont exprimées tour à tour dans ces madones, dont le recueil justifie si bien l'opinion populaire, qui admire avant tout Raphaël comme le peintre de la Vierge.

LES CHAMBRES DU VATICAN. — Quand Jules II monta sur le trône, il refusa de prendre possession des appartements qu'avait occupés l'infâme Alexandre VI. On lui proposa d'effacer des peintures murales le portrait du pape. « Quand même les portraits seraient détruits, s'écria Jules, les murs ne suffiraient-ils pas à me rappeler la mémoire de ce simoniaque, de ce juif ? » Il voulut donc occuper l'appartement de l'étage supérieur, dont la décoration avait été commencée par Pietro della Francesca, Luca Signorelli, le Sodoma, le Pérugin, etc., et Raphaël fut appelé à Rome, par l'influence de Bramante, pour compléter les travaux commencés. Il commença par la chambre de la Signature, dont le Sodoma avait fait le plafond. Quand la première fresque fut peinte, Jules II fut si transporté d'enthousiasme, qu'il ordonna d'abattre toutes les peintures qui étaient déjà faites, afin que Raphaël fût chargé de la décoration entière. Celui-ci pourtant maintint celles qui avaient du rapport avec les sujets qu'il voulait traiter, et il s'opposa même à la destruction d'un plafond du Pérugin, son maître, bien qu'il fût très-différent de sa conception décorative.

Tout en répondant à un ordre d'idées qui, à cette époque, était assez général en Italie, cette

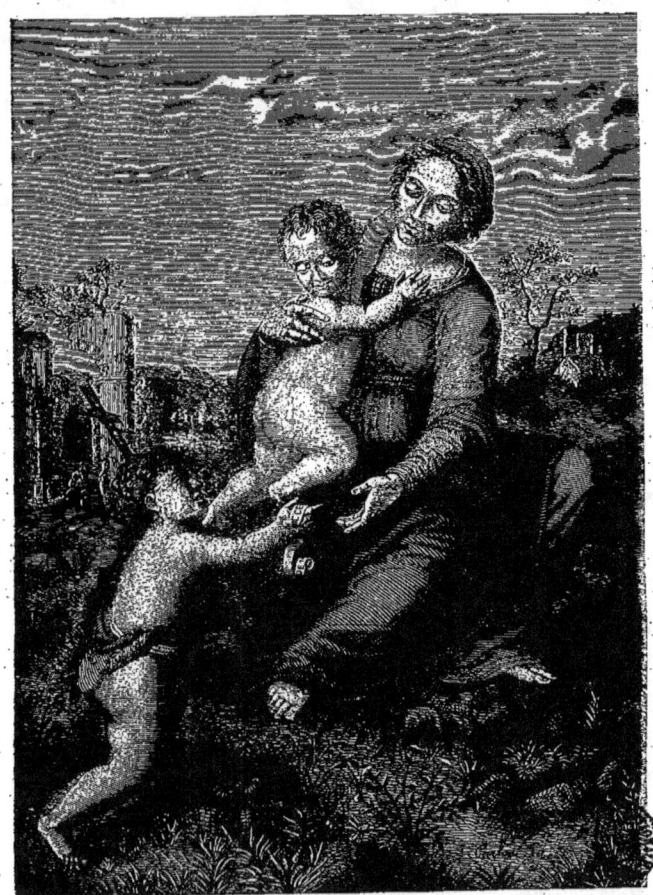

274. — LA VIERGE AU PUITS (RAPHAEL).
(Florence, Tribune.)

décoration présente une unité de vues et une élévation de pensée qui en fait une œuvre hors ligne et profondément individuelle. Dans la première chambre (dite de la Signature), Raphaël montre les différentes directions de l'esprit humain; dans la seconde et la troisième, la protection que Dieu a accordée à son Église; dans la quatrième, l'établissement du pouvoir ecclésiastique et l'histoire de Constantin. Au milieu de ces vastes compositions, Raphaël a placé ces belles figures allégoriques qui, par l'élévation du style et la beauté idéale des formes, ont élevé l'art moderne à la hauteur de l'art antique. Il avait à vaincre pour ses décorations des difficultés sans nombre; jamais peut-être aucun artiste n'a eu à faire des tableaux d'une forme aussi ingrate, puisque plusieurs sont coupés par une porte qui entre dans le tableau. Raphaël a montré dans l'ordonnance une telle souplesse, qu'il semble que cette forme bizarre soit inhérente à la pensée de l'artiste. Enfin un système ornemental, enrichi de petits tableaux en grisaille, vient compléter ce vaste ensemble, qui est peut-être ce que l'art a enfanté de plus merveilleux. Malheureusement la conservation de ces peintures laisse beaucoup à désirer. Il y a même un grand nombre de figures, surtout parmi celles qui n'appartiennent pas aux grandes fresques, dont l'état était tel au dix-septième siècle que Carle Maratte a dû les reproduire entièrement.

La composition de *la Théologie*, plus connue sous le nom de *Dispute du Saint-Sacrement*, offre une conception aussi hardie

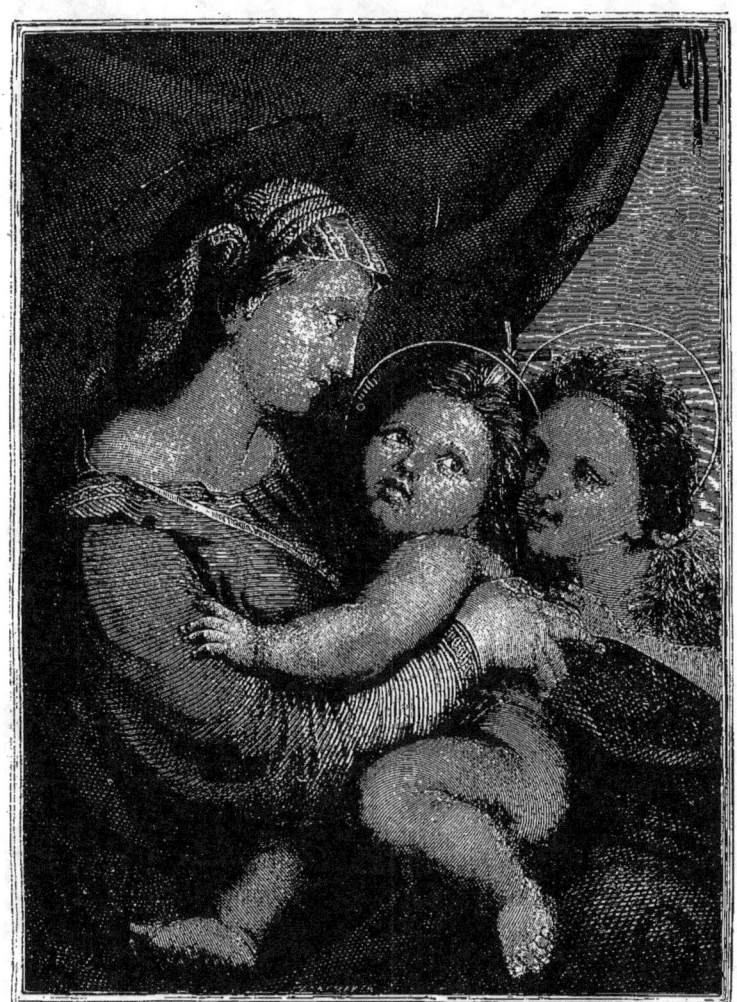

275. — LA VIERGE A LA TENTE (RAPHAEL).
(Turin, palais Madame.)

que le sujet est complexe. La scène se passe à la fois sur la terre et dans le ciel. Le Père éternel, entouré de Séraphins et de Chérubins, tient d'une main le globe terrestre, qu'il bénit de l'autre. Au-dessous, Jésus-Christ, ayant à ses côtés immédiats la Vierge et saint Jean-Baptiste. Puis, assis sur des nuages, on voit, à la droite du Christ, saint Pierre tenant la sainte Écriture et les deux clefs, Adam, le père des hommes, saint Jean, l'apôtre aimé du Christ, David, le chef de sa famille terrestre, et saint Étienne, premier martyr; à gauche, saint Paul tenant une épée, Abraham avec le couteau du sacrifice d'Isaac, saint Jacques, Moïse tenant les tables de la loi, et saint Laurent. Le Saint-Esprit, sous forme de colombe, descend sur la terre, escorté de quatre Chérubins qui tiennent les quatre Évangiles. Le milieu de la partie inférieure du tableau qui représente la terre, par opposition au ciel, est occupé par un autel, sur lequel repose le Saint-Sacrement. Le concile, exprimant la vie théologique, est réuni en demi-cercle autour de l'autel. Saint Jérôme, le type de la vie contemplative, saint Ambroise,

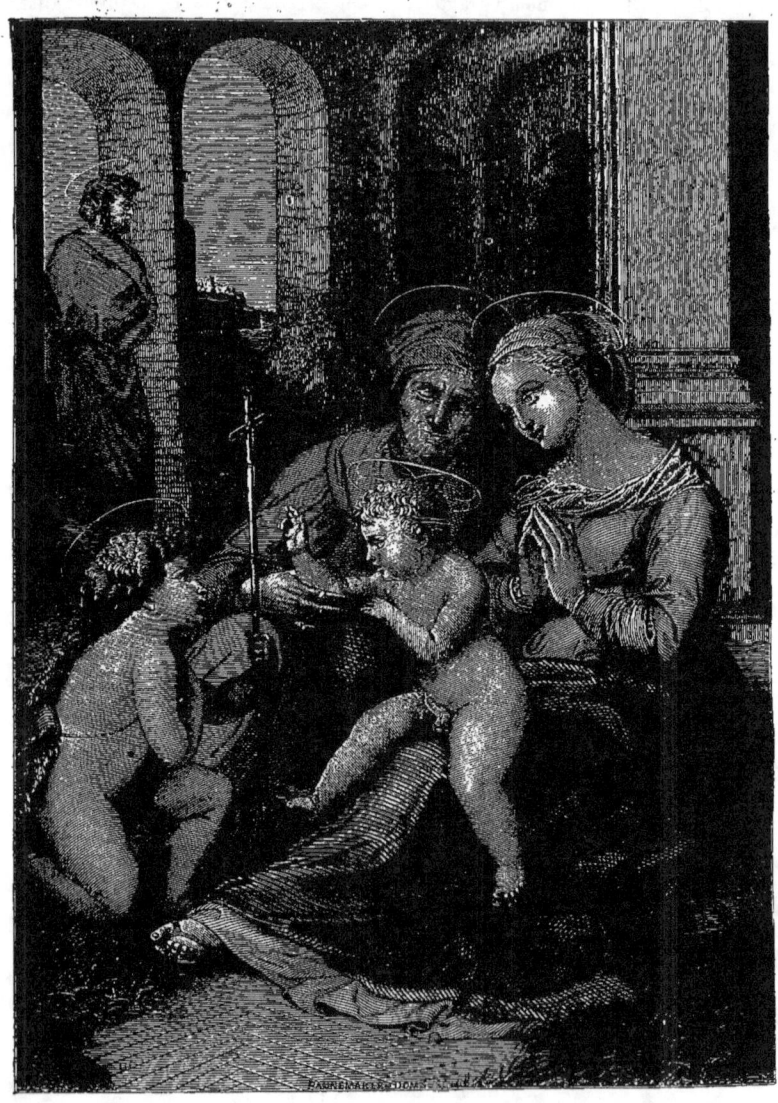

276. — SAINTE FAMILLE (RAPHAEL).
(Naples, Musée national.)

actif surtout dans l'Église militante, saint Augustin qui dicte ses pensées à un jeune homme, et en face de lui saint Grégoire le Grand, couvert de la tiare et du manteau pontifical, sont les figures les plus rapprochées du Saint-Sacrement. Viennent ensuite les autres grands docteurs de l'Église, saint Thomas d'Aquin, saint Bonaventure, le pape Anaclet, saint Bernard, Innocent III, etc.; parmi eux on remarque les figures du Dante et de Savonarole. A droite, au premier plan, un philosophe chrétien vêtu à l'antique parle à un jeune païen appuyé contre une balustrade, et, dans le groupe qui fait pendant à gauche, l'hérésie est caractérisée par la figure d'un sectaire entouré d'auditeurs, et interprétant l'Écriture, en tournant le dos aux Pères de l'Église catholique. Au second plan, les schismatiques, prêtres et autres personnages, discourent loin de l'autel. Tous sont placés sous les regards bienveillants du Sauveur, qui donne sa bénédiction au genre humain.

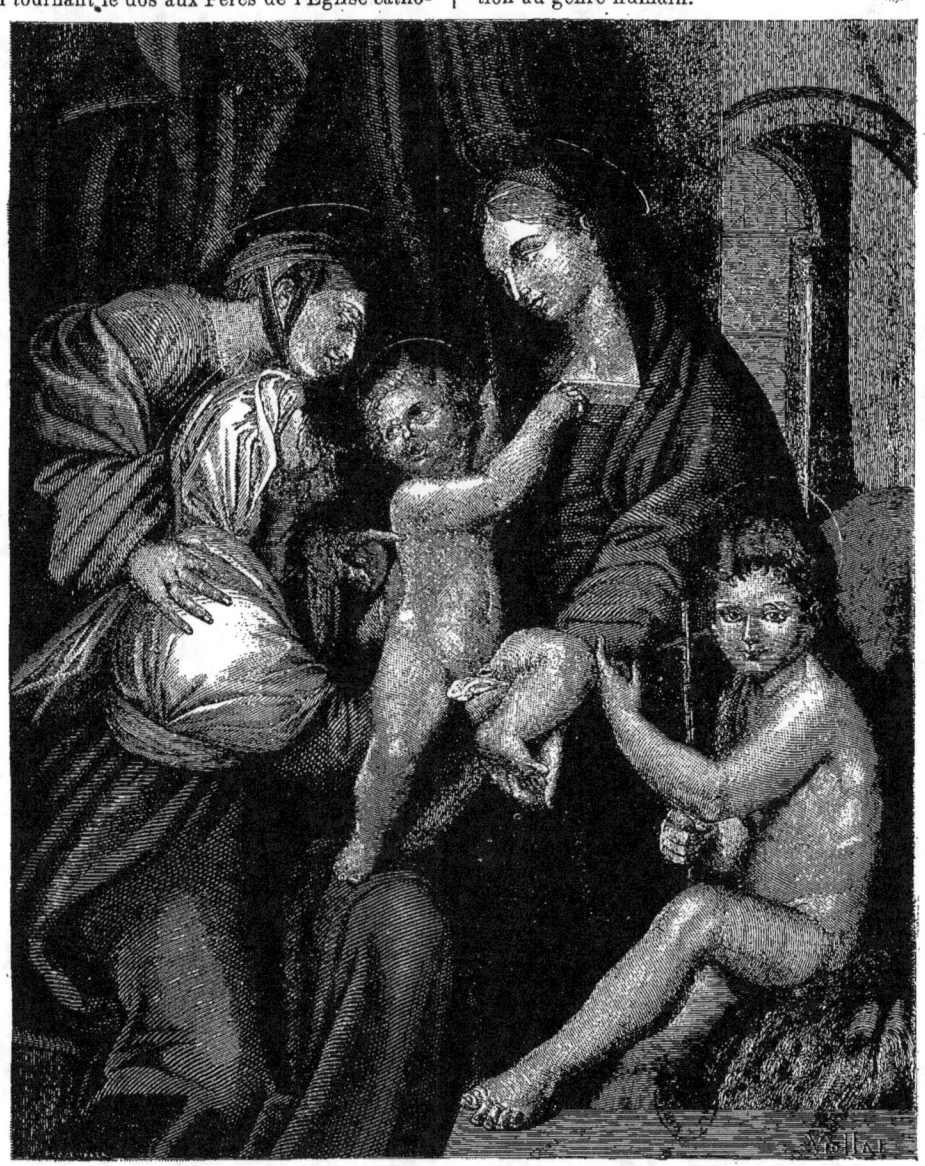

277. — SAINTE FAMILLE A L'IMPANNATA (RAPHAEL).
(Florence, palais Pitti.)

Si la *Dispute du Saint-Sacrement* symbolise la théologie chrétienne, l'*École d'Athènes* (fig. 278), placée dans la même salle, représente la sagesse antique. Sous l'arcade d'un édifice tracé par Bramante, et qu'on croit être le plan primitivement adopté pour Saint-Pierre de Rome, tous les grands philosophes sont groupés sur un escalier de marbre. Platon et Aristote occupent le centre de la composition, indiquant par leurs gestes, l'un le ciel, source de l'inspiration, l'autre la terre, source de l'observation. Le cynique Diogène est à demi couché sur les

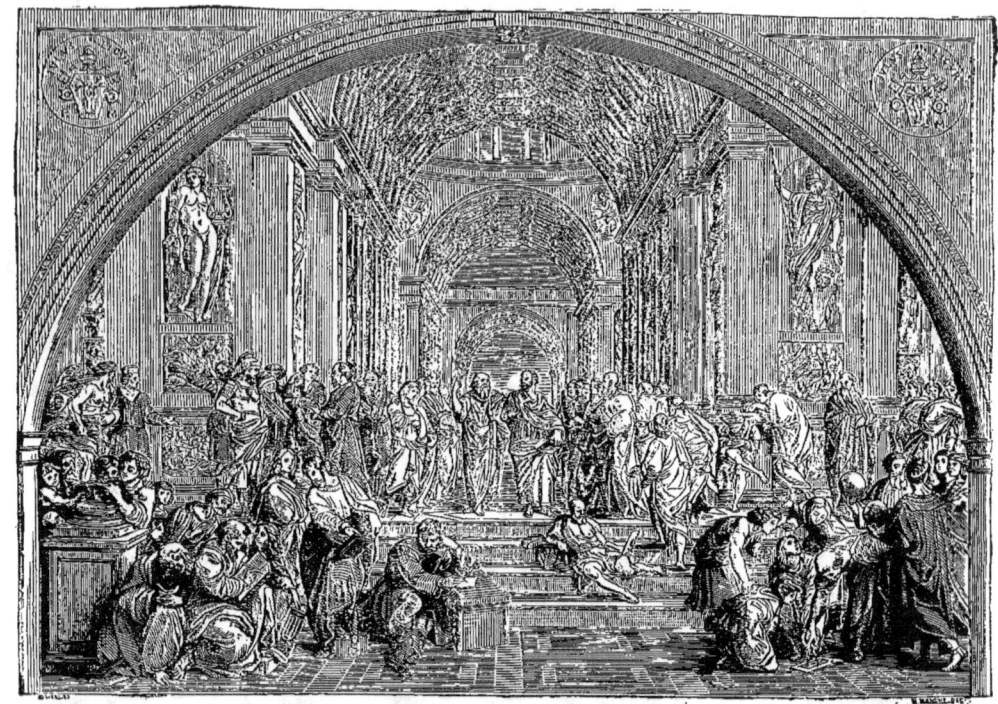

278. — ÉCOLE D'ATHÈNES (RAPHAEL).

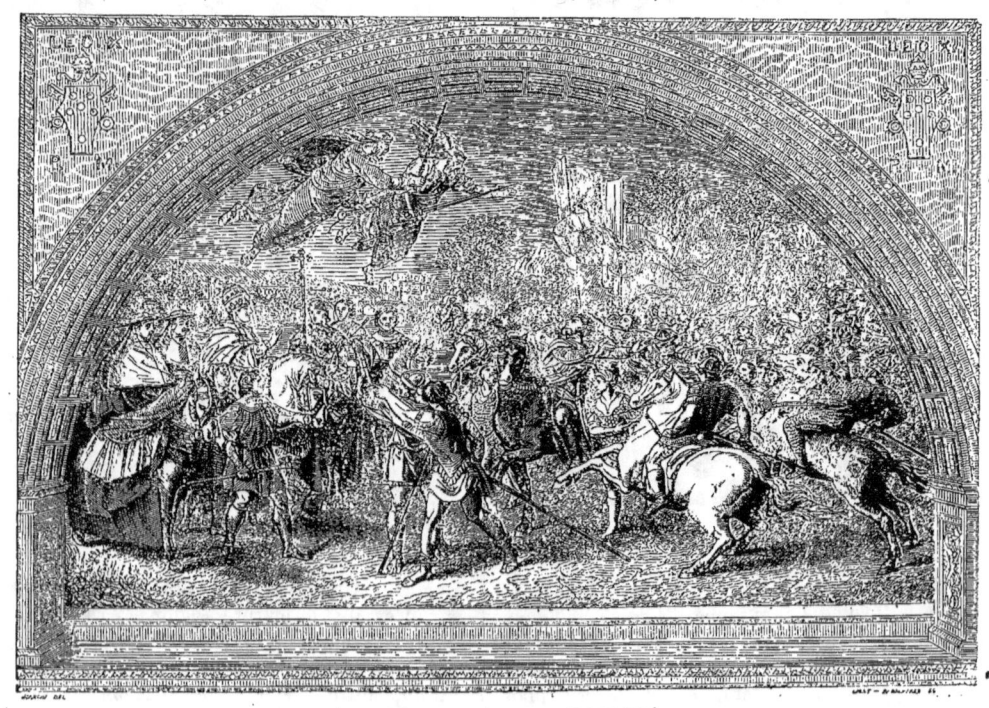

279. — DÉFAITE D'ATTILA (RAPHAEL).
(Rome, les chambres du Vatican.)

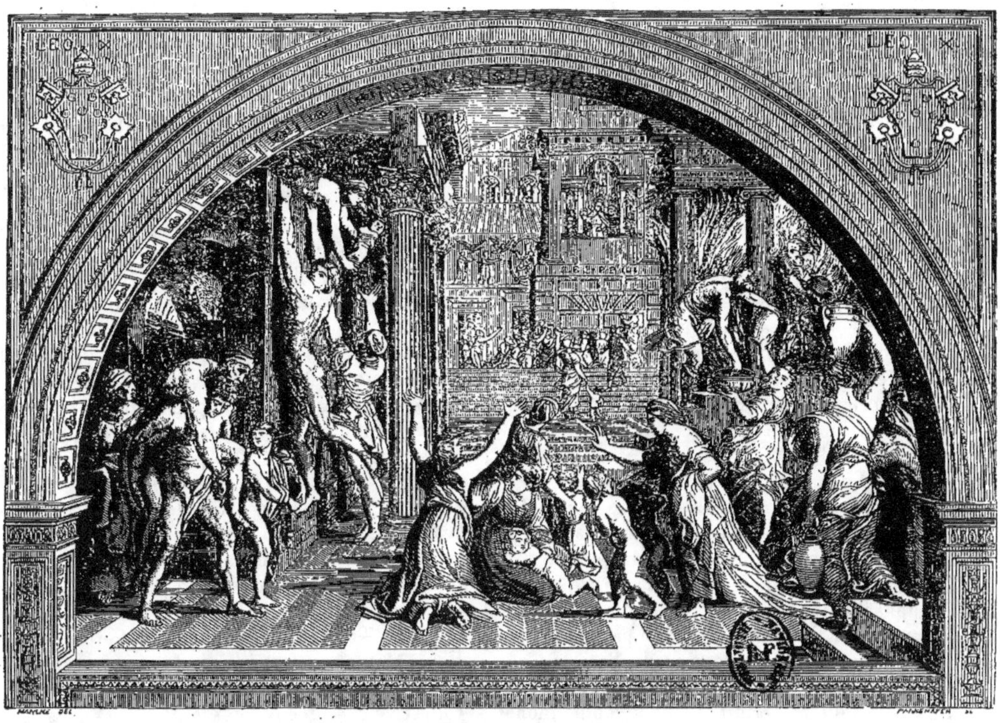

280. — INCENDIE DU BOURG.

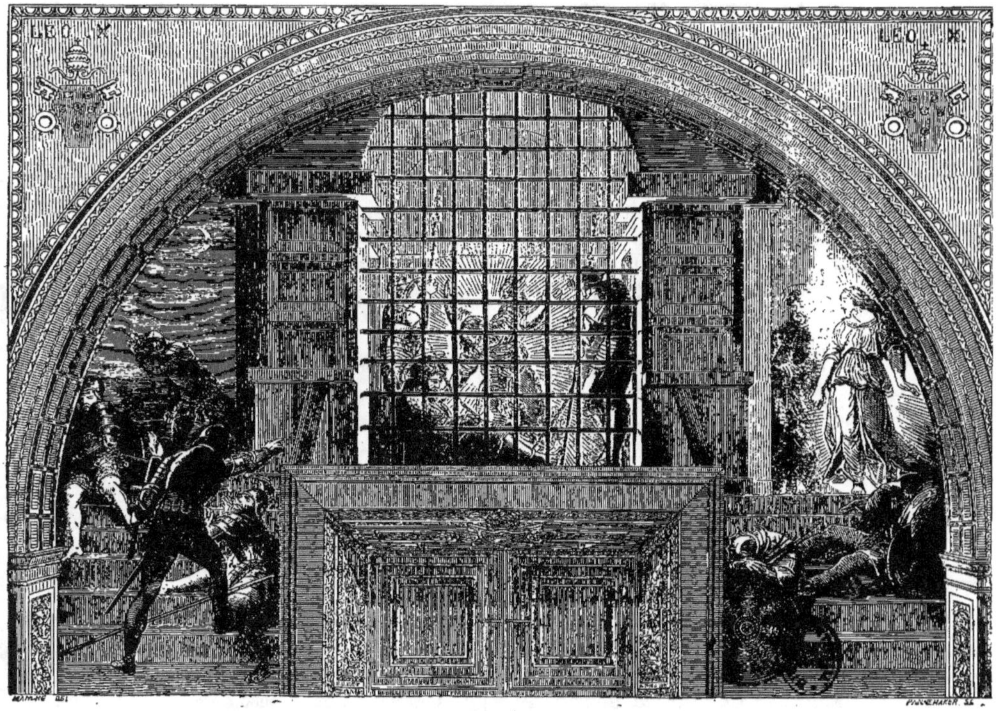

281. — DÉLIVRANCE DE SAINT PIERRE.
(Rome, les chambres du Vatican.)

marches; Archimède, sous les traits de Bramante, trace une figure de géométrie; Socrate fait à Alcibiade une démonstration; Pythagore est représenté écrivant; Zénon, Épicure, Aristippe, Zoroastre, etc., sont caractérisés par des signes qui les font reconnaître. Enfin Raphaël s'est placé lui-même, à côté de son maître Pérugin, parmi les personnages secondaires. Ce chef-d'œuvre unique, considéré comme une des plus belles pages de Raphaël et une des plus belles conceptions de l'esprit humain, a donné lieu à des commentaires sans nombre.

La *Poésie*, qui vient ensuite, devait être conçue différemment. Apollon, assis sur une éminence ombragée de lauriers, est au centre de la composition, dont les côtés sont occupés par les muses et les poëtes de la Grèce, de Rome et de l'Italie moderne. Cette grande scène présente, sous une forme mythologique, la pensée intime du peintre. Il faut avoir toute la dévotion anglicane de M. John Ruskin pour trouver mauvais qu'Apollon préside à la poésie. « Raphaël, dit le célèbre critique anglais, en peignant son Parnasse présidé par Apollon, écrivait sur les murs mêmes du Vatican l'apostasie religieuse de la peinture. » Et qui donc aurait-il voulu qu'on mît? Si nous condamnons Raphaël au nom de la foi pour s'être inspiré de l'antiquité, il nous faudra aussi condamner saint Jean, saint Paul, saint Augustin et tous les Pères, qui ont puisé dans Platon et dans la philosophie grecque.

La *Jurisprudence*, divisée en compartiments, comprend, outre les trois belles figures de femmes qui symbolisent la *Justice*, la *Force* et la *Modération*, deux scènes historiques : Justinien remettant le *Digeste* à Tribonien représente le droit civil; Grégoire IX publiant les *Décrétales* représente le droit canon.

C'est dans les salles suivantes que nous trouvons la *Messe* de Bolzène, où l'artiste semble avoir voulu rendre le miracle croyable, tant il a mis de réalité dans la représentation, et l'*Héliodore*, où il s'est dépassé lui-même par la puissance et le mouvement. Le cavalier et les deux anges qui l'accompagnent n'ont certainement pas leur équivalent dans aucun ouvrage des peintres les plus fougueux. Les mêmes qualités se retrouvent encore dans *Attila* (fig. 279); dans l'*Incendie du bourg* (fig. 280, 282), Raphaël montre une science anatomique comparable à celle de Michel-Ange; dans la *Délivrance de saint Pierre*, il ouvre à l'art un horizon nouveau, en cherchant l'impression poétique dans la conception de la lumière (fig. 281). Enfin, la *Bataille de Constantin*, exécutée par ses élèves d'après ses dessins, nous présente une mêlée furieuse qui est demeurée le modèle du genre.

LES LOGES DU VATICAN (fig. 283, 284). — Un ensemble de compositions, connu sous le nom de *Bible de Raphaël*, décore une galerie du Vatican servant de corridor et ouverte d'un côté. Cette galerie comprend treize compartiments ou loges à petites coupoles, et chaque loge comprend quatre tableaux. Quarante-huit sujets sont tirés de l'Ancien Testament et quatre du Nouveau. Raphaël avait l'intention de décorer les autres loges avec un cycle de sujets partant de la dernière scène du Nouveau Testament et comprenant l'histoire des apôtres et des principaux saints de l'Église; la mort l'a empêché de réaliser ce projet. Il a peu travaillé de sa main à l'exécution de ces fresques, dont il a donné la composition dans de petits dessins lavés à la sépia. Jules Romain a dessiné les cartons et a été aidé dans la peinture par Francesco Penni, Pellegrino de Modène, Bartolommeo de Baguacavallo, Vincenzo de San Geminiano, Polidore de Caravage et Perino del Vaga. Mais il est fort difficile de savoir au juste la part qui revient à chacun dans cette œuvre collective exécutée d'après la pensée et sous la direction du maître. La majestueuse solennité des scènes bibliques est encadrée dans un système ornemental de la plus charmante fantaisie, où les gracieuses fictions de la mythologie sont mises à contribution et enlacées dans des guirlandes ou mêlées à des architectures fantastiques (fig. 285). Toute cette ornementation est l'ouvrage de Jean d'Udine (fig. 286, 287), l'élève et l'ami de Raphaël. Cet artiste excellait dans la peinture des grotesques et dans la représentation des plantes et des animaux; comme tant d'autres, il s'est entièrement dévoué à la gloire de son maître. C'est dans une promenade que fit Jean d'Udine avec Raphaël, aux bains de Titus, qu'ils eurent l'idée de faire des ouvrages en stuc et des ornements en couleur, à la manière des anciens; et comme cela arrivait souvent sous la Renaissance, on s'est inspiré de l'antique, mais l'œuvre qui en est résultée est profondément originale. Quant à l'accusation qu'on fait à Raphaël d'avoir détruit les peintures antiques, pour qu'on ne sût pas qu'il les avait copiées, on en a depuis longtemps démontré l'absurdité. Pour compléter sa galerie, Raphaël a chargé Gian Barile de sculpter les portes, et il a composé le parquet avec des dalles coloriées et glacées de la fabrique florentine des della Robbia.

On peut voir à l'école des Beaux-Arts une reproduction de la galerie des loges, et au Panthéon, des copies exécutées par les frères Balze, d'après les principaux sujets qui décorent les chambres du Vatican.

LES CARTONS DE KENSINGTON. — Raphaël fut chargé de dessiner en grand des modèles destinés à être reproduits en tapisserie, pour la décoration de la chapelle du Vatican. Ces dessins ou cartons représentent des sujets qui ont trait à la fondation de l'Église et à l'his-

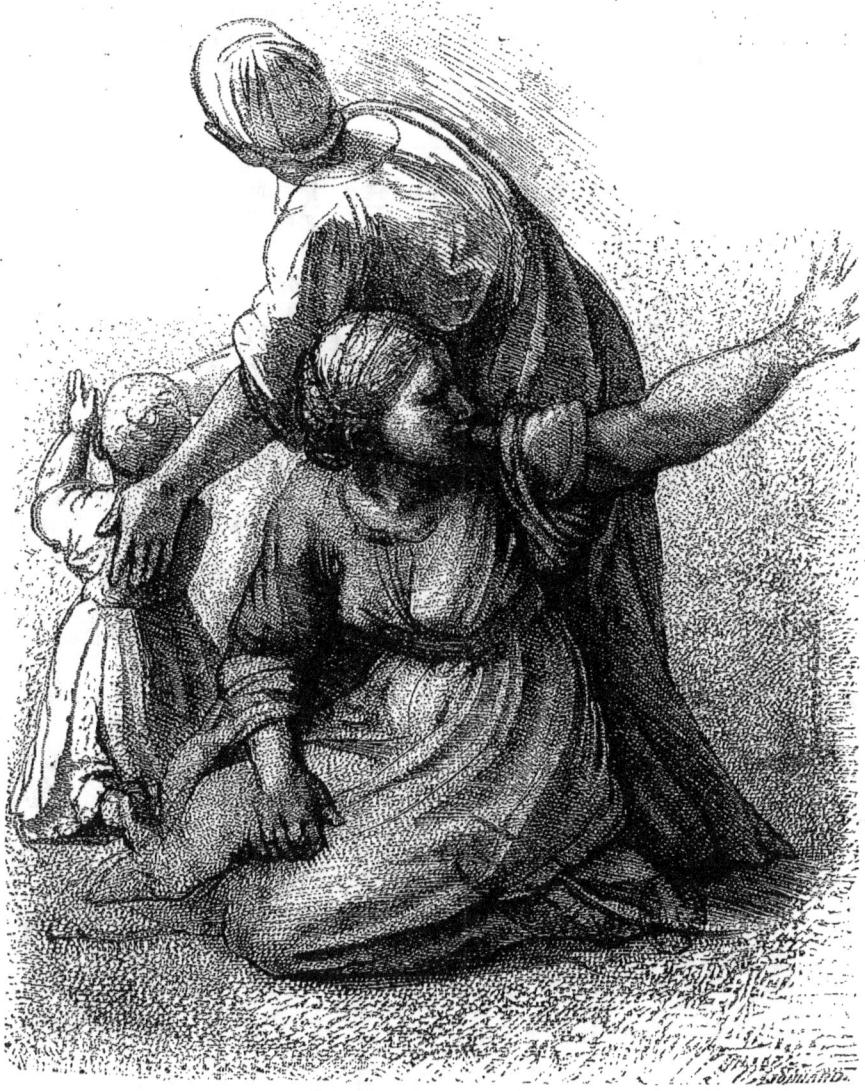

282. — GROUPE TIRÉ DE L'INCENDIE DU BOURG (RAPHAEL).
(Florence, galerie des Offices.)

toire des premiers apôtres. Ils étaient restés dans la fabrique d'Arras, où les tapisseries ont été exécutées, mais Rubens n'en trouva plus que sept au lieu de dix un siècle après. Il en parla à Charles Ier pendant sa mission diplomatique en Angleterre, et décida ce prince à en faire l'acquisition. Après la mort du roi, quand on vendit ses collections, Cromwell fit faire une exception pour les cartons de Raphaël. Ils étaient d'ailleurs en très-mauvais état, car les fabricants de tapisserie, pour faire leur besogne, les avaient coupés par bandes étroites et criblés de piqûres d'aiguille qui suivaient tous les traits du dessin. Louis XIV, ayant désiré les posséder, les fit demander à Charles II, qui consentit à les vendre; mais le comte Damby, lord trésorier, s'y opposa avec tant d'énergie, que la négociation fut rompue, et ils restèrent en Angleterre. Ce fut seulement sous Guillaume III que les morceaux furent réunis et fixés sur toile, et on construisit dans le château de Hampton-Court une salle destinée spécialement à les recevoir. Néanmoins, depuis quelques années, ils ont été transportés au musée de Kensington, où ils sont encore aujourd'hui.

Quant aux tapisseries, dont l'exécution avait été dirigée par un élève de Raphaël, Bernard

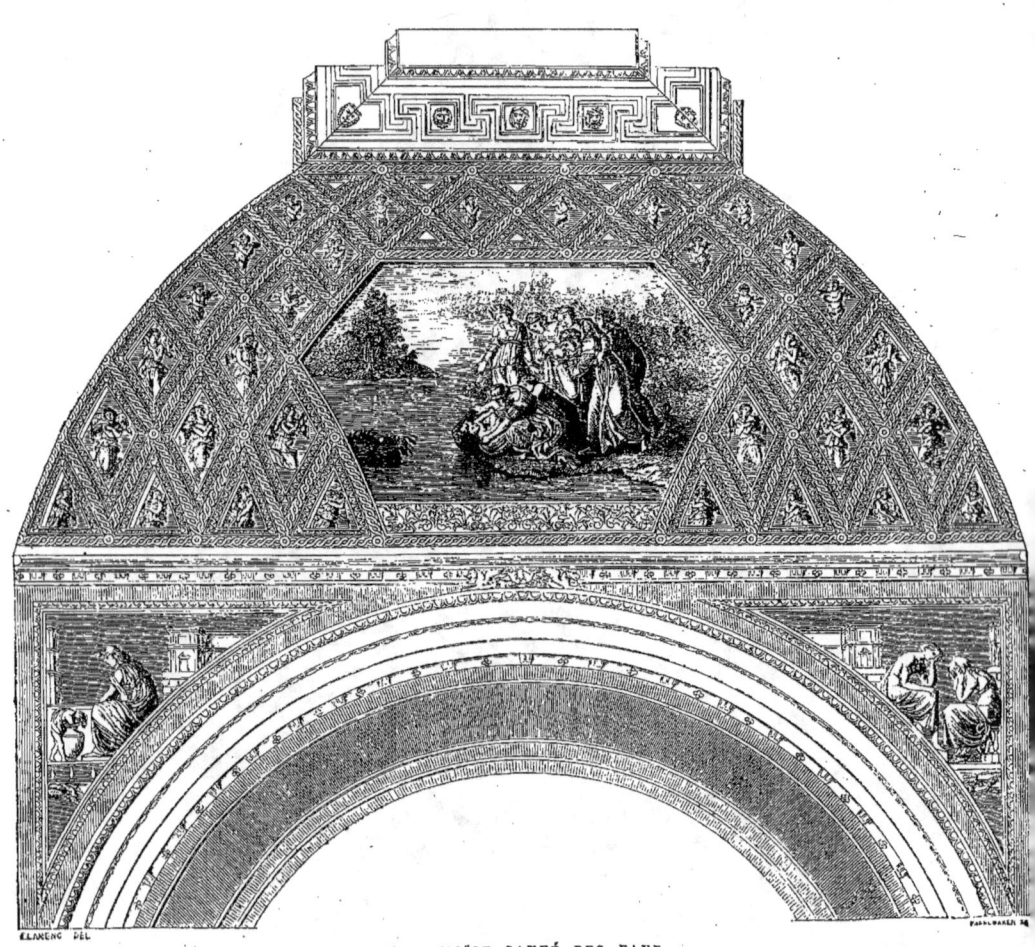

283. — MOÏSE SAUVÉ DES EAUX.
(Rome, les loges du Vatican.)

Van Orley, elles ont subi d'étranges péripéties. Elles disparurent en 1527, pendant le pillage de Rome par les troupes du connétable de Bourbon, et se retrouvèrent on ne sait comment à Lyon en 1530. Le connétable Anne de Montmorency les acheta et les rendit en 1555 au pape Jules III, comme appartenant au Saint-Siége. Mais pendant les événements qui suivirent la révolution de 1789, elles furent volées une seconde fois et passèrent dans la main des juifs, qui, pour en extraire l'or qu'elles contenaient, en soumirent une à l'action du feu; l'opération n'ayant pas été lucrative, ils vendirent les autres à des marchands de Gênes, et elles furent rachetées par Pie VII en 1808. Depuis ce temps elles n'ont plus quitté le Vatican

FRESQUES DE LA FARNÉSINE. — Le banquier Augustin Chigi chargea Raphaël de décorer son élégante demeure, qui avait été élevée sur les plans de Balthazar Peruzi, et qui est connue à Rome sous le nom de la *Farnésine*. La plus célèbre des fresques exécutées par Raphaël est le *Triomphe de Galatée* (fig. 288), qui, portée sur une conque marine, vogue doucement sur les ondes, traînée par des dauphins et accompagnée de nymphes, de tritons et de centaures

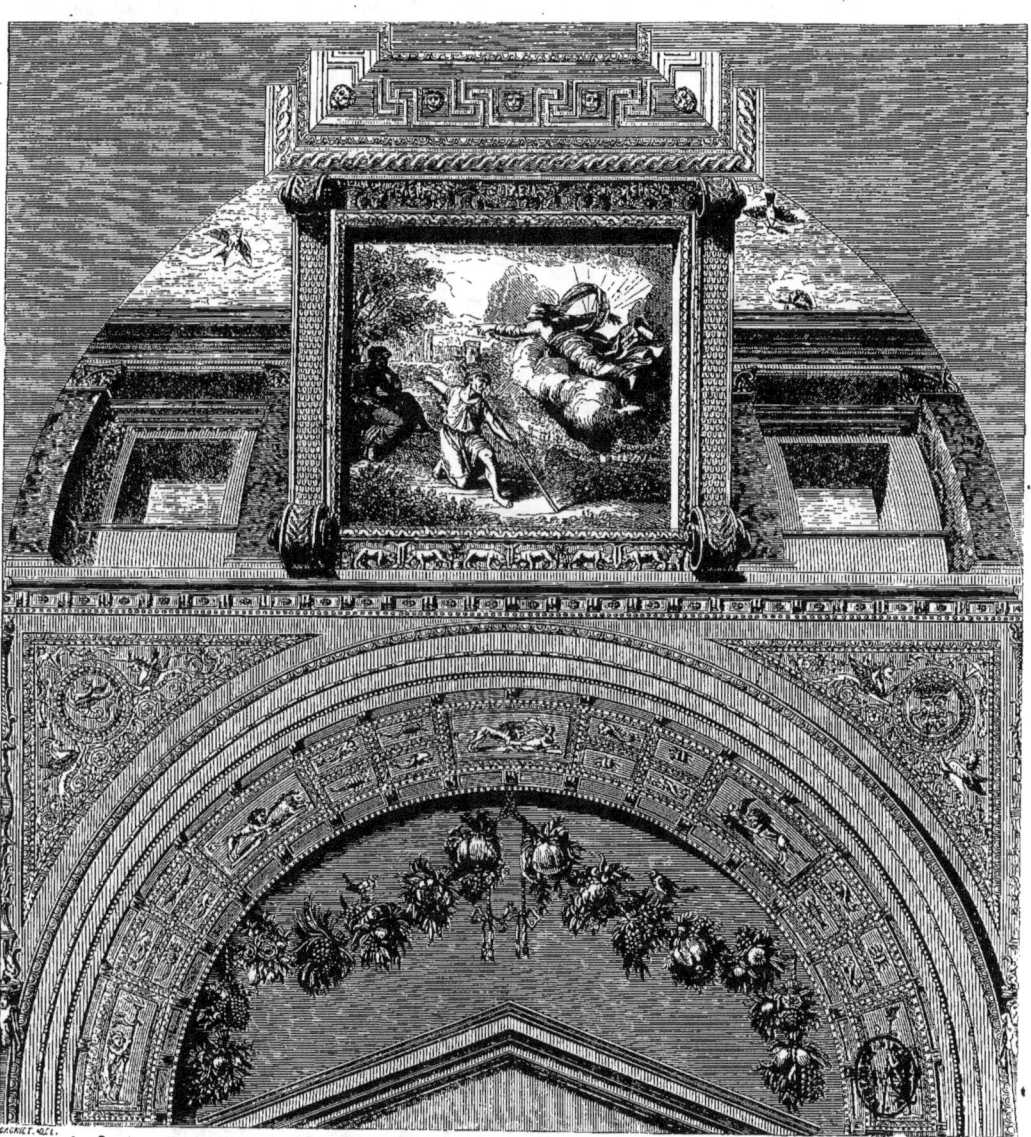

284. — DIEU ORDONNE A JACOB D'ALLER EN ÉGYPTE (RAPHAEL.)
(Rome, les loges du Vatican.)

marins. Cette fresque, dont on peut voir une excellente copie dans la cour de l'école des Beaux-Arts, paraît être entièrement de la main de Raphaël, qui, dans une lettre adressée au comte Castiglione, en parle dans les termes suivants : « Quant à la Galatée, je me croirais un grand maître, si les qualités que Votre Seigneurie y reconnaît s'y trouvaient seulement à moitié. Je lis dans vos paroles l'amour que vous me portez, et je dirai que pour peindre *une* beauté, j'aurais besoin d'en voir plusieurs, à la condition que Votre Seigneurie fût présente pour choisir la plus belle. Mais les bons juges et les belles femmes étant rares, je me sers d'une *certaine idée* qui se présente à mon esprit. Si cette idée a quelque excellence d'art, c'est ce que je ne sais, bien que je me donne de la peine pour l'acquérir.... »

Outre le *Triomphe de Galatée*, Raphaël a peint à la Farnésine deux plafonds célèbres représentant l'*Assemblée des dieux* et le *Repas des noces de l'Amour et de Psyché* (fig. 289), ainsi que des pendentifs tirés de l'histoire de Psyché (fig. 290, 292) et de petits sujets représentant des Amours. Dans le champ des lunettes, formant quatorze tableaux triangulaires, le maître a représenté des Cupidons ailés qui portent les attributs des douze grands dieux, car personne n'a excellé comme lui à rendre sensibles les idées et même les nuances morales.

L'Amour, en plaidant sa cause devant les divinités de l'Olympe, les a toutes désarmées; les plus terribles ont été vaincues aussi bien que les plus gracieuses, et maintenant les ministres de l'Amour insultent à leurs ennemis dépouillés. Nous en détachons la figure d'un petit Génie portant les attributs de Mercure et son Pétase ailé qu'il semble montrer glo-

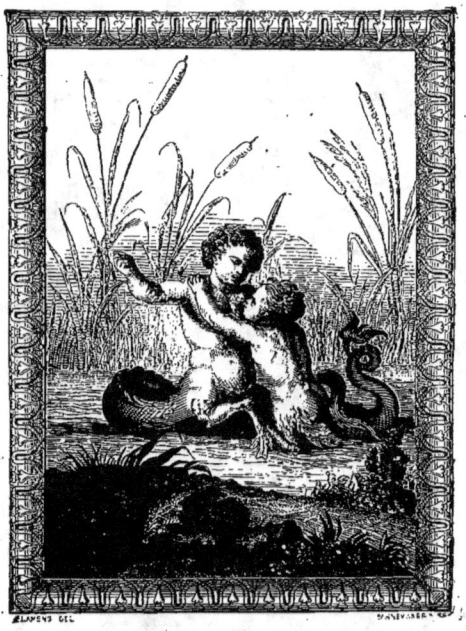

285. — MONSTRES MARINS (RAPHAEL).
(Rome, les loges du Vatican.)

rieusement, comme si le triomphe de l'Amour était d'avoir volé le dieu des voleurs (fig. 291).

Ces fresques ont beaucoup souffert et ont été retouchées par Carle Maratte.

LA TRANSFIGURATION (fig. 293). — Outre ses grandes fresques qu'on ne peut admirer qu'en Italie, ses madones qui peuplent les grands musées de l'Europe, Raphaël a peint plusieurs tableaux qui sont d'inimitables chefs-d'œuvre, tels que le *Portement de croix* du musée de Madrid, ou la *Vision d'Ézéchiel* du musée de Florence. Mais il en est un sur lequel nous sommes obligés de nous arrêter, parce que c'est le dernier ouvrage du maître : la *Transfiguration*. Dans la partie inférieure du tableau, un père amène son fils possédé du démon et implore l'assistance des apôtres, qui indiquent leur divin Maître comme pouvant seul opérer ce miracle. Jésus, entouré d'un éclat céleste et s'élevant dans les airs entre Moïse et Élie, occupe le haut du tableau, tandis que les trois apôtres saint Pierre, saint Jacques et saint Jean, éblouis par l'éclat de la transfiguration, se sont prosternés sur la montagne, où ils avaient suivi Jésus. C'est le dernier tableau d'histoire que Raphaël ait peint, comme la *Vierge de Saint-*

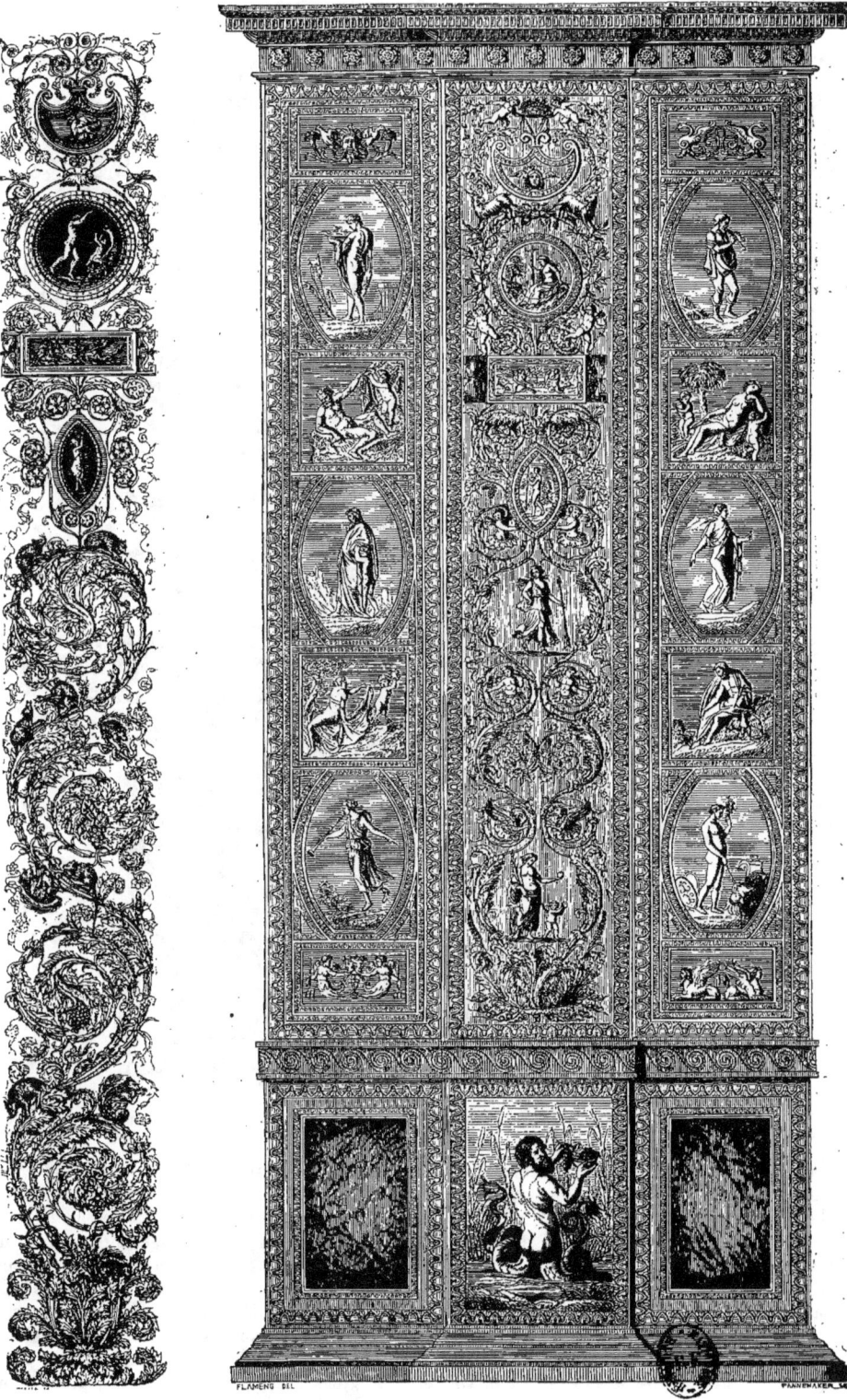

286. — ARABESQUE.   287. — ARABESQUES ET PILASTRES (RAPHAEL ET JEAN D'UDINE).
(Rome, les loges du Vatican.)

Sixte est sa dernière madone, et ces deux ouvrages sont ceux qui ont excité depuis trois siècles la plus constante admiration. La principale critique qu'on ait faite de ce tableau, c'est qu'il renferme deux sujets très-distincts : un dans le bas de la composition, un autre dans le haut. On ne peut nier néanmoins que le geste très-significatif des apôtres ne relie parfaitement la scène terrestre avec l'apparition céleste. Ce tableau, étant inachevé quand Raphaël mourut, fut terminé par Jules Romain, l'élève chéri du maître, et il est un peu poussé au noir comme toutes les peintures de cet artiste. La *Transfiguration* était destinée à la cathédrale de Narbonne; mais on ne voulut pas que ce chef-d'œuvre quittât Rome. Il fut pris par les Français, au commencement de ce siècle, et retourna en Italie après 1815.

MORT DE RAPHAËL. — Tous les artistes de la Renaissance ont été architectes en même temps que peintres, et Léon X avait chargé

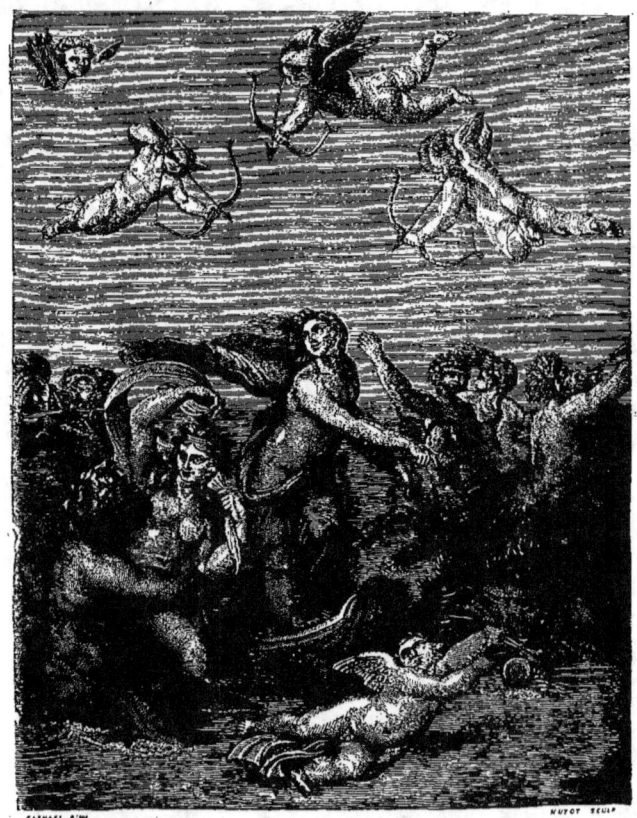

287. — TRIOMPHE DE GALATÉE (RAPHAEL).
(Rome, Farnésine.)

Raphaël de rétablir le plan des édifices de l'ancienne Rome. C'est en vue de ce travail que Raphaël fit exécuter des fouilles, et un froid qu'il gagna au milieu des ruines enfanta une fièvre maligne dont il succomba à l'âge de trente-sept ans, au jour anniversaire de sa naissance, qui était un vendredi saint. La douleur que causa sa mort est inexprimable : on lui fit des obsèques magnifiques. Derrière le catafalque était dressé le tableau inachevé de la *Transfiguration*. Une foule immense accompagna ses restes de la place Saint-Pierre au Panthéon, où il est enterré. Par son testament, Raphaël laissait tout ce qu'il possédait en objets d'art à ses élèves, et ses amis reçurent une grande partie de son bien. Une somme considérable fut aussi laissée pour doter une jeune fille, nommée Margharita, qu'il avait vivement aimée et qui depuis est devenue très-célèbre sous le nom de la Fornarina. Les récits romanesques n'ont pas manqué depuis à la mémoire de cette jeune fille, dont l'histoire est absolument inconnue, car les contemporains qui en parlent n'en disent absolument rien, sinon qu'elle fut aimée de Raphaël.

Visite au Louvre. — On pourrait presque reconstituer l'histoire artistique de Raphaël avec les tableaux que possède le Louvre. Dans la période péruginesque nous avons deux tout petits tableaux qui se rapportent évidemment à la première jeunesse de l'artiste. C'est un

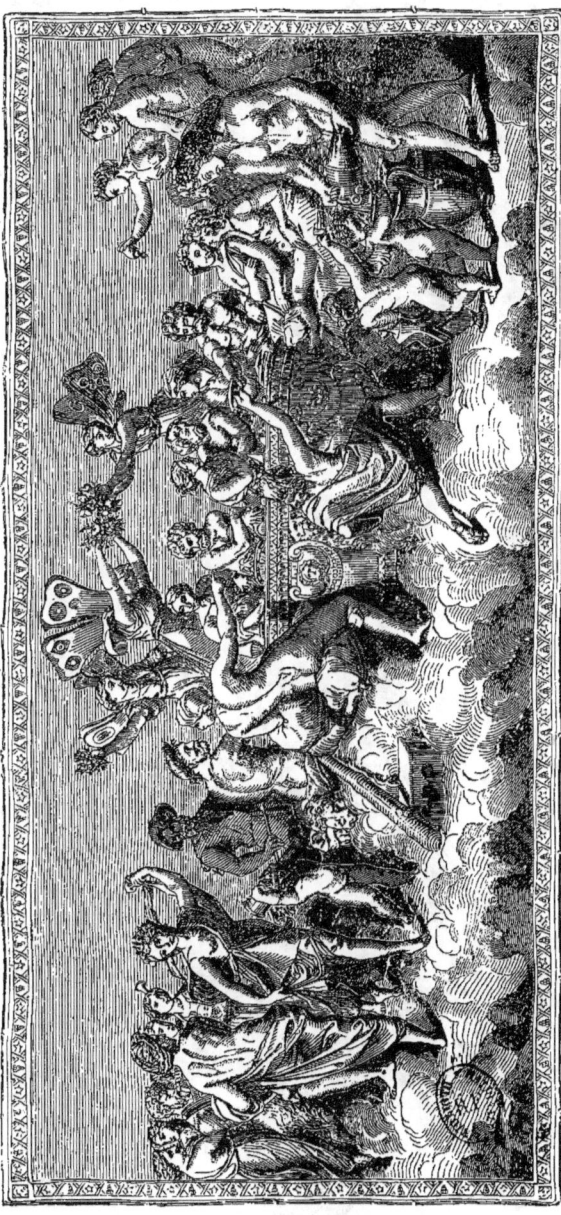

289. — LES NOCES DE PSYCHÉ (RAPHAËL).
Rome, Farnésie.

Saint Georges et un *Saint Michel* qui se font pendant et ont été peints en 1504 pour le duc d'Urbin. De la période florentine nous avons un chef-d'œuvre, la *Belle Jardinière*. Ce tableau, peint en 1508, est le dernier que Raphaël ait exécuté à Florence, au moment où il allait partir pour Rome; il est impossible de pousser plus loin la candeur et l'ingénuité que dans cette scène calme et pure, où la Vierge, dans une prairie émaillée de fleurs, contemple

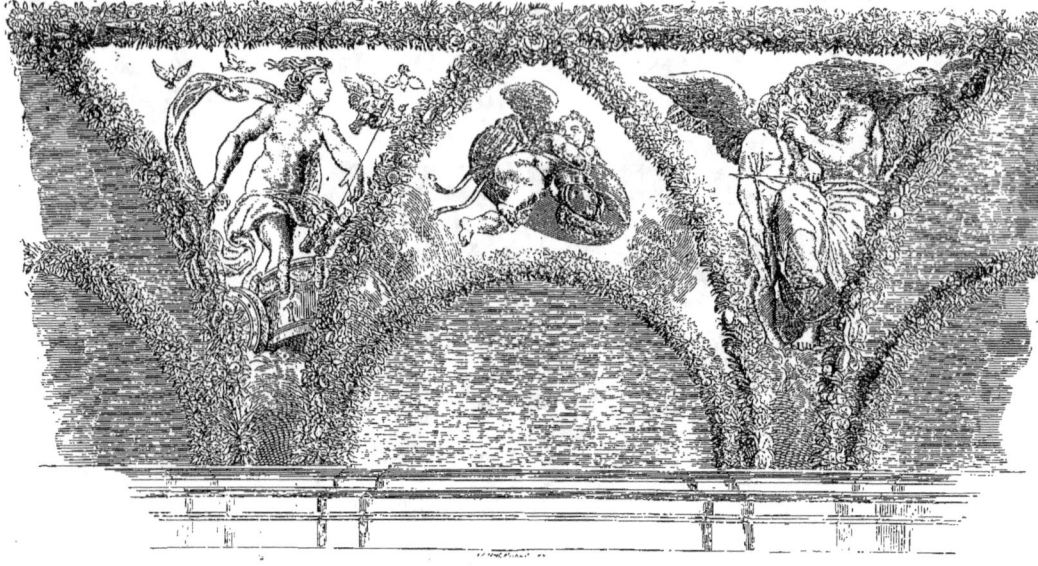

290. — PENDENTIFS (RAPHAEL).

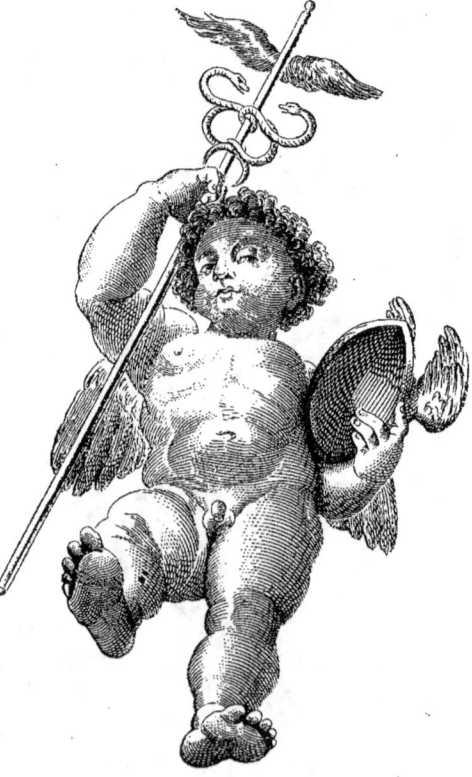

291. — GÉNIE PORTANT LES ATTRIBUTS DE MERCURE.
(RAPHAEL).
(Rome, Farnésine.)

l'Enfant-Dieu qui lève la tête vers elle. Ce n'est pas encore le style grandiose des peintures de la dernière manière du peintre; mais la grâce des mouvements, la pureté du dessin et la souplesse des figures annoncent une observation attentive de la nature, et un goût exquis dans le choix des formes. La symétrie hiératique est tout à fait abandonnée et l'impression religieuse résulte de la suavité chaste d'un type que depuis quinze cents ans l'humanité rêvait sans pouvoir le réaliser. La figure de cette madone se retrouve dans plusieurs ouvrages de Raphaël, peints vers la même époque, et passe pour avoir été faite d'après une marchande de fleurs de Florence, que l'artiste aurait aimée dans sa jeunesse. De là le nom de *Belle Jardinière* donné au tableau du Louvre. Le départ précipité de Raphaël pour Rome l'a empêché de terminer complétement ce chef-d'œuvre, dont plusieurs parties, notamment les draperies, sont restées inachevées.

La *Vierge au Linge*, connue aussi sous le nom du *Silence de la Vierge*, est encore un ravissant tableau, qui paraît appartenir à une époque un peu postérieure. La Madone, vue de profil, avec le front ceint d'un diadème, se penche vers son divin Enfant en soulevant légèrement le voile qui le couvre, pour contempler son sommeil tranquille. Mais la plus célèbre des *Vierges* que nous possédions est celle qui est connue sous le nom de grande *Sainte*

Famille de François Ier et qui appartient à la troisième manière du maître. Le premier aspect de ce tableau ne séduit pas toujours, mais l'impression grandit de plus en plus à mesure qu'on l'analyse. Ce n'est plus ici le type tranquille d'autrefois : l'Enfant-Dieu s'élance de son berceau dans les bras de sa mère, qui n'a plus la calme sérénité du premier type. Ici tout aime, tout sent, tout vibre; c'est une hymne à la famille, comme l'autre était une hymne à la pureté. Si la *Belle Jardinière* traduit merveilleusement tout ce que le passé avait rêvé et n'avait pu accomplir, la *Sainte Famille* est une conception toute moderne, que les mères de famille pourront invoquer, mais qui serait mal placée dans la chapelle d'un cloître. Dans le moment même où, au nord de l'Europe, l'esprit philosophique entraînait la Réforme à associer l'esprit de famille au sacerdoce, l'art chrétien et catholique de l'Italie évoquait cet ange qui vient répandre ses fleurs sur le chaste embrassement de

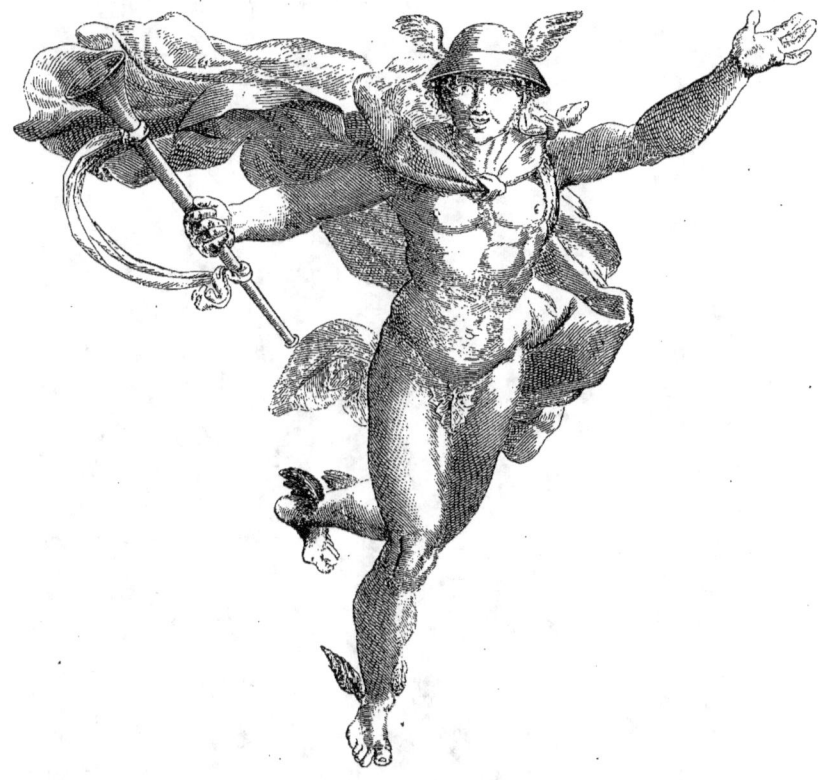

292. — MERCURE (RAPHAEL).
(Rome, Farnésine.)

la mère et de l'enfant, et couronner, au nom de la foi, le sentiment le plus beau et le plus élevé qui ait place dans le cœur humain.

Le grand *Saint Michel*, qui vient aussi de la collection de François Ier, a été peint à la même époque; malheureusement ce magnifique tableau a subi de nombreuses restaurations. Nous avons aussi au Louvre une jolie petite *Sainte Famille* cintrée par le haut, une belle figure de *Sainte Marguerite* foulant aux pieds un monstre renversé, tableau très-abîmé par les nettoyages, enfin de magnifiques portraits, un adolescent blond, un portrait de *Jeanne d'Aragon*, et celui d'un ami de Raphaël, *Balthasar Castiglione*, qui est un chef-d'œuvre.

On a replacé aussi, il y a peu d'années, un *Saint Jean-Baptiste* en très-mauvais état; il provenait de nos anciennes collections, mais il avait disparu depuis la Restauration et son histoire mérite d'être racontée. En 1820, Louis XVIII *donna* ce tableau, sur la demande du duc de Maillé, à l'église de Longpont, petit village situé près de Montlhéry (Seine-et-Oise).

Là, le tableau se détériora tellement par l'humidité, que la fabrique, ne voulant plus le conserver, parce qu'on n'y voyait absolument rien, le rendit au duc de Maillé. Celui-ci étant mort, les héritiers le trouvèrent dans un grenier, et, ne sachant pas ce que c'était, le firent vendre avec les vieux meubles de rebut. Il se présenta un acquéreur pour la somme de *cinquante-neuf francs*, et celui-ci ayant reconnu sous la crasse et les champignons que

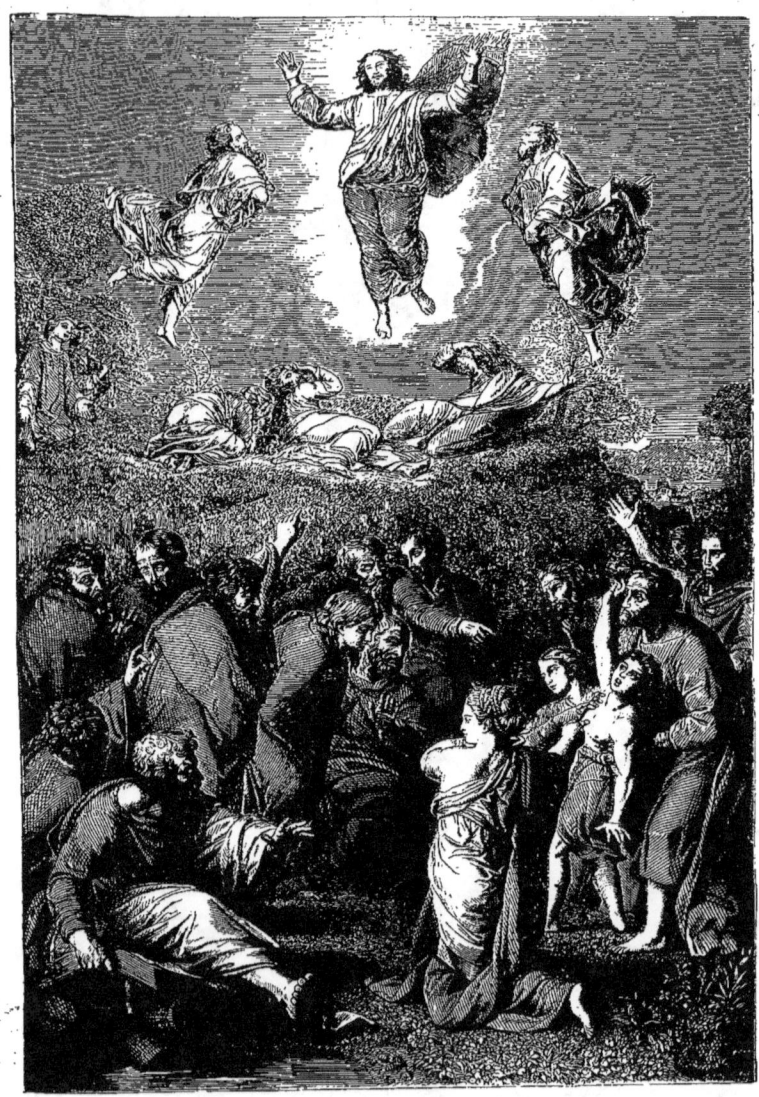

293. — LA TRANSFIGURATION (RAPHAEL).
(Rome, Vatican.)

c'était un tableau de maître, mais n'en connaissant pas la provenance, alla le proposer au Louvre pour *soixante mille francs*. Les conservateurs reconnurent le tableau du Musée et refusèrent de le rendre. Un procès s'ensuivit, et un arrêt de la Cour royale, datée de 1838, fit restituer le tableau à la liste civile, sans autre indemnité que la somme de cinquante-neuf francs. Ce tableau, malgré le soin avec lequel il a été restauré par M. Wilhems, notre habile peintre de genre, porte les marques d'une dégradation déplorable.

MARC-ANTOINE RAIMONDI. — Le plus illustre graveur de l'Italie, Marc-Antoine Raimondi était élève de Francia et fut l'ami de Raphaël. « Marc-Antoine, dit M. Ch. Blanc, est en son genre le plus grand des artistes, non-seulement à cause des chefs-d'œuvre qu'il a gravés, mais à raison de sa manière personnelle de comprendre l'art du graveur, et d'y faire

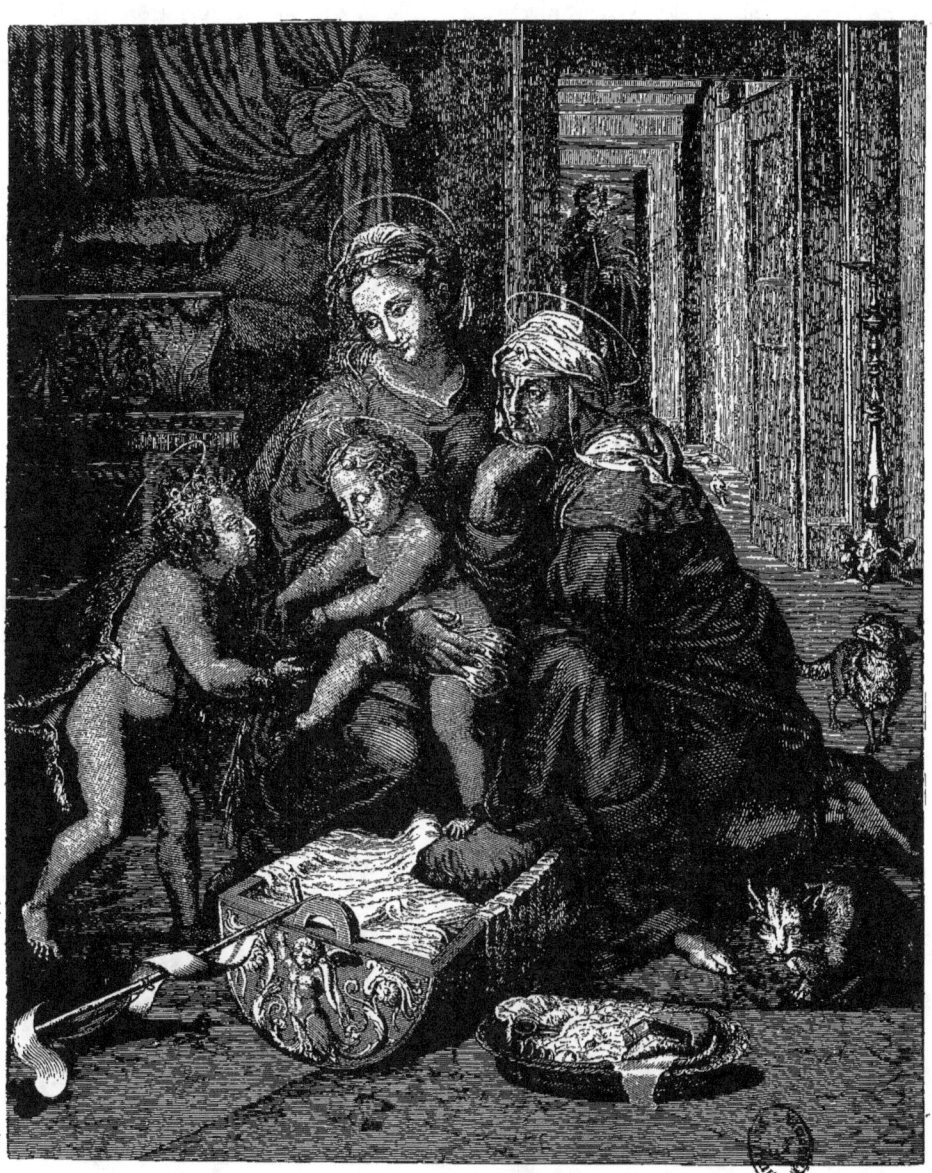

[294. — LA VIERGE AU CHAT (JULES ROMAIN).
(Musée de Naples.)

entrer la plus haute qualité de la peinture, qui est le style. Sans doute les morceaux sublimes qu'il a eu à traduire avec son burin ont puissamment contribué à sa gloire, car ce n'est pas pour rien qu'on brode sur un canevas tracé par Michel-Ange, ou par Raphaël, ou par l'antiquité. Mais si la dignité de l'original aide et porte le graveur, c'est à la condition qu'il saura se conformer aux pensées du maître et se pénétrer de son génie. Si les hautes eaux portent le nageur beaucoup plus haut que les eaux basses, encore faut-il savoir bien nager. Depuis trois siècles environ que Raphaël et Michel-Ange sont morts, nous voyons combien peu de graveurs ont su s'élever à leur niveau, ou même en approcher. Marc-Antoine, sorti de chez Francia pour venir travailler à Rome dans l'atelier de Raphaël et sous ses yeux, est le seul graveur qui ait été vraiment animé de son esprit. Sa manière mâle et sobre de couper le cuivre en le ménageant convient parfaitement à l'ampleur facile et noble des compo-

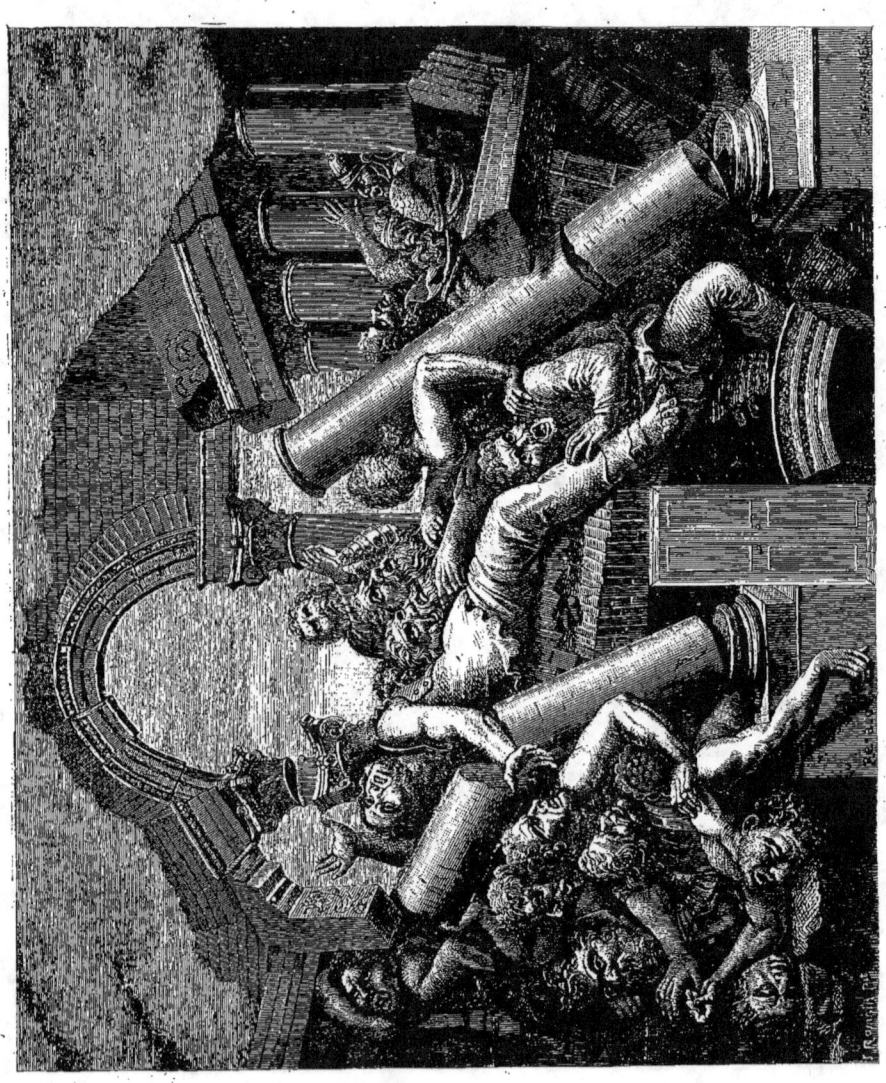

295. — DÉFAITE DES TITANS (JULES ROMAIN).
(Mantoue, palais du T.)

sitions du peintre, à ses figures dont le modèle est simple parce qu'il est vu en grand, dont la grâce paraît d'autant plus fière qu'elle se compose de grandes lignes, et dont les draperies sont d'autant plus belles qu'elles enveloppent largement la forme sans se compliquer de plis insignifiants, sans se rapetisser par de vains détails. Sous la surveillance du maître, sous l'empire de ses conseils, Marc-Antoine a conçu la gravure comme une tradition concise qui met en lumière l'essentiel, qui sait tout indiquer sans tout dire, qui, privée du langage des couleurs, insiste sur la divine beauté du contour, sur le choix des formes, sur l'élégance des mouvements, sur la perfection des extrémités, sur le caractère des têtes. En abrégeant ainsi, en réservant sur sa planche des blancs purs, le graveur fait sentir la largeur des plans principaux et il obtient sur estampe petite une image grande. »

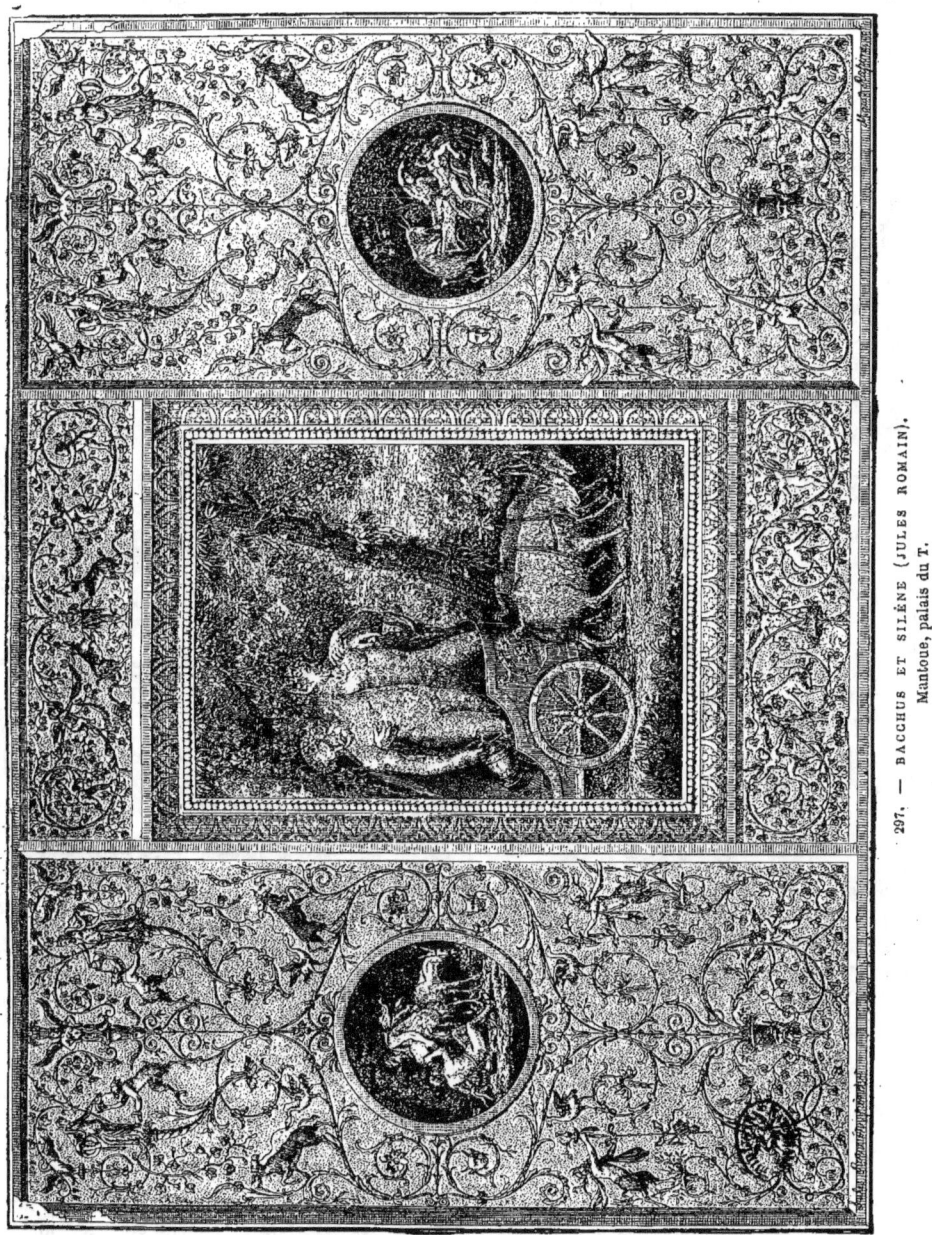

297. — BACCHUS ET SILÈNE (JULES ROMAIN). Mantoue, palais du T.

RAPHAËL ET SES ÉLÈVES. — Raphaël n'aurait pu exécuter à lui seul les immenses travaux dont il était chargé et il se faisait aider par ses nombreux élèves, dont quelques-uns étaient plus âgés que lui et avaient été ses anciens camarades. On ne trouve plus trace aujourd'hui de ces associations d'artistes, si connues sous la Renaissance. L'école était une véritable famille, où chacun vivait en commun. Si la bourse de l'un était à sec, celle de l'autre y suppléait, et celle du maître était comme le trésor commun de la communauté. L'un des membres était ordinairement chargé de mettre les comptes en ordre, de tenir le ménage, de faire les approvisionnements. Dans l'école de Raphaël, ce fut le Penni à qui échut ce rôle : de là le surnom de Fattore (facteur). La même pensée coordonnait tous les travaux, et l'affection et l'admiration que chacun portait au chef de l'école en faisait vraiment un maître dans le sens absolu du mot. Quand Raphaël se rendait au Vatican entouré de ses cinquante élèves, on eût dit un patricien de l'ancienne Rome au milieu de ses clients. Parmi ces élèves, il y en avait, comme Jules Romain, Périno del Vaga, Penni, Polydore de Caravage, qui étaient eux-

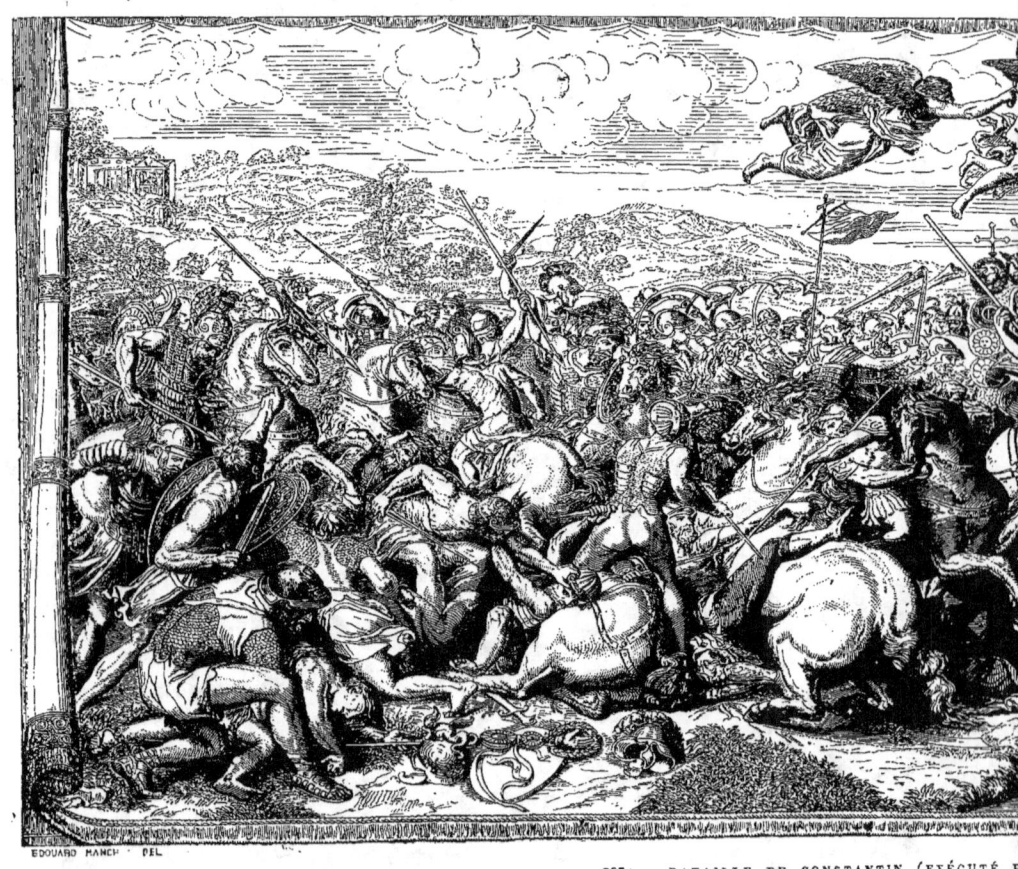

297. — BATAILLE DE CONSTANTIN (EXÉCUTÉ P

mêmes des maîtres, chargés par le chef de l'association de diriger les travaux des subalternes. Et tel était l'ascendant de Raphaël, que tous ces hommes, qui auraient pu si facilement travailler pour leur compte, préféraient vivre avec lui et contribuer à sa gloire. L'immensité et la variété de l'œuvre de Raphaël s'expliquent par le tact avec lequel il savait reconnaître l'aptitude de chacun, et utiliser tous les talents au profit du travail qu'il dirigeait.

Ainsi Polydore faisait d'admirables grisailles et était un délicieux ornemaniste; Jean d'Udine excellait à peindre les fruits, les fleurs, les animaux; il savait par cœur toutes les bêtes de la ménagerie du pape, les caméléons, les perroquets, les singes, les éléphants, les lions, tous les oiseaux et les reptiles de la zone torride. Ce fut à l'aide de ces deux artistes que Raphaël couvrit les murs du Vatican de ces délicieuses arabesques, qui sont la merveille de la fantaisie et du goût dans l'ornementation.

Parmi les élèves de Raphaël, le plus illustre est Giulio Pippi, dit Jules Romain (1499-1546). Il était entré fort jeune à l'atelier de Raphaël, qui le prit en grande affection et l'employa dans ses immenses tableaux du Vatican et de la Farnésine. Ce fut lui qui fut chargé d'exécuter dans la salle de Constantin les grandes fresques dont Raphaël avait donné les dessins (fig. 297). Après la mort de son maître, Jules Romain voulut ouvrir à son tour une école, mais il fut bientôt appelé à Mantoue par le duc Frédérick Gonzague, et il déploya dans cette ville ses talents comme architecte, comme ingénieur et comme peintre. C'est lui qui bâtit près de Mantoue ce fameux château du T, qu'il a décoré de peintures étranges, où son talent

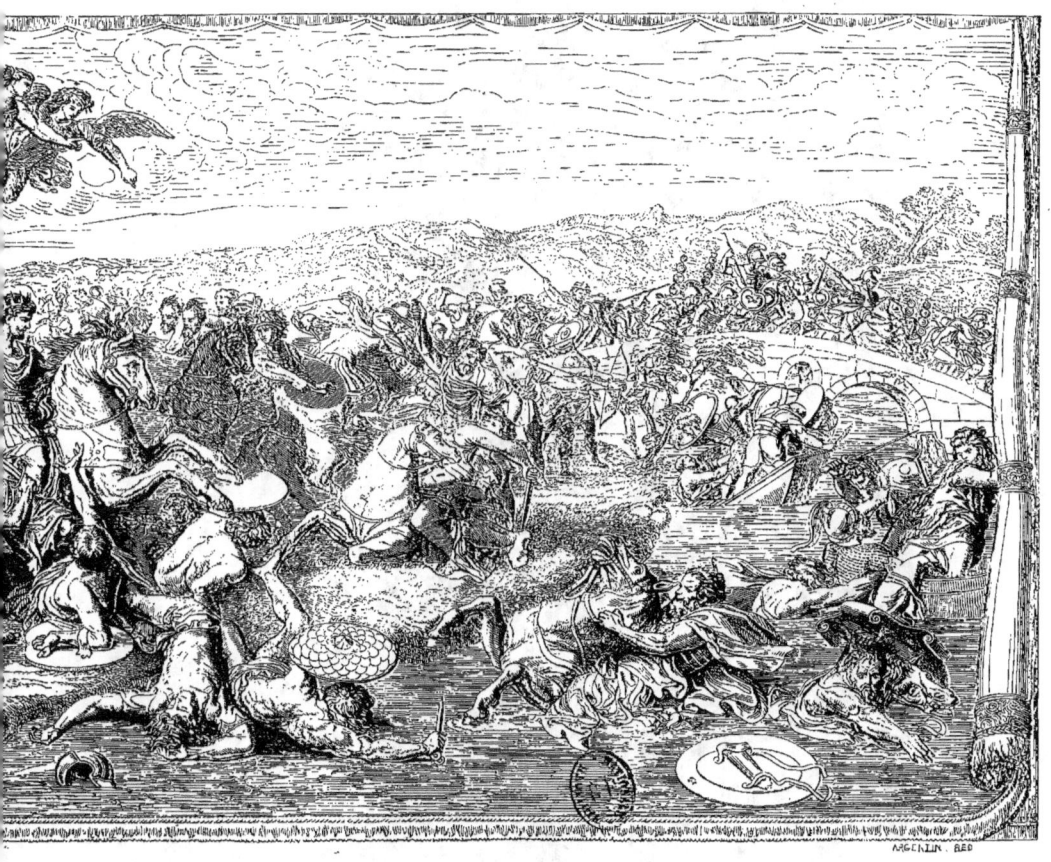

(JULES ROMAIN D'APRÈS LES CARTONS DE RAPHAEL).
(Vatican.)

fougueux et violent, n'étant plus contenu par Raphaël, semble se rapprocher davantage de Michel-Ange, dont pourtant il n'a pas l'ampleur (fig. 295, 296).

Après le sac de Rome par le connétable de Bourbon, les disciples de Raphaël furent disséminés par la force des choses. Perino del Vaga, dépouillé et mis à nu par les bandes allemandes, parvint à s'enfuir à Gênes où il travailla quelque temps (fig. 298); Polydore Caldara se sauva à Naples, et de là à Messine, où il fut assassiné. Les doctrines de Raphaël furent bientôt oubliées partout, et si son nom demeura respecté, son influence artistique s'effaça derrière celle de Michel-Ange, qui vécut encore longtemps après lui.

Visite au Louvre. — Le musée possède plusieurs tableaux de Jules Romain : une *Nativité*, une *Vierge,* un sujet mythologique *Vénus et Vulcain,* un tableau d'histoire le *Triomphe de Titus et de Vespasien,* et un excellent portrait de l'artiste peint par lui-même. Il y a en

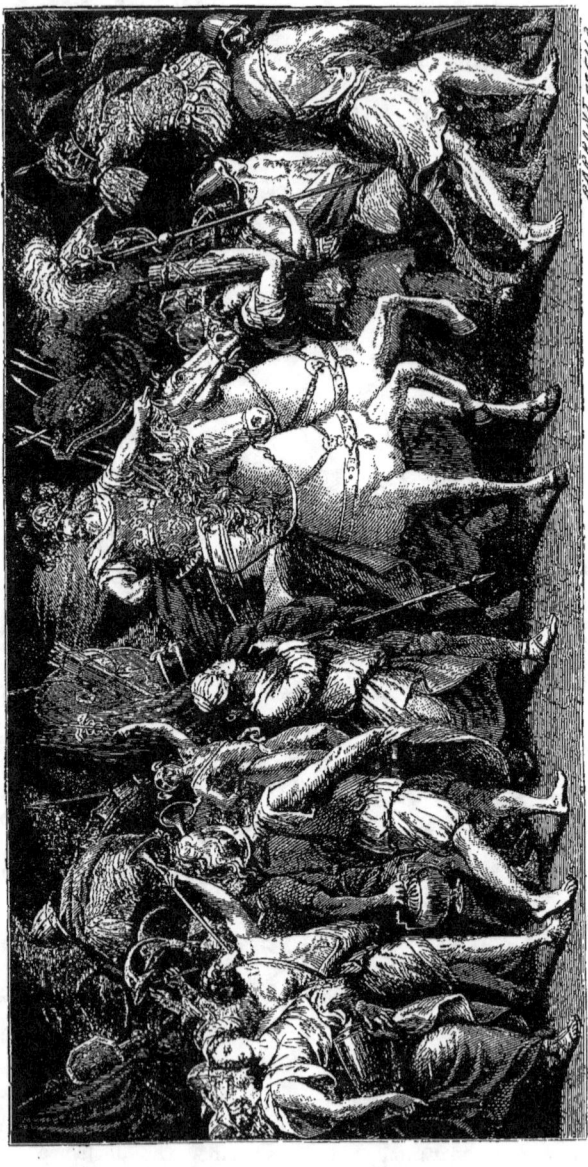

298. — TRIOMPHE DE SCIPION (PERINO DEL VAGA).
(Gênes, palais Doria.)

outre au musée des dessins de grands cartons en détrempe, sur des sujets historiques d'un style monumental. De Polydore Caldara, nous avons une esquisse peinte en détrempe qui représente Jupiter entouré des divinités de l'Olympe.

LES COLORISTES.

L'ÉCOLE VÉNITIENNE. — L'histoire de l'école vénitienne est l'opposée de Florence. Dans celle-ci, en effet, nous voyons l'art s'élaborer petit à petit, et arriver par une série d'efforts successifs de Cimabuë à Giotto, à Masaccio, et enfin à Michel-Ange. Venise est restée complétement étrangère aux premiers mouvements de la renaissance des arts. On y faisait pourtant beaucoup de peinture, mais c'était toujours de la mosaïque et ces mosaïques sont presque toujours byzantines. L'église Saint-Marc était, outre son caractère religieux, le dépôt sacré des trophées de la république. Aussi les doges y firent-ils exécuter de grands travaux, presque sans interruption, depuis le onzième siècle jusques et y compris le siècle d'or. Mais, étant toujours en relation avec l'Orient, il était naturel qu'on fît venir de Grèce même les artistes qui, dans le reste de l'Italie, furent les instituteurs en toutes choses, mais qui purent à Venise, à cause de l'isolement de cette ville, rester maîtres de la place. Les peintures mêmes que Giotto exécuta à Padoue n'eurent pas d'influence sur eux, et comme les lagunes de Venise ne pouvaient pas renfermer d'antiques, le goût de l'érudition et de l'imitation des anciens s'y développa beaucoup plus tard qu'ailleurs. En revanche, quand la peinture s'y est produite, elle est arrivée subitement à sa perfection. L'abîme qui sépare l'école florentine de l'école vénitienne vient de ce que, dans la première, l'expression accompagne et suit l'idée, tandis que dans la seconde tout le génie de l'artiste est employé à la contexture du tableau et ne voit rien au dehors de sa toile. Quand Raphaël s'entretient avec Fra Bartolommeo sur les types divins, celui-ci lui montre le ciel, source de l'inspiration; Angelico de Fiesole jeûne et se prosterne avant d'oser peindre le Christ; Michel-Ange, sans cesse assiégé par l'idée de Florence qui tombe, entraînant l'Italie dans sa chute, sculpte et peint avec des rages concentrées; son émotion, qui déborde, prépare la voie au maniérisme, qui voudra imiter les résultats sans avoir puisé aux mêmes sources. Suivons maintenant Giorgione et Titien, Paul Véronèse et le Tintoret, ces merveilleux artistes dont toute la vie n'a obéi qu'à une seule et unique conviction, le désir de bien peindre. Aussi l'art vénitien ne présente ni les lugubres inspirations d'Orcagna, ni les colères et les désespoirs de Michel-Ange, parce que personne ne ressentait rien d'analogue; il se fit décoratif et sensuel, parce que le luxe et le plaisir absorbaient seuls le sentiment public. Les reproches qu'on a faits aux artistes vénitiens d'avoir manqué par le cœur, d'avoir suppléé à l'expression par l'aspect, à la pensée par la sensation, s'appliquent à la société vénitienne, dont ces artistes faisaient partie. Mais l'histoire a offert plus d'une fois le spectacle d'un peuple dont toutes les aspirations sont tournées vers le luxe et le plaisir; Venise seule a eu la gloire de leur donner une signification artistique de premier ordre.

LES MOSAÏSTES. — C'est à ses perpétuels rapports avec l'Orient que Venise a dû son goût pour la couleur et l'art décoratif. Si on veut chercher l'origine de la peinture vénitienne, c'est en étudiant les vieux mosaïstes byzantins qu'on pourra la trouver. « Après le dixième siècle, dit M. Viardot, après cette sombre époque, la plus ténébreuse du moyen âge, l'intervention des Grecs dans l'art italien n'est plus seulement conjecturale, elle devient historique. Ce fut dans le onzième siècle, sous le doge Selvo, que les Vénitiens amenèrent les mosaïstes grecs chargés de décorer leur Saint-Marc, dont la construction avait été commencée par le doge Orseolo, vers la fin du siècle précédent. Leurs principaux ouvrages furent le *Baptême du Christ* et la célèbre *Pala d'oro*. Cette *Pelle d'or*, qui forme une espèce d'abside au-dessus du maître-autel, offre un bel exemple de l'art riche des Byzantins. Faite à Constantinople, augmentée à Venise, elle est composée de plaques d'or et d'argent sous émail lucide, et renferme, encadrés dans une foule d'ornements symétriques, divers traits des Écritures et de la légende de saint Marc, mêlés d'inscriptions grecques et latines à demi barbares. Il y a dans la même basilique, au dedans et au dehors, une foule d'autres mosaïques de la même époque et des mêmes auteurs. Telle est sur la grande paroi de droite l'histoire du *Christ aux Oliviers*, dans laquelle on voit Jésus, plus grand que les arbres et que la montagne, représenté dans trois attitudes successives, pour mieux expliquer son mouvement, d'abord droit, puis à demi courbé, puis prosterné la face contre terre. Après la prise de Constantinople par les croisés (1204), les mosaïstes grecs de Venise fondèrent dans cette ville une grande corporation et une grande école, qui s'étendit promptement à Florence, où elle subsista jusqu'à Giotto et qui fournit des artistes à toute l'Italie. » (Louis VIARDOT.)

LES PEINTRES VÉNITIENS. — Les frères Gentile et Jean Bellini peuvent être regardés comme les pères de l'école vénitienne. Ils étaient fils et élèves de Jacques Bellini, qui fut renommé principalement dans le portrait, et furent chargés de décorer la salle du grand conseil à Venise. Gentile Bellini fut envoyé par le sénat, en 1479, auprès du sultan à Constantinople, et y fut reçu avec les plus grands honneurs. Les Turcs inspiraient alors une terreur universelle, et les récits du voyage de Gentile Bellini passèrent en Italie à l'état de légendes. On racontait qu'à propos d'un tableau de la *Décollation de saint Jean-Baptiste*, une discussion s'était élevée entre le peintre et le sultan sur la manière de représenter une tête coupée; Mahomet, pour appuyer son opinion, aurait abattu devant l'artiste la tête d'un esclave. Gentile Bellini, qui parcourut aussi l'Égypte et l'Orient, y contracta le goût du pittoresque, qui est la forme habituelle de son

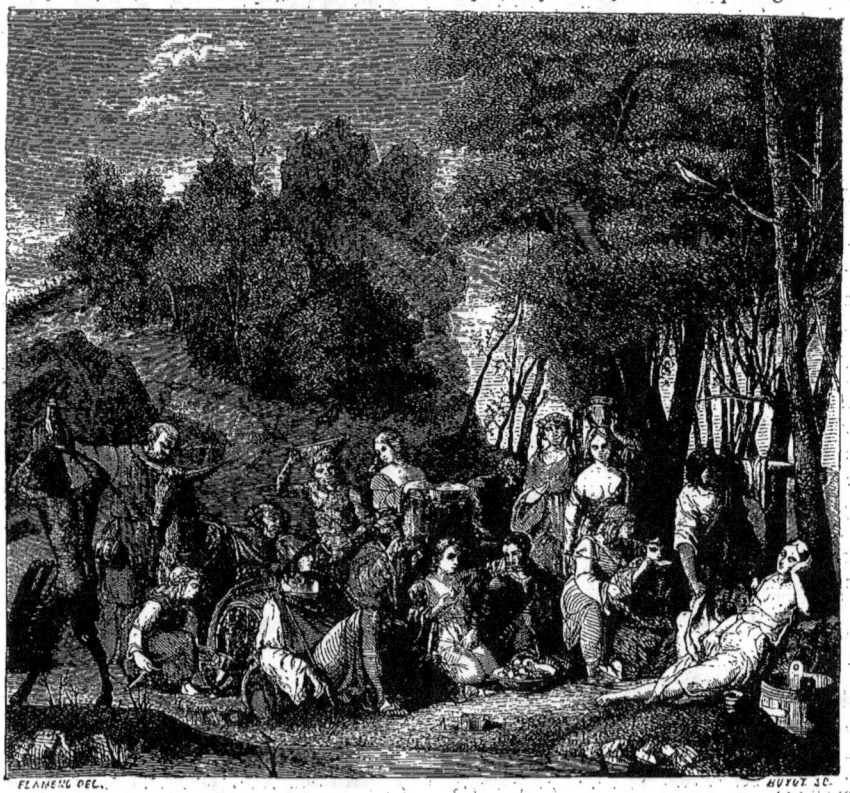

299. — LES DIEUX SUR LA TERRE (J. BELLINI).
(Rome, collection Comuccini.)

talent. Dans le tableau de la *Prédication de saint Marc*, les personnages sont vêtus à la vénitienne ou à la turque, et l'église Saint-Marc de Venise se voit dans le fond, quoique la scène se passe à Alexandrie. Le dédain absolu de la vérité historique, qu'on a souvent reproché à l'école vénitienne, se montre ainsi dès le début.

Jean Bellini (1426-1516) eut du talent fort jeune et fut un des grands partisans de la peinture à l'huile (fig. 299). C'est un des maîtres les plus importants dans l'histoire de l'art. Des-

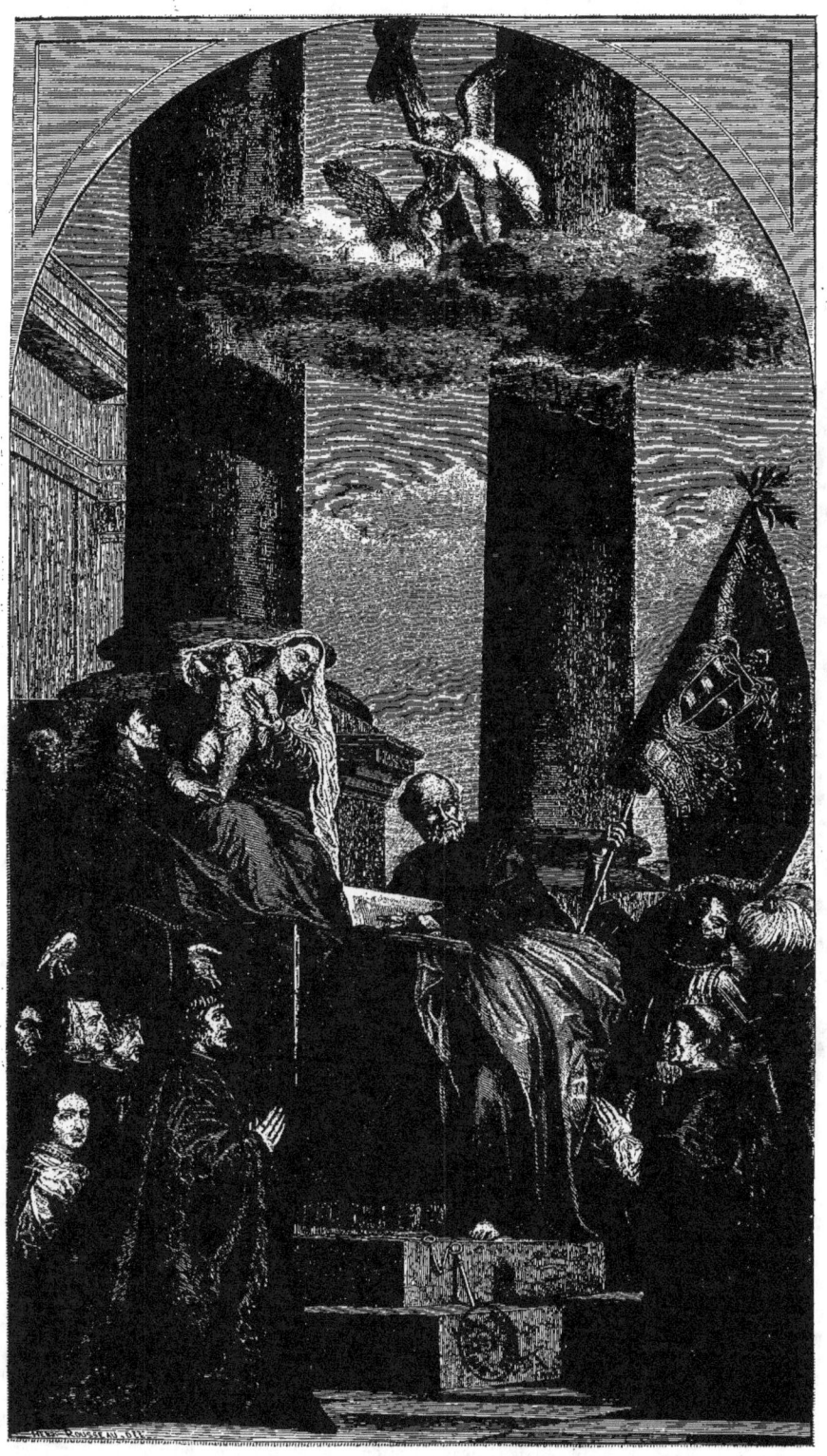

200. — LA FAMILLE PESARO (TITIEN).
(Venise, église des Frari.)

sinateur correct et quelquefois un peu sec, comme tous les fondateurs des grandes écoles de peinture, il eut Giorgion et Titien pour élèves à soixante-deux ans, et leur talent fut pour lui un stimulant qui lui fit agrandir sa manière, de sorte que ses plus grands chefs-d'œuvre datent de sa vieillesse. A quatre-vingts ans, il s'engoua d'Albert Durer, qui se trouvait alors à Venise, et se modifia une troisième fois au contact du peintre de Nuremberg. On sait l'admiration que toute l'Italie manifesta pour le grand maître allemand. Raphaël avait son portrait dans sa chambre, peint par lui-même; et quand Jules Romain, qui en avait hérité, eut réuni à Mantoue une riche collection d'œuvres d'art de toute espèce, il ne cessait de dire que ce portrait était ce qu'il possédait de plus beau. Les œuvres les plus importantes de Jean Bellini ont péri, entre autres les grandes peintures dont il avait décoré le palais Ducal et auxquelles il avait consacré douze ans. Elles devinrent la proie des flammes en 1577. A quatre-vingt-dix

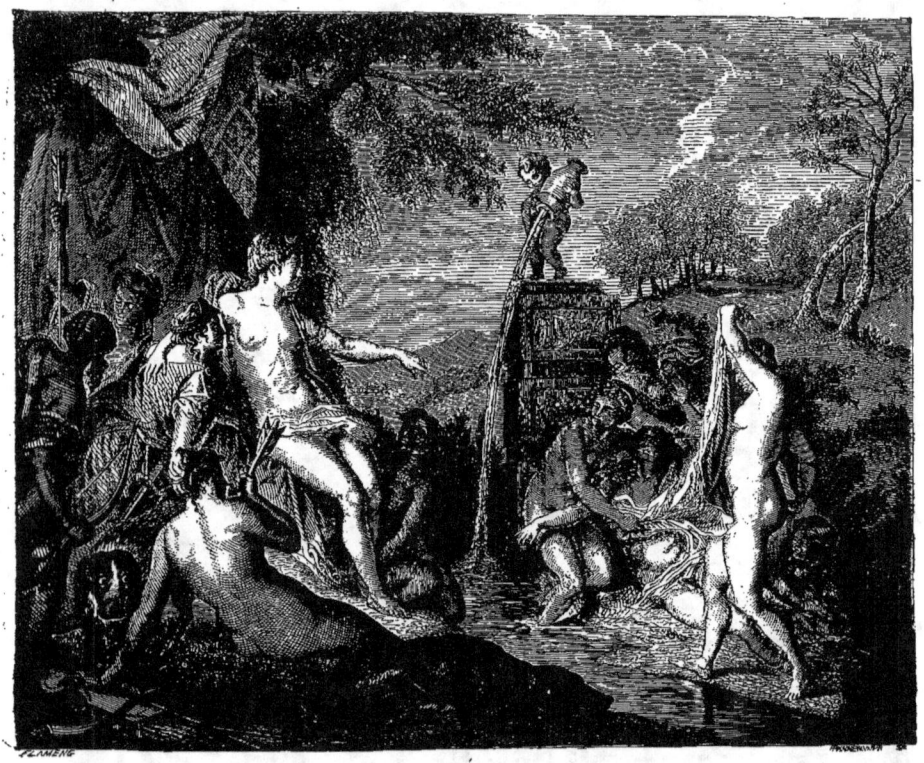

301. — DIANE ET CALISTO (TITIEN).
(Rome, Académie de Saint-Luc.)

ans, quand la mort vint le frapper, il avait entrepris d'importants travaux dans le palais de Cornaro.

Giorgio Barbarelli, dit le Giorgion (1477-1511), naquit à Castel Franco, dans la province de Trévise. Vasari prétend que ce fut la vue des ouvrages de Léonard de Vinci qui forma son talent. Giorgion fut très-jeune considéré comme un grand maître et exerça une grande influence sur le Titien, son condisciple et son admirateur. Il a surtout travaillé à Venise, où il concourut à la décoration du palais Ducal, et où il exécuta un grand nombre de fresques, dont beaucoup n'existent plus. Cet admirable artiste est mort à trente-trois ans.

D'abord élève du fameux mosaïste Zuccato, ensuite de Jean Bellini, le Titien (Tiziano Vecellio, 1477-1576) avait commencé par faire des tableaux dans la manière de son maître; ce fut en prenant pour modèle les œuvres de Giorgione, son ancien condisciple, qu'il agrandit sa manière. Mais dans un travail qu'ils furent chargés de faire ensemble, le Titien, qui en avait eu la moindre part, sembla supérieur à son rival, et, celui-ci étant mort très-jeune, le Titien devint le chef incontesté de l'école. Le Titien, homme de plaisir dont la vie heureuse et facile n'a été qu'une longue suite de triomphes, ne pouvait apporter dans ses conceptions cette austérité qui vient des combats intérieurs et des longues méditations. Mais ce qu'il n'a pas ressenti, il l'a compris, car l'art supplée à tout, et devant plusieurs de ses tableaux religieux l'émotion gagne le spectateur et la pensée fait presque oublier la peinture. Néanmoins son véritable élément est bien plutôt la mythologie : c'est dans ses nymphes, ses bacchantes, ses Vénus, c'est dans ses paysages où courent les satyres, dont ces groupes d'enfants qui font le cortége obligé de Bacchus, qu'il peut déployer son vrai tempérament et montrer des chairs palpitantes, des épaules nues qu'ombragent des cheveux dorés, de belles femmes voluptueusement cambrées (fig. 301). Il était peu scrupuleux pour la chasteté du pinceau, et le matérialisme décidé de sa peinture répond à une des tendances que nous avons signalées dès le début de la Renaissance. Peu soucieux de l'exactitude quand il traite des sujets historiques, il est pourtant un des premiers artistes à étudier pour connaître la physionomie de son temps. Ses admirables portraits ne sont pas seulement des représentations, mais des types de caractères, ceux des hommes les plus éminents de son siècle, qui tour à tour sont venus poser devant lui. Durant sa longue carrière, toute vouée au travail, le Titien a abordé tous les sujets et les a tous traités avec supériorité. Mais il est plus poëte que philosophe et plus peintre que poëte. Si le but suprême de la peinture était seulement d'exprimer la vie et de charmer les sens, il serait incontestablement au-dessus de tous les autres. Mais dans le vaste domaine de l'art, le but est multiple, comme les chemins qui y conduisent, et quand un artiste se place au premier rang, il y a encore place à côté de lui pour un autre.

Le Titien n'a pas d'égal pour le portrait (fig. 300), et il a représenté tous les plus grands personnages de son temps, entre autres les papes Jules II, Clément VII et Paul III, les rois François Ier (de France), Charles-Quint, Philippe II, etc. A l'âge de soixante-dix ans, il accompagna l'empereur en Allemagne; quelques biographes assurèrent même qu'il vint en Espagne, mais ce fait a été contesté. Ce fut seulement dans sa vieillesse qu'il visita Rome, où il fut reçu par Michel-Ange; Raphaël n'existait plus !

La peste de 1576 enleva le grand homme à quatre-vingt-dix-neuf ans, et, tandis qu'il gisait mourant dans son appartement désert, des voleurs dévalisèrent sa maison sous ses yeux. Le sénat, dérogeant à la loi qui ordonnait de détruire les cadavres pestiférés, lui fit faire de magnifiques obsèques. Aucun artiste n'a reçu de plus grands honneurs que le Titien. Ami de Charles-Quint, qui l'avait créé chevalier et comte palatin de l'empire, exempté par un décret spécial d'impôts que la république avait établis, recherché par Léon X et François Ier dont il repoussa les offres, sa vie entière est une suite de triomphes; il eut pour protecteurs tous les princes de son siècle, pour amis tous les hommes illustres de son temps.

Paolo Caliari (1530-1588), dit Véronèse, du nom de Vérone sa ville natale, était fils d'un sculpteur avec lequel il fit ses premières études. Son oncle, Antonio Badile, qui était peintre, l'aida aussi de ses conseils, et lui fit copier, pendant plusieurs années, des gravures d'Albert Durer, alors fort en honneur à Venise. Le cardinal Hercule de Gonzague, appréciant la valeur du jeune peintre, l'emmena à Mantoue et le chargea de différents travaux. A la suite d'un concours établi par les procurateurs de Saint-Marc pour la peinture des plafonds de la bibliothèque, les rivaux de Paul Véronèse lui décernèrent eux-mêmes la chaîne d'or destinée aux vainqueurs. Paul Véronèse fit un voyage à Rome, où l'étude de Raphaël, de Michel-Ange, et surtout des chefs-d'œuvre de l'antiquité, agrandit encore sa manière, et, à son retour à Venise, il se trouva tellement recherché que, malgré sa prodigieuse facilité, il pouvait à peine suffire aux travaux publics ou particuliers qu'on lui demandait de toutes parts. Le sénat le créa bientôt chevalier de Saint-Marc, et il était au comble de sa gloire, lorsque, ayant suivi une procession dans un jour très-chaud, il contracta une maladie dont il mourut à l'âge de cinquante-six ans.

Dans sa manière de comprendre la peinture, Paul Véronèse obéissait à une théorie décidée autant qu'à son propre sentiment. Il avait horreur du banal, et prétendait que tous les tableaux religieux qu'on faisait étaient copiés les uns sur les autres. Ridolfi décrit des dessins, derrière lesquels sont des notes manuscrites, entre autres celle-ci : « Si jamais j'en ai le temps, je veux représenter un repas somptueux dans une superbe galerie, où l'on verra la Vierge, le Sauveur et saint Joseph. Je les ferai servir par le plus brillant cortége d'anges qui se puisse imaginer, occupés à leur offrir, dans des plats d'argent et d'or, des viandes exquises et une abondance de fruits superbes. D'autres s'emploieront à leur pré-

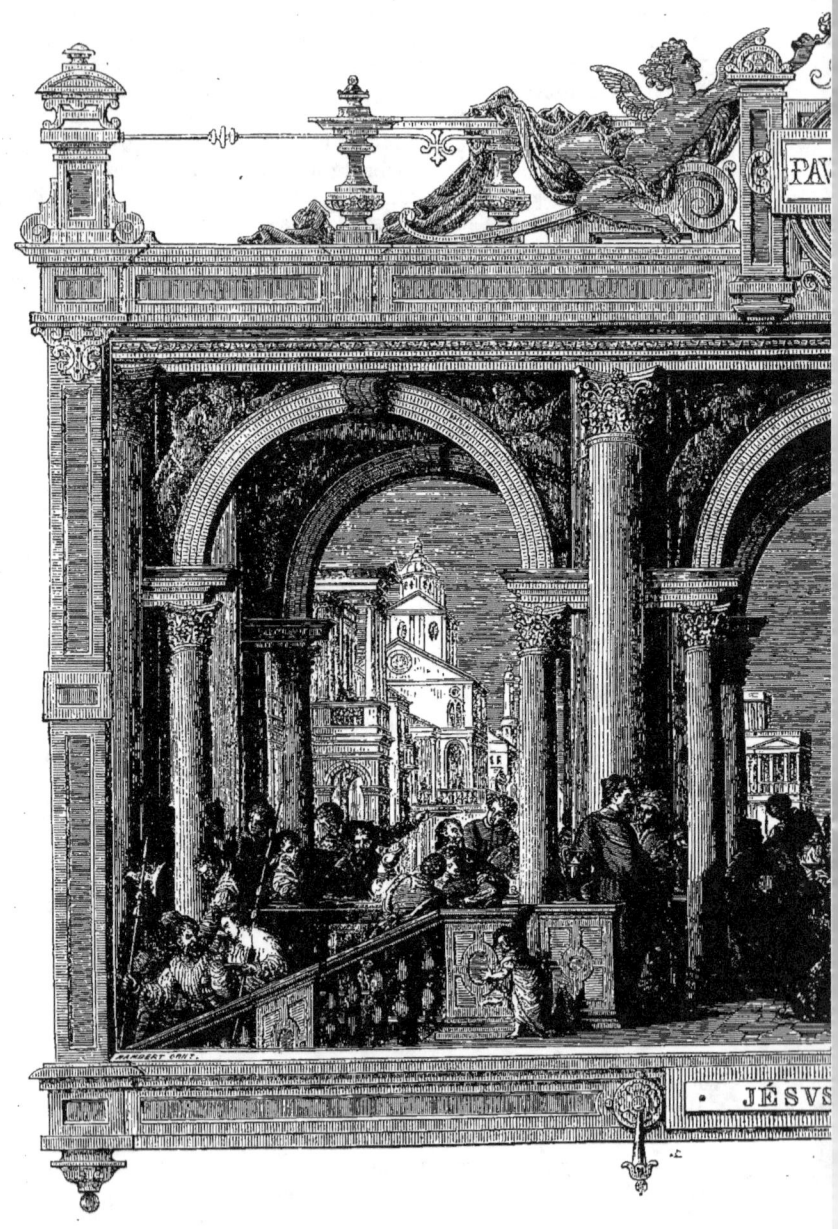

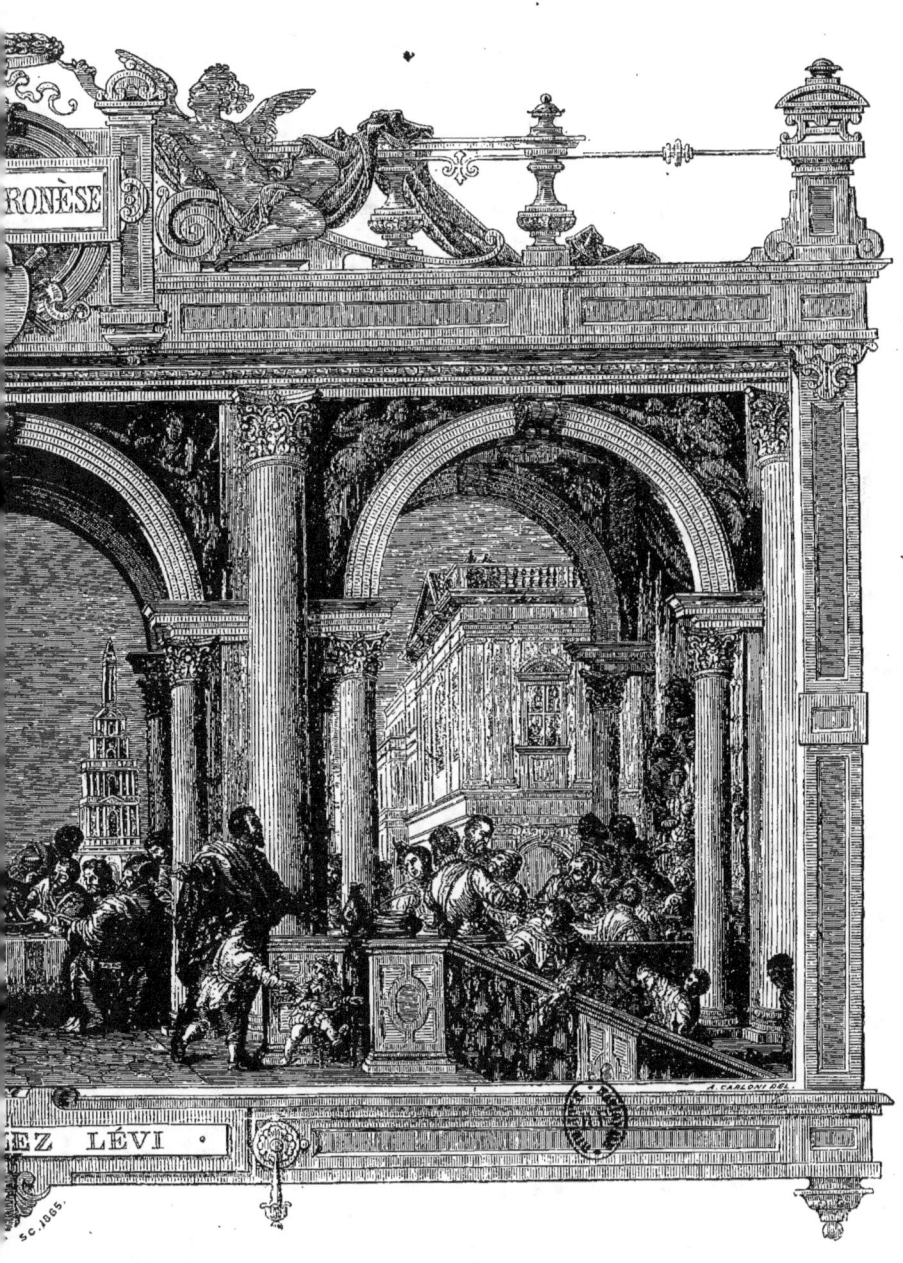

(Académie des Beaux-Arts.)

senter, dans des cristaux transparents et des coupes dorées, des liqueurs précieuses, pour montrer le zèle des esprits bienheureux à servir leur Dieu. » Dans une autre note, il parle d'un tableau où l'on verrait autour de Jésus et de sa mère les anges tenant le soleil, la lune, les étoiles, un pélican, un phénix, etc., tandis qu'au-dessous d'eux la terre se couvrirait de fleurs et de fruits.

Paul Véronèse est le seul maître qui ait possédé l'art de représenter, sans confusion ni sacrifice apparent, de nombreuses figures, enveloppées d'une atmosphère également lumineuse. Son dessin, toujours correct, est plein de noblesse et de grandeur, et sa couleur a un éclat sans égal. C'est un vrai Vénitien, l'incarnation la plus complète de l'école. Ces magnifiques ordonnances architecturales, où se meut tout un peuple richement vêtu, ces vases précieux, ces brillantes étoffes, ces jardins enchantés qu'on entrevoit au travers des colonnades de marbre, n'est-ce pas là ce que rêvait

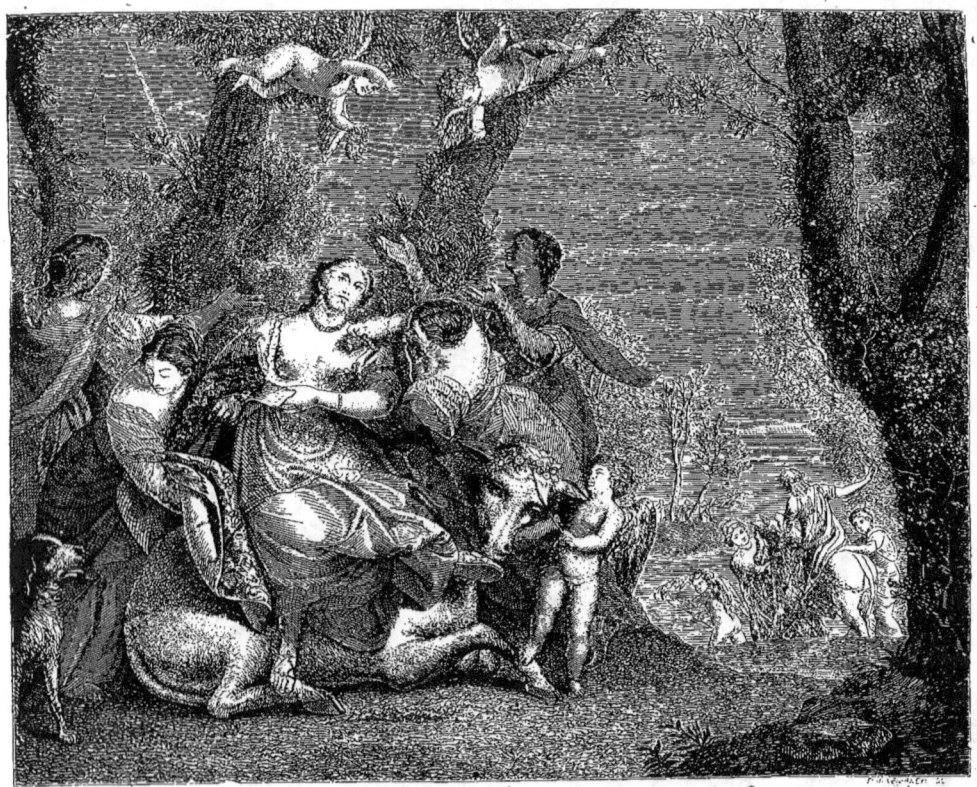

303. — ENLÈVEMENT D'EUROPE (PAUL VÉRONÈSE).
(Rome, musée du Capitole.)

Venise, la ville des fêtes, des repas somptueux, où la musique, les fleurs, l'amour et les festins étaient l'occupation quotidienne d'une société qui ne connut jamais l'ennui ni la passion (fig. 302)? Ce rêve suivait Paul Véronèse jusque dans ses scènes religieuses. Comme les anciens Grecs, qui pensaient honorer les dieux par la joie et le rire, l'artiste vénitien se plaint dans ses lettres, de l'aspect lugubre sous lequel les peintres ont coutume de représenter une croyance qui promet tant de bonheur aux élus. Ce bonheur, il le plaçait, comme tous les Vénitiens, dans la magnificence et l'éclat radieux de la mise en scène ; si le Christ est apparu aux hommes dans une étable, s'il a vécu pour la souffrance, le but de l'art n'est-il pas de montrer aux hommes ce paradis de délices où il convie tous ceux qui savent l'aimer? Nulle philosophie, nul mysticisme dans cette façon un peu orientale de concevoir le bonheur; Paul Véronèse n'est ni un mystique ni un philosophe ; il se contente d'être un admirable peintre; et quel est celui qui, sans méconnaître l'absence d'expression et de pensée, ne se trouvera désarmé en face de son œuvre, comme l'Aréopage devant Phryné (fig. 303, 304)?

Sébastien del Piombo, fig. 305 (1485-1547), fut élève de Jean Bellini et acquit à Venise une grande réputation. Il fut appelé à Rome par Augustin Chigi, qui le chargea de décorer son palais en concurrence avec Raphaël. A cette époque, les partisans de Raphaël et ceux de Michel-Ange se faisaient une guerre implacable et tâchaient d'attirer dans leur camp les artistes

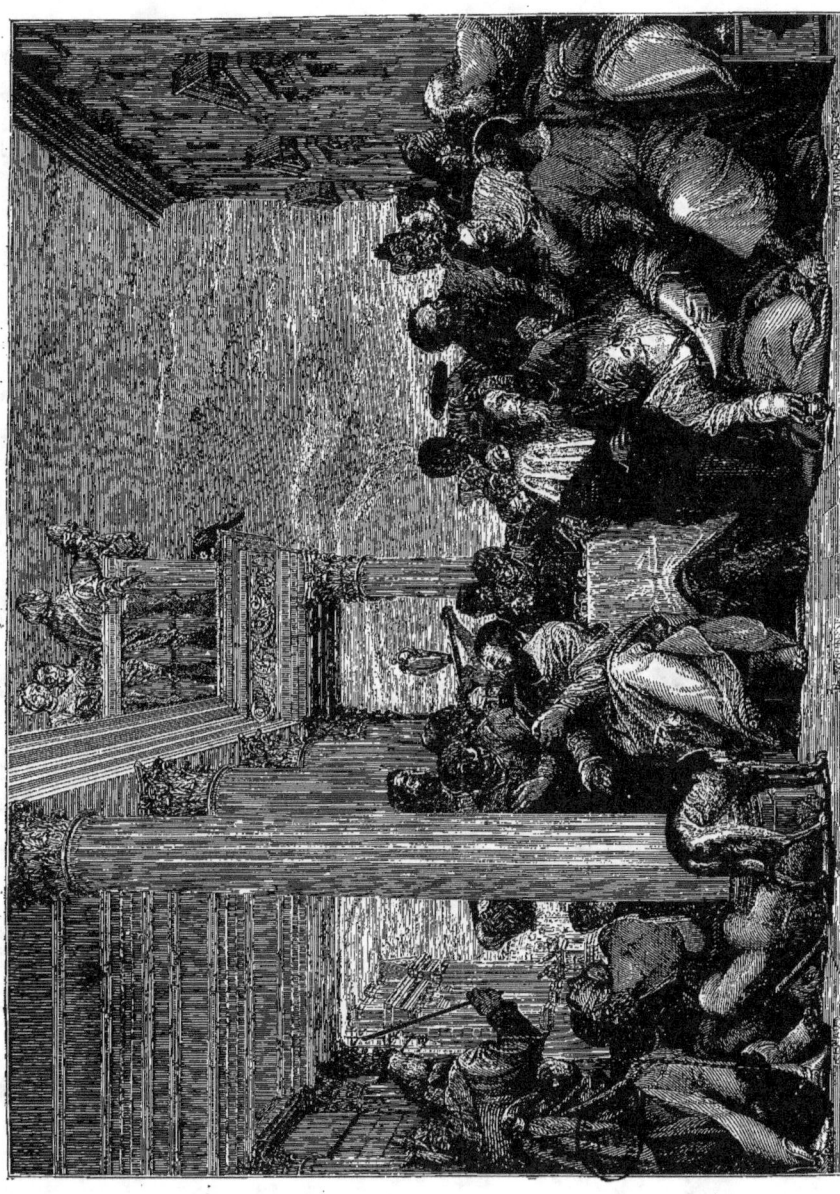

304. — LA MADELEINE (PAUL VÉRONÈSE).
(Turin, palais Madame.)

célèbres : Sébastien se déclara pour Michel-Ange, et celui-ci, flatté de cette préférence, l'aida de ses conseils et de ses dessins. Quand le Titien visita à Rome les chambres de Raphaël, il était accompagné de Sébastien del Piombo, qui avait été chargé d'y restaurer certaines parties dégradées. Il trouva les retouches malheureuses; et comme il en ignorait l'auteur, il s'écria : « Quel est donc l'ignorant assez présomptueux pour avoir touché à cela? » Ce fut alors, dit Dolce, avec un jeu de mots, que Sébastiano devint vraiment *del piombo* (de plomb). Sébastien del Piombo n'avait pas une grande imagination, et s'est presque toujours fait aider pour la composition de ses tableaux; mais son talent de coloriste le place parmi les grands maîtres de l'école vénitienne. Son plus célèbre tableau est la *Résurrection de Lazare*, qui fut, dit-on, exécuté sous la direction de Michel-Ange. Ce superbe tableau

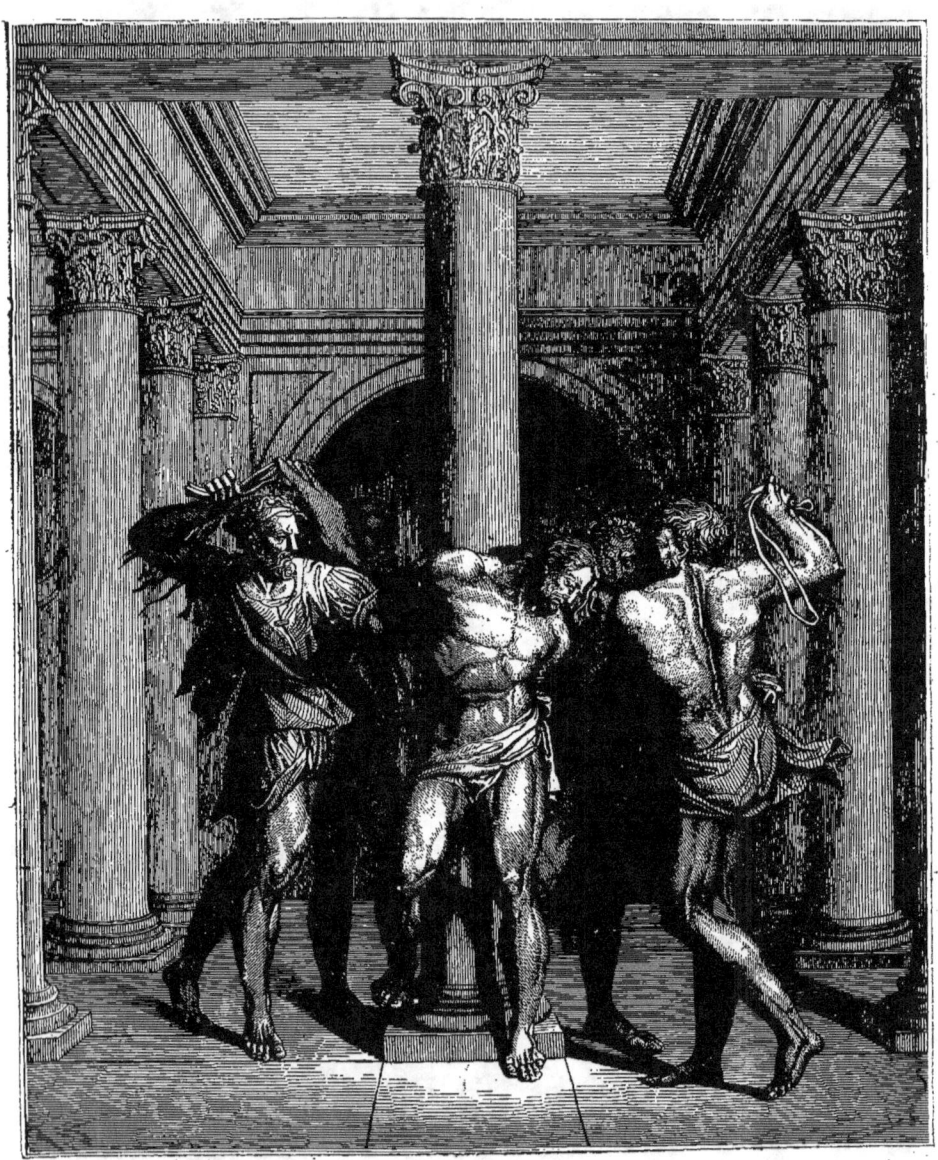

305. — LE CHRIST A LA COLONNE SÉBASTIEN DEL PIOMBO).
(Rome, Saint-Pierre in montorio.)

fut donné à la cathédrale de Narbonne, en dédommagement de la *Transfiguration* de Raphaël qui lui était destinée et qui resta à Rome. Les chanoines, manquant de fonds pour réparer leur église, le vendirent au duc d'Orléans, et il fit partie de la galerie du Palais-Royal jusqu'en 1791 ; il est maintenant au musée de Londres.

Plus jeune de trente-cinq ans que le Titien, Jacopo Robusti (1512-1594), dit le Tintoret, parce que son père était teinturier, eut une jeunesse laborieuse et difficile. Il fit une étude approfondie des œuvres de Michel-Ange et chercha à en composer un style mixte avec celui du Titien, dont il avait été l'élève (fig. 306). Il avait écrit sur les murs de son atelier un axiome qui résumait ses études : « Le dessin de Michel-Ange et le coloris du Titien. » Doué d'une incroyable facilité, dont il abusa souvent, Tintoret cherche l'énergie plutôt que la noblesse, et ses compositions sont pleines de feu et de mouvement. Sa fougueuse intempérance fut

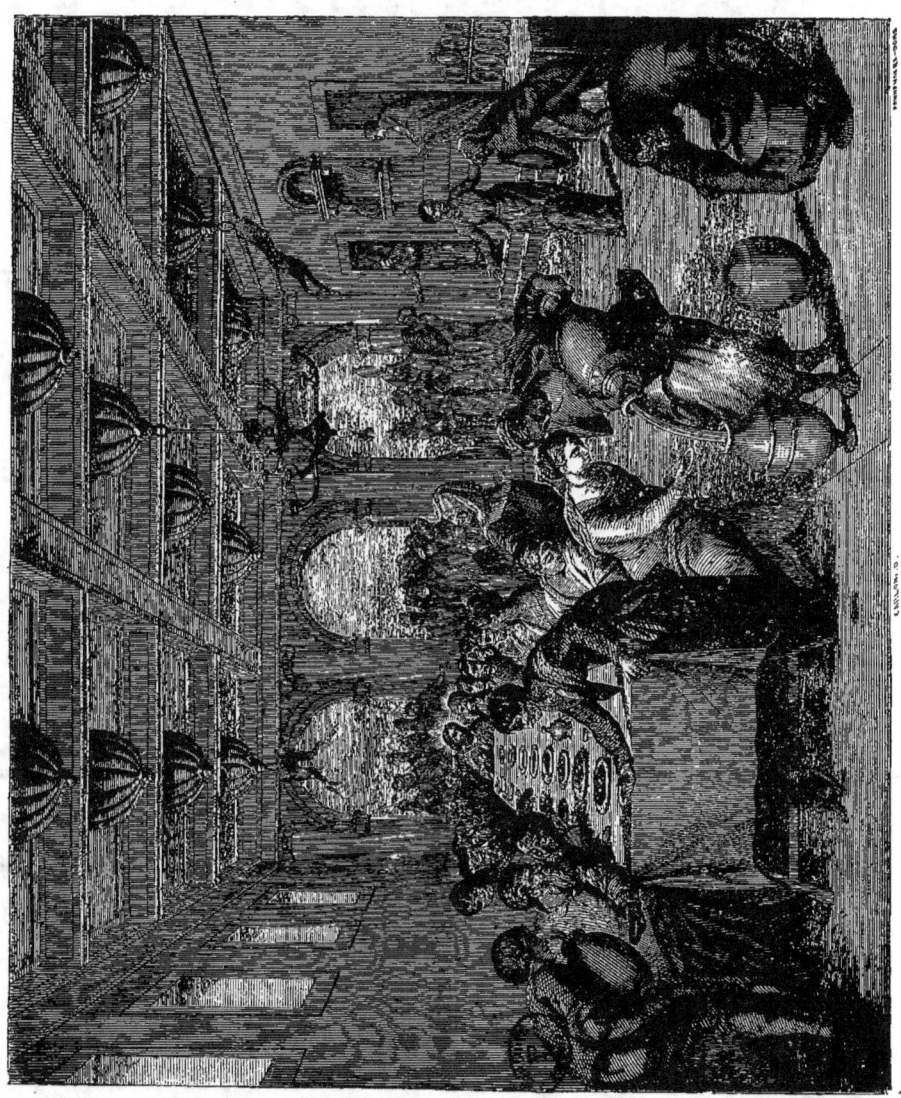

306. — NOCES DE CANA (LE TINTORET).
(Venise, église de la Salute.)

blâmée par l'Arétin, dans des termes qui l'offensèrent ; et quand il fit le portrait de son critique, Tintoret prit sa mesure avec un pistolet. L'Arétin se le tint pour dit. Tintoret avait une fille, nommée Marietta Robusti, qui peignit avec une grande habileté et mourut à la fleur de l'âge. Un célèbre tableau de Léon Cogniet, maintenant au musée de Bordeaux, représente le Tintoret peignant sa fille morte.

En même temps que les grands maîtres dont nous venons de parler, l'école vénitienne comptait des artistes qui, quoique moins célèbres aujourd'hui, étaient alors regardés comme leurs rivaux. Tels sont Carpaccio (fig. 307), dont

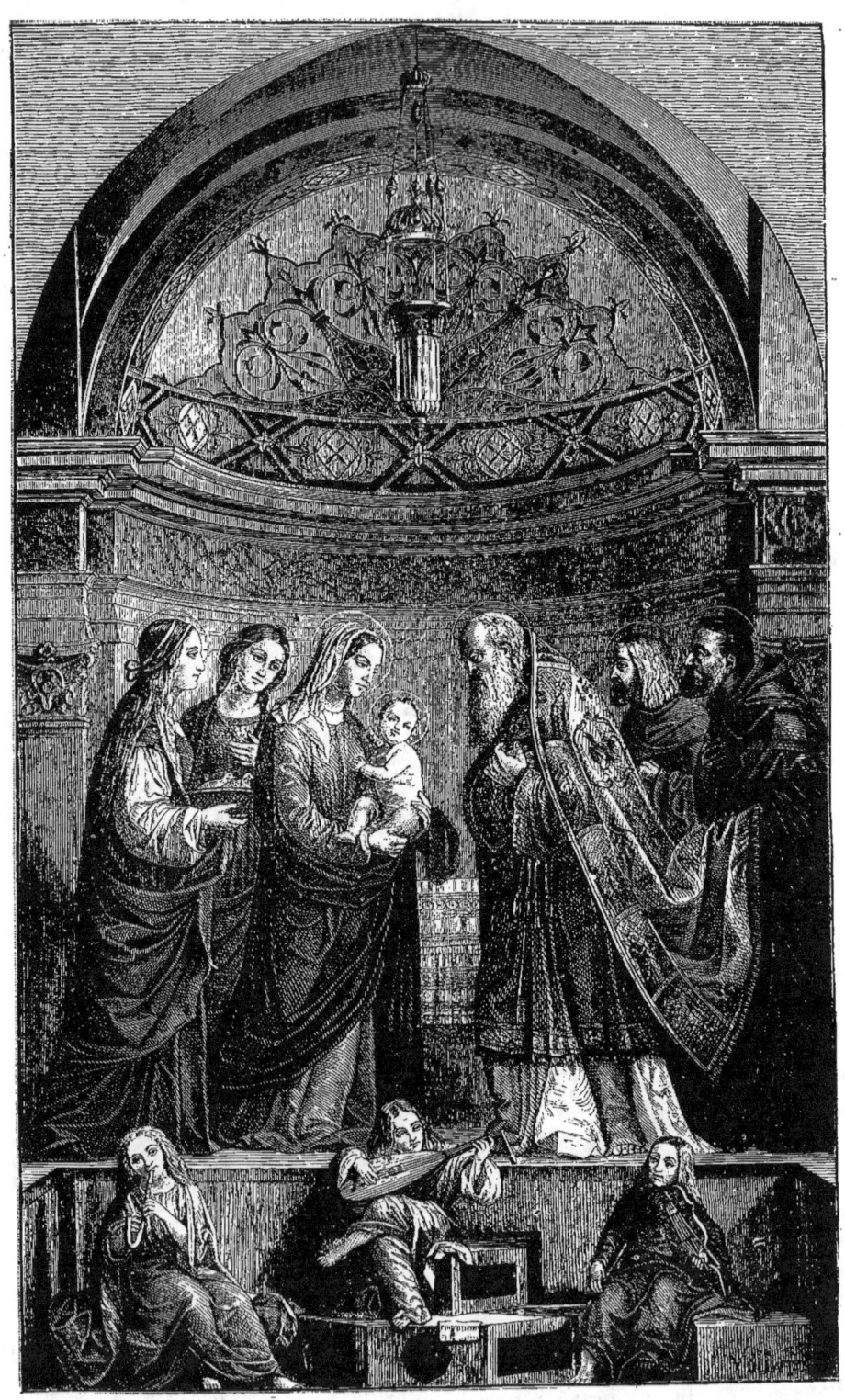

307. — LA PRÉSENTATION AU TEMPLE (CARPACCIO).
(Venise, Académie des Beaux-Arts.)

les tableaux sont assez rares, mais qui a fait à Venise de splendides décorations; Palme le vieux, dont la fille, Violante, fut, dit-on, aimée du Titien; Paris Bordone (fig. 308), Pordenone, Bonifazio, Palme le jeune, que Lanzi appelle « le dernier peintre de la bonne époque et le premier de la mauvaise ».

Jacopo da Ponte, dit le Bassan (1510-1592), se créa un genre qu'on appellerait aujourd'hui réaliste. Son caractère distinctif n'est pas l'invention, mais une savante interprétation de la nature et une étonnante magie dans les effets de la lumière. Avec le Bassan cesse le goût de ces belles architectures qui étaient comme le signe distinctif de l'école vénitienne. Ce sont en général des cabanes, des paysages, des bestiaux, des natures mortes, des marchés ou des travaux rustiques qu'il se plaît à représenter. Enfin c'est de Bassan que date ce naturalisme absolu, dont le Caravage s'est fait le représentant dans l'Italie centrale. A partir de ce moment il n'y a plus, à proprement parler, d'école vénitienne, car les artistes qui peignent à Venise ne se distinguent en rien de ceux qui habitent les autres parties de l'Italie.

Visite au Louvre. — L'école vénitienne est admirablement représentée au musée. On peut dire que tous les grands maîtres y ont des chefs-d'œuvre. Le portrait de Jean et Gentile Bellini, qui montre la tête fine et intelligente des deux frères, a été attribué tour à tour à chacun d'eux; mais le voyage de Gentile Bellini en Orient est figuré dans un très-curieux tableau de lui, où on le voit présenté par l'ambassadeur vénitien à un vizir assis sur un sofa et entouré de janissaires. Giorgione a au Louvre deux très-beaux tableaux, une *Sainte Famille avec plusieurs Saints* et un *Concert champêtre*. Ce dernier exprime dans toute sa netteté la tendance de l'école vénitienne, c'est-à-dire ce qu'on appellerait aujourd'hui *l'art pour l'art*. En effet, l'idée est complétement absente, et la composition n'existe que pour le charme de l'œil : deux jeunes hommes dans un costume de fantaisie, une femme nue qui joue de la flûte, et une autre à demi vêtue qui verse de l'eau dans un réservoir en pierre, le tout d'une admirable couleur et dans un ravissant paysage, voilà le *Concert champêtre* de Giorgione. Titien se présente aussi dans notre musée comme un merveilleux coloriste, mais avec une inspiration bien autrement puissante. Sans nous arrêter à plusieurs *Sainte Famille* ravissantes d'exécution, nous voyons l'artiste préoccupé du drame et de l'expression religieuse dans le *Christ au tombeau* et le *Couronnement d'épines* : il s'élève là à une puissance poétique extraordinaire. Le scepticisme et l'indifférence en matière de pensée reparaissent dans un autre tableau, très-beau de couleur également, les *Pèlerins d'Emmaüs*; il est certain que le chien et le chat qui se disputent un os sous la table sont un hors-d'œuvre tout à fait indigne d'un sujet aussi grave, et qui n'a d'autre raison d'être que le caprice irréfléchi de l'auteur. Comme sujets mythologiques, nous avons un grand tableau représentant Jupiter et Antiope, chef-d'œuvre malheureusement très-abîmé. Le roi d'Espagne Philippe IV, auquel il appartenait, en fit présent à Charles Ier, roi d'Angleterre; il fut ensuite vendu par Cromwell, et finalement acquis pour Louis XIV. Il fut singulièrement détérioré dans un incendie, et, depuis ce temps, restauré plusieurs fois et rentoilé. Enfin nous avons du Titien d'admirables portraits.

Paul Véronèse n'est nulle part aussi bien représenté qu'au Louvre : les *Noces de Cana* sont peut-être son ouvrage le plus important. Le Christ et la Vierge sont assis au centre d'une immense table autour de laquelle se pressent les convives, dont un grand nombre sont des portraits. Le premier personnage à gauche, auquel un nègre présente une coupe, est Alphonse d'Avalos, marquis de Guast, à côté duquel sont Éléonore d'Autriche, reine de France, et François Ier coiffé d'une façon bizarre. Viennent ensuite Marie, reine d'Angleterre, Soliman Ier, empereur des Turcs, Victoire Colonna, marquise de Pescaire, qui tient un cure-dent, et à l'angle de la table Charles V, portant la décoration de la Toison d'or. Les personnages qui font de la musique, au milieu, sont les artistes les plus célèbres de Venise : Paul Véronèse joue de la viole, ainsi que le Tintoret placé derrière lui; Titien tient une basse, et Bassan une flûte. Le personnage qui tient une coupe est Benedetto Caliari, frère de Paul Véronèse. Ce célèbre tableau, fait pour le réfectoire du couvent de Saint-Georges-Majeur, à Venise, vint en France à la suite des campagnes d'Italie; en 1815, le gouvernement autrichien consentit, vu la difficulté du transport, à l'échanger contre une peinture de Lebrun, et c'est ainsi qu'il est resté en France.

Le grand tableau du *Repas chez Simon le pharisien*, placé dans le salon carré vis-à-vis les *Noces de Cana*, la *Fuite de Loth et ses filles*, la *Suzanne au bain*, l'*Évanouissement d'Esther*, les *Pèlerins d'Emmaüs*, montrent toutes les faces du talent de Paul Véronèse.

Nous n'avons pas d'ouvrages très-importants

du Tintoret, qui est pourtant représenté par quelques bonnes toiles. Enfin le Louvre pos-

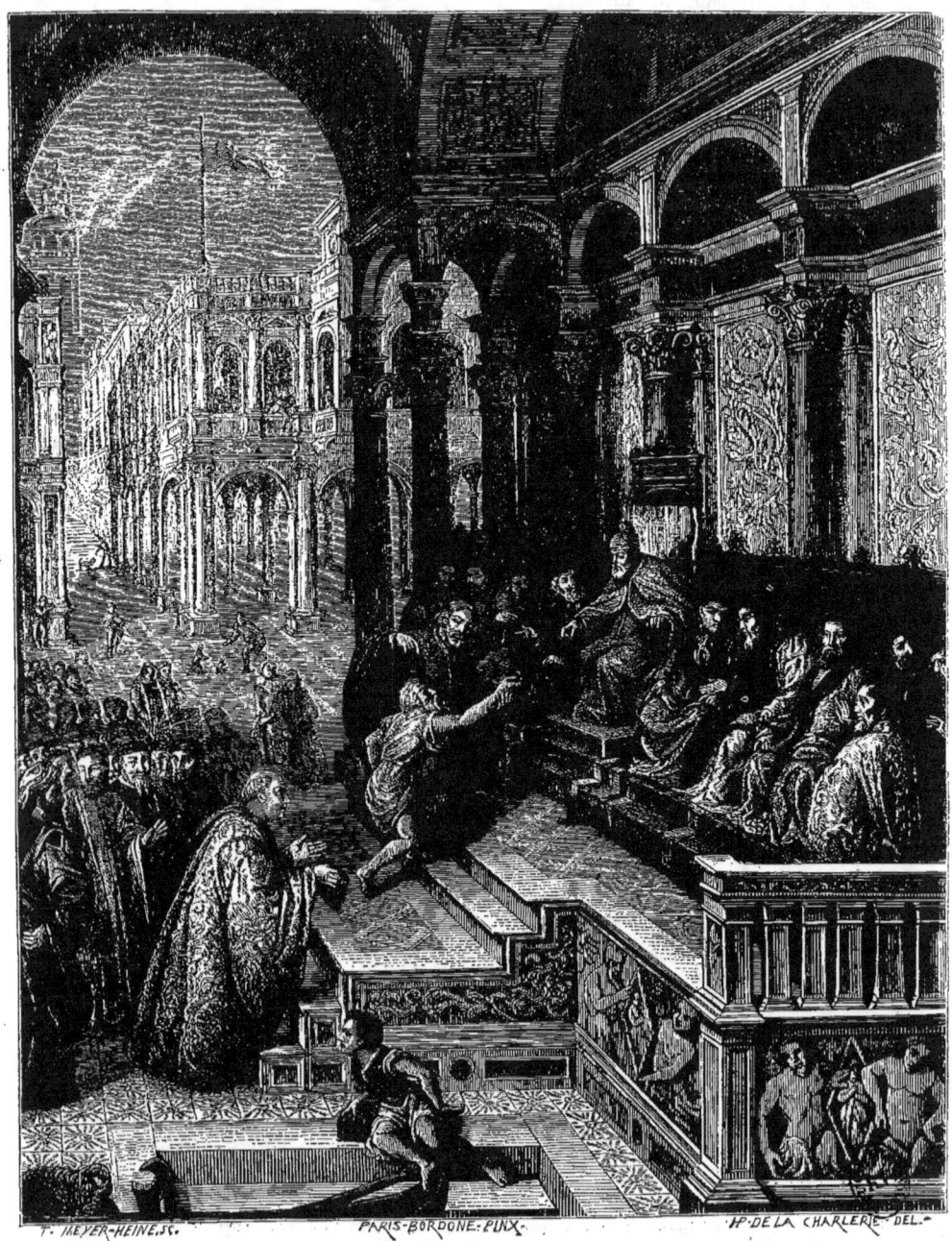

303. — L'ANNEAU DE SAINT MARC (BORDONE).
(Venise, Académie des Beaux-Arts.)

sède des ouvrages de Carpaccio, Palme le vieux, Bonifazio, Paris Bordone, le Bassan, etc.; mais une simple énumération de ces tableaux nous entraînerait beaucoup trop loin.

ÉCOLE LOMBARDE. — On distingue sous le | nom d'*école lombarde* les artistes qui se sont

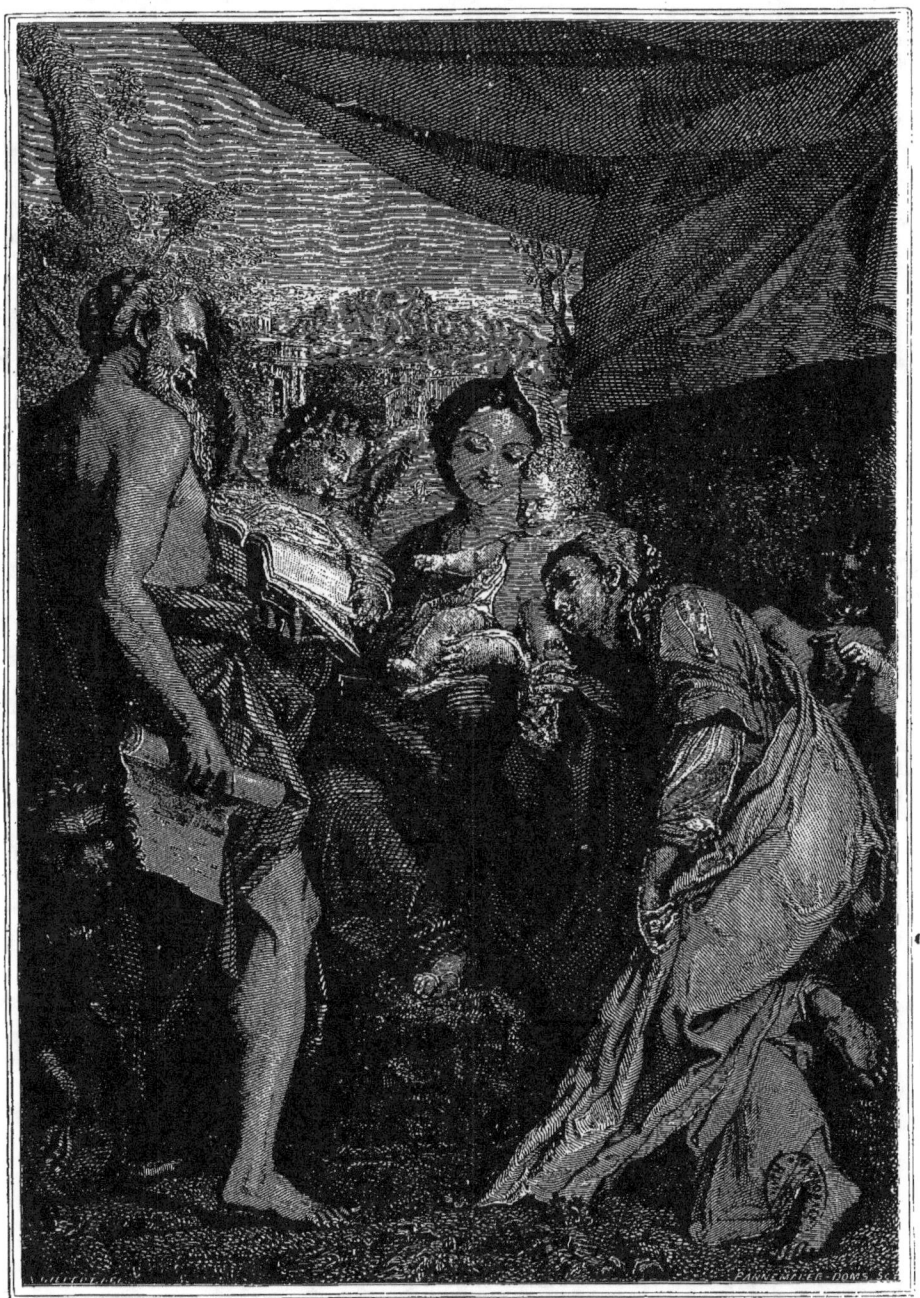

309. — SAINT JÉRÔME (CORRÉGE).
(Musée de Parme.)

illustrés dans différentes villes du nord de l'I- | Parme, Milan, Bergame, etc. Les fresques de
talie, Mantoue, Ferrare, Modène, Crémone, | Giotto à Padoue avaient excité dès le commen-

cement de la Renaissance une grande admiration dans toutes ces contrées. Ce ne fut toute-

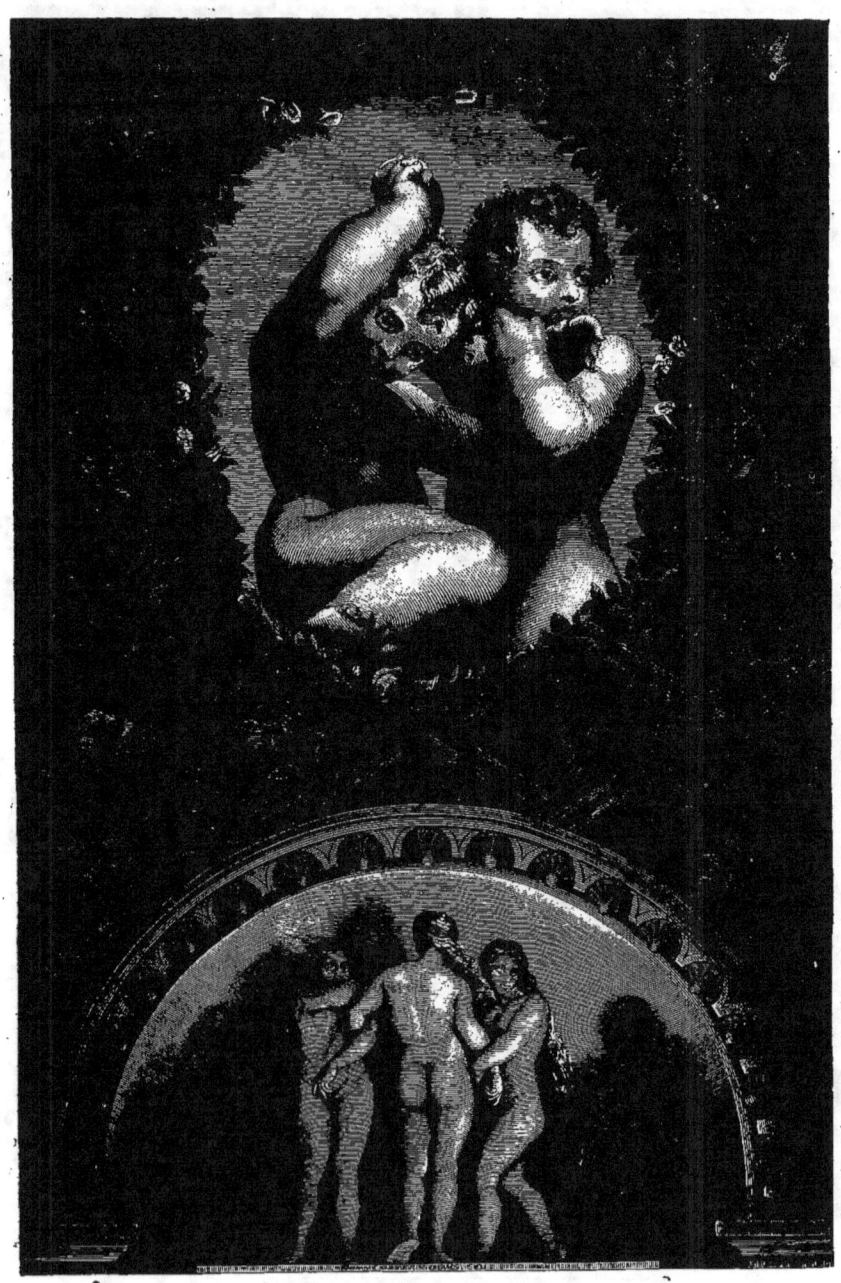

310. — CHAMBRE SAINT-PAUL (CORRÉGE).
(Parme, couvent de Saint-Paul.)

fois qu'au quinzième siècle qu'on vit apparaître Squarcione, peintre peu connu par ses ouvrages, mais excellent professeur. Andrea Mantegna (fig. 311), qui fut élève du Squarcione, avait acquis, grâce à l'étude constante de l'antique, une grande pureté de style, quoiqu'on puisse lui reprocher quelquefois un peu de raideur dans les formes. Il avait trente-sept ans quand le marquis de Gonzague l'appela près de lui à Mantoue, où il exécuta de nombreux travaux. C'est là qu'il a fait son œuvre la plus importante, le *Triomphe de César*, longue frise en neuf tableaux peints à la détrempe, sur toile, qui furent achetés plus tard par Charles Ier et sont aujourd'hui au château de Hampton-Court en Angleterre. Mantegna avait été appelé à Rome, sur l'invitation du pape Innocent VIII, pour y peindre la chapelle du Belvédère au Vatican. C'est à propos de ce travail que Vasari raconte l'anecdote suivante : « Le pape, accablé d'affaires, ne donnait pas d'argent à Mantegna aussi souvent que celui-ci en avait besoin. Andrea, pour faire sentir au pape ses oublis, imagina de peindre au milieu de quelques vertus la *Discrétion*. Sa Sainteté, étant allée un jour le visiter, ne manqua pas de lui demander quelle était cette figure. « La *Dis-« crétion*, répondit Andrea. — Eh bien, répli-« qua le pontife, aie soin de mettre à côté la « *Prudence*. » Mantegna comprit ce que voulait dire le saint-père et ne souffla plus mot. Lorsqu'il eut achevé son travail, le pape le renvoya en le comblant d'honneurs et de présents. »

« Ce qui frappe surtout dans les œuvres de Mantegna, dit Henri Delaborde, qu'elles soient peintes, dessinées ou gravées, qu'elles aient pour thème les dogmes chrétiens ou les fictions mythologiques, l'histoire profane ou cette histoire de Judith que le maître a si souvent et si heureusement traitée, c'est un mélange singulier d'âpreté et de recherche ; c'est l'empreinte d'une émotion profonde, énergique, rude même, accentuant et violentant pour ainsi dire jusqu'aux délicatesses d'un style patiemment, curieusement travaillé. Rien de plus impétueux, de plus spontanément trouvé, de plus franchement pathétique que le geste de certaines figures ou l'expression de certains visages dans les compositions suggérées par les scènes suprêmes de la Passion, ou par cet *idéalisme* philosophique dont le tableau conservé au Louvre, la *Sagesse victorieuse des Vices*, est un si précieux spécimen : mais aussi rien de moins simple ni de moins facile en apparence que le choix et la combinaison des lignes accessoires, des détails et des accidents pittoresques au milieu desquels ces figures se dessinent. A côté des saintes femmes entourant le corps inanimé du Sauveur, comme auprès des êtres allégoriques personnifiant la majesté de la vertu ou les ignominies du vice, des rochers aux formes tourmentées et analysées sans merci, des coquilles minutieusement étudiées jusque dans leurs moindres stries, des plantes avec les plus fines nervures de leurs feuilles, des insectes même avec leurs anneaux ou leurs élytres ; d'autres sujets épisodiques, d'autres menus phénomènes encore viennent compliquer l'aspect de la scène et en rapetisser, à ce qu'il semble, en morceler tout au moins le sens. »

A Milan, Bernardino Luini, imitateur de Léonard de Vinci, Solari, Salaino, Gaudenzio Ferrari, continuèrent quelque temps les traditions de l'auteur de la *Cène*. Mais le véritable chef de l'école lombarde c'est le Corrége (1493-1534), un des plus grands maîtres de l'école italienne (fig. 309). Sa vie est fort peu connue. On ne sait pas même au juste de qui il est l'élève. Les uns veulent qu'il ait étudié à Rome, à Florence et à Venise, les autres qu'il ne soit jamais sorti de son pays natal. Les uns le font très-pauvre et de basse extraction. Vasari prétend que, misérable, désireux d'épargner et chargé d'une nombreuse famille, ce fut en portant à pied de Parme à Corregio une somme qu'on lui avait payée en monnaie de cuivre, qu'il fut atteint d'une fluxion de poitrine dont il mourut. D'autres biographes le disent au contraire issu d'une famille noble et riche. La critique moderne, rejetant également ces deux versions, prétend qu'il résulte de documents sérieux que, sans être riche, sa famille était pourtant aisée ; mais il est certain que, de son vivant, ses tableaux sont loin d'avoir été payés ce qu'ils valaient, et ce qu'on payait des artistes bien inférieurs. Tous les artistes qui se sont fait remarquer par une puissante originalité ont commencé par une période d'imitation. Mais chez le Corrége elle est très-courte. L'extrême importance qu'il a donnée au jeu de la lumière lui assigne un rang à part, et il est aussi loin de Titien et de Paul Véronèse que de Raphaël et de Michel-Ange.

Comme tableau, la composition intitulée *la Nuit*, dont le sujet est une Nativité où l'Enfant Jésus forme le foyer lumineux, est le plus célèbre qu'il ait fait. Mais la coupole de la cathédrale de Parme est l'œuvre la plus complète comme la plus grandiose du Corregio. Développée sur une surface plane, cette fresque immense serait plus grande que le *Jugement dernier* de Michel-Ange. Elle représente l'*Assomption de la Vierge*. Les cieux s'ouvrent devant le Rédempteur des hommes pour recevoir la Vierge Mère, que soutiennent des anges. Les bienheureux chantent des cantiques, que de gracieux petits enfants accompagnent en jouant de la trompette, ou en frappant de leurs petites mains des cymbales ou des tambours de basque, chantant, dansant, applaudissant, tenant des flambeaux ou brûlant des parfums.

Ce n'est pas là à coup sûr la béatitude que rêvait Angelico de Fiesole, mais c'est bien la joyeuse allégresse que pouvait exprimer un peintre amoureux de la mythologie. C'est dans les sujets tels que l'Amour désarmé par Vénus, Io se livrant à Jupiter, le sommeil d'Antiope, Danaé, l'enlèvement de Ganymède, la Léda, que Corrége, le peintre par excellence des femmes et des enfants, se trouvait dans la plénitude de ses qualités charmantes (fig. 310). On a reproché à sa fameuse Madeleine, si voluptueusement couchée sur le gazon, d'avoir plus d'élégance que de tristesse, et on l'a appelée la moins convertie des pécheresses, la plus adorable des pénitentes. Si d'autres maîtres ont trouvé parfois des inspirations plus austères, des conceptions plus majestueuses, Corrége est inimitable quand il faut rendre la volupté décente, la beauté dans son sourire.

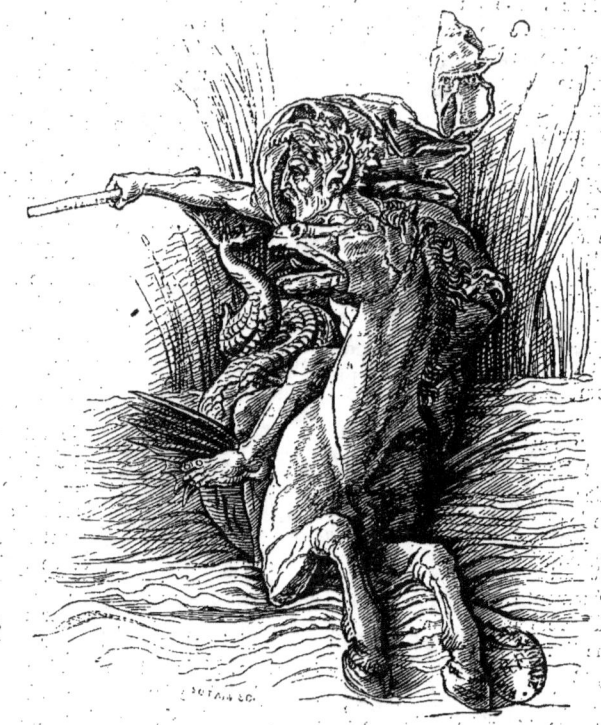

311. — LE CAVALIER (MANTEGNA).

A peine mort, Corrége, qui n'avait pu faire école de son vivant, trouva partout des imitateurs. Le Parmesan (1503 1540) est, après lui, le plus grand peintre de l'école lombarde (fig. 312). On lui a reproché d'être tombé quelquefois dans l'affectation en cherchant trop la grâce et l'élégance. Interprète charmant de la mythologie païenne, tout le monde connaît sa gracieuse composition de l'Amour préparant son arc, avec deux petits enfants à ses pieds, dont l'un rit et l'autre pleure. Son œuvre principale est dans l'église de Santa Maria della Steccata à Parme. Il fut le premier en Italie qui grava à l'eau-forte, et les Italiens lui en attribuent même la découverte. On dit qu'il s'occupait d'alchimie, et on attribue à cela son arrestation; d'autres disent qu'il n'achevait pas assez vite des peintures payées d'avance, et que c'est pour cela que les frères de l'Annonciation se plaignirent. Accusé de pratiques défendues par l'Église et enfermé pour ce fait, il parvint pourtant à s'échapper de prison et mourut dans la misère peu de temps après.

Visite au Musée. — Dans aucun musée d'Europe Mantegna n'est mieux représenté

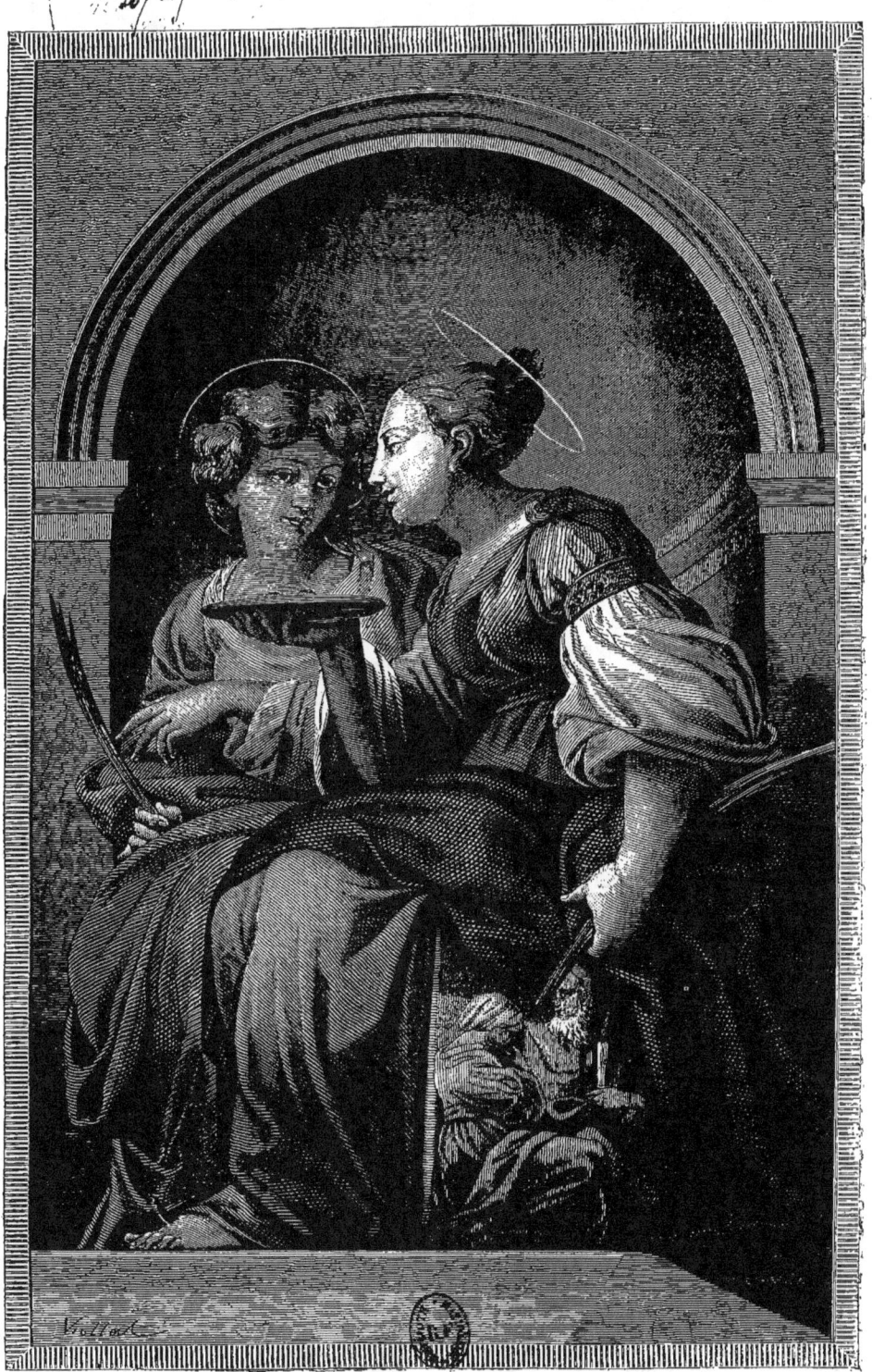

312. — SAINTE LUCIE (LE PARMESAN).
(Parme, église San Giovani.)

qu'au Louvre. La *Vierge à la victoire* et le *Christ entre les larrons* montrent l'artiste au point de vue religieux. Dans ce dernier tableau, le soldat vu à mi-corps sur le premier plan, le casque en tête et la lance en main, passe pour être le portrait de Mantegna. Ce tableau faisait autrefois partie d'un maître-autel à trois compartiments : les deux qui sont absents font partie du musée de Tours. *Le Parnasse* et *la Sagesse victorieuse des vices* sont deux curieux tableaux allégoriques, où des souvenirs de l'antiquité percent à travers une composition des plus originales. Les deux tableaux du Corrége, le *Mariage mystique de sainte Catherine d'Alexandrie* et le *Sommeil d'Antiope*, sont deux chefs-d'œuvre dont aucune description ne peut donner l'idée. Ils sont placés tous deux dans le salon carré, et comptent parmi les morceaux les plus précieux du Louvre. Le Parmesan est représenté par deux petits tableaux, dont l'un est une réduction d'un grand ouvrage qui décore l'église des religieuses de Sainte-Marguerite à Bologne.

ARCHITECTURE.

ARCHITECTURE ITALIENNE. — C'est avec Brunelleschi que s'ouvre la renaissance de l'architecture en Italie. « L'élan donné à l'étude des monuments antiques par Brunelleschi fut immense; Rome devint un centre d'attraction pour tous ceux qui se sentaient la vocation artistique; les architectes particulièrement allèrent y étudier, y chercher les principes qui, au beau temps de Rome, avaient servi de guide aux artistes de l'antiquité. On vit alors en Italie un spectacle que la France avait vu au moment de sa rénovation communale : toutes les villes italiennes élevèrent des monuments nombreux qui font encore aujourd'hui leur ornement, et dans lesquels l'antiquité romaine fut imitée et reproduite souvent servilement, quoique les architectes aient cherché à donner à leurs édifices un caractère conforme à leur destination, en y appropriant les principales formes et les détails de l'art antique. On peut dire qu'avant la fin du quinzième siècle l'architecture néo-classique avait atteint son apogée en Italie : Orcagna, Léon-Baptiste Alberti, Bramante, Balthazar Peruzzi, les deux San Gallo, et tant d'autres, élevèrent des monuments qui certes peuvent soutenir le parallèle avec ceux que bâtirent plus tard Palladio, Scamozzi et Vignole. Ce siècle, en un mot, prépara ce lumineux seizième siècle qui commença avec Jules II et Léon X; il le prépara par cet enthousiasme pour l'architecture romaine, par des travaux exécutés sous cette influence, par les moyens que donna l'imprimerie de publier le précieux *Traité de Vitruve*, imprimé deux fois au quinzième siècle, le *Traité d'architecture* de Léon Baptiste Alberti, et d'autres ouvrages qui propagèrent le goût de l'art gréco-romain dans toutes les classes de la société. Mais, au milieu de tous les écrits que multiplia l'imprimerie, aucune voix ne s'éleva pour défendre l'art ogival, ou pour parler seulement des admirables productions du treizième et du quatorzième siècle, ou pour protester contre le torrent de la Renaissance, qui entraînait le moyen âge tout entier. » (Léon Château, *l'Architecture en France*.)

On ne connaissait à cette époque aucun monument grec, et on confondait absolument l'art grec avec l'art romain, ou plutôt on ne s'occupait absolument que de ce dernier, la Grèce et ses édifices étant absolument ignorés. Lire assidûment Vitruve et en apprendre par cœur les préceptes, mesurer avec une constance merveilleuse la moindre moulure des ruines qui subsistaient à Rome, voilà l'occupation principale d'un jeune architecte sous la Renaissance. C'est ainsi qu'ils se sont tous formés, et en particulier Bramante, qui poussa plus loin que tous ses prédécesseurs le goût et l'imitation des monuments antiques. Son fameux petit temple circulaire, son vaste palais de la Chancellerie à Rome, et tous les édifices auxquels il a travaillé, portent le même caractère et ressortent du même ensemble d'idées.

Mais le plus illustre architecte de la Renaissance, celui dont la renommée a éclipsé celle de tous ses confrères, c'est Palladio (1518-1580). Sa jeunesse est tellement inconnue qu'on ignore chez qui il apprit les premières notions de son art. Il semble que l'étude de Vitruve ait été son seul maître, et il est assurément le représentant le plus décidé de l'appropriation du style antique aux besoins des constructions modernes. « Palladio, dit Quatremère de Quincy, semblerait s'être proposé de montrer que tout ce qu'il y a de vraiment fondé en raison dans le système, dans les proportions et les formes de l'architecture des anciens, peut convenir à tous les temps, à tous les pays, avec les modifications relatives que ces anciens eux-mêmes ont admises dans chacun de leurs ouvrages. A bien entendre sa manière d'imiter l'antiquité, il paraîtrait s'être proposé, non de faire ce qu'ont fait, rigoureusement parlant, les anciens, mais bien ce qu'ils auraient fait eux-mêmes ou ce qu'ils feraient si, revenant au monde, ils avaient à travailler pour d'autres convenances. De là cette application libre, facile et spirituelle des masses, des plans, des lignes, des détails et des ornements de l'antique, à tous les genres d'édifices sur lesquels elle s'est exercée.... Ajoutons qu'à toutes ces inventions président un goût sage, une exécution pure, un choix de formes et d'ornements, avec un mélange de matériaux agréablement combinés, sans que jamais la bizarrerie se montre nulle part. Nulle part on ne voit ni frontons rompus ou tronqués, ni ressauts inutiles, ni formes contournées, ni détails découpés, ni ornements parasites. Toujours la ligne droite ou la courbe régulière. Rien de mixtiligne dans les plans, point d'élévations ondulées, point d'entablements brisés ou chantournés. Disons-le enfin, telle fut l'abondance des inventions de Palladio en ce genre, et telle la multitude des entreprises offertes à son génie, ou auxquelles son génie donna lieu, qu'on peut affirmer qu'il s'est fait depuis lui, et dans tous les pays, peu d'ouvrages qui ne lui aient payé quelque tribut d'imitation. »

Nous ne saurions énumérer ici les innombrables constructions de Palladio. Nous citerons seulement le monastère de Saint-Jean de Latran, l'église de Saint-Georges-Majeur, et celle du Rédempteur à Venise, et, dans sa patrie, Vicence, le fameux théâtre Olympique, où la scène est disposée selon les méthodes antiques, et qui était destiné à des représentations de tragédies grecques, ou aux imitations nombreuses qu'on en faisait alors en Italie. Mais Palladio a couvert l'Italie d'une multitude innombrable de maisons de plaisance et d'habitations privées, qui ont servi de type à la plupart de celles qu'on a bâties depuis.

Sansovino et Scamozzi ont, comme Palladio, exercé leur talent à Venise, ou du moins principalement à Venise. Sculpteur et architecte, Sansovino est un des plus grands artistes du siècle d'or. Vaincu par Michel-Ange dans un concours pour la façade de Saint-Laurent à Florence, il vainquit à son tour Raphaël et San-Gallo dans un autre concours pour la construction de l'église Saint-Jean-Baptiste à Rome. C'est pendant qu'il était occupé à l'élever que Rome fut livrée au pillage par les troupes du connétable de Bourbon, et Sansovino fut obligé de s'enfuir à Venise, où il fut chargé, en 1529, de construire la bibliothèque de Saint-Marc. — Mais, à peine était-elle achevée que la voûte s'écroula. — L'artiste fut jeté alors dans un cachot souterrain, et ne dut probablement la vie qu'à l'immense crédit du Titien, qui non-seulement lui fit rendre la liberté et restituer ses biens, mais encore lui fit donner un emploi et des travaux plus considérables que ceux qu'il avait auparavant. La bibliothèque de Saint-Marc, qu'il fut chargé de reconstruire, est généralement regardée comme le chef-d'œuvre de Sansovino en architecture, mais c'est surtout comme sculpteur qu'il est admirable. Les portes de bronze de la sacristie de Saint-Marc, les quatre évangélistes qui ornent la balustrade de la chapelle, les deux statues colossales de Mars et de Neptune, à l'escalier des Géants, la statue de saint Jacques pour l'église Santa Maria del Fiore, un délicieux petit Bacchus, et bien d'autres encore, justifient assez la haute place que Sansovino occupe dans l'histoire de l'art.

Sacamozzi (1552-1616) continua à Venise la tradition de San-Micheli, Sansovino et Palladio; il est l'auteur du palais Cornaro et des nouvelles Procuraties de la place Saint-Marc, qui sont une des plus gracieuses productions de la Renaissance à Venise. Il voyagea beaucoup, et visita entre autres pays l'Allemagne, où il éleva la cathédrale de Saltzbourg. C'est un autre Scamozzi, également architecte, qui a réuni et publié le recueil des œuvres de Palladio, ouvrage qui est devenu classique.

Quatre architectes ont porté le nom de Fontana et en ont soutenu la réputation à Rome pendant le cours de près de deux siècles. Le plus célèbre est Dominique Fontana (1543-1607), qui se fit connaître en faisant le modèle d'une machine pour élever l'obélisque sur sa base. Sixte-Quint le chargea de refaire la façade de l'église Saint-Jean de Latran, et le palais de Latran, le plus considérable de Rome, après le Vatican, est aussi son ouvrage. Fontana eut aussi une grande part dans l'érection du palais Quirinal, éleva la fontaine de Termini, et, s'étant brouillé avec le successeur de Sixte-Quint, alla à Naples où il construisit la fontaine Medina et le palais du roi, qui a subi

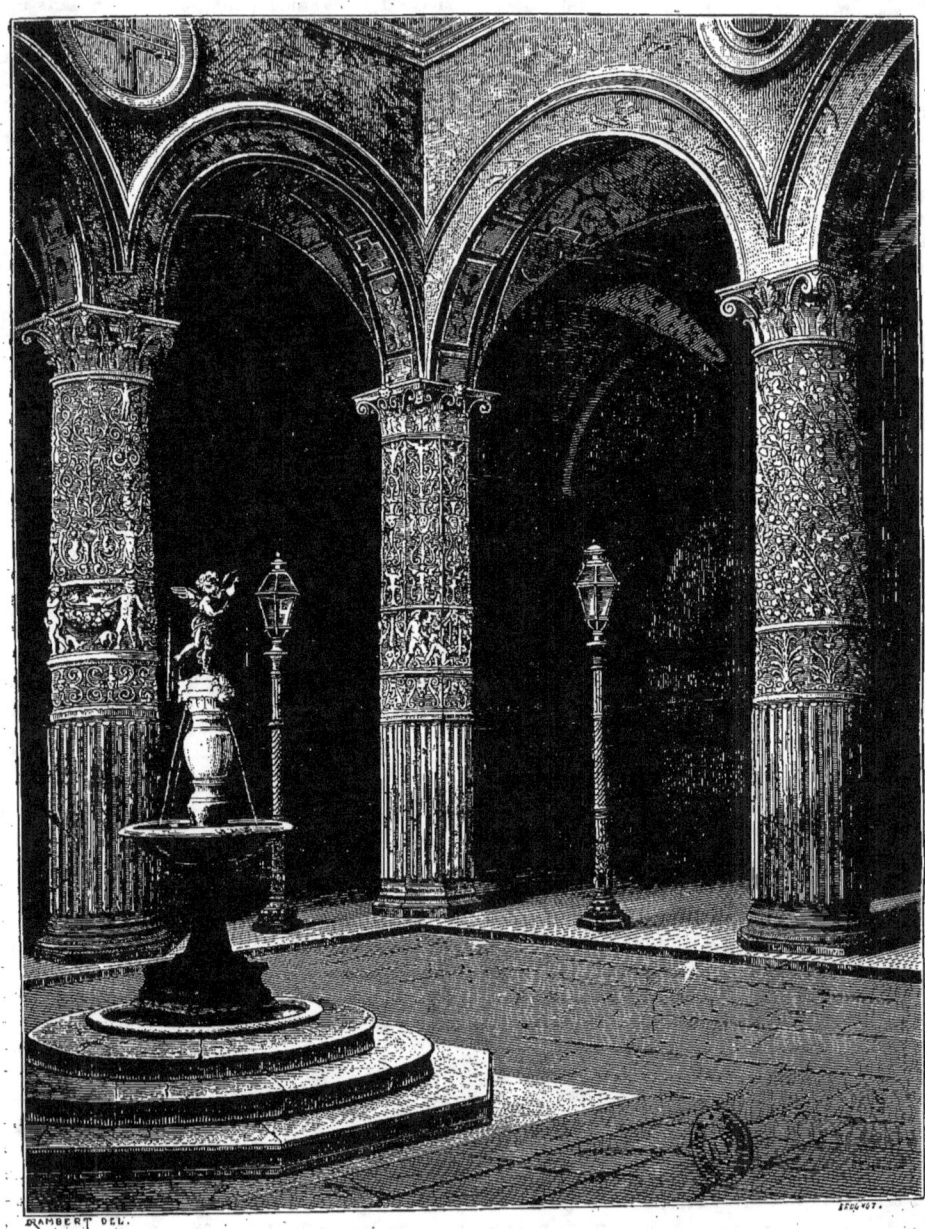

313. — INTÉRIEUR DU VIEUX PALAIS (FLORENCE).

depuis de grandes modifications. Il mourut comblé de richesses et d'honneurs. Ce fut le neveu de Fontana, Carle Maderne, qui bâtit la façade actuelle de Saint-Pierre de Rome; il est regardé, avec le Bernin, comme un des auteurs de la transformation du goût qui s'est

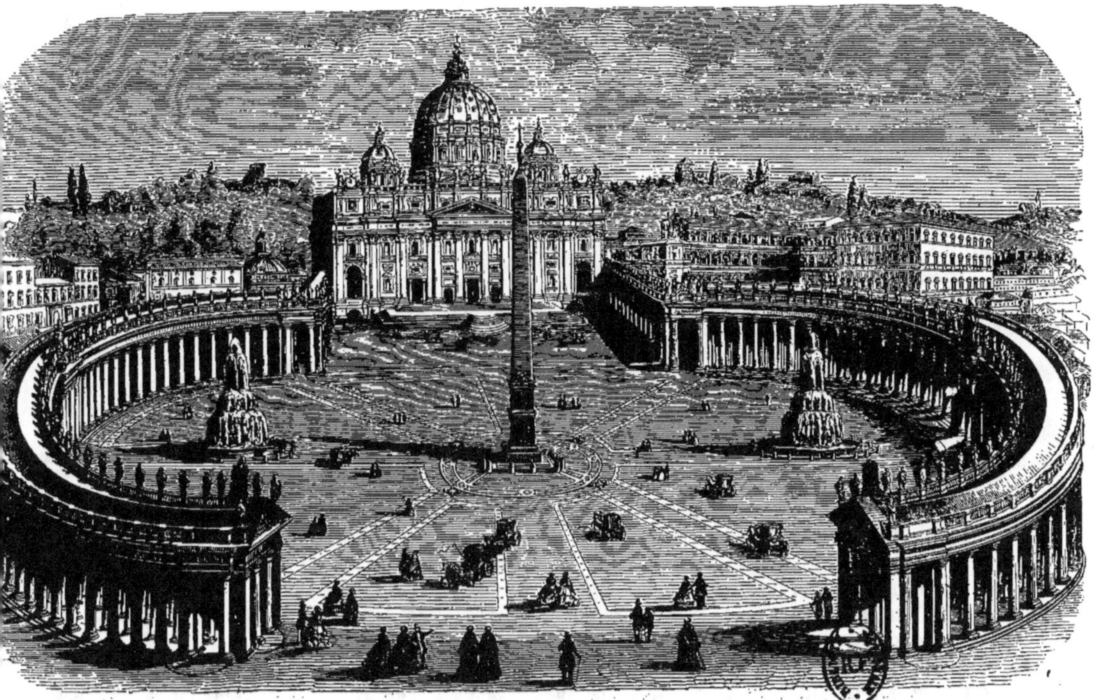

314. — SAINT-PIERRE DE ROME.

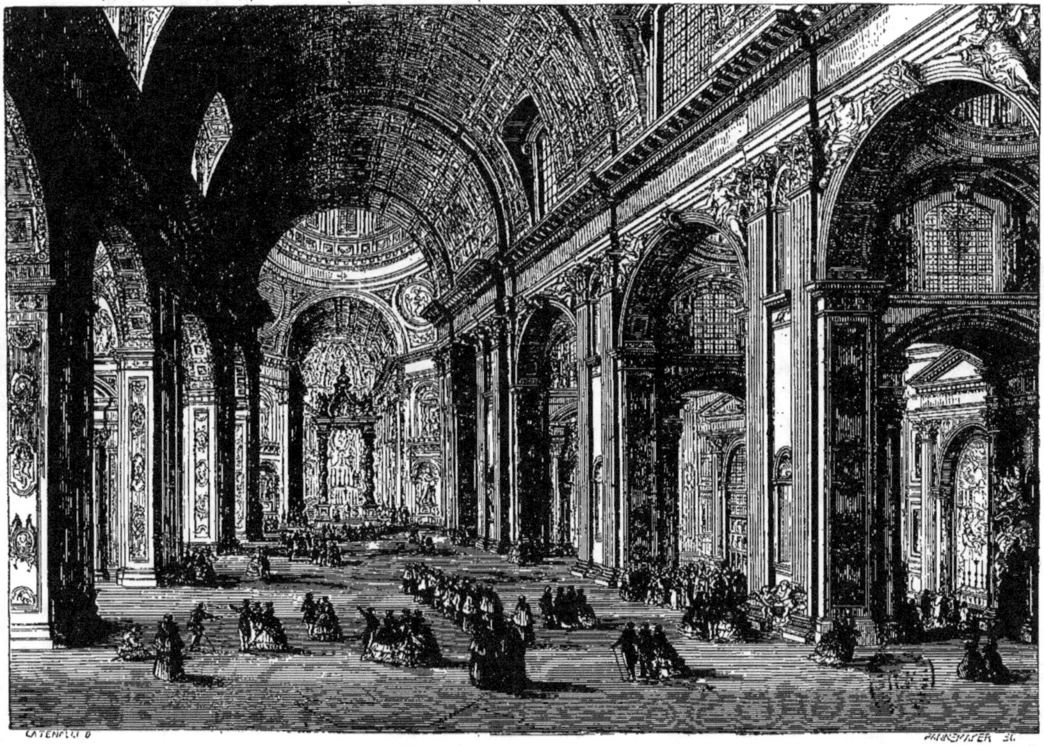

315. — VUE INTÉRIEURE DE SAINT-PIERRE

opéré dans l'architecture et qui a amené la période qu'on a appelée la décadence. Il survint en effet un novateur dont on a fait le bouc émissaire de tout ce qui s'est fait de prétentieux et de maniéré pendant le dix-huitième siècle : c'est Borromimi. Quatremère de Quincy juge sévèrement Borromimi et toute l'école qu'il a formée. « Ce qu'il y eut de plus absurde, dit-il, dans ce prétendu système d'innovation en architecture, c'est que, dans la vérité, il n'y avait de nouveau que le désordre; car il n'inventait pas la moindre forme. Ce n'était que le bouleversement de l'ordre établi, et toute l'invention n'était que de l'inconséquence. Borromimi n'en conservait pas moins toutes les parties des ordonnances, tous les détails imitatifs; seulement il décomposait les unes, et, transposant les autres, il employait chaque membre, chaque objet, à l'inverse de ce qu'il signifiait, et au rebours de l'emploi que la nature lui assignait. C'est ainsi, par exemple, qu'il donnait à un faible détail d'ordonnance la propriété de supporter, lorsque, rendant inutile et oiseux les membres destinés à soutenir, il donnait l'apparence de la légèreté à ce qui devait paraître fort et renforçait ce qui aurait dû paraître léger. Tout son esprit consiste à établir un démenti continuel entre ce que sont les choses et ce qu'elles doivent paraître; affectant de faire en tout l'inverse de ce que les anciens avaient fait. Lorsque ceux-ci s'étaient efforcés de donner l'apparence du vrai à la fiction, et de rendre au moins vraisemblable ce qui devait sortir plus ou moins de la vérité réelle, Borromimi s'étudia à paraître faux lorsqu'il ne pouvait pas l'être.... Ayant fait de l'architecture un art sans règle et l'ayant assimilée à ce qu'on appelle de la menuiserie, Borromimi semble dans la décoration n'avoir eu d'autre goût que celui de l'orfévrerie; car et les meubles et la vaisselle ne dépendent, pour leurs formes et leurs ornements, d'aucun type préalable qui en règle le goût et les convenances. C'est dans l'ornement surtout que Borromimi a suivi avec le plus d'évidence le principe (si tant est que c'en soit un) de contredire tout ce qui l'avait précédé. Il change, retourne, renverse, pour changer, retourner, renverser; il met en haut ou en bas ce qu'avant lui on avait mis en bas ou en haut. »

Visite à Saint-Pierre de Rome (fig. 314, 315). — A l'endroit où la tradition veut que saint Pierre ait été enterré, le pape Anaclet bâtit un oratoire sur son tombeau, et Constantin y éleva, en 326, une basilique qui dura plus de onze siècles. Ce lieu avait plus d'une raison pour être vénéré par les chrétiens; il avait reçu le sang des martyrs, car c'est là que s'étendaient les jardins et le cirque de Néron. L'ancienne église était un vaisseau à cinq nefs, dont la façade qui regardait l'orient est à peu près reproduite dans l'*Incendie du bourg* de Raphaël. Elle était précédée d'un cloître entouré de portiques, sous lesquels les pénitents et les relaps s'agenouillaient pour implorer la pitié des passants. Au milieu de la cour s'élevait un petit temple à jour, et à l'extérieur on arrivait aux bâtiments par un vaste perron. L'intérieur de l'église était resplendissant de marbres et d'objets précieux, que la piété des fidèles y avait entassés. Entretenue et restaurée pendant tout le moyen âge, la vieille basilique finit pourtant par menacer ruine vers la fin du quinzième siècle, et le pape Nicolas V résolut de la remplacer par un édifice nouveau, sur un plan beaucoup plus vaste. La construction du nouvel édifice fut confiée à l'architecte Rossellini, mais au bout de cinq ans tout fut abandonné : les travaux ne s'élevaient qu'à quelques pieds au-dessus du sol.

Quand Michel-Ange conçut le projet du mausolée de Jules II, le pape reçut son idée avec enthousiasme. Michel-Ange craignait que le pape ne fût effrayé par la dépense, car il avait fait un devis se montant à cent mille écus romains; mais le pape s'écria au contraire : « Deux cent mille, s'il le faut! » Le projet de Michel-Ange avait pourtant un inconvénient : son mausolée était si vaste qu'il ne pouvait trouver de place dans aucune église. Jules II reprit alors le projet de Nicolas V; mais les plans ne lui convenaient plus, car il lui fallait une église d'une grandeur démesurée. L'édifice actuel fut donc commencé pour contenir ce fameux mausolée de Jules II, qui ne fut jamais achevé, et qui de plus a été placé dans une autre église.

Le plan proposé par Bramante fut adopté : son idée était de faire quatre nefs avec de grandes voûtes, imitées des basiliques de Constantin, et de les réunir au centre par une vaste coupole imitée de celle du Panthéon d'Agrippa, et l'église aurait eu ainsi la forme d'une croix grecque. « Cette pensée, dit Quatremère de Quincy, est donc la propriété de Bramante, bien que depuis on en ait fait honneur à Michel-Ange. » Les quatre piliers destinés à soutenir la coupole s'élevèrent, et les quatre grands arcs étaient déjà avancés quand Bramante mourut. Raphaël fut chargé par Léon X de continuer les travaux; mais on s'aperçut bientôt que des tassements et des lézardes se produisaient dans les constructions de Bramante et il fallut fortifier les piliers. Raphaël ne s'en tint pas là, et, modifiant le plan de Bramante, il voulut donner à son église la forme d'une croix latine au lieu de celle d'une croix grecque. « Le pape m'a mis un grand fardeau sur les épaules, écrivait Raphaël à Balthazar Castiglione ; j'espère ne pas y succomber. Mon modèle a eu les suffrages de beaucoup d'habiles gens. Mais je porte mes vues plus haut : je voudrais retrouver les belles formes des édifices antiques. Mon vol sera-t-il celui d'Icare ? Vitruve me donne de grandes lumières, mais pas autant qu'il m'en faudrait. »

La mort de Raphaël survenue en 1520, les agitations amenées par la réforme de Luther, les dévastations commises dans Rome par les bandes du connétable de Bourbon, entravèrent les travaux, et quand on put les reprendre, Balthazar Peruzzi, qui fut nommé architecte de l'église, abandonna le plan de Raphaël, qui nous est connu par un dessin de Serlio, et reprit l'idée primitive d'une croix grecque. La construction de Saint-Pierre languit un peu sous sa direction indécise, et le pape Paul III la confia à Antoine de San-Gallo, qui reprit le projet de croix latine, et adopta pour la forme extérieure un plan tout à fait nouveau et extrêmement surchargé. Michel-Ange, qui était ennemi de San-Gallo, critiqua vivement cet amas de clochers et de pyramides, qu'il accusait d'être entaché d'un goût gothique, et ayant été appelé à la direction des travaux après la mort de son rival, abandonna les projets de ces prédécesseurs et conçut l'idée gigantesque d'élever la coupole à quatre cents pieds dans les airs. Il ne construisit que le tambour du dôme, et en mourant (1564) il laissa des plans pour l'achèvement complet de l'édifice en croix grecque.

Michel-Ange, préoccupé de l'unité artistique de son œuvre, avait négligé certaines dispositions intérieures réclamées par le service religieux. Il fallut faire des changements de détail ; mais le pape Pie V, en confiant les travaux à Piero Ligorio et à Vignole, exigea qu'on se conformât pour l'ensemble aux plans de Michel-Ange. Vignole fit les deux coupoles latérales, et Jacques de la Porta, qui lui succéda, obtint du pape Sixte-Quint de modifier la courbure extérieure du dôme, qui prit une forme elliptique en devenant plus élevé.

L'édifice était près d'être enfin terminé, mais il n'avait pas encore de façade. Carle Maderne, qui en fut chargé sous le pontificat de Paul V, crut devoir apporter d'importantes modifications au plan de Michel-Ange, et la nef principale prolongée donna à l'ensemble la forme d'une croix latine, sur laquelle il appliqua la façade actuelle. Enfin le Bernin construisit, au dix-septième siècle, le fameux portique circulaire qui règne autour de la place, et en 1776 Pie VI fit bâtir par Carlo Marchionni la sacristie, dont les architectes précédents ne s'étaient pas occupés, et qui a l'inconvénient très-grave de masquer un des côtés de la basilique. Ajoutons qu'au dix-huitième siècle, l'architecte Vauvitelli dut cercler en fer la coupole pour arrêter les progrès des lézardes qui s'y étaient manifestées.

On voit, par le récit de la construction de Saint-Pierre de Rome, que ce célèbre édifice ne pouvait manquer de présenter dans son ensemble un défaut capital, qui est le manque d'unité ; mais comme tous les plus grands artistes de l'Italie ont passé là, on y trouve partout des qualités de premier ordre, bien que les parties ne s'accordent pas entre elles. Une excursion dans cette église est donc un résumé de l'histoire de l'art en Italie depuis le commencement du seizième siècle.

La place de Saint-Pierre se compose d'un carré devant lequel s'étend un espace ovale entouré des colonnades grandioses du Bernin. Au milieu de l'ovale est un grand obélisque, apporté à Rome sous l'empereur Caligula et placé à cet endroit par l'architecte Fontana sous Sixte-Quint. Cette entreprise, qui suscita de grandes difficultés, a amené divers incidents. On raconte que l'extensibilité des cordes n'ayant pas été justement calculée par Fontana, un matelot, voyant l'entreprise sur le point d'échouer, s'écria, malgré qu'on eût défendu à la foule, sous peine de mort, de prononcer une parole : « De l'eau sur les cordes ! » et que ce conseil mit l'architecte à même de conduire sa tâche à bonne fin. Des deux côtés de l'obélisque s'élève une belle fontaine bâtie sur le plan de Carle Maderne. La façade de l'église a été vivement critiquée : ses fenêtres multipliées diminuent l'impression de grandeur, et elle a en outre l'inconvénient de masquer le dôme. Dans le plan de Michel-Ange, cette façade était un portique analogue à celui du Panthéon de Rome, et laissant complètement dominer la coupole, tandis que Maderne, en plaquant une façade démesurément grande et surchargée de détails, a rompu l'unité que l'édifice devait présenter.

Ce gigantesque édifice paraît à l'aspect moins grand qu'il n'est en réalité, et le président de Brosse a raison quand il dit : « On ne s'aperçoit de l'énorme étendue de l'édifice que par relation ; lorsqu'on considère une chapelle, on la trouve grande comme une cathédrale. »

Les monuments grecs sont petits et paraissent grands; c'est le contraire qui a lieu à Saint-Pierre de Rome. L'édifice, qu'on sait être colossal, ne paraît pas avoir sa grandeur réelle. « Il suffit, dit Quatremère de Quincy, qu'une dimension dans un édifice soit exagérée aux dépens des autres, c'est-à-dire qu'il y ait disproportion, pour que le sens externe la prenne pour de la grandeur. » Il est certain que les nefs de nos églises gothiques ne paraîtraient pas aussi élevées si elles étaient moins étroites, mais cette disproportion produit une impres-

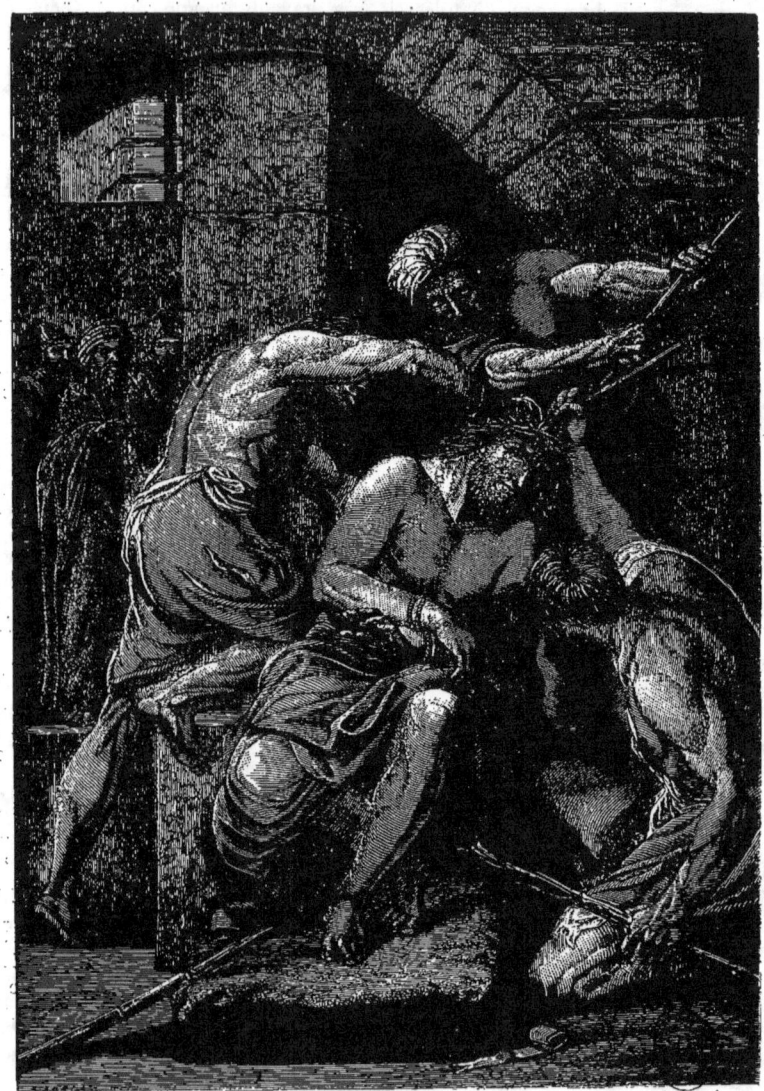

316. — LE COURONNEMENT D'ÉPINES (LOUIS CARRACHE).
(Bologne, Pinacothèque.)

sion étrange et saisissante, qui porte l'esprit aux idées religieuses et qu'on ne trouve jamais dans les églises italiennes de la Renaissance. Une autre cause tend encore à diminuer l'impression de la grandeur réelle de l'édifice, c'est la proportion colossale des statues et des ornements qui ne sont pas assez dominés pour le monument. Ainsi les bénitiers placés à l'entrée de l'édifice sont deux coquilles de marbre jaune antique, ajustées devant une draperie de marbre bleu turquin, et supportées par des anges sous forme d'enfants ailés qui n'ont pas moins de deux mètres de hauteur. Il faut un peu de temps pour apprécier l'immensité du vaisseau, dont l'effet est d'ailleurs affaibli par une lumière trop vive pour être religieuse. Au-

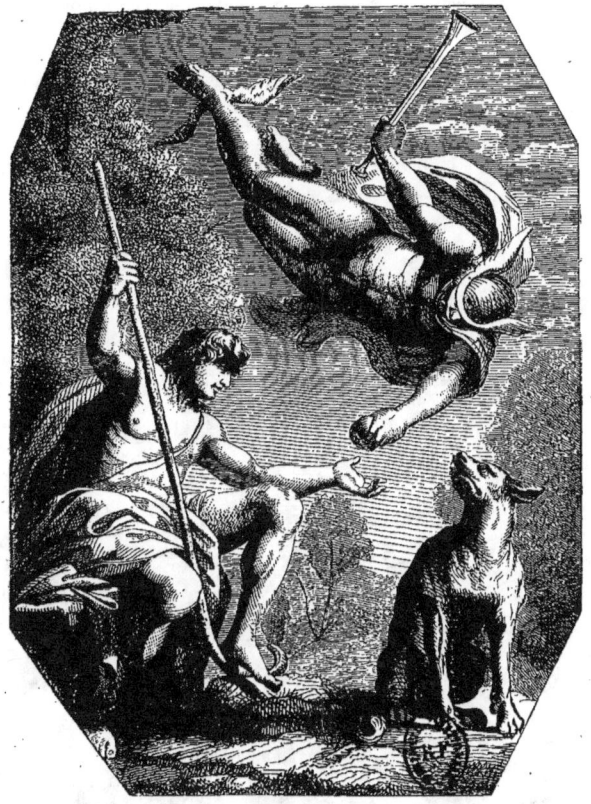

317. — MERCURE OFFRANT LA POMME A PARIS (ANNIBAL CARRACHE).
(Rome, palais Farnèse).

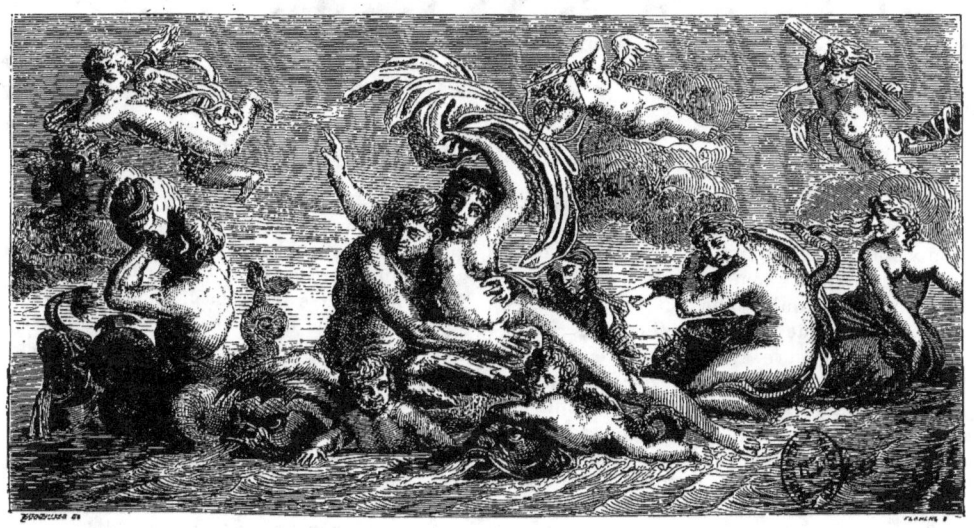

318. — LE TRIOMPHE DE GALATÉE (ANNIBAL CARRACHE).
(Rome, palais Farnèse.)

dessous de la coupole est le fameux baldaquin de Saint-Pierre, élevé par le Bernin, qui est en lui-même très-remarquable, mais qui a le défaut d'altérer l'unité de la perspective en s'interposant entre la nef et le chœur.

Si, maintenant, on veut examiner chaque partie de l'édifice en particulier, et analyser les chefs-d'œuvre innombrables de sculpture et de peinture qu'il renferme, on reconnaîtra que, malgré l'absence d'unité dans l'inspiration, ce colossal monument mérite l'admiration.

LA FUSION DES PRINCIPES.

L'ÉCLECTISME DANS L'ART. — Dans les temps où les principes fondamentaux de l'art semblent oubliés, où le caprice individuel règne en souverain, il arrive parfois des hommes en qui la

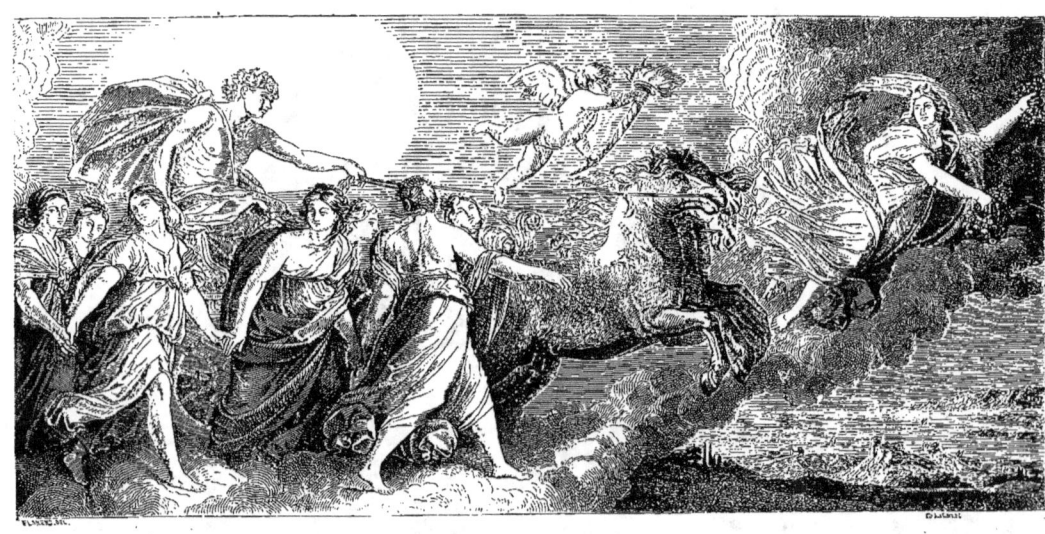

319. — L'AURORE (LE GUIDE).
(Rome, palais Rospigliosi.)

volonté et la méthode tiennent lieu d'inspiration, et qui, par la seule puissance du goût individuel, s'élèvent au-dessus des passions déréglées de leurs contemporains. Tels furent les Carrache, à qui l'Italie doit d'avoir eu une nouvelle série de maîtres habiles, qui retardèrent la décadence. L'art est pour eux la déduction logique d'un enseignement parfait. Il pourra être indifféremment religieux ou intime, passionné ou décoratif, et il atteindra nécessairement la perfection, si l'artiste a su combiner avec habileté les éléments dont se sont servis les maîtres. Les uns ont donné à leurs figures une tournure magistrale : on cherchera à quoi tient cette tournure; d'autres ont eu une facture large : on étudiera leur touche; d'autres ont été grands coloristes : on verra de quelle manière ils ont combiné leurs tons. La grâce du Corrège, le grandiose de Michel-Ange, la noblesse de Raphaël, la splendeur du Titien, résultent de certaines combinaisons de lignes et de couleurs; en étudiant ces combinaisons, on les possédera; et si on les réunit toutes sur une œuvre, elle ne peut manquer d'arriver à la perfection. Telle est la donnée sur laquelle Louis, Augustin et Annibal Carrache fondèrent leur enseignement à Bologne.

LES CARRACHE. — Louis Carrache (fig. 316) (1555-1619), fils d'un boucher de Bologne, fit ses premières études chez Prosper Fontana, qui, prenant sa lenteur pour un défaut d'intelligence, l'engagea à renoncer à la peinture. Il s'en alla alors demander des conseils au Tintoret, qui, lorsqu'il l'eut vu à l'œuvre, lui donna le même conseil que Fontana. Loin de se décourager, Louis Carrache redoubla d'efforts, et se mit à parcourir l'Italie pour étudier et analyser les ouvrages des grands maîtres. A Bologne, il avait copié la *Sainte Cécile* de Raphaël; il copia le Titien à Venise, Léonard de Vinci à Florence, le Corrége à Parme, comparant partout les œuvres et discutant les principes de chaque école. Il s'efforça, avec une persévérance inouïe, de lutter contre le maniérisme régnant. Les derniers élèves de Michel-Ange avaient entraîné la peinture dans une décadence rapide, et les élèves qu'ils avaient eux-mêmes formés avaient, en exagérant leurs principes, rendu cette décadence à peu près irrémédiable. Louis Carrache, prévoyant les difficultés qu'il aurait dans la réforme qu'il projetait contre le goût du jour, s'associa ses deux cousins, Augustin et Annibal, dont les aptitudes lui étaient connues. Ils étaient fils d'un tailleur. Augustin, l'aîné, avait reçu une éducation assez complète; mais il n'en était pas de même d'Annibal, nature un peu rude et qui passait même pour une intelligence rebelle. Aussi le père des deux jeunes gens consentait aisément à laisser faire de la peinture à Augustin, mais il montrait de la répugnance à l'égard d'Annibal, qui, suivant lui, n'avait pas d'aptitude pour être artiste et ferait beaucoup mieux de rester tailleur comme son père. Sur ces entrefaites, le père fut volé d'une somme considérable pour sa modique fortune, et Annibal, qui avait vu les voleurs, les dessina de souvenir avec une telle ressemblance que cet indice suffit à la justice pour les retrouver. Dès lors il fut décidé qu'Annibal serait peintre comme les autres, et ces trois hommes réunis formèrent ensemble une école demeurée célèbre par les œuvres qu'elle a produites et plus encore par sa méthode d'enseignement. Le rôle de chacun était nettement défini : Louis, le fondateur de l'école et du système, dirigeait tout par son savoir et ses conseils; Augustin, le lettré de la famille, démontrait la théorie, formulait les préceptes et faisait des cours d'histoire de l'art, de perspective, d'anatomie des formes, etc. Pour Annibal, le plus grand peintre des trois, il se contentait de prêcher d'exemple, et répondait par des chefs-d'œuvre aux attaques dirigées contre l'école.

Augustin avait résumé les principes de l'école dans un sonnet où il est dit que le peintre doit réunir la composition de Raphaël, la grâce du Corrége, l'énergie de Michel-Ange, le coloris du Titien, etc. Ce système éclectique trouva dès son début un grand nombre de détracteurs, et aujourd'hui encore beaucoup de critiques regardent cette étude des grands maîtres comme contraire à l'originalité. Les lettres d'Annibal Carrache sont fort curieuses, parce qu'on voit clairement qu'il n'est pas né pour les théories, et il s'en aperçoit lui-même. Ainsi il écrivait à Louis : « Je dois vous dire mon sentiment sur tout ce que je vois, ainsi que nous en convînmes avant mon départ. Mais je vous avoue que cela m'est difficile, tant mes idées sont encore confuses. Corrége, Titien, je vous chérirai toujours! Qu'on dise ce qu'on voudra de leurs tableaux, ce sont là de véritables peintures; je le reconnais, et je déclare que vous avez grandement raison; pourtant je confesse que je ne pénètre pas bien le fond de votre pensée et que je ne souscris pas encore tout à fait à vos principes. La simplicité et la pureté, qui sont vraies sans être vraisemblables, me plaisent; c'est la nature sans art et sans contrainte. Je ne puis pas bien m'exprimer, mais je sais ce que j'ai à faire, et cela suffit. Au reste, Augustin saura bien tirer la quintescence de tout ceci et en parler selon les règles. »

Le système des Carrache était très-attaqué, mais Louis avait si bien inoculé son principe aux deux autres Carrache, que ceux-ci parcouraient l'Italie, copiant les maîtres pour pouvoir les imiter, et lui faisaient part de leurs travaux et de leurs idées : « Mettons toute notre attention à nous approprier la belle manière du Corrége, écrivait de Parme Annibal Carrache; c'est là notre principale affaire, afin de pouvoir un jour mortifier toute cette canaille. » *Cette canaille* ne s'appliquait pas seulement aux maniéristes de l'école michel-angesque; le réalisme brutal du Caravage s'éloignait tout autant de la voie sage dans laquelle les Carrache espéraient retrouver le style et la tradition des maîtres. Caravage pourtant s'était écrié un jour devant un tableau d'Annibal Carrache : « Enfin, grâce à Dieu, j'ai trouvé un peintre! » Mais il déclara bientôt qu'il fallait le reléguer parmi « les impuissants et les cuistres. »

L'œuvre capitale d'Annibal Carrache est la décoration du palais Farnèse à Rome. Il a employé huit ans à ce magnifique travail, pour lequel il ne reçut que 800 écus. La galerie qu'il a décorée a 62 pieds de long sur 19 de large. Elle est éclairée par trois fenêtres : en face se trouve une porte, puis des statues dans des niches entre des pilastres. Dans le milieu de la voûte sont trois compositions : le *Triomphe de Bacchus et d'Ariane*, *Pan offrant une toison d'or à Diane*, et *Mercure offrant à Pâris la pomme d'or* (fig. 317). Sur la retombée de la voûte, au-dessus des fenêtres : l'*Aurore enlevant Céphale*, *Énée et Didon*, *Hercule et Iole*, le *Triomphe de Galatée* (fig. 318), *Jupiter et Junon*, et diverses scènes empruntées à la mythologie. Annibal Carrache conçut un vif chagrin de se voir mal récompensé de cet immense travail, et tomba dans une profonde mélancolie qui amena sa mort. Il demanda à être enterré à côté de Raphaël.

Visite au Louvre. — A défaut d'Augustin Carrache qui est absent, nous avons plusieurs

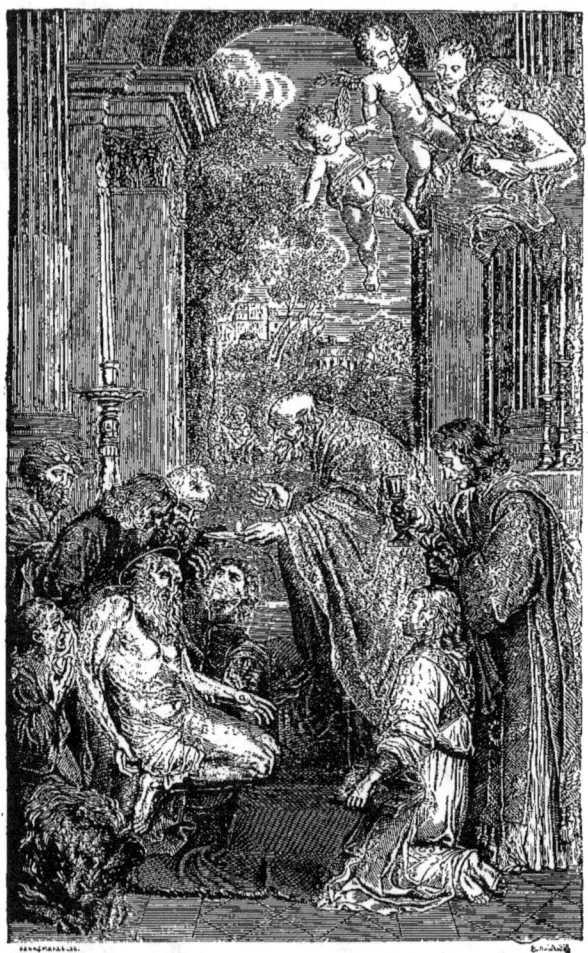

320. — COMMUNION DE SAINT JÉRÔME (DOMINIQUIN).
(Rome, Vatican.)

ouvrages de Louis, et un nombre considérable de tableaux d'Annibal Carrache, dans tous les genres : le *Sacrifice d'Abraham*, la *Naissance de la Vierge*, la *Salutation angélique*, deux *Nativité*, le *Sommeil de l'Enfant Jésus*, le *Christ mort sur les genoux de la Vierge*, qui passe pour un des derniers ouvrages du maître, le *Christ au tombeau*, le *Martyre de saint Étienne*, un *Saint Sébastien*, un ravissant petit *Hercule étouffant les serpents*, une *Diane et Calisto*, la *Chasse*, la *Pêche*, des paysages, etc. Le musée des dessins renferme aussi une importante collection d'études d'Annibal Carrache.

LES ÉLÈVES DE CARRACHE. — Le Guide était fils d'un musicien qui le plaça à l'école de Denis Calvaert, dit le Fiamingo. Mais, à peine âgé de vingt ans, il quitta ce maître pour entrer dans l'atelier des Carrache, dont il imita très-habilement la manière. S'étant ensuite brouillé avec eux, il les quitta et vint à Rome, où il contre-balança quelque temps l'influence du Caravage. Appelé à Naples pour décorer la chapelle de Saint-Janvier, il fut obligé d'abandonner ces travaux pour échapper aux tracasseries de Ribera et de ses amis, et revint à Bologne, sa patrie. Le genre facile et gracieux qu'avait adopté le Guide lui attira un immense succès; mais vers la fin de sa vie le Guide se laissa dégrader par la passion du jeu, qui lui fit perdre son talent. Longtemps plus riche que ceux qui le faisaient travailler, il se vit un jour réduit à la misère. Dès lors il fut obligé de vendre furtivement à vil prix, pour jouer ou pour subsister, des ouvrages dont il avait publiquement refusé des sommes considérables. Il terminait à la hâte des tableaux que son nom faisait acheter, et qui étaient indignes

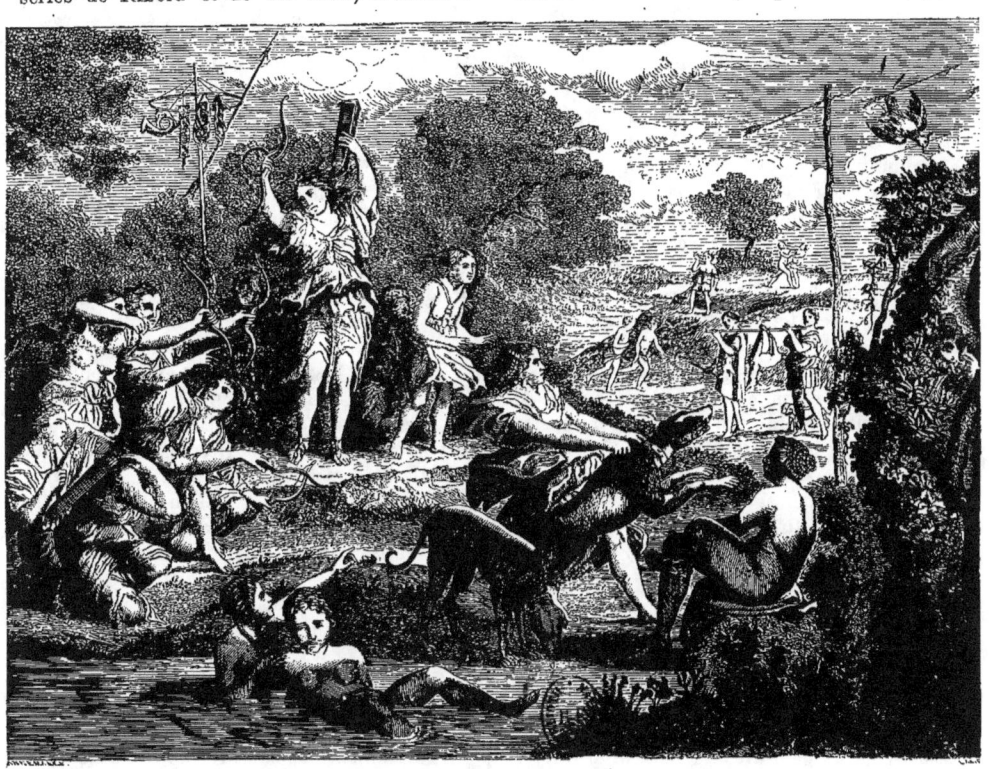

321. — LA CHASSE DE DIANE (DOMINIQUIN).
(Rome, palais Borghèse.)

de ce nom. Enfin, accablé de dettes, ne trouvant plus de secours dans la bourse de ses amis, fatigué, poursuivi par ses créanciers, il tomba dans une profonde mélancolie et mourut d'une fièvre maligne, au milieu de l'indigence. Les Italiens disaient que « la grâce et la beauté étaient au bout des doigts du Guide, et qu'elles en sortirent pour aller se reposer sur les figures qu'il animait de son pinceau. » Le chef-d'œuvre du Guide est une peinture du palais Rospigliosi à Rome, qui représente *le Char de l'Aurore*, et a été popularisé par la gravure (fig. 319).

Dominique Zampieri, dit le Dominiquin (1581-1641), est un transfuge de l'école de Denis Calvaert. Comme il était apprenti, son maître le surprit copiant un dessin d'Annibal Carrache, qu'il détestait, et le maltraita si rudement que Dominiquin le quitta pour aller chez les Carrache. Ceux-ci apprécièrent l'intelligence de leur nouvel élève, qui, par sa lenteur et son esprit un peu pesant, était souvent un sujet de risée pour ses camarades, qui l'avaient surnommé *le bœuf*. « Ce bœuf-là, leur dit un jour Annibal Carrache, rendra son champ si fertile, qu'il nourrira la peinture. » Ce fut après la mort d'Annibal Carrache que le Dominiquin fit son fameux tableau de *la Communion de saint Jérôme* (fig. 320), qui est maintenant au Vatican. Augustin Carrache avait déjà traité le même sujet; et comme les deux compositions se ressemblent considérablement, le Dominiquin fut accusé de plagiat. Après avoir fait plusieurs tableaux importants à Bologne et à Rome (fig. 321), il fut appelé à Naples pour décorer la chapelle du Trésor. Mais il y avait alors à Naples une coterie d'artistes batailleurs et jaloux, en tête desquels se trouvait l'Espagnol Ribera, et ces artistes ne pouvaient supporter l'idée de voir un nouveau venu qui avait la prétention de faire des travaux dont ils prétendaient avoir le monopole. C'est alors que commença ce qu'on a appelé la persécution du Dominiquin. On se mit d'abord à dénigrer sa peinture de toutes les manières; puis on mit dans ses couleurs des substances chimiques, destinées à les faire écailler ou noircir; enfin on fit tant que le pauvre Dominiquin finit par quitter Naples en fugitif. Le vice-roi, qui désirait voir terminer sa chapelle, l'obligea à revenir, en lui promettant une protection efficace. Il revint en effet, mais les taquineries et les insultes recommencèrent plus fort qu'auparavant. Le Dominiquin avait une nature extrêmement craintive et fut saisi par l'idée qu'on voulait l'empoisonner, ce qui n'était pas impossible, puisque ses ennemis allèrent jusqu'à détruire les peintures qu'il avait commencées. Il devint languissant, et finit par mourir de chagrin, selon les uns, et selon d'autres par le poison.

L'Albane (1578-1660), fils d'un riche marchand de soie, est né à Bologne et entra à l'âge de treize ans chez Denis Calvaert, où il connut le Guide. Ils passèrent ensemble à l'école des Carrache. L'Albane aida Annibal Carrache dans ses peintures du palais Farnèse, et le Guide dans ses fresques de Monte Cavallo. Il fit lui-même de vastes compositions, mais c'est surtout dans les petits tableaux de chevalet que son talent s'est révélé. On a appelé l'Albane l'Anacréon de la peinture. Ses *Diane*, ses *Vénus* et ses sujets mythologiques sont toujours entourés d'une foule de petits Amours (fig. 322); et quand il traite des sujets religieux, les petits anges emplissent également le tableau. L'Albane est avant tout un peintre gracieux. Il aime à représenter Vénus à sa toilette et entourée par les Grâces, ou bien assise sur un char de coquillages, que les Néréides, montées sur les dauphins, traînent sur les vagues tranquilles, tandis que les Amours tiennent la voile enflée par les vents C'est ainsi que, dans une série de tableaux où il veut personnifier les éléments, il a fait une charmante composition, dont il donne lui-même l'explication dans une lettre. « Dans ce tableau, dit-il, où je devais représenter l'eau, j'ai voulu exprimer non-seulement le mélange des sources et des rivières avec les fleuves, mais celui des fleuves avec la mer. Sur la mer j'ai peint la déesse emblème de l'écume qui se forme à la surface de l'humide élément; j'ai placé autour d'elle des amours, des nymphes, des tritons : premièrement, parce que les chairs de ces figures offrant des tons différents, cette variété devait rendre l'ensemble du coloris plus agréable; secondement, parce que les nymphes et les amours, en rappelant les divers travaux auxquels la mer nous invite, tels que la récolte des perles et celle du corail, la pêche au filet et à l'hameçon, me donnaient le moyen d'embrasser mon sujet dans toute son étendue. » En effet, le peintre, se conformant au programme qu'il s'était tracé, nous montre au fond du tableau un fleuve versant son urne dans la mer, et au premier plan, des amours qui se livrent à des exercices maritimes.

L'Albane était fort riche et habitait une maison de campagne dans un pays délicieux, où il prenait ses fonds de paysages, tandis que ses douze enfants, tous extrêmement beaux, lui servaient de modèles. Ce peintre a joui d'une vogue extraordinaire au dix-huitième siècle, mais il a été fort déprécié par l'école de David, dont les principes sévères ne pouvaient admettre son dessin peu châtié et l'afféterie habituelle de ses poses. Ses tableaux ont poussé au noir et le coloris en est souvent peu agréable.

Francesco Barbieri, dit le Guerchin (1591-1666), naquit à Cento, près de Bologne, et fit ses premières études chez Crémonini. Mais ce fut en étudiant les peintures de Carrache qu'il forma son talent, ce qui fait qu'on le range ordinairement parmi leurs élèves, quoiqu'il n'ait pas fréquenté leur atelier. Peu d'artistes ont travaillé aussi vite que le Guerchin, et il obtint dans son pays un tel succès qu'il refusa l'honneur d'être le peintre des rois de France et d'Angleterre. La première manière du Guerchin se fait remarquer par des ombres très-fortes, opposées à des lumières très-vives. Il se lia d'une étroite amitié avec le Caravage, et, comme lui, chercha les effets à grand contraste. On l'a appelé le magicien de la peinture; mais, quoique moins brutal que le Caravage, il n'arriva jamais au grand style. La *Sainte Pétronille* du musée du Vatican est l'ouvrage le plus célèbre du Guerchin (fig. 323)

Visite au Louvre. — L'école des Carrache, très-richement représentée dans presque tous les grands musées de l'Europe, est à peu près complète au Louvre. Parmi les nombreux tableaux du Guide, nous citerons un *David vainqueur de Goliath*, dont il existe plusieurs répétitions ou copies excellentes, une grande *Purification de la Vierge*, exécutée dans la

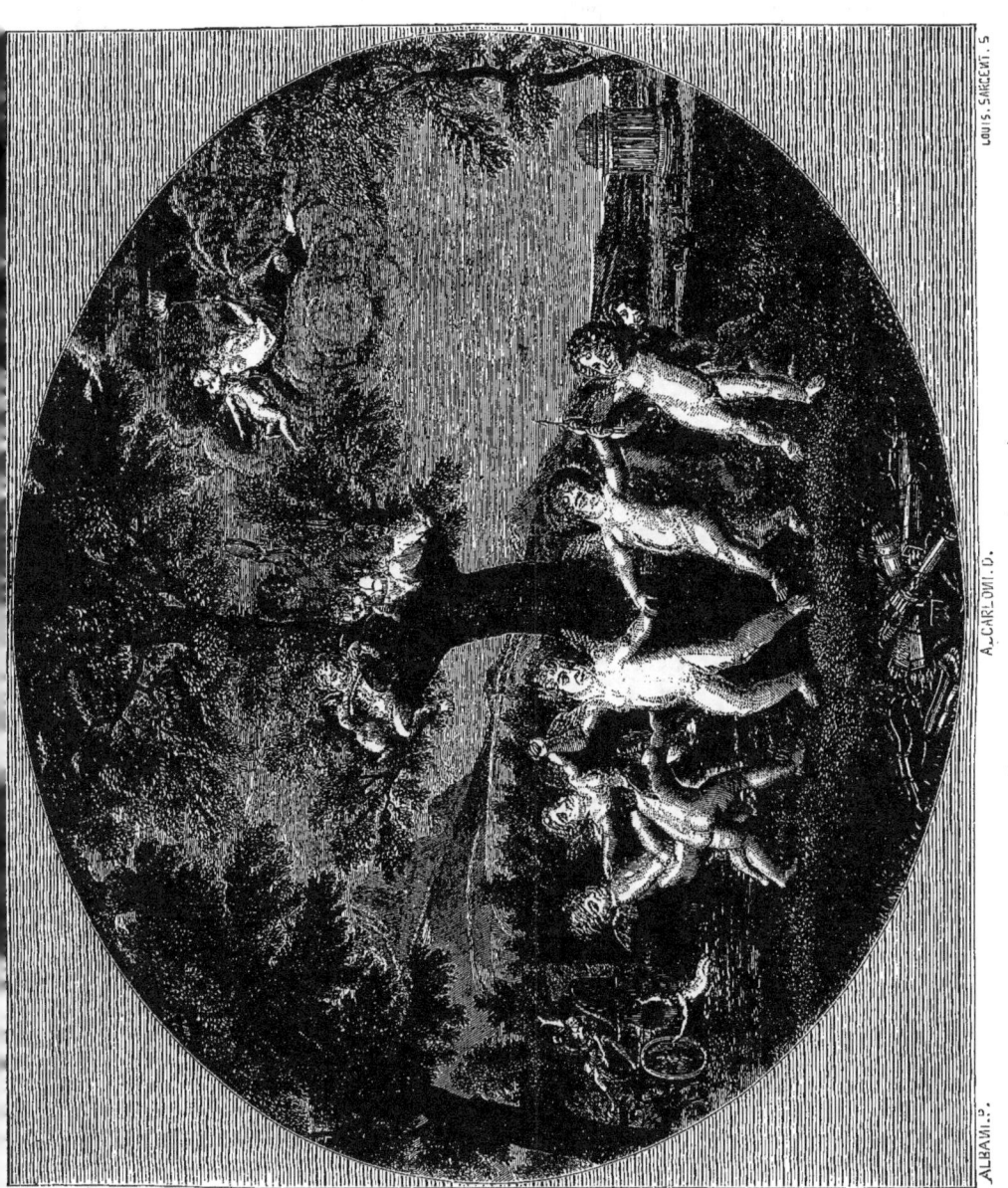

322. — DANSE DES AMOURS (ALBANE). (Milan, palais Bréra.)

dernière manière du maître, une *Sainte Famille*, un *Ecce Homo*, dont la lithographie est très-répandue, un *Saint Sébastien* et quatre tableaux tirés de la vie d'Hercule, qui peuvent compter parmi les meilleurs tableaux de cet artiste, surtout l'*Enlèvement de Déjanire*, que la belle gravure de Bervic a popularisé. Nous sommes moins riches avec le Dominiquin, et bien qu'il ait plusieurs tableaux, on n'en pourrait citer aucun de premier ordre ; mais l'Albane peut être apprécié au Louvre par un grand nombre de tableaux mythologiques, d'un dessin un peu mou, mais d'une composition pleine de charme, tels que la *Toilette de Vénus*, le *Repos de Vénus et Vulcain*, les *Amours désarmés*, *Salmacis et Hermaphrodite*, etc. Enfin le Guerchin a au Musée un assez grand nombre de tableaux, parmi lesquels figure son portrait peint par lui-même.

LES RÉALISTES. — Michel-Ange de Caravage (1569-1609) était fils d'un maçon et avait été

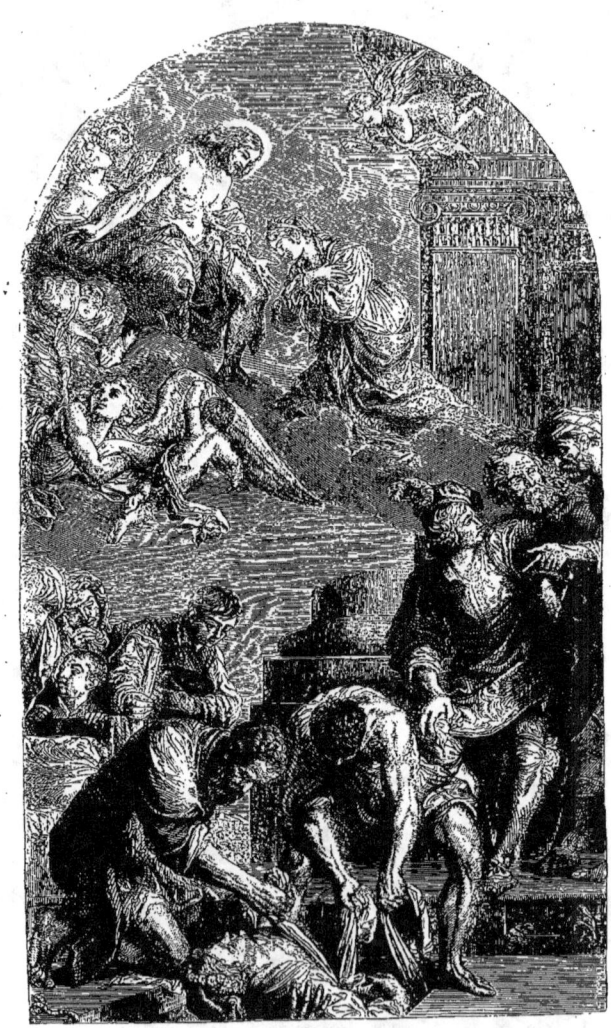

323. — SAINTE PÉTRONILLE (LE GUERCHIN).
(Rome, Vatican.)

lui-même apprenti maçon dans sa jeunesse. Sa vie n'est qu'une édition fort peu corrigée de celle de Benvenuto Cellini, avec cette différence qu'il ne joue pas du couteau, mais de l'épée. D'un caractère violent et querelleur, il fut obligé de s'enfuir de Rome, pour se soustraire aux conséquences d'un homicide, vint s'établir à Naples et y ouvrit une école où l'on cultivait l'escrime autant que la peinture. Lorsqu'il était à Rome, il avait voulu se battre

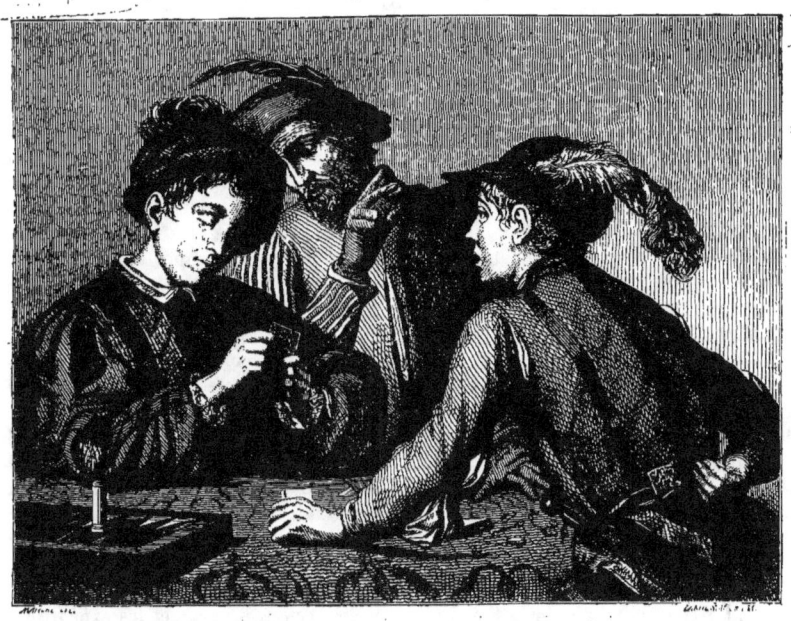

324. — LES JOUEURS (CARAVAGE).
(Rome, galerie Sciarra.)

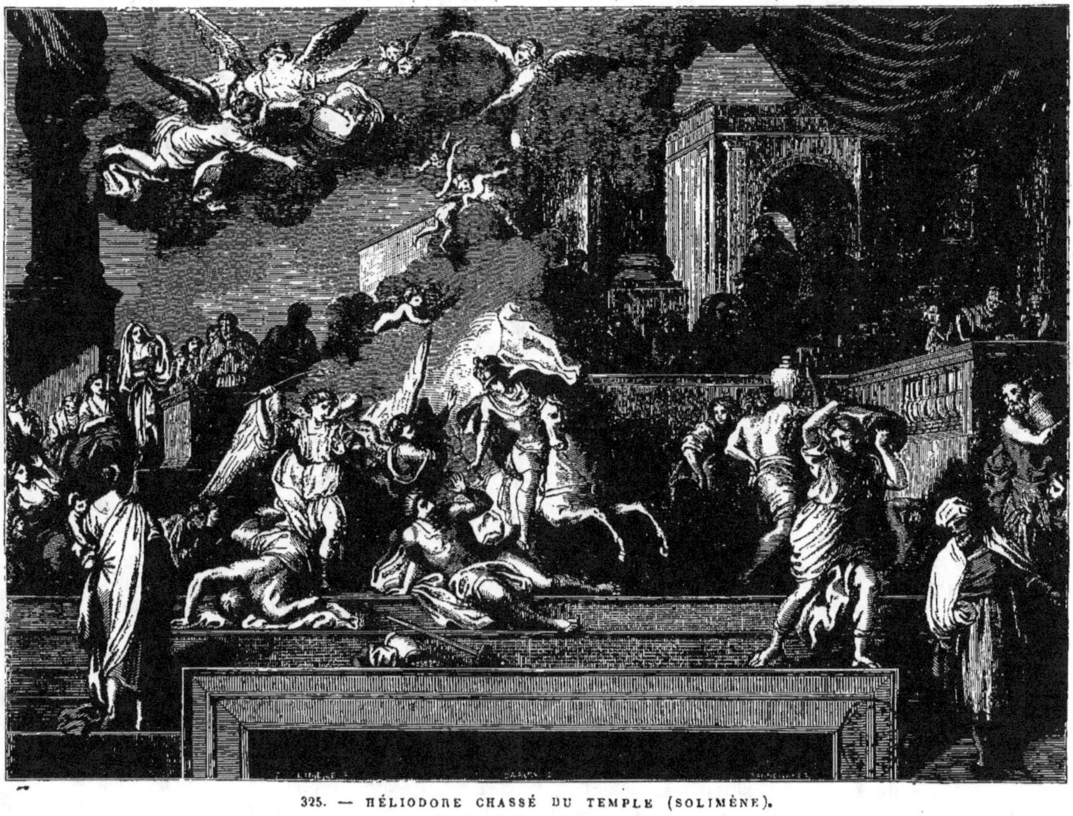

325. — HÉLIODORE CHASSÉ DU TEMPLE (SOLIMÈNE).
(Naples, église Sainte-Anne.)

avec le Josepin, dont il avait été d'abord le domestique; mais le Josepin, qui était noble, refusa de se commettre avec un roturier. Plus tard, le Caravage étant allé à Malte, où il fit le portrait du grand maître de l'ordre et d'autres très-beaux tableaux, y fut créé chevalier, et se voyant anobli, songea aussitôt à provoquer de nouveau son vieil ennemi le Josepin, qui cette fois ne devait plus avoir de prétexte pour lui refuser satisfaction. Mais, au moment de quitter Malte, il eut une dispute avec un chevalier, qu'il blessa grièvement, et fut jeté en prison pour ce fait. Il parvint à s'échapper, retourna à Naples, mais n'y fit qu'un très-court séjour; il se querella avec des soldats dans un cabaret, fut blessé, obligé de s'enfuir, et se cacha dans une felouque qui mit aussitôt à la voile et le déposa sur les frontières de Toscane où il mourut misérablement dans un bouge.

La peinture du Caravage se ressent de son caractère. Artiste puissant et brutal, la vigueur chez lui ne s'allie jamais à la noblesse et exclut toujours la grâce. Il a, dans la galerie Sciarra à Rome, un tableau où l'on voit un jeune homme volé au jeu par deux escrocs; c'est un chef-d'œuvre d'énergie et de relief (fig. 324). Ses *Joueurs d'échecs* de Venise, sa *Judith* du musée de Naples, sont des peintures d'une vérité saisissante. Ses tableaux religieux, qui sont très-nombreux, n'ont de religieux que le nom; ainsi on a dit que sa *Mise au tombeau* du Vatican devrait être intitulée *les Funérailles d'un chef de brigands*. Il aimait à rendre les scènes de cabaret et les rixes, et il avait pour principe l'imitation rigoureuse d'une nature sans choix. Un jour qu'on lui montrait des antiques dans un musée : « Qu'ai-je besoin de vos statues? dit-il, la nature ne m'a-t-elle pas donné assez de modèles? » et il montra un groupe de gens du peuple. Il eut de son vivant un succès prodigieux, et on le comprend, quand on compare ses œuvres à celles de la plupart de ses contemporains. Le Caravage peut être regardé comme le père du *réalisme;* seulement nos réalistes contemporains sont aussi loin derrière lui que nos peintres d'église derrière les grands maîtres de la Renaissance.

Né dans la dernière classe du peuple, obligé de se livrer dès sa jeunesse à des travaux très-rudes, Lionelle Spada entra comme broyeur de couleurs à l'atelier des Carrache et y prit le goût de la peinture. Ces habiles maîtres devinèrent son talent futur et le firent travailler avec leurs élèves. Un sarcasme du Guide l'éloigna de cette école, et il suivit les conseils du Caravage auquel il servait de modèle, et finit par se former un style qui se ressentait de la double influence de son éducation. Mais sa vie dissipée finit par lui faire négliger son art, et il mourut vieilli avant l'âge, ayant perdu son talent. Solimène, Canaletto (fig. 326) avec Salvator Rosa semblent fermer la marche et éteindre le flambeau de l'école napolitaine.

L'*Héliodore chassé du temple* (fig. 325), par Solimène, la plus importante de ses compositions, est une vaste fresque qu'on voit à Naples dans l'église Sainte-Anne.

Salvator Rosa (1615-1673), un des derniers maîtres de l'école italienne, est né à Naples, d'une famille très-pauvre, et sa jeunesse se passa dans une extrême misère. D'abord élève de Francanzani, il s'enrôla ensuite sous la bannière de Ribera et devint l'ami et le collaborateur d'un autre élève de Ribera, Falcone, qui s'était fait de la réputation comme peintre de batailles. On a raconté que dans sa jeunesse il avait été plusieurs mois prisonnier d'une troupe de brigands, qui l'emmenèrent dans les montagnes et dont il partagea les expéditions aventureuses et la vie errante. Privé de famille et de ressources, vivant au jour le jour, avec un talent qu'on n'appréciait pas, malgré quelques tableaux que lui avait achetés Lanfranc, il attendait tout des hasards de la fortune, et quand éclata l'insurrection de Masaniello, il y prit une part active avec son ami Falcone. Masaniello ayant organisé la compagnie de la Mort pour la défense de la révolution, Falcone en fut nommé capitaine, Salvator Rosa devint son lieutenant, et tous les artistes spadassins, qui pullulaient à Naples, s'engagèrent dans la compagnie.

Une réaction violente suivit la mort de Masaniello; Falcone et Salvator Rosa étaient parmi les plus compromis. Falcone parvint à se sauver en France, où il acquit de la vogue et fit de nombreux tableaux. Salvator Rosa s'enfuit à Rome. Le Panthéon était alors le lieu consacré aux expositions des beaux-arts; il y mit un *Prométhée*. Son talent, si différent du style alors à la mode, fit sensation; les uns trouvaient cela admirable, les autres détestable. C'était le temps du carnaval, et à cette époque tout le monde, vieux ou jeune, pauvre ou riche, se masquait, et on improvisait toutes sortes de farces et de comédies. Au milieu de la fête, un char traîné par des bœufs et rempli d'une troupe masquée attira l'attention. Le personnage principal jouait le rôle d'un charlatan, offrant des talismans et des fioles, interpellant les passants et se moquant d'eux par des improvisations en vers; de temps en temps, il chantait en s'accompagnant d'un luth.

Quand on sut que c'était l'auteur du *Prométhée* dont on parlait tant, son succès fut immense. Il fut invité, recherché, choyé, devint l'homme à la mode, et on le déclara le premier poëte satirique de son siècle; mais son esprit caustique et ses saillies mordantes lui firent ensuite de nombreux ennemis.

Les aventures romanesques de Salvator Rosa ont contribué à sa réputation au moins autant que ses tableaux. Dessinateur incorrect, coloriste bizarre et faux, il est néanmoins un très-grand artiste. Une lumière incertaine et blafarde qui tranche avec des ombres noires, la grandeur sombre de ses paysages, la fureur sauvage de ses batailles, donnent à tous ses tableaux l'impression pénible d'un cauchemar. Salvator Rosa était très-habile graveur, et ses eaux-fortes sont encore aujourd'hui très-répandues.

Visite au Louvre. — Une *Mort de la Vierge*, une *Diseuse de bonne aventure*, un *Concert* et un très-beau portrait en pied d'un grand maître de Malte, placé dans le salon carré, représentent au Louvre la part du Caravage. C'est ce dernier portrait qui a valu à l'artiste la croix de chevalier de Malte, outre un don d'une chaîne d'or et de deux esclaves pris parmi les prisonniers musulmans. Le Josepin n'a au Musée que deux toiles fort médiocres; mais Lionelle Spada a un tableau d'*Énée et Anchise*, qui fut longtemps attribué au Dominiquin, et un *Retour de l'Enfant prodigue*, qui est un de ses bons ouvrages. Salvator Rosa est représenté par une grande et furieuse mêlée, qui est un chef-d'œuvre, par un grand tableau fantastique, l'*Apparition de Samuel à Saül*, une petite toile sur *Tobie et l'ange Raphaël* et un admirable paysage avec un chasseur dans les rochers.

LA SCULPTURE MODERNE. — La réforme que les Carrache ont apportée dans la peinture n'a pas eu de pendant en sculpture, et les allures violentes et tourmentées de Michel-Ange se retrouvent encore dans les statues du dix-septième et du dix-huitième siècles, mais unies la plupart du temps à une grande molesse d'exécution. La statuaire, au lieu de chercher à exprimer des types, s'efforce de traduire des situations accidentelles et passagères, et les bas-reliefs sont conçus comme pourraient l'être des tableaux italiens au dix-septième siècle; le fameux bas-relief d'*Attila*, par l'Algarde, est peut-être celui où on voit le plus la préoccupation de faire de la sculpture avec les moyens ordinaires de la peinture. Les figures du premier plan, qui ont plus de trois mètres de hauteur, sont en plein relief, et la dégradation perspective est de cinq pieds effectifs de profondeur. Cette manière de comprendre la sculpture, qui avait été adoptée par Laurent Ghiberti dans les portes du baptistère de Florence, et qui le fut également par Puget dans son *Diogène*, est absolument contraire aux principes des anciens.

Le sculpteur le plus important de cette époque est le Bernin (fig. 327).

Jean-Laurent Bernin, architecte, sculpteur, peintre et écrivain, né à Naples en 1598, était fils d'un artiste à la fois sculpteur et peintre. La précocité de son talent le fit passer pour un enfant prodige. A l'âge de dix ans, il avait fait une tête en marbre qui se voit encore à Rome dans l'église Sainte-Praxède. Le pape se fit amener l'enfant et lui demanda de composer devant lui une figure de saint Paul; il en fut si enchanté qu'il s'écria: « Ce sera un nouveau Michel-Ange! » et, lui présentant un sac d'argent, lui ordonna d'y prendre tout ce que ses petites mains pourraient contenir. On dit que ces pièces de monnaie sont encore conservées comme une relique dans la famille du Bernin.

Après avoir étudié avec passion tous les chefs-d'œuvre réunis au Vatican, le jeune homme entreprit de vastes compositions. Les premières qui se firent remarquer furent un *Saint Laurent* et un *Énée portant son père*. Il fit bientôt après son *David lançant une pierre contre Goliath*, qui établit définitivement sa réputation. Cette figure accuse très-nettement les théories artistiques du Bernin. Les sourcils fortement froncés expriment l'indignation, la lèvre supérieure recouvre entièrement la lèvre inférieure, pour montrer l'attention à viser. Ce mouvement des lèvres fut très-admiré, on le trouva d'une vérité parfaite; mais un Grec n'eût pas consenti à exprimer une pareille grimace. Dans une statue du Nil, Bernin, voulant exprimer que la source était inconnue, lui couvrit la tête d'un voile. Une autre fois, chargé de faire un monument à une source qui ne fournissait que quelques gouttes d'eau, il en fit une nymphe qui presse sa chevelure au sortir du bain. En général, Bernin est un artiste ingénieux plutôt que grandiose; le groupe d'*Apollon et Daphné*, qu'il fit pour le cardinal Borghèse, fut regardé comme le chef-d'œuvre de la sculpture.

Le Bernin fut appelé en France pour donner un projet sur l'achèvement du Louvre, et il ne fallut pas moins que la volonté de Louis XIV pour décider le pape à laisser partir son artiste favori. A la cour de France on fêta de toutes les manières cet Italien, dont la célébrité était immense. Les dames l'accablaient de questions, et l'artiste avait réponse à tout. On lui demanda un jour quelles étaient les plus belles des Italiennes ou des Françaises ; il répondit que sous la peau des Italiennes on voyait du sang, et du lait sous celle des Françaises. Quand il fit le buste de Louis XIV, le roi avait, selon la mode du temps, de grandes boucles de cheveux qui retombaient jusqu'aux

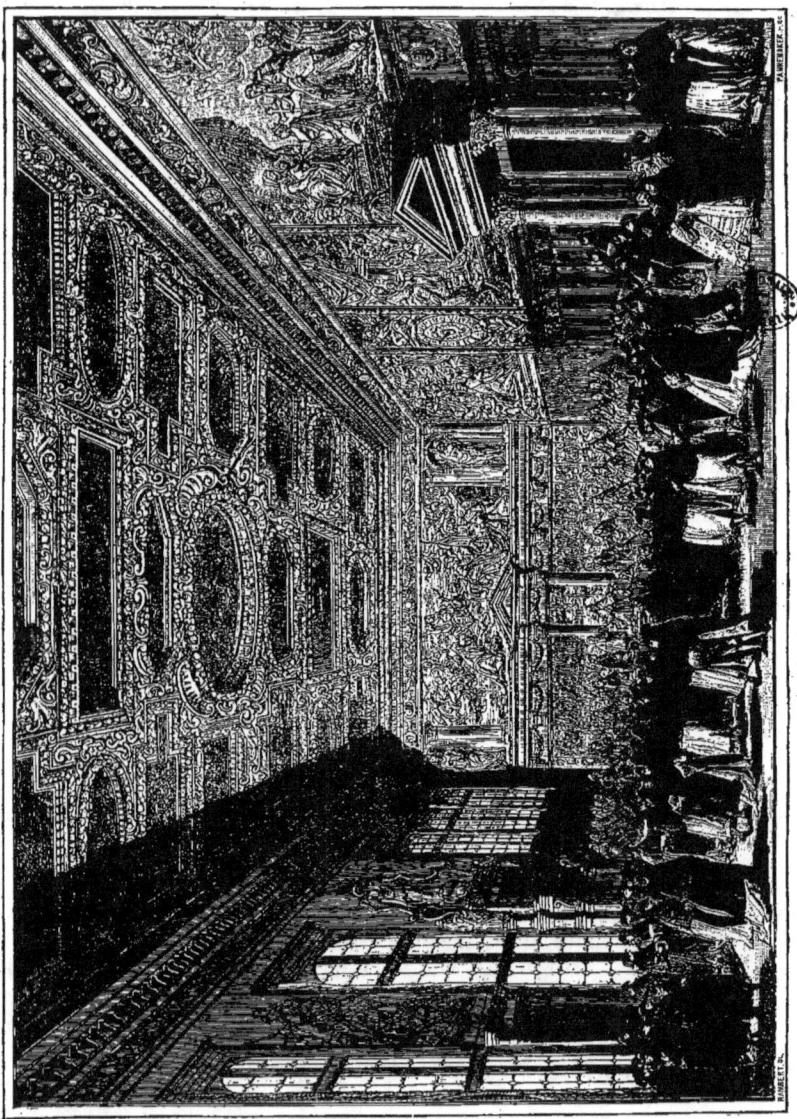

326. — LE CARNAVAL A VENISE (CANALETTO).
(Venise, palais des Doges.)

sourcils : le Bernin, les écartant de la main, déclara qu'un pareil front devait être connu du monde entier. Le mot eut du succès ; et comme tout le monde voulait ressembler au roi, la mode changea, et la nouvelle coiffure s'appela *à la bernine*.

Malgré l'accueil qui lui était fait, le plan que Bernin proposait pour le Louvre ne fut pas adopté. Dans une monarchie, ce n'est pas le roi qui a la toute-puissance, ce sont les courtisans. Les Perrault intriguèrent tant et tant que Bernin invoqua un prétexte de santé pour retourner en Italie, ce qui fut un bonheur pour le Louvre; car le plan de Perrault valait assurément mieux que le sien. En partant, le Bernin avait été chargé de faire une statue colossale du roi, qu'il exécuta à Rome, où elle excita une admiration universelle. Mais il n'en fut pas de même en France. Fidèle à ses théories, le Bernin avait représenté le roi gravissant un rocher escarpé, voulant montrer ainsi la vertu triomphant des obstacles. Cette con-

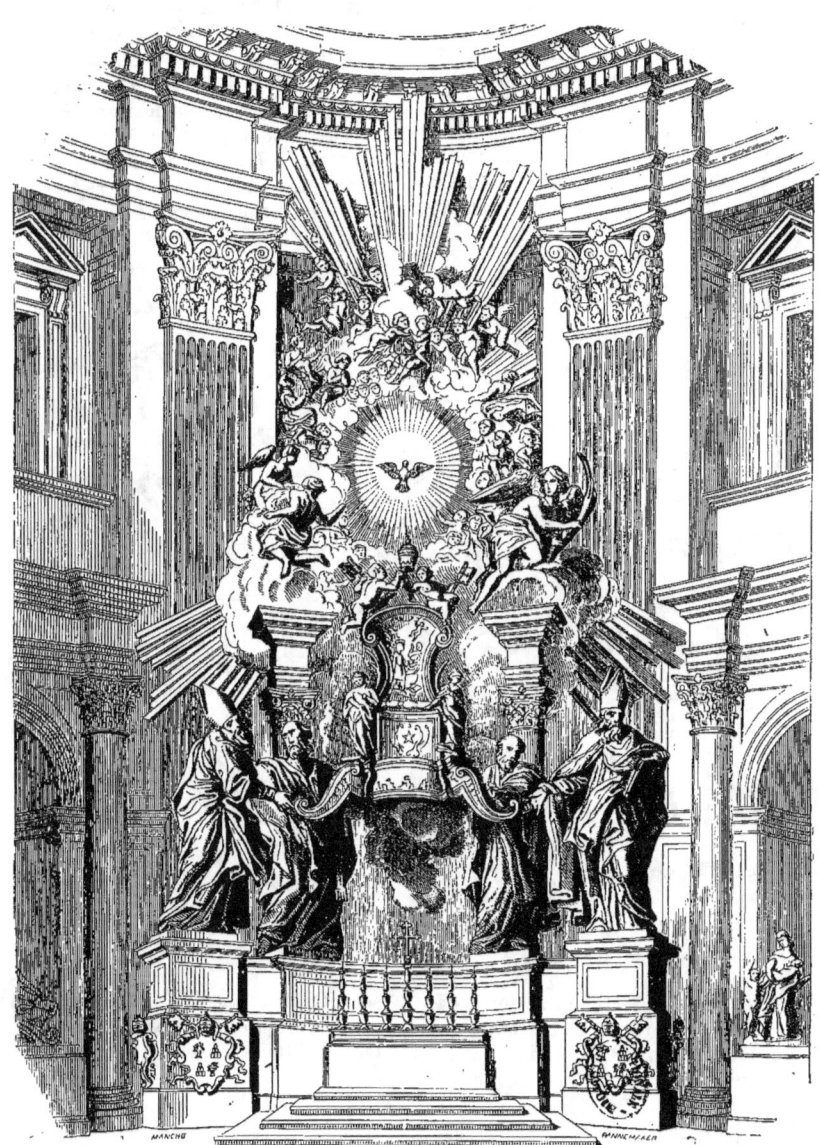

327. — LA CHAIRE DE SAINT-PIERRE (CHEVALIER DE BERNIN).
(Rome, Saint-Pierre.)

ception républicaine de la lutte était tout à fait en désaccord avec les idées monarchiques de la France; dans ce mouvement maniéré où pas une ligne n'est tranquille, on ne pouvait reconnaître la sérénité olympienne du grand roi. Le Bernin admirait Louis XIV et avait voulu le montrer en héros; mais l'idée qu'on en avait en France répondait beaucoup plus à ce que l'antiquité entendait par le divin; on n'eut aucune peine à s'appuyer sur les principes de l'art grec pour trouver l'œuvre si mal conçue qu'on voulut en changer la destination. On modifia les traits du visage, le rocher fut métamorphosé en un gouffre d'où s'échappent des flammes, et la statue du grand roi devint un Curtius qui se dévoue aux dieux infernaux : 93 n'aurait pas mieux fait. Ainsi transformée, la statue n'eut pas les honneurs du parc, on la plaça au bout de la pièce des Suisses à l'entrée du bois de Satory. De là, l'image du grand roi travesti en héros républicain a vu crouler la monarchie ; et si, dans la tourmente révolutionnaire, une bande cherchant les portraits des rois pour les détruire est venue à passer là, elle s'est inclinée devant ce Romain qui se dévoua pour la patrie.

Après le Bernin, il faut descendre jusqu'à Canova (1757-1822) pour trouver un sculpteur sur qui on doive s'arrêter. Canova est né dans une famille d'artisans ; son premier ouvrage est un groupe d'*Orphée et Eurydice*, qui le fit connaître. Les commandes arrivèrent bientôt : le *Thésée vainqueur du Minotaure*, les *Trois Grâces*, la *Terpsichore* et bien d'autres ouvrages mirent le comble à la réputation de Canova. Quand les Français dépouillèrent l'Italie

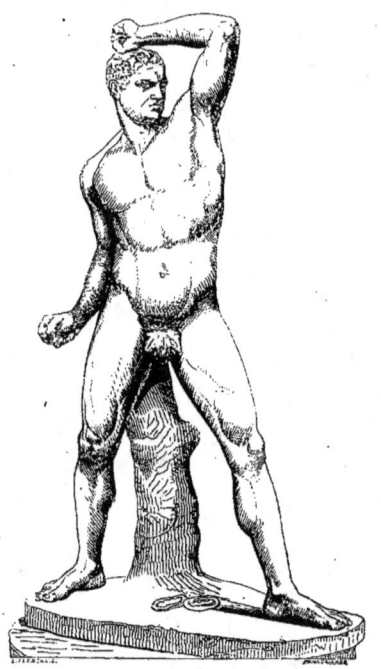 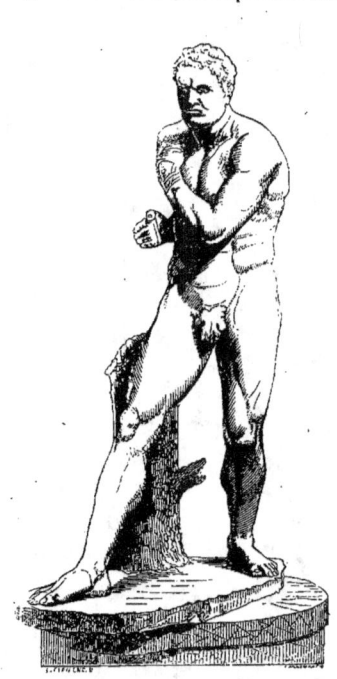

328, 329. — CRUGENTE ET DAMOSSÈNE (CANOVA).
(Rome, Vatican.)

des chefs-d'œuvre de la statuaire antique, Canova fut chargé de faire pour Florence une *Vénus* qui devait remplacer la *Vénus de Médicis*, et pour Rome un *Persée* qui devait remplacer l'*Apollon* du Belvédère. La *Madeleine*, le *Tombeau de Clément XIII*, sont aussi des monuments très-célèbres. Le talent de Canova est fin, élégant, délicat, mais souvent mou et efféminé : la chair prend sous son ciseau le poli de l'ivoire, et ne rend pas assez les palpitations de la vie. Mais, malgré ses défauts, qu'on n'a pas assez vus de son temps et pour lesquels on est peut-être trop sévère aujourd'hui, Canova restera comme une des personnifications les plus complètes de son temps, et il est incontestablement le plus grand sculpteur de l'Italie moderne (fig. 328, 329, 330).

Visite au Musée. — Le Louvre ne possède rien de l'Algarde ni du Bernin, qui a seulement à Versailles la statue de Curtius, et dans les galeries historiques un buste de Louis XIV. Mais nous avons deux groupes de Canova, qui représentent tous deux le même sujet : l'*Amour et Psyché*. Ces groupes, pleins d'une grâce un peu affectée, donnent une idée très-juste du talent et de la manière de l'artiste.

L'ACADÉMIE DE SAINT-LUC. — Les académies ont été instituées dans le but d'arrêter la décadence, en maintenant l'enseignement par la tradition. Ces corps se constituèrent à la fin du seizième siècle et au commencement du dix-septième dans plusieurs villes d'Italie et se composaient généralement des principaux artistes de la localité. La plus célèbre d'entre elles, l'académie de Saint-Luc à Rome, fondée en 1595, a voulu centraliser toutes les institutions du même genre, et elle a eu dès le début la prétention de n'être pas locale, mais universelle. C'est en raison de ce principe qu'elle a souvent élu pour princes des étrangers : Le Brun, de Troy, Raphaël Mengs, Thorwaldsen. C'était une idée très-large et très-louable. Mais quand Le Brun fut prince, Colbert, qui songeait en tout à étendre l'influence française, eut l'idée d'unir l'académie royale de France avec celle de Saint-Luc et de les mettre toutes deux sous la protection du roi de France. Il fut convenu, en effet, qu'on se ferait part mutuellement des conférences et discussions qui auraient eu lieu dans les deux assemblées, et que, dans l'intérêt de l'art, on se ferait franchement les observations qui seraient jugées nécessaires. L'académie de Paris envoya, en effet, la relation rédigée par Félibien de sept conférences tenues sur les tableaux des grands maîtres. Il en résulta à Rome une discussion qui montre très-nettement dans quel ordre d'idées vivaient alors les artistes italiens. Les professeurs romains, après une foule d'éloges prodigués aux artistes français, se plaignaient pourtant un peu du parti pris que semblaient avoir les nôtres de regarder le Poussin comme le plus grand maître qui eût jamais existé. Puis ils se plaignirent qu'on eût négligé de parler de la partie de l'art qui est assurément la plus belle, à savoir : la *grâce*. On se mit alors à disserter sur ce que nous paraissions ignorer, et, dans une curieuse conférence où tous les professeurs parlèrent, on fit la théorie complète des idées qui avaient inspiré l'Albane, Carlo Dolci et autres. Le professeur Morando soutint que, si Minerve est sortie du cerveau de Jupiter, les Grâces sont sorties de son cœur, « d'où il suit que tout ce qui commande à l'esprit est sous l'influence de Pallas, mais que ce qui émeut le cœur dépend des Grâces ; et puisque le cœur n'a pas de règles fixes comme l'intelligence, il en résulte que la grâce ne s'apprend pas, mais se sent et vient naturellement..., etc. » Le vieux Bellori, qui parla ensuite, raconta qu'Apelles, qui avait cédé à Amphion la disposition, à Asclépiodore la symétrie, à Protogènes les autres parties de l'art, s'était réservé la grâce inestimable et divine. Tout le monde discourut sur le même ton, et Carle Maratte, voulant joindre l'exemple à la théorie, peignit son tableau des *Trois Grâces* avec cette devise : « Tout n'est rien sans vous. » On peut voir par là quelle était la tournure d'esprit des Romains du dix-huitième siècle. Les académies italiennes, plus occupées de mièvreries que de travaux sérieux, ont maintenu l'enseignement des arts dans un niveau froid et médiocre, mais n'ont pas su arrêter la décadence rapide des arts.

LES DERNIERS PEINTRES ITALIENS. — On vit encore au dix-septième siècle quelques artistes éminents, qui ne méritent plus, il est vrai, le titre de grands maîtres, mais qui eurent assez de talent pour acquérir une grande influence sur l'art européen. Ce furent surtout de très-habiles décorateurs, comme Pierre de Cortone, dont la manière facile et agréable prépara les voies au dix-huitième siècle, Carle Marate, Sassoferrato, Romanelli, etc. Luca Giordano, fils d'un artiste médiocre, montra dès son enfance des dispositions extraordinaires pour la peinture. Après avoir étudié sous Ribera, il alla à Rome, travailla avec Pierre de Cortone, visita Parme, Bologne, Venise, faisant partout des copies d'après les grands maîtres, dont il cherchait à s'approprier la manière. Il fit des imitations de Paul Véronèse, de Titien, du Guide, et les connaisseurs les plus habiles y sont souvent trompés. Sa fécondité égalait sa facilité, et sa rapidité d'exécution est devenue tellement proverbiale qu'il est souvent désigné sous le nom de *Fa Presto*. Les anecdotes plus ou moins apocryphes n'ont pas manqué à sa biographie. C'est ainsi qu'on raconte qu'un jour son père l'appela pendant qu'il peignait la *Cène* : « Je suis à vous de suite, répondit Giordano, je n'ai plus à faire que les douze apôtres. » Dans ce siècle de décadence, la prestesse d'exécution était admirée comme une marque de génie. Giordano était un homme d'un incontestable talent, mais son œuvre est pleine de réminiscences, et son imagination capricieuse a tout effleuré sans rien approfondir. On peut en dire autant de Solimène, son contemporain, qui a joui d'une immense réputation, a travaillé pour plusieurs papes, et est oublié aujourd'hui.

À défaut de maîtres illustres, le dix-huitième siècle nous offre encore quelques noms connus : Tiepolo, qui vécut longtemps en Espagne, fut un décorateur habile, d'une touche spirituelle et facile ; ses eaux-fortes, d'un dessin très-incorrect, mais d'un aspect toujours agréable, sont fort appréciées des amateurs. Canaletto, si connu par ses vues de Venise, est incomparable pour la perspective aérienne et pour l'animation qu'il donne à ses tableaux. Il eut de nombreux imitateurs, parmi lesquels Francesco Guardi, son élève, a acquis une certaine célébrité. Le Romain Battoni, qui fut un réformateur timide, mais qui eut le mérite de deviner le futur talent de Louis David, auquel il légua sa palette, est le dernier peintre italien qui ait eu quelque célébrité.

L'Italie paraît aujourd'hui faire un effort

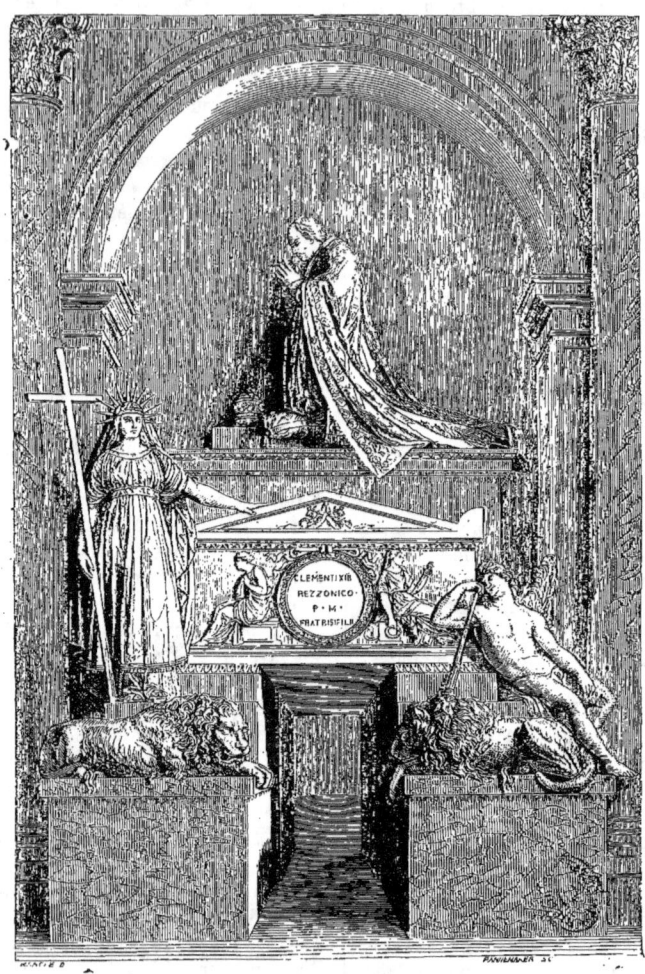

330. — MAUSOLÉE DE CLÉMENT XIII (CANOVA).
(Rome, Saint-Pierre.)

pour se relever, et MM. Ussi, Morelli, Faruffini et quelques autres sont venus disputer les prix à nos dernières expositions.

Visite au Musée. — Tous les peintres dont nous venons de parler ont des ouvrages plus ou moins importants au Musée, mais le seul qui mérite la qualification de chef-d'œuvre est la vue du *Grand Canal* et de l'*Église Sainte-Marie du Salut*, par Canaletti.

ÉCOLE ESPAGNOLE.

CARACTÈRES GÉNÉRAUX. — C'est à l'Italie que l'Espagne est redevable de son école de peinture. Quand les guerres de Charles-Quint eurent ouvert des communications fréquentes

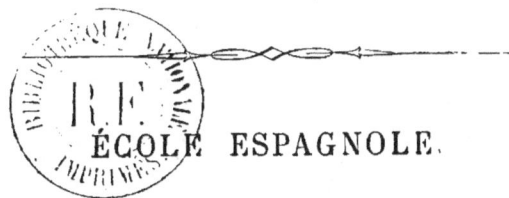

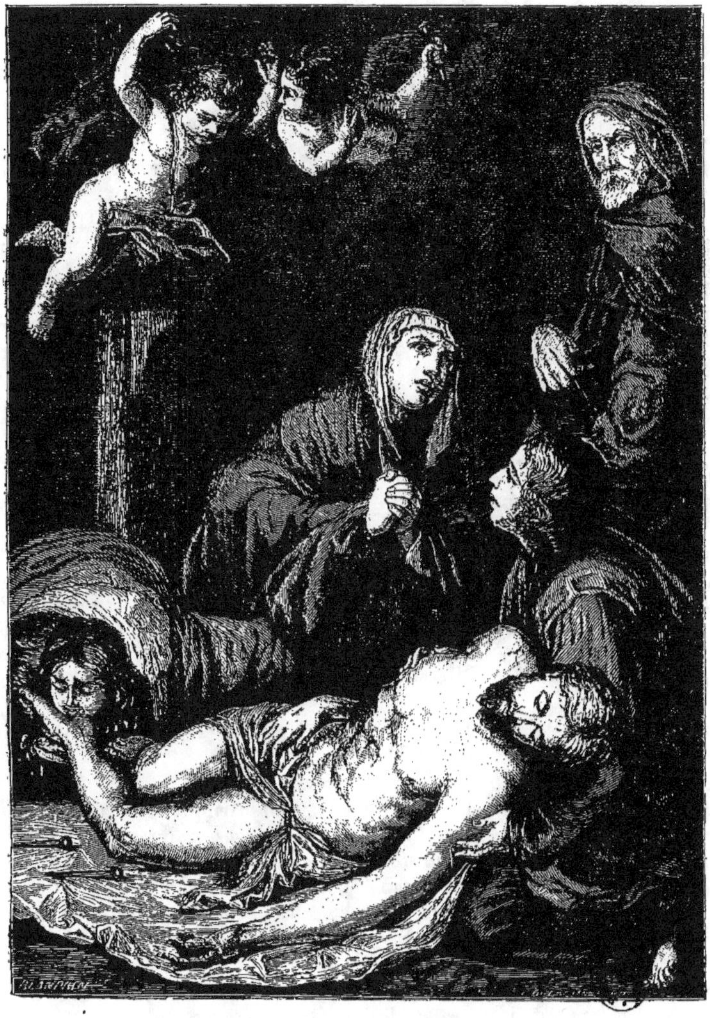

331. — DÉPOSITION DU CHRIST (RIBERA).
(Naples, Chartreuse Saint-Martin.)

entre les deux pays, les peintres espagnols vinrent demander des conseils aux maîtres italiens, et là, comme à Venise, l'art apparaît subitement, brille un instant, et s'éteint comme il était venu, sans avoir eu ni tâtonnement au début, ni agonie à la fin. Il est tout d'une pièce, et après la mort de Murillo, on ne peut pas dire que l'école est en décadence, elle n'existe plus. De même que la peinture vénitienne est une brillante image de la vie aristocratique, la peinture hollandaise une représentation exacte de la vie populaire, on peut trouver dans la peinture espagnole toutes les pensées secrètes de la vie claustrale. Le caractère dominant de cette peinture est la recherche de la vérité. Mais cette vérité n'est pas choisie en vue de la beauté, comme dans l'art grec, ni de la magnificence, comme dans l'école vénitienne, ni de l'intimité, comme dans l'école hollandaise. Quand on parcourt une galerie de maîtres espagnols, on est frappé tout d'abord de la parenté sinistre que leurs œuvres présentent. Ici, ce sont des moines en prière; là, un saint dont on déchire les chairs palpitantes; plus loin, un ascète aux joues amaigries caresse silencieusement une tête de mort. Quand vous voyez un portrait d'infante ou de princesse, ce portrait exprime un ennui profond. Sur le visage d'un noble, vous lisez une sombre préoccupation; si c'est un homme du peuple qui est représenté, il vous montre ses plaies; si c'est un enfant, il cherche sa vermine.

Scrupuleuse dans son exactitude pour rendre un morceau, l'école espagnole aime le fantastique, et son fantastique ressemble à la réalité. Ce n'est ni le brillant cortége de Bacchus, ni les damnés que les anges veulent ravir aux démons, ni les diableries bizarres de Breughel ou de Teniers; mais ce sont des morts qui reviennent écrire leurs mémoires, et qui semblent vivants en gardant les allures d'un mort, des moines qui ressemblent à des revenants. Voyez ces étranges têtes dans le tableau de Herrera le Vieux : sont-ce des hommes vivants ou des fantômes? Tous les deux ensemble. La douleur est l'expression qui domine dès le début de l'école; les Christs de Moralès le Divin, qui portent sur leur visage les traces sanglantes de la Passion, les pâles figures de Valdès Léal, les moines maigres dont Zurbaran a peuplé ses toiles, les sinistres bourreaux de Ribera, tous sont des variantes d'un thème unique, la souffrance.

LES PEINTRES ESPAGNOLS. — Le plus ancien peintre de l'école espagnole qui soit classé parmi les maîtres est Moralès, surnommé le Divin (1509-1586). On ignore le nom de son maître; les ouvrages authentiques de Moralès sont assez rares et représentent toujours des sujets de sainteté. Celui qui revient le plus souvent est le *Christ mort dans les bras de la Vierge*; ses tableaux, habituellement peints sur cuivre ou sur bois, ne montrent généralement qu'une tête ou une figure à mi-corps, *Christ en larmes*, ou *Mater dolorosa*, et le caractère ascétique de leur visage les fait promptement reconnaître. Néanmoins, comme Moralès a eu beaucoup d'élèves ou d'imitateurs, on ne saurait lui attribuer tous ces *Ecce Homo*, toutes ces Vierges maigres et décharnées, qui figurent sous son nom dans les galeries, et qui bien souvent sont indignes de lui.

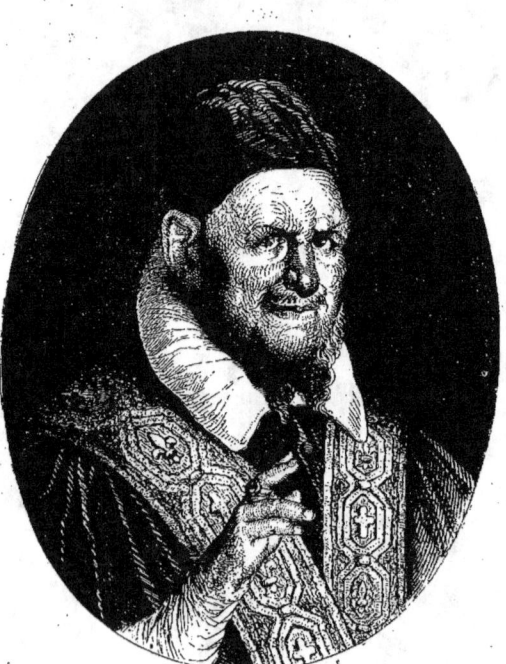

332. — PORTRAIT D'INNOCENT X (VÉLASQUEZ).
(Rome, galerie Doria.)

Une école de peinture se forma aussi à Valence sous la direction de Juan de Joanès, qui avait étudié à Rome avec les disciples de Raphaël. Juan de Joanès, qui était d'une extrême piété et se préparait à l'exécution de chaque tableau par la pratique des sacrements, n'a fait aussi que des sujets religieux. Mais la tradition raphaélesque n'était pas précisément ce qui convenait au génie espagnol, que nous trouvons bien mieux caractérisé dans Herrera le Vieux, peintre de Séville, dont l'humeur sombre et violente s'est montrée dans ses œuvres aussi bien que dans les circonstances de sa vie.

C'est un grand maître, mais un homme terrible que cet Herrera; la farouche énergie de sa touche et l'étonnante audace de ses conceptions lui assignent une place éminente parmi les grands peintres. Ses perpétuelles fureurs le rendaient complétement insupportable dans la vie privée. Ne pouvant vivre avec personne, il fut abandonné successivement par tous ses amis, et même par sa famille. Son fils se sauva, en emportant, il est vrai, la caisse paternelle, et sa fille, ne pouvant vivre avec son père, s'enferma dans un couvent. On prétend qu'une vieille servante, le seul être au monde qui ait pu le supporter, l'aidait à ébaucher ses tableaux. Poursuivi comme ayant fait de la fausse monnaie, Herrera se réfugia dans le collège des jésuites, où il peignit un tableau qui fut tellement admiré par le roi, que celui-ci lui accorda sa grâce, en disant : « Celui qui a un tel talent ne doit pas en faire un mauvais usage. » Le chef-d'œuvre d'Herrera est un *Jugement dernier*, fait pour la paroisse de San-Bernardo à Séville.

De nombreux élèves, attirés par la réputation d'Herrera, venaient lui demander ses leçons, et le quittaient aussitôt, chassés par la brutalité de ses procédés. Parmi eux fut don Diégo Vélasquez de Silva (1599-1660), qui n'y résista pas plus que les autres, et le quitta pour entrer chez Pacheco, homme instruit, littérateur autant qu'artiste, qui, à défaut de la fougueuse inspiration de son rival, possédait un talent méthodique et connaissait à fond la théorie de son art.

Cinq années après être entré chez Pacheco, Vélasquez épousait la fille de son maître, dont la maison était le rendez-vous de tout ce qu'il y avait d'hommes distingués à Séville. Il partit bientôt pour Madrid, où il fut chargé de faire le portrait du roi, qui fut charmé de son talent et l'attacha à son service. Rubens, étant venu à Madrid en 1628, conseilla à Vélasquez de ne pas se borner au portrait et d'aborder les grands sujets. Vélasquez partit pour l'Italie et séjourna quelque temps à Venise et à Rome. De retour en Espagne, il y vécut dans la familiarité du roi, accompagna Marie-Thérèse, fiancée de Louis XIV, dans l'entrevue qui eut lieu entre les deux rois à l'île des Faisans, et exécuta pour la cour un grand nombre d'ouvrages importants, dont la plupart sont restés à Madrid. Vélasquez est mort en 1660, à l'âge de soixante et un ans : sa veuve, dona Juana Pacheco, ne lui survécut que sept jours et fut enterrée près de lui.

Vélasquez a peint tous les genres avec une égale supériorité ; mais sa qualité dominante est la vie et la réalité. Quoique Espagnol, il a fait peu de tableaux religieux ; on en cite pourtant quelques-uns qui sont importants dans son œuvre : le *Christ en croix*, le *Couronnement de la Vierge*, et la *Visite de saint Antoine à saint Paul l'Ermite*. Il a même abordé la mythologie dans la *Forge de Vulcain* et l'*Argus et Mercure*, ouvrages où les Grecs n'auraient peut-être pas reconnu leurs dieux, mais où ils auraient certainement admiré une merveilleuse peinture. Le célèbre tableau des *Buveurs*, dans lequel un jeune homme nu et couronné de pampres est assis sur un tonneau et semble présider une réunion d'ivrognes de toutes classes, est un chef-d'œuvre de réalité en même temps que de fantaisie. Sous le titre de *Fileuses*, Vélasquez montre les dames de la cour qui visitent un atelier de tapisserie ; la *Reddition de Bréda*, plus connue sous le nom de *Tableau des lances*, est une page historique où une imposante grandeur se mêle à la plus saisissante réalité (fig. 332).

Les portraits de Vélasquez sont de véritables tableaux de mœurs. Il est le peintre de l'étiquette, des gentilshommes à moustaches retroussées ; mais s'il peint mieux que personne leurs fières allures et leurs brillants oripeaux, il ne dédaigne pas non plus les haillons des gueux, ni même la difformité des nains. Il menait de front le portrait d'un grand d'Espagne tout empesé et celui d'un mendiant superbement crasseux qu'il décore du nom d'Ésope ou de Ménippe. Les petites infantes de Vélasquez sont facilement reconnaissables. La robe de soie à forme ballonnée et rehaussée de quelques nœuds de rubans, la figure pâle et souffreteuse qu'encadre une chevelure blonde et bouclée, les petites mains délicates et blanches, font de suite reconnaître dans ces infantes cette triste éducation de la cour d'Espagne où les rigueurs de l'étiquette réglementent jusqu'au sourire, où la raideur du costume impose la tournure et détruit toute spontanéité dans le mouvement. Cette cour où les enfants semblaient de petits vieillards, où les personnages n'étaient que des rouages sans individualité, où chaque mot, chaque geste était calculé d'avance et prévu par le cérémonial, a trouvé dans Vélasquez un historien en même temps qu'un peintre. La finesse incomparable du ton, les transitions insensibles des nuances, les délicatesses du modelé, la franchise du dessin, viennent donner la vie à ces mannequins, et la nature empaquetée, étiquetée, transformée, reprend tous ses droits sous la brosse du peintre. On sent palpiter la chair, circuler le sang sous la peau; la soie frémit et accroche les accidents de la lumière, malgré les soins de la confectionneuse; sous ce ballon on devine un corps, et l'art donne à cet automate un brevet d'existence et de pensée.

Quoiqu'il soit le plus grand maître de l'école espagnole, Vélasquez n'en a pas le caractère ascétique; mais nous trouvons dans Zurbaran le peintre de la vie claustrale. Des moines en extase, des ermites près de leur tête de mort, des religieux flagellés, voilà le cercle un peu uniforme où tourne son inspiration; sa peinture énergique et puissante l'a fait surnommer le Caravage espagnol.

Joseph Ribera, dit l'Espagnolet (1588-1656), se rattache encore plus directement au Caravage, dont il a été l'élève. Il était né à Valence, où il avait fait ses premières études avec Francisco Ribalta; mais il resta peu de temps en Espagne et passa jeune encore en Italie. Se trouvant sans ressources, il partit pour Naples et exposa, devant la boutique d'un marchand de tableaux qui demeurait en face le palais du vice-roi, un tableau qui attira une foule de curieux. Le vice-roi crut d'abord à un rassemblement politique; mais quand il sut qu'il s'agissait d'un tableau, et que ce tableau était peint par un Espagnol son compatriote, il fut enchanté et fit venir le peintre, qui devint bientôt son favori. Ribera épousa la fille de son marchand de tableaux et devint le peintre le plus couru de Naples. Jaloux de conserver la position brillante qu'il s'y était acquise, il se mit à la tête d'une faction d'artistes connue sous le nom de la cabale, qui chassa successivement tous les peintres qui voulaient travailler à Naples. Ses persécutions contre Annibal Carrache, le Guide et surtout le Dominiquin, ont un caractère odieux qui ternit singulièrement sa gloire comme artiste. Ribera a rendu la nature avec la plus étonnante précision, et il a peint les scènes de supplice avec une effrayante vérité. Ses œuvres sont très-nombreuses, et il s'en trouve dans toutes les galeries de l'Europe (fig. 331).

Alonzo Cano, qui fut peintre, sculpteur et architecte, avait été, comme Vélasquez, disciple de Pacheco. Il a fait à Séville cinq grands autels, dont les tableaux, les statues et l'architecture sont entièrement de lui. A la suite d'un duel, il fut obligé de se retirer à Madrid, où il exécuta des travaux importants. Alonzo Cano n'a pas dans l'exécution la même puissance que Ribera. Il a presque exclusivement traité des sujets religieux; et s'il n'a pas eu comme style une très-grande élévation, il a poussé très-loin l'étude de l'expression : c'est ce qui fait que ses saints et ses martyrs traduisent toutes les formes et tous les degrés de la douleur.

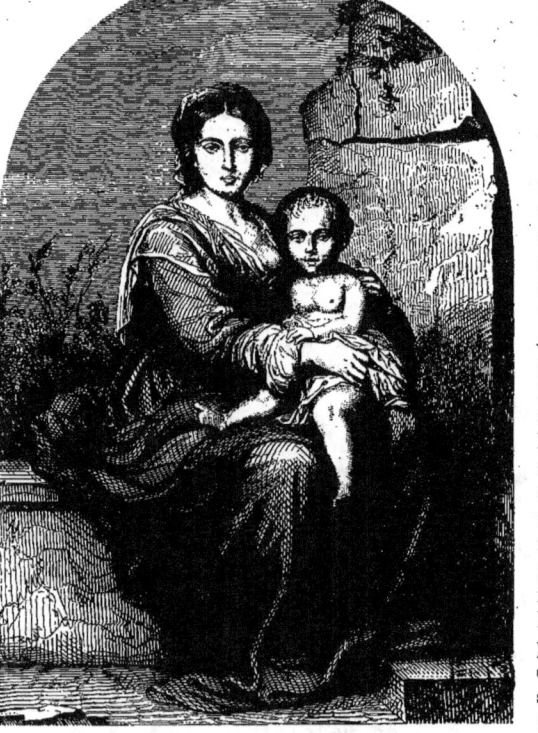
333. — LA VIERGE ET L'ENFANT JÉSUS (MURILLO).
(Rome, galerie Corsini.)

Bartolomé Esteban Murillo (1618-1682) étudia d'abord à Séville, chez Juan de Castillo, son parent éloigné. Se trouvant sans ressources, il fut obligé dans sa jeunesse de faire à vil prix des ouvrages de pacotille, qu'on exportait au Nouveau-Monde. S'étant mis, à Madrid, sous la direction de Vélasquez, Murillo étudia les ouvrages des maîtres réunis dans la galerie royale, et retourna ensuite à Séville, où il produisit un nombre immense de tableaux, qui lui valurent la réputation et la fortune. Peu de peintres ont été aussi féconds que Murillo, qui a traité à peu près tous les genres. La réalité la plus saisissante se trouve mêlée dans ses œuvres aux compositions mystiques et aux apparitions célestes. Les visions extatiques lui convenaient, et le rayon qui vient du ciel illuminer la scène se retrouve fréquemment dans son œuvre. Murillo a fait des tableaux de pure imagination, comme ses Vierges qui s'élèvent dans le ciel portées par des anges ; il a fait aussi des gamins ou des mendiants d'une vérité saisissante (fig. 334, 335 ; plus souvent encore il a cherché à associer les deux termes extrêmes de l'art, la rêverie idéale avec la réalité positive.

Le genre claustral et ascétique est plus marqué dans l'œuvre de Murillo que dans celle de Vélasquez. Toutefois il est loin d'avoir, sous ce rapport, l'uniformité d'inspirations qu'on remarque dans les Zurbaran et les Alonzo Cano. Les vierges qui s'envolent dans le bleu portées par des anges n'ins-

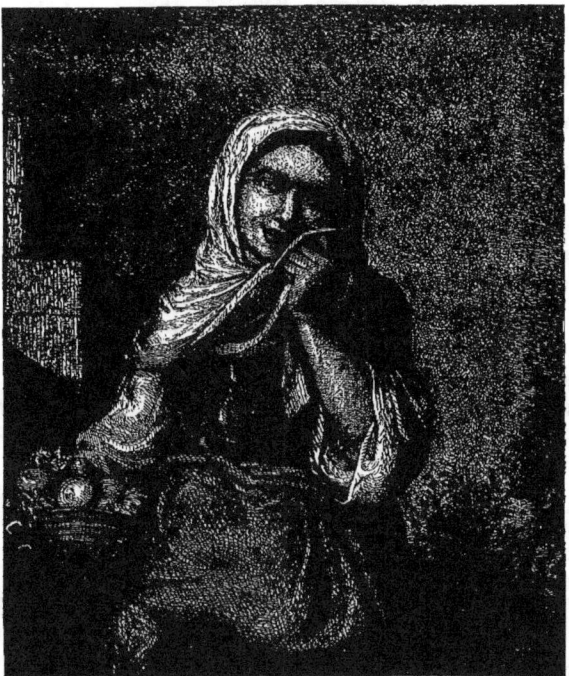

334. — LA JARDINIÈRE (MURILLO).
(Musée de Saint-Pétersbourg.)

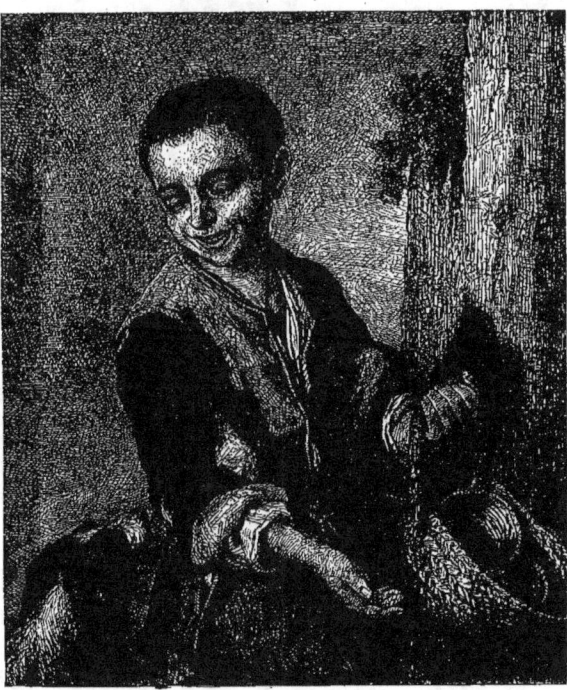

335. — LE MENDIANT (MURILLO).
(Musée de Saint-Pétersbourg.)

pirent pas d'idées lugubres. Il semble que, comme sainte Thérèse, la carmélite espagnole, elles ont été mondaines avant de devenir mystiques. Dans le tableau de *Sainte Élisabeth de Hongrie*, c'est bien plutôt l'observation de la nature qui l'a guidé que de longues et austères méditations. La supériorité même avec laquelle il a traité des sujets d'un ordre très-différent, suffit pour montrer que, s'il ne tourne pas le dos, comme Vélasquez, aux inspirations religieuses, il les considère en artiste plutôt qu'en chrétien, puisqu'il cède avec le même talent à une impulsion différente (fig. 333).

Murillo a eu trois manières que les Espagnols appellent *froide*, *chaude* et *vaporeuse*. Mais ces manières ne répondent pas à différentes périodes de sa vie : il les employait alternativement et suivant la convenance du sujet. Appelé à Cadix par les capucins de cette ville, qui désiraient lui faire décorer leur église, il exécuta pour eux son célèbre tableau des *Fiançailles de sainte Catherine*. Mais ayant fait une chute de son échafaud, il se blessa si grièvement qu'il ne put finir ce tableau, et fut obligé de se faire transporter à Séville, où il mourut des suites de cet accident. Le chef-d'œuvre de Murillo est la *Sainte Élisabeth de Hongrie*, au musée de Madrid ; elle était venue à Paris, sous Napoléon Ier, et a été rendue à l'Espagne en 1815.

Après la mort de Murillo, l'école espagnole n'a plus de sève, et la décadence du pays se fait sentir dans les arts comme dans tout le reste. On cite encore les noms de Carreno et de Claude Coello ; puis ce sont des étrangers, l'Italien Giordano, le Français Van Loo, ou l'Allemand Raphaël Mengs, qui représentent la peinture en Espagne, où il ne se produit plus d'artistes. Au commencement de notre siècle pourtant, il est apparu un peintre qui ne se rattache à aucun maître ancien et qui n'a pas formé de disciples : c'est Goya. Avant l'apparition de notre romantisme, Goya en avait résumé toutes les aspirations. Peintre étrange et unique, il a fait un très-grand nombre de tableaux, d'une exécution heurtée, mais pleins de vie et de mouvement. Les dessins, crayonnés à la hâte, semblent une perpétuelle hallucination. « Parmi ces dessins, dit Théophile Gautier, il y en a un tout à fait terrible et mystérieux, et dont le sens, vaguement entrevu, est plein de frissons et d'épouvantements. C'est un mort, à moitié enfoui dans la terre, qui se soulève sur le coude, et, de sa main osseuse, écrit sans regarder, sur un papier posé à côté de lui, un mot qui vaut bien les plus noirs du Dante : Nada (*Néant*). Autour de sa tête, qui a gardé juste assez de chair pour être plus horrible qu'un crâne dépouillé, tourbillonnent, à peine visibles dans l'épaisseur de la nuit, de monstrueux cauchemars illuminés çà et là de livides éclairs. Une main fatidique soutient une balance dont les plateaux se renversent. Connaissez-vous quelque chose de plus sinistre et de plus désolant ? » (fig. 336).

Visite au Musée. — Il y avait autrefois au musée du Louvre une collection très-nombreuse de tableaux espagnols, acquise sous le gouvernement de Louis-Philippe. Après la révolution de 1848, le gouvernement de la République la restitua à la famille d'Orléans, qui la fit vendre aux enchères, en sorte que les tableaux qui la composaient sont aujourd'hui disséminés, et les plus importants font maintenant partie de la galerie nationale de Londres. Nous avons pourtant au Louvre quelques ouvrages importants de l'école espagnole, mais cette école est représentée d'une manière très-incomplète. Un *Christ portant sa croix*, attribué à Moralès, représente seul les peintres primitifs, car nous n'avons rien de Juan de Joanès. L'administration a acquis, il y a quelques années, un très-curieux tableau de Herrera, qui comble ainsi une lacune regrettable. Le sujet est *Saint Basile dictant à des religieux les inspirations qu'il reçoit du Saint-Esprit*. A ses côtés, on voit Diego, évêque d'Osma, un des premiers inquisiteurs, saint Bernard, abbé de Cîteaux, saint Dominique et saint Pierre le dominicain. Ce tableau provient de la galerie du maréchal Soult.

Presque tous les ouvrages de Vélasquez étant restés en Espagne, c'est une bonne fortune pour le Louvre de posséder parmi ses chefs-d'œuvre le portrait de l'*Infante Marguerite-Thérèse*, que l'artiste a reproduit dans plusieurs de ses tableaux les plus importants. La fille de Philippe IV est vêtue d'une robe blanche garnie de dentelles noires : un nœud rose accompagne ses longs cheveux blonds, qui flottent en désordre sur ses épaules. Cette peinture, du plus beau ton argentin, est classée parmi les meilleures du maître et suffirait pour placer son auteur au premier rang parmi les peintres. Nous avons aussi de Vélasquez un très-intéressant petit tableau qui représente treize personnages en pied, qui passent pour être les artistes les plus célèbres de ce temps. Vélasquez est représenté à gauche et vêtu de noir, à côté de Murillo dont on n'aperçoit guère que la tête.

Il y avait, dans l'ancienne galerie espagnole, un très-beau tableau de Zurbaran, qui est maintenant à Londres, en sorte que ce maître n'est pas représenté au Louvre. Nous n'avons qu'un seul ouvrage de Ribera ; l'*Adoration des bergers* : c'est un tableau de premier ordre, qui est placé dans le salon carré ; mais Alonzo Cano, dont le Louvre possédait autrefois plusieurs toiles, n'est plus représenté. Murillo, qui manque rarement dans les grandes galeries, a plusieurs toiles importantes. La fameuse *Vierge enlevée au ciel* au milieu des chérubins, acquise pour 615 307 francs à la vente du maréchal Soult, est un tableau très-abîmé par les retouches. Dans une autre Vierge céleste, également entourée de chérubins, on voit un groupe de cinq figures en adoration et vues à mi-corps, qui sont d'un caractère superbe. La *Cuisine des anges* et la *Nativité* sont de grandes toiles qui comptent parmi les plus importantes acquisitions que le Musée ait faites sous le dernier règne. La *Cuisine des anges* est malheureusement dans un très-mauvais état de conservation. On pourrait presque regarder comme une acquisition nouvelle la grande *Sainte Famille* de Murillo, que la famille impériale avait fait placer dans ses appartements, et dont le public était par conséquent privé depuis vingt ans. Le *Jeune Men-*

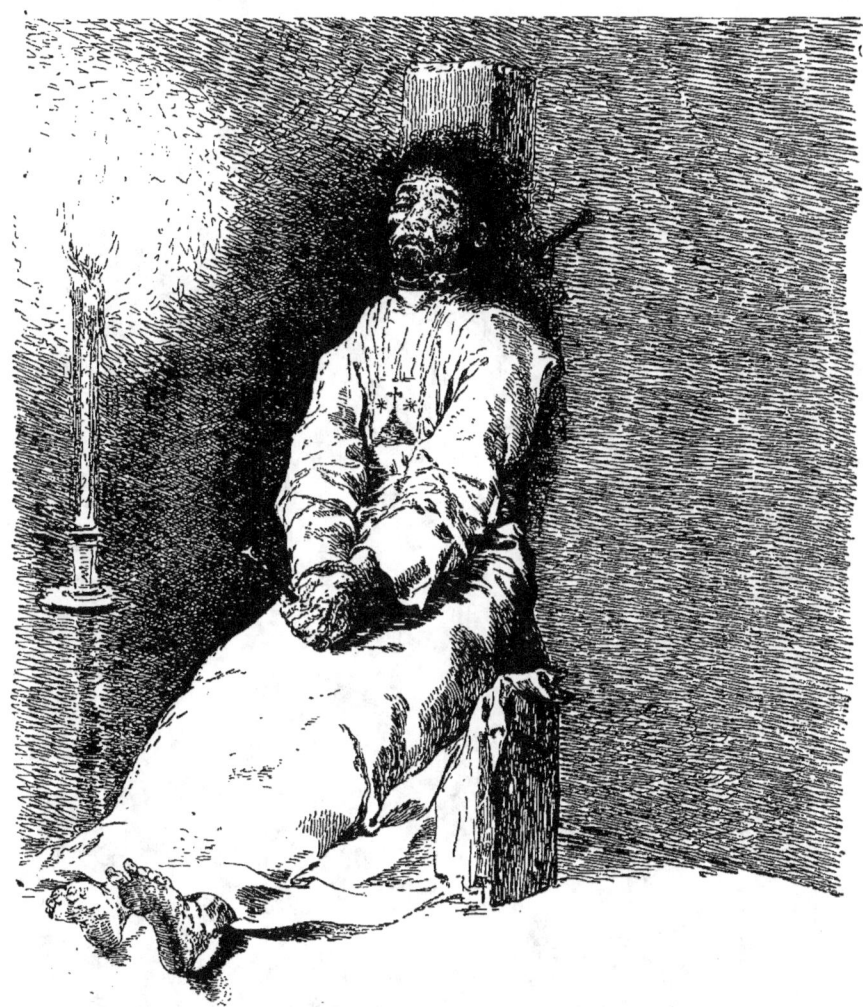

336. — LE GARROTTÉ (GOYA).

diant est un admirable tableau qui montre le talent du maître sous son aspect réaliste, fort différent de ses conceptions célestes.

Le Louvre n'a aucun ouvrage de Carreno, ni de Claude Coello, et ne possède de Goya qu'un portrait acquis récemment, et d'après lequel il est difficile de juger un artiste qui doit sa principale célébrité aux fantaisies d'une imagination qui ne sut jamais se plier à aucune règle.

L'ART DANS LES PAYS-BAS.

MILIEU SOCIAL. — Le développement des beaux-arts dans les Pays-Bas marche parallèlement avec celui des libertés publiques. A peine les habitants furent-ils maîtres chez eux, que

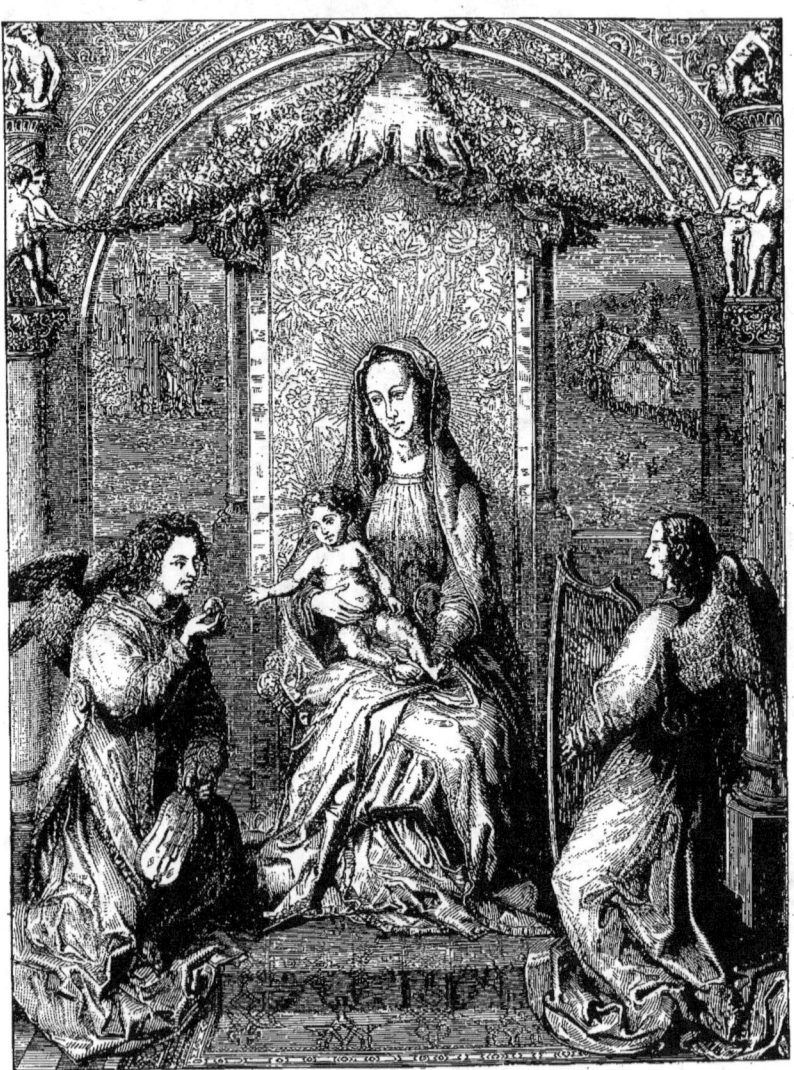

337. — LA VIERGE SUR LE TRÔNE (HEMMELING).
(Florence, galerie des Offices.)

le commerce et l'industrie, n'étant plus rançonnés arbitrairement par une noblesse qui n'estimait que les armées et méprisait le travail, arrivèrent à un degré de prospérité qui marque la fin du moyen âge. Parmi toutes les villes du Nord, Bruges était la première par l'étendue de ses relations, par l'immensité de ses productions. La navigation était alors très-imparfaite, et pour aller de la mer du Nord à la Méditerranée, il avait fallu établir un lieu d'entrepôt où les navires déposaient leurs marchandises, qui repartaient ensuite sur d'autres

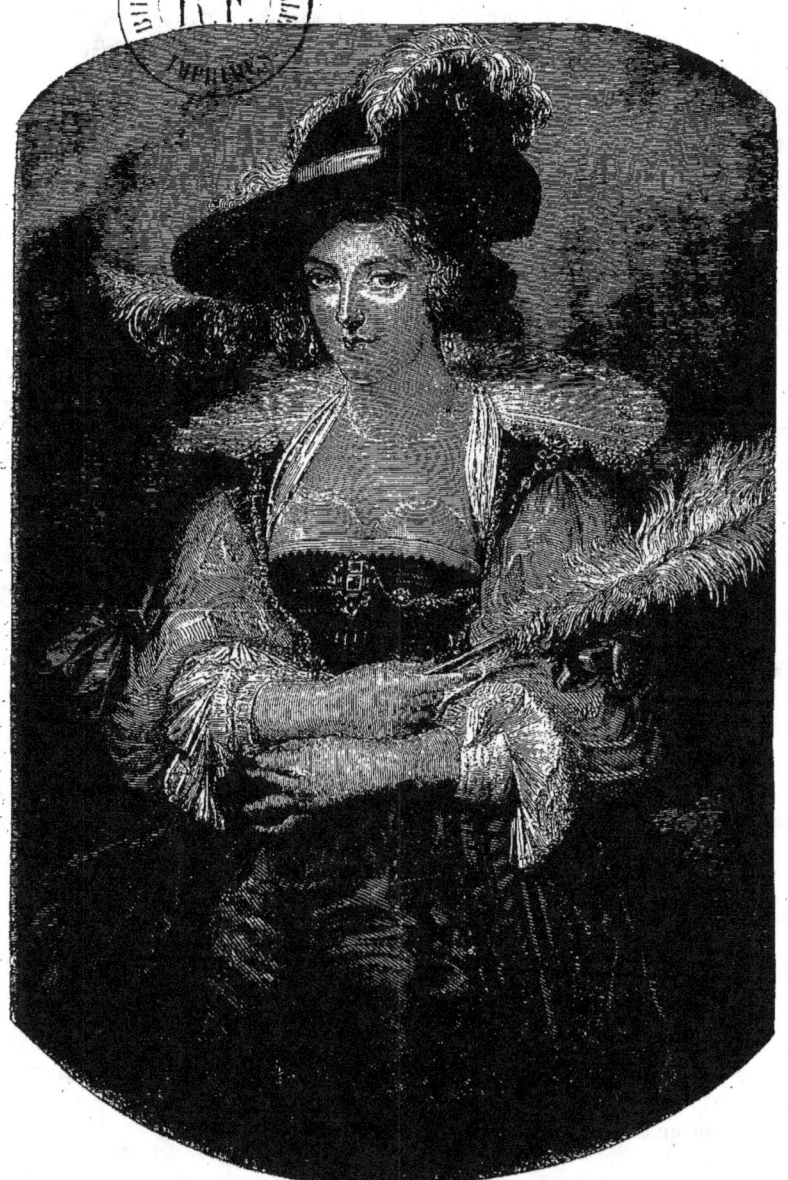

338. — HÉLÈNE FOURMENT (RUBENS).
(Musée de Saint-Pétersbourg.)

bâtiments pour leur destination. Bruges, qui était le centre des manufactures de draps et de toiles des Pays-Bas, devint en même temps le magasin des laines d'Angleterre, des munitions de marine qui arrivaient de la Baltique, des objets manufacturés venus d'Italie et même des produits des Indes. Cette opulente cité dut sa richesse exceptionnelle à ses franchises, qu'elle sut maintenir contre les agressions du vieil esprit rétrograde. Elle occupe dans l'histoire des arts une place analogue à celle que Florence a eue en Italie, excepté pourtant que Bruges, qui est la souche des écoles du Nord, n'a pas eu, comme Florence, l'avantage de maintenir sa supériorité jusqu'au jour où l'art brilla de son plus grand éclat.

L'école de Bruges a exercé une influence immense sur toutes les écoles de l'Europe et même sur celle d'Italie; mais la ruine de la ligue anséatique a entraîné le déclin rapide de Bruges, dont l'importance commerciale et politique est passée à Anvers et à Bruxelles. C'est Anvers qui a hérité de sa supériorité artistique, et c'est là qu'il faut suivre les destinées de l'école flamande. En même temps l'art se développe en Hollande dans les villes de Leyde, Harlem, Amsterdam.

Les écoles flamande et hollandaise sont marquées par des différences assez sensibles. La Belgique, restée catholique et liée aux grandes maisons princières de l'Europe, a besoin d'un art décoratif, qui affirme la solennité du culte dans les églises et l'éclat des cours dans les palais. En Hollande, au contraire, c'est le protestantisme qui domine, et l'art religieux est forcément arrêté dans sa marche; la forme républicaine prévaut en politique et la peinture se fait municipale et bourgeoise. Le tableau se rapetisse à la mesure des appartements privés et s'efforce de traduire des sensations intimes et personnelles. Mais, malgré ces différences, les écoles flamande et hollandaise ont entre elles un air de famille, et on voit qu'elles émanent d'une même race et font partie d'une souche commune. Le point qui les relie, c'est la recherche constante d'une vérité absolue dans la représentation.

L'école de Bruges, malgré ses aspirations religieuses, est déjà empreinte d'un profond naturalisme; cette tendance, qui se manifeste aussi dans l'école florentine, a ici un caractère très-différent. A Florence on remarque, dans presque toutes les fresques de la période ascendante, des têtes qui sont évidemment des portraits, et parfois des fonds d'architecture ou de paysage, des costumes même qui sont empruntés à la vie présente. A Bruges, c'est jusqu'à l'inspiration morale qui, malgré la délicatesse exquise du sentiment, est toujours plus près de la terre que du ciel. Les madones mêmes, lorsqu'on les représente glorieuses, ont toujours, dans le Nord, un air de propreté apprêtée et de toilette qui rappelle la femme et la ménagère bien plus que la Reine des cieux. Elle ne descend pas de là-haut rayonnante et idéale, elle y monte après avoir bien rempli sa mission terrestre, et au milieu du chœur des anges et des chérubins elle a quelque chose de novice.

Les vierges d'Angelico, de Fiésole semblent ne pas avoir de corps; celles qu'on peint à Bruges ont sur la tête une couronne qui donne l'adresse du joaillier, et la robe qu'elles portent a été tissée dans les manufactures flamandes. Cette perfection dans l'imitation, qui est dès le début le signe distinctif de l'art dans les Pays-Bas, n'atténue en rien le sentiment religieux, mais il lui donne une tournure particulière, qu'on trouve rarement en Italie.

LES MAÎTRES PRIMITIFS. — Les noms de Van Eyck et de Hemmeling surgissent un peu subitement dans l'histoire de l'art, et l'absence de documents empêche de suivre jusqu'à eux une succession de maîtres, comme on le fait dans l'école italienne, où, depuis Cimabué jusqu'à Michel-Ange, on peut descendre le courant et voir la pierre que chacun a apportée à l'édifice.

Jean Van Eyck fut un admirable artiste, et s'il est considéré comme la souche de l'école flamande, c'est parce qu'on ne sait pas le nom des artistes qui l'ont précédé; car sa science profonde du dessin et de la perspective dénote un art très-avancé. Jean Van Eyck était établi à Bruges, où il demeurait avec son frère Hubert et sa sœur Marguerite. Ils peignaient ensemble, et il est souvent fort difficile de distinguer leurs ouvrages. L'œuvre capitale de Van Eyck est en partie dans l'église de Saint-Bavon, à Gand. Nous disons en partie, parce que ce célèbre ouvrage, qui comprend plusieurs sujets destinés à la décoration d'un autel, a subi les plus étranges vicissitudes. Dans les troubles qui eurent lieu en Flandre, vers la fin du seizième siècle, il échappa à la fureur des iconoclastes; deux fois il fut préservé d'un incendie. En 1794, il vint en France à la suite de nos armées, et, après 1815, il retourna à Gand dans un état de conservation parfaite et intact de toute retouche. Mais, pendant l'absence de l'évêque de Gand, un des administrateurs de l'église vendit une partie des volets à un brocanteur, qui les paya 6000 francs et les revendit avec quelques autres tableaux anciens pour la somme de cent mille francs à M. Solly, célèbre amateur anglais. Le roi de Prusse ayant acheté la collection de M. Solly, ces panneaux se trouvent aujourd'hui au musée de Berlin, et ceux du centre sont seuls restés à Gand. Le sujet principal représente l'Agneau de l'Apocalypse avec un très-grand nombre de personnages.

On a attribué à Jean Van Eyck la découverte de la peinture à l'huile, et c'est par lui qu'Antonello de Messine eut connaissance de ce procédé qu'il enseigna à l'Italie. D'autres revendiquent pour son frère Hubert la gloire de cette découverte. Il est prouvé par les écrits du moine Théophile que le mélange de l'huile avec les couleurs était déjà connu depuis longtemps; mais ce sont les Van Eyck qui ont rendu ce mélange usuel et applicable aux tableaux, en trouvant le moyen de rendre l'huile siccative. La découverte des Van Eyck a été, au point de vue technique, un très-grand progrès; mais il faut bien reconnaître que leur valeur comme artistes subsiste tout entière en dehors du procédé. La perfection étonnante de l'exécution, la manière délicate dont les sentiments sont exprimés, la justesse de la perspective et le charme de la couleur, montrent dans ces maîtres un art voisin de la perfection; et ce n'est que par la naïveté du style et une certaine sécheresse minutieuse qu'ils se rangent parmi les primitifs.

On ne sait presque rien sur la vie de Hemmeling, qui paraît avoir été élève des Van Eyck ou peut-être de Rogier Van der Weiden, leur contemporain. On dit qu'il fit une grande maladie, pendant laquelle il reçut des soins à l'hôpital de Bruges, sa ville natale. Ce serait en récompense de ces soins que Memling aurait fait les admirables tableaux qu'on montre aujourd'hui dans cet hôpital. La *châsse de sainte Ursule*, qu'on y conserve, est un des plus grands chefs-d'œuvre de l'art primitif (fig. 337).

Visite au Louvre. — La *Vierge au donateur*, placée dans le salon carré du Louvre, est un admirable tableau de Jean Van Eyck. On a cru reconnaître Lyon dans la ville représentée dans le fond de ce tableau, et le chevet de l'église de Saint-Étienne placée sur les bords de la Saône. Le merveilleux fini de cette peinture, où la Vierge est enveloppée d'un manteau rouge bordé d'un galon d'or enrichi de perles et de pierreries, en fait une œuvre absolument hors ligne. Memling est représenté par un *Saint Jean-Baptiste* et une *Sainte Marie-Madeleine*, qui sont les deux volets d'un triptyque et faisaient partie de l'ancienne collection du roi des Pays-Bas. Ils ont été acquis en 1851.

LES PRÉCURSEURS DE RUBENS. — Le forgeron Quentin Matsys (1460-1531), fondateur de l'école d'Anvers, exagère encore le naturalisme des maîtres brugeois; pourtant, au milieu de ses longues figures d'avares qui peuplent toutes les galeries de l'Europe, on retrouve parfois de lui des tableaux religieux qui conservent encore l'allure de l'ancienne école. Le vaste triptyque du musée d'Anvers, qu'on peut regarder comme son chef-d'œuvre, réunit une étonnante force d'expression à une puissante réalité. Cet artiste, dont la vie est peu connue, est un de ceux dont les romanciers ont le plus parlé. On sait qu'il avait été un très-habile forgeron ou serrurier avant de faire des tableaux, et une tradition fort ancienne, quoique n'étant appuyée sur aucune preuve authentique, attribue à une aventure romanesque son changement de profession.

Claessens est un maître célèbre, qui peignit dans la manière de Quentin Matsys, mais sur lequel on ne possède aucun détail biographique. La nombreuse famille des Breughel vient ensuite unir le goût du fantastique au naturalisme inné dans le génie flamand. Le vieux Breughel a reçu le nom de *Pierre le Drôle*, parce qu'il aimait à représenter des scènes burlesques. Breughel d'Enfer, son fils, a peint souvent des scènes fantastiques ou des incendies. Léon Breughel, dit *de Velours* à cause de son goût pour la toilette, est surtout un très-habile paysagiste. Ces maîtres personnifient l'esprit local et n'empruntent aucun élément à l'art de l'étranger. Mais le goût italien, qui devient prédominant dans les Pays-Bas, tend bientôt à donner à la peinture une direction totalement différente. Bernard Van Orley, qui fut élève de Raphaël, Franz Floris, imitateur décidé de Michel-Ange, et Martin de Vos, qui avait travaillé avec le Tintoret, dont il était l'ami, entraînèrent les artistes dans une voie très-éloignée du naturalisme indigène.

Ce fut pourtant parmi ces Flamands italianisés que se forma la grande école flamande. Otto Venius, dont les portraits montrent un esprit exact et rigoureusement imitateur, s'était, pendant les sept années qu'il avait séjourné à Rome, fait l'élève de ce Zuccharo, si oublié aujourd'hui, mais dont les figures colossales et tourmentées avaient en Italie un prodigieux succès. Otto Venius avait pris, à la décadence italienne, le goût des formes maniérées, la passion de l'allégorie et cette étonnante facilité qui est presque toujours le caractère d'une école à son déclin. Beaucoup de ses tableaux ressemblent à des énigmes; mais il redevient sincère quand il se trouve en face de la nature, et le peintre de portraits en lui est tout autre que le peintre d'histoire. C'était au surplus un homme fort lettré, assez instruit sur les ma-

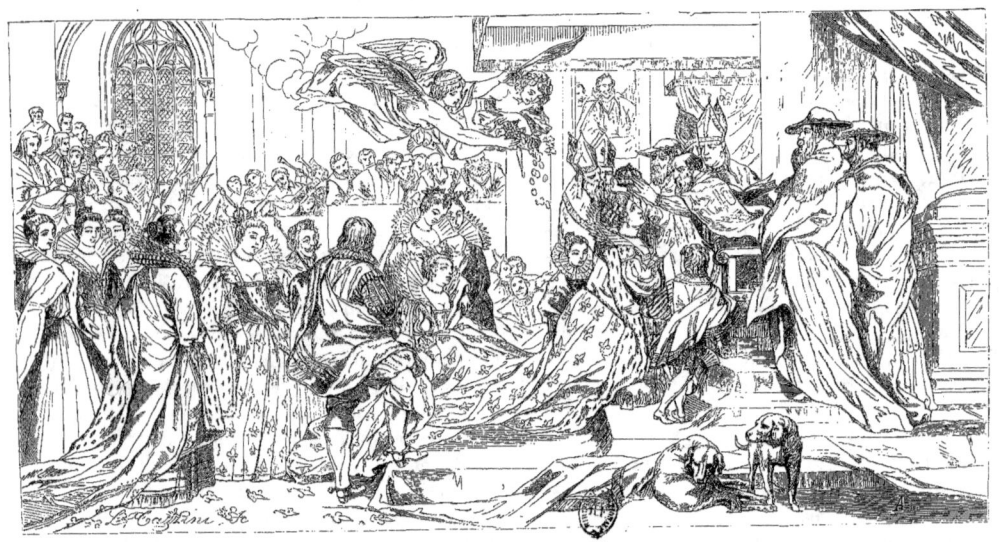

339. — COURONNEMENT DE LA REINE MARIE DE MÉDICIS (RUBENS).

thématiques, puisqu'il était ingénieur, possédant à fond les langues mortes, parlant plusieurs langues vivantes et passionné pour la mythologie, comme tous les hommes distingués de son siècle. La vie, l'expression morale, manque à ses œuvres; il avait appris les arts, comme les lettres, comme les sciences. Otto Venius est surtout célèbre pour avoir été le professeur de Rubens.

Visite au Louvre. — Le *Banquier et sa femme*, pesant et comptant des pièces d'or, est

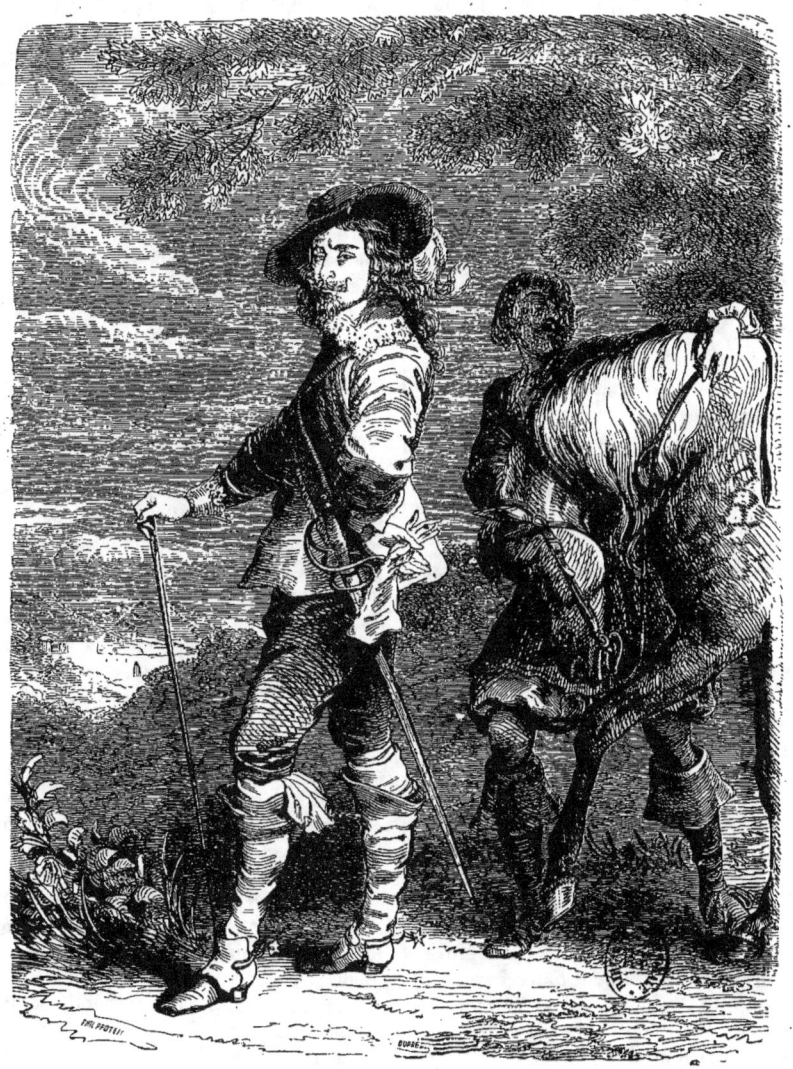

340. — CHARLES Ier (VAN DYCK).
(Musée du Louvre.)

un sujet que Quentin Matsys a répété plusieurs fois. Nous avons aussi au Louvre un *Christ descendu de la croix*, qui est attribué au même maître.

Claessens n'est pas représenté au Musée; mais Breughel de Velours a plusieurs paysages intéressants et une étonnante *Bataille d'Arbelles*, où le nombre des petites figures de combattants est incalculable. Un *Mariage de la Vierge*, par Van Orley, et un *Saint Paul* de Martin de Vos représentent les Flamands italianisés, avec un très-curieux tableau d'Otto Venius, qui est un portrait du peintre entouré de sa famille.

PIERRE-PAUL RUBENS (1577-1640). — Jean Rubens, échevin d'Anvers, avait été obligé de se réfugier en Allemagne pendant les guerres de religion, et ce fut pendant cet exil que naquit Pierre-Paul Rubens, dans la petite ville de Siegen (duché de Nassau), et non à Cologne, comme l'indique l'inscription placée sur une ancienne maison de cette ville. C'est d'ailleurs dans cette maison que le grand peintre a passé son enfance. Après la mort de son père, sa mère le ramena à Anvers, où il reçut une éducation très-soignée. Il fut quelque temps page d'un grand seigneur; mais, ayant obtenu l'autorisation de se livrer à l'étude de la peinture, il entra chez Adam van Noort, et ensuite chez Otto Venius. En 1598, il fut reçu franc maître dans la corporation de Saint-Luc et partit pour l'Italie deux années après. Il s'arrêta quelque temps à Venise, puis fut appelé à la cour de Mantoue, où le duc Vincent de Gonzague, charmé de son instruction et de son élégance innée, le nomma gentilhomme et lui confia une mission diplomatique. Rubens visita successivement Rome, Florence, Bologne, Milan, Gênes, laissant partout des ouvrages originaux, en même temps qu'il étudiait les chefs-d'œuvre de l'école italienne, et, après une absence de huit ans, retourna dans les Pays-Bas, sur la nouvelle d'une maladie grave survenue à sa mère, qu'il trouva morte en arrivant.

En 1609, Rubens s'établit à Anvers et épousa Isabelle Brandt, fille du secrétaire de la ville, qu'il perdit en 1626. Appelé à Paris par Marie de Médicis, qui le chargea de décorer la grande galerie du palais du Luxembourg, il y fit la connaissance du duc de Buckingham, qui lui fit part du désir qu'avait Charles Ier de voir la bonne intelligence rétablie entre l'Angleterre et l'Espagne. Rubens fit part de la conversation qu'il avait eue à l'infante Isabelle. Cette princesse l'envoya au roi d'Espagne en 1628, avec une mission diplomatique dont le but était de rétablir la paix entre les deux gouvernements. Ce fut dans ce voyage d'Espagne qu'il fit connaissance de Vélasquez. De retour à Anvers, il contracta, en 1638, une union avec Hélène Fourment, jeune fille d'une beauté peu commune, qui lui survécut et prit à son tour un second époux (fig. 338).

Rubens était un homme remarquablement instruit et un travailleur infatigable. C'est le peintre du faste, de la vie opulente, des vêtements somptueux. Au sentiment pieux des anciens jours, il fait succéder les athlètes aux formes colossales, les femmes charnues, les batailles sanglantes, et dans ses orgies de couleurs fait mouvoir indistinctement les dieux, les rois, les papes, les soldats, les martyrs et les bourreaux. Chez lui l'homme envahit tout: si la campagne laisse quelque part entrevoir un horizon, il est aussitôt masqué par des comparses montés sur des chevaux ou des chameaux; si le ciel semble promettre un peu de tranquillité, il est envahi par les dieux, les anges ou les démons, qui courent dans les airs; dans le centre même de l'action, les figures sont échelonnées, pressées les unes contre les autres, et avec une énergie de mouvement qui exclut toute rêverie et toute méditation. « Jamais de ma vie, dit lord Byron, je ne fus si dégoûté qu'en Flandre de Rubens, et de ses éternelles femmes, et de son infernal éclat de couleur. » On comprend aisément que le poëte anglais devait peu apprécier l'exubérante vie de l'artiste anversois.

RUBENS A LA CATHÉDRALE D'ANVERS. — Les tableaux de Rubens qui sont à la cathédrale d'Anvers sont considérés comme ses chefs-d'œuvre. Il a peint un grand nombre de fois l'*Assomption de la Vierge*, mais celle qui décore le maître-autel du chœur est de beaucoup la plus belle. La Vierge est charmante de fraîcheur et moins rubiconde que celles qu'il peint habituellement, et les groupes d'anges qui la portent ont une noblesse et un style qu'on ne trouve pas souvent dans la peinture flamande. Il y a dans toute la scène un parfum de poésie et quelque chose d'aérien qui enchante. Si l'*Assomption* est un chef-d'œuvre d'un caractère un peu exceptionnel dans l'œuvre de Rubens, nous trouvons dans l'*Élévation de la Croix* l'exagération en quelque sorte de ses qualités habituelles de puissance et d'énergie. Il y a même un abus de muscles tendus, de chairs nues et remuantes. En Italie Rubens s'était passionné pour les ouvrages de Jules Romain et de Michel-Ange; mais s'il donne à ses tons plus de fraîcheur, il n'a pas toujours la puissance de leur dessin, et la vigueur extrême de ses intentions est souvent accompagnée d'une certaine mollesse dans les formes.

La *Descente de la Croix*, qui fait pendant à l'*Élévation de la Croix*, est un tableau infiniment supérieur et est universellement considéré comme le chef-d'œuvre de Rubens. Voici à quelle occasion ce vaste triptyque a été exécuté. Rubens avait à Anvers une maison et un jardin. Des constructions qu'il fit faire empiétaient sur un terrain qui appartenait à la corporation des arquebusiers, qui voulut lui intenter un procès. Le bourgmestre d'Anvers, qui était un ami de Rubens, l'engagea à s'arranger à l'amiable, et les arquebusiers demandèrent au peintre de leur faire comme dédommagement un triptyque consacré à saint Christophe, leur patron. Rubens accepta l'arrangement ; mais comme le sujet de saint Christophe ne lui plaisait pas, il s'appuya sur l'étymologie grecque du mot *Christophe*, qui signifie *porteur du Christ*, et fit une *Descente de Croix* où le Christ est en effet porté par plusieurs personnages. On prétend que les arquebusiers ne furent pas contents de cette interprétation par trop subtile du sujet qu'ils avaient demandé, et que Rubens peignit alors sur les volets fermés du triptyque un *Saint Christophe* colossal. Ce qui est certain, c'est que, quelques années après, les arquebusiers payèrent une somme d'argent à Rubens, comme appoint, et offrirent à sa femme une paire de gants qui coûta 8 florins 10 deniers.

La *Descente de Croix* présente une grande analogie avec deux tableaux représentant le même sujet, qui se trouvaient en Italie, où Rubens les avait probablement étudiés. L'un est de Daniel de Volterre, et l'autre a été peint par Baroche pour la cathédrale de Pérouse.

Visite au Musée. — Les tableaux de Rubens sont tellement nombreux, qu'il est rare de voir une galerie où il n'y ait pas quelques peintures de lui. Mais il faut distinguer entre les ouvrages qui sont entièrement de la main du maître, et ceux qu'il a simplement retouchés ou qui ont été exécutés sous sa direction par ses élèves. Le musée du Louvre en possède d'importants dans les deux catégories. La *Fuite de Loth*, admirable petit tableau qui est du très-petit nombre de ceux qui portent la signature du maître, est entièrement de lui et compte parmi ses ouvrages les plus parfaits. La *Kermesse ou fête de village* n'est pas une œuvre caressée et terminée comme le tableau précédent, mais c'est une peinture toute de jet, pleine de fougue et de passion, et qui répond peut-être mieux au véritable tempérament de l'artiste. Si à ces deux ouvrages on joint la *Thomyris*, placée dans le salon carré, les portraits et les paysages qui sont dans la galerie, on aura de Rubens une idée très-complète comme peintre. Comme décorateur il apparaît sous un autre jour, dans la série de grands tableaux exécutés par ordre de Marie de Médicis pour la décoration du Luxembourg (fig. 339). Ici le maître a donné des compositions et s'est fait aider par ses plus habiles élèves, dont il a dirigé et retouché le travail. Le génie du peintre apparaît avec sa passion pour les scènes allégoriques, son interprétation parfois bizarre de la mythologie, son goût déterminé pour les figures nues, les formes tourmentées, les attitudes violentes. La couleur est partout magnifique, et il y a dans quelques tableaux des figures qui sont de véritables chefs-d'œuvre comme expression, par exemple celle de la reine dans la *Naissance de Louis XIII*.

LES ÉLÈVES DE RUBENS. — Le plus illustre des élèves de Rubens, Antoine Van Dyck (1599-1641), était entré à l'âge de dix ans chez Van Balen, qui lui donna les premiers principes de l'art. A peine âgé de dix-neuf ans, il fut admis au nombre des peintres anversois. En 1620, Rubens le prit pour l'aider dans ses travaux, et en 1623 il partait pour l'Italie. Il alla d'abord à Venise, où il copia plusieurs tableaux du Titien, passa ensuite quelque temps à Rome et fit un long séjour à Gênes, où l'on voit encore de nombreux ouvrages de sa main. Il revint ensuite à Anvers, où il exécuta plusieurs toiles importantes et entra en 1632 au service de Charles Ier d'Angleterre, avec le titre de premier peintre de la cour. Ce fut alors qu'il commença cette suite d'admirables portraits qui ont immortalisé son nom (fig. 340, 341).

Van Dyck, dont les manières élégantes cadraient si bien avec la société aristocratique qu'il fréquentait, ne pouvait manquer de plaire par sa personne autant que par son talent. Les plus grands personnages de la cour, les dames les plus belles et les plus illustres, tenaient à honneur d'avoir été peints par lui. Mais dans cette série de portraits répandus aujourd'hui dans les galeries publiques de l'Europe et dans les collections privées de l'Angleterre, ceux qui se rattachent à la famille du malheureux Charles Ier offrent surtout un intérêt particulier, parce qu'ils joignent à leur qualité de chefs-d'œuvre de l'art celle d'un souvenir historique et touchant. Le roi Charles Ier avait pour son peintre une affection réelle. Il le nomma chevalier, lui donna une forte pension et lui assigna un appartement pour l'hiver et une résidence champêtre pour l'été. Le roi allait souvent visiter Van Dyck, pour le voir travailler et oublier dans sa conversation les graves soucis de la politique. Malgré la déplorable situation des affaires au moment où Van Dyck mourut, il avait promis à son médecin 300 livres s'il parvenait à guérir son peintre.

Van Dyck avait assisté au déclin du pouvoir royal, et s'il n'a pas vu la catastrophe finale, il a pu la prévoir. Il était encore vivant quand lord Strafford porta sa tête sur l'échafaud, quand la reine Henriette chercha un refuge en France, quand le roi enfin était en fuite et tous ses partisans dispersés. Tous ces grands personnages, naguère si puissants, étaient venus au temps de leur splendeur poser dans son atelier. On a donc pu dire avec raison que les portraits de Van Dyck sont en même temps des tableaux d'histoire.

Van Dyck n'avait pas cette fougueuse audace qui portait Rubens à se mesurer avec les sujets les plus terribles, avec les mouvements les plus impétueux, mais il a plus de noblesse dans le dessin et une certaine teinte de mélancolie qui, dans ses tableaux religieux surtout, lui assigne une place unique dans l'école flamande. Ses portraits se distinguent par une simplicité parfaite unie à la plus grande distinction, par un dessin d'une suprême finesse, un coloris excellent, une touche facile et spirituelle.

Van Dyck était un admirable graveur, et ses eaux-fortes sont très-recherchées des amateurs. Nous avons vu dans la célèbre collection de

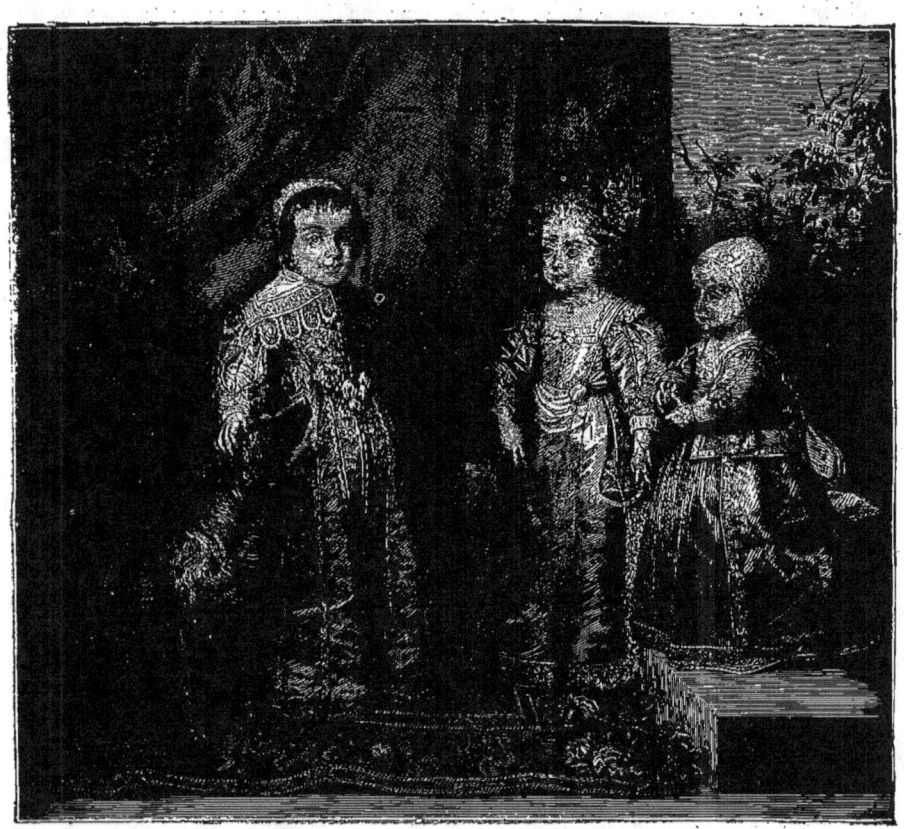

341. — LES ENFANTS DE CHARLES Ier (VAN DYCK).
(Turin, palais Madame.)

M. Dutuit une pièce bien curieuse : c'est un volume composé, par un amateur du dix-septième siècle, avec les *états* des principales eaux-fortes de Van Dyck. Ce volume était, il y a quelques années, entre les mains d'une personne qui n'en connaissait pas la valeur et s'en est défait pour la somme de 5 francs. Le marchand qui l'acheta était un peu plus au courant, car il le revendit presque aussitôt pour 300 francs, croyant faire un marché superbe ; mais il avait affaire à un client mieux avisé que lui, car ce recueil, vendu 10 000 francs très-peu de temps après, n'a pas encore atteint son prix, puisqu'un amateur cherchait dernièrement à s'en rendre acquéreur pour 15 000 francs.

Jacques Jordaens (1583-1678) entra à l'atelier d'Adam van Noort, dont il épousa la fille. Rubens lui voua une amitié qui ne se démentit jamais, et lui donna des conseils, ce qui fait qu'on range habituellement Jordaens parmi ses élèves. La vie de cet artiste, d'un caractère heureux et possesseur d'une belle fortune, fut toujours parfaitement régulière et n'offre aucun incident. Son ouvrage capital est le *Triomphe allégorique de Frédéric-Henri de Nassau*, peint dans le grand salon du palais du Bois, près de la Haye. Jordaens a plusieurs des grandes qualités de Rubens, mais, en voulant exagérer le maître, il les transforme quelquefois en défauts.

Gaspard de Crayer fut aussi un ami et sou-

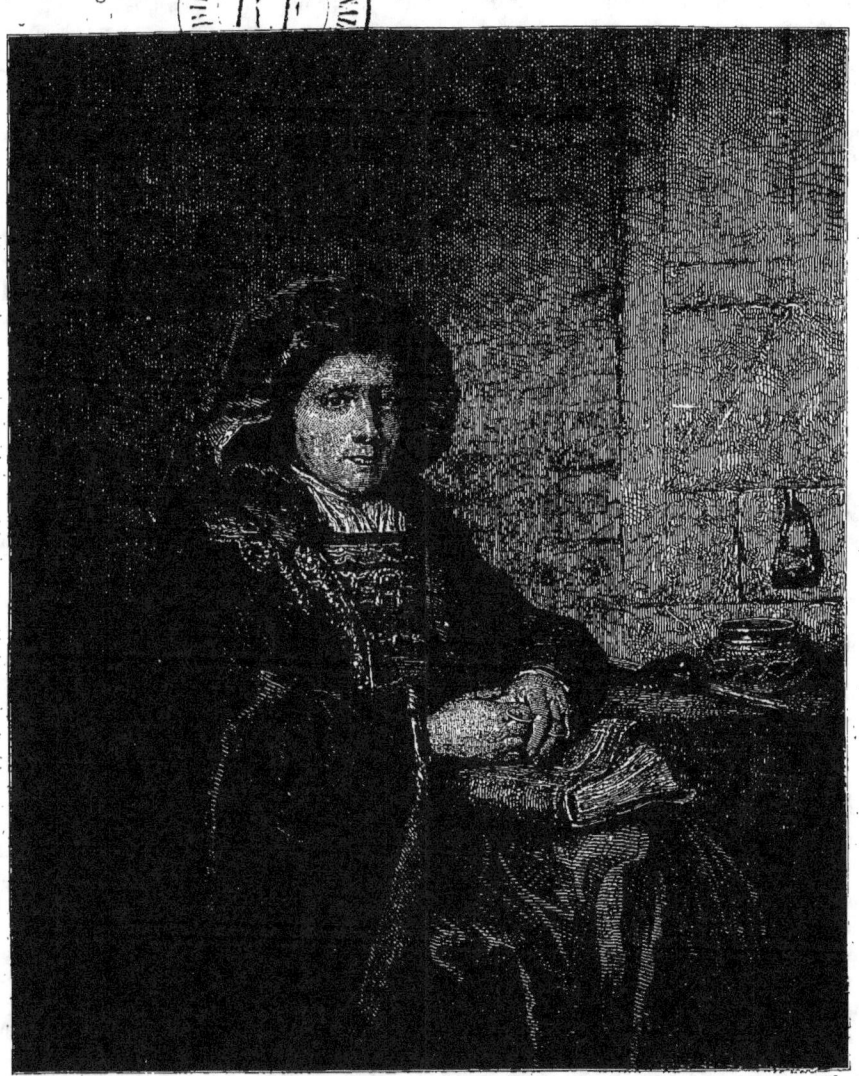

342. — LA MÈRE DE REMBRANDT (REMBRANDT).
(Musée de Saint-Pétersbourg.)

vent un imitateur de Rubens, mais il est loin d'avoir la même chaleur d'invention et de couleur.

François Snyders a été un des collaborateurs les plus assidus du chef de l'école flamande. Rubens et Jordaens ont peint souvent des figures dans ses tableaux, et Snyders faisait dans les leurs des animaux, des fleurs et des fruits, genre dans lequel il est resté incomparable.

Visite au Louvre. — Toute l'école de Rubens est représentée au Musée par des œuvres importantes. Van Dyck a plusieurs tableaux religieux, un tableau mythologique et d'admirables portraits, parmi lesquels nous devons signaler le portrait en pied du roi *Charles I*er, le portrait équestre de *François de Moncade*, et le portrait de l'artiste lui-même vu à mi-corps. On appréciera très-bien Jordaens dans l'*Enfance de Jupiter*, et dans le beau tableau intitulé *le Roi boit*; Gaspard de Crayer dans *la Vierge et l'Enfant Jésus adoré par plusieurs saints*; Snyders dans le *Cerf poursuivi par une meute*, la *Chasse au sanglier*, les *Chiens dans un garde-manger*, les *Fruits* et *Animaux*, etc.

LES MAÎTRES HOLLANDAIS. — L'école de Bruges paraît avoir été la souche de l'école hollandaise, aussi bien que de l'école flamande. Lucas de Leyde (1494-1533), le plus ancien parmi les maîtres hollandais, a suivi dans les sujets religieux la tendance réaliste que les Van Eyck avaient inaugurée. Mais il la fit souvent déroger de son élévation primitive par la reproduction des scènes triviales. Il a néanmoins un grand charme par la délicatesse de ses physionomies, la naïveté de l'attitude et la façon magistrale d'exprimer ses idées. Lucas de Leyde était fils d'un peintre sur verre, et apprit les principes de son art chez des artistes peu connus. Son aptitude était telle qu'on cite des compositions qu'il fit à neuf ans. Ses estampes sont très-recherchées. Lucas de Leyde a parcouru les Pays-Bas avec son ami Jean Mabuze. On a attribué à des excès de plaisir la maladie de langueur dont il mourut à son retour; mais la biographie de cet artiste présente beaucoup d'incertitude. Il est fâcheux que le musée du Louvre ne possède rien de ce patriarche de l'école hollandaise; c'est une lacune qu'il serait important de combler. Nous n'avons rien non plus de Jean Schoorel, le premier artiste hollandais qui ait entrepris le voyage d'Italie.

REMBRANDT VAN RYN (1608-1669). — Le plus grand maître de l'école hollandaise est né près de Leyde, dans un moulin qui appartenait à son père. Ses parents ne le destinaient pas à la carrière artistique, mais ne mirent pas d'opposition à ce qu'il suivît le penchant qui l'entraînait. Les peintres que les biographes lui donnent pour maîtres sont peu connus, mais son talent se développa de bonne heure, et sa réputation précoce lui fit obtenir la main d'une riche héritière dans une famille bourgeoise très-considérée. Il a circulé sur le compte de Rembrandt des traditions complétement erronées; dans tous les recueils d'anecdotes on ne manque pas de raconter qu'il était prodigieusement avare, que ses élèves peignaient sur le parquet de son atelier des pièces de monnaie auxquelles il se laissait toujours prendre, qu'il s'est fait passer pour mort afin que ses tableaux se vendissent plus cher, qu'il a toujours fréquenté la société la plus basse, qu'il ne se plaisait que dans la compagnie des gueux en guenilles qui lui servaient de modèles, qu'il a laissé une grande fortune, après avoir toujours vécu comme un misérable, etc. Si au contraire on consulte les documents, on voit que Rembrandt a été un amateur passionné d'estampes rares et de meubles précieux; que son goût immodéré pour les objets d'art, dont sa maison était remplie, a entraîné sa ruine; qu'il est mort sans rien laisser, et que son enterrement a coûté quinze florins; que ses amis enfin étaient les hommes les plus distingués de la Hollande : le savant professeur Tulp, qui est représenté dans la *Leçon d'anatomie*, le bourgmestre Six, qu'il a peint plusieurs fois, le fameux orfèvre Lutma, le célèbre prédicateur anabaptiste Ausloo, et plusieurs autres personnages du même genre. Le catalogue de sa collection, qui existe encore à Amsterdam à la cour des Insolvables, a été publié et jette un grand jour sur son histoire. On y voit que, malgré sa tendance très-exclusive comme peintre, il s'intéressait à tout comme collectionneur. Parmi ses estampes on trouve des ouvrages de Marc-Antoine et de Mantegna, et parmi les objets mobiliers qui furent vendus après sa faillite, on voit plusieurs statues antiques, une figure de Cupidon, des bustes d'Homère et de Socrate, etc. Cette magnifique collection a été vendue à vil prix, à cause de la misère extrême qui affligeait la Hollande; car la ville d'Amsterdam comptait alors deux mille maisons vides, par suite des événements politiques qui avaient ruiné le pays.

Rembrandt a eu deux manières distinctes : à la première se rattache la *Leçon d'anatomie du docteur Tulp*, qui fait partie du musée de la Haye. Dans ce tableau, comme dans tous ceux qui se rattachent à la première partie de sa vie, un jour limpide domine, la couleur des chairs est claire et la touche fondue. Dans sa seconde manière, l'artiste s'attache à représenter le contraste des grandes masses d'ombres avec un jet de lumière vive éclairant des objets isolés. Le ton local des chairs est plus doré, mais moins vrai; la touche est hardie, puissante et toujours expressive. Ce sont les œuvres de ce genre qui ont fait de Rembrandt un maître unique et inimitable. Son principal tableau et le plus grand qu'il ait peint est la fameuse *Ronde de nuit* du musée d'Amsterdam, qui représente une confrérie d'archers partant pour le tir, la *Confrérie des marchands de drap*, dans le même musée, est peut-être comme exécution le chef-d'œuvre de l'artiste. Ce sont des portraits, et Rembrandt est le plus merveilleux des portraitistes (fig. 342).

Rembrandt a traité souvent des sujets religieux; mais il interprète la Bible à sa façon, car il voit dans les pauvres qui peuplent les rues d'Amsterdam la reproduction fidèle de ceux dont parle l'Évangile; et s'il y fait des changements, c'est pour ajouter à leurs guenilles quelques oripeaux étranges qui ne sont d'aucun temps et d'aucun pays, mais qui donnent du piquant au tableau. Il ignore ou plutôt il dédaigne la tradition de ces grandes figures hiératiques léguées par les Byzantins à la Renaissance, qui les a transformées par l'art grec. Mais ce n'est pas seulement par le costume, c'est surtout par la tournure et par l'expression qu'il est très-éloigné de l'art religieux tel que l'a compris l'école florentine. Celle-ci a cherché le style dans l'accentuation des grandes lignes du corps et l'expression dans la noblesse des formes. Rembrandt ne recule pas devant la laideur et semble même parfois la chercher; il se soucie très-peu de l'élégance des formes et de la pureté des traits. Mais il prête à ses personnages l'expression qui aurait animé ses modèles, s'ils avaient été eux-mêmes les personnages de la passion, et la vulgarité de leurs types n'ôte rien à l'émotion profonde qu'ils éprouvent. La vie, et non pas seulement la vie du corps, mais tous les sentiments de l'âme sont admirablement rendus dans ses sujets religieux. Voyez plutôt ce *Christ descendu de la croix*, qui figure au musée de Munich, mais dont l'auteur a fait une si merveilleuse eau-forte. Ce n'est pas seulement un ami que ces hommes et ces femmes pleurent avec une douleur si cuisante; c'est bien un Dieu! Tandis que là-bas Jérusalem disparaît tristement à l'horizon, le ciel noir se déchire, une pluie de rayons illumine le Sauveur et inonde le tableau de sa lumière : voilà Rembrandt tout entier, voilà son idéal, sa religion, sa poésie (fig. 343).

Rembrandt a été un admirable graveur. M. G. Duplessis, l'homme le plus compétent sur cette matière, s'exprime ainsi sur son œuvre gravée : « Tous les sujets, il les aborde, et dans tous les genres il se montre artiste inimitable. Qu'il s'adresse aux compositions de l'ordre le plus élevé et représente *Jésus-Christ guérissant les malades* ou la *Résurrection de Lazare*, sa pointe magnifique obtient de l'eau-forte ce que jamais on ne aura cru capable de donner; cette branche de la gravure, qui semble ne convenir qu'aux motifs intimes, aux compositions exécutées du premier jet, atteint, au contact du génie de Rembrandt, les sommets de l'art et lutte triomphalement avec la gravure d'histoire; et lorsque le maître nous fait assister à des scènes d'intérieur, quand il nous conduit dans les synagogues, quand il nous montre le sculpteur modelant au pouce une statuette, ou la cuisinière entourée de ses enfants faisant sauter dans la poêle ses couques, il donne à ces sujets familiers un esprit, une verve, un accent de la nature qui nous intéresse, nous charme. Dans les portraits nul ne donne plus de vie et plus de grandeur. Jean Lutma, le bourgmestre Six, ou Rembrandt lui-même, vivront à jamais dans les eaux-fortes qui nous retracent leur physionomie avec tout ce qu'elles ont de spirituel, d'énergique ou de singulier. Devant les beautés de la campagne, Rembrandt est encore tout à fait maître; personne, et pourtant la Hollande a eu d'assez grands paysagistes, n'a su rendre l'aspect de ce pays factice, créé par la main de l'homme, avec une aussi étonnante vérité. Les horizons infinis de ce pays plat, coupé par quantité de canaux, et çà et là égayé de moulins à vent, sont exprimés sans monotonie et sans exagération. Les paysages de Rembrandt donnent de la Hollande l'idée la plus juste; l'art avec lequel le maître a su choisir les points de vue, disposer les plans, exprimer enfin ce qu'il a eu sous les yeux, fait que dans ces estampes ce pays humide et triste apparaît par son côté vraiment pittoresque, sous un angle tout à fait intéressant et curieux. »

Visite au Louvre. — Le génie fantastique de Rembrandt apparaît tout entier dans *l'Ange Raphaël quittant Tobie*, et sous le rapport de la magie de l'effet, les *Pèlerins d'Emmaüs*, le *Ménage du menuisier* et le *Philosophe en méditation*, sont d'incomparables chefs-d'œuvre. Nous avons en outre d'admirables portraits, dont plusieurs représentent l'artiste à différentes époques de sa vie. On peut regretter néanmoins que le Musée ne possède rien de la première manière du maître, celle dans laquelle a été conçue la *Leçon d'anatomie* du musée de la Haye.

ÉLÈVES ET IMITATEURS DE REMBRANDT. — Rembrandt a formé plusieurs élèves, parmi lesquels Van Eeckhout, Govaert Flinck, Ferdinand Bol et Nicolas Maas sont les plus connus. Mais, indépendamment de ses élèves directs, l'influence de Rembrandt s'est étendue à un certain nombre d'artistes, dont plusieurs furent des hommes d'un grand talent. Parmi ceux qui ont surtout dirigé leurs efforts vers l'étude des effets de la lumière, nous citerons deux maîtres qui présentent entre eux de grandes affinités, Pierre de Hooch et Van der Meer

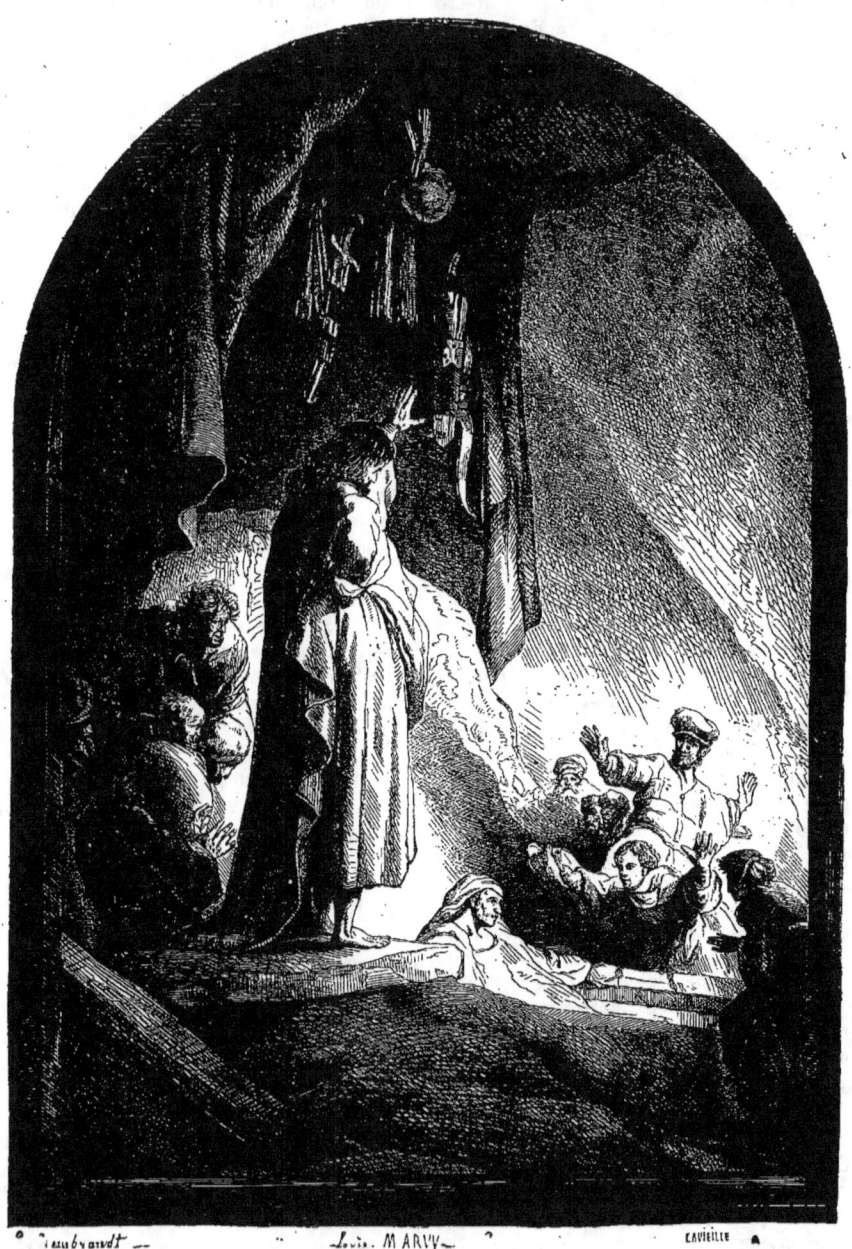

343. — LAZARE (REMBRANDT).
(Musée de Saint-Pétersbourg.)

de Delft. On manque absolument de renseignements biographiques sur les personnes et la spéculation a fréquemment substitué le nom d'un de ces maîtres à celui de l'autre, selon le profit qu'elle en espérait tirer. Pour s'y reconnaître, les amateurs pourraient être tentés de consulter les savants, mais leur embarras ne serait pas moindre. Par exemple, W. Burger, grand admirateur de Van der Meer, nous dit : « De même que la signature de Hobbema était souvent effacée sur ses paysages et qu'on y substituait celle de Ruysdaël, de même la plupart des signatures de Van der Meer ont été remplacées par de fausses signatures de Pierre de Hooch. » D'un autre côté, nous lisons dans la *Vie des peintres* de M. Charles Blanc : « Par un singulier caprice de la fortune, presque aussi aveugle dans la distribu-

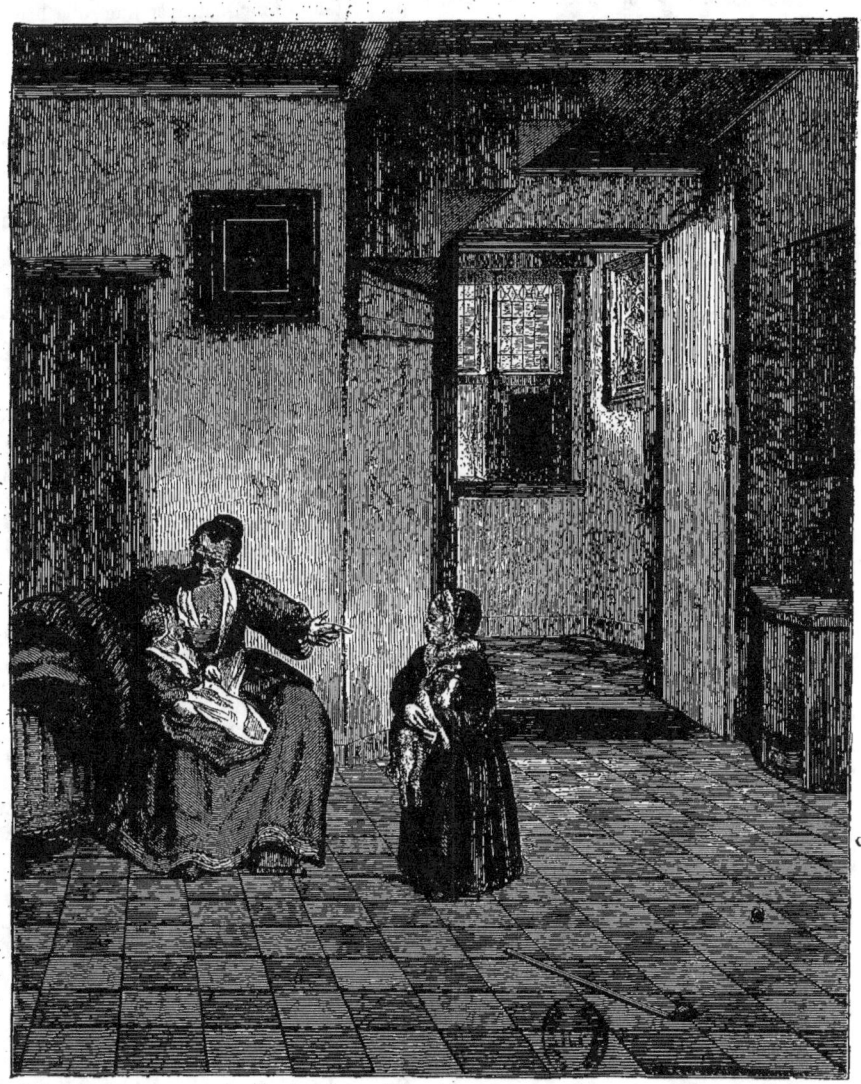

344. — INTÉRIEUR (PIERRE DE HOOCH)

tion des renommées que dans celle des richesses, il est arrivé à Pierre de Hooch ce qui, dans le même temps, arrivait à Hobbema. Si parfois quelqu'une de ses peintures figurait dans l'héritage d'un connaisseur, les marchands s'empressaient de substituer à son nom, car il signait ordinairement ses tableaux, celui de quelque maître moins obscur, afin d'en tirer un prix plus élevé. C'est ainsi que plus d'une fois les *Conversations* de Pierre de Hooch furent attribuées à Van der Meer, de sorte que l'obscurité même de Pierre de Hooch servait à l'y maintenir. »

Bien qu'il ait fait surtout des intérieurs,

Pierre de Hooch est le peintre par excellence de la perspective aérienne, et personne n'a su mieux que lui faire circuler l'air autour des figures qu'il met en scène (fig. 344).

Visite au Musée. — *Anne consacrant son fils au Seigneur*, par Van Eeckhout, *un Ange annonçant aux bergers la naissance de Jésus-Christ*, par Govaert Flinck, de beaux portraits par Ferdinand Bol, peuvent donner une idée exacte des élèves de Rembrandt, bien qu'on puisse regretter l'absence de Nicolas Maas. Van der Meer de Delft manque aussi au Louvre, mais on peut y voir deux admirables tableaux de Pierre de Hooch : l'un représente un salon où une dame joue aux cartes avec un homme et montre son jeu à un cavalier placé près d'elle ; l'autre un intérieur de maison avec une femme devant un baquet et une petite fille qui tient un jouet.

LES PORTRAITISTES. — Si Rubens, Van Dyck, Rembrandt ont fait d'admirables portraits, qui tiennent une place importante dans leurs œuvres, il y a des artistes qui se sont livrés à ce genre presque exclusivement et y ont acquis une grande réputation. François Porbus, Janssens, Philippe de Champaigne, F. Hals, ont fait des tableaux, mais c'est surtout à leurs beaux portraits qu'ils doivent d'occuper un rang élevé dans les arts. François Porbus a habité Paris, et les portraits qu'il a faits à la cour de France ont rendu son nom célèbre dans notre pays. Il n'en est pas de même de Janssens, qui est à peu près inconnu en France, parce que la plupart de ses ouvrages sont en Angleterre. C'est là qu'il a passé la plus grande partie de sa vie, et il y a peint le portrait de tous les personnages qui vivaient à la cour, entre autres celui de Van Dyck. Janssens n'a pas la magie de Rembrandt, ni la franchise robuste de Hals, ni l'élégance suprême de Van Dyck, mais il marche à côté d'eux pour la sincérité et le charme de l'exécution.

Des artistes dont nous nous occupons, Philippe de Champaigne est peut-être celui dont le nom est le plus populaire. La perfection un peu froide de sa peinture est facilement accessible, et son talent sans aspérité ne soulève ni la critique ni l'enthousiasme. Il n'en est pas de même du Hollandais Hals, dont la touche franche et heurtée plaît aux amis de la peinture vibrante, mais qui ne satisfait pas toujours ceux qui mettent au-dessus de tout le moelleux de l'exécution et le fondu de la couleur (fig. 345).

Visite au Musée. — Le Louvre possède plusieurs ouvrages de Porbus, entre autres un joli portrait en pied de Henri IV. Parmi les nombreuses peintures de Philippe de Champaigne, nous citerons plus particulièrement le portrait de l'artiste, celui des architectes *François Mansart* et *Claude Perrault*, un très-beau portrait de femme pâle avec une robe brune, et un tableau, le chef-d'œuvre du peintre, représentant deux religieuses. Ce tableau provient du couvent de Port-Royal, et a été fait en mémoire de la guérison miraculeuse de la fille de Philippe de Champaigne qui était religieuse dans le couvent. Le portrait de *René Descartes* par Hals est un ouvrage du plus grand mérite, mais une seule peinture ne suffit pas pour faire apprécier ce maître à sa valeur véritable.

LES PEINTRES DE LA VIE POPULAIRE. — Il y a dans les Pays-Bas une série très-nombreuse d'artistes chez lesquels l'observation remplace l'inspiration, et qui se sont faits les traducteurs fidèles de la vie intime de leurs contemporains. Quelques-uns appartiennent à l'école flamande, d'autres à l'école hollandaise, mais ils présentent entre eux de tels rapports qu'il nous a paru impossible de les séparer.

Adrien Brauwer (1608-1640) peut être regardé comme le chef et le fondateur de ce genre de tableaux qu'on a appelés tableaux de tabagies. Il avait été élève de François Hals ; mais, ne pouvant supporter les mauvais traitements dont son maître l'accablait, il le quitta et vint habiter successivement Amsterdam, Anvers et Paris, gagnant beaucoup d'argent qu'il dissipait immédiatement. Il finit par mourir à l'hôpital, à l'âge de trente-deux ans. Ses scènes de cabaret, ses rixes, ses corps de garde, ses fêtes villageoises eurent un prodigieux succès. Brauwer était assez volontiers acteur dans les scènes qu'il représentait avec une incontestable supériorité. Toujours poursuivi par ses créanciers, il avait fini par trouver un refuge chez le boulanger Craesbeke, qui, l'ayant vu travailler, eut envie de devenir son élève et finit par être aussi un homme d'un grand talent. Brauwer avait un autre ami, qui était cabaretier et devint aussi un peintre éminent, sans cesser de servir la pratique dans son cabaret ; c'était Jean Steen, dont la maison fut bientôt le rendez-vous des ivrognes les plus pittoresques et des peintres qui les dessinaient sur nature. Mais, soit que ses clients ne le payassent pas exactement, soit qu'il dépensât l'argent à mesure qu'il arrivait, il est certain qu'il se ruina et mourut dans la misère.

Adrien van Ostade (1610-1685), qui avait été condisciple de Brauwer chez François Hals et qui resta toujours son ami, est un des plus grands maîtres de l'école hollandaise. La finesse et la puissance de sa couleur, l'admirable harmonie de son clair-obscur, l'ont fait comparer à Rembrandt. L'air de naïveté et la bonhomie de ses figures font pardonner leur extrême laideur. Isaac van Ostade, le frère et l'élève d'Adrien, fut aussi un homme d'un très-grand talent ; mais il a donné plus d'importance au paysage, et les charmantes petites figures qu'il met dans ses tableaux n'y paraissent souvent que comme accompagnement (fig. 346).

Corneille Begà, qui fut élève d'Adrien van Ostade, s'efforça d'imiter les types de son maître, mais il a moins de bonhomie, et la laideur de ses personnages paraît plus fade. Ce n'est pas que ses rustres soient beaux, il s'en faut assurément de beaucoup ; mais quand il peint une femme, il y met une certaine recherche, qui auprès d'Ostade pourrait presque passer pour de l'élégance.

David Teniers (1610-1694), le joyeux peintre des tabagies, des moines en tentation et des alchimistes, avait appris de son père les principes de son art. Mais il entra bientôt chez Adrien Brauwer et subit en même temps l'influence de Rubens. Teniers le père, au surplus, était un habile artiste ; par malheur pour sa réputation, ses meilleurs tableaux sont souvent attribués à son fils, tandis que les premières et les plus faibles productions du fils sont parfois attribuées au père (fig. 347).

Teniers n'est pas seulement un peintre de tabagies, il a fait aussi des sujets religieux ; seulement il les comprend à sa façon, et les diables l'amusent beaucoup plus que les anges et les bienheureux. Que de fois n'a-t-il pas représenté la tentation de saint Antoine ! C'était pour lui une occasion d'évoquer des bêtes fantastiques et ridicules : des hiboux en lunettes, des chats déchiffrant de grands livres, des grenouilles qui fument leur pipe, des reptiles à figure de vieille femme, et toutes ces formes grotesques que le diable aimait à prendre lorsqu'il voulait distraire le saint de ses prières. Teniers avait épousé la fille de Breughel de Velours, et c'est dans la société de son beau-père qu'il a pris goût aux scènes fantastiques et aux cauchemars bouffons qui viennent troubler la méditation des ascètes.

La fortune a souri à Teniers, qui a mené la vie de grand seigneur. Ses tableaux ont atteint de son vivant un prix énorme, mais son immense production suffisait à peine aux prodigalités du peintre. A l'exception de Louis XIV, qui ordonna d'ôter « ces magots, » en voyant un tableau de Teniers dans sa chambre, tous les princes du temps voulaient avoir des œuvres du peintre flamand, et le roi d'Espagne, Philippe IV, fit faire à l'Escurial une galerie spécialement consacrée à ses *kermesses* et à ses *tabagies*. Don Juan d'Autriche, gouverneur des Pays-Bas, ne se contenta pas d'admirer ses ouvrages, il vint lui demander des leçons de peinture. David Teniers, au surplus, était logé de manière à recevoir de pareils élèves. Il avait acheté le château des *Trois-Tours*, magnifique résidence seigneuriale, accompagnée d'un parc et de pièces d'eau où nageaient les cygnes, et située sur une éminence d'où l'on avait une vue magnifique. Teniers en était très-fier et l'a souvent représenté dans ses tableaux.

La facilité avec laquelle Teniers peignait tient du prodige. On raconte qu'un jour, étant allé à la campagne avec sa boîte à couleur, il s'aperçut, au moment où la faim le prit, qu'il avait oublié sa bourse et n'avait pas de quoi payer son déjeuner. Il entre bravement dans une auberge, et, non content de se faire servir à dîner, il fait entrer un mendiant qui jouait de la cornemuse à la porte et le fait manger aussi. Le repas fini, Teniers se met à peindre le mendiant qu'il vient de régaler, et déclare aux curieux qui l'entourent que la toile est à vendre. Il trouve de suite un amateur et paye magnifiquement son hôtelier stupéfait.

Cette anecdote est peut-être apocryphe, mais elle est très-ancienne et prouve l'opinion qu'on avait de la facilité du peintre. C'est de là que vient le nom d'*Après-dînée de Teniers*, que les amateurs donnent souvent aux toiles du maître, lorsqu'elles n'ont qu'une ou deux figures.

Teniers peint le moral de ses paysans en même temps que le physique. On les entend discuter, raisonner, et chacun montre ses sensations d'une façon qui lui est personnelle. Ses tableaux sont de véritables romans de mœurs : voyez plutôt dans cette *tabagie* ce buveur assis près d'une femme qu'il montre au doigt en riant, tandis que par une petite lucarne on voit passer du dehors le visage d'un curieux, un rival peut-être, qui examine ce qui se passe avec une gravité comique. Devant la grande cheminée du cabaret, vous trouverez ce gros paysan qui se chauffe le dos au feu, et que Teniers a reproduit si souvent qu'il équivaut presque pour lui à une signature. Les mêmes personnages se retrouveront dans d'autres toiles, mais avec une expression différente. Les voici maintenant qui jouent autour d'une table ; l'un d'eux est assis, et son partenaire, debout devant lui, montre sa tête de profil et coiffée d'un grand chapeau noir tout cabossé et orné d'une plume ; près d'eux une femme tient son verre en main et, l'œil fixé sur le jeu, cherche à scruter la destinée pour savoir qui payera la consommation. L'expression des têtes est toujours spirituelle, et l'harmonie exquise de l'ensemble donne un charme singulier à ses ta-

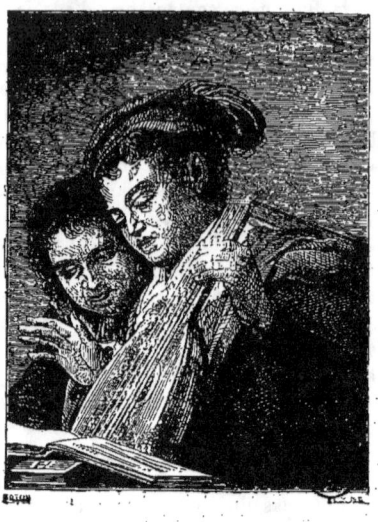

345. — LEÇON DE CHANT (HALLS).

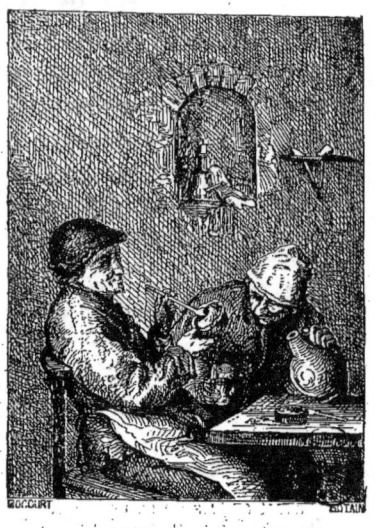

346. — LES FUMEURS (VAN OSTADE).

bleaux. La touche légère et étincelante, dans laquelle les coups distincts de la brosse restent

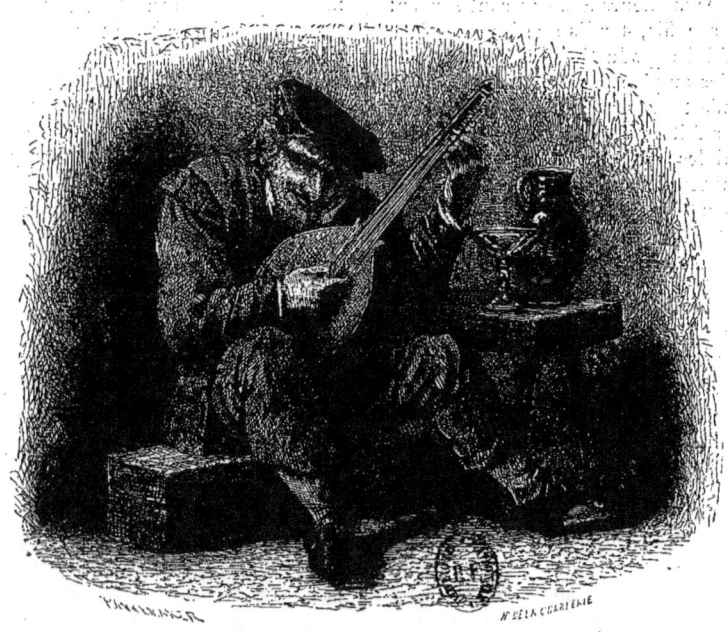

347. — JOUEUR DE GUITARE (TENIERS).
(Musée de Saint-Pétersbourg.)

entiers et ont toujours une signification, montre la véritable finesse, telle qu'elle a été comprise pendant la grande époque de l'art dans les Pays-Bas, par opposition à la période suivante, où le coup de pinceau des Micris et des Van der Werff est bien plus fondu, mais totalement dénué d'esprit et d'expression.

Visite au Louvre. — Les tableaux d'Adrien Brauwer sont très-rares partout; mais son petit *Intérieur de tabagie* qui est au Musée caractérise très-bien la manière de ce peintre. Un tableau de Craesbeke, où le boulanger devenu peintre s'est représenté lui-même peignant un portrait, et un tableau capital de Jean Steen, la *Fête flamande dans l'intérieur d'une auberge*, forment la part de ces deux artistes. D'Adrien Van Ostade, nous avons plusieurs ouvrages, dont deux peuvent compter parmi ses chefs-d'œuvre les plus renommés : le *Maî-*

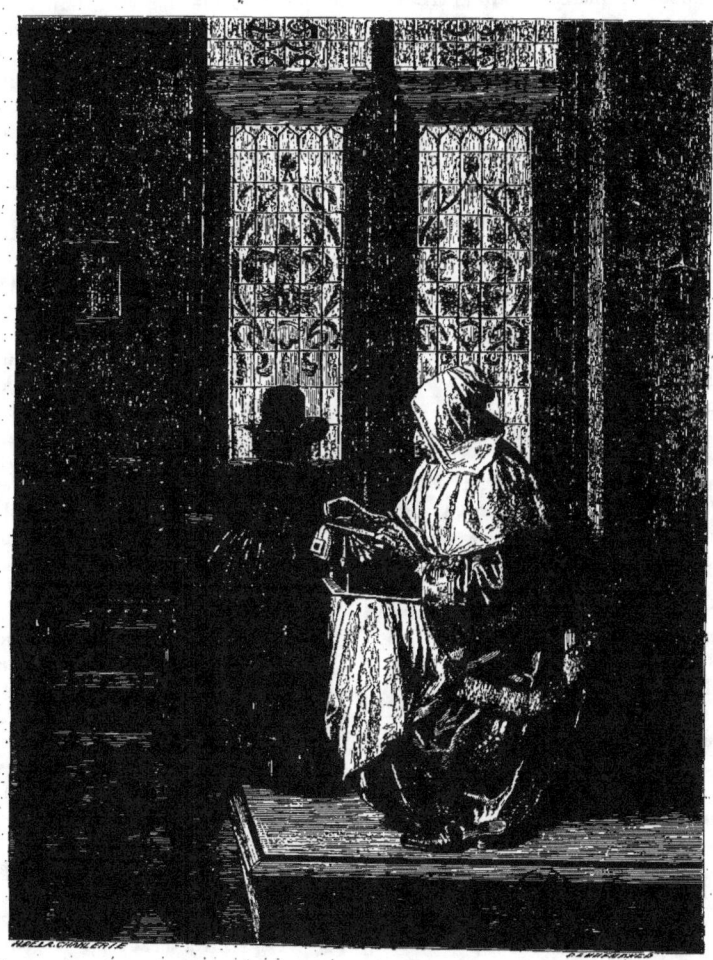

348. — L'OUVRIÈRE EN DENTELLE (JEAN STEEN).
(Musée de Saint-Pétersbourg.)

tre d'école, placé dans le salon carré à côté de l'*Antiope* du Corrége, et la *Famille du peintre*, où Adrien Van Ostade s'est représenté à côté de sa femme, qui n'est assurément pas belle, et entouré de ses enfants, qui sont tous d'une laideur remarquable; le tout forme un tableau de la plus ravissante couleur. Isaac Van Ostade a deux *haltes* et deux très-beaux effets d'hiver. Bega n'a qu'un tableau, l'*Intérieur rustique*, mais pour David Teniers, aucun musée en Europe n'est capable de lutter avec le Louvre pour les tableaux qu'il possède de ce maître; le *Saint Pierre reniant le Christ*, l'*Enfant prodigue*, la *Tentation de saint Antoine*, la *Fête de village*, le *Cabaret*, le *Fumeur*, le *Rémouleur*, la *Chasse au héron*, etc., montrent toutes les formes du talent de l'artiste.

LES PEINTRES DE LA BOURGEOISIE. — Les tableaux de genre de l'école hollandaise sont de véritables romans de mœurs. Il est donc naturel de grouper ensemble les peintres qui se sont attachés à rendre les habitudes de la vie bourgeoise, comme ceux qui se sont efforcés de traduire les scènes de la vie populaire. A la tête des premiers se place Gérard Terburg (1608-1681), qui doit sa place dans l'histoire de l'art à une série de tableaux comprenant rarement plus de trois personnages qui appartiennent toujours à la classe opulente. Il peut être considéré comme le créateur de ce genre de peinture, où la robe de satin blanc d'une dame forme ordinairement le centre et la masse lumineuse du tableau (fig. 349). La finesse de son exécution n'a pourtant rien de léché, et il est sous ce rapport, comme sous celui du coloris, très-supérieur aux nombreux artistes qui ont imité sa manière. Terburg a fait beaucoup de portraits, et son fameux tableau du *Congrès de Munster*, où, contrairement à ses habitudes, il a réuni sur une même toile un grand nombre de personnages, a la valeur d'un document historique, en même temps qu'il est un chef-d'œuvre de l'art.

Jean Steen (fig. 348) et Gabriel Metzu (1615-1667) (fig. 350) ont peint, comme Terburg, des sujets pris dans la vie des classes supérieures, mais ils ont fait aussi quelquefois des marchés, des cuisinières et des sujets d'un genre vulgaire. C'est d'après ces deux artistes que s'est formé Gaspard Netscher, qui n'avait que deux ans lorsque sa mère, demeurée veuve avec quatre enfants, fut forcée de se réfugier dans un château, pendant les guerres qui désolaient le pays. La place où elle se trouvait ayant été assiégée et toutes les communications interceptées, la malheureuse mère, après avoir vu mourir de faim deux de ses enfants, parvint à s'évader la nuit, emportant dans ses bras les deux autres, parmi lesquels était Gaspard. Celui-ci devint élève de Terburg, imita ensuite Metzu, mais n'atteignit jamais la hauteur des deux maîtres qu'il avait pris pour modèles.

Dans le groupe d'artistes dont nous nous occupons, Gérard Dow (1613-1680) est peut-être celui dont le nom a acquis la plus grande célébrité (fig. 351). Il avait travaillé dans l'atelier de Rembrandt, et c'est peut-être là qu'il a pris le goût du clair-obscur et des effets où la lumière se concentre pour éclater en un point déterminé. Mais c'est surtout à la prodigieuse finesse de son exécution qu'il doit son immense réputation. Ses figures ont habituellement peu d'expression, et la série de ses types est assez restreinte; comme coloriste, il est loin d'avoir la suprême distinction de Terburg ou de Metzu. Mais ses qualités de soin et d'adresse de pinceau sont facilement appréciables pour le public, et le succès immense qu'il a obtenu lui a donné parmi ses contemporains une influence qui a eu pour effet de modifier sensiblement les tendances primitives de l'école hollandaise. A partir de ce moment, les efforts des artistes se portent moins vers l'éclat et l'harmonie de l'ensemble que vers le rendu exact de chaque accessoire.

Parmi les élèves de Gérard Dow, nous devons citer Slingeland, qui a quelquefois égalé son maître par le soin laborieux qu'il apportait à chaque détail, et Godefroid Schalken, qui, dans de petits tableaux où l'on ne voit le plus souvent qu'une ou deux figures à mi-corps, a presque toujours représenté des effets de lumière artificielle. Mais François Miéris est celui que Gérard Dow a surnommé le prince de ses élèves, et celui d'entre eux qui a la plus grande réputation. A mesure que l'on avance, l'invention disparaît de plus en plus, la touche cesse d'être expressive pour devenir uniformément fondue, et la couleur devient froide et papillottante, comme on le voit dans les tableaux de Guillaume Van Miéris, fils de François Miéris, et dans ceux d'Églon Van der Neer, son élève. « Cet Églon van der Neer, dit W. Burger, eut bien des malheurs dans sa vie. Il se maria trois fois; sa première femme lui donna seize enfants, et la seconde neuf; on ne dit pas combien il eut d'enfants de la troisième; mais son plus grand malheur est d'avoir été le maître du chevalier van der Werff. »

Le chevalier van der Werff, auquel sa réputation comme peintre fit donner des titres de noblesse, est un artiste qui n'a jamais connu l'adversité. A dix-sept ans, il était déjà célèbre, et ses tableaux, qu'on couvrait d'or de son vivant, ont continué à atteindre, après sa mort, des prix exorbitants. Guillaume Miéris avait fait déjà quelques sujets mythologiques, et van der Werff cultiva beaucoup ce genre, qui eut alors une grande vogue. Il abandonna complétement les traditions de réalisme de l'ancienne école hollandaise, et adopta une manière fondue et uniforme qui marque le dernier caractère de la décadence dans cette école.

Visite au Musée. — Quatre tableaux de Gérard Terburg, le *Militaire offrant des pièces d'or à une jeune femme*, la *Leçon de musique*, le *Concert*, et l'*Assemblée d'ecclésiastiques*, et plusieurs ouvrages de Gabriel Metzu, parmi lesquels le *Militaire recevant une jeune* dame, la *Leçon de musique*, et le *Marché aux herbes d'Amsterdam*, forment la part de ces deux maîtres, qui ont entre eux tant d'affinités. Gérard Dow est au complet, mais nous ne citerons de lui que la *Femme hydropique*, qui est le chef-d'œuvre du peintre. Ce tableau a été donné au Musée par le général Clausel, depuis maréchal de France. Netscher, Slingeland, Églon Van der Neer, François et Guillaume Miéris, et le chevalier van der Werff ont au Musée des tableaux très-soignés, où l'on peut étudier la transformation du goût et la décadence de l'art dans les Pays-Bas.

LES PEINTRES NOMADES. — Il existait à Rome, au temps du Poussin, une compagnie joyeuse d'artistes, presque tous venus des Pays-Bas, et demeurant généralement ensemble, de manière à former comme une petite Flandre au milieu de l'Italie. Ce n'était pas Saint-Pierre ou le Vatican qui les attirait : Rome pourtant avait pour eux un irrésistible attrait. Ces colonnes en ruines contre lesquelles broutaient les chèvres, ces mendiants si bien campés sous leurs fières guenilles, ce beau ciel découpé par de petits nuages qui s'enroulent, ces ruisseaux où viennent s'abreuver des bœufs aux grandes cornes conduits par des pâtres vêtus d'une peau de mouton et chaussés de guêtres, tout cela ne se trouve pas en Hollande, et ils ont tous fait cela. La peinture dite de *bambochades* a pris naissance au milieu des graves souvenirs de la tradition et de l'antiquité, et le fondateur du genre, ce personnage grotesque et difforme aussi connu par sa laideur que par son esprit, qui s'appelait Pierre de Laer et qu'on a surnommé Bamboche, était un ami du Poussin. A vrai dire, si l'on excepte ce dernier, tout ce qui avait un nom dans les arts comme peintre d'histoire, avait en horreur cet étranger, qui s'écartait du style ampoulé à la mode alors, pour inaugurer le genre grotesque. Le succès qu'il obtint fut un succès de scandale, et tous les beaux parleurs du temps se plaignent de « ces tableaux laids et vils, étrangers aux convenances de l'art, au décorum de la peinture, et qui les réduisaient à donner en spectacle les farces des cabarets et des mauvais lieux, à secouer la vermine des pouilleux, des voleurs et de la canaille. » La question est de savoir si des hommes qui se délectent des afféteries de l'Albane, et des figures maniérées du Josepin, ont le droit d'interdire, au nom de la dignité de l'art, les sujets champêtres et familiers que Bamboche peignait avec tant de naturel et d'esprit.

Quand un nouveau venu se présentait dans la compagnie flamande, il offrait aux anciens un festin, à l'occasion de ce qu'ils appelaient le baptême, sorte de cérémonie burlesque dans laquelle on donnait à l'arrivant un sobriquet qu'il gardait toute sa vie. Karel Dujardin reçut le nom de *Barbe de bouc* à son entrée dans cette académie joyeuse. Quand il eut séjourné quelque temps à Rome, où il était venu fort jeune, il voulut retourner dans son pays, en s'arrêtant dans chaque ville, pour faire des dessins ou des petites toiles qu'il vendait comme il pouvait pour payer son gîte (fig. 352). A Lyon, une vieille femme qui tenait l'auberge lui offrit sur sa bonne mine un crédit illimité, dont il usa largement selon son habitude. Mais quand il voulut partir, il se vit poursuivi et arrêté pour sa dette, qui était considérable, et il fut obligé, pour se libérer, d'épouser sa logeuse, qui était fort riche : il mit toutefois pour condition qu'on irait demeurer à Amsterdam, où on vint en effet s'établir dans le quartier qui lui convint et dans une maison qu'il avait choisie sur un canal. Mais à peine était-il installé, pendant que sa femme s'applaudissait déjà de l'existence douce et réglée qu'elle préparait à son jeune époux, un ami de celui-ci qui partait pour l'Italie vint lui faire ses adieux. Karel Dujardin monte avec lui dans le bateau pour l'accompagner un bout de chemin ; il avait aux pieds ses pantoufles et n'avait fait aucun paquet. Mais le soir il ne put se décider à revenir ; il écrivit à sa femme de disposer comme elle l'entendrait de la maison et du contenu, sans s'inquiéter aucunement de lui, parce qu'il allait en Italie. Quand ses amis virent arriver leur joyeux camarade, qui avait renoncé au mariage et au bien-être d'une existence tranquille, pour reprendre avec eux la vie de bohème, ils le fêtèrent tant et tant, que le pauvre Karel Dujardin finit par mourir d'une indigestion.

Tous ces peintres voyageurs, qui séjournèrent assez longtemps en Italie, se complurent à représenter des bestiaux et des bergers, au milieu des ruines et des rochers de la nature méridionale, en donnant toujours au paysage le rôle principal dans leurs tableaux. Quoique doués des qualités habituelles à l'école hollandaise, ces peintres n'arrivèrent jamais à reproduire les sites étrangers avec la sincérité et le cachet de naïveté qu'on retrouve dans les maîtres qui, comme Paul Potter ou Adrien Van de Velde, consacrèrent leur vie entière à observer et à reproduire le caractère intime de leur pays natal. Mais, à défaut de l'impression profonde qu'on ressent devant des œuvres longuement méditées, on trouve dans leurs tableaux une vivacité dans l'invention et un esprit dans la touche qui leur prêtent un charme tout particulier.

Nicolas Berghem, né à Harlem en 1624 et mort à Amsterdam en 1683, est demeuré le peintre le plus célèbre de ce groupe d'artistes, et, bien que nous n'ayons aucun renseignement historique sur le séjour qu'il aurait fait en Italie, le caractère de ses tableaux ne permet pas de douter qu'il ait dû être assez prolongé;

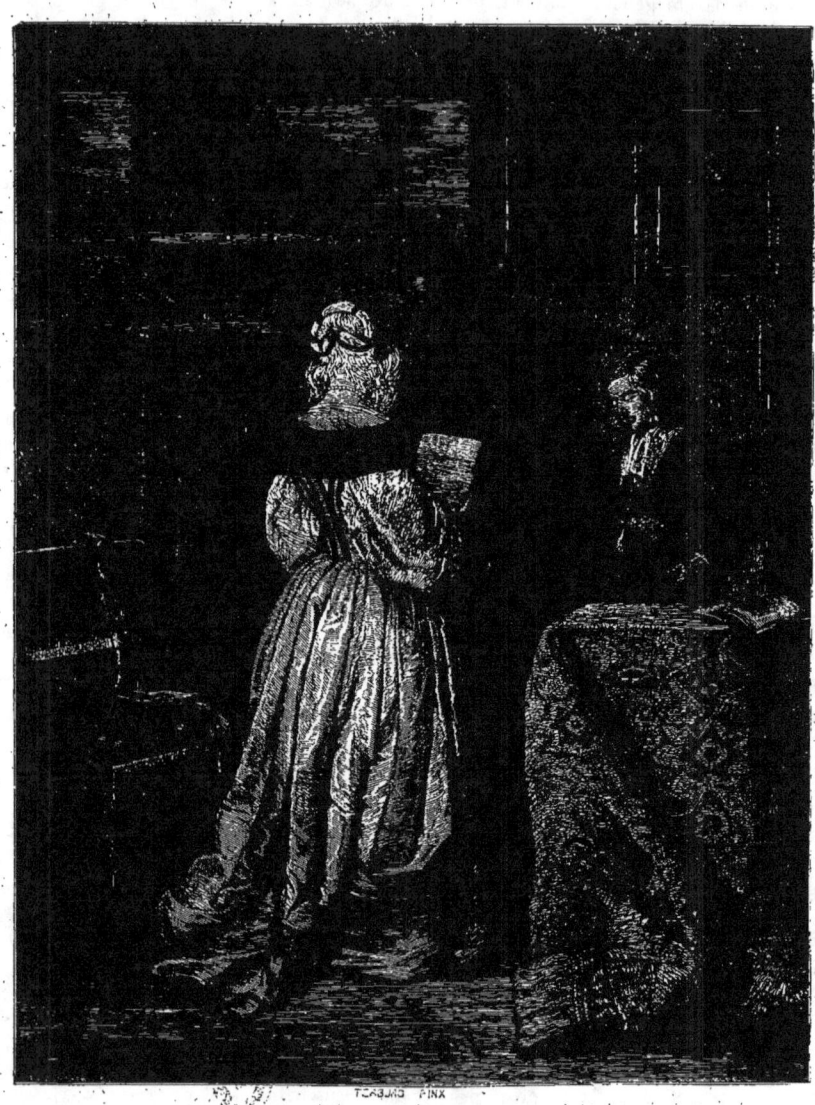

349. — LA LETTRE (TERBURG).
(Musée de Saint-Pétersbourg.)

seulement il n'est pas prouvé qu'il ait fait partie de la société de Bamboche et de Karel Dujardin, avec lesquels sa peinture présente d'ailleurs plus d'un point de ressemblance (fig. 353).

Berghem, s'il faut en croire les anecdotes du temps, ne serait pas le véritable nom de l'artiste; on raconte, en effet, que, lorsqu'il était apprenti chez Van Goyen, son père, irrité contre lui, le poursuivit en le menaçant jusque chez son maître, qui, prenant parti pour le jeune élève, cria à ses condisciples : *Berg hem, berg hem*, ce qui veut dire en hollandais : *Cachez-le*. De là serait venu le surnom qui lui est resté et sous lequel il est connu. Ses tableaux se distinguent avant tout par leur ordonnance pittoresque et par le sentiment poétique qui anime ses paysages. L'habitude de travailler de pratique donne à ses animaux et à ses bergers un caractère quelquefois monotone, et son coloris présente souvent cer-

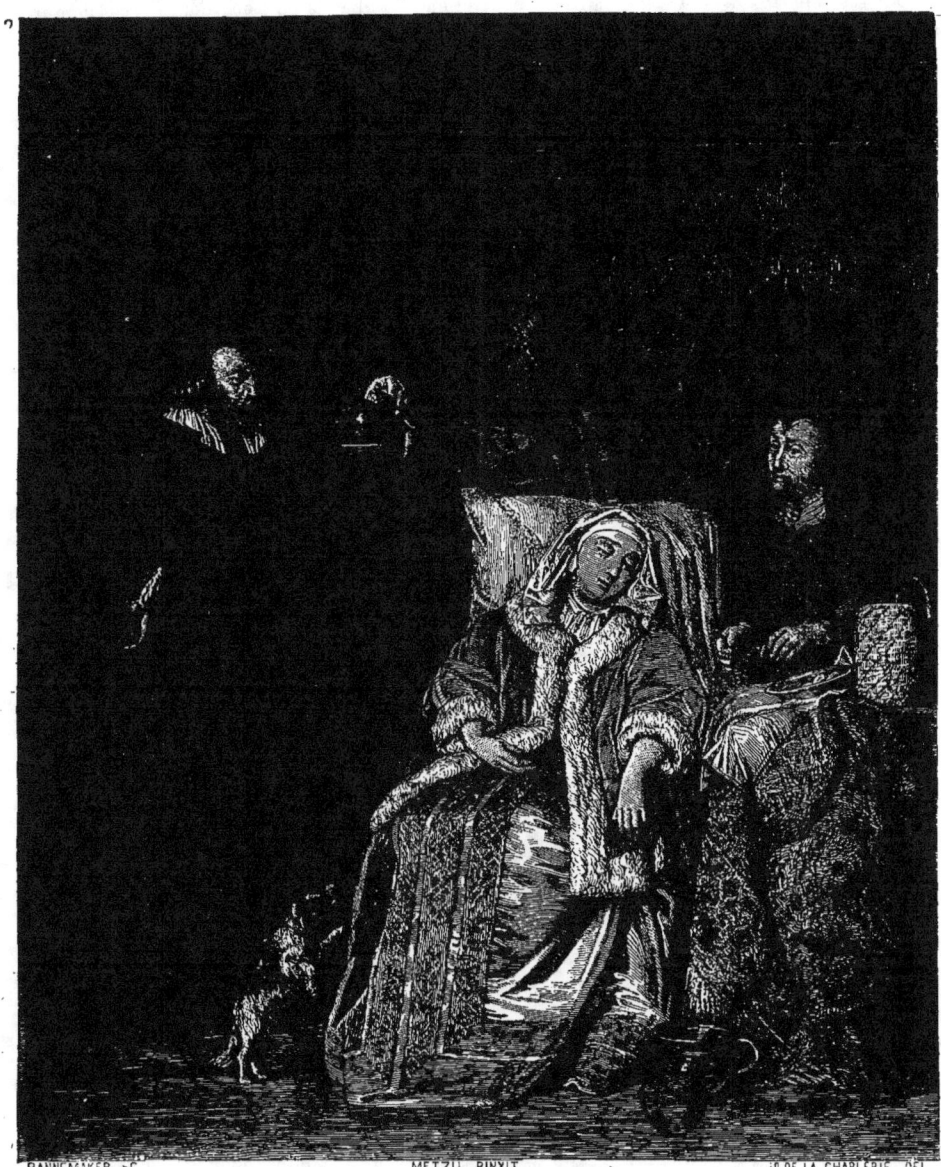

356. — LA MALADE ET LE MÉDECIN (METSU).
(Musée de Saint-Pétersbourg.)

taines crudités. Mais ses bons tableaux ont une harmonie blonde et argentine très-agréable.

Les artistes hollandais qui visitèrent l'Italie pour y puiser des inspirations pittoresques sont extrêmement nombreux. Nous nous contenterons de citer, pour clore la liste, les frères Both (fig. 354), qui travaillèrent presque toujours ensemble. Jean Both, dit Both d'Italie, fut un très-habile paysagiste et un imitateur décidé de Claude Lorrain, et son frère, André Both, qui était un ami et un disciple de Bamboche, peuplait ses tableaux avec des animaux ou de petites figures très-spirituellement peintes.

Visite au Musée. — Nous avons au Louvre deux tableaux de Pierre de Laer, dit le Bamboche : un *Départ de l'hôtellerie* et des *pâtres*. Karel Dujardin a plusieurs jolis paysages avec des groupes d'animaux, mais le tableau où son esprit facétieux est le plus apparent est le *Charlatan*, charmante petite composition, aussi spirituelle par la touche que par l'invention. Berghem a au Louvre un grand nombre de tableaux, tous remarquables par leur invention pittoresque. Bien que les animaux y jouent en général le principal rôle, le paysage y est toujours très-bien traité et les petites figures qui accompagnent les bestiaux sont d'une tournure extrêmement spirituelle (fig. 353).

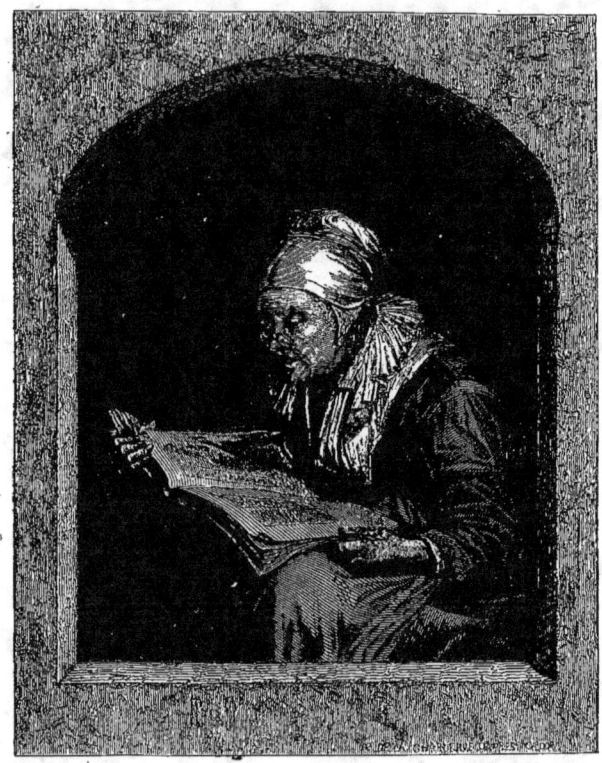

351. — LA LISEUSE (GÉRARD DOW).
(Musée de Saint-Pétersbourg.)

Les deux tableaux de Both sont des paysages dans un site montagneux, éclairé par le soleil couchant.

LES PEINTRES DE LA CAMPAGNE. — Le patriarche du paysage familier en Hollande est Jean Wynants. C'est lui qui le premier s'est aperçu que la nature était belle à la porte de sa ville natale, et il a toujours travaillé aux environs de Harlem. Ses élèves, Wouwerman, Van den Velde, Lingelbach, ont peuplé ses tableaux de petites figures spirituelles qui se marient admirablement à ses paysages en leur laissant toute l'importance. Les tableaux de Wynants montrent habituellement des terrains ravinés, ombragés de grands arbres et traversés par des chemins dont les ornières sont fortement accusées. Personne n'a rendu mieux que lui les terrains déclinés, les monticules de sable, les lisières des bois. Les tableaux de Wynants sont assez rares, et on attribue leur nombre restreint au soin qu'il y mettait.

Philippe Wouwerman apprit de Wynants la manière d'agencer un paysage; mais l'étude spéciale qu'il fit des figures et des animaux, l'animation qu'il sut donner à ses chasses, à ses combats de cavalerie (fig. 355), à ses haltes, la tournure imprimée à chaque personnage et le sentiment pittoresque de l'ensemble, en font un artiste à part dans l'école hollandaise. Le nombre prodigieux de ses œuvres, produites pendant une vie assez courte, prouve à la fois

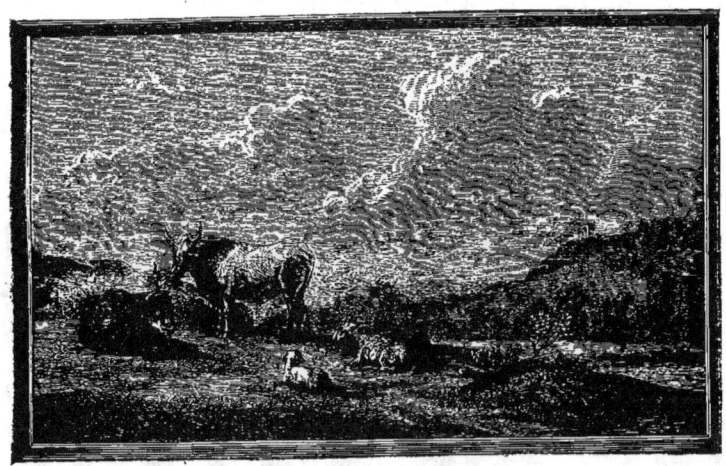

352. — PAYSAGE (KAREL DUJARDIN).

son activité et sa facilité de travail. Ses tableaux, d'une valeur assez inégale, sont toujours très-recherchés des amateurs, et, bien que l'ensemble de son œuvre montre une certaine monotonie, par la répétition fréquente de groupes qui présentent entre eux trop d'analogie, chacun de ses tableaux fait toujours très-bon effet dans une galerie, et séduit par

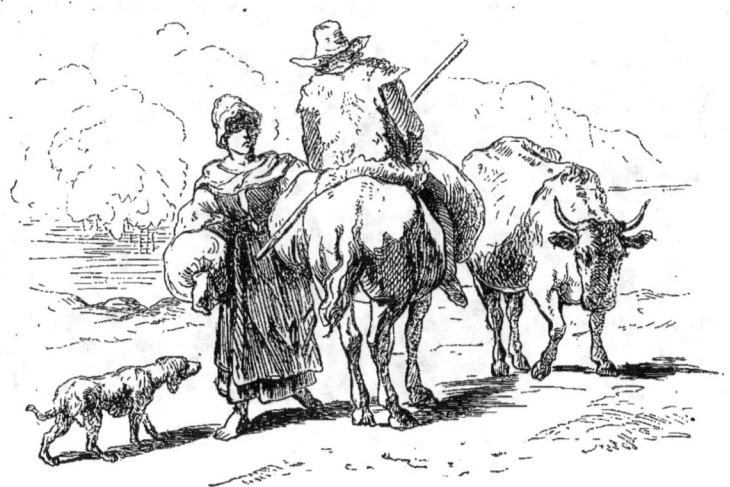

353. — LA CONVERSATION (BERGHEM).

la délicatesse du travail, en même temps qu'il frappe par l'énergie de la composition. Ses chevaux, dont le caractère appartient à une race un peu massive, sont parfaitement construits, pleins de tournure, et on en voit toujours un blanc ou gris pommelé qui se détache sur les autres et forme la lumière dominante du groupe. Wouwerman finit extrêmement ses tableaux; mais le soin qu'il apporte dans les détails de son exécution n'altère en rien le tumulte de l'ensemble, et ce que l'œil voit tout d'abord, c'est le mouvement des figures, l'agencement pittoresque des tentes, la tournure vivante des chevaux et la confusion piquante de tous ces éléments divers, en vue de l'impression unique que doit produire un marché ou une halte. C'est là ce qui explique le succès permanent des tableaux de ce maître au milieu des fluctuations de la mode.

Parmi les artistes qui se rattachent à Wy-

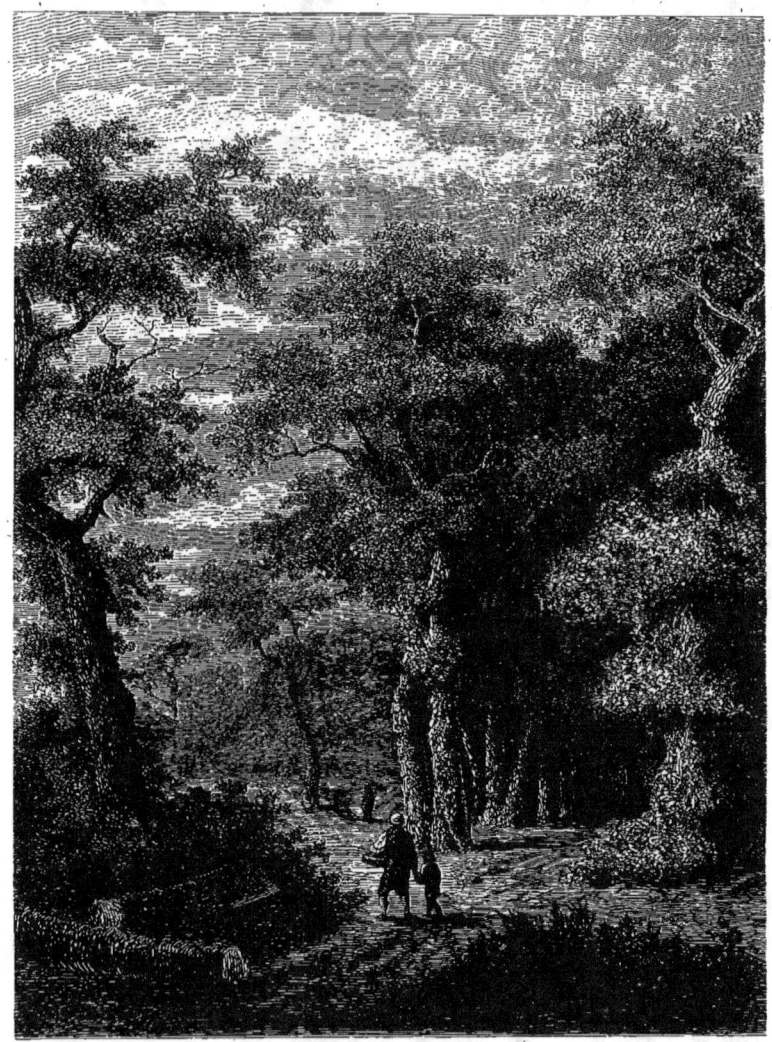

354. — ENTRÉE DE BOIS (JEAN BOTH).
(Turin, palais Madame.)

nants, un des plus admirables est assurément Adrien van de Velde, qui, bien que mort à trente-deux ans, a immensément produit, surtout si l'on considère qu'outre les tableaux qu'il faisait pour son compte, il est venu en aide à une foule de ses confrères, et a placé de ravissants petits groupes de personnages ou d'animaux dans des tableaux de Wynants, van der Heyden, Hobbema, Ruysdaël, etc. Cet artiste charmant et toujours varié aime les bocages mystérieux où le berger rêve au milieu de son troupeau; mais il se plaît aussi dans les pays découverts, où il peut donner au ciel tout son développement et faire déborder la plaine jusqu'au plus lointain horizon. Les moutons épars sont disséminés sur la dune, où l'œil se perd dans l'immensité de la campagne.

Van de Velde est un admirable paysagiste, et, comme peintre d'animaux, il marche de pair avec Paul Potter et Berghem. Ce qui le caractérise surtout, c'est le sentiment poétique de ses ouvrages, qui contraste avec le talent exact,

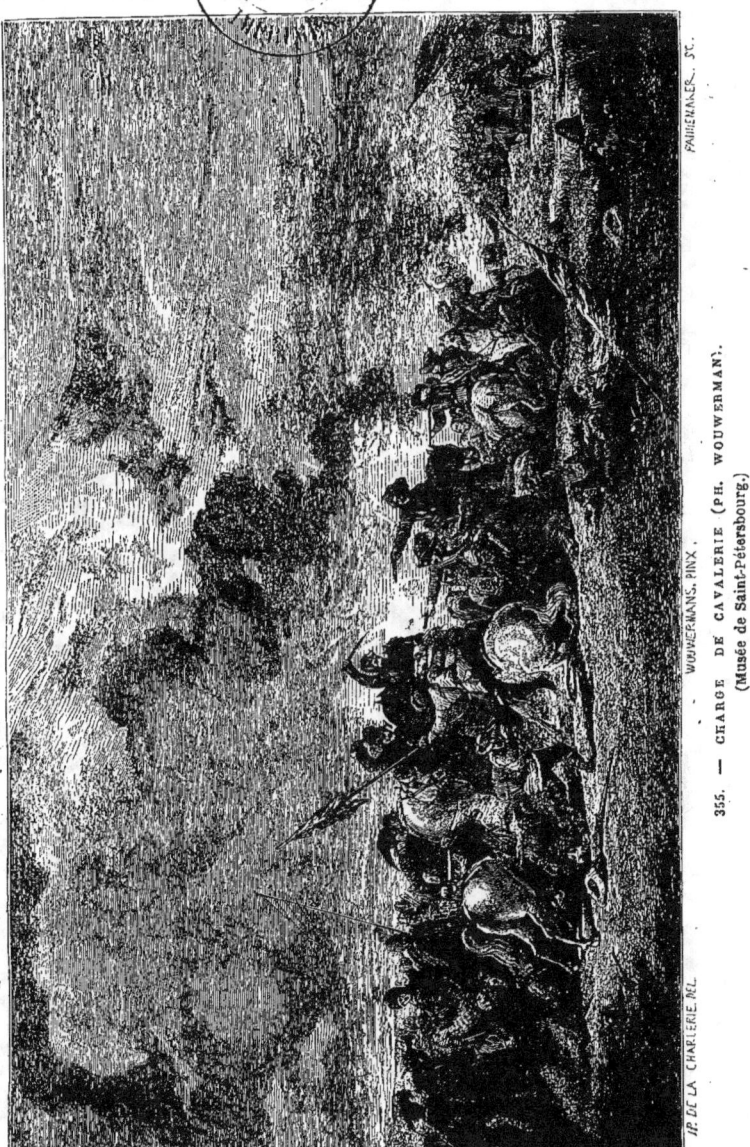

355. — CHARGE DE CAVALERIE (PH. WOUWERMAN). (Musée de Saint-Pétersbourg.)

mais positif, d'un grand nombre de peintres hollandais, et notamment de son maître Wynants.

Il y a une singulière analogie entre la destinée de Van de Velde, qui mourut à trente-deux ans, et celle de Paul Potter, qui mourut à vingt-neuf. Tous deux avaient du talent à quinze ans, et la quantité considérable de leurs œuvres ne semble pas en rapport avec leur existence si courte. La donnée des tableaux de Paul Potter est toujours très-simple : une vache qui se frotte contre un arbre, à côté d'une autre qui rumine paisiblement; deux vaches qui jouent avec leurs cornes dans un paysage, et une troisième qui les regarde, il ne lui en faut pas davantage. Ce n'est pas seulement l'allure, la pose, la physionomie particulière à chaque animal, la nature de son pelage, la couleur de sa robe qui donnent tant de charme à des scènes aussi simples. Paul Potter sait éveiller en nous mille pensées qui ont leur source dans l'exactitude de l'imitation, mais

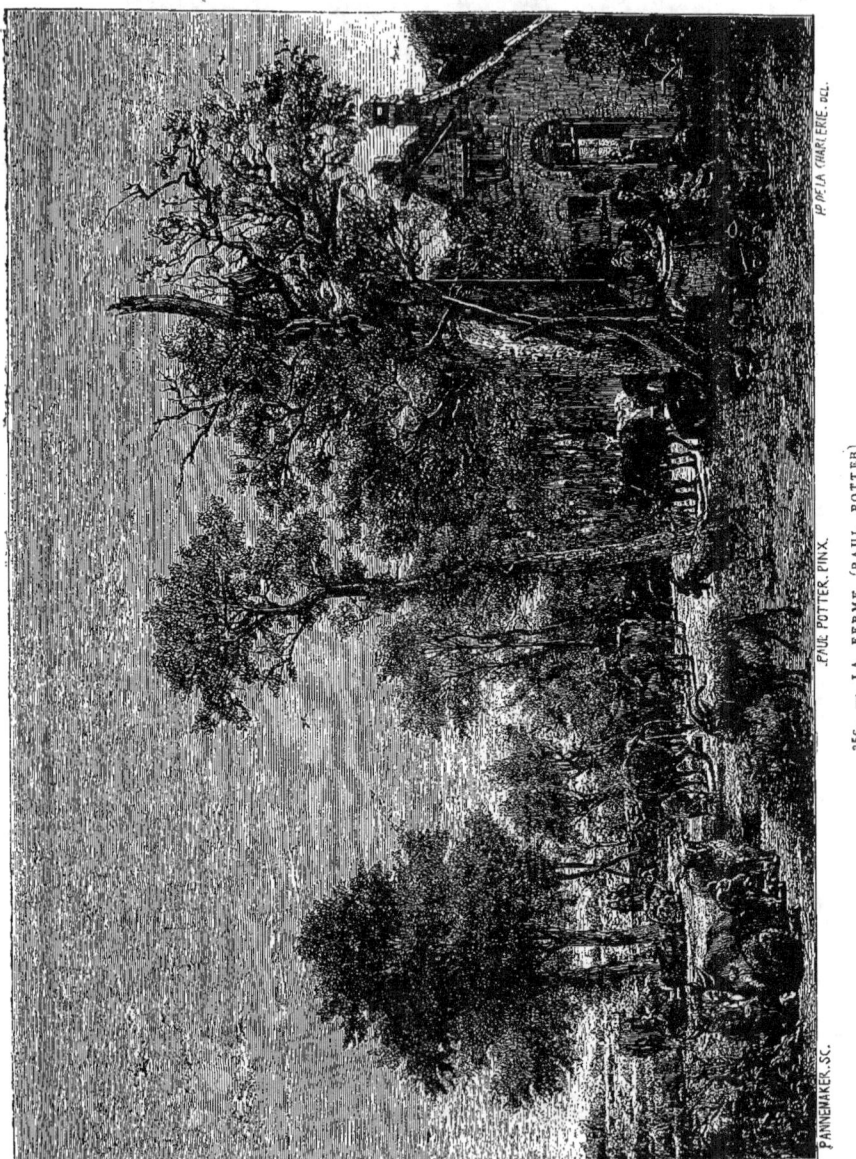

356. — LA FERME (PAUL POTTER). (Musée de Saint-Pétersbourg.)

qui, dans les réalités physiques, rappellent l'état de notre esprit, les impressions que nous avons ressenties. Les œuvres de Paul Potter sont très-rares en dehors des grandes collections publiques, et ses ouvrages authentiques n'apparaissent que bien rarement dans les ventes (fig. 356).

Albert Cuyp est un admirable peintre d'animaux, mais le charme de ses tableaux vient surtout du jour qui les éclaire (fig. 357). Dans ses vaches qui paissent le long des canaux, ou ruminent tranquilles dans la campagne, les riches couleurs du bétail forment un contraste avec la lumière éblouissante du ciel qui les enveloppe de toutes parts. Les tableaux de Cuyp produisent toujours une impression poétique. Nul autre, Claude Lorrain excepté, n'a su rendre comme lui les teintes vaporeuses du crépuscule. Il ne faut pas chercher dans les animaux de Cuyp la précision de dessin qui caractérise Paul Potter; c'est avant tout un coloriste, et peu de peintres ont connu aussi bien que lui la magie des effets de lumière, surtout quand le soleil perce à travers les vapeurs du matin.

Visite au Musée. — Nous signalerons d'abord plusieurs paysages de Wynants, entre autres une *Lisière de forêt* avec des figures et des animaux peints par Adrien Van de Velde. Le Musée est très-riche en ouvrages de Wouwerman, des *départs pour la chasse*, des *chocs de cavalerie*, des *haltes militaires*, une *écurie*, une *hôtellerie*, etc. Il y a aussi plusieurs tableaux d'Adrien Van de Velde, la plupart avec des animaux; la *Plage de Schvelingen*, où le prince d'Orange se promène dans un carrosse attelé de six chevaux blancs, et le *Canal glacé*, où des hommes patinent ou font glisser des traîneaux, sont particulièrement célèbres. Paul Potter est, en général, assez rare; le Louvre a trois tableaux de lui : le plus grand, intitulé *la Prairie*, est regardé comme un de ses chefs-d'œuvre. Albert Cuyp a fait à peu près tous les genres, et les a tous

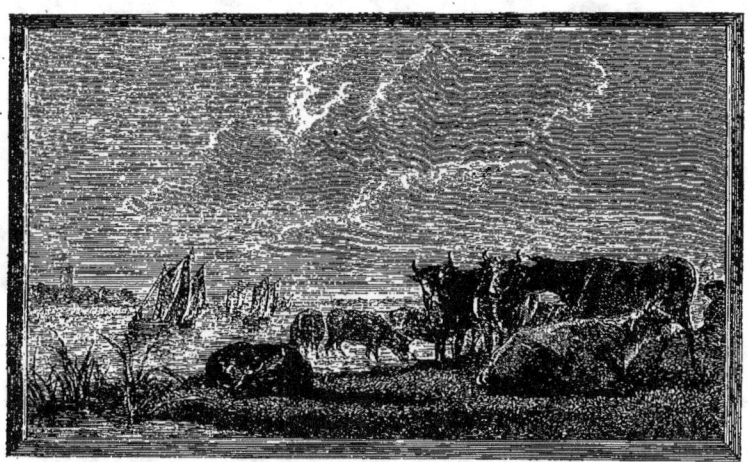

357. — PAYSAGE (ALBERT CUYP).

traités avec la même supériorité : deux portraits, une marine, un grand tableau de vaches gardées par un pâtre, et deux charmants tableaux de cavaliers partant pour la promenade, forment sa part dans notre grande collection nationale.

LES PEINTRES DES BOIS. — Tous les artistes dont nous venons de parler ont traité le paysage d'une façon très-supérieure, mais ils l'ont considéré comme un accompagnement pour faire valoir les animaux ou les figures de leurs tableaux. Il n'en est pas de même de Ruysdaël (1630-1681), qui est un pur paysagiste (fig. 358). On a fort peu de renseignements sur la vie de cet artiste, et ceux qu'on a ne fournissent pas de traces des voyages qu'il a pu faire; on en a conclu que les sites montueux et les torrents qu'il a si souvent représentés, étaient peints d'après des dessins que son ami Éverdingen avait rapportés des pays septentrionaux. Il nous semble difficile d'admettre qu'un peintre, et surtout un paysagiste, ait consacré une aussi grande partie de ses œuvres à représenter une nature qu'il ne connaissait que de seconde main. Il ne suffit pas de savoir qu'Éverdingen a été en Norvège, pour en conclure qu'ayant fait un grand nombre de dessins dans ce pays, il en aurait prêté à Ruysdaël; on pourrait admettre avec beaucoup plus de vraisemblance que le grand maître a visité les contrées montueuses qui avoisinent le Rhin ou la Meuse, parcouru les Ardennes ou la forêt Noire, et qu'il a puisé là les éléments qui lui ont servi pour tant de tableaux. Ici c'est un château perché sur un rocher, avec un ruisseau qui bondit; là c'est un vieux pont de bois jeté sur un torrent, ou bien une chute d'eau à travers des terrains rocailleux; tout cela n'existe pas en Hollande, mais se trouve aisément dans les contrées voisines. Ruysdaël est un esprit éminemment poétique : quand il peint la plaine, il tient à l'animer par le tumulte des nuages; s'il entre dans la forêt les arbres qui l'arrêtent sont ceux que le tonnerre a brisés, ou dont le tronc noueux et déchiqueté

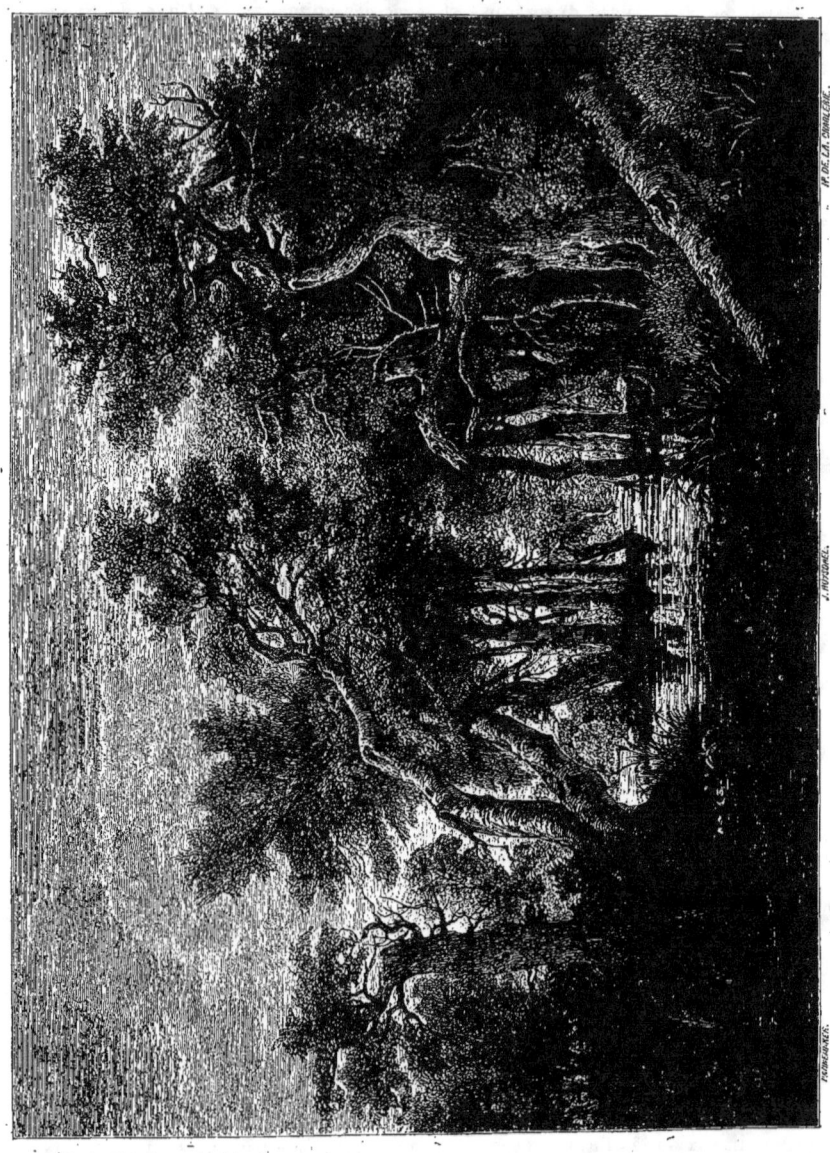

358. — LA MARE (RUYSDAËL).
(Musée de Saint-Pétersbourg.)

se contourne avant d'être chargé de feuillage; enfin dans les eaux ce n'est pas la limpidité calme qui le frappe d'habitude, c'est le bouillonnement et le tapage venant interrompre la solitude silencieuse des rochers.

Hobbéma (fig. 359), son contemporain, présente avec lui de grandes analogies comme exécution, et on a souvent confondu leurs ouvrages; mais le caractère de son talent est moins idéal et plus positif; on sent moins l'artiste qui s'égare dans le rêve et plus le peintre qui s'efforce de traduire ce qu'il a sous les yeux. La majeure partie de ses œuvres représente des terrains accidentés garnis de bouquets d'arbres, des moulins à eau, ou bien des villages entourés de vergers, tels qu'on en rencontre beaucoup

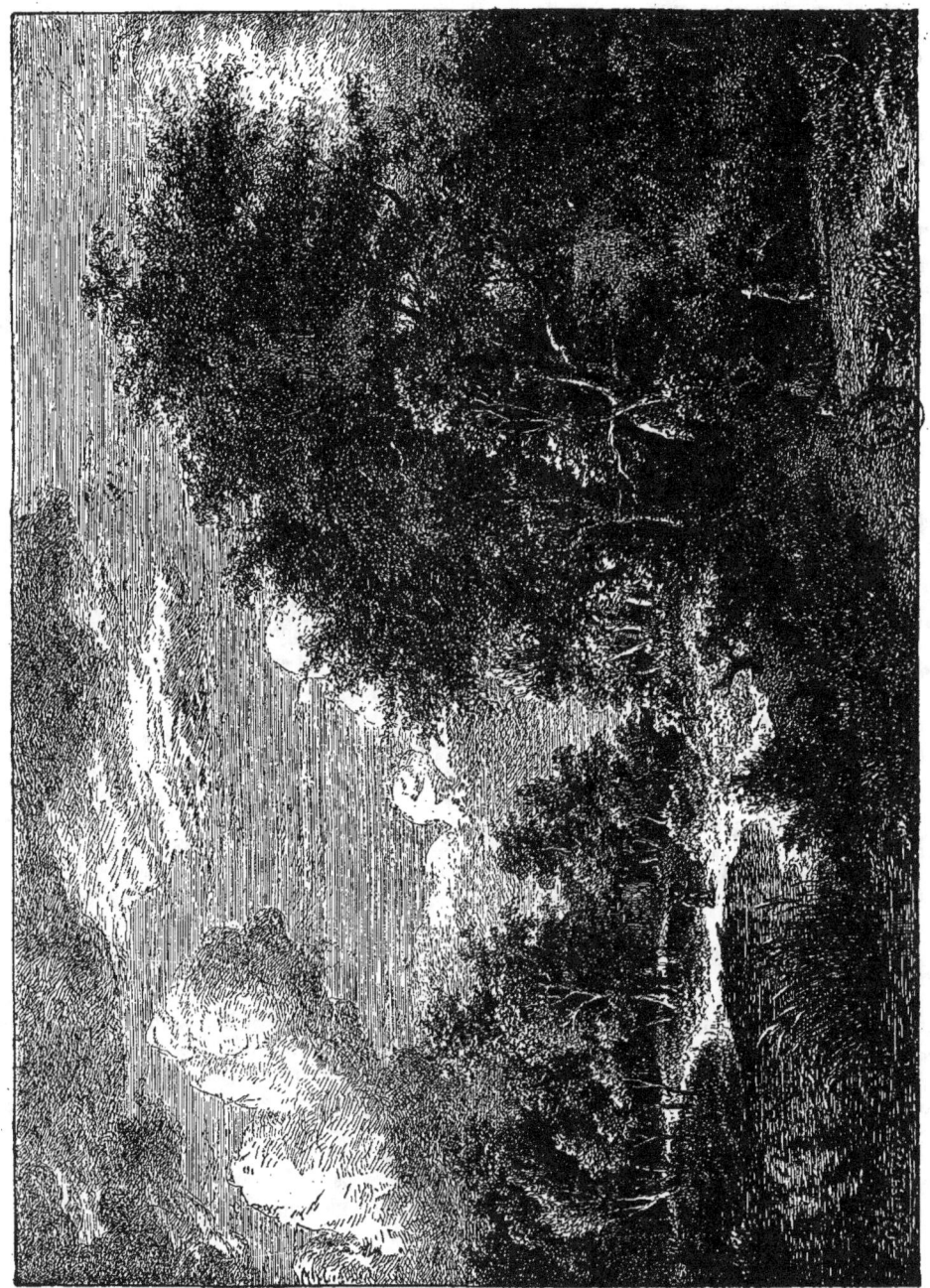

359. — LA FORÊT (HOBBÉMA).
(Ancienne galerie Delessert.)

dans la province de Gueldre, avec des sentiers qui relient les habitations entre elles. Hobbéma a été très-oublié pendant le dix-huitième siècle, et il n'y a guère plus d'une trentaine d'années que ses tableaux atteignent des prix élevés dans les ventes.

Huysmans, de Malines, est par excellence le peintre des forêts. Ses tableaux, toujours pleins d'une grandeur sauvage, se font remarquer par une vigueur de coloris et une largeur d'exécution qui rappellent les maîtres vénitiens. Plus estimé parmi les artistes que dans le public, Huysmans s'élève moins haut dans les ventes que bien des artistes qui sont loin d'avoir sa valeur.

Visite au Musée. — Un site montueux d'Éverdingen, avec une cascade qui fait tourner un moulin, peut servir à apprécier le talent d'un artiste qui a eu une grande influence sur Ruysdaël. Celui-ci a plusieurs tableaux importants. Ruysdaël ne savait pas peindre la figure et les animaux, et ceux qui meublent ses tableaux sont rarement de lui. Dans la *Forêt*, c'est Berghem qui a fait les personnages, et dans le paysage connu sous le nom de *Coup de Soleil*, ils ont été peints par Wouwerman. Parmi les tableaux de Ruysdaël qui sont au Louvre, le *Buisson* et la *Tempête* sont les deux plus célèbres. Le Musée n'a eu pendant bien longtemps aucun ouvrage d'Hobbéma, et le paysage qu'on y voit maintenant est une acquisition récente. Huysmans, de Malines, est représenté par quatre belles forêts.

LES PEINTRES DE MARINE. — Les petits tableaux presque monochromes de Van Goyen passent pour être les premiers où les bateaux aient une grande importance dans la composition. Le site est toujours très-bien disposé, mais les tableaux de Van Goyen représentent des bords de canaux ou de rivières, sillonnés par les barques plutôt que la mer proprement dite. Il en est de même de Van der Neer, le peintre incomparable des clairs de lune : ses tableaux représentent le plus souvent des paysages marécageux, éclairés par la lune qui vient doucement argenter de ses reflets l'eau tranquille des canaux. Le petit village hollandais paraît toujours à l'horizon, et quand le canal est bordé d'arbres, l'artiste aime à montrer un contraste entre leurs larges masses d'ombre et l'effet piquant de la lumière qui les traverse.

Les véritables spécialistes pour la nature sont Backhuisen et Guillaume Van de Velde, le frère d'Adrien. Backhuisen aime les grands navires qui se balancent majestueusement sur les hautes vagues, et il aborde quelquefois les ciels déchirés et la mer houleuse. Les effets calmes sont au contraire dans les habitudes de Guillaume Van de Velde, qui est un des plus grands maîtres de l'école hollandaise. Cet admirable artiste aimait les nuages légers et vaporeux, et il n'est jamais si fort que quand il peut dérouler une vaste étendue de mer, comme une nappe limpide que peuplent des navires et des barques placées à toutes les distances. Personne d'ailleurs n'a été plus exact dans la construction des navires : il en connaissait à fond l'anatomie. Ses dessins pourraient servir de documents dans un musée de constructions maritimes, mais le savoir technique se dissimule derrière le sentiment de l'art, et parmi tant de mâts et de cordages qui s'entre-croisent à travers le ciel, on ne trouve pas la plus petite sécheresse; les détails, qui sont dessinés d'une manière très-ferme, sont pourtant discrets et paraissent tellement enveloppés dans l'atmosphère qu'ils n'attirent jamais l'œil du spectateur d'une façon importune, mais se trouvent toujours, pour peu qu'on veuille les chercher.

Visite au Musée. — Quatre tableaux de Van Goyen, dont un très-grand, deux admirables *Clairs de lune* de Van der Neer, plusieurs marines de Backhuisen et de Guillaume Van de Velde, représentent ce genre de peinture qui a été très-cultivé dans les Pays-Bas.

LES PEINTRES D'ARCHITECTURE. — Van der Heyden, qui fut l'ami et le collaborateur d'Adrien Van de Velde, a été appelé le Gérard Dow de l'architecture à cause de la finesse de son exécution. Sa touche néanmoins n'a rien de maigre, et il entend la perspective aérienne aussi bien que la perspective linéaire. Il a au Louvre deux ravissants tableaux, dont Adrien Van de Velde a fait les figures. Steenwyck et Peter Neefs le vieux ont peint avec une grande habileté des intérieurs d'églises gothiques, avec de petites figures. Steenwyck a quelquefois une touche un peu métallique, et Peter Neefs, qui fut son élève, lui est supérieur sous ce rapport. Ces deux artistes ont plusieurs tableaux au musée.

LES PEINTRES DE NATURE MORTE. — Nous avons déjà parlé de Snyders. Jean Fyt, qui fut son contemporain, Jean Weenix, Guillaume Kalf, de l'école hollandaise, ont également peint des natures mortes qui sont très-estimées et dont il y a au Louvre de beaux échantillons. Daniel Seghers, dit le jésuite d'Anvers, est le premier qui se soit adonné à la peinture des fleurs, où David de Heen et Abraham Mignon ont ensuite acquis de la réputation. Mais ils ont tous été dépassés par Van Huysum, qui est regardé comme le plus grand maître dans ce genre et qui est chronologiquement un des derniers peintres de l'école hollandaise.

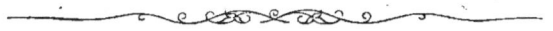

L'ART EN ALLEMAGNE.

LA CATHÉDRALE DE COLOGNE (fig. 360). — Il est aujourd'hui démontré que l'architecture ogivale, née en France, est passée de là en Allemagne. La date des monuments en fait foi, et la fausseté des prétentions germaniques à ce sujet est depuis longtemps prouvée. « Aux yeux des Allemands, dit avec raison M. F. de Tal dans la *Gazette des Beaux-Arts*, il n'est point de fables inadmissibles quand ces fables ont pour but d'établir leur droit à s'annexer le bien d'autrui, ou d'affirmer l'excellence de la race germanique, à laquelle, suivant eux, l'Europe et peut-être bien l'Orient sont redevables de leur civilisation. Qui ne connaît cette étrange méprise dans laquelle ils ont entraîné, par leurs assertions si étrangement positives, les premiers adeptes de l'archéologie moderne en faisant donner le nom d'*architecture gothique* à l'architecture française du moyen âge? L'imposture fut promptement découverte par les savants et les artistes dont l'attention fut appelée sur cet art. On n'eut pas grand'peine à démontrer que l'Allemagne ne possédait pas de monuments à tiers-point remontant au delà de la fin du seizième siècle, et qu'à cette époque elle n'avait fait que copier nos édifices en les dénaturant par une surcharge de détails extravagants. Mais le tour était joué, et notre indifférence à l'égard d'édifices considérés par nous-mêmes comme des produits de l'ignorance et de la barbarie laissa baptiser du nom de *gothique* une architecture qui témoignait éloquemment du grand mouvement artistique de la France au treizième siècle. Dans un avenir lointain, lorsque le souvenir des origines de notre architecture si française du dix-huitième siècle sera effacé, on verra probablement encore quelques Allemands présenter les palais de Dresde et de Schleissheim comme les prototypes d'un art dont ils ne sont que les pastiches ridicules par l'accumulation des ornements de mauvais goût. »

Au reste, l'architecture semble avoir de la peine à passer le Rhin, et tous les monuments célèbres sont de ce côté-ci du fleuve. Worms, Spire et Mayence possèdent de beaux édifices dans le style roman, mais sur lesquels nous n'avons pas à nous arrêter, puisque nous avons déjà décrit les monuments de cette période.

La cathédrale inachevée de Cologne est regardée par les Allemands comme le chef-d'œuvre de l'art au moyen âge. C'est en effet une immense et splendide église, dont l'origine est restée mystérieuse; car tout ce que nous apprend sa légende, c'est qu'elle ne peut pas être achevée et que le nom de son auteur sera toujours inconnu. L'archevêque Conrad voulait bâtir une église qui fût la plus belle du monde et avait appelé tous les architectes; mais aucun plan ne fut jugé suffisant. Un des concurrents, désolé de s'être vu rejeté, perdit la tête et prit la résolution de s'aller noyer dans le Rhin. Mais, comme il approchait du fleuve, le diable, lui apparaissant sous les traits d'un vieillard, lui offrit le plan de la cathédrale actuelle en échange de son âme. Le malheureux artiste, n'osant ni accepter ni refuser, demanda vingt-quatre heures pour réfléchir, et alla consulter l'archevêque. Le lendemain il revint, muni des instructions qu'il avait reçues, et, au moment où le diable tirait son plan pour accomplir le marché, il le lui arracha des mains en même temps qu'il tirait de dessous ses vêtements une relique de sainte Ursule. Le diable, voyant qu'il ne pouvait lutter à cause de la relique, s'écria : « La cathédrale que tu me voles ne sera pas achevée, et ton nom restera inconnu. » Et en même temps il déchira avec sa griffe une partie du dessin. L'architecte ne put jamais rajuster la partie qui manquait, et en mourut de désespoir. On ignore son nom, et son monument est inachevé.

Si de la légende nous passons à l'examen du monument, nous voyons qu'il constate un effort puissant pour réunir dans un même ensemble les qualités diverses des cathédrales d'Amiens, Beauvais, Chartres ou Reims. C'est, à proprement parler, une œuvre éclectique, plutôt savante qu'inspirée, qui ne présente nulle part les incohérences des églises bâties antérieurement, mais qui n'en a pas non plus la chaleur et la puissante originalité. La cathédrale de Strasbourg, qui n'est pas non plus une des plus anciennes, est, à nos yeux, très-supérieure à celle de Cologne, bien qu'elle n'ait pas été élevée d'après les plans du diable. Le nom de son architecte est connu : c'est Erwin de Steinbach, un admirable artiste, qui ne se doutait guère assurément que son chef-d'œuvre serait un jour dégradé et mutilé par des Allemands. Le clocher de Fribourg-en-Brisgau, qui est du même architecte, est aussi une merveille de l'art, mais inférieur pourtant à la cathédrale de Strasbourg. Bamberg, Nuremberg et quelques autres villes d'Allemagne possèdent encore quelques églises intéressantes, mais qui ne sauraient en aucune façon soutenir la comparaison avec les précédentes, et qui d'ailleurs se rattachent presque toutes à la dernière période du style ogival.

LE CHATEAU DE HEIDELBERG. — Le système féodal ayant toujours prévalu en Allemagne, les traces d'anciens châteaux y sont naturellement fréquentes, mais ils ne diffèrent pas essentiellement de ceux que nous avons décrits ailleurs. Les contrées qui bordent le Rhin

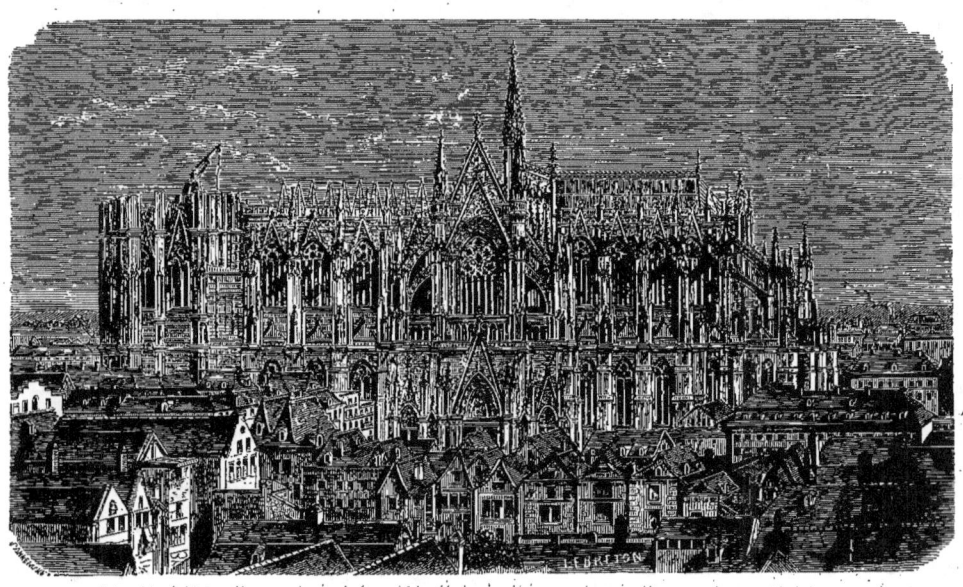

360. — CATHÉDRALE DE COLOGNE.

jouissent auprès des touristes d'une réputation méritée, mais qui tient bien moins à l'architecture particulière des châteaux qu'à l'emplacement qu'ils occupent et au rôle qu'ils jouent dans le paysage. Pris isolément, aucun d'eux ne présenterait le même intérêt que les châteaux de Coucy ou de Pierrefonds. Il y a pourtant quelques châteaux remarquables, qui nous obligent à nous arrêter un moment, tels que le château du Katz ou Chat (fig. 361), dont on voit encore les restes au sommet de la montagne qui abrite le village de Saint-Goarshausen, et surtout celui d'Heidelberg, près du Neckar. Outre sa situation merveilleuse, ce château mérite une mention, parce qu'il est le seul monument qui caractérise la Renaissance en Allemagne. Il y a d'ailleurs à Heidelberg deux châteaux l'un sur l'autre : l'édifice de la Renaissance est bâti sur les ruines de l'ancien château féodal, dont les tours, à demi écroulées, se marient admirablement avec les grands arbres et les plantes parasites qui encombrent les fossés. Mais, pour parler du château d'Heidelberg, nous devons laisser la plume à Victor Hugo : « Lorsqu'on est entré dans la grande cour du château de Heidelberg, par la grande porte, on a devant soi, dit-il, les deux hauts frontons triangulaires de cette façade touffue et sombre du palais de Frédéric IV, à entablements largement projetés, où se dressent entre quatre rangs de fenêtres, taillées au ciseau le plus fin, neuf palatins, deux rois et cinq empereurs. A sa droite on a l'exquise devanture italienne d'Othon-Henri, avec ses divinités, ses chimères et ses nymphes, qui vivent et qui respirent, veloutées par de molles ombres poudreuses, avec ses Césars romains, ses demi-dieux grecs, ses héros hébreux, et son porche qui est de l'Arioste sculpté. A sa gauche, on entrevoit le frontispice gothique du palais de Louis le Barbu, furieusement troué et crevassé par les coups de corne d'un taureau gigantesque. Derrière soi, sous les ogives d'un porche où s'abrite un puits à demi comblé, on a les quatre colonnes de granit gris données par le pape au grand empereur d'Aix-la-Chapelle, qui vinrent au huitième siècle de Ravenne aux bords du Rhin, et au quinzième siècle des bords du Rhin aux bords du Neckar, et qui, après avoir vu tomber les palais de Charlemagne à Ingelheim, regardent crouler le château des palatins à Heidelberg. Tout le pavé

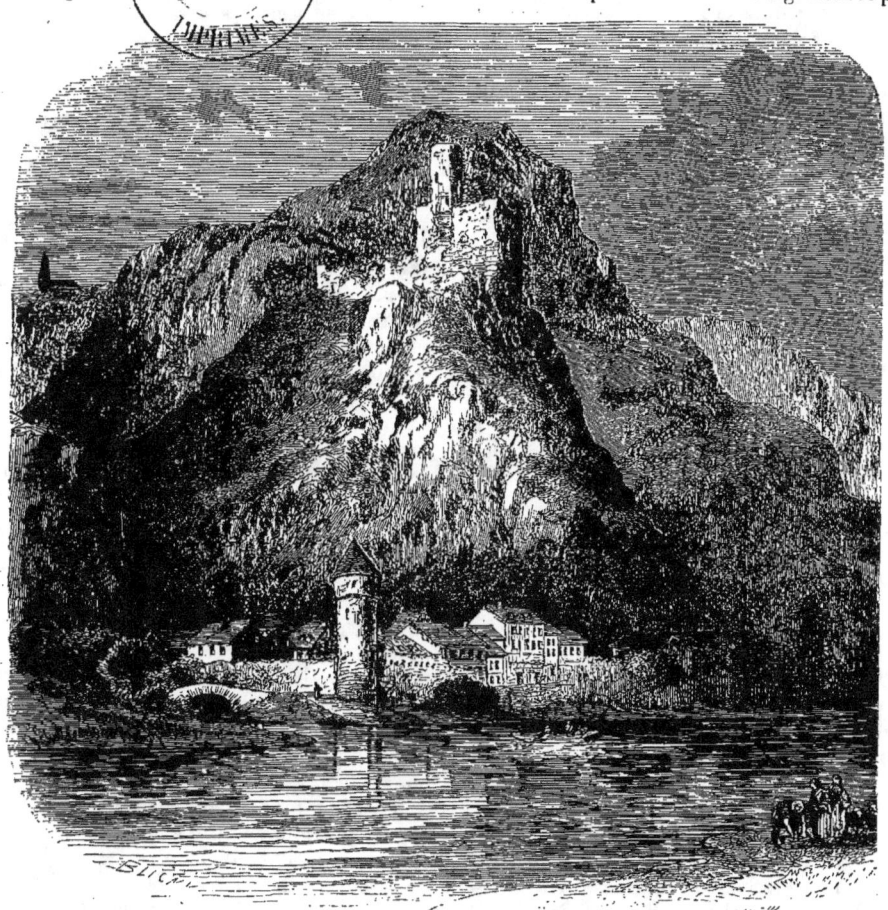

361. — RUINES DU CHATEAU DU KATZ OU CHAT.

de la cour est obstrué de perrons en ruine, de fontaines taries, de vasques ébréchées. Étrange destinée des chefs-d'œuvre de marbre et de pierre! Un stupide passant les défigure, un absurde boulet les anéantit, et ce ne sont pas les artistes, ce sont les rois qui y attachent leurs noms. »

L'ARCHITECTURE MODERNE. — La réforme, qui fut adoptée dans une grande partie de l'Allemagne, interrompit le mouvement que le moyen âge avait imprimé à l'architecture, sans lui en donner un nouveau qui puisse être regardé comme l'équivalent de la Renaissance italienne ou française. Au dix-septième siècle, nous voyons tous les princes allemands chercher à se bâtir un petit Versailles à l'instar du grand, car le goût pour toute chose se réglait invariablement sur celui de la cour de France. Mais il y a en art des courants d'idées qui ne peuvent se développer que sur le sol où ils sont nés, et produisent, quand on veut les transplanter, les résultats les plus étranges. C'est ce qui est arrivé quand la coquetterie française a voulu se germaniser, et que les pauvres architectes d'outre-Rhin ont abordé le style pompadour. Le dix-huitième siècle a produit en Allemagne une architecture vraiment grotesque et qui n'a d'équivalent nulle part. Figurez-vous des colonnes dont les chapiteaux présentent toujours leur angle en avant de la façade, des guirlandes qui grimpent en tournant autour de ces colonnes, de petits amours assis sur tous les angles, des superpositions de frontons coupés, contenant des figures entassées, tandis que d'autres, ne se trouvant pas à l'aise, montent sur leurs frontons, s'asseyent ou se remuent dans des postures impossibles ; figurez-vous des églises dont la façade est couverte de haut en bas de lourdes niches, et dans ces niches des saints qui mettent la main sur leur cœur, des évêques qui tendent le jarret et lèvent les bras en tenant leurs crosses, partout de grosses draperies flottantes qui ont la prétention d'être agitées par le vent, des corbeilles chargées de fleurs en pierre, surmontées de petits enfants, des ornements boursoufflés, des consoles qui se contournent en portant des personnages qui gesticulent, et vous n'aurez encore qu'une idée bien imparfaite du rococo allemand.

On alla si loin dans la bizarrerie, qu'un mouvement en sens inverse, devenu inévitable, se produisit en effet au commencement de ce siècle, sous l'influence du roi Louis de Bavière. On se mit alors à étudier l'antiquité dans ce qu'elle a eu de plus rigide, mais ce fut pour en imiter les résultats, bien plus que pour en appliquer les principes. Le mouvement romantique en architecture consistait à revenir aux types des âges primitifs et à les reproduire littéralement. De là, la préférence donnée au dorique dans les monuments inspirés de l'antiquité, et la recherche de la tradition chrétienne dans les édifices religieux. Cette tendance à régler l'inspiration par la science archéologique répondait pour les Allemands à un système parfaitement réfléchi, et les applications qu'ils en ont faites étaient même déduites avec une apparence de logique. Ainsi quatre églises nouvelles ont été élevées à Munich depuis quarante ans, et il semble que dans ces constructions on ait eu pour but d'empêcher la curiosité d'être voyageuse, en donnant des échantillons de tous les styles qu'a produits l'art chrétien : il y a une basilique, une église byzantine, une lombarde et une ogivale.

LA SCULPTURE ALLEMANDE. — Adam Krafft est le premier sculpteur allemand dont le nom soit connu. C'est à Nuremberg qu'il faut aller pour apprécier ses œuvres, car cette ville a été le foyer artistique de l'Allemagne pendant la Renaissance. Les bas-reliefs d'Adam Krafft, conçus comme des tableaux, sont empreints d'un grand sentiment religieux uni à une saisissante réalité. L'expression des figures est exprimée naïvement, sans aucune recherche du style ou de la beauté des formes, mais avec une étonnante puissance. Les personnages courts, trapus, d'un type généralement vulgaire, sont des bourgeois du temps, mais qui, en jouant le rôle de la Passion du Christ, éprouvent et sentent toutes les douleurs de ce drame lugubre. La *Mater dolorosa* de ces sculptures est une vraie mère, qui, tout entière à ses angoisses, songe peu au salut des âmes et verse de vraies larmes devant son fils mort. Par la science du dessin, Adam Krafft appartient à la Renaissance, mais par la tendance lugubre de son inspiration il est encore dans le moyen âge.

Peter Vischer, qui vivait à la même époque, a un style totalement différent. Il avait parcouru l'Allemagne et la France et séjourné longtemps en Italie ; les études qu'il fit dans ce dernier pays donnèrent à son style une pureté qui le sépare absolument du moyen âge pour en faire un des grands maîtres de la Renaissance. Parmi ses nombreux ouvrages, celui qui résume le plus complètement son génie est le fameux *Tombeau de saint Sébald*, à Nuremberg. Les nombreuses figures d'anges, de vertus, de génies, les Pères de l'Église, les douze Apôtres, les miracles de saint Sebald et le portrait de l'artiste lui-même en costume de travail, sont remarquables par l'expression caractéristique de chaque personnage, autant que par le beau style de l'ensemble.

Il semble que ces deux artistes auraient dû être le point de départ d'une école chargée de perpétuer leur tradition. Mais après l'effort qui, sous la Renaissance, fit briller l'art un moment, l'Allemagne semble épuisée et n'offre plus qu'une stérilité absolue. Pendant tout le dix-septième et dix-huitième siècle on ne peut citer aucun nom qui mérite d'être retenu, aucune œuvre qui mérite d'être signalée. Ce fut un étranger, le Danois Thorvaldsen, qui eut au commencement de ce siècle la gloire de tirer l'art de sa torpeur. Ses œuvres étant très-répandues en Allemagne, les Allemands, qui ne sont pas riches, le revendiquent pour un des leurs. Thorvaldsen, né en 1770, d'un père jutlandais et dont la généalogie remonte aux plus antiques souches de la Scandinavie, étudia d'abord à Copenhague, et vint terminer ses études à Rome, sous l'influence de Canova qui était déjà au comble de sa réputation. Épris de l'antiquité, comme tous les hommes de ce temps, Thorvaldsen n'est pourtant pas un artiste complet, et dans son œuvre l'imagination tient plus de place que l'exécution, qu'il confiait souvent à des mains étrangères. L'abondance des idées, une simplicité noble et douce dans la disposition des groupes, et une véritable entente du bas-relief, sont les principales qualités de cet artiste, dont le chef-d'œuvre est certainement la grande frise que lui commanda l'empereur Napoléon en 1811,

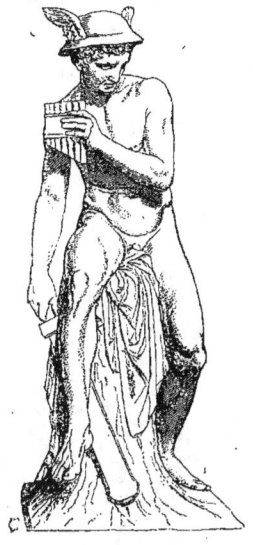
362. — MERCURE

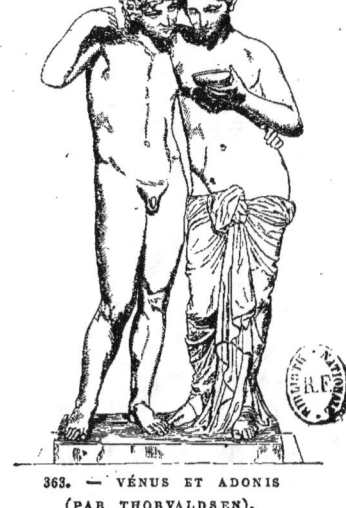
363. — VÉNUS ET ADONIS
(PAR THORVALDSEN).

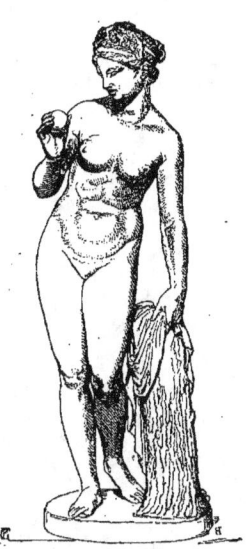
364. — VÉNUS

et dont la chute de l'empire interrompit l'exécution. Elle fut pourtant achevée plus tard et se trouve aujourd'hui au palais Quirinal à Rome. L'auteur en a fait deux reproductions, l'une pour une villa du lac de Côme, et l'autre pour le château de Christianborg, en Danemark.

Le sujet est l'*Entrée d'Alexandre dans Babylone*. Le roi de Macédoine est au centre de la composition, sur un quadrige dont une victoire ailée tient les rênes ; près de lui un Phrygien tient son bouclier et ses lances, un Thrace porte son arc et ses flèches, et deux

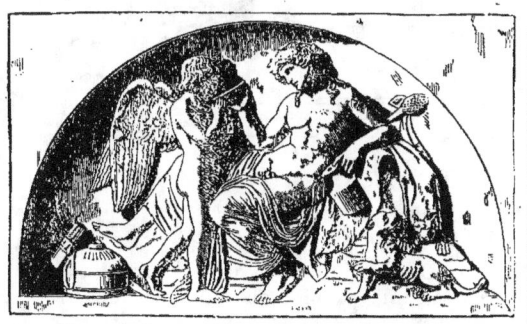
365. — L'AMOUR ET BACCHUS (THORVALDSEN).

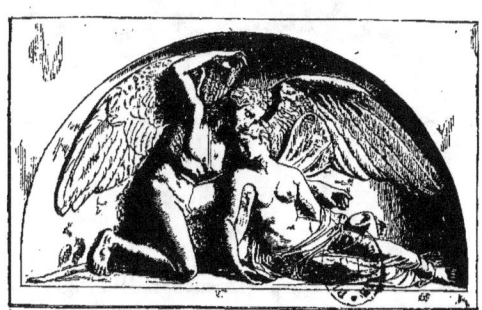
366. — L'AMOUR RANIMANT PSYCHÉ (THORVALDSEN).

(Les cinq gravures extraites de l'ouvrage d'Eugène Plon sur Thorvaldsen.)

esclaves conduisent son cheval. Tout le cortège guerrier marche à la suite du roi : des fantassins, des cavaliers, un roi emmené en captivité, un éléphant portant les dépouilles de l'Asie. En face du roi, nous ne trouvons plus la Guerre, mais la Paix, qui, l'olivier à la main, s'arrête devant le char du vainqueur. Puis ce sont les peuples soumis, personnifiés par les chefs et les grands prêtres, escortés de la musique sacrée, des jeunes filles répandant des fleurs sur les pas du conquérant, des enfants amenant des lions et des tigres enchaînés, des mages commentent les antiques prédictions. La composition se termine par l'Euphrate, que traverse une barque, et un pêcheur, placé sur l'autre rive, montre la tranquillité à venir et termine les pompes épiques du milieu par une scène familière.

Cette frise pleine d'idées ingénieuses, présente un ensemble vraiment pittoresque. Mais la variété des sujets que lui suggérait son esprit inventif pourrait nous montrer l'artiste sous bien des aspects; soit qu'il fasse le groupe de *Ganymède donnant à boire à l'aigle de Jupiter*, la *Vénus*, l'*Adonis* de la Glypcothèque de Munich, *le Mercure*, le groupe de l'*Amour et Psyché* ou la *Visite nocturne de l'Amour à Anacréon*, soit qu'il entreprenne pour la cathédrale de Copenhague un *Grand Christ* accompagné des Apôtres, Thorvaldsen est surtout un homme d'imagination. Néanmoins son exécution, sans être puissante, possède une

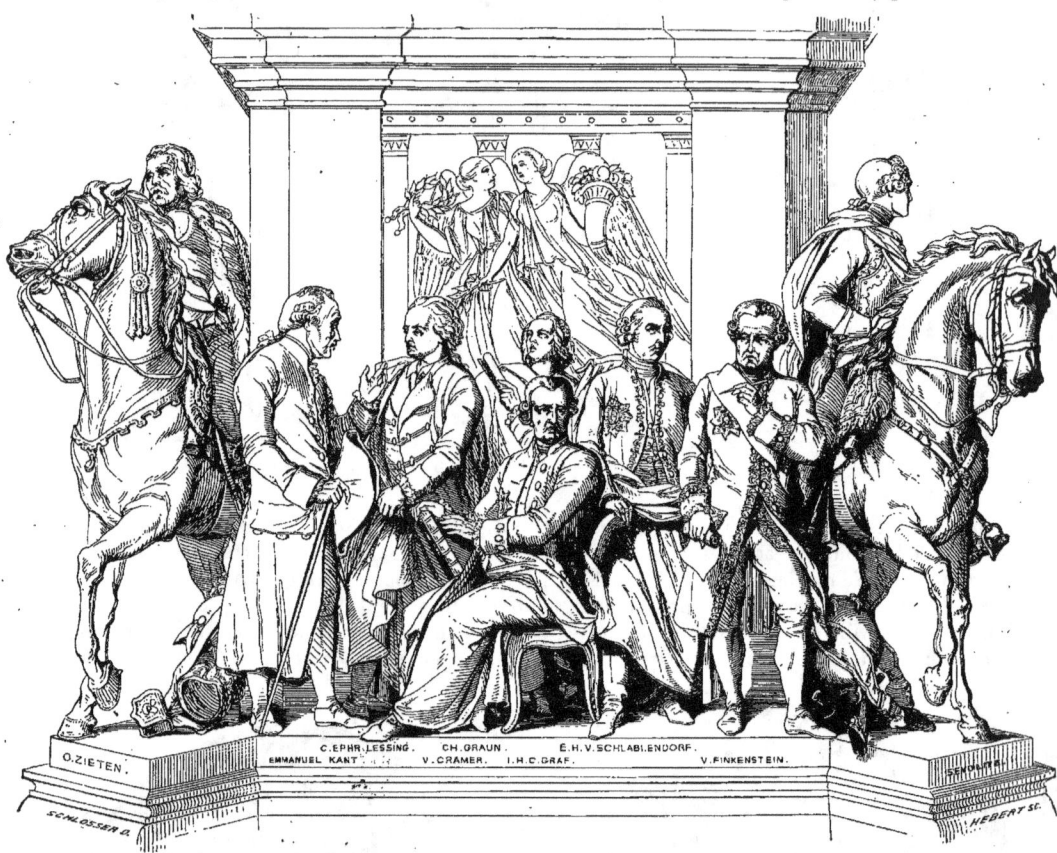

367. — MONUMENT DE FRÉDÉRIC LE GRAND A BERLIN (RAUCH).

fermeté qu'on ne retrouve pas au même degré dans les artistes qui vinrent après lui (fig. 362, 363, 364, 365, 366).

Un contemporain de Thorvaldsen, véritable Allemand cette fois, a conquis à Francfort une célébrité locale qui nous oblige à en dire quelques mots ; c'est Henri Danneker. Il tient par ses études à la France et à l'Italie, car il est venu à Paris se mettre sous la direction de Pajou, qu'on appelait alors le restaurateur de l'art, et ensuite il est allé à Rome travailler avec Canova. Danneker, outre une multitude de portraits, parmi lesquels on remarque celui de Schiller dont il était l'ami d'enfance, a exécuté des statues, dont le sujet est toujours emprunté à la mythologie, et qui ont excité en Allemagne une admiration enthousiaste. La plus célèbre est une *Ariadne*, montée sur une panthère, statue froide, que les habitants de Francfort regardent comme le chef-d'œuvre de la statuaire, et qu'ils ont placée dans un petit temple assez ridicule, qu'on ne manque pas de faire visiter aux étrangers.

Il faut aussi parler d'un autre sculpteur qui, sous le gouvernement du roi Louis de Bavière, chercha à faire prévaloir dans la statuaire les principes qu'Overbeck et Cornélius introduisaient dans la peinture. Schwanthaler, qui a couvert les monuments de l'Allemagne de ses frontons et de ses figures décoratives, est certainement celui qui représente le mieux la tendance de l'époque. C'est un artiste fécond et habile, mais, dédaignant l'observation de la nature et l'intimité de la forme, il sténographie sa pensée plutôt qu'il ne l'écrit, et exécute un fronton avec le sans-façon d'un des sinateur qui fait des illustrations pour un li-

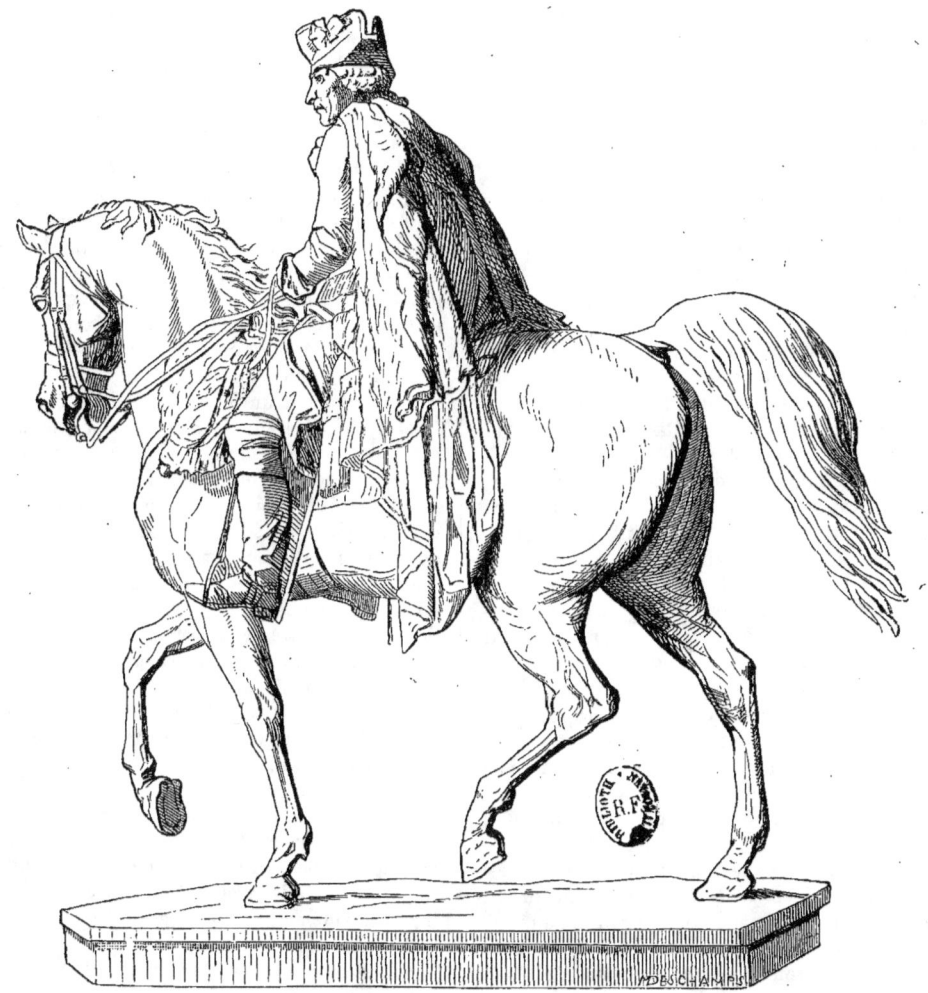

368. — STATUE ÉQUESTRE DE FRÉDÉRIC LE GRAND A BERLIN (RAUCH).

vre. Aussi, bon nombre de ses statues ne répondent pas à l'immense réputation qu'on a voulu leur faire, et l'auteur, qui travaillait toujours de pratique et en se faisant beaucoup aider, avait adopté un mode de sculpture expéditive, qui lui permit de produire immensément, mais lui interdit la faculté de laisser après lui un véritable chef-d'œuvre.

Le plus grand, on pourrait dire le seul sculpteur de l'Allemagne moderne, est Christian Rauch, qui naquit en 1777. Ayant perdu son père de bonne heure, il se trouva sans ressources et fut obligé d'accepter une place de valet de chambre dans la maison du roi. Il n'en continuait pas moins à modeler dans les moments libres que lui laissait son emploi, et il avait entrepris en secret un buste de la reine Louise. Celle-ci le découvrit, et garda dans sa maison l'artiste en le dispensant de tout travail étranger à son art. Peu après, le roi l'envoya comme pensionnaire en Italie. Une statue d'*Endymion endormi* lui valut des éloges universels et l'amitié de Thorvaldsen.

La mort de la reine Louise, qui avait été la bienfaitrice de Rauch, lui causa une profonde douleur. Aussi, quand il apprit que le roi Frédéric-Guillaume III voulait lui élever un mausolée à Charlottembourg et que ce monument allait être mis au concours, il s'empressa de faire un modèle qui fut de beaucoup jugé le meilleur. L'artiste se rendit lui-même à Carrare, pour y choisir son marbre, qu'il fit transporter à Rome où il exécuta son travail.

Mais la statue, embarquée pour Hambourg sur un vaisseau anglais, devait éprouver de singulières vicissitudes. Car le vaisseau fut pris par un corsaire américain, qui se dirigea vers le Nouveau-Monde pour y vendre les marchandises capturées, parmi lesquelles figurait l'ouvrage de Rauch. Mais à son tour le corsaire fut pris par un bâtiment anglais, qui amena la statue à Jersey, d'où le gouvernement britannique la dirigea vers Hambourg, sur un vaisseau de la marine royale, de sorte que l'érection du monument eut lieu à Charlottembourg, le 30 mai 1815. Ce mausolée est moins une image de la mort que la représentation d'un sommeil tranquille ; c'est un portrait modelé et ajusté à l'antique, dont les traits respirent une calme sérénité.

Le monument de Frédéric le Grand peut être considéré comme l'œuvre capitale de Rauch. C'est un des plus grands monuments de ce genre qu'il y ait en Europe, et il ne mesure pas moins de 14 mètres de hauteur. Trente et une figures décorent le piédestal, qui est divisé en trois zones. La première, celle du bas, sur laquelle repose tout l'édifice, est purement ornementale et ne contient qu'une inscription. La seconde zone, terminée aux angles par les figures équestres des quatre grands généraux du roi, comprend des scènes en haut relief, où sont figurés les principaux personnages du temps. La troisième, immédiatement au-dessous de la statue, présente aux angles des figures allégoriques de la Force, de la Justice, de la Prudence et de la Tempérance, entre lesquelles des bas-reliefs emblématiques montrent divers épisodes de la vie de Frédéric : sa naissance, son éducation, etc. Ici, la fiction se mêle partout à la réalité : c'est Minerve qui présente une épée au roi, c'est une Muse qui lui enseigne l'histoire, etc.

Enfin, pour la statue équestre qui couronne l'édifice, l'artiste a accepté résolûment tout ce que le costume du temps avait de disgracieux, la perruque, le chapeau à trois cornes, les bottes ; seulement il lui a jeté un petit manteau sur les épaules pour cacher ce que le vêtement avait de trop étriqué (fig. 367, 368).

La mort de Rauch a mis un vide dans l'art allemand, et les expositions universelles ont prouvé qu'il y avait de l'autre côté du Rhin bien peu de sculpteurs dignes de ce nom. A l'exposition internationale de Munich en 1869, la sculpture allemande était au grand complet : il y avait un assez grand nombre de marbres taillés, mais pas de véritable statue. L'absence de style est le trait caractéristique de la sculpture actuelle, qui marche dans la même voie que la peinture, et la recherche de naturalisme absolu, que poursuivent les sculpteurs, n'est pas rachetée par ce sentiment de vie qui seul peut faire accepter une pareille tendance.

LES VIEUX PEINTRES ALLEMANDS. — Il n'y a pas, à proprement parler, d'école allemande, il y a seulement quelques individualités fort intéressantes à étudier isolément, mais ne formant pas un ensemble, ne constituant pas un corps de doctrines particulières au pays. Il est vrai que les écrivains allemands donnent à l'art de leur pays la prépondérance sur celui des autres nations ; mais c'est en faisant de Rubens et de Rembrandt des membres de la famille germanique. C'est une prétention difficile à admettre, et il serait beaucoup plus exact de regarder le petit groupe des peintres allemands comme une annexe de la grande école du Nord dont les Pays-Bas sont le foyer.

On n'a aucun renseignement sur la vieille école de Cologne : les rares ouvrages de Wilhem et de Stephan, qui se voient à Cologne, à Munich et à Berlin, présentent les caractères de toutes les écoles primitives. C'est à Nuremberg que la peinture allemande acquiert une importance réelle avec Albert Dürer, qui est incontestablement le plus grand artiste que l'Allemagne ait produit.

Albert Dürer (1471-1528) naquit à Nuremberg et sa jeunesse se passa au milieu des plus dures privations. Son père, qui était orfèvre, subvenait avec la plus grande peine à l'entretien de sa famille composée de dix-huit enfants, et Albert Dürer, pour venir à son aide, se livra d'abord à la même profession que lui. Néanmoins, voyant son goût décidé pour la peinture, on le fit entrer dans l'atelier de Michel Wohlgemuth, où il resta trois années, après lesquelles, suivant l'usage du temps, il entreprit un voyage pour se perfectionner en même temps qu'il gagnerait sa vie. A vingt-trois ans il était de retour dans sa ville natale et épousait Agnès Frey, femme extrêmement belle, mais avare et jalouse, dont le caractère acariâtre fit le tourment de sa vie. En 1506, il fit un voyage à Venise, où il se lia d'une étroite amitié avec Jean Bellin, qui était déjà fort âgé.

Bien qu'Albert Dürer ait été fort apprécié en Italie, il ne semble pas que ce voyage ait été très-profitable à ses intérêts, car il écrivait : « Quoique j'aie travaillé de mes mains et rudement, je n'ai pas eu la chance de gagner beaucoup. » Il était très-habile graveur, et en 1520 il fit un voyage dans les Pays-Bas pour y vendre ses gravures, qui étaient réellement son gagne-pain. Il y fut reçu avec honneur, et les artistes d'Anvers, de Gand, de Bruxelles, le fêtèrent à l'envi ; néanmoins le but de son voyage ne fut pas rempli, puisqu'il fut obligé d'emprunter 100 florins pour revenir dans son pays. Ce fut seulement dans les dernières années de sa vie que ses ouvrages lui rapportèrent, non la position que son talent aurait méritée, mais une aisance relative. Il mourut à cinquante-sept ans, et sa fin fut, dit-on, hâtée par les chagrins de toute sorte qu'il avait eus de son ménage.

Les gravures sur cuivre d'Albert Dürer sont très-nombreuses et très-estimées, et un nombre immense de gravures sur bois qui portent sa marque ont été faites sous sa direction immédiate et d'après ses dessins. On lui doit un *Traité des proportions du corps humain*, un *Traité géométrique des mesures avec le compas et la règle* et des *Instructions sur les fortifications*.

Tour à tour élevé, profond ou fantastique, Albert Dürer est une personnalité à part (fig. 369). C'est un géomètre en même temps qu'un rêveur, un peintre amoureux de la réalité et un artiste épris du fantastique. C'est le mélange de la précision et du songe qui donne à ses ouvrages un cachet si particulier. Sa célèbre figure de la *Mélancolie* est peut-être celle qui résume le mieux son talent, toujours plein de sentiment et de fantaisie, quoique d'une pensée philosophique souvent obscure. Près de cette femme ailée et puissante qui s'affaisse dans la douleur et la contemplation intérieure, l'artiste a placé le livre, le creuset, le rabot, la règle et le marteau, les attributs de la science et les outils de l'industrie humaine. Mais tandis que, rêveuse, elle songe en tenant son compas, le sablier marche sans que l'énigme ait trouvé sa solution. En contemplant cette grande figure, l'esprit peut chercher les intentions de l'artiste, mais il est frappé tout de suite par la morne grandeur de l'ensemble. *Le Chevalier, la Mort et le Diable* sont d'une impression plus saisissante encore. Le héros, calme et sûr de lui-même, passe indifférent au milieu des fantômes qui l'entourent, et poursuit le chemin de la vie, en demeurant inébranlable à travers ces cauchemars ténébreux.

La pensée d'Albert Dürer est une perpétuelle hallucination, tandis que son talent est toujours empreint d'une étroite et sèche réalité. Manoirs écroulés, héros bizarres, monstres sans noms, on dirait un perpétuel cauchemar que vient adoucir la gracieuse image de jeunes filles encadrées de béguins, de paysans qui dansent sur l'herbe. Son imagination présente une perpétuelle énigme, et s'il est un artiste dont le génie soit opposé à la clarté de l'esprit français, c'est bien celui-là. Ses fantômes étranges, ses rêves impossibles ont des formes ciselées ; tout est réel dans ce fantastique, où l'on compte les brins d'herbe et les moindres feuilles des arbres ; les figures sont encadrées dans des contours rigides, dont la scrupuleuse exactitude n'atteint jamais l'idéal et ne connaît pas la beauté.

Albert Dürer a eu de nombreux élèves, qui n'ont pas su se maintenir à la hauteur de leur maître. Le seul qui mérite d'être mentionné est Sebald Béham du Nuremberg. Mais, parmi les artistes allemands qui vécurent de son temps, il en est deux dont le nom est demeuré célèbre, c'est Lucas Cranach et Hans Holbein. Attaché pendant plus de soixante ans à la cour de Saxe, Lucas Cranach fut un ami de Luther et embrassa la réforme avec ardeur. Les Allemands le considèrent comme un maître de premier ordre, mais il est loin d'avoir la valeur d'Albert Dürer ou de Holbein.

Hans Holbein le jeune (1498-1554) naquit à Augsbourg. Son père, qui portait le même prénom que lui, fut aussi un très-grand artiste et lui donna les premières leçons. Ils résidèrent tous deux à Bâle pendant fort longtemps, ce qui a fait croire à beaucoup d'écrivains que Holbein le jeune était natif de cette ville. Érasme, dont il était l'ami, l'engagea à passer en Angleterre et le chargea de lettres pressantes de recommandation pour le grand chancelier Thomas More. Holbein fut bientôt nommé peintre de Henri VIII et s'établit à Londres, où il est mort de la peste. Il a fait un petit nombre de compositions historiques, mais une très-grande quantité de portraits, dont beaucoup sont des chefs-d'œuvre.

Visite au Musée. — Le Louvre ne possède aucune peinture d'Albert Dürer, et c'est assurément là une des lacunes les plus regrettables dans notre collection nationale. Son école est représentée par une curieuse peinture de Sebald Béham, de Nuremberg, son élève. Ce tableau, destiné à être posé à plat et vu comme une table, est divisé en quatre triangles par

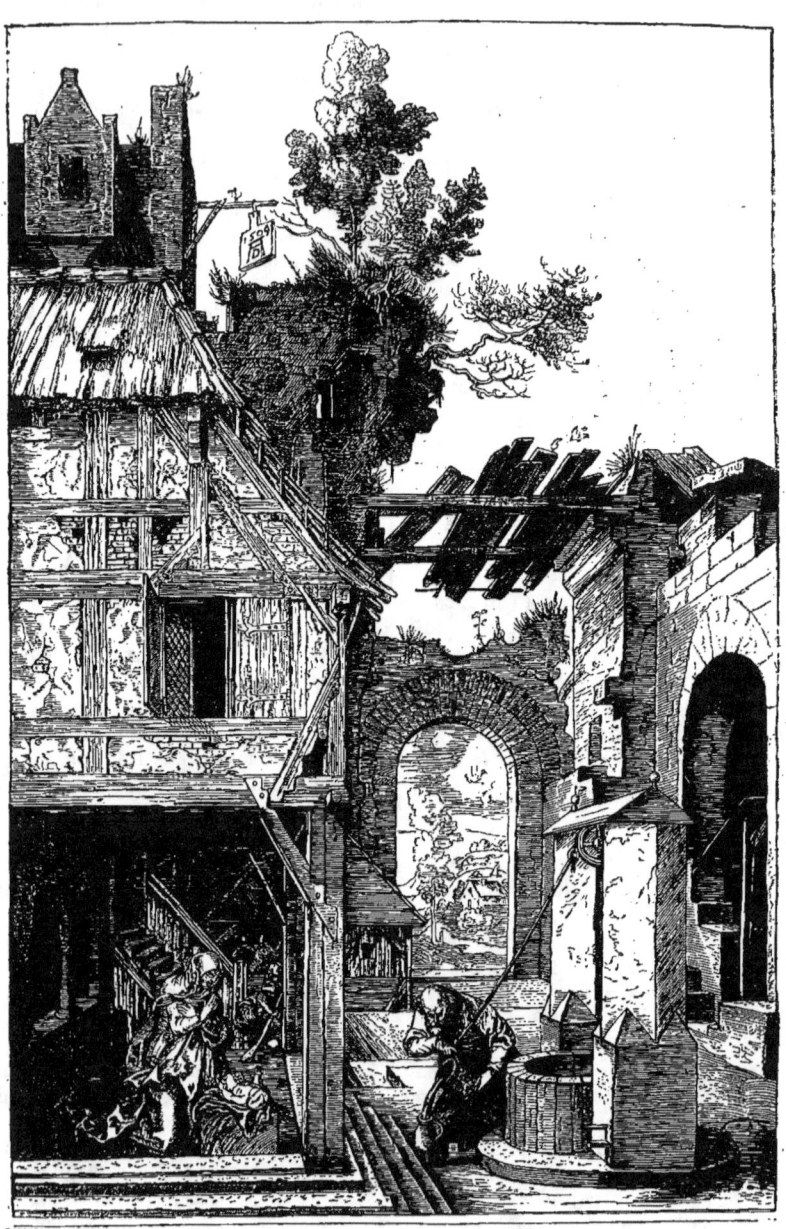

369. — LA NATIVITÉ (ALBERT DÜRER).

des lances dorées et chargées d'écussons, qui partent des quatre angles pour aboutir à un carré central. Des inscriptions accompagnent les compositions peintes, qui représentent des sujets tirés de la vie de David, où les personnages portent le costume allemand du seizième siècle. Deux bons portraits et une assez mauvaise *Vénus* dans un paysage représentent Lucas Cranach dans notre musée. La *Vénus* est nue, avec la tête coiffée d'une toque rouge, et elle a des pieds d'homme, singularité qui se retrouve quelquefois dans les œuvres de Lucas Cranach. Hans Holbein a d'admirables portraits, parmi lesquels nous signalerons plus particulièrement ceux d'Érasme, de Thomas More et d'Anne de Clèves (fig. 370).

LA PEINTURE AUX DEUX DERNIERS SIÈCLES. — Le petit nombre de maîtres que la Renaissance avait fait surgir en Allemagne n'ont pas eu de successeurs, et la décadence s'est produite immédiatement. Pendant le dix-septième

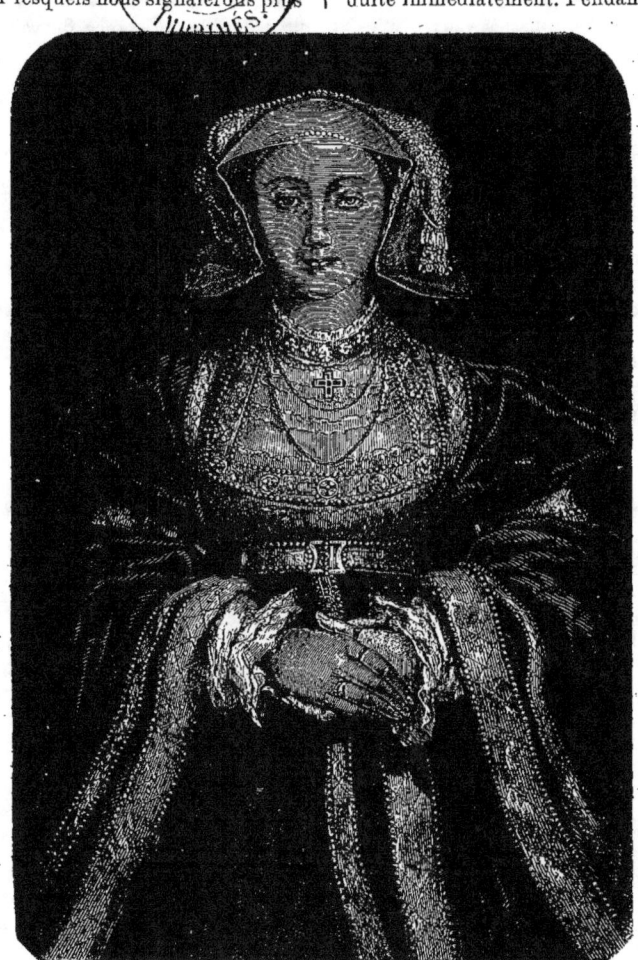

370. — ANNE DE CLÈVES (HANS HOLBEIN).
(Musée du Louvre.)

siècle nous nous contenterons de signaler Elsheimer, peintre né à Francfort, mais qui partit fort jeune pour Rome, où il passa la plus grande partie de sa vie. C'est un artiste dont le talent aimable n'a rien de la sécheresse germanique. Il fut peu apprécié de son vivant par les amateurs, et mourut presque de misère, mais son talent eut une grande influence sur les peintres des Pays-Bas qui venaient à Rome, et notamment sur David Teniers le Vieux, Pierre de Lear et Corneille Poelembourg, qui reçurent ses conseils. Ses effets de lumière sont toujours très-bien compris, et quoique ses tableaux, très-minutieusement faits, puissent être regardés à la loupe, ils se distinguent généralement par l'harmonie et l'unité de l'ensemble.

Nous ne nous arrêterons pas sur Dietrich, qui fit des pastiches très-habiles, mais qui manque totalement d'originalité; mais ceux qui ont l'habitude de regarder les tableaux avec une loupe ont fait un tel succès à Balthasar Denner, que nous ne pouvons le passer sous silence. Dessinateur incorrect, coloriste faux, compositeur sans invention, Denner a eu le mérite d'imiter la nature jusque dans les détails les plus microscopiques. Il est certain que lorsqu'il a le modèle sous les yeux, il n'omet rien, n'ajoute rien, et fait tout ce qu'il voit; mais il est certain aussi que, lorsque le modèle parle, lorsqu'il vit de sa vie habituelle, la personne qui le regarde et qui l'écoute, attentive au jeu de la physionomie, perd de vue ces accidents infiniment petits pour ne saisir que l'expression générale. Si l'œil est tenté de s'arrêter à une petite ride du front ou de la joue, la mobilité du modèle qui respire et qui s'anime vient aussitôt le dérouter, et ce n'est que par un effort de la volonté que l'artiste peut le ramener à un détail qui échappe et qui ne se traduit le plus souvent qu'au détriment de l'ensemble. Aussi Denner est considéré par tout le monde comme un peintre d'une merveilleuse habileté; mais personne ne le range parmi les grands peintres, et si, devant les chefs-d'œuvre de Van Eyck, on prend quelquefois une loupe, ce n'est que par surcroît. Denner a cru arriver à la perfection par l'adresse et la patience, et il lui manque précisément ce que l'adresse et la patience ne sauraient donner, l'intelligence et la vie.

Deux bons petits tableaux de Elsheimer, une toile de Dietrich, et une très-curieuse tête de vieille femme, par Balthasar Denner, représentent au Louvre les peintres dont nous venons de parler.

WINKELMANN ET LES THÉORIES CLASSIQUES. — Winkelmann, le plus célèbre des théoriciens de l'art, a consacré sa vie à défendre et à soutenir cette théorie platonicienne, qu'il existe, au-dessus des formes individuelles, une forme idéale qui en exprime l'essence, que cette forme répond à l'idée de beauté qui est absolue et non relative, et il en conclut que, les Grecs ayant, dans leurs ouvrages, approché plus que tous les autres peuples de cette forme typique, nous devons, pour nous élever du réel à l'idéal, nous pénétrer de l'art antique et interpréter la nature d'après les modèles qu'il nous a laissés. Cette théorie, qui a trouvé son application en France dans les tableaux de Louis David, avait pour résultat inévitable de donner à la peinture des lois puisées dans la statuaire, et Lessing ne s'y trompa point lorsqu'il écrivit son *Laocoon* pour tracer les limites respectives des deux arts.

Raphaël Mengs, qui fut l'ami de Winkelmann et qui était imbu des mêmes idées, tenta de réaliser dans ses œuvres la rénovation que la doctrine nouvelle ne pouvait manquer d'apporter dans l'art. Mais, comme théoricien, il était loin d'avoir l'unité de vues de Winkelmann, et comme praticien il était plus loin encore de la puissance de volonté qui fit de Louis David un grand maître. Son livre est un cours d'éclectisme, enthousiaste par la forme, mais assez fade par le fond, et ses œuvres peintes sont d'une correction froide et dépourvues du style personnel qui fait les maîtres. Il prépara les voies à David comme Batoni, comme Vien; mais il ne vit pas s'accomplir la révolution qu'il avait rêvée.

LE ROMANTISME ALLEMAND. — L'école allemande contemporaine a été avant tout une réaction contre l'esprit et l'influence française. Pendant les guerres du premier empire, un jeune prince allemand, passionné pour l'art et l'archéologie, avait fait connaissance à Rome avec un petit groupe d'artistes qui, loin du tapage et du bruit de la guerre, cherchaient leur voie dans le travail et l'étude. La communauté de goûts les rapprocha, et celui qui devait être le roi Louis de Bavière devint l'ami des peintres, alors inconnus, qui s'appelaient Cornélius, Overbeck, Schnoor, Hesse, Kaulbach, etc. On parlait de la sainte Allemagne, qui ne pouvait manquer de se relever, et des vieux maîtres, dont il fallait faire revivre les principes. Car, depuis Louis XIV, la peinture allemande n'était guère qu'une pâle copie de la peinture française, et l'esprit germanique semblait ne pas exister dans les arts. Aussi, quand le roi Louis monta sur le trône en 1825, il appela près de lui les artistes qu'il avait connus à Rome, et Munich fut transformée.

La petite colonie allemande de Rome ne s'était formée que peu à peu, et Overbeck en est en quelque sorte le père et le fondateur. Il était arrivé en 1809; mais, en 1811, deux nouveaux venus, qui devaient se faire un nom célèbre dans les arts, vinrent se joindre à lui. C'étaient Schadow et Pierre Cornélius. Le premier était un débutant dont les tendances n'étaient pas encore bien déterminées; mais Cornélius était un transfuge de l'académie de Dusseldorf, comme Overbeck de celle de Vienne. Malgré la diversité de leur nature, ces deux hommes se plurent singulièrement et demeurèrent toujours liés.

Cornélius était arrivé à Rome avec l'intention d'étudier l'antiquité, afin de traduire dans le langage héroïque les vieux poëmes de l'épopée germanique. Il était, comme Overbeck, passionné pour les maîtres antérieurs au seizième siècle; mais dans les deux courants qui constituent la Renaissance, Cornélius s'attacha davantage à celui qui va d'Orcagna à Signorelli et Michel-Ange, tandis qu'Overbeck, mystique par tempérament et chrétien par conviction, était épris de Beato Angélico, des peintres de l'Ombrie, et particulièrement du Pérugin, et s'arrêtait à la première manière de Raphaël. Leurs études suivaient naturellement la tournure de leur esprit; l'un rêvait à la mythologie teutonique, l'autre à l'extase chrétienne. Cornélius a décoré de ses peintures plusieurs édifices civils et religieux de Munich. Sa prétention michel-angesque n'est pas toujours justifiée par la science de son dessin, et sa couleur est des plus désagréables; mais on ne peut lui contester une certaine puissance d'invention et une grande énergie dans le geste de ses personnages (fig. 371).

Overbeck est avant tout un peintre religieux et il avait embrassé avec ardeur le catholicisme. Au reste, l'abjuration de plusieurs artistes allemands, qui se firent catholiques après avoir été élevés dans le culte protestant, se rattache à des causes où l'art a une grande part. Overbeck, pour qui le sentiment artistique était subordonné au sentiment religieux, s'aperçut bientôt que ce n'est pas Raphaël qui est une date, mais Luther; il trouva que l'art, qui avait grandi jusqu'à la Réforme, s'arrête à ce moment fatal et qu'il meurt absolument dans les pays qui ont adopté le protestantisme. Ceux qui restent catholiques semblent mieux partagés au premier abord; mais les discussions qu'amène la Réforme, y sèment le fléau du scepticisme, et l'art, qui a perdu la foi, perd en même temps la pensée et ne subsiste que par la valeur de l'exécution. Pour lui l'art et la religion ne faisaient qu'un, ou plutôt l'art n'était, dans ses idées, qu'un moyen que Dieu a donné aux hommes pour enseigner la vérité. C'est là le point de départ de sa doctrine (fig. 372).

En France, Overbeck n'est connu que par les gravures, mais sa peinture ne perd rien à être interprétée par le burin. Son exécution, lisse et monotone, ne présente ni les accents vivants d'une touche capricieuse et heurtée, ni l'émotion intime qui résulte d'un modelé profondément fouillé. La lumière de ses tableaux, distribuée d'une manière toujours égale, ne connaît pas les grands partis pris, et la pâleur uniforme des estampes gravées d'après son œuvre présente un aspect plus satisfaisant que les teintes fades et glaireuses dont il colore habituellement ses figures. S'il n'a pas les notes discordantes de Cornélius, il n'a pas non plus les harmonies douces et recueillies que semblent commander les sujets qu'il traite habituellement. L'aspect de sa peinture manque de charme, et pour apprécier le penseur, il faut presque toujours faire abstraction du peintre.

De tous ces artistes qui inaugurèrent le romantisme allemand avec un véritable enthousiasme, un seul est encore vivant : c'est le dernier venu, mais c'est peut-être le plus fort dans cette petite société de novateurs. Kaulbach a sur ses confrères l'avantage d'avoir un esprit observateur, et il en a donné la preuve dans un ouvrage célèbre intitulé *la Maison des fous.* Il est doué aussi d'une imagination féconde et variée, qui sait inventer de petites scènes gracieuses comme sa *Lili*, ou de grandes compositions mouvementées comme la bataille des Huns. Malheureusement le symbolisme obscur des Allemands le travaille quelquefois, et alors il enfante des idées d'une incroyable bizarrerie.

Le musée de la peinture moderne à Munich est décoré à l'extérieur par de grandes fresques exécutées d'après les dessins de Kaulbach. Les sujets de ces fresques sont tirés de l'histoire de l'art, mais il y en a une qui symbolise et résume toutes les autres; elle est intitulée *la Lutte contre le mauvais goût*, ce qui, dans le langage allemand, veut dire contre le goût français. Le mauvais goût est personnifié par un chien à trois têtes portant perruque, et ce cerbère est préposé à la garde d'une prison où les Grâces sont retenues captives. Mais on peut prévoir leur délivrance, car le monstre est attaqué de toutes parts. D'un côté, Winkelmann lance son encrier contre un de ses trois visages; M. de Kleuze, l'architecte du bâtiment, sort de la mer, on ne sait pourquoi, et se prépare à la lutte, dédaignant d'énormes crapauds qui, placés sur le rivage, lancent leur venin à l'artiste novateur. Enfin Pégase fend l'air, portant sur lui Cornélius qui brandit une lance, Overbeck tenant une croix, le sculpteur Schwanthaler tendant la main à un artiste dont on ne voit pas le visage, mais qui pourrait bien être Kaulbach lui-même. En s'élançant sur l'ennemi, Pégase écrase un malheureux académicien, qui porte perruque et est habillé à la Robespierre. Ce qu'il y a de curieux, c'est que cette caricature monumentale, où les personnages sont plus grands que nature, est peinte d'une manière froide et magistrale, tout comme si c'était un Léonidas ou une Descente de croix. Mais les gens qui ont la foi ne s'aperçoivent jamais du ridicule, et les Allemands, au lieu de rire, ont applaudi des deux mains à cette grotesque décoration.

Kaulbach est aujourd'hui très-âgé, et il doit être singulièrement attristé en voyant la voie où la peinture allemande s'engage de plus en plus. Il paraît que les Grâces sont redevenues captives, car l'influence française, contre laquelle le romantisme allemand formulait sa

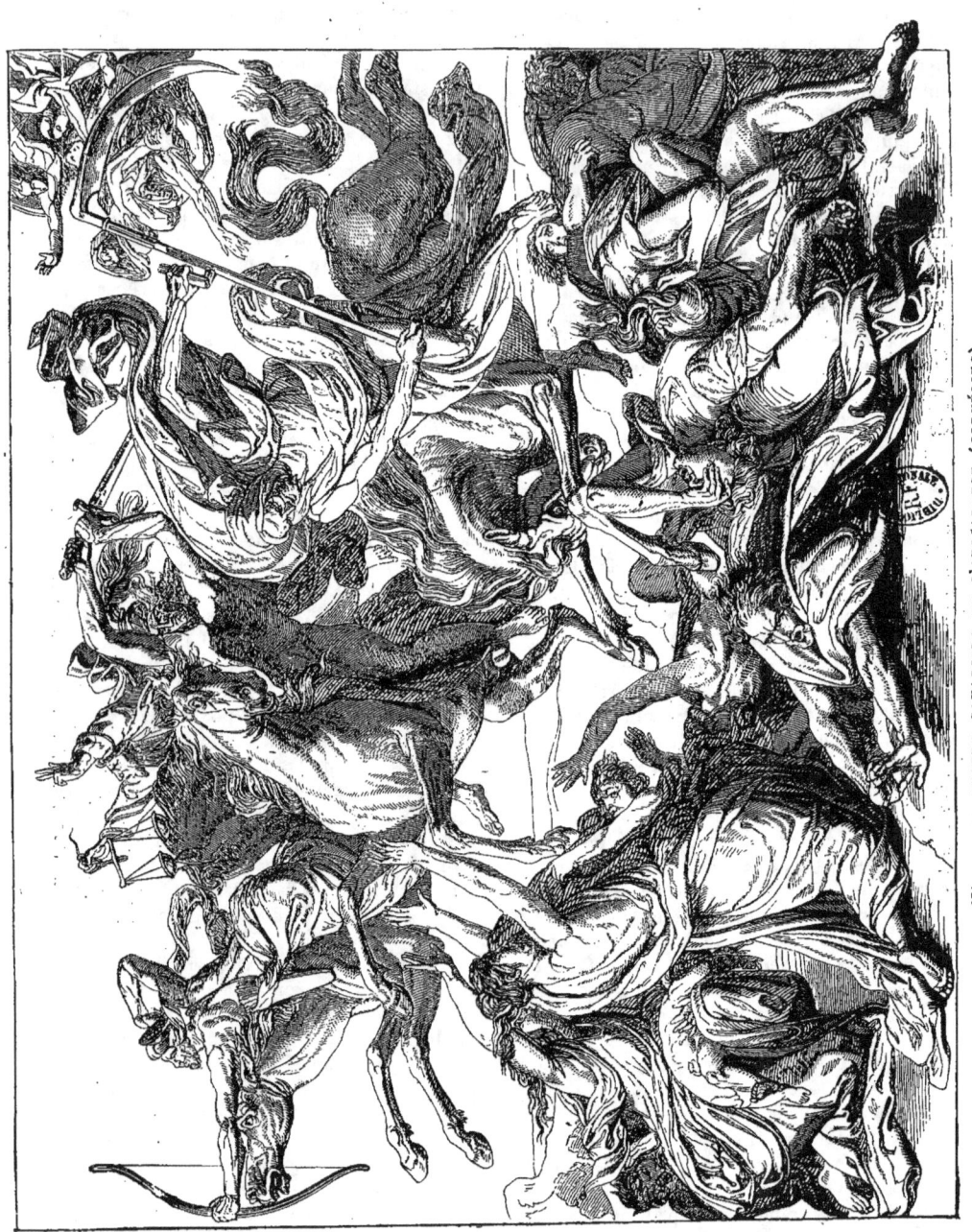

371. — LES QUATRE CAVALIERS DE L'APOCALYPSE (CORNÉLIUS).

protestation, est redevenue toute-puissante. A Berlin, c'est M. Couture qu'on imite; à Munich, c'est M. Courbet; mais, depuis une quinzaine d'années, l'art en Allemagne n'a plus d'existence propre, et, au lieu d'inventer, ne cherche qu'à suivre la mode régnante à Paris.

On peut dire que la peinture est morte à Munich; à Berlin on n'en a jamais fait beaucoup, et la petite ville de Dusseldorf est le seul point où l'on trouve une sorte d'activité factice,

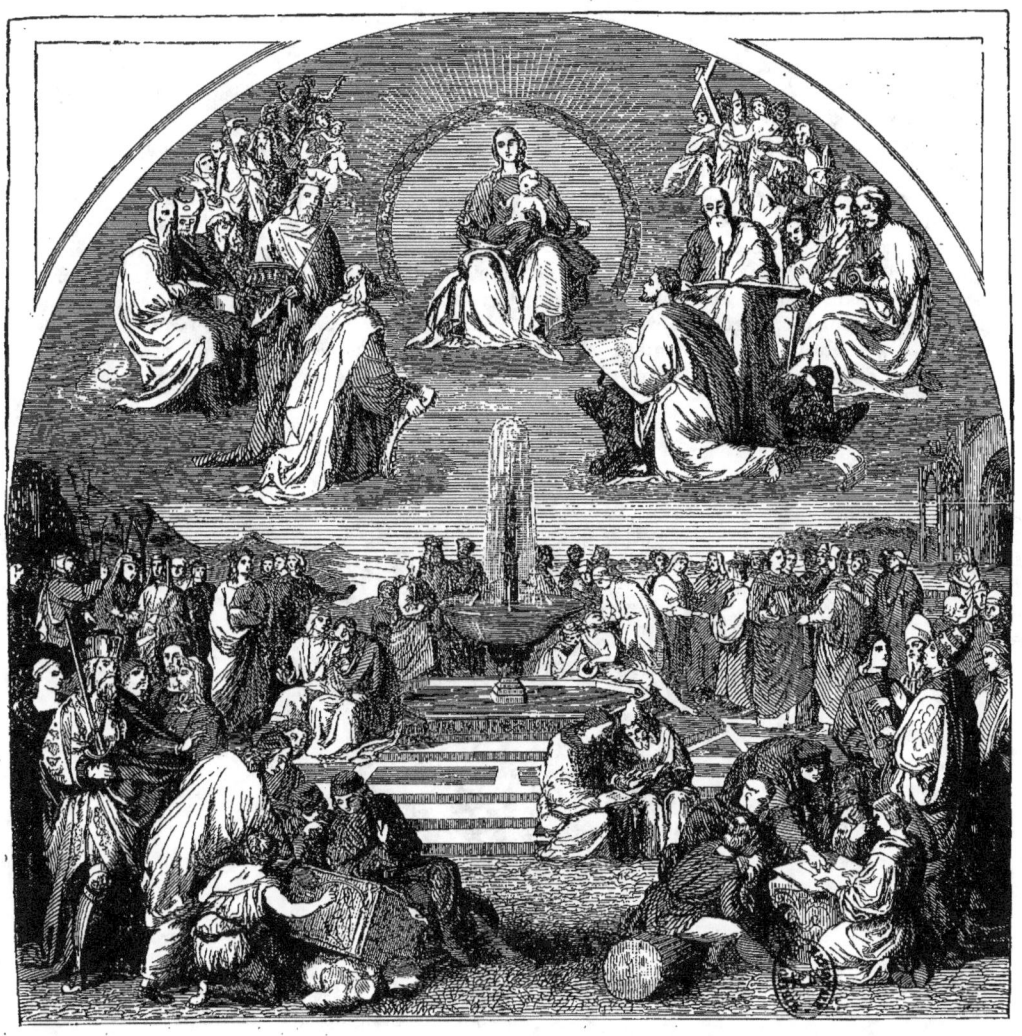

372. — LE TRIOMPHE DE LA RELIGION DANS LES ARTS (OVERBECK).

due au contact journalier des artistes belges. MM. Knauss et Meyerheim sont les plus connus parmi les peintres établis à Dusseldorf.

L'ART EN ANGLETERRE.

ARCHITECTURE ET SCULPTURE. — L'architecture ogivale a pris en Angleterre un très-grand développement, et a produit plusieurs magnifiques églises, à York, Lancastre, Cantorbéry, Exeter, Winchester, etc. La flore et l'ornementation sont en général moins sèches et moins variées que dans les édifices élevés en France dans la période correspondante. Un trait caractéristique du style anglais du moyen âge est la répétition de l'ornement, qui montre toujours une tendance à chercher le parallélisme et la symétrie, et offre rarement ces combinaisons imprévues qu'on trouve si fréquemment dans nos églises. Les abbayes et les châteaux forts s'élevèrent aussi en grand nombre sur toute la surface de l'Angleterre et de l'Écosse. L'abbaye de Saint-Alban près de Londres, celle de la Bataille près d'Hastings, et en Écosse l'abbaye de Melrose, dont Walter Scott a donné une si belle description dans un de ses romans, sont particulièrement célèbres. L'architecture des châteaux de la première période diffère peu de l'architecture de ceux qui furent élevés en Normandie et qui appartenaient souvent aux mêmes personnages. Mais le luxe s'introduisit bientôt dans les donjons, et les châteaux d'Holy-Rood, près d'Édimbourg, et de Windsor près de Londres, sont de splendides palais, bien qu'ils aient conservé l'allure des forteresses.

En Angleterre, comme en France, la Renaissance a produit un style particulier au pays; c'est ce qu'on nomme le style anglais. La jolie chapelle annexée à l'abbaye de Westminster, le château royal de Hampton-Court, et une foule d'édifices religieux ou civils, portent l'empreinte de ce style, où on ne retrouve pas, il est vrai, les élégances raffinées de nos manoirs de Touraine, mais qui montrent bien plus de sève et d'originalité que les monuments

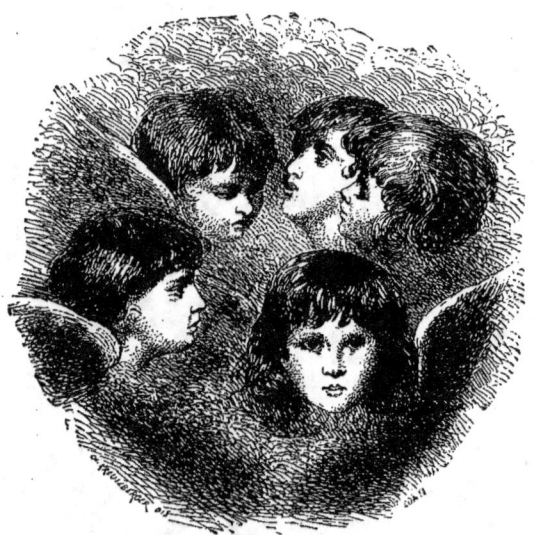

373. — TÊTES D'ANGES (REYNOLDS).

élevés en Allemagne dans l'époque correspondante.

Le goût italien est venu aussi se greffer en Angleterre, où Palladio a trouvé de grands admirateurs. Néanmoins le monument qui résume le mieux les tendances classiques, l'église Saint-Paul de Londres, appartient à une époque très-postérieure, puisque Christophe Wreen, qui en est l'architecte, appartient au dix-huitième siècle. Ce fut après le fameux incendie qui détruisit presque en totalité la cité de Londres, que cet édifice a été élevé sur l'emplacement de l'ancienne église qui était de style ogival. L'église Saint-Paul est recouverte d'un revêtement de marbre blanc, qui malheureusement paraît tout noir à cause du charbon de terre et de l'humidité du climat. La façade de Saint-Paul présente un portique surmonté d'un fronton, derrière lequel se détache une vaste coupole. Les façades latérales ne sont pas nues comme celles de notre Panthéon, mais la décoration intérieure de l'église, quoique très-chargée de statues et de tombeaux, paraît d'une froideur glaciale à cause de l'absence de peintures.

Aujourd'hui l'Angleterre est, comme l'Allemagne, travaillée par les études et les réminiscences archéologiques, et les édifices qui s'élèvent présentent des échantillons de tous les styles connus. Le monument le plus important qu'on ait construit de nos jours, le parlement de Westminster, est un vaste édifice où on a surtout cherché à prendre le style de la jolie petite chapelle de l'abbaye de Westminster placée tout à côté ; quand on le voit en arrivant par le pont de la Tamise, il produit l'effet le plus majestueux.

Bien qu'il y ait beaucoup de statues en Angleterre, Flaxman est à peu près le seul sculpteur qui puisse compter parmi les maîtres.

John Flaxman, sculpteur et dessinateur, naquit à York en 1755, et étudia d'abord chez son père, qui était mouleur de figures. A quinze ans, il obtint la médaille de l'Académie royale ; à trente ans, il avait déjà une grande réputation et partait pour l'Italie. Ses principaux ouvrages sont : le *Mausolée de Lord Manffeld* à Westminster, une statue de la *Résignation* en marbre blanc, qui forme, avec deux bas-reliefs, la décoration d'un monument funéraire, un bas-relief représentant le *Bouclier d'Achille* d'après la description d'Homère. Les statues de la *Comédie* et de la *Tragédie* et les deux bas-reliefs représentant le *Drame ancien* et le *Drame moderne* décorent le théâtre de Covent-Garden, à Londres. Mais Flaxman est surtout connu par ses beaux dessins sur l'*Iliade* et l'*Odyssée*, les poëmes d'Hésiode, les drames d'Eschyle, la *Divine Comédie* du Dante et l'Oraison dominicale. Ces dessins ont été plusieurs fois gravés. Flaxman est mort en 1826.

LES PEINTRES ANGLAIS. — La peinture monumentale n'existe pas en Angleterre. Le culte protestant n'admettant pas la peinture dans les églises, les tendances vers le grand style religieux sont incapables d'y prendre un développement quelconque. Ajoutez à cela que le puritanisme anglican s'accommoderait assez mal de sujets empruntés à la mythologie et que les traditions classiques, en art comme en littérature, n'ont jamais réussi à s'acclimater dans un pays aussi jaloux de sa personnalité. La peinture de genre est le véritable domaine de l'art anglais : au fond de tout tableau, vous trouverez une anecdote, une scène susceptible d'être racontée, et c'est la grande préoccupation du peintre anglais qui sacrifie volontiers les qualités purement pittoresques à l'esprit de la narration, au piquant de l'idée qu'il s'efforce de traduire par son pinceau.

Cette tendance, qui donne à l'art un but spécial et autre que lui-même, existe dans la peinture anglaise depuis Hogarth, le représentant le plus décidé des doctrines que nous signalons, et qu'il a fait prévaloir dans son pays. Avant de faire des tableaux, Hogarth avait été graveur sur métaux, et son goût pour le dessin se manifesta dès son enfance, comme chez tous les artistes doués d'une véritable vocation. Un jour, étant apprenti, il fut témoin dans un cabaret d'une rixe entre deux ivrognes : les combattants ruisselaient de sang, et rien ne pouvait arrêter leur fureur. L'enfant était trop petit pour intervenir, et pleurer n'eût servi à rien. Il prit un crayon, et dessina la scène qu'il avait vue ; puis content de ce qu'il avait fait, il alla montrer son ouvrage à ses camarades, disant avec une conviction entraînante que, si on pouvait afficher son dessin dans tous les cabarets du monde, personne ne voudrait plus se laisser aller à l'ivrognerie. Depuis, on l'entendait sans cesse répéter : *Je serai utile, je serai utile.* Sa vocation était décidée, et quand on étudie son œuvre comme artiste, on voit qu'il n'a jamais dévié un seul instant de la voie qu'il s'était tracée dès son enfance. Mais c'est en entraînant l'esprit dans les sphères supérieures que l'art moralise, et c'est pour n'avoir pas compris cela qu'Hogarth est un caricaturiste plutôt qu'un peintre. Son livre intitulé : *Analyse de la beauté*, qui renferme d'excellentes idées unies aux plus étranges paradoxes, montre que l'auteur, s'il n'a pas compris l'art antique, l'a du moins beaucoup étudié.

Il y a entre les théories de Hogarth et ses œuvres une opposition radicale. Cette opposition est encore plus prononcée dans Reynolds, qui fut également peintre et écrivain (fig. 373). Si l'on ne connaissait de Reynolds que ses discours, on le croirait un admirateur de l'antiquité et un des promoteurs du mouvement classique. Si on le juge par ses tableaux, on y verra un disciple de Shakspeare, qui met au-dessus de tout l'expression dramatique, et un coloriste à la façon de Rembrandt, qui sacrifie volontiers la forme à l'effet. Parmi les tableaux où Reynolds a cherché l'expression dramatique, le plus célèbre représente *Ugolin et ses enfants*. Mais il fait aussi d'admirables portraits et a précédé dans ce genre Gainsborough et Lawrence. Gainsborough a peut-être moins de puissance comme coloriste ; mais il a une distinction et une délicatesse inconnues à Reynolds. Le portrait de l'adolescent vêtu de bleu qu'on voit au musée de Londres est sous ce rapport un chef-d'œuvre.

Malheureusement les ouvrages des peintres anglais restent toujours dans leur pays et ne passent jamais sur le continent. Ainsi les magnifiques portraits de Lawrence ne sont connus en France que par les gravures (fig. 374), et il en est de même pour les jolies compositions intimes de David Wilkie : le *Colin-Maillard*, le *Payeur de rente*, la *Politique au village*, le *Joueur de violon*, etc. David Wilkie a eu un successeur dans Mulready, que l'Angleterre a perdu récemment. C'était un coloriste très-faux, mais dessinateur fin, et un observateur spirituel des mœurs anglaises. *Le loup et l'Agneau*, le *Passage du Gué* (fig. 375), la *Robe de la Mariée* sont de charmantes compositions, que la gravure a popularisées. Les œuvres de Mulready sont toutes en Angleterre.

L'influence des idées classiques de David s'est fait sentir en Angleterre, quoique d'une manière assez restreinte. Benjamin West a été le représentant de cette doctrine; mais ses compositions les plus célèbres sont empruntées à des sujets modernes : *Bataille de la Hogue*,

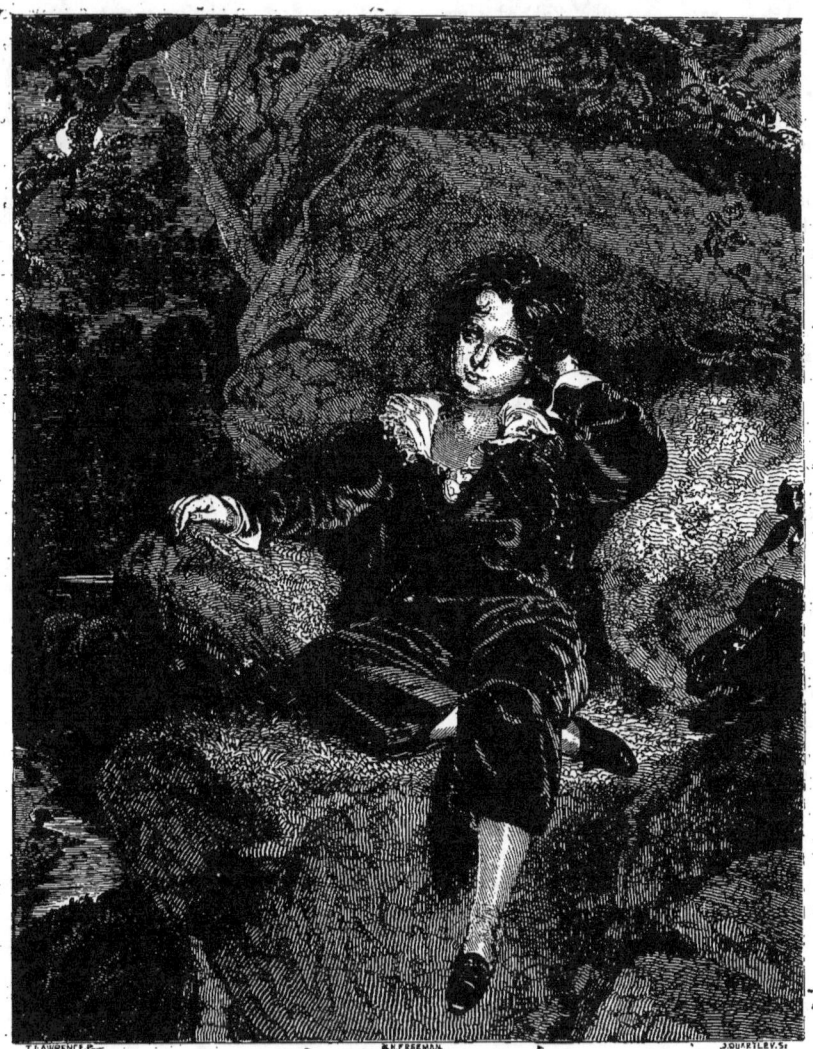

374. — LE REPOS (LAWRENCE).
(Gravure extraite de l'*Histoire des Peintres*.)

la *Mort de Nelson*, etc. Nos peintres classiques de 1810 ont été peu goûtés en Angleterre, tandis que la peinture anglaise a eu une grande part dans notre mouvement romantique de 1830.

De tous les peintres anglais, Bonington est le plus connu en France, à cause du séjour qu'il a fait dans notre pays, et c'est d'ailleurs le seul qui ait des tableaux dans notre musée. Parmi les artistes qui ont acquis une grande célébrité, Bonington est peut-être celui qui a eu l'existence la plus courte. Et pourtant ce jeune peintre, mort à vingt-sept ans, a eu sur toute notre génération d'artistes une influence considérable. E. Delacroix, qui était son ami, a donné, dans une lettre adressée à Burger, d'intéressants détails sur la manière dont il l'a connu au Louvre : « Quand il m'est arrivé de le rencontrer pour la première fois, dit-il, j'étais moi-même fort jeune et je faisais des études dans la galerie du Louvre : c'était vers 1816. Je voyais un grand adolescent en veste courte,

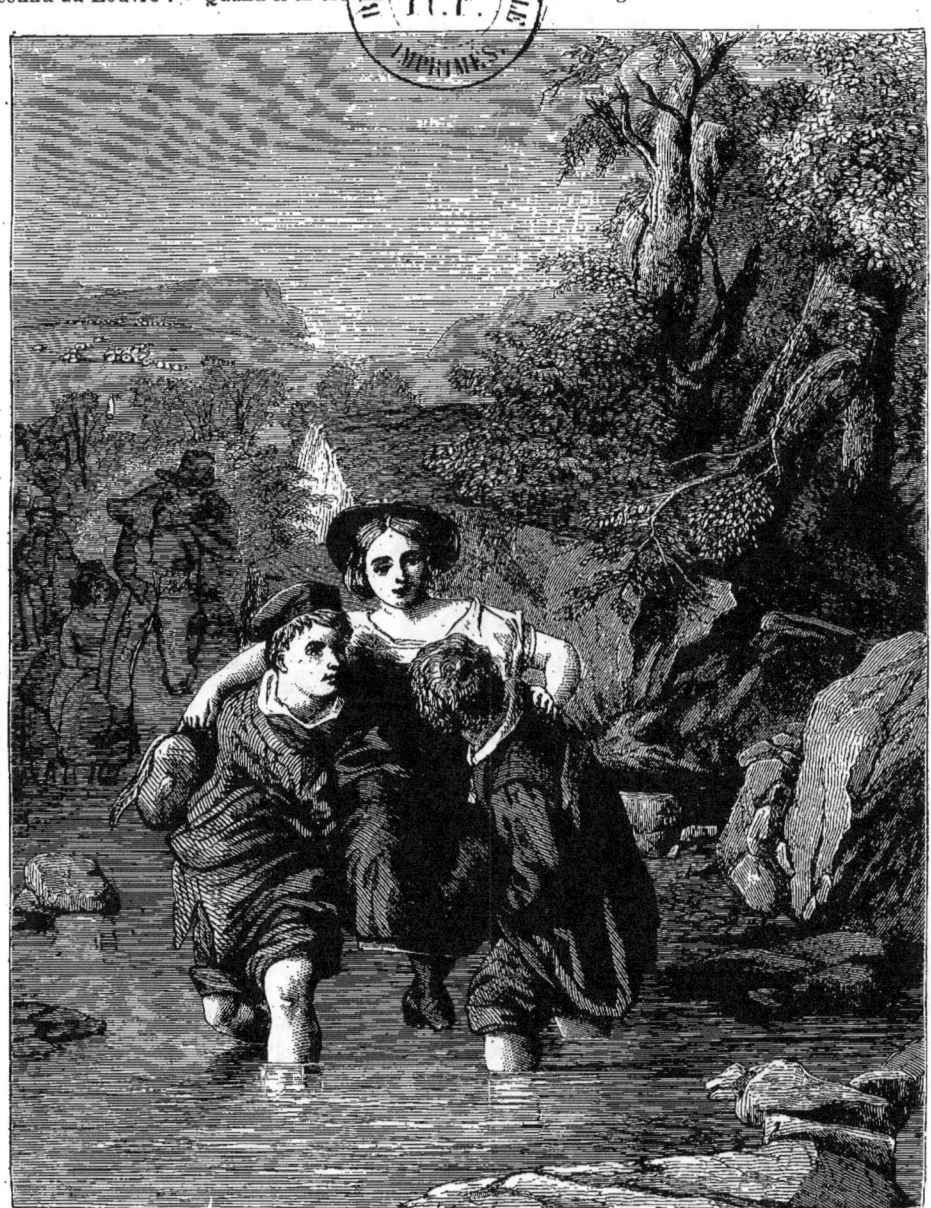

375. — LE PASSAGE DU GUÉ
(MULREADY).

qui faisait, lui aussi et silencieusement, des études à l'aquarelle, en général d'après les paysages flamands. Il avait déjà dans ce genre, qui dans ce temps-là était une nouveauté anglaise, une habileté surprenante.... A mon avis, on peut trouver, dans d'autres artistes modernes, des qualités de force ou d'exactitude dans le rendu supérieures à celles des tableaux de Bonington, mais personne, dans cette école moderne, et peut-être avant lui, n'a possédé cette légèreté dans l'exécution qui, particulièrement dans l'aquarelle, fait de ses ouvrages des espèces de diamants dont l'œil est flatté et ravi, indépendamment de tout sujet et de toute imitation. » Il est impossible de faire du talent de Bonington une appréciation plus juste (fig. 376).

La spontanéité d'impression est la grande qualité de Bonington. Il peignait sans jamais fatiguer son exécution, et ses tableaux présentent tout le charme d'une improvisation. Mais il a une qualité qui n'est pas moins rare, c'est la variété. Tantôt nous trouvons en lui un peintre de genre fin, délicat, spirituel, et traitant dans un mode imprévu de petites scènes de fantaisie, qui ont fait dire de lui qu'il était l'Alfred de Musset de la peinture; tantôt nous le voyons, au bord de la mer ou dans le milieu des champs, chercher dans la nature les impressions les plus fugitives et les plus charmantes. La moindre chose lui suffit pour faire un tableau : une vague qui se brise sur la grève, une barque échouée, une charrette sur une route, il ne lui en faut pas davantage. D'où vient donc le charme incomparable attaché à la représentation d'un site en apparence insignifiant? C'est que Bonington ne se contente pas de copier ce qu'il a sous les yeux avec l'exactitude d'une photographie. Il fait plus que de voir la nature, il la sent et il exprime ce qu'il sent avec l'accent d'un artiste ému. Quand il rêvait dans la campagne, il trouvait à chaque pas des impressions qu'il croyait être l'image de la nature et qui n'étaient qu'un reflet de son cœur; en copiant ce qu'il avait à sa portée, il l'animait d'un souffle poétique, qui n'ôte rien à la réalité du fait, mais lui prête une saveur particulière.

C'est à un artiste anglais, Constable, qu'il faut attribuer la direction prise par notre école de paysage moderne. Constable était un paysagiste épris de la réalité, et il traduisait la nature avec une brutalité de touche qui tranchait singulièrement avec l'exécution mince qui était en usage à cette époque dans le paysage. Paul Huet, Jules Dupré, Théodore Rousseau, Troyon, sont venus après Constable et ont été en quelque sorte les continuateurs de sa manière. Les paysagistes anglais, au contraire, se sont attachés de préférence à Turner, coloriste fougueux, mais peintre étrange, qui, après avoir été un imitateur très-habile de Claude Lorrain, s'est laissé entraîner à des excentricités pleines d'inspirations souvent heureuses, mais trop souvent dépourvues de naturel et de naïveté. La recherche de la décomposition de la couleur par la lumière a été la constante préoccupation de Turner, et à la fin de sa vie il a trop souvent sacrifié l'harmonie à un éclat artificiel. Les paysagistes anglais, en suivant ses traces, sont presque tous tombés dans une crudité de ton, qui aujourd'hui encore est le caractère dominant de leurs tableaux.

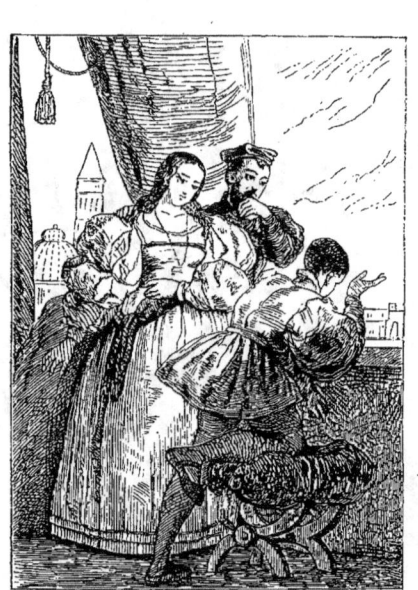

376. — SCÈNE VÉNITIENNE (BONINGTON).

A ce défaut il s'en est joint un autre, la maigreur, et ce vice de l'école anglaise est très-apparent dans le plus grand peintre qu'ait aujourd'hui l'Angleterre, E. Landseer, le fameux peintre d'animaux. Landseer, dont les œuvres ont été popularisées en France par la gravure, occupe une place à part dans l'école anglaise. Tout le monde connaît ses chiens, dont la physionomie traduit des sentiments humains; ses cerfs, qui brament au bord des marais; ses chevreuils, qui courent dans les rochers; ses chevaux, si fiers d'être montés par de nobles châtelaines. La facture maigre et épinglée de ses tableaux déroute quelquefois ceux qui ne les connaissent que par la gravure. Il y reste pourtant toujours un incontestable mérite d'invention et de tournure; seulement l'élégance est son domaine à peu près exclusif.

Les peintres de genre sont aujourd'hui très-nombreux en Angleterre, et leurs tableaux, qui ressemblent un peu à des vignettes, sont composés d'après un mode à peu près uniforme.

Il y a en Angleterre un genre de beauté placide, particulière aux femmes de ce pays, et que les peintres sont très-jaloux de n'altérer en aucune façon. L'art, voulant à la fois chercher l'expression qui fait le fond des doctrines esthétiques en Angleterre, et maintenir chez la femme la quiétude des traits, est tombé dans un compromis bizarre : chez les hommes, la contraction du visage est souvent poussée jusqu'à la grimace, tandis que les femmes sont dépourvues de toute expression et semblent même complétement inanimées. Non-seulement les peintres donnent aux femmes un visage insignifiant, mais ils reproduisent le même type uniformément : c'est comme un cliché qu'on retrouve dans tous les tableaux anglais. Ce type n'est ni la beauté sculpturale de l'antiquité, ni la physionomie vive et sémillante que nos peintres français ont traduite avec tant de charme. Il représente, non pas une femme, mais une jeune fille de quatorze à dix-huit ans, une *young lady* au teint frais, au petit nez droit, aux grands yeux veloutés, qui ne traduit aucune passion, qui a à peine l'air d'une personne vivante. Ce contraste entre les hommes, dont le geste est habituellement très-prononcé, et les femmes, qui semblent ne participer en rien à la scène, est certainement un des défauts les plus choquants de l'école anglaise contemporaine.

Il s'est formé dans ces dernières années, sous le nom d'école préraphaélite, une société de jeunes artistes qui recherchent les principes de l'école italienne antérieure au Pérugin, tout en introduisant dans leurs compositions des prétentions archéologiques, justifiées d'ailleurs par de consciencieuses recherches; MM. Millais et Hunt étaient à la tête de ce mouvement, qu'on a pu apprécier aux dernières expositions universelles; mais aujourd'hui M. Millais paraît vouloir se jeter dans une doctrine tout opposée.

L'ART EN FRANCE.

LA RENAISSANCE.

LA FRANCE ET L'ITALIE. — Il ne faut pas apporter des idées de patriotisme dans une question d'art, car l'art n'a pas de nationalité; mais dans la Renaissance française, un intérêt politique est venu dénaturer l'histoire. On a commencé par dénigrer tout ce qui n'était pas selon la mode italienne; puis, comme la France est couverte de chefs-d'œuvre dus à nos artistes, on les a attribués à des Italiens, comme pour montrer qu'un Français n'est pas capable de les produire. Il en résulte que les artistes italiens venus en France sont devenus très-célèbres parmi nous, à cause d'ouvrages dont ils ne sont pas les auteurs, tandis que ceux qui les ont faits sont totalement inconnus. Qu'est-ce qui connaît en France Pierre Neveu? Pourtant tout le monde connaît le château de Chambord, mais depuis deux siècles on en attribue la construction tantôt à Primatice, tantôt à Vignole, qui n'y sont pour rien ni l'un ni l'autre. C'est ainsi que lorsqu'on a publié les comptes de dépenses pour l'érection du château de Gaillon, on a reconnu que tous les architectes étaient Français et que le nom de Fra Giocondo n'était même pas prononcé. Et pourtant depuis deux siècles Giocondo est désigné comme l'architecte du château. On a même dit que Giocondo, lorsqu'il vint en France, n'avait trouvé personne sachant les éléments du métier, et que c'est lui qui nous a enseigné l'art de bâtir.

« La Renaissance française, dit M. de Laborde, était en bonne voie, lorsque Charles VIII, entraînant en Italie l'élite de la nation, lui montra les restes de l'antiquité éclairés par le soleil de Rome et de Naples. Elle eut alors avec la Renaissance italienne, non plus seulement le même point de départ, la réaction contre les écoles épuisées, elle eut aussi le même aliment : pour son architecture les monuments de l'antiquité, et pour la sculpture ses chefs-d'œuvre qui sortaient de terre. De là une analogie qu'on a prise trop facilement pour une contrefaçon. L'art gothique de la belle époque subit alors de rudes atteintes, et n'étaient ces vaisseaux d'église qui, comme une flotte majestueuse, résistèrent aux tempêtes, l'art du moyen âge aurait sombré tout entier. Excessifs en tout, les Français, ne s'apercevant pas, qu'ils trahissaient l'Antiquité en s'engouant des Italiens, les accueillirent avec enthousiasme. Nos rois eurent le tort de pousser la nation sur cette pente, et les seigneurs de la cour de se faire les plus actifs promoteurs de cette mode, qui avait pour eux le charme d'un souvenir de voyage. »

L'ARCHITECTURE. — L'architecture française n'avait pas attendu une influence italienne pour se transformer. On a coutume de dire

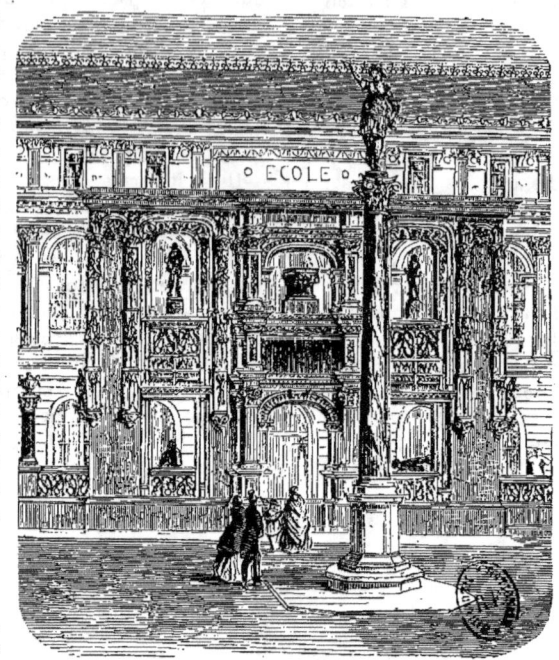

377. — ARC DE GAILLON
Dans la cour de l'École des Beaux-Arts.

que l'architecture française, qui avait été si originale du dix-huitième au quinzième siècle, se contenta, à partir de la Renaissance, d'imiter les constructions grecques et romaines. Il faut une forte dose de bonne volonté pour voir dans les édifices de la Renaissance française de simples pastiches du Parthénon ou du Colisée. Il est vrai qu'on mit de côté les arcatures flamboyantes, les longues colonnettes en faisceau, les formes ascensionnelles de l'âge précédent, pour adopter les lignes droites et les baies arrondies du style romain. Mais c'était moins en raison d'un caprice que d'un besoin nouveau, que le style national se modifia de la sorte. La sécurité publique étant plus grande, les

378. — L'AMIRAL CHABOT (JEAN COUSIN).
(Musée du Louvre.)

châteaux n'avaient plus besoin de ces tours qui en faisaient des forteresses. De même les escaliers dérobés, les longs couloirs obscurs, tout ce qui tenait à la vie rude et mystérieuse du moyen âge devait tendre à s'effacer peu à peu. Les fenêtres petites et irrégulièrement placées des vieux manoirs firent place à des ouvertures plus larges, et l'ornementation décorative se modifia en même temps que l'ensemble. Le vieux style au reste garda longtemps des défenseurs, comme le prouve la célèbre église de Brou. Mais les œuvres les plus remarquables de ce temps sont plutôt des constructions civiles que des édifices religieux, ce qui tient au changement complet qui s'opéra dans les mœurs et dans les idées. Les châteaux de Gaillon, Chenonceaux, Chambord, Madrid, Blois, Anet, Écouen, Fontainebleau, le Louvre et les Tuileries, caractérisent bien mieux ce style que les églises bâties dans le même temps.

Le style ogival avait fait son temps, et de

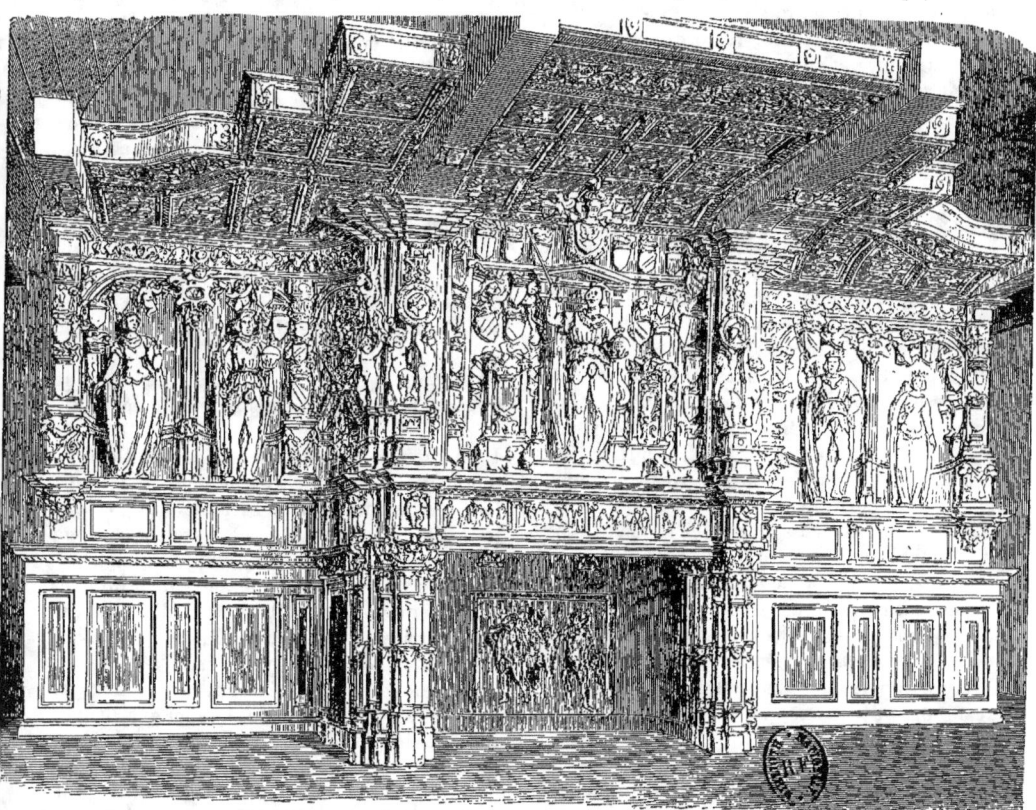

379. — CHEMINÉE DU PALAIS DE BRUGES.

toutes parts on sentait le besoin d'une rénovation ; mais elle s'accomplit sous l'influence de deux courants contradictoires. Nos écoles provinciales voulaient accomplir le mouvement pour leur compte, et, tout en étudiant l'antiquité, elles demeuraient éminemment françaises. La cour, après les guerres d'Italie, ne voyait, au contraire, et n'appréciait que ce qui se faisait au delà des Alpes. Charles VIII, Louis XII et, surtout François Ier s'entouraient d'artistes italiens et leur confiaient d'importants travaux. A partir de François Ier, l'influence italienne devint réellement prépondérante et établit son centre à Fontainebleau. Charles VIII avait le premier amené une colonie italienne, à laquelle nous devons les travaux exécutés sous son règne dans le château d'Amboise. Le château de Gaillon et le château de Blois, élevés sous le règne de Louis XII, montrent le style de transition, tandis que le palais de justice de Rouen est complétement français. L'ancienne Cour des comptes de Paris, qui fut brûlée sous Louis XV, est due à l'Italien Fra Giocondo ; mais l'ornementation qui la décore porte encore un caractère français. Les châteaux de Chenonceaux et surtout de Chambord peuvent être regardés comme les chefs-d'œuvre de la Renaissance française, et il serait difficile d'y trouver la trace du goût italien. Pierre Neveu est l'architecte de cet admirable château de Chambord, dont l'escalier et la lanterne qui le surmonte sont une merveille qui n'a pas d'équivalent ailleurs. Le mausolée de Georges d'Amboise et celui de Louis de Brézé à Rouen, le tombeau de Louis XII et d'Anne de Bretagne à Saint-Denis, sont aussi remarquables comme sculpture que comme architecture. L'arc du château de Gaillon, qui a été transporté dans la cour de l'école des Beaux-Arts, peut donner une idée du style de la Renaissance française sous Louis XII, tandis que la maison de François Ier apportée au Champs-Élysées, montre un très-bon échantillon de ce style sous François Ier (fig. 377).

Parmi les architectes qui furent employés par les rois de France, les principaux sont Fra Giocondo, dont nous avons déjà parlé, et Sébastien Serlio, qui jouit d'une grande faveur auprès du roi François Ier. Sébastien Serlio, élève de Balthazar Peruzzi, est aussi héritier de ses dessins, qu'il mit en œuvre dans les troisième et quatrième livres du *Traité d'architecture* qu'il a publié. Ce traité, fort estimé des architectes, est aujourd'hui son principal titre à la célébrité, car les travaux qu'il a fait exécuter au palais du Louvre et au château de Fontainebleau, ont subi tant et de tels changements, qu'on a peine à reconnaître ce qui lui appartient en propre. Un autre architecte italien, Vignole, qui devint le régulateur d'une noble et froide architecture, vint aussi en France, appelé par François Ier; mais il y est resté peu de temps, et on ne voit pas qu'il ait pris une part bien active dans les travaux exécutés à cette époque.

A côté de ces étrangers, il faut parler de quelques Français dont le nom est demeuré illustre : Jean Bullant, Pierre Lescot et Philibert Delorme. Jean Bullant est l'architecte du château d'Écouen, et l'auteur de plusieurs ouvrages spéciaux qui eurent une grande importance: Pierre Lescot (1510-1578) était abbé de Clagny, conseiller des rois François Ier, Henri II, Charles IX et Henri III, et chanoine de l'Église de Paris. C'est à cela que se réduisent les détails donnés par les biographies sur ce fameux architecte, qui doit sa célébrité aux constructions qu'il a fait exécuter dans le Louvre. La *Salle des cent Suisses*, qui fait maintenant partie du musée des antiques au Louvre, est son ouvrage : elle est décorée d'un ordre dorique, dont les colonnes sont accouplées et élevées sur un socle. La partie de la cour du Louvre que l'on doit à Pierre Lescot a été bien modifiée depuis, car ce fut sous Louis XIII qu'on éleva le pavillon, surmonté d'un dôme, où sont les cariatides de Sarrazin, et qui est connu sous le nom de pavillon de l'Horloge. Le bâtiment de Pierre Lescot est celui qui s'étend depuis ce pavillon jusqu'à l'angle du côté du pont des Arts.

Philibert Delorme, né à Lyon vers le commencement du seizième siècle, mort à Paris en 1577, partit pour l'Italie dès l'âge de quatorze ans, revint à Lyon élever le portail de Saint-Nizier, et fut bientôt appelé à Paris par le cardinal du Bellay, qui le présenta à la cour de Henri II. L'escalier en fer à cheval de Fontainebleau fut sa première entreprise, et il ne tarda pas à être chargé de travaux importants, tels que les châteaux d'Anet et de Meudon, qui ont été bâtis sur ses plans. Une partie de la façade du château d'Anet se voit actuellement dans la cour de l'école des Beaux-Arts, où elle a été transportée. Ce château fut élevé par une galanterie de Henri II pour la duchesse de Valentinois, Diane de Poitiers. Le domaine d'Anet appartenait depuis un siècle environ à la famille du comte de Brézé, dont Diane de Poitiers était la veuve, et Philibert Delorme dut conserver une partie de l'ancien manoir, tout en accommodant l'ensemble au goût du jour. Les bâtiments qu'il éleva avaient la forme d'un double quadrilatère. Le plus grand formait un vaste portique autour du jardin, et l'autre comprenait les bâtiments d'habitation, où on arrivait par une porte monumentale qui subsiste encore. Cette porte était décorée par une horloge surmontée d'un cerf en bronze, et sous laquelle était un bas-relief que Benvenuto Cellini avait fait pour le château de Fontainebleau et qui est maintenant au Louvre. Quant au château de Meudon, il ne reste plus des ouvrages de Philibert Delorme qu'une terrasse en briques, le reste appartenant à des constructions plus modernes.

Le palais des Tuileries a contribué plus que tout le reste à sa réputation. Une place au faubourg Saint-Honoré du côté du Louvre, occupée alors par une tuilerie et quelques grands jardins, parut convenable à Catherine de Médicis pour élever une habitation de plaisance, où elle serait séparée du Louvre, habité par Charles IX. Le plan de Philibert Delorme était d'ailleurs fort différent de l'édifice que nous connaissons et qui a subi de grandes modifications sous Henri IV, Louis XIII, Louis XIV et Louis-Philippe.

Philibert Delorme attachait une grande importance à une espèce particulière de colonne, qu'on appelait dans son temps la *colonne française*, et qui a été un des caractères de notre architecture jusqu'au règne de Louis XIII. Pour masquer les joints des pierres dans la colonne, il les entourait d'espèces de colliers et de tambours, qui sont comme passés autour des cannelures et qui donnent à la colonne un aspect bizarre plutôt que réellement beau. Nous ne quitterons pas cet artiste sans avoir mentionné un petit monument qui passe pour un des chefs-d'œuvre de la Renaissance française : c'est le tombeau de François Ier à Saint-Denis.

Jacques Androuet du Cerceau et Dupérac sont regardés comme les successeurs de Pierre Lescot, de Jean Goujon, qui fut architecte en même temps que sculpteur, et de Philibert Delorme. On doit à Androuet du Cerceau un assez grand nombre d'édifices, parmi lesquels une partie de l'hôtel Carnavalet; il a publié plusieurs ouvrages, qui sont très-estimés, entre autres celui qui est intitulé : *Des plus excellents bâtiments de France*. Il appartenait à la religion réformée, et étant très-attaché à son culte, il mourut en pays étranger. Jean-Baptiste du Cerceau, son fils, fut l'architecte de Henri III, qui lui confia, en 1578, la conduite du *Pont-Neuf* à Paris, pour relier le faubourg Saint-Germain avec les quartiers du Louvre et Saint-Honoré. Ce pont, dont les travaux furent interrompus par les guerres civiles, ne fut achevé qu'en 1604 sous Henri IV. Il a longtemps passé pour le plus beau pont de l'Europe; il est décoré de consoles soutenues par des mascarons ornés de fleurs et de festons qui supportent la corniche des deux côtés, et sur chaque pile, on avait réservé un espace demi-circulaire, où l'on a vu longtemps des boutiques, mais qui était destiné dans l'origine à recevoir les statues des rois de France.

LES SCULPTEURS. — Les auteurs de la plupart des sculptures qui marquent la fin du moyen âge étant pour la plupart demeurés inconnus, Michel Colomb peut être considéré comme le patriarche des sculpteurs français de la Renaissance. La cathédrale de Nantes renferme son chef-d'œuvre, le *Tombeau des ducs de Bretagne*. François II et sa femme Marguerite de Foix, revêtus de leurs insignes ducaux, reposent sur une table de marbre noir, avec des anges qui soutiennent leurs têtes sur des coussins; seize statuettes de saints dans leurs niches, seize têtes de pleureuses dans des médaillons circulaires, ornent le soubassement, tandis qu'aux angles du monument sont figurées, debout et grandes comme nature, la Justice, la Prudence, la Tempérance et la Force. Bien que les ornements des détails rappellent les arabesques usitées en Italie, ce monument est regardé comme un des plus remarquables de la sculpture française.

Jean Goujon, qu'on a surnommé le Phidias français et le Corrége de la sculpture, éleva l'art à une hauteur qui ne fut jamais dépassée depuis. La vie de cet artiste est totalement inconnue; on ignore même le lieu et la date de sa naissance, et la tradition qui le fait mourir dans le massacre de la Saint-Barthélemi est aujourd'hui très-contestée. Jean Goujon a deviné les principes de l'art grec, dont il ne connaissait aucun modèle, et ses beaux bas-reliefs, par la manière dont ils sont traités, rappellent ceux de la cella du Parthénon, bien plus que ceux de l'école italienne, qui sont généralement conçus comme des tableaux. Il est l'auteur des figures qui décorent la fontaine du marché des Innocents; mais on ne connaît de lui que ses œuvres, et on ne sait pas s'il a jamais eu des élèves, ni de qui il a appris les principes de son art. On ne sait rien non plus sur la biographie de Germain Pilon, qui fut son contemporain, ni sur Barthélemi Prieur, qu'on croit, sans grandes preuves, avoir été son élève. Aucune époque, dans l'histoire de l'art, n'est aussi obscure que celle de la Renaissance française, et, à défaut de renseignements fournis par les écrivains, il faut se contenter d'admirer les chefs-d'œuvre qu'elle a laissés (fig. 379).

Visite au musée. — Les salles réservées aux sculptures de la Renaissance renferment une série assez complète pour qu'on puisse aisément suivre les progrès de la statuaire française. Après plusieurs ouvrages dont les auteurs sont inconnus, nous trouvons un bas-relief de Michel Colomb; il représente S. Georges combattant le dragon, et provient du château de Gaillon. Jean Goujon est représenté par plusieurs bas-reliefs sur des sujets religieux ou mythologiques, et surtout par son admirable statue de Diane. Contrairement à tous les usages de l'antiquité la déesse est représentée nue; elle est étendue sur le sol, tient un arc de la main gauche et presse de la droite le cou d'un cerf sur qui elle s'appuie. Sa coiffure, formée de tresses et ornée de bijoux, est celle des femmes du seizième siècle. On a dit que la tête était un portrait de Diane de Poitiers. Cette statue, qui est le chef-d'œuvre de la statuaire française sous la Renaissance, décorait une fontaine du château d'Anet. Elle fut brisée sous la première Révolution; M. Lenoir en

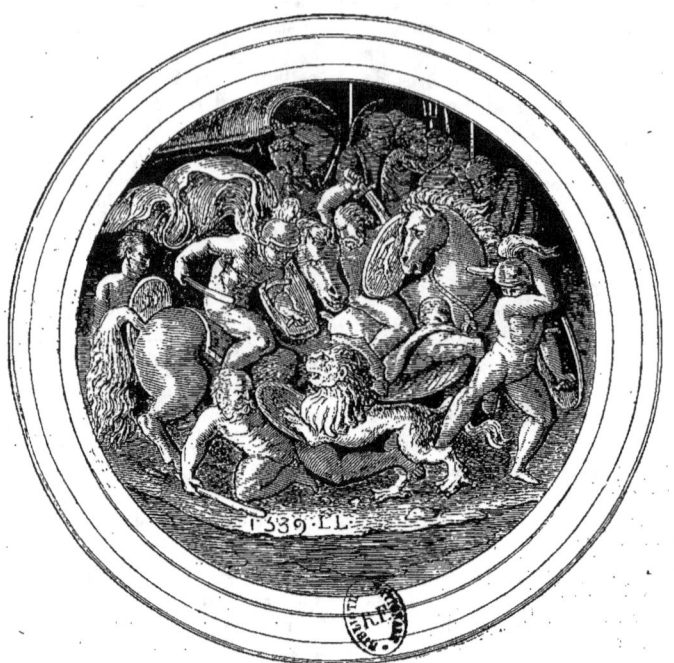

380. — ÉMAIL DU SEIZIÈME SIÈCLE, DE LÉONARD LIMOUSIN.

recueillit les morceaux qu'il fit rajuster et placer dans le musée confié à ses soins.

Il nous faut maintenant aller un moment au musée des antiques dans la salle dite des Cariatides. « La principale ornementation de cette salle, dit M. Léon Chateau, est la tribune supportée par quatre admirables cariatides. L'antiquité grecque fit usage de ce genre de supports, et Jean Goujon le reproduisit pour la première fois; mais ce fut avec d'autant plus de mérite et de gloire que sa création semble une inspiration de son propre génie. Les monuments grecs dans lesquels existent encore des cariatides étaient en effet à peine connus, et il est difficile de supposer qu'ils aient pu lui servir de modèles. Quoi qu'il en soit, il est le premier qui fit renaître l'emploi de ces figures dans l'art moderne, et, en leur coupant les bras, il montra qu'il était digne de comprendre les grands principes de l'art antique; je veux dire qu'il ôta à ses cariatides toute apparence de statues et surtout de réalité, et prouva l'intention qu'il avait d'en faire seulement des supports en forme de figures. C'est surtout en ajoutant à ses belles statues, couronnées d'un chapiteau et d'un riche entablement, les socles circulaires sur lesquels elles posent, que Jean Goujon caractérisa, d'une manière sans exemple jusqu'alors, la statue-colonne, et donna à ses figures mutilées, qui pourraient offrir quelque chose de choquant, une puissance imposante qui en fait un des chefs-d'œuvre de la sculpture moderne. »

Il nous faut maintenant retourner dans les salles de la Renaissance pour admirer la belle statue de l'amiral Philippe de Chabot, qu'on attribue sans beaucoup de preuves à Jean Cousin (fig. 378). Germain Pilon est représenté par plusieurs ouvrages remarquables: le monument funéraire du chancelier de Birague et de sa femme, le groupe en bois des quatre vertus cardinales, et le célèbre groupe en marbre des *trois Grâces*, que l'on pourrait

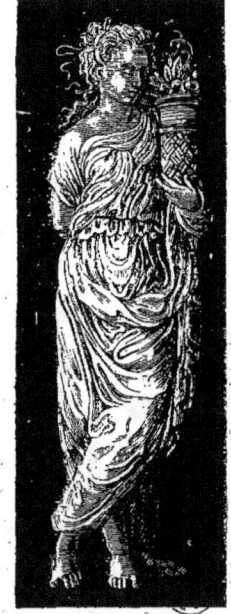

381. — ÉMAIL DE PIERRE PENNICAUD.

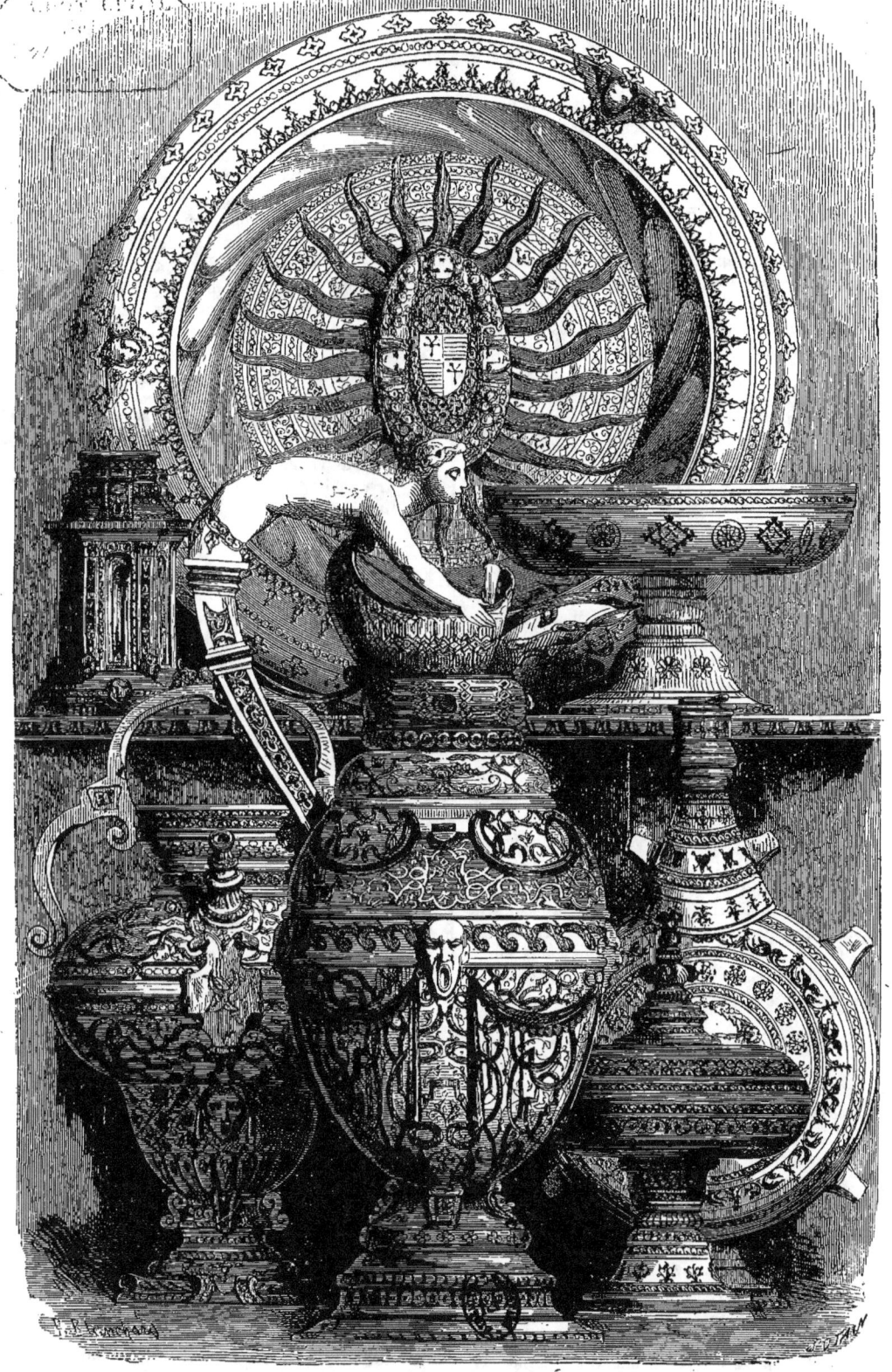

382. — FAÏENCES DE HENRI II.

appeler tout aussi bien les vertus théologales. Ce sont trois gracieuses jeunes filles, debout et drapées, adossées l'une à l'autre et réunies par les mains qui se touchent à peine. Elles étaient destinées à un monument funéraire et disposées pour supporter une urne contenant le cœur d'Henri II. Barthélemi Prieur a une colonne emblématique destinée au monument funéraire d'Anne de Montmorency, connétable de France, ainsi que les deux statues couchées du connétable et de sa femme, Magdeleine de Savoie.

LA PEINTURE. — La peinture monumentale ne pouvait avoir en France l'importance qu'elle a eue de bonne heure en Italie, par la raison que notre architecture ogivale ne présentait pas de grandes surfaces à décorer. Aussi la peinture s'est réfugiée sur les vitraux et surtout dans les missels, où elle a produit des chefs-d'œuvre. Les Italiens pouvaient donc à la rigueur être nos maîtres, dans la grande peinture. François Ier a appelé Léonard de Vinci, qui était très-vieux et qui n'a rien fait; il a appelé André del Sarte, avec qui il s'est fâché, et qui est reparti de suite sans avoir eu la moindre influence. Ce sont Rosso et Primatice qui constituent à eux seuls l'école de Fontainebleau. Ils nous ont enseigné une peinture facile et un art d'à peu près, et sur la foi de nos rois, devenus arbitres du goût, nous avons abandonné nos vieilles traditions bien supérieures à celles qu'on nous apportait. Il suffit, pour s'en convaincre, de voir dans nos galeries ces petits portraits d'un dessin si nerveux et si fin, d'une élégance si exquise, que, faute de connaître leurs auteurs, on range sous le nom de vieille école française, ou école des Clouet.

Ces artistes se rattachaient à nos vieux peintres miniaturistes qui, dès l'époque de Louis XI, enrichissaient les manuscrits de petites peintures dont beaucoup sont des merveilles. Les peintres-verriers, qui décoraient les vitraux de nos églises, se mirent aussi à faire des tableaux, et Jean Cousin, l'auteur des vitraux de la cathédrale de Sens, a acquis une grande célébrité par ses peintures, qui sont malheureusement très-rares.

A côté de ces artistes, il faut encore faire une place toute particulière pour les émaux de Léonard Limousin (fig. 380), de Pierre Penicaud (fig. 381) et surtout pour les œuvres de Bernard Palissi, le simple potier de terre qui trouva, après seize ans d'efforts et de ruineuses dépenses, le secret de l'émail dont on se servait en Italie, et qui fabriqua ces magnifiques poteries tant recherchées aujourd'hui. La fabrication de céramique devint alors une véritable branche de l'art, et les faïences Soiron, de Nevers, etc., sont là pour le démontrer (fig. 382). On peut donc dire que la peinture n'est pas l'art dominant dans la Renaissance française, et que les œuvres de nos peintres sont bien loin d'avoir une importance équivalente à celle de nos autres artistes.

Visite au Musée. — C'est au château de Fontainebleau, plutôt qu'au Musée, qu'on peut étudier les ouvrages de Rosso et de Primatice, bien que tous les deux soient représentés dans notre collection nationale. Malheureusement les travaux décoratifs du palais de Fontainebleau ont subi de graves altérations par l'humidité, et il a fallu y faire une restauration à peu près complète. Mais on peut encore y apprécier la belle tournure des figures, car l'école florentine, même dans sa décadence, conserve une fierté de style qui la fait aisément reconnaître. Nous avons au Louvre deux petits portraits authentiques de Clouet, qui sont des merveilles d'élégance et de finesse, et plusieurs autres petits chefs-d'œuvre, par des peintres dont le nom est inconnu, mais qui se rattachent à la même école. On ne connaît que deux tableaux de Jean Cousin : l'un est à Mayence, et l'autre, qui est au Louvre, représente un *Jugement dernier* conçu d'une manière étrange et fantastique. Jean Cousin est l'auteur d'un ouvrage intitulé le *Livre de la pourtraicture*, où l'on trouve les plus curieux renseignements sur l'enseignement du dessin sous la Renaissance.

L'ART EN FRANCE SOUS HENRI IV ET LOUIS XIII.

ARCHITECTURE. — L'architecture s'est transformée sous Henri IV et Louis XIII. Elle n'a plus les élégances raffinées de la Renaissance, et n'a pas encore la solennité de l'époque suivante. — Elle est caractérisée par des assises de pierres mariées avec de la brique et des proportions qui veulent exprimer la force plutôt que la grâce (fig. 383). « La rougeur de la brique, dit Sauval, la blancheur de la pierre et la noirceur de l'ardoise faisaient une nuance de couleur si agréable qu'on s'en servait en ce temps-là dans tous les grands palais; et l'on ne s'est avisé que cette variété les rendait semblables à des châteaux de cartes que depuis que les maisons bourgeoises ont été bâties de cette manière. » Il est assez remarquable que cette préoccupation de la couleur dans les édifices soit arrivée au moment où, ne trouvant ni en France ni en Italie de peintre qui satisfît le goût régnant, on appela Rubens.

Cette recherche des effets pittoresques se retrouve dans les châteaux de Fontainebleau, de Saint-Germain et dans une foule d'hôtels et d'habitations particulières. La place Royale, à Paris, élevée sur l'emplacement de l'ancien hôtel des Tournelles où Henri II était mort et que Catherine de Médicis avait fait démolir, donne très-bien l'idée de ce style un peu lourd, bien qu'il n'ait pas la froideur solennelle de la période suivante. Les galeries symétriques ouvertes au rez-de-chaussée pour la circulation publique, les pavillons symétriques et couverts d'immenses toitures aiguës, et, par-dessus tout, l'emploi simultané de la pierre et de la

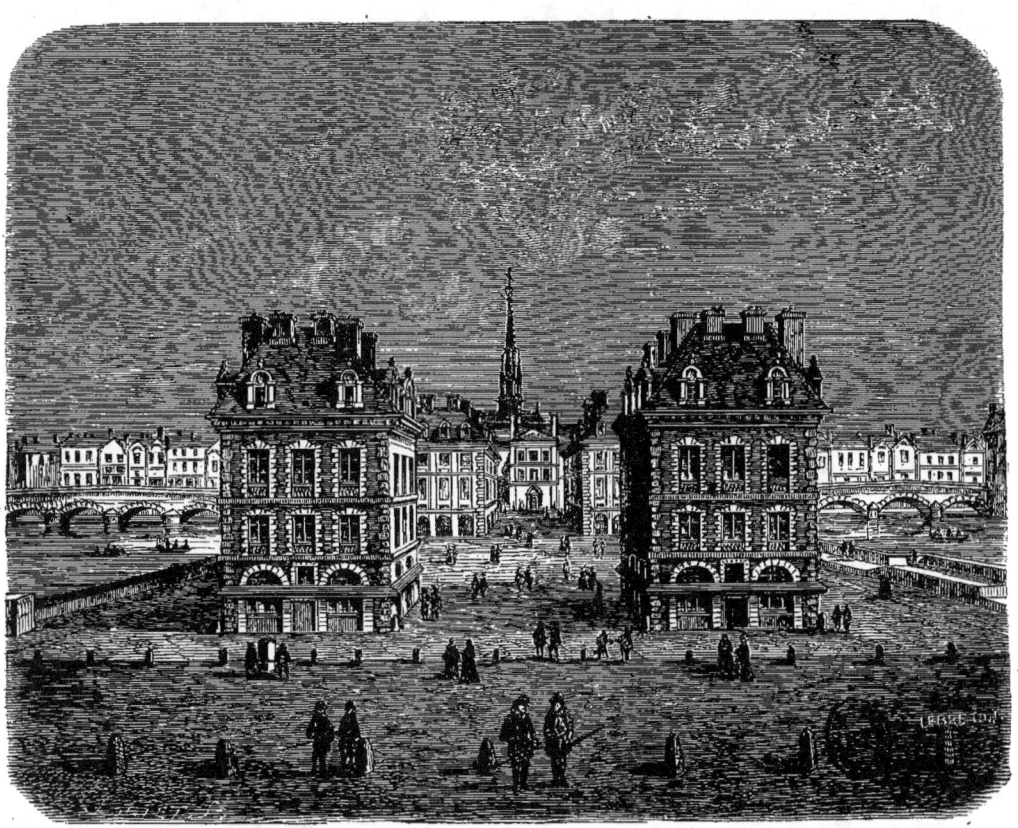

383. — PLACE DAUPHINE.

brique, donnent à cette place une physionomie particulière, qui caractérise bien l'architecture du temps.

Un autre caractère des monuments élevés dans cette période, est l'emploi des bossages dont nous trouvons un exemple dans le palais du Luxembourg, bâti par de Brosse. « Le plan du palais du Luxembourg, dit M. L. Chateau dans son *Histoire de l'architecture en France*, rappelle les dispositions principales des châteaux français : ce sont des corps de bâtiments qui entourent une cour quadrangulaire. Des pavillons saillants, dernière trace des vieilles tours de défense des forteresses du moyen âge, flanquent les angles et les façades, et l'entrée, analogue à celles des châteaux d'Écouen et de Fontainebleau, se compose d'un mur à hauteur du premier étage, au milieu duquel s'ouvre la porte principale surmontée d'une élégante construction que couronne un dôme. Ce qui frappe dans l'architecture choisie par de Brosse, c'est cette décoration de bossage, que

Philibert Delorme introduisit en France et qu'il employa avec tant d'originalité aux Tui-

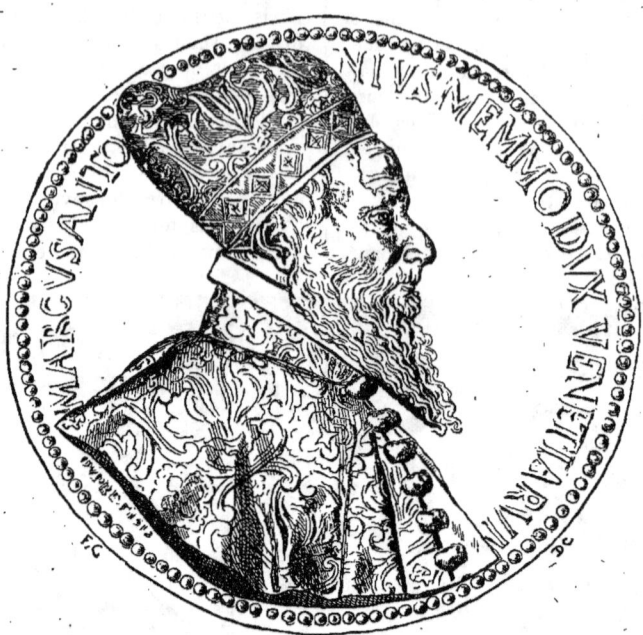

384. — MARC-ANTOINE (MÉDAILLE GRAVÉE PAR DUPRÉ).

leries. Elle donne à l'ensemble de l'édifice un cachet particulier, qui rappelle, jusqu'à un cer-

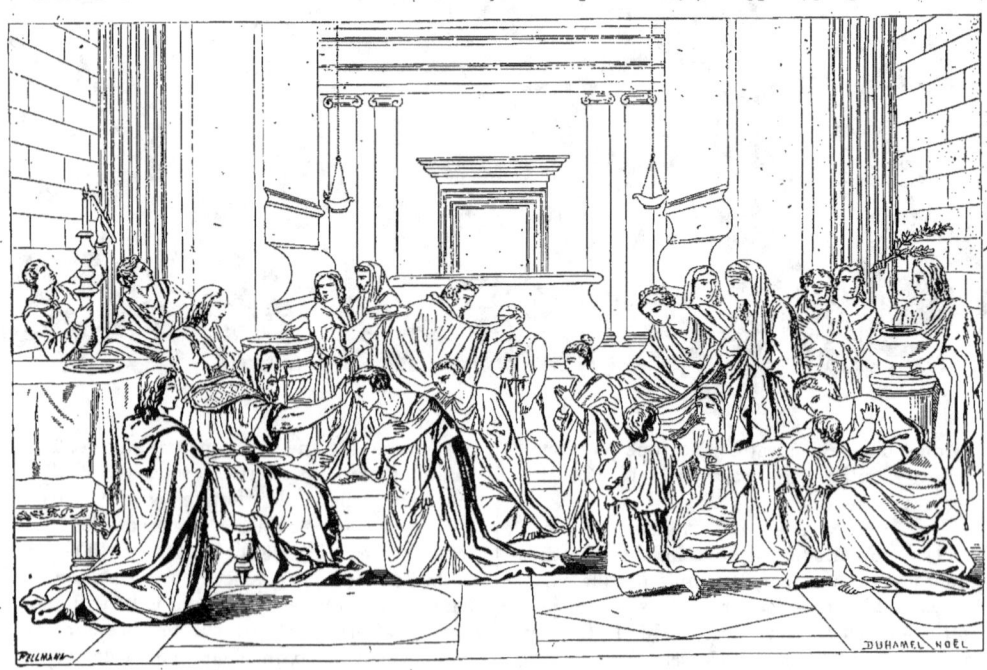

385. — LA CONFIRMATION (POUSSIN).
(Musée du Louvre.)

tain point, ces constructions dont les anciens laissaient quelquefois la décoration à l'état d'ébauche. Au reste, tous ces refends, tous ces bossages qui sillonnent les faces de ce palais, lui donnent ce caractère d'austérité et de grandeur qui s'harmonise bien avec les monuments élevés sous Henri IV. Ce qui donne une véritable valeur à l'œuvre de de Brosse, c'est la disposition régulière et ferme de ses masses et l'unité de style qui règne dans toutes ses parties; à ce point de vue on peut dire que l'architecte de Marie de Médicis s'est montré original et qu'il a fait œuvre de maître. »

Nous ne nous sommes occupés jusqu'ici que des monuments civils. Depuis l'abandon du style ogival, l'architecture religieuse tâtonnait pour trouver sa voie, et on peut voir dans l'église Saint-Eustache, à Paris, les caractères, les dispositions et les proportions d'une église ogivale, avec une décoration ornementale tout entière empruntée à la Renaissance. Mais les champions de l'art classique gagnaient tous

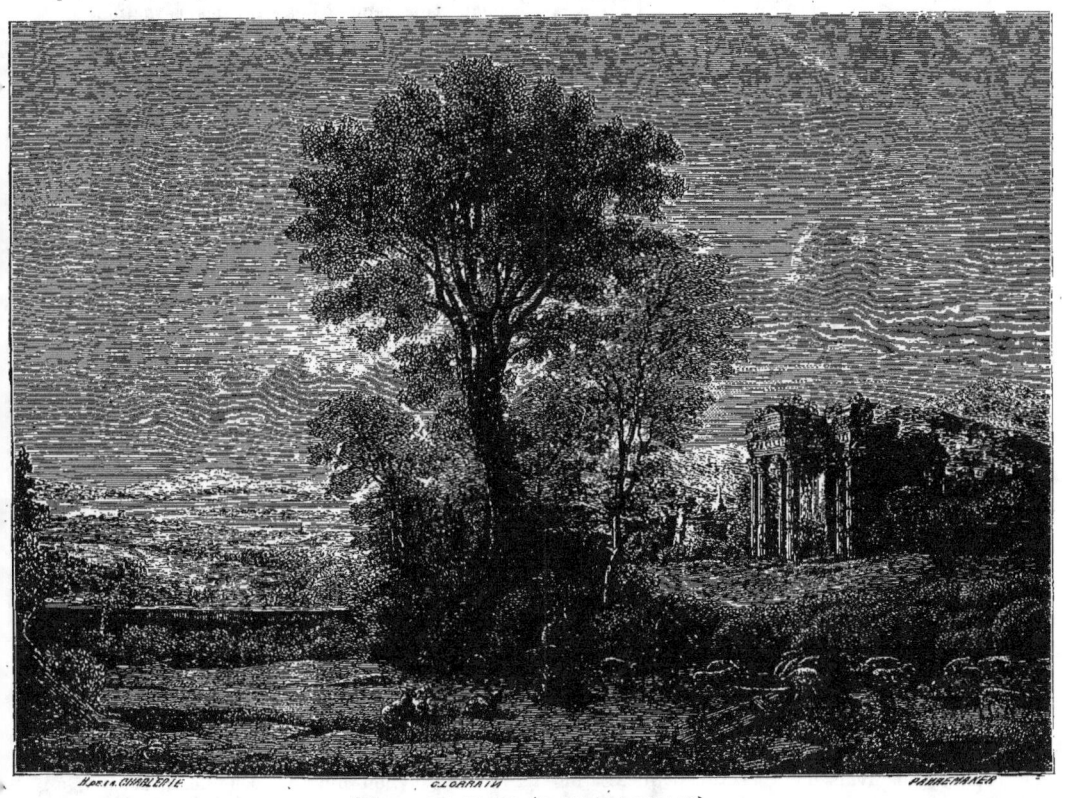

386. — LE MATIN (CLAUDE LORRAIN).
(Musée de Saint-Pétersbourg.)

les jours du terrain, et l'architecture, à partir du dix-septième siècle, n'est plus l'art fait pour tous et que tous doivent comprendre. Elle devient un art fait seulement pour les initiés. Les doctes discuteront savamment devant un édifice pour savoir si le style est conforme aux préceptes de Vitruve. Mais le public, qui ne comprend plus ces monuments, qui ne sait pas lire ce qu'ils veulent représenter, cesse de les regarder et ne s'intéresse plus à l'architecture. C'est l'influence italienne qui a amené ce résultat, et le monument qui la caractérise le mieux c'est le portail de Saint-Gervais, élevé à Paris en 1611, à une époque où tout ce qu'il y avait de national dans notre art avait complétement disparu. Il est probable que Vignole et ses disciples auraient applaudi en voyant les trois ordres superposés savamment, le dorique à la base, comme étant le plus puissant, l'ionique au milieu, et le corinthien en haut, parce qu'il est le plus léger; mais le public, qui juge par le bon sens et non par les théories apprises, ne pouvait voir là qu'un contre-sens; car qu'est-ce qu'un édifice dont la façade annonce trois étages, quand l'intérieur se compose d'une seule nef? C'est un placage, qui n'accuse pas l'édifice, et ce mensonge est fait au nom de l'art grec, un art qui n'a jamais menti et dont le premier mérite est la sincérité !

SCULPTURE. — La sculpture française ne s'est pas maintenue à la hauteur qu'elle avait atteinte sous François Ier. Nous avons à signaler bien peu de sculpteurs célèbres avant Louis XIV. Simon Guillain, qui avait étudié en Italie, avait été chargé de faire pour la décoration du pont au Change une statue de Louis XIII, d'Anne d'Autriche et de Louis XIV alors âgé de dix ans. Ces statues de bronze sont maintenant au musée du Louvre, ainsi qu'un bas-relief en pierre provenant du même monument et qui représente des captifs et des trophées. Pierre Sarrazin a aussi quelques ouvrages au Louvre, mais il est surtout connu par les grandes cariatides qui décorent le pavillon de l'Horloge dans la cour du Louvre, et qui présentent un caractère vraiment monumental. Enfin François et Michel Anguier sont deux habiles sculpteurs, chez lesquels se sont formés la plupart des artistes qui, sous Louis XIV, furent appelés à décorer les jardins de Versailles. On peut voir au Louvre un beau buste de Colbert par Michel Anguier, et de François Anguier le monument funéraire des ducs de Longueville, ainsi que des statues provenant du tombeau de l'historien de Thou. Enfin Guillaume Dupré (fig. 384) et Varin se faisaient connaître à cette époque par leurs belles médailles, qui sont restées, dans ce genre de gravure, les chefs-d'œuvre de l'école française.

PEINTURE. — Nous avons constaté le déclin de l'architecture et de la sculpture en France, pendant la période qui sépare la Renaissance du règne de Louis XIV. Ce fut le contraire pour la peinture, et le chef incontesté de l'école française, Nicolas Poussin (1594-1665), appartient précisément à cette époque. La biographie du Poussin n'offre aucun incident remarquable, et sa vie, tout entière consacrée au travail, est d'une régularité et d'une monotonie absolue. Il est né aux Andelys, en Normandie, a commencé ses études sous des maîtres obscurs, s'est ensuite lié avec un jeune homme qui l'aida de sa bourse, et est parvenu à aller en Italie, où il a passé sa vie. Quand sa réputation a été faite, Louis XIII l'a fait appeler pour lui confier la décoration du Louvre, et l'a reçu admirablement. Mais l'esprit fier et indépendant du Poussin ne put se plier aux intrigues et aux habitudes des courtisans, et, ennuyé d'un tracas auquel il n'était pas habitué, il retourna dans sa petite maison de Rome, qu'il n'a plus quittée depuis ce temps-là.

Le Poussin a traité tous les genres : mythologie ou religion, batailles ou scènes intimes, histoire ou paysage, et dans toutes ses œuvres nous retrouvons le peintre classique par excellence, celui chez lequel l'inspiration est née de la réflexion, l'exécution née de la méthode. On a dit que le Poussin avait l'intelligence de l'art, mais qu'il n'en avait pas le tempérament ; il eût été plus juste de dire que chez lui le tempérament a obéi à l'intelligence et ne lui a jamais commandé. Les fraîches carnations de Rubens se retrouvent au même degré dans les sirènes qui folâtrent, ou dans la Madeleine qui pleure. Le Poussin subordonne tout à l'idée : « Je vous envoie, écrivait-il, mon tableau représentant Armide et Renaud. Je l'ai peint de la manière que vous verrez, d'autant que *le sujet est en soi mol*, à la différence de Furius Camillus faisant fouetter le maître d'école des Falisques, qui est d'une manière plus sévère, *comme il était convenable*, considérant le sujet qui est héroïque. » Chez le Poussin, on ne trouve pas une touche qui ne soit obéissante et appropriée au sujet. Sa brosse est heurtée dans l'*Enlèvement des Sabines*, contenue dans le *Jugement de Salomon*, énergique dans le *Pyrrhus sauvé*, vive et brillante dans les scènes mythologiques, fondue et rêveuse dans les *Bergers d'Arcadie*. Dans les *Funérailles de Phocion*, sa couleur est argentine ; dans la *Peste des Philistins* elle est chaude ; dans le *Déluge* elle est sombre.

Par la clarté de ses idées et par l'ampleur de ses compositions, le Poussin montre un génie absolument français ; et pourtant il n'a dans l'esprit ni l'amabilité, ni l'ironie, ni la vivacité françaises (fig. 385). Il est certain que quand on dit :

Le Français né malin créa le vaudeville ;

ce n'est pas à Poussin qu'on pense ; mais ce n'est pas non plus à Corneille, à Racine, à Bossuet, à Fénelon, à Montesquieu, à Chateaubriant, à Lesueur, à David, en sorte que le caractère national ne se traduirait que dans les vers de Parny et les trumeaux de Boucher, si on admettait cette manière étroite de nous juger.

Les lettres intimes du Poussin témoignent de sa constante préoccupation. « Les bons poètes, écrit-il, ont usé d'une grande diligence et d'un merveilleux artifice, non-seulement pour accommoder leur style aux sujets à traiter, mais encore pour régler le choix des mots et le rhythme des vers. Je prie mes critiques de croire que je me conduis sur cette idée. » Il avait le droit de parler ainsi : son œuvre entière est un art poétique. Ceux qui, venus après lui, ont voulu faire de même, sont parfois devenus pédants : lui était magistral. Il savait s'arrêter à temps, et sa science, que l'analyse retrouve partout, est assez forte pour s'effacer derrière l'impression. J'en citerai pour exemple le *Testament d'Eudamidas*.

Couché sur le lit de mort, le corps à demi recouvert par une draperie, Eudamidas dicte son testament à un homme qui écrit, penché sur ses tablettes. Placé derrière le lit, le médecin attentif tâte sur la poitrine les dernières pulsations du cœur. La mère, assise aux pieds du mourant, cherche à dominer son émotion et n'ose plus tourner les yeux vers lui, tandis que la jeune fille, tombée sans force sur les genoux de son aïeule, s'abandonne à une douleur qu'elle n'a pas encore appris à maîtriser. La chambre n'a pour tout ornement que les armes et le bouclier, image d'une vie dévouée à la patrie. Tout dans la conception est grand, noble et beau; l'art ne s'est jamais élevé plus haut; Corneille n'eût pas été mieux inspiré. Toutes les idées de l'antiquité sur l'amitié sont contenues dans les paroles de ce Corinthien mourant qui dicte ses dernières volontés : « Je lègue ma mère à Arétée, pour la nourrir dans sa vieillesse. Je lègue ma fille à Charixène, pour la marier et la doter. Et si l'un ou l'autre vient cependant à mourir, j'entends que le legs que je lui ai fait revienne au survivant. » Il fallait être Grec pour avoir dans l'amitié cette sublime confiance, et il fallait être Poussin pour trouver dans l'histoire ce trait peu connu et l'immortaliser par un chef-d'œuvre.

Ce tableau, comme les autres ouvrages du Poussin, est une conception éminemment française : les écoles étrangères n'offrent rien d'analogue. Un Italien eût donné à la jeune fille le rôle principal, et cherché dans l'ampleur de sa tournure ce que la douleur peut ajouter à la beauté; un Espagnol eût développé les convulsions de la mort et de la souffrance, et montré ce qu'elles peuvent avoir d'horrible; un Hollandais eût, par l'intimité même des accessoires, rendu la scène plus voisine de nous et trouvé le drame dans les contrastes de la lumière; il n'y avait qu'un Français capable de garder cette tenue, cette sobriété, cette mesure, qui cause l'émotion sans déchirement et s'élève au plus haut style, en conservant la réalité la plus profonde.

L'*Enlèvement des Sabines* nous montre une tout autre face du génie du Poussin : ici tout est mouvement et passion. Ce ne sont que draperies volantes, figures courant en tous sens, chevaux qui se cabrent, femmes criant dans les bras de leurs ravisseurs. La panique est universelle, et jamais le désordre communicatif qui s'empare d'une foule saisie de frayeur n'a été mieux rendu. Les types sont vraiment barbares, la touche rude, la couleur crue et tapageuse. Dans cette mêlée, pourtant, tous les groupes s'enlacent, et cet enchaînement donne du repos à l'œil, en laissant à l'esprit toute son émotion. Romulus, qui domine toute la scène, est la seule figure calme : cette tempête, il l'a préméditée, et son geste impérieux la commande.

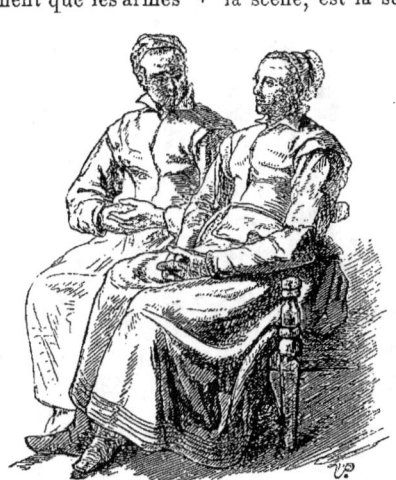

387. — FRAGMENT D'UN TABLEAU DE LENAIN.

Nous avons étudié le Poussin dans une scène de deuil et dans un sujet à grand mouvement : voyons-le dans un tableau intime. Quel est le Florentin qui, voulant faire une Rébecca à la fontaine, n'eût aussitôt songé à une belle fille d'une grande allure, décrivant une ligne magistrale par le mouvement de ses hanches? Le Poussin, lui, l'a faite ingénue; puis distribuant sur la scène un groupe nombreux de jeunes filles, il a su donner à chacune un tempérament et une expression spéciale. Tandis que Rébecca semble à la fois embarrassée et charmée d'être choisie parmi ses compagnes, voici, accoudée sur la margelle du puits, l'envieuse, qui regarde ces présents offerts à une autre; voici la curieuse, qui, dans sa distraction, ne s'aperçoit pas que sa cruche déborde; puis c'est la dédaigneuse, qui s'éloigne en affectant l'indifférence; puis une autre, qui, pour dissimuler son embarras, continue à puiser de l'eau, affectant d'ignorer ce qui se passe. Pas une nuance qui ne soit finement observée et délicatement rendue. Si Molière a vu ce tableau, il a dû reconnaître là un compatriote : il aurait fait parler ses personnages, comme Poussin les a peints.

Bien avant le Poussin, Titien, les Carrache et le Dominiquin ont fait des tableaux dans le genre qu'on a appelé *paysage historique*. Mais Poussin ne leur ressemble pas, et sa manière de comprendre le paysage est une véritable création. Dans le Titien, en effet, c'est toujours le coloriste qui paraît d'abord; si, dans le fond du tableau, il déroule un beau lointain bleu, c'est pour faire un accord avec le ton doré de ses arbres. Dans le Poussin, le paysage, comme la figure, est toujours en vue d'une idée. Ce n'est pas pour avoir encadré dans de beaux sites un sujet tiré de l'histoire qu'il est regardé comme le père du paysage historique; c'est pour avoir merveilleusement approprié à la scène qu'il représente les arbres, les ruisseaux, les rochers, aussi bien que les personnages.

Tout est vrai : les nuages ou les terrains, les arbres ou les eaux, sont étudiés dans leur réalité, mais cette réalité est toujours d'accord avec la pensée. Suivons un moment Ruysdaël, le grand paysagiste hollandais : soit qu'il s'enfonce dans la forêt ou qu'il suive le cours des cascades, soit qu'il entrevoie à l'horizon la silhouette des lointaines chaumières, ou qu'il promène sa rêverie dans les grèves battues par le vent, nous trouverons toujours une âme sensible et profondément émue, et un artiste habile qui saura traduire sur la toile les impressions qu'il a reçues. Mais, bien loin de demander à la nature des inspirations, le Poussin la colore des siennes. Dans ces rochers dénudés, où le peintre du Nord a vu des moutons pelés chercher leur maigre pâture, conduits par un berger drapé dans ses gue-

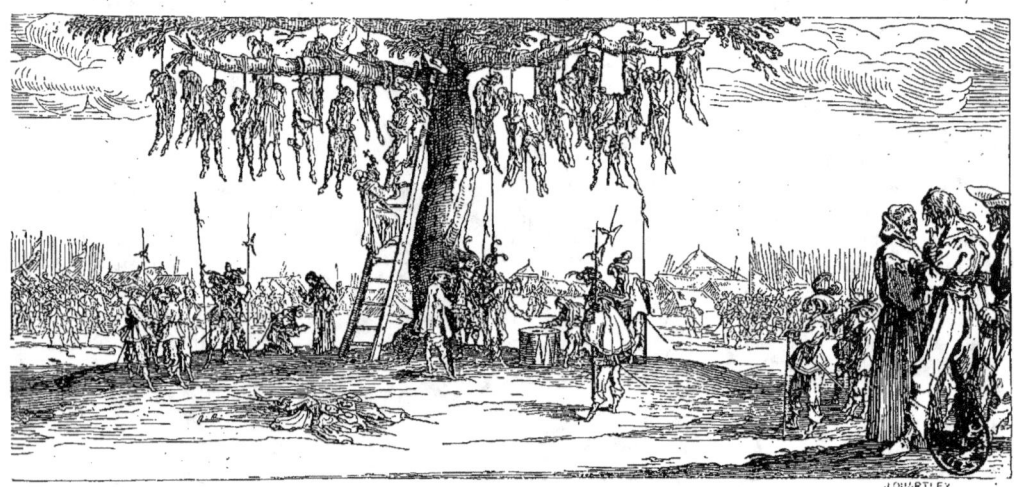

388. — LES MISÈRES DE LA GUERRE (CALLOT).
(Rome, galerie Corsini.)

nilles, il voit, lui, l'endroit où s'est assis Polyphème. Les bocages mystérieux prêtent leur ombre aux nymphes, que poursuivent les satyres; le buisson, que le vent agite, mêle le bruit de ses feuilles aux accents de la lyre d'Orphée, et si l'orage amoncelé déchaîne ses tourbillons et multiplie ses rafales, c'est que Dieu, ce jour-là, veut châtier le genre humain, c'est le déluge!

Le Poussin avait à Rome deux amis, Claude Lorrain et Moïse Valentin. Claude Gellée, dit Claude Lorrain (1600-1682), est un des artistes dont on a le plus dénaturé la biographie. On s'est plu à le représenter comme un pauvre garçon dépourvu de toute intelligence, qui, n'ayant rien pu apprendre à l'école où ses parents l'avaient envoyé, fut mis en apprentissage chez un pâtissier. Sa vocation de peintre se serait révélée tout à coup, et il aurait ainsi réuni un admirable talent à une incapacité proverbiale. Il a fallu renoncer à cette fable, quand on a voulu remonter aux sources et savoir au juste quelle était la vie de notre plus grand paysagiste. Claude Lorrain avait un frère graveur, qui l'employa très-jeune à dessiner des ornements. Il accompagna un de ses parents que ses affaires appelaient à Rome, étudia le paysage, et revint à Nancy, où il peignit des décorations d'architecture. Il revint ensuite à Rome, eut un immense succès avec ses paysages et se fixa en Italie.

Claude Lorrain était le peintre de la lumière (fig. 386); mais, de même que le Poussin, sans cesser d'être vrai, appliquait à un ensemble imaginaire des détails exacts, de même Claude Lorrain composa toujours ses tableaux sans jamais entrer dans le naturalisme qui caractérise l'école hollandaise. Ses troupeaux qui ruminent sous des ombres épaisses, ses palais qui profilent sur le ciel leur silhouette élégante, ses campagnes dignes du paradis terrestre, ses ports où la brise du soir roule doucement les vagues d'une mer tranquille, ses portiques entremêlés de beaux arbres qui balancent leurs feuilles sur un ciel sans nuages, il les a peints comme la nature aurait pu les faire, mais il les a inventés comme son esprit se plaisait à les concevoir. L'idéal par la réalité, voilà Claude Lorrain. S'il rivalise avec la nature pour l'éclat de la lumière, si dans un petit espace de toile il sait montrer des étendues immenses, s'il connaît les brumes fraîches du matin et les tièdes vapeurs du soir, il s'en sert pour donner la vie et la vérité à son rêve intérieur, mais, en somme, ce qu'il peint, c'est toujours lui-même.

Moïse Valentin, dont la biographie est totalement inconnue, fut un très-habile imitateur de Caravage et un peintre épris des réalités positives, mais qui n'avait ni l'esprit philosophique du Poussin, ni le sentiment rêveur de Claude Lorrain. Son exécution, d'une surprenante énergie, montre peut-être le point culminant de l'école française comme rendu de morceau, et si on ne le considère pas comme un artiste de premier ordre, c'est parce qu'en France on cherche avant tout la pensée, et que dans Valentin on ne trouve qu'un tempéra-

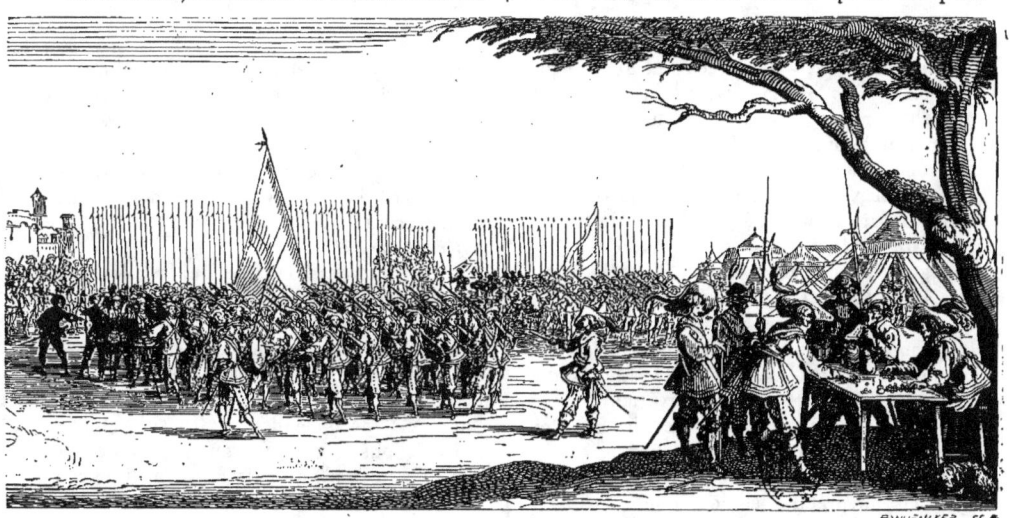

389. — LES MISÈRES DE LA GUERRE (CALLOT).
(Rome, galerie Corsini.)

ment. Moïse Valentin a toujours vécu à Rome dans l'intimité du Poussin, avec lequel il était extrêmement lié.

De ce que les trois plus grands artistes de l'école française étaient établis à Rome, il ne s'ensuit pas qu'en France on ait cessé de faire de la peinture; il n'y avait pas, il est vrai, de maître qui pût marcher de pair avec ceux que nous venons de nommer, mais à Paris Simon Vouet ouvrait une école où se formaient Lesueur et le Brun, et en province on voyait les frères Le Nain faire des petits tableaux de genre d'une valeur incontestable (fig. 387). Callot, notre inimitable graveur, qui, à treize ans, avait quitté sa famille pour suivre en Italie une troupe de Bohémiens, donnait à la même époque ces ravissantes petites compositions qui en ont fait un des artistes les plus populaires de l'école française (fig. 388, 389).

Visite au Musée. — Il était naturel que l'école française fût représentée dans notre collection nationale d'une façon complète, et en effet tous nos maîtres ont ici leurs chefs-d'œuvre. Bien que l'Angleterre et l'Italie aient des toiles importantes du Poussin, c'est au Louvre seulement qu'on peut étudier toutes les faces variées de son talent. *Éliézer et Rebecca*, *Moïse sauvé des eaux*, *les Israélites recevant la manne*, *les Philistins frappés de la peste*, magnifique composition d'une énergie extraordinaire, le *Jugement de Salomon*, tableau d'un coloris peu séduisant mais d'un style admirable, plusieurs sujets tirés du Nouveau Testament et des *Sainte-Famille*, montrent sa manière si originale de comprendre la Bible. *L'Enlèvement des Sabines*, et le *Pyrrhus sauvé* sont des compositions historiques traitées dans le mode le plus grave, tandis que les

Bacchanales, les *Bergers d'Arcadie*, le *Triomphe de Flore*, l'*Écho et Narcisse*, nous montrent les plus gracieuses interprétations de l'antiquité grecque. Le *Diogène*, l'*Orphée et Eurydyce*, les *Quatre Saisons*, où l'Hiver est représenté par *le Déluge*, comptent parmi les plus admirables paysages du maître. Son portrait, de grandeur naturelle, le seul portrait qu'il ait fait, complète son œuvre.

Les *entrées de port*, les *paysages*, les *marines* de Claude Lorrain sont aussi en nombre ; le *Débarquement de Cléopâtre*, le *Campo Vaccino*, etc., sont des chefs-d'œuvre de ce maître inimitable, qui n'est représenté qu'à Londres et à Rome, aussi bien qu'à Paris. Valentin a aussi dans notre musée plusieurs toiles importantes, et les frères Le Nain ont de charmants petits tableaux, parmi lesquels il faut remarquer particulièrement *le Maréchal dans sa forge*.

L'ART EN FRANCE SOUS LOUIS XIV.

ARCHITECTURE. — La reine Anne d'Autriche, n'ayant pas eu d'enfants pendant vingt-deux années de mariage, avait fait vœu d'élever un temple magnifique si elle donnait un héritier au trône. Quand Louis XIV fut né, elle se souvint de son vœu, et chargea l'architecte François Mansart de bâtir l'église du Val-de-Grâce. Mais quand le rez-de-chaussée fut élevé, des intrigues de cour enlevèrent à François Mansart la continuation de cet important travail, qui fut confié à Lemercier. C'est à Lemercier que l'on doit aussi la petite église de la Sorbonne. « Le portail de l'église de la Sorbonne nous montre encore ce type invariable, type italien qu'on rencontre à toutes les façades d'édifices religieux : deux ordonnances corinthiennes superposées ; au rez-de-chaussée des colonnes, au premier étage des pilastres surmontés d'un fronton ; ces deux étages réunis par une courbe à guirlande. En arrière sur la croisée, s'élève le dôme, accompagné de quatre campaniles et portant une lanterne surmontée d'une croix. Huit grandes fenêtres cintrées sont percées dans la partie cylindrique qui soutient la coupole ; extérieurement ces fenêtres sont séparées par un accouplement de pilastres portant un attique continu et une statue au-dessus de chaque groupe de ces pilastres. L'intérieur forme une croix grecque dont les dimensions sont assez restreintes, ce qui fait que Lemercier ne put donner à sa coupole la grandeur que quelques années plus tard on donna au Val-de-Grâce. »

Lemercier, qui avait remplacé François Mansart dans la direction des travaux du Val-de-Grâce, n'eut pourtant pas la gloire d'élever le dôme de cet édifice, qui est assurément une des belles choses de cette époque. L'architecte Leduc en fit une imitation très-heureuse des grands dômes italiens ; l'emploi des dômes est caractéristique à cette époque dans l'architecture française, mais parmi ceux qu'on éleva au dix-septième siècle, celui du Val-de-Grâce est un des plus gracieux. Il fut cependant dépassé dans la belle église de l'hôtel des Invalides, qui est le chef-d'œuvre de Jules-Hardouin Mansart. La courbe de ce dôme est d'une élégance parfaite.

Jules-Hardouin Mansart, qui est le neveu de François Mansart, construisit aussi la façade du château de Versailles, qui regarde le jardin. Car la construction en briques du côté de la place d'Armes avait été bâtie sous Louis XIII comme rendez-vous de chasse, et Louis XIV avait tenu à laisser subsister les constructions élevées par son père. La solennité un peu froide du palais de Versailles convenait admirablement aux goûts somptueux de Louis XIV. Les jardins immenses, dessinés par Le Nôtre, ajoutent singulièrement à l'aspect grandiose de cette résidence. Le roi y ajouta bientôt le palais de Trianon, auquel il tenait particulièrement. Un jour que le roi visitait avec Louvois les constructions nouvelles qu'on élevait à Trianon, il crut s'apercevoir qu'une des fenêtres encore inachevées était plus étroite que les autres et fit part de son observation à son ministre, qui était assez brutal par nature, et, sans autre forme de procès, répondit qu'elles étaient exactement pareilles. Louis XIV se mordit les lèvres et tourna le dos. Mais quelques jours après, se trouvant de nouveau à Trianon avec Louvois, il fit appeler Le Nôtre et lui ordonna de mesurer la fenêtre, commission fort embarrassante pour le pauvre jardinier, qui était bien sûr de déplaire à celui des deux auquel il donnerait tort. « Le Nôtre aurait bien voulu n'être pas là, dit Saint-Simon, et ne bougeait. Enfin le roi le fit aller ; et cependant Louvois continuait à gronder et à maintenir l'égalité de la fenêtre avec audace et peu de mesure. Le Nôtre trouva et dit que le roi avait raison de quelques pouces. Louvois voulut imposer; mais le roi, à la fin trop impatienté, le fit taire, lui commanda de faire défaire la fenêtre à l'heure même, et, contre sa modération ordinaire, le malmena fort rudement. Ce qui outra le plus Louvois, c'est que la scène se passa non-seulement devant les gens de bâtiment, mais en présence de tout ce qui suivait le roi dans ses promenades, seigneurs, courtisans, officiers des gardes, etc. La *vespérie* fut forte et dura assez longtemps, avec les réflexions sur les conséquences de la faute de cette fenêtre, qui, remarquée plus tard, aurait gâté toute cette façade, et aurait engagé à l'abattre. Louvois, qui n'avait pas coutume d'être traité de la sorte, revint chez lui en furie et comme un homme au désespoir. Les familiers en furent effrayés, et, dans leur inquiétude, tournèrent pour tâcher de savoir ce qui était arrivé. A la fin, il le leur conta, dit qu'il était perdu, et que pour quelques pouces le roi oubliait tous les services qui lui avaient valu tant de conquêtes, mais qu'il y mettrait ordre, et qu'il lui susciterait une guerre telle, qu'il lui ferait avoir besoin de lui et laisser là la truelle. Il tint bientôt parole. Il enfourna la guerre par l'affaire de la double élection de Cologne, etc. » Il y a probablement de l'exagération dans le récit de Saint-Simon ; mais la révélation n'en est pas moins curieuse.

Le roi s'occupait de tout, avait la prétention de tout diriger; mais Versailles, qui était son œuvre de prédilection, finit pourtant par l'ennuyer. « Le roi, dit Saint-Simon, lassé du beau et de la foule, se persuada qu'il voulait quelquefois du petit et de la solitude. Il chercha autour de Versailles de quoi satisfaire ce nouveau goût; il visita plusieurs endroits, il parcourut les coteaux qui dominent Saint-Germain, et cette vaste plaine qui est au bas. On le pressa de s'arrêter à Luciennes; mais il répondit que cette heureuse situation le ruinerait, qu'il voulait un lieu qui ne lui permît pas de songer à y rien faire.

« Il trouva derrière Luciennes un vallon étroit et profond, à bords escarpés, inaccessible par les marécages, sans aucune vue, enfermé de collines de toutes parts, extrêmement à l'étroit, avec un méchant village sur le penchant d'une de ces collines, qui s'appelait Marly. Cette clôture, sans vue ni moyen d'en avoir, fit tout son mérite; l'étroit du vallon où on ne pouvait s'étendre y ajouta beaucoup; il crut choisir un ministre, un favori, un général d'armée.

« L'ermitage fut fait : ce n'était que pour y coucher trois nuits, du mercredi au samedi, deux ou trois fois l'année, avec une douzaine de courtisans en charge, les plus indispensables; peu à peu l'ermitage fut augmenté. D'accroissement en accroissement, les collines furent taillées pour faire place et y bâtir, et celles du bout légèrement emportées pour donner au moins une échappée de vue fort imparfaite. Enfin, en bâtiments, en jardins, en eaux, en aqueducs, en ce qui est si curieux sous le nom de *machine de Marly*, en parcs, en forêts ornées et renfermées, en statues, en meubles précieux, en grands arbres qu'on y a rapportés sans cesse de Compiègne, et de bien plus loin, dont les trois quarts mouraient, et qu'on remplaçait aussitôt, en allées obscures subitement changées en immenses pièces d'eau où l'on se promenait en gondole, en remises, en forêts à n'y pas voir le jour du moment qu'on les plantait, en bassins changés cent fois, en cascades de même, en figures successives et toutes différentes, en séjours ornés de dorures et de peintures les plus exquises, à peine achevés, rechangés et rétablis autrement par les mêmes maîtres une infinité de fois : que si l'on ajoute les dépenses de ces continuels voyages qui devinrent enfin égaux aux séjours de Versailles, souvent presque aussi nombreux, et tout à la fin de la vie du roi le séjour le plus ordinaire, on ne dira pas trop sur Marly en comptant par milliards. »

L'édifice le plus célèbre du règne de Louis XIV est la colonnade du Louvre. On avait eu le projet d'achever le Louvre, et le Bernin fut appelé de Rome pour présenter un plan. Il fut reçu avec les plus grands honneurs en France, et fut d'abord chargé de l'entreprise. « D'après ses plans, dit M. Léon Vaudoyer, il devait réunir au Louvre tout le terrain compris entre le palais et le Pont-Neuf; il créait là une vaste place entourée de bâtiments. Au milieu de cette place, sur un rocher de cent pieds de haut, il eût élevé une statue colossale du roi; des statues de nymphes et de fleuves se seraient groupées sur ce rocher, et de leurs urnes se seraient échappés des torrents d'eau, qui se seraient ensuite répandus dans la ville. Du côté nord, Bernin réunissait par une galerie les bâtiments des Tuileries avec ceux du Louvre, comme ils l'étaient déjà du côté de la rivière, projet qui a toujours été reproduit depuis.... Mais le plus grand défaut de son projet était la transformation qu'il faisait subir à la cour du Louvre en plaçant dans les angles quatre grands escaliers. De cette façon cette belle cour eût été notablement réduite, et elle eût eu la forme d'une croix grecque. En un mot, Bernin ne montrait aucun respect pour l'ancien palais, et s'il lui eût été donné d'exécuter ses plans, c'en eût été fait de ces admirables façades de Lescot et des sculptures de Jean Goujon et de Paul Ponce. Du côté de Saint-Germain-l'Auxerrois, Bernin avait projeté une façade mesquine, à laquelle deux étages de fenêtres superposées donnaient une apparence d'habitation ordinaire. Tout, en un mot, dans ces plans, se ressentait de la vieillesse de l'auteur; Bernin était alors âgé de plus de soixante-huit ans, et, quelque gigantesque que fût son projet d'achèvement du Louvre, on n'y trouvait plus la vigueur de conception qui caractérise les colonnades de Saint-Pierre et de la place Navone. »

On sait que les projets du Bernin n'ont pu être exécutés par suite du départ de l'artiste, que des intrigues de cour obligèrent à retourner en Italie. Colbert, qui goûtait médio-

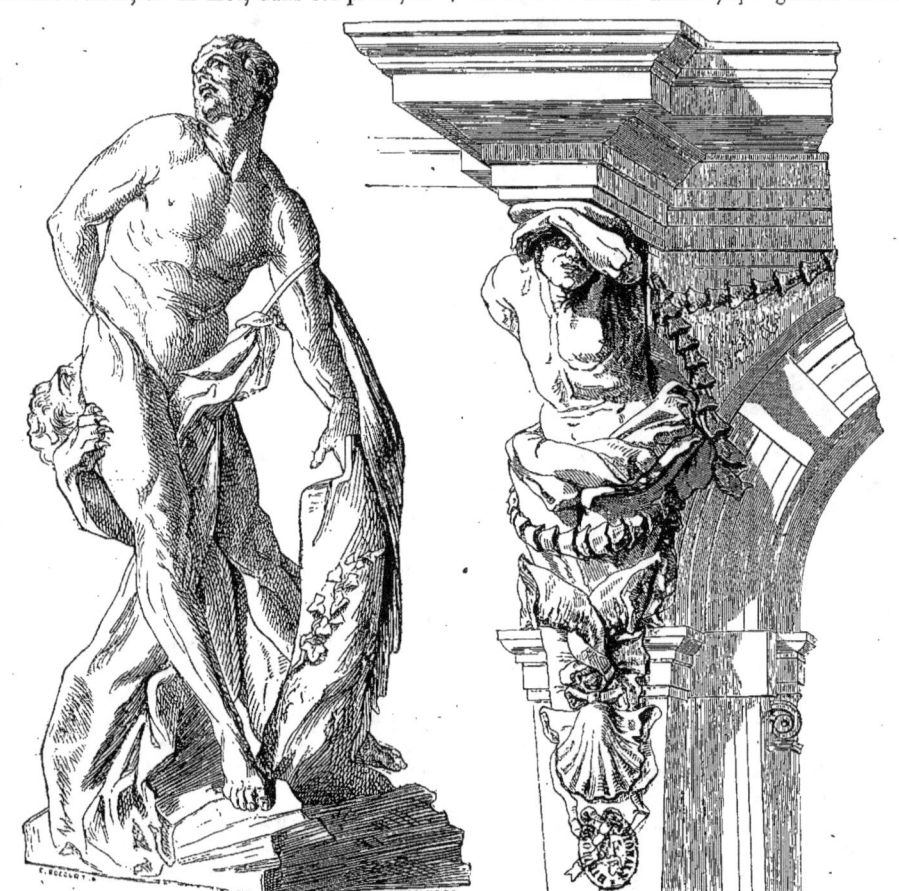

390. — MILON DE CROTONE (PUGET).
(Musée du Louvre.)

391. — CARIATIDES DE L'HÔTEL DE VILLE DE TOULON (PUGET).

crement son plan, en profita pour confier le travail à Claude Perrault, auquel on doit la façade actuelle, qui fut terminée en 1670. Cette fameuse colonnade excita une admiration immense, car elle était vraiment en harmonie avec les goûts et les idées du temps. Louis XIV et toute la cour furent enthousiasmés, et les architectes ne connurent plus d'autres modèles que cette colonnade, qui inspira en France et en Europe un grand nombre de monuments. De nos jours, l'enthousiasme s'est un peu refroidi, et, sans méconnaître la véritable grandeur d'aspect que Perrault a donnée à son monument, on lui trouva quelque chose de froid et d'une solennité un peu apprêtée. Quelque opinion qu'on ait sur la colonnade du Louvre, cet édifice aura toujours dans l'histoire de l'art une grande importance, parce qu'il est la personnification de l'architecture française au dix-septième siècle.

Nous ne terminerons pas sans nommer l'architecte Blondel, auquel on doit la porte Saint-Denis, et qui est surtout célèbre par ses écrits, devenus classiques dans nos écoles.

SCULPTURE. — Pierre Puget (1622-1694) fut peintre, sculpteur et architecte ; mais c'est surtout à ses statues qu'il doit sa célébrité. Il avait été placé très-jeune chez un constructeur

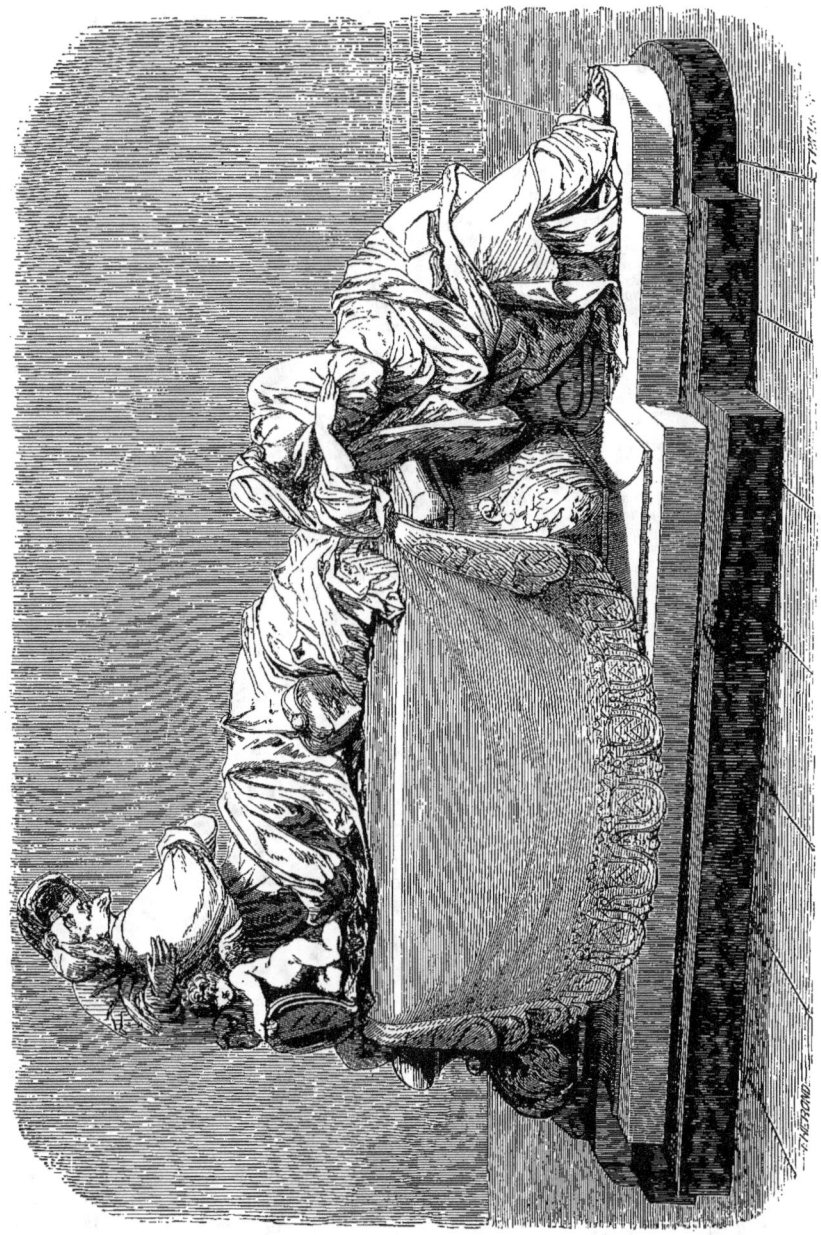

392. — TOMBEAU DE RICHELIEU (GIRARDON).
(Église de la Sorbonne.)

de galères, à Marseille, sa ville natale, qu'il quitta pour aller à Florence, où il fit de la sculpture sur bois, et à Rome, où il apprit la peinture sous la direction de Pierre de Cortone.

Il se livra aussi à l'architecture et fit de fortes études d'après les monuments de l'antiquité. De retour à Marseille, il se fit d'abord connaître comme peintre ; puis il fut bientôt chargé, comme sculpteur, de décorer de statues l'hôtel de ville de Toulon, et fit pour ce monument de belles cariatides, qui comptent parmi ses chefs-d'œuvre (fig. 391). Il avait été chargé de grands travaux par le surintendant Fouquet : mais les événements qui survinrent les arrêtèrent.

Après la disgrâce du surintendant Fouquet, Puget se retira à Gênes. Il y fit de nombreux ouvrages de sculpture, entre autres la statue de saint Sébastien et celle du bienheureux Alexandre Sauli. Rappelé à Toulon, il fut chargé de diriger les constructions navales.

Mais l'importance qu'il donnait à la partie artistique de son travail lui suscita un conflit avec la marine ; les gens du métier écrivaient à Colbert que « le très-grand défaut qu'ont les maîtres sculpteurs à l'égard des poupes et galeries dont ils nous donnent le dessin, est qu'ils s'attachent plus aux règles de leur art et à la démangeaison de faire de belles figures, qu'aux commodités, besoins et services du navire. ». Puget reçut l'ordre de s'assujettir pour la sculpture à ce qui serait résolu par les officiers et charpentiers du port. Mais il en tint

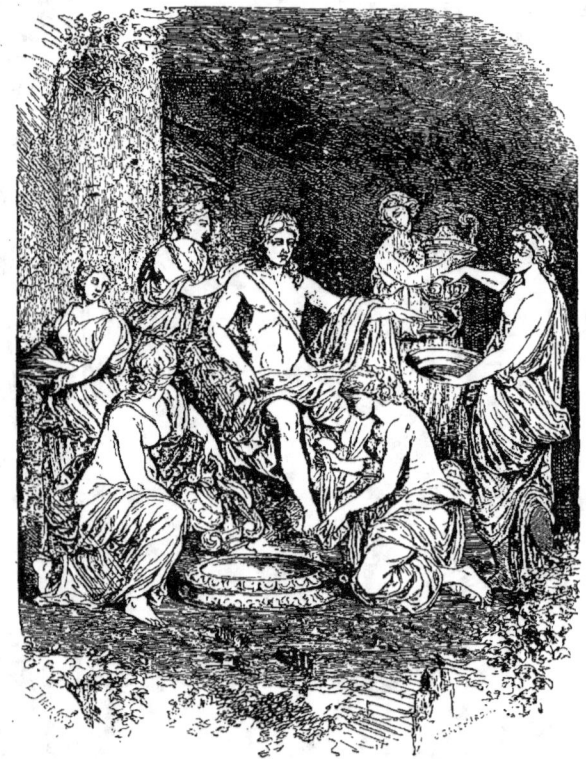

393. — APOLLON ET LES NYMPHES (GIRARDON).
(Versailles.)

peu de compte, la docilité n'étant pas le trait dominant de son caractère. Les plaintes recommencèrent, et Colbert finit par lui retirer ses fonctions. Ce fut alors que Puget entreprit, pour Louis XIV, ce superbe groupe de *Milon de Crotone*, qui est son chef-d'œuvre (fig. 390). La *Peste de Milan* fut le dernier ouvrage de Puget. Ce grand artiste avait été appelé à Versailles ; mais son esprit indépendant ne put se plier aux habitudes de la cour, et il s'était empressé, comme le Poussin, de retourner à sa vie de retraite et de travail.

Si Puget est le plus grand sculpteur du dix-septième siècle, Girardon est celui qui a été le plus occupé. Il était de Troyes, où il a beaucoup travaillé. Les jardins de Versailles sont remplis de ses ouvrages ; on remarquera, entre autres, son beau groupe de l'*Enlèvement de Proserpine*, dans le bosquet de la colonnade, et le groupe d'*Apollon et les Nymphes* dans le bosquet des bains d'Apollon (fig. 393). Le chef-d'œuvre de Girardon est le *Tombeau du cardinal de Richelieu*, dans l'église de la Sorbonne à Paris (fig. 392).

Le Lyonnais Coysevox fut aussi un des grands sculpteurs qui travaillèrent pour Louis XIV ; on peut voir de lui, à l'entrée du jardin des Tuileries, deux chevaux ailés, portant l'un Mercure et l'autre la Renommée : ils avaient été faits pour les jardins de Marly.

Visite au Louvre. — Le *Milon de Crotone* de Puget, qui est son chef-d'œuvre, avait été fait pour le jardin de Versailles, mais il a été placé depuis au musée de la sculpture moderne, au Louvre, ainsi que le fameux groupe de *Persée délivrant Andromède*. Le musée possède encore de lui une *statue d'Hercule* et un grand bas-relief qui représente *Alexandre et Diogène*. Girardon a une réduction en bronze de la grande statue équestre de Louis XIV, qu'il avait exécutée pour la ville de Paris et qui fut fondue en 1792. Il a aussi un beau buste de Boileau, qui a fait à cette occasion les vers suivants :

> Grâce au Phidias de notre âge,
> Me voilà sûr de vivre autant que l'univers ;
> Et ne connût-on plus ni mon nom ni mes vers,
> Dans ce marbre fameux, taillé sur mon visage,
> De Girardon toujours on vantera l'ouvrage.

Le tombeau de Mazarin, décoré de figures allégoriques, les statues de Louis XIV, et d'Adélaïde de Savoie, et de très-beaux bustes d'après Richelieu, Bossuet, Lebrun, Mignard et Coysevox lui-même, forment la part considérable de Coysevox dans notre musée.

EUSTACHE LESUEUR. — Le plus grand peintre du siècle de Louis XIV est Eustache Lesueur (1617-1655). Mais c'est une personnalité à part, un génie isolé, qu'il est difficile de rattacher aux artistes qui contribuèrent par leur talent à l'éclat de la cour de Versailles, puisqu'il a vécu en dehors d'eux et suivi une ligne opposée à la leur.

Il y a des hommes dont toute la vie est intérieure : Lesueur est un de ceux-là. Le Poussin a vécu entouré des chefs-d'œuvre qu'il aimait : Lesueur, qui n'a jamais vu l'Italie, n'était guère à même d'étudier l'antique, les moulages étant fort rares à cette époque : mais il l'a deviné. De Raphaël, il n'a guère connu que les gravures : il semble son élève. On a souvent mis Lesueur en parallèle avec Racine ; peut-être serait-il plus juste de le placer à côté de Fénelon. L'un et l'autre ont le cœur chrétien et le goût grec. L'un et l'autre ont dans leur foi religieuse cette tendance au quiétisme, qui est aussi loin du scepticisme moderne que des transports exaltés du moyen âge. La mythologie de Lesueur n'est pas la franche mythologie du Poussin : ses nymphes et ses déesses sont empreintes d'une rêverie qui dénote le chrétien, et il prête à ses sujets religieux une élégance et un charme mythologiques. Son esprit est parfois austère, jamais lugubre ; il n'est pas de la famille des sombres artistes qui, deux siècles avant lui, peignirent les jugements derniers et les danses macabres.

Le Poussin sut toujours assouplir son génie à son œuvre. Que Lesueur nous montre les Muses assises dans le bocage, ou les anges descendant dans une pieuse vision, son esprit chaste et mélancolique leur imprime malgré lui le cachet de son cœur. L'un comme l'autre ont vécu loin de la cour, dédaigneux de la fortune, et se sont vu préférer des rivaux qui ne les valaient pas. Mais s'il y a plus de puissance dans l'isolement du Poussin, on éprouve pour Lesueur une sympathie plus grande. Tous deux sont bien de leur pays : mais Lesueur est peut-être plus de son temps. Car ce temps n'est pas seulement dans les fêtes de Versailles, il est aussi dans le jansénisme, dans ce besoin de pureté, de méditation et d'étude que l'histoire a trop effacé derrière le faste du grand siècle, et qui pourtant y occupait une place importante. Entre la France officielle et la France rêveuse de cette époque, il y a exactement la distance qui sépare Lebrun de Lesueur.

Lesueur n'imprime pas à ses figures la fierté d'allures qui domine dans l'école italienne ; mais il y met une candeur que nul n'a égalée. Les tableaux de la *Vie de saint Bruno* reflètent son âme entière. Quelle foi tranquille et simple dans cette réunion de fidèles qui écoutent le sermon, et comme leur attention, si diversement exprimée, paraît toujours sincère et jamais emphatique ! Et dans ce mort qui ressuscite pour annoncer qu'il est jugé et damné, quel sentiment profond du drame, et comme, sans contorsions ni manières, l'émotion et la terreur sont communicatives ? Mais jamais peut-être Lesueur n'est si pathétique que dans la mort du saint : les flambeaux répandent sur la scène une lueur sépulcrale, la douleur si bien rendue des assistants, l'entente merveilleuse du clair-obscur, et l'austérité de toute la scène en font un chef-d'œuvre unique en son genre (fig. 394).

Comment donc le peintre des cénobites pourra-t-il aborder les sujets païens ? Il le fera pourtant comme Fénelon a fait son *Télémaque*. Voyez ces chastes Muses dans leur riant paysage : la gravité de leur visage et l'élégance de leur tournure en font des divinités à part, qui ont le corps fait comme les déesses, et qui pensent comme les saintes. Dans *les Martyrs Gervais et Protais*, traînés devant la statue de Jupiter, Lesueur montre encore des qualités nouvelles; mais dans le *Saint Paul prêchant à Éphèse* il s'élève à la hauteur des grandes

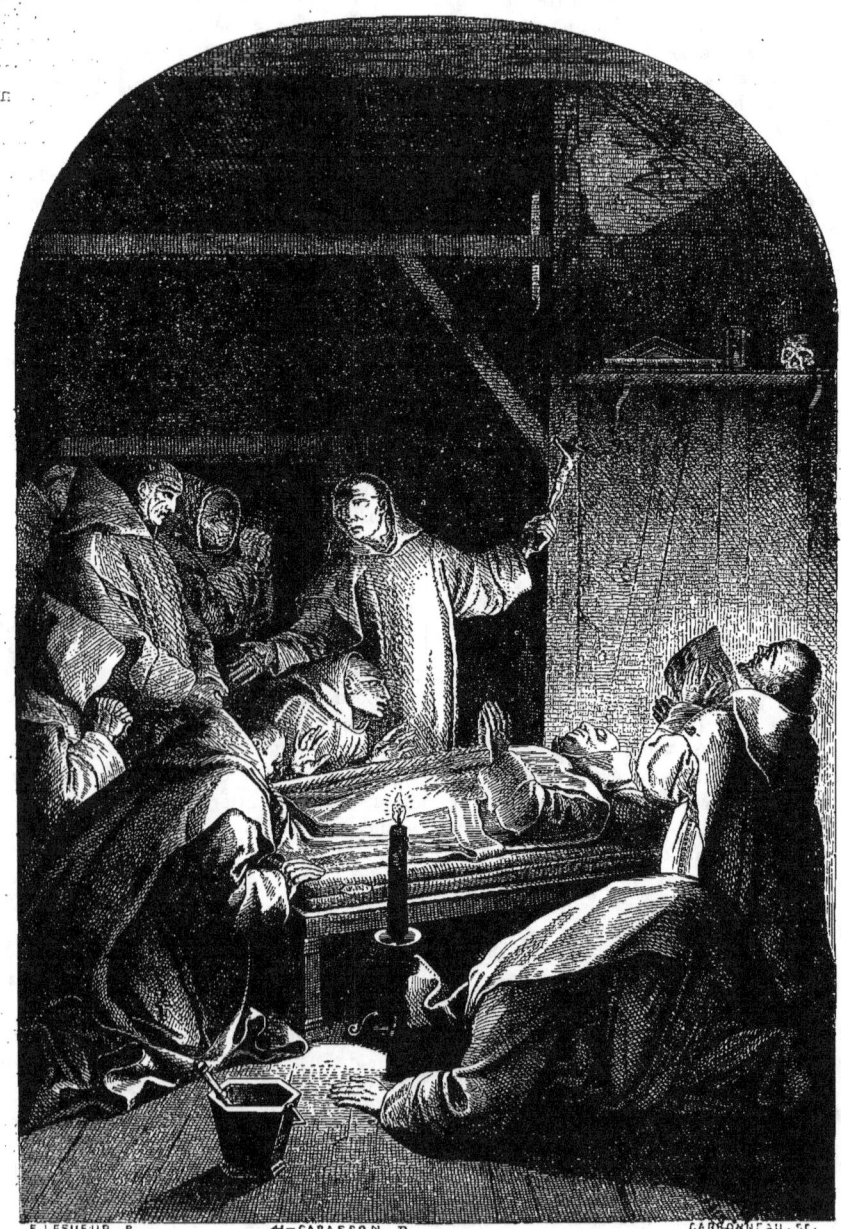

394. — MORT DE SAINT BRUNO (LESUEUR).
(Gravure extraite de l'*Histoire des Peintres*.)

compositions historiques de Raphaël. Lesueur est toujours égal à lui-même. Dans les tableaux mêmes de la moindre importance, la *Véronique* par exemple, on le retrouve tout entier.

Lesueur est mort à trente-huit ans; son œuvre

qui comprend la *Vie de saint Bruno*, les décorations mythologiques de l'hôtel Lambert et plusieurs tableaux d'histoire que possède le Louvre, est peu connue dans les pays étrangers, et il est loin d'y avoir atteint la même réputation que le Poussin. Celui-ci a dans la conception une plus grande variété et dans l'exécution une énergie plus virile; mais Le-

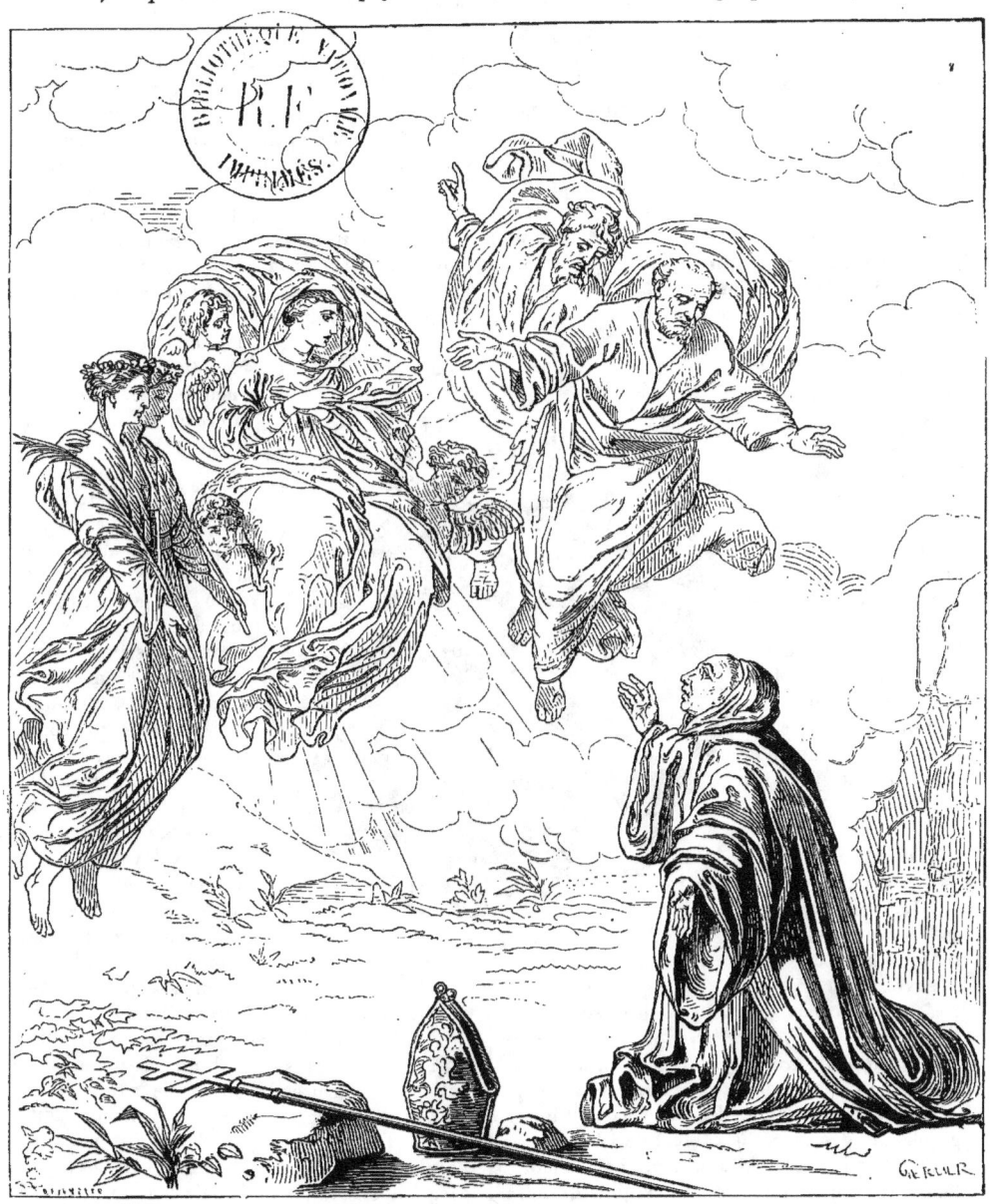

395. — APPARITION DE SAINTE SCHOLASTIQUE A SAINT BENOIT (LESUEUR)
(Musée du Louvre.)

sueur a plus de tendresse et plus de charme. Chez le premier, c'est la réflexion qui domine; chez l'autre, c'est le sentiment. On a accusé Lesueur d'avoir quelquefois sacrifié la correction à la grâce, en donnant trop de longueur à ses figures; mais chez lui le style est toujours d'une irréprochable pureté. Son coloris suave et harmonieux (car certaines crudités bleues qu'on lui a reprochées ne sont que l'effet d'une réaction chimique) est éminemment propre à la nature de ses inspirations.

Lesueur, d'ailleurs, eut toujours à lutter contre les difficultés matérielles de la vie, et son talent lui suscita des envieux. Mais on a certainement calomnié la mémoire de Lebrun en l'accusant d'actes dont on ne donne aucune preuve. Les chartreux ont raconté que Lebrun avait rendu visite à Lesueur à son lit de mort, et qu'il s'écria, après lui avoir vu rendre le dernier soupir : « La mort vient de m'ôter une fameuse épine du pied ! » En admettant que le mot soit vrai, il ne suffirait pas pour justifier le soupçon qu'on a voulu faire peser sur Lebrun.

Il est certain pourtant que Lesueur fut victime, à Paris, de persécutions du genre de celles que le Dominiquin avait eu à subir à Naples. Ses tableaux furent abîmés systématiquement et à plusieurs reprises, tellement que les chartreux furent obligés de les protéger par des volets fermant à clef, et une main ennemie s'avisa un jour d'effacer la modeste épitaphe qu'on avait gravée sur son tombeau.

Visite au Louvre. — C'est au Louvre et au Louvre seulement qu'on peut étudier Lesueur : tous ses chefs-d'œuvre sont là : *La Descente de croix*, le *Jésus portant sa croix*, le *Saint Paul à Éphèse*, l'*Apparition de sainte Scholastique à saint Benoît* (fig. 395), la *Messe de saint Martin*, toute la série des tableaux sur *la Vie de saint Bruno*, les tableaux mythologiques qui décoraient le cabinet de l'Amour, à l'hôtel Lambert, les Muses, etc. ; en un mot, l'œuvre presque entière d'un des plus grands maîtres français dont s'honore l'école française. On ne voit d'ouvrages de Lesueur dans aucun autre des grands musées d'Europe.

LA PEINTURE DÉCORATIVE. — Si Lesueur est un peintre isolé, Lebrun (1619-1690) peut être regardé comme la personnification la plus complète du goût qui régnait à la cour de Louis XIV. On peut ne pas aimer le dix-septième siècle ; mais Lebrun en reflète exactement les idées. Il fut, comme Lesueur, élève de Simon Vouët : mais il partit de bonne heure en Italie, et à Rome il connut le Poussin, qui l'aida de ses conseils. Sa réputation était déjà faite lorsqu'il revint en France ; Mazarin le présenta à Louis XIV, et il consacra dès lors tout son temps au service du roi. Lebrun était un travailleur infatigable : c'est à lui que se rattache la fondation de l'Académie de peinture et de la manufacture des Gobelins. Outre son œuvre personnelle, qui est immense, il a dirigé une prodigieuse quantité de travaux en tout genre. « Pendant plus d'un quart de siècle, dit M. Vitet, Lebrun devient l'arbitre et le juge suprême de toutes les idées d'artiste, le dispensateur de tous les types, le régulateur de toutes les formes. C'est d'après ses modèles que les enfants dessinent dans les écoles ; c'est lui qui donne aux sculpteurs le dessin de leurs statues ; les meubles ne peuvent être ronds, carrés, ovales, que sous son bon plaisir, et les étoffes ne se brochent que d'après les cartons qu'il a fait tracer sous ses yeux. Il est vrai qu'il résulta de cette prodigieuse unité d'organisation une espèce de grandeur extraordinaire, un spectacle imposant dont tous les yeux furent éblouis. »

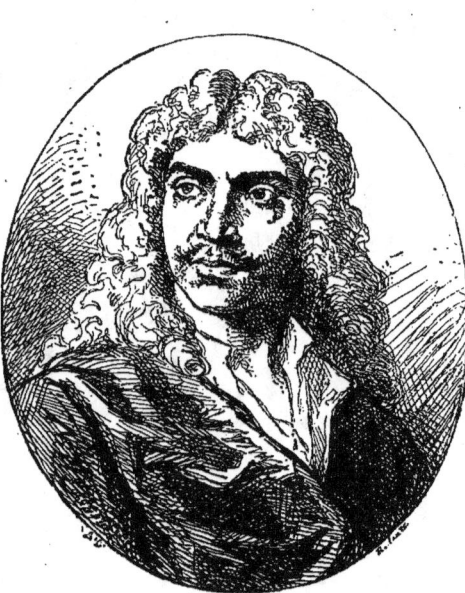

396. — PORTRAIT DE MOLIÈRE (MIGNARD).

Lebrun a tenté de faire dans les arts ce que Colbert faisait dans la politique. Cette substitution d'une sorte de hiérarchie administrative à l'inspiration personnelle, qui seule doit guider l'artiste, a été par la suite funeste à l'école française ; mais l'homme qui a conçu et dirigé la décoration de la galerie des Glaces, à Versailles, et celle de la galerie d'Apollon au Louvre, est assurément un grand maître. Si son influence a été tyrannique, cela n'ôte rien à sa valeur comme artiste : on l'a peut-être trop exalté de son vivant ; mais aujourd'hui on est certainement injuste à son égard.

Dans ses tableaux de batailles, car il a traité

tous les genres, Lebrun a souvent pris pour collaborateur le Flamand Van der Meulen, que Colbert avait fait venir de Bruxelles pour l'attacher au service du roi. Celui-ci était un esprit exact, méthodique, peignant avec une exactitude topographique surprenante des incidents militaires, qui prennent sous son pinceau la valeur d'un compte rendu officiel. Nommé peintre des chasses du roi, en même temps que de ses campagnes, Van der Meulen fut naturellement appelé à accompagner son maître et à reproduire sur la toile ces brillantes parties de plaisir, où la meute royale traquait le cerf dans les taillis, tandis que la forêt retentissait du bruit des fanfares. Ce peintre, qui, dans ses représentations de batailles, semble n'avoir en vue que la sèche exactitude d'une opération stratégique, a su parfois trouver dans les rochers moussus amoncelés autour des vieux arbres noueux un accent pittoresque et sauvage qu'anime d'une étrange façon la masse tumultueuse des chasseurs et des chiens.

Le Normand Jouvenet (1644-1717), qui fut employé par Lebrun dans les travaux de Versailles, avait une exécution robuste et heurtée, qui était en quelque sorte l'opposé de la facture de Lebrun, qui est toujours très-lisse. Jouvenet est en outre un coloriste d'une très-grande puissance, et, quoiqu'il ait été, comme tous les peintres de ce temps, à l'exception de Lesueur, porté à certaine emphase théâtrale, il a, dans la recherche de l'expression dramatique, une valeur considérable.

La *Résurrection de Lazare*, par Jouvenet, qui était autrefois à l'église Saint-Martin des Champs et qu'on voit maintenant au Louvre, est une de ses meilleures inspirations sous ce rapport. Il faut voir la manière dont Diderot en parle, en l'opposant à un tableau de son contemporain Deshays, qui avait peint le même sujet... « Dites-moi aussi pourquoi tous les ressuscités sont hideux? Il me semble qu'il vaudrait autant ne pas faire les choses à demi et qu'il n'en coûterait pas plus de rendre la santé avec la vie. Voyez-moi un peu ce Lazare de Deshays : je vous assure qu'il lui faudra plus de six mois pour se refaire de sa résurrection... Je ne vous conseillerais pas de l'opposer à celui de Rembrand ou de Jouvenet. Si vous voulez être étonné, allez à Saint-Martin des Champs voir le même sujet traité par Jouvenet. Quelle vie! quels regards! quelle force d'expression! quelle joie! quelle reconnaissance! Un assistant lève le voile qui couvrait cette tête étonnante et vous la montre subitement. Quelle différence entre ces amis qui tendent les mains au ressuscité de Deshays et cet homme prosterné qui éclaire avec un flambeau la scène de Jouvenet! Quand on l'a vue une fois, on ne l'oublie jamais. »

Visite au Musée. — C'est au palais de Versailles qu'on peut surtout apprécier Lebrun comme décorateur; mais les tableaux nombreux que le Louvre possède de cet artiste montrent sous d'autres aspects la puissance et la variété de son talent. Nous n'insisterons pas sur ses compositions religieuses; malgré leur incontestable valeur, elles ne pourraient en aucune façon soutenir la comparaison avec les sujets du même genre traités par Lesueur. Les tableaux sur la vie d'Alexandre, qui avaient été composés pour être reproduits en tapisseries des Gobelins, sont devenus d'un ton rouge fort désagréable; mais il y a dans le *Passage du Granique*, la *Bataille d'Arbelles* et l'*Entrée d'Alexandre dans Babylone* un tumulte et une fécondité d'invention extraordinaires. La *Tente de Darius*, qui est regardée comme le chef-d'œuvre de Lebrun, fait partie de la même série. Quand il fit ce tableau, le roi, enthousiasmé, vint dans l'atelier de l'artiste passer des heures à le regarder peindre.

Les galeries de Versailles et celles du Louvre possèdent de nombreux tableaux de Van der Meulen, où on pourra juger de son talent exact et fin. La *Descente de croix* passe pour la plus belle toile de Jouvenet; la *Résurrection de Lazare* et les *Vendeurs chassés du temple* sont aussi deux ouvrages très-importants du même artiste.

LES PORTRAITISTES. — C'est au dix-septième siècle que commence cette admirable série de portraits, qui se continuèrent pendant tout le dix-huitième siècle, et qui sont l'honneur de l'école française. Pierre Mignard (1610-1695) aurait pu trouver sa place parmi les décorateurs, puisqu'il a peint à fresque le dôme du Val-de-Grâce, gigantesque composition où il entre plus de deux cents figures grandes au moins trois fois comme nature, et qui a été célébrée par un poëme de Molière. Le musée du Louvre possède plusieurs tableaux religieux de Mignard, entre autres une *Vierge* connue sous le nom de *la Vierge à la Grappe*, qui a été copiée un nombre incalculable de fois. Néanmoins c'est surtout comme peintre de portraits que Mignard est célèbre (fig. 396). Il en a de très-beaux au Musée, entre autres le sien. Mignard a été le peintre à la mode sous Louis XIV, et pourtant Hyacinthe Rigaud lui

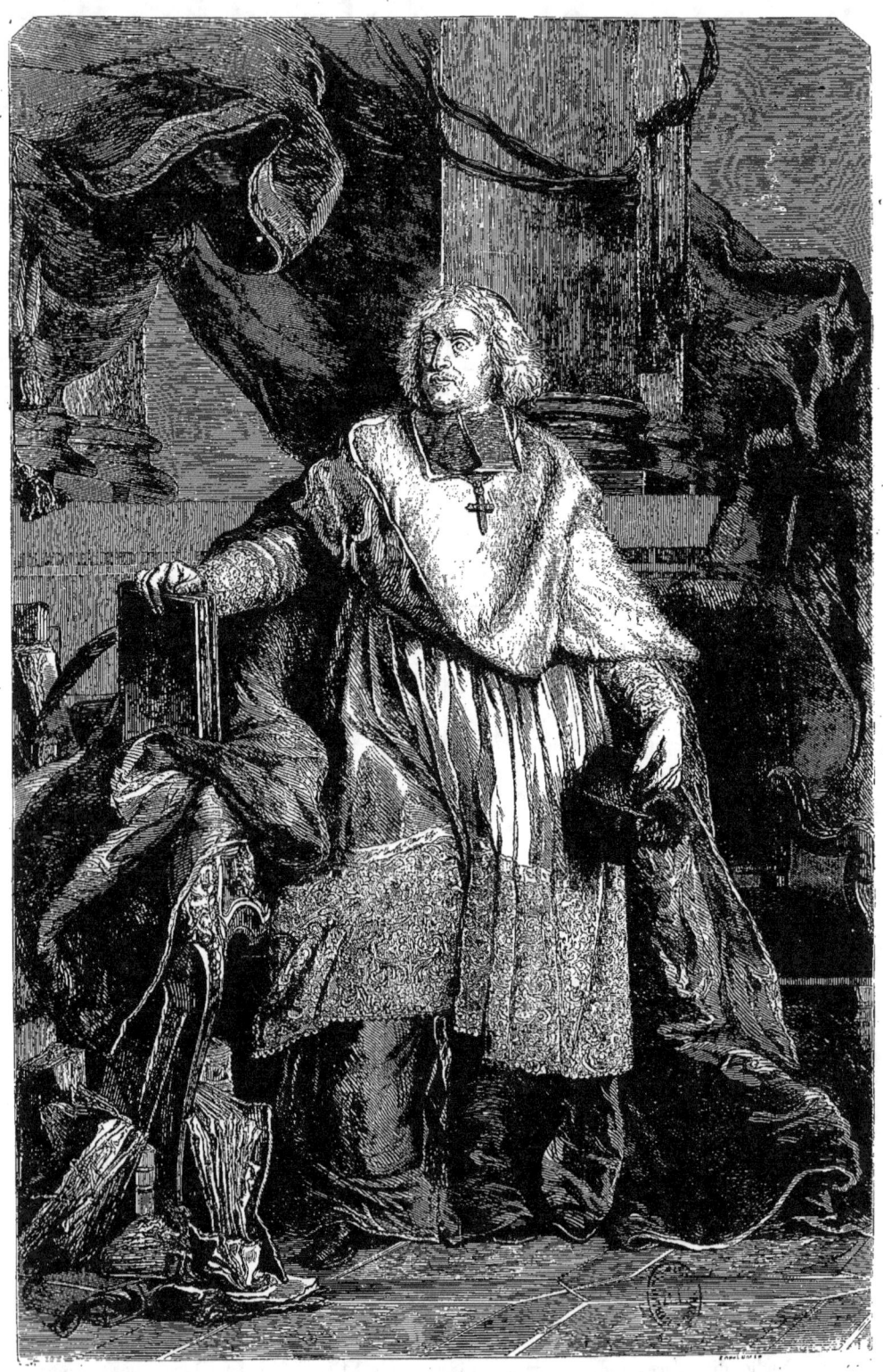

397. — PORTRAIT DE BOSSUET (RIGAUD).

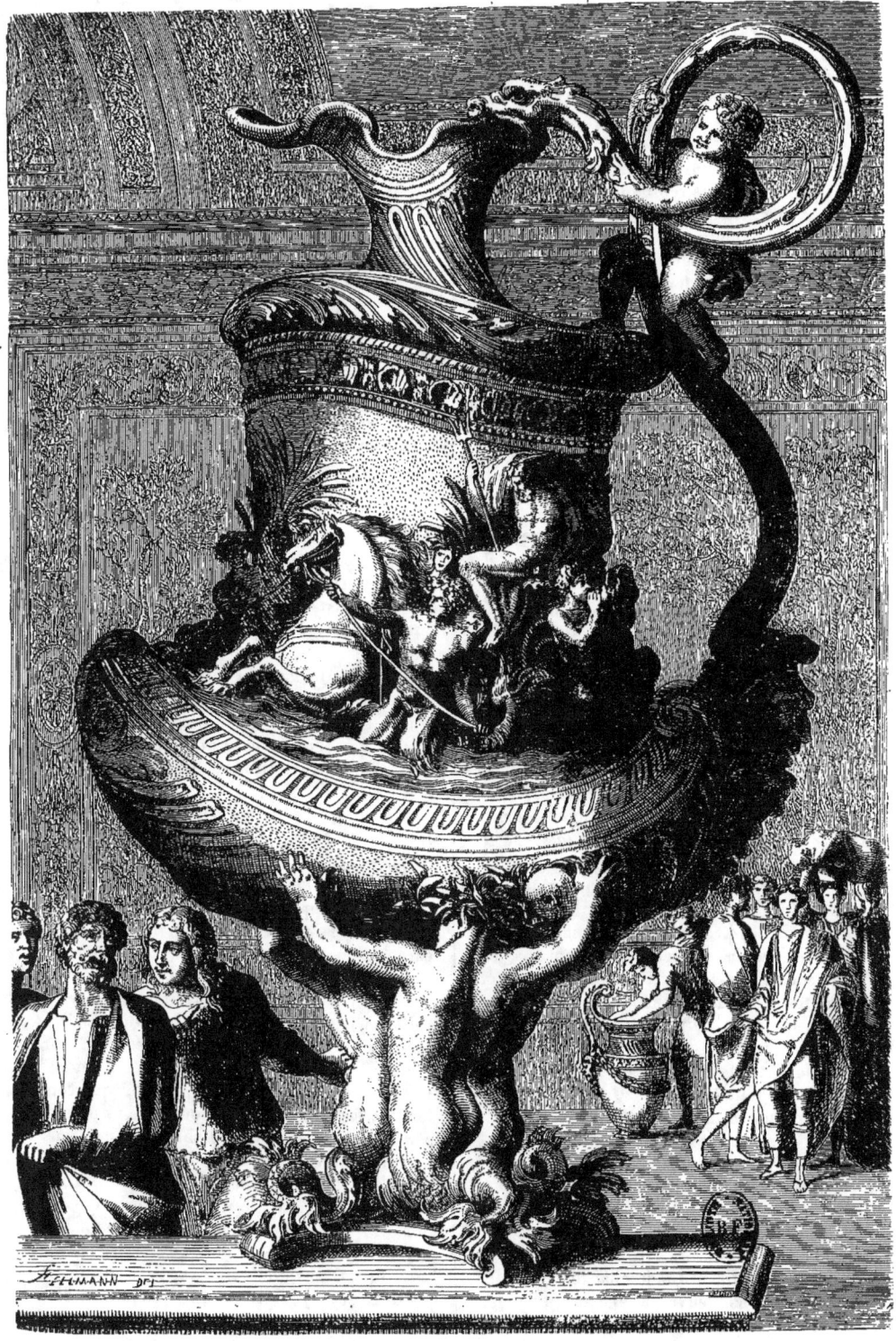

398. — VASE DE LEPAUTE (STYLE LEBRUN).

est très-supérieur par la distinction exquise de sa peinture. Le beau portrait en pied de Bossuet (fig. 397), ceux de Louis XIV et du roi d'Espagne Philippe V, au Louvre, et le portrait de Louis XV enfant, qui fait partie des galeries de Versailles, ont été reproduits par d'admirables graveurs. Nicolas Largillière, son contemporain, a un talent moins délicat, moins aristocratique; mais il a peut-être plus de puissance dans la touche et de force dans le coloris. On peut voir au Louvre son propre portrait, en compagnie de sa femme et de sa fille, dans la belle collection que M. Lacaze a récemment léguée au Musée. Au dix-huitième siècle, les portraits au pastel devinrent fort à la mode, et l'immense réputation que s'est acquise Latour dans ce genre, où il est demeuré sans rival, est pleinement justifiée par les pastels qui sont au Musée, et notamment par le beau portrait en pied de Mme de Pompadour.

« C'est un rare corps que ce Latour, écrivait Diderot; il se mêle de poésie, de morale, de théologie, de métaphysique et de politique. C'est un homme franc et vrai. C'est un fait qu'en 1756, faisant le portrait du roi, Sa Majesté cherchait à s'entretenir avec lui sur son art pendant les séances, et que Latour répondit à toutes les observations du monarque : *Vous avez raison, Sire; mais nous n'avons point de marine.* Cette liberté déplacée n'offensa point, et le portrait s'acheva. Il dit un jour à monseigneur le dauphin, qui lui paraissait mal instruit d'une affaire qu'il lui avait recommandée : *Voilà comme vous vous laissez toujours tromper par des fripons, vous autres.* Il prétend qu'il ne va à la cour que pour leur dire leurs vérités, et à Versailles il passe pour un fou dont les propos ne tirent pas à conséquence, ce qui lui conserve son franc parler. J'étais chez M. le baron d'Holbach, lorsqu'on lui montra deux pastels de Mengs, aujourd'hui, je crois, premier peintre du roi d'Espagne. Latour les regarda longtemps. C'était avant dîner. On sert; il se met à table; il mange sans parler; puis tout à coup il se lève, va revoir les deux pastels et ne reparaît plus. »

FORMATION DE L'ACADÉMIE. — « Quand l'art des temps modernes sortit de ses langes, dit le *Dictionnaire de l'Académie des Beaux-Arts*, une main lui fut tendue, la main un peu lourde de l'industrie. Dès lors l'artiste se trouva sous la tutelle de l'artisan qui le chargeait d'orner et de compléter son œuvre. Même au quinzième siècle, les prédécesseurs de Raphaël peignent pour les églises des diptyques, pour les bourgeois des coffres, des armoires, des sièges; pour les gens de guerre, des boucliers et des harnais. Dans ce temps-là, le doreur ou l'encadreur se croient égaux ou supérieurs au peintre; ce n'est plus son nom, c'est le leur qui se lit sur le tableau. On a appelé cela de la barbarie, et on a eu raison; mais quelle merveilleuse barbarie! C'est elle qui a préparé en Italie cette période d'éternelle mémoire qui embrasse la fin et le commencement des quinzième et seizième siècles, époque d'une universelle inspiration, où le grand art se marie à tous les arts, où l'imagination et la grâce conduisent l'outil; époque qui nous a légué ces meubles, ces armes, ces coupes, ces joyaux, dont l'éclat, la richesse et les ingénieux symboles fascinent tous les yeux. »

En effet, l'art se confondait autrefois avec l'industrie, et on donnait le nom d'artiste non pas à celui qui exerçait tel ou tel art en particulier, mais à celui qui excellait dans son travail. La séparation de l'art et de l'industrie, consommée sous Louis XIV, a été commencée sous François Ier. Le roi, en appelant près de lui des artistes italiens, leur conféra de nombreux priviléges et leur enjoignit de former des élèves. Pour attirer les jeunes gens, on les attacha à la maison du roi, et ils étaient ainsi dispensés du chef-d'œuvre et des années d'apprentissage que la corporation des peintres et tailleurs d'images exigeait pour conférer la *maîtrise*, c'est-à-dire le droit d'exercer son art.

Dès lors on vit commencer entre les peintres de la maison du roi et les peintres des corporations cet antagonisme qui se termina par la formation de l'Académie. Comme les gens de quelque valeur trouvaient toujours avantage à faire partie de la maison du roi, la corporation se trouva à peu près sevrée des talents qui autrefois avaient fait sa force, et voulut y porter remède. Sous Mazarin, elle obtint du parlement un arrêt qui limitait à six le nombre des peintres de la maison du roi. Ceux-ci, ne voulant plus être mêlés à l'industrie et rentrer dans une corporation qui confondait les artistes et les ouvriers, s'organisèrent, à l'instigation de Lebrun, pour former une académie sur le modèle de celles qui existaient déjà en Italie, et trouvèrent un noble qui se chargea d'être leur interprète auprès du roi et de rédiger en leur nom une requête.

Ce fut là l'origine de l'Académie royale de peinture et de sculpture, qui, jusqu'à sa dissolution par la révolution française, compta parmi ses membres tous les hommes éminents qui parurent dans les arts. Il y eut longtemps encore des luttes avec la confrérie de Saint-Luc, qui comprenait autrefois tous ceux qui s'occupaient de peinture, soit comme artistes, soit comme hommes de métier. Mais la protection du roi étant acquise à l'Académie, celle-ci était certaine d'avoir l'avantage. La situation des artistes fut très-améliorée, mais il s'établit entre l'art et l'industrie une distinction regrettable, parce que l'industrie, se trouvant isolée, était par cela même privée d'un secours puissant; c'est en effet leur union qui dans l'antiquité, au moyen âge et sous la Renaissance, a produit tant de merveilles.

L'usage des expositions de peinture en France remonte à la formation de l'Académie royale. Lorsqu'en 1648, un groupe d'artistes, sous l'impulsion de Lebrun, se sépara de l'ancienne maîtrise pour se constituer en académie, on décida que les travaux des élèves qui concourraient pour les prix seraient exposés publiquement; les académiciens résolurent d'y joindre leurs propres ouvrages, afin d'exciter l'émulation des jeunes gens et de « tenir en même temps table ouverte d'admiration pour le public, » selon l'expression d'un ancien livret. Ces premières expositions n'avaient pas de local déterminé, et ce ne fut qu'en 1699 que Mansart obtint du roi que les ouvrages des peintres et sculpteurs seraient exposés dans son palais du Louvre. Pendant tout le dix-huitième siècle, les artistes académiciens eurent seuls le privilége d'envoyer leurs tableaux à ces solennités; la Révolution ouvrit les portes du Salon à tous ceux qui se présentèrent, sans autre restriction que celle d'un jury chargé d'éliminer les ouvrages immoraux ou trop faibles.

Il paraît que le local affecté à nos premières expositions de peinture n'était pas des plus brillants, car l'insuffisance et la mauvaise disposition des salles excitèrent la verve des critiques, et les vers suivants circulèrent dans Paris au commencement du dix-huitième siècle:

> Il est au Louvre un galetas
> Où, dans un calme solitaire,
> Les chauves-souris et les rats
> Viennent tenir leur cour plénière.
> C'est là qu'Apollon, sur leurs pas,
> Des beaux-arts ouvrant la barrière,
> Tous les deux ans tient ses états
> Et vient placer son sanctuaire.

FONDATION DES GOBELINS. — L'organisation des beaux-arts sous Louis XIV présente le caractère d'une armée. Le surintendant des bâtiments du roi commande à tout un personnel d'officiers; des intendants, des contrôleurs relèvent du maître, et font obéir des légions d'ouvriers. L'art n'est plus l'expression d'un sentiment national spontané, mais l'expression du goût particulier de la cour. Aussi le pays cesse de s'intéresser aux productions de l'art, qui ne sont plus goûtées que par quelques hommes spéciaux, qu'on désigne par le nom d'amateurs ou de curieux. Le roi fut naturellement le premier des amateurs, et sa maison dut être la mieux fournie. C'était d'ailleurs un résultat naturel des mœurs monarchiques.

Quand le système centralisateur remplaça la vie communale, l'État, personnifié dans le roi ou dans son ministre, devint forcément protecteur de l'art, qui auparavant était lié à l'industrie. Il ouvrit donc des écoles publiques, et l'enseignement dogmatique d'un grand établissement se substitua à l'enseignement pratique de l'apprentissage chez un particulier. Les écoles de dessin furent placées sous la direction de l'Académie royale de peinture et de sculpture; pour les applications de l'art à l'industrie, on fonda la manufacture royale des Gobelins. Dans la pensée de Colbert, cette manufacture devait fournir le mobilier de la couronne, et comprenait ainsi tout ce qu'on appelle aujourd'hui les *arts industriels*. L'ébénisterie, l'orfèvrerie, et toutes les industries se rattachant au mobilier devaient avoir là leur enseignement central; mais cette conception trop vaste a été abandonnée depuis, et on s'est contenté d'y faire d'admirables tapisseries. Lebrun, qui dirigeait tout à cette époque, devint naturellement l'âme du nouvel établissement, et l'on retrouve dans les œuvres de cette époque tout le caractère théâtral de son talent (fig. 398).

Perrault, dans son poëme de la peinture, parle de la manufacture des Gobelins. Apollon, accompagné de la nymphe de la Poésie, conduit Lebrun chez la nymphe de la Peinture, qui leur fait visiter le palais qu'elle s'est bâti au pied de l'Hélicon, et dont la décoration comprend les neuf genres de peintures : l'histoire, les grotesques, les bacchanales, les portraits, les paysages, l'architecture, la perspective, les animaux, les fleurs. On parle alors des grandes destinées de l'art, sous le règne heureux de Louis XIV, et on arrive à la grande manufacture fondée par Colbert :

> Lebrun, c'est en nos jours que l'on voit éclaircies
> Du fidèle Apollon les grandes prophéties,
> Puisque enfin dans la France on voit de toutes parts
> Fleurir le règne heureux des vertus et des arts....
> ..... Il suffit de voir ce que ta main nous donne,
> Ces chefs-d'œuvre de l'art, dont l'art même s'étonne,
> Et ce qu'en mille endroits, dans les grands ateliers,
> Travaille sous tes yeux la main des ouvriers.
> C'est là que la Peinture, avec l'or et la soie,
> Des grands événements tous les charmes déploie,
> Et que la docte aiguille avec tant d'agrément
> Trace l'heureux succès de chaque événement.

L'ART EN FRANCE AU DIX-HUITIÈME SIÈCLE.

ARCHITECTURE. — La plupart des architectes du dix-huitième siècle ont cherché à se maintenir dans la ligne tracée par Mansart et Perrault. Gabriel, auquel on doit l'École militaire, et les édifices qui décorent la place de la Concorde, le garde-meuble et le ministère de la marine, représente, avec Servandoni et Soufflot, les traditions de l'architecture classique. Servandoni est l'auteur du portail de l'église Saint-Sulpice; mais le plan qu'il avait donné pour les tours ne fut pas exécuté. Il est aussi l'auteur de la chapelle de la Vierge dans la même église, et le jour mystérieux qu'il a imaginé pour éclairer la statue est d'un effet décoratif très-agréable. Soufflot est l'architecte du Panthéon. Ce fut un vœu fait par Louis XV pendant sa maladie à Metz, qui fut la cause de l'érection de la nouvelle église de Sainte-Geneviève, qui devint depuis le Panthéon. Plusieurs architectes présentèrent des projets, mais celui de Soufflot obtint la préférence. Cet édifice est trop connu pour qu'il soit utile d'en donner une description. Il a excité un grand enthousiasme, mais en même temps il subit des critiques tellement violentes que Soufflot en conçut une maladie et mourut de

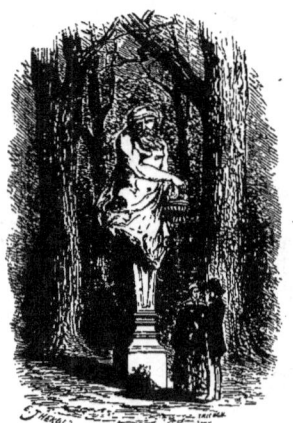

399. — L'HIVER
(SLODTZ).

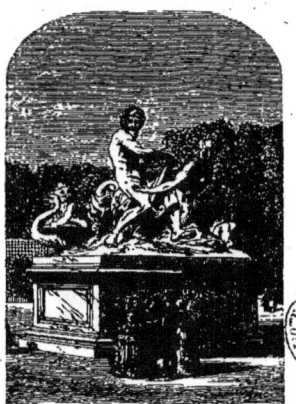

400. — LE RHÔNE ET LA SAÔNE
(NICOLAS COUSTOU).
(Statues du Jardin des Tuileries.)

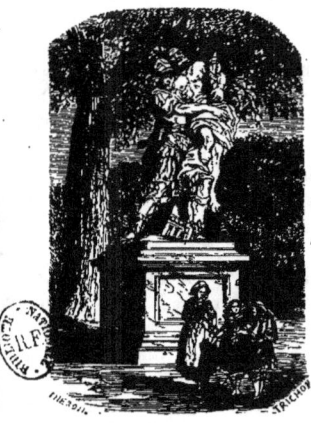

401. — ÉNÉE ET ANCHISE
(LEPAUTE).

chagrin. Il fit lui-même son épitaphe en quatre vers, qu'on a placés au bas de son portrait :

Pour maître dans son art il n'eut que la nature,
Il aima qu'au talent on joignît la droiture ;
Plus d'un rival jaloux, qui fut son ennemi,
S'il eût connu son cœur eût été son ami.

Parmi les architectes illustres du dix-huitième siècle nous devons encore citer Louis, auquel on doit le grand théâtre de Bordeaux, et Gondouin, qui bâtit l'École de médecine à Paris. Tous ces édifices ont de l'importance dans l'histoire de l'art; mais une transformation qu'il est nécessaire de signaler à cette époque est celle de la distribution des appartements. L'architecte Robet de Cotte contribua surtout à les rendre plus commodes et plus appropriés à nos mœurs. Mais Oppenord en modifia complètement la décoration, et on peut le considérer comme l'auteur du genre qu'on a appelé *rocaille*. Ce style tourmenté, qui devint si fort à la mode, appelait nécessairement une réaction. On voulut revenir à la simple nature; mais on ne fit que tomber d'un genre maniéré dans un autre qui ne l'était pas moins.

La royauté était lasse des pompes fastueuses de Versailles, et, après avoir vécu dans un boudoir sous Louis XV, elle se réfugia dans l'idylle et la bergerie; on planta les fameux jardins de Trianon, dans un style que nous nommons *anglais* et qu'on appelait *chinois*. Tout y était disposé comme dans un décor d'opéra, et on essayait de réaliser dans la nature les paysages artificiels que Boucher et Fragonard mettaient dans leurs tableaux. Le *Temple de l'Amour* s'élevait parmi les bosquets, et, sous prétexte de rusticité naïve, on faisait circuler des ruisseaux dans la prairie, et on élevait des chaumières le long du lac : Marie-Antoinette adorait ce séjour. « Une robe de percale blanche, un fichu de gaze, un chapeau de paille, étaient, dit Mme de Campan, la seule parure des princesses. Le plaisir de parcourir les fabriques du hameau, de voir traire les vaches, de pêcher dans le lac, enchantait la reine, et chaque année elle montrait plus d'éloignement pour les fastueux voyages de Marly. »

LA SCULPTURE. — La qualité essentiellement décorative de l'ancienne sculpture française disparut complétement quand les méthodes italiennes s'introduisirent parmi nous. Les statues qui décorent les édifices des dix-septième et dix-huitième siècles sont simplement des placages qui ne participent en rien des monuments. Chassée des palais, la sculpture décorative s'est réfugiée alors dans les jardins, et le dix-huitième siècle nous a laissé sous ce rapport des modèles qui s'encadrent délicieusement avec les bosquets de verdure.

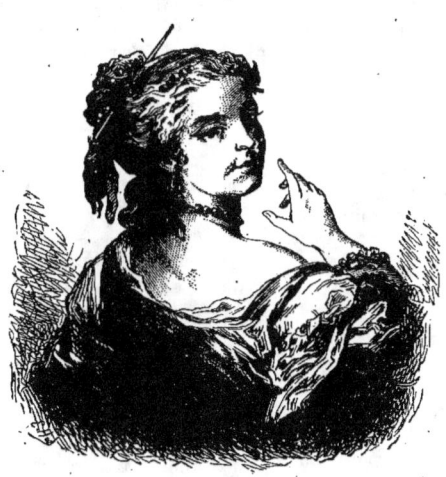

402. — JEUNE FILLE, PASTEL (VANLOO).

De nos jours, on a trouvé pour les jardins un procédé plus simple, c'est de n'y pas mettre de statues. On fait maintenant les jardins avec de petits sapins qu'on penche au moyen de fils de fer pour leur donner l'air d'être battus par la tempête, et des rochers artificiels dont on n'ose pas approcher, de crainte qu'un gardien ne vous crie : « Monsieur, on ne touche pas aux rochers ! » Au dix-huitième siècle tous les jardins étaient peuplés de statues, et les sculpteurs se préoccupaient de mettre leurs groupes de marbre en harmonie avec les fleurs et les arbustes qui devaient les entourer. Les Coustou sont sous ce rapport des maîtres incomparables. Le groupe de Nicolas Coustou représentant la *Jonction du Rhône et de la Saône* (fig. 400) peut donner l'idée de ce genre de décoration. Il avait été fait pour les jardins de Marly et se trouve maintenant au jardin des Tuileries. Guillaume Coustou, frère du précédent, est l'auteur des statues d'*Hippomène et d'Apollon et Daphné* qu'on voit aussi au jardin des Tuileries, ainsi que la figure de l'*Hiver* par Slodtz (fig. 399). Mais les deux groupes connus sous le nom de *Chevaux de Marly*, qui sont à l'entrée des Champs-Élysées, sont assurément le chef-d'œuvre de Guillaume Coustou, et même de la sculpture française au dix-huitième siècle. Sigisbert Adam, l'auteur du beau groupe de *Neptune et Amphitrite*, dans le bassin de Neptune à Versailles, a fait aussi plusieurs statues décoratives d'une grande valeur.

Bouchardon, qui fut élève de Coustou, était architecte en même temps que sculpteur. On lui doit la fontaine monumentale de la rue de Grenelle. Il avait fait aussi une importante statue équestre de Louis XV, qui a été détruite à la fin du dernier siècle. Bouchardon passait pour un sectateur de l'antiquité ; son appartement du Louvre était rempli de moulages des antiques les plus célèbres, et Homère ne quittait jamais sa table. Avant de se mettre au travail, il avait coutume de lire une page de l'*Iliade*, disant qu'après cette lecture les hommes lui paraissaient avoir quinze coudées. Il était l'ami de tous les antiquaires, et entre autres de son biographe, le comte de Caylus, ce chercheur infatigable, qui, après avoir passé sa vie à étudier le monde antique, voulut que son tombeau fût surmonté d'une urne contenant son cœur avec cette inscription :

Ci-gît un antiquaire acariâtre et brusque :
Oh ! qu'il est bien placé dans cette cruche étrusque !

Le statuaire Falconnet fut aussi un artiste lettré et on lui doit plusieurs écrits sur les beaux-arts. Il s'était fait connaître en France par des œuvres dans le genre gracieux, dont la plus célèbre est connue sous le nom de *Baigneuse*; mais il fut appelé en Russie, où il a passé une grande partie de sa vie. Il a exécuté à Saint-Pétersbourg une statue équestre et colossale de Pierre le Grand, qui est une des œuvres capitales de la sculpture française au dix-huitième siècle.

Ce fut une statue de *Mercure* qui fit la réputation de Pigalle. Quelqu'un s'écria en la voyant : « Jamais les anciens n'ont rien fait de plus beau ! » Pigalle s'approcha et dit : « Pour parler ainsi, avez-vous bien étudié les statues des anciens ? — Et vous, monsieur, reprit l'étranger sans le connaître, avez-vous étudié cette figure-là ? »

L'enfant tenant une cage dont un oiseau vient de s'échapper est peut-être celui des ouvrages de Pigalle qui a eu le plus de succès. Quand les écrivains et les philosophes qui avaient travaillé à l'*Encyclopédie*, résolurent d'élever une statue à Voltaire, ce fut Pigalle qu'ils chargèrent de ce travail.

Pigalle se rendit à Ferney pour y faire le portrait de Voltaire, qui le reçut admirablement et écrivit aussitôt à d'Alembert :

> Vous qui chez la belle Hypathie[1],
> Tous les vendredis raisonnez
> De vertu, de philosophie,
> Et tant d'exemples en donnez,
> Vous saurez que dans ma retraite
> Est venu Phidias Pigal
> Pour dessiner l'original
> De mon vieux et mince squelette.

Pigalle était ravi de faire le portrait d'un grand homme ; mais quand il vit ce vieillard toujours remuant, sautillant, badinant, incapable de rester une seconde tranquille, et ayant de plus un tic qui lui faisait faire à chaque instant des grimaces mortelles pour un statuaire, il fut sur le point de renoncer à son entreprise. Mais la conversation étant tombée par hasard sur Aaron, qui, suivant la Bible, fondit son veau d'or en une nuit, il déclara que pour lui, il mettrait au moins six mois à faire un pareil ouvrage. Il entra alors dans une foule de détails sur la fonte des statues et obtint tout à coup une tranquillité inespérée : en l'écoutant, son modèle posait ! Voltaire qui, dans sa correspondance, invoque l'autorité de Pigalle pour prouver l'impossibilité du récit biblique, ne s'est jamais douté du motif qui avait valu de si longues explications.

Pigalle avait résolu de représenter Voltaire entièrement nu, et toutes les observations qu'on lui fit à ce sujet ne purent en rien modifier sa manière de voir. La statue est d'une exécution admirable ; mais ce maigre vieillard, dont toutes les rides sont rendues avec une désolante exactitude, n'a rien de bien séduisant. Un masque tragique, placé aux pieds du personnage, indique seul le caractère littéraire de l'original. Cet ouvrage, qui pèche au moins par la convenance, fut très-admiré alors : faute de pouvoir le placer dans un endroit visible, on l'a mis dans la bibliothèque de l'Institut.

Ce fut un élève de Pigalle, Antoine Houdon, qui fit la belle statue de Voltaire qui est maintenant au Théâtre-Français. Houdon, qui a donné un véritable style à cette figure, était autant que son maître un artiste épris de la réalité ; les magnifiques bustes qu'on lui doit en sont la preuve. Il aimait avec passion l'anatomie et est l'auteur d'une statue d'écorché, très-célèbre dans nos écoles. Le statuaire Pajou a fait aussi de remarquables portraits, et on voit dans ses œuvres la préoccupation d'une réforme qui allait s'accomplir dans les arts. Mais c'est le statuaire Julien qui sert de trait d'union entre la grâce toute française qui, avant lui, entraîna souvent nos artistes dans l'afféterie et le grand style qu'on a cherché ensuite.

Julien a eu des commencements difficiles. Une modestie naturelle qui l'empêchait de se faire valoir, une timidité trop grande dans ses espérances, et une manière sobre et calme qui pouvait difficilement le faire remarquer dans ces temps de luttes, expliquent pourquoi, jusqu'à quarante-cinq ans, il fut peu apprécié et obligé pour vivre de travailler pour le compte des autres. Des amis le décidèrent à se présenter comme agréé sur une figure de *Ganymède versant le nectar*; il fut refusé par des juges dont aucun ne le valait. Découragé, il allait partir pour les ports, où il espérait gagner sa vie en sculptant des proues de navires, quand ses amis, parmi lesquels était Quatremère de Quincy, parvinrent à le retenir. Les idées sur l'art changeaient tous les jours, et bientôt la froideur et la timidité qu'on lui avait jusqu'alors reprochées furent qualifiées de sagesse et de sobriété, et le succès de sa vieillesse fut aussi décidé que l'insuccès de sa jeunesse. On le proclama un disciple des Grecs ; les portes de l'Académie s'ouvrirent devant lui, et quand l'Institut fut fondé de nouveau, il y entra sans opposition. Une santé délicate et les difficultés du commencement de sa vie expliquent la rareté des ouvrages de cet éminent statuaire.

Ne quittons pas le dix-huitième siècle sans nommer Clodion, le gracieux artiste qui, à une époque où tout le monde cherchait une austérité voisine de la roideur, persista dans les idées qu'il avait eues dans sa jeunesse, et fit d'élégantes terres cuites, dont les moulages sont aujourd'hui répandus partout.

---
1. Mme Necker, dont le salon était le rendez-vous des philosophes.

Visite au Louvre. — Presque tous les sculpteurs dont nous avons parlé ont de leurs ouvrages dans les monuments ou les jardins publics; mais le Musée possède aussi des morceaux importants de la plupart d'entre eux. Nicolas Coustou a un portrait en pied de Louis XV, et Guillaume Coustou un portrait en pied de Marie Leczinska et une belle statue de Louis XIII agenouillé et offrant à Dieu sa couronne et son sceptre. Bouchardon est représenté par sa statue de *l'Amour se taillant un arc dans la massue d'Hercule*, Pigalle par un *Mercure attachant ses talonnières* et un buste du maréchal de Saxe, Falconnet par la *Baigneuse* et un *Milon de Crotone*, Pajou par de beaux bustes, entre autres ceux de Buffon, Bossuet et Mme Dubarry, Houdon par une figure de Diane et un buste de Jean-Jacques Rousseau, Julien par son *Ganymède* et la *Jeune fille à la chèvre*, qui est son chef-d'œuvre, Clodion par une *bacchante* en marbre.

LES PEINTRES D'HISTOIRE. — Les traditions décoratives de la grande peinture ne s'altérèrent pas immédiatement. François Lemoine a fait preuve d'un vrai tempérament d'artiste dans l'immense plafond du salon d'Hercule à Versailles, où il n'y a pas moins de cent quarante-deux figures beaucoup plus grandes que nature. C'est une peinture agréable et facile dans le genre de Pierre de Cortone, mais qui accuse une science véritable Nous arrivons ensuite à une famille d'artistes dont les idées, appuyées sur un talent réel, ont exercé sur l'école française une longue et désastreuse influence, les Coypel. Noël Coypel (1628-1707) inaugura en France le genre théâtral. Son fils, Antoine Coypel (1661-1722), moins fort que lui, quoiqu'il ait une plus grande réputation, exagéra ce genre d'une manière déplorable, et poussa nos artistes dans une impasse dont ils ne devaient sortir qu'avec Vien et David. Antoine Coypel est un des artistes dont l'exemple a été le plus funeste à la peinture d'histoire, non qu'il manquât de talent, mais parce qu'il en avait juste assez pour faire accepter comme bon un goût détestable. Nommé à vingt ans peintre de Monsieur, frère du roi, et bientôt peintre du roi, directeur de l'Académie, des travaux et des dessins de la couronne, anobli, surchargé de travaux très-grassement payés, comment n'aurait-il pas trouvé d'imitateurs? Avec un coloris d'éventail qui plaisait aux seigneurs et aux dames de la cour, un dessin maniéré qu'on trouvait puissant, des expressions minaudières qu'on trouvait gracieuses, il n'est pas étonnant qu'il ait eu du succès dans un pays où le peuple recevait avec déférence les idées que les grands lui donnaient toutes faites. Ami du comédien Baron, il le consultait sans cesse sur les attitudes qu'il devait donner à ses figures, et travestissait les héros de l'antiquité en héros de théâtre, habillant les Grecs en culottes de soie, les Romaines en panier, et mettant l'expression des caractères à l'unisson des costumes.

Antoine Coypel faisait des vers, et quand son fils, Charles Coypel, voulut se mettre à faire des tableaux comme lui, il composa pour son instruction un poëme sur la peinture qui commence ainsi :

Enfin, vous le voulez, ma résistance est vaine,
Un ascendant plus fort malgré moy vous entraîne,
Et de l'art du dessin votre cœur trop épris
Veut dans l'Académie en disputer le prix.
Suivez donc les transports de cette ardeur extrême,
Mais écoutez, mon fils, un père qui vous aime.
Sur cet art peu connu les divers sentiments
Peuvent vous entraîner dans des égarements ;
Cet embarras confus rendant l'étude vaine
Fait suivre en chancelant une route incertaine.
. . . .

Le poëme sur la peinture contient des préceptes dont la forme est d'une solennité souvent emphatique, mais dont le fond est en général d'une grande banalité.

Charles Coypel, peintre et poëte comme son père, fut aussi auteur dramatique; mais, s'il cultiva plusieurs genres, il ne s'éleva au premier rang dans aucun. Il sentait parfois la nécessité de concentrer davantage son esprit au lieu de le laisser s'égarer dans des directions différentes, et c'est sans doute pour obéir à un sentiment de ce genre qu'il peignit, en 1732, un tableau, que Lépicié a gravé, où l'on voit Thalie chassée par la Peinture. Thalie est accompagnée de plusieurs petits génies, qui fuient épouvantés devant la nouvelle maîtresse du logis, et emportent chacun un rouleau de papier où est le nom d'une des pièces de Charles Coypel, dont le portrait est suspendu dans un coin. Les aptitudes multiples de notre peintre lui ont attiré de la part de Voltaire la critique suivante :

On dit que notre ami Coypel
Imite Horace et Raphaël :
A les surpasser il s'efforce;
Et nous n'avons point aujourd'hui
De rimeur peignant de sa force
Ni peintre rimant comme lui.

La nombreuse famille des Vanloo est originaire de Hollande. Huit ou dix peintres du nom de Vanloo ont fait des tableaux qu'on rencontre fréquemment dans les collections publiques et privées (fig. 402). Jacques Vanloo, qui se fit naturaliser Français et fut reçu membre de l'Académie de peinture en 1663, est le père d'Abraham-Louis Vanloo, qui remporta le grand prix, mais ne put être reçu membre de l'Académie à cause d'un duel qui l'obligea à se retirer à Nice. Jean-Baptiste Vanloo, et Carle Vanloo, fils d'Abraham-Louis, sont les deux plus célèbres peintres de cette famille d'artistes; Carle, le plus jeune des deux, avait un an lorsque la ville de Nice fut assiégée par le maréchal de Berwick. Jean-Baptiste, à qui on avait confié la garde de son petit frère, entendant le bruit du bombardement, prit l'enfant dans ses bras et se réfugia avec lui dans la cave. Bien lui en prit, car une bombe, arrivée presque aussitôt, creva la maison, traversa les plafonds et emporta jusqu'aux moindres vestiges du berceau. Jean-Baptiste fut en quelque sorte l'instituteur de Carle, qui se destinait d'abord à être sculpteur. Mais, à Rome, Carle s'occupa des décorations du théâtre, et acquit bientôt une facilité et un sentiment de l'effet qui firent rechercher ses tableaux. Son succès devint prodigieux; bien que ses têtes aient plus de grâce que de véritable beauté et que son coloris ait plus de charme que de puissance, on n'hésita pas à le comparer à Raphaël pour

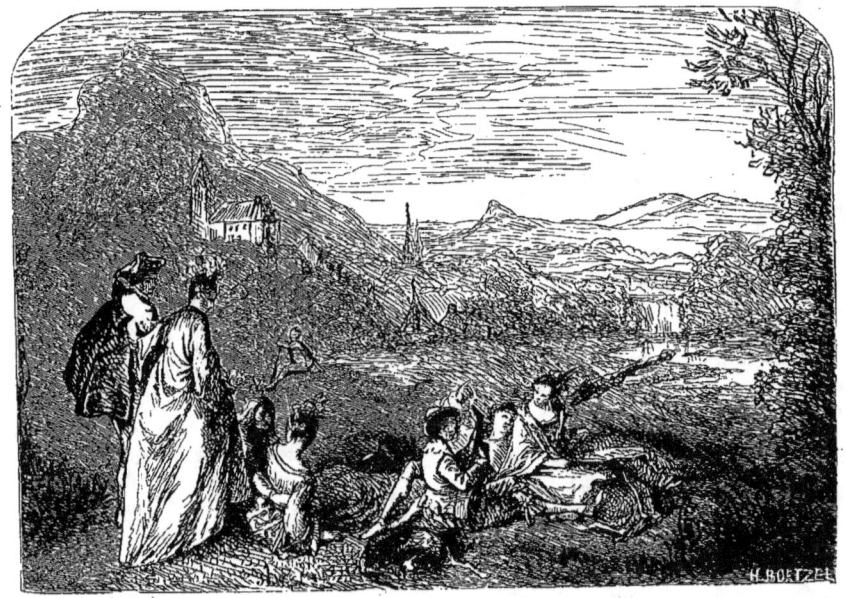

403. — L'AMOUR PAISIBLE (WATTEAU).

le dessin et à Titien pour la couleur. Carle Vanloo est assurément le premier peintre de son temps; mais il ne pouvait rester sur le piédestal où ses contemporains l'avaient placé. Il est mort en 1765, et dans les dernières années de sa vie, le goût dans les arts se modifiant, il commença à être violemment attaqué par la critique du temps, et notamment par Diderot, qui, à propos du Salon de 1763, parle ainsi d'un tableau intitulé *L'Aîné des Amours faisant faire l'exercice à ses cadets* : « Qui ne croirait, dit-il, sur le sujet, qu'il est rempli de variété et de mouvement, que des Amours s'exercent à percer un cœur de flèches, les autres à s'élancer comme des traits, à voler avec vitesse et légèreté, à dérober un baiser, à déranger un mouchoir, à donner le croc-en-jambe à une bergère, à rendre adroitement un billet, à grimper à des fenêtres, à séduire une surveillante, etc.? Car voilà, ce me semble, la vraie gymnastique de Cythère, l'éducation que Vénus donne à ses enfants. Ici, rien de tout cela. Ce sont des marmousets roides et droits, plantés en ligne, armés de fusils et de baïonnettes avec la cartouche et le baudrier, tournant à droite et à gauche à la voix et au geste de leur frère. Carle Vanloo est un bon homme, et certainement cette platitude ne lui est pas venue; c'est quelque insipide littérateur ou quelque prétendu connaisseur qui la lui aura suggérée.

Nos artistes sont fatigués dans leurs ateliers d'une vermine présomptueuse qu'on appelle des *amateurs*, et cette vermine nuit beaucoup à leurs travaux. La couleur de ce morceau est aussi dure que l'idée en est maussade. On a versé crûment sur un espace de quatre pieds toutes les vessies d'un marchand de couleurs. Point d'air, point de repos. Un amas confus de petites figures pressées, toutes pareilles d'ajustement, de position et de physionomie. Ce rare morceau est pour M. de Marigny. »

Quand les principes sévères de l'école de David vinrent à prédominer, les Vanloo furent enveloppés dans l'anathème général contre le dix-huitième siècle. A l'atelier de David, les élèves conjuguaient le verbe *vanlooter*, ce qui signifiait pour eux, faire exécrablement mauvais. Cet absurde dénigrement s'est prolongé jusqu'à ces dernières années. La peinture de Vanloo a repris aujourd'hui de la faveur, et c'est maintenant l'école de David qui est en butte aux injustices de la mode.

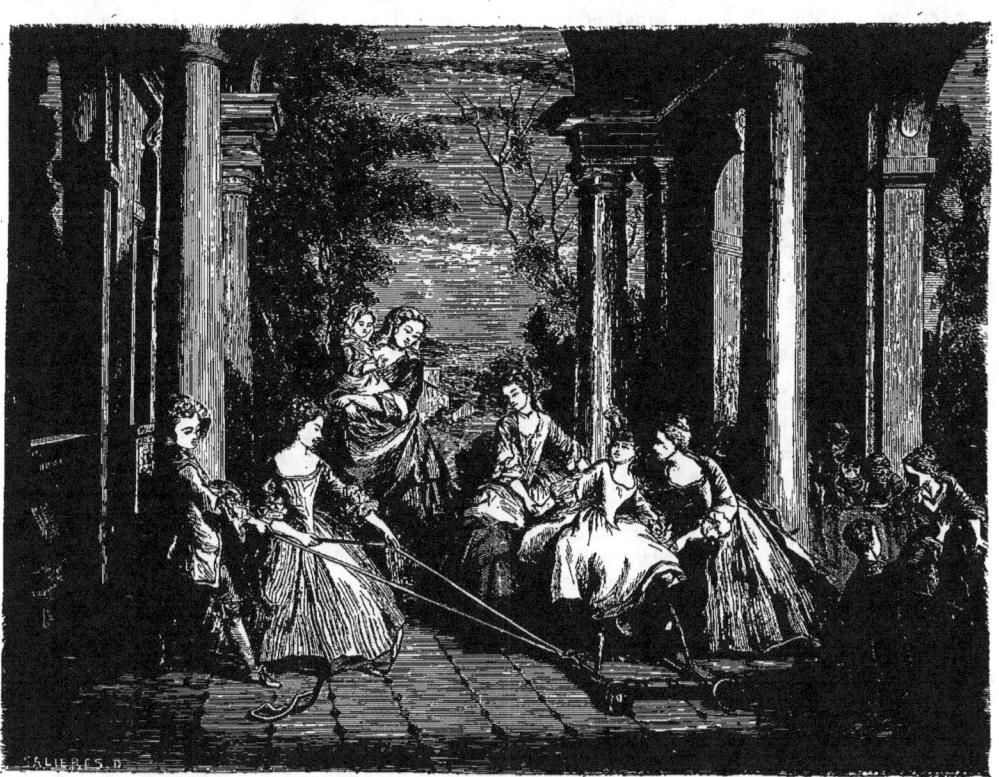

404. — LES ENFANTS (LANCRET).

Visite au Musée. — Nous avons au Louvre une très-bonne toile de Lemoine, *Hercule assommant Cacus*, et plusieurs tableaux de Noël et d'Antoine Coypel, entre autres, de ce dernier, une *Athalie chassée du temple*, et une *Esther et Assuérus*, qui ont fait partie d'une série de compositions destinées à être reproduites en tapisseries. Il n'y a rien de Charles Coypel ; mais ses tableaux tirés du roman de *Don Quichotte*, qui sont maintenant au château de Compiègne, ont été popularisés par la gravure. Le Musée possède deux toiles de Jean-Baptiste Vanloo, un sujet mythologique, *Diane et Endymion*, et un sujet historique, *l'Institution de l'Ordre du Saint-Esprit par Henri III*. De Carle Vanloo, nous avons cinq tableaux, dont un portrait en pied, celui de la reine Marie Leczinska, qui est une œuvre tout à fait remarquable. Parmi les sujets, le *Mariage de la Vierge avec saint Joseph*, et la *Halte de chasse* sont surtout l'objet de la faveur publique. La *Halte de chasse*, dont on voit continuellement des copies en train de se faire, n'est au musée que depuis 1848. Elle a été commandée pour la maison du roi; mais, pendant la période ultra-classique, cette toile, ayant été jugée indigne de figurer dans une collection publique, avait été reléguée dans les magasins. Le Musée possède aussi un tableau mythologique de Michel Vanloo, fils de Jean-Baptiste.

Les peintres des fêtes galantes. — On désigne sous le nom de peintres des fêtes galantes, un petit groupe d'artistes qui laissèrent de côté les traditions académiques pour se livrer aux caprices d'une imagination vive et enjouée. Antoine Watteau (1684-1721) est le chef de ce groupe et en quelque sorte le créateur du genre, qui consiste dans la représentation de petites scènes qui rappellent les ballets de l'Opéra et se distinguent par la tournure spirituelle des personnages, l'heureux balancement des groupes et le charme harmonieux de la couleur (fig. 403). Il est juste pourtant de dire que Gillot, qui fut quelque temps le professeur de Watteau, avait déjà fait des sujets du même ordre, et put inculquer à son élève le goût des scènes comiques et des sujets modernes. Watteau fut un artiste indépendant et très-consciencieux : ses bergers en habit de satin, ses arlequins, ses pierrots et tout son petit monde imaginaire folâtrant dans les bosquets qui semblent des décors de théâtre, ont trouvé bien des imitateurs, mais pas un ne l'a égalé. Lancret et Pater sont les principaux.

Lancret fut un artiste habile et plein de charme, mais moins indépendant que Watteau, et il subit souvent dans ses compositions l'influence des amateurs qui achetaient ses tableaux (fig. 404).

On peut juger de la futilité des goûts de la cour et de la manière singulière dont on comprenait alors la conception d'un tableau, par la lettre suivante, que le duc d'Antin, surintendant des bâtiments du roi, écrivit à Lancret en 1725 : « Dans le voyage de la reine Marie Leczinska, de Strasbourg à Fontainebleau, il est arrivé plusieurs accidents, mais surtout de Provins à Montereau, où le second carrosse de dames s'embourba de façon qu'on ne put le retirer. Six dames du palais furent obligées de se mettre dans un fourgon, avec beaucoup de paille, quoiqu'en grand habit et coiffées. Il faut représenter les six dames, le plus grotesquement qu'on pourra, et dans le goût que l'on porte les veaux au marché, et l'équipage le plus dépenaillé que faire se pourra. Il faut une autre dame, sur un cheval de charrette, harnaché comme ils le sont ordinairement, bien maigre et bien harassé, et une autre en travers, sur un cheval de charrette, comme un sac, et que le panier relève de façon qu'on voie jusqu'à la jarretière ; le tout accompagné de quelques cavaliers culbutés dans les crottes, et de galopins qui éclairent avec des brandons de paille. Il faut aussi que le carrosse resté paraisse embourbé dans l'éloignement, enfin tout ce que le peintre pourra mettre de plus grotesque et de plus dépenaillé. »

Homme d'imagination plutôt qu'observateur, Pater n'est jamais plus à son aise que lorsqu'il faut tout inventer, et, contrairement à Lancret, qui ne travaillait pas sans avoir le modèle sous les yeux, il créait spontanément des tableaux sans plus d'effort que s'il se fût agi de conversations vives et enjouées. Ses gracieuses compositions sont toujours bien agencées, et ses scènes galantes sont bien à leur place dans ces jardins enchantés, où la statue de l'Amour se montre discrètement à l'ombre des bosquets, dont l'écho ne répète que des notes tendres. En général, il multiplie beaucoup les figures dans ses tableaux; mais que de mouvement et d'entrain dans ces groupes, où grandes dames et petits enfants, soldats et vivandières semblent ne vivre et n'agir qu'en vue d'une pensée commune, la joie ! Tantôt c'est une charrette arrêtée à la porte d'une auberge, où arrivent des cavaliers qu'entourent des femmes et de jeunes enfants ; tantôt ce sont des officiers buvant avec des dames qui visitent leur camp, et derrière les tentes, le petit clocher qui perce à l'horizon, comme pour rappeler des idées plus graves. Mais si les paroissiens ont entendu prêcher que la vie n'est qu'une vallée de douleurs, il faut convenir qu'ils l'oublient un peu dans les tableaux de Pater. Nous voyons là tout un petit peuple galant et amoureux, vivant, se remuant et surtout s'amusant, parmi des arbres comme la nature n'en fait pas, mais comme il en pousse probablement dans le monde de la fantaisie. Il ne faut pas chercher dans les formes la correction, ni dans les teintes la vérité ; tous ces petits personnages courent si joyeusement l'un après l'autre, tiennent si gaiement leurs verres, et s'embrassent avec tant de laisser aller, qu'on semblerait morose en leur reprochant de tenir trop peu de compte des lois essentielles de l'art.

Visite au Musée. — Nous n'avions autrefois au Musée qu'un seul tableau de Watteau : il est vrai que c'était un chef-d'œuvre, le *Voyage à Cythère*. Depuis que M. Lacaze a généreusement fait don au Louvre de sa belle collection, nous avons plusieurs charmantes toiles de cet éminent artiste, entre autres son grand *Gille de la Comédie Italienne*. Lancret est représenté par quatre jolis tableaux sur *les Quatre Saisons* et Pater par une *Fête champêtre*.

LES PASTORALES. — Après les peintres des *Fêtes galantes* viennent les peintres des *Pastorales*, dont François Boucher est le type le plus complet. Il en est en même temps le créateur, et dans ce genre il est resté sans rival comme sans prédécesseur. Fils d'un dessinateur en broderies, François Boucher (1704-1770) fut d'abord élève de Lemoine ; il remporta le grand prix à l'Académie en 1723, et fut successivement académicien, directeur de l'Académie et premier peintre du roi. Il acquit une vogue immense, produisit d'innombrables ouvrages dans tous les genres, et son style, patronné par la cour et par la marquise de Pompadour, devint bientôt celui qui domina dans l'école française. On ne vit partout que des Amours joufflus et des Nymphes au nez retroussé avec une petite fossette dans les joues, des bergers enrubannés serrant la taille de leurs bergères, des déesses de la mythologie travesties en marquises, des jeunes filles au minois fripon folâtrant sur un lit défait ; c'était là le genre qui plaisait à la cour, on avait donc tout à gagner en l'adoptant (fig. 405).

Cependant il se formait dans l'art comme dans la politique une opinion nouvelle, celle de la bourgeoisie, personnifiée dans la peinture par Greuze et Chardin. Diderot, qui s'est fait dans la critique le représentant des idées nouvelles, attaque le peintre des Amours, comme dédaignant par trop la vérité. Il s'agit d'un tableau, exposé au Salon de 1763, et qui représentait le *Sommeil de l'Enfant Jésus*, car Boucher a fait aussi des tableaux religieux. C'est à point de vue de la couleur encore plus que du dessin, que le critique s'attaque cette fois au peintre.... « Mais la couleur ? Pour la couleur, ordonnez à votre chimiste de vous faire une détonation ou plutôt déflagration de cuivre par le nitre, et vous la verrez telle qu'elle est dans le tableau de Boucher, c'est celle d'un bel émail de Limoges. Si vous dites au peintre : Mais, monsieur Boucher, où avez-vous pris ces tons de couleur ? Il vous répondra : Dans ma tête. — Mais ils sont faux. — Cela se peut, et je ne me suis pas soucié d'être vrai. Je peins un événement fabuleux avec un pinceau romanesque. Que savez-vous ? La lumière du Thabor et celle du paradis sont peut-être comme cela. Avez-vous jamais été visité la nuit par des anges ? — Non. — Ni moi non plus ; et voilà pourquoi je m'essaye comme il me plaît dans une chose qui n'a point de modèle en nature. — Monsieur Boucher, vous n'êtes pas bon philosophe, si vous ignorez qu'en quelque lieu du monde que vous alliez et qu'on vous parle de Dieu, ce soit autre chose que l'homme. »

Quand vint la réaction sévère de Vien et de David, on ne se contenta plus d'attaquer Boucher parce qu'il manquait de vérité dans le ton ; on vit en lui le grand corrupteur du goût public, et son nom devint synonyme de laideur et de décadence. Plus équitable que les artistes qui l'entouraient, David disait, il est vrai : « N'est pas Boucher qui veut ! » Mais l'opinion personnelle du maître avait moins d'influence que sa doctrine. La dépréciation des peintures de Boucher est bien marquée dans les prix de vente qu'ont atteints ses tableaux à différentes époques. Ainsi Boucher, le peintre chéri de la marquise de Pompadour, a eu, sous l'Empire et la Restauration, des tableaux vendus moins cher que le prix de la toile ou du panneau. Les catalogues en font foi. A la vente Saint-Victor, en 1822, il y avait quatre tableaux de Boucher : le *Paysage* a été adjugé pour 22 fr., le *Petit Pont en bois* 12 fr., la *Villageoise écoutant un berger qui joue du flageolet* 41 fr., la *Vierge et l'Enfant Jésus* 5 fr. 75. Ce n'est que vers 1840 que les tableaux de Boucher ont repris un peu de faveur, et à cette époque on pouvait facilement s'en rendre acquéreur pour 8 à 900 francs. Aujourd'hui une toile importante de Boucher atteint 40 à 50,000 fr. dans les ventes, et nous avons vu payer 6 et 10,000 fr. des toiles de lui fort médiocres et d'une authenticité contestable.

L'engouement qu'on a aujourd'hui pour Boucher va certainement beaucoup trop loin, mais il se comprend pourtant jusqu'à un certain point. La dépréciation qu'ont subie pendant un demi-siècle ses œuvres n'est pas due seulement au changement qui s'est opéré dans l'école française ; elle vient aussi de ce que presque toutes les peintures de cet artiste ayant été conçues en vue de l'harmonie décorative, pour des appartements où dominaient le blanc, l'or et le bleu de ciel, ont paru d'un ton faux et conventionnel lorsqu'on les a éloignées de leur milieu. Aussi ne doit-on pas juger de ses trumeaux décoratifs avec le même œil que d'autres tableaux, très-montés de ton, qu'on voit près d'eux dans les galeries. Quel effet devaient-ils faire dans le salon d'une marquise, où l'on n'admettait que les couleurs tendres, ou les fleurs d'un rose pâle et les rubans bleu d'azur s'enlevant partout sur des fonds d'un blanc nacré, et où les femmes poudraient leurs cheveux pour les mettre à l'unisson de la teinte dominante? Le ton laiteux et transparent des chairs de Boucher, qui paraît souvent manquer de consistance, est toujours savamment calculé pour la place qu'elles occupent dans la décoration d'un appartement. En somme, Boucher n'est assurément pas un grand maître, si on le compare aux artistes des belle époques, mais c'est un décorateur plein de charme, un ornemaniste plein de goût, et un compositeur plein d'esprit et surtout d'un esprit éminemment français.

Boucher a eu des élèves. Nous ne nous arrêterons pas sur Baudouin, qui devint son gendre et dont Grimm a dit dans sa correspondance : « Il s'était fait un petit genre lascif et malhonnête qui plaisait beaucoup à notre jeunesse libertine. » Mais Fragonard s'est fait un nom dans l'école française. Quand il partit pour l'Italie, Boucher lui dit : « Mon cher

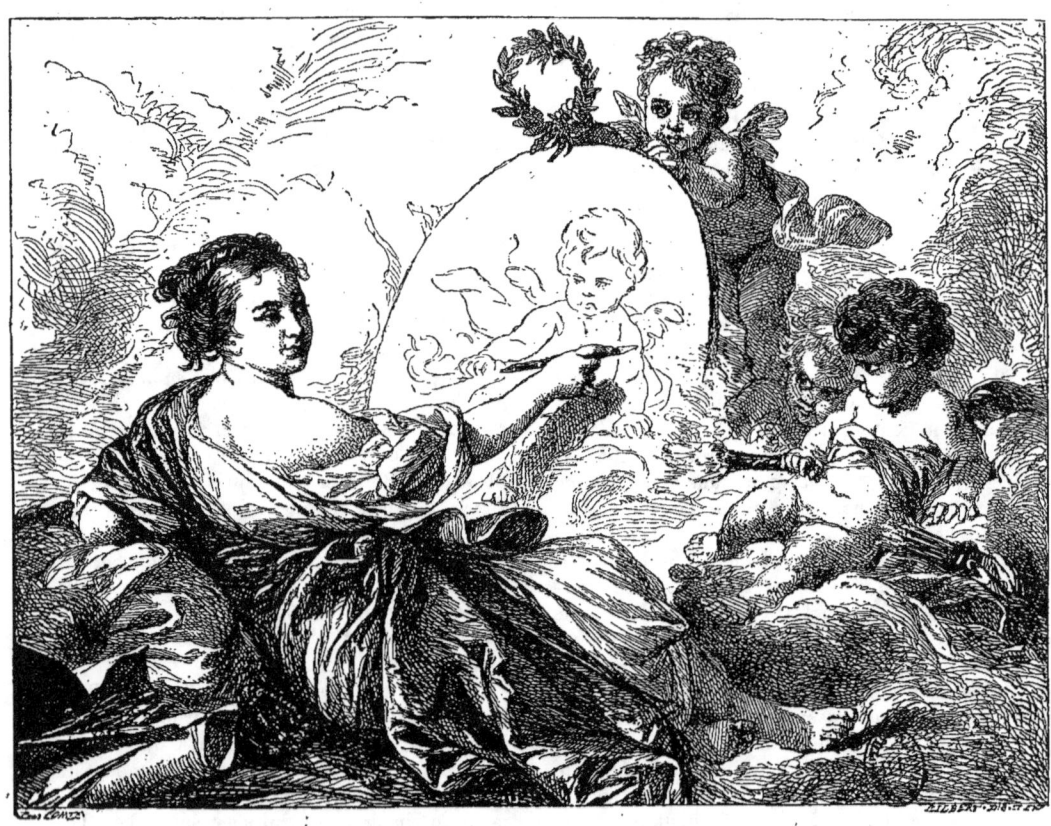

405. — LA PEINTURE ALLÉGORIQUE (BOUCHER).
(Galerie Rothan.)

Frago, tu vas voir en Italie les ouvrages des Raphaël, des Michel-Ange et de leurs imitateurs ; mais, je te le dis en confidence et comme ami, si, tu prends ces gens-là *au sérieux*, tu es perdu. » Fragonard ne les prit pas *au sérieux* et demeura fidèle à l'enseignement qu'il avait reçu de son maître. Aussi, malgré son succès, Diderot le traite assez durement. « Fragonard, dit-il, a l'étoffe d'un habile homme, mais il ne l'est pas ; il peut aussi facilement s'empirer que s'amender. Il n'a pas assez regardé les grands maîtres de l'école d'Italie. Il a rapporté de Rome le goût, la négligence et la manière de Boucher, qu'il y avait portés. Mauvais symptômes, mon ami! Il a conversé avec les apôtres, et il ne s'est pas converti ; il a vu les miracles, et il a persisté dans son endurcissement. »

Fragonard peut être regardé comme le type de la facilité en peinture. Personne n'a su mieux que lui jeter un croquis sur le papier, donner de la tournure à une figure, grouper agréablement des personnages. Il était aussi paysagiste et il avait le secret de ces charmantes improvisations qui s'encadraient si bien dans le mobilier du dix-septième siècle. Ce sont des paysages féeriques, comme il n'en existe qu'à l'Opéra, des parcs avec de grands arbres, des statues, des pièces d'eau arrangées en manière de décors; tout cela est conçu dans un ton bleuâtre, peint très-légèrement avec de vifs empâtements dans les clairs, dessiné avec une aisance, une facilité et un *brio* que rehaussent encore les charmantes petites figures qui viennent égayer la scène. Presque tous les paysages de Fragonard se rattachent à la première manière de ce peintre impressionnable, qui débuta par des scènes galantes, sous l'inspiration de Boucher, dont il fut l'élève; il fit des tableaux rustiques à l'époque où la cour jouait au *paysan* dans le hameau de Trianon, et dédia ses œuvres à la patrie quand survint la Révolution française.

Visite au Louvre. — Boucher est représenté au Musée par deux sujets mythologiques, *Vénus et Vulcain* et *Diane au bain*, et par quatre scènes pastorales, où l'on voit des bergers amoureux, des bergères enrubannées, des moutons proprets, et des paysages de fantaisie qui donnent parfaitement une idée de son style. Il n'en est pas de même de Fragonard : le *grand-prêtre Corésus se sacrifiant pour sauver Callirhoé* est un grand tableau d'histoire froid et fade, et les toiles que le Musée doit à la générosité de MM. Walferdin et Lacaze, caractérisent assez bien le côté facile de son talent, mais ne sont pas à la hauteur de plusieurs tableaux célèbres du même peintre, la *Fontaine d'amour*, par exemple.

LES PEINTRES DE LA BOURGEOISIE. — Le genre faux et maniéré qui plaisait à la cour ne répondait pas aux besoins nouveaux de la nation. La bourgeoisie surtout lisait avec passion l'*Émile* de Rousseau, et les vertus de famille devenaient à l'ordre du jour; en même temps les recherches des encyclopédistes donnaient à l'esprit public une habitude de précision et d'exactitude qui devait se traduire dans l'art. Le temps n'était pas éloigné où on allait proscrire la fantaisie, et ne comprendre le dessin qu'avec les mesures absolues du compas; mais à cette époque on commençait à demander à l'art un peu plus de vérité dans la représentation, en même temps qu'un peu plus de moralité dans l'intention.

On était las des petites scènes grivoises peintes avec des tons faux et des formes conventionnelles. Deux artistes surgirent alors, Chardin et Greuze, et auprès d'eux un critique éminent, Diderot, dont les idées exercèrent une grande influence sur ses contemporains.

Siméon Chardin (1699-1779) échappe complétement à la manière fausse de son siècle, et se fait une place à part pour la franchise de son exécution. Mal-

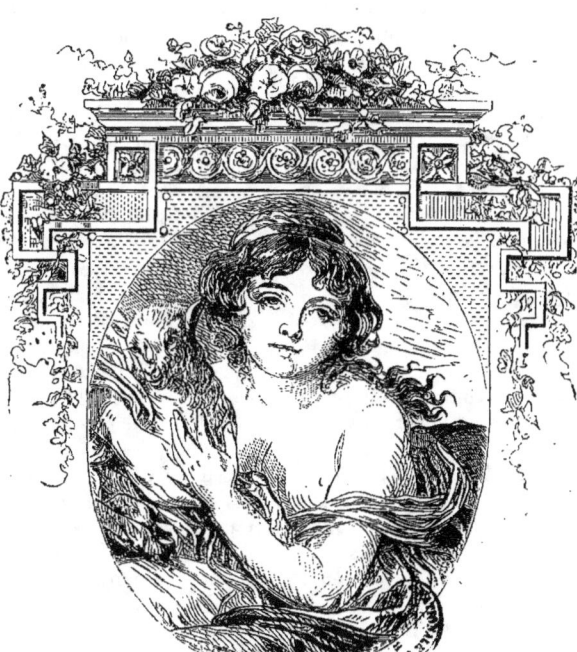

406. — L'INNOCENCE (GREUZE).

heureusement il restreint le champ de l'imagination, non-seulement dans ses natures mortes, mais jusque dans ses tableaux de genre, presque toujours composés d'une seule figure; ces tableaux ont un charme étonnant par leur réalité, par la manière naïve dont ils rendent la nature, mais ils sont assez pauvres d'invention et d'expression. Dans l'école hollandaise, l'invention s'unit à la réalité, les caprices de l'esprit se mêlent à la sincère observation de la nature. Mais quand Chardin peint admirablement une raie, une cruche ou un œuf à la coque, l'exécution et la touche sont pour lui un but au lieu d'être un moyen. Cependant l'école française était tombée dans un maniérisme si insupportable, que le premier artiste qui s'avisa de représenter avec sincérité ce qu'il avait sous les yeux ne pouvait manquer d'être acclamé (fig. 407).

Chaque tableau que faisait Chardin arrachait à Diderot des cris d'admiration. Voyez plutôt le compte rendu du Salon de 1763 : «... C'est celui-ci qui est un peintre; c'est celui-ci qui est un coloriste! Il y a au Salon plusieurs petits tableaux de Chardin; ils représentent presque tous des fruits avec les accessoires d'un repas. C'est la nature même; les objets sont hors de la toile et d'une vérité à tromper les yeux. Celui qu'on voit en montant l'escalier mérite surtout l'attention. L'artiste a placé sur une table un vase de vieille porcelaine de la Chine, deux biscuits, un bocal rempli d'olives, une corbeille de fruits, deux verres à moitié pleins de vin, une bigarade avec un pâté.... C'est que ce vase de porcelaine est de la porcelaine; c'est que ces olives sont réellement séparées de l'œil par l'eau dans laquelle elles nagent; c'est qu'il n'y a qu'à prendre ces biscuits et les manger, cette bigarade et l'ouvrir et la presser, ce verre de vin et le boire, ces fruits et les peler, ce pâté et y mettre le couteau.... On n'entend rien à cette magie. Ce sont des couches épaisses de couleur appliquées les unes sur les autres, et dont l'effet transpire de dessous en dessus. D'autres fois, on dirait que c'est une vapeur qu'on a soufflée sur la toile; ailleurs, une écume légère qu'on y a jetée. Rubens, Berghem, Greuze, Loutherbourg vous expliqueraient ce faire bien mieux que moi, tous en feront sentir l'effet à vos yeux. Approchez-vous, tout se brouille, s'aplatit, disparaît; éloignez-vous, tout se recrée et se reproduit. On m'a dit que Greuze, montant au Salon et apercevant le morceau de Chardin que je viens de décrire, le regarda et passa en poussant un profond soupir. Cet éloge est plus court et vaut mieux que le mien. Qui est-ce qui payera les tableaux de Chardin, quand cet homme rare ne sera plus? Il faut que vous sachiez encore que cet artiste a le sens droit et parle à merveille de son art.... Ah! mon ami, crachez sur le rideau d'Apelles et sur les raisins de Zeuxis. On trompe sans peine un artiste impatient, et les animaux sont mauvais juges en peinture. N'avons-nous pas vu les oiseaux du jardin du roi aller se casser la tête contre la plus mauvaise des perspectives? Mais c'est vous, c'est moi que Chardin trompera quand il voudra. »

Jean-Baptiste Greuze (1724-1805) est un moraliste autant qu'un peintre, et c'est là ce qui lui donne une place spéciale dans l'art du dix-huitième siècle. Il fut regardé comme un réformateur, et il l'était en effet; on était heureux de trouver enfin des sentiments honnêtes au milieu du dévergondage universel dont l'art se faisait si volontiers l'interprète. « Voici votre peintre et le mien, s'écrie Diderot; c'est le premier parmi nous qui se soit avisé de donner des mœurs à l'art. » — « Il serait bien surprenant, dit ailleurs le même critique, que cet artiste n'excellât pas. Il a de l'esprit et de la sensibilité; il est enthousiaste de son art; il a fait des études sans fin; il n'épargne ni soins ni dépense pour avoir les modèles qui lui conviennent. Rencontre-t-il une tête qui le frappe, il se mettrait volontiers aux genoux du porteur pour l'attirer dans son atelier. Il est sans cesse observateur dans les rues, dans les églises, dans les marchés, dans les spectacles, dans les promenades, dans les assemblées publiques. Médite-t-il un sujet, il en est obsédé, suivi partout. Son caractère même s'en ressent; il prend celui de son tableau; il est brusque, doux, insinuant, caustique, galant, triste, gai, froid, chaud, sérieux ou fou, selon la chose qu'il projette. Outre le génie de son art qu'on ne lui refusera pas, on voit encore qu'il est spirituel dans le choix et la convenance des accessoires. Dans le tableau du *Paysan qui lit l'Écriture sainte à sa famille*, il avait placé dans un coin à terre un petit enfant qui, pour se désennuyer, faisait les cornes à un chien. Dans ses *Fiançailles*, il avait amené une poule avec toute sa couvée. Dans celui-ci (le *Paralytique*), il a placé, à côté du garçon qui apporte à boire à son père infirme, une grosse chienne debout qui a le nez en l'air et que ses petits tettent toute droite; sans parler de ce drap qu'il a étendu sur une corde et qui fait le fond de son tableau. On lui reprochait de peindre un peu gris; il s'est bien corrigé de ce défaut. Quoi qu'on en dise, Greuze est mon peintre. »

Greuze avait de l'amour-propre, mais il mettait à s'admirer lui-même une telle bonhomie qu'on ne pouvait en être choqué. « Il est un peu vain, notre artiste, mais sa vanité est celle d'un enfant, c'est l'ivresse du talent. Otez-lui cette naïveté qui lui fait dire de son ouvrage : *Voyez-moi cela! c'est cela qui est beau!* vous lui ôterez sa verve, vous éteindrez le feu, et le génie s'éclipsera. Je crains bien, lorsqu'il deviendra modeste, qu'il n'ait raison de l'être. Nos qualités, certaines du moins, tiennent de près à nos défauts : la plupart des honnêtes femmes ont de l'humeur; les grands artistes ont un petit coup de hache à la tête. » (Diderot.)

Malgré les qualités séduisantes que tout le monde lui reconnaît, Greuze est un artiste très-incomplet. Si la composition est ingénieuse, le geste est bien souvent déclamatoire, et si l'expression du visage est presque toujours heureuse dans ses tableaux, on supporte difficilement la façon lourde dont il peint les vêtements et les accessoires.

Ses meilleures toiles sont peut-être celles qui ne contiennent qu'une tête, par exemple ces délicieuses petites filles, roses, fraîches, à la mine enfantine, au nez mignon, qui regardent avec de grands yeux, dont la bouche sourit, et qui, avant de réjouir les amateurs de tableaux par leurs demi-teintes finement peintes, ont certainement fait le bonheur de leur mère par leur gentillesse et leur bonne mine (fig. 406). Greuze, dont, il y a quarante ans, les tableaux se donnaient pour rien, est aujourd'hui l'objet d'un engouement dont on ne prévoit pas la fin. Au surplus, il ne faut pas croire que le désir de posséder un tableau de leur goût soit le seul mobile qui guide les amateurs. Dans les grandes ventes, il faut toujours compter avec les rivalités d'amour-propre et avec les spéculateurs, qui savent fort bien qu'ils payent un tableau trop cher, mais qui espèrent le revendre plus cher encore. A la vente San Donato, les *Œufs cassés*, tableau assez sec et qui n'est nullement un des meilleurs du même maître, ont été adjugés pour 126 000 fr.; le *Geste napolitain* est monté à 53 000 fr.; le *Favori* (portrait de Mme Greuze tenant un chien), 60 000 fr.; la *Bacchante*, 58 000 fr.; le *Matin*, 77 000 fr.; la *Petite Fille au Chien*, 89 000 fr.! En présence de ces prix énormes, nous devons rappeler qu'un tableau de Greuze, bien autrement célèbre, la *Cruche cassée*, a été acquis en 1785 par le musée du Louvre pour 3000 fr. : il en représente aujourd'hui plus de 150 000! L'auteur des tableaux qu'on se dispute avec tant d'acharnement est mort dans la misère. Il était réduit à solliciter un à-compte sur un travail que le ministre lui avait accordé à titre de secours. Sa lettre se termine par cette phrase navrante : « J'ai soixante-quinze ans, et pas un seul ouvrage de commande. De ma vie je n'ai eu un moment aussi pénible à passer. Vous avez le cœur bon; je me flatte que vous aurez égard à mes peines le plus tôt possible, car il y a urgence. »

Visite au Musée. — Chardin et Greuze sont représentés au Musée par un grand nombre d'ouvrages. Chardin a plusieurs natures mortes, entre autres la fameuse *Raie ouverte*, placée sur une table à côté d'un chat; c'est le tableau qui l'a fait admettre à l'Académie. Il y a de lui deux très-jolis petits tableaux de genre qui furent exposés au Salon de 1740, *la Mère laborieuse* et le *Benedicite*. Greuze a aussi son tableau de réception, représentant les *Reproches de Sévère à Caracalla*. Ce tableau, qui a été exposé au Salon de 1769, est d'une extrême faiblesse; mais il est fort curieux, parce qu'il montre à quel point un homme de talent peut descendre quand il veut aborder un genre de peinture pour lequel il n'est pas préparé. Greuze redevient lui-même dans *le Fils puni* et la *Malédiction paternelle*; mais le geste et l'expression outrée des figures déparent encore ces deux tableaux. En revanche, le fameux tableau intitulé *la Cruche cassée* nous montre le maître avec toutes ses qualités de grâce naïve et de candeur enfantine. Nous laisserons à Diderot le soin de décrire le joli tableau de l'*Accordée de village*, un des meilleurs assurément que Greuze ait faits : « Le peintre a donné à sa fiancée une figure charmante, décente et réservée; elle est vêtue à merveille. Ce tablier de toile blanc fait on ne peut pas mieux ; il y a un peu de luxe dans sa garniture; mais c'est un jour de fiançailles. Il faut voir comme les plis de tous les vêtements de cette figure et des autres sont vrais. Cette fille charmante n'est point droite; mais il y a une légère et molle inflexion dans toute sa figure et dans tous ses membres qui la remplit de grâce et de vérité. Elle est jolie vraiment et très-jolie.... Plus à son fiancé, elle n'eût pas été assez décente; plus à son père et à sa mère, elle eût été fausse. Elle a le bras à demi passé sous celui de son futur époux, et le bout de ses doigts tombe et appuie doucement sur sa main; c'est la seule marque de tendresse qu'elle lui donne, et peut-être sans le savoir elle-même; c'est une idée délicate du peintre. »

LES PAYSAGISTES. — Le dix-huitième siècle a mis en général plus de fantaisie que de réalité dans la représentation du paysage. Cependant il y a eu quelques paysagistes. Un des moins connus parmi les peintres, bien que les vaudevillistes en aient bien souvent parlé, est Lantara. Une tradition veut que Lantara ait habité un des villages qui se trouvent à la lisière de la forêt de Fontainebleau. Les tableaux de Lantara sont pleins de charme, mais ils sont peu connus du public, et le goût très-prononcé de l'artiste pour les petits gâteaux, son faible pour la bouteille et cette insouciance proverbiale qui le conduisit à l'hôpital ont contribué sa réputation beaucoup plus que ses œuvres.

Lantara a au musée un petit tableau représentant un *Effet du matin* dont l'aspect est très-agréable.

Loutherbourg, qui fut un habile peintre de paysages et d'animaux, n'a malheureusement rien au musée. En fait d'animaux, les belles études de Desporte et d'Oudry, qui sont au Louvre, les tableaux de chasse de ces deux artistes méritent d'être étudiés par les spécialistes, à cause des morceaux très-remarquables qu'on y trouve.

Les tableaux d'Hubert Robert, le *peintre des ruines*, sont un mélange de fantaisie et d'exactitude. Il y a en effet des cas où l'artiste, pour appuyer davantage sur l'intérêt qu'il veut rendre, modifie dans une certaine mesure ce qu'il a sous les yeux, élimine certaines parties pour en faire valoir d'autres, et ne s'astreint pas à

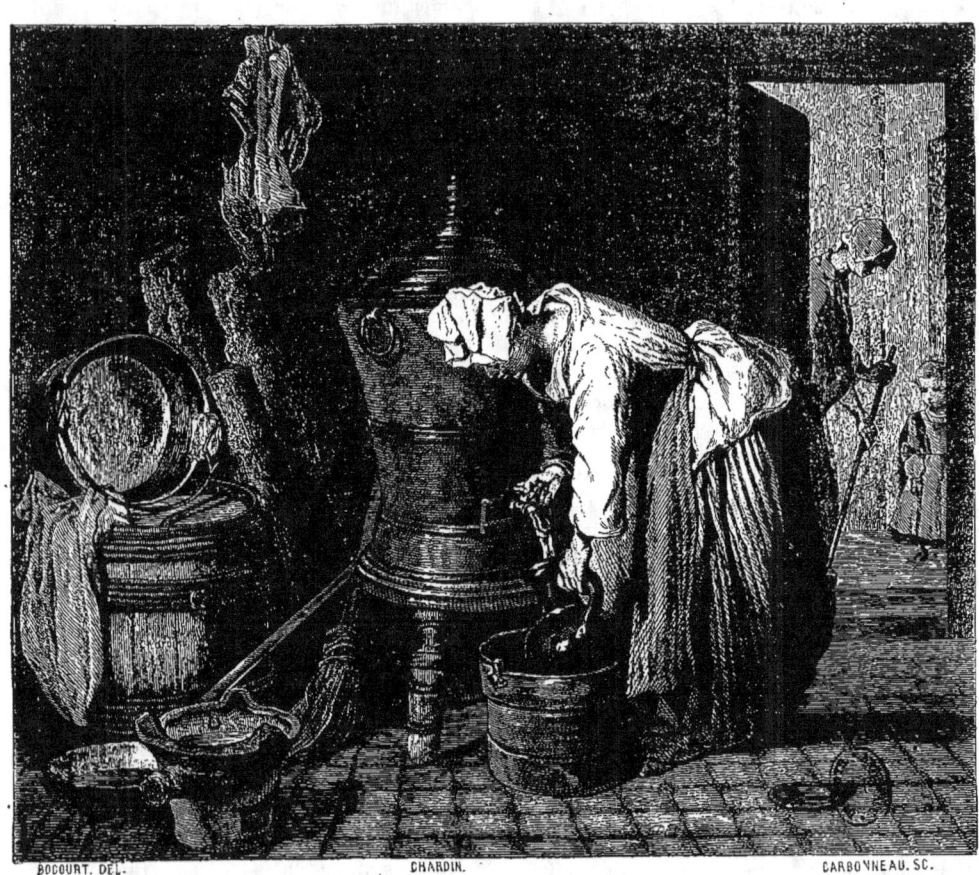

BOCOURT. DEL.   CHARDIN.   CARBONNEAU. SC.
407. — LA FONTAINE (CHARDIN).

une représentation littérale. Dans les tableaux d'architecture même, où la fidélité absolue semble être une condition de première nécessité, un grand nombre de peintres, au dernier siècle notamment, ont cru devoir la subordonner à leurs intentions pittoresques. Le plus célèbre d'entre eux est Hubert Robert, et personne assurément ne se plaindra que le *peintre des ruines* ait rapproché, pour faire une silhouette plus heureuse, des corps d'édifice qui se trouvaient éloignés dans la nature, ait ajouté à ses tableaux des colonnes disparues depuis longtemps, ou dégradé à dessein des parties de bâtiments maladroitement restaurées, fait brouter des chèvres au milieu des broussailles dans un lieu pavé et garni de trottoirs, remplacé par des chapiteaux écroulés et des décombres d'entablement la boutique occupée par un café ou une modiste. C'est là son originalité, et Hubert Robert, qui est contemporain de Volney, n'eût pas eu le cachet de son temps s'il avait compris la peinture autrement.

Hubert Robert a plusieurs tableaux au Louvre.

Le plus illustre parmi la série d'artistes dont nous nous occupons est Joseph Vernet, le peintre de marines. Il est le père de Carle Vernet, le peintre de chevaux (fig. 408), et le grand-père d'Horace Vernet, l'artiste le plus populaire de notre siècle. Le père de Joseph Vernet était peintre d'armoiries et donna à son fils les premières notions du dessin. Joseph Vernet, qui désirait être peintre d'histoire, partit pour l'Italie. Mais quand il fut arrivé à Marseille, la vue de la mer lui causa une impression profonde et lui révéla sa véritable vocation. Pendant une tempête qui eut lieu dans la traversée, il se fit attacher au mât du navire, non pas, comme on l'a dit, pour

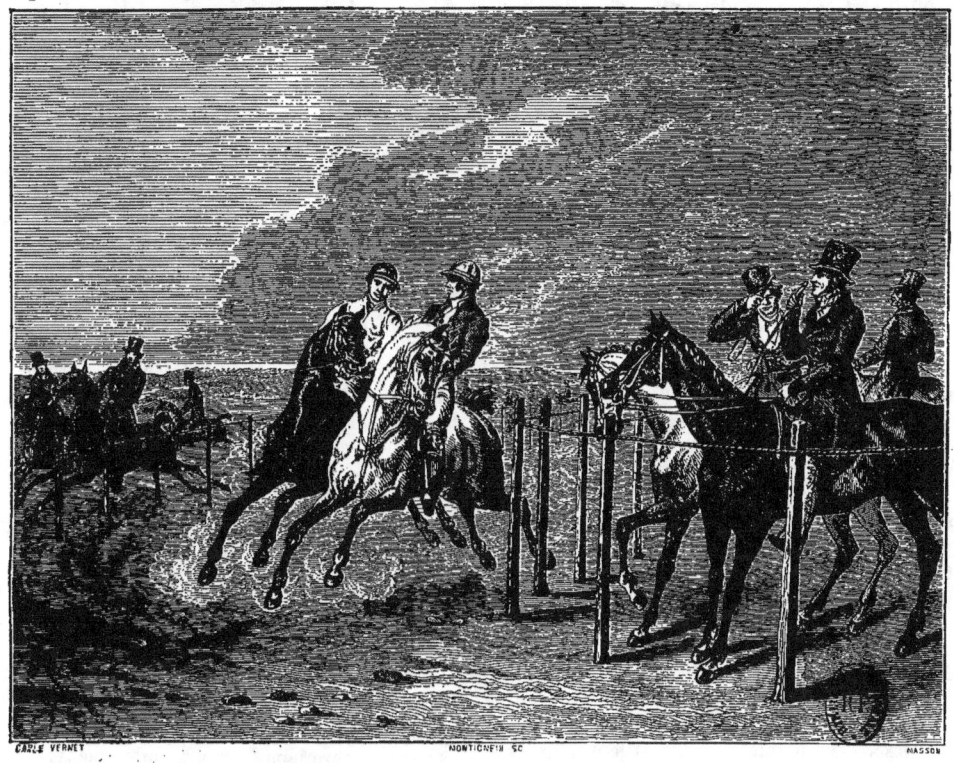

408. — LES COURSES (CARLE VERNET).
(Gravure extraite de l'*Histoire des Peintres*.)

dessiner l'orage, ce qui eût été matériellement impossible, mais pour en observer les effets. Vernet s'établit à Rome, où il obtint un immense succès avec ses paysages et ses marines, qu'il peuplait d'une quantité de petites figures d'une tournure charmante. Le musée du Louvre possède beaucoup de tableaux de ce maître et on est frappé de la variété en même temps que de la vérité des aspects qu'il sait reproduire. Quand on a parcouru la série si vivante et si animée des ports de la France, on trouve des clairs de lune, des brouillards, des soleils couchants, des orages, et partout on est frappé de l'esprit d'observation qui a guidé le peintre, et de l'intelligence avec laquelle il a su traduire les effets fugitifs de la lumière.

L'ART EN FRANCE DEPUIS LA RÉVOLUTION.

ARCHITECTURE. — Depuis Louis XIV les traditions dont Mansart et Perrault avaient été les représentants cherchaient à se maintenir, malgré quelques tentatives d'innovation qui avaient porté principalement sur l'ornement et le décor. La révolution et l'empire furent accompagnés d'un redoublement d'enthousiasme pour l'antiquité romaine, et les arts devaient nécessairement s'en ressentir. Les deux architectes les plus connus de cette époque sont Percier et Fontaine.

Charles Percier, né en 1764, est fils d'un concierge des Tuileries. Il fit d'abord de la peinture et apprit les éléments du dessin chez Lagrenée; puis il devint élève de Peyre jeune, architecte du roi, et obtint le prix de Rome en 1786. Il fut saisi d'admiration en arrivant dans la ville éternelle. « J'éprouvais dans mon saisissement, dit-il, ce tourment de Tantale qui cherche vainement à se satisfaire au milieu de tout ce qu'il convoite. J'allais de l'antiquité au moyen âge, du moyen âge à la Renaissance, sans pouvoir me fixer nulle part. J'étais partagé entre Vitruve et Vignole, entre le Panthéon et le palais Farnèse, voulant tout voir, tout apprendre, dévorant tout, et ne pouvant me résoudre à rien étudier. »

Percier avait connu à Rome Fontaine, qui devint son ami et dont le nom est resté inséparable du sien. Quand ils revinrent en France, ils trouvèrent une société en ébullition et peu disposée à s'occuper de monuments. Pourtant il fallait vivre, et ils se mirent à faire des dessins pour un fabricant de meubles. « Cet essai leur réussit, dit Raoul Rochette dans une notice sur Charles Percier. Un premier travail, payé d'un prix qu'on n'oserait pas citer aujourd'hui, mais que la rareté du numéraire rendait alors avantageux, leur attira d'autres commandes du même genre. Dès ce moment, la plume et le crayon de Percier et de son ami ne furent plus employés qu'à dessiner des étoffes, qu'à esquisser des meubles : ils travaillent pour les manufactures de tapis et de papiers peints; ils produisent des compositions pour les décorations de théâtre; ils font des modèles pour les bronzes, les cristaux, l'orfévrerie, et tandis qu'ils s'exercent ainsi de toute manière à introduire dans l'ameublement moderne les formes du mobilier antique, c'est à peine s'ils s'aperçoivent qu'avec leur fortune qui commence, c'est une révolution qui s'accomplit par eux dans les habitudes domestiques d'une société qui ne les connaît pas encore, même pour tapissiers, et qui plus tard les reconnaîtra pour de grands architectes dans l'arc de triomphe du Carrousel et dans l'achèvement du Louvre. »

Percier et Fontaine furent chargés par Napoléon Ier de plusieurs constructions importantes, entre autres de construire la rue de Rivoli et l'arc de triomphe du Carrousel; ce dernier édifice est une imitation de l'arc de Septime-Sévère à Rome. Nommés architectes du Louvre, qu'ils étaient chargés de réunir aux Tuileries, ils exécutèrent plusieurs importants travaux dans ces édifices, entre autres un escalier qui a été détruit sous Napoléon III et qui servait d'entrée au musée. Le plan de Percier et Fontaine pour la réunion des deux palais était très-différent de celui qui a été adopté depuis.

Un décret de 1807 ordonna l'érection d'un arc de triomphe, de proportions colossales, destiné à perpétuer le souvenir de nos victoires. Deux projets se trouvèrent en présence : celui de Raymond, qui voulait orner les faces de colonnes isolées portant des statues, et celui de Chalgrin, qui voulait des surfaces planes décorées de bas-reliefs. On adopta celui de Chalgrin, qui fut chargé d'élever le monument, mais qui mourut en 1811; l'édifice était sorti de terre et s'élevait jusqu'à la corniche du piédestal, mais il fut abandonné par la Restauration jusqu'en 1823, époque où il fut décidé qu'il serait terminé et dédié à l'armée d'Espagne. Louis-Philippe l'acheva en lui rendant sa destination première. MM. Huyot et Abel Blouet en dirigèrent successivement la construction, et il fut inauguré en 1836. L'arc de triomphe de l'Étoile surpasse de beaucoup en étendue tous les monuments du même genre élevés par les Romains.

L'érection de la Bourse fut décidée en 1808, et l'architecte Brongniart en donna les plans et en dirigea les travaux jusqu'en 1813, où il mourut. Cet édifice présentait de grandes difficultés, parce que les basiliques étant les seuls monuments que l'antiquité ait élevés dans un but à peu près analogue, étaient devenues pour les peuples chrétiens le type du monument religieux, et l'opinion publique s'élevait contre l'idée de donner au syndic des agents de change la place consacrée à l'évêque, et aux courtiers celle des chanoines : d'ailleurs le public n'eût pas été placé commodément dans les nefs. L'architecte imagina un vaste carré long entouré de colonnes formant un portique à l'extérieur, et adopta l'ordre ionique, le dorique paraissant trop sévère et le corinthien trop pompeux. Mais l'édifice était déjà avancé quand, par suite d'exigences nouvelles, il fallut faire un premier étage avec des bureaux et des salles d'audience pour un tribunal; la nécessité d'exhausser l'édifice fit adopter un ordre dont la hauteur fût relativement plus grande, et le corinthien fut ainsi substitué à l'ionique primitif.

L'église de la Madeleine, commencée à la fin du dix-huitième siècle, ne s'élevait pas au delà du soubassement, quand les travaux furent totalement abandonnés par suite de la révolution. Un décret daté de Posen, 1806, ordonna que sur cet emplacement on élevât un *temple de la Gloire*, dédié aux armées françaises et destiné à contenir les trophées et les drapeaux enlevés aux peuples vaincus. L'édifice fut mis au concours, et parmi les cent vingt-sept projets envoyés, l'Académie donna le prix à MM. de Beaumont, et trois accessits à MM. Vignon, de Gisors et Peyre Neveu. Mais l'empereur rejeta le projet qui avait obtenu le prix, et donna la préférence à celui de M. Vignon, parce que, disait-il, c'est un temple que j'ai demandé et non une église, et il ajouta qu'il voulait un monument tel qu'il y en a à Athènes et qu'il n'y en a pas à Paris. Pierre Vignon, chargé de construire ce temple de la Gloire, fit détruire les travaux commencés en vue d'une église et qui n'entraient plus dans son plan, et l'édifice s'éleva sur le modèle d'un temple grec. Mais la Restauration en changea la destination, et l'architecte reçut la difficile mission d'adapter à un service religieux un édifice élevé pour un autre usage. Pierre Vignon mourut en 1828, et M. Huvée termina le monument, dont l'inauguration eut lieu en 1842.

Le gouvernement de la Restauration et celui de Louis-Philippe entreprirent peu de constructions nouvelles et s'occupèrent surtout de continuer celles qui avaient été commencées sous l'Empire. Il était donc difficile qu'un style nouveau se produisît. Le romantisme ne pouvait avoir autant de prise sur l'architecture que sur la peinture, mais en appelant l'attention publique sur le moyen âge, il eut pour effet de provoquer, à propos de notre vieille architecture nationale, des recherches archéologiques, où se distinguèrent particulièrement MM. de Caumont, Lassus et Viollet-Leduc. Il est difficile aujourd'hui de prévoir ce que deviendra l'architecture en France, mais l'achèvement du Louvre, la construction des Halles centrales, de nos gares de chemins de fer, de l'Opéra et un grand nombre de restaurations d'anciens édifices, prouvent l'activité de la génération que nous venons de traverser.

LA SCULPTURE. — Bien que les statues antiques aient été l'objet de constantes études pour tous les artistes, au commencement de ce siècle, les sculpteurs ont eu bien moins d'influence que les peintres dans les changements que subit le goût public à cette époque. La statuaire suit la peinture et ne la domine pas. Le maître souverain de l'époque est Louis David, et les arts reçoivent de lui leur impulsion, comme ils la recevaient autrefois de Lebrun.

Cartelier, auquel on doit plusieurs grands travaux décoratifs importants, et Chaudet, dont le Musée possède une statue de *l'Amour et le berger Phorbas rappelant Œdipe à la vie*, sont les deux statuaires les plus importants de cette époque. La *Nymphe Salmacis* et l'*Hyacinte* de Bosio, l'*Innocence réchauffant un serpent* de Callamard, la *Biblis changée en fontaine* de Dupaty, etc., montrent un art savant, mais un peu froid, qui répond bien aux tendances de la peinture à la même époque.

David d'Angers, Pradier et Rude furent considérés comme des révolutionnaires en sculpture à l'époque où leurs ouvrages parurent à nos expositions. La belle statue de *Philopœmen* par David d'Angers montrait en effet une tendance à chercher davantage la vie et le frémissement de la chair, et des qualités du même ordre se retrouvent dans les beaux médaillons et les nombreuses statues qu'on doit à cet artiste. L'œuvre la plus importante de David d'Angers est le fronton du Panthéon. Pradier avait un talent moins robuste et s'occupa surtout de rechercher la grâce dans les formes féminines. La *Toilette d'Atalante*, au musée de la sculpture française, donnera bien l'idée de son style. Pradier est un peu oublié aujourd'hui, mais il était il y a trente ans l'idole de la jeune génération. Rude est l'auteur du beau groupe des *Volontaires de la République* à l'arc de triomphe de l'Étoile. C'est un artiste plein de passion et de mouvement, et c'est celui que les novateurs en sculpture regardaient comme leur chef sous le règne de Louis-Philippe. De nouveaux sculpteurs se sont formés depuis, apportant dans leur travail des préoccupations bien différentes de celles qu'on avait au commencement du siècle, et on peut voir aujourd'hui dans nos jeunes statuaires une tendance marquée à se rapprocher du style de l'ancienne école florentine.

DAVID ET SES PRINCIPES. — Louis David (1748-1825) a exercé sur l'art contemporain une influence décisive, mais le mouvement dont il est devenu le chef était déjà commencée avant lui. Seulement Vien, peintre instruit et convaincu, n'avait pas l'énergie qui fait les novateurs, et sa timide réforme a été bien vite dépassée par son élève. David était un singulier mélange d'inconstance dans les idées et d'inflexibilité dans le caractère : sa vie et son talent présentent les plus étranges contrastes. C'est ainsi qu'après avoir été le peintre du roi Louis XVI, il est devenu l'ami de Marat, et après avoir siégé sur les bancs de la Convention, il est devenu le courtisan de Napoléon. Et dans sa vie d'artiste nous trouvons les mêmes tergiversations. Petit-neveu de François Boucher, c'est dans l'atelier du favori de la marquise de Pompadour que David a pris le goût de la peinture, mais comme son grand-oncle pressentait le changement qui allait survenir dans la mode, il ne voulut pas diriger lui-même ses études et l'envoya chez Vien. Il concourut quatre fois en vain pour le prix de Rome,

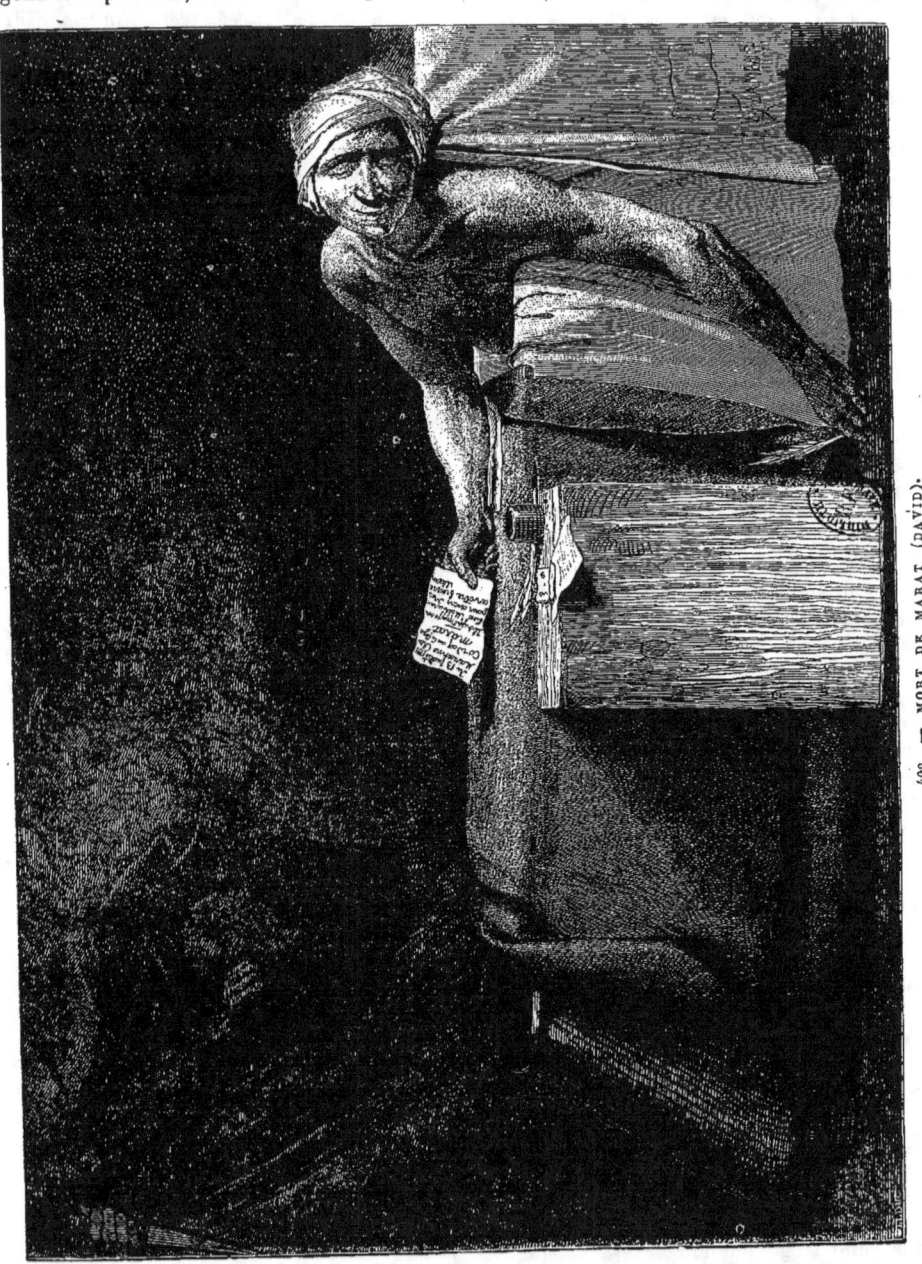

409. — MORT DE MARAT (DAVID).

et, poussé au désespoir par ce dernier échec, il voulut attenter à ses jours : ce fut le peintre Doyen qui le préserva de l'asphyxie, en enfonçant sa porte Il se représenta encore l'année suivante, et ce dernier effort fut enfin couronné de succès. David partit pour Rome avec son maître Vien; mais le séjour de la *ville éternelle* ne lui fit pas tout d'abord l'impression qu'il avait attendue. Il était parti trop affolé de la peinture qu'il avait vu faire en France pour comprendre du premier coup les hautes inspirations du grand art. Comme il était très-travailleur, il se mit à faire un grand nombre de dessins d'après les statues antiques : seulement, pour se conformer à la mode du temps, il s'évertuait à contourner les formes, à relever légèrement les pommettes, à ouvrir un peu les narines, à accentuer les coins de la bouche. C'est ce qu'on appelait alors *donner de l'expression à l'antique*. Pour arriver plus sûrement à son but, il faisait quelquefois sur une même feuille de papier deux dessins d'après la même statue : il la représentait une fois telle qu'il l'avait vue et sans y rien chan-

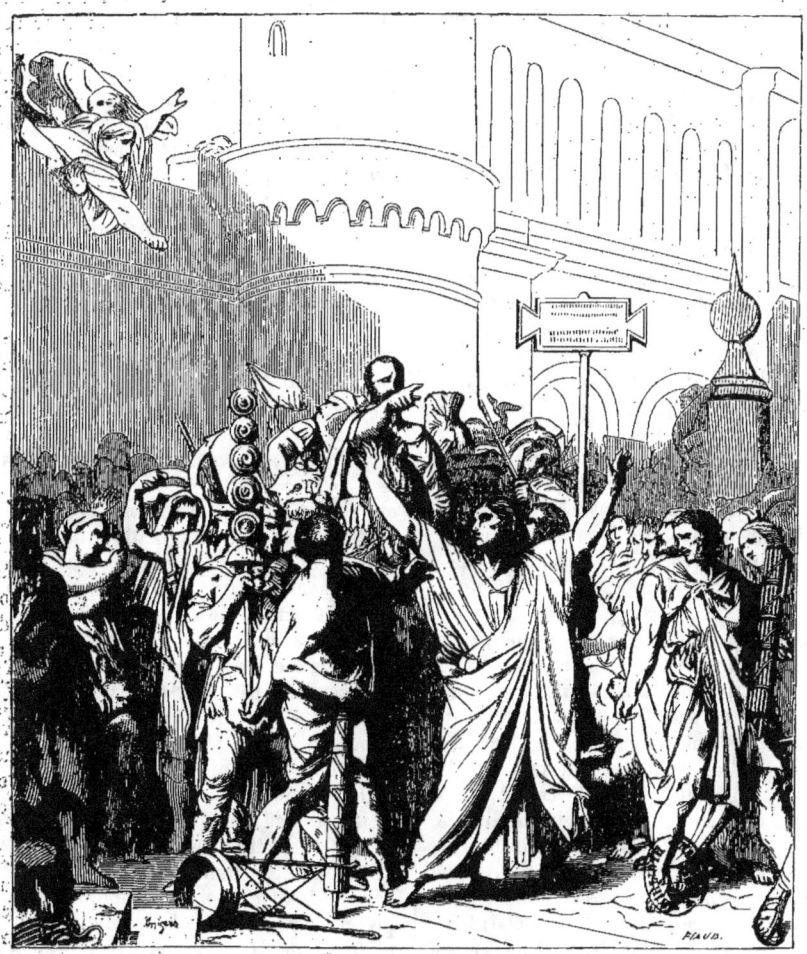

410. — MARTYRE DE SAINT SYMPHORIEN (INGRES).
(Musée du Luxembourg.)

ger, et c'est ce qu'il appelait *faire de l'antique tout cru*. Or un jour il s'avisa de trouver que l'antiquité était plus belle dans sa simplicité qu'avec les changements qu'on y voulait introduire. Dès lors il n'eut plus qu'un but, faire de la peinture comme les anciens.

Les descriptions que Pausanias nous a données des peintures de Polignote, et l'étude des peintures qui ont été conservées à Pompéi, semblent démontrer que ce n'était pas par l'effet dramatique que les Grecs cherchaient à intéresser, et qu'ils n'étaient pas davantage préoccupés par le désir de grouper leurs figures en grappes, ou de distribuer les personnages par masses équilibrées, comme on a cherché à le faire depuis la Renaissance. Ils cherchaient, au contraire, à fixer successivement l'attention sur chaque personnage. Dans la disposition de l'ensemble, ils ne reculaient pas devant le conventionnel, et leurs tableaux étaient composés d'après les principes du bas-relief.

David n'ignorait pas que les farouches fondateurs de Rome, se battant contre les sauvages ennemis dont ils avaient volé les filles, ne songeaient guère à prendre des poses plastiques, et qu'une mêlée furieuse à la Salvator Rosa eût été plus dans le caractère probable de l'événement. Mais il s'est demandé comment Apelles, Zeuxis ou Polygnote auraient traduit une scène semblable, et d'après les principes qu'il a cru être ceux de ces maîtres, il a disposé sa scène sur un plan unique, il a isolé chaque figure pour que l'intérêt fût successif, il a supprimé les grands effets d'ombre et de lumière, il a évité absolument les bouches grimaçantes qui crient, les membres palpitants, les chairs sanglantes et déchirées, la poussière et le désordre, mais il a équilibré ses mouvements, il a cherché à exprimer la vie dans les petits enfants, l'expression dans les femmes, la grande tournure héroïque dans les deux guerriers qui personnifient toute l'armée.

L'importance de David comme chef d'école est aussi grande que comme artiste. L'excellence de son enseignement est suffisamment démontrée par la diversité des talents qu'il a formés : Gérard, Gros, Girodet, Isabey, Granet, Léopold Robert, Ingres, et d'autres dont il m'est interdit de parler, parce qu'ils sont encore dans la lutte. L'enseignement ne consiste pas à imposer une manière de voir, mais à diriger une vocation. David, qui avait pour lui-même une idée très-arrêtée, admettait toutes les routes que les maîtres ont suivies, même lorsqu'elles étaient différentes de la sienne, et il transmettait à ses élèves la largeur de ses idées en même temps que la solidité de son enseignement. « Le moyen infaillible de captiver son affection paternelle, dit un de ses élèves (Auguste Couder, *Considérations sur le but moral des beaux-arts*, p. 106), c'était l'ardeur et les succès de l'émulation ; pour ceux-là, il lui arrivait parfois de les emmener au musée ; ce n'était pas sans un certain étonnement que l'on voyait le peintre austère et fier, l'auteur d'œuvres du plus haut style, apprécier le mérite, admirer les beautés d'art de peintres tels que Van Ostade, Teniers, Rembrandt, et, parmi les peintres français, tels que Subleyras et autres, tous si opposés pourtant à son propre talent. David savait découvrir et goûter les diverses beautés de l'art, si cachées qu'elles fussent, tant il aimait tout ce qui est beau et tant il était loin d'être exclusif. »

Visite au musée. — A l'exception du *Couronnement de Napoléon*, qui est dans les galeries de Versailles, et de la *Mort de Socrate*, qui est dans une collection particulière, toutes les œuvres importantes de Louis David sont au musée du Louvre. C'est là qu'on peut voir le *Serment des Horaces*, une des œuvres les plus magistrales du peintre ; les *Sabines*, dont la première idée vint à David à la prison du Luxembourg, où il était détenu pour ses opinions politiques ; le *Léonidas*, qui fut terminé en 1814 et était une allusion à la défense de la nation contre l'invasion des alliés, l'admirable portrait de *Pie VII*, et celui de *Mme Récamier*. Enfin on doit regarder avec le plus grand intérêt le *Combat de Minerve contre Mars*, tableau de la jeunesse de David, qui avait obtenu le second prix de Rome en 1771 et nous montre le talent de l'artiste avant qu'il eût songé à la réforme des beaux-arts (fig. 409).

LES ÉLÈVES DE LOUIS DAVID. — Germain Drouais, qui, mort à la fleur de l'âge n'a été qu'une brillante promesse, et Fabre, dont les œuvres sont un peu oubliées aujourd'hui, furent les premiers élèves de David qui acquirent de la célébrité. Girodet, Gérard et Gros ont étudié à peu près à la même époque.

Esprit inquiet, imagination plutôt ardente que fertile, Girodet a beaucoup réfléchi, immensément travaillé, et en somme peu produit. La tension de son esprit est surtout remarquable dans son *Déluge*, celui de ses ouvrages qui a été le plus admiré. Il n'y a pas un membre, pas un doigt, pas un orteil qui n'ait été l'objet de recherches infinies, d'un travail incessant. On comprend que devant ce tableau David ait dit malignement : « Quand on regarde Raphaël ou Titien, la peinture semble facile ; quand on regarde Girodet, c'est un métier de galérien. » Malgré l'énorme savoir et le sentiment dramatique qu'on peut admirer dans le *Déluge*, l'opinion publique aujourd'hui préfère avec raison la poétique conception d'*Endymion*. Girodet appartenait à une génération qui préférait Virgile à Homère, et mettait Ossian au-dessus de tout. Son inspiration élevée et poétique, plutôt rêveuse que puissante, se ressent du milieu où il a vécu ; son talent en a traduit fidèlement les goûts ; mais, très-différent en cela de son maître David, il appartient à son temps par les impressions littéraires, sans que les émotions politiques se soient jamais mêlées à sa carrière d'artiste.

C'est surtout comme peintre de portraits que Gérard a conquis une place éminente dans l'école française. Comme peintre d'histoire, on lui doit l'*Amour et Psyché*, la *Bataille d'Austerlitz*, et l'*Entrée de Henri IV à Paris*; le *Daphnis et Chloé*, et surtout le *Sacre de Charles X*, ouvrages relativement faibles, ajouteront peu à sa gloire. Homme d'un goût sûr et mûri par de fortes études, Gérard a fait des portraits qui resteront comme un monument précieux pour l'histoire autant que pour l'art.

Quand on accuse l'enseignement de David d'avoir été tyrannique, il semble qu'en prononçant le nom de Gros, artiste si différent de son maître et qui garda toujours pour lui un respect si profond, l'accusation devrait tomber d'elle-même. C'est pourtant Gros qui a servi de thème aux plus violentes récriminations contre le despotisme du maître. On a dit et répété sur tous les tons que David avait imposé à Gros des idées contraires à son tempérament, et on a été jusqu'à le rendre responsable de la fin tragique de son élève, en disant que c'est à l'influence malheureuse de l'éducation première qu'était dû l'insuccès des dernières tentatives de Gros. Celui-ci pourtant doit à David les excellentes études qui lui ont permis de développer ses facultés natives; c'est grâce à elles

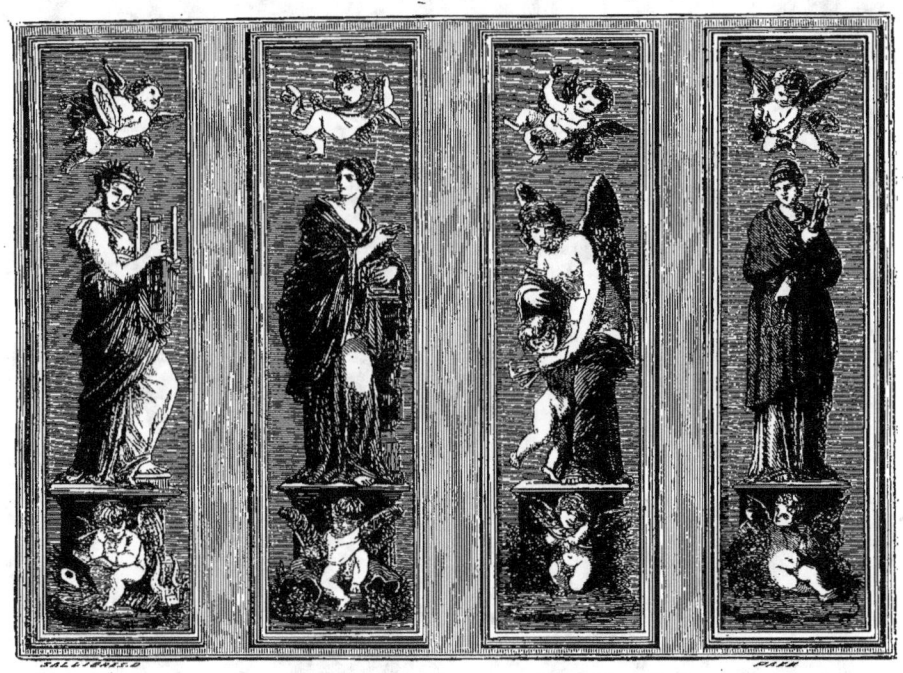

411. — LA MUSIQUE.   LA NUMISMATIQUE.   LA POÉSIE LÉGÈRE.   LA DIPLOMATIE.
Allégories des arts et des sciences, par Prudhon.

qu'il a pu être toujours vrai sans trivialité, et s'abandonner à ses instincts de coloriste, sans négliger la forme. S'il a voulu quelquefois poétiser dans un mode qui n'était pas le sien, on ne saurait en rendre David responsable, et celui-ci a été le premier à s'applaudir d'un élève qui, imbu de ses principes, était pourtant si différent de lui-même.

L'admiration qu'inspira la *Peste de Jaffa* fut telle que les peintres de toutes les écoles se réunirent pour aller suspendre une palme au-dessus de ce tableau ; mais le plus enthousiaste fut certainement David. Si Gros, pendant toute sa carrière, a voulu transmettre à ses élèves l'enseignement classique qu'il tenait de son maître ; si, au moment de ses plus légitimes succès, il a semblé parfois regretter la voie où il était, c'est qu'il a craint que ceux qui viendraient après lui, s'autorisant de ses œuvres, ne vinssent à répudier un mode d'études dans lequel il avait une confiance absolue.

Le romantisme apparaissait, et de jeunes novateurs, avec un enthousiasme plus exalté que réfléchi, commençaient à attaquer le principe même de l'école. Le jour de l'enterrement de Girodet, Gros s'accusa personnellement d'en être la cause, et cette idée le poursuivit dans sa vieillesse. Il essaya de réagir contre le mouvement en faisant lui-même des tableaux dans le genre classique, et le tableau d'*Hercule et*

Diomède, ouvrage très-faible qui parut au Salon de 1835, lui attira des critiques violentes, qui l'affligèrent profondément. Il finit par tomber dans un sombre désespoir, et, se regardant comme un homme déshonoré, il perdit la tête et alla se noyer dans un bras de la Seine, au bas de la colline de Meudon.

Granet a reçu aussi cet enseignement de

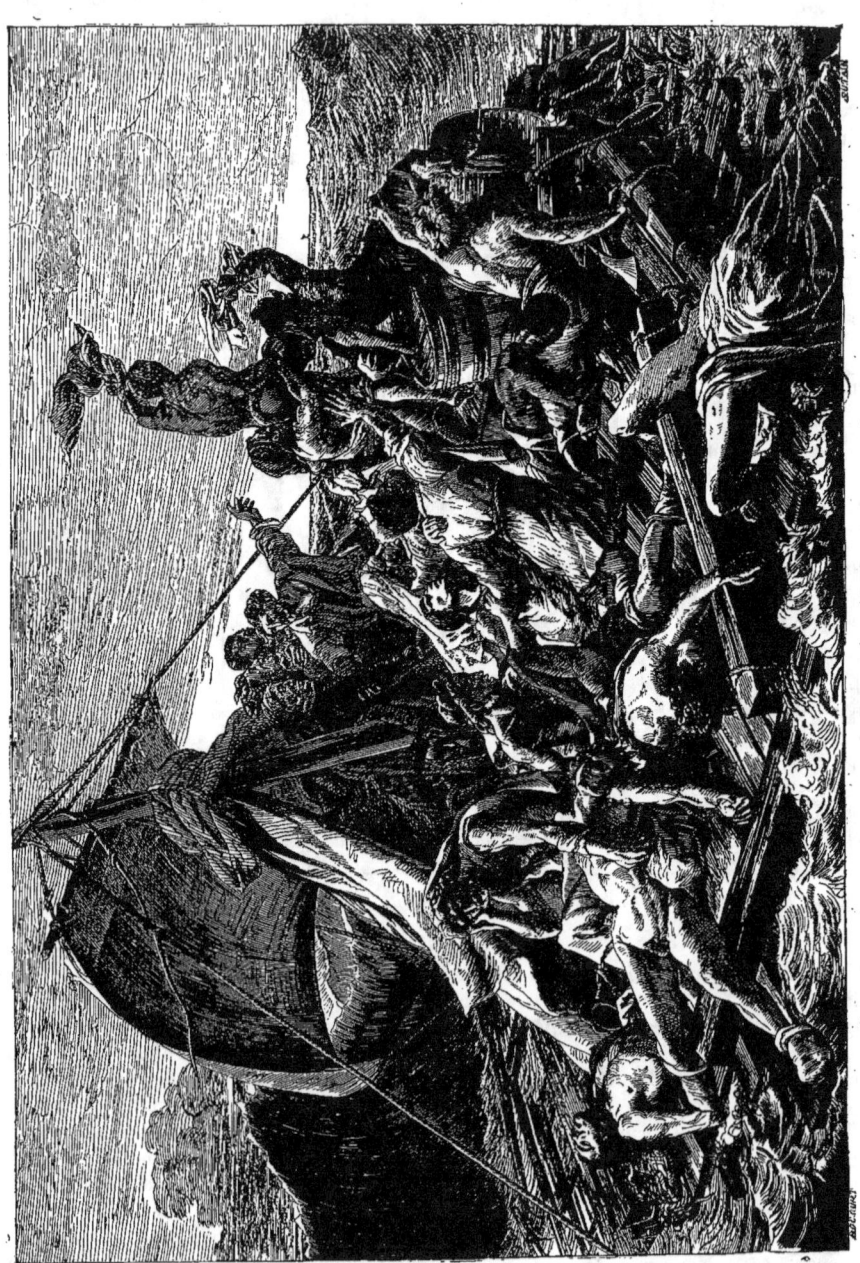

412. — LE RADEAU DE LA MÉDUSE (GÉRICAULT).
(Musée du Louvre.)

David, qu'on a appelé tyrannique et qui a produit des talents si divers. C'est dans les valeurs de la lumière que réside son talent, et si l'on n'y trouve pas de ces parties finement étudiées qui sollicitent spécialement l'attention, on n'en saurait modifier aucune sans détruire aussitôt la belle harmonie de l'ensemble. Granet a fait surtout des intérieurs d'églises et de couvents, le plus souvent éclairés par un soupirail, ou une petite fenêtre, ce qui lui a permis de multiplier les effets piquants qu'il se plaisait à représenter.

Un autre élève de David, qui a fait grand bruit vers 1830 et qui, comme Gros, a fini ses jours d'une façon tragique, c'est Léopold Robert. Il n'a jamais fait de sujets classiques, il s'est plu au contraire à représenter des scènes de la campagne, qu'il choisissait toujours en Italie. Mais s'il a peint des paysans, il a su leur donner du style et garder toujours un

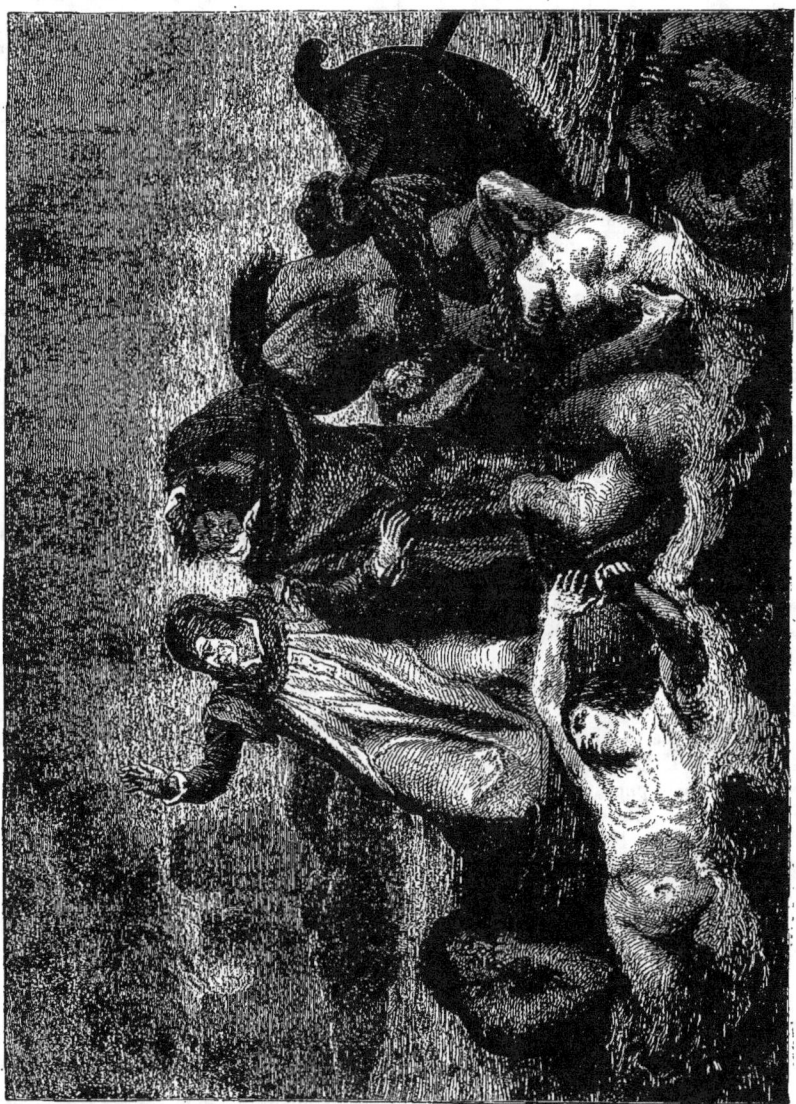

413. — LA BARQUE DU DANTE (DELACROIX).
(Musée du Luxembourg.)

langage poétique, tout en demeurant absolument vrai. Le dernier tableau de Léopold Robert, les *Pêcheurs de l'Adriatique*, récemment acquis par le musée de sa ville natale, Neufchatel, est le plus célèbre parmi ses ouvrages.

Les *Pêcheurs de l'Adriatique* sont un tableau doublement intéressant, puisque l'histoire des derniers moments du malheureux artiste est inséparable de sa dernière pensée. Nous extrayons les lignes suivantes de l'excellente biographie que M. Charles Blanc a publiée sur Léopold Robert : « Robert, ayant dû bientôt renoncer à ce *Carnaval de Venise* qu'il avait commencé, et dont l'idée était maintenant si peu d'accord avec son cœur, il s'agissait de peindre le départ des pêcheurs pour la pêche au long cours. Le peintre fit deux compositions. La première était obscure et pouvait indiquer une arrivée aussi bien qu'un départ; elle présentait d'ailleurs des lignes malheureuses, toutes les figures étant au même niveau, tandis que dans la *Madone de l'Arc* et les *Moissonneurs* l'ordonnance pyramidait à merveille. On connaît la dernière composition des *Pêcheurs;* le peintre y a dévoilé toute l'amertume de sa tristesse. Il a prêté à ses figures le sombre qu'il portait au fond de son âme. Le patron d'une de ces grandes barques de pêche qui vont jusqu'en Chypre, jusqu'en Égypte, a rassemblé son monde pour le départ, et de la main il montre l'horizon. Les matelots qui l'entourent sont diversement beaux, mais tous graves et fiers; les femmes, jeunes ou vieilles, sont belles chacune dans leur caractère. L'expression de la jeune mère, qui semble attristée par le pressentiment des dangers que va courir son mari, est d'une profondeur de mélancolie qui touche au sublime. Admirable aussi est l'expression de l'aïeule, qui fixe un regard découragé non sur la mer où vont s'embarquer ses petits-enfants, mais sur le sol du rivage qui sera sa tombe. Il n'y a qu'un artiste à la veille de mourir qui puisse voir dans son imagination des personnages aussi désolés, une scène aussi navrante.

« ..... Léopold Robert était allé chercher ses modèles dans l'île de Chioggia, ancienne résidence des doges, où la population est superbe et le costume original. Il avait peint sa toile dans un atelier du palais Pisani, sur le Grand-Canal, où il ne recevait personne, si ce n'est Aurèle, son frère, Joyant, son ami, le peintre par excellence des vues de Venise, et M. Odier, élève d'Ingres et fils du financier genevois qui était alors régent de la Banque de France..... Son tableau fini, Robert l'exposa d'abord à Venise, où il eut un succès d'enthousiasme, en dépit de quelques jaloux; il l'expédia ensuite à Paris; mais la douane retint la caisse à Lyon, et elle n'arriva que trois jours après l'ouverture du salon de 1835, de sorte que le tableau ne put être présenté au Louvre. Mais presque en même temps que le tableau des pêcheurs, arrivait à Paris la nouvelle que Robert s'était tué! C'était le 20 mars, jour anniversaire du suicide de son frère Alfred, que Léopold s'était coupé la gorge avec un rasoir. »

De tous les élèves de David, celui qui a exercé la plus grande influence sur l'art contemporain, c'est assurément Ingres. Bien qu'il ait eu le prix de Rome fort jeune, ses débuts ont été difficiles, parce que son talent a été longtemps contesté. Le *Plafond d'Homère*, exécuté au moment de la lutte la plus acharnée des classiques et des romantiques, a excité une admiration universelle dans les deux camps. Dans une composition du plus grand style, Homère, déifié et couronné par la Victoire, reçoit sur le seuil de son temple les grands hommes dans les lettres et les beaux-arts. On remarquera que, parmi ces grands hommes, l'artiste, sans prendre parti dans la querelle du jour, a placé Shakespeare, l'idole des romantiques, au même titre que Corneille et le Poussin, au nom desquels les classiques prétendaient interdire toute innovation. Ingres est un grand dessinateur, et les figures de ses tableaux, qui sont souvent des réminiscences de Raphaël ou des maîtres florentins, sont d'un style très-différent de celui qu'avaient cherché jusque-là les autres élèves de David.

Ingres a formé de nombreux élèves, dont plusieurs comptent au premier rang parmi nos artistes contemporains. Parmi ceux qui ne sont plus, il faut citer en première ligne Hippolyte Flandrin. C'est à l'église Saint-Germain des Prés ou à l'église Saint-Vincent de Paul qu'on peut apprécier le talent supérieur d'Hippolyte Flandrin. La procession des saintes dans la frise de Saint-Vincent de Paul est peut-être son chef-d'œuvre. Il y a là près de soixante figures groupées avec un art et une variété vraiment admirables. L'artiste a lithographié cette frise de Saint-Vincent de Paul dans une série de quatorze feuilles.

Visite au Musée. — Drouais, qui est mort fort jeune, est représenté au musée par le tableau qui l'a fait connaître, *Marius à Minturnes*. Girodet a son joli tableau du *Sommeil d'Endymion*, l'*Atala au Tombeau*, et sa *Scène du Déluge*, qui lui valut le grand prix au concours décennal de 1810. On peut voir aussi, dans les galeries de Versailles, la *Révolte du Caire*, tableau plein de mouvement, qui montre le talent de l'artiste sous un tout autre aspect. C'est aussi à Versailles que se trouve l'œuvre la plus importante de Gérard, l'*Entrée de Henri IV à Paris*. Le Louvre en possède une réduction : l'*Amour et Psyché*, *Daphnis et Chloé*, un superbe portrait en pied d'Isabey, fameux peintre en miniature, et un beau portrait à mi-corps de Canova, complètent l'œuvre de Gérard. Le Musée a de Gros la *Bataille d'Eylau*, les *Pestiférés de Jaffa*, *François Ier et Charles Quint à Saint-Denis*; il y a de lui dans les salles du musée égyptien des plafonds assez faibles; mais on peut se dédommager avec celui qui décore la coupole du Panthéon. La *Bataille d'Aboukir*, de Gros, est dans la galerie de Versailles, ainsi que le *Départ de Louis XVIII des Tuileries*. Plusieurs belles toiles de Granet, et deux célèbres tableaux de Léopold Robert, les *Moissonneurs* et le *Retour de la fête de la Madone de l'Arc*, terminent au Louvre la part des artistes dont nous avons parlé. L'*Apothéose d'Homère* par Ingres est au musée du Luxembourg, ainsi que le portrait de Chérubini.

LES PEINTRES DISSIDENTS. — Parmi les artistes qui se formèrent en dehors du goût régnant, Prudhon est demeuré le plus célèbre. Il était le treizième fils d'un maçon, se maria dans une extrême jeunesse, et fut lui-même père d'une nombreuse famille. Mais, ni comme épouse ni comme mère, sa femme ne fut ce qu'il aurait mérité, et les choses en vinrent à ce point qu'il fut obligé de provoquer une séparation devant les tribunaux. Prudhon vécut dès lors très-retiré, et s'adonna tout entier à son travail, qui subvenait à grand peine aux premiers besoins de sa famille.

Élevé dans une école provinciale et n'ayant pas connu l'enseignement qui avait cours à Paris, Prudhon s'était créé une manière de peindre qui, par le procédé même, était très-différente de celle qu'on employait de son temps. David et son école peignaient en faisant d'après nature des teintes dont la juxtaposition devait être assez précise pour exprimer toute la délicatesse du modèle. Prudhon, au contraire, commençait par faire une grisaille, qu'il amenait ensuite au ton par une série de glacés successifs. Ce procédé, que Prudhon avait trouvé lui-même, avait déjà été employé par plusieurs maîtres vénitiens. Mais, tandis que ceux-ci enrichissaient leur couleur dans une gamme opulente et dorée, Prudhon maintint toujours dans les ombres une teinte bleuâtre ou laqueuse, qui, contrastant avec la lumière, donne à l'ensemble un aspect original, souvent éloigné de la vérité, mais toujours plein de charme (fig. 411).

Prudhon, outre ses tableaux, a fait une quantité énorme de dessins, qui sont presque tous d'une grâce incomparable, bien que quelques-uns touchent un peu à l'afféterie.

Prudhon ne fut pas la tige d'où sortit l'école romantique. Ce fut dans l'atelier de Guérin que se formèrent la plupart des jeunes gens qui devaient s'insurger contre la doctrine régnante. Cet artiste, bien que n'étant pas élève de David, en avait adopté les principes. Il avait un sentiment dramatique incontestable, mais il y joignait une certaine affectation théâtrale, qui venait parfois refroidir l'inspiration vraiment tragique de ses ouvrages. Guérin a été très-violemment attaqué par la jeune école romantique, dont plusieurs des chefs pourtant avaient été ses élèves. Il est remarquable que, dans le mouvement artistique qui vers 1830 tente de rompre la tradition classique, les seuls artistes qui ont obtenu un résultat sont précisément ceux qui avaient reçu au début l'enseignement contre lequel on s'insurgeait. Ce fut un élève de Guérin, Théodore Géricault, qui, dans un tableau célèbre, le *Naufrage de la Méduse*, (fig. 412) donna le signal du mouvement romantique dans les arts. Dès lors il y eut comme une levée de boucliers contre l'enseignement et les théories auxquelles on était habitué à obéir servilement. Géricault est mort en 1824, tout au commencement du romantisme, et ce n'est qu'après sa mort que son nom servit de drapeau aux révolutionnaires dans les arts. Mais deux artistes, élèves comme lui du classique Guérin, Ary Scheffer et Eugène Delacroix, vinrent après lui se jeter résolûment dans la mêlée. Ary Scheffer, nature septentrionale tout imprégnée de l'esprit germanique, apportait dans ses œuvres une sentimentalité rêveuse qui ne pouvait manquer d'être goûtée d'une jeunesse nourrie des œuvres de Chateaubriand et de Lamartine. Eugène Delacroix, dessinateur souvent incorrect, mais toujours plein de fougue, coloriste puissant, compositeur plein de feu et de passion, est certainement l'artiste qui de nos jours a excité les enthousiasmes les plus ardents et subi les critiques les plus violentes (fig. 413).

En dehors de ce groupe militant, d'autres artistes, sans se rattacher directement au mouvement romantique, s'éloignaient pourtant sensiblement de la voie tracée par David et ses premiers élèves. Horace Vernet produisait, avec une verve intarissable, des improvisations où l'esprit français déborde, et qui entraînaient l'attention publique dans une direction bien différente de la mythologie grecque. Enfin, un artiste éminent, Paul Delaroche, mettait au service des chroniqueurs du moyen âge et de la Renaissance une imagination dramatique, qui est soutenue chez lui par une grande science archéologique.

Les peintres de l'ancienne école, vieux pour la plupart, n'étaient pas de force à lutter contre ces novateurs, et il leur fallut subir des critiques aussi injustes que celles qu'ils avaient prodiguées dans leur jeunesse aux peintres des bergeries et des marquises poudrées. Le romantisme l'emporta donc, mais il se tranforma à son tour, et, après avoir cherché avant tout l'impression dramatique, il se fit pittoresque et on vit apparaître Decamps avec ses singes à lunettes et ses cours qu'éclaire un rayon de soleil. Le règne des paysagistes vint bientôt, et on doit à Paul Huet, à Théodore Rousseau, à Troyon des pages qui resteront dans l'histoire de l'art. Mais nous devons nous arrêter ici, car nous voici au seuil de l'art contemporain et nous ne pourrions parler des artistes vivants sans empiéter sur le domaine de la critique.

Visite au Musée. — Bien que Prudhon ait au Louvre trois admirables tableaux, le *Christ sur la croix*, la *Justice et la Vengeance poursuivant le Crime*, et l'*Assomption de la Vierge*, nous regrettons que cet artiste n'y soit pas représenté également par le côté riant et aimable de son talent : ses Zéphirs, ses Amours, ses Vénus et ses Adonis devraient se trouver dans notre collection nationale, au moins à titre d'échantillons. Le *Retour de Marcus Sextus*, l'*Énée et Didon*, la *Clytemnestre*, sont des tableaux popularisés depuis longtemps par la gravure et qui caractérisent parfaitement le génie un peu théâtral de Guérin. Le chef-d'œuvre de Géricault, le *Naufrage de la Méduse*, est malheureusement dans un état de dégradation qui inspire des craintes sur sa durée. Nous avons en outre ses deux cavaliers et plusieurs de ses belles études de chevaux. C'est au Luxembourg qu'il faut aller pour voir les œuvres de Ary Scheffer, Eugène Delacroix, Paul Delaroche, Decamps, etc., et Horace Vernet ne peut être étudié qu'à Versailles. Pour avoir une idée de l'art contemporain, il ne faudrait pas se contenter d'une visite dans les musées, il faudrait aussi visiter les décorations exécutées dans les monuments publics, et même passer en revue les ateliers de nos principaux artistes militants, ce qui nous entraînerait au delà des limites que nous nous sommes imposées dans ce travail.

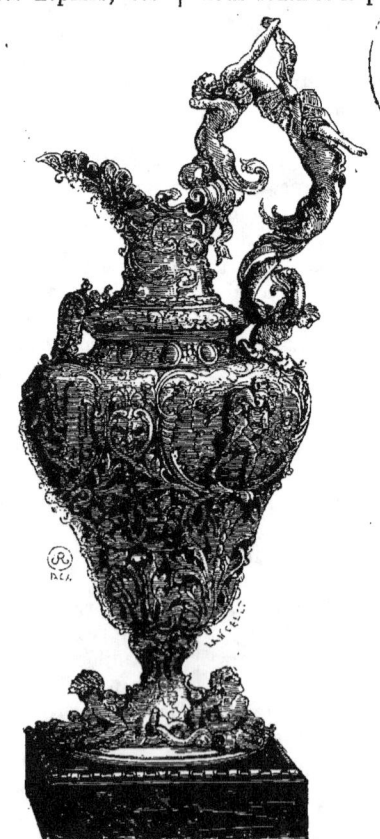

414. — AIGUIÈRE DE BENVENUTO CELLINI.

TABLE DES MATIÈRES.

ART ANTIQUE.

LES ORIGINES DE L'ART	1
ÉGYPTE	2
HÉBREUX	19
PHÉNICIENS	20
ASSYRIE ET PERSE	22
INDE	27
GRÈCE. ART RELIGIEUX	28
— PÉRIODE HÉROÏQUE	50
— PÉRIODE RÉPUBLICAINE	55
ITALIE. ARCHITECTURE	98
— ART DOMESTIQUE	113
— DÉCADENCE	122

ART MODERNE.

ORIGINES DE L'ART CHRÉTIEN	129
ICONOGRAPHIE CHRÉTIENNE	131
LES PREMIERS TEMPLES CHRÉTIENS	174
ART BYZANTIN	183
ARCHITECTURE RUSSE	190
L'ART MUSULMAN	191
EXTRÊME ORIENT	204
ARTS INDUSTRIELS	206
FRANCE. ARCHITECTURE RELIGIEUSE	210
— ARCHITECTURE MILITAIRE	246
— ARCHITECTURE CIVILE	254
— ARTS INDUSTRIELS	262
LA PEINTURE	274
L'ARCHITECTURE	294
L'ARCHITECTURE ITALIENNE	378
LA FUSION DES PRINCIPES	386
ÉCOLE ESPAGNOLE	401
L'ART DANS LES PAYS-BAS	408
L'ART EN ALLEMAGNE	439
L'ART EN ANGLETERRE	453
L'ART EN FRANCE : LA RENAISSANCE	459
L'ART EN FRANCE SOUS HENRI IV ET SOUS LOUIS XIII	466
L'ART EN FRANCE SOUS LOUIS XIV	470
L'ART EN FRANCE AU DIX-SEPTIÈME SIÈCLE	482
L'ART EN FRANCE DEPUIS LA RÉVOLUTION	501

FIN DE LA TABLE DES MATIÈRES.

TABLE DES GRAVURES.

ART ANTIQUE.

Frontispice..	1
1 Le Bœuf Apis.......................................	4
2 Animal sacré..	4
3 Osiris..	4
4 Les Pyramides......................................	5
5 Momie...	8
6 Momie dans son étui...............................	8
7 Boîte contenant la momie........................	8
8 Sarcophage égyptien...............................	8
9 Ruines d'un temple d'Edfou......................	9
10 Entrée d'un temple égyptien.....................	9
11 Salle hypostyle d'un grand temple égyptien......	12
12 Le Speos d'Athor à Ibsamboul....................	12
13 Ka-em-ké, statue en bois.........................	13
14 Echephren (statue en basalte)...................	13
15 Colosses d'Aménophis III, dits de Memnon......	16
17 Statue du roi Assourbanipal.....................	17
18 Salmanazar V recevant la soumission de Jéhu...	20
19 Assourbanipal, roi d'Assyrie....................	20
20 Un convoi de prisonniers (bas-reliefs).........	21
21 Lionne blessée (bas-relief)....................	21
22 Roi combattant un monstre......................	24
23 Xercès sur son trône............................	24
24 Chapiteau persépolitain.........................	24
25 Le Kailaca à Ellora.............................	25
26 Souterrain d'Ellora..............................	25
27 Hercule Farnèse..................................	29
28 Ariadne...	30
29 Phsyché...	30
30 Jupiter...	30
31 Apollon du Belvédère............................	32
32 Apollon Sauroctone..............................	32
33 Apollon Musagète................................	32
34 Antinoüs en Mercure.............................	33
35 Hercule (dit Torse du Belvédère)..............	33
36 Hercule enfant (bronze)........................	33
37 Diane chasseresse...............................	36
38 Minerve..	36
39 Tête de Gorgone.................................	36
40 Vénus du capitole...............................	37
41 Vénus du Vatican................................	37
42 Vénus accroupie..................................	37
43 Vénus de Médicis................................	40
44 Faune au repos...................................	41
45 L'Amour tendant son arc........................	41
46 Bacchante..	41
47 Faune dansant (statue)..........................	44
48 Centaure (statue)................................	45
49 Le Nil (statue)..................................	48
50 L'Océan (buste)..................................	48
51 Le triomphe des Néréides (bas-relief).........	49
52 Terpsichore (statue)............................	49
53 La Muse Uranie (statue)........................	49
54 Actions de grâces à Esculape (bas-relief).....	52
55 La muse Melpomène (statue)....................	52
56 Siége à Panthère................................	53
57 Siége à Sirène..................................	53
58 Grand candélabre................................	53
59 Porte de Micène.................................	56
60 Temple de Pœstum................................	56
61 Acropole d'Athènes..............................	57
62 Chapiteaux doriques.............................	60

63 Colonne ionique..................................	61
64 Colonne corinthienne............................	61
65 Temple de la Victoire sans Ailes, à Athènes...	64
66 Le Pandrosion, à Athènes.......................	65
67 Fragment d'une Victoire du temple de la Victoire sans Ailes......................................	68
68 Satyre et Olympe (statue).....................	69
69 Discobole de Myron (statue)...................	72
70 Discobole de Naucydès —	72
71 Les Lutteurs —	72
72 Amazone blessée —	73
73 Sanglier —	73
74 La Niobé (groupe)..............................	76
75 Le Laocoon (groupe)............................	77
76 L'Enfant à l'oie (statue).....................	80
77 Le Tireur d'épines.............................	80
78 Le Rémouleur (statue).........................	81
79 Buste d'Annibal................................	84
80 Buste d'Homère.................................	85
81 Buste de Ménélas...............................	85
82 Buste de Socrate...............................	85
83 Buste d'Auguste................................	85
84 Triomphe d'Ariadne (pierre gravée)...........	88
85 Mort de Phaéton —	88
86-87 Médaillon de Syracuse.......................	89
88 Pierre gravée antique..........................	89
89-90 Tétradrachme d'Alexandre le Grand.........	89
91-92 Monnaie des Locriens........................	89
93-94 Monnaie d'Aquilonia.........................	89
95-96 Statère de Philippe.........................	89
97 La Marchande d'amour (peinture antique)......	92
98 Flore..	93
99 Triomphe de Galathée (peinture antique)......	96
100 Bacchante portée par une panthère (peinture marine antique)......................................	96
101 Mosaïque antique...............................	97
102 Les Colombes de Furietti (mosaïque)..........	97
103 Vase grec......................................	100
104 Le Panthéon d'Agrippa, à Rome................	101
105 Le temple de Vesta, à Rome...................	104
106 La Maison carrée, à Nîmes....................	105
107 Vue du Forum, à Rome.........................	108
108 Vue du Forum, à Rome.........................	109
109 Arc de Constantin.............................	112
110 Colonne Trajane...............................	113
111 Le Colysée, à Rome............................	116
112 Gaulois mourant (statue).....................	116
113 Théâtre antique, à Sagonte...................	117
114 Bige antique..................................	117
115 Forum de Pompéi...............................	120
116 Maison de Pansa, à Pompéi....................	121
117 Armes et bijoux romains......................	124
118 Bijoux et ustensiles romains.................	125
119 Ménandre (statue).............................	126
120 Agrippine —	127
121 Vase antique à pourtour blanc................	128
122 **Le Père Éternel.** Dieu débrouillant le Chaos.	132
123 — Création de la femme. MICHEL-ANGE.......	132
124 **Catacombes.** Le fossoyeur Diogène.........	133
125 — La Mort....................................	133
126 — Orante.....................................	133
127 — Moïse frappant le rocher..................	136
128 — Le Bon Pasteur (plafond)..................	137
129 Tête de Christ imbée.........................	140

130	Tête de Christ.	140
131	Christ en croix.	141
132	Croix des Catacombes.	141
133	Christ adoré par les Anges. GIOTTO.	144
134	Christ en Croix. VANDYCK.	145
135	Tête de Christ. LE GUIDE.	145
136	**Le Saint-Esprit.** Annonciation. LE GUIDE.	147
137	La Trinité en une seule figure. F. BARTOLOMEO	148
138	La Trinité en trois figures distinctes. RAPHAËL.	149
139	**Vierges.** La Vierge de Saint-Luc.	150
140	— Image de Notre-Dame, dite du Patriarche Josaphat.	151
141	**Vierges.** La Vierge de Foligno. RAPHAËL.	152
142	— La Vierge à la chaise. RAPHAËL.	153
143	— La Vierge de Parme. CORRÈGE.	154
144	**Les Anges.** Le chant des anges. BENOZZO GOZZOLI	156
145-146	— Anges en adoration. FRA ANGELICO.	157
147	**Les Évangélistes.** Saint Jean. FRA ANGELICO.	157
148	**Les Prophètes.** Daniel. MICHEL-ANGE.	158
149	— Isaïe. RAPHAËL.	159
150	— Jérémie. MICHEL-ANGE.	160
151	**Les Sybilles.** RAPHAËL.	161
152	— Mariage de la Vierge. RAPHAËL.	164
153	**Les Saints.** St-Jean prêchant dans le désert. SALVATOR ROSA	165
154	— Saint Pierre (statue).	167
155	— Saint André (statue).	167
156	**Les Martyrs.** Saint-Sébastien. LE GUIDE.	168
157	**Les Vertus.** La Charité. ANDRÉ DEL SARTE	169
158	Façade intérieure de la basilique de Constantinople.	172
159	Façade extérieure de la basilique de Constantinople.	173
160	Intérieur de l'église de Saint-Jean de Latran.	176
161	Vue intérieure de Sainte-Marie Majeure.	177
162	Église du Saint-Sépulcre.	180
163	Vue extérieure de Sainte-Sophie à Constantinople.	184
164	Intérieur de Sainte-Sophie.	184
165	**Peinture byzantine.** Sainte-Pudentienne.	185
166	— Panagia (bijou byzantin).	185
167	— Sainte-Agnès.	188
168	Dyptique en ivoire sculpté.	189
169	Église de Notre-Dame de Géorgie.	192
170	Cathédrale de Vassili Blagennoy.	193
171	Mosquée de Kaït-Bey, au Caire.	196
172	Vue intérieure de la mosquée de Cordoue.	197
173	**Alhambra.** Le Généralife.	199
174	— Porte de la Torre.	200
175	Oratoire persan de Méched.	201
176	Lampe arabe de mosquée.	204
177	Casque circassien.	205
178	Lampe orientale.	205
179	Vase chinois.	208
180	Vase japonais.	209
181	**Style roman.** Notre-Dame de Poitiers.	212
182	— Portail de l'église de Moissac.	212
183	— Cloître de Fonfroide.	213
184	— Cathédrale d'Angoulême.	216
185	— Saint-Sernin, à Toulouse.	216
186	**Ogive.** Style ogival primaire.	217
187	— Style ogival secondaire	217
188	— Style ogival tertiaire.	217
189	Pavage d'église.	220
190	Vitrail de Notre-Dame de Poitiers.	220
191	**Style ogival.** Intérieur de Notre-Dame de Paris.	221
192	— Portail de la cathédrale de Léon.	224
193	— Portail de la cathédrale de Senlis.	225
194	**Sculpture monumentale.** Pignons de l'église de Vézelay.	228
195	— Pignons de l'église de Vézelay.	229
196	— Sarcophage chrétien.	232
197	— Pierre tombale.	232
198	— Tombeau de Dagobert.	233
199	— Tombeau de Charles le Téméraire.	236
200	— Intérieur de Saint-Denis.	237

201	**Sculpture monumentale.** Crypte de Saint-Denis.	237
202	— Cathédrale de Chartres.	238
203	— Cathédrale de Reims.	240
204	— Cloître de Cadouin.	240
205	— Portail de Notre-Dame de Paris.	241
206	— Abside de Notre-Dame.	241
207	— Portail latéral de Notre-Dame.	244
208	— Détail de sculpture de Notre-Dame.	244
209	— Cloître de Saint-Trophime, à Arles.	245
210	— Le Palais des Papes, à Avignon.	248
211	— Tour du château de Nogent-le-Rotrou.	248
212	— Murailles d'Aigues-Mortes.	249
213	— Portes d'Aigues-Mortes.	249
214	— Porte Saint-Honoré.	249
215	— Porte de Moret.	252
216	— Porte de Saint-Jean, à Provins.	252
217	— Créneaux d'Avignon.	252
218	— Créneaux du château de Beaucaire.	252
219	— Machicoulis plein-cintre	252
220	— Machicoulis de la rue Saint-Sauveur.	252
221	— Château d'Angers.	253
222	— Le Louvre sous Charles V.	253
223	— Hôtel-de-Ville de Bruxelles.	256
224	— Hôtel-de-Ville de Louvain.	257
225	— Hôtel de Cluny au quinzième siècle.	260
226	— Château de Pau.	260
227	— Maison de Jacques Cœur.	261
228	— Pont de Saint-Bénezet, à Avignon.	261
229	— Maison de saint Antonin.	264
230	— Ancienne maison de Rouen.	265
231	— Couronnes de Guarrazar.	268
232	— Châsse de saint Taurin.	269
233	— Encensoir.	271
234	— Ciboire russe du temps du grand duc Constantin.	272
235	Apparition de la Vierge à St-Bernard. GIOTTO.	276
236	St Laurent reçoit du pape des trésors. FRA ANGELICO	277
237	Adoration des Mages. FRA ANGELICO	278
238	Sainte Anne. MAZACCIO.	280
239	Dispute de saint Thomas d'Aquin. FILIPPO LIPPI.	281
240	Adoration des Mages. GHIRLANDAIO.	283
241	La Vierge à la Grenade. BOTTICELLI.	284
242	Le couronnement de la Vierge. BOTTICELLI.	285
243	Les portes du Baptistère de Florence. GHIBERTI.	283
244	Statue du général Coléone. VEROCCHIO.	289
245	Le Chant. L. DELLA ROBIA.	290
246	La Danse. L. DELLA ROBIA.	291
247	Église Saint-Marc, à Venise.	292
248	Le palais de Venise.	293
249	Le palais Ducal, à Venise.	296
250	Cathédrale de Sienne.	297
251	Cathédrale de Milan.	298
252	Baptistère de Pise.	299
253	La Tour penchée de Pise.	300
254	Le Campo-Santo, à Pise.	301
255	Le Dôme de Florence.	304
256	Sainte-Marie-aux-Fleurs (le Campanile).	305
257	La Cène. LÉONARD DE VINCI.	308
258	Déposition du Christ. BARTHOLOMEO.	310
259	La Visitation. MARIOTTO ALBERTINI.	311
260	La Vierge aux Harpies. ANDRÉ DEL SARTE.	312
261	La Pieta (bas-relief). MICHEL-ANGE.	313
262	Moïse (statue). MICHEL-ANGE.	315
263	Le Jugement dernier (fresque). MICHEL-ANGE.	316
264	Aza (fresque). MICHEL-ANGE.	320
265	Tombeau des Medicis. MICHEL-ANGE.	321
266	Les Parques. MICHEL-ANGE.	322
267	Descente de croix. DANIEL DE VOLTERRE.	325
268	Persée (statue). BENVENUTO CELLINI.	328
269	Mercure (statue). JEAN DE BOLOGNE.	328
270	Adoration de la Vierge. PÉRUGIN.	329
271	La Piété. PÉRUGIN.	332
272	Adoration de l'enfant Jésus. FRANCIA.	333
273	Sainte Cécile. RAPHAËL.	334
274	La Vierge au Puits. RAPHAËL.	336

TABLE DES GRAVURES.

№	Titre	Auteur	Page
275	La Vierge à la Tente	RAPHAEL	337
276	Sainte-Famille	RAPHAEL	338
277	Sainte-Famille à l'Impannata	RAPHAEL	334
278	**Les Chambres.** École d'Athènes	RAPHAEL	340
279	— Défaite d'Attila	RAPHAEL	340
280	— Incendie du Bourg	RAPHAEL	341
281	— Délivrance de saint Pierre	RAPHAEL	341
282	— Groupe de l'incendie du Bourg	RAPHAEL	343
283	**Les Loges.** Moïse sauvé des eaux	RAPHAEL	345
284	— Dieu ordonne à Jacob d'aller en Égypte		345
285	— Monstres marins	RAPHAEL	346
286	— Arabesques	RAPHAEL	347
287	— Pilastres	RAPHAEL	347
288	**La Farnésine.** Triomphe de Galatée	RAPHAEL	348
289	— Les Noces de Psyché	RAPHAEL	349
290	— Pendentifs	RAPHAEL	350
291	— Amour portant les emblèmes de Mercure	RAPHAEL	350
292	— Mercure	RAPHAEL	351
293	— Transfiguration	RAPHAEL	352
294	La Vierge au Chat	JULES ROMAIN	353
295	Défaite des Titans	JULES ROMAIN	354
296	Bacchus et Silène	JULES ROMAIN	355
297	Bataille de Constantin	RAPHAEL et JULES ROMAIN	356
298	Triomphe de Scipion	PERINO DEL VAGA	358
299	Les Dieux sur la terre	JEAN BELIN	360
300	La Famille Pesaro	TITIEN	361
301	Diane et Calisto	TITIEN	362
302	Jésus chez Lévi	PAUL VÉRONÈSE	364
303	Enlèvement d'Europe	PAUL VÉRONÈSE	366
304	La Madeleine	PAUL VÉRONÈSE	367
305	Le Christ à la colonne	SÉBASTIEN DEL PIOMBO	368
306	Noces de Cana	TINTORET	369
307	Présentation au temple	CARPACCIO	370
308	L'Anneau de saint Marc	BORDONNE	372
309	Saint Jérôme	CORRÉGE	373
310	Chambre de saint Paul	CORRÉGE	374
311	Le Cavalier	MANTEGNA	376
312	Sainte Lucie	PARMESAN	377
313	Intérieur du vieux palais, à Florence		380
314	Vue extérieure de Saint-Pierre de Rome		381
315	Vue intérieure de Saint-Pierre de Rome		381
316	Le Couronnement d'épines	LOUIS CARRACHE	384
317	Mercure offrant la pomme à Pâris	ANNIBAL CARRACHE	385
318	Triomphe de Galathée	ANNIBAL CARRACHE	385
319	L'Aurore	LE GUIDE	386
320	Communion de saint Jérôme	DOMINIQUIN	388
321	Chasse de Diane	DOMINIQUIN	389
322	La Danse des Amours	ALBANE	391
323	Sainte Petronille	GUERCHIN	392
324	Les Joueurs	CARAVAGE	393
325	Héliodore chassé du temple	SOLIMÈNE	393
326	Le Carnaval à Venise	CANALETTO	396
327	La chaire de Saint-Pierre	CHEVALIER DE BERNIN	397
328	Grugente (statue)	CANOVA	398
329	Damossène (statue)	CANOVA	398
330	Mausolée de Clément XIII	CANOVA	400
331	Déposition du Christ	RIBEIRA	401
332	Portrait d'Innocent X	VÉLASQUEZ	402
333	La Vierge et l'enfant Jésus	MURILLO	404
334	La Jardinière	MURILLO	405
335	Le Mendiant	MURILLO	405
336	L'Homme garrotté	GOYA	407
337	La Vierge sur le trône	HEMMELING	408
338	Hélène Fourment (portrait)	RUBENS	409
339	Couronnement de Marie de Médicis	RUBENS	412
340	Charles Iᵉʳ	VAN DYCK	413
341	Les enfants de Charles Iᵉʳ	VAN DYCK	416
342	La mère de Rembrandt	REMBRANDT	417
343	Résurrection de Lazare	REMBRANDT	420
344	Un intérieur	PIERRE DE HOOCH	421
345	La Leçon de chant	HALLS	424
346	Les Fumeurs	VAN OSTADE	424
347	Le Joueur de guitare	TÉNIERS	424
348	L'Ouvrière en dentelle	JEAN STEEN	425
349	La Lettre	TERBURG	428
350	La Malade et le Médecin	METZU	429
351	La Liseuse	GÉRARD DOW	430
352	Paysage	KAREL DUJARDIN	431
353	La Conversation	BERGHEM	431
354	Entrée de bois	JEAN BOTH	432
355	Charge de cavalerie	VOUVERMAN	433
356	La Ferme	PAUL POTTER	434
357	Paysage	ALBERT CUYP	435
358	La Mare	RUYSDAEL	436
359	La Forêt	HOBBEMA	437
360	Cathédrale de Cologne		440
361	Ruines du château du Katz ou du Chat		441
362	Mercure (statue)	THORVALDSEN	443
363	Vénus et Adonis (groupe)	THORVALDSEN	443
364	Vénus (statue)	THORVALDSEN	443
365	L'Amour et Bacchus	THORVALDSEN	443
366	L'Amour ranimant Phyché	THORVALDSEN	443
367	Monument de Frédéric le Grand	RAUCH	444
368	Statue de Frédéric le Grand	RAUCH	445
369	La Nativité	ALBERT DÜRER	448
370	Anne de Clèves	HANS HOLBEIN	449
371	Cavaliers de l'Apocalypse	CORNÉLIUS	452
372	Triomphe de la religion dans les arts	OVERBECK	453
373	Têtes d'anges	REYNOLDS	454
374	Le Repos	LAURENCE	456
375	Le Passage du Gué	MULREADY	457
376	Scène vénitienne	BONNINGTON	458
377	L'Arc du château de Gaillon		460
378	L'amiral Chabot (statue)	JEAN COUSIN	460
379	Cheminée du palais de Bruges		461
380	Émail du seizième siècle	LÉONARD LIMOUSIN	464
381		PIERRE PENICAUD	464
382	Vases et faïences Henri II		465
383	Place Dauphine		467
384	Marc Antoine (médaille)	DUPRÉ	468
385	La Confirmation	POUSSIN	468
386	Le Matin	CLAUDE LORRAIN	469
387	Fragment d'un tableau	LENAIN	471
388	Les Misères de la guerre	CALLOT	472
389	Les Misères de la guerre	CALLOT	473
390	Milon de Crotone	PUGET	476
391	Cariatide de l'Hôtel de Ville de Toulon	PUGET	476
392	Tombeau de Richelieu	GIRARDON	477
393	Apollon et les Nymphes	GIRARDON	478
394	Mort de saint Bruno	LESUEUR	480
395	Vision de saint Benoît	LESUEUR	481
396	Portrait de Molière	MIGNARD	482
397	Portrait de Bossuet	RIGAUD	484
398	Vase de Lepaute		485
399	L'Hiver	SLODTZ	488
400	Le Rhône et la Saône	NICOLAS COUSTOU	488
401	Énée et Anchise	LEPAUTE	488
402	Tête de jeune fille	CARL VANLOO	489
403	L'Amour paisible	WATTEAU	492
404	Les Enfants	LANCRET	493
405	La Peinture (allégorie)	BOUCHER	496
406	L'Innocence	GREUSE	497
407	La Fontaine	CHARDIN	500
408	Les Courses	CARL VERNET	501
409	Mort de Marat	DAVID	504
410	Martyre de saint Symphorien	INGRES	505
411	Allégorie des arts et des sciences	PROUDHON	507
412	Le Radeau de la Méduse	GÉRICAULT	508
413	La Barque du Dante	DELACROIX	509
414	Aiguière (cul-de-lampe)	BENVENUTO CELLINI	512

FIN DE LA TABLE DES GRAVURES.

Typographie Lahure, rue de Fleurus, 9, à Paris.

Série 13   Prix : 75 centimes.

HISTOIRE DES BEAUX-ARTS
ARCHITECTURE, SCULPTURE, PEINTURE, ART DOMESTIQUE
A TOUTES LES ÉPOQUES, CHEZ TOUS LES PEUPLES

Par RENÉ MÉNARD
Rédacteur en chef de la GAZETTE DES BEAUX-ARTS

DÉPÔT LÉGAL
Seine
N° 1
1875

65	13
Livraisons	Séries
A	A
15 CENTIMES	75 CENTIMES
PARAISSANT	CONTENANT
LE MARDI	CHACUNE
ET	5
LE VENDREDI	LIVRAISONS
DEPUIS	DEPUIS
LE 21 JUILLET	LE 4 AOUT
1874	1874
NOUVELLE ÉDITION	PAR SOUSCRIPTION
ILLUSTRÉE DE	10 Francs
414	
Magnifiques Gravures	Le prix sera augmenté

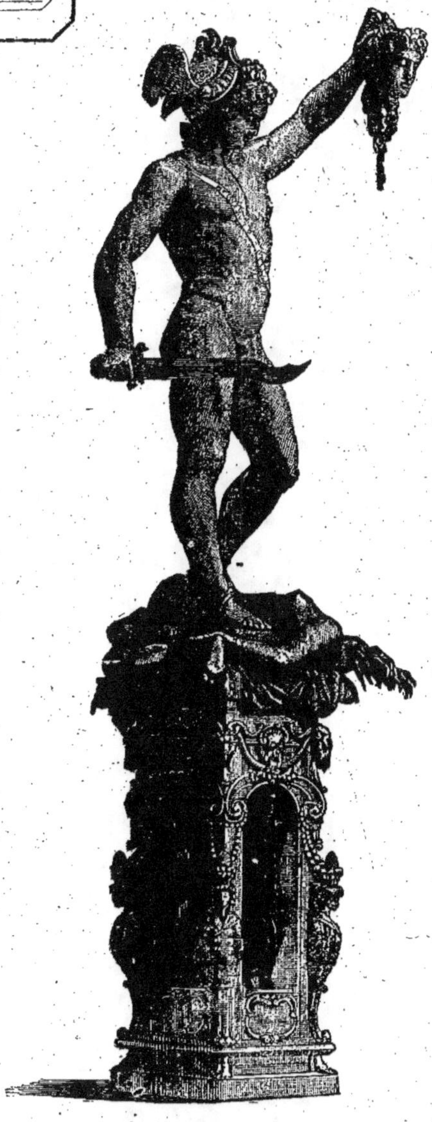

PERSÉE (BENVENUTO CELLINI)

LIBRAIRIE DE L'ÉCHO DE LA SORBONNE
PARIS — 7, RUE GUÉNÉGAUD, 7 — PARIS

Tous droits réservés

LIBRAIRIE DE L'ÉCHO DE LA SORBONNE

Paris — 7, rue Guénégaud, 7 — Paris

(Adresser les lettres et mandats-poste au Directeur-Gérant)

LE THÉATRE

THÉATRE ANCIEN — THÉATRE MODERNE
PORTRAITS-AUTOGRAPHES — FAC-SIMILE D'ESTAMPES CURIEUSES

REVUE BI-MENSUELLE

Paraissant le 1ᵉʳ et le 15 de chaque mois, depuis le 1ᵉʳ Décembre 1874

Directeur-Gérant : JULES BONNASSIES

Principaux Rédacteurs : Théodore de Banville, Augustin Challamel, Champfleury, Jules Claretie, Hippolyte Cocheris, Eugène Despois, Paul Féval, Paul Foucher, Édouard Fournier, Charles Garnier, Léon Guillard, Ludovic Halévy, Paul Lacroix, Ernest Legouvé, Léo Lespès, Marty-Laveaux, Paul Mesnard, Louis Moland, Charles Monselet, Anatole de Montaiglon, Charles Nuitter, Alphonse Pagès, Henri de Lapommeraye, Francisque Sarcey, Édouard Thierry, Louis Ulbach, etc., etc.

Prix de chaque Numéro : 1 fr. 50

PAR ABONNEMENT : Un An, 30 fr. — Six mois, 16 fr. — Trois mois, 9 fr.

PUBLICATIONS DE L'IMPRIMERIE GÉNÉRALE

RUE DE FLEURUS, 9, A PARIS

TABLEAUX DE L'HISTOIRE DE FRANCE

100 Tableaux : 5 fr. en feuilles

Cartonnés in-f° : 7 fr. 50. — Reliés in-4° sur onglets : 10 fr. — Toile riche : 12 fr. — Port en sus.

TABLEAUX DE L'HISTOIRE SAINTE

50 Tableaux : 2 fr. 50 en feuilles

Cartonnés in-f° : 4 fr. — Reliés in-4° sur onglets : 6 fr. — Toile riche : 8 fr. — Port en sus.

TABLEAUX DU NOUVEAU TESTAMENT

50 Tableaux : 2 fr. 50 en feuilles

Cartonnés in-f° : 4 fr. — Reliés in-4° sur onglets : 6 fr. — Toile riche : 8 fr. — Port en sus.

ANCIEN ET NOUVEAU TESTAMENTS RÉUNIS

100 Tableaux : 5 fr. en feuilles

Cartonnés in-f° : 7 fr. 50. — Reliés in-4° sur onglets : 10 fr. — Toile riche : 12 fr. — Port en sus.

Typographie Lahure, rue de Fleurus, 9, à Paris.

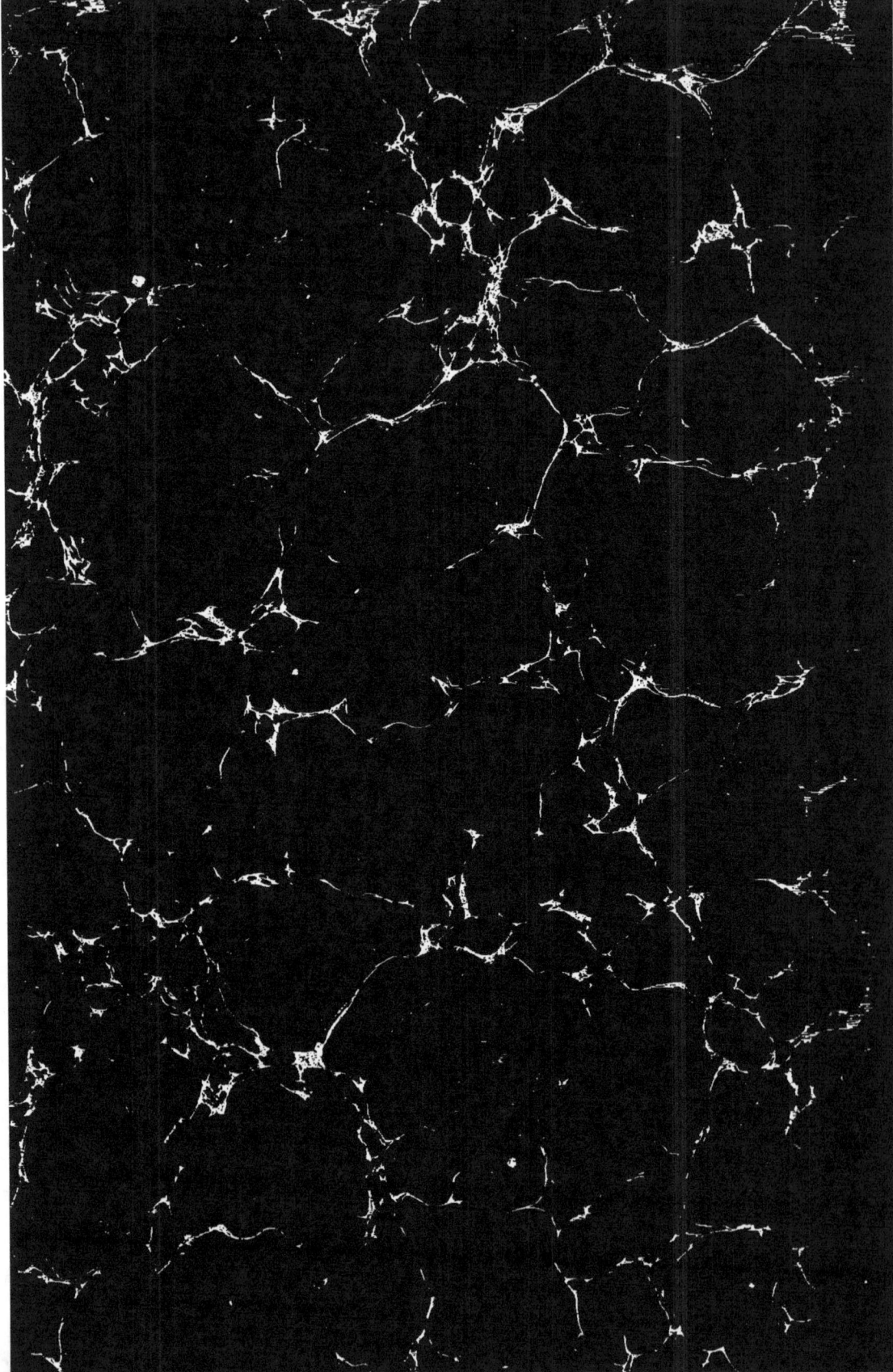

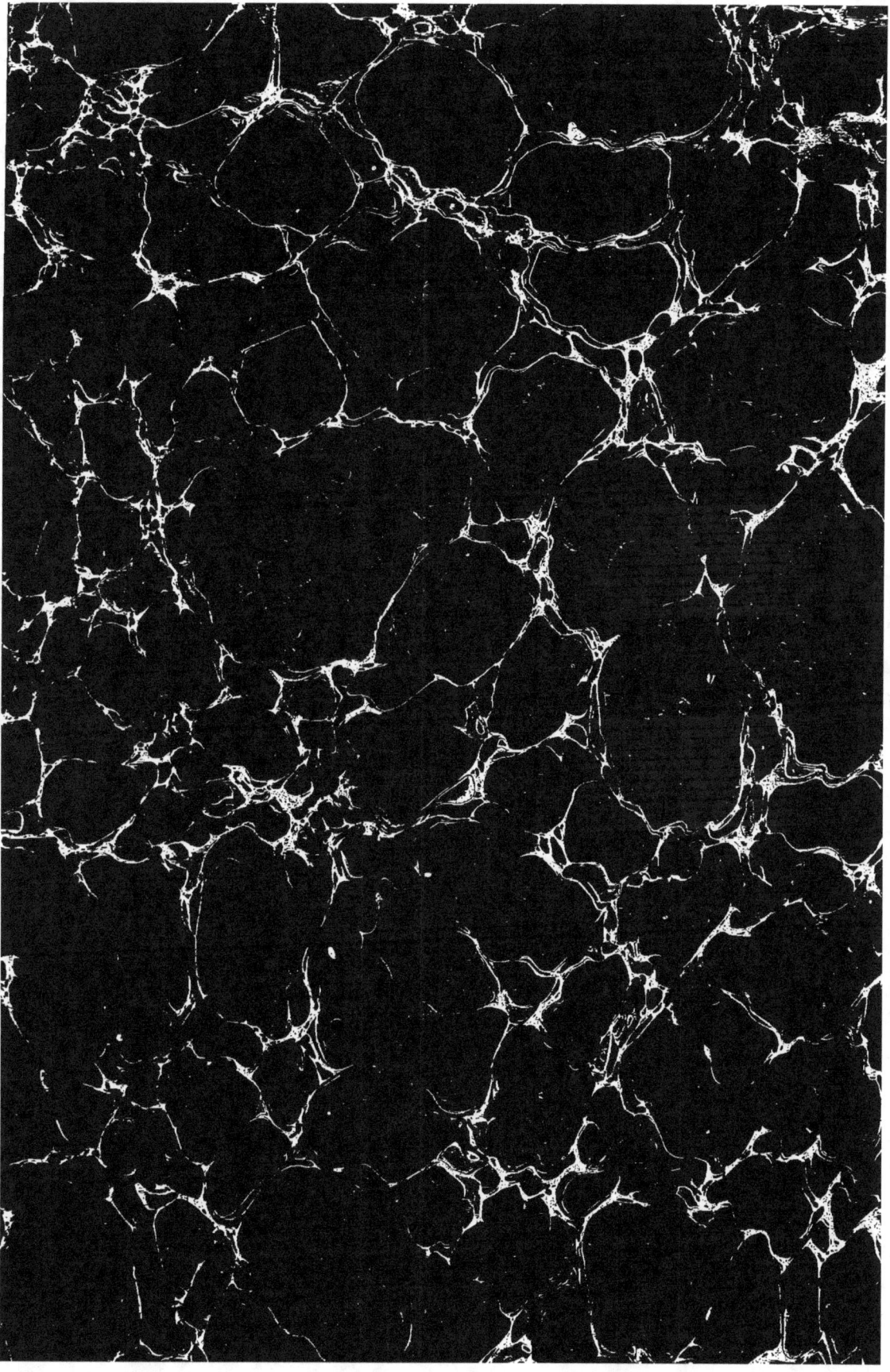

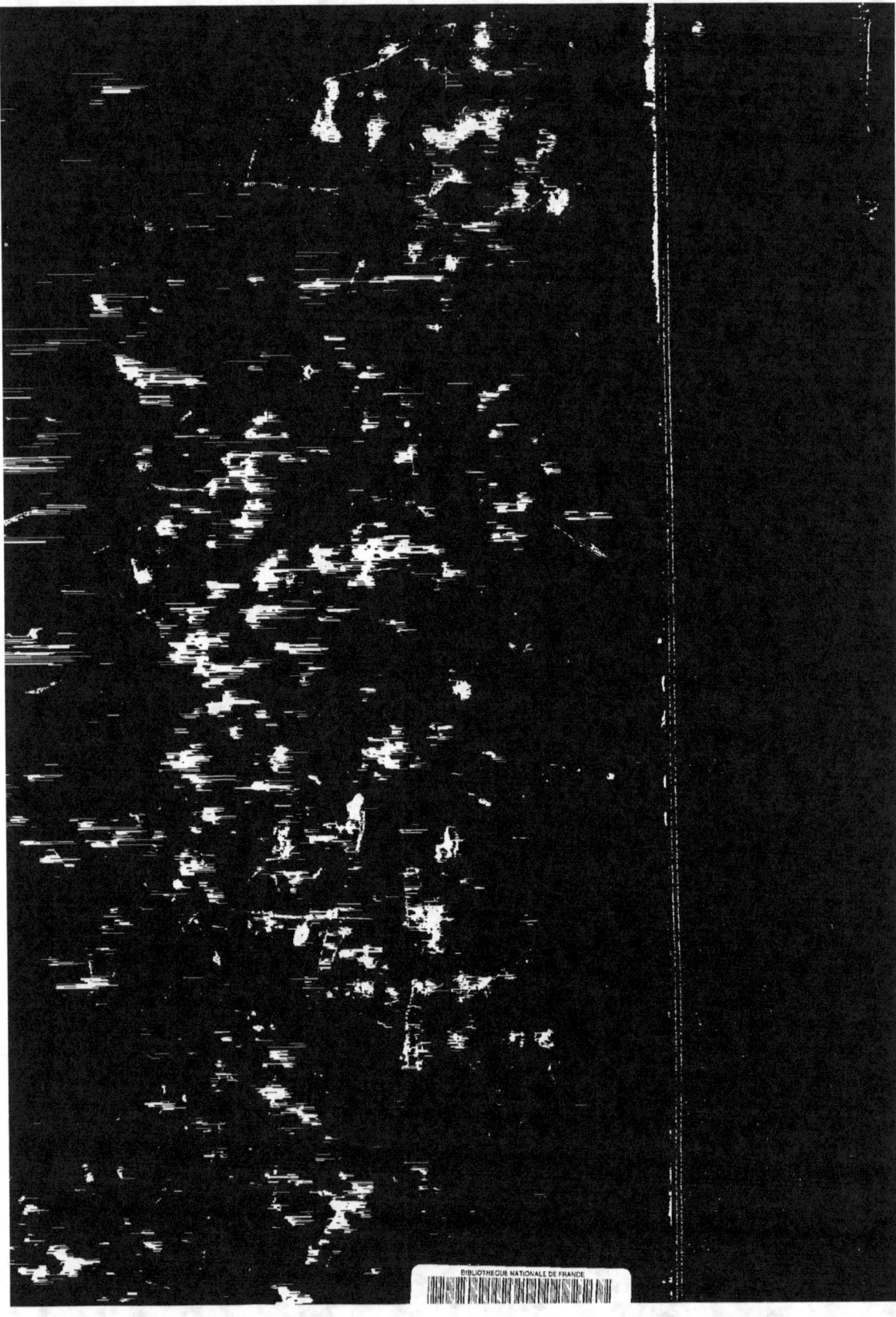

www.ingramcontent.com/pod-product-compliance
Lightning Source LLC
Chambersburg PA
CBHW071041240526
45471CB00014B/14